Kritičari hvale Bhagavad-gītu kakva jest

Bhagavad-gītā kakva jest Njegove Božanske Milosti A. C. Bhaktivedante Swamija Prabhupāde, tiskana u više od dvadeset pet milijuna primjeraka, na pedeset osam jezika, najtiražnije je i najmjerodavnije izdanje toga klasičnog djela svjetske književnosti. Navodimo neke osvrte vodećih svjetskih učenjaka na *Bhagavad-gītu kakva jest.*

„Ovo je izdanje nedvojbeno jedna od najboljih knjiga dostupnih na temu *Gīte* i devocije. Prabhupādin je prijevod savršen spoj književne preciznosti i religijskog uvida."

dr. Thomas J. Hopkins
pročelnik katedre, odsjek za religijske studije
Sveučilište Franklin i Marshall

„*Gīta* se može smatrati glavnom književnom potporom velike religijske civilizacije Indije, najstarije postojeće kulture u svijetu... Sadašnji prijevod i tumačenje još su jedno očitovanje vječnog značenja *Gīte.* Swami Bhaktivedanta donosi Zapadu ljekoviti podsjetnik da je naša aktivistički razvijena i jednostrana kultura suočena s krizom koja može okončati samouništenjem, jer joj nedostaje nutarnja dubina autentične metafizičke svjesnosti. Bez takve dubine, naši su ćudoredni i politički prosvjedi tek bujica praznih riječi."

Thomas Merton
katolički teolog, monah i pisac

„*Bhagavad-gītā kakva jest* duboko je proživljeno, moćno zamišljeno i zadivljujuće objašnjeno djelo... Nikada nisam vidio niti jedno izdanje *Gīte* izraženo tako značajnim tonom i stilom. To je djelo nedvojbene cjelovitosti... Ono će zauzimati značajno mjesto u intelektualnom i etičkom životu suvremena čovjeka u vremenu koje dolazi."

dr. S. Shukla
profesor lingvistike
Sveučilište Georgetowna

„U cjelokupnoj indijskoj književnosti nema djela koje je češće citirano, jer na Zapadu nijedno nije bolje prihvaćeno od *Bhagavad-gīte.* Prijevod takva djela zahtijeva ne samo poznavanje sanskrta već i duboko razumijevanje teme, te govorno umijeće. Jer ovaj spjev je simfonija u kojoj se Bog razotkriva u svim stvarima. Śrī Śrīmad A. C. Bhaktivedanti Swamiju Prabhupādi je, naravno, ova tema vrlo bliska. Štoviše, on daje uvid u nju na posebno razumljiv način te moćno i uvjerljivo predstavlja *bhakti* (devocijsku) tradiciju... Swami čini veliku uslugu studentima obogaćujući omiljeni indijski ep svježim značenjem. Kakvi god da su naši svjetonazori trebamo cijeniti napor uložen u ostvarenje ovoga prosvjetljujućeg djela."

dr. Geddes MacGregor
vrlo cijenjeni umirovljeni profesor filozofije
Sveučilište Južne Kalifornije

„U ovom zadivljujućem prijevodu Śrīla Prabhupāda je dokučio duboki devocijski duh *Gīte* i dopunio tekst savršeno razrađenim tumačenjem u istinski vjerodostojnoj tradiciji Śrī Kṛṣṇe Caitanye, jednog od najznačajnijih i najutjecajnijih indijskih svetaca."

dr. J. Stillson Judah
umirovljeni profesor povijesti religija
i pročelnik knjižnice
Graduate Theological Union, Berkeley

„Ako je istina ono što djeluje, kao što tvrde Pierce i dogmatičari, tada u *Bhagavad-gīti* mora biti istine jer iz onih koji slijede njezina učenja zrači radosna vedrina koja obično nedostaje u sumornim i okrutnim životima suvremenih ljudi."

dr. Elwin H. Powell
profesor sociologije
Državno sveučilište New Yorka

„Bilo da je čitatelj upućen u indijsku duhovnost ili ne, čitanjem *Bhagavad-gīte kakva jest* steći će najveću dobrobit, jer će moći razumjeti *Bhagavad-gītu* onako kako je još i danas većina hindusa shvaća. Za mnoge će to biti prvi dodir s istinskom Indijom, drevnom Indijom, vječnom Indijom."

dr. Francois Chenique
doktor religijskih znanosti
Institut za politička istraživanja, Pariz

गीतोपनिषद्

BHAGAVAD-GĪTĀ

KAKVA JEST

Djela Njegove Božanske Milosti
A. C. Bhaktivedante Swamija Prabhupāde

Śrīmad-Bhāgavatam, 1–10 pjevanje (19 svezaka)
Śrī Caitanya-caritāmṛta (13 svezaka)
Kṛṣṇa, izvor sveg zadovoljstva (2 dijela)
Śrī Īśopaniṣada
Nektar predanosti
Znanost o samospoznaji
Rāja-vidyā: kralj znanja
Lako putovanje na druge planete
Savršena pitanja, savršeni odgovori
Život nastaje iz života
Put savršenstva
Potraga za srećom
Nektar uputa
Otkrivanje jastva
Savršenstvo yoge
Učenje Gospodina Kapile
Svjetlo Bhāgavate
Učenja kraljice Kuntī
Znanost o samospoznaji

गीतोपनिषद्

BHAGAVAD-GĪTĀ

KAKVA JEST

Potpuno izdanje

s izvornim sanskrtskim strofama,
latiničnom transliteracijom,
hrvatskim istovrijednicama,
prijevodom i tumačenjima

Njegove Božanske Milosti
A. C. Bhaktivedante Swamija Prabhupāde
osnivača-*ācārye* Međunarodnog društva za svjesnost Krišne

THE BHAKTIVEDANTA BOOK TRUST

Zainteresirani čitatelji mogu se obratiti na adresu
Međunarodnog društva za svjesnost Krišne u Zagrebu:

2. Bizek 36
10000 Zagreb
info@iskcon.hr
iskcon.hr

S engleskog prevela: Adhika-devī dāsī
Lektura: prof. Vlado Valenta
Jezični savjetnik: dr. Josip Silić
Urednik: Suvarṇa-bindu dāsa
Za izdavača: Devarṣi Nārada dāsa

bbt.se
bbtmedia.com
bbt.org
krishna.com

ISBN 978-953-8094-00-2

Bhagavad-gītā As It Is (Croatian)
(HR-BG-2021-TEXT-R3+CR)

CIP zapis dostupan je u računalnome katalogu
Nacionalne i sveučilišne knjižnice u Zagrebu
pod brojem 000911778.

Tisak: Grafički zavod Hrvatske d. o. o., 2024.

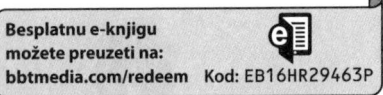

Posvećeno
ŚRĪLA BALADEVI VIDYĀBHŪṢAṆI
koji nam je dao *Govinda-bhāṣyu,*
tumačenje filozofije *Vedānte*

Sadržaj

Povijesna pozadina *Bhagavad-gīte* *xv*

Predgovor *xix*

Uvod **1**

PRVO POGLAVLJE

Promatranje vojski na bojnom polju Kurukṣetri **27**

Dok protivničke vojske stoje, spremne za borbu, veliki ratnik Arjuna gleda svoje bliske rođake, učitelje i prijatelje na obje strane, spremne da se bore i žrtvuju svoje živote. Preplavljen žalošću i sažaljenjem, Arjuna gubi snagu i zbunjena uma odbacuje odlučnost za borbu.

DRUGO POGLAVLJE

Sažet pregled sadržaja Gīte **57**

Arjuna prihvaća Gospodina Kṛṣṇu kao učitelja, a Kṛṣṇa počinje poučavati Arjunu, objašnjavajući osnovnu razliku između privremena materijalnog tijela i vječne duhovne duše. Gospodin objašnjava proces seljenja duše, prirodu nesebičnog služenja Svevišnjeg i osobine samospoznate osobe.

TREĆE POGLAVLJE

Karma-yoga **129**

Svatko se mora baviti nekom djelatnošću u materijalnom svijetu, međutim, djela koja čini uzrokuju ili vezanost za ovaj svijet ili oslobođenje od njega. Djelovanjem za zadovoljstvo Svevišnjeg, bez sebičnih pobuda, osoba se može osloboditi zakona *karme* (djelovanja i posljedica) i steći transcendentalno znanje o jastvu i Svevišnjem.

ČETVRTO POGLAVLJE

Transcendentalno znanje **171**

Transcendentalno znanje – duhovno znanje o duši, Bogu i njihovom odnosu – pročišćava i oslobađa osobu. Takvo je znanje plod nesebičnog djelovanja s predanošću (*karma-yoge*). Gospodin objašnjava povijest *Gīte*, svrhu i značaj Njegova povremenog pojavljivanja u materijalnom svijetu i neophodnost prilaženja *guruu*, samospoznatom učitelju.

PETO POGLAVLJE

Karma-yoga – djelovanje u svjesnosti Kṛṣṇe **217**

Vršeći naizgled sve djelatnosti, ali u sebi se odričući njihovih plodova, mudar čovjek, pročišćen vatrom transcendentalnog znanja, dostiže mir, nevezanost, snošljivost, duhovnu viziju i blaženstvo.

ŠESTO POGLAVLJE

Dhyāna-yoga **245**

Aṣṭāṅga-yoga mehanički je meditativni proces vladanja umom i osjetilima te usredotočivanja na Paramātmu (Nad-dušu, Gospodinov oblik prisutan u srcu). Taj proces dostiže vrhunac u *samādhiju*, potpunoj svjesnosti Svevišnjeg.

SEDMO POGLAVLJE

Znanje o Apsolutu **289**

Gospodin Kṛṣṇa je Vrhovna Istina, vrhovni uzrok i održavatelj svega, materijalnog i duhovnog. Napredne duše predaju Mu se s ljubavlju, dok bezbožne duše usmjeravaju svoju pozornost na druge predmete obožavanja.

OSMO POGLAVLJE

Dostizanje Svevišnjeg 329

Sjećajući se Gospodina Kṛṣṇe s predanošću čitavoga života, a posebno u vrijeme smrti, osoba može dostići Njegovo vrhovno prebivalište, iznad materijalnog svijeta.

DEVETO POGLAVLJE

Najpovjerljivije znanje 357

Gospodin Kṛṣṇa je Vrhovni Bog i najviši predmet obožavanja. Duša je vječno povezana s Njim transcendentalnim predanim služenjem (*bhakti*). Oživljavanjem čiste predanosti osoba se vraća Kṛṣṇi u duhovni svijet.

DESETO POGLAVLJE

Obilje Apsoluta 401

Sve čudesne pojave u materijalnom ili duhovnom svijetu koje posjeduju moć, ljepotu, veličanstvenost ili uzvišenost samo su djelomična očitovanja Kṛṣṇinih božanskih energija i obilja. Kao vrhovni uzrok svih uzroka, potpora i bit svega, Kṛṣṇa je vrhovni predmet obožavanja za sva bića.

JEDANAESTO POGLAVLJE

Kozmički oblik 441

Gospodin Kṛṣṇa daje Arjuni duhovne oči i razotkriva Svoj zadivljujući beskrajni kozmički oblik. Tako nepobitno dokazuje Svoju božansku prirodu. Kṛṣṇa objašnjava da je Njegov prekrasan oblik, koji nalikuje obliku ljudskoga bića, izvorni oblik Boga. Taj se oblik može opaziti samo čistim predanim služenjem.

DVANAESTO POGLAVLJE

Predano služenje 489

Bhakti-yoga, čisto predano služenje Gospodina Kṛṣṇe, najviši je i najprikladniji način dostizanja čiste ljubavi prema Kṛṣṇi, koja je najviši cilj duhovnog postojanja. Sljedbenici ovog vrhovnog puta razvijaju božanske odlike.

TRINAESTO POGLAVLJE

Priroda, uživatelj i svjesnost 509

Onaj tko shvaća razliku između tijela, duše i Nad-duše iznad njih dostiže oslobođenje od materijalnog svijeta.

ČETRNAESTO POGLAVLJE

Tri guṇe materijalne prirode 545

Sve se utjelovljene duše nalaze pod upravom triju *guṇa*, odnosno odlika materijalne prirode: vrline, strasti i neznanja. Gospodin Kṛṣṇa objašnjava što su *guṇe,* kako djeluju na nas, kako ih možemo transcendirati i koji su simptomi osobe koja je dostigla transcendentalnu razinu.

PETNAESTO POGLAVLJE

Yoga Vrhovne Osobe 569

Krajnja je svrha vedskoga znanja osloboditi se zapletenosti u materijalnom svijetu i shvatiti Gospodina Kṛṣṇu kao Svevišnju Božansku Osobu. Onaj tko shvaća Kṛṣṇin vrhovni identitet predaje se Kṛṣṇi i služi Ga s predanošću.

ŠESNAESTO POGLAVLJE

Božanska i demonska priroda 591

Oni koji posjeduju demonske osobine i žive hirovito, ne slijedeći propise spisa, rađaju se u nižim vrstama života i produbljuju svoju materijalnu vezanost. Ali oni koji posjeduju božanske odlike i vode reguliran život, slijedeći autoritet spisa, postupno dostižu duhovno savršenstvo.

SEDAMNAESTO POGLAVLJE

Vrste vjere 615

Postoje tri vrste vjere, rođene iz triju *guṇa* materijalne prirode. Djela osobe čija je vjera u strasti i neznanju donose samo prolazne, materijalne rezultate, dok djelovanje u vrlini, u skladu s uputama spisa, pročišćava srce i vodi do čiste vjere u Gospodina Kṛṣṇu i predanosti Njemu.

OSAMNAESTO POGLAVLJE

Zaključak – savršenstvo odricanja 637

Kṛṣṇa objašnjava značenje odricanja i utjecaj *guṇa* prirode na ljudsku svjesnost i djelatnosti. Objašnjava spoznaju Brahmana, slave *Bhagavad-gīte* i konačni zaključak *Gīte*: najviši je put religije apsolutno, bezuvjetno predavanje Gospodinu Kṛṣṇi s ljubavlju, koje oslobađa osobu svih grijeha, donosi potpuno prosvjetljenje i omogućuje joj da se vrati u Kṛṣṇino vječno duhovno prebivalište.

Dodaci

O autoru 695

Popis navedenih spisa 697

Pojmovnik 699

O izgovaranju sanskrta 707

Kazalo sanskrtskih stihova 711

Kazalo navedenih stihova 727

Opće kazalo 733

Povijesna pozadina Bhagavad-gīte

Premda se obično izdaje i čita kao samostalno djelo, *Bhagavad-gītā* izvorno je dio *Mahābhārate*, sanskrtskog epa koji opisuje povijest starodrevnog svijeta. *Mahābhārata* opisuje događaje koji su se odigrali pred sam početak doba Kali. Na početku toga doba, prije pet tisuća godina, Gospodin Kṛṣṇa objasnio je *Bhagavad-gītu* Svom prijatelju i *bhakti* Arjuni.

Njihov razgovor – jedan od najvećih filozofskih i religijskih dijaloga poznatih čovjeku – odigrao se uoči početka bitke, velikog bratoubilačkog rata između stotinu sinova Dhṛtarāṣṭre i njihovih rođaka Pāṇḍava, sinova Pāṇḍua.

Dhṛtarāṣṭra i Pāṇḍu bili su braća rođena u dinastiji Kurua, koja potječe od kralja Bharate, bivšeg vladara Zemlje, po kojem je *Mahābhārata* dobila ime. Stariji brat, Dhṛtarāṣṭra, bio je slijep od rođenja i zato je na prijestolje, koje bi mu inače pripalo, bio ustoličen mlađi brat, Pāṇḍu.

Nakon smrti Pāṇḍua, koji je umro mlad, njegovi sinovi – Yudhiṣṭhira, Bhīma, Arjuna, Nakula i Sahadeva – bili su povjereni Dhṛtarāṣṭri, koji je na taj način, na izvjesno vrijeme, postao kralj. Tako su i Dhṛtarāṣṭrini i Pāṇḍuovi sinovi odrasli u istoj kraljevskoj palači. I jedne je i druge vojnoj vještini podučavao iskusni Droṇa, a svojim savjetom upućivao poštovani „djed" obitelji, Bhīṣma.

Unatoč tome, Dhṛtarāṣṭrini sinovi, a napose najstariji sin Duryodhana, mrzili su Pāṇḍave i zavidjeli im, a slijepi je i slabi Dhṛtarāṣṭra želio da njegovi sinovi, a ne Pāṇḍave, naslijede kraljevstvo.

Tako je Duryodhana, uz Dhṛtarāṣṭrin pristanak, skovao zavjeru protiv Pāṇḍuovih mladih sinova, koji su samo zahvaljujući brižnoj zaštiti svoga strica Vidure i svoga rođaka Gospodina Kṛṣṇe bili spašeni od njegovih brojnih pokušaja umorstva.

Gospodin Kṛṣṇa nije bio običan čovjek, već sam Vrhovni Bog, koji je sišao na Zemlju i igrao ulogu kraljevića u jednoj od dinastija toga vremena. U toj ulozi bio je i nećak Pāṇḍuove žene Kuntī, odnosno Pṛthe, majke Pāṇḍava. Tako je Kṛṣṇa i kao rođak i kao vječni branitelj religije, bio naklonjen Pāṇḍuovim vrlim sinovima, štiteći ih.

Međutim, lukavi je Duryodhana konačno izazvao Pāṇḍave na kockarski dvoboj. Tijekom tog sudbonosnog dvoboja, Duryodhana i njegova braća dobili su Draupadī, čestitu i odanu ženu Pāṇḍava, i uvredljivo je pokušali razgolititi pred svim okupljenim kraljevićima i kraljevima. Kṛṣṇa ju je Svojom božanskom intervencijom spasio, ali Pāṇḍave su zbog namještene kocke izgubili svoje kraljevstvo i bili prisiljeni živjeti u progonstvu trinaest godina.

Po povratku iz progonstva, s pravom su zatražili od Duryodhane da im vrati njihovo kraljevstvo, ali Duryodhana je to bezobzirno odbio. Vezani dužnošću koja im je kao kraljevićima nalagala da vladaju, petorica su Pāṇḍava sveli svoj zahtjev na samo pet sela. No Duryodhana je oholo odgovorio da im ne bi dao čak ni toliko zemlje da u nju mogu zabosti iglu.

Sve vrijeme, Pāṇḍave su bili snošljivi i strpljivi, ali sada je rat postao neizbježan.

Dok su kraljevići svijeta prilazili različitim stranama, jedni Dhṛtarāṣṭrinim sinovima, a drugi Pāṇḍavama, sam je Kṛṣṇa preuzeo ulogu glasnika Pāṇḍuovih sinova i otišao u Dhṛtarāṣṭrinu palaču, tražeći mir. Kad su Njegovi prijedlozi bili odbijeni, rat je postao neminovan.

Pāṇḍave, ljudi najvišeg morala, prihvatili su Kṛṣṇu kao Svevišnju Božansku Osobu, ali Dhṛtarāṣṭrini bezbožni sinovi nisu. Unatoč tome, Kṛṣṇa je ponudio da sudjeluje u ratu prema željama zaraćenih strana. Kao Bog, neće se osobno boriti, ali zaraćene strane mogu birati između Njegove vojske ili samoga Kṛṣṇe, kao savjetnika i pomagača. Politički genije Duryodhana oduševljeno je odabrao Kṛṣṇinu vojsku, dok su Pāṇḍave s jednakim oduševljenjem prihvatili samoga Kṛṣṇu.

Tako je Kṛṣṇa postao vozač Arjuninih bojnih kola, preuzevši zadatak da vozi bojna kola glasovitog strijelca. To nas dovodi do trenutka početka *Bhagavad-gīte*, kada su se dvije vojske suočile, spremne za borbu, a Dhṛtarāṣṭra zabrinuto upitao svoga tajnika Sañjayu: „Što su učinili?"

Scena je postavljena; potreban je samo kratki osvrt na ovaj prijevod i tumačenja.

Većina prevoditelja *Bhagavad-gīte* u svom prijevodu na engleski zanemaruje Kṛṣṇu kao osobu da bi stvorili prostor za vlastita shvaćanja i filozofije. Povijest *Mahābhārate* biva prihvaćena kao neobična mitologija, a Kṛṣṇa postaje poetsko sredstvo za predstavljanje ideja nekog anonimnog genija ili u najboljem slučaju, manje važna povijesna osoba.

Međutim, prema izjavama same *Gīte*, Kṛṣṇa je, kao osoba, i cilj i tema *Bhagavad-gīte*.

Ovaj prijevod i prateća tumačenja stoga ne odvraćaju, već usmjeravaju pozornost čitatelja *prema* Kṛṣṇi. Po tome je *Bhagavad-gītā kakva jest* jedinstvena. *Bhagavad-gītā* tako postaje potpuno skladna i razumljiva. Budući da je Kṛṣṇa govornik *Bhagavad-gīte* i njezin krajnji cilj, ovo je jedini prijevod koji predstavlja ovaj veliki spis u njegovom pravom svjetlu.

— Izdavači

Predgovor

Bhagavad-gītu kakva jest prvobitno sam napisao u obliku u kojem je sada predstavljena. Kad je bila po prvi put objavljena, izvorni je rukopis nažalost bio skraćen na manje od četiri stotine stranica. Knjiga nije imala ilustracija, a većina je tumačenja izvornih strofa *Śrīmad Bhagavad-gīte* nedostajala. Sve moje druge knjige, poput *Śrīmad-Bhāgavatama, Śrī Īśopaniṣade* itd., sadrže izvorne strofe, njihovu englesku transkripciju, istovrijednice svake sanskrtske riječi, prijevode i tumačenja. Time značenje postaje očigledno, a knjiga autentična i znanstvena. Zato nisam bio sretan kada sam svoj izvorni rukopis morao svesti na najmanju moguću mjeru. Kasnije, kada je potražnja za *Bhagavad-gītom kakva jest* porasla, mnogi učeni ljudi i *bhakte* zatražili su da predstavim knjigu u izvornu obliku. Ovim izdanjem predstavljam izvorni rukopis ove velike knjige znanja s objašnjenjima potpuno u skladu s učeničkim naslijeđem kako bih osnažio i raširio pokret svjesnosti Kṛṣṇe.

Naš je pokret svjesnosti Kṛṣṇe autentičan, s povijesnim zaleđem, prirodan i transcendentalan, jer se temelji na *Bhagavad-gīti kakva jest.* Postupno postaje najomiljeniji pokret u čitavom svijetu, osobito među mlađim naraštajem. Zanimanje za ovaj pokret raste i među pripadnicima starijeg naraštaja, koji pokazuju takvo zanimanje da očevi i djedovi mojih učenika postaju doživotni članovi našeg velikog društva, Međunarodnog društva za svjesnost Kṛṣṇe, tako nas ohrabrujući. U Los Angelesu posjetili su me mnogi očevi i majke kako bi izrazili zahvalnost za to što vodim pokret svjesnosti Kṛṣṇe u čitavom svijetu. Neki su od njih rekli da je za Amerikance velika sreća što sam pokret svjesnosti Kṛṣṇe započeo u Americi. No izvorni je otac ovoga pokreta sam Gospodin Kṛṣṇa, jer počeci pokreta sežu u davna vremena, a pokret silazi u ljudsko društvo putem učeničkog naslijeđa. Ako mi za to pripada bilo kakva zasluga, ona ne pripada meni osobno već mom vječnom duhovnom učitelju Njegovoj Božanskoj Milosti Oṁ Viṣṇupādi Paramahaṁsi Parivrājakācāryi 108 Śrī Śrīmad Bhaktisiddhānti Sarasvatīju Gosvāmīju Mahārāji Prabhupādi.

Meni se može pripisati jedino zasluga za to što sam pokušao predstaviti *Bhagavad-gītu kakva jest,* bez ikakvog mijenjanja. Prije objavljivanja

Bhagavad-gīte kakva jest, gotovo sva engleska izdanja *Bhagavad-gīte* bila su predstavljena radi ostvarivanja osobnih težnji pisaca. No svrha je našeg izdanja *Bhagavad-gīte kakva jest* predstaviti misiju Svevišnje Božanske Osobe, Kṛṣṇe. Mi želimo predstaviti Kṛṣṇinu volju, a ne volju svjetovnih spekulanata poput političara, filozofa ili znanstvenika, koji imaju vrlo malo znanja o Kṛṣṇi, unatoč njihovom znanju o drugim predmetima. Kada Kṛṣṇa kaže – *man-manā bhava mad-bhakto mad-yājī māṁ namaskuru,* mi, za razliku od takozvanih učenjaka, ne kažemo da se Kṛṣṇa i Njegov unutarnji duh razlikuju. Kṛṣṇa je apsolutan. Stoga nema razlike između Kṛṣṇina imena, Kṛṣṇina oblika, Kṛṣṇinih odlika, Kṛṣṇinih zabava itd. Kṛṣṇin apsolutni položaj teško može shvatiti onaj tko nije Njegov *bhakta* u učeničkom naslijeđu. Takozvani učenjaci, političari, filozofi i *svāmīji* koji nemaju savršeno znanje o Kṛṣṇi obično u svojim tumačenjima *Bhagavad-gīte* pokušavaju prognati ili ubiti Kṛṣṇu. Takva se neovlaštena tumačenja *Bhagavad-gīte* nazivaju *māyāvāda-bhāṣyom* i Gospodin Caitanya nas je upozorio na te neovlaštene ljude. Gospodin Caitanya jasno izjavljuje da će svatko tko pokuša shvatiti *Bhagavad-gītu* s gledišta māyāvādī filozofije počiniti veliku pogrešku. Zavedeni će student *Bhagavad-gīte* zbog te pogreške sigurno biti zbunjen na putu duhovnog napredovanja i neće biti sposoban da se vrati kući, Bogu.

Mi predstavljamo *Bhagavad-gītu kakva jest* u namjeri da uvjetovanog učenika dovedemo do istog cilja radi kojeg Kṛṣṇa silazi na ovaj planet jednom u danu Brahme, svakih 8 600 000 000 godina. Taj cilj, koji je opisan u *Bhagavad-gīti,* moramo prihvatiti takav kakav jest, inače ne bismo trebali pokušavati shvatiti *Bhagavad-gītu* i njezina govornika, Gospodina Kṛṣṇu. Gospodin Kṛṣṇa je prvi put objasnio *Bhagavad-gītu* bogu Sunca prije nekoliko stotina milijuna godina. Ovu činjenicu moramo prihvatiti i tako shvatiti povijesni značaj *Bhagavad-gīte* bez pogrešna tumačenja, na temelju Kṛṣṇina autoriteta. Tumačenje *Bhagavad-gīte* koje se ne obazire na Kṛṣṇinu volju predstavlja najveću uvredu. Da bismo se spasili od takve uvrede, moramo shvatiti Gospodina kao Svevišnju Božansku Osobu, kao što Ga je shvatio Arjuna, prvi učenik Gospodina Kṛṣṇe. Takvo je razumijevanje *Bhagavad-gīte* ovlašteno i pruža pravu dobrobit ljudskom društvu u ostvarivanju misije života.

Pokret svjesnosti Kṛṣṇe prijeko je potreban ljudskom društvu, jer omogućuje ljudima da dostignu najviše savršenstvo života. Na koji to način čini u potpunosti je objašnjeno u *Bhagavad-gīti.* Nažalost, svjetovni su polemičari iskoristili *Bhagavad-gītu* za promicanje svojih demonskih sklonosti i odvraćanje ljudi od pravilna razumijevanja jednostavnih načela života. Svatko bi trebao znati koliko je Bog, Kṛṣṇa, velik i koji je pravi položaj živih bića. Trebamo znati da je živo biće vječno sluga i da ako ne služi Kṛṣṇu mora služiti iluziju u različitim očitovanjima triju *guṇa* materijalne prirode i neprestano lutati u krugu rođenja i smrti. Čak se i navodno oslobođeni māyāvādī spekulant mora podvrgnuti tom procesu. Ovo znanje predstavlja veliku znanost i, zbog vlastite dobrobiti, svako bi ga živo biće trebalo čuti.

Ljudi su opčinjeni Kṛṣṇinom vanjskom energijom, osobito u ovom dobu Kali, i pogrešno misle da će s napretkom u stjecanju materijalnih udobnosti postati sretni. Ne znaju da je materijalna odnosno vanjska priroda veoma moćna, jer je svako živo biće čvrsto vezano strogim zakonima materijalne prirode. Živo je biće kao Gospodinov sastavni djelić sretno i zato u svojoj prirodnoj ulozi neposredno služi Gospodina. Pod opsjenom iluzije pokušava naći sreću služenjem svojih osjetila na razne načine, iako ga to nikada neće usrećiti. Umjesto da zadovoljava svoja materijalna osjetila, mora zadovoljiti Gospodinova osjetila. To je najviše savršenstvo života. Gospodin to želi i zahtijeva. Moramo shvatiti ovu glavnu poruku *Bhagavad-gīte.* Naš pokret svjesnosti Kṛṣṇe poučava čitav svijet toj poruci i budući da ne kaljamo poruku *Bhagavad-gīte kakva jest,* onaj tko ozbiljno želi steći dobrobit od proučavanja *Bhagavad-gīte* mora se obratiti za pomoć pokretu svjesnosti Kṛṣṇe kako bi shvatio *Bhagavad-gītu* pod Gospodinovim neposrednim vodstvom. Nadamo se, stoga, da će ljudi steći najveću dobrobit proučavajući *Bhagavad-gītu kakva jest,* koju ovdje predstavljamo. Čak i ako jedan čovjek postane Gospodinov čisti *bhakta,* smatrat ćemo naš pokušaj uspješnim.

A. C. Bhaktivedanta Swami

12. svibnja 1971.
Sydney, Australija

Uvod

oṁ ajñāna-timirāndhasya jñānāñjana-śalākayā
cakṣur unmīlitaṁ yena tasmai śrī-gurave namaḥ

śrī-caitanya-mano-'bhīṣṭaṁ sthāpitaṁ yena bhū-tale
svayaṁ rūpaḥ kadā mahyaṁ dadāti sva-padāntikam

„Rodio sam se u najdubljoj tmini neznanja. Moj duhovni učitelj otvorio mi je oči buktinjom znanja. Odajem mu svoje ponizno poštovanje."

„Kada će mi Śrīla Rūpa Gosvāmī Prabhupāda, koji je u ovom materijalnom svijetu postavio temelje misiji kako bi ispunio želju Gospodina Caitanye, pružiti utočište svojih lotosolikih stopala?"

vande 'haṁ śrī-guroḥ śrī-yuta-pada-kamalaṁ śrī-gurūn vaiṣṇavāṁś ca
śrī-rūpaṁ sāgrajātaṁ saha-gaṇa-raghunāthānvitaṁ taṁ sa-jīvam
sādvaitaṁ sāvadhūtaṁ parijana-sahitaṁ kṛṣṇa-caitanya-devaṁ
śrī-rādhā-kṛṣṇa-pādān saha-gaṇa-lalitā-śrī-viśākhānvitāṁś ca

„Odajem svoje ponizno poštovanje lotosolikim stopalima moga duhovnog učitelja i stopalima svih vaiṣṇava. Odajem svoje ponizno poštovanje lotosolikim stopalima Śrīla Rūpe Gosvāmīja i njegova starijeg brata, Sanātane Gosvāmīja, te Raghunāthe Dāse, Raghunāthe Bhaṭṭe, Gopāle Bhaṭṭe i Śrīla Jīve Gosvāmīja. Odajem svoje ponizno poštovanje Gospodinu Kṛṣṇi Caitanyi, Gospodinu Nityānandi, Advaiti Ācāryi, Gadādhari, Śrīvāsi i drugim pratiocima. Odajem svoje ponizno poštovanje Śrīmatī Rādhārāṇī i Śrī Kṛṣṇi i Njihovim pratiljama Śrī Laliti i Viśākhi."

he kṛṣṇa karuṇā-sindho dīna-bandho jagat-pate
gopeśa gopikā-kānta rādhā-kānta namo 'stu te

„Dragi moj Kṛṣṇa, prijatelj si nesretnih i izvor stvorenog svijeta. Gospodar si *gopīja* i Rādhārāṇīn ljubavnik. Odajem Ti ponizno poštovanje."

tapta-kāñcana-gaurāṅgi rādhe vṛndāvaneśvari
vṛṣabhānu-sute devi praṇamāmi hari-priye

„Odajem svoje ponizno poštovanje Rādhārāṇī, kraljici Vṛndāvane, čija put nalikuje topljenom zlatu. Ti si kći kralja Vṛṣabhānua i veoma si draga Gospodinu Kṛṣṇi."

vāñchā-kalpatarubhyaś ca kṛpā-sindhubhya eva ca
patitānāṁ pāvanebhyo vaiṣṇavebhyo namo namaḥ

„Odajem svoje ponizno poštovanje svim vaiṣṇavama, Gospodinovim *bhaktama.* Oni mogu ispuniti želje svih živih bića, poput drveća želja, i puni su samilosti prema palim dušama."

śrī-kṛṣṇa-caitanya prabhu-nityānanda
śrī-advaita gadādhara śrīvāsādi-gaura-bhakta-vṛnda

„Odajem ponizno poštovanje Śrī Kṛṣṇi Caitanyi, Prabhuu Nityānandi, Śrī Advaiti, Gadādhari, Śrīvāsi i svima koji slijede put predanosti."

hare kṛṣṇa hare kṛṣṇa kṛṣṇa kṛṣṇa hare hare
hare rāma hare rāma rāma rāma hare hare

Bhagavad-gītā poznata je i kao *Gītopaniṣada.* Ona je jedna od najvažnijih *Upaniṣada* u vedskoj književnosti i predstavlja bit vedskoga znanja. Naravno, na engleskom postoji mnogo tumačenja *Bhagavad-gīte* i netko se može zapitati kakva je potreba za još jednim. To možemo objasniti na sljedeći način. Nedavno me je jedna gospođa iz Amerike zamolila da joj preporučim neki engleski prijevod *Bhagavad-gīte.* U Americi ima mnogo izdanja *Bhagavad-gīte,* ali koliko sam vidio ni jedno od njih, ne samo u Americi već ni u Indiji, nije, strogo gledano, mjerodavno, jer je gotovo u svakom od njih tumač iznio vlastito mišljenje, ne dodirujući duh *Bhagavad-gīte* kakva jest.

Duh *Bhagavad-gīte* objašnjen je u samoj *Bhagavad-gīti.* Ako želimo uzeti lijek, moramo slijediti upute priložene uz lijek. Ne možemo uzeti lijek po vlastitu nahođenju ili po uputi prijatelja. Moramo ga uzeti po uputi priloženoj uz lijek ili prema uputi liječnika. Slično tome, *Bhagavad-gītu* trebamo shvatiti ili prihvatiti u skladu s uputama samoga govornika. *Bhagavad-gītu* je izgovorio Gospodin Śrī Kṛṣṇa. Na svakoj se njezinoj stranici spominje da je On Svevišnja Božanska Osoba, Bhagavān. Naravno, riječ *bhagavān* ponekad se odnosi na moćnu osobu ili moćnoga poluboga. Ovdje riječ *bhagavān* nedvojbeno upućuje da je Gospodin Śrī Kṛṣṇa velika osoba, ali istodobno trebamo znati da je Śrī Kṛṣṇa Svevišnja Božanska Osoba. To su potvrdili svi veliki *ācārye* (duhovni učitelji) poput Śaṅkarācārye, Rāmānujācārye, Madhvācārye, Nimbārke Svāmīja,

Śrī Caitanye Mahāprabhua i mnogih drugih autoriteta vedskoga znanja u Indiji. U *Bhagavad-gīti* sam Gospodin također izjavljuje da je Svevišnja Božanska Osoba i kao takav je prihvaćen u *Brahma-saṁhiti* i svim *Purāṇama*, a napose u *Śrīmad-Bhāgavatamu,* poznatom kao *Bhāgavata Purāṇa* (*kṛṣṇas tu bhagavān svayam*). Zbog toga *Bhagavad-gītu* trebamo prihvatiti u skladu s uputama same Božanske Osobe.

U četvrtom poglavlju *Gīte* (4.1–3) Gospodin kaže:

imaṁ vivasvate yogaṁ proktavān aham avyayam
vivasvān manave prāha manur ikṣvākave 'bravīt

evaṁ paramparā-prāptam imaṁ rājarṣayo viduḥ
sa kāleneha mahatā yogo naṣṭaḥ parantapa

sa evāyaṁ mayā te 'dya yogaḥ proktaḥ purātanaḥ
bhakto 'si me sakhā ceti rahasyaṁ hy etad uttamam

U ovim stihovima Gospodin obavješćuje Arjunu da je ovaj sustav *yoge, Bhagavad-gītu,* najprije objasnio bogu Sunca. Bog Sunca ga je objasnio Manuu, a Manu Ikṣvākuu. Tako je ovo znanje o *yogi* bilo prenošeno učeničkim naslijeđem od jednoga govornika do drugoga, ali je tijekom vremena bilo izgubljeno. Zato ga je Gospodin morao ponovno objasniti, ovoga puta Arjuni na bojnom polju Kurukṣetri.

Gospodin izjavljuje Arjuni da mu otkriva ovu najvišu tajnu jer je Njegov *bhakta* i prijatelj. To znači da je *Bhagavad-gītā* posebno namijenjena Gospodinovim *bhaktama.* Postoje tri vrste transcendentalista: *jñānīji* (impersonalisti), *yogīji* (meditanti) i *bhakte.* Śrī Kṛṣṇa ovdje jasno kaže Arjuni da ga čini prvim primateljem novog učeničkog naslijeđa jer je staro bilo prekinuto. Gospodin je želio uspostaviti drugo učeničko naslijeđe u istom slijedu misli koje je bog Sunca prenio drugima. Želio je da Arjuna ponovno raširi Njegovo naučavanje i postane autoritet za razumijevanje *Bhagavad-gīte.* Možemo zaključiti da je Arjuna bio upućen u *Bhagavad-gītu* zato što je bio *bhakta* Gospodina Kṛṣṇe, Njegov učenik i bliski prijatelj. Stoga *Bhagavad-gītu* najbolje može shvatiti osoba koja ima odlike slične Arjuninim. To znači da mora biti *bhakta* u neposrednom odnosu s Gospodinom. Čim netko postane Gospodinov *bhakta,* uspostavlja izravan odnos s Gospodinom. To je vrlo opširna tema, ali ukratko možemo reći da *bhakta* može služiti Svevišnju Božansku Osobu u jednom od pet različitih odnosa:

1. u pasivnom odnosu s Gospodinom;
2. u aktivnom odnosu s Gospodinom;

3. u prijateljskom odnosu s Gospodinom;
4. u roditeljskom odnosu s Gospodinom;
5. u ljubavnom odnosu s Gospodinom.

Arjuna je imao prijateljski odnos s Gospodinom. Naravno, postoji jaz razlike između ovoga prijateljstva i onoga u materijalnom svijetu. Kṛṣṇu i Arjunu vezuje transcendentalno prijateljstvo, koje ne može svatko imati. Naravno, svatko ima određen odnos s Gospodinom i taj se odnos oživljava savršenim predanim služenjem, ali u sadašnjem stanju našega života zaboravili smo ne samo Svevišnjeg Gospodina, već i naš vječni odnos s Njim. Svako od nebrojeno mnogo živih bića ima vječno određen odnos s Gospodinom, koji se naziva *svarūpa*. Procesom predanog služenja može oživjeti tu *svarūpu* i taj se stadij naziva *svarūpa-siddhi* – savršenstvo prirodnog položaja. Arjuna je bio *bhakta* i bio je povezan sa Svevišnjim Gospodinom prijateljstvom.

Trebamo obratiti pozornost na to *kako* je Arjuna prihvatio *Bhagavad-gītu.* Njegov način prihvaćanja opisan je u desetom poglavlju (10.12–14):

arjuna uvāca
paraṁ brahma paraṁ dhāma pavitraṁ paramaṁ bhavān
puruṣaṁ śāśvataṁ divyam ādi-devam ajaṁ vibhum

āhus tvām ṛṣayaḥ sarve devarṣir nāradas tathā
asito devalo vyāsaḥ svayaṁ caiva bravīṣi me

sarvam etad ṛtaṁ manye yan māṁ vadasi keśava
na hi te bhagavan vyaktiṁ vidur devā dānavāḥ

„Arjuna reče: Ti si Svevišnja Božanska Osoba, vrhovno prebivalište, najčistije biće i Apsolutna Istina. Ti si prvobitna osoba, vječna, transcendentalna, nerođena i najveća. Svi veliki mudraci poput Nārade, Asite, Devale i Vyāse potvrđuju tu istinu o Tebi, a sada mi je Ti sam objašnjavaš. O Kṛṣṇa, potpuno prihvaćam kao istinu sve što si mi rekao. Ni polubogovi ni demoni, o Gospodine, ne mogu shvatiti Tvoju osobnost."

Nakon što je čuo *Bhagavad-gītu* od Svevišnje Božanske Osobe, Arjuna je prihvatio Kṛṣṇu kao *paraṁ brahmu,* Vrhovni Brahman. Svako je živo biće Brahman, ali vrhovno živo biće, Svevišnja Božanska Osoba, Vrhovni je Brahman. *Paraṁ dhāma* znači da je vrhovno prebivalište ili počivalište svega; *pavitram* znači da je čist, neokaljan materijalnom prljavštinom; *puruṣam* znači da je vrhovni uživatelj; *śāśvatam* da je prvobitan; *divyam* da je transcendentalan; *ādi-devam* da je Svevišnja Božanska Osoba; *ajam* da je nerođen, a *vibhum* da je najveći.

Netko može pomisliti da je Arjuna sve to rekao Kṛṣṇi laskajući Mu, jer je Kṛṣṇa bio njegov prijatelj. Da bi odagnao takvu sumnju iz umova čitatelja *Bhagavad-gīte,* Arjuna u sljedećoj strofi potkrepljuje te pohvale izjavljujući da nije samo on prihvatio Kṛṣṇu kao Svevišnju Božansku Osobu, već i autoriteti poput Nārade, Asite, Devale i Vyāsadeve. Ove velike osobe šire vedsko znanje, onakvo kakvim ga prihvaćaju svi *ācārye.* Zato Arjuna kaže Kṛṣṇi da sve što On kaže prihvaća kao potpuno savršeno. *Sarvam etad ṛtaṁ manye:* „Sve što Ti kažeš prihvaćam kao istinu." Arjuna uz to izjavljuje da je veoma teško shvatiti Gospodinovu osobnost i da čak ni veliki polubogovi ne mogu shvatiti Gospodina. To znači da Śrī Kṛṣṇu ne mogu shvatiti čak ni osobe više od ljudskih bića. Kako Ga onda može shvatiti ljudsko biće, ako ne postane Njegov *bhakta*?

Bhagavad-gītu stoga trebamo prihvatiti u duhu predanosti. Ne bismo trebali misliti da smo jednaki Kṛṣṇi ili da je Kṛṣṇa obična osoba, pa čak ni vrlo velika osoba. Gospodin Śrī Kṛṣṇa je Svevišnja Božanska Osoba. Tako prema izjavama *Bhagavad-gīte* ili izjavama Arjune, koji pokušava shvatiti *Bhagavad-gītu,* trebamo barem teorijski prihvatiti Śrī Kṛṣṇu kao Svevišnju Božansku Osobu. U tom poniznom duhu možemo shvatiti *Bhagavad-gītu.* Ako je ne čitamo u poniznu duhu, teško ćemo je moći shvatiti, jer predstavlja veliku tajnu.

Što je zapravo *Bhagavad-gītā*? Cilj je *Bhagavad-gīte* izbaviti čovječanstvo iz neznanja materijalnog postojanja. Svaki se čovjek suočava s toliko mnogo neprilika, kao Arjuna, koji se morao boriti u bici na Kurukṣetri. Arjuna se predao Kṛṣṇi i tako je bila izgovorena *Bhagavad-gītā.* Svatko je od nas, ne samo Arjuna, pun tjeskoba zbog materijalnog postojanja. Naše je samo postojanje u ozračju nepostojanja. Ustvari, mi nismo stvoreni za to da budemo izloženi prijetnji nepostojanja. Naše je postojanje vječno, ali smo na neki način stavljeni u *asat. Asat* se odnosi na ono što ne postoji.

Od toliko mnogo ljudskih bića koja pate mali se broj iskreno raspituje o svom položaju, o tome tko su, zašto su stavljeni u ovaj neugodan položaj itd. Ako se čovjek ne osvijesti i ne zapita zašto pati, ako ne spozna da ne želi patnju već oslobođenje od sve patnje, ne bi se trebao smatrati savršenim ljudskim bićem. Ljudski život počinje s pojavom takvih pitanja u umu. U *Brahma-sūtri* se takvo raspitivanje naziva *brahma-jijñāsā. Athāto brahma-jijñāsā.* Svaka djelatnost ljudskoga bića koje se ne raspituje o prirodi Apsoluta treba se smatrati neuspjehom. Oni koji se počnu pitati zašto pate, odakle su došli i kamo će otići nakon smrti, pravi su učenici koji mogu razumjeti *Bhagavad-gītu.* Iskreni učenik treba osjećati veliko poštovanje prema Svevišnjoj Božanskoj Osobi. Takav je učenik bio Arjuna.

Gospodin Kṛṣṇa se pojavljuje posebno zato da bi ponovno pokazao pravi cilj života ljudima koji su ga zaboravili. Čak i od mnogo ljudskih bića koja se tada probude, tek će jedno možda početi razumijevati svoj položaj i radi njega je izgovorena *Bhagavad-gītā*. Ustvari, tigrica neznanja proždire sve nas, ali Gospodin je vrlo milostiv prema živim bićima, osobito prema ljudskim bićima. Zato je izgovorio *Bhagavad-gītu,* prihvativši Svoga prijatelja Arjunu kao učenika.

Kao pratilac Gospodina Kṛṣṇe, Arjuna je transcendentalan prema svem neznanju, ali je na bojnom polju Kurukṣetri bio stavljen u neznanje kako bi postavio Gospodinu Kṛṣṇi pitanja o problemima života tako da ih Gospodin za dobrobit budućih generacija može objasniti i zacrtati plan života. Ljudi bi tada mogli djelovati u skladu s tim i savršeno ostvariti misiju ljudskoga života.

Bhagavad-gīta omogućuje razumijevanje pet temeljnih istina. Najprije nam predstavlja nauk o Bogu, a potom prirodni položaj živih bića, *jīva.* Postoji *īśvara,* upravitelj, i *jīve,* podređena živa bića. Živo biće koje tvrdi da je slobodno i da nije pod upravom je ludo. Ono je u svakom pogledu pod upravom, barem u svom uvjetovanom životu. *Bhagavad-gītā* govori o *īśvari,* vrhovnom upravitelju, i *jīvama,* živim bićima pod Njegovom upravom. Gospodin također objašnjava *prakṛti* (materijalnu prirodu), vrijeme (vijek postojanja cijeloga svemira ili očitovanja materijalne prirode) i *karmu* (djelatnosti). Kozmičko je očitovanje puno različitih djelatnosti. Sva su živa bića zaokupljena različitim djelatnostima. Iz *Bhagavad-gīte* moramo naučiti što je Bog, što su živa bića, što je *prakṛti,* što je kozmičko očitovanje, kako vrijeme njime upravlja i kakve vrste djelatnosti vrše živa bića.

Na temelju tih pet tema *Bhagavad-gīte* možemo jasno uvidjeti da je Vrhovni Bog ili Kṛṣṇa ili Brahman ili vrhovni upravitelj ili Paramātmā – možemo upotrijebiti bilo koje od ovih imena – najveći od svih. Živa su bića po svojoj prirodi jednaka vrhovnom upravitelju. Na primjer, Gospodin upravlja materijalnom prirodom u svemiru, kao što će biti objašnjeno u idućim poglavljima *Bhagavad-gīte.* Materijalna priroda nije neovisna, već djeluje pod upravom Svevišnjega Gospodina. Gospodin Kṛṣṇa izjavljuje – *mayādhyakṣeṇa prakṛtiḥ sūyate sa-carācaram:* „Materijalna priroda djeluje pod Mojom upravom". Kada vidimo čudesna zbivanja u svemiru, trebamo znati da iza ovog kozmičkog očitovanja stoji upravitelj. Ništa se ne bi moglo očitovati bez upravitelja. Djetinjasto je ne obazirati se na upravitelja. Na primjer, dijete može smatrati automobil čudesnim zato što može juriti iako ga ne vuče ni konj ni neka druga životinja, no čovjek zdrava razuma poznaje prirodu automobila. On uvijek zna da iza stroja stoji čovjek, vozač. Slično tome, Svevišnji Gospodin je vozač pod čijom se upravom sve odvija. Kao što ćemo vidjeti u idućim poglavljima, Gospodin opisuje *jīve,* živa bića, kao Svoje sastavne djeliće. Čestica zlata i sama je zlato, a kap vode iz oceana slana je poput samoga oceana. Slično tome, mi, živa bića, kao sastavni djelići vrhovnog upravitelja, *īśvare,* tj. Bhagavāna, Gospodina Śrī Kṛṣṇe, imamo sve odlike Svevišnjeg Gospodina u sićušnoj mjeri jer smo sićušni, podređeni *īśvare.* Pokušavamo upravljati prirodom, kao što sada pokušavamo upravljati prostorom ili planetima. Ta sklonost upravljanju prisutna je u nama jer je prisutna u Kṛṣṇi. No premda smo skloni upravljanju materijalnom prirodom trebamo znati da nismo vrhovni upravitelji. To je objašnjeno u *Bhagavad-gīti.*

Što je materijalna priroda? Ona je u *Bhagavad-gīti* opisana kao niža *prakṛti* ili niža priroda. Objašnjeno je da živo biće pripada višoj *prakṛti.* U svakom slučaju, bilo da se radi o višoj ili nižoj prirodi, *prakṛti* je uvijek pod upravom. Ženske je prirode i pod Gospodinovom je upravom, kao što žena djeluje pod nadzorom muža. *Prakṛti* je uvijek podređena, pod nadzorom Gospodina koji njome upravlja. I živa bića i materijalna priroda nalaze se pod upravom Svevišnjeg Gospodina. Prema *Gīti,* živa su bića *prakṛti,* iako su sastavni djelići Svevišnjeg Gospodina. To je objašnjeno u sedmom poglavlju *Bhagavad-gīte. Apareyam itas tv anyāṁ prakṛtiṁ viddhi me parām/ jīva-bhūtām:* „Materijalna priroda je Moja niža *prakṛti,* ali postoji još jedna, viša *prakṛti.* To je *jīva-bhūtām,* živo biće."

Tri su tvoridbena svojstva materijalne prirode: *guṇa* vrline, *guṇa* strasti i *guṇa* neznanja. Iznad njih je vječno vrijeme, a međudjelovanjem *guṇa* prirode, pod upravom i u granicama vječnog vremena, nastaju djelatnosti koje se nazivaju *karma.* Te se djelatnosti odvijaju od pamtivijeka, a mi ispaštamo ili uživamo plodove naših djelatnosti. Na primjer, ako poslovan čovjek razborito, teško radi i zgrne velik novac na bankovnom računu, onda uživa. Međutim, ako u poslovima izgubi sav svoj novac, onda ispašta. Slično tome, mi ispaštamo ili uživamo rezultate naših djelatnosti na svim područjima života. To se naziva *karma.*

U *Bhagavad-gīti* Gospodin objašnjava *īśvaru* (Svevišnjeg Gospodina), *jīve* (živa bića), *prakṛti* (prirodu), *kālu* (vječno vrijeme) i *karmu* (djelatnosti). Gospodin, živa bića, materijalna priroda i vrijeme su vječni. Očitovanje *prakṛti* može biti privremeno, ali nije nestvarno. Neki filozofi izjavljuju da je očitovano stanje materijalne prirode nestvarno, ali prema filozofiji *Bhagavad-gīte* ili prema vaiṣṇavskoj filozofiji to nije točno. Očitovanje svijeta ne smatra se nestvarnim. Ono je stvarno, no privremeno, poput oblaka koji putuje nebom ili kiše koja natapa žitna polja. Čim se kišno razdoblje završi i oblak ode, usjevi se suše. Slično tome, materijalni svemir nastaje u određenom vremenskom razdoblju, postoji neko vrijeme i potom iščezava. Tako djeluje *prakṛti.* Taj se ciklus odvija vječno i zato je *prakṛti* vječna; nije nestvarna. Gospodin je opisuje riječima „Moja *prakṛti*". Materijalna priroda je odvojena energija Svevišnjeg Gospodina. Živa bića su također energija Svevišnjeg Gospodina, ali nisu odvojena već vječno povezana s Njim. Tako su Gospodin, živo biće, materijalna priroda i vrijeme međusobno povezani i vječni. Za razliku od njih, *karma* nije vječna. Posljedice *karme* mogu biti veoma stare. Mi od pamtivijeka ispaštamo ili uživamo plodove naše *karme,* ili djelatnosti, ali ih možemo promijeniti. Ta promjena ovisi o savršenstvu našega znanja. Mi djelujemo na različite načine, ali ne znamo kakvim se djelovanjem možemo osloboditi posljedica svih djelatnosti. To je objašnjeno u *Bhagavad-gīti.*

Svevišnji Gospodin, *īśvara,* u Svom je položaju vrhovna svjesnost. Kao Njegovi sastavni djelići, živa bića (*jīve*) su također svjesna. I živo biće i materijalna priroda opisani su kao *prakṛti,* energija Svevišnjeg Gospodina, ali jedna od njih je svjesna (*jīva*). Druga *prakṛti* nije svjesna. To je razlika. *Jīva prakṛti* naziva se višom energijom jer ima svjesnost sličnu Gospodinovoj. Međutim, Gospodin je vrhovna svjesnost. Ne bismo trebali tvrditi da živo biće, *jīva,* također posjeduje vrhovnu svjesnost. Ono je ne može posjedovati ni u jednom stadiju svoga savršenstva. Teorija koja tvrdi da je to moguće zavodi ljude. Živo biće posjeduje svjesnost, ali ne posjeduje savršenu ili vrhovnu svjesnost.

Razlika između *jīve* i *īśvare* bit će objašnjena u trinaestom poglavlju *Bhagavad-gīte.* Gospodin je *kṣetra-jña,* svjestan, kao i živo biće, ali živo biće je svjesno samo svoga tijela, dok je Gospodin svjestan svih tijela. Budući da živi u srcu svakog živog bića, svjestan je duševnih promjena svake *jīve.* To ne bismo trebali zaboraviti. Objašnjeno je da Paramātmā, Svevišnja Božanska Osoba, živi u srcu svih živih bića kao *īśvara,* upravitelj, i upućuje ih kako da djeluju po vlastitoj želji. Živo biće zaboravlja što treba činiti. Najprije se odlučuje za određeni način djelovanja, a potom se zapleće u posljedice vlastite *karme.* Nakon što napusti jednu vrstu tijela ulazi u drugu vrstu tijela, kao što oblači i svlači odjeću. Dok se duša tako seli, ispašta posljedice djela koja je počinila u prošlosti. Te djelatnosti živo biće može promijeniti kada postane razborito i shvati kako treba djelovati, utemeljivši se u *guṇi* vrline. Ako to učini, sve posljedice njegovih prošlih djela mogu se promijeniti. Prema tome, *karma* nije vječna. Zato je rečeno da su od pet činitelja (*īśvare, jīve, prakṛti,* vremena i *karme*) četiri vječna, a jedan privremen (*karma*).

Vrhovno svjestan *īśvara* sličan je živom biću po Svojoj svjesnosti, jer su i svjesnost Gospodina i svjesnost živoga bića transcendentalne. Svjesnost ne nastaje spajanjem materije. To je pogrešna zamisao. Teorija da se svjesnost razvija u određenim uvjetima spajanja materije nije prihvaćena u *Bhagavad-gīti.* Svjesnost se može iskrivljeno očitovati kroz prekrivač materijalnih okolnosti, kao što se može činiti da svjetlost koja prolazi kroz obojeno staklo ima određenu boju, ali Gospodinova svjesnost ne podliježe materijalnom utjecaju. Gospodin Kṛṣṇa kaže: *mayādhyakṣeṇa prakṛtiḥ.* Kada se pojavi u materijalnom svemiru Njegova svjesnost ne podliježe materijalnom utjecaju. Kada bi tako bilo, ne bi mogao govoriti o transcendentalnim temama, kao što to čini u *Bhagavad-gīti.* Nitko ne može govoriti o transcendentalnom svijetu, ako nije pročistio svoju svjesnost od materijalne prljavštine. Prema tome, Gospodin nije materijalno okaljan, a naša svjesnost u sadašnjem trenutku jest. *Bhagavad-gītā* nas poučava da svjesnost moramo pročistiti od materijalnih nečistoća. U čistoj svjesnosti, naše će djelatnosti biti povezane s voljom *īśvare* i to će nas usrećiti. Ne trebamo okončati sve djelatnosti, već ih pročistiti. Pročišćene djelatnosti nazivaju se *bhakti.* One izgledaju kao obične djelatnosti, ali ne sadrže materijalne nečistoće. Osobi u neznanju može se činiti da *bhakta* djeluje ili radi kao običan čovjek, ali takva osoba siromašna znanja ne zna da djelatnosti Gospodinova *bhakte* nisu okaljane nečistom svjesnošću ili materijom. One ne podliježu utjecaju triju *guṇa* prirode. Trebamo znati da je u ovom trenutku naša svjesnost nečista.

Živa bića u stanju materijalne okaljanosti nazivaju se uvjetovanima. Vjerujući da su proizvodi materijalne prirode očituju lažnu svjesnost, lažni ego. Osoba utonula u misli o tjelesnim odnosima ne može shvatiti svoje stanje. Gospodin je izgovorio *Bhagavad-gītu* kako bi nas oslobodio tjelesnog shvaćanja života, a Arjuna je prihvatio položaj uvjetovane duše da bi primio to znanje od Gospodina. Oslobođenje od tjelesnog shvaćanja života najpreči je zadatak za transcendentalista. Onaj tko želi biti slobodan, oslobođen, mora najprije naučiti da nije materijalno tijelo. *Mukti* (oslobođenje) predstavlja slobodu od materijalne svjesnosti. U *Śrīmad-Bhāgavatamu* nalazimo definiciju oslobođenja. *Muktir hitvānyathā-rūpaṁ svarūpeṇa vyavasthitiḥ: mukti* je oslobođenje od nečiste svjesnosti materijalnog svijeta i utemeljenost u čistoj svjesnosti. Sve upute *Bhagavad-gīte* namijenjene su buđenju te čiste svjesnosti. Zato Kṛṣṇa, nakon što je dao posljednje upute u *Gīti,* pita Arjunu je li njegova svjesnost sada pročišćena. Pročišćena se svjesnost očituje kao djelovanje u skladu s Gospodinovim uputama. To je bit pročišćene svjesnosti. Kao sastavni djelići Gospodina, mi smo svjesni, ali smo skloni utjecaju nižih *guṇa.* Gospodin, kao Svevišnji, nikada ne podliježe takvom utjecaju. To je razlika između Svevišnjeg Gospodina i malih osobnih duša.

Što je svjesnost? To je shvaćanje „ja jesam". Ali što sam ja? U nečistoj svjesnosti „ja sam" znači „ja sam gospodar svega što me okružuje, ja sam uživatelj". Svijet se okreće jer svako živo biće smatra da je gospodar i stvoritelj materijalnog svijeta. Materijalna se svjesnost temelji na dva shvaćanja: „ja sam stvoritelj" i „ja sam uživatelj". Ustvari, Svevišnji Gospodin je i stvoritelj i uživatelj, a živo biće, kao sastavni djelić Svevišnjeg Gospodina, nije ni stvoritelj niti uživatelj, već suradnik. Ono je stvoreno i uživano. Na primjer, dio stroja surađuje s čitavim strojem; dio tijela surađuje s čitavim tijelom. Ruke, noge i oči su dijelovi tijela, ali nisu uživatelji. Uživatelj je želudac. Noge se kreću, ruke donose hranu, zubi žvaču. Svi dijelovi tijela zadovoljavaju želudac, jer je on središte koje snabdijeva tijelo hranom. Stoga se sve daje želucu. Drvetu dajemo vodu zalijevajući njegov korijen, a tijelo hranimo hraneći želudac, jer ako želimo održavati tijelo u zdravu stanju, dijelovi tijela moraju surađivati kako bi nahranili želudac. Slično tome, Svevišnji Gospodin je uživatelj i stvoritelj, a mi smo, kao podčinjena živa bića, stvoreni za to da s Njim surađujemo kako bismo Ga zadovoljili. Ta će nam suradnja donijeti pravu dobrobit, kao što će hrana koju primi želudac pružiti dobrobit svim drugim dijelovima tijela. Ako prsti na rukama misle da sami trebaju jesti hranu umjesto da je daju želucu, doživjet će neuspjeh. Središnji lik stvaranja i uživanja je Svevišnji Gospodin, a živa su bića suradnici. Ona uživaju surađujući. Taj odnos nalikuje odnosu gospodara i sluge. Ako je gospodar potpuno zadovoljan, i sluga je zadovoljan. Zato trebamo zadovoljiti Svevišnjeg Gospodina, iako težnja za stvaranjem i uživanjem u materijalnom svijetu postoji u živim bićima, jer postoji u Svevišnjem Gospodinu koji je stvorio očitovani kozmički svijet.

Tako nas *Bhagavad-gītā* uči da se potpuna cjelina sastoji od vrhovnog upravitelja, podređenih živih bića, kozmičkog očitovanja, vječnog vremena i *karme* (djelatnosti), objašnjavajući svakoga od njih. Svi oni zajedno čine potpunu cjelinu, koja se naziva Vrhovna Apsolutna Istina. Potpuna Božanska Osoba Śrī Kṛṣṇa potpuna je cjelina i potpuna Apsolutna Istina. Sva su očitovanja tvorevine Njegovih različitih energija. On je potpuna cjelina.

U *Gīti* je objašnjeno da je neosobni Brahman podređen potpunoj Vrhovnoj Osobi (*brahmaṇo hi pratiṣṭhāham*). U *Brahma-sūtri* je potanje objašnjeno da Brahman nalikuje zrakama sunca. Neosobni Brahman predstavlja sjajne zrake Svevišnje Božanske Osobe. Spoznaja neosobnog Brahmana, kao i spoznaja Paramātme, nepotpuna je spoznaja apsolutne cjeline. Iz petnaestoga poglavlja *Bhagavad-gīte* saznajemo da je Svevišnja Božanska Osoba viša od neosobnog Brahmana i Svoga djelomičnog vida, Paramātme. Svevišnja Božanska Osoba se naziva *sac-cid-ānanda-vigraha. Brahma-saṁhitā* počinje sljedećim riječima: *īśvaraḥ paramaḥ kṛṣṇaḥ sac-cid-ānanda-vigrahaḥ/ anādir ādir govindaḥ sarva-kāraṇa-kāraṇam.*

„Govinda, ili Kṛṣṇa, uzrok je svih uzroka. On je prvobitni uzrok svega i čisti oblik vječnosti, znanja i blaženstva." Spoznaja neosobnog Brahmana spoznaja je Njegova *sat* obilježja (vječnosti). Spoznaja Paramātme spoznaja je *sat-cit* obilježja (vječnog znanja). Međutim, spoznaja Božanske Osobe Kṛṣṇe spoznaja je svih transcendentalnih obilježja: *sat, cit* i *ānande* (vječnosti, znanja i blaženstva) u potpunoj *vigrahi* (obliku).

Manje inteligentni ljudi smatraju Vrhovnu Istinu neosobnom, ali ona je transcendentalna osoba. To je potvrđeno u svim vedskim spisima. *Nityo nityānāṁ cetanaś cetanānām.* (*Kaṭha Upaniṣada* 2.2.13) Kao što smo mi živa bića i imamo svoju osobnost, tako je i Vrhovna Apsolutna Istina osoba, a spoznaja osobne prirode Svevišnjega predstavlja spoznaju svih transcendentalnih obilježja Njegova potpunog oblika. Potpuna cjelina nije bezoblična. Kad bi tako bilo ili kad bi posjedovala manje svojstava od bilo čega drugoga, ne bi mogla biti potpuna cjelina. Potpuna cjelina mora obuhvaćati sve što je unutar i izvan dosega našega iskustva, inače ne može biti potpuna.

Potpuna cjelina, Božanska Osoba, posjeduje neizmjerne moći (*parāsya śaktir vividhaiva śrūyate*). Kako Kṛṣṇa djeluje različitim moćima također je objašnjeno u *Bhagavad-gīti.* Pojavni ili materijalni svijet u koji smo stavljeni potpun je u sebi, jer su prema sāṅkhya filozofiji dvadeset četiri elementa, koja privremeno očituju materijalni svemir, savršeno uređena za proizvodnju svega što je nužno za održavanje svemira. Ničega nema previše niti premalo. Vrijeme trajanja ovog očitovanja utvrđeno je energijom vrhovne cjeline i kada ono istekne, ovo privremeno očitovanje bit će uništeno po savršenom planu potpune cjeline. Malenim, u sebi potpunim djelićima, živim bićima, pružene su sve pogodnosti kako bi spoznali potpunu cjelinu, a sve vrste nepotpunosti doživljavaju se zbog nepotpunog znanja o potpunoj cjelini. Tako *Bhagavad-gītā* sadrži potpuno znanje o vedskoj mudrosti.

Sve vedsko znanje je nepogrešivo i hindusi ga prihvaćaju kao potpuno i nepogrešivo. Na primjer, kravlja balega je životinjski izmet i prema *smṛtiju* (odredbama *Veda*) ako osoba dodirne izmet životinje mora se okupati kako bi se pročistila. No u vedskim se spisima smatra da je kravlja balega pročišćavajuće sredstvo. To može izgledati proturječno, ali se prihvaća zato što je vedska izjava. Slijedeći tu odredbu osoba neće pogriješiti. Kasnije je suvremena znanost dokazala da kravlja balega sadrži sva antiseptična svojstva. Vedsko je znanje potpuno, jer je iznad svih sumnji i pogrešaka, a *Bhagavad-gītā* je bit sveg vedskog znanja.

Vedsko znanje nije plod istraživanja. Naš je istraživački rad nesavršen zato što istražujemo stvari nesavršenim osjetilima. Moramo prihvatiti savršeno znanje koje se prenosi, kao što je rečeno u *Bhagavad-gīti,* učeničkim naslijeđem (sustavom *paramparā*). Znanje moramo primiti iz pravog izvora u učeničkom naslijeđu koje potječe od vrhovnog duhovnog učitelja, samog Gospodina, i koje se prenosi lancem duhovnih učitelja. Arjuna, učenik kojeg je poučio Gospodin Śrī Kṛṣṇa, prihvaća sve što On kaže bez protivljenja. Ne možemo prihvatiti jedan dio *Bhagavad-gīte,* a drugi ne. To nije dopušteno. *Bhagavad-gītu* moramo prihvatiti bez tumačenja, izbacivanja njezinih dijelova i hirovitog bavljenja njezinom tematikom. *Gītā* se treba prihvatiti kao najsavršeniji prikaz vedskog znanja. Vedsko se znanje prima iz transcendentalnih izvora, a prve je riječi izgovorio sam Gospodin. Riječi koje je izgovorio Gospodin nazivaju se *apauruṣeya,* što znači da se razlikuju od riječi svjetovne osobe koja posjeduje četiri nedostatka. Svjetovna osoba (1) sigurno čini pogreške, (2) uvijek je u iluziji, (3) sklona je varanju drugih i (4) ograničena je nesavršenim osjetilima. Budući da posjeduje ta četiri nesavršenstva, ne može savršeno prenijeti sveprožimajuće znanje.

Vedsko znanje ne prenose živa bića s takvim nedostacima. Gospodin ga je prenio prvom stvorenom živom biću, Brahmi, u srcu, a Brahmā ga je za uzvrat prenio svojim sinovima i učenicima, u izvornom obliku, kakvo je primio od Gospodina. Gospodin je *pūrṇam* (svesavršen) i ne može postati podložan zakonima materijalne prirode. Zato trebamo inteligencijom shvatiti da je Gospodin jedini vlasnik svega u svemiru i izvorni stvoritelj, stvoritelj Brahme. U jedanaestom poglavlju Gospodin je oslovljen kao *prapitāmaha*, pradjed, jer je stvoritelj Brahme koji je oslovljen kao *pitāmaha,* djed. Stoga nitko ne bi trebao tvrditi da je vlasnik bilo čega; treba prihvatiti samo stvari koje mu je Gospodin dodijelio za njegovo uzdržavanje.

Postoji mnogo primjera koji pokazuju kako trebamo upotrijebiti ono što nam je dodijelio Gospodin. To je objašnjeno u *Bhagavad-gīti.* Arjuna je na početku odlučio da se ne bori u bici na Kurukṣetri. To je bila njegova vlastita odluka. Rekao je Gospodinu da ne može uživati u kraljevstvu nakon što ubije svoje rođake. Ta je odluka bila utemeljena na tjelesnom shvaćanju, jer je mislio da je tijelo i da su njegovi tjelesni srodnici ili ekspanzije njegova braća, nećaci, šurjaci, djedovi itd. Prema tome, htio je zadovoljiti svoje tjelesne prohtjeve. Gospodin je izgovorio *Bhagavad-gītu* samo da bi promijenio to gledište i Arjuna se na kraju odlučio boriti pod Gospodinovim vodstvom, rekavši – *kariṣye vacanaṁ tava:* „Postupit ću po Tvojim riječima”.

U ovom svijetu ljudi nisu stvoreni za to da se svađaju kao mačke i psi. Moraju biti inteligentni kako bi shvatili važnost ljudskog života te odbili djelovati poput običnih životinja. Ljudsko biće treba spoznati cilj svoga života. To je poruka svih vedskih spisa, a njezina je bit izložena u *Bhagavad-gīti.* Vedska je književnost namijenjena ljudskim bićima, a ne životinjama. Životinje mogu ubijati druga živa bića i time ne čine grijeh, ali ako čovjek ubije životinju da bi zadovoljio svoje neobuzdano osjetilo okusa, mora odgovarati za kršenje zakona prirode. U *Bhagavad-gīti* je objašnjeno da postoje tri vrste djelatnosti u skladu s različitim *guṇama* prirode: djelatnosti u vrlini, u strasti i u neznanju. Slično tome, postoje tri vrste hrane: hrana u vrlini, u strasti i u neznanju. Sve je to opisano i, ako pravilno iskoristimo upute *Bhagavad-gīte,* čitav će naš život postati pročišćen. Na kraju ćemo dostići odredište iznad materijalnog neba (*yad gatvā na nivartante tad dhāma paramaṁ mama*).

To je odredište vječno, duhovno nebo, zvano *sanātana.* U materijalnom svijetu vidimo da je sve privremeno. Sve nastaje, ostaje neko vrijeme, stvara popratne proizvode, smanjuje se i potom nestaje. To je zakon materijalnog svijeta. On vrijedi za sve pojave koje možemo uzeti za primjer, poput tijela, voća ili bilo čega drugoga. No iznad ovog privremenog svijeta postoji drugi svijet o kojem imamo obavještenje. Taj je svijet drugačije prirode, jer je *sanātana,* vječan. *Jīva* je opisana kao *sanātana,* vječna. Isto tako Gospodin je u jedanaestom poglavlju opisan kao *sanātana.* Mi imamo prisan odnos s Gospodinom i budući da smo svi iste prirode – *sanātana-dhāma,* tj. nebo, *sanātana* Vrhovna Osoba i *sanātana* živa bića – svrha je *Bhagavad-gīte* oživiti našu *sanātana* djelatnost ili *sanātana-dharmu,* vječnu djelatnost živog bića. Mi smo privremeno zaokupljeni raznim djelatnostima, ali sve se one mogu pročistiti kada ostavimo privremene djelatnosti i posvetimo se djelatnostima koje je propisao Svevišnji Gospodin. To se smatra čistim životom.

Svevišnji Gospodin i Njegovo transcendentalno carstvo su *sanātana,* kao i živa bića, a druženje živih bića s Gospodinom u *sanātana* carstvu predstavlja savršenstvo ljudskog života. Gospodin je vrlo ljubazan prema živim bićima, jer su Njegovi sinovi. Śrī Kṛṣṇa izjavljuje u *Bhagavad-gīti* – *sarva-yoniṣu… ahaṁ bīja-pradaḥ pitā:* „Ja sam otac svih živih bića”. Naravno, postoje različite vrste živih bića, ovisno o njihovoj *karmi,* ali Gospodin ovdje tvrdi da je otac sviju. Pojavljuje se u materijalnom svijetu kako bi pozvao sve pale, uvjetovane duše da se vrate u vječno *sanātana* nebo tako da se *sanātana* živa bića mogu vratiti na svoje vječne *sanātana* položaje u Gospodinovom vječnom društvu. Gospodin se osobno pojavljuje u različitim inkarnacijama ili šalje Svoje povjerljive sluge kao sinove, pratioce ili *ācārye* da bi izbavili uvjetovane duše.

Izraz *sanātana-dharma* stoga se ne odnosi na sektaški proces religije, već na vječnu djelatnost vječnih živih bića u odnosu s vječnim Svevišnjim

Gospodinom. Kao što je već bilo rečeno, *sanātana-dharma* se odnosi na vječnu djelatnost živoga bića. Śrīpāda Rāmānujācārya je objasnio riječ *sanātana* kao „ono što nema ni početka niti kraja". Stoga kada govorimo o *sanātana-dharmi* moramo na temelju autoriteta Śrīpāde Rāmānujācārye prihvatiti da ona nema ni početka ni kraja.

Riječ *religija* neznatno se razlikuje od *sanātana-dharme.* Ona sadrži u sebi pojam vjere, a vjera se može promijeniti. Netko može imati vjeru u određen proces i potom ga promijeniti, prihvativši drugi, ali *sanātana-dharma* se odnosi na djelatnost koja se ne može promijeniti. Na primjer, vodi ne možemo oduzeti tečnost, niti vatri toplinu. Slično tome, vječnom živom biću ne možemo oduzeti njegovu vječnu djelatnost. *Sanātana-dharma* je vječno neodvojiva od živog bića. Kada govorimo o *sanātana-dharmi,* moramo na temelju autoriteta Śrīpāda Rāmānujācārye prihvatiti kao činjenicu da *sanātana-dharma* nema ni početka ni kraja. Ono što nema ni početka ni kraja ne može biti sektaško, jer ne može biti ograničeno bilo kakvim granicama. Oni koji pripadaju nekoj sektaškoj vjeri pogrešno će smatrati *sanātana-dharmu* također sektaškom, ali ako duboko proučimo ovu temu i razmotrimo je u svjetlu suvremene znanosti, shvatit ćemo da *sanātana-dharma* nije samo djelatnost svih ljudi ovoga svijeta, već svih živih bića u svemiru.

Vjera koja nije *sanātana* može imati početak u analima ljudske povijesti, ali *sanātana-dharma* nema početka, jer je vječno povezana sa živim bićima. Što se tiče živih bića, vjerodostojni spisi izjavljuju da se ona nikada ne rađaju niti umiru. U *Gīti* je rečeno da se živo biće nikada ne rađa niti umire. Vječno je, neuništivo i nastavlja živjeti nakon uništenja privremena materijalnog tijela. Ako želimo shvatiti pojam religije na temelju *sanātana-dharme,* moramo razmotriti značenje korijena sanskrtske riječi. *Dharma* se odnosi na ono što je uvijek svojstveno određenom predmetu. Mi zaključujemo da su svjetlost i toplina svojstvene vatri; bez njih riječ vatra nema značenja. Slično tome, moramo otkriti bitnu značajku živoga bića, ono što ga uvijek prati. Taj je stalni pratilac njegova vječna osobina, njegova vječna religija.

Kad je Sanātana Gosvāmī upitao Śrī Caitanyu Mahāprabhua o *svarūpi* živoga bića, Gospodin je odgovorio da je *svarūpa,* tj. prirodna djelatnost svakog živog bića služenje Svevišnje Božanske Osobe. Ako razmotrimo ovu izjavu Gospodina Caitanye, možemo lako uvidjeti da svako živo biće neprestano služi neko drugo živo biće. Živo biće služi druga živa bića na razne načine. Djelujući na taj način, uživa u životu. Niže životinje služe ljudska bića kao što sluga služi gospodara. „A" služi gospodara „B", „B" služi gospodara „C", „C" služi gospodara „D" itd. Možemo vidjeti da prijatelj služi prijatelja, majka služi sina, žena služi muža, muž služi ženu itd. Ako nastavimo istraživati u tom duhu, vidjet ćemo da u ljudskom društvu svatko služi, bez izuzetka. Političar predstavlja svoj proglas javnosti kako bi je uvjerio u svoju sposobnost služenja. Glasači daju političaru svoje vrijedne glasove misleći da će učiniti vrijednu službu za društvo. Prodavač služi kupca, radnik služi kapitalista, kapitalist služi obitelj, a obitelj služi državu u skladu s vječnom prirodom vječnog živog bića. Na taj način možemo vidjeti da ni jedno živo biće nije izuzeto od služenja drugih živih bića. Stoga sa sigurnošću možemo zaključiti da je služenje stalni pratilac živoga bića i njegova vječna religija.

Unatoč tome, čovjek ispovijeda određenu vjeru nastalu u određenom vremenu i okolnostima, tvrdeći da je hindus, musliman, kršćanin, budist ili pripadnik neke druge sekte. Takva imenovanja nisu *sanātana-dharma.* Hindus može promijeniti vjeru i postati musliman, a musliman može postati hindus, kršćanin može promijeniti svoju vjeru itd. U svakom slučaju, promjena vjere ne utječe na vječnu djelatnost živoga bića, a to je služenje drugih. Hindus, musliman ili kršćanin u svim okolnostima nekoga služe. Tako ispovijedanje određene vjere ne predstavlja ispovijedanje *sanātana-dharme. Sanātana-dharma* je služenje.

Ustvari, mi smo povezani sa Svevišnjim Gospodinom odnosom služenja. Svevišnji Gospodin je vrhovni uživatelj, a mi smo Njegovi sluge. Stvoreni smo za Njegovo uživanje i ako sudjelujemo u tom vječnom uživanju sa Svevišnjom Božanskom Osobom, postajemo sretni. Inače ne možemo biti sretni. Ne možemo neovisno postati sretni, kao što nijedan dio tijela ne može biti sretan ako ne surađuje sa želucem. Živo biće ne može biti sretno, ako transcendentalno ne služi Svevišnjeg Gospodina s ljubavlju.

U *Bhagavad-gīti* ne odobrava se obožavanje ili služenje raznih polubogova. U dvadesetoj strofi sedmoga poglavlja rečeno je:

kāmais tais tair hṛta-jñānāḥ prapadyante 'nya-devatāḥ
taṁ taṁ niyamam āsthāya prakṛtyā niyatāḥ svayā

„Oni čiju su inteligenciju odnijele materijalne želje predaju se polubogovima i slijede određena pravila i propise u skladu s vlastitom prirodom." Ovdje je otvoreno rečeno da osobe vođene požudom obožavaju polubogove, a ne Svevišnjeg Gospodina Kṛṣṇu. Pod imenom Kṛṣṇa ne mislimo na određeno sektaško ime. *Kṛṣṇa* znači najveće zadovoljstvo. Potvrđeno je da je Svevišnji Gospodin riznica sveg zadovoljstva. Svi mi žudimo za zadovoljstvom. *Ānanda-mayo 'bhyāsāt* (*Vedānta-sūtra* 1.1.12). Živa su bića, kao i Svevišnji Gospodin, puna svjesnosti i tragaju za srećom. Gospodin je uvijek sretan i živa bića koja se druže i surađuju s Gospodinom, postavši Njegovi pratioci, i sama postaju sretna.

Gospodin dolazi u ovaj smrtni svijet kako bi pokazao Svoje blažene zabave u Vṛndāvani. Kada je Gospodin Śrī Kṛṣṇa boravio u Vṛndāvani, sve su Njegove zabave s Njegovim prijateljima pastirima, Njegovim prijateljicama, stanovnicima Vṛndāvane i kravama bile prožete srećom. Svi su stanovnici Vṛndāvane znali samo za Kṛṣṇu i ni za što drugo. Gospodin Kṛṣṇa je čak i Svoga oca Nandu Mahārāju odvratio od obožavanja poluboga Indre jer je htio pokazati da ljudi ne bi trebali obožavati nijednog poluboga. Trebaju obožavati samo Svevišnjeg Gospodina, jer je njihov krajnji cilj povratak u Njegovo carstvo.

Prebivalište Gospodina Śrī Kṛṣṇe opisano je u šestoj strofi petnaestoga poglavlja *Bhagavad-gīte*:

na tad bhāsayate sūryo na śaśāṅko na pāvakaḥ
yad gatvā na nivartante tad dhāma paramaṁ mama

„Moje vrhovno prebivalište ne osvjetljava ni sunce, ni mjesec, ni vatra ni elektricitet. Oni koji ga dostignu nikada se ne vraćaju u materijalni svijet."

U ovoj je strofi opisano vječno nebo. Naravno, mi imamo materijalnu predodžbu o nebu, pa ga povezujemo sa suncem, mjesecom i zvijezdama, ali Gospodin u ovoj strofi kaže da na vječnom nebu nema potrebe za suncem, mjesecom, elektricitetom ili bilo kojom vrstom vatre, jer je duhovno nebo već obasjano *brahmajyotijem,* zrakama koje emaniraju iz Svevišnjeg Gospodina. Mi pokušavamo otići na druge planete uz velike poteškoće, ali prebivalište Svevišnjeg Gospodina nije teško shvatiti. Ono se zove Goloka i lijepo je opisano u *Brahma-saṁhiti* (5.37): *goloka eva nivasaty akhilātma-bhūtaḥ.* Premda Gospodin vječno prebiva u Goloki, možemo Mu prići iz ovoga svijeta. Zbog toga Gospodin dolazi kako bi pokazao Svoj pravi oblik – *sac-cid-ānanda-vigrahu.* Kada pokaže taj oblik, nema potrebe zamišljati kako On izgleda. Da bi odvratio ljude od takve izmišljene spekulacije, dolazi i pokazuje se takav kakav jest, kao Śyāmasundara. Nažalost, manje inteligentni ljudi Ga ismijavaju jer dolazi kao jedan od nas i ophodi se prema nama kao da je ljudsko biće. No, ne bismo zbog toga trebali smatrati da je Gospodin jedan od nas. Zahvaljujući Svojoj svemoći, predstavlja se u Svom pravom obliku i pokazuje Svoje zabave, koje se ne razlikuju od zabava u Njegovom prebivalištu.

U sjajnim zrakama duhovnog neba lebde bezbrojni planeti. *Brahmajyoti* emanira iz vrhovnog prebivališta, Kṛṣṇaloke, i *ānanda-maya, cinmaya* planeti, koji nisu materijalni, počivaju na tim zrakama. Gospodin kaže – *na tad bhāsayate sūryo na śaśāṅko na pāvakaḥ / yad gatvā na nivar-*

tante tad dhāma paramaṁ mama. Osoba koja priđe duhovnom nebu ne mora se vratiti u materijalno nebo. Na materijalnom nebu, čak i ako dostignemo najviši planet (Brahmaloku), a da ne govorimo o Mjesecu, naći ćemo iste uvjete života: rođenje, smrt, bolest i starost. Nijedan planet u materijalnom svemiru nije oslobođen spomenutih načela materijalnog postojanja.

Živa bića putuju od jednog planeta do drugog, ali mehaničkim sredstvima ne možemo otići na svaki planet koji poželimo. Za odlazak na druge planete postoji određen proces. To je također spomenuto – *yānti deva-vratā devān pitṝn yānti pitṛ-vratāḥ.* Ako želimo otići na druge planete nisu nam potrebna mehanička sredstva. *Gītā* poučava: *yānti deva-vratā devān.* Mjesec, Sunce i viši planeti nazivaju se Svargaloka. Postoje tri različita planetarna sustava: viši, srednji i niži planetarni sustav. Zemlja pripada srednjem planetarnom sustavu. *Bhagavad-gītā* nas obavješćuje kako se možemo uzdignuti na viši planetarni sustav (Devaloku) vrlo jednostavnim procesom: *yānti deva-vratā devān.* Trebamo jednostavno obožavati poluboga toga planeta i na taj način otići na Mjesec, Sunce ili bilo koji planet višeg planetarnog sustava.

Međutim, *Bhagavad-gītā* nam ne savjetuje da odemo na neki od planeta u materijalnom svijetu jer čak i ako nekom vrstom mehaničkog sredstva odemo na Brahmaloku, najviši planet, putujući možda 40 000 godina (a tko može živjeti tako dugo?), ipak ćemo naići na materijalne bijede poput rođenja, smrti, starosti i bolesti. Onaj tko želi otići na vrhovni planet, Kṛṣṇaloku, ili na bilo koji drugi planet na duhovnom nebu, neće naići na takve materijalne bijede. Među svim planetima na duhovnom nebu najviši se planet zove Goloka Vṛndāvana. On je izvorni planet u carstvu izvorne Božanske Osobe Śrī Kṛṣṇe. Svi se ti podaci nalaze u *Bhagavad-gīti.* Zahvaljujući njezinim uputama možemo saznati kako možemo napustiti materijalni svijet i započeti istinski blažen život na duhovnom nebu.

U petnaestom poglavlju *Bhagavad-gīte* nalazimo slikoviti prikaz materijalnog svijeta. Gospodin kaže:

ūrdhva-mūlam adhaḥ-śākham aśvatthaṁ prāhur avyayam
chandāṁsi yasya parṇāni yas taṁ veda sa veda-vit

Materijalni svijet opisan je kao drvo s korijenom okrenutim prema gore, a granama prema dolje. Iz iskustva znamo za takvo drvo: ako stanemo na obalu rijeke ili bilo koje vodene površine vidjet ćemo da odraz drveta u vodi stoji naopako. Grane su okrenute prema dolje, a korijenje prema gore. Slično tome, materijalni svijet je odraz duhovnoga svijeta. On je samo sjena stvarnosti. U sjeni nema stvarnosti, ali po sjeni možemo shvatiti da stvarnost postoji. U pustinji nema vode, ali fatamorgana nagoviještava postojanje vode. U materijalnom svijetu nema vode ili sreće, ali stvarna voda prave sreće postoji u duhovnom svijetu.

Gospodin preporučuje sljedeći proces za dostizanje duhovnog svijeta (*Bg.* 15.5):

nirmāna-mohā jita-saṅga-doṣā
adhyātma-nityā vinivṛtta-kāmāḥ
dvandvair vimuktāḥ sukha-duḥkha-saṁjñair
gacchanty amūḍhāḥ padam avyayaṁ tat

To vječno carstvo (*padam avyayam*) može dostići onaj tko je *nirmāna-moha.* Što to znači? Mi težimo za imenovanjima. Netko želi postati „sir", netko „lord", netko predsjednik ili bogataš ili kralj ili nešto drugo. Sve dok smo vezani za takva imenovanja, vezani smo za tijelo, jer imenovanja pripadaju tijelu. Ali mi nismo tijelo. Ta spoznaja predstavlja prvi stadij duhovne spoznaje. Sada se nalazimo u dodiru s tri *guṇe* materijalne prirode, ali predanim služenjem Gospodina moramo odbaciti vezanost za materijalno. Ako nismo vezani za predano služenje Gospodina, ne možemo odbaciti vezanost za *guṇe* materijalne prirode. Imenovanja i vezanosti potječu od naše požude i želje, naše žudnje za gospodarenjem materijalnom prirodom. Sve dok ne odbacimo svoju sklonost ka gospodarenju materijalnom prirodom ne možemo se vratiti u carstvo Svevišnjega, *sanātana-dhāmu.* Tom vječnom carstvu, koje nikad ne biva uništeno, može prići samo onaj tko služi Svevišnjeg Gospodina, tko nije očaran lažnim materijalnim užicima. Tako utemeljen, može lako prići vrhovnom prebivalištu.

Na drugom je mjestu u *Gīti* (8.21) rečeno:

avyakto 'kṣara ity uktas tam āhuḥ paramāṁ gatim
yaṁ prāpya na nivartante tad dhāma paramaṁ mama

Avyakta znači neočitovan. Čak ni materijalni svijet nije u potpunosti očitovan pred nama. Naša su osjetila tako nesavršena da ne možemo vidjeti čak ni sve zvijezde u materijalnom svemiru. Vedski spisi obiluju podacima o raznim planetima i mi im možemo vjerovati ili ne. Svi važni planeti opisani su u vedskoj književnosti, osobito u *Śrīmad-Bhāgavatamu.* Duhovni svijet iznad materijalnoga neba opisan je kao *avyakta,* neočitovan. Trebamo žudjeti i čeznuti za tim vrhovnim carstvom, jer onaj tko ga jednom dostigne ne mora se vratiti u materijalni svijet.

Netko može postaviti pitanje kako se prilazi carstvu Svevišnjega Gospodina. To je objašnjeno u osmom poglavlju:

anta-kāle ca mām eva smaran muktvā kalevaram
yaḥ prayāti sa mad-bhāvaṁ yāti nāsty atra saṁśayaḥ

„Onaj tko na kraju života napusti tijelo sjećajući se Mene, odmah dostiže Moju prirodu; u to nema sumnje." (*Bg.* 8.5) Onaj tko u trenutku smrti misli na Kṛṣṇu, vraća se Kṛṣṇi. Mora se sjećati Kṛṣṇina oblika. Ako napusti tijelo misleći na taj oblik, sigurno će ući u duhovno carstvo. *Madbhāvam* se odnosi na vrhovnu prirodu Vrhovnog Bića. Vrhovno Biće je *sac-cid-ānanda-vigraha,* što znači da je Njegov oblik vječan, pun znanja i blaženstva. Naše sadašnje tijelo nije *sac-cid-ānanda.* Ono je *asat,* a ne *sat.* Nije vječno i uništivo je. Nije *cit,* puno znanja, već je puno neznanja. Mi nemamo znanje o duhovnom carstvu. Nemamo čak ni savršeno znanje o materijalnom svijetu, punom nepoznanica. Tijelo je *nirānanda;* umjesto blaženstva, puno je bijede. Sve bijede koje doživljavamo u materijalnom svijetu potječu od tijela, ali onaj tko napusti ovo tijelo misleći na Gospodina Kṛṣṇu, Svevišnju Božansku Osobu, odmah dobiva tijelo sačinjeno od *sac-cid-ānande.*

Način na koji živo biće u materijalnom svijetu napušta jedno tijelo i dobiva drugo također je uređen. Čovjek umire nakon što bude odlučeno koju će vrstu tijela imati u sljedećem životu. Tu odluku donose viši autoriteti, a ne samo živo biće. Mi se uzdižemo ili padamo, ovisno o našim djelatnostima u ovom životu. Ovaj je život priprema za sljedeći. Zato, ako se u ovom životu pripremimo za uzdizanje u Božje Carstvo, po napuštanju tijela sigurno ćemo dobiti duhovno tijelo nalik na Gospodinovo.

Kao što smo već objasnili, postoje različite vrste transcendentalista, *brahma-vādīji, paramātma-vādīji* i *bhakte,* i bezbroj duhovnih planeta u *brahmajyotiju* (duhovnom nebu). Tih planeta ima mnogo više nego planeta u materijalnom svijetu. Rečeno je da materijalni svijet predstavlja jednu četvrtinu stvorenog svijeta (*ekāṁśena sthito jagat*). U materijalnom svijetu postoje milijarde svemira s trilijunima planeta, sunaca, zvijezda i mjeseca, ali čitav materijalni svijet samo je dio sveukupnog postojanja. Veći se dio nalazi na duhovnom nebu. Osoba koja se želi stopiti s postojanjem Vrhovnog Brahmana odmah biva prenesena u *brahmajyoti* Svevišnjeg Gospodina te tako dostiže duhovno nebo. *Bhakta* koji želi uživati u društvu Svevišnjeg Gospodina odlazi na jedan od bezbroj planeta Vaikuṇṭhe. Na njima se druži sa Svevišnjim Gospodinom, četverorukim oblicima Nārāyaṇe, koji imaju razna imena kao što su Pradyumna, Aniruddha i Govinda. Tako transcendentalisti na kraju života misle na *brahmajyoti,* Paramātmu ili Svevišnju Božansku Osobu Śrī Kṛṣṇu. U svakom slučaju, odlaze na duhovno nebo, ali samo *bhakte,* osobe u osobnom dodiru sa Svevišnjim Gospodinom, odlaze na planete Vaikuṇṭhe ili na

Goloku Vṛndāvanu. Gospodin potom dodaje: „U to nema sumnje." U to moramo čvrsto vjerovati. Ne bismo trebali odbaciti ono što se ne slaže s našom maštom. Trebamo imati isti stav kao Arjuna koji je rekao: „Vjerujem u sve što si rekao." Kada Gospodin kaže da onaj tko u trenutku smrti misli na Njega kao na Brahman, Paramātmu ili Božansku Osobu sigurno odlazi na duhovno nebo, u to nema sumnje. Nema nikakvog razloga da u to ne vjerujemo.

Bhagavad-gītā (8.6) objašnjava glavno načelo koje omogućuje živom biću da uđe u duhovno carstvo jednostavno zahvaljujući mišljenju na Svevišnjeg u trenutku smrti:

yaṁ yaṁ vāpi smaran bhāvaṁ tyajaty ante kalevaram
taṁ tam evaiti kaunteya sadā tad-bhāva-bhāvitaḥ

„Kojeg god stanja da se osoba sjeća kada napušta svoje tijelo, to će stanje u sljedećem životu neizostavno dostići." Najprije moramo razumjeti da je materijalna priroda očitovanje jedne od energija Svevišnjeg Gospodina. U *Viṣṇu Purāṇi* (6.7.61) opisane su sve energije Svevišnjeg Gospodina:

viṣṇu-śaktiḥ parā proktā kṣetra-jñākhyā tathā parā
avidyā-karma-saṁjñānyā tṛtīyā śaktir iṣyate

Svevišnji Gospodin ima bezbroj raznih energija koje su iznad dosega našeg shvaćanja. Veliki učeni mudraci i oslobođene duše proučili su te energije i svrstali ih u tri kategorije. Sve su energije *viṣṇu-śakti,* što znači da su različite moći Gospodina Viṣṇua. Prva energija je *parā,* transcendentalna. Živa bića također pripadaju višoj energiji, kao što smo već objasnili. Druga, materijalna energija je u *guṇi* neznanja. U trenutku smrti možemo ostati u nižoj energiji materijalnog svijeta ili se možemo prenijeti u energiju duhovnog svijeta. Tako *Bhagavad-gītā* (8.6) izjavljuje:

yaṁ yaṁ vāpi smaran bhāvaṁ tyajaty ante kalevaram
taṁ tam evaiti kaunteya sadā tad-bhāva-bhāvitaḥ

„Kojeg god stanja da se osoba sjeća kada napušta svoje sadašnje tijelo, to će stanje u sljedećem životu neizostavno dostići."

Za života obično mislimo ili na materijalnu ili na duhovnu energiju. Kako možemo prenijeti misli s materijalne na duhovnu energiju? Postoji toliko mnogo knjiga i časopisa koji zaokupljaju naše misli materijalnom energijom. Naše misli, koje su sada zaokupljene tim djelima, moramo prenijeti na vedske spise. Veliki mudraci su zato napisali toliko mnogo vedskih spisa, kao što su *Purāne. Purāne* nisu plodovi mašte, već povijesni zapisi. U *Caitanya-caritāmṛti* (*Madhya* 20.122) nalazimo sljedeću strofu:

māyā-mugdha jīvera nāhi svataḥ kṛṣṇa-jñāna
jīvere kṛpāya kailā kṛṣṇa veda-purāṇa

Zaboravna živa bića, uvjetovane duše, zaboravila su svoj odnos sa Svevišnjim Gospodinom i obuzeta su mislima o materijalnim djelatnostima. Samo da bi usmjerio njihovu moć razmišljanja na duhovno nebo, Kṛṣṇa-dvaipāyana Vyāsa napisao je velik broj vedskih spisa. Najprije je podijelio *Vede* na četiri dijela, a potom ih objasnio u *Purāṇama*. Za manje inteligentne ljude napisao je *Mahābhāratu,* koja sadrži *Bhagavad-gītu.* Potom je sažeo svu vedsku književnost u *Vedānta-sūtri* i napisao *Śrīmad-Bhāgavatam,* prirodno tumačenje *Vedānta-sūtre,* kako bi pružio vodstvo budućim generacijama. Svoj um moramo uvijek zaokupljati čitanjem tih vedskih spisa. Kao što materijalisti zaokupljaju svoje umove čitanjem novina, časopisa i brojnih materijalističkih djela, mi moramo čitati djela koja nam je dao Vyāsadeva. Tako ćemo se moći sjetiti Svevišnjeg Gospodina u trenutku smrti. To je jedini način koji preporučuje Gospodin. On jamči rezultat: „U to nema sumnje."

tasmāt sarveṣu kāleṣu mām anusmara yudhya ca
mayy arpita-mano-buddhir mām evaiṣyasy asaṁśayaḥ

„Stoga, Arjuna, trebaš uvijek misliti na Mene u Mom obliku Kṛṣṇe i istodobno nastaviti s borbom, izvršavajući tako svoju propisanu dužnost. Posvećujući svoje djelatnosti Meni, uma i inteligencije usredotočenih na Mene, bez sumnje ćeš Me dostići." (*Bg.* 8.7)

On ne savjetuje Arjuni da Ga se jednostavno sjeća i ostavi svoje zanimanje. Ne, Gospodin nikada ne preporučuje nešto nepraktično, jer u materijalnom svijetu moramo raditi da bismo održali tijelo na životu. Ljudsko je društvo podijeljeno prema zanimanjima na četiri društvena staleža – *brāhmaṇe, kṣatriye, vaiśye* i *śūdre.* Stalež *brāhmaṇa,* odnosno intelektualaca, djeluje na jedan način, stalež *kṣatriya,* upravnih službenika, na drugi način, a trgovački stalež i radnici izvršavaju svoje dužnosti. U ljudskom društvu, bez obzira je li čovjek radnik, trgovac, činovnik, poljoprivrednik ili pripadnik najvišeg staleža poput pisaca, znanstvenika ili teologa, mora raditi za uzdržavanje. Gospodin stoga kaže Arjuni da ne treba ostaviti svoje zanimanje, već se prilikom izvršavanja svoje dužnosti treba sjećati Kṛṣṇe (*mām anusmara*). Ako se u borbi za opstanak ne sjeća Kṛṣṇe, neće se moći sjetiti Kṛṣṇe u trenutku smrti. To nam savjetuje i Gospodin Caitanya. On kaže – *kīrtanīyaḥ sadā hariḥ:* trebamo uvijek pjevati Gospodinova imena. Gospodin se ne razlikuje od Svojih imena. Tako nema razlike između uputa koje je Arjuni dao Kṛṣṇa „sjećaj Me se" i uputa Gospodina Caitanye „uvijek pjevaj imena Gospodina Kṛṣṇe". Nema razlike, jer se Kṛṣṇa i Kṛṣṇino ime ne razlikuju. Na apsolutnoj razini nema razlike između onoga što se odnosi na neku osobu i same osobe. Zato se uvijek trebamo sjećati Gospodina, dvadeset četiri sata na dan, pjevajući Njegova imena. Svoj život trebamo urediti na takav način da Ga se uvijek možemo sjećati.

Kako je to moguće? *Ācārye* navode sljedeći primjer. Ako je udana žena vezana za drugog muškarca ili ako je muškarac vezan za ženu koja nije njegova supruga, takva je vezanost vrlo snažna. Osoba s takvom vezanošću uvijek misli na voljenu osobu. Žena koja misli na ljubavnika uvijek misli na susret s njim, čak i dok obavlja kućanske poslove. Ustvari, ona obavlja kućanske poslove još brižljivije, kako muž ne bi otkrio njezinu vezanost. Slično tome, mi se uvijek trebamo sjećati vrhovnog ljubavnika, Śrī Kṛṣṇe, i istodobno brižljivo izvršavati svoje materijalne dužnosti. Za to je potreban snažan osjećaj ljubavi. Ako osjećamo snažnu ljubav prema Svevišnjem Gospodinu, onda možemo izvršavati svoju dužnost i istodobno se sjećati Gospodina. No moramo razviti taj osjećaj ljubavi. Na primjer, Arjuna je uvijek mislio na Kṛṣṇu. Bio je Kṛṣṇin stalni pratilac i istodobno ratnik. Kṛṣṇa mu nije savjetovao da ostavi borbu i ode u šumu meditirati. Kada mu je Gospodin Kṛṣṇa opisao sustav *yoge*, Arjuna je rekao da ga ne može primjenjivati.

arjuna uvāca
yo 'yaṁ yogas tvayā proktaḥ sāmyena madhusūdana
etasyāhaṁ na paśyāmi cañcalatvāt sthitiṁ sthirām

„Arjuna reče: O Madhusūdana, sustav *yoge* koji si mi ukratko opisao čini mi se nepraktičnim i nepodnošljivim jer je um nemiran i nepostojan." (*Bg.* 6.33)

Gospodin izjavljuje:

yogīnām api sarveṣāṁ mad-gatenāntarātmanā
śraddhāvān bhajate yo māṁ sa me yuktatamo mataḥ

„Onaj tko uvijek s velikom vjerom prebiva u Meni, misleći u sebi na Mene, i transcendentalno Me služi s ljubavlju, najprisnije je sjedinjen sa Mnom u *yogi* i najviši je od svih *yogīja*. To je Moje mišljenje." (*Bg.* 6.47) Tako je onaj tko uvijek misli na Svevišnjeg Gospodina u isto vrijeme najveći *yogī*, najveći *jñānī* i najveći *bhakta*. Gospodin kaže Arjuni da kao *kṣatriya* ne može ostaviti borbu, ali ako se bori sjećajući se Kṛṣṇe, onda će se moći sjetiti Kṛṣṇe u trenutku smrti. Za to je potrebna potpuna posvećenost transcendentalnom služenju Gospodina s ljubavlju.

Ustvari, mi ne djelujemo tijelom, već umom i inteligencijom. Ako su um i inteligencija uvijek obuzeti mislima o Svevišnjem Gospodinu, osjetila su prirodno zaokupljena služenjem Gospodina. Površno gledajući, djelatnosti osjetila ostaju iste, ali svjesnost je promijenjena. *Bhagavad-gītā* nas poučava kako naš um i inteligenciju trebamo zaokupiti mislima o Gospodinu. Takva će nam obuzetost omogućiti da se prenesemo u Božje Carstvo. Ako je um zaokupljen služenjem Kṛṣṇe, osjetila su samim tim zaokupljena služenjem Gospodina. Stoga sva umjetnost i tajna *Bhagavad-gīte* leži u potpunoj obuzetosti mislima o Śrī Kṛṣṇi.

Suvremeni je čovjek uložio veliki napor kako bi stigao na Mjesec, ali nije uložio veliki napor u pokušaj duhovnog uzdizanja. Ako netko ima pedeset godina života pred sobom, to kratko vrijeme treba iskoristiti za njegovanje sjećanja na Svevišnju Božansku Osobu. To je proces predanosti:

śravaṇaṁ kīrtanaṁ viṣṇoḥ smaraṇaṁ pāda-sevanam
arcanaṁ vandanaṁ dāsyaṁ sakhyam ātma-nivedanam
(*Śrīmad-Bhāgavatam* 7.5.23)

Ovih devet procesa, od kojih je najlakši *śravaṇam,* slušanje *Bhagavad-gīte* od samospoznate osobe, pomoći će osobi da misli na Vrhovno Biće. To će joj pomoći da se sjeća Svevišnjeg Gospodina i omogućiti joj da po napuštanju tijela dobije duhovno tijelo, pogodno za druženje sa Svevišnjim Gospodinom.

Gospodin kaže:

abhyāsa-yoga-yuktena cetasā nānya-gāminā
paramaṁ puruṣaṁ divyaṁ yāti pārthānucintayan

„Onaj tko meditira na Mene kao na Svevišnju Božansku Osobu, tko se uvijek sjeća Mene i tko ne odstupi od ovoga puta, o Arjuna, sigurno će Me dostići." (*Bg.* 8.8)

To nije vrlo težak proces. Međutim, moramo ga naučiti od iskusne osobe. *Tad vijñānārthaṁ sa gurum evābhigacchet:* moramo prići osobi koja ga već primjenjuje. Um uvijek leti s jednoga predmeta na drugi, ali moramo naučiti da ga uvijek usredotočimo na oblik Svevišnjeg Gospodina Śrī Kṛṣṇe ili na zvuk Njegova imena. Um je prirodno nemiran i luta tamo-amo, ali može počivati u zvučnoj vibraciji Kṛṣṇina imena. Stoga moramo meditirati na *paramaṁ puruṣam,* Svevišnjeg Gospodina u duhovnom carstvu, duhovnom nebu, i tako Ga dostići. Načini i sredstva za dostizanje krajnje spoznaje, krajnjeg cilja, opisani su u *Bhagavad-gīti.*

Vrata toga znanja otvorena su za svakoga. Nikome nije zabranjen pristup. Sve vrste ljudi mogu prići Gospodinu Kṛṣṇi misleći na Njega, jer svatko može slušati i razmišljati o Njemu.

Gospodin kaže (*Bg.* 9.32–33):

māṁ hi pārtha vyapāśritya ye 'pi syuḥ pāpa-yonayaḥ
striyo vaiśyās tathā-śūdrās te 'pi yānti parāṁ gatim

kiṁ punar brāhmaṇāḥ puṇyā bhaktā rājarṣayas tathā
anityam asukhaṁ lokam imaṁ prāpya bhajasva mām

Čak i trgovac, pala žena, radnik ili ljudsko biće na najnižem položaju mogu dostići Svevišnjeg. Nije potrebna visoko razvijena inteligencija. To znači da svatko tko prihvati načelo *bhakti-yoge* i Svevišnjeg Gospodina kao *summum bonum* svoga života, kao najviši cilj, može prići Gospodinu u duhovnom carstvu. Ako prihvati načela izložena u *Bhagavad-gīti,* može usavršiti svoj život i zauvijek riješiti sve probleme života. To je bit čitave *Bhagavad-gīte.*

Možemo zaključiti da je *Bhagavad-gītā* transcendentalni spis koji trebamo čitati veoma pomno. *Gītā-śāstram idaṁ puṇyaṁ yaḥ paṭhet prayataḥ pumān:* onaj tko pravilno slijedi upute *Bhagavad-gīte* može se osloboditi svih bijeda i tjeskoba života. *Bhaya-śokādi-varjitaḥ.* Oslobodit ćemo se svih bojazni u ovom životu, a naš će sljedeći život biti duhovan. (*Gītā-māhātmya* 1)

Postoji još jedna prednost:

gītādhyāyana-śīlasya prāṇāyama-parasya ca
naiva santi hi pāpāni pūrva-janma-kṛtāni ca

„Ako netko čita *Bhagavad-gītu* vrlo iskreno i ozbiljno, posljedice njegovih prošlih nedjela, zahvaljujući Gospodinovoj milosti, neće djelovati na njega." (*Gītā-māhātmya* 2) Gospodin jasno kaže u posljednjem poglavlju *Bhagavad-gīte* (18.66):

sarva-dharmān parityajya mām ekaṁ śaraṇaṁ vraja
ahaṁ tvāṁ sarva-pāpebhyo mokṣayiṣyāmi mā śucaḥ

„Ostavi sve vrste religije i samo se predaj Meni. Oslobodit ću te svih grešnih posljedica. Ne boj se." Tako Gospodin prihvaća svu odgovornost za onoga tko Mu se preda i štiti ga od svih posljedica grijeha.

maline mocanaṁ puṁsāṁ jala-snānaṁ dine dine
sakṛd gītāmṛta-snānaṁ saṁsāra-mala-nāśanam

„Osoba se može prati svaki dan kupajući se u vodi, ali ako se samo jednom okupa u svetoj vodi *Bhagavad-gīte,* biva pročišćena od sve prljavštine materijalnog života." (*Gītā-māhātmya* 3)

gītā su-gītā kartavyā kim anyaiḥ śāstra-vistaraiḥ
yā svayaṁ padmanābhasya mukha-padmād viniḥsṛtā

Budući da je *Bhagavad-gītu* izgovorila Svevišnja Božanska Osoba, ne trebamo čitati ni jedan drugi vedski spis. Trebamo samo pomno i redovito slušati i čitati *Bhagavad-gītu.* U sadašnjem dobu ljudi su toliko zaokupljeni svjetovnim djelatnostima da ne mogu pročitati sve vedske spise. No to nije potrebno. Ova knjiga, *Bhagavad-gītā,* bit će dovoljna, jer predstavlja bit svih vedskih spisa, napose zato što ju je izgovorila Svevišnja Božanska Osoba. (*Gītā-māhātmya* 4)

Rečeno je:

bhāratāmṛta-sarvasvaṁ viṣṇu-vaktrād viniḥsṛtam
gītā-gaṅgodakaṁ pītvā punar janma na vidyate

„Onaj tko pije vodu Gange dostiže oslobođenje, a da ne govorimo o onome tko pije nektar *Bhagavad-gīte.* Ona je pravi nektar *Mahābhārate,* a izgovorio ju je sam Gospodin Kṛṣṇa, izvorni Viṣṇu." (*Gītā-māhātmya* 5) *Bhagavad-gītā* potječe s usana Svevišnje Božanske Osobe, a za Gangu se kaže da izvire iz Gospodinovih lotosolikih stopala. Naravno, nema razlike između Gospodinovih usana i stopala, ali na temelju nepristrana proučavanja možemo zaključiti da je *Bhagavad-gītā* važnija i od vode Gange.

sarvopaniṣado gāvo dogdhā gopāla-nandanaḥ
pārtho vatsaḥ su-dhīr bhoktā dugdhaṁ gītāmṛtaṁ mahat

„Ova *Gītopaniṣada, Bhagavad-gītā,* bit je svih *Upaniṣada.* Nalikuje kravi koju muze Gospodin Kṛṣṇa, poznat kao pastir. Arjuna je tele, a učeni ljudi i čisti *bhakte* trebaju piti nektarsko mlijeko *Bhagavad-gīte.*" (*Gītā-māhātmya* 6)

ekaṁ śāstraṁ devakī-putra-gītam
eko devo devakī-putra eva
eko mantras tasya nāmāni yāni
karmāpy ekaṁ tasya devasya sevā
(*Gītā-māhātmya* 7)

U današnje vrijeme ljudi žele imati jedan sveti spis, jednoga Boga, jednu religiju i jednu djelatnost. Stoga – *ekaṁ śāstraṁ devakī-putra-gītam:* neka čitav svijet ima samo jedan sveti spis – *Bhagavad-gītu. Eko devo devakī-putra eva:* neka čitav svijet ima samo jednoga Boga – Śrī Kṛṣṇu. *Eko mantras tasya nāmāni:* i jednu himnu, jednu *mantru,* jednu molitvu – pjesmu sastavljenu od Njegovih imena: Hare Kṛṣṇa, Hare Kṛṣṇa, Kṛṣṇa Kṛṣṇa, Hare Hare / Hare Rāma, Hare Rāma, Rāma Rāma, Hare Hare. *Karmāpy ekaṁ tasya devasya sevā:* i neka bude zaokupljen samo jednom djelatnošću – služenjem Svevišnje Božanske Osobe.

UČENIČKO NASLIJEĐE

Evaṁ paramparā-prāptam imaṁ rājarṣayo viduḥ (*Bhagavad-gītā* 4.2). *Bhagavad-gītā kakva jest* primljena je sljedećim učeničkim naslijeđem:

1. Kṛṣṇa
2. Brahmā
3. Nārada
4. Vyāsa
5. Madhva
6. Padmanābha
7. Nṛhari
8. Mādhava
9. Akṣobhya
10. Jaya Tīrtha
11. Jñānasindhu
12. Dayānidhi
13. Vidyānidhi
14. Rājendra
15. Jayadharma
16. Puruṣottama
17. Brahmaṇya Tīrtha
18. Vyāsa Tīrtha
19. Lakṣmīpati
20. Mādhavendra Purī
21. Īśvara Purī, (Nityānanda, Advaita)
22. Gospodin Caitanya
23. Rūpa, (Svarūpa, Sanātana)
24. Raghunātha, Jīva
25. Kṛṣṇadāsa
26. Narottama
27. Viśvanātha
28. (Baladeva), Jagannātha
29. Bhaktivinoda
30. Gaurakiśora
31. Bhaktisiddhānta Sarasvatī
32. A. C. Bhaktivedanta Swami Prabhupāda

PRVO POGLAVLJE

Promatranje vojski na bojnom polju Kurukṣetri

STROFA 1

धृतराष्ट्र उवाच
धर्मक्षेत्रे कुरुक्षेत्रे समवेता युयुत्सवः ।
मामकाः पाण्डवाश्चैव किमकुर्वत सञ्जय ॥ १ ॥

dhṛtarāṣṭra uvāca
dharma-kṣetre kuru-kṣetre samavetā yuyutsavaḥ
māmakāḥ pāṇḍavāś caiva kim akurvata sañjaya

dhṛtarāṣṭraḥ uvāca – kralj Dhṛtarāṣṭra reče; *dharma-kṣetre* – na mjestu hodočašća; *kuru-kṣetre* – na mjestu zvanom Kurukṣetra; *samavetāḥ* – okupljeni; *yuyutsavaḥ* – željni borbe; *māmakāḥ* – moji (sinovi); *pāṇḍavāḥ* – sinovi Pāṇḍua; *ca* – i; *eva* – zacijelo; *kim* – što; *akurvata* – učinili su; *sañjaya* – o Sañjaya.

Dhṛtarāṣṭra reče: O Sañjaya, okupivši se na mjestu hodočašća, Kurukṣetri, što su učinili moji sinovi i sinovi Pāṇḍua, željni borbe?

SMISAO: *Bhagavad-gītā* je teističko naučavanje, čitano u svim dijelovima svijeta. U *Gītā-māhātmyi* (*Hvalospjevu Gīti*), u kojem je sažeto izložen sadržaj *Gīte,* čitatelju se savjetuje da *Bhagavad-gītu* pomno proučava uz pomoć Śrī Kṛṣṇina *bhakte* i pokuša je shvatiti bez osobno motiviranih tumačenja. Primjer pravilna razumijevanja ovog nauka postavio je u samoj *Gīti* Arjuna, koji je *Gītu* čuo od samoga Gospodina. Ako netko, zahvaljujući sreći, shvati *Bhagavad-gītu* u nizu učeničkog naslijeđa, bez motivirana tumačenja, nadilazi proučavanje vedske mudrosti i svih svetih spisa. U *Bhagavad-gīti* čitatelj će naći sve što se nalazi u drugim svetim spisima, ali i ono što se u njima ne može naći. To je posebno odličje *Gīte.* Ona je savršeno teističko naučavanje, jer ju je izgovorila sama Svevišnja Božanska Osoba, Gospodin Śrī Kṛṣṇa.

Razgovor između Dhṛtarāṣṭre i Sañjaye opisan u *Mahābhārati* tvori temelj ove velike filozofije. Smatra se da je ova filozofija bila izložena na bojnom polju Kurukṣetri, koje je još od davnih vremena vedske kulture sveto mjesto hodočašća. Izgovorio ju je Gospodin kada je osobno boravio na ovom planetu kako bi čovječanstvu pružio vodstvo.

Riječ *dharma-kṣetra* (mjesto na kojem se vrše religijski obredi) je značajna, jer je Svevišnja Božanska Osoba bila nazočna na bojnom polju Kurukṣetri na strani Arjune. Otac Kurua, Dhṛtarāṣṭra, sumnjao je u mogućnost konačne pobjede svojih sinova. Tako je obuzet dvojbom upitao svoga tajnika Sañjayu: „Što su učinili?" Bio je uvjeren da su se njegovi sinovi i sinovi njegova mlađeg brata Pāṇḍua okupili na bojnom polju Kurukṣetri radi odlučna ratovanja. Ipak, njegovo je pitanje važno. On nije htio da se rođaci i braća nagode. Htio je biti siguran u sudbinu svojih sinova na bojnom polju. Budući da se bitka trebala voditi na Kurukṣetri, koja je u *Vedama* opisana kao mjesto obožavanja čak i za stanovnike raja, jako se plašio utjecaja sveta mjesta na ishod bitke. Znao je vrlo dobro da će ono povoljno utjecati na Arjunu i sinove Pāṇḍua, koji su po prirodi bili puni vrlina. Sañjaya je bio Vyāsin učenik. Njegovom milošću mogao je vidjeti bojno polje čak i dok se nalazio u Dhṛtarāṣṭrinoj sobi. Zato ga je Dhṛtarāṣṭra upitao o situaciji na bojnom polju.

I Pāṇḍave i Dhṛtarāṣṭrini sinovi pripadaju istoj obitelji, ali Dhṛtarāṣṭra ovdje otkriva svoj um. Namjerno izjavljuje da su samo njegovi sinovi Kurui i izdvaja Pāṇḍuove sinove iz obiteljskog naslijeđa. Tako možemo shvatiti njegov stav prema vlastitim nećacima, sinovima Pāṇḍua. Kao što se s rižina polja čupaju nepotrebne biljke, tako se od samoga početka ove pripovijesti očekuje da će na religijskom polju Kurukṣetri, na kojem je bio nazočan sam otac religije, Śrī Kṛṣṇa, biti iščupane nepoželjne biljke, poput Dhṛtarāṣṭrina sina Duryodhane i drugih, i da će Gospodin na čelo postaviti istinski pobožne ljude, predvođene Yudhiṣṭhirom. To je značaj riječi *dharma-kṣetre* i *kuru-kṣetre,* uz njihov povijesni i vedski značaj.

STROFA 2

सञ्जय उवाच
दृष्ट्वा तु पाण्डवानीकं व्यूढं दुर्योधनस्तदा ।
आचार्यमुपसङ्गम्य राजा वचनमब्रवीत् ॥ २ ॥

sañjaya uvāca
dṛṣṭvā tu pāṇḍavānīkaṁ vyūḍhaṁ duryodhanas tadā
ācāryam upasaṅgamya rājā vacanam abravīt

sañjayaḥ uvāca – Sañjaya reče; *dṛṣṭvā* – vidjevši; *tu* – međutim; *pāṇḍava-anīkam* – vojnike Pāṇḍava; *vyūḍham* – postrojene ; *duryodhanaḥ* – kralj Duryodhana; *tadā* – u to vrijeme; *ācāryam* – učitelju; *upasaṅgamya* – prišavši; *rājā* – kralj; *vacanam* – riječi; *abravīt* – izgovorio.

Sañjaya reče: O kralju, vidjevši vojsku koju su postrojili sinovi Pāṇḍua, kralj Duryodhana priđe svom učitelju i izgovori ove riječi.

SMISAO: Dhṛtarāṣṭra je bio slijep od rođenja. Nažalost, bio je lišen i duhovne vizije. Dobro je znao da su njegovi sinovi isto tako slijepi za religiju i da se nikada ne bi mogli sporazumjeti s Pāṇḍavama, koji su od rođenja bili pobožni. Unatoč tome, bio je sumnjičav zbog utjecaja mjesta hodočašća i Sañjaya je shvatio pobudu koja ga je navela na to da postavi pitanje o stanju na bojnom polju. Želeći ohrabriti očajnoga kralja, uvjerio ga je da njegovi sinovi neće sklopiti nikakav sporazum pod utjecajem svetoga mjesta. Obavijestio je kralja da je njegov sin Duryodhana, vidjevši vojnu silu Pāṇḍava, odmah prišao glavnom zapovjedniku Droṇācāryi kako bi ga obavijestio o stanju na bojnom polju. Premda je Duryodhana bio kralj, zbog ozbiljnosti situacije morao je prići zapovjedniku. To pokazuje da je bio sposoban političar, no njegova diplomatska glazura nije mogla prikriti strah koji je osjetio kada je vidio vojne postrojbe Pāṇḍava.

STROFA 3

पश्यैतां पाण्डुपुत्राणामाचार्य महतीं चमूम् ।
व्यूढां द्रुपदपुत्रेण तव शिष्येण धीमता ॥ ३ ॥

paśyaitāṁ pāṇḍu-putrāṇāṁ ācārya mahatīṁ camūm
vyūḍhāṁ drupada-putreṇa tava śiṣyeṇa dhīmatā

paśya – pogledaj; *etām* – ovu; *pāṇḍu-putrāṇām* – Pāṇḍuovih sinova; *ācārya* – o učitelju; *mahatīm* – veliku; *camūm* – vojnu silu; *vyūḍhām* – koju je postrojio; *drupada-putreṇa* – Drupadin sin; *tava* – tvoj; *śiṣyeṇa* – učenik; *dhī-matā* – vrlo razborit.

O učitelju moj, pogledaj veliku vojsku Pāṇḍuovih sinova, koju je tako vješto postrojio tvoj razborit učenik, sin Drupade.

SMISAO: Kao iskusan diplomat, Duryodhana je htio istaknuti nedostatke Droṇācārye, velikog *brāhmaṇe* i glavnog zapovjednika. Droṇācārya je iz političkih razloga bio u zavadi s kraljem Drupadom, ocem Arjunine žene Draupadī. Zbog te je svađe Drupada izvršio veliko žrtvovanje, pa je kao blagoslov dobio sina sposobna da ubije Droṇācāryu. Droṇācārya je to savršeno dobro znao, no kao velikodušan *brāhmaṇa* nije se dvoumio prenijeti sve svoje vojne tajne Drupadinu sinu Dhṛṣṭadyumni kad mu je bio povjeren na vojnu izobrazbu. Sada se, na bojnom polju Kurukṣetri, Dhṛṣṭadyumna pridružio Pāṇḍavama i postrojio njihovu vojsku, naučivši tu vještinu od Droṇācārye. Duryodhana je istaknuo tu pogrešku kako bi naveo Droṇācāryu da bude budan i beskompromisan u borbi. Time je htio naglasiti da ne smije biti popustljiv u bici protiv Pāṇḍava, koji su također bili Droṇācāryini dragi učenici. Napose je Arjuna bio njegov najdraži i najbolji učenik. Duryodhana je upozorio da će takva popustljivost u borbi dovesti do poraza.

STROFA 4

अत्र शूरा महेष्वासा भीमार्जुनसमा युधि ।
युयुधानो विराटश्च द्रुपदश्च महारथः ॥ ४ ॥

atra śūrā maheṣv-āsā bhīmārjuna-samā yudhi
yuyudhāno virāṭaś ca drupadaś ca mahā-rathaḥ

atra – ovdje; *śūrāḥ* – junaci; *mahā-iṣu-āsāḥ* – vješti strijelci; *bhīma-arjuna* – Bhīmi i Arjuni; *samāḥ* – ravni; *yudhi* – u borbi; *yuyudhānaḥ* – Yuyudhāna; *virāṭaḥ* – Virāṭa; *ca* – također; *drupadaḥ* – Drupada; *ca* – također; *mahā-rathaḥ* – veliki ratnik.

U toj vojsci ima mnogo junačkih strijelaca i velikih ratnika, u borbi ravnih Bhīmi i Arjuni, poput Yuyudhāne, Virāṭe i Drupade.

SMISAO: Premda Dhṛṣṭadyumna nije bio važna zapreka pred Droṇācāryinom ogromnom vojnom moći, bilo je mnogo drugih koji su ulijevali strah. Duryodhana ih opisuje kao velike kamene spoticanja na putu pobjede, jer je svaki od njih bio jednako opasan kao Bhīma i Arjuna. Znao je snagu Bhīme i Arjune i zato ih je usporedio s njima.

STROFA 5

धृष्टकेतुश्चेकितानः काशिराजश्च वीर्यवान् ।
पुरुजित् कुन्तिभोजश्च शैब्यश्च नरपुङ्गवः ॥ ५ ॥

dhṛṣṭaketuś cekitānaḥ kāśirājaś ca vīryavān
purujit kuntibhojaś ca śaibyaś ca nara-puṅgavaḥ

dhṛṣṭaketuḥ – Dhṛṣṭaketu; *cekitānaḥ* – Cekitāna; *kāśirājaḥ* – Kāśirāja; *ca* – također; *vīrya-vān* – vrlo snažni; *purujit* – Purujit; *kuntibhojaḥ* – Kuntibhoja; *ca* – i; *śaibyaḥ* – Śaibya; *ca* – i; *nara-puṅgavaḥ* – junak u ljudskom društvu.

Tu su veliki junaci i snažni borci poput Dhṛṣṭaketua, Cekitāne, Kāśirāje, Purujita, Kuntibhoje i Śaibye.

STROFA 6

युधामन्युश्च विक्रान्त उत्तमौजाश्च वीर्यवान् ।
सौभद्रो द्रौपदेयाश्च सर्व एव महारथाः ॥ ६ ॥

yudhāmanyuś ca vikrānta uttamaujāś ca vīryavān
saubhadro draupadeyāś ca sarva eva mahā-rathāḥ

yudhāmanyuḥ – Yudhāmanyu; *ca* – i; *vikrāntaḥ* – veliki; *uttamaujāḥ* – Uttamaujā; *ca* – i; *vīrya-vān* – vrlo snažni; *saubhadraḥ* – Subhadrin sin; *draupadeyāḥ* – Draupadīni sinovi; *ca* – i; *sarve* – svi; *eva* – zacijelo; *mahā-rathāḥ* – veliki borci na bojnim kolima.

S njima su veliki Yudhāmanyu, snažni Uttamaujā, Subhadrin sin i Draupadīni sinovi. Svi su ti ratnici veliki borci na bojnim kolima.

STROFA 7

अस्माकं तु विशिष्टा ये तान्निबोध द्विजोत्तम ।
नायका मम सैन्यस्य संज्ञार्थं तान् ब्रवीमि ते ॥ ७ ॥

asmākaṁ tu viśiṣṭā ye tān nibodha dvijottama
nāyakā mama sainyasya saṁjñārthaṁ tān bravīmi te

asmākam – naši; *tu* – ali; *viśiṣṭāḥ* – vrlo sposobni; *ye* – koji; *tān* – na njih; *nibodha* – obrati pozornost, znaj; *dvija-uttama* – o najbolji *brāhmaṇo*; *nayakāḥ* – zapovjednici; *mama* – mojih; *sainyasya* – vojnika; *saṁjñā-artham* – da te obavijestim; *tān* – o njima; *bravīmi* – govorim; *te* – tebi.

Ali dopusti mi da te obavijestim o vrlo sposobnim zapovjednicima koji predvode moju vojnu silu, o najbolji brāhmaṇo.

STROFA 8

भवान् भीष्मश्च कर्णश्च कृपश्च समितिंजयः ।
अश्वत्थामा विकर्णश्च सौमदत्तिस्तथैव च ॥ ८ ॥

bhavān bhīṣmaś ca karṇaś ca kṛpaś ca samitiṁ-jayaḥ
aśvatthāmā vikarṇaś ca saumadattis tathaiva ca

bhavān – tvoje dobro biće; *bhīṣmaḥ* – djed Bhīṣma; *ca* – također; *karṇaḥ* – Karṇa; *ca* – i; *kṛpaḥ* – Kṛpa; *ca* – i; *samitim-jayaḥ* – uvijek odnose pobjedu u bici; *aśvatthāmā* – Aśvatthāmā; *vikarṇaḥ* – Vikarṇa; *ca* – i; *saumadattiḥ* – Somadattin sin; *tathā* – i; *eva* – zacijelo; *ca* – također.

Tu su osobe poput tebe, Bhīṣme, Karṇe, Kṛpe, Aśvatthāme, Vikarṇe i Somadattina sina Bhūriśrave, koje uvijek odnose pobjedu u bici.

SMISAO: Duryodhana spominje velike junake u bici, koji uvijek odnose pobjedu. Vikarṇa je Duryodhanin brat, Aśvatthāmā Droṇācāryin sin, a Saumadatti ili Bhūriśravā sin kralja Bāhlīka. Karṇa je Arjunin polubrat, jer ga je rodila Kuntī prije udaje za kralja Pāṇḍua. Kṛpācāryina se sestra blizanka udala za Droṇācāryu.

STROFA 9

अन्ये च बहवः शूरा मदर्थे त्यक्तजीविताः ।
नानाशस्त्रप्रहरणाः सर्वे युद्धविशारदाः ॥ ९ ॥

anye ca bahavaḥ śūrā mad-arthe tyakta-jīvitāḥ
nānā-śastra-praharaṇāḥ sarve yuddha-viśāradāḥ

anye – drugi; *ca* – također; *bahavaḥ* – u velikom broju; *śūrāḥ* – junaci; *mat-arthe* – za mene; *tyakta-jīvitāḥ* – spremni da polože život; *nānā* – mnogobrojnim; *śastra* – oružjem; *praharaṇāḥ* – naoružani; *sarve* – svi oni; *yuddha-viśāradāḥ* – iskusni poznavatelji vojne znanosti.

Tu su i mnogi drugi junaci spremni da polože svoj život za mene. Svi su oni iskusni poznavatelji vojne vještine, dobro naoružani raznim vrstama oružja.

SMISAO: Što se tiče drugih, poput Jayadrathe, Kṛtavarme i Śalye, svi su odlučili položiti svoj život za Duryodhanu. Drugim riječima, već je zaključeno da će svi umrijeti u bici na Kurukṣetri, jer su se pridružili grešnome Duryodhani. Naravno, Duryodhana je bio uvjeren da će zahvaljujući udruženim snagama svojih prijatelja odnijeti pobjedu.

STROFA 10

अपर्याप्तं तदस्माकं बलं भीष्माभिरक्षितम् ।
पर्याप्तं त्विदमेतेषां बलं भीमाभिरक्षितम् ॥ १० ॥

aparyāptaṁ tad asmākaṁ balaṁ bhīṣmābhirakṣitam
paryāptaṁ tv idam eteṣāṁ balaṁ bhīmābhirakṣitam

aparyāptam – neizmjerna; *tat* – ta; *asmākam* – naša; *balam* – snaga; *bhīṣma* – djed Bhīṣma; *abhirakṣitam* – savršeno štiti; *paryāptam* – ograničena; *tu* – ali; *idam* – sva ta; *eteṣām* – Pāṇḍava; *balam* – snaga; *bhīma* – Bhīma; *abhirakṣitam* – brižno štiti.

Snaga je naše vojske, koju savršeno štiti djed Bhīṣma, neizmjerna, dok je snaga Pāṇḍava, koje brižno štiti Bhīma, ograničena.

SMISAO: Ovdje Duryodhana uspoređuje snagu dviju vojski. On misli da je snaga njegove vojske neizmjerna, jer je štiti najiskusniji general, djed Bhīṣma, dok su snage Pāṇḍava ograničene, jer ih štiti manje iskusan general Bhīma, koji u Bhīṣminoj nazočnosti izgleda beznačajno. Duryodhana je uvijek zavidio Bhīmi, jer je savršeno dobro znao da će, ako treba umrijeti, umrijeti od Bhīmine ruke. U isto vrijeme bio je uvjeren u svoju pobjedu zbog prisutnosti Bhīṣme, daleko boljega generala. Njegov je zaključak, da će iz bitke izaći kao pobjednik, bio utemeljen na provjerenim činjenicama.

STROFA 11

अयनेषु च सर्वेषु यथाभागमवस्थिताः ।
भीष्ममेवाभिरक्षन्तु भवन्तः सर्व एव हि ॥ ११ ॥

ayaneṣu ca sarveṣu yathā-bhāgam avasthitāḥ
bhīṣmam evābhirakṣantu bhavantaḥ sarva eva hi

ayaneṣu – na strateškim točkama; *ca* – također; *sarveṣu* – svuda; *yathā-bhāgam* – na raznim položajima; *avasthitāḥ* – smješteni; *bhīṣmam* – djedu Bhīṣmi; *eva* – svakako; *abhirakṣantu* – trebate pružiti potporu; *bhavantaḥ* – vi; *sarve* – svi; *eva hi* – zacijelo.

Sada morate zajedno pružiti punu potporu djedu Bhīṣmi, smješteni na strateškim točkama prilaza vojski.

SMISAO: Nakon što je pohvalio Bhīṣminu moć, Duryodhana je pomislio da drugi mogu misliti kako ih smatra manje važnim i tako je, na svoj uobičajeno diplomatski način, ovim riječima pokušao izgladiti situaciju. Naglasio je da je Bhīṣmadeva nedvojbeno najveći junak, ali je star i zato bi ga svi trebali štititi sa svih strana. Dok se bori na jednoj strani, neprijatelj bi mogao iskoristiti situaciju. Stoga je bilo važno da drugi junaci ne napuste svoje strateške položaje i dopuste neprijatelju da probije vojne redove. Duryodhana je jasno osjetio da pobjeda Kurua ovisi o nazočnosti Bhīṣmadeve. Bio je uvjeren u punu potporu Bhīṣmadeve i Droṇācārye u bici, jer je dobro znao da nisu rekli ni riječ kad ih je Arjunina žena Draupadī, u bespomoćnu stanju, molila za pravdu, dok ju je Duḥśāsana pokušavao na silu razodjenuti u nazočnosti svih velikih generala na skupu. Premda je znao da dva generala osjećaju neku vrstu naklonosti prema Pāṇḍavama, nadao se da će je sada potpuno odbaciti, kao što su to učinili za vrijeme kockanja.

STROFA 12

तस्य सञ्जनयन् हर्षं कुरुवृद्धः पितामहः ।
सिंहनादं विनद्योच्चैः शङ्खं दध्मौ प्रतापवान् ॥ १२ ॥

tasya sañjanayan harṣaṁ kuru-vṛddhaḥ pitāmahaḥ
siṁha-nādaṁ vinadyoccaiḥ śaṅkhaṁ dadhmau pratāpavān

tasya – njegovu; *sañjanayan* – povećavajući; *harṣam* – radost; *kuru-vṛddhaḥ* – djed Kuru dinastije (Bhīṣma); *pitāmahaḥ* – djed; *siṁha-nādam* –

glasan zvuk nalik rici lava; *vinadya* – odjekujući; *uccaiḥ* – vrlo glasno; *śaṅkham* – u školjku; *dadhmau* – puhnuo; *pratāpa-vān* – hrabri.

Tada je Bhīṣma, veliki hrabri predak dinastije Kurua, djed boraca, snažno puhnuo u svoju školjku, proizvevši zvuk nalik na riku lava, razveselivši time Duryodhanu.

SMISAO: Djed dinastije Kurua shvatio je skrovite kutke srca svoga unuka Duryodhane i iz prirodne samilosti pokušao ga je razveseliti puhnuvši vrlo snažno u svoju školjku, kao što je dolikovalo njegovu lavljem položaju. Simboličnim puhanjem u školjku posredno je obavijestio svoga potištenog unuka Duryodhanu da nema nikakvih izgleda na pobjedu, jer je Svevišnji Gospodin Kṛṣṇa bio na strani protivnika. Unatoč tome, njegova je dužnost bila da se bori i u tu svrhu nije trebalo žaliti truda.

STROFA 13

ततः शङ्खाश्च भेर्यश्च पणवानकगोमुखाः ।
सहसैवाभ्यहन्यन्त स शब्दस्तुमुलोऽभवत् ॥ १३ ॥

tataḥ śaṅkhāś ca bheryaś ca paṇavānaka-gomukhāḥ
sahasaivābhyahanyanta sa śabdas tumulo 'bhavat

tataḥ – potom; *śaṅkhāḥ* – školjke; *ca* – također; *bheryaḥ* – veliki bubnjevi; *ca* – i; *paṇava-ānaka* – mali bubnjevi i timpani; *go-mukhāḥ* – rogovi; *sahasā* – iznenada; *eva* – zacijelo; *abhyahanyanta* – istodobno su se začuli; *saḥ* – taj; *śabdaḥ* – zvuk; *tumulaḥ* – zaglušujući; *abhavat* – postao.

Nakon toga su se istodobno oglasile školjke, bubnjevi, lovački rogovi, trube i rogovi, stvorivši iznenada zaglušujući zvuk.

STROFA 14

ततः श्वेतैर्हयैर्युक्ते महति स्यन्दने स्थितौ ।
माधवः पाण्डवश्चैव दिव्यौ शङ्खौ प्रदध्मतुः ॥ १४ ॥

tataḥ śvetair hayair yukte mahati syandane sthitau
mādhavaḥ pāṇḍavaś caiva divyau śaṅkhau pradadhmatuḥ

tataḥ – potom; *śvetaiḥ* – bijeli; *hayaiḥ* – konji; *yukte* – upregnuti; *mahati* – na velikim; *syandane* – bojnim kolima; *sthitau* – smješteni; *mādhavaḥ* – Kṛṣṇa (muž božice sreće); *pāṇḍavaḥ* – Arjuna (sin Pāṇḍua); *ca* –

također; *eva* – zacijelo; *divyau* – transcendentalne; *śaṅkhau* – u školjke; *pradadhmatuḥ* – puhnuli.

Na drugoj su strani Gospodin Kṛṣṇa i Arjuna puhnuli u svoje transcendentalne školjke smješteni na velikim bojnim kolima koja su vukli bijeli konji.

SMISAO: Opisano je da su školjke u rukama Kṛṣṇe i Arjune bile transcendentalne, za razliku od školjke u koju je puhnuo Bhīṣmadeva. Oglašavanje transcendentalnih školjki navješćivalo je da druga strana nije imala izgleda na pobjedu, jer je Kṛṣṇa bio na strani Pāṇḍava. *Jayas tu pāṇḍu-putrāṇāṁ yeṣāṁ pakṣe janārdanaḥ.* Pobjeda uvijek prati osobe kao što su Pāṇḍuovi sinovi, jer je s njima Gospodin Kṛṣṇa. Kad god i gdje god je nazočan Gospodin Kṛṣṇa, nazočna je i božica sreće, jer ona nikada ne živi sama bez svoga muža. Prema tome, pobjeda i sreća očekivali su Arjunu. Na to je upućivao transcendentalni zvuk koji je proizvela školjka Viṣṇua ili Gospodina Kṛṣṇe. K tome je kola na kojima su oba prijatelja sjedila Arjuni poklonio Agni (bog vatre). To je značilo da njihov vozač može u sva tri svijeta, gdje god ih odveze, osvojiti sve strane svijeta.

STROFA 15

पाञ्चजन्यं हृषीकेशो देवदत्तं धनञ्जयः ।
पौण्ड्रं दध्मौ महाशङ्खं भीमकर्मा वृकोदरः ॥ १५ ॥

pāñcajanyaṁ hṛṣīkeśo devadattaṁ dhanañjayaḥ
pauṇḍraṁ dadhmau mahā-śaṅkhaṁ bhīma-karmā vṛkodaraḥ

pāñcajanyam – školjku Pāñcajanyu; *hṛṣīka-īśaḥ* – Hṛṣīkeśa (Kṛṣṇa, Gospodin koji upravlja osjetilima *bhakta*); *devadattam* – školjku po imenu Devadatta; *dhanam-jayaḥ* – Dhanañjaya (Arjuna, osvojitelj bogatstva); *pauṇḍram* – školjku po imenu Pauṇḍra; *dadhmau* – puhnuo je u; *mahā-śaṅkham* – strahovitu školjku; *bhīma-karmā* – onaj tko izvršava divovske zadatke; *vṛka-udaraḥ* – onaj tko jede goleme količine hrane (Bhīma).

Gospodin Kṛṣṇa je puhnuo u Svoju školjku zvanu Pāñcajanya, Arjuna je puhnuo u svoju školjku zvanu Devadatta, a Bhīma, koji jede goleme količine hrane i izvršava divovske zadatke, puhnuo je u svoju strahovitu školjku zvanu Pauṇḍra.

SMISAO: Gospodin Kṛṣṇa je u ovoj strofi opisan kao Hṛṣīkeśa, jer je vlasnik svih osjetila. Živa bića su Njegovi sastavni djelići i zato su osjetila živih bića sastavni djelići Njegovih osjetila. Impersonalisti ne mogu objasniti osjetila živih bića i zato uvijek žele opisati živa bića kao neosjetilna ili neosobna. Gospodin, koji se nalazi u srcima svih živih bića, upravlja njihovim osjetilima, razmjerno njihovom predavanju. U slučaju čistoga *bhakte,* Gospodin izravno upravlja njegovim osjetilima. Ovdje, na bojnom polju Kurukṣetri, Gospodin je izravno upravljao transcendentalnim osjetilima Arjune i stoga se naziva Hṛṣīkeśa. Gospodin ima razna imena, koja dobiva po različitim djelatnostima. Na primjer, zove se Madhusūdana jer je ubio demona Madhua, Govinda jer pruža zadovoljstvo kravama i osjetilima, Vāsudeva jer se pojavio kao sin Vasudeve, Devakī-nandana jer je prihvatio Devakī kao Svoju majku, Yaśodā-nandana jer je Svojim dječinjim zabavama blagoslovio Yaśodu u Vṛndāvani, a Pārtha-sārathi jer je upravljao bojnim kolima Svoga prijatelja Arjune. Ime Hṛṣīkeśa znači da je na bojnom polju Kurukṣetri poučio Arjunu.

Arjuna je u ovoj strofi oslovljen kao Dhanañjaya jer je pomogao svom starijem bratu, kralju, u prikupljanju bogatstva potrebnog za izvođenje različitih žrtvovanja. Bhīma je poznat kao Vṛkodara zato što je mogao jesti istom silinom kojom je izvršavao divovske zadatke, poput ubijanja demona Hiḍimbe. Zvuci školjki u koje su puhnule razne osobe na strani Pāṇḍava, počev sa zvukom Gospodinove školjke, jako su ohrabrili borbene vojnike. Na drugoj strani nije bilo takva pouzdanja, niti prisutnosti Gospodina Kṛṣṇe, vrhovnog upravitelja, niti božice sreće. Tako je bilo predodređeno da Duryodhanina strana izgubi bitku. To je bila poruka koju su objavili zvuci školjki.

STROFE 16–18

अनन्तविजयं राजा कुन्तीपुत्रो युधिष्ठिरः ।
नकुलः सहदेवश्च सुघोषमणिपुष्पकौ ॥ १६ ॥
काश्यश्च परमेष्वासः शिखण्डी च महारथः ।
धृष्टद्युम्नो विराटश्च सात्यकिश्चापराजितः ॥ १७ ॥
द्रुपदो द्रौपदेयाश्च सर्वशः पृथिवीपते ।
सौभद्रश्च महाबाहुः शङ्खान् दध्मुः पृथक् पृथक् ॥ १८ ॥

anantavijayaṁ rājā kuntī-putro yudhiṣṭhiraḥ
nakulaḥ sahadevaś ca sughoṣa-maṇipuṣpakau

kāśyaś ca parameṣv-āsaḥ śikhaṇḍī ca mahā-rathaḥ
dhṛṣṭadyumno virāṭaś ca sātyakiś cāparājitaḥ

drupado draupadeyāś ca sarvaśaḥ pṛthivī-pate
saubhadraś ca mahā-bāhuḥ śaṅkhān dadhmuḥ pṛthak pṛthak

ananta-vijayam – školjku po imenu Anantavijaya; *rājā* – kralj; *kuntī-putraḥ* – Kuntīn sin; *yudhiṣṭhiraḥ* – Yudhiṣṭhira; *nakulaḥ* – Nakula; *sahadevaḥ* – Sahadeva; *ca* – i; *sughoṣa-maṇipuṣpakau* – školjke po imenu Sughoṣa i Maṇipuṣpaka; *kāśyaḥ* – kralj Kāśīja (Vārāṇasīja); *ca* – i; *parama-iṣu-āsaḥ* – veliki strijelac; *śikhaṇḍī* – Śikhaṇḍī; *ca* – također; *mahā-rathaḥ* – onaj tko se sam bori s tisuću protivnika; *dhṛṣṭadyumnaḥ* – Dhṛṣṭadyumna (sin kralja Drupade); *virāṭaḥ* – Virāṭa (kraljević koji je pružio utočište Pāṇḍavama kad su se skrivali); *ca* – također; *sātyakiḥ* – Sātyaki (vozač bojnih kola Gospodina Kṛṣṇe, poznat kao Yuyudhāna); *ca* – također; *aparājitaḥ* – koji nikada nisu bili pobjeđeni; *drupadaḥ* – Drupada, kralj Pāñcāle; *draupadeyāḥ* – Draupadīni sinovi; *ca* – također; *sarvaśaḥ* – svi; *pṛthivī-pate* – o kralju; *saubhadraḥ* – Subhadrin sin Abhimanyu; *ca* – također; *mahā-bāhuḥ* – snažnih ruku; *śaṅkhān* – školjke; *dadhmuḥ* – puhnuli u; *pṛthak pṛthak* – odvojeno.

Kralj Yudhiṣṭhira, Kuntīn sin, puhnuo je u svoju školjku zvanu Anantavijaya, a Nakula i Sahadeva puhnuli su u Sughoṣu i Maṇipuṣpaku. Veliki strijelac – kralj Kāśīja, veliki borac Śikhaṇḍī, Dhṛṣṭadyumna, Virāṭa, nepobjedivi Sātyakī, Drupada, Draupadīni sinovi i drugi, poput Subhadrina sina snažnih ruku, puhnuli su u svoje školjke, o kralju.

SMISAO: Sañjaya je veoma obzirno obavijestio kralja Dhṛtarāṣṭru da njegova nerazumna politika varanja Pāṇḍuovih sinova i napor što ga je uložio u pokušaj ustoličenja vlastitih sinova na prijestolje kraljevstva nisu bili za pohvalu. Znaci su nagovješćivali da će u toj velikoj bici čitava dinastija Kurua, od djeda Bhīṣme do unuka kao što su Abhimanyu i drugi, biti ubijena zajedno s kraljevima mnogih država svijeta. Svi su se ondje okupili, osuđeni na propast. Za čitavu je nesreću bio kriv kralj Dhṛtarāṣṭra, jer je odobravao politiku svojih sinova.

STROFA 19

स घोषो धार्तराष्ट्राणां हृदयानि व्यदारयत् ।
नभश्च पृथिवीं चैव तुमुलोऽभ्यनुनादयन् ॥ १९ ॥

sa ghoṣo dhārtarāṣṭrāṇāṁ hṛdayāni vyadārayat
nabhaś ca pṛthivīṁ caiva tumulo 'bhyanunādayan

saḥ – taj; *ghoṣaḥ* – vibracija; *dhārtarāṣṭrāṇām* – Dhṛtarāṣṭrinih sinova; *hṛdayāni* – srca; *vyadārayat* – potresao; *nabhaḥ* – nebo; *ca* – također; *pṛthivīm* – površinom Zemlje; *ca* – također; *eva* – zacijelo; *tumulaḥ* – glasno; *abhyanunādayan* – odjekujući.

Zvuk različitih školjki postao je zaglušujući. Odjekujući nebom i zemljom, potresao je srca Dhṛtarāṣṭrinih sinova.

SMISAO: Kad su Bhīṣma i drugi ratnici na Duryodhaninoj strani puhnuli u školjke, to nije slomilo srca Pāṇḍava. Tako nešto nije spomenuto, ali u ovoj je strofi opisano da su zvuci koje je proizvela strana Pāṇḍava potresli srca Dhṛtarāṣṭrinih sinova. To se zbilo zbog Pāṇḍava i njihova povjerenja u Gospodina Kṛṣṇu. Osoba koja prihvati utočište Svevišnjeg Gospodina nema se čega bojati, čak ni usred najveće nevolje.

STROFA 20

अथ व्यवस्थितान् दृष्ट्वा धार्तराष्ट्रान् कपिध्वजः ।
प्रवृत्ते शस्त्रसम्पाते धनुरुद्यम्य पाण्डवः ।
हृषीकेशं तदा वाक्यमिदमाह महीपते ॥ २० ॥

atha vyavasthitān dṛṣṭvā dhārtarāṣṭrān kapi-dhvajaḥ
pravṛtte śastra-sampāte dhanur udyamya pāṇḍavaḥ
hṛṣīkeśaṁ tadā vākyam idam āha mahī-pate

atha – tada; *vyavasthitān* – smješteni na; *dṛṣṭvā* – pogledavši; *dhārtarāṣṭrān* – Dhṛtarāṣṭrine sinove; *kapi-dhvajaḥ* – on, čiju je zastavu krasila slika Hanumāna; *pravṛtte* – dok se pripremao; *śastra-sampāte* – da odapne strijele; *dhanuḥ* – luk; *udyamya* – uzevši; *pāṇḍavaḥ* – Pāṇḍuov sin (Arjuna); *hṛṣīkeśam* – Gospodinu Kṛṣṇi; *tadā* – tada; *vākyam* – riječi; *idam* – ove; *āha* – rekao; *mahī-pate* – o kralju.

Tada je Arjuna, sin Pāṇḍua, stojeći na bojnim kolima sa zastavom koju je krasila slika Hanumāna, uzeo svoj luk, pripremivši se za boj. O kralju, pogledavši Dhṛtarāṣṭrine sinove svrstane u bojne redove, Arjuna se obratio Gospodinu Kṛṣṇi.

SMISAO: Bitka je upravo trebala početi. Iz te izjave saznajemo da su Dhṛtarāṣṭrini sinovi bili manje ili više obeshrabreni neočekivanim rasporedom vojne sile Pāṇḍava, koji su na bojnom polju djelovali po uputama samoga Gospodina Kṛṣṇe. Slika Hanumāna na Arjuninoj zastavi bila je još jedan znak pobjede, jer je Hanumān surađivao s Gospodinom Rāmom u bici između Rāme i Rāvaṇe, u kojoj je Gospodin Rāma odnio pobjedu. Sada su i Rāma i Hanumān bili nazočni na Arjuninim kolima kako bi mu pomogli. Gospodin Kṛṣṇa je sam Rāma, a gdje god je prisutan Rāma, prisutni su i Njegov vječni sluga Hanumān i Njegova vječna supruga Sītā, božica sreće. Prema tome, Arjuna nije imao razloga da se plaši bilo kakvih neprijatelja. Povrh svega, gospodar osjetila, Gospodin Kṛṣṇa, bio je osobno nazočan kako bi mu dao upute. Tako su Arjuni bili dostupni svi dobri savjeti o vođenju bitke. U takvim povoljnim okolnostima, koje je Gospodin uredio za Svoga vječnog *bhaktu,* ležali su znaci sigurne pobjede.

STROFE 21–22

अर्जुन उवाच
सेनयोरुभयोर्मध्ये रथं स्थापय मेऽच्युत ।
यावदेतान्निरीक्षेऽहं योद्धुकामानवस्थितान् ॥ २१ ॥
कैर्मया सह योद्धव्यमस्मिन् रणसमुद्यमे ॥ २२ ॥

arjuna uvāca
senayor ubhayor madhye rathaṁ sthāpaya me 'cyuta
yāvad etān nirīkṣe 'haṁ yoddhu-kāmān avasthitān

kair mayā saha yoddhavyam asmin raṇa-samudyame

arjunaḥ uvāca – Arjuna reče; *senayoḥ* – vojske; *ubhayoḥ* – obje; *madhye* – između; *ratham* – bojna kola; *sthāpaya* – molim Te, odvezi; *me* – moja; *acyuta* – o pouzdani; *yāvat* – sve dok; *etān* – sve te; *nirīkṣe* – mogu pogledati; *aham* – ja; *yoddhu-kāmān* – željne borbe; *avasthitān* – postrojene na bojnom polju; *kaiḥ* – s kojima; *mayā* – ja; *saha* – zajedno; *yoddhavyam* – moram se boriti; *asmin* – u ovom; *raṇa* – sukobu; *samudyame* – u pokušaju.

Arjuna reče: O pouzdani, molim Te, odvezi moja kola na sredinu bojnog polja, između dvije vojske, tako da mogu vidjeti sve okupljene osobe, željne borbe, s kojima se moram boriti u ovom velikom oružanom sukobu.

SMISAO: Premda je Gospodin Kṛṣṇa Svevišnja Božanska Osoba, iz Svoje bezuzročne milosti služio je Svoga prijatelja. On je uvijek privržen Svojim *bhaktama* i zato je ovdje oslovljen kao Acyuta, pouzdan. Kao vozač bojnih kola morao je izvršiti Arjunine naredbe. Budući da pri tom nije oklijevao, oslovljen je kao pouzdani. Iako je prihvatio položaj vozača bojnih kola Svoga *bhakte,* Njegov vrhovni položaj nije bio doveden u pitanje. U svim okolnostima, On je Svevišnja Božanska Osoba, Hṛṣīkeśa, gospodar svih osjetila. Odnos između Gospodina i Njegovih slugu transcendentalan je i vrlo sladak. Sluga je uvijek spreman da služi Gospodina, a Gospodin uvijek traži priliku da na neki način služi *bhaktu.* Gospodin osjeća veće zadovoljstvo kad Njegov čisti *bhakta* prihvati nadređen položaj i daje Mu naredbe nego kad sam izdaje naredbe. Budući da je gospodar, svatko mora izvršiti Njegove naredbe. Nitko nije viši od Njega i stoga Mu nitko ne može naređivati, ali kad Gospodin vidi da Mu čisti *bhakta* izdaje naredbe, osjeća transcendentalno zadovoljstvo, iako je nepogrešiv gospodar svih okolnosti.

Kao Gospodinov čisti *bhakta,* Arjuna se nije želio boriti protiv svojih rođaka i braće, ali ga je na to prisilila nepopustljivost Duryodhane, koji nikada nije pristao na mirovne pregovore. Zato je želio vidjeti vodeće osobe okupljene na bojnom polju. Premda nije bilo ni govora o sklapanju mira na bojnom polju, ponovno ih je htio vidjeti i ustanoviti koliko su čvrsto odlučili zahtijevati nepoželjan rat.

STROFA 23

योत्स्यमानानवेक्षेऽहं य एतेऽत्र समागताः ।
धार्तराष्ट्रस्य दुर्बुद्धेर्युद्धे प्रियचिकीर्षवः ॥ २३ ॥

yotsyamānān avekṣe 'haṁ ya ete 'tra samāgatāḥ
dhārtarāṣṭrasya durbuddher yuddhe priya-cikīrṣavaḥ

yotsyamānān – one koji će se boriti; *avekṣe* – dopusti mi da vidim; *aham* – ja; *ye* – koji; *ete* – one; *atra* – ovdje; *samāgatāḥ* – okupljene; *dhārtarāṣṭrasya* – Dhṛtarāṣṭrinom sinu; *durbuddheḥ* – opakom; *yuddhe* – u bici; *priya* – dobro; *cikīrṣavaḥ* – žele.

Dopusti mi da vidim one koji su došli ovamo boriti se, želeći zadovoljiti Dhṛtarāṣṭrina opaka sina.

SMISAO: Bila je javna tajna da je Duryodhana, u suradnji sa svojim ocem Dhṛtarāṣṭrom, zlim planovima želio nezakonito prisvojiti kraljevstvo Pāṇḍava. Stoga su sve osobe koje su prišle Duryodhani morale biti ptice istoga jata. Arjuna ih je htio vidjeti na bojnom polju prije početka bitke, ali nije namjeravao s njima voditi mirovne pregovore. Htio ih je vidjeti kako bi procijenio silu s kojom se mora suočiti, iako je bio potpuno uvjeren u pobjedu jer je Kṛṣṇa sjedio pokraj njega.

STROFA 24

सञ्जय उवाच
एवमुक्तो हृषीकेशो गुडाकेशेन भारत ।
सेनयोरुभयोर्मध्ये स्थापयित्वा रथोत्तमम् ॥ २४ ॥

sañjaya uvāca
evam ukto hṛṣīkeśo guḍākeśena bhārata
senayor ubhayor madhye sthāpayitvā rathottamam

sañjayaḥ uvāca – Sañjaya reče; *evam* – tako; *uktaḥ* – oslovio; *hṛṣīkeśaḥ* – Gospodina Kṛṣṇu; *guḍākeśena* – Arjuna; *bhārata* – o potomče Bharate; *senayoḥ* – vojske; *ubhayoḥ* – obje; *madhye* – usred; *sthāpayitvā* – odvezao; *ratha-uttamam* – najbolja bojna kola.

Sañjaya reče: O potomče Bharate, kad je čuo Arjunine riječi, Gospodin Kṛṣṇa je odvezao savršena bojna kola na sredinu bojnoga polja i postavio ih između dvije vojske.

SMISAO: Arjuna je u ovoj strofi oslovljen kao Guḍākeśa. *Guḍākā* znači spavanje, a *guḍākeśa* onaj tko je nadišao spavanje. *Guḍākā* može značiti i neznanje. Tako je Arjuna, zahvaljujući prijateljstvu s Kṛṣṇom, nadišao i spavanje i neznanje. Kao veliki *bhakta* Kṛṣṇe, nije mogao ni na trenutak zaboraviti Kṛṣṇu, jer je to priroda *bhakte.* Ni u snu ni na javi, Gospodinov *bhakta* nikada ne može prestati misliti na Kṛṣṇino ime, oblik, odlike i zabave. Tako, neprestano misleći na Kṛṣṇu, može nadići spavanje i neznanje. To se naziva svjesnost Kṛṣṇe ili *samādhi.* Kao Hṛṣīkeśa, ili upravitelj osjetila i uma svakog živog bića, Kṛṣṇa je shvatio zašto Arjuna želi postaviti kola između dvije vojske. Zato je odvezao bojna kola i rekao sljedeće.

STROFA 25

भीष्मद्रोणप्रमुखतः सर्वेषां च महीक्षिताम् ।
उवाच पार्थ पश्यैतान् समवेतान् कुरूनिति ॥ २५ ॥

bhīṣma-droṇa-pramukhataḥ sarveṣāṁ ca mahī-kṣitām
uvāca pārtha paśyaitān samavetān kurūn iti

bhīṣma – djeda Bhīṣme; *droṇa* – učitelja Droṇe; *pramukhataḥ* – ispred; *sarveṣām* – svih; *ca* – također; *mahī-kṣitām* – vođa svijeta; *uvāca* – reče;

pārtha – o Pṛthin sine; *paśya* – pogledaj samo; *etān* – sve njih; *samavetān* – okupljene; *kurūn* – članove dinastije Kurua; *iti* – tako.

U nazočnosti Bhīṣme, Droṇe i svih drugih poglavara svijeta Gospodin je rekao: „Pogledaj samo Pārtha sve Kurue koji su se ovdje okupili."

SMISAO: Kao Nad-duša svih živih bića, Gospodin Kṛṣṇa je shvatio što se događa u Arjuninu umu. Riječ Hṛṣīkeśa u ovoj strofi znači da je znao sve. Riječ Pārtha, ili Kuntīn, Pṛthin sin, kojom je oslovljen Arjuna, također je značajna. Kao prijatelj, Kṛṣṇa je htio obavijestiti Arjunu da je prihvatio položaj vozača njegovih bojnih kola zato što je Arjuna bio sin Pṛthe, sestre Njegova oca Vasudeve. Ali što je Kṛṣṇa mislio kad je rekao Arjuni da pogleda Kurue? Je li Arjuna htio ondje stati i odustati od borbe? Kṛṣṇa nikada nije očekivao takvo što od sina Njegove tetke Pṛthe. Tako je Gospodin u prijateljskoj šali pretkazao stanje Arjunina uma.

STROFA 26

तत्रापश्यत्स्थितान् पार्थः पितॄन् अथ पितामहान् ।
आचार्यान्मातुलान् भ्रातॄन् पुत्रान् पौत्रान् सखींस्तथा ।
श्वशुरान् सुहृदश्चैव सेनयोरुभयोरपि ॥ २६ ॥

tatrāpaśyat sthitān pārthaḥ pitṝn atha pitāmahān
ācāryān mātulān bhrātṝn putrān pautrān sakhīṁs tathā
śvaśurān suhṛdaś caiva senayor ubhayor api

tatra – tamo; *apaśyat* – vidio je; *sthitān* – kako stoje; *pārthaḥ* – Arjuna; *pitṝn* – očeve; *atha* – također; *pitāmahān* – djedove; *ācāryān* – učitelje; *mātulān* – ujake; *bhrātṝn* – braću; *putrān* – sinove; *pautrān* – unuke; *sakhīn* – prijatelje; *tathā* – također; *śvaśurān* – taste; *suhṛdaḥ* – dobronamjernike; *ca* – također; *eva* – svakako; *senayoḥ* – vojske; *ubhayoḥ* – obje; *api* – uključujući.

Stojeći tamo između dviju vojski, Arjuna je vidio svoje očeve, djedove, učitelje, ujake, braću, sinove, unuke, prijatelje, taste i dobronamjernike.

SMISAO: Arjuna je na bojnom polju vidio sve svoje rođake. Vidio je osobe poput Bhūriśrave, koje su bile vršnjaci njegova oca, djedove Bhīṣmu i Somadattu, učitelje kao što su Droṇācārya i Kṛpācārya, ujake poput Śalye i Śakunija, braću poput Duryodhane, sinove poput Lakṣmaṇe, prijatelje poput Aśvatthāme, dobronamjernike poput Kṛtavarme i vojske u kojima je bilo mnogo njegovih prijatelja.

STROFA 27

तान् समीक्ष्य स कौन्तेयः सर्वान् बन्धूनवस्थितान् ।
कृपया परयाविष्टो विषीदन्निदमब्रवीत् ॥ २७ ॥

tān samīkṣya sa kaunteyaḥ sarvān bandhūn avasthitān
kṛpayā parayāviṣṭo viṣīdann idam abravīt

tān – sve njih; *samīkṣya* – vidjevši; *saḥ* – on; *kaunteyaḥ* – Kuntīn sin; *sarvān* – sve vrste; *bandhūn* – rođaka; *avasthitān* – kako stoje; *kṛpayā* – samilošću; *parayā* – velikom; *āviṣṭaḥ* – preplavljen; *viṣīdan* – jadikujući; *idam* – tako; *abravīt* – rekao.

Vidjevši sve te prijatelje i rođake, Kuntīn sin Arjuna preplavljen samilošću obratio se Kṛṣṇi.

STROFA 28

अर्जुन उवाच
दृष्ट्वेमं स्वजनं कृष्ण युयुत्सुं समुपस्थितम् ।
सीदन्ति मम गात्राणि मुखं च परिशुष्यति ॥ २८ ॥

arjuna uvāca
dṛṣṭvemaṁ sva-janaṁ kṛṣṇa yuyutsuṁ samupasthitam
sīdanti mama gātrāṇi mukhaṁ ca pariśuṣyati

arjunaḥ uvāca – Arjuna reče; *dṛṣṭvā* – gledam; *imam* – sve te; *sva-janam* – rođake; *kṛṣṇa* – o Kṛṣṇa; *yuyutsum* – borbenog duha; *samupasthitam* – prisutne; *sīdanti* – division dršću; *mama* – moji; *gātrāṇi* – tjelesni udovi; *mukham* – usta; *ca* – također; *pariśuṣyati* – suše se.

Arjuna reče: Dragi moj Kṛṣṇa, dok gledam pred sobom svoje prijatelje i rođake obuzete takvim borbenim duhom, osjećam kako mi udovi dršću, a usta mi se suše.

SMISAO: Svaki čovjek istinski predan Gospodinu ima sve dobre osobine božanskih osoba ili polubogova, dok onaj tko nije *bhakta,* bez obzira na svoje materijalne kvalifikacije stečene obrazovanjem i kulturom, nema božanskih odlika. Čim je na bojnom polju vidio svoje rođake i prijatelje, koji su odlučili da se međusobno bore, Arjuna je, kao *bhakta*, bio preplavljen samilošću. Što se tiče njegovih vojnika, prema njima je od početka bio samilostan, ali je osjećao samilost čak i prema vojnicima suprotne strane, predviđajući njihovu neizbježnu smrt. Dok je tako razmišljao, njegovi su tjelesni udovi počeli drhtati, a usta se sušiti. Vidjevši njihov borbeni duh bio je začuđen. Gotovo cijela zajednica, sastavljena od Arjuninih krvnih rođaka, došla je boriti se protiv njega. To je potreslo ljubaznog *bhaktu* kao što je Arjuna. Iako to ovdje nije spomenuto, možemo lako zamisliti da nije samo drhtao, osjećajući kako mu se usta suše, već je iz samilosti i zaplakao. Takvi simptomi nisu bili znaci Arjunine slabosti, već znaci meka srca, što je osobina Gospodinova čistog *bhakte*. Stoga je rečeno:

yasyāsti bhaktir bhagavaty akiñcanā
sarvair guṇais tatra samāsate surāḥ
harāv abhaktasya kuto mahad-guṇā
mano-rathenāsati dhāvato bahiḥ

„Onaj tko je nepokolebljivo predan Božanskoj Osobi ima sve dobre osobine polubogova, ali onaj tko nije Gospodinov *bhakta* ima samo materijalne kvalifikacije, koje nemaju veliku vrijednost, jer lebdi na razini uma i sigurno će osjetiti privlačnost prema blještavoj materijalnoj energiji." (*Bhāg.* 5.18.12)

STROFA 29

वेपथुश्च शरीरे मे रोमहर्षश्च जायते ।
गाण्डीवं स्रंसते हस्तात् त्वक् चैव परिदह्यते ॥ २९ ॥

vepathuś ca śarīre me roma-harṣaś ca jāyate
gāṇḍīvaṁ sraṁsate hastāt tvak caiva paridahyate

vepathuḥ – drhtanje tijela; *ca* – također; *śarīre* – po tijelu; *me* – mom; *roma-harṣaḥ* – ježenje kože; *ca* – također; *jāyate* – odvija se; *gāṇḍīvam* – Arjunin luk; *sraṁsate* – ispada; *hastāt* – iz ruke; *tvak* – koža; *ca* – također; *eva* – svakako; *paridahyate* – žari.

Koža mi se ježi, luk Gāṇḍīva mi klizi iz ruke, a cijelo mi tijelo division dršće u žaru.

SMISAO: Postoje dvije vrste drhtanja tijela i ježenja kože. Do toga dolazi u veliku duhovnom zanosu ili u veliku strahu od materijalnih okolnosti. Onaj tko je dostigao transcendentalnu spoznaju ne osjeća strah. U ovoj situaciji Arjunini su simptomi posljedice materijalnog straha, straha od gubitka života. To se može jasno vidjeti i po drugim simptomima: postao je toliko nestrpljiv da mu je luk Gāṇḍīva ispao iz ruke i zbog plamena u srcu osjećao je kako mu se tijelo žari. Sve su to bile posljedice materijalnog shvaćanja života.

STROFA 30

न च शक्नोम्यवस्थातुं भ्रमतीव च मे मनः ।
निमित्तानि च पश्यामि विपरीतानि केशव ॥ ३० ॥

na ca śaknomy avasthātuṁ bhramatīva ca me manaḥ
nimittāni ca paśyāmi viparītāni keśava

na – niti; *ca* – također; *śaknomi* – sposoban sam; *avasthātum* – stajati; *bhramati* – zaboravljajući; *iva* – kao; *ca* – i; *me* – moj; *manaḥ* – um; *nimittāni* – uzrokuje; *ca* – također; *paśyāmi* – vidim; *viparītāni* – upravo suprotno; *keśava* – o ubojico demona Keśīja (Kṛṣṇa).

Ne mogu više stajati ovdje. Pomućena uma, zaboravljam na sebe. O Kṛṣṇa, ubojico demona Keśīja, vidim samo uzroke nesreće.

SMISAO: Obuzet nestrpljenjem, Arjuna nije mogao stajati na bojnom polju i zbog slabosti se uma zaboravio. Pretjerana vezanost za materijalne stvari dovodi čovjeka u takvo zbunjujuće stanje. *Bhayaṁ dvitīyābhiniveśataḥ syāt* (*Bhāg.* 11.2.37): takav strah i gubitak umne ravnoteže javlja se u osoba koje su previše vezane za materijalne uvjete. Arjuna je predviđao samo bolne preokrete na bojnom polju – ne bi bio sretan čak ni kad bi odnio pobjedu nad neprijateljem. Riječi *nimittāni viparītāni* su značajne. Kad čovjek uvidi da se ni jedno od njegovih očekivanja neće ostvariti, misli: „Zašto sam ovdje?" Svatko se brine za sebe i vlastito blagostanje. Nikoga ne zanima Vrhovno Biće. Po Kṛṣṇinoj volji Arjuna pokazuje da ne zna svoj pravi samointeres. Pravi samointeres leži u Viṣṇuu ili Kṛṣṇi. Uvjetovana duša to zaboravlja i zato biva izvrgnuta materijalnim patnjama. Arjuna je mislio da će pobjeda u bici za njega biti samo uzrok žalosti.

STROFA 31

न च श्रेयोऽनुपश्यामि हत्वा स्वजनमाहवे ।
न काङ्क्षे विजयं कृष्ण न च राज्यं सुखानि च ॥ ३१ ॥

na ca śreyo 'nupaśyāmi hatvā sva-janam āhave
na kāṅkṣe vijayaṁ kṛṣṇa na ca rājyaṁ sukhāni ca

na – niti; *ca* – također; *śreyaḥ* – dobro; *anupaśyāmi* – predviđam; *hatvā* – ubijajući; *sva-janam* – vlastite rođake; *āhave* – u bici; *na* – niti; *kāṅkṣe* – želim; *vijayam* – pobjedu; *kṛṣṇa* – o Kṛṣṇa; *na* – niti; *ca* – također; *rājyam* – kraljevstvo; *sukhāni* – takvu sreću; *ca* – također.

Ne vidim kakvo dobro može proisteći iz ubijanja mojih rođaka u ovoj bici, niti mogu, dragi moj Kṛṣṇa, željeti nakon toga bilo kakvu pobjedu, kraljevstvo ili sreću.

SMISAO: Ne znajući da njihov samointeres leži u Viṣṇuu (ili Kṛṣṇi), uvjetovane duše osjećaju privlačnost prema tjelesnim odnosima, nadajući se da će u njima naći sreću. U takvu slijepu shvaćanju života zaboravljaju čak i uzroke materijalne sreće. Arjuna je, izgleda, zaboravio čak i ćudoredna pravila *kṣatriya.* Rečeno je da moćno, blistavo Sunce mogu dostići dvije vrste ljudi: *kṣatriya* koji umre na bojnom polju postupajući po naredbi samoga Kṛṣṇe i osoba u redu odricanja, apsolutno odana duhovnoj kulturi. Arjuna ne želi ubiti čak ni svoje neprijatelje, a kamoli svoje rođake. On misli da neće biti sretan u životu ako ubije svoje rođake i zato se ne želi boriti, kao što osoba koja ne osjeća glad ne voli kuhati. Sada je odlučio otići u šumu i razočaran živjeti na osami. Kao *kṣatriyi,* potrebno mu je kraljevstvo za uzdržavanje, jer se *kṣatriye* ne mogu baviti ni jednim drugim zanimanjem, ali Arjuna nije imao kraljevstvo. Njegova jedina prilika za stjecanje kraljevstva leži u borbi protiv njegovih rođaka i braće te ponovnu osvajanju kraljevstva koje je naslijedio od svoga oca, što nije želio učiniti. Stoga je bio spreman da ode u šumu i razočaran vodi samotan život.

STROFE 32–35

किं नो राज्येन गोविन्द किं भोगैर्जीवितेन वा ।
येषामर्थे काङ्क्षितं नो राज्यं भोगाः सुखानि च ॥ ३२ ॥
त इमेऽवस्थिता युद्धे प्राणांस्त्यक्त्वा धनानि च ।
आचार्याः पितरः पुत्रास्तथैव च पितामहाः ॥ ३३ ॥
मातुलाः श्वशुराः पौत्राः श्यालाः सम्बन्धिनस्तथा ।
एतान्न हन्तुमिच्छामि घ्नतोऽपि मधुसूदन ॥ ३४ ॥
अपि त्रैलोक्यराज्यस्य हेतोः किं नु महीकृते ।
निहत्य धार्तराष्ट्रान्नः का प्रीतिः स्याज्जनार्दन ॥ ३५ ॥

kiṁ no rājyena govinda kiṁ bhogair jīvitena vā
yeṣām arthe kāṅkṣitaṁ no rājyaṁ bhogāḥ sukhāni ca

ta ime 'vasthitā yuddhe prāṇāṁs tyaktvā dhanāni ca
ācāryāḥ pitaraḥ putrās tathaiva ca pitāmahāḥ

mātulāḥ śvaśurāḥ pautrāḥ śyālāḥ sambandhinas tathā
etān na hantum icchāmi ghnato 'pi madhusūdana

api trailokya-rājyasya hetoḥ kiṁ nu mahī-kṛte
nihatya dhārtarāṣṭrān naḥ kā prītiḥ syāj janārdana

kim – što vrijedi; *naḥ* – za nas; *rājyena* – kraljevstvo; *govinda* – o Kṛṣṇa; *kim* – kakvo; *bhogaiḥ* – uživanje; *jīvitena* – život; *vā* – ili; *yeṣām* – kojih; *arthe* – radi; *kāṅkṣitam* – želimo; *naḥ* – mi; *rājyam* – kraljevstvo; *bhogāḥ* – materijalno uživanje; *sukhāni* – svu sreću; *ca* – i; *te* – svi oni; *ime* – ovi; *avasthitāḥ* – stoje; *yuddhe* – na bojnom polju; *prāṇān* – živote; *tyaktvā* – dajući; *dhanāni* – bogatstvo; *ca* – također; *ācāryāḥ* – učitelji; *pitaraḥ* – očevi; *putrāḥ* – sinovi; *tathā* – kao i; *eva* – zacijelo; *ca* – također; *pitāmahāḥ* – djedovi; *mātulāḥ* – ujaci; *śvaśurāḥ* – tasti; *pautrāḥ* – unuci; *śyālāḥ* – šurjaci; *sambandhinaḥ* – rođaci; *tathā* – kao i; *etān* – sve njih; *na* – nikada; *hantum* – ubiti; *icchāmi* – želim; *ghnataḥ* – ubijeni; *api* – čak; *madhusūdana* – o ubojico demona Madhua (Kṛṣṇa); *api* – čak i ako; *trai-lokya* – tri svijeta; *rājyasya* – za kraljevstvo; *hetoḥ* – u zamjenu; *kim nu* – a da ne govorim o; *mahī-kṛte* – Zemlji; *nihatya* – ubijanjem; *dhārtarāṣṭrān* – Dhṛtarāṣṭrinih sinova; *naḥ* – naše; *kā* – kakvo; *prītiḥ* – zadovoljstvo; *syāt* – bit će; *janārdana* – o održavatelju svih živih bića.

O Govinda, što nam vrijede kraljevstvo, sreća, pa čak i sam život kada su svi oni za koje ih možemo željeti postrojeni na ovom bojnom polju? O Madhusūdana, kada učitelji, očevi, sinovi, djedovi, ujaci, tasti, unuci, šurjaci i drugi rođaci, spremni da ostave svoj život i imovinu, stoje preda mnom, zašto bih trebao željeti da ih ubijem, čak i ako me mogu ubiti? O održavatelju svih živih bića, nisam spreman da se borim protiv njih čak ni u zamjenu za sva tri svijeta, a kamoli za ovu Zemlju. Kakvo ćemo zadovoljstvo naći u ubijanju Dhṛtarāṣṭrinih sinova?

SMISAO: Arjuna je oslovio Gospodina Kṛṣṇu kao Govindu, jer je Kṛṣṇa izvor sveg zadovoljstva za krave i osjetila. Koristeći tu značajnu riječ, Arjuna pokazuje da bi Kṛṣṇa trebao shvatiti što će zadovoljiti Arjunina osjetila. No Govinda nije tu zato da bi zadovoljavao naša osjetila. Naprotiv, ako pokušamo zadovoljiti Govindina osjetila, naša će osjetila samim tim biti zadovoljena. Pod utjecajem materijalne svjesnosti svatko želi zadovoljiti svoja osjetila i od Boga očekuje da mu osigura takvo zadovoljstvo. Gospodin će zadovoljiti osjetila živih bića koliko to zaslužuju, ali ne u onoj mjeri u kojoj ona priželjkuju. No kad netko postupi na suprotan način, kad pokuša zadovoljiti Govindina, a ne vlastita osjetila, sve njegove želje Govindinom milošću bivaju ispunjene. Arjunina duboka privrženost zajednici i članovima obitelji ovdje se izražava dijelom i zbog njegove prirodne samilosti prema njima. Zato nije spreman za borbu. Svatko želi pokazati svoje obilje prijateljima i rođacima, ali Arjuna se plaši da će svi njegovi rođaci i prijatelji biti ubijeni na bojnom polju i da nakon pobjede neće moći podijeliti svoje obilje. Takvo je mišljenje tipično za materijalni život. Međutim, transcendentalni je život drugačiji. *Bhakta* želi ispuniti Gospodinove želje i zato, ako Gospodin želi, može prihvatiti sve vrste obilja za služenje Gospodina, a ako Gospodin ne želi, ne mora prihvatiti ni paru. Arjuna nije htio ubiti svoje rođake. Ako je postojala ikakva potreba za tim, želio je da ih Kṛṣṇa osobno ubije. Nije znao da ih je Kṛṣṇa već ubio prije nego što su došli na bojno polje i da je samo trebao postati oruđe u Kṛṣṇinim rukama. Ta će činjenica biti otkrivena u idućim poglavljima. Budući da je po prirodi bio Gospodinov *bhakta,* Arjuna se nije htio osvetiti svojim zlim rođacima i braći, ali Gospodin je odlučio da svi budu ubijeni. Gospodinov se *bhakta* ne osvećuje onima koji mu čine zlo, ali Gospodin ne trpi ni jedno nedjelo počinjeno protiv *bhakta.* Gospodin može oprostiti osobi kad je posrijedi On, ali ne oprašta nikome tko naudi Njegovim *bhaktama.* Zato je bio odlučan u namjeri da ubije zlikovce, iako im je Arjuna htio oprostiti.

STROFA 36

पापमेवाश्रयेदस्मान् हत्वैतानाततायिनः ।
तस्मान्नार्हा वयं हन्तुं धार्तराष्ट्रान् सबान्धवान् ।
स्वजनं हि कथं हत्वा सुखिनः स्याम माधव ॥ ३६ ॥

pāpam evāśrayed asmān hatvaitān ātatāyinaḥ
tasmān nārhā vayaṁ hantuṁ dhārtarāṣṭrān sa-bāndhavān
sva-janaṁ hi kathaṁ hatvā sukhinaḥ syāma mādhava

pāpam – grijesi; *eva* – sigurno; *āśrayet* – moraju pasti na; *asmān* – nas; *hatvā* – ubijajući; *etān* – sve te; *ātatāyinaḥ* – napadače; *tasmāt* – stoga; *na* – nikada; *arhāḥ* – zaslužuju; *vayam* – mi; *hantum* – da ih ubijemo; *dhārtarāṣṭrān* – Dhṛtarāṣṭrini sinovi; *sa-bāndhavān* – zajedno s prijateljima; *sva-janam* – rođacima; *hi* – zacijelo; *katham* – kako; *hatvā* – ubijanjem; *sukhinaḥ* – sretni; *syāma* – postat ćemo; *mādhava* – o Kṛṣṇa, mužu božice sreće.

Ako ubijemo takve napadače, na nas će pasti teret grijeha. Stoga ne bismo trebali ubiti Dhṛtarāṣṭrine sinove ni naše prijatelje. Što ćemo dobiti, o Kṛṣṇa, mužu božice sreće, i kako možemo biti sretni, ako ubijemo vlastite rođake?

SMISAO: Prema vedskim spisima postoji šest vrsta napadača: (1) onaj tko da otrov, (2) onaj tko zapali kuću, (3) onaj tko napadne smrtonosnim oružjem, (4) onaj tko opljačka bogatstvo, (5) onaj tko zaposjedne tuđu zemlju i (6) onaj tko otme tuđu ženu. Takve napadače treba odmah ubiti. Čovjek koji to učini ne čini grijeh. Takvo ubijanje dolikuje običnom čovjeku, ali Arjuna nije bio obična osoba. Imao je svet karakter i zato je želio postupiti prema njima na način koji dolikuje svetoj osobi. No ta vrsta svetosti nije za *kṣatriyu.* Premda odgovoran čovjek u državnoj administraciji treba biti svet, ne smije biti kukavica. Na primjer, Gospodin Rāma bio je tako svet da ljudi čak i danas žele živjeti u kraljevstvu Gospodina Rāme (*rāma-rājyi*), ali se nikada nije ponio kao kukavica. Rāvaṇa je napao Rāmu otevši Rāminu ženu Sītu, ali mu je Gospodin Rāma dao dobro pouku, neusporedivu u povijesti svijeta. U Arjuninu slučaju trebalo je uzeti u obzir da su napadači bili posebne vrste – njegov djed, učitelj, prijatelji, sinovi, unuci itd. Arjuna je zbog toga mislio da protiv njih ne treba poduzeti oštre korake kao protiv običnih napadača. Osim toga, svetim se osobama savjetuje da opraštaju. Za njih su takve odredbe važnije od bilo kakve političke nužde. Umjesto da ubije vlastite rođake iz političkih razloga, Arjuna je smatrao boljim da im oprosti na temelju religije i svetačkog ponašanja. Mislio je da takvo ubijanje, samo radi stjecanja privremene tjelesne sreće, neće donijeti nikakvu dobrobit. Na kraju krajeva, kraljevstva i druga, na taj način stečena, materijalna zadovoljstva nisu trajna. Zašto bi onda riskirao život i vječno spasenje ubijajući vlastite rođake? U vezi s tim također je značajno da je Arjuna oslovio Kṛṣṇu kao „Mādhavu", muža božice sreće. Htio je istaći da ga Kṛṣṇa, kao muž božice sreće, ne bi trebao poticati na nešto što će mu na kraju donijeti nesreću. No Kṛṣṇa nikada ne donosi nesreću nikome, a da ne govorimo o Njegovim *bhaktama.*

STROFE 37–38

यद्यप्येते न पश्यन्ति लोभोपहतचेतसः ।
कुलक्षयकृतं दोषं मित्रद्रोहे च पातकम् ॥ ३७ ॥
कथं न ज्ञेयमस्माभिः पापादस्मान्निवर्तितुम् ।
कुलक्षयकृतं दोषं प्रपश्यद्भिर्जनार्दन ॥ ३८ ॥

yady apy ete na paśyanti lobhopahata-cetasaḥ
kula-kṣaya-kṛtaṁ doṣaṁ mitra-drohe ca pātakam

kathaṁ na jñeyam asmābhiḥ pāpād asmān nivartitum
kula-kṣaya-kṛtaṁ doṣaṁ prapaśyadbhir janārdana

yadi – ako; *api* – čak; *ete* – oni; *na* – ne; *paśyanti* – vide; *lobha* – pohlepom; *upahata* – savladana; *cetasaḥ* – njihova srca; *kula-kṣaya* – u ubijanju obitelji; *kṛtam* – učinjena; *doṣam* – pogreška; *mitra-drohe* – u sukobljavanju s prijateljima; *ca* – također; *pātakam* – grešne posljedice; *katham* – zašto; *na* – ne bi; *jñeyam* – znali; *asmābhiḥ* – mi; *pāpāt* – grijehe; *asmāt* – te; *nivartitum* – izbjeći; *kula-kṣaya* – uništavanjem dinastije; *kṛtam* – čine; *doṣam* – zločin; *prapaśyadbhiḥ* – oni koji vide; *janārdana* – o Kṛṣṇa.

O Janārdana, iako ovi ljudi, srca obuzeta pohlepom, ne vide ništa loše u ubijanju svoje obitelji ili sukobljavanju s prijateljima, zašto bismo mi, koji vidimo zločin u uništavanju obitelji, činili takva grešna djela?

SMISAO: *Kṣatriya* ne bi smio odbiti da se bori ili kocka kada ga na to pozove suprotna strana. Pod pritiskom takve obveze Arjuna nije smio odbiti da se bori, jer ga je izazvala Duryodhanina strana. „No druga je strana možda slijepa za posljedice takva izazova", mislio je Arjuna. Za razliku od njih, Arjuna je mogao predvidjeti kobne posljedice i nije mogao prihvatiti izazov. Izazov obvezuje kad je posljedica dobra, ali kada nije, nitko ne može biti obvezan. Uzevši u obzir sve razloge za i protiv, Arjuna je odlučio da se ne bori.

STROFA 39

कुलक्षये प्रणश्यन्ति कुलधर्माः सनातनाः ।
धर्मे नष्टे कुलं कृत्स्नमधर्मोऽभिभवत्युत ॥ ३९ ॥

kula-kṣaye praṇaśyanti kula-dharmāḥ sanātanāḥ
dharme naṣṭe kulaṁ kṛtsnam adharmo 'bhibhavaty uta

kula-kṣaye – uništavanjem obitelji; *praṇaśyanti* – uništavaju se; *kula-dharmāḥ* – obiteljske tradicije; *sanātanāḥ* – vječne; *dharme* – religija; *naṣṭe* – uništena; *kulam* – obitelj; *kṛtsnam* – čitavu; *adharmaḥ* – bezbožnost; *abhibhavati* – preobražava; *uta* – rečeno je.

Uništavanjem dinastije uništava se vječna obiteljska tradicija i tako se preostali članovi obitelji odaju bezbožnosti.

SMISAO: U sustavu *varṇāśrame* postoje brojna načela religijskih tradicija kako bi se članovima obitelji pomoglo da pravilno odrastu i usvoje duhovne vrijednosti. Stariji članovi obitelji odgovorni su za takve procese pročišćenja koji se vrše od rođenja do smrti. No ako stariji članovi umru, može se dogoditi da takva tradicija pročišćenja prestane, da mlađi članovi obitelji razviju bezbožne navike i time izgube priliku za dostizanje duhovnog spasenja. Prema tome, starije članove obitelji ne bi trebalo ubiti ni iz kojeg razloga.

STROFA 40

अधर्माभिभवात्कृष्ण प्रदुष्यन्ति कुलस्त्रियः ।
स्त्रीषु दुष्टासु वार्ष्णेय जायते वर्णसङ्करः ॥ ४० ॥

adharmābhibhavāt kṛṣṇa pradusyanti kula-striyaḥ
strīṣu duṣṭāsu vārṣṇeya jāyate varṇa-saṅkaraḥ

adharma – bezbožnost; *abhibhavāt* – kad prevlada; *kṛṣṇa* – o Kṛṣṇa; *praduṣyanti* – postaju nečiste; *kula-striyaḥ* – žene u obitelji; *strīṣu* – žene; *duṣṭāsu* – nečiste; *vārṣṇeya* – o potomče Vṛṣṇija; *jāyate* – rađa se; *varṇa-saṅkaraḥ* – nepoželjno potomstvo.

O Kṛṣṇa, kad u obitelji prevlada bezbožnost, žene u obitelji gube svoju čestitost, a s degradacijom žena, o potomče Vṛṣṇija, dolazi do rađanja nepoželjna potomstva.

SMISAO: Dobro stanovništvo u ljudskom društvu predstavlja osnovno načelo mira, blagostanja i duhovnog napretka u životu. Religijska načela *varṇāśrame* tako su zamišljena da u društvu može prevladavati dobro stanovništvo radi duhovnog napretka države i zajednice. Takvo stanovništvo ovisi o čestitosti i vjernosti žena u društvu. Kao što su djeca sklona skretanju s pravog puta, tako su žene sklone degradaciji. Stoga je i djeci i ženama potrebna zaštita starijih članova obitelji. Ako su zaokupljene raznim religijskim djelatnostima, žene se neće upuštati u preljub. Prema Cāṇakyi Paṇḍiti, žene obično nisu vrlo razborite i stoga nisu vrijedne povjerenja. Zato trebaju slijediti razne obiteljske tradicije koje se sastoje od religijskih djelatnosti. Tako će njihova čestitost i predanost roditi dobro stanovništvo sposobno za sudjelovanje u sustavu *varṇāśrame.* Kad je sustav *varṇāśrama-dharme* narušen, žene se prirodno mogu slobodno družiti s muškarcima i tako dolazi do preljuba, uz opasnost rađanja nepoželjna stanovništva. Neodgovorni muškarci također izazivaju preljub u društvu i tako nepoželjna djeca preplavljuju ljudsku rasu uz opasnost rata i epidemija.

STROFA 41

सङ्करो नरकायैव कुलघ्नानां कुलस्य च ।
पतन्ति पितरो ह्येषां लुप्तपिण्डोदकक्रियाः ॥ ४१ ॥

saṅkaro narakāyaiva kula-ghnānāṁ kulasya ca
patanti pitaro hy eṣāṁ lupta-piṇḍodaka-kriyāḥ

saṅkaraḥ – takva nepoželjna djeca; *narakāya* – doprinose paklenom životu; *eva* – zacijelo; *kula-ghnānām* – onih koji ubijaju obitelj; *kulasya* – obitelji; *ca* – također; *patanti* – padaju; *pitaraḥ* – preci; *hi* – svakako; *eṣām* – njima; *lupta* – prekida se; *piṇḍa* – ponuda hrane; *udaka* – i vode; *kriyāḥ* – prinošenje.

Povećanje nepoželjna stanovništva sigurno uzrokuje pakleni život i za obitelj i za one koji uništavaju obiteljsku tradiciju. Preci takvih degradiranih obitelji padaju, jer nuđenje hrane i vode precima biva potpuno obustavljeno.

SMISAO: Prema propisima i pravilima plodonosna djelovanja precima obitelji treba redovito nuditi hranu i vodu. One se nude obožavanjem Viṣṇua, jer uzimanje ostataka hrane ponuđene Viṣṇuu može osloboditi osobu svih vrsta grešnih posljedica. Katkada preci ispaštaju razne vrste grešnih posljedica ili ne mogu dobiti grubo materijalno tijelo, te su prisiljeni da ostanu u suptilnim tijelima kao duhovi. Kad potomci ponude precima *prasādam*, preci bivaju oslobođeni života u tijelu duha ili drugih vrsta bijednoga života. Pružanje takve pomoći precima predstavlja obiteljsku tradiciju i oni koji ne slijede put predanosti trebaju vršiti takve obrede. Onaj tko predano služi Gospodina ne treba vršiti takve djelatnosti. Samim predanim služenjem može izbaviti stotine i tisuće predaka od svih vrsta bijeda. U *Śrīmad-Bhāgavatamu* rečeno je (11.5.41):

devarṣi-bhūtāpta-nṛṇāṁ pitṝṇāṁ
na kiṅkaro nāyam ṛṇī ca rājan
sarvātmanā yaḥ śaraṇaṁ śaraṇyaṁ
gato mukundaṁ parihṛtya kartam

„Onaj tko je prihvatio utočište lotosolikih stopala Mukunde, darivatelja oslobođenja, ostavljajući sve vrste obveza i posvećujući se tom putu sa svom ozbiljnošću, nema dužnosti ni obveza prema polubogovima, mudracima, članovima obitelji, čovječanstvu, precima ili ostalim živim bićima." Te se obveze ispunjavaju samim predanim služenjem Svevišnje Božanske Osobe.

STROFA 42

दोषैरेतैः कुलघ्नानां वर्णसङ्करकारकैः ।
उत्साद्यन्ते जातिधर्माः कुलधर्माश्च शाश्वताः ॥ ४२ ॥

doṣair etaiḥ kula-ghnānāṁ varṇa-saṅkara-kārakaiḥ
utsādyante jāti-dharmāḥ kula-dharmāś ca śāśvatāḥ

doṣaiḥ – pogreškama; *etaiḥ* – svih tih; *kula-ghnānām* – uništavatelja obitelji; *varṇa-saṅkara* – nepoželjne djece; *kārakaiḥ* – uzroci; *utsādyante* – razoreni; *jāti-dharmāḥ* – društveni projekti; *kula-dharmāḥ* – obiteljske tradicije; *ca* – također; *śāśvatāḥ* – vječni.

Zbog zlodjela onih koji uništavaju obiteljsku tradiciju i tako uzrokuju rađanje nepoželjne djece, sve vrste djelatnosti namijenjene dobrobiti društva i obitelji bivaju obustavljene.

SMISAO: Društvene djelatnosti četiri staleža ljudskoga društva i djelatnosti namijenjene dobrobiti obitelji, propisane ustanovom *sanātana-dharme,* odnosno *varṇāśrama-dharme,* zamišljene su kako bi omogućile ljudskom biću dostizanje krajnjeg oslobođenja. Budući da neodgovorni vođe društva krše tradiciju *sanātana-dharme,* u društvu vlada kaos, a ljudi zaboravljaju cilj života – Viṣṇua. Takvi slijepi vođe sigurno vode svoje sljedbenike u kaos.

STROFA 43

उत्सन्नकुलधर्माणां मनुष्याणां जनार्दन ।
नरके नियतं वासो भवतीत्यनुशुश्रुम ॥ ४३ ॥

utsanna-kula-dharmāṇāṁ manuṣyāṇāṁ janārdana
narake niyataṁ vāso bhavatīty anuśuśruma

utsanna – uništavaju; *kula-dharmāṇām* – obiteljsku tradiciju; *manuṣyāṇām* – takvih ljudi; *janārdana* – o Kṛṣṇa; *narake* – pakao; *niyatam* – uvijek; *vāsaḥ* – prebivalište; *bhavati* – postaje; *iti* – tako; *anuśuśruma* – čuo sam od učeničkog naslijeđa.

O Kṛṣṇa, održavatelju ljudi, čuo sam od učeničkog naslijeđa da oni koji uništavaju obiteljske tradicije uvijek prebivaju u paklu.

SMISAO: Arjuna ne utemeljuje svoje obrazloženje na osobnom iskustvu, već na znanju primljenom od autoriteta. To je proces primanja pravoga znanja. Pravo se znanje ne može steći bez pomoći osobe koja je već utemeljena u njemu. U sustavu *varṇāśrame* propisano je da se čovjek prije smrti mora iskupiti za svoja grešna djela. Onaj tko uvijek djeluje grešno mora iskoristiti proces pročišćenja zvan *prāyaścitta.* Ako to ne učini, sigurno će biti prenesen na paklene planete da kako bi zbog grešnih djela ispaštao živeći bijednim životom.

STROFA 44

अहो बत महत् पापं कर्तुं व्यवसिता वयम् ।
यद्राज्यसुखलोभेन हन्तुं स्वजनमुद्यताः ॥ ४४ ॥

aho bata mahat pāpaṁ kartuṁ vyavasitā vayam
yad rājya-sukha-lobhena hantuṁ sva-janam udyatāḥ

aho – jao; *bata* – kako je čudno; *mahat* – velike; *pāpam* – grijehe; kartum – da počinimo; *vyavasitāḥ* – odlučili; *vayam* – mi; *yat* – zato što; *rājya-sukha-lobhena* – potaknuti pohlepom za kraljevskom srećom; *hantum* – da ubijemo; *sva-janam* – rođake; *udyatāḥ* – namjeravamo.

Kako je čudno da se spremamo počiniti veoma grešna djela! Potaknuti željom za uživanjem u kraljevskoj sreći, namjeravamo ubiti vlastite rođake.

SMISAO: Potaknuta sebičnim pobudama, osoba može biti sklona grešnim djelima kao što su ubijanje vlastitog brata, oca ili majke. Mnogo je takvih primjera u povijesti svijeta, ali Arjuna je, kao Gospodinov sveti *bhakta,* uvijek svjestan ćudorednih načela i zato pažljivo izbjegava takve djelatnosti.

STROFA 45

यदि मामप्रतीकारमशस्त्रं शस्त्रपाणयः ।
धार्तराष्ट्रा रणे हन्युस्तन्मे क्षेमतरं भवेत् ॥ ४५ ॥

yadi mām apratīkāram aśastraṁ śastra-pāṇayaḥ
dhārtarāṣṭrā raṇe hanyus tan me kṣemataraṁ bhavet

yadi – čak i ako; *mām* – mene; *apratīkāram* – bez pružanja otpora; *aśastram* – iako nisam potpuno naoružan; *śastra-pāṇayaḥ* – s oružjem u rukama; *dhārtarāṣṭrāḥ* – Dhṛtarāṣṭrini sinovi; *raṇe* – na bojnom polju; *hanyuḥ* – ubiju; *tat* – to; *me* – za mene; *kṣema-taram* – bolje; *bhavet* – bilo bi.

Za mene bi bilo bolje da ne pružim otpor i da me naoružani Dhṛtarāṣṭrini sinovi ubiju tako nenaoružana na bojnom polju.

SMISAO: Prema borbenim načelima *kṣatriya* nenaoružana neprijatelja koji se ne želi boriti ne bi trebalo napasti. Međutim, Arjuna je odlučio da se neće boriti čak ni ako ga neprijatelj napadne u takvu nezgodnu položaju. Nije uzeo u obzir koliko je čvrsto druga strana odlučila da se bori. Svi ti simptomi pokazuju da je imao meko srce, jer je bio Gospodinov veliki *bhakta.*

STROFA 46

सञ्जय उवाच
एवमुक्त्वार्जुनः संख्ये रथोपस्थ उपाविशत् ।
विसृज्य सशरं चापं शोकसंविग्नमानसः ॥ ४६ ॥

sañjaya uvāca
evam uktvārjunaḥ saṅkhye rathopastha upāviśat
visṛjya sa-śaraṁ cāpaṁ śoka-saṁvigna-mānasaḥ

sañjayaḥ uvāca – Sañjaya reče; *evam* – tako; *uktvā* – rekavši; *arjunaḥ* – Arjuna; *saṅkhye* – na bojnom polju; *ratha* – na kolima; *upasthe* – na sjedalo; *upāviśat* – ponovno je sjeo; *visṛjya* – odloživši na stranu; *sa-śaram* – zajedno sa strijelama; *cāpam* – luk; *śoka* – jadikovanjem; *saṁvigna* – nesretan; *mānasaḥ* – u umu.

Sañjaya reče: Rekavši to na bojnom polju, Arjuna je odložio svoj luk i strijele te sjeo na kola, uma obuzeta žalošću.

SMISAO: Arjuna je promatrao položaj svoga neprijatelja stojeći na kolima, ali je bio obuzet tolikom žalošću da je ponovno sjeo, odloživši luk i strijele. Takva ljubazna osoba meka srca koja predano služi Gospodina zaslužuje da primi znanje o jastvu.

Tako se završavaju Bhaktivedantina tumačenja
prvoga poglavlja Śrīmad Bhagavad-gīte *pod naslovom*
Promatranje vojski na bojnom polju Kurukṣetri.

DRUGO POGLAVLJE

Sažet pregled sadržaja Gīte

STROFA 1

सञ्जय उवाच
तं तथा कृपयाविष्टमश्रुपूर्णाकुलेक्षणम् ।
विषीदन्तमिदं वाक्यमुवाच मधुसूदनः ॥ १ ॥

sañjaya uvāca
taṁ tathā kṛpayāviṣṭam aśru-pūrṇākulekṣaṇam
viṣīdantam idaṁ vākyam uvāca madhusūdanaḥ

sañjayaḥ uvāca – Sañjaya reče; *tam* – Arjuni; *tathā* – tako; *kṛpayā* – samilošću; *āviṣṭam* – obuzetom; *aśru-pūrṇa-ākula* – punih suza; *īkṣaṇam* – očiju; *viṣīdantam* – žalosnom; *idam* – ove; *vākyam* – riječi; *uvāca* – rekao; *madhu-sūdanaḥ* – ubojica Madhua.

Sañjaya reče: Vidjevši Arjunu punog samilosti, potištena uma i očiju punih suza, Madhusūdana, Kṛṣṇa, izgovori ove riječi.

SMISAO: Materijalna samilost, jadikovanje i suze znaci su nepoznavanja pravoga jastva. Onaj tko je dostigao samospoznaju samilosan je prema vječnoj duši. U ovoj je strofi značajna riječ „Madhusūdana". Gospodin Kṛṣṇa je ubio demona Madhua, pa je Arjuna sada htio da Kṛṣṇa ubije demona pogrešnog razumijevanja koji ga je napao u obavljanju njegove dužnosti. Nitko ne zna prema čemu treba pokazati samilost. Samilost prema odjeći davljenika je nerazumna. Čovjek koji je pao u ocean neznanja ne može biti spašen jednostavno spašavanjem njegove vanjske odjeće – gruba materijalnog tijela. Onaj tko to ne zna i jadikuje za vanjskom odjećom naziva se *śūdra,* onaj tko nepotrebno jadikuje. Arjuna je bio *kṣatriya* i od njega se nije očekivalo takvo ponašanje. Gospodin Kṛṣṇa može odagnati žalost čovjeka koji nema znanje i zato je izgovorio *Bhagavad-gītu.* Ovo nas poglavlje poučava samospoznaji kroz analitičku studiju materijalnog tijela i duhovne duše, kao što objašnjava vrhovni autoritet, Gospodin Śrī Kṛṣṇa. Takva je spoznaja moguća kada osoba djeluje bez vezanosti za plodonosne rezultate, utemeljena u nepromjenjivu shvaćanju pravoga jastva.

STROFA 2

श्रीभगवानुवाच
कुतस्त्वा कश्मलमिदं विषमे समुपस्थितम् ।
अनार्यजुष्टमस्वर्ग्यमकीर्तिकरमर्जुन ॥ २ ॥

śrī-bhagavān uvāca
kutas tvā kaśmalam idaṁ viṣame samupasthitam
anārya-juṣṭam asvargyam akīrti-karam arjuna

śrī-bhagavān uvāca – Svevišnja Božanska Osoba reče; *kutaḥ* – otkuda; *tvā* – tebi; *kaśmalam* – nečisto; *idam* – ovo jadikovanje; *viṣame* – u presudnom trenutku; *samupasthitam* – došlo; *anārya* – osobe koje ne znaju vrijednosti života; *juṣṭam* – primjenjuju; *asvargyam* – ne vodi k višim planetima; *akīrti* – nečasti; *karam* – uzrok; *arjuna* – o Arjuna.

Svevišnja Božanska Osoba reče: Dragi Moj Arjuna, kako su te obuzele te nečistoće? One ne priliče čovjeku koji poznaje vrijednosti života i ne vode k višim planetima, već k nečasti.

SMISAO: Kṛṣṇa i Svevišnja Božanska Osoba istovjetni su. Stoga se Gospodin Kṛṣṇa u čitavoj *Bhagavad-gīti* oslovljava kao Bhagavān. Bhagavān je krajnji vid Apsolutne Istine. Apsolutna Istina spoznaje se u tri stadija razumijevanja: kao Brahman, odnosno neosobni sveprožimajući duh, kao Paramātmā, lokalizirani vid Svevišnjeg prisutan u srcu svih živih bića, i kao Bhagavān, odnosno Svevišnja Božanska Osoba, Śrī Kṛṣṇa. Ovo shvaćanje Apsolutne Istine objašnjeno je u *Śrīmad-Bhāgavatamu* (1.2.11):

vadanti tat tattva-vidas tattvaṁ yaj jñānam advayam
brahmeti paramātmeti bhagavān iti śabdyate

„Poznavatelji Apsolutne Istine spoznaju Apsolutnu Istinu u tri istovjetna vida, opisana kao Brahman, Paramātmā i Bhagavān."

Ta tri božanska vida mogu se objasniti na primjeru Sunca, koje također ima tri različita vida: Sunčevu svjetlost, Sunčevu površinu i Sunčev planet. Onaj tko proučava samo Sunčevu svjetlost je početnik. Onaj tko shvaća Sunčevu površinu je napredniji, ali onaj tko može otići na Sunce je najnapredniji. Obični studenti koji su zadovoljni s razumijevanjem same Sunčeve svjetlosti – njezina prožimanja svega i blještavoga sjaja njezine neosobne prirode – mogu se usporediti s onima koji spoznaju samo Brahman, neosobni vid Apsolutne Istine. Student koji je dalje napredovao može spoznati Sunčevu površinu, koja se uspoređuje sa znanjem o Paramātmi, lokaliziranu vidu Apsolutne Istine. Student koji može ući u srce Sunca uspoređuje se s onima koji su spoznali osobni vid Vrhovne Apsolutne Istine. Prema tome, *bhakte,* tj. transcendentalisti koji su spoznali Bhagavāna (osobni vid Apsolutne Istine), vrhunski su transcendentalisti, iako svi studenti koji proučavaju Apsolutnu Istinu proučavaju isti predmet. Sunčeva svjetlost, Sunčeva površina i unutarnja zbivanja na Suncu ne mogu se odvojiti jedno od drugoga, ali studenti koji proučavaju različite vidove ne pripadaju istoj kategoriji.

Sanskrtsku riječ *bhagavān* objasnio je veliki autoritet Parāśara Muni, otac Vyāsadeve. Svevišnja Osoba koja posjeduje sve bogatstvo, svu snagu, svu slavu, svu ljepotu, sve znanje i svu moć odricanja naziva se Bhagavān. Ima mnogo osoba koje su vrlo bogate, vrlo moćne, vrlo lijepe, vrlo slavne i vrlo učene, s velikom moći odricanja, ali nitko ne može tvrditi da u cijelosti posjeduje sve bogatstvo, svu snagu itd. To može tvrditi samo Kṛṣṇa, jer je Svevišnja Božanska Osoba. Nijedno živo biće, pa čak ni Brahmā, Śiva ili Nārāyaṇa, ne može posjedovati sve obilje u potpunosti kao Kṛṣṇa. Stoga je sam Brahmā u *Brahma-saṁhiti* zaključio da je Gospodin Kṛṣṇa Svevišnja Božanska Osoba. Nitko Mu nije ravan niti je itko viši od Njega. On je prvobitni Gospodin, odnosno Bhagavān, poznat kao Govinda i vrhovni je uzrok svih uzroka:

īśvaraḥ paramaḥ kṛṣṇaḥ sac-cid-ānanda-vigrahaḥ
anādir ādir govindaḥ sarva-kāraṇa-kāraṇam

„Ima mnogo osoba koje posjeduju odlike Bhagavāna, ali Kṛṣṇa je vrhovni jer Ga nitko ne može nadmašiti. On je Vrhovna Osoba, a Njegovo je tijelo vječno, puno znanja i blaženstva. On je prvobitni Gospodin Govinda i uzrok svih uzroka." (*Brahma-saṁhitā* 5.1)

U *Bhāgavatamu* postoji popis brojnih inkarnacija Svevišnje Božanske Osobe, ali Kṛṣṇa je opisan kao izvorna Božanska Osoba, od koje potječu brojne inkarnacije i Božanske Osobe:

ete cāṁśa-kalāḥ puṁsaḥ kṛṣṇas tu bhagavān svayam
indrāri-vyākulaṁ lokaṁ mṛḍayanti yuge yuge

„Sve ovdje navedene inkarnacije predstavljaju potpune ekspanzije ili ekspanzije potpunih ekspanzija Vrhovnog Boga, ali Kṛṣṇa je sama Svevišnja Božanska Osoba." (*Bhāg.* 1.3.28)

Prema tome, Kṛṣṇa je izvorna Svevišnja Božanska Osoba, Apsolutna Istina, izvor Nad-duše i neosobnog Brahmana.

U nazočnosti Svevišnje Božanske Osobe Arjunino je jadikovanje nad rođacima neumjesno i zato je Kṛṣṇa izrazio Svoje čuđenje riječju *kutaḥ,* „otkuda". Takve se nečistoće nikada ne očekuju od osobe koja pripada civiliziranim ljudima poznatim kao Arijci. Riječ *Arijac* odnosi se na osobe koje poznaju vrijednosti života i čija se civilizacija temelji na duhovnoj spoznaji. Osobe vođene materijalnim shvaćanjem života ne znaju da je cilj života spoznaja Apsolutne Istine, Viṣṇua ili Bhagavāna. Opčinjene vanjskim obilježjima materijalnog svijeta, ne znaju što je oslobođenje. Osobe koje nemaju znanje o oslobođenju od materijalnog ropstva nazivaju se ne-Arijcima. Premda je Arjuna bio *kṣatriya,* odstupio je od svojih propisanih dužnosti odbijajući da se bori. Opisano je da takvo kukavičko djelo ne dolikuje Arijcima. Takvo odstupanje od dužnosti ne pomaže osobi da napreduje u duhovnom životu niti joj pruža priliku da postane slavna u ovom svijetu. Gospodin Kṛṣṇa nije odobrio Arjuninu tobožnju samilost prema vlastitim rođacima.

STROFA 3

क्लैब्यं मा स्म गमः पार्थ नैतत्त्वय्युपपद्यते ।
क्षुद्रं हृदयदौर्बल्यं त्यक्त्वोत्तिष्ठ परन्तप ॥ ३ ॥

klaibyaṁ mā sma gamaḥ pārtha naitat tvayy upapadyate
kṣudraṁ hṛdaya-daurbalyaṁ tyaktvottiṣṭha parantapa

klaibyam – nemoći; *mā sma* – ne; *gamaḥ* – prepuštaj se; *pārtha* – o Pṛthin sine; *na* – nikada; *etat* – to; *tvayi* – tebi; *upapadyate* – priliči; *kṣudram* – bijednu; *hṛdaya* – srca; *daurbalyam* – slabost; *tyaktvā* – ostavljajući; *uttiṣṭha* – ustani; *param-tapa* – o pokoritelju neprijatelja.

O Pṛthin sine, ne prepuštaj se toj degradirajućoj nemoći koja ti ne priliči. Ostavi takvu bijednu slabost srca i ustani, o pokoritelju neprijatelja.

SMISAO: Arjuna je oslovljen kao sin Pṛthe, sestre Kṛṣṇina oca Vasudeve. To znači da je bio u krvnom srodstvu s Kṛṣṇom. Ako sin *kṣatriye* odbije da se bori, *kṣatriya* je samo po imenu, kao što je sin *brāhmaṇe* koji djeluje bezbožno *brāhmaṇa* samo po imenu. Takvi su *kṣatriye* i *brāhmaṇe* nedostojni sinovi svojih očeva. Kṛṣṇa nije htio da Arjuna postane nedostojan sin *kṣatriye.* Arjuna je bio najbliskiji prijatelj Kṛṣṇe, koji je osobno upravljao njegovim bojnim kolima, ali kad bi Arjuna, unatoč svemu tome, napustio bitku, počinio bi nečasno djelo. Kṛṣṇa je zato rekao Arjuni da mu takav stav ne priliči. Arjuna je mogao reći da napušta bitku zbog svoga velikodušnog stava prema poštovanom Bhīṣmi i svojim rođacima, ali Kṛṣṇa je smatrao takvu velikodušnost običnom slabošću srca. Takvu lažnu velikodušnost nije odobrio ni jedan autoritet. Stoga se osobe poput Arjune trebaju pod Kṛṣṇinim neposrednim vodstvom odreći takve velikodušnosti ili tobožnjeg nenasilja.

STROFA 4

अर्जुन उवाच
कथं भीष्ममहं संख्ये द्रोणं च मधुसूदन ।
इषुभिः प्रतियोत्स्यामि पूजार्हावरिसूदन ॥ ४ ॥

arjuna uvāca
kathaṁ bhīṣmam ahaṁ saṅkhye droṇaṁ ca madhusūdana
iṣubhiḥ pratiyotsyāmi pūjārhāv ari-sūdana

arjunaḥ uvāca – Arjuna reče; *katham* – kako; *bhīṣmam* – Bhīṣmi; *aham* – ja; *saṅkhye* – u bici; *droṇam* – Droṇi; *ca* – također; *madhusūdana* – o ubojico Madhua; *iṣubhiḥ* – strijelama; *pratiyotsyāmi* – suprotstaviti; *pūjā-arhau* – vrijednima obožavanja; *ari-sūdana* – o ubojico neprijatelja.

Arjuna reče: O ubojico neprijatelja, o ubojico Madhua, kako se u bici mogu strijelama suprotstaviti ljudima kao što su Bhīṣma i Droṇa, vrijednima moga obožavanja?

SMISAO: Ugledne starije osobe poput djeda Bhīṣme i učitelja Droṇācārye uvijek su vrijedne obožavanja. Čak i ako napadnu, ne treba im se suprotstavljati. Uobičajeno je pravilo da se starijima ne treba suprotstavljati čak ni riječima. Čak i ako se katkada ponašaju grubo, ne treba se prema njima ophoditi s grubošću. Kako im se onda Arjuna mogao suprotstaviti? Bi li Kṛṣṇa ikada napao Svoga djeda Ugrasenu ili Svoga učitelja Sāndīpanija Munija? To su bili neki od razloga koje je Arjuna iznio Kṛṣṇi.

STROFA 5

गुरूनहत्वा हि महानुभावान्
श्रेयो भोक्तुं भैक्ष्यमपीह लोके ।
हत्वार्थकामांस्तु गुरूनिहैव
भुञ्जीय भोगान् रुधिरप्रदिग्धान् ॥ ५ ॥

gurūn ahatvā hi mahānubhāvān
śreyo bhoktuṁ bhaikṣyam apīha loke
hatvārtha-kāmāṁs tu gurūn ihaiva
bhuñjīya bhogān rudhira-pradigdhān

gurūn – starije; *ahatvā* – ne ubiti; *hi* – zacijelo; *mahā-anubhāvān* – velike duše; *śreyaḥ* – bolje je; *bhoktum* – uživati u životu; *bhaikṣyam* – proseći; *api* – čak; *iha* – u ovom životu; *loke* – u ovom svijetu; *hatvā* – ubijajući; *artha* – dobiti; *kāmān* – žele; *tu* – ali; *gurūn* – starije; *iha* – u ovom svijetu; *eva* – zacijelo; *bhuñjīya* – mora uživati; *bhogān* – stvari u kojima se može uživati; *rudhira* – krvlju; *pradigdhān* – okaljane.

Bolje bi bilo živjeti u ovom svijetu od prošenja nego živjeti po cijenu života velikih duša koje su moji učitelji. Premda žele svjetovne dobrobiti, oni su pretpostavljeni. Ako budu ubijeni, sve što uživamo bit će okaljano krvlju.

SMISAO: Prema pravilima svetih spisa učitelj koji postupa sramno i koji je izgubio moć razlikovanja zaslužuje da bude ostavljen. Bhīṣma i Droṇa bili su prisiljeni da stanu na stranu Duryodhane zbog njegove novčane potpore, premda nisu trebali prihvatiti takav položaj samo iz financijskih razloga. Stoga su izgubili ugled učitelja. No Arjuna misli da su unatoč tome ostali njegovi pretpostavljeni i da bi zato uživati u materijalnoj dobiti nakon njihova ubijanja značilo uživati u plijenu okaljanu krvlju.

STROFA 6

न चैतद् विद्मः कतरन्नो गरीयो
यद्वा जयेम यदि वा नो जयेयुः ।
यानेव हत्वा न जिजीविषामस्
तेऽवस्थिताः प्रमुखे धार्तराष्ट्राः ॥ ६ ॥

na caitad vidmaḥ kataran no garīyo
yad vā jayema yadi vā no jayeyuḥ
yān eva hatvā na jijīviṣāmas
te 'vasthitāḥ pramukhe dhārtarāṣṭrāḥ

na – niti; *ca* – također; *etat* – ovo; *vidmaḥ* – znamo; *katarat* – što; *naḥ* – za nas; *garīyaḥ* – bolje; *yat vā* – je li; *jayema* – možemo pobijediti; *yadi* – ako; *vā* – ili; *naḥ* – nas; *jayeyuḥ* – pobijede; *yān* – koje; *eva* – zacijelo; *hatvā* – ubijajući; *na* – nikada; *jijīviṣāmaḥ* – htjeli bismo živjeti; *te* – svi oni; *avasthitāḥ* – nalaze se; *pramukhe* – ispred; *dhārtarāṣṭrāḥ* – Dhṛtarāṣṭrini sinovi.

Ne znamo što je bolje – pobijediti ili biti pobijeđen. Ako ubijemo Dhṛtarāṣṭrine sinove, ne bismo trebali mariti za život. Ipak, oni sada stoje pred nama na bojnom polju.

SMISAO: Arjuna nije znao treba li se boriti i izložiti opasnosti da počini nepotrebno nasilje, iako je borba dužnost *kṣatriye,* ili bi se trebao povući i živjeti od prošenja. Ako ne pobijedi neprijatelja, mogao bi se izdržavati samo prošenjem. Nije bio siguran u pobjedu jer je i jedna i druga strana mogla pobijediti. Čak i ako ih je očekivala pobjeda (a njihov je cilj bio opravdan), kad bi Dhṛtarāṣṭrini sinovi poginuli u bici, bilo bi vrlo teško živjeti u njihovoj odsutnosti. U tim bi okolnostima to za njih bila druga vrsta poraza. Ove Arjunine misli nepobitno dokazuju da je bio ne samo Gospodinov veliki *bhakta* već i veoma napredna osoba koja je potpuno vladala umom i osjetilima. Njegova želja da živi od prošenja, iako se rodio u kraljevskoj obitelji, predstavlja još jedan znak nevezanosti. Bio je pun vrlina, kao što pokazuju ove odlike i njegova vjera u upute Śrī Kṛṣṇe (njegova duhovnog učitelja). Možemo zaključiti da je Arjuna bio dostojan oslobođenja. Onaj tko ne vlada svojim osjetilima ne može se uzdići na razinu znanja, a bez znanja i predanosti ne može dostići oslobođenje. Arjuna je imao te odlike, uza sve velike materijalne kvalifikacije koje je posjedovao.

STROFA 7

कार्पण्यदोषोपहतस्वभावः
पृच्छामि त्वां धर्मसम्मूढचेताः ।
यच्छ्रेयः स्यान्निश्चितं ब्रूहि तन्मे
शिष्यस्तेऽहं शाधि मां त्वां प्रपन्नम् ॥ ७ ॥

kārpaṇya-doṣopahata-svabhāvaḥ
pṛcchāmi tvāṁ dharma-sammūḍha-cetāḥ
yac chreyaḥ syān niścitaṁ brūhi tan me
śiṣyas te 'haṁ śādhi māṁ tvāṁ prapannam

kārpaṇya – bijednom; *doṣa* – slabošću; *upahata* – pogođen; *sva-bhāvaḥ* – osobine; *pṛcchāmi* – pitam; *tvām* – Tebe; *dharma* – religije; *sammūḍha* – zbunjen; *cetāḥ* – u srcu; *yat* – što; *śreyaḥ* – dobro za sve; *syāt* – može biti; *niścitam* – povjerljivo; *brūhi* – reci; *tat* – to; *me* – meni; *śiṣyaḥ* – učenik; *te* – Tvoj; *aham* – ja sam; *śādhi* – pouči; *mām* – mene; *tvām* – Tebi; *prapannam* – predan.

Ne znam više što je moja dužnost. Zbog bijedne sam slabosti srca izgubio svu pribranost. U tom stanju molim Te da mi kažeš što je najbolje za mene. Sada sam Tvoj učenik i duša predana Tebi. Molim Te, pouči me.

SMISAO: Po uređenju prirode čitav sustav materijalnih djelatnosti predstavlja izvor problema za svakoga. S problemima se susrećemo na svakom koraku i zato trebamo prići vjerodostojnu duhovnom učitelju, koji nas može pravilno poučiti kako da ostvarimo cilj života. Svi vedski spisi savjetuju nam da priđemo takvoj osobi kako bismo se oslobodili životnih problema, koji se pojavljuju protiv naše želje. Oni se uspoređuju sa šumskim požarom koji izbija, iako ga nitko nije podmetnuo. Situacija je u svijetu takva da se životne nedaće same pojavljuju, premda ih ne želimo. Nitko ne želi požar, ali on ipak izbija, izazivajući u nama nemir. Vedska nam mudrost stoga savjetuje da radi rješavanja životnih problema i razumijevanja znanosti o rješenju priđemo duhovnom učitelju koji pripada učeničkom naslijeđu. Smatra se da osoba koja ima vjerodostojna duhovnog učitelja zna sve. Zato ne bismo trebali ostati zbunjeni materijalnim nedaćama, već trebamo prići duhovnom učitelju. To je smisao ove strofe.

Tko je čovjek zbunjen materijalnim nedaćama? To je onaj tko ne shvaća probleme života. Takav je čovjek opisan u *Bṛhad-āraṇyaka Upaniṣadi*

(3.8.10): *yo vā etad akṣaraṁ gārgy aviditvāsmāl̐ lokāt praiti sa kṛpaṇaḥ.* „Bijedan je čovjek koji nije riješio probleme života kao ljudsko biće i koji tako napusti ovaj svijet poput mačaka i pasa, bez razumijevanja nauka o samospoznaji." Ljudski oblik života predstavlja najdragocjeniju pogodnost za živo biće, koje ga može iskoristiti za rješavanje problema života. Stoga je onaj tko ne koristi pravilno ovu priliku škrtica. S druge strane, inteligentna osoba koja koristi ovo tijelo za rješavanje svih problema života je *brāhmaṇa. Ya etad akṣaraṁ gārgi viditvāsmāl̐ lokāt praiti sa brāhmaṇaḥ.*

Kṛpaṇe, škrte osobe, pretjerano vezane za obitelj, društvo i zemlju, trate svoje vrijeme pod utjecajem materijalnog shvaćanja života. Čovjek je često vezan za obiteljski život, za ženu, djecu i druge članove obitelji, zbog „kožne bolesti". *Kṛpaṇa* misli da može zaštititi članove svoje obitelji od smrti ili misli da ga njegova obitelj i društvo mogu spasiti od smrti. Takvu obiteljsku vezanost nalazimo čak i u nižih životinja, koje se također brinu o djeci. Budući da je bio razborit, Arjuna je mogao shvatiti da su njegova privrženost članovima obitelji i želja da ih zaštiti od smrti bili uzroci njegove zbunjenosti. Bio je svjestan da se iz dužnosti treba boriti, ali zbog bijedne slabosti nije to mogao učiniti. Zato moli Gospodina Kṛṣṇu, vrhovnoga duhovnog učitelja, da donese konačnu odluku. Predaje se Kṛṣṇi kao učenik i želi okončati prijateljski razgovor. Razgovori između učitelja i učenika su ozbiljni i Arjuna sada želi ozbiljno razgovarati s priznatim duhovnim učiteljem. Kṛṣṇa je prvobitni duhovni učitelj nauka *Bhagavad-gīte,* a Arjuna je prvi učenik koji je imao priliku da shvati *Gītu.* Kako je Arjuna shvatio *Bhagavad-gītu* bit će opisano u samoj *Gīti.* Unatoč tome, budalasti svjetovni učenjaci objašnjavaju da se ne trebamo predati Kṛṣṇi kao osobi, već „nerođenom u Kṛṣṇi". Nema razlike između Kṛṣṇe iznutra i izvana. Onaj tko pokušava shvatiti *Bhagavad-gītu* bez takva razumijevanja najveća je budala.

STROFA 8

न हि प्रपश्यामि ममापनुद्याद्
यच्छोकमुच्छोषणमिन्द्रियाणाम् ।
अवाप्य भूमावसपत्नमृद्धं
राज्यं सुराणामपि चाधिपत्यम् ॥ ८ ॥

na hi prapaśyāmi mamāpanudyād
yac chokam ucchoṣaṇam indriyāṇām
avāpya bhūmāv asapatnam ṛddhaṁ
rājyaṁ surāṇām api cādhipatyam

na – ne; *hi* – zacijelo; *prapaśyāmi* – vidim; *mama* – moju; *apanudyāt* – može odagnati; *yat* – to što; *śokam* – žalost; *ucchoṣaṇam* – suše; *indriyāṇām* – osjetila; *avāpya* – dostižući; *bhūmau* – na Zemlji; *asapatnam* – bez premca; *ṛddham* – bogato; *rājyam* – kraljevstvo; *surāṇām* – polubogova; *api* – čak; *ca* – također; *ādhipatyam* – vlast.

Ne vidim što može odagnati ovu žalost zbog koje mi se suše osjetila. Neću je moći odagnati čak ni ako osvojim bogato kraljevstvo bez premca na Zemlji, s vlašću poput vlasti rajskih polubogova.

SMISAO: Premda je Arjuna iznio toliko mnogo razloga utemeljenih na znanju o načelima religije i ćudorednim pravilima, čini se da nije mogao riješiti svoj pravi problem bez pomoći duhovnog učitelja, Gospodina Śrī Kṛṣṇe. Shvaćao je da svojim takozvanim znanjem ne može riješiti probleme koji su mu oduzimali volju za život i da izlaz iz takva položaja ne može naći bez pomoći duhovnog učitelja poput Gospodina Kṛṣṇe. Akademsko znanje, naobrazba i visok položaj beskorisni su za rješavanje problema života; pomoć može pružiti samo duhovni učitelj poput Kṛṣṇe. Zato možemo zaključiti da je duhovni učitelj koji je potpuno svjestan Kṛṣṇe vjerodostojan duhovni učitelj, jer može riješiti probleme života. Gospodin Caitanya je rekao da je pravi duhovni učitelj onaj tko savršeno dobro poznaje nauk svjesnosti Kṛṣṇe, bez obzira na njegov društveni položaj.

kibā vipra, kibā nyāsī, śūdra kene naya
yei kṛṣṇa-tattva-vettā, sei 'guru' haya

„Nije važno je li osoba *vipra* [učeni poznavatelj vedske mudrosti] ili se rodila u niskoj obitelji ili je prihvatila red odricanja – ako savršeno dobro poznaje nauk o Kṛṣṇi, savršen je vjerodostojni duhovni učitelj." (*Caitanya-caritāmṛta, Madhya* 8.128) Bez savršena poznavanja nauka svjesnosti Kṛṣṇe nitko ne može biti vjerodostojan duhovni učitelj. To je potvrđeno u vedskoj književnosti:

ṣaṭ-karma-nipuṇo vipro mantra-tantra-viśāradaḥ
avaiṣṇavo gurur na syād vaiṣṇavaḥ śva-paco guruḥ

„Učeni *brāhmaṇa,* koji odlično poznaje sva područja vedskog znanja, nije dostojan položaja duhovnog učitelja ako nije vaiṣṇava ili poznavatelj nauka svjesnosti Kṛṣṇe. No osoba rođena u obitelji niže kaste može postati duhovni učitelj ako je vaiṣṇava ili svjesna Kṛṣṇe." (*Padma Purāṇa*)

Problemi materijalnog postojanja – rođenje, starost, bolest i smrt – ne mogu se riješiti stjecanjem bogatstva i gospodarskim razvojem. U mnogim dijelovima svijeta postoje bogate, gospodarski razvijene države, pune svih pogodnosti za život, ali problemi materijalnog postojanja ipak su prisutni. One na različite načine traže mir, ali pravu sreću mogu steći samo ako potraže savjet od Kṛṣṇe ili *Bhagavad-gīte* i *Śrīmad-Bhāgavatama* (koji predstavljaju nauk o Kṛṣṇi) pod vodstvom Kṛṣṇina vjerodostojna predstavnika, čovjeka svjesna Kṛṣṇe.

Kad bi gospodarski razvoj i materijalne udobnosti mogli osloboditi osobu jadikovanja zbog obiteljskih, društvenih, narodnih i međunarodnih problema, Arjuna ne bi rekao da čak ni kraljevstvo bez premca na Zemlji ili vlast jednaka vlasti polubogova na rajskim planetima ne mogu odagnati njegovu žalost. Zato je potražio utočište u svjesnosti Kṛṣṇe. To je pravi put ostvarivanja mira i sklada. Prirodne materijalne nepogode mogu u svakom trenutku okončati gospodarski razvoj i vlast nad svijetom. Čak i uzdizanje na više planete, za kojim ljudi danas teže pokušavajući otići na Mjesec, može biti okončano jednim udarcem. *Bhagavad-gītā* to potvrđuje – *kṣīṇe puṇye martya-lokaṁ viśanti.* „Kad iscrpi rezultate pobožnih djela osoba ponovno pada s vrhunca sreće na najniži životni položaj." Mnogi su političari svijeta pali na taj način. Takvi su padovi samo novi uzroci jadikovanja.

Stoga, ako se želimo zauvijek osloboditi jadikovanja, moramo prihvatiti utočište Kṛṣṇe, poput Arjune, koji je zamolio Kṛṣṇu da konačno riješi njegov problem. To je put svjesnosti Kṛṣṇe.

STROFA 9

सञ्जय उवाच
एवमुक्त्वा हृषीकेशं गुडाकेशः परन्तपः ।
न योत्स्य इति गोविन्दमुक्त्वा तूष्णीं बभूव ह ॥ ९ ॥

sañjaya uvāca
evam uktvā hṛṣīkeśaṁ guḍākeśaḥ parantapaḥ
na yotsya iti govindam uktvā tūṣṇīṁ babhūva ha

sañjayaḥ uvāca – Sañjaya reče; *evam* – to; *uktvā* – rekavši; *hṛṣīkeśam* – Kṛṣṇi, gospodaru osjetila; *guḍākeśaḥ* – Arjuna, koji je nadišao neznanje; *parantapaḥ* – pokoritelj neprijatelja; *na yotsye* – neću se boriti; *iti* – tako; *govindam* – Kṛṣṇi, koji pruža zadovoljstvo osjetilima; *uktvā* – rekavši; *tūṣṇīm* – šutljiv; *babhūva* – postao; *ha* – zacijelo.

Sañjaya reče: Govoreći tako, Arjuna, pokoritelj neprijatelja, potom reče Kṛṣṇi: „Govinda, neću se boriti" i zašuti.

SMISAO: Dhṛtarāṣṭra se sigurno obradovao kad je saznao da se Arjuna neće boriti i da umjesto toga napušta bojno polje kako bi prihvatio život prosjaka. Ali Sañjaya ga je ponovno razočarao rekavši da je Arjuna pokoritelj svojih neprijatelja (*parantapaḥ*). Premda je zbog obiteljske privrženosti neko vrijeme bio obuzet neumjesnom žalošću, predao se Kṛṣṇi, vrhovnom duhovnom učitelju, kao učenik. To je upućivalo na to da će uskoro biti oslobođen lažna jadikovanja uzrokovana obiteljskom privrženošću i prosvijetljen savršenim znanjem o samospoznaji ili svjesnosti Kṛṣṇe. Tada će se sigurno boriti. Tako će Dhṛtarāṣṭrina radost biti kratka vijeka, jer će se Arjuna, stekavši znanje od Kṛṣṇe, boriti do kraja.

STROFA 10

तमुवाच हृषीकेशः प्रहसन्निव भारत
सेनयोरुभयोर्मध्ये विषीदन्तमिदं वचः ॥ १० ॥

tam uvāca hṛṣīkeśaḥ prahasann iva bhārata
senayor ubhayor madhye viṣīdantam idaṁ vacaḥ

tam – njemu; *uvāca* – reče; *hṛṣīkeśaḥ* – gospodar osjetila, Kṛṣṇa; *prahasan* – smiješeći se; *iva* – tako; *bhārata* – o Dhṛtarāṣṭra, potomče Bharate; *senayoḥ* – vojsci; *ubhayoḥ* – obje strane; *madhye* – između; *viṣīdantam* – ožalošćenom; *idam* – ove; *vacaḥ* – riječi.

O potomče Bharate, stojeći između dviju vojski, Kṛṣṇa je smiješeći se rekao ove riječi ožalošćenom Arjuni.

SMISAO: Razgovor se odvijao između dvojice bliskih prijatelja, Hṛṣīkeśe i Guḍākeśe. Kao prijatelji, obojica su bila na istoj razini, no jedan od njih dobrovoljno je postao učenik drugoga. Kṛṣṇa se smiješio jer je prijatelj odlučio postati učenik. Kao gospodar i učitelj svih živih bića, Kṛṣṇa uvijek ima viši položaj, ali pristaje biti prijatelj, sin ili ljubavnik *bhakte* koji Ga želi u takvoj ulozi. Čim je bio prihvaćen kao učitelj, prihvatio je tu ulogu i razgovarao s učenikom kao učitelj – s ozbiljnošću koja dolikuje tom položaju. Čini se da se razgovor između učitelja i učenika otvoreno vodio u nazočnosti obiju vojski, pa su svi stekli dobrobit. Razgovori u *Bhagavad-gīti* nisu namijenjeni jednoj osobi, društvu ili zajednici, već svima. I prijatelji i neprijatelji imaju jednako pravo da ih čuju.

STROFA 11

श्रीभगवानुवाच
अशोच्यानन्वशोचस्त्वं प्रज्ञावादांश्च भाषसे ।
गतासूनगतासूंश्च नानुशोचन्ति पण्डिताः ॥ ११ ॥

śrī-bhagavān uvāca
aśocyān anvaśocas tvaṁ prajñā-vādāṁś ca bhāṣase
gatāsūn agatāsūṁś ca nānuśocanti paṇḍitāḥ

śrī-bhagavān uvāca – Svevišnja Božanska Osoba reče; *aśocyān* – nije vrijedno jadikovanja; *anvaśocaḥ* – jadikuješ; *tvam* – ti; *prajñā-vādān* – učene riječi; *ca* – također; *bhāṣase* – govoriš; *gata* – izgubljenim; *asūn* – za životom; *agata* – ni za prošlim; *asūn* – životom; *ca* – također; *na* – nikada; *anuśocanti* – jadikuju; *paṇḍitāḥ* – učeni.

Svevišnja Božanska Osoba reče: Dok govoriš učene riječi, jadikuješ za onim što nije vrijedno žaljenja. Mudri ljudi ne žale ni za živim ni za mrtvim.

SMISAO: Gospodin je odmah preuzeo položaj učitelja i izgrdio učenika, posredno ga nazivajući budalom. Gospodin je rekao: „Govoriš kao učen čovjek, ali ne znaš da mudra osoba – koja zna što je tijelo, a što duša – ne jadikuje ni zbog jednog stanja tijela, ni živog ni mrtvog." Kao što će biti objašnjeno u idućim poglavljima, imati znanje znači poznavati materiju i duh i njihova upravitelja. Arjuna je izjavio da se religijskim načelima treba pridati veća važnost negoli politici i sociologiji, ali nije znao da je znanje o materiji, duši i Svevišnjem još važnije od religijskih pravila. To mu je znanje nedostajalo i zato se nije trebao predstavljati kao vrlo učen čovjek. Budući da nije bio vrlo mudar, jadikovao je za nečim što nije bilo vrijedno žaljenja. Tijelo se rađa i po svom usudu danas ili sutra umire; stoga nije tako važno kao duša. Onaj tko to zna istinski je učen. On ne vidi razloga za jadikovanje, bez obzira na stanje materijalnog tijela.

STROFA 12

न त्वेवाहं जातु नासं न त्वं नेमे जनाधिपाः ।
न चैव न भविष्यामः सर्वे वयमतः परम् ॥ १२ ॥

na tv evāhaṁ jātu nāsaṁ na tvaṁ neme janādhipāḥ
na caiva na bhaviṣyāmaḥ sarve vayam ataḥ param

na – nikada; *tu* – ali; *eva* – zacijelo; *aham* – Ja; *jātu* – u bilo koje vrijeme; *na* – nisam; *āsam* – postojao; *na* – ni; *tvam* – ti; *na* – ni; *ime* – svi ovi; *jana-adhipāḥ* – kraljevi; *na* – nikada; *ca* – također; *eva* – zacijelo; *na* – ne; *bhaviṣyāmaḥ* – postojat ćemo; *sarve vayam* – svi mi; *ataḥ param* – u budućnosti.

Nikada nije bilo vremena da Ja nisam postojao, ni ti, ni svi ovi kraljevi, niti će u budućnosti itko od nas prestati postojati.

SMISAO: U *Vedama* (u *Kaṭha Upaniṣadi* i *Śvetāśvatara Upaniṣadi*) rečeno je da Svevišnja Božanska Osoba održava bezbrojna živa bića u njihovim različitim položajima, koje su stekli vlastitim djelovanjem. Ta Svevišnja Božanska Osoba, u obliku Svojih djelomičnih ekspanzija, živi u srcu svakoga živog bića. Samo svete osobe koje u sebi i izvan sebe vide istoga Svevišnjeg Gospodina mogu dostići savršen, vječan mir.

nityo nityānāṁ cetanaś cetanānām
eko bahūnāṁ yo vidadhāti kāmān
tam ātma-sthaṁ ye 'nupaśyanti dhīrās
teṣāṁ śāntiḥ śāśvatī netareṣām
(*Kaṭha Upaniṣada* 2.2.13)

Ista vedska istina koja je otkrivena Arjuni otkrivena je svim osobama u svijetu koje se predstavljaju kao vrlo učene, ali ustvari imaju samo siromašno znanje. Gospodin jasno kaže da su On sam, Arjuna i svi kraljevi nazočni na bojnom polju vječno osobe i da Gospodin vječno održava osobna živa bića, u njihovu uvjetovanu i oslobođenu stanju. Svevišnja Božanska Osoba je vrhovna osoba, a Arjuna (Gospodinov vječni pratilac) i svi nazočni kraljevi individualna su vječna bića. Postojali su kao osobe u prošlosti i zauvijek će ostati osobe. Njihova je osobnost postojala u prošlosti i nastavit će postojati u budućnosti, bez prekida. Stoga nema razloga za žaljenje nad bilo kim.

Gospodin Kṛṣṇa, vrhovni autoritet, ovdje ne podržava teoriju *māyāvāde* da se duhovna duša, odvojena prekrivačem *māye,* tj. iluzije, nakon oslobođenja stapa s neosobnim Brahmanom i gubi osobno postojanje. Niti podržava teoriju da se osobnost doživljava samo u uvjetovanu stanju. Kṛṣṇa u ovoj strofi jasno kaže da će Gospodin i drugi u budućnosti vječno zadržati svoju osobnost. To je potvrđeno u *Upaniṣadama.* Kṛṣṇina je izjava mjerodavna, jer Kṛṣṇa ne može biti podložan iluziji. Kad osobnost ne bi bila činjenica, Kṛṣṇa je ne bi toliko naglašavao – čak i za budućnost. Māyāvādī može prigovoriti da osobnost o kojoj govori Kṛṣṇa nije duhovna, već materijalna, ali ako prihvatimo tvrdnju da je osobnost materijalna, kako onda možemo praviti razliku između Kṛṣṇine osobnosti i osobnosti drugih živih bića? Kṛṣṇa svjedoči da je bio osoba u prošlosti i da će biti osoba u budućnosti. On je potvrdio Svoju osobnost na mnogo načina, a neosobni je Brahman podređen Njemu. Kṛṣṇa sve vrijeme zadržava duhovnu osobnost. Ako se prihvati kao obična uvjetovana duša s osobnom svjesnošću, onda Njegova *Bhagavad-gītā* nema vrijednost vjerodostojna spisa. Običan čovjek s četiri nedostatka svojstvena nesavršenoj ljudskoj prirodi ne može poučavati druge onome što je vrijedno slušanja. *Gītā* je iznad takve književnosti. Nijedna svjetovna knjiga ne može se usporediti s *Bhagavad-gītom.* Kad bi Kṛṣṇa bio običan čovjek, *Gītā* bi izgubila sav značaj. Māyāvādīji izjavljuju da je množina u ovoj strofi konvencionalna i da se odnosi na tijelo, ali Kṛṣṇa u prethodnoj strofi osuđuje takvo tjelesno shvaćanje. Nakon što je osudio tjelesno shvaćanje živih bića, kako može ponovno dati konvencionalnu izjavu koja se odnosi na tijelo? Osobnost se stoga zadržava na duhovnoj razini. To potvrđuju veliki *ācārye* poput Śrī Rāmānuje i drugih. U *Gīti* se na mnogo mjesta jasno spominje da duhovnu osobnost shvaćaju Gospodinovi *bhakte.* Oni koji zavide Kṛṣṇi kao Svevišnjoj Božanskoj Osobi ne pristupaju ovom velikom spisu na vjerodostojan način. *Abhakte* pristupaju naučavanju *Gīte* poput pčele koja liže staklenku s medom. Ako ne otvorimo staklenku, ne možemo okusiti med. Slično tome, misticizam *Bhagavad-gīte* mogu shvatiti samo *bhakte.* Nitko ga drugi ne može kušati, kao što je rečeno u četvrtom poglavlju ove knjige. *Gītu* ne mogu dodirnuti osobe koje zavide samom postojanju Gospodina. Stoga je māyāvādī objašnjenje *Gīte* najvaraviji prikaz cijele istine. Gospodin Caitanya zabranio nam je da čitamo tumačenja māyāvadīja i upozorio da onaj tko prihvati takvo objašnjenje māyāvādī filozofije gubi svu moć da shvati pravu tajnu *Gīte.* Ako se osobnost odnosi na iskustveni svemir, onda nema potrebe za slušanjem Gospodinovih učenja. Kao što smo već spomenuli, dvojnost osobne duše i Gospodina vječna je činjenica potvrđena u *Vedama.*

STROFA 13

देहिनोऽस्मिन् यथा देहे कौमारं यौवनं जरा ।
तथा देहान्तरप्राप्तिर्धीरस्तत्र न मुह्यति ॥ १३ ॥

dehino 'smin yathā dehe kaumāraṁ yauvanaṁ jarā
tathā dehāntara-prāptir dhīras tatra na muhyati

dehinaḥ – utjelovljenog; *asmin* – u ovom; *yathā* – kao što; *dehe* – u tijelu; *kaumāram* – djetinjstvo; *yauvanam* – mladost; *jarā* – starost; *tathā* –

slično tome; *deha-antara* – promjene tijela; *prāptiḥ* – stjecanje; *dhīraḥ* – razborit; *tatra* – time; *na* – nikada; *muhyati* – obmanut.

Kao što utjelovljena duša u ovom tijelu prolazi kroz dječaštvo, mladost i starost, tako u trenutku smrti prelazi u drugo tijelo. Razboritu osobu ne zbunjuje takva promjena.

SMISAO: Svako živo biće, kao osobna duša, mijenja svoje tijelo u svakom trenutku, poprimajući ponekad oblik djeteta, ponekad oblik mladića, a ponekad oblik starca. Unatoč tome, u tijelu je prisutna ista duhovna duša, koja ne podliježe nikakvoj promjeni. Ta individualna duša na kraju, u trenutku smrti, mijenja tijelo i prelazi u drugo tijelo. Budući da duša u idućem životu sigurno dobiva drugo tijelo, materijalno ili duhovno, Arjuna nije imao razloga za žaljenje zbog smrti Bhīṣme ili Droṇe, za koje se toliko brinuo. Naprotiv, trebao se radovati što će promijeniti svoje tijelo i umjesto staroga dobiti novo tijelo, te tako obnoviti svoju energiju. Takve promjene tijela uzrok su raznih užitaka i patnji, ovisno o djelima koja je osoba počinila u životu. Bhīṣma i Droṇa bili su plemenite duše i u sljedećem bi životu sigurno dobili duhovna tijela ili, u najmanju ruku, rajska tijela namijenjena uživanju u višem standardu materijalnog postojanja. Tako ni u kom slučaju nije bilo razloga za žaljenje.

Svaki čovjek koji ima savršeno znanje o naravi osobne duše, Nad-duše i prirode – materijalne i duhovne – naziva se *dhīra* ili najrazboritiji čovjek. Takav čovjek nikada nije obmanut promjenom tijela.

Teorija māyāvāde o jedinstvu duhovne duše ne može se prihvatiti, jer se duhovna duša ne može isjeći na komadiće. Kad bi se Gospodin mogao podijeliti na različite osobne duše, to bi značilo da nije nepodvojiv ili nepromjenjiv, što se protivi načelu nepromjenjivosti Vrhovne Duše. Kao što je potvrđeno u *Gīti,* sićušni djelići Svevišnjega postoje vječno (*sanātana*) i zovu se *kṣara*, što znači da su skloni padu u materijalni svijet. Ti sićušni djelići vječno su sićušni djelići. Čak i nakon oslobođenja osobna duša ostaje ista – sićušna. Ali kad se jednom oslobodi, živi vječno u blaženstvu i znanju sa Svevišnjom Božanskom Osobom. Teorija odraza može se primijeniti na Nad-dušu, koja prebiva u svakom tijelu i koja je poznata kao Paramātmā. Nad-duša se razlikuje od osobnog živog bića. Kad se nebo odražava u vodi, odrazi predstavljaju Sunce, Mjesec i zvijezde. Zvijezde se mogu usporediti sa živim bićima, a Sunce i Mjesec sa Svevišnjim Gospodinom. Sićušnu osobnu dušu predstavlja Arjuna, a Vrhovna je Duša Božanska Osoba Śrī Kṛṣṇa. Oni nisu na istoj razini, kao što ćemo jasno vidjeti na početku četvrtoga poglavlja. Kad bi Arjuna bio na istoj razini kao Kṛṣṇa, a Kṛṣṇa ne bi bio viši od Arjune, onda bi njihov odnos postao besmislen. Kad bi obojica bila obmanuta iluzornom energijom (*māyom*), ne bi bilo potrebno da jedan bude učitelj, a drugi učenik. Takvo bi poučavanje bilo beskorisno, jer u okovima *māye* nitko ne može biti vjerodostojan učitelj. Stoga možemo zaključiti da je Gospodin Kṛṣṇa Svevišnji Gospodin i da je Njegov položaj viši od položaja živog bića, Arjune, koji je zaboravna duša obmanuta *māyom*.

STROFA 14

मात्रास्पर्शास्तु कौन्तेय शीतोष्णसुखदुःखदाः ।
आगमापायिनोऽनित्यास्तांस्तितिक्षस्व भारत ॥ १४ ॥

mātrā-sparśās tu kaunteya śītoṣṇa-sukha-duḥkha-dāḥ
āgamāpāyino 'nityās tāṁs titikṣasva bhārata

mātrā-sparśāḥ – osjetilno opažanje; *tu* – samo; *kaunteya* – o Kuntīn sine; *śīta* – zima; *uṣṇa* – ljeto; *sukha* – sreću; *duḥkha* – i patnju; *dāḥ* – daje; *āgama* – dolazak; *apāyinaḥ* – odlazak; *anityāḥ* – nepostojani; *tān* – oni; *titikṣasva* – pokušaj podnositi; *bhārata* – o potomče Bharatine dinastije.

O Kuntīn sine, nestalno pojavljivanje sreće i nesreće te njihovo iščezavanje s vremenom, nalikuju dolasku i odlasku ljeta i zime. Oni potječu od osjetilnog opažanja, o potomče Bharate, i osoba mora naučiti da ih podnosi bez uznemirenosti.

SMISAO: Pri pravilnu obavljanju dužnosti moramo naučiti da podnosimo povremeno pojavljivanje i iščezavanje sreće i nesreće. Vedski nam spisi nalažu da se okupamo rano ujutro čak i u mjesecu Māghi (siječnju-veljači). Tada je vrlo hladno, ali unatoč tome onaj tko slijedi religijska načela okupat će se bez oklijevanja. Isto tako, žena će bez oklijevanja kuhati u svibnju i lipnju, najtoplijem dijelu ljeta. Dužnost se mora izvršavati unatoč vremenskim nepogodnostima. Slično tome, borba je religijsko načelo *kṣatriye*. Čak i ako se mora boriti protiv svoga prijatelja ili rođaka, *kṣatriya* ne bi trebao odbaciti svoju propisanu dužnost. Mora slijediti propisana pravila i propise religijskih načela kako bi se uzdignuo na razinu znanja, jer se samo zahvaljujući znanju i predanosti može osloboditi okova *māye* (iluzije).

Dva različita imena kojima je oslovljen Arjuna također su značajna. Ime Kaunteya upućuje na veličinu njegova krvnoga srodstva s majčine strane, a ime Bhārata na veličinu njegova podrijetla s očeve strane. I s jedne i s druge strane imao je veliko naslijeđe, a veliko naslijeđe povlači za sobom odgovornost za pravilno obavljanje dužnosti. Stoga ne može izbjeći borbu.

STROFA 15

यं हि न व्यथयन्त्येते पुरुषं पुरुषर्षभ ।
समदुःखसुखं धीरं सोऽमृतत्वाय कल्पते ॥ १५ ॥

yaṁ hi na vyathayanty ete puruṣaṁ puruṣarṣabha
sama-duḥkha-sukhaṁ dhīraṁ so 'mṛtatvāya kalpate

yam – koju; *hi* – zacijelo; *na* – nikada; *vyathayanti* – ne uznemiruje; *ete* – sve to; *puruṣam* – osoba; *puruṣa-ṛṣabha* – o najbolji među ljudima; *sama* – jednak; *duḥkha* – u nesreći; *sukham* – i sreći; *dhīram* – postojan; *saḥ* – on; *amṛtatvāya* – oslobođenja; *kalpate* – smatra se dostojnim.

O najbolji među ljudima [Arjuna], onaj tko nije uznemiren srećom i nesrećom, tko je postojan i u sreći i u nesreći, dostojan je oslobođenja.

SMISAO: Onaj tko je postojan u svojoj odlučnosti da dostigne naprednu razinu duhovne spoznaje i tko može jednako podnositi nalete sreće i nesreće, nedvojbeno je dostojan oslobođenja. U sustavu *varṇāśrame* četvrti stadij života – *sannyāsa* (red odricanja) – pun je poteškoća. Ali onaj tko ozbiljno želi dostići savršenstvo života prihvaća *sannyāsu* unatoč svim poteškoćama. One se obično pojavljuju kad osoba treba presjeći obiteljske veze, raskinuti odnos sa ženom i djecom, ali ako može podnositi takve poteškoće, u potpunosti slijedi put duhovne samospoznaje. Slično tome, Arjuni se savjetuje da ustraje u izvršavanju dužnosti *kṣatriye,* iako je teško boriti se protiv članova obitelji ili drugih voljenih osoba. Gospodin Caitanya prihvatio je *sannyāsu* u dvadeset četvrtoj godini života i Njegovi štićenici, mlada žena i stara majka, nisu imali nikoga tko bi se o njima brinuo. Unatoč tome, prihvatio je *sannyāsu* radi višega cilja i postojano obavljao više dužnosti. Tako se dostiže oslobođenje od materijalnog ropstva.

STROFA 16

नासतो विद्यते भावो नाभावो विद्यते सतः ।
उभयोरपि दृष्टोऽन्तस्त्वनयोस्तत्त्वदर्शिभिः ॥ १६ ॥

nāsato vidyate bhāvo nābhāvo vidyate sataḥ
ubhayor api dṛṣṭo 'ntas tv anayos tattva-darśibhiḥ

na – nikada; *asataḥ* – ono što ne postoji; *vidyate* – da; *bhāvaḥ* – traje; *na* – nikada; *abhāvaḥ* – mijenja prirodu; *vidyate* – da; *sataḥ* – vječno;

ubhayoḥ – ta dva; *api* – doista; *dṛṣṭaḥ* – promatranjem; *antaḥ* – zaključili; *tu* – uistinu; *anayoḥ* – oni; *tattva* – istinu; *darśibhiḥ* – koji vide.

Oni koji su vidjeli istinu zaključili su da nepostojeće [materijalno tijelo] nije trajno i da vječno postojeće [duša] nije podložno promjeni. To su zaključili proučavajući prirodu i jednog i drugog.

SMISAO: Promjenjivo tijelo nije trajno. Suvremena medicinska znanost priznaje da se tijelo mijenja svakog trenutka međudjelovanjem različitih stanica. Tijelo raste i stari, ali duhovna duša uvijek postoji i ostaje ista unatoč svim promjenama tijela i uma. To je razlika između materije i duha. Po prirodi tijelo se uvijek mijenja, ali duša je vječna. Taj su zaključak potvrdili svi oni koji su vidjeli istinu, i impersonalisti i personalisti. U *Viṣṇu Purāṇi* (2.12.38) rečeno je da su Viṣṇu i sva Njegova prebivališta samoobasjane duhovne prirode (*jyotīṁṣi viṣṇur bhuvanāni viṣṇuḥ*). Riječi *postojeće* i *nepostojeće* odnose se samo na duh i materiju. To je mišljenje svih osoba koje su vidjele istinu.

Ovo je početak naučavanja koje Gospodin prenosi živim bićima zbunjenim utjecajem neznanja. Raspršivanje neznanja podrazumijeva ponovno uspostavljanje vječna odnosa između obožavatelja i obožavanog, te razumijevanje razlike između svih živih bića, Gospodinovih sastavnih djelića, i Svevišnje Božanske Osobe. Prirodu Svevišnjega možemo shvatiti pomnim proučavanjem vlastita bića i razumijevanjem razlike između sebe i Svevišnjega kao dijela i cjeline. U *Vedānta-sūtri,* kao i u *Śrīmad-Bhāgavatamu*, Svevišnji se prihvaća kao izvor svih emanacija. Takve se emanacije opažaju kao viša i niža priroda. Živo biće pripada višoj prirodi, kao što će biti otkriveno u sedmom poglavlju. Premda nema razlike između energije i energetika, smatra se da je energetik Svevišnji, a energija ili priroda podređena. Živa su bića stoga uvijek podređena Svevišnjem Gospodinu, kao što je sluga podređen gospodaru ili učenik učitelju. Takvo jasno znanje ne može se shvatiti pod opsjenom neznanja. Da bi raspršio neznanje, Gospodin objašnjava *Bhagavad-gītu* kako bi prosvijetlio sva živa bića za sva vremena.

STROFA 17

अविनाशि तु तद् विद्धि येन सर्वमिदं ततम् ।
विनाशमव्ययस्यास्य न कश्चित् कर्तुमर्हति ॥ १७ ॥

avināśi tu tad viddhi yena sarvam idaṁ tatam
vināśam avyayasyāsya na kaścit kartum arhati

avināśi – neuništivo; *tu* – ali; *tat* – to; *viddhi* – znaj; *yena* – koje; *sarvam* – cijelo tijelo; *idam* – ovo; *tatam* – prožima; *vināśam* – uništiti; *avyayasya* – neuništivo; *asya* – njega; *na kaścit* – nitko; *kartum* – učiniti; *arhati* – sposoban.

Trebaš znati da je ono što prožima cijelo tijelo neuništivo. Nitko ne može uništiti neuništivu dušu.

SMISAO: Ova strofa još jasnije objašnjava pravu prirodu duše, koja prožima cijelo tijelo. Svatko može shvatiti što prožima tijelo: to je svijest. Svatko je svjestan patnji i užitaka dijela tijela ili cijeloga tijela. To širenje svijesti živoga bića ograničeno je na njegovo tijelo. Patnje i zadovoljstva jednoga tijela nepoznati su drugome tijelu. Stoga je svako tijelo utjelovljenje osobne duše, a simptom prisutnosti duše opaža se kao osobna svijest. Opisano je da je duša deset tisuća puta manja od vrha vlasi kose. To je potvrđeno u *Śvetāśvatara Upaniṣadi* (5.9):

bālāgra-śata-bhāgasya śatadhā kalpitasya ca
bhāgo jīvaḥ sa vijñeyaḥ sa cānantyāya kalpate

„Kada se vrh vlasi kose podijeli na stotinu dijelova i zatim svaki od tih dijelova ponovno podijeli na stotinu dijelova, svaki takav dio velik je kao duhovna duša.” To je potvrđeno na drugom mjestu:

keśāgra-śata-bhāgasya śatāṁśaḥ sādṛśātmakaḥ
jīvaḥ sūkṣma-svarūpo 'yaṁ saṅkhyātīto hi cit-kaṇaḥ

„Postoji bezbroj čestica duhovnih atoma, koji su deset tisuća puta manji od vrha vlasi kose.”

Osobna duhovna duša je stoga duhovni atom manji od materijalnih atoma. Takvi su atomi bezbrojni. Sićušna duhovna iskra temeljno je načelo materijalnog tijela, a njezin se utjecaj širi čitavim tijelom, kao što se aktivno načelo lijeka širi čitavim tijelom. To zračenje duhovne duše osjeća se u cijelom tijelu kao svijest i predstavlja dokaz prisutnosti duše. Svaki laik može shvatiti da je materijalno tijelo bez svijesti mrtvo. Ta se svijest ne može oživjeti u tijelu materijalnim sredstvima. Svijest stoga ne potječe od materijalnih spojeva, već od duhovne duše. U *Muṇḍaka Upaniṣadi* (3.1.9) potanje je opisan položaj atomske duhovne duše:

eṣo 'ṇur ātmā cetasā veditavyo
yasmin prāṇaḥ pañcadhā saṁviveśa
prāṇaiś cittaṁ sarvam otaṁ prajānāṁ
yasmin viśuddhe vibhavaty eṣa ātmā

„Duša je atomske veličine i može se opaziti savršenom inteligencijom. Atomska duša lebdi u pet vrsta zraka (*prāṇa, apāna, vyāna, samāna* i *udāna*). Nalazi se u srcu i širi svoj utjecaj po čitavom tijelu utjelovljena živog bića. Kad se duša pročisti od zakuženosti materijalnim zrakom, očituje svoj duhovni utjecaj."

Svrha je sustava *haṭha-yoge* različitim položajima sjedenja ovladati zrakom koji okružuje čistu dušu – ne radi stjecanja materijalne dobrobiti, već radi oslobađanja sićušne duše od zapletenosti u materijalno ozračje.

Atomsku prirodu duše potvrđuju svi vedski spisi i svaki razuman čovjek može na temelju svoga iskustva to shvatiti. Samo luđak može misliti da je atomska duša sveprožimajuća *viṣṇu-tattva.*

Utjecaj atomske duše prostire se čitavim tijelom. Prema *Muṇḍaka Upaniṣadi* atomska se duša nalazi u srcu svakog živog bića. Budući da materijalistički znanstvenici ne mogu izmjeriti atomsku dušu, neki od njih budalasto tvrde da duša ne postoji. Osobna atomska duša nedvojbeno se nalazi u srcu, zajedno s Nad-dušom, i sve energije koje pokreću tijelo emaniraju iz tog dijela tijela. Krvna tjelešca koja iz pluća prenose kisik dobivaju energiju od duše. Kad duša napusti taj položaj, prestaje djelatnost krvi – spajanje crvenih krvnih tjelešaca s kisikom. Medicinska znanost prihvaća važnost crvenih krvnih tjelešaca, ali ne može utvrditi da je izvor energije duša. Međutim, priznaje da je srce središte svih energija tijela.

Takve atomske čestice duhovne cjeline uspoređuju se s molekulama sunčeve svjetlosti. Sunčeva se svjetlost sastoji od bezbroj sjajnih molekula. Slično tome, odvojeni djelići Svevišnjeg Gospodina atomske su iskre zraka Svevišnjeg Gospodina i nazivaju se *prabhā,* viša energija. Tako, bez obzira slijedi li vedsko znanje ili suvremenu znanost, osoba ne može poreći postojanje duhovne duše u tijelu. U *Bhagavad-gīti* sama Božanska Osoba jasno objašnjava nauk o duši.

STROFA 18

अन्तवन्त इमे देहा नित्यस्योक्ताः शरीरिणः ।
अनाशिनोऽप्रमेयस्य तस्माद् युध्यस्व भारत ॥ १८ ॥

antavanta ime dehā nityasyoktāḥ śarīriṇaḥ
anāśino 'prameyasya tasmād yudhyasva bhārata

anta-vantaḥ – uništiva; *ime* – sva ta; *dehāḥ* – materijalna tijela; *nityasya* – vječno postojeća; *uktāḥ* – kaže se; *śarīriṇaḥ* – utjelovljena duša; *anāśinaḥ* – nikada ne biva uništena; *aprameyasya* – neizmjeriva; *tasmāt* – stoga; *yudhyasva* – bori se; *bhārata* – o potomče Bharate.

Materijalno tijelo neuništivog, neizmjerivog i vječnog živog bića sigurno će biti uništeno. Stoga se bori, o potomče Bharate.

SMISAO: Materijalno je tijelo po prirodi uništivo. Može biti uništeno odmah ili nakon sto godina. To je samo pitanje vremena. Ne može se u nedogled održavati na životu. No duhovna je duša toliko sićušna da je neprijatelj ne može čak ni vidjeti, a kamoli ubiti. Kao što je rečeno u prethodnoj strofi, toliko je mala da nitko ne zna kako je može izmjeriti. Stoga, s obaju gledišta, nema razloga za žaljenje, jer živo biće, takvo kakvo jest, ne može biti ubijeno, niti materijalno tijelo može biti trajno zaštićeno ili spašeno, a njegovo trajanje produženo za bilo koje vremensko razdoblje. Sićušni djelić duhovne cjeline dobiva materijalno tijelo prema svojim djelima i zato treba iskoristiti religijska načela slijedeći ih. U *Vedānta-sūtri* živo je biće opisano kao svjetlost, jer je sastavni djelić vrhovne svjetlosti. Kao što sunčeva svjetlost održava cijeli svemir, svjetlost duše održava materijalno tijelo. Čim duhovna duša napusti materijalno tijelo, ono se počinje raspadati; tijelo stoga održava duhovna duša. Samo tijelo je nevažno. Kṛṣṇa je savjetovao Arjuni da se bori i ne žrtvuje cilj religije radi materijalnih, tjelesnih obzira.

STROFA 19

य एनं वेत्ति हन्तारं यश्चैनं मन्यते हतम् ।
उभौ तौ न विजानीतो नायं हन्ति न हन्यते ॥ १९ ॥

ya enaṁ vetti hantāraṁ yaś cainaṁ manyate hatam
ubhau tau na vijānīto nāyaṁ hanti na hanyate

yaḥ – svako tko; *enam* – to; *vetti* – zna; *hantāram* – ubojica; *yaḥ* – svako tko; *ca* – također; *enam* – to; *manyate* – misli; *hatam* – ubijeno; *ubhau* – oba; *tau* – oni; *na* – nikada; *vijānītaḥ* – imaju znanje; *na* – nikada; *ayam* – ono; *hanti* – ubija; *na* – niti; *hanyate* – ubijeno.

Ni onaj tko misli da je živo biće ubojica ni onaj tko misli da je ubijeno ne posjeduje znanje, jer osobno biće ne ubija niti biva ubijeno.

SMISAO: Kada smrtonosno oružje pogodi utjelovljeno živo biće, trebamo znati da živo biće, koje se nalazi u tijelu, nije ubijeno. Duhovna duša je toliko malena da je nikakvo materijalno oružje ne može ubiti. To ćemo jasno vidjeti u idućim stihovima. Zbog svoje duhovne prirode živo biće ne može biti ubijeno. Samo tijelo biva ubijeno ili se smatra da je ubijeno. To ne znači da se ubijanje tijela odobrava. Vedski je nalog – *mā hiṁsyāt sarvā bhūtāni:* nikada ne vrši nasilje ni nad kim. Shvaćanje da živo biće ne biva ubijeno ne odobrava klanje životinja. Ubijanje bilo čijega tijela bez ovlaštenja odvratno je i kažnjivo, i po zakonu države i po Gospodinovu zakonu. Međutim, Arjuna treba ubijati radi načela religije, a ne iz vlastitog hira.

STROFA 20

न जायते म्रियते वा कदाचिन्
नायं भूत्वा भविता वा न भूयः ।
अजो नित्यः शाश्वतोऽयं पुराणो
न हन्यते हन्यमाने शरीरे ॥ २० ॥

na jāyate mriyate vā kadācin
nāyaṁ bhūtvā bhavitā vā na bhūyaḥ
ajo nityaḥ śāśvato 'yaṁ purāṇo
na hanyate hanyamāne śarīre

na – nikada; *jāyate* – rađa se; *mriyate* – umire; *vā* – ili; *kadācit* – ikada (u prošlosti, sadašnjosti ili budućnosti); *na* – nikada; *ayam* – ona; *bhūtvā* – nastala; *bhavitā* – nastat će; *vā* – ili; *na* – ne; *bhūyaḥ* – ponovno će nastati; *ajaḥ* – nerođena; *nityaḥ* – vječna; *śāśvataḥ* – uvijek postojeća; *ayam* – ona; *purāṇaḥ* – najstarija; *na* – nikada; *hanyate* – ubijena; *hanyamāne* – smrću; *śarīre* – tijela.

Duša se nikada ne rađa niti umire. Nije nastala, ne nastaje i neće nastati. Nerođena je, vječna, uvijek postojeća i prvobitna. Nije ubijena kada je tijelo ubijeno.

SMISAO: Mali atomski dio Vrhovnog Duha kvalitativno je jednak Vrhovnom i ne podliježe promjenama kao tijelo. Duša se katkada naziva *kūṭastha,* što znači postojana. Postoji šest vrsta preobražaja kojima podliježe tijelo: rađa se iz maternice, raste, živi neko vrijeme, stvara potomstvo, postupno se raspada i na kraju nestaje u zaborav. No duša ne podliježe takvim promjenama. Ona se ne rađa, ali prihvaća materijalno tijelo i zato se tijelo rađa. Duša se ne rađa s tijelom, niti umire. Sve što se rađa i umire. Duša se ne rađa i zato nema prošlosti, sadašnjosti i budućnosti. Vječna je, uvijek postojeća i prvobitna. To znači da u povijesti nema traga o njezinu nastanku. Pod dojmom tijela mi istražujemo povijest rođenja duše. Ona nikada ne stari kao tijelo. Zato takozvani starac osjeća isti duh kao u djetinjstvu ili mladosti. Promjene tijela ne utječu na dušu. Duša se ne raspada kao drvo i ostale materijalne stvari. Isto tako ne stvara popratne proizvode. Popratni proizvodi tijela – djeca – različite su osobne duše i zbog tijela izgledaju kao djeca nekog čovjeka. Tijelo se razvija zahvaljujući nazočnosti duše, ali duša se ne mijenja niti stvara potomke. Prema tome, duša ne podliježe tjelesnim promjenama.

U *Kaṭha Upaniṣadi* (1.2.18) nalazimo sličnu strofu:

na jāyate mriyate vā vipaścin
nāyaṁ kutaścin na babhūva kaścit
ajo nityaḥ śāśvato 'yaṁ purāṇo
na hanyate hanyamāne śarīre

Ova strofa ima isto značenje i smisao kao ona u *Bhagavad-gīti,* ali u ovoj je strofi upotrijebljena posebna riječ, *vipaścit,* koja znači učen ili onaj tko posjeduje znanje.

Duša je puna znanja, što znači da je uvijek puna svijesti. Stoga je svijest simptom duše. Čak i ako ne možemo pronaći dušu u srcu, gdje se nalazi, možemo opaziti njezinu prisutnost jednostavno po prisutnosti svijesti. Katkada ne možemo vidjeti sunce na nebu zbog oblaka ili iz nekog drugog razloga, ali sunčeva je svjetlost uvijek prisutna i zato smo uvjereni da je dan. Čim se rano ujutro pojavi malo svjetlosti na nebu, znamo da je sunce izašlo. Slično tome, postojanje duše možemo shvatiti po prisutnosti svijesti u svim ljudskim i životinjskim tijelima. Svjesnost duše razlikuje se od svjesnosti Svevišnjeg, jer je vrhovna svjesnost potpuno znanje – znanje o prošlosti, sadašnjosti i budućnosti. Osobna je duša sklona zaboravnosti. Kad zaboravi svoju pravu prirodu, stječe znanje i biva prosvijetljena Kṛṣṇinim uzvišenim poukama. No Kṛṣṇa nije zaboravna duša. Kad bi tako bilo, Kṛṣṇina bi učenja u *Bhagavad-gīti* bila beskorisna.

Postoje dvije vrste duše – sićušna duša (*aṇu-ātmā*) i Nad-duša (*vibhu-ātmā*). To je potvrđeno u *Kaṭha Upaniṣadi* (1.2.20):

aṇor aṇīyān mahato mahīyān
ātmāsya jantor nihito guhāyām
tam akratuḥ paśyati vīta-śoko
dhātuḥ prasādān mahimānam ātmanaḥ

„Nad-duša (Paramātmā) i atomska duša (*jīvātmā*) nalaze se na istom drvetu tijela, u istom srcu živoga bića. Samo onaj tko se oslobodio svih materijalnih žudnji i jadikovki može milošću Svevišnjega shvatiti slave duše." U idućim poglavljima bit će otkriveno da je Kṛṣṇa izvor Nad-duše, a Arjuna atomska duša koja je zaboravila svoju pravu prirodu. Zato je znanjem treba prosvijetliti Kṛṣṇa ili Njegov vjerodostojni predstavnik (duhovni učitelj).

STROFA 21

वेदाविनाशिनं नित्यं य एनमजमव्ययम् ।
कथं स पुरुषः पार्थ कं घातयति हन्ति कम् ॥ २१ ॥

vedāvināśinaṁ nityaṁ ya enam ajam avyayam
kathaṁ sa puruṣaḥ pārtha kaṁ ghātayati hanti kam

veda – zna; *avināśinam* – neuništiva; *nityam* – uvijek postojeća; *yaḥ* – onaj tko; *enam* – ova (duša); *ajam* – nerođena; *avyayam* – nepromjenjiva; *katham* – kako; *saḥ* – ta; *puruṣaḥ* – osoba; *pārtha* – o Pārtha (Arjuna); *kam* – nekoga; *ghātayati* – navesti da povrijedi; *hanti* – ubiti; *kam* – koga.

O Pārtha, kako osoba koja zna da je duša neuništiva, vječna, nerođena i nepromjenjiva može ikoga ubiti ili ikoga navesti na ubijanje?

SMISAO: Sve ima svoju pravu namjenu. Čovjek utemeljen u potpunom znanju zna gdje i kako treba pravilno upotrijebiti određenu stvar. Nasilje također ima svoju namjenu, a na osobi je koja posjeduje znanje da odluči o njegovoj primjeni. Iako sudac dodjeljuje smrtnu kaznu osobi okrivljenoj za ubojstvo, ne može se kriviti, jer primjenu nasilja nad drugom osobom naređuje po odredbama zakona. U *Manu-saṁhiti,* zakoniku čovječanstva, nalaže se da ubojica treba biti osuđen na smrt kako u sljedećem životu ne bi morao ispaštati za veliki grijeh koji je počinio. Tako ubojica kojega kralj kazni vješanjem ustvari stječe dobrobit. Slično tome, kad Kṛṣṇa nekome naredi da se bori, moramo zaključiti da je takvo nasilje namijenjeno ostvarivanju najviše pravde. Arjuna bi stoga trebao izvršiti naredbu, znajući dobro da takvo nasilje počinjeno u borbi za Kṛṣṇu uopće nije nasilje, jer čovjek, ili duša, nikada ne može biti ubijen. Zbog toga je takozvano nasilje kojim se štiti pravda dopušteno. Kirurg ne vrši operaciju da bi ubio pacijenta, već da bi ga izliječio. Borba koju je Arjuna trebao prihvatiti po Kṛṣṇinim uputama bila je borba s punim znanjem; stoga nije mogla uzrokovati grešne posljedice.

STROFA 22

वासांसि जीर्णानि यथा विहाय
नवानि गृह्णाति नरोऽपराणि ।
तथा शरीराणि विहाय जीर्णान्य्
अन्यानि संयाति नवानि देही ॥ २२ ॥

vāsāṁsi jīrṇāni yathā vihāya
navāni gṛhṇāti naro 'parāṇi
tathā śarīrāṇi vihāya jīrṇāny
anyāni saṁyāti navāni dehī

vāsāṁsi – odjeću; *jīrṇāni* – staru i iznošenu; *yathā* – kao što; *vihāya* – ostavlja; *navāni* – novu odjeću; *gṛhṇāti* – prihvaća; *naraḥ* – čovjek; *aparāṇi* – drugi; *tathā* – na isti način; *śarīrāṇi* – tijela; *vihāya* – napuštajući; *jīrṇāni* – stara i beskorisna; *anyāni* – različita; *saṁyāti* – prihvaća; *navāni* – nova; *dehī* – utjelovljen.

Kao što osoba oblači novu odjeću, ostavljajući staru, duša prihvaća nova materijalna tijela, napuštajući stara i beskorisna.

SMISAO: Prihvaćena je činjenica da atomska osobna duša mijenja tijelo. Čak i suvremeni znanstvenici koji ne vjeruju u postojanje duše, ali koji u isto vrijeme ne mogu objasniti izvor energije u srcu, moraju prihvatiti neprestane promjene kroz koje tijelo prolazi od djetinjstva do dječaštva, od dječaštva do mladosti i od mladosti do starosti. Nakon starosti proces se mijenjanja prenosi na drugo tijelo. To je bilo objašnjeno u trinaestoj strofi ovoga poglavlja.

Atomska individualna duša biva prenesena u drugo tijelo milošću Nad-duše. Nad-duša ispunjava želju atomske duše, kao što prijatelj ispunjava želju svoga prijatelja. *Vede*, poput *Muṇḍaka Upaniṣade* i *Śvetāśvatara Upaniṣade*, uspoređuju dušu i Nad-dušu s dvije prijateljske ptice koje sjede na istom drvetu. Jedna ptica (osobna atomska duša) jede plod drveta, dok druga ptica (Kṛṣṇa) jednostavno promatra Svoga prijatelja. Premda su te dvije ptice kvalitativno jednake, jedna je opčinjena plodovima materijalnog drveta, a druga jednostavno promatra djelatnosti Svoga prijatelja. Kṛṣṇa je ptica koja promatra, a Arjuna ptica koja jede. Iako su prijatelji, jedan je gospodar, a drugi sluga. Budući da je atomska duša zaboravila taj odnos, prelazi s jednog drveta na drugo ili iz jednog tijela u drugo. Podređena ptica, *jīva* odnosno duša, veoma se teško bori na drvetu materijalnog tijela, ali čim pristane da prihvati drugu pticu kao vrhovnoga duhovnog učitelja – kao što je Arjuna dobrovoljno učinio predavši se Kṛṣṇi da bi ga Kṛṣṇa poučio – odmah se oslobađa sveg jadikovanja. To je potvrđeno u *Muṇḍaka Upaniṣadi* (3.1.2) i *Śvetāśvatara Upaniṣadi* (4.7):

samāne vṛkṣe puruṣo nimagno
'nīśayā śocati muhyamānaḥ
juṣṭaṁ yadā paśyaty anyam īśam
asya mahimānam iti vīta-śokaḥ

„Premda se dvije ptice nalaze na istom drvetu, ptica koja kao uživatelj plodova drveta jede potpuno je obuzeta tjeskobom i mrzovoljom. Ali ako na neki način okrene lice prema svome prijatelju, Gospodinu, i spozna Njegove slave – ispaćena se ptica odmah oslobađa sve tjeskobe." Arjuna se sada okrenuo prema svom vječnom prijatelju, Kṛṣṇi, i od Njega sluša *Bhagavad-gītu.* Slušajući tako Kṛṣṇu može shvatiti Gospodinove slave i osloboditi se jadikovanja.

Gospodin ovdje savjetuje Arjuni da ne tuguje zbog tjelesne promjene svoga starog djeda i učitelja. Treba biti sretan što će ubiti njihova tijela u pravednoj borbi tako da se odmah mogu pročistiti od svih posljedica raznih tjelesnih djelatnosti. Onaj tko položi svoj život na žrtveni oltar ili na bojnom polju u pravednoj borbi odmah biva pročišćen od tjelesnih posljedica i uzdignut na viši položaj života. Tako Arjuna nije imao razloga za žaljenje.

STROFA 23

नैनं छिन्दन्ति शस्त्राणि नैनं दहति पावकः ।
न चैनं क्लेदयन्त्यापो न शोषयति मारुतः ॥ २३ ॥

nainaṁ chindanti śastrāṇi nainaṁ dahati pāvakaḥ
na cainaṁ kledayanty āpo na śoṣayati mārutaḥ

na – nikada; *enam* – tu dušu; *chindanti* – može isjeći na komadiće; *śastrāṇi* – oružje; *na* – nikada; *enam* – tu dušu; *dahati* – spaliti; *pāvakaḥ* – vatra; *na* – nikada; *ca* – također; *enam* – tu dušu; *kledayanti* – smočiti; *āpaḥ* – voda; *na* – nikada; *śoṣayati* – isušiti; *mārutaḥ* – vjetar.

Nikakvo oružje ne može sasjeći dušu. Vatra je ne može spaliti, voda smočiti, ni vjetar isušiti.

SMISAO: Duhovnu dušu ne može ubiti nijedna vrsta oružja – ni mačevi ni vatreno, kišno ili vihorsko oružje. Izgleda da se ranije, osim vatrenog oružja kakvo danas postoji, upotrebljavalo raznovrsno oružje od zemlje, vode, zraka, etera i drugih elemenata. Čak se i atomsko oružje suvremenog doba ubraja u vatreno oružje, ali ranije je postojalo oružje napravljeno od raznih vrsta materijalnih elemenata. Protiv vatrenog oružja upotrebljavalo se vodeno oružje, koje je danas nepoznato suvremenoj znanosti. Vihorsko oružje također je nepoznato suvremenoj znanosti. Unatoč tome, duša se nikada ne može isjeći na komadiće ili uništiti bilo kojom količinom oružja, bez obzira na znanstvene pronalaske.

Māyāvādīji ne mogu objasniti kako je osobna duša jednostavno iz neznanja nastala i bila prekrivena iluzornom energijom. Isto je tako nemoguće da su osobne duše ikada bile odijeljene od izvorne Vrhovne Duše. Osobne su duše vječno odvojeni djelići Vrhovne Duše. Budući da su vječno (*sanātana*) sićušne, sklone su tome da budu prekrivene iluzornom energijom i tako budu izdvojene iz društva Svevišnjeg Gospodina, kao što su iskre vatre, iako su kvalitativno jednake vatri, sklone tome da se ugase kad izađu iz vatre. Živa su bića u *Varāha Purāṇi* opisana kao odvojeni sastavni djelići Svevišnjeg. Prema *Bhagavad-gīti* ona su to vječno. Živo biće ostaje odvojena osoba, čak i nakon oslobođenja od iluzije, kao što možemo jasno vidjeti iz naučavanja koje je Gospodin prenio Arjuni. Arjuna je zahvaljujući znanju koje je primio od Kṛṣṇe dostigao oslobođenje, ali nikada nije postao istovjetan s Kṛṣṇom.

STROFA 24

अच्छेद्योऽयमदाह्योऽयमक्लेद्योऽशोष्य एव च ।
नित्यः सर्वगतः स्थाणुरचलोऽयं सनातनः ॥ २४ ॥

acchedyo 'yam adāhyo 'yam akledyo 'śoṣya eva ca
nityaḥ sarva-gataḥ sthāṇur acalo 'yaṁ sanātanaḥ

acchedyaḥ – neslomljiva; *ayam* – ta duša; *adāhyaḥ* – ne može se spaliti; *ayam* – ta duša; *akledyaḥ* – nerastopiva; *aśoṣyaḥ* – ne može se isušiti; *eva* – zacijelo; *ca* – i; *nityaḥ* – vječna; *sarva-gataḥ* – sveprožimajuća; *sthāṇuḥ* – nepromjenjiva; *acalaḥ* – nepokretna; *ayam* – ta duša; *sanātanaḥ* – vječno ista.

Ta osobna duša ne može se slomiti, rastopiti, spaliti ili isušiti. Vječna je, svuda prisutna, nepromjenjiva, nepokretna i vječno ista.

SMISAO: Sve te osobine atomske duše nepobitno dokazuju da je osobna duša vječno atomski djelić duhovne cjeline i da vječno ostaje isti atom, bez promjene. Monistička se teorija stoga vrlo teško može primijeniti, jer se od osobnih duša nikada ne očekuje da postanu homogeno sjedinjene. Nakon oslobođenja od materijalne zakuženosti atomska duša može poželjeti da ostane iskra u sjajnim zrakama Svevišnje Božanske Osobe, ali razborite duše odlaze na duhovne planete kako bi se družile s Božanskom Osobom.

Riječ *sarva-gata* („sveprožimajuća") je značajna, jer je cijela Božja tvorevina puna živih bića. Ona žive na zemlji, u vodi, u zraku, u zemlji, pa čak i u vatri. Vjerovanje da bivaju uništena u vatri nije prihvatljivo, jer je ovdje jasno rečeno da vatra ne može spaliti dušu. Stoga i na Suncu nedvojbeno ima živih bića s tijelom prikladnim za život na njemu. Kad bi Sunce bilo nenastanjeno, riječ *sarva-gata* („koja žive svuda") ne bi imala smisla.

STROFA 25

अव्यक्तोऽयमचिन्त्योऽयमविकार्योऽयमुच्यते ।
तस्मादेवं विदित्वैनं नानुशोचितुमर्हसि ॥ २५ ॥

avyakto 'yam acintyo 'yam avikāryo 'yam ucyate
tasmād evaṁ viditvainaṁ nānuśocitum arhasi

avyaktaḥ – nevidljiva; *ayam* – ta duša; *acintyaḥ* – nepojmljiva; *ayam* – ta duša; *avikāryaḥ* – nepromjenjiva; *ayam* – ta duša; *ucyate* – rečeno je; *tasmāt* – stoga; *evam* – takva; *viditvā* – znajući dobro; *enam* – ta duša; *na* – ne; *anuśocitum* – da tuguješ; *arhasi* – dolikuje ti.

Rečeno je da je duša nevidljiva, nepojmljiva i nepromjenjiva. Znajući to, ne bi trebao žaliti za tijelom.

SMISAO: Kao što smo već opisali, duša je tako mala za našu materijalnu moć opažanja da je ne možemo vidjeti čak ni uz pomoć najboljeg mikroskopa; zato je nevidljiva. Što se tiče postojanja duše, nitko ne može eksperimentalno utvrditi njezino postojanje neovisno o svjedočanstvu *śrutija*, odnosno vedske mudrosti. Tu istinu moramo prihvatiti, jer ne postoji drugi izvor razumijevanja postojanja duše, premda je njezino postojanje činjenica koja se može opaziti. Ima mnogo stvari koje moramo prihvatiti jednostavno na temelju izjave višeg autoriteta. Nitko ne može poreći postojanje oca utemeljeno na autoritetu majke. Bez majke ne možemo shvatiti tko je naš otac. Slično tome, dušu možemo shvatiti samo proučavanjem *Veda*. Drugim riječima, ona se ne može shvatiti ljudskim eksperimentalnim znanjem. Duša je svjesnost i svjesna je – to je također izjava *Veda* koju moramo prihvatiti. Za razliku od tijela, duša se ne mijenja. Vječno je nepromjenjiva i atomske je veličine u usporedbi s beskrajno velikom Vrhovnom Dušom. Vrhovna je Duša beskrajno velika, a atomska duša beskrajno mala. Budući da je beskrajno mala duša nepromjenjiva, nikada ne može postati jednaka beskrajno velikoj duši, Svevišnjoj Božanskoj Osobi. To se u *Vedama* ponavlja na razne načine samo da bi se potvrdila neosporivost postojanja duše. Ponavljanje je katkada nužno da bismo temeljito i pravilno shvatili određenu temu.

STROFA 26

अथ चैनं नित्यजातं नित्यं वा मन्यसे मृतम् ।
तथापि त्वं महाबाहो नैनं शोचितुमर्हसि ॥ २६ ॥

atha cainaṁ nitya-jātaṁ nityaṁ vā manyase mṛtam
tathāpi tvaṁ mahā-bāho nainaṁ śocitum arhasi

atha – ako; *ca* – također; *enam* – ta duša; *nitya-jātam* – uvijek se rađa; *nityam* – zauvijek; *vā* – ili; *manyase* – misliš; *mṛtam* – mrtva; *tathā api* – ipak; *tvam* – ti; *mahā-bāho* – snažnih ruku; *na* – nikada; *enam* – za dušom; *śocitum* – da žališ; *arhasi* – priliči ti.

Čak i ako misliš da se duša [ili simptom života] uvijek rađa i zauvijek umire, o Arjuna snažnih ruku, nemaš razloga za žaljenje.

SMISAO: Oduvijek je postojala vrsta filozofa srodna budistima koja ne vjeruje da duša postoji odvojeno od tijela. Čini se da su takvi filozofi, poznati kao *lokāyatike* i *vaibhāṣike,* postojali i u vrijeme kada je Kṛṣṇa izgovorio *Bhagavad-gītu.* Oni smatraju da se životni simptomi pojavljuju u određenim zrelim uvjetima spajanja materije. Suvremeni materijalni znanstvenici i materijalistički filozofi zastupaju slično mišljenje. Prema njima tijelo je spoj fizičkih elemenata, a simptomi života pojavljuju se u određenu stadiju međudjelovanja fizičkih i kemijskih elemenata. Antropologija se temelji na toj filozofiji. U današnje vrijeme brojne pseudoreligije, koje postaju popularne u Americi, slijede tu filozofiju, kao i filozofiju nihilističkih budističkih sekti koje ne prihvaćaju načelo predanosti.

Čak i da Arjuna nije vjerovao u postojanje duše – kao sljedbenici *vaibhāṣika* filozofije – ipak nije bilo razloga za žaljenje. Nitko ne žali za gomilom kemikalija i ne zanemaruje zbog toga svoju propisanu dužnost. S druge strane, u suvremenoj znanosti i ratnoj tehnologiji tone i tone kemikalija troše se na poražavanje neprijatelja. Prema filozofiji *vaibhāṣika* takozvana duša ili *ātmā* nestaje s uništenjem tijela. Stoga Arjuna ni u kom slučaju nije imao razloga za žaljenje, bilo da prihvati vedski zaključak da atomska duša postoji bilo da ne vjeruje u postojanje duše. Prema toj teoriji svakoga trenutka bezbroj živih bića nastaje iz materije i biva uništeno. Zato nema razloga za žaljenje. Ako se duša samo jednom rađa, Arjuna se nije trebao plašiti grešnih posljedica ubijanja svoga djeda i učitelja. Ali Kṛṣṇa je sarkastično oslovio Arjunu riječima *mahā-bāhu*, o junače snažnih ruku, jer ako ništa drugo, bar nije prihvatio teoriju *vaibhāṣika,* koji zanemaruju vedsku mudrost. Kao *kṣatriya,* Arjuna je pripadao vedskoj kulturi i dolikovalo mu je da nastavi slijediti njezina načela.

STROFA 27

जातस्य हि ध्रुवो मृत्युर्ध्रुवं जन्म मृतस्य च ।
तस्मादपरिहार्येऽर्थे न त्वं शोचितुमर्हसि ॥ २७ ॥

jātasya hi dhruvo mṛtyur dhruvaṁ janma mṛtasya ca
tasmād aparihārye 'rthe na tvaṁ śocitum arhasi

jātasya – za onoga tko se rodio; *hi* – zacijelo; *dhruvaḥ* – sigurna; *mṛtyuḥ*—smrt; *dhruvam* – sigurno; *janma* – rođenje; *mṛtasya* – za mrtvog; *ca* – također; *tasmāt* – stoga; *aparihārye* – onoga što je neizbježno; *arthe* – u pogledu; *na* – ne; *tvam* – tebi; *śocitum* – da žališ; *arhasi* – priliči.

Onaj tko se rodio sigurno će umrijeti, a nakon smrti sigurno će se ponovno roditi. Stoga ne bi trebao žaliti pri neizbježnu obavljanju svoje dužnosti.

SMISAO: Djela koja je živo biće počinilo u životu određuju njegov sljedeći život. Nakon okončanja jednoga razdoblja djelovanja mora umrijeti i roditi se kako bi započelo drugo razdoblje djelovanja. Tako prolazi kroz ciklus rođenja i smrti, jedan za drugim, i ne dostiže oslobođenje. Taj ciklus ne podržava nepotrebno ubijanje, klanje i ratovanje. U isto vrijeme nasilje i rat neizbježni su čimbenici u ljudskom društvu, namijenjeni održavanju zakona i poretka.

Budući da je Gospodin želio da dođe do bitke na Kurukṣetri, ona je bila neizbježna, a dužnost je *kṣatriye* da se bori za pravi cilj. Zašto bi se bojao ili žalio zbog smrti svojih rođaka, ako obavlja svoju dužnost? Arjuni nije priličilo da prekrši zakon i zbog toga postane podložan posljedicama grešnih djela, kojih se toliko bojao. Izbjegavanjem svoje dužnosti ne bi mogao spriječiti smrt svojih rođaka i degradirao bi se, jer je izabrao put pogrešna djelovanja.

STROFA 28

अव्यक्तादीनि भूतानि व्यक्तमध्यानि भारत ।
अव्यक्तनिधनान्येव तत्र का परिदेवना ॥ २८ ॥

avyaktādīni bhūtāni vyakta-madhyāni bhārata
avyakta-nidhanāny eva tatra kā paridevanā

avyakta-ādīni – u početku neočitovano; *bhūtāni* – sve što je stvoreno; *vyakta* – očitovano; *madhyāni* – u sredini; *bhārata* – o potomče Bharate;

avyakta – neočitovano; *nidhanāni* – nakon uništenja; *eva* – sve je tako; *tatra* – stoga; *kā* – zašto; *paridevanā* – žalio.

Sva su stvorena bića u početku neočitovana, u srednjem stadiju očitovana i nakon uništenja ponovno neočitovana. Zašto bi onda žalio?

SMISAO: Ako prihvatimo da postoje dvije vrste filozofa, jedni koji vjeruju u postojanje duše i drugi koji ne vjeruju u njezino postojanje, ni u kom slučaju nema razloga za žaljenje. One koji ne vjeruju u postojanje duše sljedbenici vedske mudrosti nazivaju ateistima. No čak i ako rasprave radi prihvatimo ateističku teoriju, nema razloga za žaljenje. Neovisno o postojanju duše materijalni su elementi prije stvaranja neočitovani. Iz toga suptilnoga neočitovanog stanja nastaje pojavni svijet, kao što iz etera nastaje zrak, iz zraka vatra, iz vatre voda, a iz vode zemlja. Iz zemlje nastaje mnoštvo različitih pojava. Uzmimo na primjer veliki neboder, koji nastaje iz zemlje. Kada se sruši, ta pojava ponovno postaje neočitovana i na kraju ostaje u obliku atoma. Zakon o održanju energije vrijedi, ali stvari s vremenom bivaju očitovane i neočitovane – u tome je razlika. Zašto bismo onda žalili, u očitovanom ili neočitovanom stadiju? Na neki način, ništa se ne gubi niti u neočitovanom stadiju. I na početku i na kraju svi su elementi neočitovani; očitovani su samo u srednjem stadiju, i stoga tu nema nikakve stvarne materijalne razlike.

Ako prihvatimo vedski zaključak izložen u *Bhagavad-gīti* da ova materijalna tijela s vremenom bivaju uništena (*antavanta ime dehāḥ*), ali da je duša vječna (*nityasyoktāḥ śarīriṇaḥ*), uvijek moramo imati na umu da je tijelo neka vrst odjeće. Zašto bismo žalili za promjenom odjeće? U odnosu na vječnu dušu materijalno tijelo nema stvarna postojanja. Ono je poput sna. U snu možemo misliti da letimo nebom ili sjedimo na kočiji kao kralj, ali kada se probudimo možemo vidjeti da nismo ni na nebu ni na kočiji. Vedska mudrost potiče samospoznaju na temelju nepostojanja materijalnog tijela. Stoga, bez obzira na to vjerujemo li ili ne vjerujemo u postojanje duše, nemamo razloga za žaljenje nad gubitkom tijela.

STROFA 29

आश्चर्यवत् पश्यति कश्चिदेनम्
आश्चर्यवद् वदति तथैव चान्यः ।
आश्चर्यवच्चैनमन्यः शृणोति
श्रुत्वाप्येनं वेद न चैव कश्चित् ॥ २९ ॥

āścarya-vat paśyati kaścid enam
āścarya-vad vadati tathaiva cānyaḥ
āścarya-vac cainam anyaḥ śṛṇoti
śrutvāpy enaṁ veda na caiva kaścit

āścarya-vat – kao zadivljujuću; *paśyati* – vidi; *kaścit* – netko; *enam* – ovu dušu; *āścarya-vat* – kao zadivljujućoj; *vadati* – govori o; *tathā* – tako; *eva* – zacijelo; *ca* – također; *anyaḥ* – drugi; *āścarya-vat* – zadivljujuća; *ca* – također; *enam* – ova duša; *anyaḥ* – drugi; *śṛṇoti* – slušaju o; *śrutvā* – čuvši; *api* – čak; *enam* – ovu dušu; *veda* – zna; *na* – nikada; *ca* – i; *eva* – zacijelo; *kaścit* – netko.

Neki gledaju na dušu kao na nešto zadivljujuće, neki je opisuju kao nešto zadivljujuće, a neki slušaju o njoj kao o nečemu zadivljujućem, dok je neki čak ni nakon što su čuli o njoj nikako ne mogu shvatiti.

SMISAO: *Gītopaniṣada* se u velikoj mjeri temelji na načelima *Upaniṣada.* Stoga nije začuđujuće da ovu strofu nalazimo i u *Kaṭha Upaniṣadi* (1.2.7):

śravaṇayāpi bahubhir yo na labhyaḥ
śṛṇvanto 'pi bahavo yaṁ na vidyuḥ
āścaryo vaktā kuśalo 'sya labdhā
āścaryo 'sya jñātā kuśalānuśiṣṭaḥ

Činjenica da se atomska duša nalazi u tijelu goleme životinje, u tijelu golema stabla banjana i u mikrobima, koji su toliko maleni da ih se milijuni i milijarde nalaze samo u jednom kubičnom centimetru prostora, zacijelo je zadivljujuća. Ljudi koji ne vrše strogosti i koji nemaju veliko znanje ne mogu shvatiti čuda osobne atomske iskre duha, premda ih objašnjava najveći autoritet na polju znanja, koji je poučio čak i Brahmu, prvo živo biće u svemiru. Zbog gruba materijalnog shvaćanja stvari u ovom dobu većina ljudi ne može zamisliti kako tako sitna čestica može postati i velika i mala. Stoga, kad upoznaju prirodu duše ili kad slušaju o njoj bivaju zadivljeni. Obmanuti materijalnom energijom, toliko su obuzeti zadovoljavanjem osjetila da imaju vrlo malo vremena za razumijevanje znanja o jastvu, premda je činjenica da bez takva znanja sve djelatnosti vode do konačna poraza u borbi za opstanak. Možda i ne znaju da moraju misliti na dušu i tako riješiti problem materijalnih bijeda.

Neki ljudi skloni slušanju o duši mogu u dobru društvu pohađati predavanja, ali katkada zbog neznanja bivaju zavedeni, misleći da su Nadduša i atomska duša istovjetne i da se ne razlikuju po veličini. Veoma je teško naći čovjeka koji savršeno, u tančine shvaća položaj Nad-duše, atomske duše, njihove uloge i odnose. Još je teže naći čovjeka koji je stekao punu dobrobit od znanja o duši i koji može opisati položaj duše u različitim vidovima. Ali ako na neki način shvati znanje o duši, postiže uspjeh u životu.

Jastvo možemo najlakše shvatiti prihvaćajući izjave *Bhagavad-gīte*, koju je izgovorio najveći autoritet, Gospodin Kṛṣṇa, ne dopuštajući da nas zavedu druge teorije. No prihvaćanje Kṛṣṇe kao Svevišnje Božanske Osobe zahtijeva velike pokore i žrtvovanja, izvršene u ovom ili prošlim životima. Jedino bezuzročnom milošću čistoga *bhakte* možemo spoznati Kṛṣṇu kao Svevišnju Božansku Osobu.

STROFA 30

देही नित्यमवध्योऽयं देहे सर्वस्य भारत ।
तस्मात् सर्वाणि भूतानि न त्वं शोचितुमर्हसि ॥ ३० ॥

dehī nityam avadhyo 'yaṁ dehe sarvasya bhārata
tasmāt sarvāṇi bhūtāni na tvaṁ śocitum arhasi

dehī – vlasnik materijalnog tijela; *nityam* – vječno; *avadhyaḥ* – ne može biti ubijen; *ayam* – ova duša; *dehe* – u tijelu; *sarvasya* – svakoga; *bhārata* – o potomče Bharate; *tasmāt* – stoga; *sarvāṇi* – za svim; *bhūtāni* – živim bićima (koja su rođena); *na* – nikada; *tvam* – tebi; *śocitum* – da žališ; *arhasi* – dolikuje.

O potomče Bharate, onaj tko prebiva u tijelu nikada ne može biti ubijen. Stoga ne bi trebao žaliti ni za jednim živim bićem.

SMISAO: Gospodin sada zaključuje niz pouka o nepromjenjivoj duhovnoj duši. Opisujući besmrtnu dušu na različite načine, Gospodin Kṛṣṇa potvrđuje da je duša besmrtna, a tijelo privremeno. Arjuna, kao *kṣatriya,* ne bi trebao ostaviti svoju dužnost iz straha da će njegov djed i učitelj (Bhīṣma i Droṇa) umrijeti u bici. Na temelju autoriteta Śrī Kṛṣṇe moramo vjerovati u postojanje duše, koja se razlikuje od materijalnog tijela. Ne bismo trebali misliti da duša ne postoji ili da se simptomi života razvijaju u određenu stadiju povoljnih materijalnih uvjeta što nastaju međudjelovanjem kemikalija. Iako je duša besmrtna, nasilje se ne odobrava, ali se ne osuđuje u vrijeme rata, kada za njim postoji potreba. Ta potreba mora biti opravdana, utemeljena na Gospodinovu odobrenju, a ne na nečijem hiru.

STROFA 31

स्वधर्ममपि चावेक्ष्य न विकम्पितुमर्हसि ।
धर्म्याद्धि युद्धाच्छ्रेयोऽन्यत् क्षत्रियस्य न विद्यते ॥ ३१ ॥

sva-dharmam api cāvekṣya na vikampitum arhasi
dharmyād dhi yuddhāc chreyo 'nyat kṣatriyasya na vidyate

sva-dharmam – vlastita religijska načela; *api* – također; *ca* – doista; *avekṣya* – uzimajući u obzir; *na* – nikada; *vikampitum* – da se dvoumiš; *arhasi* – priliči ti; *dharmyāt* – za religijska načela; *hi* – doista; *yuddhāt* – od borbe; *śreyaḥ* – bolja djelatnost; *anyat* – bilo koja druga; *kṣatriyasya* – za *kṣatriyu*; *na* – ne; *vidyate* – postoji.

Uzimajući u obzir dužnost koju imaš kao kṣatriya, trebao bi znati da za tebe nema bolje djelatnosti od borbe utemeljene na religijskim načelima. Stoga se ne bi trebao dvoumiti.

SMISAO: Od četiri staleža društvenoga poretka drugi se stalež, zadužen za pravilno vladanje društvom, naziva *kṣatriya. Kṣat* znači povrijediti. Onaj tko štiti od povreda naziva se *kṣatriya* (*trāyate* znači pružiti zaštitu). Ranije su se *kṣatriye* učili ubijati u šumi. Otišli bi u šumu i izazvali tigra licem u lice, boreći se mačem protiv njega. Kad bi ga ubili, kremirali bi tigra uz kraljevski obred. Taj sustav čak i danas slijede kraljevi države Jaipur. *Kṣatriye* posebno uče izazivati i ubijati, jer je religijsko nasilje ponekad nužno. Stoga nikada ne bi trebali neposredno prihvatiti *sannyāsu* ili red odricanja. Nenasilje u politici može biti stvar diplomacije, ali nikada nije čimbenik ili načelo. U religijskim je zakonicima rečeno:

āhaveṣu mitho 'nyonyaṁ jighāṁsanto mahī-kṣitaḥ
yuddhamānāḥ paraṁ śaktyā svargaṁ yānty aparāṅ-mukhāḥ

yajñeṣu paśavo brahman hanyante satataṁ dvijaiḥ
saṁskṛtāḥ kila mantraiś ca te 'pi svargam avāpnuvan

„Kada kralj ili *kṣatriya* pogine na bojnom polju u borbi protiv drugoga kralja, koji mu zavidi, zaslužuje da dostigne rajske planete, kao i *brāhmaṇa* koji rajske planete dostiže prinošenjem životinja u žrtvenu vatru." Tako se ubijanje na bojnom polju na temelju religijskih načela i ubijanje životinja u žrtvenoj vatri ne smatraju djelima nasilja, jer svatko ima dobrobit od religijskih načela na temelju kojih se čine takva djela. Žrtvovana životinja odmah dobiva ljudski oblik života i ne mora se podvrći postupnom procesu evolucije prelazeći iz jednoga oblika u drugi, a *kṣatriye* ubijeni na bojnom polju dostižu rajske planete, kao i *brāhmaṇe* koji dostižu rajske planete izvođenjem žrtvovanja.

Postoje dvije vrste *sva-dharme,* propisanih dužnosti. Sve dok osoba nije oslobođena mora izvršavati dužnosti svoga tijela u skladu s religijskim načelima kako bi dostigla oslobođenje. Kad dostigne oslobođenje, njezina *sva-dharma* – propisana dužnost – postaje duhovna i ne temelji se na materijalnom tjelesnom shvaćanju. U tjelesnom shvaćanju života *brāhmaṇe* i *kṣatriye* imaju posebne dužnosti i takve su dužnosti neizbježne. *Sva-dharmu* je odredio Gospodin, što će biti objašnjeno u četvrtom poglavlju. Na tjelesnoj se razini *sva-dharma* naziva *varṇāśrama-dharma,* odskočna daska za dostizanje duhovnog razumijevanja. Ljudska civilizacija počinje stadijem *varṇāśrama-dharme* ili propisanih dužnosti koje odgovaraju posebnim *guṇama* prirode, pod čijim se utjecajem nalazi dobiveno tijelo. Obavljanje takvih dužnosti na bilo kojem polju djelovanja u skladu s naredbama viših autoriteta uzdiže osobu na viši životni položaj.

STROFA 32

यदृच्छया चोपपन्नं स्वर्गद्वारमपावृतम् ।
सुखिनः क्षत्रियाः पार्थ लभन्ते युद्धमीदृशम् ॥ ३२ ॥

yadṛcchayā copapannaṁ svarga-dvāram apāvṛtam
sukhinaḥ kṣatriyāḥ pārtha labhante yuddham īdṛśam

yadṛcchayā – sama; *ca* – također; *upapannam* – dolazi; *svarga* – rajskih planeta; *dvāram* – vrata; *apāvṛtam* – širom otvara; *sukhinaḥ* – veoma sretni; *kṣatriyāḥ* – članovi kraljevskog reda; *pārtha* – o Pṛthin sine; *labhante* – stječu; *yuddham* – rat; *īdṛśam* – tako.

O Pārtha, sretni su kṣatriye kojima se takva prilika za borbu ukaže netražena, otvarajući im vrata rajskih planeta.

SMISAO: Kao vrhovni učitelj svijeta, Gospodin Kṛṣṇa osuđuje Arjunin stav, jer je rekao: „Ne vidim ništa dobro u ovoj borbi. Ona će uzrokovati trajan život u paklu." Arjuna je tako govorio samo iz neznanja. Želio je postati nenasilan u obavljanju svoje propisane dužnosti. Biti nenasilan na bojnom polju za *kṣatriyu* je filozofija budala. U *Parāśara-smṛtiju,* zborniku religijskih pravila kojeg je napisao Parāśara, veliki mudrac i otac Vyāsadeve, rečeno je:

kṣatriyo hi prajā rakṣan śastra-pāṇiḥ pradaṇḍayan
nirjitya para-sainyādi kṣitiṁ dharmeṇa pālayet

„*Kṣatriya* je dužan štititi građane od svih vrsta neprilika i zbog toga mora u odgovarajućim slučajevima primijeniti nasilje kako bi održao zakon i poredak. Mora pobijediti vojnike neprijateljskih kraljeva te na temelju religijskih načela vladati svijetom."

Uzimajući sve to u obzir, Arjuna nije imao razloga da ostavi borbu. Ako pobijedi neprijatelje, uživat će u kraljevstvu, a ako u bici pogine, bit će uzdignut na rajske planete, čija su mu vrata bila širom otvorena. U svakom slučaju, stekao bi dobrobit od borbe.

STROFA 33

अथ चेत्त्वमिमं धर्म्यं सङ्ग्रामं न करिष्यसि ।
ततः स्वधर्मं कीर्तिं च हित्वा पापमवाप्स्यसि ॥ ३३ ॥

atha cet tvam imaṁ dharmyaṁ saṅgrāmaṁ na kariṣyasi
tataḥ sva-dharmaṁ kīrtiṁ ca hitvā pāpam avāpsyasi

atha – stoga; *cet* – ako; *tvam* – ti; *imam* – ovo; *dharmyam* – kao religijsku dužnost; *saṅgrāmam* – borbu; *na* – ne; *kariṣyasi* – izvršiš; *tataḥ* – onda; *sva-dharmam* – tvoju religijsku dužnost; *kīrtim* – ugled; *ca* – također; *hitvā* – izgubivši; *pāpam* – grešnu posljedicu; *avāpsyasi* – dobit ćeš.

Ako ne izvršiš svoju religijsku dužnost boreći se, sigurno ćeš navući na se grijehe zbog zanemarivanja svoje dužnosti. Tako ćeš izgubiti ugled ratnika.

SMISAO: Arjuna je bio glasovit ratnik. Svoju je slavu stekao u borbi s mnogim velikim polubogovima, među kojima je bio čak i Śiva. Nakon što je u borbi porazio Śivu odjevena u odjeću lovca, Arjuna ga je zadovoljio i dobio za nagradu oružje zvano *pāśupata-astra.* Svi su znali da je velik ratnik. Droṇācārya mu je dao blagoslove i posebno oružje kojim je mogao ubiti čak i svoga učitelja. Brojni autoriteti, među njima i njegov otac Indra (kralj rajskih planeta), počastili su ga vojnim priznanjima, ali kad bi ostavio bitku, ne bi samo zanemario svoju dužnost koja mu je kao *kṣatriyi* bila propisana, već bi izgubio i svu svoju slavu i ugled te tako sebi pripremio kraljevski put za pakao. Drugim riječima, otišao bi u pakao ne zbog borbe, već zbog napuštanja borbe.

STROFA 34

अकीर्तिं चापि भूतानि कथयिष्यन्ति तेऽव्ययाम् ।
सम्भावितस्य चाकीर्तिर्मरणादतिरिच्यते ॥ ३४ ॥

akīrtiṁ cāpi bhūtāni kathayiṣyanti te 'vyayām
sambhāvitasya cākīrtir maraṇād atiricyate

akīrtim – sramota; *ca* – također; *api* – iznad; *bhūtāni* – svi ljudi; *kathayiṣyanti* – govorit će; *te* – o tebi; *avyayām* – vječno; *sambhāvitasya* – za ugledna čovjeka; *ca* – također; *akīrtiḥ* – loš glas; *maraṇāt* – od smrti; *atiricyate* – gori.

Ljudi će uvijek govoriti o tvojoj sramoti, a za uglednu osobu nečast je gora od smrti.

SMISAO: Kao filozof i Arjunin prijatelj, Gospodin Kṛṣṇa sada donosi konačan sud o Arjuninu odbijanju da se bori. Gospodin kaže: „Arjuna, ako napustiš bojno polje prije početka bitke, ljudi će te proglasiti kukavicom. Ako misliš da te ljudi mogu nazivati ružnim imenima, ali da ćeš bježeći s bojnog polja spasiti vlastiti život, onda ti savjetujem da umreš u bici. Za ugledna čovjeka poput tebe loš je glas gori od smrti. Stoga ne bi trebao pobjeći iz straha za život; bolje je da umreš u bici. To će te spasiti od gubitka ugleda u društvu i lošega glasa da si zloupotrijebio Moje prijateljstvo."

Tako je Gospodin na kraju savjetovao Arjuni da umre u bici i ne napusti borbu.

STROFA 35

भयाद् रणादुपरतं मंस्यन्ते त्वां महारथाः ।
येषां च त्वं बहुमतो भूत्वा यास्यसि लाघवम् ॥ ३५ ॥

bhayād raṇād uparataṁ maṁsyante tvāṁ mahā-rathāḥ
yeṣāṁ ca tvaṁ bahu-mato bhūtvā yāsyasi lāghavam

bhayāt – iz straha; *raṇāt* – s bojnog polja; *uparatam* – pobjegao; *maṁsyante* – mislit će; *tvām* – ti; *mahā-rathāḥ* – veliki generali; *yeṣām* – koji; *ca* – također; *tvam* – tebe; *bahu-mataḥ* – cijenili; *bhūtvā* – su; *yāsyasi* – ti ćeš; *lāghavam* – postati beznačajan.

Veliki generali koji vrlo cijene tvoje ime i slavu mislit će da si napustio bojno polje samo iz straha i zato će te smatrati beznačajnim.

SMISAO: Gospodin Kṛṣṇa je nastavio iznositi Arjuni Svoje mišljenje: „Nemoj misliti da će veliki generali poput Duryodhane, Karṇe i drugih suvremenika misliti da si napustio bojno polje iz samilosti prema svojoj braći i djedu. Mislit će da si pobjegao iz straha za život. Tako će njihovo visoko mišljenje o tebi otići do vraga."

STROFA 36

अवाच्यवादांश्च बहून् वदिष्यन्ति तवाहिताः ।
निन्दन्तस्तव सामर्थ्यं ततो दुःखतरं नु किम् ॥ ३६ ॥

avācya-vādāṁś ca bahūn vadiṣyanti tavāhitāḥ
nindantas tava sāmarthyaṁ tato duḥkhataraṁ nu kim

avācya – neljubazne; *vādān* – izmišljotine; *ca* – i; *bahūn* – mnoge; *vadiṣyanti* – govorit će; *tava* – tvoji; *ahitāḥ* – neprijatelji; *nindantaḥ* – omalovažavajući; *tava* – tvoju; *sāmarthyam* – sposobnost; *tataḥ* – od toga; *duḥkha-taram* – bolnije; *nu* – naravno; *kim* – što je.

Tvoji će te neprijatelji opisivati raznim neprijaznim riječima i s porugom govoriti o tvojoj sposobnosti. Što za tebe može biti bolnije od toga?

SMISAO: Gospodin Kṛṣṇa je u početku bio zapanjen Arjuninom neumjesnom molbom za samilošću, rekavši da ona ne dolikuje Arijcu. Sada je s toliko mnogo riječi potvrdio Svoju osudu Arjunine tobožnje samilosti.

STROFA 37

हतो वा प्राप्स्यसि स्वर्गं जित्वा वा भोक्ष्यसे महीम् ।
तस्मादुत्तिष्ठ कौन्तेय युद्धाय कृतनिश्चयः ॥ ३७ ॥

hato vā prāpsyasi svargaṁ jitvā vā bhokṣyase mahīm
tasmād uttiṣṭha kaunteya yuddhāya kṛta-niścayaḥ

hataḥ – biti ubijen; *vā* – ili; *prāpsyasi* – dobit ćeš; *svargam* – rajsko kraljevstvo; *jitvā* – pobijedivši; *vā* – ili; *bhokṣyase* – uživat ćeš; *mahīm* – ovaj svijet; *tasmāt* – stoga; *uttiṣṭha* – ustani; *kaunteya* – o Kuntīn sine; *yuddhāya* – bori se; *kṛta* – odlučno; *niścayaḥ* – siguran.

O Kuntīn sine, ili ćeš biti ubijen na bojnom polju i dostići rajske planete ili ćeš pobijediti i uživati u kraljevstvu na Zemlji. Stoga odlučno ustani i bori se.

SMISAO: Iako nije bilo sigurno da će Arjunina strana pobijediti, Arjuna se morao boriti, jer se, čak i kada bi bio ubijen, mogao uzdignuti na rajske planete.

STROFA 38

सुखदुःखे समे कृत्वा लाभालाभौ जयाजयौ ।
ततो युद्धाय युज्यस्व नैवं पापमवाप्स्यसि ॥ ३८ ॥

sukha-duḥkhe same kṛtvā lābhālābhau jayājayau
tato yuddhāya yujyasva naivaṁ pāpam avāpsyasi

sukha – sreći; *duḥkhe* – i nesreći; *same* – ravnodušan; *kṛtvā* – tako djelujući; *lābha-alābhau* – u dobitku i gubitku; *jaya-ajayau* – u pobjedi i porazu; *tataḥ* – tako; *yuddhāya* – radi borbe; *yujyasva* – bori se; *na* – nikada; *evam* – na taj način; *pāpam* – grešnu posljedicu; *avāpsyasi* – steći ćeš.

Bori se borbe radi, ne obazirući se na sreću i nesreću, gubitak ili dobitak, pobjedu ili poraz. Tako nikada nećeš počiniti grijeh.

SMISAO: Gospodin Kṛṣṇa sada otvoreno kaže Arjuni da se treba boriti borbe radi, zato što On želi bitku. Osoba svjesna Kṛṣṇe u svom se djelovanju ne obazire na sreću ili nesreću, dobitak ili gubitak, pobjedu ili poraz. Svjesnost da sve treba učiniti za Kṛṣṇu je transcendentalna; zato ne uzrokuje materijalne posljedice. Onaj tko djeluje za vlastito osjetilno zadovoljstvo, u vrlini ili u strasti, podliježe dobrim ili lošim posljedicama. No onaj tko se potpuno posvetio djelovanju u svjesnosti Kṛṣṇe nema nikakvih dugova ili obveza prema bilo kome, za razliku od osobe koja se bavi uobičajenim djelatnostima. Rečeno je:

devarṣi-bhūtāpta-nṛṇāṁ pitṝṇāṁ
na kiṅkaro nāyam ṛṇī ca rājan
sarvātmanā yaḥ śaraṇaṁ śaraṇyaṁ
gato mukundaṁ parihṛtya kartam

„Onaj tko se potpuno predao Kṛṣṇi, Mukundi, ostavivši sve druge dužnosti, nema više dugova ili obveza prema polubogovima, mudracima, ljudima, rođacima, čovječanstvu, precima ili ostalim živim bićima." (*Bhāg.* 11.5.41) To je poruka koju Kṛṣṇa u ovoj strofi prenosi Arjuni. Ona će biti potanje objašnjena u sljedećim stihovima.

STROFA 39

एषा तेऽभिहिता सांख्ये बुद्धिर्योगे त्विमां शृणु ।
बुद्ध्या युक्तो यया पार्थ कर्मबन्धं प्रहास्यसि ॥ ३९ ॥

eṣā te 'bhihitā sāṅkhye buddhir yoge tv imāṁ śṛṇu
buddhyā yukto yayā pārtha karma-bandhaṁ prahāsyasi

eṣā – sve to; *te* – tebi; *abhihitā* – objasnio; *sāṅkhye* – analitičkom studijom; *buddhiḥ* – inteligenciju; *yoge* – u djelovanju bez plodonosnih rezultata; *tu* – ali; *imām* – ovo; *śṛṇu* – počuj; *buddhyā* – inteligencijom; *yuktaḥ* – dosljedno; *yayā* – kojom; *pārtha* – o Pṛthin sine; *karma-bandham* – vezanosti za posljedice; *prahāsyasi* – možeš se osloboditi.

Ovo sam znanje objasnio analitičkom studijom. Sada ću ga objasniti s gledišta djelovanja bez plodonosnih rezultata. O Pṛthin sine, djelujući s takvim znanjem možeš se osloboditi ropstva uzrokovana djelovanjem.

SMISAO: Prema *Niruktiju,* vedskom rječniku, riječ *saṅkhyā* odnosi se na iscrpan opis stvari, a *sāṅkhya* na filozofiju koja opisuje pravu prirodu duše. *Yoga* podrazumijeva vladanje osjetilima. Arjunin prijedlog da napusti borbu temeljio se na osjetilnom uživanju. Zaboravivši svoju glavnu dužnost htio je ostaviti borbu, misleći da će ako ne ubije svoje rođake biti sretniji nego ako uživa u kraljevstvu nakon što pobijedi svoje rođake i braću, Dhṛtarāṣṭrine sinove. U oba slučaja temeljno je načelo bilo osjetilno uživanje. I sreća koju će steći ako ih pobijedi i sreća koju će steći ako ih vidi žive bile su utemeljene na želji za osobnim osjetilnim uživanjem, čak i po cijenu mudrosti i dužnosti. Kṛṣṇa je zato htio objasniti Arjuni da ubijanjem tijela svoga djeda neće ubiti njegovu dušu. Objasnio je da su sve osobe, kao i sam Gospodin, vječne. Bili su osobe u prošlosti, sada su osobe i bit će to u budućnosti, jer smo svi mi vječno osobne duše. Mi samo mijenjamo tjelesnu odjeću na razne načine, ali zadržavamo osobnost čak i nakon oslobođenja od zatočeništva u materijalnoj odjeći. Gospodin Kṛṣṇa je postupkom raščlanjivanja veoma slikovito objasnio dušu i tijelo. Prema *Niruktiju* znanje koje opisuje dušu i tijelo s različitih stajališta naziva se *sāṅkhya.* Ta *sāṅkhya* nema nikakve veze s filozofijom ateista Kapile. Davno prije nastanka *sāṅkhya* filozofije varalice Kapile, pravi Gospodin Kapila, inkarnacija Gospodina Kṛṣṇe, objasnio je *sāṅkhya* filozofiju u *Śrīmad-Bhāgavatamu* Svojoj majci Devahūti. On je objasnio da je *puruṣa,* Svevišnji Gospodin, aktivan i da stvara prelazeći pogledom po *prakṛti.* To je prihvaćeno u *Vedama* i u *Gīti.* Opisi u *Vedama* pokazuju da je Gospodin prešao pogledom po *prakṛti,* prirodi, i obremenio je atomskim osobnim dušama. Sve te osobe djeluju u materijalnom svijetu radi osjetilnog zadovoljstva i opčinjene materijalnom energijom misle da su uživatelji. Živo biće zadržava takav mentalitet sve do posljednje točke – oslobođenja – kada se želi sjediniti s Gospodinom. To je posljednja zamka *māye,* iluzije osjetilnog zadovoljstva. Tek nakon mnogo života takva zadovoljavanja osjetila velika se duša predaje Vāsudevi, Gospodinu Kṛṣṇi, završavajući time potragu za krajnjom istinom.

Arjuna se već predao Kṛṣṇi, prihvativši Ga kao svoga duhovnog učitelja, *śiṣyas te 'ham śādhi māṁ tvāṁ prapannam.* Zato će mu Kṛṣṇa sada opisati proces djelovanja u *buddhi-yogi,* odnosno *karma-yogi* ili, drugim riječima, predano služenje posvećeno isključivo zadovoljavanju Gospodinovih osjetila. *Buddhi-yoga* je objašnjena u desetoj strofi desetog poglavlja kao izravno druženje s Gospodinom, Paramātmom, koja se nalazi u srcu svih živih bića, ali takvo se druženje ne može dostići bez predana služenja. Onaj tko je utemeljen u transcendentalnom predanom služenju Gospodina s ljubavlju ili, drugim riječima, u svjesnosti Kṛṣṇe, Gospodinovom posebnom milošću dostiže stadij *buddhi-yoge.* Gospodin stoga kaže da samo onima koji uvijek predano služe s transcendentalnom ljubavlju daruje čisto znanje o predanosti i ljubavi. Na taj način *bhakta* Mu može lako prići u vječno blaženu Božjem Carstvu.

Buddhi-yoga spomenuta u ovoj strofi odnosi se na predano služenje Gospodina, a riječ *sāṅkhya* koja je ovdje upotrijebljena nema nikakve veze s ateističkom *sāṅkhya-yogom* koju je predstavio varalica Kapila. Stoga ne bismo trebali pogrešno misliti da *sāṅkhya-yoga* koja je ovdje spomenuta ima bilo kakve veze s ateističkom *sāṅkhyom.* Ta filozofija nije imala nikakva utjecaja u to vrijeme, niti bi Gospodin Kṛṣṇa spomenuo takve bezbožne filozofske spekulacije. Pravu *sāṅkhya* filozofiju opisao je Gospodin Kapila u *Śrīmad-Bhāgavatamu,* ali čak ni ta *sāṅkhya* nema nikakve veze s ovom temom. Ovdje *sāṅkhya* predstavlja analitički opis tijela i duše. Gospodin Kṛṣṇa je analitički opisao dušu samo da bi Arjunu doveo do *buddhi-yoge* ili *bhakti-yoge.* Stoga su *sāṅkhya* Gospodina Kṛṣṇe i *sāṅkhya* Gospodina Kapile, opisana u *Bhāgavatamu,* potpuno istovjetne. Obje su *bhakti-yoga.* Gospodin Kṛṣṇa je zato rekao da samo manje inteligentni ljudi prave razliku između *sāṅkhya-yoge* i *bhakti-yoge* (*sāṅkhya-yogau pṛthag bālāḥ pravadanti na paṇḍitāḥ*).

Naravno, ateistička *sāṅkhya-yoga* nema nikakve veze s *bhakti-yogom.* Unatoč tome, neinteligentni ljudi tvrde da se ateistička *sāṅkhya-yoga* spominje u *Bhagavad-gīti.*

Trebamo shvatiti da *buddhi-yoga* predstavlja djelovanje u svjesnosti Kṛṣṇe, u punu blaženstvu i znanju o predanu služenju. Onaj tko djeluje samo za Gospodinovo zadovoljstvo, koliko god takav rad bio težak, djeluje u skladu s načelima *buddhi-yoge* i uvijek osjeća transcendentalno blaženstvo. Gospodinovom milošću takvim transcendentalnim djelovanjem stječe transcendentalno razumijevanje i dostiže potpuno oslobođenje, bez potrebe za ulaganjem posebnog napora u stjecanje znanja. Postoji velika razlika između djelovanja u svjesnosti Kṛṣṇe i djelovanja radi stjecanja plodonosnih rezultata, osobito kada je riječ o zadovoljavanju osjetila radi stjecanja obiteljske ili materijalne sreće. Prema tome, *buddhi-yoga* je transcendentalna priroda djelovanja.

STROFA 40

नेहाभिक्रमनाशोऽस्ति प्रत्यवायो न विद्यते ।
स्वल्पमप्यस्य धर्मस्य त्रायते महतो भयात् ॥ ४० ॥

nehābhikrama-nāśo 'sti pratyavāyo na vidyate
sv-alpam apy asya dharmasya trāyate mahato bhayāt

na – nema; *iha* – u ovoj *yogi*; *abhikrama* – u nastojanju; *nāśaḥ* – gubitka; *asti* – ima; *pratyavāyaḥ* – opadanja; *na* – nikad; *vidyate* – ima; *su-alpam* – malo; *api* – iako; *asya* – ovog; *dharmasya* – zanimanja; *trāyate* – oslobađa; *mahataḥ* – velike; *bhayāt* – opasnosti.

U takvu nastojanju nema gubitka ili opadanja. Čak i mali napredak na tom putu može zaštititi osobu od najveće opasnosti.

SMISAO: Djelovanje u svjesnosti Kṛṣṇe, ili djelovanje za Kṛṣṇino dobro, bez očekivanja osjetilnog zadovoljstva, najuzvišeniji je transcendentalni način djelovanja. Čak ni mali napor na tom putu neće biti osujećen niti će ikada biti izgubljen. Svaki posao započet na materijalnoj razini mora se dovršiti, inače čitav pokušaj predstavlja neuspjeh, ali djelatnosti izvršene u svjesnosti Kṛṣṇe imaju vječan učinak, čak i kada nisu dovršene. Onaj tko tako djeluje ništa ne gubi, čak ni ako ne dovrši svoj rad u svjesnosti Kṛṣṇe. Jedan posto napretka u svjesnosti Kṛṣṇe donosi vječne rezultate, tako da osoba sljedeći put nastavlja napredovati od stupnja koji je ranije dostigla, dok materijalna djelatnost, ako nije sto posto uspješna, ne donosi nikakvu korist. Ajāmila je izvršio svoju dužnost s određenim postotkom svjesnosti Kṛṣṇe, ali je na kraju Gospodinovom milošću uživao u stopostotnom rezultatu. U vezi s tim, u *Śrīmad-Bhāgavatamu* (1.5.17) nalazimo lijepu strofu:

tyaktvā sva-dharmaṁ caraṇāmbujaṁ harer
bhajann apakvo 'tha patet tato yadi
yatra kva vābhadram abhūd amuṣya kiṁ
ko vārtha āpto 'bhajatāṁ sva-dharmataḥ

„Ako netko ostavi svoje zanimanje da bi se posvetio svjesnosti Kṛṣṇe i potom, zbog nezrelosti, padne, što time gubi? S druge strane, što može dobiti ako savršeno izvršava svoje materijalne djelatnosti?" Ili, kao što kršćani kažu: „Što dobiva čovjek ako stekne cio svijet, a izgubi svoju vječnu dušu?"

Materijalne djelatnosti i njihovi rezultati okončavaju se smrću tijela, ali djelovanje u svjesnosti Kṛṣṇe ponovno dovodi osobu do svjesnosti Kṛṣṇe, čak i nakon gubitka tijela. U najmanju ruku dobit će priliku da se u sljedećem životu rodi kao ljudsko biće, u obitelji obrazovanih *brāhmaṇa* ili u bogatoj plemićkoj obitelji. To će joj pružiti novu priliku za napredovanje. To je jedinstvena priroda djelovanja u svjesnosti Kṛṣṇe.

STROFA 41

व्यवसायात्मिका बुद्धिरेकेह कुरुनन्दन ।
बहुशाखा ह्यनन्ताश्च बुद्धयोऽव्यवसायिनाम् ॥ ४१ ॥

vyavasāyātmikā buddhir ekeha kuru-nandana
bahu-śākhā hy anantāś ca buddhayo 'vyavasāyinām

vyavasāya-ātmikā – odlučni u svjesnosti Kṛṣṇe; *buddhiḥ* – inteligencija; *ekā* – samo jedna; *iha* – na ovom svijetu; *kuru-nandana* – o voljeni sine Kurua; *bahu-śākhāḥ* – na razne grane; *hi* – doista; *anantāḥ* – bezbroj; *ca* – također; *buddhayaḥ* – inteligencija; *avyavasāyinām* – onih koji nisu svjesni Kṛṣṇe.

Sljedbenici ovoga puta odlučni su u svojoj namjeri i imaju samo jedan cilj. O voljeni sine Kurua, inteligencija je neodlučnih razgranata.

SMISAO: Čvrsta vjera da svjesnost Kṛṣṇe može uzdignuti živo biće do najvišeg savršenstva života naziva se inteligencijom *vyavasāyātmikā*. U *Caitanya-caritāmṛti* (*Madhya* 22.62) rečeno je:

'śraddhā'-śabde – viśvāsa kahe sudṛḍha niścaya
kṛṣṇe bhakti kaile sarva-karma kṛta haya

Vjera je nepokolebljivo pouzdanje u nešto uzvišeno. Kad netko obavlja dužnosti u svjesnosti Kṛṣṇe, ne mora u materijalnom svijetu ispunjavati obveze prema obiteljskoj tradiciji, čovječanstvu ili narodu. Plodonosne su djelatnosti posljedice dobrih ili loših djela počinjenih u prošlosti. Osoba svjesna Kṛṣṇe ne treba više nastojati da stekne dobre rezultate svojim djelatnostima. Kada je utemeljena u svjesnosti Kṛṣṇe, sve su djelatnosti na apsolutnoj razini, jer više ne podliježu dvostranostima poput dobra i zla. Najviše savršenstvo svjesnosti Kṛṣṇe predstavlja odricanje od materijalnog shvaćanja života. Taj se stadij automatski dostiže napredovanjem u svjesnosti Kṛṣṇe.

Odlučna namjera osobe svjesne Kṛṣṇe temelji se na znanju. *Vāsudevaḥ sarvam iti sa mahātmā su-durlabhaḥ:* osoba svjesna Kṛṣṇe rijetka je dobra duša koja savršeno dobro zna da je Vāsudeva, Kṛṣṇa, korijen svih očitovanih uzroka. Kao što zalijevanjem korijena drveta dajemo vodu lišću i granama, tako djelujući u svjesnosti Kṛṣṇe možemo učiniti najveću službu za svakoga – za sebe, obitelj, društvo, zemlju i čovječanstvo. Ako je Kṛṣṇa zadovoljan našim djelatnostima, onda će svi biti zadovoljni.

U svjesnosti Kṛṣṇe možemo najbolje služiti pod sposobnim vodstvom duhovnog učitelja, Kṛṣṇina vjerodostojnog predstavnika, koji poznaje prirodu učenika i koji ga može poučiti kako treba djelovati u svjesnosti Kṛṣṇe. Stoga, da bismo postali napredni u svjesnosti Kṛṣṇe, moramo djelovati odlučno i slušati Kṛṣṇina predstavnika, prihvaćajući upute vjerodostojna duhovnog učitelja kao misiju svoga života. U svojim glasovitim molitvama posvećenim duhovnom učitelju, Śrīla Viśvanātha Cakravartī Ṭhākura nas poučava:

yasya prasādād bhagavat-prasādo
yasyāprasādān na gatiḥ kuto 'pi
dhyāyan stuvaṁs tasya yaśas tri-sandhyaṁ
vande guroḥ śrī-caraṇāravindam

„Zadovoljavajući duhovnog učitelja osoba zadovoljava Svevišnju Božansku Osobu. Ako ne zadovolji duhovnog učitelja, ne može se uzdignuti na razinu svjesnosti Kṛṣṇe. Zato treba meditirati i moliti se tri puta dnevno za milost duhovnog učitelja, odajući mu svoje ponizno poštovanje."

Čitav proces ovisi o savršenom, ne teorijskom već praktičnom, znanju o duši transcendentalnoj prema tjelesnom shvaćanju – kada više nema mogućnosti za zadovoljavanje osjetila koje se očituje u plodonosnim djelatnostima. Onaj tko nije usredotočio svoj um na Svevišnjega biva zaveden raznim vrstama plodonosnih djelatnosti.

STROFE 42–43

यामिमां पुष्पितां वाचं प्रवदन्त्यविपश्चितः ।
वेदवादरताः पार्थ नान्यदस्तीति वादिनः ॥ ४२ ॥

कामात्मानः स्वर्गपरा जन्मकर्मफलप्रदाम् ।
क्रियाविशेषबहुलां भोगैश्वर्यगतिं प्रति ॥ ४३ ॥

yām imāṁ puṣpitāṁ vācaṁ pravadanty avipaścitaḥ
veda-vāda-ratāḥ pārtha nānyad astīti vādinaḥ

kāmātmānaḥ svarga-parā janma-karma-phala-pradām
kriyā-viśeṣa-bahulāṁ bhogaiśvarya-gatiṁ prati

yām imām – sve te; *puṣpitām* – kitnjaste; *vācam* – riječi; *pravadanti* – kažu; *avipaścitaḥ* – ljudi siromašna znanja; *veda-vāda-ratāḥ* – tobožnji sljedbenici *Veda*; *pārtha* – o Pṛthin sine; *na* – nikada; *anyat* – ništa drugo; *asti* – postoji; *iti* – tako; *vādinaḥ* – pobornici; *kāma-ātmānaḥ* – željni osjetilnog užitka; *svarga-parāḥ* – nastoje dostići rajske planete; *janma-karma-phala-pradām* – donose dobro rođenje i druge plodonosne posljedice; *kriyā-viśeṣa* – pobožne obrede; *bahulām* – razne; *bhoga* – osjetilnom uživanju; *aiśvarya* – i obilju; *gatim* – napreduju; *prati* – prema.

Ljudi siromašna znanja vrlo su vezani za kitnjaste riječi Veda, koje preporučuju razne plodonosne djelatnosti namijenjene uzdizanju na rajske planete, stjecanju dobra rođenja, moći itd. Željni osjetilnog zadovoljstva i života u obilju, kažu da ne postoji ništa više od toga.

SMISAO: Većina ljudi nije vrlo razborita i zbog neznanja je najviše vezana za plodonosne djelatnosti preporučene u dijelu *Veda* zvanom *karma-kāṇḍa.* Oni ne žele ništa više od ponuda za osjetilno uživanje u raju, u kojem su vino i žene dostupni, a materijalno obilje uobičajeno. U *Vedama* su preporučena razna žrtvovanja za uzdizanje na rajske planete, osobito žrtvovanja zvana *jyotiṣṭoma.* Ustvari, rečeno je da onaj tko se želi uzdignuti na rajske planete mora izvoditi ta žrtvovanja. Ljudi siromašna znanja misle da je to jedina svrha vedske mudrosti. Takvim je neiskusnim osobama vrlo teško odlučno djelovati u svjesnosti Kṛṣṇe. Kao što budale osjećaju privlačnost prema cvijeću otrovna drveća, nesvjesni posljedica takve privlačnosti, neprosvijećene ljude privlači rajsko obilje i osjetilno uživanje koje im ono pruža.

U *karma-kāṇḍi* je rečeno: *apāma somam amṛtā abhūma* i *akṣayyaṁ ha vai cāturmasya-yājinaḥ sukṛtaṁ bhavati.* Drugim riječima, oni koji vrše četveromjesečne pokore zaslužuju da piju *soma-rasu* kako bi postali besmrtni i zauvijek sretni. Čak i na planetu Zemlji neki ljudi žele piti *soma-rasu* kako bi postali snažni i sposobni za uživanje u zadovoljavanju osjetila. Takve osobe ne vjeruju u oslobođenje od materijalnog ropstva i vrlo su vezane za raskošne obrede vedskih žrtvovanja. Obično su požudne i ne žele ništa drugo osim rajskih zadovoljstava. Poznato je da postoje vrtovi zvani Nandana-kānana, u kojima se osoba može družiti s anđeoski lijepim ženama i piti velike količine napitka zvanog *soma-rasa.* Takva je tjelesna sreća nesumnjivo osjetilna; stoga ondje žive oni koji su, kao gospodari materijalnog svijeta, potpuno vezani za takvu materijalnu, privremenu sreću.

STROFA 44

भोगैश्वर्यप्रसक्तानां तयापहृतचेतसाम् ।
व्यवसायात्मिका बुद्धिः समाधौ न विधीयते ॥ ४४ ॥

bhogaiśvarya-prasaktānāṁ tayāpahṛta-cetasām
vyavasāyātmikā buddhiḥ samādhau na vidhīyate

bhoga – za materijalno uživanje; *aiśvarya* – i obilje; *prasaktānām* – oni koji su vezani; *tayā* – za takve stvari; *apahṛta-cetasām* – zbunjena uma; *vyavasāya-ātmikā* – čvrsta odlučnost; *buddhiḥ* – za predano služenje Gospodina; *samādhau* – u ovladanu umu; *na* – nikada; *vidhīyate* – pojavljuje se.

U umovima onih koji su previše vezani za osjetilno uživanje i materijalno obilje i koji su zbunjeni takvim stvarima ne rađa se čvrsta odlučnost da predano služe Svevišnjeg Gospodina.

SMISAO: *Samādhi* znači „usredotočen um”. U *Niruktiju*, vedskom riječniku, rečeno je – *samyag ādhīyate 'sminn ātma-tattva-yāthātmyam:* „Kada je um usredotočen na razumijevanje jastva, kaže se da je u *samādhiju.*” *Samādhi* nikada ne mogu dostići osobe koje zanima materijalno osjetilno uživanje i koje su zbunjene takvim privremenim stvarima. Djelovanjem materijalne energije bivaju, manje ili više, osuđene na neuspjeh.

STROFA 45

त्रैगुण्यविषया वेदा निस्त्रैगुण्यो भवार्जुन ।
निर्द्वन्द्वो नित्यसत्त्वस्थो निर्योगक्षेम आत्मवान् ॥ ४५ ॥

trai-guṇya-viṣayā vedā nistrai-guṇyo bhavārjuna
nirdvandvo nitya-sattva-stho niryoga-kṣema ātmavān

trai-guṇya – koji se odnosi na tri *guṇe* materijalne prirode; *viṣayāḥ* – o temama; *vedāḥ* – vedska književnost; *nistrai-guṇyaḥ* – transcendentalan prema tri *guṇe* materijalne prirode; *bhava* – budi; *arjuna* – o Arjuna; *nir-dvandvaḥ* – bez dvostranosti; *nitya-sattva-sthaḥ* – u čistu stanju duhovnog postojanja; *niryoga-kṣemaḥ* – oslobođen misli o dobitku i zaštiti; *ātma-vān* – utemeljen u jastvu.

Vede se uglavnom bave guṇama materijalne prirode. O Arjuna, nadiđi te tri guṇe. Oslobođen svih dvostranosti i briga za dobitkom i sigurnošću, utemelji se u jastvu.

SMISAO: Sve materijalne djelatnosti podrazumijevaju djelovanje pod utjecajem triju *guṇa* materijalne prirode i njegove posljedice. Takve su djelatnosti namijenjene stjecanju plodonosnih rezultata, koji uzrokuju ropstvo u materijalnom svijetu. *Vede* uglavnom opisuju plodonosne djelatnosti kako bi postupno uzdigle ljude s razine zadovoljavanja osjetila na transcendentalnu razinu. Gospodin Kṛṣṇa savjetuje Arjuni, kao Svom učeniku i prijatelju, da se uzdigne na transcendentalnu razinu filozofije *Vedānte*, koja počinje *brahma-jijñāsom,* pitanjima o vrhovnoj transcendenciji. Sva živa bića u materijalnom svijetu teško se bore za opstanak. Za njih je Gospodin, nakon stvaranja materijalnog svijeta, izložio vedsku mudrost savjetujući im kako trebaju živjeti i osloboditi se materijalne zapletenosti. Kad okonča poglavlje *karma-kāṇḍe*, odnosno djelatnosti namijenjenih stjecanju osjetilnog zadovoljstva, osobi se pruža prilika za duhovnu spoznaju u obliku *Upaniṣada,* koje predstavljaju dijelove različitih *Veda,* kao što *Bhagavad-gītā* predstavlja dio pete *Vede, Mahābhārate. Upaniṣade* označavaju početak transcendentalnog života.

Sve dok postoji materijalno tijelo, prisutne su djelatnosti pod utjecajem materijalnih *guṇa* i njihove posljedice. Moramo naučiti podnositi dvostranosti poput sreće i nesreće ili hladnoće i vrućine te se time osloboditi briga zbog dobitka i gubitka. Taj transcendentalni položaj dostiže osoba u potpunoj svjesnosti Kṛṣṇe kada potpuno ovisi o Kṛṣṇinoj dobroj volji.

STROFA 46

यावानर्थ उदपाने सर्वतः सम्प्लुतोदके ।
तावान् सर्वेषु वेदेषु ब्राह्मणस्य विजानतः ॥ ४६ ॥

yāvān artha udapāne sarvataḥ samplutodake
tāvān sarveṣu vedeṣu brāhmaṇasya vijānataḥ

yāvān – sve to; *arthaḥ* – namijenjeno je; *uda-pāne* – zdencu s vodom; *sarvataḥ* – sve svrhe; *sampluta-udake* – u velikoj vodenoj površini; *tāvān* –

slično tome; *sarveṣu* – svim; *vedeṣu* – vedskim spisima; *brāhmaṇasya* – čovjek koji poznaje Vrhovni Brahman; *vijānataḥ* – koji posjeduje potpuno znanje.

Velika vodena površina može ostvariti sve svrhe kojima služi maleni zdenac. Slično tome, onaj tko zna krajnju svrhu Veda može ostvariti sve ostale svrhe opisane u Vedama.

SMISAO: Obredi i žrtvovanja opisani u dijelu vedske književnosti zvanom *karma-kāṇḍa* namijenjeni su poticanju postupna napredovanja na putu samospoznaje. Cilj samospoznaje jasno je opisan u petnaestom poglavlju *Bhagavad-gīte* (15.15): cilj je proučavanja *Veda* spoznati Gospodina Kṛṣṇu, prvobitnog uzroka svega. Prema tome, samospoznaja predstavlja spoznaju Kṛṣṇe i našega vječnog odnosa s Njim. Odnos između živih bića i Kṛṣṇe također je opisan u petnaestom poglavlju *Bhagavad-gīte* (15.7). Živa bića su sastavni djelići Kṛṣṇe. Zato je oživljavanje svjesnosti Kṛṣṇe osobnoga živog bića najviša razina savršenstva vedskog znanja. To je potvrđeno u *Śrīmad-Bhāgavatamu* (3.33.7):

aho bata śva-paco 'to garīyān
yaj-jihvāgre vartate nāma tubhyam
tepus tapas te juhuvuḥ sasnur āryā
brahmānūcur nāma gṛṇanti ye te

„O moj Gospodine, osoba koja pjeva Tvoje sveto ime utemeljena je na najvišoj razini samospoznaje, čak i ako se rodila u niskoj obitelji *caṇḍāla* (onih koji jedu pseće meso). Takva je osoba sigurno izvršila sve vrste pokora i žrtvovanja u skladu s vedskim obredima te proučila vedske spise mnogo puta nakon što se okupala na svim svetim mjestima hodočašća. Ona se smatra najboljim članom obitelji Arijaca."

Čovjek mora biti dovoljno razborit da shvati cilj *Veda* i da ne bude vezan samo za obrede. Ne bi trebao željeti da se uzdigne u rajsko kraljevstvo radi boljeg standarda osjetilnog uživanja. U ovom dobu običan čovjek ne može slijediti sva pravila i propise vedskih obreda niti može potanko proučiti čitavu *Vedāntu* i sve *Upaniṣade.* Ostvarivanje različitih svrha *Veda* zahtijeva mnogo vremena, energije, znanja i sredstava. To je teško ostvarivo u ovom dobu. Najbolja svrha vedske kulture ostvaruje se pjevanjem Gospodinova svetog imena, kao što je preporučio Gospodin Caitanya, izbavitelj svih palih duša. Kada je veliki poznavatelj *Veda* Prakāśānanda Sarasvatī upitao Gospodina Caitanyu zašto On, Gospodin, pjeva Gospodinovo sveto ime kao sentimentalist umjesto da proučava filozofiju *Vedānte*, Gospodin je odgovorio da Ga Njegov duhovni učitelj smatra velikom budalom i da Mu je zato naložio da pjeva sveto ime Gospodina Kṛṣṇe. On je to učinio i postao obuzet zanosom poput luđaka. U ovom dobu Kali stanovništvo je većinom budalasto i nema pravu naobrazbu potrebnu za razumijevanje filozofije *Vedānte*. Najbolja svrha filozofije *Vedānte* može se ostvariti pjevanjem Gospodinova svetog imena bez uvreda. *Vedānta* je posljednja riječ vedske mudrosti, a Gospodin Kṛṣṇa je pisac i poznavatelj filozofije *Vedānte*. Najviši je vedāntist osoba koja nalazi zadovoljstvo u pjevanju svetog imena. To je krajnji cilj sveg vedskog misticizma.

STROFA 47

कर्मण्येवाधिकारस्ते मा फलेषु कदाचन ।
मा कर्मफलहेतुर्भूर्मा ते सङ्गोऽस्त्वकर्मणि ॥ ४७ ॥

karmaṇy evādhikāras te mā phaleṣu kadācana
mā karma-phala-hetur bhūr mā te saṅgo 'stv akarmaṇi

karmaṇi – na propisanu dužnost; *eva* – zacijelo; *adhikāraḥ* – pravo; *te* – ti; *mā* – nikada; *phaleṣu* – na plodove; *kadācana* – u bilo koje vrijeme; *mā* – nikada; *karma-phala* – na rezultate rada; *hetuḥ* – uzrok; *bhūḥ* – postaješ; *mā* – nikada; *te* – ti; *saṅgaḥ* – vezanost; *astu* – trebaš imati; *akarmaṇi* – za neizvršavanje propisanih dužnosti.

Imaš pravo obavljati svoju propisanu dužnost, ali nemaš pravo na plodove djelovanja. Nikada nemoj misliti da si uzrok rezultata svojih djelatnosti i nikada ne budi vezan za neizvršavanje svoje dužnosti.

SMISAO: Ovdje se spominju tri stvari: propisane dužnosti, hirovito djelovanje i neaktivnost. Propisane su dužnosti djelatnosti utvrđene prema *guṇama* materijalne prirode pod čijim se utjecajem osoba nalazi. Hirovito djelovati znači djelovati bez odobrenja autoriteta, a biti neaktivan znači ne izvršavati svoje propisane dužnosti. Gospodin je savjetovao Arjuni da ne bude neaktivan, već da izvrši svoju propisanu dužnost bez vezanosti za rezultat. Onaj tko je vezan za rezultate svoga rada također je uzrok djelovanja. Zato uživa ili ispašta rezultate takva djelovanja.

Što se tiče propisanih dužnosti, one se mogu svrstati u tri podskupine: uobičajene djelatnosti, nužne djelatnosti i poželjne djelatnosti. Uobičajene djelatnosti koje se vrše iz dužnosti u skladu s naredbama spisa, bez želje za rezultatima, predstavljaju djelovanje u *guṇi* vrline. Djelovanje s vezanošću za rezultate postaje uzrok ropstva; zato nije povoljno. Svatko ima pravo obavljati propisane dužnosti, ali treba djelovati bez vezanosti za rezultat. Takve nesebične dužnosti nesumnjivo vode osobu k putu oslobođenja.

Gospodin je zato savjetovao Arjuni da se bori iz dužnosti, bez vezanosti za rezultat. Njegovo odbijanje da sudjeluje u bici bila je druga strana vezanosti. Takva vezanost nikada ne vodi do puta spasenja. Svaka vezanost, pozitivna ili negativna, predstavlja uzrok ropstva. Neaktivnost je grešna. Stoga je borba iz dužnosti bila jedini povoljan put spasenja za Arjunu.

STROFA 48

योगस्थः कुरु कर्माणि सङ्गं त्यक्त्वा धनञ्जय ।
सिद्ध्यसिद्ध्योः समो भूत्वा समत्वं योग उच्यते ॥ ४८ ॥

yoga-sthaḥ kuru karmāṇi saṅgaṁ tyaktvā dhanañjaya
siddhy-asiddhyoḥ samo bhūtvā samatvaṁ yoga ucyate

yoga-sthaḥ – odmjereno; *kuru* – obavljaj; *karmāṇi* – svoje dužnosti; *saṅgam* – vezanost; *tyaktvā* – odbacujući; *dhanañjaya* – o Arjuna; *siddhi-asiddhyoḥ* – u uspjehu i neuspjehu; *samaḥ* – jednak; *bhūtvā* – postani; *samatvam* – staloženost; *yogaḥ* – *yoga; ucyate* – naziva se.

Izvršavaj svoju dužnost odmjereno, o Arjuna, odbacujući svu vezanost za uspjeh ili neuspjeh. Takva se staloženost naziva yoga.

SMISAO: Kṛṣṇa kaže Arjuni da treba djelovati u *yogi,* ali što je *yoga*? *Yoga* znači usredotočiti um na Svevišnjeg vladajući osjetilima koja nas uvijek uznemiravaju. A tko je Svevišnji? Svevišnji je Gospodin. Budući da sam Gospodin nalaže Arjuni da se bori, Arjuna nema nikakve veze s rezultatima borbe. Dobitak ili pobjeda Kṛṣṇina su briga; Arjuni se jednostavno savjetuje da djeluje po Kṛṣṇinoj naredbi. Slijeđenje Kṛṣṇine naredbe prava je *yoga*, koja se primjenjuje u procesu zvanu svjesnost Kṛṣṇe. Samo se svjesnošću Kṛṣṇe možemo osloboditi osjećaja vlasništva. Moramo postati Kṛṣṇin sluga ili sluga Kṛṣṇina sluge. To je pravilan način izvršavanja dužnosti u svjesnosti Kṛṣṇe, koja nam jedino može pomoći da djelujemo u *yogi.*

Kao *kṣatriya,* Arjuna je član sustava *varṇāśrama-dharme.* U *Viṣṇu Purāṇi* rečeno je da je glavni cilj *varṇāśrama-dharme* zadovoljiti Viṣṇua. Nitko ne bi trebao zadovoljavati sebe, kao što je pravilo u materijalnom svijetu, već Kṛṣṇu. Onaj tko nije zadovoljio Kṛṣṇu ne može pravilno slijediti načela *varṇāśrama-dharme.* Kṛṣṇa je posredno savjetovao Arjuni da postupi po Njegovim riječima.

STROFA 49

दूरेण ह्यवरं कर्म बुद्धियोगाद्धनञ्जय ।
बुद्धौ शरणमन्विच्छ कृपणाः फलहेतवः ॥ ४९ ॥

dūreṇa hy avaraṁ karma buddhi-yogād dhanañjaya
buddhau śaraṇam anviccha kṛpaṇāḥ phala-hetavaḥ

dūreṇa – odbaci daleko; *hi* – zacijelo; *avaram* – odvratnu; *karma* – djelatnost; *buddhi-yogāt* – na temelju svjesnosti Kṛṣṇe; *dhanañjaya* – o osvojitelju bogatstva; *buddhau* – s takvom svjesnošću; *śaraṇam* – potpuno se predaj; *anviccha* – trudi se; *kṛpaṇāḥ* – škrtice; *phala-hetavaḥ* – oni koji žele plodonosne rezultate.

O Dhanañjaya, predano služeći drži se podalje od svih odvratnih djelatnosti i s tom svjesnošću predaj se Gospodinu. Oni koji žele uživati u plodovima svoga rada su škrtice.

SMISAO: Onaj tko je shvatio svoj prirodni položaj Gospodinova vječnog sluge ostavlja sve djelatnosti osim djelovanja u svjesnosti Kṛṣṇe. Kao što je već bilo objašnjeno, *buddhi-yoga* je transcendentalno služenje Gospodina s ljubavlju. Takvo predano služenje pravi je put djelovanja za živo biće. Jedino *kṛpaṇe* žele uživati u plodovima svoga rada kako bi se još više zapleli u materijalno ropstvo. Svako je djelovanje osim djelovanja u svjesnosti Kṛṣṇe odvratno, jer neprestano veže djelatelja za krug rođenja i smrti. Stoga nikada ne bismo trebali željeti da budemo uzrok djelovanja. Sve treba biti učinjeno u svjesnosti Kṛṣṇe, za Kṛṣṇino zadovoljstvo. *Kṛpaṇe* ne znaju kako trebaju iskoristiti bogatstvo koje stječu zahvaljujući sreći ili tešku radu. Svu svoju energiju trebamo iskoristiti za djelovanje u svjesnosti Kṛṣṇe. Tako ćemo postići uspjeh u životu. Nesretne osobe, poput *kṛpaṇa*, ne koriste svoju ljudsku energiju za služenje Gospodina.

STROFA 50

बुद्धियुक्तो जहातीह उभे सुकृतदुष्कृते ।
तस्माद् योगाय युज्यस्व योगः कर्मसु कौशलम् ॥ ५० ॥

buddhi-yukto jahātīha ubhe sukṛta-duṣkṛte
tasmād yogāya yujyasva yogaḥ karmasu kauśalam

buddhi-yuktaḥ – onaj tko predano služi; *jahāti* – može se osloboditi; *iha* – u ovom životu; *ubhe* – obje vrste; *sukṛta-duṣkṛte* – dobrih i loših posljedica; *tasmāt* – stoga; *yogāya* – radi predana služenja; *yujyasva* –

djeluju tako; *yogaḥ* – svjesnost Kṛṣṇe; *karmasu* – u svim djelatnostima; *kauśalam* – umjetnost.

Čovjek koji predano služi oslobađa se dobrih i loših posljedica čak i u ovom životu. Stoga teži k yogi, koja predstavlja umjetnost sveg djelovanja.

SMISAO: Svako živo biće od pamtivijeka gomila posljedice svojih dobrih i loših djela. Zato uvijek ostaje u neznanju o svom pravom prirodnom položaju. Neznanje može biti raspršeno uputama *Bhagavad-gīte,* koja nas poučava kako se možemo u svakom pogledu predati Gospodinu Śrī Kṛṣṇi i osloboditi neprestane podčinjenosti djelatnostima i njihovim posljedicama, život za životom. Arjuni se stoga savjetuje da djeluje u svjesnosti Kṛṣṇe, procesu koji pročišćava posljedice djelovanja.

STROFA 51

कर्मजं बुद्धियुक्ता हि फलं त्यक्त्वा मनीषिणः ।
जन्मबन्धविनिर्मुक्ताः पदं गच्छन्त्यनामयम् ॥ ५१ ॥

karma-jaṁ buddhi-yuktā hi phalaṁ tyaktvā manīṣiṇaḥ
janma-bandha-vinirmuktāḥ padaṁ gacchanty anāmayam

karma-jam – plodonosnih djelatnosti; *buddhi-yuktāḥ* – predano služeći; *hi* – zacijelo; *phalam* – rezultata; *tyaktvā* – odričući se; *manīṣiṇaḥ* – veliki mudraci ili *bhakte*; *janma-bandha* – ropstva rođenja i smrti; *vinirmuktāḥ* – oslobođeni; *padam* – položaj; *gacchanti* – dostižu; *anāmayam* – bez bijeda.

Predano služeći Gospodina, veliki mudraci ili bhakte oslobađaju se posljedica djelovanja u materijalnom svijetu. Tako se oslobađaju kruga rođenja i smrti i dostižu položaj transcendentalan prema svim bijedama [vraćajući se Bogu].

SMISAO: Oslobođena živa bića pripadaju mjestu u kojem nema materijalnih bijeda. *Bhāgavatam* (10.14.58) kaže:

samāśritā ye pada-pallava-plavaṁ
mahat-padaṁ puṇya-yaśo murāreḥ
bhavāmbudhir vatsa-padaṁ paraṁ padaṁ
padaṁ padaṁ yad vipadāṁ na teṣām

„Za onoga tko je prihvatio lađu lotosolikih stopala Gospodina, koji je utočište kozmičkog očitovanja i koji je poznat kao Mukunda, darivatelj *muktija,* ocean materijalnog svijeta nalikuje vodi u otisku teletova papka. Njegov je cilj *paraṁ padam,* Vaikuṇṭha, mjesto u kojem nema materijalnih bijeda, a ne mjesto u kojem na svakom koraku u životu vreba opasnost."

Zbog neznanja čovjek ne zna da je materijalni svijet bijedno mjesto u kojem na svakom koraku vrebaju opasnosti. Samo zbog neznanja nerazborite osobe pokušavaju plodonosnim djelovanjem promijeniti stanje, misleći da će im plodovi takva djelovanja donijeti sreću. Ne znaju da im ni jedna vrsta materijalnog tijela bilo gdje u svemiru ne može omogućiti život bez bijeda. Životne bijede – rođenje, smrt, starost i bolest – postoje svuda u materijalnom svijetu. Ali onaj tko shvati položaj Božanske Osobe, shvaćajući da je u svom pravom prirodnom položaju Gospodinov vječni sluga, transcendentalno služi Gospodina s ljubavlju. Tako postaje dostojan odlaska na planete Vaikuṇṭhe, na kojima nema materijalnog bijednog života i utjecaja vremena ili smrti. Shvatiti svoj prirodni položaj znači shvatiti i Gospodinov uzvišeni položaj. Onaj tko pogrešno misli da su položaji živoga bića i Gospodinov položaj na istoj razini nalazi se u tami i zato ne može predano služiti Gospodina. On sam postaje gospodar i tako sebi utire put uzastopna rađanja i umiranja. Ali onaj tko se posveti služenju Gospodina, shvaćajući da je po svom položaju sluga, odmah postaje dostojan odlaska na Vaikuṇṭhaloku. Djelovanje za Gospodina naziva se *karma-yoga* ili *buddhi-yoga* ili, drugim riječima, predano služenje Gospodina.

STROFA 52

यदा ते मोहकलिलं बुद्धिर्व्यतितरिष्यति ।
तदा गन्तासि निर्वेदं श्रोतव्यस्य श्रुतस्य च ॥ ५२ ॥

yadā te moha-kalilaṁ buddhir vyatitariṣyati
tadā gantāsi nirvedaṁ śrotavyasya śrutasya ca

yadā – kada; *te* – tvoje; *moha* – iluzije; *kalilam* – gustu šumu; *buddhiḥ* – transcendentalno služenje s inteligencijom; *vyatitariṣyati* – nadiđe; *tadā* – tada; *gantā asi* – postat ćeš; *nirvedam* – ravnodušan; *śrotavyasya* – prema svemu što ćeš čuti; *śrutasya* – svemu što si već čuo; *ca* – također.

Kada tvoja inteligencija izađe iz guste šume iluzije, postat ćeš ravnodušan prema svemu što si čuo i prema svemu što ćeš čuti.

SMISAO: Ima mnogo lijepih primjera Gospodinovih velikih *bhakta* koji su za svoga života jednostavno zahvaljujući predanu služenju Gospodina postali ravnodušni prema vedskim obredima. Kad osoba spozna Kṛṣṇu i svoj odnos s Kṛṣṇom, prirodno postaje posve ravnodušna prema obredima plodonosnih djelatnosti, čak i ako je iskusan *brāhmaṇa.* Śrī Mādhavendra Purī, veliki *bhakta* i *ācārya* u učeničkom naslijeđu, rekao je:

sandhyā-vandana bhadram astu bhavato bhoḥ snāna tubhyaṁ namo
bho devāḥ pitaraś ca tarpaṇa-vidhau nāhaṁ kṣamaḥ kṣamyatām
yatra kvāpi niṣadya yādava-kulottamasya kaṁsa-dviṣaḥ
smāraṁ smāram aghaṁ harāmi tad alaṁ manye kim anyena me

„O moje molitve koje sam upućivao tri puta na dan, sva slava vama! O kupanje, odajem ti svoje poštovanje! O polubogovi! O preci! Molim vas, oprostite mi što vam ne mogu odati poštovanje. Sada, gdje god da sjedim, mogu se sjećati velikoga potomka dinastije Yadua (Kṛṣṇe), Kaṁsina neprijatelja, i tako se osloboditi sveg grešnog ropstva. Mislim da je to za mene dovoljno."

Vedski obredi, poput upućivanja raznih vrsta molitvi tri puta na dan, kupanja u rano jutro te odavanja poštovanja precima, obvezni su za početnike, ali osoba potpuno svjesna Kṛṣṇe koja transcendentalno služi Kṛṣṇu s ljubavlju postaje ravnodušna prema svim tim propisanim načelima jer je već postigla savršenstvo. Ako služenjem Svevišnjeg Gospodina Kṛṣṇe dostigne razinu duhovnog razumijevanja, ne mora više vršiti različite pokore i žrtvovanja preporučene u razotkrivenim spisima, ali ako nije shvatila da je cilj *Veda* dostići Kṛṣṇu i jednostavno izvodi obrede, beskorisno trati vrijeme na takve djelatnosti. Osobe svjesne Kṛṣṇe nadilaze granice *śabda-brahme* ili doseg *Veda* i *Upaniṣada.*

STROFA 53

श्रुतिविप्रतिपन्ना ते यदा स्थास्यति निश्चला ।
समाधावचला बुद्धिस्तदा योगमवाप्स्यसि ॥ ५३ ॥

śruti-vipratipannā te yadā sthāsyati niścalā
samādhāv acalā buddhis tadā yogam avāpsyasi

śruti – vedskih spisa; *vipratipannā* – ne bude pod utjecajem plodonosnih rezultata; *te* – tvoja; *yadā* – kada; *sthāsyati* – bude stalno; *niścalā* – postojano; *samādhau* – u transcendentalnoj svjesnosti ili svjesnosti Kṛṣṇe; *acalā* – nepokolebljiva; *buddhiḥ* – inteligencija; *tadā* – tada; *yogam* – samospoznaju; *avāpsyasi* – dostići ćeš.

Kada se tvoj um utemelji u zanosu samospoznaje, neuznemiren kitnjastim jezikom Veda, dostići ćeš božansku svjesnost.

SMISAO: Reći da je netko u *samādhiju* znači reći da je potpuno spoznao svjesnost Kṛṣṇe. Drugim riječima, osoba u potpunu *samādhiju* spoznala je Brahman, Paramātmu i Bhagavāna. Živo biće dostiže najviše savršenstvo samospoznaje kada shvati da je vječni sluga Kṛṣṇe i da je njegov jedini zadatak izvršavanje dužnosti u svjesnosti Kṛṣṇe. Osoba svjesna Kṛṣṇe, Gospodinov nepokolebljivi *bhakta,* ne bi trebala biti uznemirena kitnjastim jezikom *Veda* ili vršiti plodonosne djelatnosti kako bi se uzdigla u rajsko kraljevstvo. U transcendentalnom stanju svjesnosti Kṛṣṇe izravno se druži s Kṛṣṇom i tako može shvatiti sve Kṛṣṇine upute. Takvim djelovanjem sigurno će steći rezultate i spoznati bit znanja. Samo mora izvršavati naredbe Kṛṣṇe ili Njegova predstavnika, duhovnog učitelja.

STROFA 54

अर्जुन उवाच
स्थितप्रज्ञस्य का भाषा समाधिस्थस्य केशव ।
स्थितधीः किं प्रभाषेत किमासीत व्रजेत किम् ॥ ५४ ॥

arjuna uvāca
sthita-prajñasya kā bhāṣā samādhi-sthasya keśava
sthita-dhīḥ kiṁ prabhāṣeta kim āsīta vrajeta kim

arjunaḥ uvāca – Arjuna reče; *sthita-prajñasya* – onoga tko je utemeljen u nepokolebljivoj svjesnosti Kṛṣṇe; *kā* – koji; *bhāṣā* – jezik; *samādhi-sthasya* – utemeljenog u transu; *keśava* – o Kṛṣṇa; *sthita-dhīḥ* – utemeljen u svjesnosti Kṛṣṇe; *kim* – što; *prabhāṣeta* – govori; *kim* – kako; *āsīta* – miruje; *vrajeta* – hoda; *kim* – kako.

Arjuna reče: O Kṛṣṇa, po kojim se obilježjima može prepoznati osoba tako utemeljena u transcendentalnoj svjesnosti? O čemu govori i kojim jezikom? Kako sjedi i kako hoda?

SMISAO: Svaki se čovjek, ovisno o svom stanju, može prepoznati po određenim obilježjima. Osoba svjesna Kṛṣṇe također ima svoju prirodu – kako govori, hoda, razmišlja, osjeća itd. Kao što se bogataš, bolesnik ili učenjak mogu prepoznati po određenim obilježjima, tako se i čovjek utemeljen u transcendentalnoj svjesnosti Kṛṣṇe može prepoznati po određenim obilježjima. Ona su opisana u *Bhagavad-gīti.* Najvažnije je kako osoba svjesna Kṛṣṇe govori, jer je to najvažnija odlika svakoga čovjeka. Kaže se da budalu ne možemo prepoznati sve dok ne progovori. Dobro odjevenu budalu zacijelo ne možemo prepoznati sve dok ne progovori, ali čim progovori odmah se otkriva. Prvi simptom čovjeka svjesna Kṛṣṇe je da govori samo o Kṛṣṇi i o onome što je povezano s Kṛṣṇom. Za njim automatski slijede ostali simptomi, kao što će biti objašnjeno u idućim strofama.

STROFA 55

श्रीभगवानुवाच
प्रजहाति यदा कामान् सर्वान् पार्थ मनोगतान् ।
आत्मन्येवात्मना तुष्टः स्थितप्रज्ञस्तदोच्यते ॥ ५५ ॥

śrī-bhagavān uvāca
prajahāti yadā kāmān sarvān pārtha mano-gatān
ātmany evātmanā tuṣṭaḥ sthita-prajñas tadocyate

śrī-bhagavān uvāca – Svevišnja Božanska Osoba reče; *prajahāti* – odbaci; *yadā* – kada; *kāmān* – želja za osjetilnim uživanjem; *sarvān* – sve vrste; *pārtha* – o Pṛthin sine; *manaḥ-gatān* – iz umne spekulacije; *ātmani* – u čistu stanju duše; *eva* – zacijelo; *ātmanā* – pročišćenim umom; *tuṣṭaḥ* – zadovoljan; *sthita-prajñaḥ* – transcendentalno utemeljen; *tadā* – tada; *ucyate* – kaže se.

Svevišnja Božanska Osoba reče: O Pārtha, kada čovjek odbaci sve vrste želja za osjetilnim uživanjem, koje nastaju iz umne spekulacije, i pročišćena uma nalazi zadovoljstvo samo u jastvu, kaže se da ima čistu transcendentalnu svjesnost.

SMISAO: *Bhāgavatam* potvrđuje da osoba potpuno svjesna Kṛṣṇe ili potpuno zaokupljena predanim služenjem Gospodina posjeduje sve dobre osobine velikih mudraca, dok osoba koja nije utemeljena u takvu transcendentalnom položaju nema dobrih odlika, jer sigurno nalazi utočište u vlastitim umnim spekulacijama. Stoga je ovdje s pravom rečeno da moramo odbaciti sve vrste osjetilnih želja koje nastaju iz umne spekulacije. Takve osjetilne želje ne mogu se umjetno obuzdati; no ako netko djeluje u svjesnosti Kṛṣṇe, one same nestaju, bez ulaganja posebna napora. Stoga moramo bez oklijevanja djelovati u svjesnosti Kṛṣṇe, jer će nam predano služenje odmah pomoći da se uzdignemo na razinu transcendentalne svjesnosti. Veoma napredna duša uvijek nalazi zadovoljstvo u sebi spoznajući da je vječni sluga Svevišnjega Gospodina. Takva transcendentalno utemeljena osoba nema osjetilnih želja koje potječu od bezvrijedna materijalizma, već uvijek ostaje sretna u svom prirodnom položaju vječna služenja Svevišnjega Gospodina.

STROFA 56

दुःखेष्वनुद्विग्नमनाः सुखेषु विगतस्पृहः ।
वीतरागभयक्रोधः स्थितधीर्मुनिरुच्यते ॥ ५६ ॥

duḥkheṣv anudvigna-manāḥ sukheṣu vigata-spṛhaḥ
vīta-rāga-bhaya-krodhaḥ sthita-dhīr munir ucyate

duḥkheṣu – u trostrukim bijedama; *anudvigna-manāḥ* – neuznemirena uma; *sukheṣu* – sreća; *vigata-spṛhaḥ* – ne zanima ga; *vīta* – oslobođen; *rāga* – vezanosti; *bhaya* – straha; *krodhaḥ* – i srdžbe; *sthita-dhīḥ* – čiji je um postojan; *muniḥ* – mudracem; *ucyate* – naziva se.

Onaj tko nije uznemiren čak ni usred trostrukih bijeda, tko se ne zanosi srećom i tko je oslobođen vezanosti, straha i srdžbe, naziva se mudracem postojana uma.

SMISAO: Riječ *muni* označava osobu koja može navesti um da spekulira na razne načine, a da ne dođe do pravog zaključka. Rečeno je da svaki *muni* ima drugačije gledište. Ako se *muni* ne razlikuje od drugih *munija,* ne može se nazvati *munijem* u pravom smislu te riječi. *Na cāsāv ṛṣir yasya mataṁ na bhinnam* (*Mahābhārata, Vana-parva* 313.117). Ali Gospodin ovdje spominje *sthita-dhīr munija,* koji se razlikuje od obična *munija. Sthita-dhīr muni* uvijek je svjestan Kṛṣṇe, jer je potpuno okončao kreativnu spekulaciju. On se naziva *praśānta-niḥśeṣa-mano-rathāntara* (*Stotra-ratna* 43) ili onaj tko je nadišao razinu umne spekulacije i došao do zaključka da je Gospodin Śrī Kṛṣṇa, Vāsudeva, sve (*vāsudevaḥ sarvam iti sa mahātmā su-durlabhaḥ*). On je *muni* postojana uma. Takvu osobu potpuno svjesnu Kṛṣṇe ne uznemiravaju naleti trostrukih bijeda, jer sve bijede prihvaća kao Gospodinovu milost, misleći da je zbog svojih prošlih grešnih djela zaslužila još više nevolja; vidi da su Gospodinovom milošću sve njezine nevolje svedene na najmanju mjeru. Slično tome, u sreći zaslugu za to pripisuje Gospodinu, misleći da je nije zaslužila; spoznaje da je samo zahvaljujući Gospodinovoj milosti u takvu lagodnu položaju u kojem može bolje služiti Gospodina. Gospodina služi uvijek smjelo i aktivno i nije pod utjecajem vezanosti ili odbojnosti. Vezanost znači prihvatiti stvari za vlastito osjetilno zadovoljstvo, a nevezanost je odsutnost takve osjetilne vezanosti. Ali onaj tko je utemeljen u svjesnosti Kṛṣṇe nije ni vezan ni nevezan, jer je posvetio svoj život služenju Gospodina. Stoga se ne ljuti čak ni kada njegovi pokušaji nisu uspješni. Bez obzira na uspjeh ili neuspjeh osoba svjesna Kṛṣṇe uvijek je postojana u svojoj odlučnosti.

STROFA 57

यः सर्वत्रानभिस्नेहस्तत्तत्प्राप्य शुभाशुभम् ।
नाभिनन्दति न द्वेष्टि तस्य प्रज्ञा प्रतिष्ठिता ॥ ५७ ॥

yaḥ sarvatrānabhisnehas tat tat prāpya śubhāśubham
nābhinandati na dveṣṭi tasya prajñā pratiṣṭhitā

yaḥ – onaj tko; *sarvatra* – svuda; *anabhisnehaḥ* – nije pod utjecajem; *tat* – to; *tat* – to; *prāpya* – stječe; *śubha* – dobro; *aśubham* – zlo; *na* – nikada; *abhinandati* – hvali; *na* – nikada; *dveṣṭi* – prezire; *tasya* – njegovom; *prajñā* – u savršenu znanju; *pratiṣṭhitā* – utemeljen.

Onaj tko ne podliježe utjecaju dobra i zla koji ga mogu snaći u materijalnom svijetu, koji ih niti hvali niti prezire, čvrsto je utemeljen u savršenu znanju.

SMISAO: U materijalnom svijetu uvijek postoje preokreti, koji mogu biti dobri ili loši. Smatra se da je onaj tko nije uznemiren takvim materijalnim preokretima, tko nije pod utjecajem dobra i zla, utemeljen u svjesnosti Kṛṣṇe. Sve dok se nalazimo u materijalnom svijetu uvijek nas mogu snaći dobro i zlo, jer je ovaj svijet pun dvostranosti. No onaj tko je utemeljen u svjesnosti Kṛṣṇe nije pod utjecajem dobra i zla, jer ga zanima samo Kṛṣṇa, koji je svedobar apsolut. Takva svjesnost Kṛṣṇe uzdiže osobu na savršenu transcendentalnu razinu zvanu *samādhi.*

STROFA 58

यदा संहरते चायं कूर्मोऽङ्गानीव सर्वशः ।
इन्द्रियाणीन्द्रियार्थेभ्यस्तस्य प्रज्ञा प्रतिष्ठिता ॥ ५८ ॥

yadā saṁharate cāyaṁ kūrmo 'ṅgānīva sarvaśaḥ
indriyāṇīndriyārthebhyas tasya prajñā pratiṣṭhitā

yadā – kada; *saṁharate* – povuče; *ca* – također; *ayam* – on; *kūrmaḥ* – kornjača; *aṅgāni* – noge; *iva* – kao; *sarvaśaḥ* – sva; *indriyāṇi* – osjetila; *indriya-arthebhyaḥ* – od osjetilnih predmeta; *tasya* – njegova; *prajñā* – svjesnost; *pratiṣṭhitā* – utemeljena.

Onaj tko može povući svoja osjetila od predmeta osjetila, kao što kornjača uvlači svoje noge u oklop, čvrsto je utemeljen u savršenoj svjesnosti.

SMISAO: *Yogī, bhakta* ili samospoznata duša može po svojoj volji vladati osjetilima. To je mjerilo provjere. Međutim, ljudi su većinom sluge osjetila i stoga djeluju po zapovijedima osjetila. To je odgovor na pitanje o položaju *yogīja.* Osjetila se uspoređuju s otrovnim zmijama. Ona žele djelovati neobuzdano i bez ograničenja. *Yogī,* odnosno *bhakta,* mora biti veoma odlučan kako bi mogao vladati ovim zmijama – poput krotitelja zmija. On im nikada ne dopušta da djeluju neovisno. U razotkrivenim spisima postoji mnogo naredbi; neke su od njih zabrane, a neke upute. Onaj tko ne može slijediti upute i zabrane, uzdržavajući se od osjetilnog uživanja, ne može biti čvrsto utemeljen u svjesnosti Kṛṣṇe. Ovdje je naveden najbolji primjer – kornjača. Kornjača može u svakom trenutku uvući svoja osjetila i ponovno ih izvući da bi ostvarila određenu svrhu. Slično tome, osoba svjesna Kṛṣṇe koristi svoja osjetila samo u određenu svrhu, za služenje Gospodina; inače ih povlači. Kṛṣṇa ovdje savjetuje Arjuni da koristi svoja osjetila za služenje Gospodina, a ne za vlastito zadovoljstvo. Primjer kornjače, koja drži svoja osjetila u oklopu, naveden je kako bi se upozorilo da osjetila uvijek trebamo koristiti za služenje Gospodina.

STROFA 59

विषया विनिवर्तन्ते निराहारस्य देहिनः ।
रसवर्जं रसोऽप्यस्य परं दृष्ट्वा निवर्तते ॥ ५९ ॥

viṣayā vinivartante nirāhārasya dehinaḥ
rasa-varjaṁ raso 'py asya paraṁ dṛṣṭvā nivartate

viṣayāḥ – od predmeta osjetilnog uživanja; *vinivartante* – suzdržava se; *nirāhārasya* – zabranama; *dehinaḥ* – utjelovljena; *rasa-varjam* – odbacujući draž; *rasaḥ* – osjećaj užitka; *api* – iako posjeduje; *asya* – ona; *param* – mnogo uzvišeniju; *dṛṣṭvā* – kušajući; *nivartate* – prestaje.

Utjelovljena se duša može suzdržavati od osjetilnog uživanja, premda i dalje osjeća privlačnost prema predmetima osjetila, ali ako okusi uzvišeniju draž odbacuje takve sklonosti i biva utemeljena u postojanoj svjesnosti.

SMISAO: Onaj tko nije utemeljen na transcendentalnoj razini ne može se odreći osjetilna uživanja. Proces suzdržavanja od osjetilnog uživanja slijeđenjem pravila i propisa nalikuje suzdržavanju bolesnika kojem je zabranjena određena vrsta hrane. Bolesnik ne voli takva ograničenja niti gubi ukus za hranu. Slično tome, suzdržavanje od osjetilnog uživanja slijeđenjem nekog duhovnog procesa poput *aṣṭāṅga-yoge,* koja se sastoji od *yame, niyame, āsane, prāṇāyāme, pratyāhāre, dhāraṇe, dhyāne* itd., preporučuje se manje inteligentnim osobama koje nemaju više znanje. Ali onaj tko je tijekom svoga napredovanja u svjesnosti Kṛṣṇe doživio ljepotu Svevišnjega Gospodina Kṛṣṇe, ne osjeća više privlačnost prema mrtvim, materijalnim stvarima. Ograničenja su stoga namijenjena manje inteligentnim početnicima u duhovnom životu. Takva su ograničenja korisna sve dok osoba ne razvije ukus za svjesnost Kṛṣṇe. Kada postane istinski svjesna Kṛṣṇe, samim tim gubi ukus za blijede stvari.

STROFA 60

यततो ह्यपि कौन्तेय पुरुषस्य विपश्चितः ।
इन्द्रियाणि प्रमाथीनि हरन्ति प्रसभं मनः ॥ ६० ॥

yatato hy api kaunteya puruṣasya vipaścitaḥ
indriyāṇi pramāthīni haranti prasabhaṁ manaḥ

yatataḥ – dok se trudi; *hi* – zacijelo; *api* – unatoč; *kaunteya* – o Kuntīn sine; *puruṣasya* – čovjeka; *vipaścitaḥ* – koji posjeduje moć razlučivanja; *indriyāṇi* – osjetila; *pramāthīni* – neobuzdana; *haranti* – bacaju; *prasabham* – silom; *manaḥ* – um.

Osjetila su tako snažna i neobuzdana, o Arjuna, da silom odvlače um čak i čovjeka koji posjeduje moć razlučivanja i koji se trudi da njima ovlada.

SMISAO: Mnogi učeni mudraci, filozofi i transcendentalisti pokušavaju ovladati osjetilima, ali unatoč njihovim naporima, čak i najveći među njima, zbog uznemirena uma, ponekad postaju žrtve materijalnog osjetilnog uživanja. Čak je i Viśvāmitru, velikog mudraca i savršenog *yogīja,* Menakā navela na spolno uživanje, premda se trudio ovladati osjetilima vršenjem oštrih pokora i primjenom *yoge.* Naravno, ima mnogo sličnih primjera u povijesti svijeta. Možemo zaključiti da je veoma teško vladati umom i osjetilima, ako osoba nije potpuno svjesna Kṛṣṇe. Ako ne zaokupi svoj um Kṛṣṇom, ne može ostaviti takve materijalne djelatnosti. To je svojim primjerom pokazao veliki svetac i *bhakta* Śrī Yāmunācārya, koji je rekao:

yad-avadhi mama cetaḥ kṛṣṇa-padāravinde
nava-nava-rasa-dhāmany udyataṁ rantum āsīt

tad-avadhi bata nārī-saṅgame smaryamāne
bhavati mukha-vikāraḥ suṣṭhu niṣṭhīvanaṁ ca

„Otkad mi je um zaokupljen služenjem lotosolikih stopala Gospodina Kṛṣṇe uživam u uvijek novoj transcendentalnoj draži i kad god pomislim na seks sa ženom, odmah okrenem glavu i pljunem na tu pomisao."

Svjesnost je Kṛṣṇe tako transcendentalno divna da materijalno uživanje automatski postaje bezukusno. To je kao kad gladan čovjek utoli svoju glad dovoljnom količinom hranjivih namirnica. Mahārāja Ambarīṣa pokorio je velikog *yogīja* Durvāsu Munija, jer je svoj um zaokupio svjesnošću Kṛṣṇe (*sa vai manaḥ kṛṣṇa-padāravindayor vacāṁsi vaikuṇṭha-guṇānuvarṇane*).

STROFA 61

तानि सर्वाणि संयम्य युक्त आसीत मत्परः ।
वशे हि यस्येन्द्रियाणि तस्य प्रज्ञा प्रतिष्ठिता ॥ ६१ ॥

tāni sarvāṇi saṁyamya yukta āsīta mat-paraḥ
vaśe hi yasyendriyāṇi tasya prajñā pratiṣṭhitā

tāni – ta osjetila; *sarvāṇi* – sva; *saṁyamya* – obuzdavajući; *yuktaḥ* – zaokupljena; *āsīta* – treba biti utemeljen; *mat-paraḥ* – u odnosu sa Mnom; *vaśe* – potpuno ovladana; *hi* – zacijelo; *yasya* – onaj čija; *indriyāṇi* – osjetila; *tasya* – njegova; *prajñā* – svjesnost; *pratiṣṭhitā* – usredotočena.

Onaj tko suzdržava svoja osjetila, potpuno vladajući njima, i usredotočuje svoju svjesnost na Mene, poznat je kao čovjek postojane inteligencije.

SMISAO: U ovoj strofi Gospodin objašnjava da je najviše savršenstvo *yoge* svjesnost Kṛṣṇe. Ako osoba nije svjesna Kṛṣṇe, ne može vladati osjetilima. Kao što smo već spomenuli, veliki mudrac Durvāsā Muni izazvao je svađu s Mahārājom Ambarīṣom i zbog ponosa se nepotrebno razljutio. Tako nije mogao obuzdati svoja osjetila. S druge strane, iako kralj nije bio moćan *yogī* kao mudrac, već Gospodinov *bhakta,* šutke je podnio mudračeve nepravde i tako odnio pobjedu. Kralj je mogao vladati svojim osjetilima jer je posjedovao osobine koje su opisane u *Śrīmad-Bhāgavatamu* (9.4.18–20):

sa vai manaḥ kṛṣṇa-padāravindayor
vacāṁsi vaikuṇṭha-guṇānuvarṇane

karau harer mandira-mārjanādiṣu
śrutiṁ cakārācyuta-sat-kathodaye

mukunda-liṅgālaya-darśane dṛśau
tad-bhṛtya-gātra-sparśe 'ṅga-saṅgamam
ghrāṇaṁ ca tat-pāda-saroja-saurabhe
śrīmat-tulasyā rasanāṁ tad-arpite

pādau hareḥ kṣetra-padānusarpaṇe
śiro hṛṣīkeśa-padābhivandane
kāmaṁ ca dāsye na tu kāma-kāmyayā
yathottamaśloka-janāśrayā ratiḥ

„Kralj Ambarīṣa usredotočio je um na lotosolika stopala Gospodina Kṛṣṇe. Svoje je riječi upotrijebio za opisivanje Gospodinova prebivališta, svoje ruke za čišćenje Gospodinova hrama, svoje uši za slušanje o Gospodinovim zabavama, svoje oči za gledanje Gospodinova oblika, svoje tijelo za dodirivanje tijela *bhakta,* svoje nosnice za mirisanje cvijeća ponuđena Gospodinovim lotosolikim stopalima, svoj jezik za kušanje lišća biljke *tulasī* ponuđena Gospodinu, svoje noge za posjećivanje svetoga mjesta na kojem se nalazi Gospodinov hram, svoju glavu za odavanje poštovanja Gospodinu, a svoje želje za ostvarivanje Gospodinovih želja. Zahvaljujući svim tim osobinama, bio je dostojan položaja Gospodinova *mat-para bhakte."*

U vezi s tim, riječ *mat-para* veoma je važna. Iz opisa života Mahārāje Ambarīṣe saznajemo kako možemo postati *mat-para*. Śrīla Baladeva Vidyābhūṣaṇa, veliki učenjak i *ācārya* u slijedu *mat-para,* primjećuje: *mad-bhakti-prabhāvena sarvendriya-vijaya-pūrvikā svātma-dṛṣṭih sulabheti bhāvaḥ.* „Osjetila mogu biti potpuno ovladana samo snagom predanog služenja Kṛṣṇe." Katkada se navodi primjer vatre: „Kao što plamteća vatra spaljuje sve što se nalazi u sobi, Gospodin Viṣṇu, koji se nalazi u srcu *yogīja,* spaljuje sve vrste nečistoća." *Yoga-sūtra* također propisuje meditaciju na Viṣṇua, a ne meditaciju na prazninu. Takozvani *yogīji* koji meditiraju na nešto što nije na razini Viṣṇua samo gube vrijeme u uzaludnoj potrazi za nekim priviđenjem. Moramo biti svjesni Kṛṣṇe, predani Božanskoj Osobi. To je cilj prave *yoge.*

STROFA 62

ध्यायतो विषयान् पुंसः सङ्गस्तेषूपजायते ।
सङ्गात्सञ्जायते कामः कामात्क्रोधोऽभिजायते ॥ ६२ ॥

dhyāyato viṣayān puṁsaḥ saṅgas teṣūpajāyate
saṅgāt sañjāyate kāmaḥ kāmāt krodho 'bhijāyate

dhyāyataḥ – dok razmišlja; *viṣayān* – o predmetima osjetila; *puṁsaḥ* – osoba; *saṅgaḥ* – vezanost; *teṣu* – za predmete osjetila; *upajāyate* – razvija se; *saṅgāt* – od vezanosti; *sañjāyate* – razvija se; *kāmaḥ* – želja; *kāmāt* – od želje; *krodhaḥ* – srdžba; *abhijāyate* – očituje se.

Dok razmišlja o predmetima osjetila, osoba razvija vezanost za njih. Iz takve vezanosti razvija se požuda, a iz požude nastaje srdžba.

SMISAO: Onaj tko nije svjestan Kṛṣṇe podliježe materijalnim željama dok razmišlja o predmetima osjetila. Osjetila moraju biti zaokupljena nekom djelatnošću. Ako nisu zaokupljena transcendentalnim služenjem Gospodina s ljubavlju, sigurno će biti zaokupljena služenjem materijalnog. U materijalnom je svijetu svatko, pa čak i Śiva i Brahmā, a da ne govorimo o drugim polubogovima na rajskim planetima, podložan utjecaju predmeta osjetila. Živo biće može izaći iz ove zbrke materijalnog postojanja samo ako postane svjesno Kṛṣṇe. Śiva je bio u dubokoj meditaciji, ali kada ga je Pārvatī uznemirila radi osjetilnog uživanja on se složio i tako se rodio Kārtikeya. Kada je Haridāsa Ṭhākura bio Gospodinov mladi *bhakta,* inkarnacija Māyā-devī ga je pokušala na sličan način zavesti, ali Haridāsa je lako položio taj test zahvaljujući svojoj neokaljanoj predanosti Gospodinu Kṛṣṇi. Kao što možemo vidjeti iz ranije spomenute strofe Śrī Yāmunācārye, Gospodinov iskreni *bhakta* izbjegava sve materijalno osjetilno uživanje jer ima viši ukus za duhovno uživanje u društvu Gospodina. To je tajna uspjeha. Stoga će onaj tko nije svjestan Kṛṣṇe, koliko god vješto vladao osjetilima, sputavajući ih na umjetan način, na kraju sigurno pasti, jer će ga i najmanja pomisao na osjetilno zadovoljstvo navesti na zadovoljavanje želja.

STROFA 63

क्रोधाद्भवति सम्मोहः सम्मोहात्स्मृतिविभ्रमः ।
स्मृतिभ्रंशाद् बुद्धिनाशो बुद्धिनाशात्प्रणश्यति ॥ ६३ ॥

krodhād bhavati sammohaḥ sammohāt smṛti-vibhramaḥ
smṛti-bhraṁśād buddhi-nāśo buddhi-nāśāt praṇaśyati

krodhāt – iz srdžbe; *bhavati* – nastaje; *sammohaḥ* – savršena iluzija; *sammohāt* – iz iluzije; *smṛti* – pamćenja; *vibhramaḥ* – pomračenje; *smṛti-bhraṁśāt* – nakon pomračenja pamćenja; *buddhi-nāśaḥ* – gubi se inteligencija; *buddhi-nāśāt* – a kada izgubi inteligenciju; *praṇaśyati* – osoba pada.

Iz srdžbe nastaje potpuna iluzija, a iz iluzije pomračenost pamćenja. Kada je pamćenje pomračeno, osoba gubi inteligenciju, a kada izgubi inteligenciju ponovno pada u materijalni vrtlog.

SMISAO: Śrīla Rūpa Gosvāmī nas poučava:

prāpañcikatayā buddhyā hari-sambandhi-vastunaḥ
mumukṣubhiḥ parityāgo vairāgyaṁ phalgu kathyate
(*Bhakti-rasāmṛta-sindhu* 1.2.258)

Kada razvije svjesnost Kṛṣṇe, osoba može vidjeti da se sve može upotrijebiti za služenje Gospodina. Oni koji nemaju znanja o svjesnosti Kṛṣṇe pokušavaju na umjetan način izbjeći materijalne predmete. Premda žele oslobođenje od materijalnog ropstva, ne dostižu savršeni stadij nevezanosti. Njihova takozvana odvojenost naziva se *phalgu* ili manje važna. S druge strane, *bhakta* svjestan Kṛṣṇe zna kako se sve može upotrijebiti za služenje Gospodina. Zato ne postaje žrtva materijalne svjesnosti. Na primjer, impersonalist smatra da Gospodin, ili Apsolut, ne može jesti jer nije osoba. Zato nastoji izbjegavati ukusnu hranu, ali *bhakta* zna da je Kṛṣṇa vrhovni uživatelj i da jede sve što Mu osoba ponudi s predanošću. Nakon što ponudi Gospodinu ukusnu hranu, *bhakta* jede ostatke, koji se zovu *prasādam.* Tako sve postaje produhovljeno i nema opasnosti od pada. Jedući *prasādam bhakta* ostaje svjestan Kṛṣṇe, dok impersonalist odbacuje *prasādam* kao nešto materijalno. Zbog svog umjetnog odricanja, ne može uživati u životu. Stoga ga i najmanja uznemirenost uma ponovno baca u vrtlog materijalnog postojanja. Rečeno je da takva duša, čak i ako se uzdigne na razinu oslobođenja, ponovno pada, jer nema oslonac u predanom služenju.

STROFA 64

रागद्वेषविमुक्तैस्तु विषयानिन्द्रियैश्चरन् ।
आत्मवश्यैर्विधेयात्मा प्रसादमधिगच्छति ॥ ६४ ॥

rāga-dveṣa-vimuktais tu viṣayān indriyaiś caran
ātma-vaśyair vidheyātmā prasādam adhigacchati

rāga – vezanosti; *dveṣa* – i odbojnosti; *vimuktaiḥ* – onaj tko se oslobodio; *tu* – ali; *viṣayān* – predmeta osjetila; *indriyaiḥ* – na osjetila; *caran* –

djelovanje; *ātma-vaśyaiḥ* – pod njegovim nadzorom; *vidheya-ātmā* – onaj tko slijedi propisana načela slobode; *prasādam* – Gospodinovu milost; *adhigacchati* – dostiže.

Ali osoba oslobođena sve vezanosti i odbojnosti, koja može vladati svojim osjetilima slijedeći propisana načela slobode, može steći potpunu milost Gospodina.

SMISAO: Već je bilo objašnjeno da osoba može umjetnim procesom izvana vladati osjetilima, ali ako osjetila nisu zaokupljena transcendentalnim služenjem Gospodina, postoji mogućnost pada. Premda osoba koja je potpuno svjesna Kṛṣṇe može naizgled biti na osjetilnoj razini, nije vezana za osjetilne djelatnosti jer je svjesna Kṛṣṇe. Osobu svjesnu Kṛṣṇe zanima samo Kṛṣṇino zadovoljstvo i ništa drugo. Zato je transcendentalna prema svoj vezanosti i odbojnosti. Ako Kṛṣṇa to želi, *bhakta* može učiniti ono što se obično smatra nepoželjnim, a ako Kṛṣṇa to ne želi, neće učiniti ono što bi inače učinio za vlastito zadovoljstvo. Stoga može slobodno odlučiti hoće li djelovati ili ne, jer djeluje samo po Kṛṣṇinoj zapovijedi. Ta je svjesnost Gospodinova bezuzročna milost, koju *bhakta* može steći unatoč tome što je vezan za osjetilnu razinu.

STROFA 65

प्रसादे सर्वदुःखानां हानिरस्योपजायते ।
प्रसन्नचेतसो ह्याशु बुद्धिः पर्यवतिष्ठते ॥ ६५ ॥

prasāde sarva-duḥkhānāṁ hānir asyopajāyate
prasanna-cetaso hy āśu buddhiḥ paryavatiṣṭhate

prasāde – kad stekne Gospodinovu bezuzročnu milost; *sarva* – svih; *duḥkhānām* – materijalnih bijeda; *hāniḥ* – uništenja; *asya* – njegovih; *upajāyate* – dolazi do; *prasanna-cetasaḥ* – sretna; *hi* – zacijelo; *āśu* – ubrzo; *buddhiḥ* – inteligencija; *pari* – dovoljno; *avatiṣṭhate* – biva utemeljena.

Za onoga tko je tako zadovoljan [u svjesnosti Kṛṣṇe] trostruke bijede materijalnog postojanja više ne postoje. U takvoj zadovoljnoj svjesnosti njegova inteligencija ubrzo postaje čvrsto utemeljena.

STROFA 66

नास्ति बुद्धिरयुक्तस्य न चायुक्तस्य भावना ।
न चाभावयतः शान्तिरशान्तस्य कुतः सुखम् ॥ ६६ ॥

nāsti buddhir ayuktasya na cāyuktasya bhāvanā
na cābhāvayataḥ śāntir aśāntasya kutaḥ sukham

na asti – ne može imati; *buddhiḥ* – transcendentalnu inteligenciju; *ayuktasya* – onaj tko nije povezan (sa svjesnošću Kṛṣṇe); *na* – ne; *ca* – i; *ayuktasya* – onaj tko nije svjestan Kṛṣṇe; *bhāvanā* – uma utemeljenog (u sreći); *na* – ne; *ca* – i; *abhāvayataḥ* – onaj tko nije utemeljen; *śāntiḥ* – mir; *aśāntasya* – nemirna; *kutaḥ* – gdje; *sukham* – sreća.

Onaj tko nije povezan sa Svevišnjim [u svjesnosti Kṛṣṇe] ne može imati ni transcendentalnu inteligenciju ni postojan um. Bez njih ne može naći mir, a bez mira nema sreće.

SMISAO: Mir nije moguć bez svjesnosti Kṛṣṇe. U petom poglavlju (5.29) potvrđeno je da osoba može naći pravi mir samo kada shvati da je Kṛṣṇa jedini uživatelj svih rezultata žrtvovanja i pokora, vlasnik svih kozmičkih očitovanja i pravi prijatelj svih živih bića. Onaj tko nije svjestan Kṛṣṇe ne može imati krajnji cilj za um. Uznemirenost nastaje zbog odsutnosti krajnjeg cilja. Kad je osoba uvjerena da je Kṛṣṇa uživatelj, vlasnik i prijatelj svega i svakoga, može, postojana uma, naći mir. Onaj tko ne djeluje u odnosu s Kṛṣṇom sigurno je uvijek nesretan i nespokojan, koliko god pravio predstavu od smirenosti i duhovnog napretka u životu. Svjesnost Kṛṣṇe je stanje mira koje se samo očituje i koje se može dostići samo u odnosu s Kṛṣṇom.

STROFA 67

इन्द्रियाणां हि चरतां यन्मनोऽनुविधीयते ।
तदस्य हरति प्रज्ञां वायुर्नावमिवाम्भसि ॥ ६७ ॥

indriyāṇāṁ hi caratāṁ yan mano 'nuvidhīyate
tad asya harati prajñāṁ vāyur nāvam ivāmbhasi

indriyāṇām – osjetila; *hi* – zacijelo; *caratām* – dok luta; *yat* – za kojima; *manaḥ* – um; *anuvidhīyate* – neprestano zaokupljen; *tat* – to; *asya* – njegovu; *harati* – odnosi; *prajñām* – inteligenciju; *vāyuḥ* – vjetar; *nāvam* – lađu; *iva* – kao; *ambhasi* – na vodi.

Kao što snažan vjetar nosi lađu na vodi, čak i jedno od nemirnih osjetila na koje se um usredotoči može odnijeti čovjekovu inteligenciju.

SMISAO: Ako sva osjetila nisu zaokupljena služenjem Gospodina, čak i jedno osjetilo zaokupljeno osjetilnim uživanjem može odvratiti *bhaktu* od puta transcendentalnog napretka. Kao što je spomenuto u opisu života Mahārāje Ambarīṣe, sva osjetila moraju biti zaokupljena svjesnošću Kṛṣṇe jer je to prava tehnika vladanja umom.

STROFA 68

तस्माद् यस्य महाबाहो निगृहीतानि सर्वशः ।
इन्द्रियाणीन्द्रियार्थेभ्यस्तस्य प्रज्ञा प्रतिष्ठिता ॥ ६८ ॥

tasmād yasya mahā-bāho nigṛhītāni sarvaśaḥ
indriyāṇīndriyārthebhyas tasya prajñā pratiṣṭhitā

tasmāt – stoga; *yasya* – čija; *mahā-bāho* – snažnih ruku; *nigṛhītāni* – tako obuzdana; *sarvaśaḥ* – svuda; *indriyāṇi* – osjetila; *indriya-arthebhyaḥ* – od predmeta osjetila; *tasya* – njegova; *prajñā* – inteligencija; *pratiṣṭhitā* – utemeljena.

O Arjuna snažnih ruku, onaj tko suzdržava svoja osjetila od uživanja u predmetima osjetila bez sumnje ima postojanu inteligenciju.

SMISAO: Sile zadovoljavanja osjetila mogu se obuzdati samo svjesnošću Kṛṣṇe ili zaokupljanjem svih osjetila transcendentalnim služenjem Gospodina s ljubavlju. Kao što se neprijatelj može pokoriti nadmoćnijom silom, osjetila se mogu obuzdati – ne ljudskim naporom, već neprestanim služenjem Gospodina. Onaj tko je to shvatio – da se samo svjesnošću Kṛṣṇe može utemeljiti u inteligenciji i da to umijeće treba naučiti pod vodstvom vjerodostojna duhovnog učitelja – naziva se *sādhaka*, pogodan kandidat za oslobođenje.

STROFA 69

या निशा सर्वभूतानां तस्यां जागर्ति संयमी ।
यस्यां जाग्रति भूतानि सा निशा पश्यतो मुनेः ॥ ६९ ॥

yā niśā sarva-bhūtānāṁ tasyāṁ jāgarti saṁyamī
yasyāṁ jāgrati bhūtāni sā niśā paśyato muneḥ

yā – što je; *niśā* – noć; *sarva* – sva; *bhūtānām* – za živa bića; *tasyām* – u tome; *jāgarti* – budan; *saṁyamī* – samoovladan; *yasyām* – u čemu; *jāgrati* – budna; *bhūtāni* – sva bića; *sā* – to je; *niśā* – noć; *paśyataḥ* – za introspektivnog; *muneḥ* – mudraca.

Ono što je noć za sva bića vrijeme je buđenja za samoovladanu osobu, a ono što je vrijeme buđenja za sva bića noć je za introspektivnog mudraca.

SMISAO: Postoje dvije vrste razboritih ljudi. Jedni koriste svoju inteligenciju za materijalne djelatnosti namijenjene zadovoljavanju osjetila, a drugi su introspektivni i budno njeguju samospoznaju. Djelatnosti introspektivnog mudraca ili misaonog čovjeka noć su za osobe obuzete materijalnim djelatnostima. Materijalisti ostaju uspavani u takvoj noći, jer nemaju znanje o samospoznaji. Introspektivni mudrac ostaje budan u „noći" materijalističkih ljudi. Mudrac osjeća transcendentalno zadovoljstvo u postupnom njegovanju duhovne kulture, dok čovjek obuzet materijalističkim djelatnostima, uspavan za samospoznaju, sanja o različitim osjetilnim zadovoljstvima, osjećajući ponekad sreću, a ponekad nesreću u svom uspavanom stanju. Introspektivan čovjek uvijek je ravnodušan prema materijalističkoj sreći i nesreći. On nastavlja sa svojim djelatnostima samospoznaje, neuznemiren materijalnim posljedicama.

STROFA 70

आपूर्यमाणमचलप्रतिष्ठं
समुद्रमापः प्रविशन्ति यद्वत् ।
तद्वत् कामा यं प्रविशन्ति सर्वे
स शान्तिमाप्नोति न कामकामी ॥ ७० ॥

āpūryamāṇam acala-pratiṣṭhaṁ
samudram āpaḥ praviśanti yadvat
tadvat kāmā yaṁ praviśanti sarve
sa śāntim āpnoti na kāma-kāmī

āpūryamāṇam – uvijek pun; *acala-pratiṣṭham* – postojan; *samudram* – ocean; *āpaḥ* – voda; *praviśanti* – ulazi; *yadvat* – kao što; *tadvat* – tako; *kāmāḥ* – želje; *yam* – u koju; *praviśanti* – ulaze; *sarve* – sve; *saḥ* – ta osoba; *śāntim* – mir; *āpnoti* – dostiže; *na* – ne; *kāma-kāmī* – ona koja želi ispuniti želje.

Želje dolaze kao što se rijeke ulijevaju u ocean, koji se uvijek puni vodom, ali ostaje miran. Samo onaj tko nije uznemiren neprestanim tijekom želja može dostići mir, a ne onaj tko nastoji zadovoljiti takve želje.

SMISAO: Premda je nepregledan ocean uvijek pun vode, neprestano se puni vodom, osobito za kišnog razdoblja. Ali ocean ostaje isti – miran;

nije uzburkan, niti se izlijeva izvan svojih granica. To vrijedi i za osobu utemeljenu u svjesnosti Kṛṣṇe. Sve dok imamo materijalno tijelo, prohtjevi će tijela za zadovoljavanjem osjetila postojati. No *bhakta* nije uznemiren takvim željama, jer je pun u sebi. Čovjeku svjesnom Kṛṣṇe ništa nije potrebno, jer Gospodin zadovoljava sve njegove materijalne potrebe. Zato je kao ocean – uvijek pun u sebi. Želje se mogu pojaviti poput vode rijeka koje se ulijevaju u ocean, ali on je postojan u svom djelovanju i nije ni najmanje uznemiren željama za zadovoljavanjem osjetila. To dokazuje da je svjestan Kṛṣṇe – iako su želje prisutne, izgubio je svaku sklonost k materijalnom zadovoljavanju osjetila. Budući da uvijek nalazi zadovoljstvo u transcendentalnom služenju Gospodina s ljubavlju, može ostati postojan poput oceana i tako uživati u potpunu miru. Drugi, koji žele ispuniti svoje želje za oslobođenjem, a da ne govorimo o materijalnom uspjehu, nikada ne dostižu mir. Koristoljubivi radnici, ljudi koji teže spasenju i *yogīji* koji žele steći mistične moći nesretni su zbog neispunjenih želja, ali osoba svjesna Kṛṣṇe nalazi sreću u služenju Gospodina i nema želja koje bi trebala ispuniti. Ustvari, ona ne želi čak ni oslobođenje od takozvana materijalnog ropstva. Kṛṣṇini *bhakte* nemaju materijalnih želja i zato uživaju u savršenu miru.

STROFA 71

विहाय कामान् यः सर्वान् पुमांश्चरति निःस्पृहः ।
निर्ममो निरहङ्कारः स शान्तिमधिगच्छति ॥ ७१ ॥

vihāya kāmān yaḥ sarvān pumāṁś carati niḥspṛhaḥ
nirmamo nirahaṅkāraḥ sa śāntim adhigacchati

vihāya – odbacujući; *kāmān* – materijalne želje za osjetilnim zadovoljstvom; *yaḥ* – koja; *sarvān* – sve; *pumān* – osoba; *carati* – živi; *niḥspṛhaḥ* – bez želja; *nirmamaḥ* – bez osjećaja vlasništva; *nirahaṅkāraḥ* – bez lažnog ega; *saḥ* – ona; *śāntim* – savršen mir; *adhigacchati* – dostiže.

Samo osoba koja je odbacila sve želje za zadovoljavanjem osjetila, koja je, oslobođena želja, odbacila svaki osjećaj vlasništva i koja nema lažni ego može dostići pravi mir.

SMISAO: Biti bez želja znači nemati želja za osjetilnim zadovoljstvom. Drugim riječima, želja za svjesnošću Kṛṣṇe pravo je stanje bez želja. Na savršenoj razini svjesnosti Kṛṣṇe osoba shvaća da je u svom prirodnom položaju Kṛṣṇin vječni sluga i ne poistovjećuje se s materijalnim tijelom niti svojata pravo vlasništva nad bilo čim u svijetu. Onaj tko je utemeljen na toj savršenoj razini zna da se sve mora upotrijebiti za Kṛṣṇino zadovoljstvo jer je Kṛṣṇa vlasnik svega. Arjuna se nije htio boriti zbog vlastitoga osjetilnog zadovoljstva, ali kad je postao potpuno svjestan Kṛṣṇe borio se zato što je to Kṛṣṇa htio od njega. Nije se želio boriti radi sebe, ali za Kṛṣṇu taj se isti Arjuna borio kako je najbolje mogao. Pravo stanje bez želja jest želja za zadovoljavanjem Kṛṣṇe, a ne umjetan pokušaj uništavanja želja. Živo biće ne može biti bez želja ili bez osjećaja, ali mora promijeniti njihovu prirodu. Osoba koja nema materijalnih želja sigurno zna da sve pripada Kṛṣṇi (*īśāvāsyam idaṁ sarvam*) i stoga ne svojata pravo vlasništva ni nad čim. To se transcendentalno znanje temelji na samospoznaji – na savršenu znanju da je svako živo biće vječan sastavni djelić Kṛṣṇe u duhovnom jedinstvu i da stoga u svom vječnom položaju nikada nije ravno Kṛṣṇi ili veće od Njega. To razumijevanje svjesnosti Kṛṣṇe temeljno je načelo pravog mira.

STROFA 72

एषा ब्राह्मी स्थितिः पार्थ नैनां प्राप्य विमुह्यति ।
स्थित्वास्यामन्तकालेऽपि ब्रह्मनिर्वाणमृच्छति ॥ ७२ ॥

eṣā brāhmī sthitiḥ pārtha naināṁ prāpya vimuhyati
sthitvāsyām anta-kāle 'pi brahma-nirvāṇam ṛcchati

eṣā – taj; *brāhmī* – duhovni; *sthitiḥ* – položaj; *pārtha* – o Pṛthin sine; *na* – nikada; *enām* – taj; *prāpya* – dostižući; *vimuhyati* – zbunjen; *sthitvā* – utemeljen; *asyām* – tako; *anta-kāle* – na kraju života; *api* – također; *brahma-nirvāṇam* – duhovno Božje Carstvo; *ṛcchati* – dostiže.

To je duhovni, božanski život. Onaj tko ga dostigne više nije zbunjen. Ako ostane utemeljen u njemu čak i u trenutku smrti, može ući u Božje Carstvo.

SMISAO: Svjesnost Kṛṣṇe ili božanski život može se dostići odmah, u trenu – ili se ne mora dostići čak ni nakon mnogo milijuna života. Riječ je samo o razumijevanju i prihvaćanju istine. Khaṭvāṅga Mahārāja je dostigao to stanje života samo nekoliko minuta prije svoje smrti predavši se Kṛṣṇi. *Nirvāṇa* predstavlja okončanje materijalističkog života. Prema budističkoj filozofiji nakon materijalnog života postoji samo praznina, ali *Bhagavad-gītā* uči drugačije. Pravi život počinje *nakon* materijalnog života. Grubi materijalisti zadovoljavaju se znanjem da moraju okončati ovaj materijalistički način života, ali za duhovno napredne osobe nakon materijalističkog života postoji drugi život. Ako osoba srećom postane svjesna Kṛṣṇe prije kraja ovoga života, odmah dostiže razinu *brahma-nirvāṇe.* Nema razlike između Božjeg Carstva i predana služenja Gospodina. Budući da su oba na apsolutnoj razini, transcendentalno služiti Gospodina s ljubavlju znači dostići duhovno carstvo. U materijalnom se svijetu djelovanje temelji na zadovoljavanju osjetila, a u duhovnom svijetu na svjesnosti Kṛṣṇe. Dostići svjesnost Kṛṣṇe čak i za ovoga života znači odmah dostići Brahman. Onaj tko je utemeljen u svjesnosti Kṛṣṇe nedvojbeno je već ušao u Božje Carstvo.

Brahman je suprotnost materiji. Stoga *brāhmī sthiti* znači „ne na razini materijalnih djelatnosti". U *Bhagavad-gīti* predano se služenje Gospodina prihvaća kao stadij oslobođenja (*sa guṇān samatītyaitān brahma-bhūyāya kalpate*). Stoga *brāhmī sthiti* predstavlja oslobođenje od materijalnog ropstva.

Śrīla Bhaktivinoda Ṭhākura objašnjava da ovo poglavlje *Bhagavad-gīte* predstavlja sažeti pregled čitavog djela. U *Bhagavad-gīti* su opisane *karma-yoga, jñāna-yoga* i *bhakti-yoga.* Ovo poglavlje obrađuje *karma-yogu* i *jñāna-yogu* te u kratkim crtama *bhakti-yogu* i stoga predstavlja pregled čitavog djela.

Tako se završavaju Bhaktivedantina tumačenja drugoga poglavlja Śrīmad Bhagavad-gīte *pod naslovom* Sažet pregled sadržaja Gīte.

TREĆE POGLAVLJE

Karma-yoga

STROFA 1

अर्जुन उवाच
ज्यायसी चेत्कर्मणस्ते मता बुद्धिर्जनार्दन ।
तत्किं कर्मणि घोरे मां नियोजयसि केशव ॥ १ ॥

arjuna uvāca
jyāyasī cet karmaṇas te matā buddhir janārdana
tat kiṁ karmaṇi ghore māṁ niyojayasi keśava

arjunaḥ uvāca – Arjuna reče; *jyāyasī* – boljom; *cet* – ako; *karmaṇaḥ* – od plodonosnog djelovanja; *te* – Ti; *matā* – smatraš; *buddhiḥ* – inteligenciju; *janārdana* – o Kṛṣṇa; *tat* – to; *kim* – zašto; *karmaṇi* – na djelo; *ghore* – užasno; *mām* – mene; *niyojayasi* – navodiš; *keśava* – o Kṛṣṇa.

Arjuna reče: O Janārdana, o Keśava, ako misliš da je inteligencija bolja od plodonosnog djelovanja, zašto onda želiš da se borim u ovom užasnom ratu?

SMISAO: Svevišnja Božanska Osoba Śrī Kṛṣṇa u prethodnom je poglavlju potanko opisao prirodu duše, želeći Svoga bliskog prijatelja Arjunu izbaviti iz oceana materijalne žalosti. Put spoznaje bio je preporučen: *buddhi-yoga* ili svjesnost Kṛṣṇe. Katkada ljudi u zabludi svjesnost Kṛṣṇe smatraju neaktivnošću. Onaj tko ima takvo pogrešno razumijevanje često se povlači na osamu kako bi pjevajući sveto ime Gospodina Kṛṣṇe postao potpuno svjestan Kṛṣṇe, ali ako nije pravilno shvatio filozofiju svjesnosti Kṛṣṇe, ne preporučuje mu se da pjeva Kṛṣṇino sveto ime na osamljenu mjestu, na kojem može steći samo jeftino divljenje prostodušnih ljudi. Arjuna je mislio da svjesnost Kṛṣṇe, odnosno *buddhi-yoga* (inteligencija kojom osoba napreduje u duhovnom znanju), predstavlja povlačenje iz aktivnog života te vršenje pokora i strogosti na osami. Drugim riječima, htio je vješto izbjeći borbu koristeći svjesnost Kṛṣṇe kao izgovor, ali je kao iskreni učenik to priznao svom učitelju Kṛṣṇi i upitao Ga kako treba postupiti. U odgovoru na to Gospodin Kṛṣṇa u trećem poglavlju iscrpno objašnjava *karma-yogu,* ili djelovanje u svjesnosti Kṛṣṇe.

STROFA 2

व्यामिश्रेणेव वाक्येन बुद्धिं मोहयसीव मे ।
तदेकं वद निश्चित्य येन श्रेयोऽहमाप्नुयाम् ॥ २ ॥

vyāmiśreṇeva vākyena buddhiṁ mohayasīva me
tad ekaṁ vada niścitya yena śreyo 'ham āpnuyām

vyāmiśreṇa – dvosmislenim; *iva* – zacijelo; *vākyena* – riječima; *buddhim* – inteligenciju; *mohayasi* – zbunjuješ; *iva* – zacijelo; *me* – moju; *tat* – stoga; *ekam* – samo jedno; *vada* – molim Te, reci mi; *niścitya* – određujući; *yena* – čime; *śreyaḥ* – pravu dobrobit; *aham* – ja; *āpnuyām* – mogu steći.

Moja je inteligencija zbunjena Tvojim dvosmislenim uputama. Zato mi, molim Te, jasno reci šta je najbolje za mene.

SMISAO: U drugom, uvodnom poglavlju *Bhagavad-gīte,* objašnjeni su različiti putovi: *sāṅkhya-yoga, buddhi-yoga,* proces ovladavanja osjetilima inteligencijom i djelovanje bez plodonosnih želja te položaj početnika. Sve je to bilo objašnjeno nesustavno i zato je za djelovanje i razumijevanje bilo potrebno sustavnije objašnjenje puta. Arjuna je želio da sve te naizgled zbunjujuće stvari budu razjašnjene kako bi ih svaki običan čovjek mogao prihvatiti bez pogrešna tumačenja. Premda Kṛṣṇa nije namjeravao zbuniti Arjunu poigravanjem riječima, Arjuna nije mogao slijediti proces svjesnosti Kṛṣṇe – ni neaktivnošću niti aktivnim služenjem. Drugim riječima, svojim pitanjima razjašnjava put svjesnosti Kṛṣṇe za sve učenike koji ozbiljno žele shvatiti tajnu *Bhagavad-gīte.*

STROFA 3

श्रीभगवानुवाच
लोकेऽस्मिन् द्विविधा निष्ठा पुरा प्रोक्ता मयानघ ।
ज्ञानयोगेन सांख्यानां कर्मयोगेन योगिनाम् ॥ ३ ॥

śrī-bhagavān uvāca
loke 'smin dvi-vidhā niṣṭhā purā proktā mayānagha
jñāna-yogena sāṅkhyānāṁ karma-yogena yoginām

śrī-bhagavān uvāca – Svevišnja Božanska Osoba reče; *loke* – na svijetu; *asmin* – ovom; *dvi-vidhā* – dvije vrste; *niṣṭhā* – vjere; *purā* – ranije; *proktā* – rekao sam; *mayā* – Ja; *anagha* – o bezgrešni; *jñāna-yogena* – povezujućim procesom znanja; *sāṅkhyānām* – empirijski filozofi; *karma-yogena* – povezujućim procesom predanosti; *yoginām* – *bhakte.*

Svevišnja Božanska Osoba reče: O bezgrešni Arjuna, već sam objasnio da postoje dvije vrste ljudi koji pokušavaju spoznati jastvo. Neki ga pokušavaju shvatiti empirijskom, filozofskom spekulacijom, a neki predanim služenjem.

SMISAO: U trideset devetoj strofi drugoga poglavlja Gospodin je objasnio dvije vrste procesa – *sāṅkhya-yogu* i *karma-yogu,* odnosno *buddhi-yogu.* U ovoj strofi Gospodin ih detaljnije objašnjava. *Sāṅkhya-yogom,* analitičkim proučavanjem prirode duha i materije, bave se osobe sklone spekulaciji i razumijevanju stvari eksperimentalnim znanjem i filozofijom. Druga vrsta ljudi djeluje u svjesnosti Kṛṣṇe, kao što je bilo objašnjeno u šezdeset prvoj strofi drugoga poglavlja. Gospodin je u trideset devetoj strofi također objasnio da se djelujući po načelima *buddhi-yoge,* ili svjesnosti Kṛṣṇe, osoba može osloboditi okova djelovanja. Osim toga, taj proces nema nedostataka. Isto je načelo podrobnije objašnjeno u šezdeset prvoj strofi – primjenjivati *buddhi-yogu* znači potpuno ovisiti o Svevišnjem (ili, točnije, o Kṛṣṇi). Na taj način možemo veoma lako ovladati svim osjetilima. Prema tome obje *yoge* ovise jedna o drugoj, kao religija i filozofija. Religija bez filozofije puka je osjećajnost ili ponekad fanatizam, a filozofija bez religije umna je spekulacija. Krajnji je cilj Kṛṣṇa, jer filozofi koji također iskreno tragaju za Apsolutnom Istinom na kraju dolaze do svjesnosti Kṛṣṇe. To je potvrđeno u *Bhagavad-gīti.* Čitav se proces sastoji od razumijevanja pravog položaja jastva u odnosu na Vrhovno Jastvo. Filozofska je spekulacija neizravan proces koji postupno može dovesti osobu do svjesnosti Kṛṣṇe. Drugi je proces izravno povezivanje sa svime u svjesnosti Kṛṣṇe. Od tih dvaju procesa bolji je put svjesnosti Kṛṣṇe, jer ne ovisi o pročišćavanju osjetila filozofskim procesom. Svjesnost je Kṛṣṇe sama pročišćavajuća i zahvaljujući izravnom procesu predanog služenja istodobno i laka i uzvišena.

STROFA 4

न कर्मणामनारम्भान् नैष्कर्म्यं पुरुषोऽश्नुते ।
न च सन्न्यसनादेव सिद्धिं समधिगच्छति ॥ ४ ॥

na karmaṇām anārambhān naiṣkarmyaṁ puruṣo 'śnute
na ca sannyasanād eva siddhiṁ samadhigacchati

na – niti; *karmaṇām* – propisanih dužnosti; *anārambhāt* – suzdržavanjem od; *naiṣkarmyam* – oslobođenje od posljedica; *puruṣaḥ* – čovjek; *aśnute* – dostiže; *na* – niti; *ca* – također; *sannyasanāt* – odricanjem; *eva* – jednostavno; *siddhim* – uspjeh; *samadhigacchati* – dostiže.

Čovjek se ne može osloboditi posljedica samim suzdržavanjem od djelovanja niti samim odricanjem može dostići savršenstvo.

SMISAO: Čovjek može prihvatiti red odricanja kada se pročisti obavljanjem propisanih dužnosti. Te su dužnosti propisane samo radi pročišćenja srca materijalističkih ljudi. Bez pročišćenja čovjek ne može postići uspjeh naglim prihvaćanjem četvrtoga reda života (*sannyāse*). Prema empirijskim filozofima osoba postaje ravna Nārāyaṇi čim prihvati *sannyāsu* ili prestane vršiti plodonosne djelatnosti. Gospodin Kṛṣṇa to ne odobrava. Bez pročišćenja srca *sannyāsa* predstavlja samo uznemirenje u društvenom poretku. S druge strane, ako se netko posveti transcendentalnom služenju Gospodina, čak i ako ne obavlja svoje propisane dužnosti, Gospodin prihvaća sav njegov napredak (*buddhi-yoga*). *Sv-alpam apy asya dharmasya trāyate mahato bhayāt.* Čak i mali napor na tom putu omogućuje osobi da nadiđe velike poteškoće.

STROFA 5

न हि कश्चित् क्षणमपि जातु तिष्ठत्यकर्मकृत् ।
कार्यते ह्यवशः कर्म सर्वः प्रकृतिजैर्गुणैः ॥ ५ ॥

na hi kaścit kṣaṇam api jātu tiṣṭhaty akarma-kṛt
kāryate hy avaśaḥ karma sarvaḥ prakṛti-jair guṇaiḥ

na – ne; *hi* – zacijelo; *kaścit* – bilo tko; *kṣaṇam* – trenutak; *api* – također; *jātu* – bilo kada; *tiṣṭhati* – ostaje; *akarma-kṛt* – neaktivan; *kāryate* – prisiljen da djeluje; *hi* – zacijelo; *avaśaḥ* – bespomoćno; *karma* – radi; *sarvaḥ* – svatko; *prakṛti-jaiḥ* – koje potječu od *guṇa* materijalne prirode; *guṇaiḥ* – odlika.

Svatko je prisiljen bespomoćno djelovati u skladu s odlikama koje je dobio od guṇa materijalne prirode. Stoga nitko ne može biti neaktivan, čak ni na trenutak.

SMISAO: Aktivnost nije pitanje utjelovljena života, već priroda same duše. Bez prisutnosti duhovne duše materijalno se tijelo ne može kretati. Tijelo je mrtvo vozilo koje pokreće duhovna duša. Ona je uvijek aktivna i ne može biti neaktivna čak ni na trenutak. Kao takva, duhovna duša mora biti zaokupljena dobrim djelatnostima svjesnosti Kṛṣṇe, inače će djelovati po zapovijedima iluzorne energije. U dodiru s materijalnom energijom duhovna duša usvaja materijalne načine djelovanja i da bi se pročistila od takvih sklonosti mora obavljati dužnosti propisane u *śāstrama.* No ako u svom prirodnom položaju djeluje u svjesnosti Kṛṣṇe, sve što čini dobro je za nju. *Śrīmad-Bhāgavatam* (1.5.17) to potvrđuje:

tyaktvā sva-dharmaṁ caraṇāmbujaṁ harer
bhajann apakvo 'tha patet tato yadi
yatra kva vābhadram abhūd amuṣya kiṁ
ko vārtha āpto 'bhajatāṁ sva-dharmataḥ

„Onaj tko se posvetio svjesnosti Kṛṣṇe ništa ne gubi, čak ni ako ne obavlja dužnosti propisane u *śāstrama* ili ne izvršava svoju službu pravilno ili padne s te razine. No kakvu će dobrobit steći slijeđenjem svih naredbi *śāstra* namijenjenih pročišćenju, ako nije svjestan Kṛṣṇe?" Proces pročišćenja prijeko je potreban za dostizanje svjesnosti Kṛṣṇe. Stoga je red odricanja, ili bilo koji proces pročišćenja, namijenjen dostizanju krajnjega cilja – svjesnosti Kṛṣṇe. Bez svjesnosti Kṛṣṇe sve se smatra neuspjehom.

STROFA 6

कर्मेन्द्रियाणि संयम्य य आस्ते मनसा स्मरन् ।
इन्द्रियार्थान् विमूढात्मा मिथ्याचारः स उच्यते ॥ ६ ॥

karmendriyāṇi saṁyamya ya āste manasā smaran
indriyārthān vimūḍhātmā mithyācāraḥ sa ucyate

karma-indriyāṇi – pet osjetilnih organa za djelovanje; *saṁyamya* – obuzdava; *yaḥ* – onaj tko; *āste* – nastavi; *manasā* – u umu; *smaran* – misliti na; *indriya-arthān* – predmete osjetila; *vimūḍha* – budalasta; *ātmā* – duša; *mithyā-ācāraḥ* – varalica; *saḥ* – ona; *ucyate* – naziva se.

Onaj tko obuzdava aktivna osjetila, ali misli na predmete osjetila zavarava samoga sebe. Takva je osoba varalica.

SMISAO: Ima mnogo varalica koje odbijaju djelovati u svjesnosti Kṛṣṇe, ali prave predstavu od meditacije, dok u umu misle na osjetilno uživanje. Premda mogu govoriti o suhoparnoj filozofiji kako bi zadivili svoje uglađene sljedbenike, prema ovoj su strofi najveći prevaranti. Čovjek može radi osjetilnog uživanja obavljati dužnosti bilo kojeg društvenog staleža, ali ako pri tom slijedi pravila i propise svoga staleža, postupno će pročistiti svoje postojanje. No onog tko se predstavlja kao *yogī* iako traga za predmetima osjetilnog uživanja treba proglasiti najvećim prevarantom, čak i ako ponekad govori o filozofiji. Njegovo znanje nema nikakvu vrijednost, jer plodove znanja takvoga grešnog čovjeka odnosi Gospodinova iluzorna energija. Um takvog varalice uvijek je nečist i stoga njegova predstava od *yoge* i meditacije nema nikakvu vrijednost.

STROFA 7

यस्त्विन्द्रियाणि मनसा नियम्यारभतेऽर्जुन ।
कर्मेन्द्रियैः कर्मयोगमसक्तः स विशिष्यते ॥ ७ ॥

yas tv indriyāṇi manasā niyamyārabhate 'rjuna
karmendriyaiḥ karma-yogam asaktaḥ sa viśiṣyate

yaḥ – onaj tko; *tu* – ali; *indriyāṇi* – osjetila; *manasā* – umom; *niyamya* – regulira; *ārabhate* – počinje; *arjuna* – o Arjuna; *karma-indriyaiḥ* – aktivnim osjetilima; *karma-yogam* – predanost; *asaktaḥ* – bez vezanosti; *saḥ* – on; *viśiṣyate* – mnogo je bolji.

S druge strane, iskrena osoba koja umom pokušava vladati aktivnim osjetilima i koja bez vezanosti primjenjuje karma-yogu [u svjesnosti Kṛṣṇe] mnogo je bolja.

SMISAO: Umjesto da postanemo pseudotranscendentalisti i težimo za osjetilnim uživanjem i razvratnim životom, mnogo je bolje nastaviti obavljati svoje dužnosti i ostvariti svrhu života – osloboditi se materijalnog ropstva i ući u Božje Carstvo. Najviši je *svārtha-gati* (cilj vlastitog interesa) dostići Viṣṇua. Čitav sustav *varṇi* i *āśrama* zamišljen je kako bi nam pomogao da ostvarimo taj cilj života. I obiteljski čovjek može dostići to odredište služenjem u svjesnosti Kṛṣṇe u skladu s propisima. Da bi dostigao samospoznaju, treba vladati sobom, kao što je propisano u *śāstrama*, i nastaviti obavljati svoje dužnosti bez vezanosti. Na taj način može napredovati. Iskrena osoba koja slijedi taj proces u mnogo je boljem položaju od varalice koji se bavi lažnim spiritualizmom kako bi prevario neuke ljude. Iskreni čistač ulice mnogo je bolji od prevarantskog meditanta koji meditira samo da bi zaradio za život.

STROFA 8

नियतं कुरु कर्म त्वं कर्म ज्यायो ह्यकर्मणः ।
शरीरयात्रापि च ते न प्रसिद्ध्येदकर्मणः ॥ ८ ॥

niyataṁ kuru karma tvaṁ karma jyāyo hy akarmaṇaḥ
śarīra-yātrāpi ca te na prasiddhyed akarmaṇaḥ

niyatam – propisane; *kuru* – obavlja; *karma* – dužnosti; *tvam* – ti; *karma* – rad; *jyāyaḥ* – bolji; *hi* – zacijelo; *akarmaṇaḥ* – od nerada; *śarīra* – tijela; *yātrā* – održanje; *api* – čak; *ca* – i; *te* – tvoje; *na* – nikada; *prasiddhyet* – ne postiže se; *akarmaṇaḥ* – bez rada.

Obavljaj svoju propisanu dužnost, jer je takva aktivnost bolja od neaktivnosti. Bez rada čovjek ne može čak ni održati na životu svoje fizičko tijelo.

SMISAO: Ima mnogo tobožnjih meditanata koji se predstavljaju kao osobe visoka roda i velikih profesionalaca koji se pretvaraju da su sve žrtvovali radi napredovanja u duhovnom životu. Gospodin Kṛṣṇa nije htio da Arjuna postane varalica, već da izvrši svoje dužnosti propisane za *kṣatriye*. Arjuna je bio obiteljski čovjek i vojni general. Zato je za njega bilo bolje da to i ostane te obavlja religijske dužnosti propisane za oženjena *kṣatriyu.* Takve djelatnosti postupno pročišćavaju srce svjetovnog čovjeka i oslobađaju ga materijalnih nečistoća. Ni Gospodin ni bilo koji religijski spis ne odobravaju prividno odricanje kojemu je svrha osigurati sredstva za život. Na kraju krajeva, osoba mora nekim radom održavati dušu i tijelo zajedno. Ne bi trebala hirovito prestati raditi, ako nije pročistila materijalističke sklonosti. Svatko tko se nalazi u materijalnom svijetu sigurno posjeduje nečistu sklonost ka gospodarenju materijalnom prirodom ili, drugim riječima, k zadovoljavanju osjetila. Takve nečiste sklonosti moraju se pročistiti. Ako obavljanjem propisanih dužnosti to ne učinimo, nikada ne bismo trebali pokušati da postanemo pseudotranscendentalist, odričući se rada i živeći na račun drugih.

STROFA 9

यज्ञार्थात्कर्मणोऽन्यत्र लोकोऽयं कर्मबन्धनः ।
तदर्थं कर्म कौन्तेय मुक्तसङ्गः समाचर ॥ ९ ॥

yajñārthāt karmaṇo 'nyatra loko 'yaṁ karma-bandhanaḥ
tad-arthaṁ karma kaunteya mukta-saṅgaḥ samācara

yajña-arthāt – koji se čini samo za Yajñu, Viṣṇua; *karmaṇaḥ* – nego rad; *anyatra* – inače; *lokaḥ* – svijetu; *ayam* – ovo; *karma-bandhanaḥ* – ropstvo zbog rada; *tat* – Njega; *artham* – radi; *karma* – rad; *kaunteya* – o Kuntīn sine; *mukta-saṅgaḥ* – oslobođen druženja; *samācara* – savršeno postupa.

Djelatnosti se moraju vršiti kao žrtva za Viṣṇua, inače uzrokuju ropstvo u materijalnom svijetu. Stoga, o Kuntīn sine, obavljaj svoju propisanu dužnost za Njegovo zadovoljstvo. Tako ćeš uvijek biti oslobođen ropstva.

SMISAO: Čovjek mora raditi čak i da bi svoje tijelo održao na životu. Stoga su za pojedine staleže propisane dužnosti koje omogućuju ostvarenje te svrhe. *Yajña* se odnosi na Gospodina Viṣṇua ili žrtvovanje. Svrha je svih žrtvovanja zadovoljiti Gospodina Viṣṇua. *Vede* nalažu: *yajño vai viṣṇuḥ.* Drugim riječima, ista se svrha ostvaruje izvođenjem propisanih *yajñi* i neposrednim služenjem Gospodina Viṣṇua. Stoga je svjesnost Kṛṣṇe proces izvođenja *yajñe* propisan u ovoj strofi. Sustav *varṇāśrame* ima isti cilj: zadovoljiti Gospodina Viṣṇua. *Varṇāśramācāravatā puruṣeṇa paraḥ pumān/ viṣṇur ārādhyate* (*Viṣṇu Purāṇa* 3.8.8).

Moramo raditi za zadovoljstvo Viṣṇua. Inače će sve što činimo u materijalnom svijetu uzrokovati ropstvo, jer i dobra i loša djela donose posljedice, a svaka posljedica vezuje počinitelja. Da bismo zadovoljili Kṛṣṇu (ili Viṣṇua), moramo djelovati u svjesnosti Kṛṣṇe. Dok vršimo takve djelatnosti nalazimo se na razini oslobođenja. To je velika umjetnost djelovanja i na početku toga procesa potrebno nam je stručno vodstvo. Zato trebamo raditi vrlo marljivo, pod stručnim vodstvom *bhakte* Gospodina Kṛṣṇe ili po uputama samoga Gospodina Kṛṣṇe (pod čijim je vodstvom Arjuna imao priliku djelovati). Ništa ne bismo trebali činiti za vlastito osjetilno zadovoljstvo; sve trebamo činiti za zadovoljstvo Kṛṣṇe. Takvo će nas djelovanje ne samo spasiti od posljedica naših djelatnosti već i uzdići na razinu transcendentalnog služenja Gospodina s ljubavlju, koje nas jedino može uzdići u Božje Carstvo.

STROFA 10

सहयज्ञाः प्रजाः सृष्ट्वा पुरोवाच प्रजापतिः ।
अनेन प्रसविष्यध्वमेष वोऽस्त्विष्टकामधुक् ॥ १० ॥

saha-yajñāḥ prajāḥ sṛṣṭvā purovāca prajāpatiḥ
anena prasaviṣyadhvam eṣa vo 'stv iṣṭa-kāma-dhuk

saha – zajedno sa; *yajñāḥ* – žrtvovanjima; *prajāḥ* – naraštaje; *sṛṣṭvā* – stvorio; *purā* – davno; *uvāca* – rekao; *prajā-patiḥ* – gospodar stvorenja; *anena* – to; *prasaviṣyadhvam* – živite u sve većem blagostanju; *eṣaḥ* – ona; *vaḥ* – vama; *astu* – neka; *iṣṭa* – sve što želite; *kāma-dhuk* – daruju.

Na početku stvaranja, gospodar je svih bića stvorio naraštaje ljudi i polubogova, zajedno sa žrtvovanjima za Viṣṇua, i blagoslovio ih rekavši: „Budite sretni s ovom yajñom [žrtvovanjem], jer će vam izvođenje yajñe podariti sve što je poželjno za sretan život i dostizanje oslobođenja."

SMISAO: Materijalni svijet koji je stvorio gospodar stvorenja (Viṣṇu) pruža uvjetovanim dušama priliku da se vrate kući, Bogu. Sva živa bića u materijalnom svijetu uvjetovana su materijalnom prirodom, jer su zaboravila svoj odnos s Viṣṇuom, ili Kṛṣṇom, Svevišnjom Božanskom Osobom. Kao što je rečeno u *Bhagavad-gīti* – *vedaiś ca sarvair aham eva vedyaḥ* – vedska načela pomažu nam da shvatimo taj vječni odnos. Gospodin kaže da je cilj *Veda* shvatiti Njega. U vedskim je himnama rečeno: *patiṁ viśvasyātmeśvaram.* Prema tome, gospodar živih bića je Svevišnja

Božanska Osoba, Viṣṇu. U *Śrīmad-Bhāgavatamu* (2.4.20) Śrīla Śukadeva Gosvāmī na razne načine opisuje Gospodina kao *patija:*

śriyaḥ patir yajña-patiḥ prajā-patir
dhiyāṁ patir loka-patir dharā-patiḥ
patir gatiś cāndhaka-vṛṣṇi-sātvatāṁ
prasīdatāṁ me bhagavān satāṁ patiḥ

Prajā-pati je Gospodin Viṣṇu, koji je gospodar svih živih stvorenja, svih svjetova i sve ljepote te zaštitnik svakoga. Gospodin je stvorio materijalni svijet kako bi uvjetovanim dušama omogućio da nauče izvoditi *yajñe* (žrtvovanja) za zadovoljstvo Viṣṇua, tako da u materijalnom svijetu mogu živjeti vrlo udobno, bez tjeskobe, i po napuštanju sadašnjeg materijalnog tijela ući u Božje Carstvo. To je čitav program za uvjetovanu dušu. Izvođenjem *yajñe* uvjetovane duše postupno postaju svjesne Kṛṣṇe i božanske u svakom pogledu. U dobu Kali vedski spisi preporučuju *saṅkīrtana-yajñu* (pjevanje Božjih imena). Taj je transcendentalni proces uveo Gospodin Caitanya kako bi izbavio sve ljude ovoga doba. *Saṅkīrtana-yajña* i svjesnost Kṛṣṇe dobro idu zajedno. Gospodin Kṛṣṇa u obliku *bhakte* (kao Gospodin Caitanya) spomenut je u *Śrīmad-Bhāgavatamu* (11.5.32), posebno u vezi *saṅkīrtana-yajñe:*

kṛṣṇa-varṇaṁ tviṣākṛṣṇaṁ sāṅgopāṅgāstra-pārṣadam
yajñaiḥ saṅkīrtana-prāyair yajanti hi su-medhasaḥ

„U dobu Kali ljudi koji imaju dovoljno inteligencije izvođenjem *saṅkīrtana-yajñe* obožavat će Gospodina, koga prate Njegovi pratioci." U ovom dobu Kali nije lako izvoditi ostale *yajñe* propisane vedskim spisima, ali *saṅkīrtana-yajña* laka je i uzvišena u svakom pogledu, kao što je rečeno u *Bhagavad-gīti* (9.14).

STROFA 11

देवान् भावयतानेन ते देवा भावयन्तु वः ।
परस्परं भावयन्तः श्रेयः परमवाप्स्यथ ॥ ११ ॥

devān bhāvayatānena te devā bhāvayantu vaḥ
parasparaṁ bhāvayantaḥ śreyaḥ param avāpsyatha

devān – polubogovi; *bhāvayatā* – zadovoljeni; *anena* – tim žrtvovanjem; *te* – ti; *devāḥ* – polubogovi; *bhāvayantu* – zadovoljit će; *vaḥ* – vas; *para-*

sparam – uzajamno; *bhāvayantaḥ* – zadovoljavajući jedni druge; *śreyaḥ* – blagoslov; *param* – najviši; *avāpsyatha* – dobit ćete.

Zadovoljeni vašim žrtvovanjima, polubogovi će vas zadovoljiti i tako će zahvaljujući suradnji između ljudi i polubogova svi živjeti u blagostanju.

SMISAO: Polubogovi su ovlašteni upravitelji materijalnih zbivanja. Dužnost opskrbljivanja zrakom, svjetlošću, vodom i svim drugim blagodatima potrebnim za održavanje tijela i duše živih bića povjerena je bezbrojnim polubogovima, pomoćnicima u različitim dijelovima tijela Svevišnje Božanske Osobe. Njihovo zadovoljstvo i nezadovoljstvo ovise o *yajñama* koje izvode ljudska bića. Neke su *yajñe* namijenjene zadovoljavanju pojedinih polubogova, ali u svim se *yajñama* obožava Gospodin Viṣṇu kao glavni uživatelj. Prema *Bhagavad-gīti* Kṛṣṇa je uživatelj svih vrsta *yajñi*: *bhoktāraṁ yajña-tapasām.* Stoga je glavna svrha svih *yajñi* zadovoljiti *yajña-patija.* Kada se *yajñe* izvode savršeno, polubogovi zaduženi za osiguravanje različitih potrepština prirodno postaju zadovoljni i opskrbljuju živa bića potrebnim prirodnim proizvodima.

Izvođenje *yajñi* donosi mnogo popratnih dobrobiti i na kraju vodi do oslobođenja od materijalnog ropstva. Kao što je rečeno u *Vedama, āhāra-śuddhau sattva-śuddhiḥ sattva-śuddhau dhruvā smṛtiḥ smṛti-lambhe sarva-granthīnāṁ vipramokṣaḥ,* izvođenjem *yajñi* sve djelatnosti bivaju pročišćene. Izvođenjem *yajñe* hrana postaje posvećena, a kad osoba jede posvećenu hranu njezino postojanje biva pročišćeno. S pročišćenjem postojanja tanahna tkiva pamćenja postaju posvećena, a s posvećenim pamćenjem osoba može misliti na put oslobođenja. Sve to zajedno vodi do svjesnosti Kṛṣṇe, velike potrebe suvremenog društva.

STROFA 12

इष्टान् भोगान् हि वो देवा दास्यन्ते यज्ञभाविताः ।
तैर्दत्तानप्रदायैभ्यो यो भुङ्क्ते स्तेन एव सः ॥ १२ ॥

iṣṭān bhogān hi vo devā dāsyante yajña-bhāvitāḥ
tair dattān apradāyaibhyo yo bhuṅkte stena eva saḥ

iṣṭān – poželjne; *bhogān* – životne potrepštine; *hi* – zacijelo; *vaḥ* – vama; *devāḥ* – polubogovi; *dāsyante* – darovat će; *yajña-bhāvitāḥ* – zadovoljeni žrtvovanjem; *taiḥ* – oni; *dattān* – stvari koje su dali; *apradāya* – ako ne ponudi; *ebhyaḥ* – tim polubogovima; *yaḥ* – onaj tko; *bhuṅkte* – uživa; *stenaḥ* – lopov; *eva* – zacijelo; *saḥ* – on.

Zadovoljeni izvođenjem yajñe [žrtvovanja], polubogovi zaduženi za osiguravanje različitih životnih potrepština dat će vam sve što vam je potrebno. Ali onaj tko za uzvrat ne ponudi takve darove polubogovima, već sam u njima uživa, nedvojbeno je lopov.

SMISAO: Polubogovi su ovlašteni predstavnici Svevišnje Božanske Osobe, Viṣṇua, zaduženi za opskrbu. Zato ih ljudi moraju zadovoljiti izvođenjem propisanih *yajñi.* U *Vedama* su propisane razne vrste *yajñi* koje se vrše za razne polubogove, ali sve se *yajñe* na kraju nude Svevišnjoj Božanskoj Osobi. Žrtvovanja polubogovima preporučena su za one koji ne mogu shvatiti Božansku Osobu. Ovisno o različitim materijalnim odlikama pojedinca, u *Vedama* su preporučene različite vrste *yajñi.* Obožavanje različitih polubogova vrši se prema istom načelu – ovisno o različitim odlikama. Na primjer, onima koji jedu meso preporučuje se da obožavaju božicu Kālī, užasan oblik materijalne prirode, i pred njom žrtvuju životinje. Međutim, osobama u *guṇi* vrline preporučuje se da transcendentalno obožavaju Viṣṇua. Konačna je svrha svih *yajñi* postupno uzdignuti osobu na transcendentalnu razinu. Običan čovjek mora vršiti najmanje pet *yajñi* zvanih *pañca-mahā-yajña.*

Trebamo znati da Gospodinovi predstavnici, polubogovi, opskrbljuju ljudsko društvo svim životnim potrepštinama. Nitko ne može ništa stvoriti. Uzmimo, na primjer, sve namirnice ljudskoga društva, poput žitarica, voća, povrća, mlijeka, šećera i sličnih namirnica za osobe u *guṇi* vrline i mesa, za one koji nisu vegetarijanci. Ni jednu od tih namirnica ne mogu stvoriti ljudi. Ili, na primjer, toplinu, svjetlost, vodu i zrak, koji su nužni za život. Ljudsko društvo ne može stvoriti ni jedno od njih. Bez Svevišnjega Gospodina sunčeva svjetlost, mjesečina, kiša i vjetar ne mogu postojati, a bez njih nitko ne može živjeti. Naš život očito ovisi o potrepštinama kojima nas opskrbljuje Gospodin. Čak i za naša industrijska poduzeća potrebno nam je toliko mnogo sirovina, kao što su metal, sumpor, živa, mangan i mnogo drugih elemenata. Sve njih osiguravaju Gospodinovi predstavnici kako bismo ih pravilno koristili i održavali sebe zdravima i sposobnima za samospoznaju, koja vodi do krajnjega cilja života, oslobođenja od materijalne borbe za opstanak. Taj se cilj života dostiže izvođenjem *yajñi.* Ako zaboravimo svrhu ljudskoga života i blagodati kojima nas opskrbljuju Gospodinovi predstavnici koristimo za zadovoljavanje osjetila, sve se više zaplećući u materijalno postojanje, što nije svrha ovoga svijeta, sigurno postajemo lopovi i bivamo kažnjeni po zakonima materijalne prirode. Društvo lopova nikada ne može biti sretno, jer nema cilj u životu. Grubi materijalistički lopovi nemaju krajnji cilj u životu. Oni jednostavno tragaju za osjetilnim zadovoljstvima i ne znaju izvoditi *yajñe.* Međutim, Gospodin Caitanya je dao najlakšu *yajñu, saṅkīrtana-yajñu,* koju može izvoditi svatko u svijetu tko prihvati načela svjesnosti Kṛṣṇe.

STROFA 13

यज्ञशिष्टाशिनः सन्तो मुच्यन्ते सर्वकिल्बिषैः
भुञ्जते ते त्वघं पापा ये पचन्त्यात्मकारणात् ॥ १३ ॥

yajña-śiṣṭāśinaḥ santo mucyante sarva-kilbiṣaiḥ
bhuñjate te tv aghaṁ pāpā ye pacanty ātma-kāraṇāt

yajña-śiṣṭa – hranu uzetu nakon izvođenja *yajñe*; *aśinaḥ* – jedu; *santaḥ* – *bhakte*; *mucyante* – oslobađaju se; *sarva* – svih vrsta; *kilbiṣaiḥ* – grijeha; *bhuñjate* – uživaju; *te* – oni; *tu* – ali; *agham* – teške grijehe; *pāpāḥ* – grešnici; *ye* – koji; *pacanti* – pripremaju hranu; *ātma-kāraṇāt* – za svoje osjetilno uživanje.

Gospodinovi su bhakte oslobođeni svih vrsta grijeha, jer jedu hranu koja je najprije ponuđena u žrtvovanju. Ostali, koji pripremaju hranu za svoje osjetilno uživanje, jedu samo grijeh.

SMISAO: *Bhakte* Svevišnjega Gospodina, ili osobe svjesne Kṛṣṇe, nazivaju se *sante* i uvijek su puni ljubavi prema Gospodinu. To je opisano u *Brahma-saṁhiti* (5.38) – *premāñjana-cchurita-bhakti-vilocanena santaḥ sadaiva hṛdayeṣu vilokayanti. Sante* ništa ne prihvaćaju, a da to najprije ne ponude Vrhovnoj Osobi, jer su uvijek prožeti ljubavlju prema Svevišnjoj Božanskoj Osobi, Govindi (koji pruža sve zadovoljstvo), ili Mukundi (koji daje oslobođenje), ili Kṛṣṇi (sveprivlačnoj osobi). Stoga uvijek izvode *yajñe* u različitim oblicima predanog služenja, kao što su *śravaṇam, kīrtanam, smaraṇam, arcanam* itd. Zahvaljujući izvođenju *yajñi* uvijek ostaju zaštićeni od svih vrsta nečistoća uzrokovanih grešnim druženjem u materijalnom svijetu. Ostali, koji pripremaju hranu za sebe ili za osjetilno uživanje, lopovi su i jedu sve vrste grijeha. Kako osoba može biti sretna, ako je lopov i grešnik? To nije moguće. Stoga, da bi ljudi u svakom pogledu postali sretni, moraju naučiti lak proces *saṅkīrtana-yajñe,* u potpunoj svjesnosti Kṛṣṇe. Inače u svijetu ne može biti ni mira ni sreće.

STROFA 14

अन्नाद् भवन्ति भूतानि पर्जन्यादन्नसम्भवः ।
यज्ञाद् भवति पर्जन्यो यज्ञः कर्मसमुद्भवः ॥ १४ ॥

annād bhavanti bhūtāni parjanyād anna-sambhavaḥ
yajñād bhavati parjanyo yajñaḥ karma-samudbhavaḥ

annāt – zahvaljujući žitaricama; *bhavanti* – rastu; *bhūtāni* – materijalna tijela; *parjanyāt* – zahvaljujući kiši; *anna* – žitarice; *sambhavaḥ* – proizvode se; *yajñāt* – izvođenjem žrtvovanja; *bhavati* – postaje moguća; *parjanyaḥ* – kiša; *yajñaḥ* – *yajñom; karma* – propisanih dužnosti; *samudbhavaḥ* – nastaje iz.

Sva živa tijela postoje zahvaljujući žitaricama, koje rastu zahvaljujući kiši. Kiša pada zahvaljujući izvođenju yajñe [žrtvovanja], a yajña nastaje iz propisanih dužnosti.

SMISAO: Śrīla Baladeva Vidyābhūṣaṇa, glasoviti tumač *Bhagavad-gīte,* piše: *ye indrādy-aṅgatayāvasthitaṁ yajñaṁ sarveśvaraṁ viṣṇum abhyarcya tac-cheṣam aśnanti tena tad deha-yātrāṁ sampādayanti, te santaḥ sarveśvarasya yajña-puruṣasya bhaktāḥ sarva-kilbiṣair anādi-kāla-vivṛddhair ātmānubhava-prati-bandhakair nikhilaiḥ pāpair vimucyante.* Svevišnji Gospodin, poznat kao *yajña-puruṣa* (osobni uživatelj svih žrtvovanja), gospodar je svih polubogova, koji Ga služe kao što različiti udovi tijela služe tijelo. Polubogovi poput Indre, Candre i Varuṇe službenici su postavljeni na položaj upravitelja materijalnih zbivanja, a *Vede* sadrže upute za žrtvovanja kojima se polubogovi mogu zadovoljiti, kako bi osigurali dovoljno zraka, svjetlosti i vode za proizvodnju žitarica. Kada se obožava Gospodin Kṛṣṇa, samim se tim obožavaju i polubogovi, koji predstavljaju Njegove različite udove. Zato nema potrebe za posebnim obožavanjem polubogova. Gospodinovi *bhakte* svjesni Kṛṣṇe najprije nude hranu Kṛṣṇi, a potom je sami jedu. Taj proces duhovno hrani tijelo. Na taj način ne samo da grešne posljedice prošlih djela bivaju uništene, već tijelo postaje imuno na sve nečistoće materijalne prirode. Kada vlada zarazna bolest, antiseptično cjepivo štiti osobu od napada epidemije. Slično tome, hrana koju nudimo Gospodinu Viṣṇuu, i potom je sami jedemo, čini nas otpornim na materijalnu vezanost. Onaj tko uvijek tako postupa naziva se Gospodinovim *bhaktom.* Zato osoba svjesna Kṛṣṇe, koja jede samo hranu ponuđenu Kṛṣṇi, može poništiti sve posljedice bivših materijalnih bolesti, koje predstavljaju zapreku na putu napredovanja u samospoznaji. S druge strane, onaj tko to ne čini nastavlja povećavati broj grešnih djela i tako priprema sljedeće tijelo u obliku svinje ili psa, da bi ispaštao posljedice svih svojih grijeha. Materijalni je svijet pun nečistoća. Onaj tko je postao imun jedući Gospodinov *prasādam* (hranu ponuđenu Viṣṇuu) biva spašen od bolesti, dok onaj tko to ne čini podliježe zarazi.

Žitarice i povrće su prava hrana. Ljudsko biće jede različite vrste žitarica, povrća i voća, a životinje jedu ostatke žitarica i povrća, travu, biljke itd. Ljudska bića koja su navikla jesti meso također moraju ovisiti o proizvodnji biljaka da bi jela životinje. Stoga, u krajnjoj liniji, moramo ovisiti o poljoprivrednim proizvodima, a ne o proizvodima velikih tvornica. Poljoprivredni proizvodi nastaju zahvaljujući dovoljnim kišnim padalinama, a kišama upravljaju polubogovi kao što su Indra, Sunce i Mjesec, koji su svi Gospodinovi sluge. Gospodina možemo zadovoljiti žrtvovanjima. Stoga će se onaj tko ih ne može vršiti naći u oskudici – to je zakon prirode. Prema tome, moramo izvoditi *yajñu*, osobito *saṅkīrtana-yajñu,* koja je propisana za ovo doba, kako bismo bili spašeni barem od nestašice hrane.

STROFA 15

कर्म ब्रह्मोद्भवं विद्धि ब्रह्माक्षरसमुद्भवम् ।
तस्मात् सर्वगतं ब्रह्म नित्यं यज्ञे प्रतिष्ठितम् ॥ १५ ॥

karma brahmodbhavaṁ viddhi brahmākṣara-samudbhavam
tasmāt sarva-gataṁ brahma nityaṁ yajñe pratiṣṭhitam

karma – rad; *brahma* – u *Vedama*; *udbhavam* – stvoren; *viddhi* – trebaš znati; *brahma* – *Vede*; *akṣara* – od Vrhovnog Brahmana (Božanske Osobe); *samudbhavam* – neposredno se očituju; *tasmāt* – prema tome; *sarva-gatam* – sveprožimajuća; *brahma* – transcendencija; *nityam* – vječno; *yajñe* – u žrtvovanju; *pratiṣṭhitam* – nalazi se.

Dužnosti su propisane u Vedama, koje potječu od same Svevišnje Božanske Osobe. Stoga je sveprožimajuća Transcendencija vječno nazočna u žrtvovanjima.

SMISAO: U ovoj se strofi još snažnije naglašava *yajñārtha-karma,* nužnost djelovanja samo za Kṛṣṇino zadovoljstvo. Ako želimo djelovati za zadovoljstvo *yajña-puruṣe* (Viṣṇua), moramo potražiti upute za djelovanje na razini Brahmana, odnosno transcendentalnih *Veda. Vede* su zbornici uputa za djelovanje. Svaka djelatnost koja se ne temelji na uputama *Veda* je *vikarma,* neovlašteno, grešno djelo. Stoga, da bismo bili spašeni posljedica naših djela, moramo uvijek slijediti upute *Veda.* Kao što u svakidašnjem životu djelujemo po propisima države, tako moramo slijediti upute Gospodinove vrhovne države. Upute *Veda* nastaju disanjem same Svevišnje Božanske Osobe. Rečeno je: *asya mahato bhūtasya niśvasitam etad yad ṛg-vedo yajur-vedaḥ sāma-vedo 'tharvāṅgirasaḥ.* „Četiri *Vede* – *Ṛg Veda, Yajur Veda, Sāma Veda* i *Atharva Veda* – izviru iz daha velike Božanske Osobe." (*Bṛhad-āraṇyaka Upaniṣada* 4.5.11) Gospodin je svemoćan i stoga može govoriti disanjem. Kao što je potvrđeno u *Brahma-saṁhiti,* Gospodin može svakim Svojim osjetilom vršiti djelatnosti svih drugih osjetila. Drugim riječima, Gospodin može govoriti disanjem i oplođavati Svojim očima. Ustvari, rečeno je da je On začeo sva živa bića prelazeći pogledom po materijalnoj prirodi. Nakon što je stvorio ili položio sve uvjetovane duše u maternicu materijalne prirode, dao je uvjetovanim dušama vedsku mudrost poučavajući ih kako se mogu vratiti kući, Bogu. Uvijek trebamo imati na umu da sve uvjetovane duše u materijalnom svijetu žarko žele materijalno uživanje. No zahvaljujući vedskim uputama mogu zadovoljiti svoje izopačene želje i potom se vratiti Bogu, nakon što okončaju svoje takozvano uživanje. To je prilika za uvjetovane duše da dostignu oslobođenje. Uvjetovane duše stoga moraju pokušati slijediti proces *yajñe* razvijanjem svjesnosti Kṛṣṇe. Čak i oni koji nisu slijedili vedske naredbe mogu prihvatiti načela svjesnosti Kṛṣṇe i to će nadomjestiti izvođenje vedskih *yajñi,* odnosno *karmi.*

STROFA 16

एवं प्रवर्तितं चक्रं नानुवर्तयतीह यः ।
अघायुरिन्द्रियारामो मोघं पार्थ स जीवति ॥ १६ ॥

evaṁ pravartitaṁ cakraṁ nānuvartayatīha yaḥ
aghāyur indriyārāmo moghaṁ pārtha sa jīvati

evam – tako; *pravartitam* – utvrđen u *Vedama*; *cakram* – ciklus; *na* – ne; *anuvartayati* – slijedi; *iha* – u ovom životu; *yaḥ* – onaj tko; *agha-āyuḥ* – čiji je život pun grijeha; *indriya-ārāmaḥ* – zadovoljen osjetilnim uživanjem; *mogham* – beskorisno; *pārtha* – o Pṛthin sine (Arjuna); *saḥ* – on; *jīvati* – živi.

Dragi Moj Arjuna, onaj tko u ljudskom životu ne slijedi ciklus žrtvovanja tako propisan u Vedama, sigurno vodi život pun grijeha. Živeći samo radi zadovoljavanja osjetila, živi uzalud.

SMISAO: Gospodin ovdje osuđuje mamonističku filozofiju „teško radi i uživaj u osjetilnom zadovoljstvu". Zato je za one koji žele uživati u materijalnom svijetu ciklus izvođenja *yajñi* apsolutno nužan. Onaj tko ne slijedi takva pravila živi veoma opasno i sve više biva osuđen na propast. Po zakonu prirode ljudski je oblik života namijenjen dostizanju samospoznaje, slijeđenjem jednoga od tri procesa – *karma-yoge, jñāna-yoge* ili *bhakti-yoge.* Transcendentalisti koji su nadišli razinu poroka i vrlina ne trebaju strogo izvoditi propisane *yajñe*, ali osobe obuzete zadovoljavanjem osjetila trebaju se pročistiti izvođenjem *yajñe*. Postoje različite vrste djelatnosti. Oni koji nisu svjesni Kṛṣṇe sigurno su obuzeti osjetilnom svjesnošću; zato trebaju činiti pobožna djela. Sustav *yajñe* tako je zamišljen da osobe obuzete osjetilnom svjesnošću mogu zadovoljiti svoje želje bez zapletanja u posljedice zadovoljavanja osjetila. Blagostanje u svijetu ne ovisi o našim vlastitim naporima, već o Gospodinovu planu koji neposredno provode polubogovi. Zbog toga su *yajñe* neposredno namijenjene pojedinim polubogovima spomenutim u *Vedama.* Takvim *yajñama* osoba posredno primjenjuje svjesnost Kṛṣṇe, jer će, kada dobro nauči izvoditi *yajñe,* sigurno postati svjesna Kṛṣṇe. No ako izvodeći *yajñe* ne postane svjesna Kṛṣṇe, smatra se da su ta načela samo ćudoredna pravila. Stoga ne bismo trebali ograničiti svoj napredak samo na slijeđenje ćudorednih pravila. Trebamo ih transcendirati kako bismo dostigli svjesnost Kṛṣṇe.

STROFA 17

यस्त्वात्मरतिरेव स्यादात्मतृप्तश्च मानवः ।
आत्मन्येव च सन्तुष्टस्तस्य कार्यं न विद्यते ॥ १७ ॥

yas tv ātma-ratir eva syād ātma-tṛptaś ca mānavaḥ
ātmany eva ca santuṣṭas tasya kāryaṁ na vidyate

yaḥ – onaj tko; *tu* – ali; *ātma-ratiḥ* – nalazi zadovoljstvo u jastvu; *eva* – zacijelo; *syāt* – ostaje; *ātma-tṛptaḥ* – samoobasjan; *ca* – i; *mānavaḥ* – čovjek; *ātmani* – u sebi; *eva* – samo; *ca* – i; *santuṣṭaḥ* – potpuno zadovoljan; *tasya* – njegova; *kāryam* – dužnost; *na* – ne; *vidyate* – postoji.

No onaj tko nalazi zadovoljstvo u jastvu, tko je svoj ljudski život posvetio samospoznaji i tko uživa samo u jastvu, potpuno prožet zadovoljstvom, nema dužnosti.

SMISAO: Osoba koja je *potpuno* svjesna Kṛṣṇe i nalazi potpuno zadovoljstvo u svojim djelatnostima svjesnim Kṛṣṇe nema više nikakvih dužnosti. Zahvaljujući svojoj svjesnosti Kṛṣṇe odmah se oslobađa sve bezbožnosti, ostvarujući tako cilj koji se dostiže izvođenjem mnogo tisuća *yajñi.* S takvom pročišćenom svjesnošću postaje potpuno sigurna u svoj vječni položaj u odnosu sa Svevišnjim. Gospodinovom milošću njezina dužnost postaje samoobasjana i tako više nije dužna slijediti vedske upute. Takvu osobu svjesnu Kṛṣṇe više ne zanimaju materijalne djelatnosti. Nije zaluđena materijalnim stvarima, kao što su vino i žene, niti u njima nalazi zadovoljstvo.

STROFA 18

नैव तस्य कृतेनार्थो नाकृतेनेह कश्चन ।
न चास्य सर्वभूतेषु कश्चिदर्थव्यपाश्रयः ॥ १८ ॥

naiva tasya kṛtenārtho nākṛteneha kaścana
na cāsya sarva-bhūteṣu kaścid artha-vyapāśrayaḥ

na – nikada; *eva* – zacijelo; *tasya* – njegovim; *kṛtena* – obavljanjem dužnosti; *arthaḥ* – cilj; *na* – niti; *akṛtena* – neobavljanjem dužnosti; *iha* – u ovom svijetu; *kaścana* – sve što; *na* – nikada; *ca* – i; *asya* – on; *sarva-bhūteṣu* – od svih živih bića; *kaścit* – bilo kojeg; *artha* – svrhe; *vyapāśrayaḥ* – prihvati utočište.

Samospoznati čovjek ne obavlja svoje propisane dužnosti kako bi ostvario kakvu svrhu niti ih iz nekog razloga zanemaruje. Nema potrebu za ovisnošću o bilo kojem drugom živom biću.

SMISAO: Samospoznati čovjek ne mora više obavljati nijednu propisanu dužnost, osim djelovanja u svjesnosti Kṛṣṇe. Svjesnost Kṛṣṇe ne podrazumijeva neaktivnost, kao što će biti objašnjeno u sljedećim strofama. Čovjek svjestan Kṛṣṇe ne prihvaća ničije okrilje – ni čovjeka ni poluboga. Sve što čini u svjesnosti Kṛṣṇe dovoljno je za ispunjavanje njegovih obveza.

STROFA 19

तस्मादसक्तः सततं कार्यं कर्म समाचर ।
असक्तो ह्याचरन् कर्म परमाप्नोति पूरुषः ॥ १९ ॥

tasmād asaktaḥ satataṁ kāryaṁ karma samācara
asakto hy ācaran karma param āpnoti pūruṣaḥ

tasmāt – stoga; *asaktaḥ* – bez vezanosti; *satatam* – neprestano; *kāryam* – kao dužnost; *karma* – djelatnost; *samācara* – vrši; *asaktaḥ* – nevezan; *hi* – zacijelo; *ācaran* – vršeći; *karma* – rad; *param* – Svevišnjeg; *āpnoti* – dostiže; *pūruṣaḥ* – čovjek.

Stoga trebaš djelovati iz dužnosti, bez vezanosti za plodove djelatnosti, jer se djelovanjem bez vezanosti dostiže Svevišnji.

SMISAO: Svevišnji je za *bhakte* Božanska Osoba, a za impersonaliste oslobođenje. Stoga osoba koja djeluje za Kṛṣṇu, ili postupa svjesno Kṛṣṇe, pod pravilnim vodstvom i bez vezanosti za rezultat rada, sigurno napreduje prema najvišem cilju života. Kṛṣṇa je rekao Arjuni da se treba boriti u bici na Kurukṣetri radi Njega, jer On to želi. Onaj tko želi biti dobar ili nenasilan čovjek djeluje iz osobne vezanosti, ali djelovati za Svevišnjeg znači djelovati bez vezanosti za rezultat. To je savršeno djelovanje na najvišoj razini, koje preporučuje Svevišnja Božanska Osoba, Śrī Kṛṣṇa.

Vedski obredi, kao što su propisana žrtvovanja, izvode se radi pročišćenja od bezbožnih djela počinjenih prilikom zadovoljavanja osjetila. No djelovanje u svjesnosti Kṛṣṇe transcendentalno je prema posljedicama dobrih ili loših djela. Osoba svjesna Kṛṣṇe nije vezana za rezultat, već djeluje samo za Kṛṣṇu. Vrši sve vrste djelatnosti, ali je oslobođena sve vezanosti.

STROFA 20

कर्मणैव हि संसिद्धिमास्थिता जनकादयः ।
लोकसङ्ग्रहमेवापि सम्पश्यन् कर्तुमर्हसि ॥ २० ॥

karmaṇaiva hi saṁsiddhim āsthitā janakādayaḥ
loka-saṅgraham evāpi sampaśyan kartum arhasi

karmaṇā – radom; *eva* – čak; *hi* – zacijelo; *saṁsiddhim* – u savršenstvu; *āsthitāḥ* – utemeljeni; *janaka-ādayaḥ* – Janaka i drugi kraljevi; *loka-saṅgraham* – ljude; *eva api* – također; *sampaśyan* – uzimajući u obzir; *kartum* – da djeluješ; *arhasi* – dolikuje ti.

Kraljevi poput Janake dostigli su savršenstvo samim obavljanjem propisanih dužnosti. Stoga, samo da bi poučio ljude, izvrši svoju dužnost.

SMISAO: Kraljevi poput Janake bili su samospoznate duše i zato nisu morali obavljati dužnosti propisane u *Vedama,* ali su ipak vršili sve propisane djelatnosti kako bi ljudima pružili primjer. Janaka je bio otac Sīte i tast Gospodina Śrī Rāme. Kao Gospodinov veliki *bhakta* bio je utemeljen na transcendentalnoj razini, ali je zbog svog kraljevskog položaja (bio je kralj Mithile, dijela indijske pokrajine Bihar), morao poučiti svoje podanike kako trebaju obavljati propisane dužnosti. Gospodin Kṛṣṇa i Njegov vječni prijatelj Arjuna nisu se trebali boriti u bici na Kurukṣetri, ali su se borili kako bi poučili ljude da je nasilje također potrebno u situaciji kada se cilj ne može postići razboritim uvjeravanjem. Prije bitke na Kurukṣetri bio je uložen sav napor da se rat izbjegne, čak je i Svevišnja Božanska Osoba pokušala to učiniti, ali druga je strana bila odlučna u namjeri da se bori. Za takav je pravedan cilj bila nužna borba. Premda osobu svjesnu Kṛṣṇe ne mora zanimati svijet, ipak djeluje da bi poučila ljude kako trebaju živjeti i djelovati. Iskusne osobe svjesne Kṛṣṇe mogu svojim postupcima navesti druge da ih slijede. To će biti objašnjeno u sljedećoj strofi.

STROFA 21

यद्यदाचरति श्रेष्ठस्तत्तदेवेतरो जनः ।
स यत्प्रमाणं कुरुते लोकस्तदनुवर्तते ॥ २१ ॥

yad yad ācarati śreṣṭhas tat tad evetaro janaḥ
sa yat pramāṇaṁ kurute lokas tad anuvartate

yat yat – sve što; *ācarati* – čini; *śreṣṭhaḥ* – ugledni vođa; *tat* – to; *tat* – i samo to; *eva* – zacijelo; *itaraḥ* – obična; *janaḥ* – osoba; *saḥ* – on; *yat* – kakav god; *pramāṇam* – primjer; *kurute* – postavi; *lokaḥ* – čitav svijet; *tat* – njegove; *anuvartate* – slijedi stope.

Sve što velik čovjek čini obični ljudi slijede. Kakav god da primjer postavi svojim uzoritim djelovanjem, čitav ga svijet slijedi.

SMISAO: Ljudima je uvijek potreban vođa koji ih može poučiti svojim ponašanjem. Vođa ne može učiti ljude da prestanu pušiti ako sam puši. Gospodin Caitanya je rekao da se učitelj treba pravilno ponašati prije nego što počne poučavati. Onaj tko poučava na taj način naziva se *ācārya* ili uzorit učitelj. Da bi poučio obične ljude, učitelj mora slijediti načela *śāstra* (spisa). Ne može izmisliti pravila koja se protive načelima razotkrivenih spisa. Smatra se da su razotkriveni spisi, poput *Manu-saṁhite* i drugih sličnih spisa, mjerodavne knjige koje ljudsko društvo treba slijediti. Stoga se učenja vođe moraju temeljiti na načelima takvih mjerodavnih *śāstra.* Onaj tko se želi popraviti mora slijediti njihova pravila, kao što ih slijede veliki učitelji. *Śrīmad-Bhāgavatam* potvrđuje da trebamo slijediti stope velikih *bhakta.* Tako možemo napredovati na putu duhovne spoznaje. Kralj ili vođa države, otac i učitelj u školi prirodni su vođe običnih ljudi. Svi takvi prirodni vođe imaju veliku odgovornost prema svojim štićenicima. Zato moraju poznavati mjerodavne knjige ćudorednih i duhovnih pravila.

STROFA 22

न मे पार्थास्ति कर्तव्यं त्रिषु लोकेषु किञ्चन ।
नानवाप्तमवाप्तव्यं वर्त एव च कर्मणि ॥ २२ ॥

na me pārthāsti kartavyaṁ triṣu lokeṣu kiñcana
nānavāptam avāptavyaṁ varta eva ca karmaṇi

na – ne; *me* – Moja; *pārtha* – o Pṛthin sine; *asti* – postoji; *kartavyam* – propisana dužnost; *triṣu* – u tri; *lokeṣu* – planetarna sustava; *kiñcana* – bilo koja; *na* – ništa; *anavāptam* – želim; *avāptavyam* – steći; *varte* – obavljam; *eva* – zacijelo; *ca* – također; *karmaṇi* – propisanu dužnost.

O Pṛthin sine, u sva tri planetarna sustava ne postoji dužnost propisana za Me. Ništa Mi ne treba, niti Mi išta nedostaje – a ipak obavljam propisane dužnosti.

SMISAO: Svevišnja Božanska Osoba opisana je u vedskoj književnosti na ovaj način:

tam īśvarāṇāṁ paramaṁ maheśvaraṁ
taṁ devatānāṁ paramaṁ ca daivatam
patiṁ patīnāṁ paramaṁ parastād
vidāma devaṁ bhuvaneśam īḍyam

na tasya kāryaṁ karaṇaṁ ca vidyate
na tat-samaś cābhyadhikaś ca dṛśyate
parāsya śaktir vividhaiva śrūyate
svābhāvikī jñāna-bala-kriyā ca

„Svevišnji Gospodin je upravitelj svih drugih upravitelja i najveći vođa među vođama raznih planeta. Svatko se nalazi pod Njegovom upravom. Samo Svevišnji Gospodin daje živim bićima određenu moć; ona sama nisu vrhovna. Njega obožavaju svi polubogovi. On je vrhovni upravitelj svih upravitelja. Stoga je transcendentalan prema svim vrstama materijalnih vođa i upravitelja i zavređuje da Ga svi obožavaju. Nitko nije veći od Njega. On je vrhovni uzrok svih uzroka."

„Njegovo se tijelo razlikuje od tijela živoga bića. Nema razlike između Njegova tijela i Njegove duše. On je apsolutan. Sva su Njegova osjetila transcendentalna. Svako Njegovo osjetilo može vršiti djelatnosti drugih osjetila. Stoga nitko nije veći od Njega niti ravan Njemu. Njegove su moći bezbrojne i tako se Njegove djelatnosti odvijaju automatski, kao prirodan slijed događaja." (*Śvetāśvatara Upaniṣada* 6.7–8)

Budući da u Božanskoj Osobi sve postoji u punom obilju i istini, Svevišnji ne mora obavljati nikakvu dužnost. Onaj tko mora dobiti rezultate svoga djelovanja ima propisanu dužnost, ali onaj tko nema što steći u sva tri planetarna sustava nema nikakvu dužnost. Unatoč tome, Gospodin Kṛṣṇa bio je nazočan na bojnom polju Kurukṣetre kao vođa *kṣatriya,* jer su *kṣatriye* dužni pružiti zaštitu nesretnima. Premda je Gospodin transcendentalan prema svim propisima razotkrivenih spisa, Svojim djelovanjem ne krši njihove naredbe.

STROFA 23

यदि ह्यहं न वर्तेयं जातु कर्मण्यतन्द्रितः ।
मम वर्त्मानुवर्तन्ते मनुष्याः पार्थ सर्वशः ॥ २३ ॥

yadi hy ahaṁ na varteyaṁ jātu karmaṇy atandritaḥ
mama vartmānuvartante manuṣyāḥ pārtha sarvaśaḥ

yadi – ako; *hi* – sigurno; *aham* – Ja; *na* – ne bih; *varteyam* – tako djelovao; *jātu* – ikada; *karmaṇi* – prilikom obavljanja propisanih dužnosti; *atandritaḥ* – brižljivo; *mama* – Moj; *vartma* – put; *anuvartante* – slijedili bi; *manuṣyāḥ* – svi ljudi; *pārtha* – o Pṛthin sine; *sarvaśaḥ* – u svakom pogledu.

Kad bih jednom propustio brižljivo izvršiti propisane dužnosti, svi bi ljudi sigurno slijedili Moj put, o Pārtha.

SMISAO: Da bi se održao društveni mir radi napredovanja u duhovnom životu, postoje tradicionalni obiteljski običaji namijenjeni svim civiliziranim ljudima. Premda su takva pravila i propisi namijenjeni uvjetovanim dušama, a ne Gospodinu Kṛṣṇi, On je slijedio propisana pravila jer se pojavio da bi uspostavio načela religije. U protivnom, obični bi ljudi slijedili Njegove stope, jer je On najveći autoritet. Iz *Śrīmad-Bhāgavatama* saznajemo da je Gospodin Kṛṣṇa, u kući i izvan kuće, obavljao sve religijske dužnosti propisane za obiteljskog čovjeka.

STROFA 24

उत्सीदेयुरिमे लोका न कुर्यां कर्म चेदहम् ।
सङ्करस्य च कर्ता स्यामुपहन्यामिमाः प्रजाः ॥ २४ ॥

utsīdeyur ime lokā na kuryāṁ karma ced aham
saṅkarasya ca kartā syām upahanyām imāḥ prajāḥ

utsīdeyuḥ – bili bi upropašteni; *ime* – svi ovi; *lokāḥ* – svjetovi; *na* – ne; *kuryām* – obavljao; *karma* – propisane dužnosti; *cet* – ako; *aham* – Ja; *saṅkarasya* – nepoželjna stanovništva; *ca* – i; *kartā* – stvoritelj; *syām* – bio bih; *upahanyām* – uništio bih; *imāḥ* – sva ova; *prajāḥ* – živa bića.

Kad ne bih obavljao propisane dužnosti, svi bi ovi svjetovi propali. Bio bih uzrok stvaranja nepoželjna stanovništva i tako bih uništio mir svih živih bića.

SMISAO: *Varṇa-saṅkara* je nepoželjno stanovništvo koje remeti mir u društvu. Da bi se spriječilo takvo uznemirenje u društvu, postoje pravila i propisi zahvaljujući kojima stanovništvo može uspostaviti mir i red kako bi moglo duhovno napredovati u životu. Kada se Gospodin Kṛṣṇa pojavi, prirodno slijedi takva pravila i propise kako bi održao njihov ugled i upozorio na njihovu nužnost. Gospodin je otac svih živih bića i ako su ona zavedena, Gospodin je posredno za to odgovoran. Zato, kad god dođe do sveopćeg zanemarivanja propisanih načela, Gospodin se pojavljuje i ispravlja društvo. Međutim, iako moramo slijediti Gospodinove stope, moramo imati na umu da Ga ne možemo oponašati. Slijeđenje i oponašanje nisu istovjetni. Ne možemo oponašati Gospodina podižući brdo Govardhanu, kao što je Gospodin učinio u djetinjstvu. To ne može ni jedno ljudsko biće. Moramo slijediti Njegove upute, ali Ga nikada ne smijemo oponašati. *Śrīmad-Bhāgavatam* (10.33.30–31) to potvrđuje:

naitat samācarej jātu   manasāpi hy anīśvaraḥ
vinaśyaty ācaran mauḍhyād   yathārudro 'bdhi-jaṁ viṣam

īśvarāṇāṁ vacaḥ satyaṁ   tathaivācaritaṁ kvacit
teṣāṁ yat sva-vaco-yuktaṁ   buddhimāṁs tat samācaret

„Trebamo jednostavno slijediti upute Gospodina i Njegovih opunomoćenih slugu. Sve su njihove upute dobre za nas i svaka će inteligentna osoba postupiti u skladu s njima. Međutim, trebamo se čuvati oponašanja njihovih djelatnosti. Ne bismo trebali oponašati Śivu i pokušati popiti ocean otrova."

Položaj *īśvara,* ili onih koji mogu upravljati kretanjem Sunca i Mjeseca, trebamo uvijek smatrati višim. Onaj tko nema takvu moć ne može oponašati vrlo moćne *īśvare.* Śiva je progutao čitav ocean otrova, ali kad bi običan čovjek pokušao popiti čak i kap takva otrova, umro bi. Ima mnogo tobožnjih obožavatelja Śive koji žele pušiti *gañju* (marihuanu) i slične opojne droge, zaboravljajući da takvim oponašanjem Śivinih djelatnosti prizivaju smrt. Slično tome, neki tobožnji *bhakte* Gospodina Kṛṣṇe vole oponašati Gospodina u Njegovoj *rāsa-līli,* ili plesu ljubavi, zaboravljajući da ne mogu podići brdo Govardhanu. Zato je najbolje da ne pokušavamo oponašati moćne, već jednostavno slijedimo njihove upute. Ne bismo trebali pokušavati bez kvalifikacija zauzeti njihov položaj. Ima mnogo „inkarnacija" Boga koje nemaju moć Vrhovnog Boga.

STROFA 25

सक्ताः कर्मण्यविद्वांसो यथा कुर्वन्ति भारत ।
कुर्याद्विद्वांस्तथासक्तश्चिकीर्षुर्लोकसङ्ग्रहम् ॥ २५ ॥

saktāḥ karmaṇy avidvāṁso yathā kurvanti bhārata
kuryād vidvāṁs tathāsaktaś cikīrṣur loka-saṅgraham

saktāḥ – vezani; *karmaṇi* – propisane dužnosti; *avidvāṁsaḥ* – neuki; *yathā* – kao što; *kurvanti* – obavljaju; *bhārata* – o potomče Bharate; *kuryāt* – moraju raditi; *vidvān* – učeni; *tathā* – tako; *asaktaḥ* – bez vezanosti; *cikīrṣuḥ* – sa željom da vode; *loka-saṅgraham* – ljude.

Kao što neuki ljudi obavljaju svoje dužnosti s vezanošću za rezultate, učeni ljudi mogu djelovati na sličan način, ali bez vezanosti, da bi ljude vodili pravim putem.

SMISAO: Osoba svjesna Kṛṣṇe i osoba koja nije svjesna Kṛṣṇe razlikuju se po različitim željama. Osoba svjesna Kṛṣṇe ne vrši djelatnosti koje ne pogoduju razvijanju svjesnosti Kṛṣṇe. Ona može djelovati potpuno jednako kao neuka osoba koja je previše vezana za materijalne djelatnosti, ali neuka osoba djeluje kako bi zadovoljila svoja osjetila, dok osoba svjesna Kṛṣṇe djeluje za zadovoljstvo Kṛṣṇe. Zato osoba svjesna Kṛṣṇe treba ljudima pokazati kako trebaju djelovati i rezultate svoga djelovanja upotrijebiti za svjesnost Kṛṣṇe.

STROFA 26

न बुद्धिभेदं जनयेदज्ञानां कर्मसङ्गिनाम् ।
जोषयेत्सर्वकर्माणि विद्वान् युक्तः समाचरन् ॥ २६ ॥

na buddhi-bhedaṁ janayed ajñānāṁ karma-saṅginām
joṣayet sarva-karmāṇi vidvān yuktaḥ samācaran

na – ne; *buddhi-bhedam* – uznemirenost inteligencije; *janayet* – treba uzrokovati; *ajñānām* – budalastih; *karma-saṅginām* – koji su vezani za plodonosni rad; *joṣayet* – treba uskladiti; *sarva* – sav; *karmāṇi* – rad; *vidvān* – učena osoba; *yuktaḥ* – koja djeluje; *samācaran* – primjenjujući.

Da ne bi uznemirila umove neukih ljudi vezanih za plodonosne rezultate propisanih dužnosti, učena ih osoba ne bi trebala poticati da pre-

stanu raditi. Umjesto toga, radeći u duhu predanosti, treba ih poticati na vršenje svih vrsta djelatnosti [kako bi postupno razvili svjesnost Kṛṣṇe].

SMISAO: *Vedaiś ca sarvair aham eva vedyaḥ.* To je krajnji cilj svih vedskih obreda. Spoznaja Kṛṣṇe, krajnjeg cilja života, predstavlja svrhu svih obreda, svih žrtvovanja i svega što je napisano u *Vedama,* sa svim uputama za materijalne djelatnosti. Budući da ne znaju ništa više od zadovoljavanja osjetila, uvjetovane duše proučavaju *Vede* s tim ciljem. No kroz plodonosne djelatnosti i zadovoljavanje osjetila ograničeno vedskim obredima mogu se postupno uzdići na razinu svjesnosti Kṛṣṇe. Spoznata duša svjesna Kṛṣṇe ne bi trebala uznemiravati druge u njihovim djelatnostima ili shvaćanju, već svojim djelovanjem treba pokazati kako se plodovi sveg rada mogu posvetiti služenju Kṛṣṇe. Učena osoba svjesna Kṛṣṇe treba tako djelovati da neuka osoba, koja radi da bi zadovoljila svoja osjetila, može naučiti kako treba djelovati i kako se treba ponašati. Za razliku od neuka čovjeka, kojeg ne bi trebalo uznemiravati u njegovu djelovanju, osoba koja je razvila malo svjesnosti Kṛṣṇe može izravno služiti Gospodina, bez slijeđenja ostalih vedskih postupaka. Takav sretan čovjek ne treba izvoditi vedske obrede, jer neposrednom svjesnošću Kṛṣṇe može steći sve rezultate koje bi inače stekao obavljanjem propisanih dužnosti.

STROFA 27

प्रकृतेः क्रियमाणानि गुणैः कर्माणि सर्वशः ।
अहङ्कारविमूढात्मा कर्ताहमिति मन्यते ॥ २७ ॥

prakṛteḥ kriyamāṇāni guṇaiḥ karmāṇi sarvaśaḥ
ahaṅkāra-vimūḍhātmā kartāham iti manyate

prakṛteḥ – materijalne prirode; *kriyamāṇāni* – koje vrše; *guṇaiḥ* – *guṇe*; *karmāṇi* – djelatnosti; *sarvaśaḥ* – sve vrste; *ahaṅkāra-vimūḍha* – zbunjena lažnim egom; *ātmā* – duhovna duša; *kartā* – djelujem; *aham* – ja; *iti* – tako; *manyate* – misli.

Zbunjena utjecajem lažnoga ega, duhovna duša misli da vrši djelatnosti, koje ustvari vrše tri guṇe materijalne prirode.

SMISAO: Premda se može činiti da dvije osobe, jedna svjesna Kṛṣṇe, a druga obuzeta materijalnom svjesnošću, djeluju na istoj razini, između njihovih položaja postoji jaz razlike. Osobu s materijalnom svjesnošću lažni je ego uvjerio da je vršitelj svih djelatnosti. Ona ne zna da je mehanizam tijela proizvela materijalna priroda, koja djeluje pod upravom Svevišnjega Gospodina. Materijalist ne zna da je pod Kṛṣṇinom upravom. Osoba s lažnim egom prisvaja zasluge za sve što čini i to je znak njezina neznanja. Ne zna da je grubo i suptilno tijelo stvorila materijalna priroda po naredbi Svevišnje Božanske Osobe te da zato svoje tjelesne i umne djelatnosti treba upotrijebiti za služenje Kṛṣṇe, za svjesnost Kṛṣṇe. Neuka osoba zaboravlja da je Svevišnji Gospodin, poznat kao Hṛṣīkeśa, gospodar osjetila materijalnog tijela, jer je zbog dugotrajna zloupotrebljavanja osjetila za osjetilno uživanje zbunjena lažnim egom, koji je prisiljava da zaboravi svoj vječni odnos s Kṛṣṇom.

STROFA 28

तत्त्ववित्तु महाबाहो गुणकर्मविभागयोः ।
गुणा गुणेषु वर्तन्त इति मत्वा न सज्जते ॥ २८ ॥

tattva-vit tu mahā-bāho guṇa-karma-vibhāgayoḥ
guṇā guṇeṣu vartanta iti matvā na sajjate

tattva-vit – poznavatelj Apsolutne Istine; *tu* – ali; *mahā-bāho* – snažnih ruku; *guṇa-karma* – djelovanje pod materijalnim utjecajem; *vibhāgayoḥ* – razlikuje; *guṇāḥ* – osjetila; *guṇeṣu* – osjetilnim uživanjem; *vartante* – zaokupljena; *iti* – tako; *matvā* – misleći; *na* – nikada; *sajjate* – postaje vezan.

O Arjuna snažnih ruku, onaj tko posjeduje znanje o Apsolutnoj Istini nije obuzet osjetilima i zadovoljavanjem osjetila, znajući dobro razliku između djelovanja s predanošću i djelovanja radi stjecanja plodonosnih rezultata.

SMISAO: Onaj tko poznaje Apsolutnu Istinu uvjeren je u svoj težak položaj u materijalnom svijetu. On zna da je sastavni djelić Svevišnje Božanske Osobe, Kṛṣṇe, i da mu nije mjesto u materijalnom svijetu. Zna svoj pravi identitet kao sastavnog djelića Svevišnjeg, koji je vječno blaženstvo i znanje, i spoznaje da je na neki način zarobljen materijalnim shvaćanjem života. U svom čistom stanju postojanja stvoren je za predano služenje Gospodina Kṛṣṇe svojim djelatnostima. Zato djeluje u svjesnosti Kṛṣṇe i prirodno gubi vezanost za djelatnosti privremenih materijalnih osjetila, stvorenih u određenim okolnostima. Zna da je njegovo materijalno stanje života pod vrhovnom upravom Gospodina i zato nije uznemiren raznim materijalnim posljedicama, koje smatra Gospodinovom milošću. Prema *Śrīmad-Bhāgavatamu* onaj tko je spoznao Apsolutnu Istinu u tri različita vida – kao Brahman, Paramātmu i Bhagavāna – naziva se *tattva-vit,* jer zna svoj pravi položaj u odnosu sa Svevišnjim.

STROFA 29

प्रकृतेर्गुणसम्मूढाः सज्जन्ते गुणकर्मसु ।
तानकृत्स्नविदो मन्दान् कृत्स्नविन्न विचालयेत् ॥ २९ ॥

prakṛter guṇa-sammūḍhāḥ sajjante guṇa-karmasu
tān akṛtsna-vido mandān kṛtsna-vin na vicālayet

prakṛteḥ – materijalne prirode; *guṇa* – *guṇama; sammūḍhāḥ* – koji su zbog materijalnog poistovjećivanja postali budale; *sajjante* – bave se; *guṇa-karmasu* – materijalnim djelatnostima; *tān* – njih; *akṛtsna-vidaḥ* – osobe siromašna znanja; *mandān* – lijene za samospoznaju; *kṛtsna-vit* – onaj tko ima pravo znanje; *na* – ne; *vicālayet* – treba pokušati uznemiriti.

Zbunjeni guṇama materijalne prirode, neuki se ljudi potpuno zaokupljaju materijalnim djelatnostima i postaju vezani. Iako zbog nedostatka znanja obavljaju niže dužnosti, mudri ih ne bi trebali uznemiravati.

SMISAO: Neuke se osobe pogrešno poistovjećuju s grubom materijalnom svjesnošću i pune su materijalnih imenovanja. Ovo je tijelo dar materijalne prirode. Onaj tko je previše vezan za materijalnu svjesnost naziva se *manda,* tj. lijena osoba koja ne shvaća duhovnu dušu. Neki ljudi misle da je tijelo jastvo. Takvi ljudi smatraju tjelesne odnose s drugima rodbinskim, zemlju u kojoj su dobili tijelo vrijednom obožavanja, a formalnosti religijskih obreda krajnjim ciljem. Socijalni rad, nacionalizam i altruizam neke su od djelatnosti takvih osoba s materijalnim imenovanjima. Opčinjene takvim imenovanjima, uvijek su zaokupljene materijalnim djelatnostima. Za njih je duhovna spoznaja mit i zato ih ne zanima. Međutim, oni koji su prosvijetljeni u duhovnom životu ne bi trebali uznemiravati takve osobe obuzete materijalnim djelatnostima. Bolje je mirno nastaviti vršiti vlastite duhovne djelatnosti. Takve zbunjene osobe možemo potaknuti da slijede osnovna ćudoredna načela života, poput nenasilja, i obavljaju materijalno dobrotvoran rad.

Ljudi u neznanju ne mogu cijeniti djelatnosti svjesnosti Kṛṣṇe i zato nam Gospodin Kṛṣṇa savjetuje da ih ne uznemiravamo i ne gubimo dragocjeno vrijeme. Međutim, Gospodinovi *bhakte,* koji shvaćaju Gospodinovu namjeru, ljubazniji su od Gospodina. Zbog toga prihvaćaju sve vrste opasnosti i prilaze neukim ljudima, pokušavajući ih navesti da djeluju u svjesnosti Kṛṣṇe, što je apsolutno nužno za ljudsko biće.

STROFA 30

मयि सर्वाणि कर्माणि सन्न्यस्याध्यात्मचेतसा ।
निराशीर्निर्ममो भूत्वा युध्यस्व विगतज्वरः ॥ ३० ॥

mayi sarvāṇi karmāṇi sannyasyādhyātma-cetasā
nirāśīr nirmamo bhūtvā yudhyasva vigata-jvaraḥ

mayi – Meni; *sarvāṇi* – sve vrste; *karmāṇi* – djelatnosti; *sannyasya* – potpuno posvećujući; *adhyātma* – s potpunim znanjem o jastvu; *cetasā* – sa svjesnošću; *nirāśīḥ* – bez želje za dobitkom; *nirmamaḥ* – bez osjećaja vlasništva; *bhūtvā* – takav; *yudhyasva* – bori se; *vigata-jvaraḥ* – bez malodušnosti.

Stoga, o Arjuna, posvećujući sve svoje djelatnosti Meni, s potpunim znanjem o Meni, bez želje za dobitkom, bez svojatanja prava vlasništva, oslobođen malodušnosti, bori se.

SMISAO: Ova strofa jasno otkriva svrhu *Bhagavad-gīte.* Gospodin nas poučava da moramo postati potpuno svjesni Kṛṣṇe kako bismo obavljali dužnosti s vojničkom disciplinom. Takva naredba može malo otežati stvari, ali unatoč tome, dužnosti moramo obavljati, oviseći o Kṛṣṇi, jer je to prirodni položaj živoga bića. Živo biće ne može biti sretno ako ne surađuje sa Svevišnjim Gospodinom, jer je u svom vječnom prirodnom položaju podređeno Gospodinovim željama. Śrī Kṛṣṇa je zato naredio Arjuni da se bori, kao da je bio njegov vojni zapovjednik. Osoba mora sve žrtvovati za ostvarivanje Gospodinove volje i u isto vrijeme obavljati propisane dužnosti, ne svojatajući pravo vlasništva. Arjuna nije morao razmišljati o Gospodinovoj naredbi; morao ju je samo izvršiti. Svevišnji Gospodin je duša svih duša. Zato se onaj tko isključivo ovisi o Vrhovnoj Duši i nema osobnog interesa ili, drugim riječima, onaj tko je potpuno svjestan Kṛṣṇe naziva *adhyātma-cetas. Nirāśīḥ* znači da moramo izvršiti naredbu gospodara, ali ne bismo trebali očekivati plodonosne rezultate. Blagajnik može brojati milijune dolara za svoga poslodavca, ali ne prisvaja ni paru za sebe. Slično tome, moramo spoznati da ništa na svijetu ne pripada ni jednoj osobi. Sve pripada Svevišnjem Gospodinu. To je pravi smisao riječi *mayi* ili „Meni". Kad osoba djeluje u takvoj svjesnosti Kṛṣṇe, sigurno ne svojata pravo vlasništva ni nad čim. Ta se svjesnost naziva *nirmama* ili „ništa nije moje". Ako osoba nije voljna izvršiti takvu strogu naredbu, koja se ne obazire na tobožnje rođake u tjelesnom odnosu, tu nevoljnost treba odbaciti. Tako može postati *vigata-jvara*, oslobođena grozničava mentaliteta ili malodušnosti. Ovisno o svom položaju i odlikama, svatko mora vršiti neku vrstu djelatnosti. Sve takve dužnosti mogu se obavljati u svjesnosti Kṛṣṇe, kao što smo već objasnili. To će dovesti osobu na put oslobođenja.

STROFA 31

ये मे मतमिदं नित्यमनुतिष्ठन्ति मानवाः ।
श्रद्धावन्तोऽनसूयन्तो मुच्यन्ते तेऽपि कर्मभिः ॥ ३१ ॥

ye me matam idaṁ nityam anutiṣṭhanti mānavāḥ
śraddhāvanto 'nasūyanto mucyante te 'pi karmabhiḥ

ye – ona; *me* – Moje; *matam* – naredbe; *idam* – ove; *nityam* – kao vječne dužnosti; *anutiṣṭhanti* – redovito obavljaju; *mānavāḥ* – ljudska bića; *śraddhā-vantaḥ* – s vjerom i predanošću; *anasūyantaḥ* – bez zavisti; *mucyante* – oslobađaju se; *te* – ona; *api* – čak; *karmabhiḥ* – ropstva uzrokovana plodonosnim djelatnostima.

Oni koji izvršavaju svoje dužnosti u skladu s Mojim naredbama i vjerno slijede ovo učenje bez zavisti oslobađaju se ropstva uzrokovana plodonosnim djelovanjem.

SMISAO: Naredba Svevišnje Božanske Osobe, Kṛṣṇe, bit je sve vedske mudrosti; stoga je vječno istinita, bez izuzetka. Kao što su *Vede* vječne, tako je i ova istina o svjesnosti Kṛṣṇe vječna. Trebamo imati čvrstu vjeru u ovu naredbu, ne zavideći Gospodinu. Brojni filozofi tumače *Bhagavad-gītu,* ali nemaju vjeru u Kṛṣṇu. Oni nikada neće biti oslobođeni ropstva uzrokovana plodonosnim djelovanjem. Ali običan čovjek koji ima čvrstu vjeru u Gospodinove vječne naredbe oslobađa se ropstva uzrokovana zakonom *karme*, čak i ako ne može izvršiti takve naredbe. Kad počne slijediti proces svjesnosti Kṛṣṇe, ne mora izvršavati Gospodinove naredbe u potpunosti, ali budući da se ne protivi tom načelu i iskreno radi, ne obazirući se na poraz i beznađe, sigurno će biti uzdignut na razinu čiste svjesnosti Kṛṣṇe.

STROFA 32

ये त्वेतदभ्यसूयन्तो नानुतिष्ठन्ति मे मतम् ।
सर्वज्ञानविमूढांस्तान् विद्धि नष्टानचेतसः ॥ ३२ ॥

ye tv etad abhyasūyanto nānutiṣṭhanti me matam
sarva-jñāna-vimūḍhāṁs tān viddhi naṣṭān acetasaḥ

ye – oni; *tu* – međutim; *etat* – ovu; *abhyasūyantaḥ* – iz zavisti; *na* – ne; *anutiṣṭhanti* – redovito izvršavaju; *me* – Moju; *matam* – naredbu; *sarva-jñāna* – sveg znanja; *vimūḍhān* – potpuno prevareni; *tān* – bivaju; *viddhi* – dobro znaj; *naṣṭān* – upropašteni; *acetasaḥ* – bez svjesnosti Kṛṣṇe.

Ali oni koji ne slijede ovo naučavanje, iz zavisti ga zanemarujući, bivaju lišeni sveg znanja, prevareni i osujećeni u nastojanju da dostignu savršenstvo.

SMISAO: U ovoj je strofi jasno opisan nedostatak onoga tko nije svjestan Kṛṣṇe. Kao što postoji kazna za nepokoravanje naredbi vrhovnoga izvršnog organa države, tako postoji kazna za nepokoravanje naredbi Svevišnje Božanske Osobe. Nepokorna osoba, bez obzira na svoj visoki položaj, zbog prazna srca nema znanje niti o sebi niti o Vrhovnom Brahmanu, Paramātmi i Božanskoj Osobi. Stoga se ne može nadati da će dostići savršenstvo života.

STROFA 33

सदृशं चेष्टते स्वस्याः प्रकृतेर्ज्ञानवानपि ।
प्रकृतिं यान्ति भूतानि निग्रहः किं करिष्यति ॥ ३३ ॥

sadṛśaṁ ceṣṭate svasyāḥ prakṛter jñānavān api
prakṛtiṁ yānti bhūtāni nigrahaḥ kiṁ kariṣyati

sadṛśam – u skladu; *ceṣṭate* – pokušava; *svasyāḥ* – vlastitim; *prakṛteḥ* – *guṇama* prirode; *jñāna-vān* – učen; *api* – premda; *prakṛtim* – prirodi; *yānti* – podvrgavaju se; *bhūtāni* – sva živa bića; *nigrahaḥ* – sputavanjem; *kim* – što; *kariṣyati* – može se postići.

Čak i učeni ljudi djeluju u skladu sa svojom prirodom, jer svatko slijedi prirodu koju je stekao pod utjecajem triju guṇa. Što se može postići sputavanjem?

SMISAO: Onaj tko nije utemeljen na transcendentalnoj razini svjesnosti Kṛṣṇe ne može se osloboditi utjecaja *guṇa* materijalne prirode, kao što Gospodin potvrđuje u sedmom poglavlju (7.14). Stoga se čak ni najobrazovanija osoba na materijalnoj razini ne može osloboditi zapletenosti u *māyu* samim teorijskim znanjem ili razlikovanjem duše od tijela. Ima mnogo pseudospiritualista koji se izvana predstavljaju kao napredni znanstvenici, ali su potpuno pod utjecajem određenih *guṇa* prirode, koje ne mogu nadići. Mogu posjedovati veliko akademsko znanje, ali su zbog svoga dugotrajna druženja s materijalnom prirodom zarobljeni. Svjesnost Kṛṣṇe pomaže živom biću da se oslobodi materijalne zapletenosti, čak i ako obavlja propisane dužnosti u materijalnom postojanju. Stoga onaj tko nije potpuno svjestan Kṛṣṇe ne bi trebao ostaviti svoje propisane dužnosti. Nitko ne bi trebao odjednom ostaviti svoje propisane dužnosti, izigravajući takozvanog *yogīja* ili transcendentalista. Bolje je da ostane u svom položaju i pokuša razviti svjesnost Kṛṣṇe pod vodstvom autoriteta. Tako se može osloboditi okova Kṛṣṇine *māye.*

STROFA 34

इन्द्रियस्येन्द्रियस्यार्थे रागद्वेषौ व्यवस्थितौ ।
तयोर्न वशमागच्छेत्तौ ह्यस्य परिपन्थिनौ ॥ ३४ ॥

indriyasyendriyasyārthe rāga-dveṣau vyavasthitau
tayor na vaśam āgacchet tau hy asya paripanthinau

indriyasya – osjetila; *indriyasya arthe* – za predmete osjetila; *rāga* – vezanost; *dveṣau* – i odbojnost; *vyavasthitau* – regulirana; *tayoḥ* – pod njihovu; *na* – nikada; *vaśam* – upravu; *āgacchet* – treba doći; *tau* – oni; *hi*—zacijelo; *asya* – njegovi; *paripanthinau* – kameni spoticanja.

Postoje načela za reguliranje vezanosti i odbojnosti osjetila prema predmetima osjetila. Osoba ne bi trebala podleći takvoj vezanosti i odbojnosti, jer one su kameni spoticanja na putu samospoznaje.

SMISAO: Osobe svjesne Kṛṣṇe prirodno nisu sklone materijalnom zadovoljavanju osjetila, ali oni koji nemaju takvu svjesnost trebaju slijediti pravila i propise razotkrivenih spisa. Neograničeno osjetilno uživanje uzrok je materijalnog zatočeništva, no onaj tko slijedi pravila i propise razotkrivenih spisa ne biva zapleten vezanošću i odbojnošću prema predmetima osjetila. Na primjer, spolno je uživanje potreba uvjetovane duše i dopušteno je u okviru bračne veze. Spisi zabranjuju muškarcu da održava spolne odnose s bilo kojom ženom osim s vlastitom suprugom. Sve druge žene treba smatrati majkama. No unatoč takvim naredbama muškarac je sklon održavanju spolnih odnosa s drugim ženama. Takve sklonosti treba obuzdati; u protivnom će biti kamen spoticanja na putu samospoznaje. Sve dok imamo materijalno tijelo, dopušteno je zadovoljavati njegove potrebe, ali po pravilima i propisima. Ipak, ne bismo se trebali oslanjati na takva dopuštenja. Pravila i propise moramo slijediti bez vezanosti, jer nas osjetilno uživanje po propisima također može zavesti na stranputicu – kao što uvijek postoji mogućnost nesreće, čak i na kraljevskim putovima. Iako ih mogu veoma brižno održavati, nitko ne može jamčiti da čak ni na najsigurnijem putu neće biti opasnosti. Duh osjetilnog uživanja je odavno prisutan zbog materijalnog druženja. Stoga unatoč reguliranom osjetilnom uživanju postoji mogućnost pada. Svaka se vezanost za regulirano osjetilno uživanje mora izbjegavati na svaki način. Ali vezanost za svjesnost Kṛṣṇe i neprestano služenje Kṛṣṇe s ljubavlju, odvaja osobu od svih vrsta osjetilnih djelatnosti. Stoga nitko ne bi trebao pokušavati odbaciti vezanost za svjesnost Kṛṣṇe – ni u kom stadiju života. Svrha je odbacivanja svih vrsta osjetilnih vezanosti na kraju se uzdignuti na razinu svjesnosti Kṛṣṇe.

STROFA 35

श्रेयान् स्वधर्मो विगुणः परधर्मात् स्वनुष्ठितात् ।
स्वधर्मे निधनं श्रेयः परधर्मो भयावहः ॥ ३५ ॥

śreyān sva-dharmo viguṇaḥ para-dharmāt sv-anuṣṭhitāt
sva-dharme nidhanaṁ śreyaḥ para-dharmo bhayāvahaḥ

śreyān – mnogo bolje; *sva-dharmaḥ* – svoje propisane dužnosti; *viguṇaḥ* – čak i loše; *para-dharmāt* – nego tuđe dužnosti; *su-anuṣṭhitāt* – savršeno izvršene; *sva-dharme* – u svojim propisanim dužnostima; *nidhanam* – uništenje; *śreyaḥ* – bolje; *para-dharmaḥ* – dužnosti propisane za druge; *bhaya-āvahaḥ* – opasne.

Mnogo je bolje nesavršeno obavljati svoje propisane dužnosti nego savršeno obavljati tuđe dužnosti. Uništenje prilikom izvršavanja vlastite dužnosti bolje je od obavljanja tuđih dužnosti, jer je opasno slijediti tuđi put.

SMISAO: Bolje je obavljati svoje dužnosti u potpunoj svjesnosti Kṛṣṇe nego obavljati dužnosti propisane za druge. Propisane materijalne dužnosti dodjeljuju se osobi prema njezinu psihofizičkom stanju, koje ovisi o utjecaju *guṇa* materijalne prirode. Duhovne dužnosti dodjeljuje duhovni učitelj radi transcendentalnog služenja Kṛṣṇe. Ali bolje je obavljati svoje propisane dužnosti, bilo materijalne bilo duhovne, sve do smrti, nego oponašati tuđe propisane dužnosti. Dužnosti na duhovnoj razini i dužnosti na materijalnoj razini mogu se razlikovati, ali načelo slijeđenja ovlaštene naredbe uvijek je dobro za onoga tko je izvršava. Kad je netko opčinjen *guṇama* materijalne prirode, treba slijediti pravila propisana za njegov položaj i ne treba oponašati druge. Na primjer, *brāhmaṇa* pod utjecajem *guṇe* vrline je nenasilan, ali *kṣatriyi,* koji se nalazi pod utjecajem *guṇe* strasti, dopušta se da bude nasilan. Za *kṣatriyu* je bolje da bude uništen slijedeći pravila nasilja nego da oponaša *brāhmaṇu* koji slijedi načela nenasilja. Svatko mora pročistiti svoje srce postupnim procesom, ne odjednom. Kad osoba nadiđe *guṇe* materijalne prirode i potpuno se utemelji u svjesnosti Kṛṣṇe, može po naredbi duhovnog učitelja učiniti sve. Na toj razini potpune svjesnosti Kṛṣṇe *kṣatriya* može djelovati kao *brāhmaṇa,* a *brāhmaṇa* kao *kṣatriya.* Na transcendentalnoj razini ne vrijede razlike materijalnoga svijeta. Na primjer, Viśvāmitra je prvobitno bio *kṣatriya,* ali je kasnije djelovao kao *brāhmaṇa,* dok je Paraśurāma bio *brāhmaṇa,* ali je kasnije djelovao kao *kṣatriya.* Oni su mogli to učiniti jer su bili utemeljeni na transcendentalnoj razini, ali sve dok se netko nalazi na materijalnoj razini, mora obavljati svoje dužnosti u skladu s *guṇama* materijalne prirode. Istodobno mora jasno shvatiti svjesnost Kṛṣṇe.

STROFA 36

अर्जुन उवाच
अथ केन प्रयुक्तोऽयं पापं चरति पूरुषः ।
अनिच्छन्नपि वार्ष्णेय बलादिव नियोजितः ॥ ३६ ॥

arjuna uvāca
atha kena prayukto 'yaṁ pāpaṁ carati pūruṣaḥ
anicchann api vārṣṇeya balād iva niyojitaḥ

arjunaḥ uvāca – Arjuna reče; *atha* – onda; *kena* – što; *prayuktaḥ* – potiče; *ayam* – čovjeka; *pāpam* – grijehe; *carati* – da čini; *pūruṣaḥ* – čovjek; *anicchan* – ne želi; *api* – iako; *vārṣṇeya* – o potomče Vṛṣṇija; *balāt* – sila; *iva* – kao da; *niyojitaḥ* – tjera ga.

Arjuna reče: O potomče Vṛṣṇija, što nagoni čovjeka da čini grešna djela čak i protiv svoje volje, kao da je na to prisiljen?

SMISAO: Kao sastavni djelić Svevišnjeg, živo je biće izvorno duhovno, čisto i nedirnuto materijalnim nečistoćama. Stoga po prirodi nije podložno grijesima materijalnog svijeta, ali u dodiru s materijalnom prirodom bez oklijevanja čini razna grešna djela, ponekad čak i protiv svoje volje.

Pitanje koje je Arjuna postavio Kṛṣṇi veoma je važno, jer se odnosi na izopačenu prirodu živoga bića. Premda živo biće katkada ne želi djelovati grešno, biva na to prisiljeno. Međutim, na to ga ne nagoni Nad-duša koja se nalazi u njegovu srcu, već nešto drugo, što će Gospodin objasniti u sljedećoj strofi.

STROFA 37

श्रीभगवानुवाच
काम एष क्रोध एष रजोगुणसमुद्भवः ।
महाशनो महापाप्मा विद्ध्येनमिह वैरिणम् ॥ ३७ ॥

śrī-bhagavān uvāca
kāma eṣa krodha eṣa rajo-guṇa-samudbhavaḥ
mahāśano mahā-pāpmā viddhy enam iha vairiṇam

śrī-bhagavān uvāca – Božanska Osoba reče; *kāmaḥ* – požuda; *eṣaḥ* – to; *krodhaḥ* – srdžba; *eṣaḥ* – taj; *rajaḥ-guṇa* – *guṇe* strasti; *samudbhavaḥ* – nastaje iz; *mahā-aśanaḥ* – sveproždirući; *mahā-pāpmā* – vrlo grešni; *viddhi* – znaj; *enam* – ona; *iha* – u materijalnom svijetu; *vairiṇam* – najveći neprijatelj.

Svevišnja Božanska Osoba reče: To je samo požuda, Arjuna, koja nastaje zbog dodira s materijalnom guṇom strasti i kasnije se preobražava u srdžbu. Ona je sveproždirući grešni neprijatelj ovoga svijeta.

SMISAO: Kad živo biće dođe u dodir s materijalnim svijetom, njegova vječna ljubav prema Kṛṣṇi u dodiru s *guṇom* strasti preobražava se u požudu. Drugim riječima, osjećaj ljubavi prema Bogu preobražava se u požudu, kao što se mlijeko u dodiru s kiselim tamarindom preobražava u jogurt. Nezadovoljena požuda pretvara se u srdžbu, srdžba se pretvara u iluziju, a iluzija produžava materijalno postojanje. Zato je požuda najveći neprijatelj živoga bića. Samo zbog požude čisto živo biće ostaje zatočeno u materijalnom svijetu. Srdžba je plod *guṇe* neznanja; ta se *guṇa* očituje kao srdžba i druge odlike koje iz nje nastaju. Stoga, ako se *guṇa* strasti, umjesto da se degradira u *guṇu* neznanja, uzdigne do *guṇe* vrline propisanim načinom življenja i djelovanja, osoba može zahvaljujući duhovnoj privrženosti biti spašena od degradacije uzrokovane srdžbom.

Svevišnja Božanska Osoba se ekspandirala u mnogo živih bića radi Svoga duhovnog blaženstva, koje se vječno povećava, a živa su bića djelići toga duhovnog blaženstva. Ona također imaju djelomičnu neovisnost, ali zbog njezine zloupotrebe, kada se stav služenja preobrazi u sklonost k osjetilnom uživanju, podliježu utjecaju požude. Gospodin je stvorio materijalni svijet kako bi živim bićima omogućio da zadovolje požudne sklonosti. Kada nakon dugotrajnih požudnih djelatnosti postanu zbunjena, živa se bića počinju raspitivati o svom pravom položaju.

To raspitivanje predstavlja početak *Vedānta-sūtre,* u kojoj je rečeno – *athāto brahma-jijñāsā:* trebamo se raspitivati o Svevišnjem. Svevišnji je definiran u *Śrīmad-Bhāgavatamu* kao *janmādy asya yato 'nvayād itarataś ca,* što znači: „Podrijetlo je svega Vrhovni Brahman." Stoga je podrijetlo požude također Svevišnji. Međutim, ako se požuda preobrazi u ljubav prema Bogu ili u svjesnost Kṛṣṇe – drugim riječima, ako sve želimo za Kṛṣṇu – onda se i požuda i srdžba mogu produhoviti. Hanumān, veliki sluga Gospodina Rāme, očitovao je srdžbu spalivši Rāvaṇin zlatni grad, ali je time postao Gospodinov najveći *bhakta.* U *Bhagavad-gīti* Gospodin potiče Arjunu da za Gospodinovo zadovoljstvo očituje svoju srdžbu prema neprijatelju. Tako požuda i srdžba, kada se koriste u svjesnosti Kṛṣṇe, postaju naši prijatelji umjesto neprijatelji.

STROFA 38

धूमेनाव्रियते वह्निर्यथादर्शो मलेन च ।
यथोल्बेनावृतो गर्भस्तथा तेनेदमावृतम् ॥ ३८ ॥

dhūmenāvriyate vahnir yathādarśo malena ca
yatholbenāvṛto garbhas tathā tenedam āvṛtam

dhūmena – dimom; *āvriyate* – prekrivena; *vahniḥ* – vatra; *yathā* – kao; *ādarśaḥ* – ogledalo; *malena* – prašinom; *ca* – također; *yathā* – kao; *ulbena* – maternicom; *āvṛtaḥ* – prekriven; *garbhaḥ* – zametak; *tathā* – tako; *tena* – tom požudom; *idam* – ono; *āvṛtam* – prekriveno.

Kao što je vatra prekrivena dimom, ogledalo prašinom, a zametak maternicom, tako je živo biće u različitoj mjeri prekriveno požudom.

SMISAO: Postoje tri stupnja prekrivenosti živoga bića. Njegova je čista svjesnost pomračena prekrivačem požude koja se različito očituje poput dima u vatri, prašine na ogledalu i maternice oko zametka. Kad se požuda uspoređuje s dimom, može se u izvjesnoj mjeri opaziti vatra žive iskre. Drugim riječima, kada živo biće u izvjesnoj mjeri očituje svoju svjesnost Kṛṣṇe, može se usporediti s vatrom prekrivenom dimom. Gdje ima dima ima i vatre, ali vatra se u početnom stadiju ne vidi. Taj se stadij uspoređuje s početnim stadijem svjesnosti Kṛṣṇe. Prašina na ogledalu odnosi se na proces čišćenja ogledala uma brojnim duhovnim procesima. Najbolji je proces pjevanje Gospodinovih svetih imena. Zametak prekriven maternicom je analogija koja slikovito opisuje bespomoćan položaj, jer je dijete u maternici tako bespomoćno da se ne može ni kretati. To stanje života može se usporediti sa stanjem drveća. Drvo je također živo biće, ali je zbog velika očitovanja požude stavljeno u takvo stanje da je lišeno gotovo svake svjesnosti. Prekriveno ogledalo uspoređuje se s pticama i zvjerima, a vatra prekrivena dimom s ljudskim bićem. U ljudskom obliku života živo biće može oživjeti u izvjesnoj mjeri svjesnost Kṛṣṇe i ako dalje napreduje, može zapaliti vatru duhovnog života. Brižljivim raspirivanjem dima vatra se može raspaliti. Zato ljudski oblik života pruža živom biću priliku da se oslobodi zapletenosti materijalnog postojanja. U ljudskom obliku života može njegovanjem svjesnosti Kṛṣṇe pod stručnim vodstvom svladati neprijatelja – požudu.

STROFA 39

आवृतं ज्ञानमेतेन ज्ञानिनो नित्यवैरिणा ।
कामरूपेण कौन्तेय दुष्पूरेणानलेन च ॥ ३९ ॥

āvṛtaṁ jñānam etena jñānino nitya-vairiṇā
kāma-rūpeṇa kaunteya duṣpūreṇānalena ca

āvṛtam – prekrivena; *jñānam* – čista svjesnost; *etena* – tim; *jñāninaḥ* – onoga tko ima znanje; *nitya-vairiṇā* – vječnim neprijateljem; *kāma-rūpeṇa* – u obliku požude; *kaunteya* – o Kuntīn sine; *duṣpūreṇa* – nikada zadovoljna; *analena* – kao vatra; *ca* – također.

Tako čistu svjesnost mudroga živog bića prekriva njegov vječni neprijatelj u obliku požude, koja se nikada ne može zadovoljiti i koja bukti kao vatra.

SMISAO: U *Manu-smṛtiju* je rečeno da se požuda ne može zadovoljiti nikakvom količinom osjetilnog uživanja, kao što se vatra nikada ne može ugasiti neprestanim dodavanjem goriva. U materijalnom svijetu središte je svih djelatnosti seks i zato se materijalni svijet naziva *maithunya-āgāra,* okovi seksa. U običnom zatvoru kriminalci se drže iza rešetaka. Slično tome, kriminalci koji se ne pokoravaju Gospodinovim zakonima bivaju okovani seksom. Unapređivanjem materijalne civilizacije utemeljene na zadovoljavanju osjetila produžuje se materijalno postojanje živoga bića.

Stoga je požuda simbol neznanja zbog kojeg živo biće ostaje u materijalnom svijetu. Prilikom uživanja u zadovoljavanju osjetila može biti prisutan neki osjećaj sreće, ali taj je takozvani osjećaj sreće najveći neprijatelj osjetilnog uživatelja.

STROFA 40

इन्द्रियाणि मनो बुद्धिरस्याधिष्ठानमुच्यते ।
एतैर्विमोहयत्येष ज्ञानमावृत्य देहिनम् ॥ ४० ॥

indriyāṇi mano buddhir asyādhiṣṭhānam ucyate
etair vimohayaty eṣa jñānam āvṛtya dehinam

indriyāṇi – osjetila; *manaḥ* – um; *buddhiḥ* – inteligencija; *asya* – te požude; *adhiṣṭhānam* – sjedište; *ucyate* – zove se; *etaiḥ* – preko njih; *vimohayati* – zbunjuje; *eṣaḥ* – ta požuda; *jñānam* – znanje; *āvṛtya* – prekrivajući; *dehinam* – utjelovljenog.

Osjetila, um i inteligencija sjedišta su požude. Kroz njih požuda prekriva pravo znanje živoga bića i zbunjuje ga.

SMISAO: Neprijatelj je zaposjeo razne strateške položaje u tijelu uvjetovane duše. Gospodin Kṛṣṇa upućuje na ta mjesta kako bi onaj tko želi savladati neprijatelja znao gdje ga može naći. Um je središte svih djelatnosti osjetila i zato kad slušamo o predmetima osjetila um obično postaje riznica svih zamisli o osjetilnom uživanju. Zbog toga se um i osjetila pretvaraju u skladišta požude. Nakon toga, inteligencija postaje glavno sjedište takvih požudnih sklonosti. Inteligencija je najbliži susjed duhovne duše. Požudna inteligencija navodi duhovnu dušu da prihvati lažni ego i poistovjećuje se s materijom. Tako se duša poistovjećuje s umom i osjetilima. Odaje se uživanju u materijalnim osjetilima i pogrešno ga smatra pravom srećom. To pogrešno poistovjećivanje duhovne duše veoma je lijepo objašnjeno u *Śrīmad-Bhāgavatamu* (10.84.13):

yasyātma-buddhiḥ kuṇape tri-dhātuke
sva-dhīḥ kalatrādiṣu bhauma ijya-dhīḥ
yat-tīrtha-buddhiḥ salile na karhicij
janeṣv abhijñeṣu sa eva go-kharaḥ

„Ljudsko biće koje poistovjećuje ovo tijelo načinjeno od tri elementa s jastvom, koje smatra proizvode tijela svojim rođacima, koje smatra rodnu zemlju vrijednom obožavanja i koje obilazi mjesta hodočašća samo da bi se okupalo, a ne da bi na njima srelo ljude s transcendentalnim znanjem, nalikuje kravi ili magarcu."

STROFA 41

तस्मात्त्वमिन्द्रियाण्यादौ नियम्य भरतर्षभ ।
पाप्मानं प्रजहि ह्येनं ज्ञानविज्ञाननाशनम् ॥ ४१ ॥

tasmāt tvam indriyāṇy ādau niyamya bharatarṣabha
pāpmānaṁ prajahi hy enaṁ jñāna-vijñāna-nāśanam

tasmāt – stoga; *tvam* – ti; *indriyāṇi* – osjetila; *ādau* – na početku; *niyamya* – regulirajući; *bharata-ṛṣabha* – o najbolji potomče Bharate; *pāpmānam* – veliki simbol grijeha; *prajahi* – obuzdaj; *hi* – zacijelo; *enam* – ovog; *jñāna* – znanja; *vijñāna* – i znanstvenog znanja o čistoj duši; *nāśanam* – uništavatelja.

Stoga, o Arjuna, najbolji od Bharata, na samom početku reguliranjem osjetila obuzdaj taj veliki simbol grijeha [požudu] i ubij tog uništavatelja znanja i samospoznaje.

SMISAO: Gospodin je savjetovao Arjuni da na samom početku regulira svoja osjetila kako bi mogao obuzdati najvećega grešnog neprijatelja – požudu, koja uništava želju za samospoznajom i znanje o jastvu. *Jñāna* se odnosi na znanje o jastvu kao različitu od ne-jastva ili, drugim riječima, na znanje da duhovna duša nije tijelo. *Vijñāna* se odnosi na znanje o prirodnom položaju duhovne duše i njezinu odnosu s Vrhovnom Dušom. To je objašnjeno u *Śrīmad-Bhāgavatamu* (2.9.31):

jñānaṁ parama-guhyaṁ me yad vijñāna-samanvitam
sa-rahasyaṁ tad-aṅgaṁ ca gṛhāṇa gaditaṁ mayā

„Znanje o jastvu i Vrhovnom Jastvu vrlo je povjerljivo i tajanstveno, ali takvo znanje i spoznaja mogu se shvatiti u njihovim različitim vidovima ako ih objasni sam Gospodin." *Bhagavad-gītā* nam daje to opće i posebno znanje o jastvu. Živa su bića Gospodinovi sastavni djelići i zato su stvorena samo za služenje Gospodina. Ta se svjesnost naziva svjesnost Kṛṣṇe. Osoba mora od samog početka života njegovati tu svjesnost i tako postati potpuno svjesna Kṛṣṇe, djelujući u skladu s tim.

Požuda je samo iskrivljeni odraz ljubavi prema Bogu, koja je prirodna za svako živo biće. Ali ako se živo biće od samoga početka obrazuje u svjesnosti Kṛṣṇe, ta se prirodna ljubav prema Bogu ne može preobraziti u požudu. Kad se ljubav prema Bogu preobrazi u požudu, veoma je teško vratiti se u normalno stanje. Međutim, svjesnost Kṛṣṇe toliko je moćna da čak i kasni početnik može razviti ljubav prema Bogu slijedeći propisana načela predanog služenja. Tako u bilo kom stadiju života, čim postane svjestan nužnosti obuzdavanja osjetila, može početi regulirati svoja osjetila u svjesnosti Kṛṣṇe, predanom služenju Gospodina, i preobraziti požudu u ljubav prema Bogu – najvišu savršenu razinu ljudskog života.

STROFA 42

इन्द्रियाणि पराण्याहुरिन्द्रियेभ्यः परं मनः ।
मनसस्तु परा बुद्धिर्यो बुद्धेः परतस्तु सः ॥ ४२ ॥

indriyāṇi parāṇy āhur indriyebhyaḥ paraṁ manaḥ
manasas tu parā buddhir yo buddheḥ paratas tu saḥ

indriyāṇi – osjetila; *parāṇi* – viša; *āhuḥ* – kaže se; *indriyebhyaḥ* – od osjetila; *param* – viši; *manaḥ* – um; *manasaḥ* – od uma; *tu* – također; *parā* – viša; *buddhiḥ* – inteligencija; *yaḥ* – koja; *buddheḥ* – od inteligencije; *parataḥ* – viša; *tu* – ali; *saḥ* – ona.

Aktivna su osjetila viša od materije, um je viši od osjetila, inteligencija je viša od uma, a duša je viša od inteligencije.

SMISAO: Osjetila su različita polja djelovanja za požudu. Požuda prebiva u tijelu, ali se očituje kroz osjetila. Zato su osjetila viša od tijela kao cjeline. Ta se oruđa ne koriste u prisutnosti više svjesnosti ili svjesnosti Kṛṣṇe. U svjesnosti Kṛṣṇe duša dolazi u izravan dodir sa Svevišnjom Božanskom Osobom. Stoga se ovdje opisana hijerarhija tjelesnih funkcija završava s Vrhovnom Dušom. Tjelesne djelatnosti predstavljaju funkcije osjetila, a s prestankom djelovanja osjetila prestaju sve tjelesne djelatnosti. Budući da je um aktivan, čak i kad je tijelo mirno i odmara se, um će djelovati, kao što čini za vrijeme sna. Ali viša od uma je odlučnost inteligencije, a viša od inteligencije je sama duša. Stoga, ako duša djeluje u izravnu odnosu sa Svevišnjim, um, inteligencija i osjetila, koji su niži od duše, bit će automatski aktivni. U *Kaṭha Upaniṣadi* postoji sličan odlomak, u kojem se opisuje da su predmeti osjetilnog zadovoljstva viši od osjetila, a um viši od predmeta osjetila. Stoga, ako je um uvijek zaokupljen neposrednim služenjem Gospodina, osjetila ne mogu biti zaokupljena nečim drugim. To je stanje uma već bilo objašnjeno. *Paraṁ dṛṣṭvā nivartate.* Ako je um zaokupljen transcendentalnim služenjem Gospodina, ne može biti zaokupljen nižim sklonostima. U *Kaṭha Upaniṣadi* duša je opisana kao *mahān,* velika. Prema tome, duša je viša od svega – predmeta osjetila, osjetila, uma i inteligencije. Stoga neposredno razumijevanje prirodnog položaja duše predstavlja rješenje čitavoga problema.

Osoba mora inteligencijom shvatiti prirodni položaj duše i zatim uvijek zaokupljati um svjesnošću Kṛṣṇe. To rješava čitav problem. Početniku u duhovnom životu obično se savjetuje da izbjegava predmete osjetila, ali um se mora osnažiti korištenjem inteligencije. Ako koristeći inteligenciju um zaokupimo svjesnošću Kṛṣṇe, potpuno se predajući Svevišnjoj Božanskoj Osobi, um samim tim postaje snažniji. Premda su osjetila vrlo snažna, poput zmija, neće biti djelotvornija od zmije sa slomljenim zubima. Međutim, iako je duša gospodar inteligencije, uma i osjetila, ako se ne osnaži druženjem s Kṛṣṇom u svjesnosti Kṛṣṇe, može vrlo lako pasti zbog uznemirena uma.

STROFA 43

एवं बुद्धेः परं बुद्ध्वा संस्तभ्यात्मानमात्मना ।
जहि शत्रुं महाबाहो कामरूपं दुरासदम् ॥ ४३ ॥

evaṁ buddheḥ paraṁ buddhvā saṁstabhyātmānam ātmanā
jahi śatruṁ mahā-bāho kāma-rūpaṁ durāsadam

evam – tako; *buddheḥ* – od inteligencije; *param* – viša; *buddhvā* – znajući; *saṁstabhya* – obuzdaj; *ātmānam* – um; *ātmanā* – razboritom inteligencijom; *jahi* – savladaj; *śatrum* – neprijatelja; *mahā-bāho* – snažnih ruku; *kāma-rūpam* – u obliku požude; *durāsadam* – strašnog.

O Arjuna snažnih ruku, znajući da je transcendentalna prema materijalnim osjetilima, umu i inteligenciji, osoba treba razboritom duhovnom inteligencijom [svjesnošću Kṛṣṇe] obuzdati um i tako duhovnom snagom savladati toga nezasitnog neprijatelja poznatog kao požuda.

SMISAO: Ovo poglavlje *Bhagavad-gīte* jasno upućuje na svjesnost Kṛṣṇe kroz spoznaju jastva kao vječnog sluge Svevišnje Božanske Osobe, odbacujući neosobnu prazninu kao krajnji cilj. U materijalnom životu živo biće nedvojbeno dolazi pod utjecaj sklonosti k požudi i želji za gospodarenjem bogatstvima materijalne prirode. Želja za vladanjem i osjetilnim uživanjem najveći je neprijatelj uvjetovane duše, ali svjesnošću Kṛṣṇe duša može ovladati materijalnim osjetilima, umom i inteligencijom. Osoba ne mora odjednom ostaviti svoj posao i propisane dužnosti, ali postupnim razvijanjem svjesnosti Kṛṣṇe može se, zahvaljujući postojanoj inteligenciji usmjerenoj k njezinu čistom identitetu, utemeljiti na transcendentalnoj razini, ne dolazeći pod utjecaj materijalnih osjetila i uma. To je bit ovoga poglavlja. U nezrelom stadiju materijalnog postojanja filozofska spekulacija i umjetni pokušaji vladanja osjetilima takozvanim *yoga* vježbama ne mogu pomoći čovjeku da napreduje u duhovnom životu. Osoba mora uz pomoć više inteligencije razviti svjesnost Kṛṣṇe.

Tako se završavaju Bhaktivedantina tumačenja trećega poglavlja Śrīmad Bhagavad-gīte *pod naslovom* Karma-yoga, izvršavanje propisanih dužnosti u svjesnosti Kṛṣṇe.

ČETVRTO POGLAVLJE

Transcendentalno znanje

STROFA 1

श्रीभगवानुवाच
इमं विवस्वते योगं प्रोक्तवानहमव्ययम् ।
विवस्वान्मनवे प्राह मनुरिक्ष्वाकवेऽब्रवीत् ॥ १ ॥

śrī-bhagavān uvāca
imaṁ vivasvate yogaṁ proktavān aham avyayam
vivasvān manave prāha manur ikṣvākave 'bravīt

śrī-bhagavān uvāca – Svevišnja Božanska Osoba reče; *imam* – ovaj; *vivasvate* – bogu Sunca; *yogam* – nauk o odnosu sa Svevišnjim; *proktavān* – objasnio; *aham* – Ja; *avyayam* – neuništivu; *vivasvān* – Vivasvān (ime boga Sunca); *manave* – ocu čovječanstva (zvanom Vaivasvata); *prāha* – rekao; *manuḥ* – otac čovječanstva; *ikṣvākave* – kralju Ikṣvākuu; *abravīt* – rekao.

Božanska Osoba, Gospodin Śrī Kṛṣṇa, reče: Ovaj sam neuništivi nauk o yogi objasnio bogu Sunca, Vivasvānu. Vivasvān ga je objasnio Manuu, ocu čovječanstva, a Manu Ikṣvākuu.

SMISAO: Ovdje je opisana povijest *Bhagavad-gīte*, koja seže u davna vremena kada je bila predstavljena kraljevskom staležu svih planeta, počev od Sunca. Kraljevi svih planeta dužni su štititi stanovništvo. Zato trebaju shvatiti *Bhagavad-gītu* kako bi mogli vladati građanima i zaštititi ih od materijalne vezanosti za požudu. Ljudski je život namijenjen njegovanju duhovnog znanja o vječnom odnosu sa Svevišnjom Božanskom Osobom. Dužnost je izvršnih organa svih država i planeta da obrazovanjem, kulturom i predanošću pouče tome građane. Drugim riječima, vođe svih država dužni su širiti nauk o svjesnosti Kṛṣṇe kako bi ga ljudi mogli iskoristiti i slijediti put koji vodi k uspjehu, koristeći priliku koju im pruža ljudski oblik života.

U ovom je mileniju bog Sunca poznat kao Vivasvān, kralj Sunca, koje je podrijetlo svih planeta u Sunčevu sustavu. U *Brahma-saṁhiti* (5.52) Brahmā je rekao:

yac-cakṣur eṣa savitā sakala-grahāṇāṁ
rājā samasta-sura-mūrtir aśeṣa-tejāḥ
yasyājñayā bhramati sambhṛta-kāla-cakro
govindam ādi-puruṣaṁ tam ahaṁ bhajāmi

„Obožavam Svevišnju Božansku Osobu, Govindu [Kṛṣṇu], koji je izvorna osoba i po čijem uređenju Sunce, kralj svih planeta, posjeduje golemu moć i toplinu. Sunce predstavlja Gospodinovo oko i kreće se svojom stazom po Njegovoj naredbi."

Sunce je kralj svih planeta, a bog Sunca (koji se sada zove Vivasvān) vlada Suncem, koje upravlja svim drugim planetima opskrbljujući ih toplinom i svjetlošću. On kruži po naredbi Gospodina Kṛṣṇe, koji je naučavanje *Bhagavad-gīte* prvobitno objasnio Vivasvānu. Tako je Vivasvān postao Njegov prvi učenik koji je shvatio *Bhagavad-gītu. Gītā* nije spekulativna rasprava namijenjena beznačajnim svjetovnim učenjacima, već mjerodavna knjiga znanja koja potječe od pradavnih vremena.

U *Mahābhārati* (*Śānti-parva* 348.51–52) nalazimo sljedeći opis povijesti *Bhagavad-gīte:*

tretā-yugādau ca tato vivasvān manave dadau
manuś ca loka-bhṛty-arthaṁ sutāyekṣvākave dadau

ikṣvākuṇā ca kathito vyāpya lokān avasthitaḥ

„Na početku milenija poznatog kao Tretā-yuga Vivasvān je prenio Manuu ovaj nauk o odnosu sa Svevišnjim. Kao otac čovječanstva, Manu ga je prenio svom sinu Mahārāji Ikṣvākuu, kralju planeta Zemlje i praocu dinastije Raghu u kojoj se pojavio Gospodin Rāmacandra." Stoga *Bhagavad-gītā* postoji u ljudskom društvu od Mahārāje Ikṣvākua.

Do sada je prošlo tek pet tisuća godina Kali-yuge, koja traje 432 000 godina. Njoj je prethodila Dvāpara-yuga (koja traje 800 000 godina), a njoj Tretā-yuga (koja traje 1 200 000 godina). Prema tome, Manu je izložio *Bhagavad-gītu* svom učeniku i sinu Mahārāji Ikṣvākuu, kralju planeta Zemlje, prije 2 005 000 godina. Doba sadašnjeg Manua, prema proračunima, traje oko 305 300 000 godina, od kojih je prošlo 120 400 000 godina. Ako prihvatimo da je Gospodin izložio *Gītu* Svom učeniku Vivasvānu, bogu Sunca, prije rođenja Manua, *Bhagavad-gītā* je po gruboj procjeni bila izgovorena prije najmanje 120 400 000 godina. U ljudskom društvu postoji dva milijuna godina, a Gospodin ju je ponovno izložio Arjuni prije pet tisuća godina. To je gruba procjena povijesti *Gīte,* prema riječima same *Gīte* i njezina govornika, Gospodina Śrī Kṛṣṇe. *Gītā* je bila objašnjena bogu Sunca, Vivasvānu, jer je *kṣatriya* i otac svih *sūrya-vaṁśa kṣatriya*, potomaka boga Sunca. Budući da ju je izgovorila Svevišnja Božanska Osoba, jednako je dobra kao *Vede*. Stoga je znanje koje je u njoj izloženo *apauruṣeya,* nadljudsko. Kao što se vedske upute prihvaćaju takve kakve jesu, bez svjetovnog tumačenja, *Gītā* se mora prihvatiti bez svjetovnog tumačenja. Svjetovni mudrijaši mogu na svoj način spekulirati o *Gīti,* ali to nije *Bhagavad-gītā* kakva jest. Ona se mora prihvatiti takva kakva jest od učeničkog naslijeđa i zbog toga je ovdje rečeno da ju je Gospodin objasnio bogu Sunca, koji ju je objasnio svome sinu Manuu, a Manu svome sinu Ikṣvākuu.

STROFA 2

एवं परम्पराप्राप्तमिमं राजर्षयो विदुः ।
स कालेनेह महता योगो नष्टः परन्तप ॥ २ ॥

evaṁ paramparā-prāptam imaṁ rājarṣayo viduḥ
sa kāleneha mahatā yogo naṣṭaḥ parantapa

evam – tako; *paramparā* – učeničkim naslijeđem; *prāptam* – primljen; *imam* – ovaj nauk; *rāja-ṛṣayaḥ* – sveti kraljevi; *viduḥ* – shvatili; *saḥ* – ovo znanje; *kālena* – s vremenom; *iha* – u ovom svijetu; *mahatā* – veliko;

yogaḥ – znanje o odnosu sa Svevišnjim; *naṣṭaḥ* – bilo je izgubljeno; *parantapa* – o Arjuna, pokoritelju neprijatelja.

Tako se ovaj najuzvišeniji nauk prenosio lancem učeničkog naslijeđa i sveti su ga kraljevi shvatili na taj način. No s vremenom je učeničko naslijeđe bilo prekinuto i zato se čini da je znanje u svom izvornom obliku izgubljeno.

SMISAO: Jasno je rečeno da je *Gītā* bila namijenjena napose svetim kraljevima, jer su oni trebali ostvariti njezinu svrhu vladajući građanima. *Bhagavad-gītā* sigurno nikada nije bila namijenjena demonskim osobama, koje bi umanjile njezinu vrijednost ni za čije dobro i izmislili razna tumačenja prema svojim hirovima. Čim su bezobzirni tumači iskrivili njezin izvorni smisao, pojavila se potreba za ponovnim uspostavljanjem učeničkog naslijeđa. Prije pet tisuća godina sam je Gospodin primijetio da se učeničko naslijeđe prekinulo i zato je izjavio da je pravi smisao *Gīte* izgubljen. Danas ima toliko mnogo izdanja *Gīte* (osobito na engleskom), ali nijedno od njih nije strogo u skladu s naučavanjem ovlaštenog učeničkog naslijeđa. Postoji bezbroj tumačenja koja su napisali razni svjetovni učenjaci, ali gotovo nijedno od njih ne prihvaća Svevišnju Božansku Osobu Kṛṣṇu, premda dobro zarađuju na riječima Śrī Kṛṣṇe. Taj je duh demonski, jer demoni ne vjeruju u Boga, već jednostavno uživaju u imovini Svevišnjeg. Budući da postoji velika potreba za engleskim izdanjem *Bhagavad-gīte* kakva je primljena lancem učeničkog naslijeđa (*paramparā*), ovim izdanjem pokušavamo zadovoljiti tu veliku potrebu. *Bhagavad-gītā* – prihvaćena kakva jest – predstavlja velik blagoslov za čovječanstvo, ali ako se prihvati kao rasprava o filozofskim spekulacijama, predstavlja samo gubljenje vremena.

STROFA 3

स एवायं मया तेऽद्य योगः प्रोक्तः पुरातनः ।
भक्तोऽसि मे सखा चेति रहस्यं ह्येतदुत्तमम् ॥ ३ ॥

sa evāyaṁ mayā te 'dya yogaḥ proktaḥ purātanaḥ
bhakto 'si me sakhā ceti rahasyaṁ hy etad uttamam

saḥ – taj isti; *eva* – zacijelo; *ayam* – ovaj; *mayā* – Ja; *te* – tebi; *adya* – danas; *yogaḥ* – nauk o *yogi*; *proktaḥ* – govorim; *purātanaḥ* – veoma star; *bhaktaḥ* – *bhakta*; *asi* – ti si; *me* – Moj; *sakhā* – prijatelj; *ca* – također; *iti* – zbog toga; *rahasyam* – tajnu; *hi* – zacijelo; *etat* – ovu; *uttamam* – transcendentalnu.

Danas ti objašnjavam taj isti drevni nauk o odnosu sa Svevišnjim, jer si Moj bhakta i prijatelj. Zato možeš shvatiti transcendentalnu tajnu toga znanja.

SMISAO: Postoje dvije vrste ljudi, *bhakte* i demoni. Gospodin je odlučio objasniti Arjuni ovaj veliki nauk zato što je Arjuna bio Gospodinov *bhakta.* Demon ne može shvatiti tajnu ovog uzvišenog nauka. Postoje brojna izdanja ove velike knjige znanja. Neka od njih sadrže tumačenja *bhakta*, a neka tumačenja demona. Tumačenja *bhakta* odgovaraju istini, a tumačenja demona nemaju vrijednost. Arjuna prihvaća Śrī Kṛṣṇu kao Svevišnju Božansku Osobu i svako tumačenje *Gīte* koje slijedi Arjunine stope pravo je predano služenje svrsi ovoga velikog nauka. Demonske osobe ne prihvaćaju Gospodina Kṛṣṇu takva kakav jest. Umjesto toga spekuliraju o Kṛṣṇi i odvraćaju čitatelja od puta Kṛṣṇinih uputa. Ovdje nas se upozorava na takve stranputice. Trebamo slijediti Arjunino učeničko naslijeđe i tako steći dobrobit od ove velike knjige znanja, *Śrīmad Bhagavad-gīte.*

STROFA 4

अर्जुन उवाच
अपरं भवतो जन्म परं जन्म विवस्वतः ।
कथमेतद् विजानीयां त्वमादौ प्रोक्तवानिति ॥ ४ ॥

arjuna uvāca
aparaṁ bhavato janma paraṁ janma vivasvataḥ
katham etad vijānīyāṁ tvam ādau proktavān iti

arjunaḥ uvāca – Arjuna reče; *aparam* – mlađi; *bhavataḥ* – Ti; *janma* – po rođenju; *param* – stariji; *janma* – po rođenju; *vivasvataḥ* – bog Sunca; *katham* – kako; *etat* – to; *vijānīyām* – da shvatim; *tvam* – Ti; *ādau* – na početku; *proktavān* – poučio; *iti* – tako.

Arjuna reče: Bog Sunca Vivasvān rodio se prije Tebe. Kako mogu shvatiti da si ga na početku poučio ovom nauku?

SMISAO: Arjuna je Gospodinov priznati *bhakta.* Zašto onda nije mogao vjerovati Kṛṣṇinim riječima? Odgovor je da Arjuna ne pita radi sebe, već radi onih koji ne vjeruju u Svevišnju Božansku Osobu, radi demona kojima se ne sviđa zamisao da trebaju prihvatiti Kṛṣṇu kao Svevišnju Božansku Osobu. Samo radi njih Arjuna postavlja to pitanje, kao da sam nije svjestan Božanske Osobe, Kṛṣṇe. Arjuna je savršeno dobro znao da je Kṛṣṇa Svevišnja Božanska Osoba, podrijetlo svega i posljednja riječ transcendencije. To će jasno pokazati deseto poglavlje. Naravno, Kṛṣṇa se pojavio na Zemlji kao sin Devakī. Običan čovjek teško može shvatiti kako je Kṛṣṇa ostao ista Svevišnja Božanska Osoba, vječna, izvorna osoba. Da bi to razjasnio, Arjuna je postavio Kṛṣṇi ovo pitanje kako bi Kṛṣṇa mogao osobno mjerodavno odgovoriti. Čitav svijet prihvaća Kṛṣṇu kao vrhovni autoritet, ne samo danas već od pamtivijeka. Samo Ga demoni odbacuju. Budući da je Kṛṣṇa autoritet kojeg svi prihvaćaju, Arjuna Mu je postavio ovo pitanje kako bi Kṛṣṇa sam Sebe mogao opisati, bez prikaza demona, koji Ga uvijek pokušavaju pogrešno predstaviti na način razumljiv demonima i njihovim sljedbenicima. Svatko treba, u vlastitu interesu, znati nauk o Kṛṣṇi. Stoga, kada sam Kṛṣṇa govori o Sebi, to je povoljno za sve svjetove. Takva Kṛṣṇina objašnjenja mogu demonima izgledati neobično, jer demoni uvijek proučavaju Kṛṣṇu iz svoga kuta gledanja, ali *bhakte* sa srdačnom dobrodošlicom prihvaćaju Kṛṣṇine izjave o samom Sebi. *Bhakte* će uvijek obožavati takve mjerodavne Kṛṣṇine izjave, jer uvijek žarko žele saznati što više o Njemu. Ateisti, koji smatraju Kṛṣṇu običnim čovjekom, mogu tako saznati da je Kṛṣṇa nadljudsko biće, da je *sac-cid-ānanda-vigraha* – vječni oblik blaženstva i znanja – da je transcendentalan, te da je iznad ovlasti *guṇa* materijalne prirode i iznad utjecaja vremena i prostora. Kṛṣṇin *bhakta* poput Arjune nedvojbeno nadilazi bilo kakvo pogrešno shvaćanje Kṛṣṇina transcendentalnog položaja. Ovo Arjunino je pitanje jednostavno pokušaj *bhakte* da opovrgne ateistički stav onih koji smatraju Kṛṣṇu običnim ljudskim bićem podložnim *guṇama* materijalne prirode.

STROFA 5

श्रीभगवानुवाच
बहूनि मे व्यतीतानि जन्मानि तव चार्जुन ।
तान्यहं वेद सर्वाणि न त्वं वेत्थ परन्तप ॥ ५ ॥

śrī-bhagavān uvāca
bahūni me vyatītāni janmāni tava cārjuna
tāny ahaṁ veda sarvāṇi na tvaṁ vettha parantapa

śrī-bhagavān uvāca – Božanska Osoba reče; *bahūni* – mnogo; *me* – Mojih; *vyatītāni* – prošlo; *janmāni* – rođenja; *tava* – tvojih; *ca* – također; *arjuna* – o Arjuna; *tāni* – njih; *aham* – Ja; *veda* – znam; *sarvāṇi* – sva; *na* – ne; *tvam* – ti; *vettha* – znaš; *parantapa* – o pokoritelju neprijatelja.

Božanska Osoba reče: Ti i Ja rodili smo se već mnogo puta. Ja se mogu sjetiti svih tih života, ali ti ne možeš, o pokoritelju neprijatelja!

SMISAO: U *Brahma-saṁhiti* (5.33) nalazimo podatak o Gospodinovim mnogobrojnim inkarnacijama. U njoj je rečeno:

advaitam acyutam anādim ananta-rūpam
ādyaṁ purāṇa-puruṣaṁ nava-yauvanaṁ ca
vedeṣu durlabham adurlabham ātma-bhaktau
govindam ādi-puruṣaṁ tam ahaṁ bhajāmi

„Obožavam Svevišnju Božansku Osobu, Govindu (Kṛṣṇu), apsolutnu, nepogrešivu prvobitnu osobu, bez početka. Premda se ekspandira u bezbroj oblika, uvijek ostaje ista, izvorna, najstarija osoba, uvijek u cvijetu mladosti. Takve vječne, blažene i sveznajuće Gospodinove oblike obično mogu shvatiti samo najbolji vedski učenjaci, ali oni se uvijek pokazuju čistim, neokaljanim *bhaktama.*"

U *Brahma-saṁhiti* (5.39) također je rečeno:

rāmādi-mūrtiṣu kalā-niyamena tiṣṭhan
nānāvatāram akarod bhuvaneṣu kintu
kṛṣṇaḥ svayaṁ samabhavat paramaḥ pumān yo
govindam ādi-puruṣaṁ tam ahaṁ bhajāmi

„Obožavam Svevišnju Božansku Osobu, Govindu (Kṛṣṇu), koji se uvijek pojavljuje u oblicima različitih inkarnacija, poput Rāme i Nṛsiṁhe, kao i u oblicima podređenih inkarnacija, ali se istodobno i osobno inkarnira, kao izvorna Božanska Osoba, Kṛṣṇa."

U *Vedama* je rečeno da se Gospodin, iako nema premca, pojavljuje u bezbroj oblika. On nalikuje kamenu *vaiduryi*, koji mijenja boje, ali ipak ostaje isti. Sve te mnogobrojne oblike mogu shvatiti čisti, neokaljani *bhakte*. Takvi se oblici ne mogu shvatiti samim proučavanjem *Veda* (*vedeṣu durlabham adurlabham ātma-bhaktau*). *Bhakte* poput Arjune Gospodinovi su stalni pratioci i kad god se Gospodin inkarnira, takvi se *bhakte* inkarniraju da bi Ga služili na razne načine. Arjuna je jedan od njih. Iz ove strofe doznajemo da je bio nazočan prije nekoliko milijuna godina u drugačijoj ulozi, kada je Gospodin Kṛṣṇa izložio *Bhagavad-gītu* bogu Sunca, Vivasvānu. Gospodin se toga sjećao, ali Arjuna nije. To je razlika između sićušnoga živog bića i Svevišnjeg Gospodina. Premda je ovdje oslovljen kao veliki junak koji može pokoriti neprijatelje, Arjuna se ne može sjetiti događaja iz svojih prošlih života. Stoga živo biće, koliko god veliko bilo po materijalnim mjerilima, nikada ne može biti jednako Svevišnjem Gospodinu. Gospodinov vječni pratilac sigurno je oslobođena osoba, ali ne može biti jednak Gospodinu. Gospodin je opisan u *Brahma-saṁhiti* kao nepogrešiv (*acyuta*), što znači da nikada ne zaboravlja Sebe, čak ni u dodiru s materijom. Zbog toga Gospodin i živo biće nikada ne mogu biti jednaki u svakom pogledu, čak i kada je živo biće oslobođeno poput Arjune. Premda je Arjuna Gospodinov *bhakta,* katkada zaboravlja Gospodinovu prirodu, ali zahvaljujući božanskoj milosti, *bhakta* može odmah shvatiti Gospodinov nepogrešivi položaj, dok *abhakta* ili demon ne može shvatiti Njegovu transcendentalnu prirodu. Zbog toga demonski mozgovi ne mogu shvatiti ove izjave *Gīte.* Kṛṣṇa se sjećao djela koja je počinio prije milijun godina, ali Arjuna se nije mogao sjetiti, iako su i Kṛṣṇa i Arjuna po prirodi vječni. Ovdje možemo primijetiti da živo biće sve zaboravlja zato što mijenja tijelo, ali Gospodin ne mijenja Svoje *sac-cid-ānanda* tijelo i zato se sjeća. On je *advaita,* što znači da se ne razlikuje od Svoga tijela. Sve u vezi s Njim je duh, ali uvjetovana se duša razlikuje od svoga materijalnog tijela. Gospodinovo tijelo i jastvo istovjetni su i zato se Njegov položaj uvijek razlikuje od položaja običnog živog bića, čak i kada siđe na materijalnu razinu. Demoni ne mogu prihvatiti Gospodinovu transcendentalnu prirodu, koju sam Gospodin objašnjava u sljedećoj strofi.

STROFA 6

अजोऽपि सन्नव्ययात्मा भूतानामीश्वरोऽपि सन् ।
प्रकृतिं स्वामधिष्ठाय सम्भवाम्यात्ममायया ॥ ६ ॥

ajo 'pi sann avyayātmā bhūtānām īśvaro 'pi san
prakṛtiṁ svām adhiṣṭhāya sambhavāmy ātma-māyayā

ajaḥ – nerođen; *api* – iako; *san* – kao takav; *avyaya* – ne propada; *ātmā* – tijelo; *bhūtānām* – svih rođenih bića; *īśvaraḥ* – Svevišnji Gospodin; *api* – iako; *san* – takav; *prakṛtim* – u transcendentalnom obliku; *svām* – Mom; *adhiṣṭhāya* – u takvu položaju; *sambhavāmi* – inkarniram se; *ātma-māyayā* – Svojom unutarnjom energijom.

Iako sam gospodar svih živih bića i nerođen, a Moje transcendentalno tijelo nikada ne propada, pojavljujem se u svakom mileniju u Svom izvornom transcendentalnom obliku.

SMISAO: Gospodin opisuje posebnu prirodu Svoga rođenja: iako može izgledati kao obična osoba, sjeća se svega što se dogodilo u Njegovim brojnim prošlim „životima", dok se običan čovjek ne može sjetiti čak ni što je radio prije nekoliko sati. Kad biste obična čovjeka upitali što je jučer radio u isto vrijeme, bilo bi mu veoma teško odmah odgovoriti. Sigurno bi morao napregnuti svoje pamćenje kako bi se prisjetio što je tada radio. Unatoč tome ljudi se često usuđuju tvrditi da su Bog, odnosno Kṛṣṇa. Ne bismo trebali dopustiti da nas zavedu takve besmislene tvrdnje. Gospodin zatim objašnjava Svoju *prakṛti,* Svoj oblik. *Prakṛti* znači „priroda", kao i *svarūpa,* „vlastiti oblik". Gospodin kaže da se pojavljuje u vlastitom tijelu. On ne mijenja Svoje tijelo kao živo biće, koje prelazi iz jednoga tijela u drugo. Uvjetovana duša može imati jednu vrstu tijela u sadašnjem životu, ali dobiva drugačije tijelo u idućem životu. U materijalnom svijetu, živo biće nema stalno tijelo već se seli iz jednoga tijela u drugo. Gospodin to ne čini. Kad god se pojavi, čini to u istom izvornom tijelu, Svojom unutarnjom moći. Drugim riječima, Kṛṣṇa se pojavljuje u materijalnom svijetu u Svom izvornom vječnom dvorukom obliku, držeći flautu. Pojavljuje se u Svom vječnom tijelu, neokaljan materijalnim svijetom. Premda se pojavljuje u istom transcendentalnom tijelu i premda je gospodar svemira, naizgled se rađa kao obično živo biće. Njegovo tijelo ne propada kao materijalno tijelo, ali Gospodin Kṛṣṇa ipak naizgled raste i prolazi kroz djetinjstvo, dječaštvo i mladost. Začudo, čim zađe u mladost prestaje stariti. U vrijeme bitke na Kurukṣetri Gospodin je kod kuće imao mnogo unuka. Drugim riječima, po materijalnom proračunu bio je prilično star, ali je ipak izgledao kao mladić od dvadeset ili dvadeset pet godina. Nikada ne vidimo sliku Kṛṣṇe na kojoj izgleda star, jer nikada ne stari kao mi, iako je najstarija osoba u svim svjetovima – prošlim, sadašnjim i budućima. Njegovo tijelo i Njegova inteligencija nikada ne propadaju niti se mijenjaju. Stoga možemo zaključiti da je Gospodin, unatoč Svojoj prisutnosti u materijalnom svijetu, isti nerođeni, vječni oblik blaženstva i znanja, čije su tijelo i inteligencija nepromjenjivi. Ustvari, Njegova pojava i nestanak nalikuju izlasku Sunca, njegovu kretanju nebom i nestanku s našega vidokruga. Kada ne možemo vidjeti Sunce, mislimo da je zašlo, a kada je prisutno pred našim očima, mislimo da se nalazi na horizontu. Ustvari, Sunce se uvijek nalazi na jednom mjestu, ali zbog naših nesavršenih osjetila govorimo o izlasku i zalasku Sunca na nebu. Budući da se pojava i nestanak Gospodina Kṛṣṇe potpuno razlikuju od pojave i nestanka bilo kojega običnog živog bića, očito je da je Gospodin, zahvaljujući Svojoj unutarnjoj moći, vječno, blaženo znanje i nikada nije okaljan materijalnom prirodom. *Vede* potvrđuju da je Svevišnji Gospodin nerođen, iako se naizgled rađa u mnogobrojnim oblicima. Dopunski vedski spisi potvrđuju da se Gospodinovo tijelo ne mijenja, iako se Gospodin naizgled rađa. U *Bhāgavatamu* je opisano da se Gospodin pojavio pred Svojom majkom kao četveroruki Nārāyaṇa, sa šest vrsta obilja. Pojavljujući se u Svom izvornom vječnom obliku iskazuje živim bićima bezuzročnu milost kako bi mogla usredotočiti svoju pozornost na Svevišnjega Gospodina takva kakav jest, a ne na umne izmišljotine ili spekulacije koje impersonalisti pogrešno smatraju Gospodinovim oblicima. Prema rječniku *Viśva-kośi* riječ *māyā* ili *ātma-māyā* odnosi se na Gospodinovu bezuzročnu milost. Gospodin je svjestan svih Svojih pojava i nestanaka, ali obično živo biće zaboravlja sve o svom prošlom tijelu čim dobije drugo tijelo. Gospodin je gospodar svih živih bića jer za vrijeme Svoga boravka na Zemlji čini čudesna, nadljudska djela. Stoga je uvijek ista Apsolutna Istina. Nema razlike između Njegova oblika i jastva ili između Njegovih odlika i Njegova tijela. Sada se može postaviti pitanje zašto se Gospodin u ovom svijetu pojavljuje i nestaje. To će biti objašnjeno u idućoj strofi.

STROFA 7

यदा यदा हि धर्मस्य ग्लानिर्भवति भारत ।
अभ्युत्थानमधर्मस्य तदात्मानं सृजाम्यहम् ॥ ७ ॥

yadā yadā hi dharmasya glānir bhavati bhārata
abhyutthānam adharmasya tadātmānaṁ sṛjāmy aham

yadā yadā – kad god i gdje god; *hi* – zacijelo; *dharmasya* – u religiji; *glāniḥ* – nepravilnosti; *bhavati* – očituju se; *bhārata* – o potomče Bharate; *abhyutthānam* – prevladava; *adharmasya* – bezbožnost; *tadā* – tada; *ātmānam* – Sebe; *sṛjāmi* – očitujem; *aham* – Ja.

Kad god i gdje god dođe do zanemarivanja religijskih načela i porasta bezbožnosti, o potomče Bharate, Ja se pojavljujem.

SMISAO: U ovoj je strofi značajna riječ *sṛjāmi. Sṛjāmi* se ne može odnositi na stvaranje, jer prema prethodnoj strofi Gospodinov oblik ili tijelo nisu stvoreni, budući da svi oblici vječno postoje. Stoga *sṛjāmi* znači da se Gospodin očituje takav kakav jest. Premda se pojavljuje po utvrđenu redu, na kraju Dvāpara-yuge u dvadeset osmom mileniju sedmoga Manua u danu Brahme, nije dužan pridržavati se takvih pravila i propisa, jer može potpuno slobodno djelovati na razne načine po Svojoj volji. Tako se pojavljuje po vlastitoj volji kad god prevladava bezbožnost i nestaje prava religija. Načela su religije postavljena u *Vedama* i svako odstupanje od pravilna slijeđenja uputa *Veda* čini osobu bezbožnom. U *Bhāgavatamu* je rečeno da su takva načela Gospodinovi zakoni. Samo Gospodin može stvoriti sustav religije. *Vede* se prihvaćaju kao spisi koje je Gospodin prvobitno izložio Brahmi u njegovu srcu. Zato su načela *dharme,* odnosno religije, izravne naredbe Svevišnje Božanske Osobe (*dharmaṁ tu sākṣād bhagavat-praṇītam*). Na ta načela jasno se upućuje u čitavoj *Bhagavad-gīti.* Svrha je *Veda* uspostaviti takva načela po naredbi Svevišnjega Gospodina, koji otvoreno izjavljuje na kraju *Gīte* da je najviše načelo religije predati se samo Njemu i ništa više. Vedska načela vode osobu k potpunu predavanju Njemu i kad god demonske osobe ometaju slijeđenje takvih načela, Gospodin se pojavljuje. Iz *Bhāgavatama* saznajemo da je Buddha Kṛṣṇina inkarnacija koja se pojavila kada je materijalizam uzeo maha i kada su materijalisti opravdavali svoje postupke autoritetom *Veda.* Iako u *Vedama* postoje određene odredbe koje propisuju ograničeno žrtvovanje životinja u određenu svrhu, ljudi demonskih sklonosti žrtvovali su životinje ne pridržavajući se vedskih načela. Buddha se pojavio da bi to prekinuo i uspostavio vedsko načelo nenasilja. Tako svaki *avatāra,* Gospodinova inkarnacija, ima određenu misiju koja je opisana u razotkrivenim spisima. Nikoga ne bismo trebali prihvatiti kao *avatāru* ako nije spomenut u spisima. Nije točno da se Gospodin pojavljuje samo na tlu Indije. On se može pojaviti gdje god i kad god to želi. U svakoj inkarnaciji govori o religiji, koliko to određeni ljudi u određenim okolnostima mogu shvatiti. No misija je ista – dovesti ljude do svjesnosti Boga i pokoravanja načelima religije. Katkada se osobno pojavljuje, a katkada šalje Svoga vjerodostojnog predstavnika u obliku Svoga sina ili sluge ili dolazi sam u nekom prikrivenom obliku.

Načela *Bhagavad-gīte* bila su objašnjena Arjuni, kao i drugim veoma naprednim osobama, jer je Arjuna bio veoma napredan u usporedbi s običnim osobama u drugim dijelovima svijeta. Matematičko načelo po kojem su dva i dva četiri vrijedi i u početničkoj i u naprednoj aritmetici. Ipak, postoji viša i niža matematika. Tako sve Gospodinove inkarnacije poučavaju ljude istim načelima, ali ona se u različitim okolnostima smatraju višim ili nižim načelima. Viša načela religije počinju s prihvaćanjem podjele društva na četiri staleža i četiri reda duhovnog života, kao što će kasnije biti objašnjeno. Jedina misija inkarnacija leži u buđenju svjesnosti Kṛṣṇe svugdje. Takva se svjesnost očituje, ili ne očituje, samo u određenim okolnostima.

STROFA 8

परित्राणाय साधूनां विनाशाय च दुष्कृताम् ।
धर्मसंस्थापनार्थाय सम्भवामि युगे युगे ॥ ८ ॥

paritrāṇāya sādhūnāṁ vināśāya ca duṣkṛtām
dharma-saṁsthāpanārthāya sambhavāmi yuge yuge

paritrāṇāya – da bih izbavio; *sādhūnām* – *bhakte*; *vināśāya* – da bih uništio; *ca* – i; *duṣkṛtām* – nevjernike; *dharma* – načela religije; *saṁsthāpana-arthāya* – da bih ponovno uspostavio; *sambhavāmi* – pojavljujem se; *yuge* – milenij; *yuge* – za milenijom.

Da bih izbavio pobožne, uništio bezbožne i ponovno uspostavio načela religije, pojavljujem se milenij za milenijem.

SMISAO: Prema *Bhagavad-gīti sādhu* (sveta osoba) je čovjek svjestan Kṛṣṇe. Netko može izgledati bezbožno, ali ako je u potpunosti svjestan Kṛṣṇe, trebamo ga smatrati *sādhuom. Duṣkṛtām* se odnosi na one koji ne mare za svjesnost Kṛṣṇe. Takvi su nevjernici opisani kao budale i najniži od ljudi, iako ih može krasiti svjetovna naobrazba. Za razliku od njih, osoba koja je potpuno zaokupljena svjesnošću Kṛṣṇe prihvaća se kao *sādhu,* iako možda nije ni učena ni veoma obrazovana. Što se tiče ateista, Svevišnji se Gospodin ne mora pojaviti takav kakav jest da bi ih uništio, kao što je uništio demone Rāvaṇu i Kaṁsu. On ima mnogo posrednika koji mogu uništiti demone. Gospodin se pojavljuje napose zato da bi zadovoljio Svoje neokaljane *bhakte,* koje demoni uvijek progone. Demon uvijek uznemirava *bhaktu,* čak i kada je *bhakta* njegov rođak. Premda je Prahlāda Mahārāja bio Hiraṇyakaśipuov sin, njegov ga je otac proganjao. Kṛṣṇina majka Devakī bila je Kaṁsina sestra, ali je zajedno sa svojim mužem Vasudevom bila mučena samo zato što se Kṛṣṇa trebao roditi kao njihov sin. Gospodin Kṛṣṇa pojavio se prvenstveno kako bi izbavio Devakī, a ne da bi ubio Kaṁsu, ali je i jedno i drugo učinio istodobno. Zato je ovdje rečeno da se Gospodin pojavljuje u različitim inkarnacijama kako bi izbavio *bhakte* i ubio nevjerne demone.

U *Caitanya-caritāmṛti* Kṛṣṇadāse Kavirāje sljedeći stihovi (*Madhya* 20.263–264) sažeto opisuju ta načela inkarnacije:

sṛṣṭi-hetu yei mūrti prapañce avatare
sei īśvara-mūrti 'avatāra' nāma dhare

māyātīta paravyome sabāra avasthāna
viśve avatari' dhare 'avatāra' nāma

„*Avatāra,* inkarnacija Boga, silazi iz Božjeg Carstva da bi se očitovala u materijalnom svijetu. Oblik Božanske Osobe koja se tako pojavljuje zove se inkarnacija ili *avatāra.* Takve inkarnacije prebivaju u duhovnom svijetu, Božjem Carstvu. Kad se pojave u materijalnom svijetu, nazivaju se *avatāre.*"

Postoje razne vrste *avatāra: puruṣāvatāre, guṇāvatāre, līlāvatāre, śaktyāveśa avatāre, manvantara-avatāre* i *yugāvatāre*, koji se pojavljuju u cijelom svemiru po utvrđenu redu, ali Gospodin Kṛṣṇa je prvobitni Gospodin, izvor svih *avatāra.* Śrī Kṛṣṇa se pojavljuje kako bi oslobodio tjeskobe čiste *bhakte,* koji Ga žarko žele vidjeti u Njegovim izvornim zabavama u Vṛndāvani. Stoga je glavna namjera Kṛṣṇa *avatāre* zadovoljiti Svoje neokaljane *bhakte.*

Gospodin kaže da se inkarnira u svakom mileniju. To znači da se inkarnira i u dobu Kali. Kao što je rečeno u *Śrīmad-Bhāgavatamu,* inkarnacija u dobu Kali je Gospodin Caitanya Mahāprabhu, koji je pokretom *saṅkīrtane* (skupnim pjevanjem svetih imena) raširio obožavanje Kṛṣṇe i svjesnost Kṛṣṇe po čitavoj Indiji. On je pretkazao da će kult *saṅkīrtane* preplaviti čitav svijet, šireći se od sela do sela, od grada do grada. Gospodin Caitanya posredno je opisan na prikriven način kao inkarnacija Kṛṣṇe, Božanske Osobe, u povjerljivim dijelovima razotkrivenih spisa, kao što su *Upaniṣade, Mahābhārata* i *Bhāgavatam. Bhakte* Gospodina Kṛṣṇe jako privlači *saṅkīrtana* pokret Gospodina Caitanye. Ovaj Gospodinov *avatāra* ne ubija bezbožnike, već ih Svojom bezuzročnom milošću izbavlja.

STROFA 9

जन्म कर्म च मे दिव्यमेवं यो वेत्ति तत्त्वतः ।
त्यक्त्वा देहं पुनर्जन्म नैति मामेति सोऽर्जुन ॥ ९ ॥

janma karma ca me divyam evaṁ yo vetti tattvataḥ
tyaktvā dehaṁ punar janma naiti mām eti so 'rjuna

janma – rođenje; *karma* – djelatnosti; *ca* – također; *me* – Moje; *divyam* – transcendentalne; *evam* – tako; *yaḥ* – onaj tko; *vetti* – poznaje; *tattvataḥ* – istinski; *tyaktvā* – po napuštanju; *deham* – ovoga tijela; *punaḥ* – ponovno; *janma* – rođenje; *na* – nikada; *eti* – ne dobiva; *mām* – Mene; *eti* – dostiže; *saḥ* – on; *arjuna* – o Arjuna.

Onaj tko poznaje transcendentalnu prirodu Moje pojave i Mojih djelatnosti po napuštanju tijela više se ne rađa u materijalnom svijetu, već dostiže Moje vječno prebivalište, o Arjuna.

SMISAO: Gospodinov silazak iz Njegova transcendentalnog carstva već je bio objašnjen u šestoj strofi. Onaj tko može shvatiti istinu o pojavi

Božanske Osobe već je oslobođen materijalnog ropstva i zato se vraća u Božje Carstvo čim napusti materijalno tijelo. Takvo oslobođenje živoga bića od materijalnog ropstva ne dostiže se lako. Impersonalisti i *yogīji* dostižu oslobođenje tek nakon velika napora i nakon mnogo, mnogo života. Čak i onda oslobođenje koje dostižu – stapanje s Gospodinovim neosobnim *brahmajyotijem* – samo je djelomično i postoji opasnost vraćanja u materijalni svijet. No *bhakta,* jednostavno zahvaljujući razumijevanju transcendentalne prirode Gospodinova tijela i djelatnosti, po napuštanju ovoga tijela dostiže Gospodinovo carstvo i ne izlaže se opasnosti da se vrati u materijalni svijet. U *Brahma-saṁhiti* (5.33) rečeno je da Gospodin ima mnogo oblika i inkarnacija: *advaitam acyutam anādim ananta-rūpam.* Premda ima mnogo transcendentalnih oblika, svi su oni jedna Svevišnja Božanska Osoba. To moramo shvatiti s uvjerenjem, iako je svjetovnim učenjacima i empirijskim filozofima neshvatljivo. U *Vedama* (*Puruṣa-bodhinī Upaniṣadi*) rečeno je:

eko devo nitya-līlānurakto bhakta-vyāpī hṛdy antar-ātmā

„Jedna Svevišnja Božanska Osoba u Svojim mnogobrojnim transcendentalnim oblicima vječno održava odnose sa Svojim neokaljanim *bhaktama.*" Ovu je vedsku izjavu potvrdio u ovoj strofi *Gīte* sam Gospodin. Onaj tko na temelju autoriteta *Veda* i Svevišnje Božanske Osobe prihvati ovu istinu i ne trati svoje vrijeme na filozofsku spekulaciju dostiže najviši savršeni stadij oslobođenja. Ako osoba jednostavno prihvati tu istinu s vjerom, nedvojbeno može dostići oslobođenje. Vedska izjava *tat tvam asi* može se primijeniti u ovom slučaju. Onaj tko shvati da je Gospodin Kṛṣṇa Svevišnji ili tko kaže Gospodinu: „Ti si Vrhovni Brahman, Božanska Osoba", nedvojbeno odmah biva oslobođen. Tako je njegov ulazak u Gospodinovo transcendentalno društvo osiguran. Drugim riječima, takav vjerni *bhakta* dostiže savršenstvo. To potvrđuje vedska tvrdnja:

tam eva viditvāti mṛtyum eti nānyaḥ panthā vidyate 'yanāya

„Savršeni stadij oslobođenja od rođenja i smrti može se dostići jednostavno spoznavanjem Gospodina, Svevišnje Božanske Osobe. To se savršenstvo ne može dostići ni na koji drugi način." (*Śvetāśvatara Upaniṣada* 3.8) Da nema drugoga načina znači da se onaj tko ne shvaća da je Gospodin Kṛṣṇa Svevišnja Božanska Osoba sigurno nalazi u *guṇi* neznanja i zato neće dostići oslobođenje jednostavno lizanjem staklenke s medom ili tumačenjem *Bhagavad-gīte* na temelju svjetovne učenosti. Empirijski filozofi mogu imati vrlo važne uloge u materijalnom svijetu, ali nisu nužno dostojni oslobođenja. Takvi umišljeni svjetovni učenjaci moraju čekati na bezuzročnu milost Gospodinova *bhakte.* Stoga svjesnost Kṛṣṇe trebamo njegovati s vjerom i znanjem te na taj način dostići savršenstvo.

STROFA 10

वीतरागभयक्रोधा मन्मया मामुपाश्रिताः ।
बहवो ज्ञानतपसा पूता मद्भावमागताः ॥ १० ॥

vīta-rāga-bhaya-krodhā man-mayā mām upāśritāḥ
bahavo jñāna-tapasā pūtā mad-bhāvam āgatāḥ

vīta – oslobođeni; *rāga* – vezanosti; *bhaya* – straha; *krodhāḥ* – i srdžbe; *mat-mayā* – potpuno u Meni; *mām* – u Meni; *upāśritāḥ* – potpuno utemeljeni; *bahavaḥ* – mnogi; *jñāna* – znanja; *tapasā* – pokorom; *pūtāḥ* – pročišćeni; *mat-bhāvam* – transcendentalnu ljubav prema Meni; *āgatāḥ* – dostigli su.

Oslobođeni vezanosti, straha i srdžbe, potpuno svjesni Mene, nalazeći utočište u Meni, mnogi su se u prošlosti pročistili znanjem o Meni i tako dostigli transcendentalnu ljubav prema Meni.

SMISAO: Kao što je već bilo opisano, osoba koja je previše sklona materijalnom životu teško može shvatiti osobnu prirodu Vrhovne Apsolutne Istine. Ljudi vezani za tjelesno shvaćanje života obično su toliko obuzeti materijalizmom da je za njih gotovo nemoguće shvatiti kako Svevišnji može biti osoba. Takvi materijalisti ne mogu čak ni zamisliti da postoji transcendentalno tijelo, neuništivo, puno znanja i vječno blaženo. Prema materijalističkom shvaćanju tijelo je uništivo, puno neznanja i bijede. Zato ljudi, kad čuju za Gospodinov osobni oblik, imaju istu tjelesnu predodžbu. Takvi materijalistički ljudi smatraju golemo materijalno očitovanje vrhovnim oblikom. Zato misle da Svevišnji nije osoba. Budući da su previše obuzeti materijalnim životom, zamisao o zadržavanju osobnosti nakon oslobođenja od materije budi u njima strah. Kad saznaju da je duhovni život individualan i osoban, plaše se da ponovno ne postanu osobe i tako prirodno više vole neku vrstu stapanja s neosobnom prazninom. Obično uspoređuju živa bića s mjehurićima u oceanu, koji se stapaju s oceanom. To je najviše savršenstvo duhovnog postojanja koje se može dostići bez osobnosti. Lišeno savršenog znanja o duhovnom postojanju, takvo je stanje života zastrašujuće. Pored njih ima mnogo osoba koje uopće ne mogu shvatiti duhovno postojanje. Kad im se smuče razne teorije i proturječnosti raznih vrsta filozofskih spekulacija, postaju zgađeni ili ljuti te budalasto zaključuju da nema vrhovnog uzroka i da je sve u biti praznina. Takvi se ljudi nalaze u bolesnu stanju života. Neki su ljudi previše materijalno vezani i zato ne obraćaju pozornost na duhovni život, neki se žele stopiti s vrhovnim duhovnim uzrokom, a neki ne vjeruju ni u šta, jer su zbog beznađa ljuti na sve vrste duhovne spekulacije. Ta posljednja vrsta ljudi nalazi utočište u opojnim sredstvima i svoje bolesne halucinacije ponekad prihvaća kao duhovne vizije. Čovjek se mora osloboditi svih triju stanja vezanosti za materijalni svijet: zanemarivanja duhovnog života, straha od osobnoga duhovnog identiteta i shvaćanja o praznini koje potječe od razočaranja u životu. Da bi se oslobodio tih triju stanja materijalnoga shvaćanja života, mora potpuno prihvatiti utočište Gospodina pod vodstvom vjerodostojna duhovnog učitelja i slijediti pravila i propisana načela života predanosti. Posljednji stadij života predanosti naziva se *bhāva* ili transcendentalna ljubav prema Bogu.

Prema *Bhakti-rasāmṛta-sindhuu* (1.4.15–16), koji predstavlja znanost o predanom služenju:

ādau śraddhā tataḥ sādhu- saṅgo 'tha bhajana-kriyā
tato 'nartha-nivṛttiḥ syāt tato niṣṭhā rucis tataḥ

athāsaktis tato bhāvas tataḥ premābhyudañcati
sādhakānām ayaṁ premṇaḥ prādurbhāve bhavet kramaḥ

„Na početku osoba mora željeti dostići samospoznaju. To će je dovesti do stadija u kojem se pokušava družiti s duhovno naprednim osobama. U sljedećem stadiju prihvaća inicijaciju od uzvišena duhovnog učitelja. Tako pod njegovim vodstvom *bhakta* početnik započinje proces predanog služenja. Predano služeći po uputama duhovnog učitelja oslobađa se sve materijalne vezanosti, dostiže postojanost u samospoznaji i stječe ukus za slušanje o Apsolutnoj Božanskoj Osobi, Śrī Kṛṣṇi. Taj ga ukus vodi do vezanosti za svjesnost Kṛṣṇe, koja sazrijeva u *bhāvi,* početnom stadiju transcendentalne ljubavi prema Bogu. Prava ljubav prema Bogu naziva se *prema,* najviši savršeni stadij života." U stadiju *preme*, *bhakta* neprestano transcendentalno služi Gospodina s ljubavlju. Tako postupnim procesom predanog služenja pod vodstvom vjerodostojna duhovnog učitelja može dostići najvišu razinu, oslobodivši se sve materijalne vezanosti, straha od vlastite duhovne osobnosti i razočaranja koje vodi do filozofije ništavila. Tako, na kraju, može dostići carstvo Svevišnjega Gospodina.

STROFA 11

ये यथा मां प्रपद्यन्ते तांस्तथैव भजाम्यहम् ।
मम वर्त्मानुवर्तन्ते मनुष्याः पार्थ सर्वशः ॥ ११ ॥

ye yathā māṁ prapadyante tāṁs tathaiva bhajāmy aham
mama vartmānuvartante manuṣyāḥ pārtha sarvaśaḥ

ye – svi koji; *yathā* – kako; *mām* – Meni; *prapadyante* – predaju se; *tān* – njima; *tathā* – tako; *eva* – zacijelo; *bhajāmi* – uzvraćam; *aham* – Ja; *mama* – Moj; *vartma* – put; *anuvartante* – slijede; *manuṣyāḥ* – svi ljudi; *pārtha* – o Pṛthin sine; *sarvaśaḥ* – u svakom pogledu.

Kako Mi se netko preda, tako ga nagrađujem. Svatko slijedi Moj put u svakom pogledu, o Pṛthin sine.

SMISAO: Svatko traga za Kṛṣṇom u različitim vidovima Njegovih očitovanja. Svevišnji Gospodin Kṛṣṇa djelomično se spoznaje kao Njegov neosobni sjaj, *brahmajyoti*, i kao sveprožimajuća Nad-duša, koja prebiva u svemu, pa tako i u atomima. No Kṛṣṇu u potpunosti spoznaju samo Njegovi čisti *bhakte*. Kṛṣṇa je predmet spoznaje svih osoba. Tako svatko biva zadovoljen u skladu sa svojom željom da ima odnos s Njim. U transcendentalnom svijetu Kṛṣṇa uzvraća Svojim čistim *bhaktama* u transcendentalnom odnosu, ovisno o željama *bhakte*. Neki *bhakte* žele Kṛṣṇu kao vrhovnog gospodara, neki kao osobnog prijatelja, neki kao sina, a neki kao ljubavnika. Kṛṣṇa sve *bhakte* jednako nagrađuje, u skladu s različitom snagom njihove ljubavi prema Njemu. U materijalnom svijetu postoji ista razmjena osjećaja i Gospodin ih jednako razmjenjuje s različitim vrstama obožavatelja. Čisti *bhakte* druže se s Njim osobno, i ovdje i u transcendentalnom carstvu, te mogu osobno služiti Gospodina kušajući tako transcendentalno blaženstvo služenja Gospodina s ljubavlju. Što se tiče impersonalista i onih koji žele počiniti duhovno samoubojstvo uništavanjem osobnog postojanja živoga bića, Kṛṣṇa i njima pomaže stapajući ih sa Svojim sjajem. Takvi impersonalisti ne prihvaćaju vječnu, blaženu Božansku Osobu; zato ne mogu uživati u blaženstvu transcendentalnoga osobnog služenja Gospodina, jer su ugušili svoju osobnost. Neki od njih, koji nisu utemeljeni čak ni u neosobnom postojanju, vraćaju se materijalnim djelatnostima kako bi očitovali svoje uspavane želje za djelovanjem. Takvim se osobama ne dopušta da odu na duhovne planete, ali im se ponovno pruža prilika da djeluju na materijalnim planetima. Koristoljubivim radnicima Gospodin, kao *yajñeśvara*, daruje željene rezultate njihovih propisanih dužnosti, a *yogījima* željene mistične moći. Drugim riječima, svačiji uspjeh ovisi samo o Njegovoj milosti, a sve vrste duhovnih procesa samo su različiti stupnjevi uspjeha na istom putu. Ako osoba ne dostigne najviše savršenstvo svjesnosti Kṛṣṇe, svi će njezini pokušaji ostati nesavršeni. To je potvrđeno u *Śrīmad-Bhāgavatamu* (2.3.10):

akāmaḥ sarva-kāmo vā mokṣa-kāma udāra-dhīḥ
tīvreṇa bhakti-yogena yajeta puruṣaṁ param

„Bez obzira na to želi li oslobođenje ili plodonosne rezultate ili nema želja (stanje *bhakte*), osoba se treba svim snagama truditi da obožava Svevišnju Božansku Osobu kako bi dostigla savršenstvo, čiji je vrhunac svjesnost Kṛṣṇe."

STROFA 12

काङ्क्षन्तः कर्मणां सिद्धिं यजन्त इह देवताः ।
क्षिप्रं हि मानुषे लोके सिद्धिर्भवति कर्मजा ॥ १२ ॥

kāṅkṣantaḥ karmaṇāṁ siddhiṁ yajanta iha devatāḥ
kṣipraṁ hi mānuṣe loke siddhir bhavati karma-jā

kāṅkṣantaḥ – želeći; *karmaṇām* – plodonosnog djelovanja; *siddhim* – savršenstvo; *yajante* – obožavaju žrtvovanjima; *iha* – u ovom materijalnom svijetu; *devatāḥ* – polubogove; *kṣipram* – vrlo brzo; *hi* – zacijelo; *mānuṣe* – u ljudskom društvu; *loke* – u ovom svijetu; *siddhiḥ* – uspjeh; *bhavati* – dolazi; *karma-jā* – u plodonosnom radu.

Ljudi u ovome svijetu žele postići uspjeh u plodonosnim djelatnostima i zato obožavaju polubogove. Naravno, brzo dobivaju rezultate plodonosnog rada u ovome svijetu.

SMISAO: O bogovima, odnosno polubogovima materijalnog svijeta, vlada pogrešno mišljenje i ljudi koji nemaju veliku inteligenciju, premda se predstavljaju kao veliki učenjaci, smatraju polubogove raznim oblicima Svevišnjega Gospodina. Ustvari, polubogovi nisu različiti oblici Boga, već Njegovi različiti sastavni djelići. Bog je jedan, a djelići su mnogobrojni. *Vede* kažu – *nityo nityānām:* Bog je jedan. *Īśvaraḥ paramaḥ kṛṣṇaḥ.* Vrhovni je Bog jedan – Kṛṣṇa – a polubogovima je povjerena moć vladanja materijalnim svijetom. Svi su ti polubogovi živa bića (*nityānām*) koja posjeduju materijalnu moć u različitoj mjeri. Ne mogu biti jednaka

Vrhovnom Bogu – Nārāyaṇi, Viṣṇuu ili Kṛṣṇi. Onaj tko misli da su Bog i polubogovi na istoj razini naziva se ateistom ili *pāṣaṇḍījem*. Čak se ni veliki polubogovi poput Brahme i Śive ne mogu usporediti sa Svevišnjim Gospodinom. Ustvari, polubogovi poput Brahme i Śive obožavaju Gospodina (*śiva-viriñci-nutam*). Začudo, budalasti ljudi zbog pogrešna shvaćanja antropomorfizma ili zoomorfizma obožavaju brojne ljudske vođe. *Iha devatāḥ* se odnosi na moćna čovjeka ili poluboga materijalnog svijeta. No Nārāyaṇa, Viṣṇu, ili Kṛṣṇa, Svevišnja Božanska Osoba, ne pripada ovom svijetu. On je transcendentalan prema materijalnom svijetu. Čak i Śrīpāda Śaṅkarācārya, vođa impersonalista, smatra da je Nārāyaṇa, Kṛṣṇa, transcendentalan prema materijalnom svijetu. Međutim, budalasti ljudi (*hṛta-jñāna*) obožavaju polubogove jer žele trenutačne rezultate. Dobivaju rezultate, ali ne znaju da su tako stečeni rezultati privremeni i namijenjeni manje inteligentnim osobama. Inteligentna osoba svjesna je Kṛṣṇe. Takva osoba ne treba obožavati beznačajne polubogove radi trenutačne, privremene dobrobiti. Polubogovi materijalnog svijeta, kao i njihovi obožavatelji, nestat će s uništenjem materijalnog svijeta. Njihovi su blagoslovi materijalni i privremeni. Materijalni svjetovi i njihovi stanovnici, zajedno s polubogovima i njihovim obožavateljima, mjehurići su u oceanu svemira. U ovome svijetu ljudsko je društvo ludo za privremenim materijalnim obiljem kao što su zemlja, obitelj i stvari u kojima se može uživati. Da bi stekli takve privremene stvari, obožavaju polubogove ili moćne ljude u ljudskom društvu. Ako čovjek obožavajući kakva političkog vođu stekne položaj ministra u vladi, misli da je stekao veliku dobrobit. Zato se svi ulaguju takozvanim vođama ili „velikim zvjerkama" kako bi stekli privremene dobrobiti i doista ih stječu. Takvi budalasti ljudi ne pokazuju zanimanje za svjesnost Kṛṣṇe da bi se zauvijek oslobodili bijeda materijalnoga postojanja. Svi žele osjetilno uživanje i budući da žele pogodnosti za osjetilno uživanje, privlači ih obožavanje opunomoćenih živih bića poznatih kao polubogovi. Ova strofa kaže da ljude rijetko zanima svjesnost Kṛṣṇe. Uglavnom ih zanima materijalno uživanje i zbog toga obožavaju kakvo moćno živo biće.

STROFA 13

चातुर्वर्ण्यं मया सृष्टं गुणकर्मविभागशः ।
तस्य कर्तारमपि मां विद्ध्यकर्तारमव्ययम् ॥ १३ ॥

cātur-varṇyaṁ mayā sṛṣṭaṁ guṇa-karma-vibhāgaśaḥ
tasya kartāram api māṁ viddhy akartāram avyayam

cātuḥ-varṇyam – četiri staleža ljudskog društva; *mayā* – Ja; *sṛṣṭam* – stvorio; *guṇa* – prema odlikama; *karma* – i djelovanju; *vibhāgaśaḥ* – prema podjeli; *tasya* – toga; *kartāram* – otac; *api* – iako; *mām* – Ja; *viddhi* – možeš znati; *akartāram* – da ne vršim djelatnosti; *avyayam* – nepromjenjiv.

Stvorio sam četiri staleža ljudskoga društva prema odlikama materijalne prirode i djelovanju koje im je svojstveno. Premda sam stvoritelj ovoga sustava, trebaš znati da ništa ne činim jer sam nepromjenjiv.

SMISAO: Gospodin je stvoritelj svega. Sve nastaje iz Njega, On sve održava i nakon uništenja sve počiva u Njemu. On je stoga stvorio četiri staleža ljudskoga društva, počev sa staležom inteligentnih ljudi, koji se nazivaju *brāhmaṇe* jer se nalaze u *guṇi* vrline. Sljedećem, upravnom staležu pripadaju ljudi koji se nazivaju *kṣatriye* jer se nalaze u *guṇi* strasti. Trgovci, koji se nazivaju *vaiśye,* nalaze se pod utjecajem *guṇa* strasti i neznanja, a *śūdre,* stalež radnika, nalaze se pod utjecajem materijalne *guṇe* neznanja. Iako je stvorio četiri staleža ljudskoga društva, Gospodin Kṛṣṇa ne pripada ni jednom od njih, jer nije jedna od uvjetovanih duša, koje tvore ljudsko društvo. Ljudsko je društvo slično bilo kojem životinjskom društvu, ali Gospodin je stvorio spomenute staleže kako bi uzdignuo ljude s razine životinjskoga života i omogućio im da sustavno razviju svjesnost Kṛṣṇe. Sklonost čovjeka k djelovanju određuju *guṇe* materijalne prirode koje je stekao. Takvi simptomi života, svojstveni različitim *guṇama* materijalne prirode, opisani su u osamnaestom poglavlju ove knjige. Međutim, osoba svjesna Kṛṣṇe viša je čak i od *brāhmaṇe.* Iako se od *brāhmaṇa* zbog njihovih odlika očekuje da posjeduju znanje o Brahmanu, Vrhovnoj Apsolutnoj Istini, većina njih prilazi samo Brahmanu – neosobnom vidu Gospodina Kṛṣṇe. No onaj tko nadiđe ograničeno znanje *brāhmaṇe* te stekne znanje o Svevišnjoj Božanskoj Osobi, Gospodinu Śrī Kṛṣṇi, postaje svjestan Kṛṣṇe – ili, drugim riječima, postaje vaiṣṇava. Svjesnost Kṛṣṇe obuhvaća znanje o svim potpunim ekspanzijama Kṛṣṇe, kao što su Rāma, Nṛsiṁha, Varāha itd. Kao što je Kṛṣṇa transcendentalan prema podjeli ljudskoga društva na četiri staleža, osoba svjesna Kṛṣṇe transcendentalna je prema svim podjelama ljudskoga društva, bilo da je riječ o zajednicama, narodima ili vrstama ljudskoga roda.

STROFA 14

न मां कर्माणि लिम्पन्ति न मे कर्मफले स्पृहा ।
इति मां योऽभिजानाति कर्मभिर्न स बध्यते ॥ १४ ॥

na māṁ karmāṇi limpanti na me karma-phale spṛhā
iti māṁ yo 'bhijānāti karmabhir na sa badhyate

na – nikada ne; *mām* – na Mene; *karmāṇi* – sve vrste rada; *limpanti* – utječu; *na* – niti; *me* – Ja; *karma-phale* – plodonosna djela; *spṛhā* – želim; *iti* – tako; *mām* – Mene; *yaḥ* – onaj tko; *abhijānāti* – to zna; *karmabhiḥ* – u posljedice takva rada; *na* – nikada ne; *saḥ* – on; *badhyate* – zapleće se.

Ne težim za plodovima djelovanja niti podliježem utjecaju bilo kakve djelatnosti. Onaj tko shvati ovu istinu o Meni ne zapleće se u posljedice plodonosna djelovanja.

SMISAO: Kao što u materijalnom svijetu ustavni zakoni proglašavaju da kralj ne može pogriješiti ili da kralj ne podliježe državnim zakonima, tako Gospodin, iako je stvoritelj materijalnog svijeta, ne podliježe utjecaju djelatnosti materijalnoga svijeta. On stvara i ostaje odvojen od Svoje tvorevine, dok se živa bića zapleću u plodonosne rezultate materijalnih djelatnosti zbog svoje sklonosti k vladanju materijalnim bogatstvima. Vlasnik poduzeća nije odgovoran za dobre ili loše djelatnosti radnika, ali sami radnici jesu. Živa su bića zaokupljena zadovoljavanjem osjetila, iako im Gospodin nije naložio da to čine. Da bi unaprijedila osjetilno uživanje, posvećuju se djelatnostima ovoga svijeta i žele rajsku sreću nakon smrti. Gospodina ne privlači takozvana rajska sreća, jer je potpun u Sebi. Rajski su polubogovi samo Njegovi sluge. Vlasnik poduzeća nikada ne želi niža zadovoljstva koja mogu željeti radnici. On je odvojen od materijalnog djelovanja i njegovih posljedica. Na primjer, kiše nisu odgovorne za raznovrsno raslinje koje se pojavljuje na Zemlji, premda bez kiša raslinje ne bi moglo rasti. Vedska *smṛti* to potvrđuje na ovaj način:

nimitta-mātram evāsau sṛjyānāṁ sarga-karmaṇi
pradhāna-kāraṇī-bhūtā yato vai sṛjya-śaktayaḥ

„U materijalnim svjetovima Gospodin je samo vrhovni uzrok. Neposredni je uzrok materijalna priroda, koja kozmičko očitovanje čini vidljivim." Postoje razne vrste stvorenja, kao što su polubogovi, ljudska bića i niže životinje, i sva ona podliježu posljedicama dobrih i loših djela koja su počinila u prošlosti. Gospodin im samo daje odgovarajuće pogodnosti za takve djelatnosti i zakone djelovanja *guṇa* prirode, ali nikada nije odgovoran za njihove prošle i sadašnje djelatnosti. U *Vedānta-sūtri* (2.1.34) potvrđeno je – *vaiṣamya-nairghṛṇye na sāpekṣatvāt:* Gospodin nikada nije pristran prema bilo kojem živom biću. Živo je biće odgovorno za vlastita djela. Gospodin mu samo pruža pogodnosti, posredovanjem materijalne prirode, vanjske energije. Onaj tko je potpuno upućen u svu složenost zakona *karme* (plodonosnog djelovanja) ne podliježe utjecaju rezultata svojih djelatnosti. Drugim riječima, onaj tko shvaća Gospodinovu transcendentalnu prirodu iskusna je osoba svjesna Kṛṣṇe i zato nikada ne podliježe zakonima *karme.* Onaj tko ne poznaje Gospodinovu transcendentalnu prirodu i misli da su Gospodinove djelatnosti usmjerene k plodonosnim rezultatima, kao što su to djelatnosti običnih živih bića, sigurno se zapleće u plodonosne posljedice. Ali onaj tko poznaje Vrhovnu Istinu oslobođena je duša utemeljena u svjesnosti Kṛṣṇe.

STROFA 15

एवं ज्ञात्वा कृतं कर्म पूर्वैरपि मुमुक्षुभिः ।
कुरु कर्मैव तस्मात्त्वं पूर्वैः पूर्वतरं कृतम् ॥ १५ ॥

evaṁ jñātvā kṛtaṁ karma pūrvair api mumukṣubhiḥ
kuru karmaiva tasmāt tvaṁ pūrvaiḥ pūrvataraṁ kṛtam

evam – tako; *jñātvā* – znajući dobro; *kṛtam* – vršili; *karma* – djelatnosti; *pūrvaiḥ* – autoriteti u prošlosti; *api* – doista; *mumukṣubhiḥ* – koji su dostigli oslobođenje; *kuru* – obavljaj; *karma* – propisanu dužnost; *eva* – zacijelo; *tasmāt* – stoga; *tvam* – ti; *pūrvaiḥ* – prethodnici; *pūrva-taram* – u drevna vremena; *kṛtam* – kao što su obavljali.

Sve oslobođene duše u drevno vrijeme djelovale su s tim razumijevanjem Moje transcendentalne prirode. Stoga trebaš obavljati svoju dužnost slijedeći njihove stope.

SMISAO: Postoje dvije vrste ljudi. Neki imaju srce puno materijalne prljavštine, a neki su oslobođeni materijalnog utjecaja. Svjesnost Kṛṣṇe jednako je blagotvorna i za jedne i za druge. Oni koji su puni prljavštine mogu prihvatiti put svjesnosti Kṛṣṇe slijedeći propisana načela predanog služenja kako bi se postupno pročistili. Oni koji su se već pročistili od nečistoća mogu nastaviti djelovati u svjesnosti Kṛṣṇe tako da drugi mogu slijediti njihove uzorite djelatnosti i steći dobrobit. Budalaste osobe ili početnici u svjesnosti Kṛṣṇe često žele prestati djelovati, iako nemaju znanje o svjesnosti Kṛṣṇe. Gospodin nije odobrio Arjuninu želju da napusti bitku. Trebamo samo znati kako trebamo djelovati. Važnije je vršiti djelatnosti posvećene Kṛṣṇi nego prestati djelovati u svjesnosti Kṛṣṇe i sjediti na osami, praveći predstavu od svjesnosti Kṛṣṇe. Arjuni se ovdje savjetuje da djeluje u svjesnosti Kṛṣṇe, slijedeći stope Gospodinovih prethodnih učenika, kao što je bog Sunca, Vivasvān, koji je bio spomenut. Svevišnji

Gospodin zna sve Svoje prošle djelatnosti, kao i djelatnosti onih koji su u prošlosti djelovali u svjesnosti Kṛṣṇe. Zato preporučuje djela boga Sunca, koji je od Gospodina naučio tu umjetnost prije više milijuna godina. Svi takvi učenici Gospodina Kṛṣṇe ovdje su opisani kao oslobođene osobe, zaokupljene obavljanjem dužnosti koje im je dodijelio Kṛṣṇa.

STROFA 16

किं कर्म किमकर्मेति कवयोऽप्यत्र मोहिताः ।
तत्ते कर्म प्रवक्ष्यामि यज्ज्ञात्वा मोक्ष्यसेऽशुभात् ॥ १६ ॥

kiṁ karma kim akarmeti kavayo 'py atra mohitāḥ
tat te karma pravakṣyāmi yaj jñātvā mokṣyase 'śubhāt

kim – što je; *karma* – aktivnost; *kim* – što je; *akarma* – neaktivnost; *iti* – tako; *kavayaḥ* – inteligentni; *api* – također; *atra* – u tom pogledu; *mohitāḥ* – zbunjeni su; *tat* – to; *te* – tebi; *karma* – aktivnost; *pravakṣyāmi* – objasnit ću; *yat* – to; *jñātvā* – znajući; *mokṣyase* – oslobodit ćeš se; *aśubhāt* – nesreće.

Čak su i inteligentni zbunjeni u pokušaju utvrđivanja što je aktivnost, a što neaktivnost. Sada ću ti objasniti što je aktivnost. Zahvaljujući tom znanju, bit ćeš oslobođen sve nesreće.

SMISAO: Djelatnosti u svjesnosti Kṛṣṇe moraju se vršiti u skladu s primjerima prethodnih vjerodostojnih *bhakta.* To je preporučeno u petnaestoj strofi. Zašto takve djelatnosti ne bismo trebali vršiti neovisno bit će objašnjeno u tekstu koji slijedi.

Da bismo djelovali u svjesnosti Kṛṣṇe, moramo prihvatiti vodstvo ovlaštenih osoba u učeničkom naslijeđu, kao što je bilo objašnjeno na početku ovoga poglavlja. Sustav svjesnosti Kṛṣṇe najprije je bio objašnjen bogu Sunca, koji ga je objasnio svome sinu Manuu. Manu ga je objasnio svome sinu Ikṣvākuu i od toga vremena taj je sustav prisutan na Zemlji. Zato moramo slijediti stope prethodnih autoriteta u učeničkom naslijeđu. Inače će i najinteligentniji ljudi biti zbunjeni u pogledu standarda djelovanja u svjesnosti Kṛṣṇe. Gospodin je zbog toga odlučio neposredno poučiti Arjunu svjesnosti Kṛṣṇe. Budući da je neposredno poučio Arjunu, onaj tko slijedi Arjunine stope sigurno nije zbunjen.

Rečeno je da se putovi religije ne mogu utvrditi samo nesavršenim eksperimentalnim znanjem. Ustvari, jedino sam Gospodin može postaviti načela religije. *Dharmaṁ tu sākṣād bhagavat-praṇītam* (*Bhāg.* 6.3.19). Nitko ne može izmisliti religijska načela nesavršenom spekulacijom. Mora slijediti stope velikih autoriteta kao što su Brahmā, Śiva, Nārada, Manu, Kumāre, Kapila, Prahlāda, Bhīṣma, Śukadeva Gosvāmī, Yamarāja, Janaka i Bali Mahārāja. Umnom spekulacijom ne možemo ustanoviti što je religija ili samospoznaja. Zato iz bezuzročne milosti prema Svojim *bhaktama* Gospodin izravno objašnjava Arjuni što je aktivnost, a što neaktivnost. Samo djelovanje u svjesnosti Kṛṣṇe može osloboditi osobu zapletenosti materijalnog postojanja.

STROFA 17

कर्मणो ह्यपि बोद्धव्यं बोद्धव्यं च विकर्मणः ।
अकर्मणश्च बोद्धव्यं गहना कर्मणो गतिः ॥ १७ ॥

karmaṇo hy api boddhavyaṁ boddhavyaṁ ca vikarmaṇaḥ
akarmaṇaś ca boddhavyaṁ gahanā karmaṇo gatiḥ

karmaṇaḥ – djelovanja; *hi* – zacijelo; *api* – također; *boddhavyam* – trebaš shvatiti; *boddhavyam* – trebaš shvatiti; *ca* – također; *vikarmaṇaḥ* – zabranjena aktivnost; *akarmaṇaḥ* – neaktivnost; *ca* – također; *boddhavyam* – trebaš shvatiti; *gahanā* – vrlo teško; *karmaṇaḥ* – aktivnosti; *gatiḥ* – proniknuti.

Složenost djelovanja veoma je teško shvatiti. Zato trebaš pravilno shvatiti što je aktivnost, što zabranjena aktivnost, a što neaktivnost.

SMISAO: Ako se netko ozbiljno želi osloboditi materijalnog ropstva, mora shvatiti razliku između aktivnosti, neaktivnosti i neovlaštenih aktivnosti. Mora pažljivo analizirati djelovanje, posljedice djelovanja i izopačeno djelovanje, jer to nije lako shvatiti. Da bi shvatio što je svjesnost Kṛṣṇe i djelovanje u skladu s njom, mora spoznati svoj odnos sa Svevišnjim. Onaj tko je to savršeno spoznao zna da je svako živo biće Gospodinov vječni sluga i da zato mora djelovati u svjesnosti Kṛṣṇe. Čitava *Bhagavad-gītā* vodi do tog zaključka. Svi drugi zaključci protivni ovoj svjesnosti i njezinim pratećim djelatnostima predstavljaju zabranjena djela, *vikarmu*. Da bismo sve to shvatili, moramo se družiti s autoritetima u svjesnosti Kṛṣṇe i od njih naučiti tajnu; to je jednako dobro kao izravno učenje od Gospodina. Inače će i najinteligentnije osobe biti zbunjene.

STROFA 18

कर्मण्यकर्म यः पश्येदकर्मणि च कर्म यः ।
स बुद्धिमान्मनुष्येषु स युक्तः कृत्स्नकर्मकृत् ॥ १८ ॥

karmaṇy akarma yaḥ paśyed akarmaṇi ca karma yaḥ
sa buddhimān manuṣyeṣu sa yuktaḥ kṛtsna-karma-kṛt

karmaṇi – u aktivnosti; *akarma* – neaktivnost; *yaḥ* – onaj tko; *paśyet* – vidi; *akarmaṇi* – u neaktivnosti; *ca* – također; *karma* – plodonosno djelo; *yaḥ* – onaj tko; *saḥ* – on; *buddhi-mān* – inteligentan je; *manuṣyeṣu* – u ljudskom društvu; *saḥ* – on; *yuktaḥ* – na transcendentalnoj razini; *kṛtsna-karma-kṛt* – iako vrši razne djelatnosti.

Onaj tko u aktivnosti vidi neaktivnost, a u neaktivnosti aktivnost, inteligentan je čovjek na transcendentalnoj razini, iako vrši razne djelatnosti.

SMISAO: Osoba koja djeluje u svjesnosti Kṛṣṇe prirodno je oslobođena spona *karme.* Sve što radi radi za Kṛṣṇu; zato ne ispašta ili uživa posljedice rada. Takav je čovjek inteligentan, iako za Kṛṣṇu vrši sve vrste djelatnosti. *Akarma* znači bez posljedica rada. Impersonalist okončava plodonosno djelovanje bojeći se da posljedice ne budu kameni spoticanja na putu samospoznaje, ali personalist djeluje u svjesnosti Kṛṣṇe, znajući dobro da je vječni sluga Svevišnje Božanske Osobe. Budući da sve radi za Kṛṣṇu, dok služi uživa samo u transcendentalnoj sreći. Oni koji slijede taj proces poznati su kao osobe koje nemaju želja za zadovoljavanjem svojih osjetila. Osjećaj vječna služenja Kṛṣṇe čini osobu imunom na sve vrste posljedica rada.

STROFA 19

यस्य सर्वे समारम्भाः कामसङ्कल्पवर्जिताः ।
ज्ञानाग्निदग्धकर्माणं तमाहुः पण्डितं बुधाः ॥ १९ ॥

yasya sarve samārambhāḥ kāma-saṅkalpa-varjitāḥ
jñānāgni-dagdha-karmāṇaṁ tam āhuḥ paṇḍitaṁ budhāḥ

yasya – onaj čije; *sarve* – sve vrste; *samārambhāḥ* – pokušaja; *kāma* – utemeljena na osjetilnom uživanju; *saṅkalpa* – odlučnost; *varjitāḥ* – lišene; *jñāna* – savršena znanja; *agni* – vatrom; *dagdha* – spaljen; *karmāṇam* – čiji rad; *tam* – za nj; *āhuḥ* – izjavljuju; *paṇḍitam* – učeni; *budhāḥ* – oni koji znaju.

Smatra se da onaj tko sve čini bez želje za zadovoljavanjem osjetila posjeduje potpuno znanje. Mudraci kažu da je posljedice njegova rada spalila vatra savršena znanja.

SMISAO: Samo osoba koja posjeduje potpuno znanje može shvatiti djelatnosti osobe svjesne Kṛṣṇe. Budući da osoba svjesna Kṛṣṇe nije sklona zadovoljavanju osjetila, smatra se da je spalila posljedice svoga rada savršenom spoznajom da je u svom prirodnom položaju vječni sluga Svevišnje Božanske Osobe. Onaj tko je dostigao takvo savršenstvo znanja istinski je učen. Razvijanje toga znanja o vječnom služenju Gospodina uspoređuje se s vatrom. Jednom zapaljena, takva vatra može spaliti sve posljedice rada.

STROFA 20

त्यक्त्वा कर्मफलासङ्गं नित्यतृप्तो निराश्रयः ।
कर्मण्यभिप्रवृत्तोऽपि नैव किञ्चित् करोति सः ॥ २० ॥

tyaktvā karma-phalāsaṅgaṁ nitya-tṛpto nirāśrayaḥ
karmaṇy abhipravṛtto 'pi naiva kiñcit karoti saḥ

tyaktvā – ostavivši; *karma-phala-āsaṅgam* – vezanost za plodonosne rezultate; *nitya* – uvijek; *tṛptaḥ* – zadovoljan; *nirāśrayaḥ* – bez ikakva utočišta; *karmaṇi* – djelovanjem; *abhipravṛttaḥ* – potpuno zaokupljen; *api* – unatoč tome; *na* – ne; *eva* – zacijelo; *kiñcit* – bilo što; *karoti* – radi; *saḥ* – on.

Ostavljajući svu vezanost za rezultate svojih djelatnosti, uvijek zadovoljan i neovisan, ne vrši plodonosne djelatnosti, iako djeluje na razne načine.

SMISAO: Ova sloboda od ropstva uzrokovanog djelovanjem moguća je samo u svjesnosti Kṛṣṇe, kada osoba sve radi za Kṛṣṇu. Osoba svjesna Kṛṣṇe djeluje iz čiste ljubavi prema Svevišnjoj Božanskoj Osobi i zato je ne privlače rezultati djelovanja. Nije vezana čak ni za svoje uzdržavanje, jer sve prepušta Kṛṣṇi. Ne želi pribaviti stvari za sebe, niti sačuvati svoju imovinu. Obavlja svoju dužnost najbolje što može i sve prepušta Kṛṣṇi. Takva nevezana osoba uvijek je oslobođena posljedica dobrih ili loših djela, kao da nije ništa učinila. To je znak *akarme,* djelovanja koje ne donosi plodonosne posljedice. Svaka druga djelatnost koja nije izvršena u svjesnosti Kṛṣṇe vezuje njezina vršitelja. To je pravo značenje *vikarme,* kao što je ovdje objašnjeno.

STROFA 21

निराशीर्यतचित्तात्मा त्यक्तसर्वपरिग्रहः ।
शारीरं केवलं कर्म कुर्वन्नाप्नोति किल्बिषम् ॥ २१ ॥

nirāśīr yata-cittātmā tyakta-sarva-parigrahaḥ
śārīraṁ kevalaṁ karma kurvan nāpnoti kilbiṣam

nirāśīḥ – bez želje za rezultatom; *yata* – ovladana; *citta-ātmā* – uma i inteligencije; *tyakta* – ostavljajući; *sarva* – svaki; *parigrahaḥ* – osjećaj vlasništva nad imovinom; *śārīram* – da bi održao tijelo i dušu zajedno; *kevalam* – samo; *karma* – rad; *kurvan* – vršeći; *na* – nikada; *āpnoti* – ne dobiva; *kilbiṣam* – grešne posljedice.

Takav razborit čovjek savršeno vlada umom i inteligencijom te odbacuje svaki osjećaj vlasništva nad svojom imovinom, radeći samo kako bi zadovoljio najosnovnije životne potrebe. Tako djelujući ne podliježe grešnim posljedicama.

SMISAO: Osoba svjesna Kṛṣṇe ne očekuje od svojih djelatnosti dobre ili loše rezultate. Njezin um i inteligencija potpuno su ovladani. Ona zna da je sastavni djelić Svevišnjega i da uloga koju igra kao djelić cjeline nije njezino vlastito djelo, već djelo Svevišnjega koji kroz nju djeluje. Kada se ruka pokreće, ne pokreće se sama od sebe, već zahvaljujući naporu cijeloga tijela. Osoba svjesna Kṛṣṇe uvijek djeluje u skladu s vrhovnom željom, jer nema želju za osobnim osjetilnim uživanjem. Kreće se upravo poput dijela stroja. Kao što se dio stroja treba čistiti i podmazivati radi održavanja, čovjek se svjestan Kṛṣṇe uzdržava svojim radom samo da bi mogao transcendentalno služiti Gospodina s ljubavlju. Zato je imun na sve posljedice rada. Poput životinje nema pravo vlasništva čak ni nad svojim tijelom. Iako okrutni vlasnik životinje ponekad ubija životinju koju posjeduje, životinja se ne buni, niti ima pravu neovisnost. Osoba svjesna Kṛṣṇe, potpuno zaokupljena samospoznajom, ima vrlo malo vremena za lažno posjedovanje materijalnih predmeta. Da bi održala tijelo i dušu, ne mora zgrtati novac na nepošten način. Stoga ne biva okaljana takvim materijalnim grijesima. Oslobođena je svih posljedica svojih djela.

STROFA 22

यदृच्छालाभसन्तुष्टो द्वन्द्वातीतो विमत्सरः ।
समः सिद्धावसिद्धौ च कृत्वापि न निबध्यते ॥ २२ ॥

yadṛcchā-lābha-santuṣṭo dvandvātīto vimatsaraḥ
samaḥ siddhāv asiddhau ca kṛtvāpi na nibadhyate

yadṛcchā – sam od sebe; *lābha* – dobitkom; *santuṣṭaḥ* – zadovoljan; *dvandva* – dvostranost; *atītaḥ* – nadišao; *vimatsaraḥ* – oslobođen zavisti;

samaḥ – postojan; *siddhau* – u uspjehu; *asiddhau* – neuspjehu; *ca* – i; *kṛtvā* – djeluje; *api* – iako; *na* – nikada; *nibadhyate* – podliježe utjecaju.

Osoba oslobođena dvostranosti koja nije zavidna i koja je postojana i u uspjehu i u neuspjehu, zadovoljna dobitkom koji dolazi sam od sebe, iako djeluje, nikada se ne zapleće.

SMISAO: Osoba svjesna Kṛṣṇe ne ulaže velik napor čak ni u održavanje tijela. Zadovoljna je onim što dođe samo od sebe. Ne prosi niti posuđuje, već pošteno radi koliko god može i zadovoljna je onim što stekne poštenim radom. Stoga nije ovisna u pogledu uzdržavanja. Ne dopušta da ičija služba omete njezinu službu u svjesnosti Kṛṣṇe. Međutim, radi služenja Gospodina može raditi bilo što i nije uznemirena dvostranošću materijalnog svijeta. Dvostranost se materijalnog svijeta doživljava kao toplina i hladnoća ili patnja i sreća. Osoba svjesna Kṛṣṇe transcendentalna je prema toj dvostranosti jer bez oklijevanja djeluje na bilo koji način za zadovoljstvo Kṛṣṇe. Zato je postojana i u uspjehu i u neuspjehu. Ti su znaci vidljivi kada netko u potpunosti posjeduje transcendentalno znanje.

STROFA 23

गतसङ्गस्य मुक्तस्य ज्ञानावस्थितचेतसः ।
यज्ञायाचरतः कर्म समग्रं प्रविलीयते ॥ २३ ॥

gata-saṅgasya muktasya jñānāvasthita-cetasaḥ
yajñāyācarataḥ karma samagraṁ pravilīyate

gata-saṅgasya – nevezana za *guṇe* materijalne prirode; *muktasya* – oslobođena; *jñāna-avasthita* – utemeljena u transcendenciji; *cetasaḥ* – čija je mudrost; *yajñāya* – radi Yajñe (Kṛṣṇe); *ācarataḥ* – djeluje; *karma* – rad; *samagram* – potpuno; *pravilīyate* – potpuno se stapa.

Rad čovjeka koji nije vezan za guṇe materijalne prirode i koji je potpuno utemeljen u transcendentalnom znanju potpuno se stapa s transcendencijom.

SMISAO: Kada netko postane svjestan Kṛṣṇe, oslobađa se svih dvostranosti. Tako se oslobađa nečistoća materijalnih *guṇa.* Može dostići oslobođenje jer zna svoj prirodni položaj u odnosu s Kṛṣṇom i zato ništa ne može odvući njegov um od svjesnosti Kṛṣṇe. Sve što radi, radi za

Kṛṣṇu, koji je prvobitni Viṣṇu. Zato su sve njegove djelatnosti, djelatnosti žrtvovanja, jer je cilj žrtvovanja zadovoljiti Vrhovnu Osobu, Viṣṇua, Kṛṣṇu. Posljedice takva rada sigurno se stapaju s transcendencijom, a čovjek koji tako djeluje ne ispašta materijalne posljedice.

STROFA 24

ब्रह्मार्पणं ब्रह्म हविर्ब्रह्माग्नौ ब्रह्मणा हुतम् ।
ब्रह्मैव तेन गन्तव्यं ब्रह्मकर्मसमाधिना ॥ २४ ॥

brahmārpaṇaṁ brahma havir brahmāgnau brahmaṇā hutam
brahmaiva tena gantavyaṁ brahma-karma-samādhinā

brahma – duhovan po prirodi; *arpaṇam* – doprinos; *brahma* – Svevišnjem; *haviḥ* – maslac; *brahma* – duhovan; *agnau* – u žrtvenu vatru; *brahmaṇā* – duhovna duša; *hutam* – nudi; *brahma* – duhovno carstvo; *eva* – sigurno; *tena* – ona; *gantavyam* – dostići će; *brahma* – duhovnim; *karma* – djelatnostima; *samādhinā* – potpuno se posvećujući.

Onaj tko je potpuno zaokupljen svjesnošću Kṛṣṇe sigurno će dostići duhovno carstvo zbog svoje potpune posvećenosti duhovnim djelatnostima, u kojima je žrtvovanje apsolutno, a ponude koje se prinose iste su duhovne prirode.

SMISAO: Ovdje je opisano kako djelovanje u svjesnosti Kṛṣṇe može na kraju dovesti do duhovnog cilja. U svjesnosti Kṛṣṇe postoje razne djelatnosti i sve će one biti opisane u idućim strofama. Za sada se opisuje samo načelo svjesnosti Kṛṣṇe. Uvjetovana duša zapletena u materijalne nečistoće sigurno će djelovati u materijalnom ozračju, ali iz njega mora izaći. Proces kojim može izaći iz materijalnog ozračja je svjesnost Kṛṣṇe. Na primjer, bolesnik koji boluje od crijevnog poremećaja zbog pretjerana uživanja mliječnih proizvoda liječi se drugim mliječnim proizvodom, jogurtom. Osoba čija je svjesnost obuzeta materijalnim može se izliječiti svjesnošću Kṛṣṇe, kao što je objašnjeno u *Gīti*. Taj je proces poznat kao *yajña,* odnosno djelatnosti (žrtvovanja) namijenjene zadovoljavanju Viṣṇua (Kṛṣṇe). Što se više djelatnosti materijalnog svijeta vrše u svjesnosti Kṛṣṇe, ili samo za Viṣṇua, to se više, zahvaljujući potpunoj zaokupljenosti, ozračje produhovljuje. Riječ *brahma* (Brahman) znači „duhovan". Gospodin je duhovan, a zrake Njegova transcendentalnoga tijela predstavljaju *brahmajyoti,* Njegov duhovni sjaj. Sve što postoji počiva u *brahmajyotiju,* ali kada *jyoti* prekrije iluzija (*māyā*), ili osjetilno uživanje, naziva se materijalnim. Taj materijalni veo može se odmah ukloniti svjesnošću Kṛṣṇe. Stoga su žrtve koje se vrše radi svjesnosti Kṛṣṇe, žrtvena vatra u koju se prinose takve ponude ili doprinosi, proces žrtvovanja, onaj tko daje doprinos i rezultat – svi zajedno – Brahman, Apsolutna Istina. Apsolutna Istina prekrivena *māyom* naziva se materijom. Materija koja je povezana s Apsolutnom Istinom ponovno stječe svoju duhovnu prirodu. Svjesnost je Kṛṣṇe proces preobražavanja iluzorne svjesnosti u Brahman, odnosno Svevišnjeg. Kada je um potpuno obuzet svjesnošću Kṛṣṇe, kaže se da je u *samādhiju,* transu. Sve što osoba čini u takvoj transcendentalnoj svjesnosti naziva se *yajña,* odnosno žrtva za Apsolutnog. U tom stanju duhovne svjesnosti onaj tko daje doprinos, sam doprinos, proces žrtvovanja, vršitelj ili vođa žrtvovanja i rezultat ili krajnja dobrobit – sve – biva sjedinjeno u Apsolutu, Vrhovnom Brahmanu. To je proces svjesnosti Kṛṣṇe.

STROFA 25

दैवमेवापरे यज्ञं योगिनः पर्युपासते ।
ब्रह्माग्नावपरे यज्ञं यज्ञेनैवोपजुह्वति ॥ २५ ॥

daivam evāpare yajñaṁ yoginaḥ paryupāsate
brahmāgnāv apare yajñaṁ yajñenaivopajuhvati

daivam – u obožavanju polubogova; *eva* – tako; *apare* – neki drugi; *yajñam* – žrtvovanja; *yoginaḥ* – mistici; *paryupāsate* – savršeno obožavanje; *brahma* – Apsolutne Istine; *agnau* – u vatru; *apare* – neki drugi; *yajñam* – žrtvovanje; *yajñena* – žrtvovanjem; *eva* – tako; *upajuhvati* – nude.

Neki yogīji savršeno obožavaju polubogove nudeći im razne žrtve, a neki od njih prinose žrtve u vatru Vrhovnog Brahmana.

SMISAO: Kao što smo već objasnili, osoba koja obavlja dužnosti u svjesnosti Kṛṣṇe naziva se savršenim *yogījem,* ili prvorazrednim mistikom. No slične žrtve vrše i druge osobe obožavajući polubogove ili prinoseći žrtve Vrhovnom Brahmanu, neosobnom vidu Svevišnjega Gospodina. Tako postoje razne vrste žrtvovanja koje pripadaju različitim kategorijama. Takve različite kategorije žrtvovanja koja vrše razne vrste ljudi samo naizgled stvaraju dojam da postoje razne vrste žrtvovanja. Ustvari, žrtvovanje je proces zadovoljavanja Svevišnjega Gospodina, Viṣṇua, koji je poznat kao Yajña. Sve vrste žrtvovanja mogu se svrstati u dvije glavne kategorije: u žrtvovanje svjetovnih posjeda i u žrtvovanje u potrazi za transcendentalnim znanjem. Osobe svjesne Kṛṣṇe žrtvuju sve materijalne posjede za zadovoljstvo Svevišnjega Gospodina, dok drugi, koji žele privremenu materijalnu sreću, žrtvuju svoje materijalne posjede da bi zadovoljili polubogove poput Indre i boga Sunca. Impersonalisti žrtvuju svoj identitet stapajući se s postojanjem neosobnog Brahmana. Polubogovi su moćna živa bića kojima je Svevišnji Gospodin povjerio dužnost održavanja i nadgledanja svih materijalnih funkcija kao što su grijanje, opskrba vodom i osvjetljavanje svemira. Oni koji žele materijalne dobrobiti obožavaju polubogove različitim žrtvovanjima u skladu s vedskim obredima. Takve se osobe nazivaju *bahv-īśvara-vādīji,* tj. oni koji vjeruju u mnogo bogova. Drugi, koji obožavaju neosobni vid Apsolutne Istine i smatraju oblike polubogova privremenima, žrtvuju svoja individualna jastva prinoseći ih u vrhovnu vatru. Tako okončavaju svoje individualno postojanje stapajući se s postojanjem Svevišnjega. Impersonalisti žrtvuju svoje vrijeme za filozofsku spekulaciju kako bi shvatili transcendentalnu prirodu Svevišnjega. Drugim riječima, koristoljubivi radnici žrtvuju materijalne posjede za materijalno uživanje, dok impersonalisti žrtvuju materijalna imenovanja za stapanje s postojanjem Svevišnjega. Za impersonaliste vatreni je oltar žrtvovanja Vrhovni Brahman, a ponuda je jastvo koje se prinosi u vatru Brahmana. Međutim osoba svjesna Kṛṣṇe, kao što je Arjuna, žrtvuje sve za zadovoljstvo Kṛṣṇe i tako sve svoje materijalne posjede, kao i vlastito jastvo – sve – žrtvuje za Kṛṣṇu. Zato je prvorazredni *yogī,* ali ne gubi svoju osobnost.

STROFA 26

श्रोत्रादीनीन्द्रियाण्यन्ये संयमाग्निषु जुह्वति ।
शब्दादीन् विषयानन्य इन्द्रियाग्निषु जुह्वति ॥ २६ ॥

śrotrādīnīndriyāṇy anye saṁyamāgniṣu juhvati
śabdādīn viṣayān anya indriyāgniṣu juhvati

śrotra-ādīni – kao što je proces slušanja; *indriyāṇi* – osjetila; *anye* – neki; *saṁyama* – ovladanosti; *agniṣu* – u vatru; *juhvati* – nude; *śabda-ādīn* – zvučnu vibraciju itd.; *viṣayān* – predmete osjetilnog uživanja; *anye* – neki; *indriya* – osjetilnih organa; *agniṣu* – u vatru; *juhvati* – žrtvuju.

Neki [čisti brahmacārīji] žrtvuju proces slušanja i osjetila prinoseći ih u vatru umne ovladanosti, a neki [obiteljski ljudi koji žive reguliranim životom] žrtvuju predmete osjetila prinoseći ih u vatru osjetila.

SMISAO: Svi članovi duhovnih redova ljudskoga života, *brahmacārīji, gṛhasthe, vānaprasthe* i *sannyāsīji*, trebaju postati savršeni *yogīji*, odnosno transcendentalisti. Budući da svrha ljudskoga života nije uživanje u zadovoljavanju osjetila poput životinja, četiri su reda ljudskoga života tako zamišljena da čovjek može postati savršen u duhovnom životu. *Brahmacārīji,* učenici pod nadzorom vjerodostojnog duhovnog učitelja, vladaju umom uzdržavajući se od zadovoljavanja osjetila. *Brahmacārī* sluša samo o svjesnosti Kṛṣṇe. Slušanje je temeljno načelo razumijevanja i zato se čisti *brahmacārī* potpuno zaokuplja *harer nāmānukīrtanom* – pjevanjem i slušanjem o Gospodinovim slavama. Kloni se vibracija svjetovnog zvuka i sluša transcendentalnu zvučnu vibraciju Hare Kṛṣṇa, Hare Kṛṣṇa. Slično tome, obiteljski ljudi, kojima je dopušteno da u izvjesnoj mjeri zadovoljavaju osjetila, čine to veoma suzdržano. Spolno općenje, uzimanje opojnih sredstava i jedenje mesa uobičajene su sklonosti ljudskoga društva, ali obiteljski čovjek koji vlada sobom ne upušta se u neograničeni seks i druga osjetilna zadovoljstva. Zato u svakom civiliziranom ljudskom društvu postoji ustanova braka utemeljena na religijskim načelima kojom se ograničava spolni život. Taj ograničeni seks, bez vezanosti, također je vrsta *yajñe*, jer suzdržani obiteljski čovjek žrtvuje svoju sklonost k zadovoljavanju osjetila radi višega, transcendentalnog života.

STROFA 27

सर्वाणीन्द्रियकर्माणि प्राणकर्माणि चापरे ।
आत्मसंयमयोगाग्नौ जुह्वति ज्ञानदीपिते ॥ २७ ॥

sarvāṇīndriya-karmāṇi prāṇa-karmāṇi cāpare
ātma-saṁyama-yogāgnau juhvati jñāna-dīpite

sarvāṇi – svih; *indriya* – osjetila; *karmāṇi* – funkcije; *prāṇa-karmāṇi* – funkcije životnog daha; *ca* – također; *apare* – neki; *ātma-saṁyama* – ovladana uma; *yoga* – procesom povezivanja; *agnau* – u vatru; *juhvati* – nude; *jñāna-dīpite* – zbog želje za samospoznajom.

Neki, koji žele dostići samospoznaju vladajući umom i osjetilima, prinose funkcije svih osjetila i životnog daha kao ponude u vatru ovladana uma.

SMISAO: Ova se strofa odnosi na Patañjalijev sustav *yoge.* U Patañjalijevoj *Yoga-sūtri* duša se naziva *pratyag-ātmā* i *parāg-ātmā.* Sve dok je vezana za osjetilno uživanje naziva se *parāg-ātmā,* ali čim odbaci vezanost za takvo uživanje naziva se *pratyag-ātmā.* Duša je podvrgnuta utjecaju deset vrsta zrakova koji djeluju unutar tijela i to se opaža putem sustava disanja. Patañjalijev sustav *yoge* poučava osobu kako može mehanički ovladati funkcijama zraka u tijelu tako da na kraju sve njegove funkcije postanu povoljne za pročišćavanje duše od materijalne vezanosti. Prema tom sustavu *yoge* krajnji je cilj postati *pratyag-ātmā,* tj. onaj tko je prestao djelovati na materijalnoj razini. Osjetila dolaze u dodir s predmetima osjetila, uši slušanjem, oči gledanjem, nos mirisanjem, jezik kušanjem, a ruke dodirivanjem, i tako su zaokupljena djelatnostima izvan jastva. Te se interakcije nazivaju funkcijama *prāṇa-vāyua. Apāna-vāyu* struji prema dolje, *vyāna-vāyu* skuplja i širi, *samāna-vāyu* regulira ravnotežu, a *udāna-vāyu* struji prema gore. Prosvijetljena ih osoba koristi za dostizanje samospoznaje.

STROFA 28

द्रव्ययज्ञास्तपोयज्ञा योगयज्ञास्तथापरे ।
स्वाध्यायज्ञानयज्ञाश्च यतयः संशितव्रताः ॥ २८ ॥

dravya-yajñās tapo-yajñā yoga-yajñās tathāpare
svādhyāya-jñāna-yajñāś ca yatayaḥ saṁśita-vratāḥ

dravya-yajñāḥ – žrtvujući svoje posjede; *tapaḥ-yajñāḥ* – žrtvovanje vršenjem strogosti; *yoga-yajñāḥ* – žrtvovanje primjenom osmerostrukog misticizma; *tathā* – tako; *apare* – neki; *svādhyāya* – žrtvovanje proučavanjem *Veda*; *jñāna-yajñāḥ* – žrtvovanje napredovanjem u transcendentalnom znanju; *ca* – također; *yatayaḥ* – prosvijećene osobe; *saṁśita-vratāḥ* – koje su dale stroge zavjete.

Nakon što su dali stroge zavjete, neki su postali prosvijećeni žrtvovanjem svojih posjeda, neki vršenjem oštrih strogosti, neki slijeđenjem osmerostrukog procesa mistične yoge, a neki proučavanjem Veda radi napredovanja u transcendentalnom znanju.

SMISAO: Ova se žrtvovanja mogu svrstati u razne kategorije. Neke osobe žrtvuju svoje posjede u obliku raznih vrsta milostinje. U Indiji bogati trgovci i pripadnici plemstva otvaraju razne ustanove, kao što su *dharmaśālā, anna-kṣetra, atithi-śālā, anāthālaya* i *vidyā-pīṭha.* U drugim zemljama ima mnogo bolnica, staračkih domova i sličnih dobrotvornih ustanova koje siromasima besplatno daju hranu, naobrazbu i bolničku njegu. Sve te dobrotvorne djelatnosti nazivaju se *dravyamaya-yajña.* Neke osobe radi uzdizanja na viši položaj ili na više planete u svemiru dobrovoljno prihvaćaju razne strogosti kao što su *candrāyaṇa* i *cāturmāsya*. Ti procesi obuhvaćaju čvrste zavjete življenja po strogim pravilima. Na primjer, onaj tko da zavjet *cāturmāsye* ne brije se četiri mjeseca (od srpnja do listopada), ne jede određenu hranu, ne jede dvaput dnevno i ne napušta dom. Takvo žrtvovanje životnih udobnosti naziva se *tapomaya-yajña.* Neki se bave raznim vrstama mistične *yoge,* kao što su Patañjalijev sustav (namijenjen stapanju s postojanjem Apsoluta) ili *haṭha-yoga* i *aṣṭāṅga-yoga* (za dostizanje određenih savršenstava). Neki obilaze sva posvećena mjesta hodočašća. Svi se ti procesi nazivaju *yoga-yajña,* žrtvovanje namijenjeno stjecanju određenog savršenstva u materijalnom svijetu. Neki proučavaju razne vedske spise, osobito *Upaniṣade* i *Vedānta-sūtru* ili *sāṅkhya* filozofiju. Takvo se žrtvovanje naziva *svādhyāya-yajña,* proučavanje spisa. Svi ti *yogīji* vjerno vrše različite vrste žrtvovanja, tragajući za višim životnim položajem. Međutim, svjesnost Kṛṣṇe se razlikuje od takvih žrtvovanja, jer predstavlja izravno služenje Svevišnjeg Gospodina. Ona se ne može dostići ni jednim od spomenutih vrsta žrtvovanja, već samo milošću Gospodina i Njegovih vjerodostojnih *bhakta.* Stoga je svjesnost Kṛṣṇe transcendentalna.

STROFA 29

अपाने जुह्वति प्राणं प्राणेऽपानं तथापरे ।
प्राणापानगती रुद्ध्वा प्राणायामपरायणाः ।
अपरे नियताहाराः प्राणान् प्राणेषु जुह्वति ॥ २९ ॥

apāne juhvati prāṇaṁ prāṇe 'pānaṁ tathāpare
prāṇāpāna-gatī ruddhvā prāṇāyāma-parāyaṇāḥ
apare niyatāhārāḥ prāṇān prāṇeṣu juhvati

apāne – u zraku koji struji prema dolje; *juhvati* – prinose; *prāṇam* – izdah; *prāṇe* – u izdah; *apānam* – zrak koji struji prema dolje; *tathā* – kao i; *apare* – neki; *prāṇa* – izdah; *apāna* – zraka koji struji prema dolje; *gatī* – kretanje; *ruddhvā* – zaustavljajući; *prāṇa-āyāma* – trans uzrokovan potpunim prekidom disanja; *parāyaṇāḥ* – skloni; *apare* – neki; *niyata* – ovladavši; *āhārāḥ* – jedenjem; *prāṇān* – izdah; *prāṇeṣu* – u zrak koji izlazi; *juhvati* – žrtvuju.

Neki, koji zadržavaju dah da bi ostali u transu, prinose kretanje zraka koji izlazi u zrak koji ulazi i zraka koji ulazi u zrak koji izlazi. Tako na kraju potpuno prestaju disati i ostaju u transu. Neki, koji ograničavaju proces jedenja, prinose kao žrtvu zrak koji izlazi u njega samog.

SMISAO: Ovaj sustav *yoge,* kojim osoba može ovladati procesom disanja, naziva se *prāṇāyāma* i primjenjuje se na početku *haṭha-yoge* raznim položajima sjedenja. Svi su ti procesi preporučeni za vladanje osjetilima i napredovanje u duhovnoj spoznaji. Njihovom primjenom osoba ovladava raznim vrstama zraka unutar tijela kako bi promijenila smjer njihova kretanja. Zrak *apāna* struji prema dolje, a zrak *prāṇa* prema gore. *Prāṇāyāma-yogī* vježba disanje u suprotnom smjeru sve dok se zračne struje ne izjednače u *pūraki,* ravnoteži. Prinošenje izdaha u udah naziva se *recaka.* Kad se obje zračne struje potpuno zaustave, kaže se da je osoba u *kumbhaka-yogi.* Primjenom *kumbhaka-yoge* može produžiti trajanje života radi dostizanja savršenstva u duhovnoj spoznaji. Inteligentan *yogī* želi dostići savršenstvo u jednom životu, ne čekajući na sljedeći. Primjenom *kumbhaka-yoge, yogīji* produžavaju svoj život za mnogo godina. Međutim, osoba svjesna Kṛṣṇe automatski ovladava osjetilima, jer je uvijek utemeljena u transcendentalnom služenju Gospodina s ljubavlju. Budući da su njezina osjetila zaokupljena služenjem Kṛṣṇe, nemaju priliku da djeluju na drugi način. Tako na kraju života prirodno biva uzdignuta na transcendentalnu razinu Gospodina Kṛṣṇe. Stoga ne pokušava produžiti svoj život. Odmah se uzdiže na razinu oslobođenja, kao što je rečeno u *Bhagavad-gīti* (14.26):

māṁ ca yo 'vyabhicāreṇa bhakti-yogena sevate
sa guṇān samatītyaitān brahma-bhūyāya kalpate

„Onaj tko služi Gospodina s čistom predanošću transcendira *guṇe* materijalne prirode i odmah se uzdiže na duhovnu razinu." Osoba svjesna Kṛṣṇe polazi s transcendentalne razine i stalno ostaje u toj svjesnosti. Zato ne pada i na kraju, bez odlaganja, ulazi u Gospodinovo carstvo. Onaj tko jede samo *kṛṣṇa-prasādam,* hranu ponuđenu Gospodinu, samim tim smanjuje količinu hrane. To mu pomaže da ovlada osjetilima, jer bez vladanja osjetilima ne može dostići oslobođenje od materijalne zapletenosti.

STROFA 30

सर्वेऽप्येते यज्ञविदो यज्ञक्षपितकल्मषाः ।
यज्ञशिष्टामृतभुजो यान्ति ब्रह्म सनातनम् ॥ ३० ॥

sarve 'py ete yajña-vido yajña-kṣapita-kalmaṣāḥ
yajña-śiṣṭāmṛta-bhujo yānti brahma sanātanam

sarve – svi; *api* – iako naizgled različiti; *ete* – ti; *yajña-vidaḥ* – koji znaju svrhu vršenja žrtvovanja; *yajña-kṣapita* – pročišćeni, zahvaljujući takvim djelatnostima; *kalmaṣāḥ* – od grešnih posljedica; *yajña-śiṣṭa* – rezultata vršenja *yajñi*; *amṛta-bhujaḥ* – koji su okusili takav nektar; *yānti* – prilaze; *brahma* – vrhovnom; *sanātanam* – vječnom ozračju.

Svi koji vrše ova žrtvovanja i znaju njihov smisao bivaju pročišćeni od grešnih posljedica i okusivši nektar rezultata žrtvovanja napreduju prema vrhovnom vječnom ozračju.

SMISAO: Iz prethodnog objašnjenja raznih vrsta žrtvovanja (žrtvovanja posjeda, proučavanja *Veda* ili filozofskih učenja i primjene *yoge*) vidimo da je zajednički cilj svih ovih procesa ovladavanje osjetilima. Osjetilno uživanje temeljni je uzrok materijalnoga postojanja. Sve dok se osoba ne uzdigne iznad razine zadovoljavanja osjetila, ne može dostići vječnu razinu potpuna znanja, potpuna blaženstva i potpuna života. Ta razina pripada vječnom ozračju, ozračju Brahmana. Sva spomenuta žrtvovanja pomažu osobi da se pročisti od svih grešnih posljedica materijalnoga postojanja. Tako napredujući u životu, postaje ne samo sretna i bogata u ovom životu, već na kraju odlazi u vječno carstvo Boga, stapajući se s neosobnim Brahmanom ili družeći se sa Svevišnjom Božanskom Osobom, Kṛṣṇom.

STROFA 31

नायं लोकोऽस्त्ययज्ञस्य कुतोऽन्यः कुरुसत्तम ॥ ३१ ॥

nāyaṁ loko 'sty ayajñasya kuto 'nyaḥ kuru-sattama

na – nikada; *ayam* – na ovom; *lokaḥ* – planetu; *asti* – ima; *ayajñasya* – za onoga tko ne vrši žrtvovanja; *kutaḥ* – gdje je; *anyaḥ* – na drugom; *kuru-sat-tama* – o najbolji od Kurua.

O najbolji iz dinastije Kurua, bez žrtvovanja osoba nikada ne može živjeti sretno na ovom planetu ili u ovom životu. Kako onda može živjeti sretno u sljedećem?

SMISAO: Živo biće nikada ne zna svoj pravi položaj, bez obzira na oblik materijalnoga postojanja u kojem se nalazi. Drugim riječima, postojanje u materijalnom svijetu rezultat je mnogostrukih posljedica naših grešnih života. Neznanje je uzrok grešnoga života, a grešni je život uzrok mukotrpna nastavljanja materijalnog postojanja. Ljudski oblik života jedini je izlaz iz te zapletenosti. *Vede* nam zato pružaju priliku da se oslobodimo, upućujući nas na putove religije, gospodarskog napretka i reguliranog zadovoljavanja osjetila te na kraju, na proces kojim se možemo potpuno osloboditi bijednoga stanja. Put religije, tj. različitih vrsta spomenutih žrtvovanja, automatski rješava naše gospodarske probleme. Zahvaljujući izvođenju *yajñe* možemo imati dovoljno hrane, mlijeka i ostalih namirnica, čak i ako dođe do takozvana porasta stanovništva. Kada tijelo ima sve što mu je potrebno, sljedeći je stadij zadovoljavanje osjetila. *Vede* stoga propisuju sveti brak za regulirano zadovoljavanje osjetila. Time se osoba postupno uzdiže na razinu oslobođenja od materijalnoga ropstva, a najviše je savršenstvo oslobođenog života druženje sa Svevišnjim Gospodinom. Savršenstvo se dostiže izvođenjem *yajñe* (žrtvovanja), kao što je već bilo objašnjeno. Ako osoba nije sklona vršenju *yajñe* u skladu s *Vedama,* kako može očekivati sretan život čak i u ovome tijelu, a da ne govorimo o drugome tijelu na drugom planetu? Na raznim rajskim planetima postoje razne vrste materijalnih udobnosti, ali u svakom slučaju, osobe koje vrše razne vrste *yajñi* očekuje velika sreća. Najviša sreća koju čovjek može dostići je uzdizanje na duhovne planete slijeđenjem procesa svjesnosti Kṛṣṇe. Stoga je život u svjesnosti Kṛṣṇe rješenje za sve probleme materijalnoga postojanja.

STROFA 32

एवं बहुविधा यज्ञा वितता ब्रह्मणो मुखे ।
कर्मजान् विद्धि तान् सर्वानेवं ज्ञात्वा विमोक्ष्यसे ॥ ३२ ॥

evaṁ bahu-vidhā yajñā vitatā brahmaṇo mukhe
karma-jān viddhi tān sarvān evaṁ jñātvā vimokṣyase

evam – tako; *bahu-vidhāḥ* – razne vrste; *yajñāḥ* – žrtvovanja; *vitatāḥ* – šire se; *brahmaṇaḥ* – iz *Veda*; *mukhe* – kroz usta; *karma-jān* – potječu od djelovanja; *viddhi* – trebaš znati; *tān* – njih; *sarvān* – sve; *evam* – tako; *jñātvā* – znajući; *vimokṣyase* – bit ćeš oslobođen.

Sve ove vrste žrtvovanja, odobrene u Vedama, nastaju iz različitih vrsta djelovanja. Znajući to, postat ćeš oslobođen.

SMISAO: Kao što je ovdje objašnjeno, u *Vedama* su za različite vrste ljudi propisane različite vrste žrtvovanja. Budući da su ljudi duboko obuzeti tjelesnim shvaćanjem života, žrtvovanja su tako zamišljena da ih osoba može vršiti tijelom, umom ili inteligencijom. No sva su žrtvovanja preporučena radi konačna dostizanja oslobođenja od tijela. Gospodin to u ovoj strofi potvrđuje vlastitim riječima.

STROFA 33

श्रेयान् द्रव्यमयाद्यज्ञाज्ज्ञानयज्ञः परन्तप ।
सर्वं कर्माखिलं पार्थ ज्ञाने परिसमाप्यते ॥ ३३ ॥

śreyān dravya-mayād yajñāj jñāna-yajñaḥ parantapa
sarvaṁ karmākhilaṁ pārtha jñāne parisamāpyate

śreyān – veće; *dravya-mayāt* – materijalnih posjeda; *yajñāt* – od žrtvovanja; *jñāna-yajñaḥ* – žrtvovanje sa znanjem; *parantapa* – o pokoritelju neprijatelja; *sarvam* – sve; *karma* – djelatnosti; *akhilam* – zajedno; *pārtha* – o Pṛthin sine; *jñāne* – u znanju; *parisamāpyate* – dostižu vrhunac.

O pokoritelju neprijatelja, žrtvovanje izvršeno sa znanjem bolje je od žrtvovanja materijalnih posjeda, jer sva žrtvovanja djelatnosti, o Pṛthin sine, dostižu vrhunac u transcendentalnom znanju.

SMISAO: Svrha je svih žrtvovanja steći potpuno znanje, osloboditi se materijalnih bijeda i na kraju se posvetiti transcendentalnom služenju Svevišnjeg Gospodina s ljubavlju (svjesnosti Kṛṣṇe). Unatoč tome, sve te različite žrtvene djelatnosti kriju tajnu koju trebamo otkriti. Žrtvovanja katkada poprimaju različite oblike, ovisno o vjeri onoga tko ih vrši. Kada njegova vjera dostigne razinu transcendentalnog znanja, smatra se da je napredniji od onih koji žrtvuju samo materijalne posjede bez takva znanja, jer bez znanja žrtvovanja ostaju na materijalnoj razini i ne pružaju duhovnu dobrobit. Pravo znanje dostiže vrhunac u svjesnosti Kṛṣṇe, najvišem stadiju transcendentalnog znanja. Bez naprednog znanja, žrtvovanja nisu ništa drugo do materijalne djelatnosti. Međutim, kada se vrše s transcendentalnim znanjem, sve se takve djelatnosti odvijaju na duhovnoj razini. Ovisno o razlikama u svjesnosti, žrtvene se djelatnosti katkada nazivaju *karma-kāṇḍa* (plodonosne djelatnosti), a katkada *jñāna-kāṇḍa* (znanje u potrazi za istinom). Bolje je kada je cilj znanje.

STROFA 34

तद् विद्धि प्रणिपातेन परिप्रश्नेन सेवया ।
उपदेक्ष्यन्ति ते ज्ञानं ज्ञानिनस्तत्त्वदर्शिनः ॥ ३४ ॥

tad viddhi praṇipātena paripraśnena sevayā
upadekṣyanti te jñānaṁ jñāninas tattva-darśinaḥ

tat – to znanje o različitim žrtvovanjima; *viddhi* – pokušaj shvatiti; *praṇipātena* – prilazeći duhovnom učitelju; *paripraśnena* – ponizno postavljajući pitanja; *sevayā* – služeći; *upadekṣyanti* – oni će inicirati; *te* – tebe; *jñānam* – u znanje; *jñāninaḥ* – samospoznati; *tattva* – istinu; *darśinaḥ* – koji su vidjeli.

Pokušaj saznati istinu prilazeći duhovnom učitelju. Ponizno mu postavljaj pitanja i služi ga. Samospoznate ti duše mogu prenijeti znanje, jer su vidjele istinu.

SMISAO: Put je duhovne spoznaje nedvojbeno težak i Gospodin nam zato savjetuje da priđemo vjerodostojnu duhovnom učitelju u učeničkom naslijeđu koje potječe od samoga Gospodina. Nitko ne može biti vjerodostojan duhovni učitelj, ako ne slijedi načelo učeničkog naslijeđa. Gospodin je izvorni duhovni učitelj, a osoba u učeničkom naslijeđu može prenijeti svom učeniku Gospodinovu poruku takvu kakva jest. Nitko ne može postati duhovno spoznat izmišljanjem vlastitoga procesa, kao što to obično čine budalasti varalice. *Bhāgavatam* (6.3.19) kaže – *dharmaṁ tu sākṣād bhagavat-praṇītam:* put religije objavljuje sam Gospodin. Stoga umna spekulacija ili suhoparne rasprave ne mogu dovesti osobu do pravoga puta. Neovisnim proučavanjem knjiga znanja ne možemo napredovati u duhovnom životu. Da bismo primili znanje, moramo prići vjerodostojnu duhovnom učitelju. Takva duhovnog učitelja moramo prihvatiti sa stavom potpuna predavanja i služiti ga kao osobni sluga, bez lažna ugleda. Zadovoljstvo samospoznata duhovnog učitelja tajna je uspjeha u duhovnom životu. Pitanja i pokoravanje predstavljaju pravi spoj potreban za duhovno razumijevanje. Bez poniznosti i služenja postavljanje pitanja učenu duhovnom učitelju neće donijeti rezultat. Učenik mora biti sposoban položiti test koji mu postavi duhovni učitelj. Kada duhovni učitelj vidi iskrenu želju učenika, blagoslivlja učenika pravim duhovnim razumijevanjem. U ovoj se strofi osuđuju i slijepo slijeđenje i besmislena pitanja. Učenik treba ne samo ponizno slušati duhovnog učitelja, već i steći od njega jasno razumijevanje, ponizno služeći i postavljajući pitanja. Vjerodostojni duhovni učitelj po prirodi je veoma ljubazan prema učeniku. Zato, kada je učenik ponizan i uvijek spreman da ga služi, razmjena znanja i pitanja postaje savršena.

STROFA 35

यज्ज्ञात्वा न पुनर्मोहमेवं यास्यसि पाण्डव ।
येन भूतान्यशेषाणि द्रक्ष्यस्यात्मन्यथो मयि ॥ ३५ ॥

yaj jñātvā na punar moham evaṁ yāsyasi pāṇḍava
yena bhūtāny aśeṣāṇi drakṣyasy ātmany atho mayi

yat – koje; *jñātvā* – znajući; *na* – nikada; *punaḥ* – ponovno; *moham* – u iluziju; *evam* – takvu; *yāsyasi* – otići ćeš; *pāṇḍava* – o Pāṇḍuov sine; *yena* – kojim; *bhūtāni* – živa bića; *aśeṣāṇi* – sva; *drakṣyasi* – vidjet ćeš; *ātmani* – u Vrhovnoj Duši; *atha u* – ili drugim riječima; *mayi* – u Meni.

Kada stekneš pravo znanje od samospoznate duše, nikada više nećeš pasti u takvu iluziju, jer ćeš zahvaljujući tom znanju vidjeti da su sva živa bića samo dio Svevišnjega ili, drugim riječima, da su Moja.

SMISAO: Rezultat primanja znanja od samospoznate duše ili onoga tko zna pravu prirodu stvari je spoznaja da su sva živa bića sastavni djelići Svevišnje Božanske Osobe, Gospodina Śrī Kṛṣṇe. Osjećaj da postojimo odvojeno od Kṛṣṇe naziva se *māyā* (*mā* – nije, *yā* – to). Neki misle da nemamo nikakve veze s Kṛṣṇom, da je Kṛṣṇa samo velika povijesna osoba i da je Apsolut neosobni Brahman. Ustvari, kao što je rečeno u *Bhagavad-gīti,* neosobni je Brahman Kṛṣṇin osobni sjaj. Kṛṣṇa je, kao Svevišnja Božanska Osoba, uzrok svega. U *Brahma-saṁhiti* jasno je rečeno da je Kṛṣṇa Svevišnja Božanska Osoba, uzrok svih uzroka. Čak su i milijuni inkarnacija samo Njegove različite ekspanzije. Slično tome, živa su bića također Kṛṣṇine ekspanzije. Māyāvādīji pogrešno misle da Kṛṣṇa gubi odvojenu osobnost kada se ekspandira u brojne oblike. Ta je misao po svojoj prirodi materijalna. U materijalnom svijetu iskustvo nam pokazuje da stvar koja se razlomi ili rastavi gubi svoju izvornu osobitost, ali māyāvādīji ne shvaćaju da *apsolutno* znači da je jedan plus jedan jedan, a jedan minus jedan također jedan. To je priroda apsolutnog svijeta.

Zbog nedovoljna poznavanja apsolutnog nauka, sada smo prekriveni iluzijom i zato mislimo da smo odvojeni od Kṛṣṇe. Iako smo Kṛṣṇini odvojeni djelići, ne razlikujemo se od Njega. Tjelesna razlika između živih bića jest *māyā,* tj. ono što nije zbiljsko. Svi smo mi stvoreni za pružanje zadovoljstva Kṛṣṇi. Samo zbog *māye* Arjuna je mislio da je njegov privremeni tjelesni odnos s rođacima važniji od njegova vječnog duhovnog odnosa s Kṛṣṇom. Čitavo učenje *Gīte* vodi zaključku da živo biće, kao Kṛṣṇin vječni sluga, ne može biti odvojeno od Kṛṣṇe i da se njegov osjećaj identiteta odvojenog od Kṛṣṇe naziva *māyā.* Kao odvojeni sastavni djelići Svevišnjega, živa bića imaju određenu svrhu. Budući da su od pradavnih vremena zaboravila tu svrhu, nalaze se u različitim tijelima, tijelima ljudi, životinja, polubogova itd. Takve tjelesne razlike nastaju zbog zaboravljanja transcendentalnog služenja Gospodina. Ali kada osoba transcendentalno služi u svjesnosti Kṛṣṇe, odmah se oslobađa te iluzije. Takvo čisto znanje može se primiti samo od vjerodostojna duhovnog učitelja. Na taj način živo biće može izbjeći iluziju da je jednako Kṛṣṇi. Vrhovna Duša,

Kṛṣṇa, vrhovno je utočište svih živih bića. To je savršeno znanje. Napustivši to utočište, živa bića obmanuta materijalnom energijom zamišljaju da imaju odvojeni identitet. Tako, poistovjećujući se s različitim materijalnim identitetima, zaboravljaju Kṛṣṇu. Međutim, kada se utemelje u svjesnosti Kṛṣṇe, smatra se da se nalaze na putu oslobođenja. To je potvrđeno u *Bhāgavatamu* (2.10.6): *muktir hitvānyathā-rūpaṁ svarūpeṇa vyavasthitiḥ.* Dostići oslobođenje znači biti utemeljen u svom prirodnom položaju Kṛṣṇina vječnog sluge (u svjesnosti Kṛṣṇe).

STROFA 36

अपि चेदसि पापेभ्यः सर्वेभ्यः पापकृत्तमः ।
सर्वं ज्ञानप्लवेनैव वृजिनं सन्तरिष्यसि ॥ ३६ ॥

api ced asi pāpebhyaḥ sarvebhyaḥ pāpa-kṛt-tamaḥ
sarvaṁ jñāna-plavenaiva vṛjinaṁ santariṣyasi

api – čak; *cet* – ako; *asi* – ti si; *pāpebhyaḥ* – od grešnika; *sarvebhyaḥ* – svih; *pāpa-kṛt-tamaḥ* – najveći grešnik; *sarvam* – svih takvih grešnih posljedica; *jñāna-plavena* – lađom transcendentalnog znanja; *eva* – zacijelo; *vṛjinam* – ocean bijede; *santariṣyasi* – potpuno ćeš prijeći.

Čak i ako si najgrešniji od svih grešnika, ako se nalaziš u lađi transcendentalnog znanja, prijeći ćeš ocean bijede.

SMISAO: Pravilno razumijevanje prirodnog položaja u odnosu s Kṛṣṇom tako je lijepo da može odmah uzdići osobu iznad razine borbe za opstanak koja se odvija u oceanu neznanja. Materijalni svijet ponekad se uspoređuje s oceanom neznanja, a ponekad sa šumom u plamenu. Borba za opstanak u oceanu vrlo je teška, čak i za vješta plivača. Ako se netko pojavi i izvuče plivača iz oceana, najveći je spasitelj. Savršeno znanje primljeno od Svevišnje Božanske Osobe put je oslobođenja. Lađa svjesnosti Kṛṣṇe veoma je jednostavna, ali istodobno veoma uzvišena.

STROFA 37

यथैधांसि समिद्धोऽग्निर्भस्मसात् कुरुतेऽर्जुन ।
ज्ञानाग्निः सर्वकर्माणि भस्मसात् कुरुते तथा ॥ ३७ ॥

yathaidhāṁsi samiddho 'gnir bhasma-sāt kurute 'rjuna
jñānāgniḥ sarva-karmāṇi bhasma-sāt kurute tathā

yathā – kao što; *edhāṁsi* – drvo za ogrjev; *samiddhaḥ* – plamteća; *agniḥ* – vatra; *bhasma-sāt* – u pepeo; *kurute* – pretvara; *arjuna* – o Arjuna; *jñāna-agniḥ* – vatra znanja; *sarva-karmāṇi* – sve posljedice materijalnog djelovanja; *bhasma-sāt* – u pepeo; *kurute* – pretvara; *tathā* – slično.

Kao što plamteća vatra pretvara drvo u pepeo, o Arjuna, vatra znanja spaljuje u pepeo sve posljedice materijalnog djelovanja.

SMISAO: Savršeno znanje o jastvu, Vrhovnom Jastvu i njihovu odnosu ovdje se uspoređuje s vatrom. Ta vatra spaljuje ne samo posljedice bezbožnih djela već i pobožnih, pretvarajući ih u pepeo. Postoje različiti stadiji posljedice: stadij stvaranja, stadij sazrijevanja, stadij očitovanja i stadij *a priori*. No znanje o prirodnom položaju živoga bića sve spaljuje u pepeo. Kada osoba posjeduje potpuno znanje, sve posljedice, i *a priori* i *a posteriori*, bivaju spaljene. U *Vedama* (*Bṛhad-āraṇyaka Upaniṣada* 4.4.22) rečeno je – *ubhe uhaivaiṣa ete taraty amṛtaḥ sādhv-asādhūnī:* „Takva osoba nadilazi i pobožne i bezbožne posljedice djelovanja."

STROFA 38

न हि ज्ञानेन सदृशं पवित्रमिह विद्यते ।
तत् स्वयं योगसंसिद्धः कालेनात्मनि विन्दति ॥ ३८ ॥

na hi jñānena sadṛśaṁ pavitram iha vidyate
tat svayaṁ yoga-saṁsiddhaḥ kālenātmani vindati

na – ništa; *hi* – zacijelo; *jñānena* – sa znanjem; *sadṛśam* – u usporedbi; *pavitram* – posvećeno; *iha* – u ovom svijetu; *vidyate* – postoji; *tat* – to; *svayam* – on; *yoga* – u predanosti; *saṁsiddhaḥ* – koji je zreo; *kālena* – s vremenom; *ātmani* – u sebi; *vindati* – uživa.

U ovom svijetu ništa nije tako uzvišeno i čisto kao transcendentalno znanje. Ono je zreo plod sveg misticizma. Onaj tko je dostigao savršenstvo u predanom služenju s vremenom u sebi uživa u tom znanju.

SMISAO: Kada govorimo o transcendentalnom znanju, mislimo pri tome na duhovno razumijevanje. Ništa nije tako uzvišeno i čisto kao transcendentalno znanje. Neznanje je uzrok našega ropstva, a znanje oslobođenja. To je znanje zreo plod predanog služenja i kada se osoba utemelji u transcendentalnom znanju ne treba tragati za mirom na drugom mjestu, jer uživa u miru u sebi. Drugim riječima, ovo znanje i mir dostižu vrhunac u svjesnosti Kṛṣṇe. To je posljednja riječ *Bhagavad-gīte.*

STROFA 39

श्रद्धावाँल्लभते ज्ञानं तत्परः संयतेन्द्रियः ।
ज्ञानं लब्ध्वा परां शान्तिमचिरेणाधिगच्छति ॥ ३९ ॥

śraddhāvāl̐ labhate jñānaṁ tat-paraḥ saṁyatendriyaḥ
jñānaṁ labdhvā parāṁ śāntim acireṇādhigacchati

śraddhā-vān – vjeran čovjek; *labhate* – stječe; *jñānam* – znanje; *tat-paraḥ* – privržen njemu; *saṁyata* – ovladanih; *indriyaḥ* – osjetila; *jñānam* – znanje; *labdhvā* – stekavši; *parām* – transcendentalni; *śāntim* – mir; *acireṇa* – ubrzo; *adhigacchati* – dostiže.

Vjeran čovjek koji obuzdava svoja osjetila i koji se posvetio transcendentalnom znanju zavređuje da ga stekne. Stekavši takvo znanje, ubrzo dostiže najviši duhovni mir.

SMISAO: Takvo znanje u svjesnosti Kṛṣṇe može dostići odana osoba koja čvrsto vjeruje u Kṛṣṇu. Onaj tko misli da jednostavno zahvaljujući djelovanju u svjesnosti Kṛṣṇe može dostići najviše savršenstvo naziva se vjernim. Ta se vjera dostiže predanim služenjem i pjevanjem *mahā-mantre* – Hare Kṛṣṇa Hare Kṛṣṇa, Kṛṣṇa Kṛṣṇa, Hare Hare / Hare Rāma, Hare Rāma, Rāma Rāma, Hare Hare – koja čisti srce od sve materijalne prljavštine. Uz to, osoba treba vladati osjetilima. Osoba vjerna Kṛṣṇi koja vlada osjetilima lako može dostići savršenstvo u znanju o svjesnosti Kṛṣṇe, bez odlaganja.

STROFA 40

अज्ञश्चाश्रद्दधानश्च संशयात्मा विनश्यति ।
नायं लोकोऽस्ति न परो न सुखं संशयात्मनः ॥ ४० ॥

ajñaś cāśraddadhānaś ca saṁśayātmā vinaśyati
nāyaṁ loko 'sti na paro na sukhaṁ saṁśayātmanaḥ

ajñaḥ – budala koja nema znanje o mjerodavnim spisima; *ca* – i; *aśraddadhānaḥ* – koja nema vjeru u razotkrivene spise; *ca* – također; *saṁśaya* –

koja sumnja; *ātmā* – osoba; *vinaśyati* – pada; *na* – nikada; *ayam* – u ovom; *lokaḥ* – svijetu; *asti* – ima; *na* – niti; *paraḥ* – u sljedećem životu; *na* – ne; *sukham* – sreću; *saṁśaya* – sumnjičava; *ātmanaḥ* – osoba.

Ali neuke i nevjerne osobe koje sumnjaju u razotkrivene spise ne dostižu svjesnost Boga, već padaju. Za sumnjičavu dušu nema sreće ni u ovom ni u sljedećem životu.

SMISAO: Od mnogo mjerodavnih i vjerodostojnih razotkrivenih spisa, *Bhagavad-gītā* je najbolja. Ljudi koji nalikuju životinjama nemaju vjeru u mjerodavne razotkrivene spise niti znanje o njima. Neki, premda imaju znanje o njima i mogu navoditi odlomke iz razotkrivenih spisa, nemaju vjeru u njih. Neki, čak i ako imaju vjeru u spise kao što je *Bhagavad-gītā,* ne vjeruju u Svevišnjega Gospodina Śrī Kṛṣṇu, niti Ga obožavaju. Takve osobe ne mogu biti postojane u svjesnosti Kṛṣṇe, već padaju. Od svih spomenutih osoba one koje nemaju vjeru i koje su uvijek sumnjičave ne napreduju. Ljudi koji ne vjeruju u Boga i Njegove riječi ne nalaze dobro ni u ovom ni u sljedećem životu. Za njih nema nikakve sreće. Zato trebamo slijediti načela razotkrivenih spisa s vjerom i tako se uzdići na razinu znanja. Samo će nam znanje pomoći da se uzdignemo na transcendentalnu razinu duhovnoga razumijevanja. Drugim riječima, sumnjičave osobe ne mogu duhovno napredovati. Stoga trebamo slijediti stope velikih *ācārya* učeničkog naslijeđa i tako postići uspjeh.

STROFA 41

योगसन्न्यस्तकर्माणं ज्ञानसञ्छिन्नसंशयम् ।
आत्मवन्तं न कर्माणि निबध्नन्ति धनञ्जय ॥ ४१ ॥

yoga-sannyasta-karmāṇaṁ jñāna-sañchinna-saṁśayam
ātmavantaṁ na karmāṇi nibadhnanti dhanañjaya

yoga – predanim služenjem u *karma-yogi*; *sannyasta* – onaj tko se odrekao; *karmāṇam* – plodova djelovanja; *jñāna* – znanjem; *sañchinna* – sasjekao; *saṁśayam* – sumnje; *ātma-vantam* – utemeljen u jastvu; *na* – nikada; *karmāṇi* – djelovanje; *nibadhnanti* – vezuje; *dhanañjaya* – o osvojitelju bogatstva.

Onaj tko predano služi, odričući se plodova svojih djelatnosti, i tko je transcendentalnim znanjem raspršio sve sumnje istinski je utemeljen u jastvu. Tako nije vezan posljedicama svojih djelatnosti, o osvojitelju bogatstva.

SMISAO: Onaj tko slijedi upute *Bhagavad-gīte,* koje je dao sam Gospodin, Božanska Osoba, milošću transcendentalnog znanja oslobađa se svih sumnji. Kao Gospodinov sastavni djelić, potpuno svjestan Kṛṣṇe, već je utemeljen u znanju o jastvu. Stoga je nedvojbeno nadišao vezanost za djelovanje.

STROFA 42

तस्मादज्ञानसम्भूतं हृत्स्थं ज्ञानासिनात्मनः ।
छित्त्वैनं संशयं योगमातिष्ठोत्तिष्ठ भारत ॥ ४२ ॥

tasmād ajñāna-sambhūtaṁ hṛt-sthaṁ jñānāsinātmanaḥ
chittvainaṁ saṁśayaṁ yogam ātiṣṭhottiṣṭha bhārata

tasmāt – stoga; *ajñāna-sambhūtam* – rođenu iz neznanja; *hṛt-stham* – koja se nalazi u srcu; *jñāna* – znanja; *asinā* – oružjem; *ātmanaḥ* – o jastvu; *chittvā* – sasijeci; *enam* – tu; *saṁśayam* – sumnju; *yogam* – u *yogi*; *ātiṣṭha* – utemelji se; *uttiṣṭha* – ustani i bori se; *bhārata* – o potomče Bharate.

Stoga oružjem znanja sasijeci sumnje koje su se pojavile u tvom srcu zbog neznanja. Naoružan yogom, o Bhārata, ustani i bori se.

SMISAO: Sustav *yoge* objašnjen u ovom poglavlju zove se *sanātana-yoga* ili vječne djelatnosti živoga bića. Ova *yoga* obuhvaća dvije vrste žrtvenih djelatnosti: žrtvovanje materijalnih posjeda i znanje o jastvu, koje predstavlja čistu duhovnu djelatnost. Žrtvovanje materijalnih posjeda koje nije namijenjeno dostizanju duhovne spoznaje je materijalno. Ali žrtvovanje koje se vrši s duhovnim ciljem (u predanom služenju) je savršeno. Kada je riječ o duhovnim djelatnostima, one se također dijele na dvije vrste: razumijevanje vlastitoga jastva (ili svoga prirodnog položaja) i razumijevanje istine o Svevišnjoj Božanskoj Osobi. Onaj tko slijedi put *Bhagavad-gīte* kakva jest može vrlo lako razumjeti ove dvije važne vrste duhovnoga znanja. Njemu nije teško steći savršeno znanje o jastvu kao Gospodinovu djeliću. To je znanje blagotvorno, jer takva osoba može lako shvatiti Gospodinove transcendentalne djelatnosti. Na samom početku ovoga poglavlja sam Svevišnji Gospodin govori o Svojim transcendentalnim djelatnostima. Onaj tko ne shvaća upute *Bhagavad-gīte* nevjeran je i smatra se da zloupotrebljava sićušnu neovisnost koju mu je dao Gospodin. Osoba koja unatoč takvim uputama ne shvati pravu prirodu Gospodina, kao vječne, blažene, sveznajuće Božanske Osobe nedvojbeno je najveća budala. Neznanje se može otkloniti postupnim prihvaćanjem načela svjesnosti Kṛṣṇe. Svjesnost Kṛṣṇe budi se različitim žrtvovanjima: žrtvovanjima polubogovima, žrtvovanjima Brahmanu, žrtvovanjem u celibatu, u obiteljskom životu, u vladanju osjetilima, u primjeni mistične *yoge,* u pokorama, u odricanju od materijalnih posjeda, u proučavanju *Veda* i u slijeđenju društvenog sustava zvanog *varṇāśrama-dharma.* Sve ove djelatnosti, utemeljene na reguliranu djelovanju, poznate su kao žrtvovanja. No najvažniji je čimbenik u svim tim djelatnostima samospoznaja. Onaj tko traga za *tim* ciljem pravi je učenik *Bhagavad-gīte,* dok onaj tko sumnja u Kṛṣṇin autoritet pada. Zato se savjetuje da *Bhagavad-gītu* ili bilo koji drugi spis proučavamo pod vodstvom vjerodostojna duhovnog učitelja, služeći ga i predajući mu se. Vjerodostojan duhovni učitelj pripada vječnom učeničkom naslijeđu i nimalo ne odstupa od uputa *Bhagavad-gīte* koje su prije mnogo milijuna godina bile prenijete bogu Sunca. To je naučavanje učeničkim naslijeđem koje potječe od boga Sunca bilo prenijeto u zemaljsko kraljevstvo. Zato trebamo slijediti put *Bhagavad-gīte,* kakav je opisan u samoj *Gīti,* i čuvati se sebičnih ljudi koji teže za osobnim veličanjem i koji odvraćaju druge od pravoga puta. Gospodin je nedvojbeno vrhovna osoba i Njegove su djelatnosti transcendentalne. Onaj tko to shvati oslobođena je osoba od samoga početka proučavanja *Bhagavad-gīte.*

Tako se završavaju Bhaktivedantina tumačenja četvrtoga poglavlja Śrīmad Bhagavad-gīte *pod naslovom* Transcendentalno znanje.

PETO POGLAVLJE

Karma-yoga – djelovanje u svjesnosti Kṛṣṇe

STROFA 1

अर्जुन उवाच
सन्न्यासं कर्मणां कृष्ण पुनर्योगं च शंससि ।
यच्छ्रेय एतयोरेकं तन्मे ब्रूहि सुनिश्चितम् ॥ १ ॥

arjuna uvāca
sannyāsaṁ karmaṇāṁ kṛṣṇa punar yogaṁ ca śaṁsasi
yac chreya etayor ekaṁ tan me brūhi su-niścitam

arjunaḥ uvāca – Arjuna reče; *sannyāsam* – odricanje; *karmaṇām* – od svih djelatnosti; *kṛṣṇa* – o Kṛṣṇa; *punaḥ* – ponovno; *yogam* – predano služenje; *ca* – također; *śaṁsasi* – hvališ; *yat* – što; *śreyaḥ* – bolje je; *etayoḥ* – od ta dva; *ekam* – jedno; *tat* – to; *me* – meni; *brūhi* – molim Te, reci; *su-niścitam* – jasno.

Arjuna reče: O Kṛṣṇa, najprije tražiš od mene da se odreknem djelovanja, a onda mi preporučuješ djelovanje s predanošću. Molim Te, reci mi sada jasno što je bolje?

SMISAO: U ovom poglavlju *Bhagavad-gīte* Gospodin izjavljuje da je predano služenje bolje od suhoparne umne spekulacije. Predano je služenje lakše od umne spekulacije, jer zbog svoje transcendentalne prirode oslobađa osobu posljedica. U drugom poglavlju Kṛṣṇa je objasnio osnovno znanje o duši i njezinu zatočeništvu u materijalnom tijelu. Također je objasnio kako se *buddhi-yogom,* predanim služenjem, može osloboditi materijalnog zatočeništva. U trećem je poglavlju objasnio da osoba utemeljena na razini znanja nema više nikakvih dužnosti, a u četvrtom je poglavlju rekao Arjuni da sve vrste žrtvovanja dosežu vrhunac u znanju. Međutim, na kraju četvrtoga poglavlja Gospodin savjetuje Arjuni da se probudi i bori, utemeljen u savršenu znanju. Tako je istodobno naglašavajući važnost djelovanja s predanošću i neaktivnosti utemeljene na znanju zbunio Arjunu i pokolebao ga u njegovoj odlučnosti. Arjuna misli da odricanje utemeljeno na znanju podrazumijeva prestanak svih osjetilnih djelatnosti, ali ako netko predano služi, kako prestaje djelovati? Drugim riječima, Arjuna misli da *sannyāsa,* odnosno odricanje sa znanjem, podrazumijeva potpunu neaktivnost, jer su djelovanje i odricanje, po njegovu mišljenju, nespojivi. Čini se da nije shvatio da djelovanje s punim znanjem ne donosi posljedice i da se zato ne razlikuje od neaktivnosti. Zbog toga pita treba li potpuno prestati djelovati ili treba djelovati s potpunim znanjem.

STROFA 2

श्रीभगवानुवाच
सन्न्यासः कर्मयोगश्च निःश्रेयसकरावुभौ ।
तयोस्तु कर्मसन्न्यासात् कर्मयोगो विशिष्यते ॥ २ ॥

śrī-bhagavān uvāca
sannyāsaḥ karma-yogaś ca niḥśreyasa-karāv ubhau
tayos tu karma-sannyāsāt karma-yogo viśiṣyate

śrī-bhagavān uvāca – Božanska Osoba reče; *sannyāsaḥ* – odricanje od djelovanja; *karma-yogaḥ* – djelovanje s predanošću; *ca* – također; *niḥ-śreyasa-karau* – vode k putu oslobođenja; *ubhau* – oba; *tayoḥ* – od tih dvaju; *tu* – ali; *karma-sannyāsāt* – u usporedbi s odricanjem od plodonosna djelovanja; *karma-yogaḥ* – djelovanje s predanošću; *viśiṣyate* – bolje je.

Božanska Osoba odgovori: I odricanje od djelovanja i djelovanje s predanošću povoljni su za dostizanje oslobođenja, ali predano je služenje bolje od odricanja od djelovanja.

SMISAO: Plodonosne djelatnosti (namijenjene zadovoljavanju osjetila) uzrokuju materijalno ropstvo. Sve dok osoba vrši djelatnosti namijenjene poboljšanju tjelesne udobnosti, sigurno će se seliti u različite vrste tijela i tako nastaviti materijalno ropstvo. To je također potvrđeno u *Śrīmad-Bhāgavatamu* (5.5.4–6):

nūnaṁ pramattaḥ kurute vikarma
yad indriya-prītaya āpṛṇoti
na sādhu manye yata ātmano 'yam
asann api kleśa-da āsa dehaḥ

parābhavas tāvad abodha-jāto
yāvan na jijñāsata ātma-tattvam
yāvat kriyās tāvad idaṁ mano vai
karmātmakaṁ yena śarīra-bandhaḥ

evaṁ manaḥ karma-vaśaṁ prayuṅkte
avidyayātmany upadhīyamāne
prītir na yāvan mayi vāsudeve
na mucyate deha-yogena tāvat

„Ljudi su ludi za osjetilnim uživanjem i ne znaju da je njihovo sadašnje tijelo, puno bijeda, plod njihovih prošlih djela. Premda je tijelo privremeno, uvijek zadaje nevolje na razne načine. Zbog toga djelovanje namijenjeno zadovoljavanju osjetila nije dobro. Smatra se da je čovjek koji se ne raspituje o svom pravom identitetu upropastio svoj život. Sve dok ga ne spozna mora raditi kako bi stekao plodonosne rezultate i tako zadovoljio osjetila. Obuzet svjesnošću zadovoljavanja osjetila, mora se seliti iz jednog tijela u drugo. Premda njegov um može biti, pod utjecajem neznanja, obuzet plodonosnim djelatnostima, mora razviti ljubav prema predanu služenju Vāsudeve. Samo tada može steći priliku da se oslobodi ropstva materijalnog postojanja."

Stoga *jñāna* (ili znanje da živo biće nije materijalno tijelo, već duhovna duša) nije dovoljna za oslobođenje. Moramo *djelovati* kao duhovna duša, inače se ne možemo osloboditi materijalnog ropstva. Međutim, djelovanje u svjesnosti Kṛṣṇe razlikuje se od djelovanja na plodonosnoj razini. Djelovanje s punim znanjem omogućuje nam da napredujemo u pravom znanju. Bez svjesnosti Kṛṣṇe, samo odricanje od plodonosna djelovanja ne može pročistiti srce uvjetovane duše. Sve dok srce nije pročišćeno osoba mora djelovati na plodonosnoj razini, ali djelovanje u svjesnosti Kṛṣṇe pomaže joj da se oslobodi posljedica plodonosnih djelatnosti tako da više ne mora djelovati na materijalnoj razini. Zato je djelovanje u svjesnosti Kṛṣṇe uvijek bolje od odricanja, kod kojeg uvijek prijeti opasnost od pada. Odricanje bez svjesnosti Kṛṣṇe nije potpuno, kao što potvrđuje Śrīla Rūpa Gosvāmī u svom *Bhakti-rasāmṛta-sindhuu* (1.2.258):

prāpañcikatayā buddhyā hari-sambandhi-vastunaḥ
mumukṣubhiḥ parityāgo vairāgyaṁ phalgu kathyate

„Kada se osoba koja želi dostići oslobođenje odrekne stvari povezanih sa Svevišnjom Božanskom Osobom misleći da su materijalne, njezino se odricanje naziva nepotpunim." Odricanje je potpuno kada se osoba odriče sa znanjem da sve što postoji pripada Gospodinu i da nitko ne bi trebao svojatati pravo vlasništva ni nad čim. Trebamo shvatiti da ništa ne pripada nikome. Gdje je onda riječ o odricanju? Onaj tko zna da je sve Kṛṣṇino vlasništvo uvijek je utemeljen u odricanju. Budući da sve pripada Kṛṣṇi, sve trebamo upotrijebiti za služenje Kṛṣṇe. Taj savršeni oblik djelovanja u svjesnosti Kṛṣṇe mnogo je bolji od bilo kakva umjetnog odricanja *sannyāsīja* māyāvādī škole.

STROFA 3

ज्ञेयः स नित्यसन्न्यासी यो न द्वेष्टि न काङ्‌क्षति ।
निर्द्वन्द्वो हि महाबाहो सुखं बन्धात् प्रमुच्यते ॥ ३ ॥

jñeyaḥ sa nitya-sannyāsī yo na dveṣṭi na kāṅkṣati
nirdvandvo hi mahā-bāho sukhaṁ bandhāt pramucyate

jñeyaḥ – treba znati; *saḥ* – on; *nitya* – uvijek; *sannyāsī* – onaj tko se odriče; *yaḥ* – koji; *na* – nikada; *dveṣṭi* – prezire; *na* – niti; *kāṅkṣati* – želi; *nirdvandvaḥ* – oslobođen svih dvostranosti; *hi* – zacijelo; *mahā-bāho* – o Arjuna snažnih ruku; *sukham* – sretno; *bandhāt* – ropstva; *pramucyate* – potpuno oslobođen.

Onaj tko ne mrzi niti želi plodove svojih djelatnosti uvijek je utemeljen u odricanju. Takva osoba, oslobođena svih dvostranosti, lako nadilazi materijalno ropstvo i biva potpuno oslobođena, o Arjuna snažnih ruku.

SMISAO: Onaj tko je potpuno svjestan Kṛṣṇe nikada nije vezan, jer niti mrzi niti želi rezultate svojih djelatnosti. Takva nevezana osoba, koja se posvetila transcendentalnom služenju Gospodina s ljubavlju, posjeduje potpuno znanje, jer zna svoj prirodni položaj u odnosu s Kṛṣṇom. Dobro zna da je Kṛṣṇa cjelina, a ona sastavni djelić Kṛṣṇe. Takvo je znanje savršeno jer ispravno opisuje kvalitativni i kvantitativni odnos živoga bića prema Svevišnjem. Shvaćanje potpune istovjetnosti s Kṛṣṇom nije ispravno, jer dio nikada ne može biti jednak cjelini. Znanje da je živo biće kvalitativno istovjetno, ali kvantitativno različito, pravo je transcendentalno znanje koje vodi osobu do stanja u kojem postaje potpuna u sebi, bez žudnji ili jadikovanja. U njezinu umu nema dvostranosti, jer sve što radi radi za Kṛṣṇu. Tako oslobođena svih dvostranosti, nalazi se – čak i u materijalnom svijetu – na razini oslobođenja.

STROFA 4

सांख्ययोगौ पृथग्बालाः प्रवदन्ति न पण्डिताः ।
एकमप्यास्थितः सम्यगुभयोर्विन्दते फलम् ॥ ४ ॥

sāṅkhya-yogau pṛthag bālāḥ pravadanti na paṇḍitāḥ
ekam apy āsthitaḥ samyag ubhayor vindate phalam

sāṅkhya – analitičko proučavanje materijalnog svijeta; *yogau* – predano služenje; *pṛthak* – različiti; *bālāḥ* – manje inteligentni; *pravadanti* – kažu; *na* – nikada; *paṇḍitāḥ* – učeni; *ekam* – u jednom; *api* – čak; *āsthitaḥ* – nalazi se; *samyak* – potpuni; *ubhayoḥ* – oba; *vindate* – uživa; *phalam* – rezultat.

Samo neuki ljudi izjavljuju da se predano služenje [karma-yoga] razlikuje od analitičkog proučavanja materijalnog svijeta [sāṅkhye]. Po mišljenju učenih osoba, onaj tko se posveti jednom od ovih dvaju putova stječe rezultate obaju.

SMISAO: Svrha je analitičkog proučavanja materijalnog svijeta pronaći dušu postojanja. Duša je materijalnog svijeta Viṣṇu, Nad-duša. Predano služenje Gospodina obuhvaća služenje Nad-duše. Jedan se proces sastoji od pronalaženja korijena drveta, a drugi od zalijevanja korijena. Pravi učenik *sāṅkhya* filozofije pronalazi korijen materijalnog svijeta, Viṣṇua, i potom sa savršenim znanjem služi Gospodina. Stoga u biti nema razlike između tih dvaju putova, jer je Viṣṇu cilj i jednog i drugog. Oni koji ne znaju krajnji cilj kažu da se svrha *karma-yoge* razlikuje od svrhe *sāṅkhye,* ali učena osoba zna da je cilj ova dva procesa isti.

STROFA 5

यत्सांख्यैः प्राप्यते स्थानं तद्योगैरपि गम्यते ।
एकं सांख्यं च योगं च यः पश्यति स पश्यति ॥ ५ ॥

yat sāṅkhyaiḥ prāpyate sthānaṁ tad yogair api gamyate
ekaṁ sāṅkhyaṁ ca yogaṁ ca yaḥ paśyati sa paśyati

yat – koje; *sāṅkhyaiḥ* – *sāṅkhya* filozofijom; *prāpyate* – dostiže se; *sthānam* – mjesto; *tat* – to; *yogaiḥ* – predanim služenjem; *api* – također; *gamyate* – može se dostići; *ekam* – isto; *sāṅkhyam* – analitičko proučavanje; *ca* – i; *yogam* – djelovanje s predanošću; *ca* – i; *yaḥ* – onaj tko; *paśyati* – vidi; *saḥ* – on; *paśyati* – pravilno vidi.

Onaj tko zna da se položaj dostignut analitičkim proučavanjem može dostići i predanim služenjem i tko zato smatra da su analitičko proučavanje i predano služenje na istoj razini, vidi stvari takve kakve jesu.

SMISAO: Prava je svrha filozofskog istraživanja pronaći krajnji cilj života. Budući da je krajnji cilj života samospoznaja, nema razlike između zaključaka do kojih se dolazi slijeđenjem tih dvaju procesa. Filozofskim istraživanjem dolazi se do zaključka da živo biće nije dio materijalnog svijeta, već dio vrhovne duhovne cjeline. Duhovna duša stoga nema nikakve veze s materijalnim svijetom; njezine djelatnosti moraju biti u nekom odnosu sa Svevišnjim. Kada djeluje u svjesnosti Kṛṣṇe, utemeljena je u svom prirodnom položaju. U procesu *sāṅkhye* osoba mora odbaciti vezanost za materiju, a u procesu predana služenja mora se vezati za djelovanje u svjesnosti Kṛṣṇe. Ustvari, oba su procesa ista, iako se jedan naizgled temelji na nevezanosti, a drugi na vezanosti. Nema razlike između nevezanosti za materiju i vezanosti za Kṛṣṇu. Onaj tko to može vidjeti, vidi stvari takve kakve jesu.

STROFA 6

सन्न्यासस्तु महाबाहो दुःखमाप्तुमयोगतः ।
योगयुक्तो मुनिर्ब्रह्म न चिरेणाधिगच्छति ॥ ६ ॥

sannyāsas tu mahā-bāho duḥkham āptum ayogataḥ
yoga-yukto munir brahma na cireṇādhigacchati

sannyāsaḥ – red odricanja; *tu* – ali; *mahā-bāho* – o Arjuna snažnih ruku; *duḥkham* – nesreća; *āptum* – pogađa; *ayogataḥ* – bez predana služenja;

yoga-yuktaḥ – onaj tko predano služi; *muniḥ* – misaona osoba; *brahma* – Svevišnjeg; *na cireṇa* – bez odlaganja; *adhigacchati* – dostiže.

Samo odricanje od svih djelatnosti, bez predana služenja Gospodina, ne može osobi donijeti sreću, ali misaona osoba koja predano služi može odmah dostići Svevišnjega.

SMISAO: Postoje dvije vrste *sannyāsīja,* odnosno osoba u redu odricanja. Māyāvādī *sannyāsīji* proučavaju *sāṅkhya* filozofiju, dok vaiṣṇavski *sannyāsīji* proučavaju filozofiju *Bhāgavatama*, koji predstavlja pravo tumačenje *Vedānta-sūtre.* Māyāvādī *sannyāsīji* također proučavaju *Vedānta-sūtru,* ali se koriste vlastitim tumačenjem zvanim *Śārīraka-bhāṣya,* koje je napisao Śaṅkarācārya. Učenici *Bhāgavata* škole predano služe Gospodina prema propisima *pāñcarātrikī* i zato vaiṣṇavski *sannyāsīji* vrše razne djelatnosti u transcendentalnom služenju Gospodina. Premda vaiṣṇavski *sannyāsīji* nemaju nikakve veze s materijalnim djelatnostima, vrše razne djelatnosti u predanom služenju Gospodina. Ali māyāvādī *sannyāsīji,* zaokupljeni proučavanjem sāṅkhye i vedānte i spekulacijom, ne mogu uživati u transcendentalnom služenju Gospodina. Budući da je njihovo proučavanje mukotrpno, ponekad, umorni od spekuliranja o Brahmanu, prihvaćaju utočište *Bhāgavatama,* bez pravog razumijevanja. Stoga njihovo proučavanje *Śrīmad-Bhāgavatama* postaje mukotrpno. Suhoparne spekulacije i impersonalistička umjetna tumačenja ne donose nikakvu korist māyāvādī *sannyāsījima.* Vaiṣṇavski *sannyāsīji,* koji predano služe, sretno izvršavaju svoje transcendentalne dužnosti, sigurni da će na kraju otići u Božje Carstvo. Māyāvādī *sannyāsīji* katkada padaju s puta samospoznaje i ponovno se odaju dobrotvornim, altruističkim djelatnostima, koje su po svojoj prirodi materijalne. Stoga možemo zaključiti da su oni koji djeluju u svjesnosti Kṛṣṇe utemeljeni u boljem položaju od *sannyāsīja* koji samo spekuliraju o tome što jest, a što nije Brahman, premda i oni nakon mnogo života dolaze do svjesnosti Kṛṣṇe.

STROFA 7

योगयुक्तो विशुद्धात्मा विजितात्मा जितेन्द्रियः ।
सर्वभूतात्मभूतात्मा कुर्वन्नपि न लिप्यते ॥ ७ ॥

yoga-yukto viśuddhātmā vijitātmā jitendriyaḥ
sarva-bhūtātma-bhūtātmā kurvann api na lipyate

yoga-yuktaḥ – zaokupljena predanim služenjem; *viśuddha-ātmā* – pročišćena duša; *vijita-ātmā* – samoovladana; *jita-indriyaḥ* – ovladavši svojim osjetilima; *sarva-bhūta* – prema svim živim bićima; *ātma-bhūta-ātmā* – samilosna; *kurvan api* – iako djeluje; *na* – nikada; *lipyate* – ne zapleće se.

Čista duša koja djeluje s predanošću i koja vlada svojim umom i osjetilima draga je svakome i svatko je njoj drag. Premda uvijek djeluje, nikada ne biva zapletena.

SMISAO: Osoba koja slijedi put oslobođenja njegujući svjesnost Kṛṣṇe vrlo je draga svakom živom biću i svako je živo biće njoj drago, jer je svjesna Kṛṣṇe. Takva osoba ne može smatrati ni jedno živo biće odvojenim od Kṛṣṇe, kao što lišće i grane drveta nisu odvojeni od drveta. Dobro zna da će zalijevanjem korijena drveta sve lišće i grane dobiti vodu ili da će davanjem hrane želucu čitavo tijelo dobiti energiju. Onaj tko postupa svjesno Kṛṣṇe sluga je svih živih bića i zato je svakome veoma drag. Svi su zadovoljni njegovim postupcima i zato ima čistu svijest, zahvaljujući kojoj potpuno vlada svojim umom. Budući da potpuno vlada svojim umom, njegova su osjetila ovladana i ne može zaboraviti Kṛṣṇu ili zaokupiti osjetila nečim drugim do služenjem Gospodina, jer uvijek misli na Kṛṣṇu. Ne voli slušati o temama koje se ne odnose na Kṛṣṇu, niti voli jesti hranu koja nije ponuđena Kṛṣṇi ili ići bilo kamo ako to nije povezano s Kṛṣṇom. Na taj način vlada svojim osjetilima. Čovjek ovladanih osjetila ne može nikoga uvrijediti. Netko može upitati: Zašto je onda Arjuna nanio uvrede drugima (u bici)? Zar nije bio svjestan Kṛṣṇe? Arjuna je samo naizgled počinio uvrede, jer su svi okupljeni na bojnom polju (kao što je bilo objašnjeno u drugom poglavlju) nastavili živjeti kao osobe, budući da duša ne može biti ubijena. Tako, u duhovnom smislu, na bojnom polju Kurukṣetri nitko nije bio ubijen. Bila je samo promijenjena njihova odjeća po naredbi Kṛṣṇe, koji je bio osobno nazočan. Boreći se na bojnom polju Kurukṣetri, Arjuna se zapravo uopće nije borio; samo je izvršavao Kṛṣṇine naredbe u potpunoj svjesnosti Kṛṣṇe. Takva se osoba nikada ne zapleće u posljedice djelovanja.

STROFE 8–9

नैव किञ्चित् करोमीति युक्तो मन्येत तत्त्ववित् ।
पश्यञ्शृण्वन् स्पृशञ्जिघ्रन्नश्नन् गच्छन् स्वपन् श्वसन् ॥ ८ ॥
प्रलपन् विसृजन् गृह्णन्नुन्मिषन्निमिषन्नपि ।
इन्द्रियाणीन्द्रियार्थेषु वर्तन्त इति धारयन् ॥ ९ ॥

naiva kiñcit karomīti yukto manyeta tattva-vit
paśyañ śṛṇvan spṛśañ jighrann aśnan gacchan svapan śvasan

pralapan visṛjan gṛhṇann unmiṣan nimiṣann api
indriyāṇīndriyārtheṣu vartanta iti dhārayan

na – nikada; *eva* – zacijelo; *kiñcit* – bilo što; *karomi* – radim; *iti* – tako; *yuktaḥ* – obuzet božanskom svjesnošću; *manyeta* – misli; *tattva-vit* – onaj tko zna istinu; *paśyan* – gledanju; *śṛṇvan* – slušanju; *spṛśan* – dodirivanju; *jighran* – mirisanju; *aśnan* – jedenju; *gacchan* – hodanju; *svapan* – sanjanju; *śvasan* – disanju; *pralapan* – govorenju; *visṛjan* – ostavljanju; *gṛhṇan* – prihvaćanju; *unmiṣan* – otvaranju; *nimiṣan* – zatvaranju; *api* – unatoč; *indriyāṇi* – osjetila; *indriya-artheṣu* – u zadovoljavanju osjetila; *vartante* – neka tako djeluje; *iti* – tako; *dhārayan* – misleći.

Osoba s božanskom svjesnošću, iako gleda, sluša, miriše, jede, hoda, spava i diše, uvijek u sebi zna da zapravo ništa ne čini, jer dok govori, obavlja nuždu, prima ili otvara i zatvara oči uvijek zna da samo materijalna osjetila dolaze u dodir sa svojim predmetima i da je od njih odvojena.

SMISAO: Osoba svjesna Kṛṣṇe utemeljena je u čistom stanju postojanja i zato nema nikakve veze s djelatnostima koje ovise o pet izravnih i neizravnih uzroka (vršitelju, djelatnostima, situaciji, uloženu naporu i sreći), jer transcendentalno služi Kṛṣṇu s ljubavlju. Premda naizgled djeluje svojim tijelom i osjetilima, uvijek je svjesna svoga pravog položaja – djelovanja na duhovnoj razini. U materijalnoj svjesnosti, osjetila su zaokupljena osjetilnim uživanjem, ali u svjesnosti Kṛṣṇe zaokupljena su zadovoljavanjem Kṛṣṇinih osjetila. Zato je osoba svjesna Kṛṣṇe uvijek slobodna, iako je naizgled obuzeta osjetilnim djelatnostima. Gledanje i slušanje djelatnosti su osjetila za stjecanje znanja, a kretanje, govorenje i obavljanje nužde djelatnosti su osjetila za djelovanje. Na osobu svjesnu Kṛṣṇe nikada ne utječu djelatnosti osjetila. Ona ne može ništa raditi osim služiti Gospodina, jer zna da je Gospodinov vječni sluga.

STROFA 10

ब्रह्मण्याधाय कर्माणि सङ्गं त्यक्त्वा करोति यः ।
लिप्यते न स पापेन पद्मपत्रमिवाम्भसा ॥ १० ॥

brahmaṇy ādhāya karmāṇi saṅgaṁ tyaktvā karoti yaḥ
lipyate na sa pāpena padma-patram ivāmbhasā

brahmaṇi – Svevišnjoj Božanskoj Osobi; *ādhāya* – prepuštajući; *karmāṇi* – sva djela; *saṅgam* – vezanost; *tyaktvā* – ostavljajući; *karoti* – vrši;

yaḥ – tko; *lipyate* – dolazi pod utjecaj; *na* – nikada; *saḥ* – on; *pāpena* – grijeha; *padma-patram* – lotosov cvijet; *iva* – kao; *ambhasā* – vode.

Onaj tko vrši svoju dužnost bez vezanosti, predajući rezultate Svevišnjem Gospodinu, ne podliježe utjecaju grešna djela, kao što lotosov cvijet ne dodiruje voda.

SMISAO: Ovdje *brahmaṇi* znači u svjesnosti Kṛṣṇe. Materijalni je svijet cjelokupno očitovanje triju *guṇa* materijalne prirode, koje se stručno naziva *pradhāna.* Vedske himne – *sarvaṁ hy etad brahma* (*Māṇḍūkya Upaniṣada* 2), *tasmād etad brahma nāma-rūpam annaṁ ca jāyate* (*Muṇḍaka Upaniṣada* 1.2.10) te *mama yonir mahad brahma* (*Bhagavad-gītā* 14.3) – pokazuju da sve u materijalnom svijetu predstavlja očitovanje Brahmana. Premda se posljedice različito očituju, ne razlikuju se od svoga uzroka. U *Īśopaniṣadi* je rečeno da je sve povezano s Vrhovnim Brahmanom, Kṛṣṇom, i da zato sve pripada samo Njemu. Onaj tko savršeno dobro zna da sve pripada Kṛṣṇi, da je On vlasnik svega te da je stoga sve namijenjeno služenju Gospodina, prirodno nema nikakve veze s rezultatima svojih dobrih ili grešnih djela. Čak se i materijalno tijelo, koje nam Gospodin daruje za određenu vrstu djelovanja, može upotrijebiti u svjesnosti Kṛṣṇe. Grešne ga posljedice onda ne mogu okaljati, kao što voda ne može dodirnuti lotosov cvijet, iako u njoj raste. Gospodin je u *Gīti* (3.30) rekao – *mayi sarvāṇi karmāṇi sannyasya:* „Posveti sve svoje djelatnosti Meni (Kṛṣṇi).” Možemo zaključiti da se postupci osobe koja nije svjesna Kṛṣṇe temelje na materijalnom shvaćanju tijela i osjetila, ali postupci osobe svjesne Kṛṣṇe temelje se na znanju da je tijelo Kṛṣṇino vlasništvo te da se zato treba upotrijebiti za služenje Kṛṣṇe.

STROFA 11

कायेन मनसा बुद्ध्या केवलैरिन्द्रियैरपि ।
योगिनः कर्म कुर्वन्ति सङ्गं त्यक्त्वात्मशुद्धये ॥ ११ ॥

kāyena manasā buddhyā kevalair indriyair api
yoginaḥ karma kurvanti saṅgaṁ tyaktvātma-śuddhaye

kāyena – tijelom; *manasā* – umom; *buddhyā* – inteligencijom; *kevalaiḥ* – pročišćenim; *indriyaiḥ* – osjetilima; *api* – čak; *yoginaḥ* – osobe svjesne Kṛṣṇe; *karma* – djelatnosti; *kurvanti* – vrše; *saṅgam* – vezanost; *tyaktvā* – ostavljajući; *ātma* – jastva; *śuddhaye* – radi pročišćenja.

Ostavljajući svu vezanost, yogīji djeluju tijelom, umom, inteligencijom pa čak i osjetilima, samo da bi se pročistili.

SMISAO: Kada osoba djeluje u svjesnosti Kṛṣṇe za zadovoljstvo Kṛṣṇinih osjetila, svaka djelatnost tijela, uma, inteligencije ili čak osjetila pročišćena je od materijalnih nečistoća. Djelatnosti osobe svjesne Kṛṣṇe ne donose materijalne posljedice. Djelujući u svjesnosti Kṛṣṇe, ona lako dostiže razinu pročišćena djelovanja, koje se naziva *sad-ācāra*. To opisuje Śrī Rūpa Gosvāmī u svom *Bhakti-rasāmṛta-sindhuu* (1.2.187):

īhā yasya harer dāsye karmaṇā manasā girā
nikhilāsv apy avasthāsu jīvan-muktaḥ sa ucyate

„Osoba koja postupa svjesno Kṛṣṇe (ili drugim riječima, koja služi Kṛṣṇu svojim tijelom, umom, inteligencijom i riječima) oslobođena je čak i u materijalnom svijetu, iako može vršiti razne, naizgled materijalne djelatnosti." Nema lažnoga ega, jer ne vjeruje da je materijalno tijelo ili njegov vlasnik. Zna da nije tijelo i da njezino tijelo ne pripada njoj. Ona sama, kao i njezino tijelo, pripada Kṛṣṇi. Kada sve što posjeduje – tijelo, um, inteligenciju, riječi, život i bogatstvo – upotrijebi za služenje Kṛṣṇe, odmah dolazi u dodir s Kṛṣṇom. Sjedinjena je s Kṛṣṇom i nema lažnoga ega koji je navodi da vjeruje da je tijelo. To je savršena razina svjesnosti Kṛṣṇe.

STROFA 12

युक्तः कर्मफलं त्यक्त्वा शान्तिमाप्नोति नैष्ठिकीम् ।
अयुक्तः कामकारेण फले सक्तो निबध्यते ॥ १२ ॥

yuktaḥ karma-phalaṁ tyaktvā śāntim āpnoti naiṣṭhikīm
ayuktaḥ kāma-kāreṇa phale sakto nibadhyate

yuktaḥ – onaj tko predano služi; *karma-phalam* – rezultate svih djelatnosti; *tyaktvā* – ostavljajući; *śāntim* – savršeni mir; *āpnoti* – stječe; *naiṣṭhikīm* – nepokolebljivo; *ayuktaḥ* – onaj tko nije svjestan Kṛṣṇe; *kāma-kāreṇa* – radi uživanja rezultata rada; *phale* – za rezultat; *saktaḥ* – vezan; *nibadhyate* – zapleće se.

Nepokolebljivo predana duša dostiže savršen mir, jer nudi rezultate svih djelatnosti Meni, dok osoba koja nije sjedinjena s Božanskom Osobom, već žudi za plodovima svoga rada, biva zapletena.

SMISAO: Za razliku od osobe s tjelesnom svjesnošću, koja je vezana za rezultate svojih djelatnosti, osoba svjesna Kṛṣṇe privržena je Kṛṣṇi. Osoba privržena Kṛṣṇi, koja djeluje samo za Njega, oslobođena je i ne brine se za posljedice svojih djela. U *Bhāgavatamu* je objašnjeno da je briga o rezultatima djelatnosti uzrokovana djelovanjem pod utjecajem dvostranog shvaćanja, bez znanja o Apsolutnoj Istini. Kṛṣṇa je vrhovna Apsolutna Istina, Božanska Osoba. U svjesnosti Kṛṣṇe nema dvostranosti. Sve što postoji tvorevina je Kṛṣṇine energije, a Kṛṣṇa je svedobar. Stoga je djelovanje u svjesnosti Kṛṣṇe na apsolutnoj razini; transcendentalno je i ne donosi materijalne posljedice. Osoba svjesna Kṛṣṇe ispunjena je mirom, ali onaj tko se radi zadovoljavanja osjetila zapleće u proračunavanje dobitka ne može imati mira. Spoznaja da ne postoji ništa osim Kṛṣṇe razina je mira i neustrašivosti. To je tajna svjesnosti Kṛṣṇe.

STROFA 13

सर्वकर्माणि मनसा सन्न्यस्यास्ते सुखं वशी ।
नवद्वारे पुरे देही नैव कुर्वन्न कारयन् ॥ १३ ॥

sarva-karmāṇi manasā sannyasyāste sukhaṁ vaśī
nava-dvāre pure dehī naiva kurvan na kārayan

sarva – svih; *karmāṇi* – djelatnosti; *manasā* – u umu; *sannyasya* – odričući se; *āste* – ostaje; *sukham* – sretno; *vaśī* – onaj tko je ovladao; *nava-dvāre* – u mjestu s devet dveri; *pure* – u gradu; *dehī* – utjelovljena duša; *na* – nikada; *eva* – zacijelo; *kurvan* – sve što čini; *na* – ne; *kārayan* – uzrokuje.

Kada utjelovljeno živo biće ovlada svojom prirodom i u umu se odrekne svih djelatnosti, sretno prebiva u gradu s devet dveri [materijalnom tijelu], ne djelujući i ne uzrokujući djelovanje.

SMISAO: Utjelovljena duša živi u gradu s devet dveri. Djelatnosti tijela, slikovito opisana kao grad, odvijaju se automatski pod utjecajem *guṇa* prirode. Premda se podvrgava tjelesnim stanjima, duša se može uzdići iznad njih ako to želi. Poistovjećujući se s tijelom pati, samo zato što je zaboravila svoju višu prirodu. Svjesnošću Kṛṣṇe može oživiti svoj pravi položaj i tako se osloboditi utjelovljenosti. Čim se posveti svjesnosti Kṛṣṇe, potpuno se odriče vezanosti za tjelesne djelatnosti. Živeći takvim ovladanim životom, u kojem se njezino rasuđivanje mijenja, sretno živi unutar grada s devet dveri. Te dveri opisuje sljedeća strofa:

nava-dvāre pure dehī haṁso lelāyate bahiḥ
vaśī sarvasya lokasya sthāvarasya carasya ca

„Svevišnja Božanska Osoba koja živi u tijelu živoga bića upravlja svim živim bićima u cijelom svemiru. Tijelo se sastoji od devet dveri (dva oka, dvije nosnice, dva uha, usta, anusa i spolnih organa). U uvjetovanom stanju, živo se biće poistovjećuje s tijelom, ali kada se poistovjeti s Gospodinom u sebi, postaje slobodno kao Gospodin, čak i dok se nalazi u tijelu." (*Śvetāśvatara Upaniṣada* 3.18)

Zbog toga je osoba svjesna Kṛṣṇe oslobođena i vanjskih i unutarnjih djelatnosti materijalnog tijela.

STROFA 14

न कर्तृत्वं न कर्माणि लोकस्य सृजति प्रभुः ।
न कर्मफलसंयोगं स्वभावस्तु प्रवर्तते ॥ १४ ॥

na kartṛtvaṁ na karmāṇi lokasya sṛjati prabhuḥ
na karma-phala-saṁyogaṁ svabhāvas tu pravartate

na – nikada; *kartṛtvam* – vlasništvo; *na* – niti; *karmāṇi* – djelatnosti; *lokasya* – ljudi; *sṛjati* – stvara; *prabhuḥ* – gospodar grada (tijela); *na* – niti; *karma-phala* – s rezultatima djelatnosti; *saṁyogam* – povezan; *svabhāvaḥ* – *guṇe* materijalne prirode; *tu* – ali; *pravartate* – djeluju.

Utjelovljeni duh, gospodar grada svoga tijela, ne stvara djelatnosti ili plodove djela, niti potiče ljude na djelovanje. Sve to čine guṇe materijalne prirode.

SMISAO: Kao što će biti objašnjeno u sedmom poglavlju, živo je biće jedna od energija ili priroda Svevišnjeg Gospodina, ali se razlikuje od materije, Gospodinove niže energije. Na neki način, viša priroda, živo biće, od pamtivijeka je u dodiru s materijalnom prirodom. Privremeno tijelo, ili materijalno boravište koje dobiva, uzrok je raznih djelatnosti i njihovih posljedica. Živeći u takvom uvjetovanom ozračju, ispašta posljedice djelatnosti tijela poistovjećujući se (u neznanju) s tijelom. Uzrok je tjelesne patnje i nesreće neznanje stečeno u pradavna vremena. Čim živo biće odbaci vezanost za djelatnosti tijela, oslobađa se posljedica. Sve dok se nalazi u gradu svoga tijela, izgleda kao njegov gospodar, ali ustvari nije ni vlasnik ni upravitelj njegovih djelatnosti i posljedica. Jednostavno se nalazi usred materijalnog oceana, boreći se za opstanak. Valovi ga oceana nose i nema vlasti nad njima. Transcendentalnom svjesnošću Kṛṣṇe treba izaći iz vode. To je najbolje rješenje za njega. Samo će tako biti spašeno od sveg nemira.

STROFA 15

नादत्ते कस्यचित् पापं न चैव सुकृतं विभुः ।
अज्ञानेनावृतं ज्ञानं तेन मुह्यन्ति जन्तवः ॥ १५ ॥

nādatte kasyacit pāpaṁ na caiva sukṛtaṁ vibhuḥ
ajñānenāvṛtaṁ jñānaṁ tena muhyanti jantavaḥ

na – nikada; *ādatte* – prihvaća; *kasyacit* – ičiji; *pāpam* – grijeh; *na* – niti; *ca* – također; *eva* – zacijelo; *su-kṛtam* – pobožna djela; *vibhuḥ* – Svevišnji Gospodin; *ajñānena* – neznanjem; *āvṛtam* – prekriveno; *jñānam* – znanje; *tena* – time; *muhyanti* – zbunjena; *jantavaḥ* – živa bića.

Svevišnji Gospodin ne prihvaća ničija grešna ili pobožna djela. Utjelovljena su bića zbunjena, zbog neznanja koje prekriva njihovo pravo znanje.

SMISAO: Sanskrtska riječ *vibhu* odnosi se na Svevišnjega Gospodina, koji je pun neograničena znanja, bogatstva, snage, slave, ljepote i moći odricanja. On uvijek nalazi zadovoljstvo u Sebi, neuznemiren grešnim ili pobožnim djelatnostima. Ne stvara određenu situaciju ni za jedno živo biće, ali živo biće, zbunjeno neznanjem, želi biti stavljeno u određene životne uvjete te tako započinje lanac djelatnosti i posljedica. Živo je biće zbog svoje više prirode puno znanja. Unatoč tome, zbog svoje ograničene moći podložno je utjecaju neznanja. Gospodin je svemoćan, ali živo biće nije. Gospodin je *vibhu* (sveznajući), a živo biće *aṇu* (atomske veličine). Kao živa duša, može željama izraziti svoju slobodnu volju. Takve želje ispunjava samo svemoćni Gospodin. Kad je živo biće zbunjeno svojim željama, Gospodin mu dopušta da ih ispuni, ali nikada nije odgovoran za djela i posljedice određene situacije koju ono može poželjeti. Budući da se nalazi u zbunjenu stanju, utjelovljena se duša poistovjećuje s materijalnim tijelom stvorenim u određenim okolnostima i biva podvrgnuta privremenoj bijedi i sreći u životu. Kao Paramātmā, Nad-duša, Gospodin uvijek prati živo biće i zato može shvatiti želje osobne duše, kao što osoba može osjetiti miris cvijeta kad mu se približi. Želja je suptilan oblik uvjetovanosti za živo biće. Gospodin ispunjava njegove želje u skladu s njegovim zaslugama: čovjek snuje, a Bog odlučuje. Pojedinac nije svemoguć u ispunjavanju svojih želja. No, Gospodin može ispuniti sve želje. Budući da je nepristran, ne miješa se u želje sićušnih neovisnih živih bića. Međutim, kada netko želi Kṛṣṇu, Gospodin se posebno brine o njemu i potiče ga da želi ono što će mu omogućiti da dostigne Kṛṣṇu i bude vječno sretan. Vedske himne stoga izjavljuju – *eṣa u hy eva sādhu karma kārayati taṁ yam ebhyo lokebhya unninīṣate. eṣa u evāsādhu karma kārayati yam adho ninīṣate:* „Gospodin navodi živo biće da vrši pobožna djela tako da se može uzdići. Gospodin ga navodi da vrši bezbožna djela tako da može otići u pakao." (*Kauṣītakī Upaniṣada* 3.8)

ajño jantur anīśo 'yam ātmanaḥ sukha-duḥkhayoḥ
īśvara-prerito gacchet svargaṁ vāśv abhram eva ca

„Živo je biće i u sreći i u nesreći potpuno ovisno. Po volji Svevišnjega može otići u raj ili pakao, kao oblak nošen vjetrom."

Tako uvjetovana duša, želeći od pamtivijeka izbjeći svjesnost Kṛṣṇe, uzrokuje vlastitu zbunjenost. Iako je po prirodi vječna, blažena i puna znanja, zbog svoje sićušne veličine zaboravlja svoj prirodni položaj Gospodinova sluge i biva zarobljena neznanjem. Opčinjeno neznanjem, živo biće tvrdi da je Gospodin odgovoran za njegovo uvjetovano postojanje. *Vedānta-sūtra* (2.1.34) to potvrđuje. *Vaiṣamya-nairghṛṇye na sāpekṣatvāt tathā hi darśayati:* „Gospodin nikoga ne mrzi niti voli, iako se tako čini."

STROFA 16

ज्ञानेन तु तदज्ञानं येषां नाशितमात्मनः ।
तेषामादित्यवज्ज्ञानं प्रकाशयति तत्परम् ॥ १६ ॥

jñānena tu tad ajñānaṁ yeṣāṁ nāśitam ātmanaḥ
teṣām āditya-vaj jñānaṁ prakāśayati tat param

jñānena – znanjem; *tu* – ali; *tat* – to; *ajñānam* – neznanje; *yeṣām* – čije; *nāśitam* – uništeno; *ātmanaḥ* – živoga bića; *teṣām* – njihovo; *āditya-vat* – poput izlazećeg sunca; *jñānam* – znanje; *prakāśayati* – otkriva; *tat param* – svjesnost Kṛṣṇe.

Kada je živo biće prosvijetljeno znanjem koje uništava neznanje, njegovo znanje sve razotkriva, kao što sunce po danu sve obasjava.

SMISAO: Oni koji su zaboravili Kṛṣṇu moraju biti zbunjeni, ali osobe svjesne Kṛṣṇe nisu nimalo zbunjene. U *Bhagavad-gīti* rečeno je: *sarvaṁ jñāna-plavena, jñānāgniḥ sarva-karmāṇi* i *na hi jñānena sadṛśam.* Znanje se uvijek cijeni, ali što je pravo znanje? Čovjek stječe savršeno znanje kada se preda Kṛṣṇi, kao što je rečeno u 19. strofi sedmoga poglavlja:

bahūnāṁ janmanām ante jñānavān māṁ prapadyate. Kad se nakon mnogo života čovjek koji posjeduje savršeno znanje preda Kṛṣṇi, ili postane svjestan Kṛṣṇe, sve mu se razotkriva, kao što sunce danju sve razotkriva. Živo je biće zbunjeno na toliko mnogo načina. Na primjer, drsko misleći da je Bog pada u posljednju zamku neznanja. Ako je živo biće Bog, kako može biti zbunjeno neznanjem? Može li Boga zbuniti neznanje? Ako je tako, onda je neznanje, odnosno Sotona, veće od Boga. Pravo se znanje može steći od osobe koja je potpuno svjesna Kṛṣṇe. Zato moramo potražiti takva vjerodostojna duhovnog učitelja i pod njegovim vodstvom naučiti što je svjesnost Kṛṣṇe, jer će svjesnost Kṛṣṇe sigurno raspršiti sve neznanje, kao što sunce raspršuje tamu. Čak i ako smo potpuno svjesni da nismo tijelo i da smo transcendentalni prema tijelu, ne moramo biti u stanju shvatiti razliku između duše i Nad-duše. Međutim, ako prihvatimo utočište savršena, vjerodostojna duhovnog učitelja svjesna Kṛṣṇe, možemo sve shvatiti. Boga i svoj odnos s Bogom možemo shvatiti samo kada sretnemo Božjeg predstavnika. On nikada ne tvrdi da je Bog, iako mu se iskazuje sve poštovanje koje se obično iskazuje Bogu jer posjeduje znanje o Bogu. Moramo shvatiti razliku između Boga i živoga bića. Gospodin Śrī Kṛṣṇa zato je rekao u drugom poglavlju (2.12) da je svako živo biće osoba i da je Gospodin također osoba. Bili su osobe u prošlosti, sada su osobe i ostat će osobe u budućnosti, čak i nakon oslobođenja. Noću, u mraku, sve nam izgleda jednako, ali danju, kad izađe sunce, sve vidimo u pravom svjetlu. Istovjetnost s osobnošću u duhovnom životu pravo je znanje.

STROFA 17

तद्बुद्धयस्तदात्मानस्तन्निष्ठास्तत्परायणाः
गच्छन्त्यपुनरावृत्तिं ज्ञाननिर्धूतकल्मषाः ॥ १७ ॥

tad-buddhayas tad-ātmānas tan-niṣṭhās tat-parāyaṇāḥ
gacchanty apunar-āvṛttiṁ jñāna-nirdhūta-kalmaṣāḥ

tat-buddhayaḥ – koji su usredotočili svoju inteligenciju na Svevišnjega; *tat-ātmānaḥ* – koji su usredotočili svoj um na Svevišnjega; *tat-niṣṭhāḥ* – koji polažu svoju vjeru samo u Svevišnjega; *tat-parāyaṇāḥ* – koji su potpuno prihvatili Njegovo okrilje; *gacchanti* – dolaze do; *apunaḥ-āvṛttim* – oslobođenja; *jñāna* – znanjem; *nirdhūta* – pročišćeni; *kalmaṣāḥ* – dvojbi.

Kada osoba usredotoči svoj um i inteligenciju na Svevišnjega, polažući svoju vjeru u Njega i prihvaćajući Njegovo okrilje, zahvaljujući potpunu

znanju sve njezine dvojbe u potpunosti nestaju i tako napreduje na putu oslobođenja.

SMISAO: Vrhovna Transcendentalna Istina je Gospodin Kṛṣṇa. Čitava se *Bhagavad-gītā* temelji na izjavi da je Kṛṣṇa Svevišnja Božanska Osoba. To je mišljenje svih vedskih spisa. *Para-tattva* znači Vrhovna Stvarnost, koju poznavatelji Svevišnjega spoznaju kao Brahman, Paramātmu i Bhagavāna. Bhagavān, Svevišnja Božanska Osoba, posljednja je riječ Apsoluta. Ne postoji ništa više od toga. Gospodin kaže: *mattaḥ parataraṁ nānyat kiñcid asti dhanañjaya.* Neosobni Brahman također počiva u Kṛṣṇi: *brahmaṇo hi pratiṣṭhāham.* Prema tome, Kṛṣṇa je u svakom pogledu Vrhovna Stvarnost. Onaj tko je usredotočio svoj um i inteligenciju na Kṛṣṇu, polažući svoju vjeru u Njega i prihvaćajući Njegovo okrilje ili, drugim riječima, onaj tko je potpuno svjestan Kṛṣṇe, svakako je oslobođen svih nedoumica i posjeduje savršeno znanje o svemu što se odnosi na transcendenciju. Osoba svjesna Kṛṣṇe može potpuno shvatiti da u Kṛṣṇi postoji dvojnost (istovremena istovjetnost i osobnost) i s takvim transcendentalnim znanjem može postojano napredovati na putu oslobođenja.

STROFA 18

विद्याविनयसम्पन्ने ब्राह्मणे गवि हस्तिनि ।
शुनि चैव श्वपाके च पण्डिताः समदर्शिनः ॥ १८ ॥

vidyā-vinaya-sampanne brāhmaṇe gavi hastini
śuni caiva śva-pāke ca paṇḍitāḥ sama-darśinaḥ

vidyā – obrazovanje; *vinaya* – i plemenitost; *sampanne* – u potpunosti posjeduju; *brāhmaṇe* – *brāhmaṇu*; *gavi* – kravu; *hastini* – slona; *śuni* – psa; *ca* – i; *eva* – zacijelo; *śva-pāke* – onoga tko jede pse (koji ne pripada ni jednoj kasti); *ca* – u svim; *paṇḍitāḥ* – mudri; *sama-darśinaḥ* – vide jednakim očima.

Ponizni mudraci, zahvaljujući pravom znanju, vide jednakim očima učena i plemenita brāhmaṇu, kravu, slona, psa i čovjeka koji jede pse [koji ne pripada ni jednoj kasti].

SMISAO: Osoba svjesna Kṛṣṇe ne pravi nikakvu razliku između životnih vrsta ili kasta. *Brāhmaṇa* i čovjek koji ne pripada ni jednoj kasti mogu se razlikovati s društvenoga gledišta, a pas, krava i slon mogu pripadati različitim vrstama života, ali učeni transcendentalisti, zbog svoga odnosa sa Svevišnjim, te razlike smatraju beznačajnim, jer je Svevišnji Gospodin u obliku Svoje djelomične ekspanzije, Paramātme, prisutan u srcu svih živih bića. Takvo razumijevanje Svevišnjeg pravo je znanje. Što se tiče tijela koja pripadaju različitim kastama i vrstama života, Gospodin je prema svakome jednako ljubazan, jer se ophodi prema svakom biću kao prema prijatelju. No bez obzira na okolnosti u kojima se živo biće nalazi, Gospodin zadržava položaj Paramātme. Gospodin je kao Paramātmā prisutan i u čovjeku koji ne pripada ni jednoj kasti i u *brāhmaṇi,* iako se njihova tijela razlikuju. Tijela su materijalne tvorevine različitih *guṇa* materijalne prirode, ali duša i Nad-duša u tijelu iste su duhovne prirode. Unatoč tome, kvalitativna srodnost duše i Nad-duše ne čini ih kvantitativno istovjetnim, jer je osobna duša prisutna samo u jednom tijelu, dok je Paramātmā prisutna u svakom tijelu. Osoba svjesna Kṛṣṇe potpuno je svjesna toga i stoga je istinski učena i sve vidi jednakim očima. Srodne su osobine duše i Nad-duše svjesnost, vječnost i blaženstvo, ali za razliku od osobne duše koja je svjesna svoga ograničenog tijela, Nad-duša je svjesna svih tijela. Nad-duša je prisutna u svim tijelima, bez razlike.

STROFA 19

इहैव तैर्जितः सर्गो येषां साम्ये स्थितं मनः ।
निर्दोषं हि समं ब्रह्म तस्माद् ब्रह्मणि ते स्थिताः ॥ १९ ॥

ihaiva tair jitaḥ sargo yeṣāṁ sāmye sthitaṁ manaḥ
nirdoṣaṁ hi samaṁ brahma tasmād brahmaṇi te sthitāḥ

iha – u ovom životu; *eva* – zacijelo; *taiḥ* – oni; *jitaḥ* – pobijedili; *sargaḥ* – rođenje i smrt; *yeṣām* – čiji; *sāmye* – u ravnoteži; *sthitam* – utemeljen; *manaḥ* – um; *nirdoṣam* – besprijekorni; *hi* – zacijelo; *samam* – u ravnoteži; *brahma* – kao Svevišnji; *tasmāt* – stoga; *brahmaṇi* – u Svevišnjem; *te* – oni; *sthitāḥ* – utemeljeni.

Oni čiji su umovi utemeljeni u viziji jednakosti već su nadvladali stanja rođenja i smrti. Besprijekorni su kao Brahman i stoga su već utemeljeni u Brahmanu.

SMISAO: Kao što je ovdje opisano, vizija jednakosti znak je samospoznaje. Smatra se da su oni koji su dostigli takvu razinu nadvladali materijalna stanja, osobito rođenje i smrt. Sve dok se netko poistovjećuje s tijelom, smatra se uvjetovanom dušom, ali čim se zahvaljujući spoznaji jastva uzdigne na razinu vizije jednakosti, oslobađa se uvjetovanog života. Drugim riječima, ne mora se više roditi u materijalnom svijetu, već nakon smrti može ući u duhovno nebo. Gospodin je besprijekoran, jer ne osjeća privlačnost ili mržnju. Slično tome, kada se živo biće oslobodi privlačnosti i mržnje postaje besprijekorno i dostojno ulaska u duhovno nebo. Takva se osoba treba smatrati oslobođenom, a njezini će simptomi biti opisani u idućim strofama.

STROFA 20

न प्रहृष्येत् प्रियं प्राप्य नोद्विजेत् प्राप्य चाप्रियम् ।
स्थिरबुद्धिरसम्मूढो ब्रह्मविद् ब्रह्मणि स्थितः ॥ २० ॥

na prahṛṣyet priyaṁ prāpya nodvijet prāpya cāpriyam
sthira-buddhir asammūḍho brahma-vid brahmaṇi sthitaḥ

na – nikada; *prahṛṣyet* – raduje se; *priyam* – ugodno; *prāpya* – stječući; *na* – ne; *udvijet* – uzbuđuje se; *prāpya* – stječući; *ca* – također; *apriyam* – neugodno; *sthira-buddhiḥ* – inteligencijom utemeljenom u jastvu; *asammūḍhaḥ* – nije zbunjen; *brahma-vit* – onaj tko je savršeno spoznao Svevišnjeg; *brahmaṇi* – u transcendenciji; *sthitaḥ* – utemeljen.

Osoba koja se ne raduje kada stekne što ugodno niti jadikuje kada stekne što neugodno, čija je inteligencija utemeljena u jastvu, koja nije zbunjena i koja zna nauk o Bogu, već je utemeljena u transcendenciji.

SMISAO: Ovdje su opisani simptomi samospoznate osobe. Prvi je simptom da nije obmanuta lažnim poistovjećivanjem tijela sa svojim pravim jastvom. Savršeno dobro zna da nije tijelo, već dio Svevišnje Božanske Osobe. Zato se ne raduje kada nešto stekne niti jadikuje kada izgubi nešto što je povezano s njezinim tijelom. Ta postojanost uma naziva se *sthira-buddhi*, inteligencija utemeljena u jastvu. Takva osoba nikada nije zbunjena pogrešnim shvaćanjem da je grubo tijelo duša, niti smatra tijelo vječnim, zanemarujući postojanje duše. To je znanje uzdiže do položaja poznavanja cjelokupna nauka o Apsolutnoj Istini, Brahmanu, Paramātmi i Bhagavānu. Savršeno dobro zna svoj prirodni položaj, pa ne pokušava lažno postati ravna Svevišnjem u svakom pogledu. To se naziva spoznaja Brahmana ili samospoznaja. Takva postojana svjesnost naziva se svjesnost Kṛṣṇe.

STROFA 21

बाह्यस्पर्शेष्वसक्तात्मा विन्दत्यात्मनि यत्सुखम् ।
स ब्रह्मयोगयुक्तात्मा सुखमक्षयमश्नुते ॥ २१ ॥

bāhya-sparśeṣv asaktātmā vindaty ātmani yat sukham
sa brahma-yoga-yuktātmā sukham akṣayam aśnute

bāhya-sparśeṣu – za vanjsko osjetilno zadovoljstvo; *asakta-ātmā* – onaj tko nije vezan; *vindati* – uživa; *ātmani* – u jastvu; *yat* – tu; *sukham* – sreću; *saḥ* – on; *brahma-yoga* – usredotočujući se na Brahman; *yukta-ātmā* – povezan s jastvom; *sukham* – u sreći; *akṣayam* – beskrajnoj; *aśnute* – uživa.

Takva oslobođena osoba ne osjeća privlačnost prema materijalnom osjetilnom zadovoljstvu, već uvijek u transu uživa u unutarnjem zadovoljstvu. Na taj način samospoznata duša uživa u beskrajnoj sreći, jer se usredotočuje na Svevišnjeg.

SMISAO: Śrī Yāmunācārya, veliki *bhakta* svjestan Kṛṣṇe, rekao je:

yad-avadhi mama cetaḥ kṛṣṇa-padāravinde
nava-nava-rasa-dhāmany udyataṁ rantum āsīt
tad-avadhi bata nārī-saṅgame smaryamāne
bhavati mukha-vikāraḥ suṣṭhu niṣṭhīvanaṁ ca

„Otkako transcendentalno služim Kṛṣṇu s ljubavlju i uvijek u Njemu nalazim novo zadovoljstvo, kad god pomislim na spolni užitak zgrčena lica pljunem na tu pomisao." Osoba utemeljena u *brahma-yogi,* tj. svjesnosti Kṛṣṇe, toliko je zaokupljena služenjem Gospodina s ljubavlju da gubi svaki ukus za materijalno osjetilno uživanje. Spolni je užitak najviše materijalno zadovoljstvo. Čitav je svijet opčinjen njime i materijalist bez tog poticaja uopće ne može raditi. No osoba koja djeluje u svjesnosti Kṛṣṇe može raditi s većim žarom bez spolnog uživanja, koje izbjegava. To je test u duhovnoj spoznaji. Duhovna spoznaja i spolno uživanje ne idu zajedno. Osobu svjesnu Kṛṣṇe ne privlači nikakvo osjetilno zadovoljstvo, jer je oslobođena duša.

STROFA 22

ये हि संस्पर्शजा भोगा दुःखयोनय एव ते ।
आद्यन्तवन्तः कौन्तेय न तेषु रमते बुधः ॥ २२ ॥

ye hi saṁsparśa-jā bhogā duḥkha-yonaya eva te
ādy-antavantaḥ kaunteya na teṣu ramate budhaḥ

ye – ti; *hi* – zacijelo; *saṁsparśa-jāḥ* – dodirom s materijalnim osjetilima; *bhogāḥ* – užitaka; *duḥkha* – nesreće; *yonayaḥ* – izvori; *eva* – zacijelo;

te – oni su; *ādi* – početku; *anta* – kraju; *vantaḥ* – podložni; *kaunteya* – o Kuntīn sine; *na* – nikada; *teṣu* – u njima; *ramate* – ne nalazi zadovoljstvo; *budhaḥ* – inteligentna osoba.

Inteligentna osoba ne uživa u izvorima bijede, koji nastaju dodirom s materijalnim osjetilima. O Kuntīn sine, takvi užici imaju početak i kraj i mudar čovjek ne nalazi u njima zadovoljstvo.

SMISAO: Materijalno osjetilno zadovoljstvo rezultat je dodira s materijalnim osjetilima, koja su privremena kao što je i samo tijelo privremeno. Oslobođenu dušu ne zanima ništa privremeno. Znajući dobro radosti transcendentalnog zadovoljstva, kako može pristati da uživa u lažnom zadovoljstvu? U *Padma Purāṇi* rečeno je:

ramante yogino 'nante satyānande cid-ātmani
iti rāma-padenāsau paraṁ brahmābhidhīyate

„Mistici nalaze neograničeno transcendentalno zadovoljstvo u Apsolutnoj Istini i zato je Vrhovna Apsolutna Istina, Božanska Osoba, poznata kao Rāma."

U *Śrīmad-Bhāgavatamu* (5.5.1) također je rečeno:

nāyaṁ deho deha-bhājāṁ nṛ-loke
kaṣṭān kāmān arhate viḍ-bhujāṁ ye
tapo divyaṁ putrakā yena sattvaṁ
śuddhyed yasmād brahma-saukhyaṁ tv anantam

„Dragi moji sinovi, ne biste trebali teško raditi u ovom ljudskom obliku života kako biste stekli osjetilno zadovoljstvo; takva su zadovoljstva dostupna i bićima koja jedu izmet (svinjama). U ovom životu trebate se podvrći strogostima koje će pročistiti vaše postojanje. Tako ćete moći uživati u beskrajnu transcendentalnom blaženstvu."

Pravi *yogīji* ili učeni transcendentalisti ne osjećaju privlačnost prema osjetilnim zadovoljstvima, koja su uzroci neprestana materijalnog postojanja. Što se netko više odaje materijalnim zadovoljstvima, to više biva sputan materijalnim bijedama.

STROFA 23

शक्नोतीहैव यः सोढुं प्राक् शरीरविमोक्षणात् ।
कामक्रोधोद्भवं वेगं स युक्तः स सुखी नरः ॥ २३ ॥

śaknotīhaiva yaḥ soḍhuṁ prāk śarīra-vimokṣaṇāt
kāma-krodhodbhavaṁ vegaṁ sa yuktaḥ sa sukhī naraḥ

śaknoti – sposoban je; *iha eva* – u sadašnjem tijelu; *yaḥ* – onaj tko; *soḍhum* – da podnosi; *prāk* – prije nego što; *śarīra* – tijelo; *vimokṣaṇāt* – napusti; *kāma* – želju; *krodha* – i srdžbu; *udbhavam* – nastale; *vegam* – od nagona; *saḥ* – on; *yuktaḥ* – u transu; *saḥ* – on; *sukhī* – sretno; *naraḥ* – ljudsko biće.

Ako osoba prije nego što napusti sadašnje tijelo može podnositi nagone materijalnih osjetila i obuzdati silu želje i srdžbe, utemeljena je u dobru položaju i sretna u ovome svijetu.

SMISAO: Ako netko želi postojano napredovati na putu samospoznaje, mora pokušati ovladati nagonima materijalnih osjetila, kao što su nagon govora, srdžbe, uma, želuca, spolnih organa i jezika. Onaj tko može vladati nagonima svih osjetila i uma naziva se *gosvāmī* ili *svāmī.* Takvi *gosvāmīji* žive strogo ovladanim životom i posve zanemaruju nagone osjetila. Kada materijalne želje nisu zadovoljene, stvaraju srdžbu, a um, oči i prsa postaju uznemireni. Stoga trebamo ovladati njima prije nego što napustimo materijalno tijelo. Smatra se da je onaj tko to može učiniti samospoznat i sretan. Dužnost je transcendentalista da uporno nastoji ovladati željama i srdžbom.

STROFA 24

योऽन्तःसुखोऽन्तरारामस्तथान्तर्ज्योतिरेव यः ।
स योगी ब्रह्मनिर्वाणं ब्रह्मभूतोऽधिगच्छति ॥ २४ ॥

yo 'ntaḥ-sukho 'ntar-ārāmas tathāntar-jyotir eva yaḥ
sa yogī brahma-nirvāṇaṁ brahma-bhūto 'dhigacchati

yaḥ – onaj tko; *antaḥ-sukhaḥ* – nalazi sreću u sebi; *antaḥ-ārāmaḥ* – aktivno uživa u unutarnjem zadovoljstvu; *tathā* – također i; *antaḥ-jyotiḥ* – teži za unutarnjim ciljem; *eva* – zacijelo; *yaḥ* – svatko; *saḥ* – on; *yogī* – mistik; *brahma-nirvāṇam* – oslobođenje u Svevišnjem; *brahma-bhūtaḥ* – samospoznat; *adhigacchati* – dostiže.

Onaj tko nalazi sreću u sebi, tko aktivno uživa u unutarnjem zadovoljstvu i teži za unutarnjim ciljem savršen je mistik. Oslobođen je u Svevišnjem i na kraju dostiže Svevišnjeg.

SMISAO: Ako netko ne može uživati u unutarnjoj sreći, kako može okončati vanjske djelatnosti namijenjene stjecanju površne sreće? Oslobođena osoba uživa u sreći kroz stvarno iskustvo. Zato može mirno sjesti bilo gdje i uživati u djelatnostima unutarnjeg života. Takva oslobođena osoba više ne želi vanjsku materijalnu sreću. To se stanje naziva *brahma-bhūta*. Kada ga osoba dostigne, može biti sigurna da će se vratiti kući, Bogu.

STROFA 25

लभन्ते ब्रह्मनिर्वाणम् ऋषयः क्षीणकल्मषाः ।
छिन्नद्वैधा यतात्मानः सर्वभूतहिते रताः ॥ २५ ॥

labhante brahma-nirvāṇam ṛṣayaḥ kṣīṇa-kalmaṣāḥ
chinna-dvaidhā yatātmānaḥ sarva-bhūta-hite ratāḥ

labhante – dostižu; *brahma-nirvāṇam* – oslobođenje u Svevišnjem; *ṛṣayaḥ* – koji u sebi djeluju; *kṣīṇa-kalmaṣāḥ* – koji su oslobođeni svih grijeha; *chinna* – odbacivši; *dvaidhāḥ* – dvostranosti; *yata-ātmānaḥ* – zaokupljeni samospoznajom; *sarva-bhūta* – radi svih živih bića; *hite* – dobrotvornim radom; *ratāḥ* – zaokupljeni.

Osobe zaokupljene unutarnjim životom, koje su nadišle dvostranosti rođene iz sumnje i koje uvijek djeluju za dobrobit svih živih bića, oslobođene grijeha, dostižu oslobođenje u Svevišnjem.

SMISAO: Samo se za osobu potpuno svjesnu Kṛṣṇe može reći da djeluje za dobro svih živih bića. Onaj tko zna da je Kṛṣṇa izvor svega i djeluje u tom duhu djeluje za dobro svakoga. Čovječanstvo pati zato što je zaboravilo da je Kṛṣṇa vrhovni uživatelj, vrhovni vlasnik i vrhovni prijatelj. Stoga je nastojanje da se u čitavu ljudskom društvu probudi ova svjesnost najviši dobrotvorni rad. Čovjek ne može vršiti takve prvorazredne dobrotvorne djelatnosti ako nije dostigao oslobođenje u Svevišnjem. Osoba svjesna Kṛṣṇe ne sumnja u Kṛṣṇinu vrhovnu moć, jer je potpuno oslobođena svih grijeha. To je stanje božanske ljubavi.

Onaj tko vodi brigu samo o fizičkoj dobrobiti ljudskoga društva ne može nikome istinski pomoći. Privremeno ublažavanje tjelesnih i umnih patnji nije zadovoljavajuće. Pravi uzrok problema u teškoj borbi za život leži u zaboravljanju odnosa sa Svevišnjim Gospodinom. Kad je čovjek potpuno svjestan svoga odnosa s Kṛṣṇom, istinski je oslobođena duša, iako se može nalaziti u materijalnom tijelu.

STROFA 26

कामक्रोधविमुक्तानां यतीनां यतचेतसाम् ।
अभितो ब्रह्मनिर्वाणं वर्तते विदितात्मनाम् ॥ २६ ॥

kāma-krodha-vimuktānāṁ yatīnāṁ yata-cetasām
abhito brahma-nirvāṇaṁ vartate viditātmanām

kāma – želja; *krodha* – i srdžbe; *vimuktānām* – onima koji su oslobođeni; *yatīnām* – svetih osoba; *yata-cetasām* – potpuno ovladana uma; *abhitaḥ* – osigurano u skoroj budućnosti; *brahma-nirvāṇam* – oslobođenje u Svevišnjem; *vartate* – jest; *vidita-ātmanām* – samospoznatih.

Samospoznatim i samoovladanim osobama, oslobođenim srdžbe i svih materijalnih želja, koje uvijek nastoje dostići savršenstvo, osigurano je oslobođenje u Svevišnjem u skoroj budućnosti.

SMISAO: Od svih svetih osoba koje nastoje dostići oslobođenje najbolja je osoba svjesna Kṛṣṇe. To potvrđuje ova strofa *Bhāgavatama* (4.22.39):

yat-pāda-paṅkaja-palāśa-vilāsa-bhaktyā
karmāśayaṁ grathitam udgrathayanti santaḥ
tadvan na rikta-matayo yatayo 'pi ruddha-
sroto-gaṇās tam araṇaṁ bhaja vāsudevam

„Samo pokušajte predanim služenjem obožavati Vāsudevu, Svevišnju Božansku Osobu. Čak ni veliki mudraci ne mogu tako uspješno vladati nagonima osjetila kao oni koji uživaju u transcendentalnom blaženstvu služeći Gospodinova lotosolika stopala, iskorjenjujući time duboko ukorijenjenu želju za plodonosnim djelatnostima."

Želja za uživanjem plodova djelovanja toliko je duboko ukorijenjena u uvjetovanoj duši da čak i veliki mudraci teško mogu vladati takvim željama, uprkos velikim naporima. Gospodinov *bhakta* koji neprestano predano služi u svjesnosti Kṛṣṇe i koji je dostigao savršenu samospoznaju vrlo brzo dostiže oslobođenje u Svevišnjem. Zahvaljujući potpunom znanju o samospoznaji, uvijek ostaje u transu. Možemo navesti sličan primjer:

darśana-dhyāna-saṁsparśair matsya-kūrma-vihaṅgamāḥ
svāny apatyāni puṣṇanti tathāham api padma-ja

„Ribe, kornjače i ptice održavaju svoje mlade samim pogledom, meditacijom i dodirom. Ja postupam na sličan način, o Padmaja!"

Ribe podižu svoje mlade samim pogledom. Kornjače to čine meditacijom. Kornjača polaže jaja na zemlju i meditira na njih dok se nalazi u vodi. Slično tome, iako se *bhakta* svjestan Kṛṣṇe nalazi daleko od Gospodinova prebivališta, može se uzdići u Njegovo prebivalište neprestanim mišljenjem na Gospodina i djelovanjem u svjesnosti Kṛṣṇe. *Bhakta* ne osjeća patnje materijalnog postojanja. To stanje života naziva se *brahma-nirvāṇa*, odnosno odsutnost materijalnih bijeda uzrokovana neprestanom obuzetošću Svevišnjim.

STROFE 27–28

स्पर्शान् कृत्वा बहिर्बाह्यांश्चक्षुश्चैवान्तरे भ्रुवोः ।
प्राणापानौ समौ कृत्वा नासाभ्यन्तरचारिणौ ॥ २७ ॥
यतेन्द्रियमनोबुद्धिर्मुनिर्मोक्षपरायणः ।
विगतेच्छाभयक्रोधो यः सदा मुक्त एव सः ॥ २८ ॥

sparśān kṛtvā bahir bāhyāṁś cakṣuś caivāntare bhruvoḥ
prāṇāpānau samau kṛtvā nāsābhyantara-cāriṇau

yatendriya-mano-buddhir munir mokṣa-parāyaṇaḥ
vigatecchā-bhaya-krodho yaḥ sadā mukta eva saḥ

sparśān – predmetima osjetila, kao što je zvuk; *kṛtvā* – držeći; *bahiḥ* – vanjskim; *bāhyān* – nepotrebnim; *cakṣuḥ* – oči; *ca* – također; *eva* – zacijelo; *antare* – između; *bhruvoḥ* – obrva; *prāṇa-apānau* – zrak koji struji prema gore i prema dolje; *samau* – zadržavajući; *kṛtvā* – držeći; *nāsa-abhyantara* – u nosnicama; *cāriṇau* – puhanje; *yata* – ovladanih; *indriya* – osjetila; *manaḥ* – uma; *buddhiḥ* – inteligencije; *muniḥ* – transcendentalist; *mokṣa* – za oslobođenje; *parāyaṇaḥ* – predodređen; *vigata* – odbacivši; *icchā* – želje; *bhaya* – strah; *krodhaḥ* – srdžbu; *yaḥ* – onaj tko; *sadā* – uvijek; *muktaḥ* – oslobođen; *eva* – zacijelo; *saḥ* – on je.

Prekidajući dodir sa svim vanjskim predmetima osjetila, neprestano usmjeravajući pogled između obrva, zadržavajući udah i izdah u nosnicama i tako vladajući umom, osjetilima i inteligencijom, transcendentalist koji teži za oslobođenjem oslobađa se želje, straha i srždbe. Onaj tko se uvijek nalazi u tom stanju sigurno je oslobođen.

SMISAO: Onaj tko djeluje u svjesnosti Kṛṣṇe može odmah shvatiti svoj duhovni identitet. Potom, zahvaljujući predanu služenju, može shvatiti Svevišnjega Gospodina. Utemeljen u predanu služenju, uzdiže se na transcendentalnu razinu, sposoban da osjeti Gospodinovu nazočnost u svojim djelatnostima. Taj se položaj naziva oslobođenje u Svevišnjem.

Nakon što je objasnio načela oslobođenja u Svevišnjem, Gospodin poučava Arjunu kako može dostići taj položaj primjenom misticizma ili *yoge* poznate kao *aṣṭāṅga-yoga,* koja se sastoji od osam procesa zvanih *yama, niyama, āsana, prāṇāyāma, pratyāhāra, dhāraṇā, dhyāna* i *samādhi.* Ta će *yoga* biti potanko objašnjena u šestom poglavlju, a na kraju petoga poglavlja dano je uvodno objašnjenje. Procesom *pratyāhāre* osoba se mora odvojiti od predmeta osjetila kao što su zvuk, dodir, oblik, okus i miris i zatim usmjeriti pogled između obrva, usredotočujući ga na vrh nosa, poluzatvorenih očiju. Nema koristi od potpuna sklapanja očiju, jer može lako zaspati. Nije dobro ni potpuno otvoriti oči, jer prijeti opasnost da će je privući predmeti osjetila. Disanje se prekida u nosnicama zaustavljanjem zraka u tijelu koji struji prema gore i prema dolje. Primjenom takve *yoge* osoba može ovladati osjetilima, prekinuti dodir s vanjskim predmetima osjetila i tako se pripremiti za oslobođenje u Svevišnjem.

Ovaj proces *yoge* pomaže osobi da se oslobodi sveg straha i srdžbe i tako osjeti nazočnost Nad-duše na transcendentalnoj razini. Drugim riječima, svjesnost je Kṛṣṇe najlakši proces slijeđenja načela *yoge.* To će biti potanko objašnjeno u sljedećem poglavlju. Budući da osoba svjesna Kṛṣṇe uvijek predano služi, ne izlaže se opasnosti da koristi svoja osjetila za druge djelatnosti. Ovaj način vladanja osjetilima bolji je od *aṣṭāṅga-yoge.*

STROFA 29

भोक्तारं यज्ञतपसां सर्वलोकमहेश्वरम् ।
सुहृदं सर्वभूतानां ज्ञात्वा मां शान्तिमृच्छति ॥ २९ ॥

bhoktāraṁ yajña-tapasāṁ sarva-loka-maheśvaram
suhṛdaṁ sarva-bhūtānāṁ jñātvā māṁ śāntim ṛcchati

bhoktāram – uživatelj; *yajña* – žrtvovanja; *tapasām* – pokora i strogosti; *sarva-loka* – svih planeta i polubogova na njima; *mahā-īśvaram* – Svevišnji Gospodin; *su-hṛdam* – dobročinitelj; *sarva* – svih; *bhūtānām* – živih bića; *jñātvā* – tako znajući; *mām* – Mene (Gospodina Kṛṣṇu); *śāntim* – oslobođenje od materijalnih patnji; *ṛcchati* – stječe.

Osoba potpuno svjesna Mene, koja zna da sam vrhovni uživatelj svih žrtvovanja i strogosti, gospodar svih planeta i polubogova te dobročinitelj i dobronamjernik svih živih bića dostiže mir oslobađajući se patnje uzrokovane materijalnim bijedama.

SMISAO: Sve uvjetovane duše u okovima iluzorne energije žele steći mir u materijalnom svijetu, ali ne znaju formulu za mir, koja je objašnjena u ovom poglavlju *Bhagavad-gīte.* Najbolja formula za mir je spoznaja da je Gospodin Kṛṣṇa uživatelj svih ljudskih djelatnosti. Ljudi trebaju ponuditi sve Gospodinu, transcendentalno Ga služeći, jer je On vlasnik svih planeta i polubogova na njima. Nitko nije veći od Njega. On je veći i od najvećih polubogova, Śive i Brahme. U *Vedama* (*Śvetāśvatara Upaniṣada* 6.7) Svevišnji Gospodin opisan je kao *tam īśvarāṇāṁ paramaṁ maheśvaram.* Opčinjena iluzijom, živa bića pokušavaju postati gospodari svega što ih okružuje, ali se zapravo nalaze pod upravom Gospodinove materijalne energije. Gospodin je gospodar materijalne prirode, a uvjetovane se duše nalaze pod vlašću strogih zakona materijalne prirode. Bez razumijevanja tih jednostavnih činjenica nije moguće ostvariti mir u svijetu, ni pojedinačno ni zajednički. To je smisao svjesnosti Kṛṣṇe. Gospodin Kṛṣṇa je vrhovni upravitelj, a sva živa bića, zajedno s velikim polubogovima, podčinjena su Njemu. Savršeni mir može se dostići jedino u potpunoj svjesnosti Kṛṣṇe.

U ovom je poglavlju objašnjena *karma-yoga,* djelovanje u svjesnosti Kṛṣṇe. Odgovara se na spekulativno pitanje kako *karma-yoga* može dovesti do oslobođenja. Djelovati u svjesnosti Kṛṣṇe znači djelovati s potpunim znanjem o Gospodinu kao gospodaru. Takvo se djelovanje ne razlikuje od transcendentalnog znanja. *Bhakti-yoga* je neposredna svjesnost Kṛṣṇe, a *jñāna-yoga* put koji vodi do *bhakti-yoge.* Biti svjestan Kṛṣṇe znači djelovati s potpunim znanjem o svom odnosu s Vrhovnim Apsolutom, a savršenstvo je te svjesnosti potpuno znanje o Kṛṣṇi, Svevišnjoj Božanskoj Osobi. Kao djelić Boga, čista je duša Njegov vječni sluga. Duša dolazi u dodir s *māyom* (iluzijom) zbog svoje želje da gospodari *māyom* i to je uzrok njezine patnje. Sve dok je u dodiru s materijom, mora raditi da bi zadovoljila materijalne potrebe. No proces svjesnosti Kṛṣṇe dovodi je na razinu duhovnog života čak i dok se nalazi u materijalnom ozračju, jer predstavlja buđenje duhovnog postojanja djelovanjem u materijalnom svijetu. Što je netko napredniji, to se više oslobađa okova materije. Gospodin nije ni prema kome pristran. Sve ovisi o praktičnu izvršavanju dužnosti u svjesnosti Kṛṣṇe, koje pomaže osobi da potpuno vlada osjetilima i pobijedi utjecaj želje i srdžbe. Onaj tko postojano njeguje svjesnost Kṛṣṇe, vladajući ovim strastima, ostaje na transcendentalnoj razini, *brahma-nirvāṇi.* Slijedeći proces svjesnosti Kṛṣṇe on samim tim primjenjuje osmerostruku mističnu *yogu*, jer ostvaruje krajnju svrhu toga procesa. *Yogī* se postupno uzdiže slijeđenjem procesa *yame, niyame, āsane, prāṇāyāme, pratyāhāre, dhāraṇe, dhyāne* i *samādhija,* ali oni prethode savršenstvu dostignutu predanim služenjem, koje jedino može donijeti mir ljudskom biću. Ono je najviše savršenstvo života.

Tako se završavaju Bhaktivedantina tumačenja
petoga poglavlja Śrīmad Bhagavad-gīte *pod naslovom*
Karma-yoga – djelovanje u svjesnosti Kṛṣṇe.

ŠESTO POGLAVLJE

Dhyāna-yoga

STROFA 1

श्रीभगवानुवाच
अनाश्रितः कर्मफलं कार्यं कर्म करोति यः ।
स सन्न्यासी च योगी च न निरग्निर्न चाक्रियः ॥ १ ॥

śrī-bhagavān uvāca
anāśritaḥ karma-phalaṁ kāryaṁ karma karoti yaḥ
sa sannyāsī ca yogī ca na niragnir na cākriyaḥ

śrī-bhagavān uvāca – Gospodin reče; *anāśritaḥ* – ne prihvaća utočište; *karma-phalam* – plodova rada; *kāryam* – obvezan; *karma* – rad; *karoti* – vrši; *yaḥ* – onaj tko; *saḥ* – on; *sannyāsī* – u redu odricanja; *ca* – također; *yogī* – mistik; *ca* – također; *na* – ne; *niḥ* – bez; *agniḥ* – vatre; *na* – niti; *ca* – također; *akriyaḥ* – bez dužnosti.

Svevišnja Božanska Osoba reče: Onaj tko nije vezan za plodove svoga rada i tko radi iz dužnosti utemeljen je u redu odricanja. Takva je osoba pravi mistik, a ne onaj tko ne pali vatru i ne izvršava dužnost.

SMISAO: U ovom poglavlju Gospodin objašnjava da je osmerostruki sustav *yoge* namijenjen ovladavanju umom i osjetilima. Za većinu ljudi on je vrlo težak, osobito u dobu Kali. Premda ga u ovom poglavlju preporučuje, Gospodin naglašava da je proces *karma-yoge,* djelovanja u svjesnosti Kṛṣṇe, bolji. Na ovom svijetu svatko radom uzdržava svoju obitelj i domaćinstvo, ali nitko ne djeluje bez osobnog interesa ili zadovoljstva, bilo užeg bilo šireg. Mjerilo je savršenstva djelovanje u svjesnosti Kṛṣṇe, a ne djelovanje sa željom za uživanjem u plodovima rada. Dužnost je svih živih bića da djeluju u svjesnosti Kṛṣṇe, jer su po svom prirodnom položaju sastavni djelići Svevišnjeg. Dijelovi tijela obavljaju svoje funkcije za zadovoljstvo cijeloga tijela. Tjelesni udovi ne djeluju za vlastito zadovoljstvo, već za zadovoljstvo čitave cjeline. Slično tome, živo biće koje ne djeluje za vlastito zadovoljstvo, već za zadovoljstvo vrhovne cjeline, savršeni je *sannyāsī* ili *yogī.*

Sannyāsīji katkada pogrešno misle da su se oslobodili svih materijalnih dužnosti i zato prestaju izvoditi *agnihotra yajñe* (žrtvovanja u kojima se ponude prinose u vatru), ali ustvari su sebični jer teže za sjedinjavanjem s neosobnim Brahmanom. Takva je želja bolja od bilo koje materijalne želje, ali nije lišena sebičnosti. Mistični *yogī* koji primjenjuje *yogu* poluzatvorenih očiju, okončavši sve materijalne djelatnosti, želi neko zadovoljstvo za sebe. Ali osoba koja djeluje u svjesnosti Kṛṣṇe radi za zadovoljstvo cjeline, bez sebičnosti. Osoba svjesna Kṛṣṇe ne želi vlastito zadovoljstvo. Njezino je mjerilo uspjeha Kṛṣṇino zadovoljstvo i zato je savršeni *sannyāsī* ili savršeni *yogī.* Gospodin Caitanya, najviši savršeni simbol odricanja, moli se:

na dhanaṁ na janaṁ na sundarīṁ
kavitāṁ vā jagad-īśa kāmaye
mama janmani janmanīśvare
bhavatād bhaktir ahaitukī tvayi

„O svemoćni Gospodine, ne želim steći bogatstvo, uživati u lijepim ženama ili imati brojne sljedbenike. Želim samo da Te Tvojom bezuzročnom milošću predano služim, život za životom."

STROFA 2

यं सन्न्यासमिति प्राहुर्योगं तं विद्धि पाण्डव ।
न ह्यसन्न्यस्तसङ्कल्पो योगी भवति कश्चन ॥ २ ॥

yaṁ sannyāsam iti prāhur yogaṁ taṁ viddhi pāṇḍava
na hy asannyasta-saṅkalpo yogī bhavati kaścana

yam – što; *sannyāsam* – odricanje; *iti* – tako; *prāhuḥ* – kažu; *yogam* – povezivanja sa Svevišnjim; *tam* – to; *viddhi* – znaj; *pāṇḍava* – o Pāṇḍuov sine; *na* – nikada; *hi* – zacijelo; *asannyasta* – ako ne ostavi; *saṅkalpaḥ* – želju za vlastitim zadovoljstvom; *yogī* – mistični transcendentalist; *bhavati* – postaje; *kaścana* – itko.

O Pāṇḍuov sine, znaj da je ono što se naziva odricanjem isto što i yoga ili povezivanje sa Svevišnjim, jer nitko nikada ne može postati yogī, ako se ne odrekne želje za zadovoljavanjem osjetila.

SMISAO: Pravo značenje *sannyāsa-yoge,* tj. *bhakti,* leži u razumijevanju svoga prirodnog položaja i djelovanja u skladu s njime. Živo biće nema poseban neovisni identitet. Ono je granična energija Svevišnjeg. Kada je zarobljeno materijalnom energijom, uvjetovano je, a kada je svjesno Kṛṣṇe, ili duhovne energije, nalazi se u svom pravom, prirodnom stanju života. Stoga onaj tko ima potpuno znanje prestaje materijalno zadovoljavati osjetila, odričući se svih vrsta osjetilnog uživanja. Tako postupaju *yogīji* koji uzdržavaju osjetila od materijalne vezanosti. Osoba svjesna Kṛṣṇe nema priliku da svoja osjetila zaokupi djelatnostima koje nisu posvećene Kṛṣṇi. Stoga je u isto vrijeme i *sannyāsī* i *yogī.* Svrha znanja i obuzdavanja osjetila, propisanih procesima *jñāne* i *yoge*, automatski se ostvaruje u svjesnosti Kṛṣṇe. Ako osoba ne može okončati djelatnosti svoje sebične prirode, *jñāna* i *yoga* postaju beskorisni. Pravi cilj živoga bića treba biti ostavljanje sveg sebičnog zadovoljstva i spremnost za zadovoljavanje Svevišnjega. Osoba svjesna Kṛṣṇe nema želja za vlastitim uživanjem. Uvijek djeluje za zadovoljstvo Svevišnjeg. Onaj tko nema znanje o Svevišnjem mora djelovati za vlastito zadovoljstvo, jer nitko ne može ostati neaktivan. Sve se svrhe savršeno ostvaruju djelovanjem u svjesnosti Kṛṣṇe.

STROFA 3

आरुरुक्षोर्मुनेर्योगं कर्म कारणमुच्यते ।
योगारूढस्य तस्यैव शमः कारणमुच्यते ॥ ३ ॥

ārurukṣor muner yogaṁ karma kāraṇam ucyate
yogārūḍhasya tasyaiva śamaḥ kāraṇam ucyate

ārurukṣoḥ – koji je tek počeo primjenjivati *yogu*; *muneḥ* – mudraca; *yogam* – osmerostruki sustav *yoge*; *karma* – djelovanje; *kāraṇam* – put; *ucyate* – rečeno je; *yoga* – osmerostruku *yogu*; *ārūḍhasya* – onaj tko je dostigao; *tasya* – njegov; *eva* – zacijelo; *śamaḥ* – okončavanje svih materijalnih djelatnosti; *kāraṇam* – put; *ucyate* – kaže se.

Početniku u osmerostrukom procesu yoge preporučuje se put djelovanja, a onome tko je već napredan u yogi put okončavanja svih materijalnih djelatnosti.

SMISAO: Proces povezivanja sa Svevišnjim naziva se *yoga*. Taj se proces može usporediti s ljestvama za dostizanje najviše duhovne spoznaje. One počinju od najnižega materijalnog stanja živoga bića i sežu do savršene samospoznaje u čistom duhovnom životu. Ovisno o raznim razinama napretka, različiti dijelovi ljestava poznati su po različitim imenima. Cijele ljestve nazivaju se *yoga* i mogu se podijeliti na tri dijela, *jñāna-yogu, dhyāna-yogu* i *bhakti-yogu*. Najniža prečka ljestava naziva se *yogārurukṣu,* a najviša *yogārūḍha*.

Smatra se da su u sustavu osmerostruke *yoge* početni pokušaji zaokupljanja meditacijom, slijeđenjem propisanih načela života i vježbanjem raznih položaja sjedenja (koji predstavljaju manje-više tjelesne vježbe) plodonosne materijalne djelatnosti. Sve takve djelatnosti vode do savršene umne ravnoteže namijenjene vladanju osjetilima. Kad netko postigne uspjeh u meditaciji, sve uznemiravajuće djelatnosti uma prestaju.

Međutim, osoba svjesna Kṛṣṇe od početka se nalazi na razini meditacije, jer uvijek misli na Kṛṣṇu. Budući da uvijek služi Kṛṣṇu, smatra se da je okončala sve materijalne djelatnosti.

STROFA 4

यदा हि नेन्द्रियार्थेषु न कर्मस्वनुषज्जते ।
सर्वसङ्कल्पसन्न्यासी योगारूढस्तदोच्यते ॥ ४ ॥

yadā hi nendriyārtheṣu na karmasv anuṣajjate
sarva-saṅkalpa-sannyāsī yogārūḍhas tadocyate

yadā – kada; *hi* – zacijelo; *na* – ne; *indriya-artheṣu* – zadovoljavanjem osjetila; *na* – nikada; *karmasu* – plodonosnim djelovanjem; *anuṣajjate* – nužno se bavi; *sarva-saṅkalpa* – svih materijalnih želja; *sannyāsī* – onaj tko se odriče; *yoga-ārūḍhaḥ* – napredan u *yogi*; *tadā* – tada; *ucyate* – kaže se.

Za osobu se kaže da je napredna u yogi kada se odrekla svih materijalnih želja i kada ne nastoji zadovoljiti svoja osjetila, niti vrši plodonosne djelatnosti.

SMISAO: Osoba potpuno zaokupljena transcendentalnim služenjem Gospodina s ljubavlju nalazi zadovoljstvo u sebi i zato više ne vrši plodonosne djelatnosti, niti nastoji zadovoljiti svoja osjetila. U protivnom, mora se zaokupiti zadovoljavanjem osjetila, jer bez djelovanja ne može živjeti. Onaj tko nije svjestan Kṛṣṇe mora uvijek vršiti djelatnosti utemeljene na užoj ili široj sebičnosti, ali osoba svjesna Kṛṣṇe može učiniti sve za Kṛṣṇino zadovoljstvo i tako se savršeno odreći osjetilnog uživanja. Onaj tko nema takvu spoznaju mora se pokušati mehanički osloboditi materijalnih želja prije nego što se uzdigne na najvišu prečku ljestava *yoge*.

STROFA 5

उद्धरेदात्मनात्मानं नात्मानमवसादयेत् ।
आत्मैव ह्यात्मनो बन्धुरात्मैव रिपुरात्मनः ॥ ५ ॥

uddhared ātmanātmānaṁ nātmānam avasādayet
ātmaiva hy ātmano bandhur ātmaiva ripur ātmanaḥ

uddharet – mora se izbaviti; *ātmanā* – umom; *ātmānam* – uvjetovana duša; *na* – nikada; *ātmānam* – uvjetovanu dušu; *avasādayet* – degradira; *ātmā* – um; *eva* – zacijelo; *hi* – doista; *ātmanaḥ* – uvjetovane duše; *bandhuḥ* – prijatelj; *ātmā* – um; *eva* – zacijelo; *ripuḥ* – neprijatelj; *ātmanaḥ* – uvjetovane duše.

Uvjetovana se duša uz pomoć svoga uma mora izbaviti, a ne degradirati. On je njezin prijatelj, ali i njezin neprijatelj.

SMISAO: Ovisno o različitim okolnostima, riječ *ātmā* odnosi se na tijelo, um ili dušu. U sustavu *yoge*, um i uvjetovana duša posebno su važni. Um je središnja točka procesa *yoge* i stoga se *ātmā* u ovoj strofi odnosi na um. Svrha sustava *yoge* je ovladati umom i odvojiti ga od vezanosti za predmete osjetila. Ovdje se naglašava da um mora biti ovladan kako bi uvjetovanu dušu mogao izbaviti iz mulja neznanja. U materijalnom postojanju, živo je biće podložno utjecaju uma i osjetila. Ustvari, čista je duša zapletena u materijalnom svijetu jer se njezin um nalazi pod utjecajem lažna ega, koji želi vladati materijalnom prirodom. Stoga um treba biti ovladan kako ga ne bi privuklo blještavilo materijalne prirode. Na taj način uvjetovana duša može biti spašena. Ne bismo se trebali degradirati privlačnošću koju osjećamo prema predmetima osjetila. Što nas više privlače predmeti osjetila, to se više zaplećemo u materijalno postojanje. Um treba uvijek biti zaokupljen svjesnošću Kṛṣṇe. To je najbolji način na koji se možemo osloboditi zapletenosti. Riječ *hi* upotrijebljena je kako bi se to naglasilo, odnosno istaknulo da to *moramo* učiniti. Također je rečeno:

mana eva manuṣyāṇāṁ kāraṇaṁ bandha-mokṣayoḥ
bandhāya viṣayāsaṅgo muktyai nirviṣayaṁ manaḥ

„Za čovjeka je um uzrok i ropstva i oslobođenja. Um koji počiva na predmetima osjetila uzrok je ropstva, a um odvojen od predmeta osjetila uzrok je oslobođenja." (*Amṛta-bindu Upaniṣada* 2) Tako je um koji je uvijek zaokupljen svjesnošću Kṛṣṇe uzrok najvišeg oslobođenja.

STROFA 6

बन्धुरात्मात्मनस्तस्य येनात्मैवात्मना जितः ।
अनात्मनस्तु शत्रुत्वे वर्तेतात्मैव शत्रुवत् ॥ ६ ॥

bandhur ātmātmanas tasya yenātmaivātmanā jitaḥ
anātmanas tu śatrutve vartetātmaiva śatru-vat

bandhuḥ – prijatelj; *ātmā* – um; *ātmanaḥ* – živoga bića; *tasya* – onoga; *yena* – koji; *ātmā* – um; *eva* – zacijelo; *ātmanā* – živo biće; *jitaḥ* – savladalo; *anātmanaḥ* – onoga tko nije uspio ovladati umom; *tu* – ali; *śatrutve* – zbog neprijateljstva; *varteta* – ostaje; *ātmā eva* – sam um; *śatru-vat* – neprijatelj.

Onome tko je ovladao umom, um je najbolji prijatelj, ali onome tko to nije učinio um će ostati najveći neprijatelj.

SMISAO: Svrha procesa osmerostruke *yoge* je ovladati umom kako bi postao prijatelj u ostvarivanju ljudske misije. Ako osoba ne vlada umom, slijedeći proces *yoge* (radi predstave) samo gubi vrijeme. Onaj tko ne može vladati umom uvijek živi s najvećim neprijateljem i tako upropaštava svoj život, ne ostvarujući misiju života. Prirodni je položaj živoga bića da izvršava naredbe autoriteta. Sve dok je um nesavladani neprijatelj, mora izvršavati zapovijedi požude, srdžbe, pohlepe ili iluzije, ali kada je savladan dobrovoljno pristaje da se pokorava zapovijedima Božanske Osobe, koja se nalazi u srcu svakoga živog bića kao Paramātmā. Pravilno slijeđenje procesa *yoge* dovodi do susreta s Paramātmom u srcu i slijeđenja Njezinih zapovijedi. Onaj tko neposredno prihvaća svjesnost Kṛṣṇe samim se tim savršeno predaje Gospodinovoj zapovijedi.

STROFA 7

जितात्मनः प्रशान्तस्य परमात्मा समाहितः ।
शीतोष्णसुखदुःखेषु तथा मानापमानयोः ॥ ७ ॥

jitātmanaḥ praśāntasya paramātmā samāhitaḥ
śītoṣṇa-sukha-duḥkheṣu tathā mānāpamānayoḥ

jita-ātmanaḥ – onaj tko je ovladao umom; *praśāntasya* – onaj tko je takvim vladanjem umom dostigao mir; *parama-ātmā* – Nad-duši; *samāhitaḥ* – potpuno prišao; *śīta* – u hladnom; *uṣṇa* – toplom; *sukha* – sreći; *duḥkheṣu* – i nesreći; *tathā* – također; *māna* – u časti; *apamānayoḥ* – i nečasti.

Onaj tko je ovladao umom već je dostigao Nad-dušu, jer je stekao mir. Takav čovjek ne pravi razliku između sreće i nesreće, topline i hladnoće, časti i nečasti.

SMISAO: Svako bi se živo biće trebalo pokoravati zapovijedima Svevišnje Božanske Osobe, koja prebiva u srcu svih živih bića kao Paramātmā. Kad je um zaveden izvanjskom, iluzornom energijom, osoba se zapleće u materijalne djelatnosti. Čim slijeđenjem jednog od sustava *yoge* ovlada umom, smatra se da je već dostigla odredište. Živo se biće mora pokoravati zapovijedima autoriteta. Kad je njegov um usredotočen na višu prirodu, nema drugog izbora osim da slijedi zapovijedi Svevišnjega. Um mora prihvatiti i slijediti zapovijed nekog autoriteta. Posljedica je vladanja umom da osoba automatski slijedi zapovijedi Paramātme, Nad-duše. Budući da osoba svjesna Kṛṣṇe odmah dostiže taj transcendentalni položaj, Gospodinov *bhakta* ne podliježe utjecaju dvostranosti materijalne prirode: nesreće i sreće, hladnoće i topline itd. To je stanje pravi *samādhi,* obuzetost Svevišnjim.

STROFA 8

ज्ञानविज्ञानतृप्तात्मा कूटस्थो विजितेन्द्रियः ।
युक्त इत्युच्यते योगी समलोष्ट्राश्मकाञ्चनः ॥ ८ ॥

jñāna-vijñāna-tṛptātmā kūṭa-stho vijitendriyaḥ
yukta ity ucyate yogī sama-loṣṭrāśma-kāñcanaḥ

jñāna – stečenim znanjem; *vijñāna* – i spoznatim znanjem; *tṛpta* – zadovoljno; *ātmā* – živo biće; *kūṭa-sthaḥ* – utemeljeno na duhovnoj razini;

vijita-indriyaḥ – ovladanih osjetila; *yuktaḥ* – sposobno za samospoznaju; *iti* – tako; *ucyate* – rečeno je; *yogī* – mistik; *sama* – vidi jednakim očima; *loṣṭra* – šljunak; *aśma* – kamen; *kāñcanaḥ* – zlato.

Kaže se da je osoba utemeljena u samospoznaji kada je zahvaljujući znanju i spoznaji potpuno zadovoljna. Takva se osoba naziva yogījem [ili mistikom]. Utemeljena je u transcendenciji i samoovladana. Sve što vidi – bio to šljunak, kamenje ili zlato – vidi jednakim očima.

SMISAO: Knjiško je znanje bez spoznaje Vrhovne Istine beskorisno. To je rečeno u sljedećoj strofi:

ataḥ śrī-kṛṣṇa-nāmādi na bhaved grāhyam indriyaiḥ
sevonmukhe hi jihvādau svayam eva sphuraty adaḥ

„Nitko ne može materijalno okuženim osjetilima shvatiti transcendentalnu prirodu imena, oblika, odlika i zabava Śrī Kṛṣṇe. Tek kada osoba postane duhovno prožeta transcendentalnim služenjem Gospodina, razotkrivaju joj se transcendentalno ime, oblik, odlike i zabave Gospodina.” (*Bhakti-rasāmṛta-sindhu* 1.2.234)

Bhagavad-gītā je nauk o svjesnosti Kṛṣṇe. Nitko ne može postati svjestan Kṛṣṇe samo svjetovnom učenošću. Mora imati sreću da se druži s osobom čiste svjesnosti. Osoba svjesna Kṛṣṇe zadovoljna je čistim predanim služenjem i zato Kṛṣṇinom milošću ima spoznato znanje, kojim postaje savršena. Zahvaljujući transcendentalnom znanju možemo ostati postojani u svojim uvjerenjima, ali ako imamo samo akademsko znanje, možemo lako biti zavedeni i zbunjeni prividnim proturječjima. Spoznata je duša istinski samoovladana, jer je predana Kṛṣṇi. Transcendentalna je jer nema nikakve veze sa svjetovnom učenošću. Za nju svjetovna učenost i umna spekulacija, koje drugi mogu smatrati vrijednim poput zlata, ne vrijede više od šljunka ili kamenja.

STROFA 9

सुहृन्मित्रार्युदासीनमध्यस्थद्वेष्यबन्धुषु ।
साधुष्वपि च पापेषु समबुद्धिर्विशिष्यते ॥ ९ ॥

suhṛn-mitrāry-udāsīna- madhyastha-dveṣya-bandhuṣu
sādhuṣv api ca pāpeṣu sama-buddhir viśiṣyate

su-hṛt – prirodne dobronamjernike; *mitra* – dobročinitelje pune ljubavi; *ari* – neprijatelje; *udāsīna* – nepristrane; *madhya-stha* – posrednike; *dveṣya* – zavidne; *bandhuṣu* – i rođake ili dobronamjernike; *sādhuṣu* – pobožne; *api* – kao i; *ca* – i; *pāpeṣu* – grešnike; *sama-buddhiḥ* – jednakom inteligencijom; *viśiṣyate* – još naprednija.

Smatra se da je osoba još naprednija kada na svakoga – na iskrene dobronamjernike, dobročinitelje pune ljubavi, posrednike, nepristrane, zavidne, prijatelje, neprijatelje, pobožne i grešne – gleda jednakim očima.

STROFA 10

योगी युञ्जीत सततमात्मानं रहसि स्थितः ।
एकाकी यतचित्तात्मा निराशीरपरिग्रहः ॥ १० ॥

yogī yuñjīta satatam ātmānaṁ rahasi sthitaḥ
ekākī yata-cittātmā nirāśīr aparigrahaḥ

yogī – transcendentalist; *yuñjīta* – mora usredotočiti na svjesnost Kṛṣṇe; *satatam* – neprestano; *ātmānam* – sebe (tijelo, um i jastvo); *rahasi* – na osami; *sthitaḥ* – smješten; *ekākī* – sam; *yata-citta-ātmā* – uvijek budan u umu; *nirāśīḥ* – ne osjećajući privlačnost prema bilo čemu drugom; *aparigrahaḥ* – oslobođen osjećaja posesivnosti.

Transcendentalist treba uvijek zaokupljati svoj um, tijelo i jastvo odnosom sa Svevišnjim. Treba živjeti sam na osami i uvijek budno vladati umom, oslobođen želja i posesivnosti.

SMISAO: Kṛṣṇa se spoznaje u različitoj mjeri kao Brahman, Paramātmā i Svevišnja Božanska Osoba. Svjesnost Kṛṣṇe se očituje kao neprestano transcendentalno služenje Gospodina s ljubavlju, ali oni koji su vezani za neosobni Brahman ili lokaliziranu Nad-dušu također su djelomično svjesni Kṛṣṇe, jer je neosobni Brahman Kṛṣṇin duhovni sjaj, a Nad-duša Kṛṣṇina sveprožimajuća djelomična ekspanzija. Tako su i impersonalisti i meditanti posredno svjesni Kṛṣṇe. *Bhakta,* koji je neposredno svjestan Kṛṣṇe, najviši je transcendentalist, jer je spoznao i Brahman i Paramātmu. Njegovo je znanje o Apsolutnoj Istini savršeno, dok su impersonalisti i meditativni *yogīji* nesavršeno svjesni Kṛṣṇe.

Unatoč tome, ovdje se svima njima savjetuje da neprestano slijede svoje procese kako bi prije ili kasnije dostigli najviše savršenstvo. Najvažnija je dužnost transcendentalista uvijek u umu misliti na Kṛṣṇu. Na Kṛṣṇu trebamo misliti uvijek i nikada Ga ne smijemo zaboraviti, čak ni na trenutak. Usredotočenost uma na Svevišnjega naziva se *samādhi* ili trans. Da bi usredotočila um, osoba mora uvijek boraviti na osami i izbjegavati uznemirenja uzrokovana vanjskim predmetima. S velikom pomnjom treba prihvaćati povoljne i odbacivati nepovoljne uvjete koji utječu na njezinu spoznaju. Utemeljena u čvrstoj odlučnosti, ne bi trebala žudjeti za nepotrebnim materijalnim stvarima koje je zapleću osjećajem posesivnosti.

Osoba neposredno svjesna Kṛṣṇe pridržava se svih tih postupaka i mjera opreza, jer neposredna svjesnost Kṛṣṇe podrazumijeva samoodricanje, u kojem ima malo mjesta za materijalnu posesivnost. Śrīla Rūpa Gosvāmī opisuje svjesnost Kṛṣṇe na ovaj način:

anāsaktasya viṣayān yathārham upayuñjataḥ
nirbandhaḥ kṛṣṇa-sambandhe yuktaṁ vairāgyam ucyate

prāpañcikatayā buddhyā hari-sambandhi-vastunaḥ
mumukṣubhiḥ parityāgo vairāgyaṁ phalgu kathyate

„Kada osoba nije ni za što vezana, ali u isto vrijeme prihvaća sve u odnosu s Kṛṣṇom, pravilno je utemeljena u stanju oslobođenom posesivnosti. S druge strane, onaj tko sve odbacuje, ne znajući kako je sve povezano s Kṛṣṇom, nije tako potpun u svome odricanju." (*Bhakti-rasāmṛta-sindhu* 2.255–256)

Osoba svjesna Kṛṣṇe dobro zna da sve pripada Kṛṣṇi i zato je uvijek oslobođena osjećaja posesivnosti. Stoga ne žudi ni za čim za sebe. Zna kako treba prihvatiti stvari povoljne za svjesnost Kṛṣṇe i odbaciti stvari koje su nepovoljne za svjesnost Kṛṣṇe. Uvijek izbjegava dodir s materijalnim stvarima, jer je utemeljena na transcendentalnoj razini i uvijek je sama, jer nema nikakve veze s osobama koje nisu svjesne Kṛṣṇe. Stoga je savršeni *yogī*.

STROFE 11–12

शुचौ देशे प्रतिष्ठाप्य स्थिरमासनमात्मनः ।
नात्युच्छ्रितं नातिनीचं चैलाजिनकुशोत्तरम् ॥ ११ ॥
तत्रैकाग्रं मनः कृत्वा यतचित्तेन्द्रियक्रियः ।
उपविश्यासने युञ्ज्याद् योगमात्मविशुद्धये ॥ १२ ॥

śucau deśe pratiṣṭhāpya sthiram āsanam ātmanaḥ
nāty-ucchritaṁ nāti-nīcaṁ cailājina-kuśottaram

tatraikāgraṁ manaḥ kṛtvā yata-cittendriya-kriyaḥ
upaviśyāsane yuñjyād yogam ātma-viśuddhaye

śucau – na posvećenu; *deśe* – zemlju; *pratiṣṭhāpya* – staviti; *sthiram* – čvrsto; *āsanam* – sjedalo; *ātmanaḥ* – svoje; *na* – ne; *ati* – previše; *ucchritam* – visoko; *na* – niti; *ati* – previše; *nīcam* – nisko; *caila-ajina* – mekom tkaninom i jelenjom kožom; *kuśa* – i travom *kuśa*; *uttaram* – prekrivajući; *tatra* – potom; *eka-agram* – s usmjerenom pozornošću; *manaḥ* – um; *kṛtvā* – čineći; *yata-citta* – vladajući umom; *indriya* – osjetilima; *kriyaḥ* – i djelatnostima; *upaviśya* – sjedeći; *āsane* – na sjedalu; *yuñjyāt* – treba vršiti; *yogam* – primjenu *yoge*; *ātma* – srca; *viśuddhaye* – radi pročišćenja.

Da bi primjenjivala yogu, osoba treba otići na osamljeno mjesto, položiti travu kuśa na tlo i prekriti je jelenjom kožom i mekom tkaninom. Sjedalo ne bi trebalo biti ni previsoko ni prenisko i treba se nalaziti na svetom mjestu. Yogī onda treba nepokretno sjediti na njemu i primjenjivati yogu kako bi pročistio srce vladajući umom, osjetilima i djelatnostima, usredotočujući um na jednu točku.

SMISAO: „Sveto mjesto" odnosi se na mjesto hodočašća. U Indiji *yogīji,* transcendentalisti ili *bhakte* napuštaju dom da bi prebivali na svetim mjestima kao što su Prayāga, Mathurā, Vṛndāvana, Hṛṣīkeśa i Hardwar, te na osami primjenjivali *yogu* na mjestima kroz koja teku svete rijeke poput Yamune i Gange. No to često nije moguće, osobito za ljude na Zapadu. Takozvana *yoga* društva u velikim gradovima mogu biti uspješna u stjecanju materijalne dobrobiti, ali nisu nimalo pogodna za pravu primjenu *yoge*. Osoba nemirna uma, koja nije ovladala sobom, ne može meditirati. Stoga je u *Bṛhan-nāradīya Purāṇi* rečeno da je u Kali-yugi (sadašnjoj *yugi* ili dobu), u kojoj ljudi kratko žive i sporo napreduju u duhovnoj spoznaji, uvijek uznemireni raznim brigama, najbolji proces dostizanja duhovne spoznaje pjevanje Gospodinova svetog imena.

harer nāma harer nāma harer nāmaiva kevalam
kalau nāsty eva nāsty eva nāsty eva gatir anyathā

„U ovom dobu sukoba i licemjerja oslobođenje se može dostići samo pjevanjem Gospodinova svetog imena. Nema drugog načina. Nema drugog načina. Nema drugog načina."

STROFE 13–14

समं कायशिरोग्रीवं धारयन्नचलं स्थिरः ।
सम्प्रेक्ष्य नासिकाग्रं स्वं दिशश्चानवलोकयन् ॥ १३ ॥
प्रशान्तात्मा विगतभीर्ब्रह्मचारिव्रते स्थितः ।
मनः संयम्य मच्चित्तो युक्त आसीत मत्परः ॥ १४ ॥

samaṁ kāya-śiro-grīvaṁ dhārayann acalaṁ sthiraḥ
samprekṣya nāsikāgraṁ svaṁ diśaś cānavalokayan

praśāntātmā vigata-bhīr brahmacāri-vrate sthitaḥ
manaḥ saṁyamya mac-citto yukta āsīta mat-paraḥ

samam – uspravno; *kāya* – tijelo; *śiraḥ* – glavu; *grīvam* – i vrat; *dhārayan* – držeći; *acalam* – nepomično; *sthiraḥ* – mirno; *samprekṣya* – gledajući; *nāsikā* – nosa; *agram* – u vrh; *svam* – svoga; *diśaḥ* – na sve strane; *ca* – također; *anavalokayan* – ne gledajući; *praśānta* – neuznemirena; *ātmā* – uma; *vigata-bhīḥ* – bez straha; *brahmacāri-vrate* – u zavjetu celibata; *sthitaḥ* – utemeljen; *manaḥ* – um; *saṁyamya* – potpuno obuzdavajući; *mat* – na Mene (Kṛṣṇu); *cittaḥ* – usredotočujući um; *yuktaḥ* – pravi *yogī*; *āsīta* – treba sjediti; *mat* – Ja; *paraḥ* – krajnji cilj.

Yogī treba uspraviti tijelo, vrat i glavu i neprekidno gledati u vrh nosa. Tako, neuznemirena, ovladana uma, bez straha, potpuno se uzdržavajući od seksa, treba meditirati na Mene u srcu i prihvatiti Me kao krajnji cilj života.

SMISAO: Cilj je života spoznaja Kṛṣṇe, koji prebiva u srcu svakog živog bića kao Paramātmā, četveroruki Viṣṇu. Jedina je svrha procesa *yoge* otkriti i vidjeti taj lokalizirani oblik Viṣṇua. Taj lokalizirani *viṣṇu-mūrti* Kṛṣṇino je potpuno očitovanje koje prebiva u srcu živoga bića. Onaj tko ne teži spoznaji *viṣṇu-mūrtija* beskorisno primjenjuje tobožnju *yogu* i zacijelo gubi vrijeme. Kṛṣṇa je krajnji cilj života, a *viṣṇu-mūrti* u srcu cilj primjene *yoge*. Da bi netko spoznao *viṣṇu-mūrti* u srcu, mora se potpuno uzdržavati od spolnih odnosa. Zato mora napustiti dom i živjeti na osami, sjedeći na opisan način. Ne može svakodnevno uživati u seksu kod kuće ili negdje drugdje i odlaziti na takozvane satove *yoge* i tako postati *yogī*. Mora nastojati ovladati umom i izbjegavati sve vrste osjetilnih zadovoljstava, od kojih je seks glavni. U pravilima celibata koja je zapisao veliki mudrac Yājñavalkya piše:

karmaṇā manasā vācā sarvāvasthāsu sarvadā
sarvatra maithuna-tyāgo brahmacaryaṁ pracakṣate

„Zavjet *brahmacarye* treba osobi pomoći da se potpuno uzdržava od upuštanja u seks djelom, riječima i umom – uvijek, u svim okolnostima i svuda." Nitko ne može pravilno primjenjivati *yogu* održavajući spolne odnose. Zato se dječaci poučavaju *brahmacaryi* od samog djetinjstva, kad ne znaju za seks. U dobi od pet godina šalju se u *guru-kulu*, ili *āśramu* duhovnog učitelja, koji ih u strogoj disciplini odgaja da postanu *brahmacārīji*. Bez toga, nitko ne može napredovati u *yogi*, bilo da se radi o *dhyāna, jñāna* ili *bhakti-yogi*. Onaj tko slijedi pravila i načela bračnog života i održava spolne odnose samo sa svojom ženom (u skladu s pravilima) također se smatra *brahmacārījem.* Takav suzdržan obiteljski *brahmacārī* prihvaća se u školi *bhakti,* ali škole *jñāne* i *dhyāne* ne prihvaćaju čak ni takve *brahmacārīje.* One zahtijevaju potpuno uzdržavanje bez kompromisa. U školi *bhakti,* obiteljskom se *brahmacārīju* dopuštaju regulirani spolni odnosi, jer je kult *bhakti-yoge* toliko moćan da osoba zaokupljena uzvišenim služenjem Gospodina automatski gubi privlačnost prema seksu. U *Bhagavad-gīti* (2.59) rečeno je:

viṣayā vinivartante nirāhārasya dehinaḥ
rasa-varjaṁ raso 'py asya paraṁ dṛṣṭvā nivartate

Dok se drugi na silu suzdržavaju od zadovoljavanja osjetila, Gospodinov se *bhakta* sam odriče zadovoljavanja osjetila, jer je okusio nešto uzvišenije. Nitko osim *bhakte* ne zna za taj viši užitak.

Vigata-bhīḥ. Osoba ne može biti neustrašiva, ako nije potpuno svjesna Kṛṣṇe. Uvjetovana duša puna je straha zbog svog poremećenog pamćenja, jer je zaboravila svoj vječni odnos s Kṛṣṇom. *Bhāgavatam* (11.2.37) izjavljuje: *bhayaṁ dvitīyābhiniveśataḥ syād īśād apetasya viparyayo 'smṛtiḥ.* Svjesnost Kṛṣṇe jedini je temelj neustrašivosti. Stoga osoba svjesna Kṛṣṇe može savršeno primjenjivati *yogu.* Budući da je krajnji cilj *yoge* vidjeti Gospodina u srcu, osoba svjesna Kṛṣṇe već je najbolji *yogī.* Načela *yoge* opisana u ovoj strofi razlikuju se od načela tobožnjih društava za *yogu* koja su danas popularna.

STROFA 15

युञ्जन्नेवं सदात्मानं योगी नियतमानसः ।
शान्तिं निर्वाणपरमां मत्संस्थामधिगच्छति ॥ १५ ॥

yuñjann evaṁ sadātmānaṁ yogī niyata-mānasaḥ
śāntiṁ nirvāṇa-paramāṁ mat-saṁsthām adhigacchati

yuñjan – vježbajući; *evam* – kao što je već spomenuto; *sadā* – stalno; *ātmānam* – tijelo, um i dušu; *yogī* – mistični transcendentalist; *niyata-mānasaḥ* – ovladana uma; *śāntim* – mir; *nirvāṇa-paramām* – okončanje materijalnog postojanja; *mat-saṁsthām* – duhovno nebo (Božje Carstvo); *adhigacchati* – dostiže.

Stalno vladajući tijelom, umom i djelatnostima, mistični transcendentalist, ovladana uma, dostiže Božje Carstvo [Kṛṣṇino prebivalište] okončavši materijalno postojanje.

SMISAO: Sada je jasno objašnjen krajnji cilj *yoge*. *Yoga* nije namijenjena stjecanju bilo kakve materijalne pogodnosti, već okončavanju sveg materijalnog postojanja. Prema *Bhagavad-gīti* onaj tko želi poboljšati zdravlje ili teži za materijalnim savršenstvom nije *yogī*. Po okončanju materijalnog postojanja živo biće ne ulazi u „prazninu", koja je samo mit. Nigdje u Gospodinovoj kreaciji ne postoji praznina. Prestanak materijalnog postojanja omogućuje mu da uđe u duhovno nebo, Gospodinovo prebivalište. Ono je jasno opisano u *Bhagavad-gīti* kao mjesto u kojem nema potrebe za suncem, mjesecom ili elektricitetom. U duhovnom carstvu svi su planeti samoobasjani poput Sunca na materijalnom nebu. Božje se Carstvo prostire svuda, ali duhovno nebo i planeti na njemu nazivaju se *paraṁ dhāma,* ili viša prebivališta.

Savršeni *yogī*, koji savršeno shvaća Gospodina Kṛṣṇu, kao što je ovdje jasno rekao sam Gospodin (*mat-cittaḥ, mat-paraḥ, mat-saṁsthām*), može steći pravi mir i na kraju dostići Njegovo vrhovno prebivalište, Kṛṣṇaloku, poznatu kao Goloka Vṛndāvana. U *Brahma-saṁhiti* (5.37) jasno je rečeno – *goloka eva nivasaty akhilātma-bhūtaḥ:* iako uvijek prebiva u Svom prebivalištu poznatom kao Goloka, Gospodin je zahvaljujući Svojim višim duhovnim energijama i sveprožimajući Brahman i lokalizirana Paramātmā. Nitko ne može dostići duhovno nebo (Vaikuṇṭhu) ili ući u Gospodinovo vječno carstvo (Goloku Vṛndāvanu) ako nije pravilno shvatio Kṛṣṇu i Njegovu potpunu ekspanziju, Viṣṇua. Stoga je onaj tko djeluje u svjesnosti Kṛṣṇe savršeni *yogī*, jer uvijek misli na Kṛṣṇine djelatnosti (*sa vai manaḥ kṛṣṇa-padāravindayoḥ*). Iz *Veda* (*Śvetāśvatara Upaniṣada* 3.8) saznajemo – *tam eva viditvāti mṛtyum eti:* „Put rađanja i umiranja može se nadići samo razumijevanjem Svevišnje Božanske Osobe, Kṛṣṇe." Drugim riječima, savršenstvo sustava *yoge* leži u dostizanju slobode od materijalnog postojanja, a ne u mađioničarskom žongliranju i gimnastičkim majstorijama namijenjenim varanju prostodušnih ljudi.

STROFA 16

नात्यश्नतस्तु योगोऽस्ति न चैकान्तमनश्नतः ।
न चातिस्वप्नशीलस्य जाग्रतो नैव चार्जुन ॥ १६ ॥

nāty-aśnatas tu yogo 'sti na caikāntam anaśnataḥ
na cāti-svapna-śīlasya jāgrato naiva cārjuna

na – nikada; *ati* – previše; *aśnataḥ* – onaj tko jede; *tu* – ali; *yogaḥ* – povezati se sa Svevišnjim; *asti* – može; *na* – niti; *ca* – također; *ekāntam* –

previše; *anaśnataḥ* – ne jede; *na* – niti; *ca* – također; *ati* – previše; *svapna-śīlasya* – onaj tko spava; *jāgrataḥ* – ili onaj tko noću previše bdije; *na* – niti; *eva* – ikada; *ca* – i; *arjuna* – o Arjuna.

Onaj tko previše ili premalo jede i previše ili premalo spava ne može postati yogī, o Arjuna.

SMISAO: *Yogījima* se ovdje preporučuje da umjereno jedu i spavaju. Previše jesti znači jesti više nego što je potrebno za održavanje duše i tijela zajedno. Ljudi ne bi trebali jesti životinje, jer ima dovoljno žitarica, povrća, voća i mlijeka. Prema *Bhagavad-gīti* takva je jednostavna hrana u *guṇi* vrline. Životinjska je hrana namijenjena ljudima u *guṇi* neznanja. Stoga će oni koji jedu meso, piju, puše i jedu hranu koja nije najprije ponuđena Kṛṣṇi ispaštati grešne posljedice, jer jedu samo nečiste stvari. *Bhuñjate te tv aghaṁ pāpā ye pacanty ātma-kāraṇāt*. Svatko tko jede radi osjetilnog zadovoljstva ili kuha za sebe, ne nudeći svoju hranu Kṛṣṇi, jede samo grijeh. Onaj tko jede grijeh i jede više nego što mu je namijenjeno ne može savršeno primjenjivati *yogu*. Najbolje je jesti samo ostatke hrane ponuđene Kṛṣṇi. Osoba svjesna Kṛṣṇe ne jede hranu koja nije najprije ponuđena Kṛṣṇi. Zato samo ona može dostići savršenstvo u *yogi*. Onaj tko se umjetno odriče hrane, izmišljajući vlastiti post, također ne može primjenjivati *yogu*. Osoba svjesna Kṛṣṇe posti u skladu s preporukama spisa. Ne posti i ne jede više nego što je potrebno i zato može primjenjivati *yogu*. Onaj tko jede više nego što mu je potrebno puno će sanjati i zato će morati spavati više nego što je potrebno. Ne bismo trebali spavati više od šest sati na dan. Onaj tko spava više od šest sati na dan sigurno se nalazi pod utjecajem *guṇe* neznanja. Osoba u *guṇi* neznanja lijena je i sklona dugom spavanju. Takva osoba ne može primjenjivati *yogu*.

STROFA 17

युक्ताहारविहारस्य युक्तचेष्टस्य कर्मसु ।
युक्तस्वप्नावबोधस्य योगो भवति दुःखहा ॥ १७ ॥

yuktāhāra-vihārasya yukta-ceṣṭasya karmasu
yukta-svapnāvabodhasya yogo bhavati duḥkha-hā

yukta – regulirano; *āhāra* – jede; *vihārasya* – odmara; *yukta* – regulirano; *ceṣṭasya* – onaj tko radom zarađuje za život; *karmasu* – u obavljanju dužnosti; *yukta* – umjeren; *svapna-avabodhasya* – spavanje i budnost;

yogaḥ – primjenjujući *yogu*; *bhavati* – postaje; *duḥkha-hā* – smanjuje patnje.

Onaj tko je regulirao svoje navike poput jedenja, spavanja, odmaranja i rada može primjenom yoge ublažiti sve materijalne patnje.

SMISAO: Pretjerano zadovoljavanje tjelesnih potreba za hranom, snom, sigurnošću i razmnožavanjem može omesti napredovanje u *yogi*. Što se tiče jedenja, ono može biti regulirano samo kada jedemo *prasādam*, posvećenu hranu. Prema *Bhagavad-gīti* (9.26) Gospodinu Kṛṣṇi nudi se povrće, cvijeće, voće, žitarice, mlijeko itd. Na taj način osoba svjesna Kṛṣṇe automatski uči da ne jede hranu koja nije namijenjena ljudima ili nije hrana u vrlini. Što se tiče spavanja, osoba svjesna Kṛṣṇe uvijek budno obavlja svoje dužnosti u svjesnosti Kṛṣṇe, pa svako vrijeme nepotrebno provedeno u spavanju smatra velikim gubitkom. *Avyartha-kālatvam: bhakta* svjestan Kṛṣṇe ne može provesti ni minutu svoga života bez služenja Gospodina; ne može to podnijeti. Zato svoje spavanje svodi na najmanju mjeru. Njegov je uzor Śrīla Rūpa Gosvāmī, koji je uvijek služio Kṛṣṇu i nije mogao spavati više od dva sata na dan, a katkada čak ni toliko. Haridāsa Ṭhākura ne bi čak ni jeo *prasādam* ili spavao ako ne bi izvršio svoju dnevnu dužnost koja se sastojala od mantranja tri stotine tisuća imena na brojanici. Što se tiče rada, osoba svjesna Kṛṣṇe ne čini ništa što nije u Kṛṣṇinom interesu i zato je njezin rad uvijek reguliran i nedirnut osjetilnim uživanjem. Budući da nema govora o osjetilnom uživanju, osoba svjesna Kṛṣṇe nikada ne provodi vrijeme u materijalnoj dokolici. Za nju ne postoje materijalne bijede, jer je regulirala svoj rad, govor, spavanje, budnost i sve druge tjelesne djelatnosti.

STROFA 18

यदा विनियतं चित्तमात्मन्येवावतिष्ठते ।
निस्पृहः सर्वकामेभ्यो युक्त इत्युच्यते तदा ॥ १८ ॥

yadā viniyataṁ cittam ātmany evāvatiṣṭhate
nispṛhaḥ sarva-kāmebhyo yukta ity ucyate tadā

yadā – kada; *viniyatam* – dovede u red; *cittam* – um i njegove djelatnosti; *ātmani* – u transcendenciji; *eva* – zacijelo; *avatiṣṭhate* – biva utemeljen; *nispṛhaḥ* – bez želja; *sarva* – za svim vrstama; *kāmebhyaḥ* – materijalnog osjetilnog zadovoljstva; *yuktaḥ* – potpuno utemeljen u *yogi*; *iti* – tako; *ucyate* – kaže se; *tadā* – tada.

Kada yogī primjenom yoge ovlada umnim djelatnostima i utemelji se u transcendenciji – oslobođen svih materijalnih želja – kaže se da je potpuno utemeljen u yogi.

SMISAO: Djelatnosti *yogīja* razlikuju se od djelatnosti obična čovjeka, jer *yogī* odbacuje sve materijalne želje – od kojih je seks glavna. Savršeni *yogī* tako vlada djelatnostima uma da ga nikakva materijalna želja ne može više uznemiriti. Prema *Śrīmad-Bhāgavatamu* (9.4.18–20), osobe svjesne Kṛṣṇe automatski dostižu taj stadij savršenstva:

sa vai manaḥ kṛṣṇa-padāravindayor
vacāṁsi vaikuṇṭha-guṇānuvarṇane
karau harer mandira-mārjanādiṣu
śrutiṁ cakārācyuta-sat-kathodaye

mukunda-liṅgālaya-darśane dṛśau
tad-bhṛtya-gātra-sparśe 'ṅga-saṅgamam
ghrāṇaṁ ca tat-pāda-saroja-saurabhe
śrīmat-tulasyā rasanāṁ tad-arpite

pādau hareḥ kṣetra-padānusarpaṇe
śiro hṛṣīkeśa-padābhivandane
kāmaṁ ca dāsye na tu kāma-kāmyayā
yathottama-śloka-janāśrayā ratiḥ

„Kralj Ambarīṣa najprije je usredotočio svoj um na lotosolika stopala Gospodina Kṛṣṇe. Potom je svoje riječi upotrijebio za opisivanje Gospodinovih transcendentalnih odlika, svoje ruke za čišćenje Gospodinova hrama, svoje uši za slušanje o Gospodinovim djelatnostima, svoje oči za gledanje Gospodinovih transcendentalnih oblika, svoje tijelo za dodirivanje tijela *bhakta*, svoj nos za mirisanje lotosovih cvjetova ponuđenih Gospodinu, svoj jezik za kušanje lišća biljke *tulasī* ponuđena Gospodinovim lotosolikim stopalima, svoje noge za obilaženje svetih mjesta i posjećivanje Gospodinova hrama, svoju glavu za odavanje poštovanja Gospodinu, a svoje želje za ostvarivanje Gospodinove misije. Sve te transcendentalne djelatnosti dolikuju čistom *bhakti*."

Taj transcendentalni stadij može za sljedbenike impersonalizma biti subjektivno neopisiv, ali za osobu svjesnu Kṛṣṇe postaje vrlo lak i praktičan, kao što možemo vidjeti iz opisa djelatnosti Mahārāje Ambarīṣe. Ako um nije usredotočen na Gospodinova lotosolika stopala zahvaljujući neprestanu sjećanju, takve transcendentalne djelatnosti nisu praktične. U predanu služenju takve se propisane djelatnosti nazivaju *arcana*, služenje Gospodina svim osjetilima. Osjetila i um moraju biti aktivni. Samo odricanje nije praktično. Stoga je za ljude – osobito one koji nisu prihvatili red odricanja – transcendentalno zaokupljanje osjetila i uma opisanim djelatnostima savršen proces za dostizanje transcendentalnog cilja, koji se u *Bhagavad-gīti* naziva *yukta*.

STROFA 19

यथा दीपो निवातस्थो नेङ्गते सोपमा स्मृता ।
योगिनो यतचित्तस्य युञ्जतो योगमात्मनः ॥ १९ ॥

yathā dīpo nivāta-stho neṅgate sopamā smṛtā
yogino yata-cittasya yuñjato yogam ātmanaḥ

yathā – kao; *dīpaḥ* – plamen svjetiljke; *nivāta-sthaḥ* – na mjestu bez vjetra; *na* – ne; *iṅgate* – treperi; *sā* – ta; *upamā* – usporedba; *smṛtā* – smatra se; *yoginaḥ* – s *yogījem; yata-cittasya* – čiji je um ovladan; *yuñjataḥ* – i stalno zaokupljen; *yogam* – meditacijom; *ātmanaḥ* – na transcendenciju.

Kao što plamen svijeće na mjestu bez vjetra ne treperi, transcendentalist koji vlada svojim umom uvijek je postojan u svojoj meditaciji na transcendentalno jastvo.

SMISAO: Osoba istinski svjesna Kṛṣṇe, uvijek zaokupljena transcendencijom, u neprestanoj neuznemirenoj meditaciji na svoga obožavanog Gospodina, postojana je kao plamen svijeće na mjestu bez vjetra.

STROFE 20–23

यत्रोपरमते चित्तं निरुद्धं योगसेवया ।
यत्र चैवात्मनात्मानं पश्यन्नात्मनि तुष्यति ॥ २० ॥
सुखमात्यन्तिकं यत्तद् बुद्धिग्राह्यमतीन्द्रियम् ।
वेत्ति यत्र न चैवायं स्थितश्चलति तत्त्वतः ॥ २१ ॥
यं लब्ध्वा चापरं लाभं मन्यते नाधिकं ततः ।
यस्मिन् स्थितो न दुःखेन गुरुणापि विचाल्यते ॥ २२ ॥
तं विद्याद्दुःखसंयोगवियोगं योगसंज्ञितम् ॥ २३ ॥

yatroparamate cittaṁ niruddhaṁ yoga-sevayā
yatra caivātmanātmānaṁ paśyann ātmani tuṣyati

sukham ātyantikaṁ yat tad buddhi-grāhyam atīndriyam
vetti yatra na caivāyaṁ sthitaś calati tattvataḥ

yaṁ labdhvā cāparaṁ lābhaṁ manyate nādhikaṁ tataḥ
yasmin sthito na duḥkhena guruṇāpi vicālyate

taṁ vidyād duḥkha-saṁyoga- viyogaṁ yoga-saṁjñitam

yatra – u stanju u kojem; *uparamate* – prestaju (jer osjeća transcendentalnu sreću); *cittam* – umne djelatnosti; *niruddham* – odvojen od materije; *yoga-sevayā* – *yogom; yatra* – u kojem; *ca* – također; *eva* – zacijelo; *ātmanā* – čistim umom; *ātmānam* – jastva; *paśyan* – spoznajući položaj; *ātmani* – u sebi; *tuṣyati* – postaje zadovoljan; *sukham* – sreća; *ātyantikam* – najviša; *yat* – koja; *tat* – tom; *buddhi* – inteligencijom; *grāhyam* – dostupna; *atīndriyam* – transcendentalna; *vetti* – zna; *yatra* – u kojoj; *na* – nikada; *ca* – također; *eva* – zacijelo; *ayam* – on; *sthitaḥ* – utemeljen; *calati* – odvaja; *tattvataḥ* – od istine; *yam* – to; *labdhvā* – dostigavši; *ca* – također; *aparam* – bilo koji drugi; *lābham* – dobitak; *manyate* – smatra; *na* – nikada; *adhikam* – većim; *tataḥ* – od toga; *yasmin* – u kojem; *sthitaḥ* – utemeljen; *na* – nikada; *duḥkhena* – bijedama; *guruṇā api* – čak i ako su vrlo teške; *vicālyate* – biva potresen; *tam* – to; *vidyāt* – moraš znati; *duḥkha-saṁyoga* – bijeda zbog materijalnog dodira; *viyogam* – uništenje; *yoga-saṁjñitam* – koje se naziva trans u *yogi*.

U stanju savršenstva zvanom trans ili samādhi, um se zahvaljujući primjeni yoge potpuno suzdržava od materijalnih umnih djelatnosti. To savršenstvo obilježava sposobnost yogīja da čistim umom vidi jastvo i uživa i raduje se u sebi. U tom radosnom stanju osjeća beskrajnu transcendentalnu sreću, koju spoznaje transcendentalnim osjetilima. Tako utemeljen, nikada se ne odvaja od istine i misli da nema većega dobitka. Utemeljen u takvu položaju, nikada se ne dvoumi, čak ni usred najveće nevolje. To je prava sloboda od svih bijeda koje nastaju zbog dodira s materijom.

SMISAO: Slijeđenjem procesa *yoge yogī* postupno odbacuje vezanost za materijalna shvaćanja. To je glavno obilježje načela *yoge*. Nakon toga utemeljuje se u transu, *samādhiju*, što znači da spoznaje Nad-dušu transcendentalnim umom i inteligencijom, oslobođen pogrešna poistovjećivanja jastva s Vrhovnim Jastvom. Proces se *yoge* manje-više temelji na načelima Patañjalijeva sustava. Neki neovlašteni tumači pokušavaju poistovjetiti jastvo s Nad-dušom, a monisti takvu spoznaju smatraju oslobođenjem, međutim ne shvaćaju pravu svrhu Patañjalijeva sustava *yoge*.

U Patañjalijevu se sustavu prihvaća transcendentalno zadovoljstvo, ali monisti ne prihvaćaju transcendentalno zadovoljstvo iz straha da ne bi doveli u pitanje teoriju jedinstva. Monist ne prihvaća dvojnost znanja i poznavatelja, ali u ovoj se strofi prihvaća transcendentalno zadovoljstvo – koje se spoznaje transcendentalnim osjetilima. To je potvrdio Patañjali Muni, glasoviti izlagač sustava *yoge*. Veliki mudrac u svojim *Yoga-sūtrama* (3.34) izjavljuje: *puruṣārtha-śūnyānāṁ guṇānāṁ pratiprasavaḥ kaivalyaṁ svarūpa-pratiṣṭhā vā citi-śaktir iti.*

Ta je *citi-śakti,* unutarnja moć, transcendentalna. *Puruṣārtha* se odnosi na svjetovnu pobožnost, gospodarski razvoj, zadovoljavanje osjetila te na kraju pokušaj sjedinjavanja sa Svevišnjim. To „sjedinjavanje sa Svevišnjim" monisti nazivaju *kaivalyam.* No prema Patañjaliju, *kaivalyam* je unutarnja, transcendentalna moć kojom živo biće postaje svjesno svoga prirodnog položaja. Gospodin Caitanya to stanje naziva *ceto-darpaṇa-mārjanam*, čišćenje nečista ogledala uma, i ono zapravo predstavlja oslobođenje – *bhava-mahā-dāvāgni-nirvāpaṇam.* Teorija *nirvāṇe*, koja je tek preliminarna, odgovara istom načelu. To se stanje u *Bhāgavatamu* (2.10.6) naziva *svarūpeṇa vyavasthitiḥ. Bhagavad-gītā* to potvrđuje u ovoj strofi.

Nakon *nirvāṇe*, tj. prestanka materijalnog postojanja, očituju se duhovne djelatnosti, odnosno predano služenje Gospodina, poznato kao svjesnost Kṛṣṇe. Prema riječima *Bhāgavatama – svarūpeṇa vyavasthitiḥ:* to je „pravi život živoga bića". *Māyā,* iluzija, stanje je duhovnog života zaraženog materijalnom bolešću. Oslobođenje od materijalne bolesti ne podrazumijeva uništenje izvornoga vječnog položaja živoga bića. Patañjali to također prihvaća riječima *kaivalyaṁ svarūpa-pratiṣṭhā vā citi-śaktir iti.* Ta *citi-śakti,* transcendentalno zadovoljstvo, pravi je život. To je potvrđeno u *Vedānta-sūtri* (1.1.12) riječima *ānanda-mayo 'bhyāsāt.* Prirodno transcendentalno zadovoljstvo krajnji je cilj *yoge* i lako se dostiže predanim služenjem, *bhakti-yogom. Bhakti-yoga* bit će jasno opisana u sedmome poglavlju *Bhagavad-gīte.*

U sustavu *yoge* opisanom u ovom poglavlju postoje dvije vrste *samādhija*, zvanih *samprajñāta-samādhi* i *asamprajñāta-samādhi.* Kad osoba dostigne transcendentalnu razinu raznovrsnim filozofskim istraživanjem, kaže se da je dostigla *samprajñāta-samādhi.* U *asamprajñāta-samādhiju* nema više nikakve veze sa svjetovnim zadovoljstvom, jer je transcendentalna prema svim vrstama sreće koje potječu od osjetila. Jednom utemeljen u tom transcendentalnom položaju, *yogī* se nikada ne dvoumi. Ako ne može dostići taj položaj, nije uspješan. Današnja takozvana *yoga* koja obuhvaća razna osjetilna zadovoljstva čista je suprotnost. *Yogī* koji održava spolne odnose i uzima opojna sredstva predstavlja lakrdiju. Čak i *yogīji* koje privlače *siddhiji* (savršenstva) u procesu *yoge* nisu utemeljeni u savršenu položaju. Ako osjećaju privlačnost prema popratnim rezultatima *yoge*, ne mogu dostići razinu savršenstva opisanu u ovoj strofi. Oni koji prave predstavu od gimnastičkih vještina i *siddhija,* trebali bi znati da se time udaljuju od cilja *yoge*.

Najbolja je *yoga* u ovom dobu svjesnost Kṛṣṇe, koja vodi do uspjeha. Osoba svjesna Kṛṣṇe toliko je sretna u svom djelovanju da ne teži ni za kakvom drugom srećom. Ako netko želi primjenjivati *haṭha-yogu, dhyāna-yogu* ili *jñāna-yogu*, naići će na brojne zapreke, posebno u ovom dobu licemjerja, ali takav problem ne postoji u primjeni *karma-yoge* ili *bhakti-yoge*.

Sve dok imamo materijalno tijelo, moramo zadovoljavati njegove potrebe, kao što su potreba za hranom, snom, sigurnošću i razmnožavanjem. Međutim, osoba utemeljena u čistoj *bhakti-yogi*, svjesnosti Kṛṣṇe, ne nadražuje osjetila dok zadovoljava potrebe tijela, već prihvaća najosnovnije životne potrepštine, nastojeći da izvuče najveću korist iz loše sklopljena posla i uživa u transcendentalnoj sreći u svjesnosti Kṛṣṇe. Ne mari za popratne pojave – kao što su nesreća, bolest, nestašica ili čak smrt najdražeg rođaka – ali uvijek budno obavlja svoje dužnosti u svjesnosti Kṛṣṇe, *bhakti-yogi*. Nesretni slučajevi nikada je ne odvraćaju od njezinih dužnosti. U *Bhagavad-gīti* (2.14) rečeno je: *āgamāpāyino 'nityās tāṁs titikṣasva bhārata*. Podnosi sve takve događaje jer zna da dolaze i odlaze i ne utječu na njezine dužnosti. Na taj način dostiže najviše savršenstvo *yoge*.

STROFA 24

स निश्चयेन योक्तव्यो योगोऽनिर्विण्णचेतसा ।
सङ्कल्पप्रभवान् कामांस्त्यक्त्वा सर्वानशेषतः ।
मनसैवेन्द्रियग्रामं विनियम्य समन्ततः ॥ २४ ॥

sa niścayena yoktavyo yogo 'nirviṇṇa-cetasā
saṅkalpa-prabhavān kāmāṁs tyaktvā sarvān aśeṣataḥ
manasaivendriya-grāmaṁ viniyamya samantataḥ

saḥ – taj; *niścayena* – s čvrstom odlučnošću; *yoktavyaḥ* – mora primjenjivati; *yogaḥ* – sustav *yoge*; *anirviṇṇa-cetasā* – bez odstupanja; *saṅkalpa* – umnim spekulacijama; *prabhavān* – koje nastaju; *kāmān* – materijalne želje; *tyaktvā* – ostavljajući; *sarvān* – sve; *aśeṣataḥ* – potpuno; *manasā* – umom; *eva* – zacijelo; *indriya-grāmam* – sva osjetila; *viniyamya* – vladajući; *samantataḥ* – sa svih strana.

Yogī treba primjenjivati yogu s vjerom i odlučnošću, ne skrećući s puta. Treba odbaciti, bez izuzetka, sve materijalne želje koje nastaju umnom spekulacijom i tako umom, sa svih strana, vladati svim osjetilima.

SMISAO: Yogī treba odlučno i strpljivo slijediti proces bez odstupanja. Treba biti siguran da će na kraju postići uspjeh i zato s velikom ustrajnošću treba nastaviti, ne obeshrabrujući se ako postoji bilo kakvo odlaganje u postizanju uspjeha. Uspjeh je osiguran onome tko strogo slijedi proces. Što se tiče *bhakti-yoge*, Rūpa Gosvāmī je rekao:

utsāhān niścayād dhairyāt tat-tat-karma-pravartanāt
saṅga-tyāgāt sato vṛtteḥ ṣaḍbhir bhaktiḥ prasidhyati

„Obavljajući propisane dužnosti u društvu *bhakta,* osoba potpuno posvećena djelovanju u vrlini može uspješno slijediti proces *bhakti-yoge* s iskrenim poletom, ustrajnošću i odlučnošću." (*Upadeśāmṛta* 3)

Što se tiče odlučnosti, trebamo slijediti primjer ptičice koja je izgubila svoja jaja u valovima oceana. Ptičica je položila jaja na obalu velikog oceana, ali on je odnio jaja na svojim valovima. Vrlo uznemirena, ptičica je zamolila ocean da joj vrati jaja, ali on se nije osvrnuo na njezinu molbu. Tako je ptičica odlučila isušiti ocean. Svojim malim kljunom počela je vaditi vodu i svi su se smijali njezinu odlučnom pokušaju da učini nemoguće. Vijesti o njezinim djelatnostima proširile su se i najzad došle do goleme ptice Garuḍe, koja nosi Gospodina Viṣṇua. Iz samilosti prema svojoj maloj sestri, došao ju je vidjeti. Veoma zadovoljan njezinom odlučnošću, Garuḍa je obećao da će joj pomoći. Tako je odmah zatražio od oceana da vrati njezina jaja, kako ne bi sam preuzeo njezin posao. Ocean se na to preplašio i vratio jaja. Tako je Garuḍinom milošću ptica postala sretna.

Slično tome, slijeđenje procesa *yoge*, napose *bhakti-yoge* u svjesnosti Kṛṣṇe, može se činiti vrlo teškim zadatkom, ali ako netko slijedi načela s velikom odlučnošću, Gospodin će mu sigurno pomoći, jer Bog pomaže onima koji pomažu sami sebi.

STROFA 25

शनैः शनैरुपरमेद् बुद्ध्या धृतिगृहीतया ।
आत्मसंस्थं मनः कृत्वा न किञ्चिदपि चिन्तयेत् ॥ २५ ॥

śanaiḥ śanair uparamed buddhyā dhṛti-gṛhītayā
ātma-saṁsthaṁ manaḥ kṛtvā na kiñcid api cintayet

śanaiḥ – postupno; *śanaiḥ* – korak po korak; *uparamet* – treba povući; *buddhyā* – inteligencijom; *dhṛti-gṛhītayā* – zasnovanoj na uvjerenju; *ātma-saṁstham* – utemeljen u transcendenciji; *manaḥ* – um; *kṛtvā* – čineći; *na* – ne; *kiñcit* – ništa drugo; *api* – čak; *cintayet* – treba misliti na.

Postupno, korak po korak, uz pomoć inteligencije zasnovane na potpunu uvjerenju yogī se treba utemeljiti u transu i tako usredotočiti um samo na jastvo, ne misleći ni na što drugo.

SMISAO: Yogī treba uz pomoć inteligencije i pravoga uvjerenja postupno okončati osjetilne djelatnosti. To se naziva *pratyāhāra*. Um, ovladan meditacijom, uvjerenjem i okončanjem osjetilnih djelatnosti, treba biti utemeljen u transu ili *samādhiju*. Tada nema opasnosti od zaokupljanja materijalnim shvaćanjem života. Drugim riječima, iako je u dodiru s materijom sve dok postoji materijalno tijelo, *yogī* ne bi trebao misliti na osjetilno zadovoljstvo. Ne bi trebao misliti ni na kakvo zadovoljstvo osim zadovoljstva Vrhovnog Bića. To se stanje lako dostiže neposrednim slijeđenjem procesa svjesnosti Kṛṣṇe.

STROFA 26

यतो यतो निश्चलति मनश्चञ्चलमस्थिरम् ।
ततस्ततो नियम्यैतदात्मन्येव वशं नयेत् ॥ २६ ॥

yato yato niścalati manaś cañcalam asthiram
tatas tato niyamyaitad ātmany eva vaśaṁ nayet

yataḥ yataḥ – kamo god; *niścalati* – postavši uznemiren; *manaḥ* – um; *cañcalam* – treperav; *asthiram* – nepostojan; *tataḥ tataḥ* – odatle; *niyamya* – regulirajući; *etat* – njega; *ātmani* – jastva; *eva* – zacijelo; *vaśam* – pod upravu; *nayet* – mora dovesti.

Kamo god da um odluta zbog svoje treperave i nepostojane prirode, yogī ga mora odvući i dovesti pod upravu jastva.

SMISAO: Um je po prirodi treperav i nepostojan, ali samospoznati *yogī* mora vladati umom; ne bi smio dopustiti da um vlada njime. Onaj tko vlada umom (a time i osjetilima) naziva se *gosvāmī* ili *svāmī*. Osoba pod upravom uma naziva se *go-dāsa*, ili sluga osjetila. *Gosvāmī* poznaje standard osjetilne sreće. U transcendentalnoj osjetilnoj sreći osjetila služe Hṛṣīkeśu, vrhovnog vlasnika osjetila – Kṛṣṇu. Služenje Gospodina pročišćenim osjetilima naziva se svjesnost Kṛṣṇe. To je proces potpuna vladanja osjetilima. Štoviše, to je najviše savršenstvo primjene *yoge.*

STROFA 27

प्रशान्तमनसं ह्येनं योगिनं सुखमुत्तमम् ।
उपैति शान्तरजसं ब्रह्मभूतमकल्मषम् ॥ २७ ॥

praśānta-manasaṁ hy enaṁ yoginaṁ sukham uttamam
upaiti śānta-rajasaṁ brahma-bhūtam akalmaṣam

praśānta – smiren, usredotočen na Kṛṣṇina lotosolika stopala; *manasam* – čiji je um; *hi* – zacijelo; *enam* – taj; *yoginam* – *yogī*; *sukham* – sreću; *uttamam* – najvišu; *upaiti* – stječe; *śānta-rajasam* – umirene strasti; *brahma-bhūtam* – poistovjećivanjem s Apsolutom dostiže oslobođenje; *akalmaṣam* – oslobođen svih grešnih posljedica.

Yogī koji je svoj um usredotočio na Mene dostiže najviše savršenstvo transcendentalne sreće. Nadišavši guṇu strasti, spoznaje da je kvalitativno istovjetan sa Svevišnjim i tako se oslobađa svih posljedica prošlih djela.

SMISAO: *Brahma-bhūta* je stanje slobode od materijalnih nečistoća i utemeljenosti u transcendentalnom služenju Gospodina. *Mad-bhaktiṁ labhate parām* (*Bg.* 18.54). Osoba ne može ostati na razini Brahmana, Apsoluta, ako nije usredotočila svoj um na Gospodinova lotosolika stopala. *Sa vai manaḥ kṛṣṇa-padāravindayoḥ.* Uvijek transcendentalno služiti Gospodina s ljubavlju ili ostati svjestan Kṛṣṇe znači biti istinski oslobođen *guṇe* strasti i svih materijalnih nečistoća.

STROFA 28

युञ्जन्नेवं सदात्मानं योगी विगतकल्मषः ।
सुखेन ब्रह्मसंस्पर्शमत्यन्तं सुखमश्नुते ॥ २८ ॥

yuñjann evaṁ sadātmānaṁ yogī vigata-kalmaṣaḥ
sukhena brahma-saṁsparśam atyantaṁ sukham aśnute

yuñjan – primjenjujući *yogu*; *evam* – tako; *sadā* – uvijek; *ātmānam* – jastvo; *yogī* – u dodiru s Vrhovnim Jastvom; *vigata* – oslobođen; *kalmaṣaḥ* – svih materijalnih nečistoća; *sukhena* – transcendentalno sretan; *brahma-saṁsparśam* – zahvaljujući neprestanu dodiru sa Svevišnjim; *atyantam* – najvišu; *sukham* – sreću; *aśnute* – dostiže.

Tako se samoovladani yogī, neprestano slijedeći proces yoge, oslobađa svih materijalnih nečistoća i dostiže najvišu razinu savršene sreće u transcendentalnom služenju Gospodina s ljubavlju.

SMISAO: Spoznati jastvo znači spoznati svoj prirodni položaj u odnosu sa Svevišnjim. Osobna je duša sastavni djelić Svevišnjega i zato je dužna transcendentalno služiti Gospodina. To je njezin položaj. Taj se transcendentalni dodir sa Svevišnjim naziva *brahma-saṁsparśa.*

STROFA 29

सर्वभूतस्थमात्मानं सर्वभूतानि चात्मनि ।
ईक्षते योगयुक्तात्मा सर्वत्र समदर्शनः ॥ २९ ॥

sarva-bhūta-stham ātmānaṁ sarva-bhūtāni cātmani
īkṣate yoga-yuktātmā sarvatra sama-darśanaḥ

sarva-bhūta-stham – koja se nalazi u svim bićima; *ātmānam* – Nad-dušu; *sarva* – svim; *bhūtāni* – bićima; *ca* – također; *ātmani* – u jastvu; *īkṣate* – tako vidi; *yoga-yukta-ātmā* – onaj tko je došao u dodir sa svjesnošću Kṛṣṇe; *sarvatra* – svuda; *sama-darśanaḥ* – vidi jednakim očima.

Pravi Me yogī vidi u svim bićima i sva bića vidi u Meni. Samospoznata duša svuda vidi Mene, istoga Svevišnjeg Gospodina.

SMISAO: Vizija *yogīja* svjesna Kṛṣṇe savršena je, jer vidi da se Kṛṣṇa, Svevišnji, nalazi u srcu svih živih bića kao Nad-duša (Paramātmā). *Īśvaraḥ sarva-bhūtānāṁ hṛd-deśe 'rjuna tiṣṭhati.* Gospodin u obliku Paramātme prebiva i u srcu psa i u srcu *brāhmaṇe.* Savršeni *yogī* zna da je Gospodin vječno transcendentalan i da ne podliježe materijalnom utjecaju kada je prisutan u psu ili *brāhmaṇi.* To je Gospodinova vrhunska nepristranost. Osobna duša također prebiva u srcu, ali nije prisutna u svim srcima. To je razlika između osobne duše i Nad-duše. Onaj tko ne slijedi pravilno proces *yoge* ne može to jasno vidjeti. Osoba svjesna Kṛṣṇe može vidjeti Kṛṣṇu i u srcu vjernika i u srcu nevjernika. To je potvrđeno u *smṛtiju: ātatatvāc ca mātṛtvāc ca ātmā hi paramo hariḥ.* Gospodin je izvor svih bića i zato se uspoređuje s majkom i održavateljem. Kao što majka nije pristrana ni prema jednom od svoje djece, vrhovni otac (ili majka) nije pristran ni prema jednom od živih bića. Zato se Nad-duša uvijek nalazi u svakom živom biću.

S druge strane, svako živo biće počiva u Gospodinovoj energiji. Kao što će biti objašnjeno u sedmom poglavlju, Gospodin ima dvije temeljne energije – duhovnu (višu) i materijalnu (nižu). Premda je živo biće dio više energije, uvjetovano je nižom energijom; ono uvijek počiva u Gospodinovoj energiji. Svako živo biće počiva u Njemu na ovaj ili onaj način.

Yogī vidi sve jednakim očima, jer vidi da sva živa bića, iako se nalaze u različitim stanjima zbog posljedica plodonosnih djelatnosti, u svim okolnostima ostaju Božji sluge. Kada je utemeljeno u materijalnoj energiji, živo biće služi materijalna osjetila, a kada je utemeljeno u duhovnoj energiji, izravno služi Svevišnjeg Gospodina. U svakom slučaju, živo je biće Božji sluga. Osoba svjesna Kṛṣṇe posjeduje savršenu viziju jednakosti.

STROFA 30

यो मां पश्यति सर्वत्र सर्वं च मयि पश्यति ।
तस्याहं न प्रणश्यामि स च मे न प्रणश्यति ॥ ३० ॥

yo māṁ paśyati sarvatra sarvaṁ ca mayi paśyati
tasyāhaṁ na praṇaśyāmi sa ca me na praṇaśyati

yaḥ – tko god; *mām* – Mene; *paśyati* – vidi; *sarvatra* – svuda; *sarvam* – sve; *ca* – i; *mayi* – u Meni; *paśyati* – vidi; *tasya* – za njega; *aham* – Ja; *na* – nisam; *praṇaśyāmi* – izgubljen; *saḥ* – on; *ca* – također; *me* – za Mene; *na* – nije; *praṇaśyati* – izgubljen.

Onaj tko svuda vidi Mene i sve vidi u Meni nikada se ne odvaja od Mene niti se Ja ikada odvajam od njega.

SMISAO: Osoba svjesna Kṛṣṇe vidi Gospodina Kṛṣṇu svuda i sve vidi u Kṛṣṇi. Ona može naizgled vidjeti sve odvojene pojavnosti materijalne prirode, ali u svim okolnostima svjesna je Kṛṣṇe, znajući da je sve očitovanje Kṛṣṇine energije. Ništa ne može postojati bez Kṛṣṇe. Kṛṣṇa je gospodar svega – to je temeljno načelo svjesnosti Kṛṣṇe. Svjesnost Kṛṣṇe je stanje razvijene ljubavi prema Kṛṣṇi – razina transcendentalna čak i prema materijalnom oslobođenju. U tom stadiju svjesnosti Kṛṣṇe, transcendentalnom prema samospoznaji, Kṛṣṇa postaje sve za *bhaktu*, koji potpuno obuzet ljubavlju prema Kṛṣṇi postaje sjedinjen s Kṛṣṇom. Između Gospodina i *bhakte* tada vlada blizak odnos. U tom stadiju živo biće nikada ne može biti uništeno, niti Božanska Osoba ikada nestaje s pogleda *bhakte*. Stapanje s Kṛṣṇom duhovno je uništenje. *Bhakta* se ne izlaže toj opasnosti. U *Brahma-saṁhiti* (5.38) rečeno je:

premāñjana-cchurita-bhakti-vilocanena
santaḥ sadaiva hṛdayeṣu vilokayanti

yaṁ śyāmasundaram acintya-guṇa-svarūpaṁ
govindam ādi-puruṣaṁ tam ahaṁ bhajāmi

„Obožavam prvobitnog Gospodina, Govindu, kojeg *bhakte* očiju premazanih pomašću ljubavi uvijek vide u Njegovu vječnom obliku Śyāmasundare, prisutnom u srcu *bhakte*."

U tom stadiju Gospodin Kṛṣṇa nikada ne nestaje s pogleda *bhakte*. Isto to vrijedi i za *yogīja*, koji u srcu vidi Gospodina kao Paramātmu. Takav *yogī* postaje čisti *bhakta* i ne može podnijeti ni trenutak svog života ako u sebi ne može vidjeti Gospodina.

STROFA 31

सर्वभूतस्थितं यो मां भजत्येकत्वमास्थितः ।
सर्वथा वर्तमानोऽपि स योगी मयि वर्तते ॥ ३१ ॥

sarva-bhūta-sthitaṁ yo māṁ bhajaty ekatvam āsthitaḥ
sarvathā vartamāno 'pi sa yogī mayi vartate

sarva-bhūta-sthitam – prisutnog u srcu svih živih bića; *yaḥ* – onaj tko; *mām* – Mene; *bhajati* – predano služi; *ekatvam* – u jedinstvu; *āsthitaḥ* – utemeljen; *sarvathā* – u svakom pogledu; *varta-mānaḥ* – utemeljen; *api* – unatoč; *saḥ* – on; *yogī* – transcendentalist; *mayi* – u Meni; *vartate* – ostaje.

Takav yogī, koji obožava i služi Nad-dušu, znajući da smo Nad-duša i Ja jedno, uvijek ostaje u Meni u svim okolnostima.

SMISAO: *Yogī* koji meditira na Nad-dušu vidi u sebi Kṛṣṇinu potpunu ekspanziju – Viṣṇua s četiri ruke u kojima drži školjku, disk, toljagu i lotos. *Yogī* treba znati da se Viṣṇu ne razlikuje od Kṛṣṇe. Kṛṣṇa u obliku Nad-duše prebiva u srcu svih živih bića. Nema razlike između bezbrojnih Nad-duša prisutnih u srcu bezbrojnih živih bića, niti ima razlike između osobe svjesne Kṛṣṇe koja uvijek transcendentalno služi Kṛṣṇu s ljubavlju i savršenog *yogīja* koji meditira na Nad-dušu. Premda *yogī* svjestan Kṛṣṇe može djelovati na razne načine dok se nalazi u materijalnom svijetu, on uvijek ostaje u Kṛṣṇi. To potvrđuje Śrīla Rūpa Gosvāmī u *Bhakti-rasāmṛta-sindhuu* (1.2.187): *nikhilāsv apy avasthāsu jīvan-muktaḥ sa ucyate*. Gospodinov *bhakta*, koji uvijek djeluje u svjesnosti Kṛṣṇe, samim tim biva oslobođen. To je potvrđeno u *Nārada-pañcarātri:*

dik-kālādy-anavacchinne kṛṣṇe ceto vidhāya ca
tan-mayo bhavati kṣipraṁ jīvo brahmaṇi yojayet

„Usmjeravajući svoju pozornost na transcendentalni oblik Kṛṣṇe, koji je sveprožimajući i transcendentalan prema vremenu i prostoru, osoba postaje obuzeta mislima o Kṛṣṇi. Tako dostiže sretno stanje transcendentalnog druženja s Kṛṣṇom."

Svjesnost Kṛṣṇe najviši je stadij transa u *yogi*. Samo razumijevanje da je Kṛṣṇa prisutan kao Paramātmā u srcu svih živih bića čini *yogīja* besprijekornim. *Vede* (*Gopāla-tāpanī Upaniṣada* 1.21) potvrđuju Gospodinovu nepojmljivu moć ovim riječima: *eko 'pi san bahudhā yo 'vabhāti*. „Iako je jedan, Gospodin prebiva u bezbrojnim srcima u bezbroj oblika." Slično tome, u *smṛti-śāstri* rečeno je:

eka eva paro viṣṇuḥ sarva-vyāpī na saṁśayaḥ
aiśvaryād rūpam ekaṁ ca sūrya-vat bahudheyate

„Premda je jedan, Viṣṇu je sveprožimajući. Premda ima jedan oblik, Svojom nepojmljivom moći nazočan je svuda, kao što se sunce istodobno pojavljuje na raznim mjestima."

STROFA 32

आत्मौपम्येन सर्वत्र समं पश्यति योऽर्जुन ।
सुखं वा यदि वा दुःखं स योगी परमो मतः ॥ ३२ ॥

ātmaupamyena sarvatra samaṁ paśyati yo 'rjuna
sukhaṁ vā yadi vā duḥkhaṁ sa yogī paramo mataḥ

ātma – s vlastitim jastvom; *aupamyena* – uspoređujući; *sarvatra* – svuda; *samam* – jednako; *paśyati* – vidi; *yaḥ* – onaj tko; *arjuna* – o Arjuna; *sukham* – sreću; *vā* – ili; *yadi* – ako; *vā* – ili; *duḥkham* – nesreću; *saḥ* – takav; *yogī* – transcendentalist; *paramaḥ* – savršenim; *mataḥ* – smatra se.

Savršeni je yogī onaj tko, u usporedbi s vlastitim jastvom, vidi pravu jednakost svih bića, u njihovoj sreći i nesreći, o Arjuna!

SMISAO: Osoba svjesna Kṛṣṇe savršeni je *yogī*. Zahvaljujući osobnom iskustvu, svjesna je svačije sreće i nesreće. Živo je biće nesretno zato što je zaboravilo svoj odnos s Bogom. Uzrok je sreće spoznaja da je Kṛṣṇa vrhovni uživatelj svih djelatnosti ljudskoga bića, vlasnik svih zemalja i planeta i najiskreniji prijatelj svih živih bića. Savršeni *yogī* zna da živo biće uvjetovano *guṇama* materijalne prirode biva podvrgnuto trostrukim materijalnim bijedama zato što je zaboravilo svoj odnos s Kṛṣṇom. Osoba svjesna Kṛṣṇe sretna je i zato svuda pokušava raširiti znanje o Kṛṣṇi.

Budući da savršeni *yogī* pokušava upoznati sve ljude s važnošću prihvaćanja svjesnosti Kṛṣṇe, najbolji je filantrop na svijetu i Gospodinov najdraži sluga. *Na ca tasmān manuṣyeṣu kaścin me priya-kṛttamaḥ* (*Bg.* 18.69). Drugim riječima, Gospodinov *bhakta* uvijek vodi brigu o blagostanju svih živih bića i zato je pravi prijatelj svakoga. Najbolji je *yogī* zato što ne želi dostići savršenstvo u *yogi* radi vlastite dobrobiti, već se trudi da pomogne drugima. Ne zavidi drugim živim bićima. To je razlika između Gospodinova čistog *bhakte* i *yogīja* koji se brine samo za vlastiti napredak. *Yogī* koji se povukao na osamu kako bi savršeno meditirao ne mora biti tako savršen kao *bhakta* koji ulaže sav svoj napor u pokušaj da svakog čovjeka uputi u svjesnost Kṛṣṇe.

STROFA 33

अर्जुन उवाच
योऽयं योगस्त्वया प्रोक्तः साम्येन मधुसूदन ।
एतस्याहं न पश्यामि चञ्चलत्वात् स्थितिं स्थिराम् ॥ ३३ ॥

arjuna uvāca
yo 'yaṁ yogas tvayā proktaḥ sāmyena madhusūdana
etasyāhaṁ na paśyāmi cañcalatvāt sthitiṁ sthirām

arjunaḥ uvāca – Arjuna reče; *yaḥ ayam* – ovaj sustav; *yogaḥ* – misticizma; *tvayā* – koji si Ti; *proktaḥ* – opisao; *sāmyena* – u glavnim crtama; *madhu-sūdana* – o ubojico demona Madhua; *etasya* – njegov; *aham* – ja; *na* – ne; *paśyāmi* – vidim; *cañcalatvāt* – jer je nemiran; *sthitim* – položaj; *sthirām* – postojan.

Arjuna reče: O Madhusūdana, proces yoge koji si sažeto opisao izgleda mi nepraktičan i nepodnošljiv, jer je um nemiran i nepostojan.

SMISAO: Osjećajući se nesposobnim, Arjuna ovdje odbacuje proces misticizma koji mu je Gospodin Kṛṣṇa opisao, počevši riječima *śucau deśe* i završivši riječima *yogī paramaḥ*. U ovom dobu Kali običan čovjek ne može napustiti dom i otići na osamljeno mjesto u planinama ili prašumi kako bi primjenjivao *yogu*. Sadašnje doba obilježava ogorčena borba za život koji kratko traje. Ljude ne zanima samospoznaja čak i ako je proces jednostavan i praktičan, a da ne govorimo o ovom teškom sustavu *yoge*, koji propisuje način života, način sjedenja, izbor mjesta i odvajanje uma od materijalnih djelatnosti. Kao praktičan čovjek Arjuna je mislio da je nemoguće slijediti taj proces *yoge*, iako je bio obdaren brojnim vrlinama.

Pripadao je kraljevskoj obitelji i posjedovao mnogo uzvišenih osobina. Bio je velik ratnik, dugovječan i iznad svega, bio je najbliskiji prijatelj Gospodina Kṛṣṇe, Svevišnje Božanske Osobe. Arjuna je prije pet tisuća godina imao mnogo bolje pogodnosti nego što ih mi imamo sada, ali je ipak odbio slijediti taj proces *yoge*. Ustvari ne postoji nikakav zapis u povijesti da ga je ikada primjenjivao. Prema tome, smatra se da je u ovom dobu Kali taj proces nemoguće slijediti. Naravno, može biti moguće za mali broj rijetkih ljudi, ali za većinu ljudi je nemoguće. Tako je bilo prije pet tisuća godina, a da ne govorimo o danas. Oni koji oponašaju taj proces *yoge* u raznim takozvanim školama i društvima, unatoč samozadovoljstvu, nedvojbeno trate svoje vrijeme bez ikakva znanja o željenu cilju.

STROFA 34

चञ्चलं हि मनः कृष्ण प्रमाथि बलवद्दृढम् ।
तस्याहं निग्रहं मन्ये वायोरिव सुदुष्करम् ॥ ३४ ॥

cañcalaṁ hi manaḥ kṛṣṇa pramāthi balavad dṛḍham
tasyāhaṁ nigrahaṁ manye vāyor iva su-duṣkaram

cañcalam – treperav; *hi* – zacijelo; *manaḥ* – um; *kṛṣṇa* – o Kṛṣṇa; *pramāthi* – uznemirujući; *bala-vat* – snažan; *dṛḍham* – tvrdoglav; *tasya* – njega; *aham* – ja; *nigraham* – obuzdati; *manye* – mislim; *vāyoḥ* – vjetar; *iva* – kao; *su-duṣkaram* – teško.

Um je nemiran, buntovan, tvrdoglav i veoma snažan. O Kṛṣṇa, mislim da je teže obuzdati um nego obuzdati vjetar.

SMISAO: Um je toliko snažan i tvrdoglav da ponekad nadjačava inteligenciju, iako bi joj se trebao pokoravati. Čovjek koji se svakodnevno mora boriti s toliko mnogo zapreka teško može vladati umom. Može umjetno uspostaviti umnu ravnotežu i biti jednak prema prijateljima i neprijateljima, ali u krajnjoj liniji nijedna svjetovna osoba to ne može učiniti, jer je teže obuzdati um nego obuzdati bijesni vjetar. U vedskoj književnosti (*Kaṭha Upaniṣada* 1.3.3–4) rečeno je:

ātmānaṁ rathinaṁ viddhi śarīraṁ ratham eva ca
buddhiṁ tu sārathiṁ viddhi manaḥ pragraham eva ca

indriyāṇi hayān āhur viṣayāṁs teṣu go-carān
ātmendriya-mano-yuktaṁ bhoktety āhur manīṣiṇaḥ

„Duša je putnik u kolima materijalnog tijela, a inteligencija je vozač. Osjetila su konji, a um uzde. Tako duša uživa ili pati u društvu uma i osjetila. Veliki mislioci to shvaćaju." Um bi trebao slijediti upute inteligencije, ali je toliko snažan i tvrdoglav da često nadjača čak i inteligenciju, kao što jaka zaraza može nadjačati djelovanje lijeka. Takav snažan um treba se obuzdati primjenom *yoge*, ali takav proces nikada nije praktičan za svjetovnu osobu poput Arjune, a da ne govorimo o suvremenu čovjeku. Ovdje je navedena lijepa usporedba: čovjek ne može obuzdati vjetar. Obuzdati buntovan um još je teže. Gospodin Caitanya je preporučio ponizno pjevanje i mantranje Hare Kṛṣṇa *mantre,* velike *mantre* za dostizanje oslobođenja, kao najlakši proces ovladavanja umom. Propisani proces sastoji se od potpunog usredotočavanja uma na Kṛṣṇu – *sa vai manaḥ kṛṣṇa-padāravindayoḥ.* Samo ga tada ništa više neće uznemiravati.

STROFA 35

श्रीभगवानुवाच
असंशयं महाबाहो मनो दुर्निग्रहं चलम् ।
अभ्यासेन तु कौन्तेय वैराग्येण च गृह्यते ॥ ३५ ॥

śrī-bhagavān uvāca
asaṁśayaṁ mahā-bāho mano durnigrahaṁ calam
abhyāsena tu kaunteya vairāgyeṇa ca gṛhyate

śrī-bhagavān uvāca – Božanska Osoba reče; *asaṁśayam* – nedvojbeno; *mahā-bāho* – snažnih ruku; *manaḥ* – um; *durnigraham* – teško obuzdati; *calam* – treperavi; *abhyāsena* – vježbanjem; *tu* – ali; *kaunteya* – o Kuntīn sine; *vairāgyeṇa* – odvojenošću; *ca* – također; *gṛhyate* – tako se može obuzdati.

Gospodin Śrī Kṛṣṇa reče: O Kuntīn sine snažnih ruku, obuzdati nemiran um nedvojbeno je vrlo teško, ali je moguće slijeđenjem odgovarajućeg procesa i odricanjem.

SMISAO: Božanska Osoba prihvaća Arjuninu tvrdnju da je teško obuzdati tvrdoglavi um, ali u isto vrijeme kaže da ga osoba može obuzdati odricanjem i slijeđenjem odgovarajućeg procesa. Koji je to proces? U današnje vrijeme nitko ne može slijediti stroga pravila koja propisuju boravak na svetom mjestu, usredotočavanje uma na Nad-dušu, obuzdavanje osjetila i uma, život u celibatu, izbjegavanje društva itd. Međutim, onaj tko njeguje svjesnost Kṛṣṇe predano služi Gospodina na devet načina. Prva i glavna od tih djelatnosti je slušanje o Kṛṣṇi. To je vrlo djelotvoran transcendentalni proces za pročišćavanje uma od svih sumnji. Što više slušamo o Kṛṣṇi, to više bivamo prosvijetljeni i odvojeni od svega što odvlači um od Kṛṣṇe. Odvajanjem uma od djelatnosti koje nisu posvećene Gospodinu možemo veoma lako naučiti *vairāgyu*. *Vairāgya* je stanje nevezanosti za materiju, u kojem je um obuzet duhom. Odricanje u duhovnoj neosobnoj spoznaji teže je od vezivanja uma za djelatnosti povezane s Kṛṣṇom. To je praktično, jer samim slušanjem o Kṛṣṇi osoba postaje privržena Vrhovnom Duhu. Ta se privrženost naziva *pareśānubhava*, duhovno zadovoljstvo. Ono nalikuje zadovoljstvu koje gladan čovjek osjeća pri svakom zalogaju hrane koju jede. Što više jede, to više osjeća zadovoljstvo i snagu. Slično tome, predano služeći osoba osjeća transcendentalno zadovoljstvo dok um gubi privlačnost prema materijalnim ciljevima. To se može usporediti s liječenjem bolesti stručnom njegom i odgovarajućom dijetom. Slušanje o transcendentalnim djelatnostima Gospodina Kṛṣṇe stručna je njega za poludjeli um, a uzimanje hrane ponuđene Kṛṣṇi odgovarajuća dijeta za bolesnika koji pati. Sam je postupak liječenja proces svjesnosti Kṛṣṇe.

STROFA 36

असंयतात्मना योगो दुष्प्राप इति मे मतिः ।
वश्यात्मना तु यतता शक्योऽवाप्तुमुपायतः ॥ ३६ ॥

asaṁyatātmanā yogo duṣprāpa iti me matiḥ
vaśyātmanā tu yatatā śakyo 'vāptum upāyataḥ

asaṁyata – neobuzdanog; *ātmanā* – uma; *yogaḥ* – samospoznaju; *duṣprāpaḥ* – teško dostići; *iti* – takvo; *me* – Moje; *matiḥ* – mišljenje; *vaśya* – obuzdanog; *ātmanā* – uma; *tu* – ali; *yatatā* – dok se trudi; *śakyaḥ* – praktično; *avāptum* – da dostigne; *upāyataḥ* – na odgovarajući način.

Osoba neobuzdana uma teško može dostići samospoznaju, ali onaj tko vlada svojim umom i trudi se na odgovarajući način sigurno će postići uspjeh. To je Moje mišljenje.

SMISAO: Svevišnja Božanska Osoba izjavljuje da onaj tko ne slijedi odgovarajući proces kako bi odvojio um od materijalnih djelatnosti teško može postići uspjeh u samospoznaji. Pokušaj primjenjivanja *yoge* dok je um zaokupljen materijalnim uživanjem nalikuje pokušaju paljenja vatre dok se na nju izlijeva voda. Primjena *yoge* bez vladanja umom gubljenje je vremena. Takva predstava može biti materijalno unosna, ali je beskorisna za dostizanje duhovne spoznaje. Zato moramo vladati umom, neprestano ga zaokupljajući transcendentalnim služenjem Gospodina s ljubavlju. Onaj tko nije svjestan Kṛṣṇe ne može postojano vladati umom. Osoba svjesna Kṛṣṇe lako dostiže rezultat primjene *yoge*, bez posebna truda, ali onaj tko primjenjuje *yogu* ne može postići uspjeh ako nije postao svjestan Kṛṣṇe.

STROFA 37

अर्जुन उवाच
अयतिः श्रद्धयोपेतो योगाच्चलितमानसः ।
अप्राप्य योगसंसिद्धिं कां गतिं कृष्ण गच्छति ॥ ३७ ॥

arjuna uvāca
ayatiḥ śraddhayopeto yogāc calita-mānasaḥ
aprāpya yoga-saṁsiddhiṁ kāṁ gatiṁ kṛṣṇa gacchati

arjunaḥ uvāca – Arjuna reče; *ayatiḥ* – neuspješni transcendentalist; *śraddhayā* – s vjerom; *upetaḥ* – djeluje; *yogāt* – od mistične veze; *calita* – odstupi; *mānasaḥ* – koji ima takav um; *aprāpya* – ne uspije postići; *yoga-saṁsiddhim* – najviše savršenstvo misticizma; *kām* – koje; *gatim* – odredište; *kṛṣṇa* – o Kṛṣṇa; *gacchati* – dostiže.

Arjuna reče: O Kṛṣṇa, koje odredište dostiže neuspješan transcendentalist, koji se u početku posveti procesu samospoznaje s vjerom, ali kasnije odustane zbog svjetovnog duha i tako ne dostigne savršenstvo u misticizmu?

SMISAO: Put samospoznaje, odnosno misticizma, opisan je u *Bhagavad-gīti*. Osnovno načelo samospoznaje je znanje da se živo biće razlikuje od materijalnog tijela i da može naći sreću u vječnosti, blaženstvu i znanju, transcendentalnima prema tijelu i umu. Samospoznaja se može dostići znanjem, primjenom osmerostruke *yoge* ili *bhakti-yogom*. U svakom od tih procesa osoba mora spoznati prirodni položaj živoga bića, njegov odnos s Bogom i djelatnosti kojima može ponovno uspostaviti izgubljenu vezu te dostići najviše savršenstvo svjesnosti Kṛṣṇe. Slijeđenjem tih triju procesa sigurno će dostići vrhovni cilj, prije ili kasnije. Gospodin to potvrđuje u drugom poglavlju: čak i mali napor na transcendentalnom putu izvor je velike nade u oslobođenje. Od tih triju procesa, put je *bhakti-yoge* osobito prikladan za ovo doba, jer predstavlja najizravniji proces spoznaje Boga. Da bi bio potpuno siguran, Arjuna moli Gospodina Kṛṣṇu da potvrdi Svoju prethodnu izjavu. Netko može iskreno prihvatiti put samospoznaje, ali procesi njegovanja znanja i osmerostruke *yoge* vrlo su teški u ovom dobu. Stoga, unatoč stalnu nastojanju, osoba može biti neuspješna, zbog brojnih razloga. Prije svega, možda ne slijedi proces dovoljno ozbiljno. Slijediti transcendentalni put znači manje-više objaviti rat iluzornoj energiji. Čim se netko pokuša osloboditi njezinih okova, ona ga pokušava poraziti, mameći ga raznim čarima. Uvjetovana duša već je opčinjena *guṇama* materijalne energije i lako je moguće da ponovno postane opčinjena, čak i dok vrši transcendentalne djelatnosti. To se naziva *yogāc calita-mānasaḥ,* odstupanje od transcendentalnog puta. Arjuna želi znati posljedice odstupanja od puta samospoznaje.

STROFA 38

कच्चिन्नोभयविभ्रष्टश्छिन्नाभ्रमिव नश्यति ।
अप्रतिष्ठो महाबाहो विमूढो ब्रह्मणः पथि ॥ ३८ ॥

kaccin nobhaya-vibhraṣṭaś chinnābhram iva naśyati
apratiṣṭho mahā-bāho vimūḍho brahmaṇaḥ pathi

kaccit – zar; *na* – ne; *ubhaya* – oba; *vibhraṣṭaḥ* – odstupi od; *chinna* – raspršen; *abhram* – oblak; *iva* – kao; *naśyati* – iščezava; *apratiṣṭhaḥ* – bez ikakva položaja; *mahā-bāho* – o Kṛṣṇa snažnih ruku; *vimūḍhaḥ* – zaveden; *brahmaṇaḥ* – transcendencije; *pathi* – s puta.

O Kṛṣṇa snažnih ruku, zar takav čovjek koji odstupi od puta transcendencije ne gubi i duhovni i materijalni uspjeh, iščezavajući kao raspršen oblak, bez ikakva položaja?

SMISAO: Postoje dva puta napredovanja. Materijaliste ne zanima transcendencija, već materijalni napredak koji se postiže gospodarskim razvojem ili uzdizanje na više planete odgovarajućim djelovanjem. Kad osoba prihvati put transcendencije, mora okončati sve materijalne djelatnosti i žrtvovati sve oblike takozvane materijalne sreće. Ako transcendentalist koji teži za savršenstvom padne, naizgled gubi i jedno i drugo. Drugim riječima, ne može uživati ni u materijalnoj sreći ni u duhovnom uspjehu. Nema nikakav položaj, kao raspršen oblak. Katkada se dio malog oblaka na nebu odvoji i pridruži velikom oblaku, ali ako se ne može pridružiti velikom oblaku, raspršen vjetrom nestaje na prostranu nebu. *Brahmaṇaḥ pathi* predstavlja put dostizanja transcendentalne spoznaje razumijevanjem jastva kao duhovnog djelića Svevišnjeg Gospodina, koji se očituje kao Brahman, Paramātmā i Bhagavān. Gospodin Śrī Kṛṣṇa najpotpuniji je vid Apsolutne Istine i zato je osoba predana Vrhovnoj Osobi uspješan transcendentalist. Za dostizanje toga cilja života spoznavanjem Brahmana i Paramātme potrebno je mnogo, mnogo života (*bahūnāṁ janmanām ante*). Stoga je izravan proces *bhakti-yoge*, svjesnosti Kṛṣṇe, najviši put transcendentalne spoznaje.

STROFA 39

एतन्मे संशयं कृष्ण छेत्तुमर्हस्यशेषतः ।
त्वदन्यः संशयस्यास्य छेत्ता न ह्युपपद्यते ॥ ३९ ॥

etan me saṁśayaṁ kṛṣṇa chettum arhasy aśeṣataḥ
tvad-anyaḥ saṁśayasyāsya chettā na hy upapadyate

etat – to je; *me* – moja; *saṁśayam* – sumnja; *kṛṣṇa* – o Kṛṣṇa; *chettum* – rasprši; *arhasi* – molim Te; *aśeṣataḥ* – potpuno; *tvat* – osim Tebe; *anyaḥ* – drugi; *saṁśayasya* – sumnju; *asya* – ovu; *chettā* – može otkloniti; *na* – nikada; *hi* – zacijelo; *upapadyate* – mogu naći.

To je moja sumnja. O Kṛṣṇa, molim Te da je potpuno raspršiš. Nitko je osim Tebe ne može odagnati.

SMISAO: Kṛṣṇa savršeno dobro zna prošlost, sadašnjost i budućnost. Na početku *Bhagavad-gīte* Gospodin je rekao da su sva živa bića postojala kao osobe u prošlosti, da postoje sada i da će zadržati svoju osobnost u budućnosti, čak i nakon oslobođenja od materijalne zapletenosti. Tako je već razjasnio pitanje budućnosti osobnog živog bića. Arjuna sada želi znati kakva budućnost očekuje neuspješna transcendentalista. Budući da nitko nije ravan Kṛṣṇi niti viši od Njega, takozvani veliki mudraci i filozofi koji ovise o milosti materijalne prirode ne mogu Mu biti ravni. Kṛṣṇino je mišljenje konačan i potpun odgovor na sve sumnje, jer On savršeno dobro zna prošlost, sadašnjost i budućnost, iako Njega nitko ne zna. Samo Kṛṣṇa i *bhakte* svjesni Kṛṣṇe mogu znati pravu prirodu stvari.

STROFA 40

श्रीभगवानुवाच
पार्थ नैवेह नामुत्र विनाशस्तस्य विद्यते ।
न हि कल्याणकृत्कश्चिद् दुर्गतिं तात गच्छति ॥ ४० ॥

śrī-bhagavān uvāca
pārtha naiveha nāmutra vināśas tasya vidyate
na hi kalyāṇa-kṛt kaścid durgatiṁ tāta gacchati

śrī-bhagavān uvāca – Svevišnja Božanska Osoba reče; *pārtha* – o Pṛthin sine; *na eva* – nikada nije tako; *iha* – u materijalnom svijetu; *na* – nikada; *amutra* – u idućem životu; *vināśaḥ* – uništenje; *tasya* – njegovo; *vidyate* – postoji; *na* – nikada; *hi* – zacijelo; *kalyāṇa-kṛt* – onaj tko djeluje povoljno; *kaścit* – bilo tko; *durgatim* – degradaciji; *tāta* – prijatelju Moj; *gacchati* – ide ka.

Svevišnja Božanska Osoba reče: O Pṛthin sine, transcendentalist koji vrši povoljne djelatnosti nikada ne biva uništen, ni u ovom ni u duhovnom svijetu. Prijatelju Moj, zlo nikada ne nadvladava onog tko čini dobro.

SMISAO: U *Śrīmad-Bhāgavatamu* (1.5.17) Śrī Nārada Muni poučava Vyāsadevu ovim riječima:

tyaktvā sva-dharmaṁ caraṇāmbujaṁ harer
bhajann apakvo 'tha patet tato yadi
yatra kva vābhadram abhūd amuṣya kiṁ
ko vārtha āpto 'bhajatāṁ sva-dharmataḥ

„Ako netko ostavi sve materijalne planove i potpuno prihvati utočište Svevišnje Božanske Osobe, ništa ne gubi niti se degradira. S druge strane, onaj tko nije *bhakta* može potpuno obavljati svoje propisane dužnosti, a ipak ne dobiti ništa." Da bi ostvarila materijalne planove, osoba mora vršiti razne djelatnosti – one koje su propisane u spisima i one koje su uobičajene u društvu. Transcendentalist treba ostaviti sve materijalne djelatnosti radi napredovanja u duhovnom životu, svjesnosti Kṛṣṇe. Netko može prigovoriti da se svjesnošću Kṛṣṇe može dostići najviše savršenstvo ako se proces slijedi do kraja, ali ako osoba ne dostigne takvu savršenu razinu gubi i materijalno i duhovno. U spisima je rečeno da neobavljanje propisanih dužnosti uzrokuje posljedice; stoga onaj tko ne vrši pravilno transcendentalne djelatnosti ispašta posljedice. *Bhāgavatam* uvjerava neuspješna transcendentalista da se ne treba brinuti. Čak i ako bude podvrgnut posljedicama nesavršena obavljanja propisanih dužnosti, ipak ništa ne gubi, jer se povoljna svjesnost Kṛṣṇe nikada ne zaboravlja. Onaj tko tako djeluje nastavit će njegovati svjesnost Kṛṣṇe čak i ako se u slijedećem životu rodi u obitelji niska roda. S druge strane, onaj tko samo strogo slijedi propisane dužnosti ne mora nužno steći povoljne rezultate ako mu nedostaje svjesnost Kṛṣṇe.

Smisao navedenog može se razumjeti na slijedeći način. Čovječanstvo se može podijeliti na dva dijela: na one koji vode reguliran život i na one koji vode nereguliran život. Oni koji samo zadovoljavaju osjetila poput životinja i nemaju znanje o sljedećem životu i duhovnom spasenju pripadaju kategoriji ljudi koji vode nereguliran život, a oni koji obavljaju dužnosti propisane u spisima, slijedeći njihova načela, pripadaju kategoriji ljudi koji vode reguliran život. Oni koji žive nereguliranim životom puni su životinjskih sklonosti, bez obzira na njihovu naobrazbu ili neukost, kulturu ili nekulturu, snagu ili slabost. Njihove djelatnosti nikada nisu povoljne, jer dok uživaju u životinjskim sklonostima poput jedenja, spavanja, branjenja i razmnožavanja, nastavljaju materijalno postojanje, koje je uvijek bijedno. S druge strane, oni koji žive reguliranim životom u skladu s naredbama spisa i koji se tako postupno uzdižu do razine svjesnosti Kṛṣṇe, sigurno napreduju u životu.

Postoje tri vrste onih koji idu putem napretka: (1) sljedbenici pravila i propisa spisa koji uživaju u materijalnom blagostanju, (2) oni koji pokušavaju dostići krajnje oslobođenje od materijalnog postojanja i (3) *bhakte* svjesni Kṛṣṇe. Osobe koje slijede pravila i propise spisa kako bi stekle materijalnu sreću, mogu se podijeliti na dvije skupine: na koristoljubive radnike i na one koji ne žude za plodovima rada radi osjetilnog uživanja. Oni koji žele plodonosne rezultate radi osjetilnog uživanja mogu se uzdići na viši standard života – čak i na više planete – ali nisu oslobođeni materijalnog postojanja i stoga ne slijede istinski povoljan put. Jedine su povoljne djelatnosti one koje vode k oslobođenju. Svaka djelatnost koja ne vodi ka krajnjoj samospoznaji ili oslobođenju od materijalnog tjelesnog shvaćanja života nije povoljna. Samo je djelovanje u svjesnosti Kṛṣṇe povoljno, a onaj tko dobrovoljno prihvati sve tjelesne neudobnosti radi napredovanja na putu svjesnosti Kṛṣṇe može se nazvati savršenim transcendentalistom zaokupljenim oštrim strogostima. Budući da je cilj osmerostruke *yoge* krajnja spoznaja svjesnosti Kṛṣṇe, takva je primjena *yoge* također povoljna. Onaj tko slijedi taj proces najbolje što može ne mora se bojati degradacije.

STROFA 41

प्राप्य पुण्यकृतां लोकानुषित्वा शाश्वतीः समाः ।
शुचीनां श्रीमतां गेहे योगभ्रष्टोऽभिजायते ॥ ४१ ॥

prāpya puṇya-kṛtāṁ lokān uṣitvā śāśvatīḥ samāḥ
śucīnāṁ śrīmatāṁ gehe yoga-bhraṣṭo 'bhijāyate

prāpya – nakon dostizanja; *puṇya-kṛtām* – onih koji su vršili pobožne djelatnosti; *lokān* – planeta; *uṣitvā* – nakon prebivanja; *śāśvatīḥ* – mnogo;

samāḥ – godina; *śucīnām* – pobožnih; *śrī-matām* – bogatih; *gehe* – u kući; *yoga-bhraṣṭaḥ* – onaj tko je pao s puta samospoznaje; *abhijāyate* – rađa se.

Nakon mnogo godina uživanja na planetima pobožnih živih bića neuspješan se yogī rađa u obitelji pobožnih ljudi ili u obitelji bogatog plemstva.

SMISAO: Postoje dvije vrste neuspješnih *yogīja*: oni koji su pali nakon ostvarivanja malog napretka i oni koji su pali nakon dugotrajna bavljenja *yogom*. *Yogī* koji padne nakon kratka vremena odlazi na više planete, na koje se pobožnim živim bićima dopušta da odu. Nakon dugotrajna prebivanja na takvim planetima, ponovno se vraća na ovaj planet i rađa u obitelji pobožna vaiṣṇavskog *brāhmaṇe* ili u obitelji bogatih trgovaca.

Prava je svrha primjene *yoge* dostizanje najvišeg savršenstva svjesnosti Kṛṣṇe, kao što će biti objašnjeno u posljednjoj strofi ovoga poglavlja. Ali onima koji ne ustraju na putu i padnu zbog materijalne opčinjenosti, Gospodinovom milošću dopušta se da potpuno zadovolje svoje materijalne sklonosti. Nakon toga pruža im se prilika da žive u blagostanju u pobožnoj ili plemićkoj obitelji. Oni koji se rode u takvim obiteljima mogu iskoristiti pogodnosti i pokušati se uzdignuti do potpune svjesnosti Kṛṣṇe.

STROFA 42

अथवा योगिनामेव कुले भवति धीमताम् ।
एतद्धि दुर्लभतरं लोके जन्म यदीदृशम् ॥ ४२ ॥

atha vā yoginām eva kule bhavati dhīmatām
etad dhi durlabhataraṁ loke janma yad īdṛśam

atha vā – ili; *yoginām* – učenih transcendentalista; *eva* – zacijelo; *kule* – u obitelji; *bhavati* – rađa se; *dhī-matām* – obdarenih velikom mudrošću; *etat* – on; *hi* – zacijelo; *durlabha-taram* – vrlo rijetko; *loke* – na ovom svijetu; *janma* – rođenje; *yat* – koje; *īdṛśam* – takvo.

Ili se [ako nije postigao uspjeh nakon dugotrajna bavljenja yogom] rađa u obitelji transcendentalista koji sigurno posjeduju veliku mudrost. Takvo je rođenje nedvojbeno rijetko na ovome svijetu.

SMISAO: Ovdje se hvali rođenje u obitelji *yogīja* ili transcendentalista – onih koji posjeduju veliku mudrost – zato što dijete rođeno u takvoj obitelji od samoga početka života dobiva duhovni poticaj. To je posebno slučaj u obiteljima *ācārya* ili *gosvāmīja*. Zahvaljujući tradiciji i naobrazbi članovi takvih obitelji vrlo su učeni i predani te tako postaju duhovni učitelji. U Indiji ima mnogo takvih obitelji *ācārya*, ali sada su se zbog nedostatne naobrazbe degradirale. Gospodinovom milošću još uvijek ima obitelji koje generaciju za generacijom odgajaju transcendentaliste. Djeca koja se rađaju u takvim obiteljima zacijelo su vrlo sretna. Na sreću, moj duhovni učitelj, Oṁ Viṣṇupāda Śrī Śrīmad Bhaktisiddhānta Sarasvatī Gosvāmī Mahārāja i moja malenkost imali smo, Gospodinovom milošću, priliku da se rodimo u takvim obiteljima i od samog se početka života učimo predanu služenju Gospodina. Kasnije smo se sreli, po naredbi transcendentalnog sustava.

STROFA 43

तत्र तं बुद्धिसंयोगं लभते पौर्वदेहिकम् ।
यतते च ततो भूयः संसिद्धौ कुरुनन्दन ॥ ४३ ॥

tatra taṁ buddhi-saṁyogaṁ labhate paurva-dehikam
yatate ca tato bhūyaḥ saṁsiddhau kuru-nandana

tatra – tada; *tam* – on; *buddhi-saṁyogam* – oživljavanje svjesnosti; *labhate* – stječe; *paurva-dehikam* – iz prethodnog tijela; *yatate* – trudi se; *ca* – također; *tataḥ* – zatim; *bhūyaḥ* – ponovno; *saṁsiddhau* – da dostigne savršenstvo; *kuru-nandana* – o sine Kurua.

Po rođenju oživljava božansku svjesnost iz prošloga života i ponovno pokušava napredovati kako bi postigao potpun uspjeh, o sine Kurua.

SMISAO: Kralj Bharata, koji se treći put rodio u obitelji dobra *brāhmaṇe*, primjer je osobe koja je dobila dobro rođenje kako bi oživila svoju transcendentalnu svjesnost iz prošloga života. Kralj je Bharata bio car svijeta i od njegova vremena polubogovi ovaj planet nazivaju Bhārata-varṣom. Ranije je bila poznata kao Ilāvṛta-varṣa. Car se još u mladosti povukao da bi dostigao duhovno savršenstvo, ali nije uspio. U sljedećem se životu rodio u obitelji dobra *brāhmaṇe* i bio poznat kao Jaḍa Bharata, jer je uvijek bio sam i nije ni s kim razgovarao. Kasnije je kralj Rahūgaṇa otkrio da je Jaḍa Bharata vrhunski transcendentalist. Iz njegova života možemo vidjeti da transcendentalni trud, ili primjena *yoge* nikada nisu uzaludni. Gospodinovom milošću transcendentalist iznova i iznova dobiva priliku da dostigne potpuno savršenstvo u svjesnosti Kṛṣṇe.

STROFA 44

पूर्वाभ्यासेन तेनैव ह्रियते ह्यवशोऽपि सः ।
जिज्ञासुरपि योगस्य शब्दब्रह्मातिवर्तते ॥ ४४ ॥

pūrvābhyāsena tenaiva hriyate hy avaśo 'pi saḥ
jijñāsur api yogasya śabda-brahmātivartate

pūrva – ranije; *abhyāsena* – zbog primjene; *tena* – to; *eva* – zacijelo; *hriyate* – privlači; *hi* – sigurno; *avaśaḥ* – spontano; *api* – također; *saḥ* – on; *jijñāsuḥ* – želeći saznati; *api* – čak; *yogasya* – o *yogi; śabda-brahma* – obredna načela spisa; *ativartate* – nadilazi.

Zahvaljujući božanskoj svjesnosti iz prošloga života spontano osjeća privlačnost prema načelima yoge – čak i ako ih ne traži. Takav radoznali transcendentalist uvijek je transcendentalan prema obrednim načelima spisa.

SMISAO: Napredne *yogīje* ne privlače obredi opisani u spisima, ali osjećaju spontanu privlačnost prema načelima *yoge*, koja ih mogu uzdići do potpune svjesnosti Kṛṣṇe, najvišega savršenstva *yoge*. U trećem pjevanju *Śrīmad-Bhāgavatama* (3.33.7) objašnjeno je zašto napredni transcendentalisti zanemaruju vedske obrede:

aho bata śva-paco 'to garīyān
yaj-jihvāgre vartate nāma tubhyam
tepus tapas te juhuvuḥ sasnur āryā
brahmānūcur nāma gṛṇanti ye te

„O Gospodine moj! Osobe koje pjevaju sveta imena Tvoga Gospodstva veoma su napredne u duhovnom životu, čak i ako su se rodile u obiteljima ljudi koji jedu pse. Takve su osobe nedvojbeno izvršile sve vrste strogosti i žrtvovanja, okupale se na svim svetim mjestima i proučile sve spise."

Glasoviti primjer takva ponašanja postavio je Gospodin Caitanya, koji je prihvatio Haridāsu Ṭhākuru kao jednog od Svojih najvažnijih učenika. Premda se Haridāsa Ṭhākura rodio u muslimanskoj obitelji, Gospodin Caitanya ga je uzdigao na položaj *nāmācārye,* jer je strogo slijedio načelo mantranja izgovarajući svakoga dana tristo tisuća Gospodinovih svetih imena: Hare Kṛṣṇa, Hare Kṛṣṇa, Kṛṣṇa Kṛṣṇa, Hare Hare/ Hare Rāma, Hare Rāma, Rāma Rāma, Hare Hare. Budući da je neprestano mantrao Gospodinovo sveto ime, smatra se da je u prošlom životu izvršio sve obrede opisane u Vedama, koje su poznate kao *śabda-brahma*.

Onaj tko nije pročišćen ne može slijediti načela svjesnosti Kṛṣṇe ili pjevati Gospodinovo sveto ime, Hare Kṛṣṇa.

STROFA 45

प्रयत्नाद् यतमानस्तु योगी संशुद्धकिल्बिषः ।
अनेकजन्मसंसिद्धस्ततो याति परां गतिम् ॥ ४५ ॥

prayatnād yatamānas tu yogī saṁśuddha-kilbiṣaḥ
aneka-janma-saṁsiddhas tato yāti parāṁ gatim

prayatnāt – strogim vježbanjem; *yatamānaḥ* – trudeći se; *tu* – i; *yogī* – takav transcendentalist; *saṁśuddha* – pročišćen; *kilbiṣaḥ* – od svih grijeha; *aneka* – nakon mnogo; *janma* – rođenja; *saṁsiddhaḥ* – dostigavši savršenstvo; *tataḥ* – nakon toga; *yāti* – dostiže; *parām* – najviše; *gatim* – odredište.

Iskreno se trudeći da dalje napreduje, pročišćen od svih nečistoća, nakon mnogo života takva napora yogī dostiže savršenstvo i na kraju dostiže vrhovni cilj.

SMISAO: Osoba rođena u pobožnoj, bogatoj ili svetoj obitelji postaje svjesna svoga položaja povoljna za primjenu *yoge*. Zato odlučno započinje svoj nedovršeni zadatak i tako biva potpuno pročišćena od svih materijalnih nečistoća. Kad se na kraju posve pročisti, dostiže vrhunsko savršenstvo – svjesnost Kṛṣṇe. Svjesnost Kṛṣṇe je savršena razina oslobođenja od svih nečistoća. To je potvrđeno u *Bhagavad-gīti* (7.28):

yeṣāṁ tv anta-gataṁ pāpaṁ janānāṁ puṇya-karmaṇām
te dvandva-moha-nirmuktā bhajante māṁ dṛḍha-vratāḥ

„Kada se nakon mnogo života vršenja pobožnih djelatnosti osoba oslobodi svih nečistoća i iluzornih dvostranosti, posvećuje se transcendentalnom služenju Gospodina s ljubavlju."

STROFA 46

तपस्विभ्योऽधिको योगी ज्ञानिभ्योऽपि मतोऽधिकः ।
कर्मिभ्यश्चाधिको योगी तस्माद्योगी भवार्जुन ॥ ४६ ॥

tapasvibhyo 'dhiko yogī jñānibhyo 'pi mato 'dhikaḥ
karmibhyaś cādhiko yogī tasmād yogī bhavārjuna

tapasvibhyaḥ – od pustinjaka; *adhikaḥ* – veći; *yogī* – *yogī; jñānibhyaḥ* – od mudraca; *api* – također; *mataḥ* – smatra se; *adhikaḥ* – većim; *karmibhyaḥ* – od koristoljubivih radnika; *ca* – također; *adhikaḥ* – veći; *yogī* – *yogī; tasmāt* – zato; *yogī* – transcendentalist; *bhava* – postani; *arjuna* – o Arjuna.

Yogī je veći od pustinjaka, veći od empirijskog filozofa i veći od koristoljubiva radnika. Zato, o Arjuna, u svim okolnostima budi yogī.

SMISAO: Kad govorimo o *yogi,* mislimo na povezivanje naše svjesnosti s Vrhovnom Apsolutnom Istinom. Različite osobe koje se bave *yogom* nazivaju taj proces različitim imenima, ovisno o usvojenoj metodi. Kad se proces povezivanja sastoji pretežno od plodonosnih djelatnosti naziva se *karma-yoga,* kad se sastoji pretežno od empirijskih djelatnosti naziva se *jñāna-yoga,* a kad se sastoji pretežno od posvećenosti u odnosu sa Svevišnjim Gospodinom naziva se *bhakti-yoga. Bhakti-yoga* ili svjesnost Kṛṣṇe krajnje je savršenstvo svih *yoga*, kao što će biti objašnjeno u sljedećoj strofi. Gospodin je ovdje potvrdio superiornost *yoge*, ali nije spomenuo da je bolja od *bhakti-yoge*. *Bhakti-yoga* je potpuno duhovno znanje i zato je ništa ne može nadmašiti. Vršenje pokora bez znanja o jastvu nije savršeno, kao ni empirijsko znanje bez predavanja Svevišnjem Gospodinu, a plodonosan rad bez svjesnosti Kṛṣṇe predstavlja gubljenje vremena. Prema tome, najuzvišeniji oblik *yoge* opisan ovdje je *bhakti-yoga.* To će biti potanje objašnjeno u idućoj strofi.

STROFA 47

योगिनामपि सर्वेषां मद्गतेनान्तरात्मना ।
श्रद्धावान् भजते यो मां स मे युक्ततमो मतः ॥ ४७ ॥

yogināṁ api sarveṣāṁ mad-gatenāntar-ātmanā
śraddhāvān bhajate yo māṁ sa me yuktatamo mataḥ

yoginām – od *yogīja; api* – također; *sarveṣām* – svih vrsta; *mat-gatena* – prebiva u Meni, uvijek misleći na Mene; *antaḥ-ātmanā* – u sebi; *śraddhāvān* – s punom vjerom; *bhajate* – transcendentalno služi s ljubavlju; *yaḥ* – onaj tko; *mām* – Mene (Svevišnjega Gospodina); *saḥ* – njega; *me* – Ja; *yukta-tamaḥ* – najvećim *yogījem; mataḥ* – smatram.

Onaj tko s velikom vjerom uvijek prebiva u Meni, tko u sebi uvijek misli na Mene i transcendentalno Me služi s ljubavlju najprisnije je sjedinjen sa Mnom u yogi i najviši je od svih yogīja. To je Moje mišljenje.

SMISAO: Ovdje je važna riječ *bhajate*. *Bhaj*, korijen riječi *bhajate*, upućuje na potrebu za služenjem. Engleska riječ „worship" (obožavanje) ne može se upotrijebiti u istom značenju kao riječ *bhaj*. Obožavati znači poštovati ili iskazivati poštovanje i počast onome tko je toga vrijedan, ali služenje s ljubavlju i vjerom posebno je namijenjeno Svevišnjoj Božanskoj Osobi. Netko se može kloniti obožavanja uglednih ljudi ili polubogova te zbog toga može biti nazvan nepristojnim, ali ne može se kloniti služenja Svevišnjeg Gospodina, a da zbog toga ne bude osuđen. Svako je živo biće sastavni djelić Svevišnje Božanske Osobe i zato je po svojoj prirodi stvoreno za služenje Svevišnjeg Gospodina. Ako to ne učini, pada. *Bhāgavatam* (11.5.3) to potvrđuje ovim riječima:

ya eṣāṁ puruṣaṁ sākṣād ātma-prabhavam īśvaram
na bhajanty avajānanti sthānād bhraṣṭāḥ patanty adhaḥ

„Onaj tko ne služi Gospodina, zanemarujući svoju dužnost prema prvobitnom Gospodinu, izvoru svih živih bića, sigurno će pasti sa svoga prirodnog položaja."

U ovoj je strofi upotrijebljena riječ *bhajanti*. Riječ *bhajanti* se stoga može odnositi samo na Svevišnjega Gospodina, dok se riječ „worship" (obožavanje) može odnositi na polubogove ili na bilo koje obično ljudsko biće. Riječ *avajānanti*, koja je upotrijebljena u ovoj strofi *Śrīmad-Bhāgavatama*, nalazimo i u *Bhagavad-gīti* – *avajānanti māṁ mūḍhāḥ*: „Samo budale i nitkovi ismijavaju Gospodina Kṛṣṇu, Svevišnju Božansku Osobu." Takve osobe tumače *Bhagavad-gītu* bez duha služenja Gospodina. Zato ne mogu pravilno razlikovati riječ *bhajanti* od riječi „worship" (obožavanje).

Vrhunac svih vrsta *yoga* je *bhakti-yoga*. Sve druge *yoge* predstavljaju samo sredstva za dostizanje razine *bhakti* u *bhakti-yogi*. *Yoga* ustvari znači *bhakti-yoga*. Sve su druge *yoge* stube koje vode do *bhakti-yoge*. Put je samospoznaje koji počinje *karma-yogom* i završava *bhakti-yogom* dug. *Karma-yoga*, djelovanje bez želje za plodonosnim rezultatima, predstavlja početak toga puta. Kad osoba koja primjenjuje *karma-yogu* poveća znanje i odricanje, taj se stadij naziva *jñāna-yoga*. Kada primjenjujući *jñāna-yogu* različitim fizičkim procesima poveća meditaciju na Nad-dušu i usredotoči um na Nad-dušu, taj se stadij naziva *aṣṭāṅga-yoga*, a kada nadiđe *aṣṭāṅga-yogu* i priđe Svevišnjoj Božanskoj Osobi Kṛṣṇi, taj se stadij naziva *bhakti-yoga*, vrhunac. Ustvari, *bhakti-yoga* je krajnji cilj, ali da bismo potanko raščlanili *bhakti-yogu* moramo shvatiti druge procese *yoge*. *Yogī* koji napreduje nalazi se na pravom putu vječne sreće. Onaj tko ostane na određenoj razini i ne napreduje dalje dobiva odgovarajuće ime: *karma-*

yogī, jñāna-yogī, dhyāna-yogī, rāja-yogī, haṭha-yogī itd. Ako netko srećom dostigne razinu *bhakti-yoge*, smatra se da je nadišao sve ostale procese *yoge*. Stoga je najviša razina *yoge* svjesnost Kṛṣṇe, kao što kad govorimo o Himalajama mislimo na najviše planine na svijetu, čiji se najviši vrh, Mount Everest, smatra najvišom točkom.

Zahvaljujući velikoj sreći, osoba dolazi do svjesnosti Kṛṣṇe na putu *bhakti-yoge* kako bi se utemeljila u pravom položaju u skladu s vedskim uputama. Uzorit *yogī* usmjerava svoju pozornost na Kṛṣṇu, zvanog Śyāmasundara, čija prekrasna put nalikuje boji oblaka, čije je lotosoliko lice sjajno poput sunca, čija odjeća blista od dragulja i čije je tijelo ovjenčano cvijećem. Njegov blistavi tjelesni sjaj zvan *brahmajyoti* obasjava sve. On se inkarnira u različitim oblicima kao što su Rāma, Nṛsiṁha, Varāha i Kṛṣṇa, Svevišnja Božanska Osoba, i silazi u obliku ljudskoga bića, kao sin majke Yaśode, poznat kao Kṛṣṇa, Govinda i Vāsudeva. Savršeno je dijete, muž, prijatelj i gospodar i pun je sveg obilja i transcendentalnih odlika. Onaj tko je uvijek potpuno svjestan tih Gospodinovih obilježja smatra se najvišim *yogījem*.

Ta razina najvišeg savršenstva *yoge* može se dostići samo *bhakti-yogom*. To potvrđuju svi vedski spisi:

yasya deve parā bhaktir yathā deve tathā gurau
tasyaite kathitā hy arthāḥ prakāśante mahātmanaḥ

„Samo onim velikim dušama koje imaju nepokolebljivu vjeru u Gospodina i duhovnog učitelja samim se tim razotkriva sav smisao vedskoga znanja.” (*Śvetāśvatara Upaniṣada* 6.23)

Bhaktir asya bhajanaṁ tad ihāmutropādhi-nairāsyenāmuṣmin manaḥ-kalpanam, etad eva naiṣkarmyam. „*Bhakti* je predano služenje Gospodina bez želja za materijalnom dobiti, u ovom ili sljedećem životu. Lišena takvih sklonosti, osoba treba svoj um potpuno usredotočiti na Svevišnjega. To je svrha *naiṣkarmye*.” (*Gopāla-tāpanī Upaniṣada* 1.15)

To su neki od načina primjene *bhakti*, svjesnosti Kṛṣṇe, najviše, savršene razine *yoge*.

Tako se završavaju Bhaktivedantina tumačenja šestoga poglavlja Śrīmad Bhagavad-gīte *pod naslovom* Dhyāna-yoga.

SEDMO POGLAVLJE

Znanje o Apsolutu

STROFA 1

श्रीभगवानुवाच
मय्यासक्तमनाः पार्थ योगं युञ्जन्मदाश्रयः ।
असंशयं समग्रं मां यथा ज्ञास्यसि तच्छृणु ॥ १ ॥

śrī-bhagavān uvāca
mayy āsakta-manāḥ pārtha yogaṁ yuñjan mad-āśrayaḥ
asaṁśayaṁ samagraṁ māṁ yathā jñāsyasi tac chṛṇu

śrī-bhagavān uvāca – Svevišnji Gospodin reče; *mayi* – Meni; *āsakta-manāḥ* – uma privržena; *pārtha* – o Pṛthin sine; *yogam* – proces samospoznaje; *yuñjan* – slijedeći; *mat-āśrayaḥ* – svjestan Mene (Kṛṣṇe); *asaṁśayam* – nedvojbeno; *samagram* – potpuno; *mām* – Mene; *yathā* – kako; *jñāsyasi* – možeš spoznati; *tat* – to; *śṛṇu* – počuj.

Svevišnja Božanska Osoba reče: Počuj sada, o Pṛthin sine, kako Me slijeđenjem procesa yoge, potpuno svjestan Mene, uma privržena Meni, možeš potpuno spoznati, oslobođen sumnji.

SMISAO: U sedmom poglavlju *Bhagavad-gīte* bit će potpuno opisana priroda svjesnosti Kṛṣṇe. Kṛṣṇa je pun sveg obilja i u ovom će poglavlju biti opisano kako očituje ta obilja. Kṛṣṇa će opisati četiri vrste sretnih ljudi koji Mu postaju privrženi i četiri vrste nesretnih ljudi koji Ga nikada ne prihvaćaju.

U prvih šest poglavlja *Bhagavad-gīte*, živo je biće bilo opisano kao nematerijalna duhovna duša, koja različitim vrstama *yoge* može dostići samospoznaju. Na kraju šestoga poglavlja bilo je objašnjeno da je postojana usredotočenost uma na Kṛṣṇu ili, drugim riječima, svjesnost Kṛṣṇe, najviši oblik *yoge*. Apsolutna Istina može se u potpunosti spoznati jedino usredotočivanjem uma na Kṛṣṇu, ni na koji drugi način. Spoznaja neosobnog *brahmajyotija* ili lokalizirane Paramātme ne predstavlja savršeno znanje o Apsolutnoj Istini, jer je djelomična. Potpuno, znanstveno znanje je Kṛṣṇa i onome tko je svjestan Kṛṣṇe sve se razotkriva. U potpunoj svjesnosti Kṛṣṇe osoba zna da je Kṛṣṇa krajnje, nepobitno znanje. Različite vrste *yoge* samo su sredstva za postizanje cilja na putu svjesnosti Kṛṣṇe. Onaj tko se izravno posveti svjesnosti Kṛṣṇe samim tim stječe potpuno znanje o *brahmajyotiju* i Paramātmi. Njegujući svjesnost Kṛṣṇe shvaća sve u potpunosti – Apsolutnu Istinu, živa bića, materijalnu prirodu i njihova očitovanja.

Stoga trebamo početi primjenjivati *yogu* u skladu s uputama koje je Kṛṣṇa dao u posljednjoj strofi šestoga poglavlja. Um možemo usredotočiti na Kṛṣṇu, Svevišnjeg, propisanim predanim služenjem u devet različitih oblika, od kojih je *śravaṇam* prvi i najvažniji. Gospodin zato kaže Arjuni – *tac chṛṇu:* „počuj Me". Nitko ne može biti veći autoritet od Kṛṣṇe. Zato osoba koja sluša Njegove riječi stječe najveću priliku za dostizanje savršene svjesnosti Kṛṣṇe. Znanje moramo primiti od samoga Kṛṣṇe ili od Kṛṣṇina čistog *bhakte*, a ne od bezbožna skorojevića, ponosna na svoju akademsku naobrazbu.

Proces razumijevanja Kṛṣṇe, Svevišnje Božanske Osobe, Apsolutne Istine, opisan je u drugom poglavlju prvoga pjevanja *Śrīmad-Bhāgavatama:*

śṛṇvatāṁ sva-kathāḥ kṛṣṇaḥ puṇya-śravaṇa-kīrtanaḥ
hṛdy antaḥ-stho hy abhadrāṇi vidhunoti suhṛt satām

naṣṭa-prāyeṣv abhadreṣu nityaṁ bhāgavata-sevayā
bhagavaty uttama-śloke bhaktir bhavati naiṣṭhikī

tadā rajas-tamo-bhāvāḥ kāma-lobhādayaś ca ye
ceta etair anāviddhaṁ sthitaṁ sattve prasīdati

evaṁ prasanna-manaso bhagavad-bhakti-yogataḥ
bhagavat-tattva-vijñānaṁ mukta-saṅgasya jāyate

bhidyate hṛdaya-granthiś chidyante sarva-saṁśayāḥ
kṣīyante cāsya karmāṇi dṛṣṭa evātmanīśvare

„Slušanje vedskih spisa koji govore o Kṛṣṇi ili *Bhagavad-gīte,* koju je izgovorio sam Kṛṣṇa, pobožno je djelo. Gospodin Kṛṣṇa, koji prebiva u srcu svih živih bića, djeluje kao najdobrohotniji prijatelj i pročišćava *bhaktu* koji neprestano sluša o Njemu. Na taj način *bhakta* prirodno razvija svoje uspavano transcendentalno znanje. Slušajući *Bhāgavatam* ili *bhakte* koji govore o Kṛṣṇi posvećuje se predanom služenju Gospodina sa sve većom odlučnošću. Napredujući u predanu služenju oslobađa se *guṇa* strasti i neznanja, a materijalna požuda i pohlepa postupno nestaju. Pročišćen od tih nečistoća, ostaje postojano utemeljen na razini čiste vrline, nalazi nadahnuće u predanom služenju i savršeno shvaća nauk o Bogu. Tako *bhakti-yoga* presijeca čvrst čvor materijalne privlačnosti i omogućuje mu da se odmah uzdigne na razinu *asaṁśayaṁ samagram*, razumijevanja Vrhovne Apsolutne Istine, Božanske Osobe." (*Bhāg.* 1.2.17–21)

Nauk o Kṛṣṇi možemo shvatiti jedino slušanjem Kṛṣṇe ili Njegova *bhakte* svjesnog Kṛṣṇe.

STROFA 2

ज्ञानं तेऽहं सविज्ञानमिदं वक्ष्याम्यशेषतः ।
यज्ज्ञात्वा नेह भूयोऽन्यज्ज्ञातव्यमवशिष्यते ॥ २ ॥

jñānaṁ te 'haṁ sa-vijñānam idaṁ vakṣyāmy aśeṣataḥ
yaj jñātvā neha bhūyo 'nyaj jñātavyam avaśiṣyate

jñānam – znanje o pojavnom svijetu; *te* – tebi; *aham* – Ja; *sa* – sa; *vijñānam* – božanskim znanjem; *idam* – to; *vakṣyāmi* – objasnit ću; *aśeṣataḥ* – u potpunosti; *yat* – koje; *jñātvā* – kada shvatiš; *na* – ne; *iha* – na ovom svijetu; *bhūyaḥ* – još; *anyat* – išta više; *jñātavyam* – da se sazna; *avaśiṣyate* – preostaje.

Sada ću ti u potpunosti objasniti ovo znanje, koje obuhvaća znanje o pojavnom svijetu i božanskoj prirodi. Kada ga shvatiš, ništa ti više neće preostati da saznaš.

SMISAO: Potpuno znanje obuhvaća znanje o pojavnom svijetu, duhu koji stoji iza njega i njihovu izvoru. To je transcendentalno znanje. Gospodin želi objasniti taj sustav znanja Arjuni zato što je Njegov povjerljivi *bhakta* i prijatelj. To je objasnio na početku četvrtoga poglavlja i sada ponovno potvrđuje: potpuno znanje može steći samo Gospodinov *bhakta* u učeničkom nasljeđu koje potječe od samoga Gospodina. Stoga svojom inteligencijom trebamo shvatiti izvor sveg znanja, koji je uzrok svih uzroka i jedini predmet meditacije u svim vrstama *yoge*. Kada spoznamo uzrok svih uzroka, spoznat ćemo sve što se može spoznati i ništa nam neće ostati nepoznato. U *Vedama* (*Muṇḍaka Upaniṣada* 1.3) rečeno je: *kasmin bhagavo vijñāte sarvam idaṁ vijñātaṁ bhavati.*

STROFA 3

मनुष्याणां सहस्रेषु कश्चिद्यतति सिद्धये ।
यततामपि सिद्धानां कश्चिन्मां वेत्ति तत्त्वतः ॥ ३ ॥

manuṣyāṇāṁ sahasreṣu kaścid yatati siddhaye
yatatām api siddhānāṁ kaścin māṁ vetti tattvataḥ

manuṣyāṇām – ljudi; *sahasreṣu* – od mnogo tisuća; *kaścit* – jedan; *yatati* – nastoji; *siddhaye* – dostići savršenstvo; *yatatām* – od onih koji nastoje; *api* – doista; *siddhānām* – od onih koji su dostigli savršenstvo; *kaścit* – jedan; *mām* – o Meni; *vetti* – spoznaje; *tattvataḥ* – istinu.

Od mnogo tisuća ljudi tek se jedan može truditi da dostigne savršenstvo, a od onih koji su dostigli savršenstvo tek jedan može spoznati istinu o Meni.

SMISAO: Postoje različite vrste ljudi. Od mnogo tisuća ljudi jednoga može zanimati transcendentalna spoznaja u dovoljnoj mjeri da pokuša shvatiti jastvo, tijelo i Apsolutnu Istinu. Ljudi su većinom zaokupljeni životinjskim sklonostima, kao što su jedenje, spavanje, branjenje i razmnožavanje. Transcendentalno znanje ne zanima gotovo nikoga. Prvih šest poglavlja *Gīte* namijenjeno je onima koje zanima transcendentalno znanje o jastvu, Vrhovnom Jastvu i procesu spoznaje putem *jñāna-yoge, dhyāna-yoge* i razlučivanja jastva od materije. No Kṛṣṇu mogu shvatiti isključivo osobe svjesne Kṛṣṇe. Drugi transcendentalisti mogu spoznati neosobni Brahman, jer je lakše spoznati neosobni Brahman nego Kṛṣṇu. Kṛṣṇa je Vrhovna Osoba, ali je istodobno iznad dosega znanja o Brahmanu i Paramātmi. *Yogīji* i *jñānīji* bivaju zbunjeni u pokušaju da shvate Kṛṣṇu. Premda je najveći od svih impersonalista, Śrīpāda Śaṅkarācārya, priznao u svom tumačenju *Gīte* da je Kṛṣṇa Svevišnja Božanska Osoba, njegovi sljedbenici ne prihvaćaju Kṛṣṇu kao takva, jer je Kṛṣṇu vrlo teško shvatiti, čak i onima koji su spoznali neosobni Brahman.

Kṛṣṇa je Svevišnja Božanska Osoba, uzrok svih uzroka, prvobitni Gospodin Govinda. *Īśvaraḥ paramaḥ kṛṣṇaḥ sac-cid-ānanda-vigrahaḥ / anādir*

ādir govindaḥ sarva-kāraṇa-kāraṇam. Ljudi koji nisu *bhakte* teško Ga mogu shvatiti. Iako izjavljuju da je put *bhakti*, predanog služenja, vrlo lak, ne mogu ga slijediti. Ako je put *bhakti* tako lak kao što sami tvrde, zašto onda prihvaćaju težak put? Ustvari put *bhakti* nije lak. Takozvani put *bhakti* koji slijede neovlaštene osobe bez znanja o *bhakti* može biti lak; no kada se istinski slijedi po pravilima i propisima, spekulativni učenjaci i filozofi odstupaju od njega i padaju. Śrīla Rūpa Gosvāmī piše u svom *Bhakti-rasāmṛta-sindhuu* (1.2.101):

śruti-smṛti-purāṇādi- pañcarātra-vidhiṁ vinā
aikāntikī harer bhaktir utpātāyaiva kalpate

„Predano služenje Gospodina koje se ne temelji na ovlaštenim vedskim spisima, kao što su *Upaniṣade, Purāṇe* i *Nārada-pañcarātra,* predstavlja samo nepotrebno uznemirenje u društvu."

Impersonalist koji je spoznao Brahman ili *yogī* koji je spoznao Nadušu, Paramātmu, ne mogu shvatiti Kṛṣṇu, Svevišnju Božansku Osobu, kao sina majke Yaśode ili vozača Arjuninih bojnih kola. Čak su i veliki polubogovi katkada zbunjeni kada je u pitanju Kṛṣṇa (*muhyanti yat sūrayaḥ*). *Māṁ tu veda na kaścana:* „Nitko Me ne poznaje takva kakav jesam", kaže Gospodin. Ako Ga netko poznaje – *sa mahātmā su-durlabhaḥ* – takva je velika duša vrlo rijetka. Onaj tko ne služi Gospodina s predanošću ne može shvatiti Njegovu pravu prirodu (*tattvataḥ*), čak ni ako je velik učenjak ili filozof. Samo čisti *bhakte* mogu u izvjesnoj mjeri shvatiti nepojmljive transcendentalne odlike Kṛṣṇe, uzroka svih uzroka, u Njegovoj svemoći i obilju, u Njegovu bogatstvu, slavi, snazi, ljepoti, znanju i odricanju, jer je Kṛṣṇa naklonjen Svojim *bhaktama.* On je posljednja riječ u spoznaji Brahmana i samo *bhakte* mogu spoznati Njegovu pravu prirodu. Zato je rečeno:

ataḥ śrī-kṛṣṇa-nāmādi na bhaved grāhyam indriyaiḥ
sevonmukhe hi jihvādau svayam eva sphuraty adaḥ

„Nitko ne može shvatiti Kṛṣṇu tupim materijalnim osjetilima. On se razotkriva *bhaktama* koji Ga transcendentalno služe s ljubavlju, zadovoljan njihovim predanim služenjem." (*Bhakti-rasāmṛta-sindhu* 1.2.234)

STROFA 4

भूमिरापोऽनलो वायुः खं मनो बुद्धिरेव च ।
अहङ्कार इतीयं मे भिन्ना प्रकृतिरष्टधा ॥ ४ ॥

bhūmir āpo 'nalo vāyuḥ khaṁ mano buddhir eva ca
ahaṅkāra itīyaṁ me bhinnā prakṛtir aṣṭadhā

bhūmiḥ – zemlja; *āpaḥ* – voda; *analaḥ* – vatra; *vāyuḥ* – zrak; *kham* – eter; *manaḥ* – um; *buddhiḥ* – inteligencija; *eva* – zacijelo; *ca* – i; *ahaṅkāraḥ* – lažni ego; *iti* – to; *iyam* – sve; *me* – Mojih; *bhinnā* – odvojenih; *prakṛtiḥ* – energija; *aṣṭadhā* – osam.

Zemlja, voda, vatra, zrak, eter, um, inteligencija i lažni ego Moje su odvojene materijalne energije.

SMISAO: Nauk o Bogu raščlanjuje prirodni položaj Boga i Njegovih različitih energija. Materijalna se priroda naziva *prakṛti*, odnosno energija Gospodina u Njegovim različitim *puruṣa* inkarnacijama (ekspanzijama). To je opisano u *Sātvata-tantri*:

viṣṇos tu trīṇi rūpāṇi puruṣākhyāny atho viduḥ
ekaṁ tu mahataḥ sraṣṭṛ dvitīyaṁ tv aṇḍa-saṁsthitam
tṛtīyaṁ sarva-bhūta-sthaṁ tāni jñātvā vimucyate

„Radi stvaranja materijalnoga svijeta Kṛṣṇina potpuna ekspanzija poprima oblike triju Viṣṇua. Prvi, Mahā-Viṣṇu, stvara sveukupnu materijalnu energiju, poznatu kao *mahat-tattva.* Drugi, Garbhodakaśāyī Viṣṇu, ulazi u svaki svemir kako bi u njemu stvorio raznolikosti. Treći, Kṣīrodakaśāyī Viṣṇu, poznat kao Paramātmā, ekspandira se kao sveprožimajuća Nadduša u svim svemirima. Nazočan je čak i u atomima. Onaj tko shvati ta tri Viṣṇua može biti oslobođen materijalne zapletenosti."

Materijalni je svijet privremeno očitovanje tek jedne od Gospodinovih energija. Svim djelatnostima materijalnog svijeta upravljaju spomenute tri Viṣṇu ekspanzije Gospodina Kṛṣṇe. Ti se *puruṣe* nazivaju inkarnacije. Onaj tko ne zna nauk o Bogu (Kṛṣṇi) obično misli da je materijalni svijet stvoren za uživanje živih bića i da su živa bića *puruṣe* – uzroci, upravitelji i uživatelji materijalne energije. Prema *Bhagavad-gīti* taj je ateistički zaključak pogrešan. U navedenoj je strofi rečeno da je Kṛṣṇa izvorni uzrok materijalnog svijeta. *Śrīmad-Bhāgavatam* to potvrđuje. Sastojci materijalnog svijeta Gospodinove su odvojene energije. Čak je i *brahmajyoti*, krajnji cilj impersonalista, duhovna energija koja se očituje na duhovnom nebu. U *brahmajyotiju,* kojeg impersonalisti smatraju krajnjim, vječnim ciljem, ne postoji duhovna raznolikost kao na Vaikuṇṭhalokama. Paramātmā je privremeni, sveprožimajući vid Kṣīrodakaśāyī Viṣṇua. Ona ne postoji vječno u duhovnom svijetu. Prema tome, prava Apsolutna Istina je Svevišnja Božanska Osoba Kṛṣṇa. On je potpun energetik i posjeduje različite, odvojene i unutarnje, energije.

Materijalna se energija sastoji od osam glavnih očitovanja, koja su ovdje opisana. Prvih pet očitovanja – zemlja, voda, vatra, zrak i nebo – nazivaju se golemim ili grubim tvorevinama i obuhvaćaju pet predmeta osjetila. Oni su očitovanja fizičkog zvuka, dodira, oblika, okusa i mirisa. Materijalna znanost proučava samo tih deset elemenata i ništa više. No materijalisti zanemaruju ostala tri elementa – um, inteligenciju i lažni ego. Filozofi koji proučavaju djelatnosti uma također nemaju savršeno znanje, jer ne poznaju krajnji izvor, Kṛṣṇu. Lažni ego („ja sam" i „ovo je moje"), koji predstavlja temeljno načelo materijalnog postojanja, obuhvaća deset osjetilnih organa za vršenje materijalnih djelatnosti. Inteligencija se odnosi na cjelokupnu materijalnu kreaciju, zvanu *mahat-tattva*. Tako se od Gospodinovih osam odvojenih energija očituju dvadeset četiri elementa materijalnog svijeta, koje proučava ateistička sāṅkhya filozofija. Oni su izvorno ogranci Kṛṣṇinih energija i odvojeni su od Njega, ali ateistički sāṅkhya filozofi, koji nemaju veliko znanje, ne znaju da je Kṛṣṇa uzrok svih uzroka. Predmet sāṅkhya filozofije samo je očitovanje Kṛṣṇine izvanjske energije, opisane u *Bhagavad-gīti*.

STROFA 5

अपरेयमितस्त्वन्यां प्रकृतिं विद्धि मे पराम् ।
जीवभूतां महाबाहो ययेदं धार्यते जगत् ॥ ५ ॥

apareyam itas tv anyāṁ prakṛtiṁ viddhi me parām
jīva-bhūtāṁ mahā-bāho yayedaṁ dhāryate jagat

aparā – niže; *iyam* – ove; *itaḥ* – osim; *tu* – ali; *anyām* – druga; *prakṛtim* – energija; *viddhi* – znaj; *me* – Moja; *parām* – viša; *jīva-bhūtām* – koju predstavljaju živa bića; *mahā-bāho* – o Arjuna snažnih ruku; *yayā* – koja; *idam* – ovaj; *dhāryate* – iskorištavaju; *jagat* – materijalni svijet.

Osim ove niže energije, o Arjuna snažnih ruku, postoji Moja druga, viša energija. Ona se sastoji od živih bića koja iskorištavaju bogatstva materijalne (niže) prirode.

SMISAO: Ovdje je jasno rečeno da živa bića pripadaju višoj prirodi (ili energiji) Svevišnjeg Gospodina. Niža je energija materija, koja se očituje u obliku različitih elemenata, kao što su zemlja, voda, vatra, zrak, eter, um, inteligencija i lažni ego. Oba oblika materijalne energije, grubi (zemlja itd.) i suptilni (um itd.), proizvodi su niže energije. Živa bića, koja iskorištavaju te niže energije u različite svrhe, predstavljaju višu energiju Svevišnjega Gospodina. Sva zbivanja u materijalnom svijetu odvijaju se zahvaljujući toj energiji. Kozmičko očitovanje nema moć djelovanja, ako ga ne pokrene viša energija, živo biće. Energetik uvijek upravlja energijama i zato Gospodin uvijek upravlja živim bićima – ona nemaju neovisno postojanje. Živa bića nikada ne posjeduju moć ravnu Njegovoj, kao što neinteligentni ljudi misle. Razlika između živih bića i Gospodina opisana je u *Śrīmad-Bhāgavatamu* (10.87.30):

aparimitā dhruvās tanu-bhṛto yadi sarva-gatās
tarhi na śāsyateti niyamo dhruva netarathā
ajani ca yan-mayaṁ tad avimucya niyantṛ bhavet
samam anujānatāṁ yad amataṁ mata-duṣṭatayā

„O Vrhovno Vječno Biće! Kad bi utjelovljena živa bića bila vječna i sveprožimajuća kao Ti, ne bi bila pod Tvojom upravom. No prihvatimo li da su živa bića sićušne energije Tvoga Gospodstva, time ih odmah stavljamo pod Tvoju vrhovnu upravu. Stoga pravo oslobođenje živih bića podrazumijeva predavanje Tvojoj upravi. To će ih predavanje usrećiti. Samo u tom prirodnom položaju mogu biti upravitelji. Ljudi ograničena znanja, koji zastupaju monističku teoriju da su Bog i živa bića jednaki u svakom pogledu, vođeni su pogrešnom, nečistom mišlju."

Svevišnji Gospodin Kṛṣṇa jedini je upravitelj. Sva su živa bića pod Njegovom upravom. Ona su Njegova viša energija, jer su iste prirode kao Svevišnji, ali nikada nisu jednaka Gospodinu po količini moći. Dok iskorištava grubu i suptilnu nižu energiju (materiju), viša energija (živo biće) zaboravlja svoj pravi duhovni um i inteligenciju. Taj je zaborav posljedica utjecaja materije. Ali kada se oslobodi utjecaja iluzorne materijalne energije, dostiže razinu oslobođenja, zvanu *mukti*. Pod utjecajem materijalne iluzije lažni ego misli: „Ja sam materija i materijalni posjedi su moji." Svoj pravi položaj živo biće spoznaje kada se oslobodi svih materijalnih shvaćanja, uključujući shvaćanje o sjedinjavanju s Bogom u svakom pogledu. Tako možemo zaključiti da *Gītā* potvrđuje da je živo biće samo jedna od Kṛṣṇinih mnogobrojnih energija. Kada se ta energija oslobodi materijalne okaljanosti, postaje potpuno svjesna Kṛṣṇe, odnosno oslobođena.

STROFA 6

एतद्योनीनि भूतानि सर्वाणीत्युपधारय ।
अहं कृत्स्नस्य जगतः प्रभवः प्रलयस्तथा ॥ ६ ॥

etad-yonīni bhūtāni sarvāṇīty upadhāraya
ahaṁ kṛtsnasya jagataḥ prabhavaḥ pralayas tathā

etat – te dvije prirode; *yonīni* – izvor rođenja; *bhūtāni* – svega stvorenog; *sarvāṇi* – sve; *iti* – tako; *upadhāraya* – znaj; *aham* – Ja; *kṛtsnasya* – sveobuhvatni; *jagataḥ* – svijeta; *prabhavaḥ* – izvor očitovanja; *pralayaḥ* – uništenja; *tathā* – kao i.

Ove dvije prirode izvor su svih stvorenih bića. Znaj da sam Ja izvor stvaranja i uništavanja svega materijalnog i duhovnog u ovome svijetu.

SMISAO: Sve što postoji proizvod je materije i duha. Duh je temelj kreacije i stvara materiju. Duh ne nastaje u određenu stadiju materijalnog razvoja. Naprotiv, materijalni se svijet očituje samo na temelju duhovne energije. Materijalno se tijelo razvija zato što je duh prisutan u materiji. Dijete postupno raste i prolazi kroz dječaštvo i zrelo doba zbog prisutnosti više energije, duhovne duše. Slično tome, čitavo kozmičko očitovanje golemog svemira razvija se zbog nazočnosti Nad-duše, Viṣṇua. Duh i materija, koji dolaze u dodir kako bi očitovali ovaj golemi kozmički oblik, izvorno su Gospodinove energije. Stoga je Gospodin prvobitan uzrok svega. Sićušni djelić Gospodina, živo biće, može biti uzrok velikog nebodera, tvornice ili grada, ali ne može biti uzrok velikog svemira. Uzrok je velikog svemira velika duša, odnosno Nad-duša. Kṛṣṇa, Svevišnji, uzrok je i velikih i malih duša. Stoga je prvobitni uzrok svih uzroka. To je potvrđeno u *Kaṭha Upaniṣadi* (2.2.13). *Nityo nityānāṁ cetanaś cetanānām.*

STROFA 7

मत्तः परतरं नान्यत् किञ्चिदस्ति धनञ्जय ।
मयि सर्वमिदं प्रोतं सूत्रे मणिगणा इव ॥ ७ ॥

mattaḥ parataraṁ nānyat kiñcid asti dhanañjaya
mayi sarvam idaṁ protaṁ sūtre maṇi-gaṇā iva

mattaḥ – iznad Mene; *para-taram* – više; *na* – ne; *anyat kiñcit* – išta drugo; *asti* – postoji; *dhanañjaya* – o osvojitelju bogatstva; *mayi* – u Meni; *sarvam* – sve postojeće; *idam* – što vidimo; *protam* – nanizano je; *sūtre* – na niti; *maṇi-gaṇāḥ* – biseri; *iva* – kao.

O osvojitelju bogatstva, ne postoji istina viša od Mene. Sve počiva na Meni, kao biseri nanizani na niti.

SMISAO: Ljudi se obično spore oko toga je li Vrhovna Apsolutna Istina osoba ili nije. Prema *Bhagavad-gīti* Apsolutna je Istina Božanska Osoba, Gospodin Kṛṣṇa, i to se potvrđuje na svakom koraku. Posebno je u ovoj strofi naglašeno da je Apsolutna Istina osoba. Činjenicu da je Božanska Osoba Vrhovna Apsolutna Istina potvrđuje i *Brahma-saṁhitā – īśvaraḥ paramaḥ kṛṣṇaḥ sac-cid-ānanda-vigrahaḥ*: Vrhovna Apsolutna Istina je Božanska Osoba, Gospodin Kṛṣṇa. On je prvobitni Gospodin, riznica sveg zadovoljstva, Govinda, i vječni oblik potpuna blaženstva i znanja. Ti autoriteti raspršuju svaku sumnju u to da je Apsolutna Istina Vrhovna Osoba, uzrok svih uzroka. Međutim impersonalisti navode vedsku tvrdnju *Śvetāśvatara Upaniṣade* (3.10): *tato yad uttarataraṁ tad arūpam anāmayam/ ya etad vidur amṛtās te bhavanti athetare duḥkham evāpiyanti.* „Brahmā, prvo živo biće u svemiru, smatra se u materijalnom svijetu najvišim živim bićem među polubogovima, ljudskim bićima i nižim životinjama, ali iznad Brahme je Transcendencija, koja nema materijalan oblik i koja je potpuno oslobođena materijalne okaljanosti. Onaj tko spozna Transcendenciju također postaje transcendentalan, ali onaj tko nije spoznao Transcendenciju ispašta bijede materijalnog svijeta."

Impersonalisti pridaju veću važnost riječi *arūpam,* ali ona ne upućuje na bezobličnost, već na transcendentalni oblik vječnosti, blaženstva i znanja, kao što je opisano u navedenoj strofi *Brahma-saṁhite*. Druge strofe *Śvetāśvatara Upaniṣade* (3.8–9) to potkrepljuju:

vedāham etaṁ puruṣaṁ mahāntam
āditya-varṇaṁ tamasaḥ parastāt
tam eva viditvāti mṛtyum eti
nānyaḥ panthā vidyate 'yanāya

yasmāt paraṁ nāparam asti kiñcid
yasmān nāṇīyo no jyāyo 'sti kiñcit
vṛkṣa iva stabdho divi tiṣṭhaty ekas
tenedaṁ pūrṇaṁ puruṣeṇa sarvam

„Ja poznajem tu Svevišnju Božansku Osobu, transcendentalnu prema svim materijalnim shvaćanjima tame. Samo onaj tko poznaje Svevišnjeg može transcendirati spone rođenja i smrti. Oslobođenje se može dostići samo znanjem o Vrhovnoj Osobi. Nema drugog načina."

„Ne postoji istina viša od te Vrhovne Osobe, Svevišnjeg Gospodina, jer je On najviši. Manji je od najmanjeg i veći od najvećeg. Nalikuje mirnu stablu i obasjava transcendentalno nebo. Kao što drvo širi svoje korijenje, On širi Svoje sveprožimajuće energije."

Iz ovih strofa možemo zaključiti da je Vrhovna Apsolutna Istina Svevišnja Božanska Osoba, koja sve prožima Svojim mnogobrojnim materijalnim i duhovnim energijama.

STROFA 8

रसोऽहमप्सु कौन्तेय प्रभास्मि शशिसूर्ययोः ।
प्रणवः सर्ववेदेषु शब्दः खे पौरुषं नृषु ॥ ८ ॥

raso 'ham apsu kaunteya prabhāsmi śaśi-sūryayoḥ
praṇavaḥ sarva-vedeṣu śabdaḥ khe pauruṣaṁ nṛṣu

rasaḥ – okus; *aham* – Ja; *apsu* – vode; *kaunteya* – o Kuntīn sine; *prabhā* – svjetlost; *asmi* – Ja sam; *śaśi-sūryayoḥ* – Mjeseca i Sunca; *praṇavaḥ* – tri slova *a-u-m; sarva* – u svim; *vedeṣu* – *Vedama*; *śabdaḥ* – zvučna vibracija; *khe* – u eteru; *pauruṣam* – sposobnost; *nṛṣu* – u ljudima.

O Kuntīn sine, Ja sam okus vode, svjetlost Sunca i Mjeseca, slog oṁ u vedskim mantrama, zvuk u eteru i sposobnost u čovjeku.

SMISAO: Ova strofa objašnjava kako Gospodin sve prožima Svojim različitim materijalnim i duhovnim energijama. Svevišnjega Gospodina na početku možemo opaziti po Njegovim različitim energijama i na taj način spoznajemo Njegov neosobni vid. Kao što poluboga Sunca opažamo po njegovoj sveprožimajućoj energiji, sunčevoj svjetlosti, tako Gospodina, premda se nalazi u Svom vječnom prebivalištu, opažamo po Njegovim sveprožimajućim energijama. Okus je aktivno načelo vode. Nitko ne voli piti morsku vodu, jer je čisti okus vode pomiješan sa solju. Privlačnost prema vodi ovisi o čistoći okusa, koji je jedna od Gospodinovih energija. Impersonalist opaža Gospodinovu nazočnost u vodi po njezinu okusu, a personalisti slave Gospodina jer ih milostivo opskrbljuje vodom koja može ugasiti žeđ. Na taj način možemo opaziti Svevišnjeg. Ustvari, ne postoji sukob mišljenja između personalista i impersonalista. Onaj tko je spoznao Boga zna da su osobno i neosobno shvaćanje istodobno prisutni u svemu i da ne postoji proturječje. Stoga je Gospodin Caitanya postavio Svoje uzvišeno načelo *acintya bhede* i *abheda-tattve,* istodobne istovjetnosti i različitosti.

Svjetlost Sunca i Mjeseca također izvorno emanira iz *brahmajyotija*, Gospodinova neosobnog sjaja, a *praṇava*, ili *oṁkāra*, transcendentalni zvuk kojim počinje svaka vedska himna, oslovljava Svevišnjega Gospodina. Budući da se impersonalisti boje oslovljavanja Gospodina Kṛṣṇe Njegovim bezbrojnim imenima, više vole izgovarati transcendentalni zvuk *oṁkāru*, ali ne shvaćaju da je *oṁkāra* zvučno očitovanje Kṛṣṇe. Svjesnost Kṛṣṇe prostire se svuda, a onaj je tko shvaća svjesnost Kṛṣṇe blagoslovljen. Oni koji ne poznaju Kṛṣṇu nalaze se u iluziji. Tako znanje o Kṛṣṇi predstavlja oslobođenje, a neznanje o Njemu ropstvo.

STROFA 9

पुण्यो गन्धः पृथिव्यां च तेजश्चास्मि विभावसौ ।
जीवनं सर्वभूतेषु तपश्चास्मि तपस्विषु ॥ ९ ॥

puṇyo gandhaḥ pṛthivyāṁ ca tejaś cāsmi vibhāvasau
jīvanaṁ sarva-bhūteṣu tapaś cāsmi tapasviṣu

puṇyaḥ – izvorni; *gandhaḥ* – miris; *pṛthivyām* – zemlje; *ca* – također; *tejaḥ* – toplina; *ca* – također; *asmi* – Ja sam; *vibhāvasau* – u vatri; *jīvanam* – život; *sarva* – u svim; *bhūteṣu* – živim bićima; *tapaḥ* – pokora; *ca* – također; *asmi* – Ja sam; *tapasviṣu* – onih koji vrše pokore.

Ja sam izvorni miris zemlje i toplina vatre. Ja sam život svega živog i pokora svih pustinjaka.

SMISAO: Puṇya znači ono što se ne raspada, što je izvorno. Sve u materijalnom svijetu ima određen miris, kao što ga imaju cvijet, zemlja, voda, vatra, zrak itd. Neokaljani, izvorni miris koji prožima sve je Kṛṣṇa. Slično tome, sve ima poseban, izvoran okus i taj se okus može promijeniti miješanjem kemijskih tvari. Tako sve što je izvorno ima neki miris i neki okus. *Vibhāvasu* znači vatra. Bez vatre ne možemo održavati pogone u tvornicama, ne možemo kuhati itd. Ta je vatra Kṛṣṇa. Toplina je vatre Kṛṣṇa. Prema vedskoj medicini uzrok je loše probave niska temperatura u želucu. Stoga je čak i za probavu potrebna vatra. U svjesnosti Kṛṣṇe postajemo svjesni da je Kṛṣṇa uzrok zemlje, vode, vatre, zraka, svih aktivnih načela, svih tvari i svih materijalnih elemenata. Dužina čovjekova života također ovisi o Kṛṣṇi. Kṛṣṇinom milošću čovjek može svoj život produžiti ili skratiti. Svjesnost Kṛṣṇe stoga djeluje u svakom pogledu.

STROFA 10

बीजं मां सर्वभूतानां विद्धि पार्थ सनातनम् ।
बुद्धिर्बुद्धिमतामस्मि तेजस्तेजस्विनामहम् ॥ १० ॥

bījaṁ māṁ sarva-bhūtānāṁ viddhi pārtha sanātanam
buddhir buddhimatām asmi tejas tejasvinām aham

bījam – sjeme; *mām* – Ja; *sarva-bhūtānām* – svih živih bića; *viddhi* – znaj; *pārtha* – o Pṛthin sine; *sanātanam* – izvorno, vječno; *buddhiḥ* – inteligencija; *buddhi-matām* – inteligentnih; *asmi* – Ja sam; *tejaḥ* – moć; *tejasvinām* – moćnih; *aham* – Ja sam.

O Pṛthin sine, znaj da sam izvorno sjeme sveg postojanja, inteligencija inteligentnih i moć svih moćnika.

SMISAO: *Bījam* znači sjeme; Kṛṣṇa je sjeme svega. Postoje razna živa bića, pokretna i nepokretna. Ptice, zvjeri, ljudi i mnoga druga živa stvorenja pokretna su živa bića, a drveće i biljke nepokretna – ne mogu se kretati, već samo stajati. Svako biće ima jedan od 8 400 000 oblika života; neka su od njih pokretna, a neka nepokretna. U svakom slučaju sjeme je njihova života Kṛṣṇa. Prema vedskim spisima Vrhovna Apsolutna Istina (Brahman) Onaj je iz koga sve emanira. Kṛṣṇa je Parabrahman, Vrhovni Duh. Parabrahman je osoba, a Brahman nije. Neosobni Brahman počiva na osobnom vidu – to je rečeno u *Bhagavad-gīti*. Prema tome, Kṛṣṇa je prvobitni izvor svega. On je korijen. Kao što korijen drveta održava čitavo drvo, tako Kṛṣṇa, izvorni korijen svega, održava sve u materijalnom svijetu. To je potvrđeno u vedskoj književnosti (*Kaṭha Upaniṣada* 2.2.13):

nityo nityānāṁ cetanaś cetanānām
eko bahūnāṁ yo vidadhāti kāmān

On je vrhovno vječno biće među svim vječnima. On je najviše od svih živih bića i sam održava sav život. Bez inteligencije ne možemo ništa učiniti, a Kṛṣṇa kaže da je korijen sve inteligencije. Onaj tko nije inteligentan ne može shvatiti Svevišnju Božansku Osobu, Kṛṣṇu.

STROFA 11

बलं बलवतां चाहं कामरागविवर्जितम् ।
धर्माविरुद्धो भूतेषु कामोऽस्मि भरतर्षभ ॥ ११ ॥

balaṁ balavatāṁ cāhaṁ kāma-rāga-vivarjitam
dharmāviruddho bhūteṣu kāmo 'smi bharatarṣabha

balam – snaga; *bala-vatām* – snažnih; *ca* – i; *aham* – Ja sam; *kāma* – strasti; *rāga* – i vezanosti; *vivarjitam* – bez; *dharma-aviruddhaḥ* – kojim se ne krše religijska načela; *bhūteṣu* – u svim bićima; *kāmaḥ* – seks; *asmi* – Ja sam; *bharata-ṛṣabha* – o gospodaru Bhārata.

Ja sam snaga snažnih, snaga bez strasti i želje, i seks kojim se ne krše religijska načela, o gospodaru Bhārata [Arjuna].

SMISAO: Snažan čovjek treba svoju snagu iskoristiti za zaštitu slabih, a ne za nasilje. Slično tome, spolne odnose, u skladu s religijskim načelima (*dharmom*), trebamo održavati samo da bismo začeli djecu. Nakon toga, roditelji trebaju odgojiti svoga potomka u svjesnosti Kṛṣṇe. To je njihova odgovornost.

STROFA 12

ये चैव सात्त्विका भावा राजसास्तामसाश्च ये ।
मत्त एवेति तान् विद्धि न त्वहं तेषु ते मयि ॥ १२ ॥

ye caiva sāttvikā bhāvā rājasās tāmasāś ca ye
matta eveti tān viddhi na tv ahaṁ teṣu te mayi

ye – sva; *ca* – i; *eva* – zacijelo; *sāttvikāḥ* – u vrlini; *bhāvāḥ* – stanja; *rājasāḥ* – u *guṇi* strasti; *tāmasāḥ* – u *guṇi* neznanja; *ca* – također; *ye* – sva; *mattaḥ* – od Mene; *eva* – zacijelo; *iti* – tako; *tān* – ona; *viddhi* – znaj; *na* – ne; *tu* – ali; *aham* – Ja; *teṣu* – u njima; *te* – one; *mayi* – u Meni.

Znaj da sva stanja postojanja – u vrlini, strasti ili neznanju – očituje Moja energija. U izvjesnom smislu Ja sam sve, ali sam neovisan. Nisam pod utjecajem guṇa materijalne prirode, jer su one u Meni.

SMISAO: Sve materijalne djelatnosti u svijetu odvijaju se pod utjecajem triju *guṇa* materijalne prirode. Premda su *guṇe* materijalne prirode emanacije Svevišnjeg Gospodina Kṛṣṇe, On im nije podložan. Na primjer, po državnom zakonu netko može biti kažnjen, ali kralj, zakonodavac, ne podliježe tom zakonu. Slično tome, sve *guṇe* materijalne prirode – vrlina, strast i neznanje – emanacije su Svevišnjega Gospodina Kṛṣṇe, ali Kṛṣṇa nije podložan materijalnoj prirodi. Stoga je *nirguṇa*, što znači da *guṇe* ne utječu na Njega, iako od Njega potječu. To je jedna od posebnih značajki Bhagavāna, Svevišnje Božanske Osobe.

STROFA 13

त्रिभिर्गुणमयैर्भावैरेभिः सर्वमिदं जगत् ।
मोहितं नाभिजानाति मामेभ्यः परमव्ययम् ॥ १३ ॥

tribhir guṇa-mayair bhāvair ebhiḥ sarvam idaṁ jagat
mohitaṁ nābhijānāti mām ebhyaḥ param avyayam

tribhiḥ – tri; *guṇa-mayaiḥ* – koja se sastoje od *guṇa; bhāvaiḥ* – stanjima; *ebhiḥ* – svim tim; *sarvam* – cijeli; *idam* – ovaj; *jagat* – svemir; *mohitam* –

obmanut; *na abhijānāti* – ne poznaje; *mām* – Mene; *ebhyaḥ* – iznad njih; *param* – Svevišnji; *avyayam* – neiscrpan.

Opčinjen utjecajem triju guṇa [vrline, strasti i neznanja], čitav svijet ne poznaje Mene, koji sam iznad guṇa i neiscrpan.

SMISAO: Čitav je svijet opčinjen utjecajem triju *guṇa* materijalne prirode. Osobe zbunjene *guṇama* ne mogu shvatiti da je Svevišnji Gospodin Kṛṣṇa transcendentalan prema materijalnoj prirodi.

Svako živo biće pod utjecajem materijalne prirode ima određenu vrstu tijela i u skladu s tim određenu vrstu psiholoških i bioloških djelatnosti. Postoje četiri vrste ljudi koji djeluju pod utjecajem triju *guṇa* materijalne prirode. Osobe pod utjecajem *guṇe* vrline zovu se *brāhmaṇe*. Osobe pod utjecajem *guṇe* strasti zovu se *kṣatriye*. Osobe pod utjecajem *guṇa* strasti i neznanja zovu se *vaiśye,* a osobe koje su potpuno pod utjecajem neznanja zovu se *śūdre*. Niže su od njih životinje ili oni koji vode životinjski život. Međutim ta imenovanja nisu trajna. Ja mogu biti *brāhmaṇa, kṣatriya, vaiśya* ili što drugo – u svakom slučaju ovaj je život privremen. Unatoč njegovoj prolaznosti, premda ne znamo što ćemo biti u idućem životu, pod utjecajem iluzorne energije razmišljamo u okvirima tjelesnog shvaćanja života i tako mislimo da smo Amerikanac, Indijac, Rus ili *brāhmaṇa*, hindus, musliman itd. Zapleteni u *guṇe* materijalne prirode zaboravljamo Svevišnju Božansku Osobu, koja iza njih stoji. Gospodin Kṛṣṇa zato kaže da živa bića opčinjena *guṇama* ne shvaćaju da iza materijalne prirode stoji Svevišnja Božanska Osoba.

Postoje razne vrste živih bića – ljudska bića, polubogovi, životinje i razna druga bića. Sva su ona zaboravila transcendentalnu Božansku Osobu i nalaze se pod utjecajem materijalne prirode. Bića pod utjecajem *guṇa* strasti i neznanja, pa čak i bića utemeljena u *guṇi* vrline, ne mogu napredovati dalje od shvaćanja da je Apsolutna Istina neosobni Brahman. Zbunjeni su osobnim oblikom Svevišnjega Gospodina, koji posjeduje svu ljepotu, obilje, znanje, snagu, slavu i moć odricanja. Ako Ga čak ni osobe u vrlini ne mogu shvatiti, kakve ima nade za bića pod utjecajem strasti i neznanja? Svjesnost je Kṛṣṇe transcendentalna prema svim *guṇama* materijalne prirode, a osobe utemeljene u svjesnosti Kṛṣṇe istinski su oslobođene.

STROFA 14

दैवी ह्येषा गुणमयी मम माया दुरत्यया ।
मामेव ये प्रपद्यन्ते मायामेतां तरन्ति ते ॥ १४ ॥

daivī hy eṣā guṇa-mayī mama māyā duratyayā
mām eva ye prapadyante māyām etāṁ taranti te

daivī – transcendentalnu; *hi* – zacijelo; *eṣā* – ovu; *guṇa-mayī* – koja se sastoji od tri *guṇe* materijalne prirode; *mama* – Moju; *māyā* – energiju; *duratyayā* – vrlo teško nadići; *mām* – Meni; *eva* – zacijelo; *ye* – oni koji; *prapadyante* – predali; *māyām etām* – tu iluzornu energiju; *taranti* – nadilaze; *te* – oni.

Ovu Moju božansku energiju, koja se sastoji od triju guṇa materijalne prirode, teško je nadići, ali oni koji su se predali Meni mogu je lako nadići.

SMISAO: Svevišnja Božanska Osoba ima bezbroj energija i sve su one božanske. Iako su živa bića, kao dio Gospodinove energije, božanska, zbog dodira s materijalnom energijom njihova izvorna, viša moć biva prekrivena. Onaj tko je prekriven materijalnom energijom ne može nadići njezin utjecaj. Kao što je već bilo rečeno, i materijalna i duhovna priroda su vječne, jer su emanacije Svevišnje Božanske Osobe. Živa bića pripadaju Gospodinovoj višoj vječnoj prirodi, ali njihova je iluzija također vječna, jer su okužena nižom prirodom, materijom. Uvjetovana se duša zato naziva *nitya-baddha,* vječno uvjetovana. Nitko ne može utvrditi u kojem je trenutku materijalne povijesti postala uvjetovana. Iako je materijalna priroda niža energija, duša se teško može osloboditi okova materijalne prirode, jer njome upravlja vrhovna volja, koju živo biće ne može nadići. Niža, materijalna priroda ovdje se naziva božanskom zato što je povezana s božanskim i zato što djeluje po božanskoj volji. Premda je materijalna priroda niža energija, pod upravom božanske volje čudesno stvara i uništava kozmičko očitovanje. *Vede* to potvrđuju: *māyāṁ tu prakṛtiṁ vidyān māyinaṁ tu maheśvaram.* „Iako je *māyā* (iluzija) nestvarna ili privremena, iza nje stoji vrhunski mađioničar, Božanska Osoba, koja je vrhovni upravitelj, Maheśvara." (*Śvetāśvatara Upaniṣada* 4.10)

Drugo je značenje riječi *guṇa* uže. Trebamo shvatiti da je uvjetovana duša čvrsto vezana užadima iluzije. Čovjek kome su ruke i noge vezane ne može se sam osloboditi – mora mu pomoći netko tko nije vezan. Budući da vezan ne može pomoći vezanom, izbavitelj mora biti oslobođen. Stoga samo Gospodin Kṛṣṇa ili Njegov vjerodostojni predstavnik, duhovni učitelj, mogu osloboditi uvjetovanu dušu. Bez takve pomoći živo se biće ne može osloboditi spona materijalne prirode. Predano služenje, svjesnost Kṛṣṇe, može mu pomoći da dostigne takvo oslobođenje. Kṛṣṇa, kao gospodar iluzorne energije, može toj nesavladivoj energiji narediti da oslobodi uvjetovanu dušu. On to naređuje iz Svoje bezuzročne milosti prema predanoj duši i očinske ljubavi prema živom biću, koje je izvorno Gospodinov voljeni sin. Stoga je predavanje Gospodinovim lotosolikim stopalima jedini način na koji se možemo osloboditi okova stroge materijalne prirode.

Riječi *mām eva* također su važne. *Mām* znači samo Kṛṣṇi (Viṣṇuu), a ne Brahmi ili Śivi. Premda Brahmā i Śiva zauzimaju visoke položaje i nalaze se na gotovo istoj razini kao Viṣṇu, takve inkarnacije *rajoguṇe* (strasti) i *tamo-guṇe* (neznanja) ne mogu osloboditi uvjetovanu dušu okova *māye*. Drugim riječima, i Brahmā i Śiva podložni su utjecaju *māye*. Samo je Viṣṇu gospodar *māye*. Stoga samo On može osloboditi uvjetovanu dušu. *Vede* (*Śvetāśvatara Upaniṣada* 3.8) to potvrđuju izrekom *tam eva viditvā*, koja znači „sloboda se dostiže samo razumijevanjem Kṛṣṇe”. Čak i Śiva potvrđuje da se oslobođenje može dostići samo milošću Viṣṇua. Śiva kaže – *mukti-pradātā sarveṣāṁ viṣṇur eva na saṁśayaḥ:* „Viṣṇu daje oslobođenje svim živim bićima. U to nema sumnje.”

STROFA 15

न मां दुष्कृतिनो मूढाः प्रपद्यन्ते नराधमाः ।
माययापहृतज्ञाना आसुरं भावमाश्रिताः ॥ १५ ॥

na māṁ duṣkṛtino mūḍhāḥ prapadyante narādhamāḥ
māyayāpahṛta-jñānā āsuraṁ bhāvam āśritāḥ

na – ne; *mām* – Meni; *duṣkṛtinaḥ* – nitkovi; *mūḍhāḥ* – budalasti; *prapadyante* – predaju se; *nara-adhamāḥ* – najniži među ljudima; *māyayā* – iluzorna energija; *apahṛta* – ukrala; *jñānāḥ* – čije je znanje; *āsuram* – demonsku; *bhāvam* – prirodu; *āśritāḥ* – prihvativši.

Budalasti nitkovi, najniži među ljudima, oni čije je znanje ukrala iluzija i oni koji su prihvatili ateističku prirodu demona ne predaju se Meni.

SMISAO: U *Bhagavad-gīti* rečeno je da se strogi zakoni materijalne prirode mogu nadvladati predavanjem Vrhovnoj Osobi, Kṛṣṇi. Može se postaviti pitanje: „Kako to da se obrazovani filozofi, znanstvenici, poslovni ljudi, vladini službenici i svi vođe običnih ljudi ne predaju Śrī Kṛṣṇi, svemoćnoj Božanskoj Osobi?” Vođe čovječanstva već mnogo godina i života na različite načine prave velike planove, uporno tragajući za *muktijem*, oslobođenjem od zakona materijalne prirode. Međutim, ako se to oslobođenje može dostići samim predavanjem lotosolikim stopalima Svevišnje

Božanske Osobe, zašto onda ti inteligentni vođe, zaokupljeni napornim radom, ne prihvaćaju ovu jednostavnu metodu?

Gītā vrlo otvoreno odgovara na to pitanje. Istinski učeni vođe društva, kao što su Brahmā, Śiva, Kapila, Kumāre, Manu, Vyāsa, Devala, Asita, Janaka, Prahlāda, Bali i kasnije Madhvācārya, Rāmānujācārya, Śrī Caitanya i mnogi drugi – koji su vjerni filozofi, političari, učitelji i znanstvenici – predaju se lotosolikim stopalima Vrhovne Osobe, svemoćnog autoriteta. Oni koji nisu pravi filozofi, znanstvenici, učitelji i vladari, ali se predstavljaju kao takvi kako bi stekli materijalnu dobrobit, ne prihvaćaju plan ili put Svevišnjega Gospodina. Oni nemaju pojma o Bogu. Samo smišljaju svjetovne planove i time povećavaju probleme materijalnog postojanja u uzaludnu nastojanju da ih riješe. Materijalna energija (priroda) tako je moćna da može omesti neovlaštene planove ateista i obezvrijediti znanje „planskih komisija".

Ateistički kovači planova ovdje su opisani riječju *duṣkṛtinaḥ*, koja znači „nitkovi". *Kṛti* se odnosi na onoga tko čini zaslužna djela. Ateist koji pravi planove može također biti vrlo inteligentan i zaslužan, jer je za ostvarenje bilo kojega velikog plana, dobrog ili lošeg, potrebna inteligencija. No ateist nepravilno koristi svoju inteligenciju za ometanje plana Svevišnjega Gospodina i zato se naziva *duṣkṛtī*, što znači da su njegova inteligencija i napori pogrešno usmjereni.

U *Gīti* je jasno rečeno da materijalna energija djeluje po nalogu Svevišnjega Gospodina. Nema neovisni autoritet. Ona djeluje poput sjene, koja prati kretnje svoga izvora. Unatoč tome materijalna je energija vrlo moćna i ateist zbog svoje bezbožnosti ne može shvatiti kako ona djeluje niti može shvatiti plan Svevišnjega Gospodina. Pod utjecajem iluzije i *guṇa* strasti i neznanja svi njegovi planovi bivaju osujećeni, kao u slučaju Hiraṇyakaśipua i Rāvaṇe, čiji su planovi bili smrvljeni u prah iako su obojica posjedovala materijalnu naobrazbu znanstvenika, filozofa, vladara i učitelja. Postoje četiri vrste takvih *duṣkṛtina*, tj. nitkova.

(1) *Mūḍhe* su vrlo budalasti ljudi, poput tovarnih životinja koje teško rade. Oni žele sami uživati u plodovima svoga rada i zato ih se ne žele odreći i dati ih Svevišnjem. Tipičan primjer tovarne životinje je magarac. Tu životinju gospodar tjera da teško radi. Magarac ne zna za koga tako teško radi dan i noć. Zadovoljan je kad napuni trbuh busenom trave, kratko odspava u strahu od gospodarevih batina i zadovolji svoj seksualni apetit, izlažući se opasnosti da ga magarica izrita. Katkada recitira pjesme i filozofiju, ali to njakanje drugima samo smeta. To je položaj budalastoga koristoljubivog radnika koji ne zna za koga treba raditi. Ne zna da je *karma* (djelovanje) namijenjena *yajñi* (žrtvovanju).

Oni koji teško rade dan i noć kako bi se oslobodili tereta dužnosti što su ih sami stvorili najčešće kažu da nemaju vremena za slušanje o besmrtnosti živoga bića. Takvi *mūḍhe* smatraju da su uništive materijalne dobrobiti sve u životu – unatoč činjenici da uživaju samo u djeliću plodova svoga rada. Ponekad, radi materijalne dobiti, danima ne spavaju i premda imaju čireve i lošu probavu, zadovoljni su s malo hrane. Zaokupljeni su samo teškim danonoćnim radom za dobrobit iluzornih gospodara. Ne znajući tko je njihov pravi gospodar, budalasti radnici trate svoje dragocjeno vrijeme služeći Mamonu. Nažalost, nikada se ne predaju vrhovnom gospodaru svih gospodara, niti odvajaju vrijeme za slušanje o Njemu iz pravih izvora. Svinja koja jede izmet ne mari za slatkiše napravljene od šećera i masla. Slično tome, budalasti će radnik neumorno slušati o valovima osjetilnog uživanja ovoga privremenog svijeta, ali će imati vrlo malo vremena za slušanje o životnoj sili koja pokreće materijalni svijet.

(2) Druga su vrsta *duṣkṛtīja* ili nitkova *narādhame*, najniži među ljudima. *Nara* znači ljudsko biće, a *adhama* znači najniže. Od 8 400 000 različitih vrsta života, 400 000 vrsta su ljudske. Njima pripada veći broj nižih oblika ljudskog života, koji su uglavnom necivilizirani. Civiliziranim ljudskim bićima smatraju se ona koja slijede propisana načela društvenog, političkog i pobožnog života. Ljudi koji imaju razvijen društveni i politički život, ali ne slijede religijska načela, moraju se smatrati *narādhamama*. Religija bez Boga nije religija, jer je svrha slijeđenja religijskih načela spoznati Vrhovnu Istinu i naš odnos s Njim. U *Gīti* Svevišnji jasno izjavljuje da je Vrhovna Istina i da nitko nije viši od Njega. Svrha je civiliziranog oblika ljudskog života *oživljavanje izgubljene svijesti* o vječnom odnosu s Vrhovnom Istinom, Božanskom Osobom Śrī Kṛṣṇom, koji je svemoćan. Onaj tko propusti tu priliku ubraja se u *narādhame*. Iz razotkrivenih spisa saznajemo da se zametak u maternici (u krajnje neudobnu položaju) moli Bogu za spasenje i obećava da će čim izađe obožavati samo Njega. Po prirodnom nagonu, svako se živo biće u nevolji moli Bogu, jer je vječno povezano s Njim, no nakon rođenja dijete zbog utjecaja *māye*, iluzorne energije, zaboravlja porođajne muke i svoga izbavitelja.

Dužnost je djetetovih staratelja da u njemu ožive uspavanu božansku svjesnost. Deset obrednih procesa pročišćenja, propisanih u zbirci religijskih načela zvanoj *Manu-smṛti*, namijenjeno je oživljavanju svjesnosti Boga u sustavu *varṇāśrame*. Međutim danas se nigdje u svijetu ne slijedi nijedan proces i zato 99,9 posto stanovništva pripada kategoriji *narādhama*.

Kada svi stanovnici postanu *narādhame*, svemoćna energija fizičke prirode prirodno obezvređuje svu njihovu tobožnju naobrazbu. Prema standardu *Gīte* učen je onaj tko vidi jednakim očima učenog *brāhmaṇu*, psa, kravu, slona i čovjeka koji jede pse. To je vizija pravog *bhakte*. Śrī Nityānanda Prabhu, inkarnacija Boga u obliku božanskog učitelja, izbavio je tipične *narādhame*, braću Jagāja i Mādhāja i pokazao kako pravi *bhakta* iskazuje milost najnižim ljudima. *Narādhama* koga je osudila Božanska Osoba može samo milošću *bhakte* ponovno oživiti svoju duhovnu svjesnost.

Promičući *bhāgavata-dharmu*, odnosno djelatnosti *bhakta*, Śrī Caitanya Mahāprabhu preporučio je ljudima da ponizno slušaju poruku Božanske Osobe. Bit je te poruke *Bhagavad-gītā*. Najniža ljudska bića mogu se izbaviti samo poniznim procesom slušanja, ali nažalost, ona ne žele čak ni slušati te poruke, a da ne govorimo o predavanju volji Svevišnjega Gospodina. *Narādhame*, najniži ljudi, potpuno zanemaruju glavnu dužnost ljudskoga bića.

(3) Sljedećoj vrsti *duṣkṛtīja* pripadaju *māyayāpahṛta-jñāne*, oni čije je znanje svojim utjecajem poništila iluzorna materijalna energija. Oni su većinom vrlo učeni ljudi – veliki filozofi, pjesnici, književnici, znanstvenici itd. – ali ih iluzorna energija zavodi i zato se ne pokoravaju Svevišnjem Gospodinu.

Danas su *māyayāpahṛta-jñāne* brojni, pa čak i među poznavateljima *Bhagavad-gīte*. U *Gīti* je jednostavnim riječima objašnjeno da je Śrī Kṛṣṇa Svevišnja Božanska Osoba. Nitko Mu nije ravan niti je itko veći od Njega. Opisan je kao otac Brahme, prvobitnog oca svih ljudskih bića. Ustvari, rečeno je da je Śrī Kṛṣṇa otac ne samo Brahme, već svih životnih vrsta. On je temelj neosobnog Brahmana i Paramātme; Nad-duša u svakom biću Njegova je potpuna ekspanzija. On je podrijetlo svega i svakome se savjetuje da se preda Njegovim lotosolikim stopalima. Unatoč svim tim jasnim izjavama *māyayāpahṛta-jñāne* ismijavaju Svevišnjega Gospodina, smatrajući Ga običnim ljudskim bićem. Ne znaju da je blagoslovljeni oblik ljudskoga bića napravljen po uzoru na vječni transcendentalni oblik Svevišnjega Gospodina.

Sva neovlaštena tumačenja *Gīte* koja iznose *māyayāpahṛta-jñāne* izvan sustava *paramparā* samo su kameni spoticanja na putu duhovnog razumijevanja. Obmanuti se tumači ne predaju lotosolikim stopalima Śrī Kṛṣṇe niti poučavaju druge slijeđenju tog načela.

(4) Posljednja su vrsta *duṣkṛtīja āsuraṁ bhāvam āśrite*, sljedbenici demonskih načela. Oni su otvoreni ateisti. Neki od njih tvrde da Svevišnji Gospodin nikada ne može sići u materijalni svijet, ali ne mogu iznijeti nijedan valjan razlog zašto ne bi mogao. Neki Ga podređuju neosobnom vidu, iako *Gītā* sadrži suprotne izjave. Zavideći Svevišnjoj Božanskoj Osobi, ateist će predstaviti različite lažne inkarnacije izmišljene u

tvornici njegova uma. Takve osobe, čije je glavno načelo života vrijeđanje Božanske Osobe, ne mogu se predati lotosolikim stopalima Śrī Kṛṣṇe.

Śrī Yāmunācārya Alabandaru iz južne Indije rekao je: „O Gospodine moj! Svi spisi za osobe u vrlini potvrđuju Tvoj identitet, a poznati autoriteti, glasoviti po dubini svoga znanja o transcendentalnom nauku i puni božanskih odlika, priznaju Tvoje postojanje, ali unatoč svemu tome, unatoč Tvojim neobičnim odlikama, pojavama i djelatnostima, sljedbenici ateističkih načela ne mogu Te spoznati."

Prema tome (1) vrlo budalaste osobe, (2) najniži među ljudima, (3) obmanuti spekulanti i (4) otvoreni ateisti, spomenuti u ovoj strofi, nikada se ne predaju lotosolikim stopalima Božanske Osobe, unatoč svim savjetima spisa i autoriteta.

STROFA 16

चतुर्विधा भजन्ते मां जनाः सुकृतिनोऽर्जुन ।
आर्तो जिज्ञासुरर्थार्थी ज्ञानी च भरतर्षभ ॥ १६ ॥

catur-vidhā bhajante māṁ janāḥ sukṛtino 'rjuna
ārto jijñāsur arthārthī jñānī ca bharatarṣabha

catuḥ-vidhāḥ – četiri vrste; *bhajante* – služe; *mām* – Mene; *janāḥ* – osoba; *su-kṛtinaḥ* – pobožnih; *arjuna* – o Arjuna; *ārtaḥ* – nesretni; *jijñāsuḥ* – znatiželjni; *artha-arthī* – željni materijalnih dobrobiti; *jñānī* – koji poznaju pravu prirodu stvari; *ca* – također; *bharata-ṛṣabha* – o najbolji potomče Bharate.

O najbolji potomče Bharate, četiri vrste pobožnih ljudi – nesretni, željni bogatstva, znatiželjni i oni koji tragaju za znanjem o Apsolutu – počinju Me predano služiti.

SMISAO: Za razliku od nitkova ove osobe slijede načela propisana u spisima. Nazivaju se *sukṛtinaḥ,* što znači da se pokoravaju propisima spisa i ćudorednih i društvenih zakona te su manje-više predani Svevišnjem Gospodinu. Njima pripadaju četiri vrste ljudi – oni koji su ponekad nesretni, oni kojima je potreban novac, oni koji su ponekad znatiželjni i oni koji ponekad tragaju za znanjem o Apsolutnoj Istini. Te osobe u raznim okolnostima prilaze Svevišnjem Gospodinu da bi Ga predano služile. Nisu čisti *bhakte*, jer u zamjenu za predano služenje žele ostvariti neku težnju. Čisto predano služenje oslobođeno je težnji i želja za materijalnim dobitkom. U *Bhakti-rasāmṛta-sindhuu* (1.1.11) nalazimo ovu definiciju čiste predanosti:

anyābhilāṣitā-śūnyaṁ jñāna-karmādy-anāvṛtam
ānukūlyena kṛṣṇānu- śīlanaṁ bhaktir uttamā

„Osoba treba povoljno transcendentalno služiti Svevišnjega Gospodina Kṛṣṇu s ljubavlju i ne smije željeti da plodonosnim djelovanjem i filozofskom spekulacijom stekne materijalnu dobrobit. To se naziva čisto predano služenje."

Kad ove četiri vrste osoba priđu Svevišnjem Gospodinu kako bi Ga predano služile i potpuno se pročiste, družeći se s čistim *bhaktom*, postaju čisti *bhakte*. Što se tiče nitkova, za njih je predano služenje vrlo teško, jer vode sebičan, neuredan život, bez duhovnih ciljeva. Ali ako neki od njih dođu u dodir s čistim *bhaktom*, čak i oni postaju čisti *bhakte*.

Ljudi koji su uvijek zauzeti plodonosnim djelatnostima prilaze Gospodinu kada se nađu u nevolji i druže se s čistim *bhaktama*. Tako u svojoj nevolji postaju Gospodinovi *bhakte*. Razočarane osobe također katkada prilaze čistim *bhaktama* kako bi se s njima družile i razvijaju želju za spoznajom Boga. Suočeni s neuspjehom u svim oblastima znanja, suhoparni filozofi ponekad žele steći znanje o Bogu i prilaze Svevišnjem Gospodinu kako bi Ga transcendentalno služili i tako transcendirali znanje o neosobnom Brahmanu i lokaliziranoj Paramātmi te milošću Svevišnjega Gospodina ili Njegova čistog *bhakte* spoznali osobni vid Boga. Sve u svemu, kada se nesretni, znatiželjni, oni koji tragaju za znanjem i oni kojima je potreban novac oslobode svih materijalnih želja i u potpunosti shvate da materijalna nagrada nema nikakve veze s duhovnim napretkom, postaju čisti *bhakte*. Sve dok ne dostignu takvu pročišćenu razinu, *bhakte* koji transcendentalno služe Gospodina okaljani su plodonosnim djelovanjem, potragom za svjetovnim znanjem itd. Sve to moraju transcendirati prije nego što se mogu uzdići na razinu čistoga predanog služenja.

STROFA 17

तेषां ज्ञानी नित्ययुक्त एकभक्तिर्विशिष्यते ।
प्रियो हि ज्ञानिनोऽत्यर्थमहं स च मम प्रियः ॥ १७ ॥

teṣāṁ jñānī nitya-yukta eka-bhaktir viśiṣyate
priyo hi jñānino 'tyartham ahaṁ sa ca mama priyaḥ

teṣām – od njih; *jñānī* – onaj tko ima potpuno znanje; *nitya-yuktaḥ* – uvijek zaokupljen; *eka* – samo; *bhaktiḥ* – predanim služenjem; *viśiṣyate* – poseban je; *priyaḥ* – vrlo drag; *hi* – zacijelo; *jñāninaḥ* – osobi koja ima znanje; *atyartham* – vrlo; *aham* – Ja sam; *saḥ* – ona; *ca* – također; *mama* – Meni; *priyaḥ* – draga.

Najbolji je od njih onaj tko ima potpuno znanje i tko je uvijek zaokupljen čistim predanim služenjem, jer sam mu Ja veoma drag i on je drag Meni.

SMISAO: Kada se oslobode sve okaljanosti materijalnim željama, nesretni, znatiželjni, siromašni i tragatelji za najvišim znanjem mogu postati čisti *bhakte*. No onaj tko je spoznao Apsolutnu Istinu i tko je oslobođen svih materijalnih želja postaje Gospodinov čisti *bhakta*. Gospodin kaže da je od četiri vrste ljudi najbolji *bhakta* koji ima potpuno znanje i koji u isto vrijeme predano služi. U potrazi za znanjem osoba spoznaje da se njezino jastvo razlikuje od materijalnog tijela i daljnjim napretkom spoznaje neosobni Brahman i Paramātmu. Kada se potpuno pročisti, spoznaje da je po svom prirodnom položaju vječni sluga Boga. Tako, družeći se s čistim *bhaktom*, znatiželjni, nesretni, oni koji žele poboljšati materijalno stanje i oni koji imaju znanje i sami postaju čisti. Ali u pripremnu stadiju onaj tko posjeduje potpuno znanje o Svevišnjem Gospodinu i u isto vrijeme predano služi vrlo je drag Gospodinu. Onaj tko je utemeljen u čistu znanju o transcendentalnoj prirodi Svevišnje Božanske Osobe tako je zaštićen u predanom služenju da ga materijalne nečistoće ne mogu dodirnuti.

STROFA 18

उदाराः सर्व एवैते ज्ञानी त्वात्मैव मे मतम् ।
आस्थितः स हि युक्तात्मा मामेवानुत्तमां गतिम् ॥ १८ ॥

udārāḥ sarva evaite jñānī tv ātmaiva me matam
āsthitaḥ sa hi yuktātmā mām evānuttamāṁ gatim

udārāḥ – velikodušni; *sarve* – svi; *eva* – zacijelo; *ete* – oni; *jñānī* – onaj tko ima znanje; *tu* – ali; *ātmā eva* – kao Ja; *me* – Moje; *matam* – mišljenje; *āsthitaḥ* – utemeljen; *saḥ* – on; *hi* – zacijelo; *yukta-ātmā* – zaokupljen predanim služenjem; *mām* – u Meni; *eva* – zacijelo; *anuttamām* – najviše; *gatim* – odredište.

Svi su ovi bhakte nedvojbeno velike duše, ali smatram da se onaj tko je utemeljen u znanju o Meni nimalo ne razlikuje od Mene. Budući da Me transcendentalno služi, sigurno će dostići Mene, najviši i najsavršeniji cilj.

SMISAO: Ne bismo trebali zaključiti da *bhakte* koji nemaju potpuno znanje nisu dragi Gospodinu. Gospodin kaže da su svi oni velikodušni, jer se svatko tko iz bilo kojeg razloga priđe Gospodinu naziva *mahātmom*, velikom dušom. Gospodin prihvaća *bhakte* koji žele kakvu dobrobit od predanog služenja, jer postoji razmjena privrženosti. Oni iz privrženosti traže od Gospodina kakvu materijalnu dobrobit i kada je dobiju postaju toliko zadovoljni da također napreduju u predanom služenju. Ali smatra se da je *bhakta* koji posjeduje potpuno znanje vrlo drag Gospodinu, jer jedino želi služiti Svevišnjega Gospodina s ljubavlju i predanošću. Takav *bhakta* ne može ni tren živjeti bez dodira s Gospodinom ili bez služenja Svevišnjega Gospodina. Slično tome, Svevišnji Gospodin jako voli Svoga *bhaktu* i ne može se odvojiti od njega.

U *Śrīmad-Bhāgavatamu* (9.4.68), Gospodin kaže:

sādhavo hṛdayaṁ mahyaṁ sādhūnāṁ hṛdayaṁ tv aham
mad-anyat te na jānanti nāhaṁ tebhyo manāg api

„*Bhakte* su uvijek u Mom srcu i Ja sam uvijek u srcima *bhakta. Bhakta* ne zna ni za što drugo osim za Mene i Ja ne mogu zaboraviti *bhaktu.* Između Mene i čistih *bhakta* postoji vrlo prisan odnos. Čisti *bhakte* koji imaju potpuno znanje nikada nisu izvan duhovnog dodira i zato su Mi vrlo dragi."

STROFA 19

बहूनां जन्मनामन्ते ज्ञानवान्मां प्रपद्यते ।
वासुदेवः सर्वमिति स महात्मा सुदुर्लभः ॥ १९ ॥

bahūnāṁ janmanām ante jñānavān māṁ prapadyate
vāsudevaḥ sarvam iti sa mahātmā su-durlabhaḥ

bahūnām – mnogo; *janmanām* – uzastopnih rođenja i smrti; *ante* – nakon; *jñāna-vān* – onaj tko ima potpuno znanje; *mām* – Meni; *prapadyate* – predaje se; *vāsudevaḥ* – Božanska Osoba, Kṛṣṇa; *sarvam* – sve; *iti* – tako; *saḥ* – takva; *mahā-ātmā* – velika duša; *su-durlabhaḥ* – rijetko se može vidjeti.

Nakon mnogo rođenja i smrti onaj tko ima pravo znanje predaje se Meni, znajući da sam uzrok svih uzroka i sve što postoji. Takva velika duša vrlo je rijetka.

SMISAO: Nakon mnogo života predanog služenja ili izvođenja transcendentalnih obreda živo se biće može utemeljiti u čistu transcendentalnom znanju da je Svevišnja Božanska Osoba krajnji cilj duhovne spoznaje. Na početku duhovne spoznaje, dok pokušava odbaciti vezanost za materijalizam, postoji težnja k impersonalizmu, ali daljnjim napretkom spoznaje da u duhovnom životu postoje djelatnosti koje tvore predano služenje. Spoznavši to, postaje privrženo Svevišnjem Gospodinu i predaje Mu se. Tada uviđa da je milost Svevišnjeg Gospodina Kṛṣṇe sve, da je On uzrok svih uzroka i da materijalno očitovanje ovisi o Njemu. Spoznaje da je materijalni svijet iskrivljeni odraz duhovne raznolikosti i da je sve povezano sa Svevišnjim Gospodinom Kṛṣṇom. Tako sve vidi u odnosu s Vāsudevom, Śrī Kṛṣṇom. Ta univerzalna vizija Vāsudeve prethodi potpunu predavanju Svevišnjem Gospodinu Śrī Kṛṣṇi kao najvišem cilju. Takve predane velike duše vrlo su rijetke.

Ova je strofa vrlo lijepo objašnjena u 14. i 15. strofi iz trećega poglavlja *Śvetāśvatara Upaniṣade:*

sahasra-śīrṣā puruṣaḥ sahasrākṣaḥ sahasra-pāt
sa bhūmiṁ viśvato vṛtvā- tyātiṣṭhad daśāṅgulam

puruṣa evedaṁ sarvaṁ yad bhūtaṁ yac ca bhavyam
utāmṛtatvasyeśāno yad annenātirohati

U *Chāndogya Upaniṣadi* (5.1.15) rečeno je – *na vai vāco na cakṣūṁṣi na śrotrāṇi na manāṁsīty ācakṣate prāṇa iti evācakṣate prāṇo hy evaitāni sarvāṇi bhavanti:* „Glavni čimbenik u tijelu živoga bića nije ni moć govora, ni moć gledanja, ni moć slušanja, ni moć mišljenja; život je središte svih djelatnosti." Slično tome, Gospodin Vāsudeva, Božanska Osoba Śrī Kṛṣṇa glavno je biće u svemu. Ovo tijelo posjeduje moć govora, gledanja, slušanja i umnih djelatnosti, ali one nisu važne, ako nisu povezane sa Svevišnjim Gospodinom. Budući da Vāsudeva prožima sve i da je sve Vāsudeva, *bhakta* se predaje s potpunim znanjem (vidi *Bhagavad-gītu* 7.17 i 11.40).

STROFA 20

कामैस्तैस्तैर्हृतज्ञानाः प्रपद्यन्तेऽन्यदेवताः ।
तं तं नियममास्थाय प्रकृत्या नियताः स्वया ॥ २० ॥

kāmais tais tair hṛta-jñānāḥ prapadyante 'nya-devatāḥ
taṁ taṁ niyamam āsthāya prakṛtyā niyatāḥ svayā

kāmaiḥ – zbog želja; *taiḥ taiḥ* – raznih; *hṛta* – lišeni; *jñānāḥ* – znanja; *prapadyante* – predaju se; *anya* – drugim; *devatāḥ* – polubogovima; *tam tam* – u skladu sa; *niyamam* – propise; *āsthāya* – slijedeći; *prakṛtyā* – prirodom; *niyatāḥ* – vođeni; *svayā* – vlastitom.

Oni koji su zbog materijalnih želja izgubili razum predaju se polubogovima i u skladu sa svojom prirodom slijede određena pravila i propise obožavanja.

SMISAO: Osobe oslobođene svih materijalnih nečistoća predaju se Svevišnjem Gospodinu i služe Ga s predanošću. Sve dok se potpuno ne pročiste od materijalnih nečistoća imaju prirodu *abhakta*. Ali čak ni oni koji imaju materijalne želje, ako prihvate utočište Svevišnjega Gospodina, ne osjećaju veliku privlačnost prema materijalnoj prirodi. Budući da prilaze pravom cilju, ubrzo se oslobađaju sve materijalne požude. *Śrīmad-Bhāgavatam* nam preporučuje da se u svakom slučaju predamo Vāsudevi i obožavamo Ga, bez obzira na to jesmo li čisti *bhakta* oslobođen svih materijalnih želja ili smo puni materijalnih želja ili se želimo osloboditi materijalne okaljanosti. U *Bhāgavatamu* (2.3.10) rečeno je:

akāmaḥ sarva-kāmo vā mokṣa-kāma udāra-dhīḥ
tīvreṇa bhakti-yogena yajeta puruṣaṁ param

Manje inteligentni ljudi koji su izgubili duhovni razbor prihvaćaju okrilje polubogova kako bi odmah ostvarili materijalne želje. Takvi ljudi obično ne prilaze Svevišnjoj Božanskoj Osobi, jer se nalaze pod utjecajem nižih *guṇa* prirode (neznanja i strasti). Obožavaju razne polubogove i slijedeći pravila i propise obožavanja postaju zadovoljni. Obožavatelji su polubogova motivirani beznačajnim željama i ne znaju kako mogu dostići vrhovni cilj, ali *bhakta* Svevišnjega Gospodina nije obmanut. Budući da se u vedskoj književnosti preporučuje obožavanje raznih bogova u različite svrhe (na primjer, bolesnom se čovjeku preporučuje da obožava Sunce), oni koji nisu Gospodinovi *bhakte* misle da su za stjecanje određenih dobrobiti polubogovi bolji od Svevišnjega Gospodina. Ali čisti *bhakta* zna da je Svevišnji Gospodin Kṛṣṇa gospodar svih živih bića. U *Caitanya-caritāmṛti* (*Ādi* 5.142) rečeno je – *ekale īśvara kṛṣṇa, āra saba bhṛtya:* samo je Svevišnja Božanska Osoba Kṛṣṇa gospodar, svi su ostali sluge. Stoga čisti *bhakta* nikada ne prilazi polubogovima kako bi zadovoljio svoje materijalne potrebe. On ovisi o Svevišnjem Gospodinu. Svi su čisti *bhakte* zadovoljni svime što im Gospodin dade.

STROFA 21

यो यो यां यां तनुं भक्तः श्रद्धयार्चितुमिच्छति ।
तस्य तस्याचलां श्रद्धां तामेव विदधाम्यहम् ॥ २१ ॥

yo yo yāṁ yāṁ tanuṁ bhaktaḥ śraddhayārcitum icchati
tasya tasyācalāṁ śraddhāṁ tām eva vidadhāmy aham

yaḥ yaḥ – tko god; *yām yām* – koji god; *tanum* – oblik poluboga; *bhaktaḥ* – štovatelj; *śraddhayā* – s vjerom; *arcitum* – obožavati; *icchati* – želi; *tasya tasya* – njemu; *acalām* – postojanu; *śraddhām* – vjeru; *tām* – tu; *eva* – zacijelo; *vidadhāmi* – dajem; *aham* – Ja.

Ja prebivam u srcu svih živih bića kao Nad-duša. Čim netko poželi obožavati nekog poluboga, osnažujem njegovu vjeru kako bi se mogao posvetiti obožavanju tog božanstva.

SMISAO: Bog je svakome dao neovisnost. Ako netko želi materijalno uživati i vrlo iskreno želi dobiti takve pogodnosti od materijalnih polubogova, Svevišnji Gospodin, kao Nad-duša u svačijem srcu, to shvaća i pruža mu za to pogodnosti. Kao vrhovni otac svih živih bića ne miješa se u njihovu neovisnost, već im pruža sve pogodnosti kako bi mogli ispuniti svoje materijalne želje. Netko može postaviti pitanje: „Zašto svemoćni Bog pruža živim bićima pogodnosti za uživanje u materijalnom svijetu i tako ih pušta da padnu u zamku iluzorne energije?" Odgovor je da njihova neovisnost ne bi imala smisla kad im Svevišnji Gospodin kao Nadduša ne bi pružio takve pogodnosti. Zato svima daje punu neovisnost – što god žele – ali Njegov konačni savjet nalazimo u *Bhagavad-gīti:* trebamo ostaviti sve druge djelatnosti i potpuno se predati Njemu. Tako ćemo postati sretni.

I živo biće i polubogovi podređeni su volji Svevišnje Božanske Osobe. Stoga živo biće ne može po svojoj volji obožavati polubogove niti polubogovi mogu dati bilo kakav blagoslov bez odobrenja vrhovne volje. Kaže se da se ni vlat trave ne može pomaknuti bez odobrenja Svevišnje Božanske Osobe. Osobe koje pate u materijalnom svijetu obično, po savjetu vedskih spisa, prilaze polubogovima. Onaj tko želi određenu stvar može obožavati određena poluboga. Na primjer, bolesnoj se osobi preporučuje da obožava boga Sunca. Osoba koja želi naobrazbu može obožavati božicu Sarasvatī, a onaj tko želi lijepu ženu može obožavati božicu Umu, Śivinu ženu. Tako se u *śāstrama* (vedskim spisima) preporučuju razni načini obožavanja raznih polubogova. Budući da živo biće želi uživati u određenim materijalnim pogodnostima, Gospodin u njemu budi snažnu želju za dobivanjem tog blagoslova od određena poluboga. Tako živo biće dobiva blagoslov. Svevišnji Gospodin budi u živom biću i predanost prema određenu polubogu. Polubogovi ne mogu u živim bićima probuditi takvu naklonost, ali Kṛṣṇa, kao Svevišnji Gospodin ili Nad-duša prisutna u srcima svih živih bića, nadahnjuje živa bića željom za obožavanjem određenih polubogova. Polubogovi su zapravo različiti dijelovi kozmičkog tijela Svevišnjega Gospodina. Stoga nisu neovisni. U vedskoj je književnosti rečeno: „Svevišnji Gospodin prebiva kao Nad-duša u srcu poluboga. Tako kroz poluboga ispunjava želju živoga bića. Ali i polubog i živo biće ovise o vrhovnoj volji. Nisu neovisni."

STROFA 22

स तया श्रद्धया युक्तस्तस्याराधनमीहते ।
लभते च ततः कामान्मयैव विहितान् हि तान् ॥ २२ ॥

sa tayā śraddhayā yuktas tasyārādhanam īhate
labhate ca tataḥ kāmān mayaiva vihitān hi tān

saḥ – on; *tayā* – tim; *śraddhayā* – nadahnućem; *yuktaḥ* – obdaren; *tasya* – tog poluboga; *ārādhanam* – obožavati; *īhate* – nastoji; *labhate* – ostvaruje; *ca* – i; *tataḥ* – time; *kāmān* – svoje želje; *mayā* – Ja; *eva* – samo; *vihitān* – uređujem; *hi* – zacijelo; *tān* – te.

Obdaren takvom vjerom, nastoji obožavanjem poluboga ostvariti svoje želje, ali u stvarnosti samo Ja darujem te dobrobiti.

SMISAO: Polubogovi ne mogu dati blagoslove svojim štovateljima bez odobrenja Svevišnjega Gospodina. Živo biće može zaboraviti da je sve vlasništvo Svevišnjega Gospodina, ali polubogovi to ne zaboravljaju. Tako obožavanje polubogova i stjecanje željenih rezultata ne uređuju polubogovi, već Svevišnja Božanska Osoba. Manje inteligentno živo biće to ne zna i zato budalasto prilazi polubogovima kako bi steklo neku dobrobit. Za razliku od njega čisti se *bhakta*, kada mu je što potrebno, moli samo Svevišnjem Gospodinu. Međutim traženje materijalne dobrobiti nije znak čistoga *bhakte*. Živo biće obično prilazi polubogovima zato što je ludo za zadovoljavanjem svoje požude. To čini kada želi nešto nedolično, a sam Gospodin ne ispuni njegovu želju. U *Caitanya-caritāmṛti* rečeno je da onaj tko obožava Svevišnjega Gospodina i istodobno želi materijalno uživati ima proturječne želje. Predano služenje Svevišnjeg Gospodina i obožavanje polubogova ne mogu biti na istoj razini, jer je obožavanje polubogova materijalno, a predano služenje Svevišnjeg Gospodina potpuno duhovno.

Za živo biće koje se želi vratiti Bogu, materijalne želje predstavljaju zapreke. Zato Gospodin ne pruža Svom čistom *bhakti* materijalne dobrobiti koje žele manje inteligentna živa bića. Takva živa bića više vole obožavati polubogove materijalnog svijeta nego predano služiti Svevišnju Božansku Osobu.

STROFA 23

अन्तवत्तु फलं तेषां तद्भवत्यल्पमेधसाम् ।
देवान् देवयजो यान्ति मद्भक्ता यान्ति मामपि ॥ २३ ॥

antavat tu phalaṁ teṣāṁ tad bhavaty alpa-medhasām
devān deva-yajo yānti mad-bhaktā yānti mām api

anta-vat – uništiv; *tu* – ali; *phalam* – plod; *teṣām* – njihov; *tat* – taj; *bhavati* – postaje; *alpa-medhasām* – onih koji nemaju veliku inteligenciju; *devān* – polubogovima; *deva-yajaḥ* – obožavatelji polubogova; *yānti* – odlaze; *mat* – Moji; *bhaktāḥ* – *bhakte; yānti* – dolaze; *mām* – Meni; *api* – također.

Ljudi male inteligencije obožavaju polubogove, a plodovi koje stječu ograničeni su i privremeni. Obožavatelji polubogova odlaze na planete polubogova, ali Moji bhakte na kraju dostižu Moj vrhovni planet.

SMISAO: Neki tumači *Bhagavad-gīte* tvrde da obožavatelji polubogova mogu dostići Svevišnjega Gospodina, ali ovdje je jasno rečeno da takvi obožavatelji odlaze u različite planetarne sustave u kojima žive polubogovi. Obožavatelj Sunca odlazi na Sunce, a obožavatelj poluboga Mjeseca na Mjesec. Slično tome, ako netko želi obožavati poluboga Indru, može otići na planet toga poluboga. Ne bismo trebali misliti da će svatko, bez obzira na to kojeg poluboga obožava, dostići Svevišnju Božansku Osobu. To se ovdje opovrgava, jer je jasno rečeno da obožavatelji polubogova dostižu razne planete u materijalnom svijetu, ali *bhakta* Svevišnjeg Gospodina dostiže vrhovni planet Božanske Osobe.

Netko ovdje može primijetiti da bi obožavanjem polubogova trebalo biti moguće dostići isti cilj, ako su polubogovi različiti dijelovi tijela Svevišnjega Gospodina. Međutim obožavatelji polubogova nisu vrlo inteligentni, jer ne znaju kojem dijelu tijela moraju dati hranu. Neki od njih budalasto tvrde da ima mnogo dijelova tijela i mnogo načina davanja hrane. To nije razborito. Može li itko dati tijelu hranu kroz uši ili oči? Oni ne znaju da su polubogovi različiti dijelovi kozmičkoga tijela Svevišnjega Gospodina i u svom neznanju misle da je svaki polubog poseban Bog i suparnik Svevišnjega Gospodina.

Nisu samo polubogovi dijelovi Svevišnjega Gospodina, već i obična živa bića. U *Śrīmad-Bhāgavatamu* rečeno je da su *brāhmaṇe* glava Svevišnjega Gospodina, *kṣatriye* ruke, *vaiśye* trbuh, a *śūdre* noge. Svi oni imaju različite uloge. Onaj tko zna da su i on i polubogovi sastavni djelići Svevišnjega Gospodina, posjeduje savršeno znanje, bez obzira na svoj položaj. Ali ako to ne shvati, odlazi na različite planete na kojima žive polubogovi. Tako se njihovo odredište razlikuje od odredišta koje dostiže *bhakta*.

Rezultati koji se stječu blagoslovima polubogova su prolazni, jer su u materijalnom svijetu planeti, polubogovi i njihovi obožavatelji prolazni. U ovoj je strofi jasno rečeno da su svi rezultati koji se stječu obožavanjem polubogova prolazni. Stoga polubogove obožavaju manje inteligentna živa bića. Čisti *bhakta* zaokupljen svjesnošću Kṛṣṇe u predanom služenju Svevišnjega Gospodina dostiže vječno blaženo postojanje, puno znanja, i zato se njegova dostignuća razlikuju od dostignuća obična obožavatelja polubogova. Svevišnji je Gospodin neograničen; Njegova je naklonost neograničena; Njegova je milost neograničena. Stoga je milost koju Svevišnji Gospodin iskazuje Svojim čistim *bhaktama* neograničena.

STROFA 24

अव्यक्तं व्यक्तिमापन्नं मन्यन्ते मामबुद्धयः ।
परं भावमजानन्तो ममाव्ययमनुत्तमम् ॥ २४ ॥

avyaktaṁ vyaktim āpannaṁ manyante mām abuddhayaḥ
paraṁ bhāvam ajānanto mamāvyayam anuttamam

avyaktam – neočitovan; *vyaktim* – osobnost; *āpannam* – poprimio; *manyante* – misle; *mām* – Ja; *abuddhayaḥ* – manje inteligentne osobe; *param* – vrhovno; *bhāvam* – postojanje; *ajānantaḥ* – ne znajući; *mama* – Moje; *avyayam* – neprolazno; *anuttamam* – najmanje.

Neinteligentni ljudi, koji nemaju savršeno znanje o Meni, misle da Ja, Svevišnja Božanska Osoba Kṛṣṇa, ranije nisam bio osoba i da sam sada poprimio osobnost. Zbog svoga sićušnog znanja ne poznaju Moju višu, neuništivu i vrhovnu prirodu.

SMISAO: Obožavatelji polubogova bili su opisani kao manje inteligentni, a sada su i impersonalisti opisani na sličan način. Iako u ovoj strofi Gospodin Kṛṣṇa govori Arjuni u Svom osobnom obliku, impersonalisti zbog neznanja tvrde da Svevišnji Gospodin nema oblik. Gospodinov veliki *bhakta* u učeničkom naslijeđu Rāmānujācārye, po imenu Yāmunācārya, napisao je u vezi s tim dvije vrlo lijepe strofe:

tvāṁ śīla-rūpa-caritaiḥ parama-prakṛṣṭaiḥ
sattvena sāttvikatayā prabalaiś ca śāstraiḥ
prakhyāta-daiva-paramārtha-vidāṁ mataiś ca
naivāsura-prakṛtayaḥ prabhavanti boddhum

„Dragi moj Gospodine, *bhakte* poput Vyāsadeve i Nārade znaju da si Ti Božanska Osoba. Razumijevanjem različitih vedskih spisa osoba može spoznati Tvoje osobine, oblik i djelatnosti te tako može shvatiti da si Ti Svevišnja Božanska Osoba, ali živa bića pod utjecajem *guṇa* strasti i neznanja, demoni i *abhakte* ne mogu Te shvatiti. Oni su nesposobni da Te shvate. Premda mogu vješto raspravljati o *Vedānti, Upaniṣadama* i drugim vedskim spisima, ne mogu shvatiti Božansku Osobu." (*Stotra-ratna* 12)

U *Brahma-saṁhiti* rečeno je da se Božanska Osoba ne može shvatiti samim proučavanjem *Vedānte*. Osobnost Svevišnjeg možemo shvatiti jedino milošću Svevišnjega Gospodina. Zato je u ovoj strofi jasno rečeno da nisu samo obožavatelji polubogova manje inteligentni već i *abhakte* koji proučavaju *Vedāntu* i spekuliraju o vedskoj književnosti bez primjese istinske svjesnosti Kṛṣṇe. Oni ne mogu shvatiti osobnu prirodu Boga. Osobe kojima se čini da Apsolutna Istina nije osoba opisane su kao *abuddhayaḥ*, što znači da nisu spoznale krajnji vid Apsolutne Istine. U *Śrīmad-Bhāgavatamu* rečeno je da vrhunska spoznaja započinje sa spoznajom neosobnog Brahmana i nastavlja se sa spoznajom lokalizirane Paramātme, ali je konačan vid Apsolutne Istine Božanska Osoba. Suvremeni impersonalisti još su nerazboritiji, jer ne slijede čak ni svoga velikog prethodnika Śaṅkarācāryu, koji je rekao da je Kṛṣṇa Svevišnja Božanska Osoba. Ne znajući Vrhovnu Istinu, impersonalisti misle da je Kṛṣṇa samo sin Devakī i Vasudeve, ili kraljević, ili moćno živo biće. Kṛṣṇa osuđuje takvo mišljenje u *Bhagavad-gīti* (9.11). *Avajānanti māṁ mūḍhā mānuṣīṁ tanum āśritam:* „Samo Me budale smatraju običnom osobom."

Činjenica je da nitko ne može shvatiti Kṛṣṇu bez predanog služenja i bez razvijanja svjesnosti Kṛṣṇe. *Bhāgavatam* (10.14.29) to potvrđuje:

athāpi te deva padāmbuja-dvaya-
prasāda-leśānugṛhīta eva hi
jānāti tattvaṁ bhagavan mahimno
na cānya eko 'pi ciraṁ vicinvan

„Gospodine moj, ako netko dobije čak i tračak milosti Tvojih lotosolikih stopala, može shvatiti veličinu Tvoje osobnosti, ali oni koji nastoje shvatiti Svevišnju Božansku Osobu spekulacijom, ne mogu Te shvatiti, čak ni nakon dugogodišnjeg proučavanja *Veda*." Svevišnja Božanska Osoba Kṛṣṇa ili Njegov oblik, odlike i ime ne mogu se shvatiti samom umnom spekulacijom ili proučavanjem vedske književnosti. Gospodin se mora shvatiti predanim služenjem. Svevišnju Božansku Osobu možemo shvatiti samo ako se potpuno zaokupimo svjesnošću Kṛṣṇe, koja počinje s pjevanjem *mahā-mantre* – Hare Kṛṣṇa, Hare Kṛṣṇa, Kṛṣṇa Kṛṣṇa, Hare Hare/ Hare Rāma, Hare Rāma, Rāma Rāma, Hare Hare. Impersonalisti koji nisu *bhakte* misle da je Kṛṣṇino tijelo materijalne prirode i da su sve Njegove djelatnosti, oblik i pratnja *māyā*. Ti su impersonalisti poznati kao māyāvādīji. Oni ne znaju krajnju istinu.

Dvadeseta strofa jasno kaže: *kāmais tais tair hṛta-jñānāḥ prapadyante 'nya-devatāḥ*. „Osobe zaslijepljene požudnim željama predaju se različitim polubogovima." Poznato je da osim Svevišnje Božanske Osobe postoje polubogovi koji imaju svoje planete, kao što Gospodin ima Svoj planet. U dvadeset trećoj strofi rečeno je – *devān deva-yajo yānti mad-bhaktā yānti mām api:* obožavatelji polubogova odlaze na različite planete polubogova, a *bhakte* Gospodina Kṛṣṇe odlaze na planet zvan Kṛṣṇaloka. Unatoč tim jasnim tvrdnjama budalasti impersonalisti misle da Gospodin nije osoba i da su ovi oblici nestvarni. Možemo li proučavanjem *Gīte* zaključiti da polubogovi i njihova prebivališta nisu osobne prirode? Očito ni polubogovi ni Kṛṣṇa, Svevišnja Božanska Osoba, nisu neosobni. Svi su oni osobe. Gospodin Kṛṣṇa je Svevišnja Božanska Osoba i ima vlastiti planet, a polubogovi imaju svoje.

Prema tome, monistička tvrdnja da je krajnja istina bezoblična i da je oblik nametnut ne odgovara istini. Ovdje je jasno rečeno da nije nametnut. Iz *Bhagavad-gīte* možemo jasno shvatiti da oblici polubogova i oblik Svevišnjega Gospodina istodobno postoje i da je Gospodin Kṛṣṇa *sac-cid-ānanda*, vječno blaženo znanje. *Vede* potvrđuju da je Vrhovna Apsolutna Istina *ānanda-mayo 'bhyāsāt*, po prirodi puna blažena zadovoljstva i riznica bezbrojnih vrlina. U *Gīti* Gospodin kaže da se pojavljuje, iako je *aja* (nerođen). To su činjenice koje trebamo shvatiti iz *Bhagavad-gīte*. Ne možemo razumjeti kako Svevišnja Božanska Osoba može biti neosobne prirode. Prema izjavama *Gīte*, teorija je impersonalističkih monista o nametanju oblika pogrešna. Iz ove strofe možemo jasno vidjeti da Vrhovna Apsolutna Istina, Gospodin Kṛṣṇa, ima i oblik i osobnost.

STROFA 25

नाहं प्रकाशः सर्वस्य योगमायासमावृतः ।
मूढोऽयं नाभिजानाति लोको मामजमव्ययम् ॥ २५ ॥

nāhaṁ prakāśaḥ sarvasya yoga-māyā-samāvṛtaḥ
mūḍho 'yaṁ nābhijānāti loko mām ajam avyayam

na – niti; *aham* – Ja; *prakāśaḥ* – razotkrivam se; *sarvasya* – svakome; *yoga-māyā* – unutarnjom moći; *samāvṛtaḥ* – prekriven; *mūḍhaḥ* – budalaste; *ayam* – one; *na* – ne; *abhijānāti* – mogu shvatiti; *lokaḥ* – osobe; *mām* – Mene; *ajam* – nerođenog; *avyayam* – neiscrpnog.

Nikada se ne razotkrivam budalastima i neinteligentnima. Za njih sam prekriven Svojom unutarnjom moći i zato ne znaju da sam nerođen i neiscrpan.

SMISAO: Netko može upitati: „Ako su Kṛṣṇu za vrijeme Njegova boravka na Zemlji svi mogli vidjeti, zašto se sada ne razotkriva svakome?" Ustvari, On se nije razotkrio svakome. Kada je Kṛṣṇa bio nazočan, samo je nekoliko ljudi moglo shvatiti da je On Svevišnja Božanska Osoba. Na skupu Kurua, kada se Śiśupāla usprotivio tome da Kṛṣṇa bude izabran za predsjedatelja skupa, Bhīṣma je podržao Kṛṣṇu i proglasio Ga Vrhovnim Bogom. Pāṇḍave i nekolicina drugih također su znali da je On Svevišnji, ali nije svatko znao. Kṛṣṇa se nije razotkrio *abhaktama* i običnim ljudima. U *Bhagavad-gīti* Kṛṣṇa kaže da Ga svi ljudi, osim Njegovih čistih *bhakta*, smatraju običnim čovjekom poput njih. Kṛṣṇa se samo Svojim *bhaktama* razotkrio kao riznica sveg zadovoljstva. Za druge, za neinteligentne *abhakte*, bio je prekriven Svojom unutarnjom moći.

U Kuntīnim molitvama u *Śrīmad-Bhāgavatamu* (1.8.19) rečeno je da je Gospodin prekriven zavjesom *yoga-māye* i da Ga zato obični ljudi ne mogu shvatiti. To je potvrđeno u *Īśopaniṣadi* (*mantra* 15), u kojoj se *bhakta* moli:

hiraṇmayena pātreṇa satyasyāpihitaṁ mukham
tat tvaṁ pūṣann apāvṛṇu satya-dharmāya dṛṣṭaye

„O Gospodine moj, Ti održavaš čitav svemir, a predano služenje Tebe najviše je načelo religije. Zato, molim Te, uzdržavaj i mene. Tvoj je transcendentalni oblik prekriven *yoga-māyom*. *Brahmajyoti* je prekrivač unutarnje moći. Molim Te, ukloni Svoj blistavi sjaj koji me sprečava da vidim Tvoju *sac-cid-ānanda-vigrahu*, Tvoj vječni oblik blaženstva i znanja." Svevišnja Božanska Osoba u Svom transcendentalnom obliku blaženstva i znanja prekrivena je unutarnjom moći *brahmajyotija*. Zbog toga manje inteligentni impersonalisti ne mogu vidjeti Svevišnjeg.

U *Śrīmad-Bhāgavatamu* (10.14.7) nalazimo ovu Brahminu molitvu: „O Svevišnja Božanska Osobo, o Nad-dušo, o gospodaru svih tajni, tko može procijeniti Tvoje moći i zabave u ovom svijetu? Ti uvijek širiš Svoju unutarnju moć i zato Te nitko ne može shvatiti. Učeni znanstvenici i učenjaci mogu ispitati atomski sastav materijalnog svijeta ili planeta, ali ipak ne mogu procijeniti Tvoju energiju i moć, iako si nazočan pred njima." Svevišnja Božanska Osoba Kṛṣṇa nije samo nerođen već je i *avyaya*, neiscrpan. Njegov je vječni oblik blaženstvo i znanje, a sve su Njegove energije neiscrpne.

STROFA 26

वेदाहं समतीतानि वर्तमानानि चार्जुन ।
भविष्याणि च भूतानि मां तु वेद न कश्चन ॥ २६ ॥

vedāhaṁ samatītāni vartamānāni cārjuna
bhaviṣyāṇi ca bhūtāni māṁ tu veda na kaścana

veda – znam; *aham* – Ja; *samatītāni* – svu prošlost; *vartamānāni* – sadašnjost; *ca* – i; *arjuna* – o Arjuna; *bhaviṣyāṇi* – budućnost; *ca* – također; *bhūtāni* – sva živa bića; *mām* – Mene; *tu* – ali; *veda* – zna; *na* – ne; *kaścana* – itko.

O Arjuna, kao Svevišnja Božanska Osoba, znam sve što se zbilo u prošlosti, sve što se zbiva sada i sve što će se zbiti u budućnosti. Ja znam sva živa bića, ali Mene nitko ne zna.

SMISAO: U ovoj je strofi objašnjeno pitanje osobnosti i neosobnosti. Kad bi Kṛṣṇa, oblik Svevišnje Božanske Osobe, bio *māyā*, materijalan, kakvim Ga impersonalisti smatraju, Kṛṣṇa bi mijenjao Svoje tijelo poput živoga bića i zaboravio sve o Svom prošlom životu. Nijedno živo biće s materijalnim tijelom ne može se sjetiti svoga prošlog života niti može pretkazati svoj budući život ili predvidjeti što ga čeka u ovom životu. Prema tome, ne može znati što se dogodilo u prošlosti, što se zbiva sada i što će se dogoditi u budućnosti. Ako nije oslobođeno materijalnih nečistoća, ne može znati prošlost, sadašnjost i budućnost.

Za razliku od običnoga ljudskog bića Gospodin Kṛṣṇa jasno kaže da zna sve što se dogodilo u prošlosti, sve što se zbiva sada i sve što će se dogoditi u budućnosti. Iz četvrtoga poglavlja saznajemo da se Gospodin Kṛṣṇa sjeća kako je prije mnogo milijuna godina poučio Vivasvāna, boga Sunca. Kṛṣṇa poznaje svako živo biće zato što se nalazi u srcu svakoga živog bića kao Nad-duša. Ali premda se pojavljuje kao Svevišnja Božanska Osoba i prebiva u srcu svih živih bića kao Nad-duša, manje inteligentni ljudi, čak i ako spoznaju neosobni Brahman, ne mogu spoznati da je Śrī Kṛṣṇa Vrhovna Osoba. Śrī Kṛṣṇino transcendentalno tijelo zacijelo nije prolazno. On nalikuje Suncu, a *māyā* oblaku. U materijalnom svijetu možemo vidjeti Sunce, oblake i razne zvijezde i planete. Oblaci mogu privremeno prekriti sve što se vidi na nebu, ali taj prekrivač prekriva samo naš ograničeni vid. Sunce, Mjesec i zvijezde nisu prekriveni. Slično tome, *māyā* ne može prekriti Svevišnjega Gospodina. On se Svojom unutarnjom moći ne razotkriva manje inteligentnima. Kao što je rečeno u trećoj strofi ovoga poglavlja, od mnogo milijuna ljudi neki pokušavaju postati savršeni u ovom ljudskom obliku života, a od mnogo tisuća takvih ljudi koji su dostigli savršenstvo tek jedan može shvatiti Gospodina Kṛṣṇu. Čak i ako netko dostigne savršenstvo spoznaje neosobnog Brahmana ili lokalizirane Paramātme, ne može shvatiti Svevišnju Božansku Osobu Śrī Kṛṣṇu ako nije svjestan Kṛṣṇe.

STROFA 27

इच्छाद्वेषसमुत्थेन द्वन्द्वमोहेन भारत ।
सर्वभूतानि सम्मोहं सर्गे यान्ति परन्तप ॥ २७ ॥

icchā-dveṣa-samutthena dvandva-mohena bhārata
sarva-bhūtāni sammohaṁ sarge yānti parantapa

icchā – želje; *dveṣa* – i mržnje; *samutthena* – koja potječe od; *dvandva* – dvostranošću; *mohena* – obmanuta; *bhārata* – o potomče Bharate; *sarva* – sva; *bhūtāni* – živa bića; *sammoham* – u iluziji; *sarge* – dok se rađaju; *yānti* – odlaze; *parantapa* – o pokoritelju neprijatelja.

O potomče Bharate, o pokoritelju neprijatelja, sva se živa bića rađaju u iluziji, zbunjena dvostranostima koje potječu od želje i mržnje.

SMISAO: U svom pravom prirodnom položaju živo je biće podčinjeno Svevišnjem Gospodinu, koji je čisto znanje. Kada je netko zaveden i odvojen od toga čistog znanja, podliježe upravi iluzorne energije i ne može shvatiti Svevišnju Božansku Osobu. Iluzorna se energija očituje u dvostranosti želje i mržnje. Zbog želje i mržnje osoba u neznanju želi postati ravna Svevišnjem Gospodinu i zavidi Kṛṣṇi kao Svevišnjoj Božanskoj Osobi. Čisti *bhakte*, koji nisu obmanuti ili okaljani željom i mržnjom, mogu shvatiti da se Gospodin Śrī Kṛṣṇa pojavljuje Svojom unutarnjom moći, ali osobe obmanute dvostranošću i neznanjem misle da je Božanska Osoba tvorevina materijalne energije. To je njihova nesreća. Takvi obmanuti ljudi žive u dvostranostima poput časti i nečasti, sreće i nesreće, muškarca i žene, dobrog i lošeg, zadovoljstva i bola, misleći: „Ovo je moja žena; ovo je moja kuća; ja sam gospodar ove kuće; ja sam muž ove žene." To su dvostranosti iluzije. Osobe obmanute takvim dvostranostima potpuno su budalaste i zato ne mogu shvatiti Svevišnju Božansku Osobu.

STROFA 28

येषां त्वन्तगतं पापं जनानां पुण्यकर्मणाम् ।
ते द्वन्द्वमोहनिर्मुक्ता भजन्ते मां दृढव्रताः ॥ २८ ॥

yeṣāṁ tv anta-gataṁ pāpaṁ janānāṁ puṇya-karmaṇām
te dvandva-moha-nirmuktā bhajante māṁ dṛḍha-vratāḥ

yeṣām – čiji; *tu* – ali; *anta-gatam* – potpuno iskorijenjen; *pāpam* – grijeh; *janānām* – osoba; *puṇya* – pobožnih; *karmaṇām* – čije su prošle djelatnosti; *te* – one; *dvandva* – od dvostranosti; *moha* – iluzije; *nirmuktāḥ* – oslobođene; *bhajante* – predano služe; *mām* – Mene; *dṛḍha-vratāḥ* – odlučno.

Osobe koje su u ovom i prošlom životu činile pobožna djela i čija su grešna djela potpuno iskorijenjena odlučno Me služe, oslobođene dvostranosti iluzije.

SMISAO: U ovoj su strofi opisane osobe dostojne uzdizanja na transcendentalni položaj. Grešni, bezbožni, budalasti i prevaranti teško mogu nadići dvostranost želje i mržnje. Samo oni koji su u životu slijedili propisana načela religije, koji su djelovali pobožno i poništili grešne posljedice mogu se posvetiti predanom služenju i postupno se uzdići na razinu čista znanja o Svevišnjoj Božanskoj Osobi. Tada, postupno, mogu u transu meditirati na Svevišnju Božansku Osobu. To je proces uzdizanja na duhovnu razinu. Osoba može tako napredovati u svjesnosti Kṛṣṇe u društvu čistih *bhakta*, jer se u društvu velikih *bhakta* može osloboditi iluzije.

U *Śrīmad-Bhāgavatamu* (5.5.2) rečeno je da onaj tko doista želi biti oslobođen mora služiti *bhakte* (*mahat-sevāṁ dvāram āhur vimukteḥ*), ali onaj tko se druži s materijalističkim ljudima slijedi put koji vodi u najmračnije predjele postojanja (*tamo-dvāraṁ yoṣitāṁ saṅgi-saṅgam*). Svi Gospodinovi *bhakte* putuju po planetu Zemlji samo da bi uvjetovane duše oslobodili iluzije. Impersonalisti ne znaju da zaboravljajući svoj prirodni položaj podčinjenosti Svevišnjem Gospodinu krše Božji zakon na najgrublji način. Ako se ne utemeljimo ponovno u svom prirodnom položaju, ne možemo shvatiti Vrhovnu Osobu niti se možemo s odlučnošću potpuno posvetiti transcendentalnom služenju Gospodina s ljubavlju.

STROFA 29

जरामरणमोक्षाय मामाश्रित्य यतन्ति ये ।
ते ब्रह्म तद्विदुः कृत्स्नमध्यात्मं कर्म चाखिलम् ॥ २९ ॥

jarā-maraṇa-mokṣāya mām āśritya yatanti ye
te brahma tad viduḥ kṛtsnam adhyātmaṁ karma cākhilam

jarā – od starosti; *maraṇa* – i smrti; *mokṣāya* – radi oslobođenja; *mām* – u Meni; *āśritya* – prihvaćajući okrilje; *yatanti* – nastoje; *ye* – svi koji; *te* – takve osobe; *brahma* – Brahman; *tat* – istinski; *viduḥ* – znaju; *kṛtsnam* – sve; *adhyātmam* – transcendentalne; *karma* – djelatnosti; *ca* – također; *akhilam* – potpuno.

Inteligentne osobe koje nastoje dostići oslobođenje od starosti i smrti prihvaćaju Moje okrilje predano služeći. One su istinski Brahman jer znaju sve o transcendentalnim djelatnostima.

SMISAO: Rođenje, smrt, starost i bolesti utječu na materijalno tijelo, ali ne i na duhovno tijelo. Duhovno se tijelo ne rađa, ne umire, ne stari i ne obolijeva. Stoga je onaj tko dobije duhovno tijelo i vječno predano služi Svevišnjega Gospodina kao Njegov pratilac vječno oslobođen. *Ahaṁ brahmāsmi:* ja sam duh. Rečeno je da živo biće treba spoznati da je Brahman, duhovna duša. Takvo shvaćanje života prisutno je i u predanom služenju, kao što je opisano u ovoj strofi. Čisti su *bhakte* transcendentalno utemeljeni na razini Brahmana i znaju sve o transcendentalnim djelatnostima.

Četiri vrste nečistih *bhakta* koji transcendentalno služe Gospodina dostižu svoje ciljeve i kada milošću Svevišnjega Gospodina postanu potpuno svjesni Kṛṣṇe, istinski uživaju u duhovnom druženju sa Svevišnjim Gospodinom. Ali obožavatelji polubogova nikada ne dostižu Svevišnjega Gospodina na Njegovom vrhovnom planetu. Čak ni manje inteligentne osobe koje su spoznale Brahman ne mogu dostići Kṛṣṇin vrhovni planet poznat kao Goloka Vṛndāvana. Samo se osobe koje djeluju u svjesnosti Kṛṣṇe (*mām āśritya*) mogu s pravom nazivati Brahmanom, jer nastoje dostići Kṛṣṇin planet. Takve osobe ne sumnjaju u Kṛṣṇu i zato su istinski Brahman.

Oni koji obožavaju Gospodinov *arcā* oblik ili meditiraju na Gospodina kako bi dostigli oslobođenje od materijalnog ropstva Gospodinovom milošću također znaju smisao Brahmana, *adhibhūte* itd. Gospodin će to objasniti u idućem poglavlju.

STROFA 30

साधिभूताधिदैवं मां साधियज्ञं च ये विदुः ।
प्रयाणकालेऽपि च मां ते विदुर्युक्तचेतसः ॥ ३० ॥

sādhibhūtādhidaivaṁ māṁ sādhiyajñaṁ ca ye viduḥ
prayāṇa-kāle 'pi ca māṁ te vidur yukta-cetasaḥ

sa-adhibhūta – i vladajuće načelo materijalnog očitovanja; *adhidaivam* – koji vlada svim polubogovima; *mām* – Ja; *sa-adhiyajñam* – i vlada svim žrtvovanjima; *ca* – također; *ye* – oni koji; *viduḥ* – znaju; *prayāṇa* – smrti; *kāle* – u trenutku; *api* – čak; *ca* – i; *mām* – Mene; *te* – oni; *viduḥ* – znaju; *yukta-cetasaḥ* – u umu misleći na Mene.

Oni koji su potpuno svjesni Mene i znaju da sam Ja, Svevišnji Gospodin, vladajuće načelo materijalnog očitovanja, polubogova i svih procesa žrtvovanja, mogu čak i u trenutku smrti shvatiti i spoznati Mene, Svevišnju Božansku Osobu.

SMISAO: Osobe koje djeluju u svjesnosti Kṛṣṇe nikada ne odstupaju s puta potpuna razumijevanja Svevišnje Božanske Osobe. U transcendentalnom dodiru sa svjesnošću Kṛṣṇe osoba može shvatiti da je Svevišnji Gospodin vladajuće načelo materijalnog svijeta i polubogova. Takvim transcendentalnim druženjem postupno stječe vjeru u Svevišnju Božansku Osobu i u trenutku smrti takva osoba svjesna Kṛṣṇe ne može zaboraviti Kṛṣṇu. Tako se prirodno uzdiže na planet Svevišnjega Gospodina, Goloku Vṛndāvanu.

Ovo poglavlje posebno objašnjava kako možemo postati potpuno svjesni Kṛṣṇe. Svjesnost Kṛṣṇe počinje se buditi zahvaljujući druženju s osobama svjesnim Kṛṣṇe. Takvo je druženje duhovno te dovodi osobu u izravan dodir sa Svevišnjim Gospodinom. Tako, Njegovom milošću, može shvatiti da je Kṛṣṇa Svevišnja Božanska Osoba. Istodobno spoznaje prirodni položaj živoga bića i uviđa kako živo biće zaboravlja Kṛṣṇu i zapleće se u materijalne djelatnosti. Postupnim razvijanjem svjesnosti Kṛṣṇe u dobru društvu može shvatiti da je postalo uvjetovano zakonima materijalne prirode zato što je zaboravilo Kṛṣṇu. Također može shvatiti da je ovaj ljudski oblik života prilika za oživljavanje svjesnosti Kṛṣṇe i da ga treba potpuno iskoristiti za dostizanje bezuzročne milosti Svevišnjega Gospodina.

U ovom su poglavlju bile obrađene razne teme: nesretan čovjek, znatiželjan čovjek, čovjek u materijalnoj oskudici, znanje o Brahmanu, znanje o Paramātmi, oslobođenje od rođenja, smrti i bolesti te obožavanje Svevišnjega Gospodina. No onaj tko je istinski napredovao u svjesnosti Kṛṣṇe ne mari za razne procese. On jednostavno neposredno djeluje u svjesnosti Kṛṣṇe i time dostiže svoj prirodni položaj vječnoga sluge Gospodina Kṛṣṇe. U takvom položaju nalazi zadovoljstvo u slušanju i slavljenju Svevišnjega Gospodina u čistom predanom služenju. Uvjeren je da će time ostvariti sve svoje ciljeve. Ta odlučna vjera, koja se naziva *dṛḍha-vrata*, predstavlja početak *bhakti-yoge*, transcendentalnog služenja s ljubavlju. To je mišljenje svih spisa. Ovo je poglavlje *Bhagavad-gīte* bit toga uvjerenja.

Tako se završavaju Bhaktivedantina tumačenja sedmoga poglavlja Śrīmad Bhagavad-gīte *pod naslovom* Znanje o Apsolutu.

OSMO POGLAVLJE

Dostizanje Svevišnjeg

STROFA 1

अर्जुन उवाच
किं तद् ब्रह्म किमध्यात्मं किं कर्म पुरुषोत्तम ।
अधिभूतं च किं प्रोक्तमधिदैवं किमुच्यते ॥ १ ॥

arjuna uvāca
kiṁ tad brahma kim adhyātmaṁ kiṁ karma puruṣottama
adhibhūtaṁ ca kiṁ proktam adhidaivaṁ kim ucyate

arjunaḥ uvāca – Arjuna reče; *kim* – što; *tat* – to; *brahma* – Brahman; *kim* – što; *adhyātmam* – jastvo; *kim* – što; *karma* – plodonosne djelatnosti; *puruṣa-uttama* – o Vrhovna Osobo; *adhibhūtam* – materijalnim očitovanjem; *ca* – i; *kim* – što; *proktam* – naziva se; *adhidaivam* – polubogovima; *kim* – tko; *ucyate* – naziva se.

Arjuna upita: O Gospodine moj, o Vrhovna Osobo, što je Brahman? Što je jastvo? Što su plodonosne djelatnosti? Što je materijalno očitovanje i što su polubogovi? Molim Te, objasni mi.

SMISAO: U ovom poglavlju Gospodin Kṛṣṇa odgovara Arjuni na različita pitanja, počev od pitanja „Što je Brahman?" Gospodin objašnjava *karmu* (plodonosne djelatnosti), predano služenje i načela *yoge* i predano služenje u njegovu čistu obliku. U *Śrīmad-Bhāgavatamu* objašnjeno je da je Vrhovna Apsolutna Istina poznata kao Brahman, Paramātmā i Bhagavān. Živo biće, individualna duša, također je Brahman. Arjuna se raspituje i o *ātmi*, koja se odnosi na tijelo, dušu i um. Prema vedskom rječniku *ātmā* se odnosi na um, dušu, tijelo i osjetila.

Arjuna je oslovio Svevišnjega Gospodina kao Puruṣottamu, Vrhovnu Osobu, što znači da je pitanja postavio ne samo prijatelju već i Vrhovnoj Osobi, znajući da je On vrhovni autoritet koji može dati konačne odgovore.

STROFA 2

अधियज्ञः कथं कोऽत्र देहेऽस्मिन्मधुसूदन ।
प्रयाणकाले च कथं ज्ञेयोऽसि नियतात्मभिः ॥ २ ॥

adhiyajñaḥ kathaṁ ko 'tra dehe 'smin madhusūdana
prayāṇa-kāle ca kathaṁ jñeyo 'si niyatātmabhiḥ

adhiyajñaḥ – gospodar žrtvovanja; *katham* – kako; *kaḥ* – tko; *atra* – ovdje; *dehe* – u tijelu; *asmin* – ovom; *madhusūdana* – o Madhusūdana; *prayāṇa-kāle* – u trenutku smrti; *ca* – i; *katham* – kako; *jñeyaḥ asi* – mogu Te spoznati; *niyata-ātmabhiḥ* – samoovladani.

Tko je gospodar žrtvovanja i kako živi u tijelu, o Madhusūdana? Kako Te oni koji predano služe mogu spoznati u trenutku smrti?

SMISAO: Izraz „gospodar žrtvovanja" može se odnositi na Indru ili na Viṣṇua. Viṣṇu je vođa prvobitnih polubogova, poput Brahme i Śive, a Indra je vođa upravnih polubogova. I Indra i Viṣṇu obožavaju se izvođenjem *yajñi*. No Arjuna u ovoj strofi pita tko je pravi gospodar *yajñe* (žrtvovanja) i kako prebiva u tijelu živoga bića.

Arjuna je oslovio Gospodina imenom Madhusūdana zato što je Kṛṣṇa jednom ubio demona Madhua. Ustvari, ova pitanja, koja imaju prirodu sumnje, nisu se trebala pojaviti u umu Arjune, jer je Arjuna *bhakta* svjestan Kṛṣṇe. Zato se uspoređuju s demonima. Budući da Kṛṣṇa tako vješto ubija demone, Arjuna Ga je oslovio kao Madhusūdanu kako bi ubio demonske sumnje koje su se pojavile u Arjuninu umu.

U ovoj je strofi vrlo važna riječ *prayāṇa-kāle*, jer će sve što radimo u životu biti testirano u trenutku smrti. Arjuna želi saznati što se zbiva s onima koji uvijek djeluju u svjesnosti Kṛṣṇe. Kakav je njihov položaj u posljednjem trenutku života? U trenutku smrti sve su tjelesne funkcije poremećene i um ne funkcionira pravilno. Uznemirena tjelesnim stanjem, osoba možda neće biti sposobna da se sjeti Svevišnjega Gospodina. Veliki se *bhakta* Mahārāja Kulaśekhara moli: „Dragi moj Gospodine, bolje da umrem sada, kada sam potpuno zdrav, tako da labud moga uma može zaroniti među stabljike Tvojih lotosolikih stopala." Ova je metafora upotrijebljena zato što labud, vodena ptica, nalazi zadovoljstvo u ronjenju među stabljikama lotosa; zabavlja se uranjajući među stabljike lotosa. Mahārāja Kulaśekhara kaže Gospodinu: „Sada je moj um neuznemiren i potpuno sam zdrav. Ako sada umrem misleći na Tvoja lotosolika stopala, moje predano služenje sigurno će postati savršeno. Ali ako moram čekati na prirodnu smrt, ne znam što će se dogoditi, jer će u to vrijeme tjelesne funkcije biti poremećene. Neću moći disati i ne znam hoću li moći izgovoriti Tvoje ime. Molim Te, dopusti mi da odmah umrem." Arjuna pita kako u tom trenutku osoba može usredotočiti um na Kṛṣṇina lotosolika stopala.

STROFA 3

श्रीभगवानुवाच
अक्षरं ब्रह्म परमं स्वभावोऽध्यात्ममुच्यते ।
भूतभावोद्भवकरो विसर्गः कर्मसंज्ञितः ॥ ३ ॥

śrī-bhagavān uvāca
akṣaraṁ brahma paramaṁ svabhāvo 'dhyātmam ucyate
bhūta-bhāvodbhava-karo visargaḥ karma-saṁjñitaḥ

śrī-bhagavān uvāca – Svevišnja Božanska Osoba reče; *akṣaram* – neuništivo; *brahma* – Brahman; *paramam* – transcendentalno; *svabhāvaḥ* – vječna priroda; *adhyātmam* – jastvo; *ucyate* – naziva se; *bhūta-bhāva-udbhava-karaḥ* – koje uzrokuje materijalna tijela živih bića; *visargaḥ* – stvaranje; *karma* – plodonosnim djelatnostima; *saṁjñitaḥ* – naziva se.

Svevišnja Božanska Osoba reče: Neuništivo, transcendentalno živo biće naziva se Brahman, a njegova vječna priroda adhyātma, jastvo. Djelovanje koje uzrokuje razvoj materijalnih tijela živih bića naziva se karma ili plodonosne djelatnosti.

SMISAO: Brahman je neuništiv i vječno postojeći i njegova se priroda nikada ne mijenja, ali Parabrahman je viši od Brahmana. Brahman se odnosi na živo biće, a Parabrahman na Svevišnju Božansku Osobu. Prirodni položaj živoga bića razlikuje se od položaja koji prihvaća u materijalnom svijetu. U materijalnoj svjesnosti pokušava postati gospodar materije, ali u duhovnoj svjesnosti, svjesnosti Kṛṣṇe, služi Svevišnjeg. Kad je obuzeto materijalnom svjesnošću, mora prihvaćati različita tijela u materijalnom svijetu. To se naziva *karma* ili raznovrsno stvaranje pod prinudom materijalne svjesnosti.

U vedskoj književnosti živo se biće naziva *jīvātmā* i Brahman, ali nikada Parabrahman. Živo biće (*jīvātmā*) prihvaća razne položaje – ponekad se stapa s mračnom materijalnom prirodom i poistovjećuje s materijom, a ponekad se poistovjećuje s višom, duhovnom prirodom. Zato se naziva graničnom energijom Svevišnjega Gospodina. Ovisno o tome poistovjećuje li se s materijalnom ili duhovnom prirodom dobiva materijalno ili duhovno tijelo. U materijalnoj prirodi može dobiti tijelo koje pripada bilo kojoj od 8 400 000 vrsta života, ali u duhovnoj prirodi ima samo jedno tijelo. Ovisno o svojoj *karmi* u materijalnoj se prirodi katkada očituje kao čovjek, polubog, životinja, zvjer, ptica itd. Da bi dostiglo materijalne rajske planete i uživalo u njihovim pogodnostima, katkada izvodi *yajñe* (žrtvovanja), ali kada se njihovi rezultati iscrpe, ponovno se vraća na Zemlju u obliku čovjeka. Taj se proces naziva *karma.*

Chāndogya Upaniṣada opisuje vedski proces žrtvovanja. Na žrtvenom oltaru prinosi se pet vrsta ponuda u pet vrsta vatre. Smatra se da su pet vrsta vatri rajski planeti, oblaci, zemlja, muškarac i žena, a pet vrsta žrtvenih ponuda vjera, uživatelj na Mjesecu, kiša, žitarice i sjeme.

U procesu žrtvovanja živo biće vrši određena žrtvovanja kako bi dostiglo određene rajske planete i tako ih dostiže. Kada se rezultati žrtvovanja iscrpe, silazi na Zemlju u obliku kiše i poprima oblik žitarica. One se u tijelu muškarca koji ih pojede preobražavaju u sjeme. Sjeme biva položeno u maternicu žene i tako živo biće ponovno dobiva ljudski oblik života, kako bi vršilo žrtvovanja i podvrglo se istom procesu. Na taj način živo biće na materijalnom putu neprestano dolazi i odlazi. Međutim, osoba svjesna Kṛṣṇe izbjegava takva žrtvovanja. Ona izravno prihvaća svjesnost Kṛṣṇe i time se priprema za povratak Bogu.

Impersonalistički tumači *Bhagavad-gīte* nerazumno zamišljaju da u materijalnom svijetu Brahman poprima oblik *jīve* i pozivaju se na sedmu strofu petnaestoga poglavlja *Gīte* kako bi to potkrijepili. No u toj strofi Gospodin također kaže da je živo biće „Njegov vječni djelić". Djelić Boga, živo biće, može pasti u materijalni svijet, ali Svevišnji Gospodin (Acyuta) nikada ne pada. Prema tome, postavka da Vrhovni Brahman poprima oblik *jīve* nije prihvatljiva. Trebamo imati na umu da se u vedskoj književnosti pravi razlika između Brahmana (živoga bića) i Parabrahmana (Svevišnjega Gospodina).

STROFA 4

अधिभूतं क्षरो भावः पुरुषश्चाधिदैवतम् ।
अधियज्ञोऽहमेवात्र देहे देहभृतां वर ॥ ४ ॥

adhibhūtaṁ kṣaro bhāvaḥ puruṣaś cādhidaivatam
adhiyajño 'ham evātra dehe deha-bhṛtāṁ vara

adhibhūtam – fizičko očitovanje; *kṣaraḥ* – koje se neprestano mijenja; *bhāvaḥ* – priroda; *puruṣaḥ* – kozmički oblik, zajedno sa svim polubogovima, kao što su Sunce i Mjesec; *ca* – i; *adhidaivatam* – naziva se *adhidaiva; adhiyajñaḥ* – Nad-duša; *aham* – Ja (Kṛṣṇa); *eva* – zacijelo; *atra* – u ovom; *dehe* – tijelu; *deha-bhṛtām* – utjelovljenih; *vara* – o najbolji.

O najbolji od utjelovljenih bića, fizička priroda, koja se neprestano mijenja, naziva se adhibhūta [materijalno očitovanje]. Gospodinov kozmički oblik, koji obuhvaća sve polubogove, kao što su Sunce i Mjesec, naziva se adhidaiva, a Ja, Svevišnji Gospodin, kojeg predstavlja Nad-duša nazočna u srcu svakoga živog bića, nazivam se adhiyajña [gospodar žrtvovanja].

SMISAO: Fizička se priroda neprestano mijenja. Materijalna tijela obično prolaze kroz šest stadija: rađaju se, rastu, postoje neko vrijeme, stvaraju popratne proizvode, raspadaju se i nestaju. Ta se fizička priroda naziva *adhibhūta*. U određenu trenutku biva stvorena i u određenu trenutku bit će uništena. Pojam kozmičkoga oblika Svevišnjega Gospodina, koji obuhvaća sve polubogove i njihove različite planete, naziva se *adhidaivata*. Zajedno s dušom u tijelu nazočna je Nad-duša, potpuna ekspanzija Gospodina Kṛṣṇe. Nad-duša se naziva Paramātmā ili *adhiyajña* i nalazi se u srcu. U ovoj je strofi osobito važna riječ *eva*, jer njome Gospodin naglašava da se Paramātmā ne razlikuje od Njega. Nad-duša, Svevišnja Božanska Osoba, koja se nalazi pokraj duše, svjedok je njezinih djelatnosti i izvor različitih vrsta njezine svjesnosti. Nad-duša pruža duši priliku da djeluje slobodno i promatra njezine djelatnosti. Uloge tih različitih očitovanja Svevišnjega Gospodina odmah postaju jasne čistome *bhakti* svjesnom Kṛṣṇe koji transcendentalno služi Gospodina. Početnik koji ne može prići Gospodinovom očitovanju u obliku Nad-duše meditira na Gospodinov kozmički oblik koji se zove *adhidaivata*. Početniku se savjetuje da meditira na kozmički oblik, *virāṭ-puruṣu*. Smatra se da su niži planeti njegove noge, Sunce i Mjesec njegove oči, a viši planetarni sustav njegova glava.

STROFA 5

अन्तकाले च मामेव स्मरन्मुक्त्वा कलेवरम् ।
यः प्रयाति स मद्भावं याति नास्त्यत्र संशयः ॥ ५ ॥

anta-kāle ca mām eva smaran muktvā kalevaram
yaḥ prayāti sa mad-bhāvaṁ yāti nāsty atra saṁśayaḥ

anta-kāle – na kraju života; *ca* – također; *mām* – Mene; *eva* – zacijelo; *smaran* – sjećajući se; *muktvā* – napuštajući; *kalevaram* – tijelo; *yaḥ* – onaj tko; *prayāti* – odlazi; *saḥ* – on; *mat-bhāvam* – Moju prirodu; *yāti* – dostiže; *na* – ne; *asti* – ima; *atra* – u to; *saṁśayaḥ* – sumnje.

Onaj tko na kraju života napusti svoje tijelo sjećajući se Mene odmah dostiže Moju prirodu. U to nema sumnje.

SMISAO: U ovoj se strofi naglašava važnost svjesnosti Kṛṣṇe. Onaj tko napusti svoje tijelo u svjesnosti Kṛṣṇe odmah biva prenesen u transcendentalnu prirodu Svevišnjega Gospodina. Svevišnji Gospodin je najčistije među čistim bićima. Stoga je osoba koja je uvijek svjesna Kṛṣṇe također najčistija među čistima. Riječ *smaran* („sjetiti se") je važna. Nečista duša koja nije slijedila proces svjesnosti Kṛṣṇe predano služeći ne može se sjećati Kṛṣṇe. Stoga svjesnost Kṛṣṇe trebamo njegovati od samoga početka života. Za onoga tko želi na kraju života postići uspjeh, proces sjećanja Kṛṣṇe vrlo je bitan. Zato trebamo uvijek, neprestano pjevati *mahā-mantru* – Hare Kṛṣṇa, Hare Kṛṣṇa, Kṛṣṇa Kṛṣṇa, Hare Hare / Hare Rāma, Hare Rāma, Rāma Rāma, Hare Hare. Gospodin Caitanya nam je savjetovao da budemo snošljiviji od drveta (*taror iva sahiṣṇunā*). Osoba koja pjeva Hare Kṛṣṇa može naići na mnogo zapreka. Unatoč tome, podnoseći sve smetnje, treba nastaviti pjevati Hare Kṛṣṇa, Hare Kṛṣṇa, Kṛṣṇa Kṛṣṇa, Hare Hare / Hare Rāma, Hare Rāma, Rāma Rāma, Hare Hare, kako bi na kraju života stekla punu dobrobit od svjesnosti Kṛṣṇe.

STROFA 6

यं यं वापि स्मरन् भावं त्यजत्यन्ते कलेवरम् ।
तं तमेवैति कौन्तेय सदा तद्भावभावितः ॥ ६ ॥

yaṁ yaṁ vāpi smaran bhāvaṁ tyajaty ante kalevaram
taṁ tam evaiti kaunteya sadā tad-bhāva-bhāvitaḥ

yam yam – koje god; *vā api* – uopće; *smaran* – sjeća se; *bhāvam* – prirode; *tyajati* – napušta; *ante* – na kraju; *kalevaram* – ovo tijelo; *tam tam* – sličnu; *eva* – zacijelo; *eti* – dobiva; *kaunteya* – o Kuntīn sine; *sadā* – uvijek; *tat* – tog; *bhāva* – stanja; *bhāvitaḥ* – sjećajući se.

O Kuntīn sine, kojega god da se stanja netko sjeća prilikom napuštanja tijela, to će stanje sigurno dostići.

SMISAO: Ovdje je objašnjen proces mijenjanja prirode u presudnu trenutku smrti. Osoba koja na kraju života napusti tijelo misleći na Kṛṣṇu dostiže transcendentalnu prirodu Svevišnjega Gospodina; no nije istina da onaj tko misli na nešto drugo, a ne na Kṛṣṇu, dostiže isto transcendentalno stanje. To trebamo pomno shvatiti. Kako možemo umrijeti u pravom stanju uma? Premda je bio velika osoba, Mahārāja Bharata na kraju je svoga života mislio na jelena i zato je u sljedećem životu bio prenesen u tijelo jelena. Iako se kao jelen sjećao svojih prošlih djelatnosti, morao je prihvatiti životinjsko tijelo. Naravno, misli gomilane za života utječu na misli u trenutku smrti i tako ovaj život stvara sljedeći. Ako tko u sadašnjem životu živi u vrlini i uvijek misli na Kṛṣṇu, može se na kraju života sjetiti Kṛṣṇe. To će mu pomoći da bude prenesen u Kṛṣṇinu transcendentalnu prirodu. Ako je transcendentalno zaokupljen služenjem Kṛṣṇe, njegovo će sljedeće tijelo biti transcendentalno (duhovno), a ne materijalno. Tako je pjevanje Hare Kṛṣṇa, Hare Kṛṣṇa, Kṛṣṇa Kṛṣṇa, Hare Hare / Hare Rāma, Hare Rāma, Rāma Rāma, Hare Hare najbolji proces za uspješno mijenjanje stanja postojanja u trenutku smrti.

STROFA 7

तस्मात्सर्वेषु कालेषु मामनुस्मर युध्य च ।
मय्यर्पितमनोबुद्धिर्मामेवैष्यस्यसंशयः ॥ ७ ॥

tasmāt sarveṣu kāleṣu mām anusmara yudhya ca
mayy arpita-mano-buddhir mām evaiṣyasy asaṁśayaḥ

tasmāt – stoga; *sarveṣu* – u svako; *kāleṣu* – doba; *mām* – Mene; *anusmara* – nastavi se sjećati; *yudhya* – bori se; *ca* – također; *mayi* – Meni; *arpita* – predajući; *manaḥ* – um; *buddhiḥ* – inteligenciju; *mām* – Mene; *eva* – sigurno; *eṣyasi* – dostići ćeš; *asaṁśayaḥ* – nedvojbeno.

Stoga, Arjuna, trebaš uvijek misliti na Mene u obliku Kṛṣṇe i istodobno se boriti, tako obavljajući svoju propisanu dužnost. Posvećujući svoje djelatnosti Meni i usredotočujući um i inteligenciju na Mene, nedvojbeno ćeš Me dostići.

SMISAO: Ovaj savjet dan Arjuni veoma je važan za sve ljude koji vrše materijalne djelatnosti. Gospodin ne kaže da trebamo ostaviti svoju propisanu dužnost ili zanimanje. Možemo nastaviti s njima i u isto vrijeme misliti na Kṛṣṇu pjevajući Hare Kṛṣṇa. To će nas osloboditi materijalnih nečistoća i pomoći nam da usredotočimo um i inteligenciju na Kṛṣṇu. Ako pjevamo Kṛṣṇina imena, nedvojbeno ćemo biti preneseni na vrhovni planet, Kṛṣṇaloku.

STROFA 8

अभ्यासयोगयुक्तेन चेतसा नान्यगामिना ।
परमं पुरुषं दिव्यं याति पार्थानुचिन्तयन् ॥ ८ ॥

abhyāsa-yoga-yuktena cetasā nānya-gāminā
paramaṁ puruṣaṁ divyaṁ yāti pārthānucintayan

abhyāsa-yoga – vršeći; *yuktena* – meditaciju; *cetasā* – umom i inteligencijom; *na anya-gāminā* – bez odstupanja; *paramam* – Svevišnju; *puruṣam* – Božansku Osobu; *divyam* – transcendentalnu; *yāti* – dostiže; *pārtha* – o Pṛthin sine; *anucintayan* – neprestano misleći na.

Onaj tko meditira na Mene kao na Svevišnju Božansku Osobu i u umu se uvijek sjeća Mene, bez odstupanja, o Pārtha, sigurno će Me dostići.

SMISAO: U ovoj se strofi naglašava važnost sjećanja Kṛṣṇe. Sjećanje na Kṛṣṇu oživljava se pjevanjem *mahā-mantre*, Hare Kṛṣṇa. Pjevanjem i slušanjem zvučne vibracije Svevišnjega Gospodina osoba zaokuplja um, uši i jezik. Ova mistična meditacija vrlo je laka i pomaže osobi da dostigne Svevišnjega Gospodina. *Puruṣam* znači uživatelj. Premda živa bića pripadaju graničnoj energiji Svevišnjega Gospodina, materijalno su okaljana. Misle da su uživatelji, ali nisu vrhovni uživatelj. Ovdje je jasno rečeno da je vrhovni uživatelj Svevišnja Božanska Osoba u Svojim različitim očitovanjima te potpunim ekspanzijama kao što su Nārāyaṇa, Vāsudeva itd.

Pjevajući Hare Kṛṣṇa, *bhakta* može neprestano misliti na predmet obožavanja, Svevišnjeg Gospodina, u bilo kojem od Njegovih oblika –

Nārāyaṇe, Kṛṣṇe, Rāme itd. To će ga pročistiti i na kraju će života, zahvaljujući neprestanom pjevanju ili mantranju, biti prenesen u Božje carstvo. *Yoga* je meditacija na Nad-dušu u srcu. Slično tome, pjevanjem Hare Kṛṣṇa *mantre* um se uvijek usredotočuje na Svevišnjega Gospodina. Um je prevrtljiv i zato ga trebamo prisiliti da misli na Kṛṣṇu. Često se navodi primjer gusjenice koja misli na leptira i tako se u istom životu preobražava u leptira. Ako neprestano mislimo na Kṛṣṇu, sigurno ćemo na kraju života steći istu tjelesnu prirodu kao Kṛṣṇa.

STROFA 9

कविं पुराणमनुशासितारम्
अणोरणीयांसमनुस्मरेद्यः ।
सर्वस्य धातारमचिन्त्यरूपम्
आदित्यवर्णं तमसः परस्तात् ॥ ९ ॥

kaviṁ purāṇam anuśāsitāram
aṇor aṇīyāṁsam anusmared yaḥ
sarvasya dhātāram acintya-rūpam
āditya-varṇaṁ tamasaḥ parastāt

kavim – onoga koji zna sve; *purāṇam* – najstarijeg; *anuśāsitāram* – upravitelja; *aṇoḥ* – od atoma; *aṇīyāṁsam* – manjeg; *anusmaret* – uvijek misli na; *yaḥ* – onoga koji; *sarvasya* – sve; *dhātāram* – održava; *acintya* – nepojmljiv; *rūpam* – čiji oblik; *āditya-varṇam* – blistav kao sunce; *tamasaḥ* – prema tami; *parastāt* – transcendentalan.

Osoba treba meditirati na Vrhovnu Osobu kao na biće koje zna sve, koje je najstarije, koje je upravitelj, koje je manje od najmanjeg, koje sve održava, koje je iznad dosega materijalnog poimanja, koje je nepojmljivo i koje je uvijek osoba. Blistavo je kao sunce i transcendentalno prema materijalnoj prirodi.

SMISAO: U ovoj je strofi opisan proces mišljenja na Svevišnjega. Najvažnija je tvrdnja da Svevišnji nije neosobno postojanje ili praznina. Ne možemo meditirati na nešto neosobno ili prazno. To je vrlo teško. Međutim, proces mišljenja na Kṛṣṇu vrlo je lak i ovdje je lijepo opisan. Prije svega, Gospodin je *puruṣa*, osoba – mi mislimo na osobu Rāmu i osobu Kṛṣṇu. Bez obzira na to mislimo li na Rāmu ili na Kṛṣṇu, On je opisan u ovoj strofi *Bhagavad-gīte*. Gospodin je *kavi*; to znači da poznaje prošlost, sadašnjost i budućnost i stoga zna sve. On je najstarija osoba jer je podrijetlo svega. Sve potječe od Njega. Vrhovni je upravitelj svemira, te održavatelj i učitelj čovječanstva. Gospodin je manji od najmanjeg. Živo je biće deset tisuća puta manje od vrha vlasi kose, ali Gospodin je tako nepojmljivo mali da ulazi u srce takva sićušna bića. Zato se kaže da je manji od najmanjeg. Kao Svevišnji, On može ući u atom i u srce najmanjeg bića i voditi ga kao Nad-duša. Premda je tako mali, ipak je sveprožimajući i održava sve. On održava sve planetarne sustave. Često se čudimo kako svi ovi veliki planeti lebde u zraku. Ovdje je rečeno da Svevišnji Gospodin Svojom nepojmljivom energijom održava sve velike planete i galaksije. U vezi s tim, veoma je važna riječ *acintya* („nepojmljiv"). Božja energija nadilazi našu moć shvaćanja i mišljenja i zato se naziva nepojmljivom (*acintya*). Tko to može poreći? On prožima čitav materijalni svijet, a ipak je transcendentalan prema njemu. Mi ne možemo shvatiti čak ni ovaj materijalni svijet, koji je beznačajan u usporedbi s duhovnim svijetom. Kako onda možemo shvatiti ono što je iznad njega? *Acintya* se odnosi na ono što je transcendentalno prema materijalnom svijetu, ono što naši argumenti, logika i filozofska spekulacija ne mogu dodirnuti, ono što je nepojmljivo. Stoga, izbjegavajući beskorisnu raspravu i spekulaciju, inteligentne osobe trebaju prihvatiti izjave spisa poput *Veda, Bhagavad-gīte* i *Śrīmad-Bhāgavatama* te slijediti načela postavljena u njima. To će ih dovesti do razumijevanja.

STROFA 10

प्रयाणकाले मनसाचलेन
भक्त्या युक्तो योगबलेन चैव ।
भ्रुवोर्मध्ये प्राणमावेश्य सम्यक्
स तं परं पुरुषमुपैति दिव्यम् ॥ १० ॥

prayāṇa-kāle manasācalena
bhaktyā yukto yoga-balena caiva
bhruvor madhye prāṇam āveśya samyak
sa taṁ paraṁ puruṣam upaiti divyam

prayāṇa-kāle – u trenutku smrti; *manasā* – uma; *acalena* – postojanog; *bhaktyā* – pun predanosti; *yuktaḥ* – zaokupljen; *yoga-balena* – moći mistične *yoge; ca* – također; *eva* – zacijelo; *bhruvoḥ* – dvije obrve; *madhye* – između; *prāṇam* – životni zrak; *āveśya* – utemeljujući; *samyak* – potpuno; *saḥ* – on; *tam* – tu; *param* – transcendentalnu; *puruṣam* – Božansku Osobu; *upaiti* – dostiže; *divyam* – u duhovnom carstvu.

Onaj tko u trenutku smrti uzdigne svoj životni zrak između obrva i zahvaljujući moći yoge s velikom se predanošću sjeća Svevišnjeg Gospodina, postojana uma, sigurno će dostići Svevišnju Božansku Osobu.

SMISAO: U ovoj je strofi jasno rečeno da u trenutku smrti um mora biti utemeljen u posvećenosti Svevišnjoj Božanskoj Osobi. Osobama koje slijede proces *yoge* preporučuje se da uzdignu životnu silu do točke između obrva (*ājñā-cakre*). Ovdje se preporučuje proces *ṣaṭ-cakra-yoge,* koji obuhvaća meditaciju na šest *cakri.* Čisti *bhakta* ne primjenjuje takvu *yogu*, ali budući da je uvijek zaokupljen svjesnošću Kṛṣṇe, u trenutku smrti, milošću Svevišnjega Gospodina, može se sjetiti Gospodina. To će biti objašnjeno u četrnaestoj strofi.

U ovoj je strofi osobito važna riječ *yoga-balena*, jer se bez *yoge* – bilo *ṣaṭ-cakra-yoge* bilo *bhakti-yoge* – u trenutku smrti ne može dostići to transcendentalno stanje. Ne možemo se iznenada sjetiti Svevišnje Božanske Osobe u trenutku smrti; moramo slijediti neki sustav *yoge*, napose sustav *bhakti-yoge*. Budući da je u trenutku smrti um vrlo uznemiren, za života trebamo njegovati transcendentalnu svjesnost, slijedeći proces *yoge*.

STROFA 11

यदक्षरं वेदविदो वदन्ति
विशन्ति यद्यतयो वीतरागाः ।
यदिच्छन्तो ब्रह्मचर्यं चरन्ति
तत्ते पदं सङ्ग्रहेण प्रवक्ष्ये ॥ ११ ॥

yad akṣaraṁ veda-vido vadanti
viśanti yad yatayo vīta-rāgāḥ
yad icchanto brahmacaryaṁ caranti
tat te padaṁ saṅgraheṇa pravakṣye

yat – taj koji; *akṣaram* – slog *oṁ; veda-vidaḥ* – osobe upućene u *Vede*; *vadanti* – izgovaraju; *viśanti* – ulaze; *yat* – u koji; *yatayaḥ* – veliki mudraci; *vīta-rāgāḥ* – u odvojenom redu života; *yat* – to koje; *icchantaḥ* – želeći; *brahmacaryam* – celibat; *caranti* – slijede; *tat* – tu; *te* – tebi; *padam* – situaciju; *saṅgraheṇa* – sažeto; *pravakṣye* – objasnit ću.

Učeni poznavatelji Veda, koji izgovaraju oṁkāru i koji su veliki mudraci u odvojenom redu života, ulaze u Brahman. Onaj tko želi dostići takvo savršenstvo živi u celibatu. Sada ću ti ukratko objasniti ovaj proces kojim se može dostići spasenje.

SMISAO: Gospodin Śrī Kṛṣṇa preporučio je Arjuni proces *ṣaṭ-cakra-yoge*, kojim se životni zrak uzdiže do točke između obrva. Smatrajući da Arjuna ne zna proces *ṣaṭ-cakra-yoge*, Gospodin ga u idućim strofama objašnjava. Gospodin kaže da Brahman, premda je jedan bez premca, ima različita očitovanja i vidove. *Akṣara, oṁkāra* – slog *oṁ* – posebno je za impersonaliste istovjetna s Brahmanom. Kṛṣṇa ovdje objašnjava neosobni Brahman, u koji ulaze mudraci u redu odricanja.

U vedskom sustavu obrazovanja učenici od samog početka uče izgovarati slog *oṁ* i stječu znanje o neosobnom Brahmanu živeći s duhovnim učiteljem u potpunom celibatu. Na taj način spoznaju dva vida Brahmana. Taj je sustav prijeko potreban za napredak u duhovnom životu, ali trenutno takav život u celibatu uopće nije moguć. Društvena struktura svijeta toliko se promijenila da nije moguće od početka učeničkog života slijediti pravila celibata. U čitavom svijetu postoje razne ustanove za razne oblasti znanja, ali ne postoji priznata ustanova u kojoj se učenici poučavaju načelima *brahmacarye*. Bez slijeđenja pravila celibata veoma je teško napredovati u duhovnom životu. Zato je Gospodin Caitanya, na temelju uputa spisa namijenjenih ljudima ovoga doba Kali, objavio da u ovom dobu nijedan proces spoznaje Svevišnjega nije moguć osim pjevanja Gospodinovih svetih imena: Hare Kṛṣṇa, Hare Kṛṣṇa, Kṛṣṇa Kṛṣṇa, Hare Hare/ Hare Rāma, Hare Rāma, Rāma Rāma, Hare Hare.

STROFA 12

सर्वद्वाराणि संयम्य मनो हृदि निरुध्य च ।
मूर्ध्न्याधायात्मनः प्राणमास्थितो योगधारणाम् ॥ १२ ॥

sarva-dvārāṇi saṁyamya mano hṛdi nirudhya ca
mūrdhny ādhāyātmanaḥ prāṇam āsthito yoga-dhāraṇām

sarva-dvārāṇi – sve otvore na tijelu; *saṁyamya* – nadzirući; *manaḥ* – um; *hṛdi* – u srcu; *nirudhya* – ograničavajući; *ca* – također; *mūrdhni* – na glavi; *ādhāya* – usredotočujući; *ātmanaḥ* – duša; *prāṇam* – životni zrak; *āsthitaḥ* – utemeljena; *yoga-dhāraṇām* – u *yogi*.

Yogī se odriče svih osjetilnih djelatnosti. Zatvarajući sva vrata osjetila i usredotočujući um na srce, uzdigavši životni zrak do vrha glave, utemeljuje se u yogi.

SMISAO: Da bi slijedila proces *yoge* preporučen u ovoj strofi, osoba najprije mora zatvoriti vrata svega osjetilnog uživanja. To se naziva *pratyāhāra* ili povlačenje osjetila od predmeta osjetila. Treba potpuno vladati osjetilnim organima za stjecanje znanja – očima, ušima, nosom, jezikom i dodirom – i ne smije im dopustiti da budu zaokupljeni zadovoljavanjem osjetila. Tako može usredotočiti um na Nad-dušu u srcu, a životnu silu uzdići do vrha glave. Taj je proces bio potanko opisan u šestom poglavlju, ali kao što je već bilo spomenuto, u ovom dobu nije praktičan. Najbolji je proces svjesnost Kṛṣṇe. Ako možemo uvijek misliti na Kṛṣṇu u predanom služenju, veoma lako možemo ostati u neuznemirenu transcendentalnom transu, *samādhiju.*

STROFA 13

ॐ इत्येकाक्षरं ब्रह्म व्याहरन्मामनुस्मरन् ।
यः प्रयाति त्यजन् देहं स याति परमां गतिम् ॥ १३ ॥

oṁ ity ekākṣaraṁ brahma vyāharan mām anusmaran
yaḥ prayāti tyajan dehaṁ sa yāti paramāṁ gatim

oṁ – slog *oṁ* (*oṁkāru*); *iti* – tako; *eka-akṣaram* – jedan slog; *brahma* – apsolutan; *vyāharan* – izgovarajući; *mām* – Mene (Kṛṣṇe); *anusmaran* – sjećajući se; *yaḥ* – onaj tko; *prayāti* – napusti; *tyajan* – napuštajući; *deham* – ovo tijelo; *saḥ* – on; *yāti* – dostiže; *paramām* – vrhovno; *gatim* – odredište.

Ako osoba koja izgovara sveti slog oṁ, vrhovni spoj slova, utemeljena u takvoj yogi napusti tijelo misleći na Svevišnju Božansku Osobu, sigurno će dostići duhovne planete.

SMISAO: Ovdje je jasno rečeno da se *oṁ*, Brahman i Gospodin Kṛṣṇa ne razlikuju. Neosobni je zvučni oblik Kṛṣṇe *oṁ*, ali zvuk Hare Kṛṣṇa sadrži *oṁ*. Pjevanje Hare Kṛṣṇa *mantre* jasno je preporučeno za ovo doba. Ako osoba na kraju života napusti tijelo pjevajući Hare Kṛṣṇa, Hare Kṛṣṇa, Kṛṣṇa Kṛṣṇa, Hare Hare/ Hare Rāma, Hare Rāma, Rāma Rāma, Hare Hare, sigurno će dostići neki od duhovnih planeta, ovisno o raspoloženju u kojem primjenjuje proces. Kṛṣṇini *bhakte* odlaze na Kṛṣṇin planet, Goloku Vṛndāvanu. Personalist može otići i na jedan od bezbroj drugih planeta na duhovnom nebu, poznatih kao Vaikuṇṭhaloke, dok impersonalisti ostaju u *brahmajyotiju.*

STROFA 14

अनन्यचेताः सततं यो मां स्मरति नित्यशः ।
तस्याहं सुलभः पार्थ नित्ययुक्तस्य योगिनः ॥ १४ ॥

ananya-cetāḥ satataṁ yo māṁ smarati nityaśaḥ
tasyāhaṁ sulabhaḥ pārtha nitya-yuktasya yoginaḥ

ananya-cetāḥ – bez skretanja uma; *satatam* – uvijek; *yaḥ* – onaj tko; *mām* – Mene (Kṛṣṇe); *smarati* – sjeća se; *nityaśaḥ* – redovito; *tasya* – on; *aham* – Mene; *su-labhaḥ* – vrlo lako može dostići; *pārtha* – o Pṛthin sine; *nitya* – neprestano; *yuktasya* – koji služi; *yoginaḥ* – *bhakta.*

Onaj tko se uvijek, bez odstupanja, sjeća Mene, lako Me može dostići, o Pṛthin sine, zahvaljujući neprestanu predanom služenju.

SMISAO: Ova strofa opisuje krajnje odredište koje dostižu neokaljani *bhakte* koji služe Svevišnju Božansku Osobu u *bhakti-yogi.* U prijašnjim strofama bile su opisane četiri različite vrste *bhakta* – nesretni, znatiželjni, željni materijalne dobrobiti i spekulativni filozofi. Bili su opisani i različiti procesi oslobođenja: *karma-yoga, jñāna-yoga* i *haṭha-yoga.* Načela tih sustava *yoge* sadrže u sebi primjesu *bhakti,* ali ova strofa opisuje čistu *bhakti-yogu,* bez primjesa *jñāne, karme* ili *haṭhe.* Riječ *ananya-cetāḥ* kazuje da u čistoj *bhakti-yogi bhakta* ne želi ništa osim Kṛṣṇe. Čisti se *bhakta* ne želi uzdići na rajske planete, niti se želi stopiti s *brahmajyotijem* ili dostići oslobođenje od materijalne zapletenosti. Čisti *bhakta* ništa ne želi. U *Caitanya-caritāmṛti* opisan je kao *niṣkāma,* što znači da ne želi ništa za sebe. Samo on dostiže savršen mir, a ne oni koji žele nešto za sebe. Dok *jñāna-yogī, karma-yogī* ili *haṭha-yogī* ima vlastite, sebične interese, savršeni *bhakta* nema želja, osim da zadovolji Svevišnju Božansku Osobu. Stoga Gospodin kaže da Ga onaj tko Mu je nepokolebljivo predan lako može dostići.

Čisti *bhakta* uvijek predano služi Kṛṣṇu u nekom od Njegovih raznih osobnih oblika. Kṛṣṇa ima razne potpune ekspanzije i inkarnacije, kao što su Rāma i Nṛsiṁha, i *bhakta* može izabrati bilo koji od tih transcendentalnih oblika Svevišnjega Gospodina te usredotočiti svoj um na Njega, služeći Ga s ljubavlju. Takav se *bhakta* ne suočava ni s jednim od problema koji muče sljedbenike drugih *yoga. Bhakti-yoga* vrlo je jednostavna, čista i laka. Osoba je može početi primjenjivati jednostavno pjevajući Hare Kṛṣṇa. Gospodin je milostiv prema svima, ali kao što smo već objasnili, posebno je naklonjen onima koji Ga uvijek služe bez odstupanja. Gospodin pomaže takvim *bhaktama* na razne načine. U *Vedama* (*Kaṭha Upaniṣada* 1.2.23) rečeno je – *yam evaiṣa vṛṇute tena labhyas/ tasyaiṣa ātmā vivṛṇute tanuṁ svām:* onaj tko je potpuno predan Svevišnjem Gospodinu i služi Ga s predanošću može shvatiti pravu prirodu Svevišnjeg

Gospodina. U *Bhagavad-gīti* (10.10) rečeno je – *dadāmi buddhi-yogaṁ tam:* Gospodin daje takvom *bhakti* dovoljno inteligencije tako da Mu *bhakta* na kraju može prići u Njegovu duhovnom carstvu.

Posebna kvalifikacija čistog *bhakte* je da uvijek misli na Kṛṣṇu bez odstupanja, ne obazirući se na vrijeme ili mjesto. Ne bi trebalo biti smetnji. *Bhakta* treba biti sposoban izvršiti svoju službu svuda i u svako doba. Neki kažu da *bhakta* treba živjeti na svetim mestima kao što je Vṛndāvana ili kakav sveti grad u kojem je Gospodin živio, ali čisti *bhakta* može živjeti svuda i svojim predanim služenjem stvoriti ugođaj Vṛndāvane. Śrī Advaita je rekao Gospodinu Caitanyi: „Gdje god si nazočan Ti, o Gospodine – *ondje* je Vṛndāvana."

Riječi *satatam* i *nityaśaḥ*, koje znače „uvijek", „redovito" ili „svaki dan", kazuju da se čisti *bhakta* uvijek sjeća Kṛṣṇe i meditira na Njega. To su kvalifikacije čistoga *bhakte,* koji veoma lako može dostići Gospodina. Proces *bhakti-yoge* preporučen je u *Gīti* više od svih drugih procesa. *Bhakti-yogīji* služe Gospodina na pet različitih načina: (1) kao *śānta-bhakte*, koji predano služe s neutralnim stavom; (2) *dāsya-bhakte*, koji predano služe kao sluge; (3) *sākhya-bhakte,* koji služe kao prijatelji; (4) *vātsalya-bhakte*, koji služe kao roditelji; (5) *mādhurya-bhakte,* koji služe kao ljubavnice Svevišnjega Gospodina. Čisti *bhakta* uvijek transcendentalno služi Svevišnjeg Gospodina s ljubavlju na jedan od spomenutih načina i ne može zaboraviti Svevišnjeg Gospodina. Tako lako dostiže Gospodina. Čisti *bhakta* ne može ni na trenutak zaboraviti Svevišnjega Gospodina, a Svevišnji Gospodin ne može ni na trenutak zaboraviti Svoga čistog *bhaktu.* To je veliki blagoslov procesa pjevanja *mahā-mantre* u svjesnosti Kṛṣṇe – Hare Kṛṣṇa, Hare Kṛṣṇa, Kṛṣṇa Kṛṣṇa, Hare Hare/ Hare Rāma, Hare Rāma, Rāma Rāma, Hare Hare.

STROFA 15

मामुपेत्य पुनर्जन्म दुःखालयमशाश्वतम् ।
नाप्नुवन्ति महात्मानः संसिद्धिं परमां गताः ॥ १५ ॥

mām upetya punar janma duḥkhālayam aśāśvatam
nāpnuvanti mahātmānaḥ saṁsiddhiṁ paramāṁ gatāḥ

mām – Mene; *upetya* – dostigavši; *punaḥ* – ponovno; *janma* – rađaju se; *duḥkha-ālayam* – mjesto bijeda; *aśāśvatam* – privremeno; *na* – nikada ne; *āpnuvanti* – dolaze u; *mahā-ātmānaḥ* – velike duše; *saṁsiddhim* – savršenstvo; *paramām* – krajnje; *gatāḥ* – dostigavši.

Dostigavši Mene, velike duše, koje su yogīji puni predanosti, nikada se više ne vraćaju u ovaj privremeni svijet pun bijeda, jer su dostigle najviše savršenstvo.

SMISAO: Ovaj privremeni materijalni svijet pun je bijeda rođenja, starosti, bolesti i smrti i zato se onaj tko dostigne najviše savršenstvo i vrhovni planet, Kṛṣṇaloku, Goloku Vṛndāvanu, prirodno ne želi vratiti. Vrhovni je planet opisan u vedskoj književnosti kao *avyakta, akṣara* i *paramā gati*. Drugim riječima, taj je planet iznad dosega naše materijalne vizije i neobjašnjiv, ali predstavlja najviši cilj, odredište *mahātmā* (velikih duša). *Mahātme* primaju transcendentalne poruke od spoznatih *bhakta* i tako postupno razvijaju predano služenje u svjesnosti Kṛṣṇe. S vremenom postaju toliko obuzete transcendentalnim služenjem da se ne žele više uzdići ni na jednu od materijalnih planeta niti žele biti preneseni na neki duhovni planet. Žele samo Kṛṣṇu i Kṛṣṇino društvo i ništa više. To je najviše savršenstvo života. Ova strofa posebno opisuje personaliste – *bhakte* Svevišnjega Gospodina Kṛṣṇe. *Bhakte* svjesni Kṛṣṇe dostižu najviše savršenstvo života. Drugim riječima, oni su najuzvišenije duše.

STROFA 16

आब्रह्मभुवनाल्लोकाः पुनरावर्तिनोऽर्जुन ।
मामुपेत्य तु कौन्तेय पुनर्जन्म न विद्यते ॥ १६ ॥

ā-brahma-bhuvanāl lokāḥ punar āvartino 'rjuna
mām upetya tu kaunteya punar janma na vidyate

ā-brahma-bhuvanāt – sve do Brahmaloke; *lokāḥ* – u planetarne sustave; *punaḥ* – ponovno; *āvartinaḥ* – vraća se; *arjuna* – o Arjuna; *mām* – Meni; *upetya* – došavši; *tu* – ali; *kaunteya* – o Kuntīn sine; *punaḥ janma* – ponovnog rađanja; *na* – nikada ne; *vidyate* – dolazi do.

Svi planeti u materijalnom svijetu, od najvišeg do najnižeg, mjesta su patnje na kojima se odvija uzastopno rađanje i umiranje, ali onaj tko dostigne Moje prebivalište, o Kuntīn sine, nikada se više ne rađa.

SMISAO: Sve vrste *yogīja – karma, jñāna, haṭha* itd. – na kraju moraju dostići savršenstvo predanosti u *bhakti-yogi* ili svjesnosti Kṛṣṇe, prije nego što mogu otići u Kṛṣṇino transcendentalno prebivalište da se nikada više ne vrate. Oni koji dostignu najviše materijalne planete, planete polubogova, ponovno bivaju podvrgnuti uzastopnu rađanju i umiranju. Kao što se osobe sa Zemlje uzdižu na više planete, ljudi s viših planeta, kao što su Brahmaloka, Candraloka i Indraloka, padaju na Zemlju. Žrtvovanje zvano *pañcāgni-vidyā*, preporučeno u *Chāndogya Upaniṣadi*, omogućuje osobi da dostigne Brahmaloku, ali ako na Brahmaloki ne njeguje svjesnost Kṛṣṇe, mora se vratiti na Zemlju. Oni koji na višim planetima napreduju u svjesnosti Kṛṣṇe postupno se uzdižu na još više planete i u trenutku kozmičkog uništenja bivaju preneseni u vječno duhovno carstvo. U svom tumačenju *Bhagavad-gīte*, Śrīdhara Svāmī navodi ovu strofu:

brahmaṇā saha te sarve samprāpte pratisañcare
parasyānte kṛtātmānaḥ praviśanti paraṁ padam

„Prilikom uništenja materijalnog svemira Brahmā i njegovi štovatelji, koji su neprestano zaokupljeni svjesnošću Kṛṣṇe, bivaju preneseni u duhovni svemir na duhovne planete, u skladu s njihovim željama."

STROFA 17

सहस्रयुगपर्यन्तमहर्यद् ब्रह्मणो विदुः ।
रात्रिं युगसहस्रान्तां तेऽहोरात्रविदो जनाः ॥ १७ ॥

sahasra-yuga-paryantam ahar yad brahmaṇo viduḥ
rātriṁ yuga-sahasrāntāṁ te 'ho-rātra-vido janāḥ

sahasra – tisuću; *yuga* – milenija; *paryantam* – obuhvaća; *ahaḥ* – dan; *yat* – taj; *brahmaṇaḥ* – Brahme; *viduḥ* – znaju; *rātrim* – noć; *yuga* – milenija; *sahasra-antām* – slično tome, završava se nakon tisuću; *te* – oni; *ahaḥ-rātra* – dan i noć; *vidaḥ* – koji znaju; *janāḥ* – ljudi.

Prema ljudskom proračunu Brahmin dan traje tisuću milenija, a toliko traje i njegova noć.

SMISAO: Trajanje materijalnog svemira ograničeno je i očituje se u ciklusima koji se nazivaju *kalpe. Kalpa,* jedan Brahmin dan, sastoji se od tisuću ciklusa, koji obuhvaćaju četiri *yuge* ili doba po imenu Satya, Tretā, Dvāpara i Kali. U Satya-yugi vlada vrlina, mudrost i religija, te nema neznanja i poroka. Ta *yuga* traje 1 728 000 godina. U Tretā-yugi pojavljuje se porok i ona traje 1 296 000 godina. U Dvāpara-yugi vrlina i religija sve više nestaju, a porok se povećava. Ta *yuga* traje 864 000 godina. Na kraju, u Kali-yugi (sadašnjoj *yugi* koja je započela prije 5 000 godina) prevladavaju sukobi, neznanje, bezbožnost i porok, a prava vrlina gotovo da ne postoji. Ta *yuga* traje 432 000 godina. U Kali-yugi porok se do te mjere povećava da se na kraju *yuge* sam Svevišnji Gospodin pojavljuje kao Kalki *avatāra*, ubija demone, spašava Svoje *bhakte* i započinje novu Satya-yugu. Proces se potom ponavlja. U jednom Brahminom danu, te četiri *yuge* smjenjuju se tisuću puta, a isti broj *yuga* predstavlja jednu njegovu noć. Brahmā živi stotinu takvih „godina" i onda umire. Po zemaljskom proračunu, tih „stotinu godina" iznosi 311 trilijuna 40 milijardi zemaljskih godina. Po tom proračunu Brahmin život izgleda čudesan i beskonačan, ali s gledišta vječnosti, kratak je poput bljeska munje. U Uzročnom oceanu, bezbrojni se Brahme pojavljuju i nestaju poput mjehurića pjene u Atlantskom oceanu. Brahmā i njegova kreacija dio su materijalnog svemira te se stoga stalno pojavljuju i nestaju.

U materijalnom svemiru čak ni Brahmā nije oslobođen procesa rađanja, umiranja, starenja i obolijevanja. No Brahmā izravno služi Svevišnjega Gospodina upravljajući ovim svemirom i zato odmah dostiže oslobođenje. Veoma napredni *sannyāsīji* bivaju uzdignuti na Brahmin planet, Brahmaloku, najviši planet u materijalnom svemiru, koji nadživljava sve rajske planete u gornjem sloju planetarnog sustava, ali po zakonu prirode nakon određena vremena Brahmā i svi stanovnici Brahmaloke podliježu smrti.

STROFA 18

अव्यक्ताद्व्यक्तयः सर्वाः प्रभवन्त्यहरागमे ।
रात्र्यागमे प्रलीयन्ते तत्रैवाव्यक्तसंज्ञके ॥ १८ ॥

avyaktād vyaktayaḥ sarvāḥ prabhavanty ahar-āgame
rātry-āgame pralīyante tatraivāvyakta-saṁjñake

avyaktāt – iz neočitovanog; *vyaktayaḥ* – živa bića; *sarvāḥ* – sva; *prabhavanti* – očituju se; *ahaḥ-āgame* – na početku dana; *rātri-āgame* – kad padne noć; *pralīyante* – uništavaju se; *tatra* – u to; *eva* – zacijelo; *avyakta* – neočitovano; *saṁjñake* – koje se zove.

Na početku Brahmina dana sva se živa bića očituju iz neočitovanog stanja i kada padne noć ponovno se stapaju s neočitovanim.

STROFA 19

भूतग्रामः स एवायं भूत्वा भूत्वा प्रलीयते ।
रात्र्यागमेऽवशः पार्थ प्रभवत्यहरागमे ॥ १९ ॥

bhūta-grāmaḥ sa evāyaṁ bhūtvā bhūtvā pralīyate
rātry-āgame 'vaśaḥ pārtha prabhavaty ahar-āgame

bhūta-grāmaḥ – sva živa bića; *saḥ* – ta; *eva* – zacijelo; *ayam* – ta; *bhūtvā bhūtvā* – ponovno se rađaju; *pralīyate* – uništavaju se; *rātri* – noć; *āgame* – kada dođe; *avaśaḥ* – odmah; *pārtha* – o Pṛthin sine; *prabhavati* – očituju se; *ahaḥ* – dan; *āgame* – kada dođe.

Iznova i iznova, s dolaskom Brahmina dana, sva se živa bića rađaju, a s dolaskom Brahmine noći bivaju bespomoćno uništena.

SMISAO: Manje inteligentna bića, koja nastoje ostati u ovom materijalnom svijetu, mogu se uzdići na više planete, ali nakon toga ponovno moraju doći na planet Zemlju. Za Brahmina dana mogu vršiti svoje djelatnosti na višim i nižim planetima u materijalnom svijetu, ali s dolaskom Brahmine noći bivaju uništena. Danju dobivaju razna tijela za materijalne djelatnosti, ali noću nemaju tijela već ostaju zbijena u tijelu Viṣṇua. Potom se ponovno očituju s dolaskom Brahmina dana. *Bhūtvā bhūtvā pralīyate:* danju se očituju, a noću bivaju uništena. Konačno, na kraju Brahmina života, bivaju uništena i ostaju neočitovana milijune godina. Kada se Brahmā ponovno rodi u sljedećem mileniju, ponovno se očituju. Na taj način bivaju opčinjena čarima materijalnog svijeta. No inteligentne osobe koje se posvećuju svjesnosti Kṛṣṇe potpuno koriste ljudski oblik života za predano služenje Gospodina pjevajući Hare Kṛṣṇa, Hare Kṛṣṇa, Kṛṣṇa Kṛṣṇa, Hare Hare/ Hare Rāma, Hare Rāma, Rāma Rāma, Hare Hare. Tako čak i nakon ovog života mogu otići na Kṛṣṇin duhovni planet i ondje biti vječno blažene, oslobođene uzastopna rađanja.

STROFA 20

परस्तस्मात्तु भावोऽन्योऽव्यक्तोऽव्यक्तात्सनातनः ।
यः स सर्वेषु भूतेषु नश्यत्सु न विनश्यति ॥ २० ॥

paras tasmāt tu bhāvo 'nyo 'vyakto 'vyaktāt sanātanaḥ
yaḥ sa sarveṣu bhūteṣu naśyatsu na vinaśyati

paraḥ – transcendentalna; *tasmāt* – ovoj; *tu* – ali; *bhāvaḥ* – priroda; *anyaḥ* – druga; *avyaktaḥ* – neočitovana; *avyaktāt* – neočitovanoj; *sanātanaḥ* – vječna; *yaḥ saḥ* – to koje; *sarveṣu* – sve; *bhūteṣu* – očitovanje; *naśyatsu* – uništeno; *na* – nikada; *vinaśyati* – uništeno.

A ipak, postoji druga, neočitovana priroda, vječna i transcendentalna prema ovoj očitovanoj i neočitovanoj materiji. Ta vrhovna priroda nikada ne biva uništena. Kada sve u ovom svijetu bude uništeno, taj dio ostaje takav kakav jest.

SMISAO: Kṛṣṇina je viša, duhovna energija transcendentalna i vječna. Ne podliježe mijenama materijalne prirode, koja se očituje i uništava za Brahminih dana i noći. Kṛṣṇina je viša energija kvalitativno potpuno suprotna materijalnoj prirodi. Ona je, zajedno s nižom prirodom, objašnjena u sedmom poglavlju.

STROFA 21

अव्यक्तोऽक्षर इत्युक्तस्तमाहुः परमां गतिम् ।
यं प्राप्य न निवर्तन्ते तद्धाम परमं मम ॥ २१ ॥

avyakto 'kṣara ity uktas tam āhuḥ paramāṁ gatim
yaṁ prāpya na nivartante tad dhāma paramaṁ mama

avyaktaḥ – neočitovano; *akṣaraḥ* – besprijekorno; *iti* – tako; *uktaḥ* – kaže se; *tam* – to; *āhuḥ* – poznato; *paramām* – krajnje; *gatim* – odredište; *yam* – koje; *prāpya* – dostigavši; *na* – nikada; *nivartante* – vraća se; *tat* – to; *dhāma* – prebivalište; *paramam* – vrhovno; *mama* – Moje.

Ono što vedāntisti opisuju kao neočitovano i besprijekorno, ono što je poznato kao vrhovno odredište, mjesto iz kojeg se osoba, kada ga jednom dostigne, nikada više ne vraća – to je Moje vrhovno prebivalište.

SMISAO: *Brahma-saṁhitā* opisuje vrhovno prebivalište Božanske Osobe Kṛṣṇe kao *cintāmaṇi-dhāmu,* mjesto u kojem se ispunjavaju sve želje. Vrhovno prebivalište Gospodina Kṛṣṇe, poznato kao Goloka Vṛndāvana, puno je palača napravljenih od čarobna kamena. Drveće koje ondje raste, zvano „drveće želja", daje sve vrste namirnica, a krave, zvane *surabhi,* daju neograničene količine mlijeka. U tom prebivalištu Gospodina služe stotine tisuća božica sreće (lakṣmīja), a Gospodin se zove Govinda, prvobitni Gospodin i uzrok svih uzroka. Gospodin obično svira Svoju flautu (*veṇuṁ kvaṇantam*). Njegov je transcendentalni oblik najprivlačniji oblik u svim svjetovima – Njegove oči nalikuju laticama lotosa, a boja Njegova tijela boji oblaka. Toliko je privlačan da Njegova ljepota nadmašuje ljepotu tisuća Kupida. Gospodin nosi odjeću boje peludi, vijenac oko vrata i paunovo pero u kosi. U *Bhagavad-gīti* Gospodin Kṛṣṇa daje samo mali nagovještaj Svoga osobnog prebivališta, Goloke Vṛndāvane, najvišeg planeta u duhovnom carstvu. Slikovit opis nalazimo u *Brahma-saṁhiti.* Vedska književnost (*Kaṭha Upaniṣada* 1.3.11) tvrdi da ne postoji ništa više od prebivališta Vrhovnog Boga, koje predstavlja krajnje odredište (*puruṣān na paraṁ kiñcit sā kāṣṭhā paramā gatiḥ*). Kada ga osoba dostigne, nikada se više ne vraća u materijalni svijet. Kṛṣṇino vrhovno prebivalište ne razlikuje se od samoga Kṛṣṇe, jer je iste prirode. Vṛndāvana koja se nalazi na ovom planetu Zemlji, sto četrdeset kilometara jugoistočno od Delhija, replika je vrhovne Goloke Vṛndāvane na duhovnom nebu. Za boravka na ovom planetu, Kṛṣṇa se zabavljao u tom predjelu poznatom kao Vṛndāvana, koje obuhvaća oko sto trideset četvornih kilometara u oblasti Mathure, u Indiji.

STROFA 22

पुरुषः स परः पार्थ भक्त्या लभ्यस्त्वनन्यया ।
यस्यान्तःस्थानि भूतानि येन सर्वमिदं ततम् ॥ २२ ॥

puruṣaḥ sa paraḥ pārtha bhaktyā labhyas tv ananyayā
yasyāntaḥ-sthāni bhūtāni yena sarvam idaṁ tatam

puruṣaḥ – Vrhovna Osoba; *saḥ* – On; *paraḥ* – Vrhovni, od koga nitko nije veći; *pārtha* – o Pṛthin sine; *bhaktyā* – predanim služenjem; *labhyaḥ* – može se dostići; *tu* – ali; *ananyayā* – neokaljanim, ne odstupajući; *yasya* – koji; *antaḥ-sthāni* – u; *bhūtāni* – čitavom materijalnom očitovanju; *yena* – koji; *sarvam* – sve; *idam* – što vidimo; *tatam* – prožima.

Svevišnji Gospodin, koji je najveći od svih, može se dostići neokaljanom predanošću. Iako prebiva u Svom prebivalištu, sve prožima i sve počiva u Njemu.

SMISAO: U ovoj je strofi jasno rečeno da je vrhovno odredište, iz kojeg nema povratka, prebivalište Kṛṣṇe, Vrhovne Osobe. *Brahma-saṁhitā* opisuje to vrhovno prebivalište kao *ānanda-cinmaya-rasu,* mjesto u kojem je sve puno duhovnog blaženstva. Sva raznolikost koja se ondje očituje ima prirodu duhovnog blaženstva – ništa nije materijalno. Ta se raznolikost očituje kao duhovna ekspanzija samog Vrhovnog Boga, jer je potpuno duhovne prirode, kao što je bilo objašnjeno u sedmom poglavlju. Što se tiče materijalnog svijeta, iako je Gospodin uvijek nazočan u Svom vrhovnom prebivalištu, ipak sve prožima Svojom materijalnom energijom. Tako je Svojim duhovnim i materijalnim energijama nazočan svuda – i u materijalnim i u duhovnim svemirima. *Yasyāntaḥ-sthāni* znači da sve počiva u Njemu, u Njegovoj duhovnoj ili materijalnoj energiji. Tim energijama Gospodin prožima sve.

Riječ *bhaktyā* u ovoj strofi ima jasno značenje; Kṛṣṇino se vrhovno prebivalište ili bezbrojni planeti Vaikuṇṭhe mogu dostići samo predanim služenjem, *bhakti*. Nijedan drugi proces ne može nam pomoći da dostignemo to vrhovno prebivalište. *Vede* (*Gopāla-tāpanī Upaniṣada* 3.2) također opisuju to vrhovno prebivalište i Svevišnju Božansku Osobu. *Eko vaśī sarva-gaḥ kṛṣṇaḥ*. U tom prebivalištu postoji samo jedna Svevišnja Božanska Osoba, čije je ime Kṛṣṇa. On je vrhovno milostivo Božanstvo i premda ondje prebiva kao jedan, ekspandira se u milijune potpunih ekspanzija. *Vede* uspoređuju Gospodina s drvetom koje stoji nepomično, a ipak rađa razne plodove i cvjetove te mijenja lišće. Gospodinove potpune ekspanzije koje vladaju planetima Vaikuṇṭhe imaju četiri ruke i različita imena kao što su: Puruṣottama, Trivikrama, Keśava, Mādhava, Aniruddha, Hṛṣīkeśa, Saṅkarṣaṇa, Pradyumna, Padmanābha, Vāsudeva, Dāmodara, Janārdana, Nārāyaṇa, Vāmana, Śrīdhara itd.

Brahma-saṁhitā (5.37) također potvrđuje da Gospodin, iako uvijek boravi u vrhovnom prebivalištu, Goloki Vṛndāvani, prožima sve i tako se sve pravilno odvija (*goloka eva nivasaty akhilātma-bhūtaḥ*). U *Vedama* (*Śvetāśvatara Upaniṣadi* 6.8) rečeno je – *parāsya śaktir vividhaiva śrūyate/ svābhāvikī jñāna-bala-kriyā ca:* Njegove su energije tako protežne da se zahvaljujući njihovu sustavnu i besprijekornu djelovanju sve u kozmičkom očitovanju lijepo odvija, premda je Svevišnji Gospodin vrlo daleko.

STROFA 23

यत्र काले त्वनावृत्तिमावृत्तिं चैव योगिनः ।
प्रयाता यान्ति तं कालं वक्ष्यामि भरतर्षभ ॥ २३ ॥

yatra kāle tv anāvṛttim āvṛttiṁ caiva yoginaḥ
prayātā yānti taṁ kālaṁ vakṣyāmi bharatarṣabha

yatra – u koje; *kāle* – vrijeme; *tu* – i; *anāvṛttim* – ne vraćaju se; *āvṛttim* – vraćaju se; *ca* – također; *eva* – zacijelo; *yoginaḥ* – različite vrste mistika; *prayātāḥ* – otišavši; *yānti* – dostižu; *tam* – to; *kālam* – vrijeme; *vakṣyāmi* – opisat ću; *bharata-ṛṣabha* – o najbolji od Bhārata.

O najbolji od Bhārata, sada ću ti opisati različita vremena u koja yogī može napustiti ovaj svijet. O njima ovisi hoće li se ili neće vratiti.

SMISAO: Neokaljani *bhakte* Svevišnjega Gospodina, koji su potpuno predane duše, ne mare kada će, ili kako, napustiti tijelo. Sve prepuštaju Kṛṣṇi i tako se lako i sretno vraćaju Bogu. No oni koji nisu čisti *bhakte* i koji ovise o procesima duhovne spoznaje kao što su *karma-yoga, jñāna-yoga* i *haṭha-yoga* moraju napustiti tijelo u odgovarajuće vrijeme. Tako mogu sa sigurnošću znati hoće li se vratiti u svijet rođenja i smrti.

Ako je *yogī* savršen, može izabrati kada će i u kojoj situaciji napustiti materijalni svijet. No ako nije savršen, njegov uspjeh ovisi o tome hoće li slučajno napustiti tijelo u pogodno vrijeme. Gospodin će u sljedećoj strofi objasniti pogodno vrijeme za napuštanje tijela koje omogućuje *yogīju* da se ne vrati u ovaj svijet. Prema Ācāryi Baladevi Vidyābhūṣaṇi, sanskrtska riječ *kāla,* koja je ovdje upotrijebljena, odnosi se na predsjedavajuće božanstvo vremena.

STROFA 24

अग्निर्ज्योतिरहः शुक्लः षण्मासा उत्तरायणम् ।
तत्र प्रयाता गच्छन्ति ब्रह्म ब्रह्मविदो जनाः ॥ २४ ॥

agnir jyotir ahaḥ śuklaḥ ṣaṇ-māsā uttarāyaṇam
tatra prayātā gacchanti brahma brahma-vido janāḥ

agniḥ – vatra; *jyotiḥ* – svjetlost; *ahaḥ* – dan; *śuklaḥ* – svijetlo dvotjedno razdoblje; *ṣaṭ-māsāḥ* – šest mjeseci; *uttara-ayaṇam* – kada sunce putuje sjeverom; *tatra* – tamo; *prayātāḥ* – oni koji napuste tijelo; *gacchanti* – odlaze; *brahma* – Apsolutu; *brahma-vidaḥ* – koje su spoznale Apsolut; *janāḥ* – osobe.

Oni koji su spoznali Vrhovni Brahman dostižu Svevišnjega napuštajući svijet za vrijeme utjecaja boga vatre, u svjetlosti, u povoljnu trenutku dana, za vrijeme dvotjednog razdoblja kada mjesec raste ili za vrijeme šest mjeseci kada se sunce kreće sjevernom stranom.

SMISAO: Kada se spominju vatra, svjetlost, dan i dvotjedno razdoblje mjeseca, trebamo znati da svima njima upravljaju različita predsjedavajuća božanstva koja uređuju na koji će način duša napustiti tijelo. U trenutku smrti um nosi osobu k novom životu. Ako napusti tijelo u ovo vrijeme, slučajno ili po planu, postoji mogućnost da dostigne neosobni *brahmajyoti.* Mistici napredni u *yogi* mogu izabrati vrijeme i mjesto napuštanja tijela. Ostali nemaju vlast nad time – ako slučajno napuste tijelo u povoljnu trenutku, neće se vratiti u krug rođenja i smrti. U protivnom, najvjerojatnije će se morati vratiti. Čisti *bhakta* svjestan Kṛṣṇe ne treba se plašiti povratka, bez obzira na to je li napustio tijelo u povoljnu ili nepovoljnu trenutku, slučajno ili po planu.

STROFA 25

धूमो रात्रिस्तथा कृष्णः षण्मासा दक्षिणायनम् ।
तत्र चान्द्रमसं ज्योतिर्योगी प्राप्य निवर्तते ॥ २५ ॥

dhūmo rātris tathā kṛṣṇaḥ ṣaṇ-māsā dakṣiṇāyanam
tatra cāndramasaṁ jyotir yogī prāpya nivartate

dhūmaḥ – dim; *rātriḥ* – noć; *tathā* – također; *kṛṣṇaḥ* – tamno dvotjedno razdoblje; *ṣaṭ-māsāḥ* – šest mjeseci; *dakṣiṇa-ayanam* – kada se sunce kreće južnom stranom; *tatra* – tamo; *cāndra-masam* – mjesec; *jyotiḥ* – svjetlost; *yogī* – mistik; *prāpya* – dostigavši; *nivartate* – vraća se.

Mistik koji napusti ovaj svijet za vrijeme dima, u noći, za vrijeme dvotjednog razdoblja kada se mjesec smanjuje ili šest mjeseci kada se sunce kreće južnom stranom, odlazi na Mjesec, ali se ponovno vraća.

SMISAO: U trećem pjevanju *Śrīmad-Bhāgavatama* Kapila Muni spominje da ljudi iskusni u plodonosnim djelatnostima i žrtvovanjima na Zemlji nakon smrti odlaze na Mjesec. Te napredne duše žive na Mjesecu oko 10 000 godina (po proračunu polubogova) i uživaju u životu pijući *soma-rasu*. Nakon određena vremena vraćaju se na Zemlju. To znači da na Mjesecu žive viša živa bića, premda se ne mogu opaziti grubim osjetilima.

STROFA 26

शुक्लकृष्णे गती ह्येते जगतः शाश्वते मते ।
एकया यात्यनावृत्तिमन्ययावर्तते पुनः ॥ २६ ॥

śukla-kṛṣṇe gatī hy ete jagataḥ śāśvate mate
ekayā yāty anāvṛttim anyayāvartate punaḥ

śukla – svjetlost; *kṛṣṇe* – i tama; *gatī* – načina napuštanja tijela; *hi* – zacijelo; *ete* – ta dva; *jagataḥ* – materijalnog svijeta; *śāśvate* – *Veda; mate* – po mišljenju; *ekayā* – jednim; *yāti* – odlazi; *anāvṛttim* – da se ne vrati; *anyayā* – drugim; *āvartate* – vraća se; *punaḥ* – ponovno.

Prema vedskom mišljenju osoba može napustiti ovaj svijet na dva načina – u svjetlosti i u tami. Kada ga napusti u svjetlosti, ne vraća se; no kada ga napusti u tami, vraća se.

SMISAO: Ācārya Baladeva Vidyābhūṣaṇa navodi isti opis odlaska i povratka iz *Chāndogya Upaniṣade* (5.10.3–5). Koristoljubivi radnici i filozofski spekulanti od davnina stalno dolaze i odlaze. Ne dostižu konačno spasenje jer se ne predaju Kṛṣṇi.

STROFA 27

नैते सृती पार्थ जानन् योगी मुह्यति कश्चन ।
तस्मात् सर्वेषु कालेषु योगयुक्तो भवार्जुन ॥ २७ ॥

naite sṛtī pārtha jānan yogī muhyati kaścana
tasmāt sarveṣu kāleṣu yoga-yukto bhavārjuna

na – nikada; *ete* – ova dva; *sṛtī* – različita puta; *pārtha* – o Pṛthin sine; *jānan* – čak i ako poznaje; *yogī* – Gospodinov *bhakta; muhyati* – zbunjen; *kaścana* – ikada; *tasmāt* – stoga; *sarveṣu kāleṣu* – uvijek; *yoga-yuktaḥ* – zaokupljen svjesnošću Kṛṣṇe; *bhava* – samo postani; *arjuna* – o Arjuna.

Iako bhakte znaju ta dva puta, o Arjuna, nikada nisu zbunjeni. Stoga uvijek budi utemeljen u predanosti.

SMISAO: Kṛṣṇa ovdje savjetuje Arjuni da se ne uznemiruje zbog različitih putova kojima duša može napustiti materijalni svijet. *Bhakta* Svevišnjega Gospodina ne treba se brinuti hoće li napustiti svijet slučajno ili po planu. Treba biti čvrsto utemeljen u svjesnosti Kṛṣṇe i pjevati Hare Kṛṣṇa, znajući da su oba puta mukotrpna. Svjesnošću Kṛṣṇe može se najbolje zaokupiti ako služi Kṛṣṇu. Tako će njegov put u duhovno carstvo biti izravan i siguran. U ovoj je strofi osobito važna riječ *yoga-yukta*. Onaj tko je čvrsto utemeljen u *yogi* sve što čini, čini u svjesnosti Kṛṣṇe. Śrī Rūpa Gosvāmī savjetuje – *anāsaktasya viṣayān yathārham upayuñjataḥ:* materijalne djelatnosti trebamo vršiti bez vezanosti, uvijek djelujući u svjesnosti Kṛṣṇe. Ovim sustavom, zvanim *yukta-vairāgya*, dostiže se savršenstvo. *Bhakta* nije uznemiren ovim opisima, jer zna da mu predano služenje osigurava odlazak u vrhovno prebivalište.

STROFA 28

वेदेषु यज्ञेषु तपःसु चैव
दानेषु यत्पुण्यफलं प्रदिष्टम् ।
अत्येति तत्सर्वमिदं विदित्वा
योगी परं स्थानमुपैति चाद्यम् ॥ २८ ॥

vedeṣu yajñeṣu tapaḥsu caiva
dāneṣu yat puṇya-phalaṁ pradiṣṭam

atyeti tat sarvam idaṁ viditvā
yogī paraṁ sthānam upaiti cādyam

vedeṣu – proučavanjem *Veda*; *yajñeṣu* – izvođenjem *yajñe,* žrtvovanja; *tapaḥsu* – podvrgavanjem različitim vrstama strogosti; *ca* – također; *eva* – zacijelo; *dāneṣu* – davanjem milostinje; *yat* – taj koji; *puṇya-phalam* – rezultat pobožnog rada; *pradiṣṭam* – pokazan; *atyeti* – nadilazi; *tat sarvam* – sve to; *idam* – ovo; *viditvā* – znajući; *yogī* – *bhakta; param* – vrhovno; *sthānam* – prebivalište; *upaiti* – dostiže; *ca* – također; *ādyam* – izvorno.

Onaj tko prihvati put predanog služenja ne biva lišen rezultata koji se dobivaju proučavanjem Veda, izvođenjem žrtvovanja, vršenjem strogosti, davanjem milostinje ili vršenjem filozofskih i plodonosnih djelatnosti. Samim predanim služenjem dostiže sve to i na kraju odlazi u vrhovno vječno prebivalište.

SMISAO: Ova je strofa suština sedmoga i osmoga poglavlja, u kojima se posebno objašnjava svjesnost Kṛṣṇe i predano služenje. Čovjek mora proučavati *Vede* pod vodstvom duhovnog učitelja i podvrći se mnogim strogostima i pokorama dok živi pod njegovim nadzorom. *Brahmacārī* mora živjeti u domu duhovnog učitelja kao sluga i prositi milostinju od vrata do vrata te je donijeti duhovnom učitelju. On uzima hranu samo po naredbi učitelja i ako učitelj ne pozove učenika na objed, učenik posti. To su neki od vedskih načela slijeđenja *brahmacarye.*

Nakon proučavanja *Veda* pod vodstvom učitelja, od pete do dvadesete godine, učenik može postati čovjek savršena karaktera. Proučavanje *Veda* nije namijenjeno razonodi spekulanata u naslonjačima, već oblikovanju karaktera. Nakon takva obrazovanja *brahmacārīju* se dopušta da se oženi i započne obiteljski život. Kao obiteljski čovjek mora izvoditi razna žrtvovanja kako bi mogao dalje napredovati. Također mora davati milostinju u skladu s mjestom, vremenom i kandidatom, praveći razliku između milostinje u vrlini, strasti i neznanju, koje su opisane u *Bhagavad-gīti.* Kada se povuče iz obiteljskog života i prihvati *vānaprasthu*, podvrgava se oštrim pokorama – živi u šumi, oblači se u koru drveta, ne brije se itd. Slijedeći pravila *brahmacarye*, obiteljskog života, *vānaprasthe* i na kraju *sannyāse*, uzdiže se na savršenu razinu života. Neki se onda uzdižu u rajsko kraljevstvo, a kada dalje napreduju dostižu oslobođenje i odlaze u duhovno nebo, u neosobni *brahmajyoti* ili na planete Vaikuṇṭhe ili Kṛṣṇaloku. To je put koji je zacrtala vedska književnost.

Međutim ljepota svjesnosti Kṛṣṇe leži u tome da osoba jednim udarcem, predanim služenjem, može nadići sve obrede različitih redova života.

Riječi *idaṁ viditvā* upućuju da trebamo shvatiti upute koje je Śrī Kṛṣṇa dao u sedmom i osmom poglavlju *Bhagavad-gīte*. Trebamo ih pokušati shvatiti ne umnom spekulacijom ili učenošću, već slušanjem u društvu *bhakta*. Srednjih šest poglavlja (od šestoga do dvanaestoga) predstavljaju srž *Bhagavad-gīte*. Prvih šest i posljednjih šest poglavlja omotači su srednjih šest poglavlja, koja Gospodin posebno štiti. Ako netko ima sreću da u društvu *bhakta* shvati *Bhagavad-gītu* – posebno srednjih šest poglavlja – njegov život odmah postaje slavniji od svih pokora, žrtvovanja, milostinja i spekulacija, jer se svi rezultati tih djelatnosti mogu steći samom svjesnošću Kṛṣṇe.

Onaj tko ima malo vjere u *Bhagavad-gītu* treba je pokušati shvatiti slušajući *bhaktu*, jer je na početku četvrtoga poglavlja jasno rečeno da *Gītu* mogu shvatiti samo *bhakte*. Nitko drugi ne može savršeno shvatiti njezinu svrhu. Zato *Bhagavad-gītu* trebamo naučiti od Kṛṣṇina *bhakte*, a ne od umnih spekulanata. To je znak vjere. Kada čovjek potraži *bhaktu* i na kraju stekne njegovo društvo, istinski počinje proučavati i shvaćati *Bhagavad-gītu*. Napredujući u društvu *bhakte* počinje predano služiti i to služenje raspršuje sve njegove sumnje u Kṛṣṇu, Boga, i Kṛṣṇine djelatnosti, oblik, zabave, ime i druga obilježja. Nakon što sumnje potpuno nestanu, postaje postojan u svom proučavanju. Tada uživa u proučavanju *Bhagavad-gīte* i dostiže stanje neprestane svjesnosti Kṛṣṇe. Na naprednoj razini potpuno se zaljubljuje u Kṛṣṇu. Taj najviši stadij savršenstva života omogućuje *bhakti* da bude prenesen u Kṛṣṇino prebivalište na duhovnom nebu, Goloku Vṛndāvanu, gdje postaje vječno sretan.

Tako se završavaju Bhaktivedantina tumačenja osmoga poglavlja Śrīmad Bhagavad-gīte *pod naslovom* Dostizanje Svevišnjeg.

DEVETO POGLAVLJE

Najpovjerljivije znanje

STROFA 1

श्रीभगवानुवाच
इदं तु ते गुह्यतमं प्रवक्ष्याम्यनसूयवे ।
ज्ञानं विज्ञानसहितं यज्ज्ञात्वा मोक्ष्यसेऽशुभात् ॥ १ ॥

śrī-bhagavān uvāca
idaṁ tu te guhyatamaṁ pravakṣyāmy anasūyave
jñānaṁ vijñāna-sahitaṁ yaj jñātvā mokṣyase 'śubhāt

śrī-bhagavān uvāca – Svevišnja Božanska Osoba reče; *idam* – ovo; *tu* – ali; *te* – tebi; *guhya-tamam* – najpovjerljivije; *pravakṣyāmi* – govorim; *anasūyave* – nezavidnom; *jñānam* – znanje; *vijñāna* – spoznato znanje; *sahitam* – sa; *yat* – kojim; *jñātvā* – kad shvatiš; *mokṣyase* – bit ćeš oslobođen; *aśubhāt* – bijedna materijalnog postojanja.

Svevišnja Božanska Osoba reče: Dragi Moj Arjuna, budući da Mi nikada ne zavidiš, prenijet ću ti ovo najpovjerljivije znanje i spoznaju, zahvaljujući kojem ćeš biti oslobođen bijeda materijalnog postojanja.

SMISAO: Slušajući sve više o Svevišnjem Gospodinu, *bhakta* postaje prosvijetljen. Taj proces slušanja preporučen je u *Śrīmad-Bhāgavatamu:* „Poruke Svevišnje Božanske Osobe pune su moći, koje se mogu spoznati kroz razgovore o Vrhovnom Bogu u društvu *bhakta*. Ta se spoznaja ne može dostići u društvu umnih spekulanata ili akademski učenih ljudi, jer predstavlja spoznato znanje."

Bhakte neprestano služe Svevišnjega Gospodina. On shvaća mentalitet i iskrenost živoga bića koje djeluje u svjesnosti Kṛṣṇe te mu daje inteligenciju potrebnu za razumijevanje nauka o Kṛṣṇi u društvu *bhakta*. Razgovori o Kṛṣṇi imaju veliku moć i ako se sretna osoba druži s *bhaktama* i pokuša usvojiti znanje, sigurno će napredovati u duhovnoj spoznaji. Želeći ohrabriti Arjunu da još više napreduje u moćnom služenju Njega, Gospodin Kṛṣṇa opisuje u ovom poglavlju teme povjerljivije od onih o kojima je već govorio.

Sam je početak *Bhagavad-gīte*, prvo poglavlje, manje-više uvod u ostali dio knjige. Duhovno znanje opisano u drugom i trećem poglavlju naziva se povjerljivim. Teme o kojima se govori u sedmom i osmom poglavlju posebno se odnose na predano služenje i nazivaju se još povjerljivijim, jer donose prosvjetljenje u svjesnosti Kṛṣṇe. No u devetom se poglavlju opisuje neokaljana, čista predanost. Zato se deveto poglavlje naziva najpovjerljivijim. Onaj tko je utemeljen u najpovjerljivijem znanju o Kṛṣṇi prirodno je transcendentalan. Zato ne doživljava materijalne patnje, iako se nalazi u materijalnom svijetu. U *Bhakti-rasāmṛta-sindhuu* rečeno je da je onaj tko iskreno želi služiti Svevišnjega Gospodina s ljubavlju oslobođen, iako se nalazi u uvjetovanu stanju materijalnog postojanja. Slično tome, u desetom poglavlju *Bhagavad-gīte* bit će objašnjeno da je onaj tko tako djeluje oslobođena osoba.

Ova prva strofa posebno je važna. Riječi *idaṁ jñānam* („ovo znanje") odnose se na čisto predano služenje, koje se sastoji od devet različitih djelatnosti: slušanja, pjevanja, sjećanja, služenja, obožavanja, upućivanja molitvi, pokoravanja, održavanja prijateljstva i predavanja svega. Slijeđenjem ovih devet procesa predana služenja osoba se uzdiže na razinu duhovne svjesnosti, svjesnosti Kṛṣṇe. Kada se njezino srce tako pročisti od materijalnih nečistoća, može shvatiti nauk o Kṛṣṇi. Samo shvaćanje da živo biće nije materijalno, nije dovoljno. To može biti početak duhovne spoznaje, ali trebamo uvidjeti razliku između djelatnosti tijela i duhovnih djelatnosti onoga tko shvaća da nije tijelo.

U sedmom smo poglavlju već govorili o obiljima Svevišnjega Gospodina, o Njegovim različitim energijama, o višoj i nižoj prirodi te čitavom materijalnom očitovanju. Sada će u devetom poglavlju biti opisane Gospodinove slave.

U ovoj je strofi također značajna riječ *anusūyave*. Svi tumači, čak i vrlo učeni, obično zavide Kṛṣṇi, Svevišnjoj Božanskoj Osobi. Čak i najučeniji među njima tumače *Bhagavad-gītu* vrlo netočno. Budući da zavide Kṛṣṇi, njihova su tumačenja beskorisna. Tumačenja Gospodinovih *bhakta* su vjerodostojna. Nitko ne može objasniti *Bhagavad-gītu* ili izložiti savršeno znanje o Kṛṣṇi ako zavidi Kṛṣṇi. Onaj tko kritizira Kṛṣṇin karakter, iako Ga ne poznaje, nije ništa drugo do budala. Zato takva tumačenja trebamo vrlo pažljivo izbjegavati. Onaj tko shvaća da je Kṛṣṇa Svevišnja Božanska Osoba, čista i transcendentalna osoba, steći će veliku dobrobit od ovih poglavlja.

STROFA 2

राजविद्या राजगुह्यं पवित्रमिदमुत्तमम् ।
प्रत्यक्षावगमं धर्म्यं सुसुखं कर्तुमव्ययम् ॥ २ ॥

rāja-vidyā rāja-guhyaṁ pavitram idam uttamam
pratyakṣāvagamaṁ dharmyaṁ su-sukhaṁ kartum avyayam

rāja-vidyā – kralj naobrazbe; *rāja-guhyam* – kralj povjerljivog znanja; *pavitram* – najčistije; *idam* – ovo; *uttamam* – transcendentalno; *pratyakṣa* – neposrednim iskustvom; *avagamam* – spoznaje se; *dharmyam* – načelo religije; *su-sukham* – radosno; *kartum* – primjenjuje se; *avyayam* – vječno.

Ovo je znanje kralj naobrazbe, tajnije od svih tajni. Potpuno je čisto i predstavlja savršenstvo religije, jer zahvaljujući spoznaji omogućuje neposredno opažanje jastva. Vječno je i s radošću se primjenjuje.

SMISAO: Ovo se poglavlje *Bhagavad-gīte* naziva kraljem naobrazbe jer predstavlja bit svih naučavanja i filozofija koje su ranije bile objašnjene. Među najistaknutije filozofe u Indiji ubrajaju se Gautama, Kaṇāda, Kapila, Yājñavalkya, Śāṇḍilya te Vaiśvānara. Tu je i Vyāsadeva, pisac *Vedānta-sūtre*. Tako na polju filozofije ili transcendentalnog znanja nema pomanjkanja znanja. U ovoj strofi Gospodin kaže da je ovo poglavlje kralj sveg takva znanja, bit sveg znanja koje se može steći proučavanjem *Veda* i različitih vrsta filozofije. Najpovjerljivije je zato što povjerljivo ili transcendentalno znanje obuhvaća razumijevanje razlike između duše i tijela. Kralj sveg povjerljivog znanja doseže vrhunac u predanu služenju.

Ljudi obično ne uče ovo povjerljivo znanje; uče vanjsko znanje. Što se tiče obične naobrazbe, ljudi proučavaju toliko mnogo oblasti: politiku, sociologiju, fiziku, kemiju, matematiku, astronomiju, strojarstvo itd. U čitavu svijetu ima toliko mnogo područja znanja i velikih sveučilišta, ali nažalost nema ni jednoga sveučilišta ili obrazovne ustanove na kojima se predaje nauk o duhovnoj duši, premda je duša najvažniji dio tijela. Ako duša nije prisutna u tijelu, ono nema nikakvu vrijednost. Ipak, ljudi pridaju veliku važnost tjelesnim životnim potrebama, ne mareći za živu dušu.

Bhagavad-gītā, posebno od drugoga poglavlja nadalje, naglašava važnost duše. Na samom početku, Gospodin kaže da je tijelo uništivo, a duša neuništiva (*antavanta ime dehā nityasyoktāḥ śarīriṇaḥ*). Samo znanje da se duhovna duša razlikuje od tijela i da je njezina priroda nepromjenjiva, neuništiva i vječna, predstavlja povjerljivi dio znanja, ali ne pruža pozitivno znanje o duši. Ljudi katkada imaju dojam da se duša razlikuje od tijela i da kada tijelo umre, ili se osoba oslobodi tijela, duša ostaje u praznini i gubi osobnost. No ustvari to nije istina. Kako duša, koja je u tijelu tako aktivna, može biti neaktivna nakon oslobođenja od tijela? Ona je uvijek aktivna. Ako je vječna, onda je vječno aktivna, a njezine djelatnosti u duhovnom carstvu predstavljaju najpovjerljiviji dio duhovnog znanja. Zato su ovdje opisane kao kralj sveg znanja, najpovjerljiviji dio sveg znanja.

Ovo je znanje najčistiji oblik sveg djelovanja. To je objašnjeno u vedskoj književnosti. Analiza čovjekovih grešnih djelatnosti u *Padma Purāṇi* pokazuje da su one posljedice uzastopna grešnog djelovanja. Osobe zaokupljene plodonosnim djelatnostima zapleću se u razne stadije i oblike grešnih posljedica. Na primjer, kada se sjeme drveta posije, drvo ne počinje odmah rasti; za to je potrebno neko vrijeme. Najprije se pojavljuje mladica, koja poprima oblik drveta. Ono potom cvjeta i donosi plodove i kad cvjetovi procvjetaju, a plodovi sazru, osobe koje su posijale sjeme drveta u njima uživaju. Slično tome, čovjek može počiniti grešno djelo kojem, kao i sjemenu, treba neko vrijeme da sazre. Postoje različiti stadiji. Osoba može okončati grešnu djelatnost, ali posljedice ili plodove tog grešnog djela tek treba ispaštati. Postoje grijesi koji još uvijek imaju oblik sjemena i grijesi koji su već sazreli i donijeli plod, koji doživljavamo kao nesreću i patnju.

Kao što je bilo objašnjeno u dvadeset osmoj strofi sedmoga poglavlja, osoba koja se potpuno oslobodila posljedica svih grešnih djela i potpuno posvetila pobožnim djelatnostima, oslobođena dvostranosti materijalnog svijeta, počinje predano služiti Svevišnju Božansku Osobu, Kṛṣṇu. Drugim riječima, oni koji predano služe Svevišnjega Gospodina već su se oslobodili svih posljedica. Ta je izjava potvrđena u *Padma Purāṇi:*

aprārabdha-phalaṁ pāpaṁ kūṭaṁ bījaṁ phalonmukham
krameṇaiva pralīyeta viṣṇu-bhakti-ratātmanām

Ako netko predano služi Svevišnju Božansku Osobu, sve njegove grešne posljedice postupno iščezavaju, bez obzira jesu li sazrele, nezrele ili u obliku sjemena. Predano služenje ima veoma veliku moć pročišćavanja i naziva se *pavitram uttamam*, najčistijim. *Uttama* znači transcendentalno. *Tamas* se odnosi na materijalni svijet, tamu, a *uttama* na ono što je transcendentalno prema materijalnim djelatnostima. Nikada ne bismo trebali smatrati da su djelatnosti predana služenja materijalne, iako katkada *bhakte* naizgled postupaju kao obični ljudi. Onaj tko može vidjeti i tko je upućen u predano služenje znat će da njihove djelatnosti nisu materijalne. Sve su duhovne i pune predanosti, neokaljane materijalnim *guṇama* prirode.

Rečeno je da je predano služenje tako savršeno da se rezultati mogu izravno opaziti. Taj neposredni rezultat doista se opaža i naše nam iskustvo pokazuje da svatko tko pjeva bez uvreda Kṛṣṇina sveta imena (Hare Kṛṣṇa, Hare Kṛṣṇa, Kṛṣṇa Kṛṣṇa, Hare Hare/ Hare Rāma, Hare Rāma, Rāma Rāma, Hare Hare) osjeća neko transcendentalno zadovoljstvo i veoma se brzo pročišćava od svih materijalnih nečistoća. To možemo vidjeti. Ako uz slušanje pokušava prenijeti ljudima poruku o predanom služenju ili pomaže misionarske djelatnosti svjesnosti Kṛṣṇe, postupno će osjetiti kako duhovno napreduje. To napredovanje u duhovnom životu ne ovisi ni o kakvoj prethodnoj naobrazbi ili kvalifikaciji. Proces je tako čist da se osoba pročišćava samim slijeđenjem toga procesa.

To je potvrđeno u *Vedānta-sūtri* (3.2.26): *prakāśaś ca karmaṇy abhyāsāt.* „Predano je služenje tako moćno da samim djelovanjem s predanošću osoba nedvojbeno biva prosvijetljena." To možemo vidjeti na primjeru Nārade, koji je u svom prošlom životu bio sin sluškinje. Nije bio obrazovan niti se rodio u bogatoj obitelji, ali kad je Nāradina majka služila velike *bhakte,* ponekad ih je, u njezinoj odsutnosti, i sam služio. Nārada osobno kaže:

ucchiṣṭa-lepān anumodito dvijaiḥ
sakṛt sma bhuñje tad-apāsta-kilbiṣaḥ

evaṁ pravṛttasya viśuddha-cetasas
tad-dharma evātma-ruciḥ prajāyate

U ovoj strofi *Śrīmad-Bhāgavatama* (1.5.25) Nārada opisuje svoj prošli život svom učeniku Vyāsadevi. On kaže da se blisko družio s pročišćenim *bhaktama* dok ih je kao dječak služio za četiri mjeseca njihova boravka. Katkada bi ti mudraci ostavili ostatke hrane na svojim tanjurima i dječak, koji je prao njihove tanjure, poželio je da ih kuša. Zato je zamolio velike *bhakte* za dopuštenje i kada su se oni složili, pojeo je ostatke i tako se oslobodio svih grešnih posljedica. Nastavivši jesti ostatke njihove hrane, postupno je postao osoba čista srca poput mudraca. Veliki su *bhakte* slušajući i pjevajući uživali u draži neprestana predanog služenja Gospodina i Nārada je postupno razvio isti ukus. Nārada dalje kaže:

tatrānvahaṁ kṛṣṇa-kathāḥ pragāyatām
anugraheṇāśṛṇavaṁ manoharāḥ
tāḥ śraddhayā me 'nupadaṁ viśṛṇvataḥ
priyaśravasy aṅga mamābhavad ruciḥ

Družeći se s mudracima, Nārada je razvio ukus za slušanje i pjevanje o Gospodinovim slavama i veliku želju za predanim služenjem. Stoga, kao što je rečeno u *Vedānta-sūtri – prakāśaś ca karmaṇy abhyāsāt:* samim predanim služenjem osoba stječe razumijevanje i sve joj se razotkriva. To se naziva *pratyakṣa*, izravno opažanje.

Riječ *dharmyam* znači „put religije". Nārada je bio sin sluškinje. Nije imao mogućnost školovanja. Pomagao je majci, koja je na sreću učinila neku službu za *bhakte*. Dječak je Nārada također dobio priliku da učini neku službu i jednostavno zahvaljujući druženju dostigao je najviši cilj religije. Najviši je cilj svake religije predano služenje, kao što je rečeno u *Śrīmad-Bhāgavatamu* (*sa vai puṁsāṁ paro dharmo yato bhaktir adhokṣaje*). Većina pobožnih ljudi ne zna da je najviše savršenstvo religije predano služenje. Kao što smo već objasnili u tumačenju posljednjeg stiha osmoga poglavlja, (*vedeṣu yajñeṣu tapaḥsu caiva*), za samospoznaju je obično potrebno vedsko znanje. Ali možemo vidjeti da je Nārada, iako nikada nije pohađao školu duhovnog učitelja i nije bio poučen vedskim načelima, stekao najviši rezultat proučavanja *Veda*. Taj je proces tako moćan da može uzdignuti do najvišeg savršenstva čak i onoga tko ne slijedi redovito proces religije. Kako je to moguće? To je potvrđeno u vedskoj književnosti: *ācāryavān puruṣo veda*. Onaj tko se druži s velikim *ācāryama*, čak i ako nije obrazovan niti je ikada proučavao *Vede*, može steći sve znanje potrebno za spoznaju.

Proces predanog služenja slijedi se s radošću (*susukham*). Zašto? Predano služenje sastoji se od *śravaṇaṁ kīrtanaṁ viṣṇoḥ*. Tako možemo slušati pjevanje Gospodinovih slava ili pohađati filozofska predavanja ovlaštenih *ācārya* o transcendentalnom znanju. Jednostavno sjedeći možemo učiti. Potom možemo pojesti ostatke hrane ponuđene Bogu, lijepa ukusna jela. U svim je prilikama predano služenje puno radosti. Čak i kada smo pogođeni najvećim siromaštvom možemo predano služiti. Gospodin kaže – *patraṁ puṣpaṁ phalaṁ toyam:* spreman je prihvatiti od *bhakte* bilo kakvu ponudu, bilo što. *Bilo tko*, bez obzira na društveni položaj, može ponuditi čak i list, plod, malo voća ili vode, koji se mogu naći u svim dijelovima svijeta, i to će biti prihvaćeno, ako se ponudi s ljubavlju. U povijesti ima mnogo primjera takva služenja. Jednostavno osjetivši miris lišća biljke *tulasī* ponuđena Gospodinovim lotosolikim stopalima, veliki mudraci, kao što je Sanat-kumāra, postali su veliki *bhakte*. Proces je predanog služenja stoga veoma lijep i može se vršiti u radosnu raspoloženju. Bog prihvaća samo ljubav s kojom Mu nudimo stvari.

U ovoj je strofi rečeno da predano služenje postoji vječno. Nije privremeno, kao što tvrde māyāvādī filozofi. Premda se ponekad posvećuju takozvanom predanom služenju misle da će predano služiti sve dok ne dostignu oslobođenje, ali će se na kraju, kad postanu oslobođeni, „sjediniti s Bogom". Takvo privremeno, dvolično predano služenje ne smatra se čistim predanim služenjem. Pravo predano služenje nastavlja se čak i nakon oslobođenja. Kad dostigne duhovni planet u Božjem Carstvu, *bhakta* i ondje služi Svevišnjega Gospodina. Ne pokušava se stopiti sa Svevišnjim Gospodinom.

Kao što ćemo vidjeti u *Bhagavad-gīti*, pravo predano služenje počinje nakon oslobođenja. Kad se netko, nakon oslobođenja, utemelji na razini Brahmana (*brahma-bhūta*), počinje predano služiti (*samaḥ sarveṣu bhūteṣu mad-bhaktiṁ labhate parām*). Nitko ne može shvatiti Svevišnju Božansku Osobu neovisnim slijeđenjem procesa *karma-yoge, jñāna-yoge, aṣṭāṅga-yoge* ili bilo koje druge *yoge*. Tim procesima *yoge* može malo napredovati prema *bhakti-yogi*, ali ako ne dostigne razinu predanog služenja, ne može shvatiti Božansku Osobu. U *Śrīmad-Bhāgavatamu* potvrđeno je da osoba pročišćena procesom predanog služenja, napose slušanjem *Śrīmad-Bhāgavatama* ili *Bhagavad-gīte* od spoznatih duša, može shvatiti nauk o Kṛṣṇi ili Bogu. *Evaṁ prasanna-manaso bhagavad-bhakti-yogataḥ*. Kad pročisti srce od svih besmislica, može shvatiti Boga. Tako je proces predanog služenja, svjesnosti Kṛṣṇe, kralj sve naobrazbe i sveg povjerljivog znanja. Najčistiji je oblik religije i može se lako slijediti s radošću. Stoga ga trebamo prihvatiti.

STROFA 3

अश्रद्दधानाः पुरुषा धर्मस्यास्य परन्तप ।
अप्राप्य मां निवर्तन्ते मृत्युसंसारवर्त्मनि ॥ ३ ॥

aśraddadhānāḥ puruṣā dharmasyāsya parantapa
aprāpya māṁ nivartante mṛtyu-saṁsāra-vartmani

aśraddadhānāḥ – nevjerne; *puruṣāḥ* – osobe; *dharmasya* – procesu religije; *asya* – ovom; *parantapa* – o ubojico neprijatelja; *aprāpya* – ne dostigavši; *mām* – Mene; *nivartante* – vraćaju se; *mṛtyu* – smrti; *saṁsāra* – materijalnog postojanja; *vartmani* – putu.

Oni koji nisu vjerni predanom služenju ne mogu Me dostići, o pokoritelju neprijatelja. Zato se vraćaju putu rađanja i umiranja u materijalnom svijetu.

SMISAO: Nevjerni ne mogu postići uspjeh u procesu predanog služenja. To je smisao ove strofe. Vjera se stječe druženjem s *bhaktama*. Nesretni ljudi ne vjeruju u Boga čak ni nakon što čuju sva svjedočanstva velikih osoba u vedskoj književnosti. Neodlučni su i ne mogu postojano predano služiti Gospodina. Stoga je vjera najvažniji čimbenik za napredovanje u svjesnosti Kṛṣṇe. U *Caitanya-caritāmṛti* vjera je definirana kao potpuno uvjerenje da se samim služenjem Svevišnjeg Gospodina Śrī Kṛṣṇe može dostići sve savršenstvo. To je prava vjera. U *Śrīmad-Bhāgavatamu* (4.31.14) rečeno je:

yathā taror mūla-niṣecanena
tṛpyanti tat-skandha-bhujopaśākhāḥ
prāṇopahārāc ca yathendriyāṇāṁ
tathaiva sarvārhaṇam acyutejyā

„Kada osoba zalijeva korijen drveta, zadovoljava njegove grane, grančice i listove, a kada daje trbuhu hranu, zadovoljava sva tjelesna osjetila. Slično tome, kad transcendentalno služi Svevišnjeg Gospodina, samim tim zadovoljava sve polubogove i sva ostala živa bića." Stoga, nakon čitanja *Bhagavad-gīte* trebamo odmah doći do zaključka *Bhagavad-gīte:* trebamo ostaviti sve druge djelatnosti i posvetiti se služenju Svevišnjega Gospodina Kṛṣṇe, Božanske Osobe. Onaj tko je uvjeren u ovu životnu filozofiju posjeduje vjeru.

Ta se vjera razvija procesom svjesnosti Kṛṣṇe. Postoje tri vrste ljudi svjesnih Kṛṣṇe. Trećoj vrsti pripadaju oni koji nemaju vjeru. Čak i ako formalno predano služe, ne mogu dostići najvišu razinu savršenstva. Oni će najvjerojatnije nakon nekog vremena pasti. Mogu predano služiti, ali budući da nemaju potpuno uvjerenje i vjeru, teško mogu nastaviti njegovati svjesnost Kṛṣṇe. Za svojih smo misionarskih djelatnosti vidjeli da neki ljudi dolaze i posvećuju se svjesnosti Kṛṣṇe sa skrivenim pobudama. Čim poboljšaju svoju novčanu situaciju, ostavljaju ovaj proces i nastavljaju živjeti kao i ranije. Samo zahvaljujući vjeri možemo napredovati u svjesnosti Kṛṣṇe. Što se tiče razvijanja vjere, onaj tko je proučio spise o predanom služenju i dostigao razinu čvrste vjere naziva se prvorazrednom osobom svjesnom Kṛṣṇe. Drugoj vrsti pripadaju oni koji nisu vrlo napredni u razumijevanju spisa o predanosti, ali imaju čvrstu vjeru da je *kṛṣṇa-bhakti*, služenje Kṛṣṇe, najbolji put i zato su ga s vjerom prihvatili. Tako su viši od treće vrste, koja nema ni savršeno znanje o spisima ni pravu vjeru, ali pokušava slijediti proces zahvaljujući druženju i svojoj jednostavnosti. Trećerazredna osoba u svjesnosti Kṛṣṇe može pasti, ali drugorazredna osoba ne pada. Za prvorazrednu osobu u svjesnosti Kṛṣṇe nema ni govora o padu. Prvorazredan *bhakta* sigurno će napredovati i na kraju dostići rezultat. Što se tiče trećerazredne osobe u svjesnosti Kṛṣṇe, iako vjeruje da je predano služenje vrlo dobro, još uvijek nije stekla odgovarajuće znanje o Kṛṣṇi iz spisa kao što su *Śrīmad-Bhāgavatam* i *Bhagavad-gītā*. Katkada trećerazredne osobe u svjesnosti Kṛṣṇe imaju sklonost ka *karma-yogi* i *jñāna-yogi* i ponekad su uznemirene, ali čim zaraza *karma-yoge* i *jñāna-yoge* nestane, postaju drugorazredne ili prvorazredne osobe u svjesnosti Kṛṣṇe. Vjera u Kṛṣṇu također se dijeli na tri vrste i opisana je u *Śrīmad-Bhāgavatamu*. U jedanaestom pjevanju *Śrīmad-Bhāgavatama* opisane su prvorazredna, drugorazredna i trećerazredna privrženost. Oni koji nemaju vjeru čak ni nakon što su čuli o Kṛṣṇi i veličini predanog služenja, koji misle da je to samo preuveličavanje, smatraju ovaj put veoma teškim, iako naizgled predano služe. Za njih postoji vrlo mala nada u dostizanje savršenstva. Tako je vjera veoma važna u predanom služenju.

STROFA 4

मया ततमिदं सर्वं जगदव्यक्तमूर्तिना ।
मत्स्थानि सर्वभूतानि न चाहं तेष्ववस्थितः ॥ ४ ॥

mayā tatam idaṁ sarvaṁ jagad avyakta-mūrtinā
mat-sthāni sarva-bhūtāni na cāhaṁ teṣv avasthitaḥ

mayā – Ja; *tatam* – prožimam; *idam* – ovo; *sarvam* – čitavo; *jagat* – kozmičko očitovanje; *avyakta-mūrtinā* – neočitovanim oblikom; *mat-sthāni* – u Meni; *sarva-bhūtāni* – sva živa bića; *na* – ne; *ca* – također; *aham* – Ja; *teṣu* – u njima; *avasthitaḥ* – nalazim se.

Svojim neočitovanim oblikom prožimam čitav ovaj svemir. Sva su bića u Meni, ali Ja nisam u njima.

SMISAO: Svevišnja Božanska Osoba ne može se opaziti grubim materijalnim osjetilima. Rečeno je:

ataḥ śrī-kṛṣṇa-nāmādi na bhaved grāhyam indriyaiḥ
sevonmukhe hi jihvādau svayam eva sphuraty adaḥ
(*Bhakti-rasāmṛta-sindhu* 1.2.234)

Ime, slava i zabave Gospodina Śrī Kṛṣṇe ne mogu se shvatiti materijalnim osjetilima. On se razotkriva samo onom tko pod pravilnim vodstvom služi s čistom predanošću. U *Brahma-saṁhiti* (5.38) rečeno je – *premāñjana-cchurita-bhakti-vilocanena santaḥ sadaiva hṛdayeṣu vilokayanti:* osoba koja je razvila transcendentalnu ljubav prema Svevišnjoj Božanskoj Osobi može uvijek vidjeti Govindu u sebi i izvan sebe. Obični ljudi ne mogu vidjeti Gospodina. Ovdje je rečeno da Ga materijalna osjetila ne mogu opaziti, iako je sveprožimajući i svuda prisutan. Na to upućuje riječ *avyakta-mūrtinā.* Ustvari, premda Ga ne možemo vidjeti, sve počiva u Njemu. Kao što smo već objasnili u sedmom poglavlju, čitavo materijalno kozmičko očitovanje predstavlja samo spoj Njegovih različitih energija – više, duhovne, i niže, materijalne energije. Kao što se sunčeva svjetlost širi čitavim svemirom, Gospodinova energija širi se čitavom kreacijom i sve u njoj počiva.

Ipak ne bismo trebali zaključiti da je Gospodin, budući da se svuda širi, izgubio Svoje osobno postojanje. Da bi opovrgao takvu tvrdnju, Gospodin izjavljuje: „Prisutan sam svuda i sve počiva u Meni, ali sam ipak odvojen." Na primjer, kralj upravlja vladom, koja je samo očitovanje njegove energije. Razna vladina ministarstva nisu ništa drugo do kraljeve energije i svako ministarstvo počiva na kraljevoj moći. Ipak ne možemo očekivati da kralj bude osobno prisutan u svakom ministarstvu. To je grub primjer. Slično tome, sva očitovanja koja vidimo i sve što postoji, u materijalnom i duhovnom svijetu, počiva na energiji Svevišnjega Gospodina. Do stvaranja dolazi širenjem Njegovih različitih energija. Kao što je rečeno u *Bhagavad-gīti* – *viṣṭabhyāham idaṁ kṛtsnam:* On je nazočan svuda u obliku Svoga osobnog očitovanja, širenja Njegovih različitih energija.

STROFA 5

न च मत्स्थानि भूतानि पश्य मे योगमैश्वरम् ।
भूतभृन्न च भूतस्थो ममात्मा भूतभावनः ॥ ५ ॥

na ca mat-sthāni bhūtāni paśya me yogam aiśvaram
bhūta-bhṛn na ca bhūta-stho mamātmā bhūta-bhāvanaḥ

na – nikada; *ca* – također; *mat-sthāni* – u Meni; *bhūtāni* – čitava kreacija; *paśya* – pogledaj; *me* – Moju; *yogam aiśvaram* – nepojmljivu mističnu moć; *bhūta-bhṛt* – održavatelj svih živih bića; *na* – nikada; *ca* – također; *bhūta-sthaḥ* – u kozmičkom očitovanju; *mama* – Moje; *ātmā* – biće; *bhūta-bhāvanaḥ* – izvor sve pojavnosti.

A ipak sve što je stvoreno ne počiva u Meni. Pogledaj Moje mistično obilje! Premda održavam sva živa bića i prisutan sam svuda, nisam dio ovoga kozmičkog očitovanja, jer je Moje Jastvo sam izvor kreacije.

SMISAO: Gospodin kaže da sve počiva u Njemu (*mat-sthāni sarva-bhūtāni*). To ne bismo trebali pogrešno shvatiti. Gospodin ne vodi neposredno brigu o održavanju materijalnog svijeta. Ponekad možemo vidjeti sliku Atlasa koji drži Zemaljsku kuglu na svojim ramenima i pri tome izgleda vrlo umoran. Ne bismo trebali imati takvu predodžbu o Kṛṣṇinu održavanju stvorenoga svemira. On kaže da je odvojen od svega, iako sve počiva na Njemu. Planetarni sustavi lebde u prostoru, a taj je prostor energija Svevišnjega Gospodina. Ali On se razlikuje od prostora. On se nalazi na drugom mjestu. Stoga Gospodin kaže: „Premda počivaju u Mojoj nepojmljivoj energiji, Ja sam, kao Svevišnja Božanska Osoba, odvojen od njih." To je Gospodinovo nepojmljivo obilje.

U vedskom rječniku *Niruktiju* rečeno je – *yujyate 'nena durghaṭeṣu kāryeṣu:* „Svevišnji Gospodin provodi nepojmljivo čudesne zabave, očitujući Svoju energiju." Njegova je osobnost puna različitih energija, a Njegove se odluke same ostvaruju. Tako trebamo shvatiti Božansku Osobu. Mi možemo poželjeti učiniti nešto, ali ima toliko mnogo zapreka i katkada ne možemo ispuniti svoju želju. Međutim, kada Kṛṣṇa želi nešto učiniti, jednostavno zahvaljujući Njegovoj želji sve se odvija tako savršeno da ne možemo ni zamisliti kako se to odvija. Gospodin objašnjava tu činjenicu: iako održava čitav materijalni svijet, ne dolazi u dodir s njime. Po samoj Njegovoj vrhovnoj volji sve se stvara, održava i uništava. On se ne razlikuje od Svoga uma (kao što se mi razlikujemo od svoga sadašnjeg, materijalnog uma), jer je apsolutni duh. Gospodin je istodobno prisutan u svemu, ali običan čovjek ne može shvatiti kako je osobno prisutan. On se razlikuje od materijalnog očitovanja, a ipak sve počiva u Njemu. To je ovdje objašnjeno kao *yogam aiśvaram*, mistična moć Svevišnje Božanske Osobe.

STROFA 6

यथाकाशस्थितो नित्यं वायुः सर्वत्रगो महान् ।
तथा सर्वाणि भूतानि मत्स्थानीत्युपधारय ॥ ६ ॥

yathākāśa-sthito nityaṁ vāyuḥ sarvatra-go mahān
tathā sarvāṇi bhūtāni mat-sthānīty upadhāraya

yathā – kao što; *ākāśa-sthitaḥ* – na nebu; *nityam* – uvijek; *vāyuḥ* – vjetar; *sarvatra-gaḥ* – svuda puše; *mahān* – veliki; *tathā* – slično tome; *sarvāṇi bhūtāni* – sva stvorena bića; *mat-sthāni* – počivaju u Meni; *iti* – tako; *upadhāraya* – pokušaj shvatiti.

Trebaš shvatiti da sva stvorenja počivaju u Meni, kao što snažan vjetar, koji svuda puše, uvijek počiva na nebu.

SMISAO: Za običnu osobu gotovo je nepojmljivo kako golema materijalna kreacija može počivati u Njemu, ali Gospodin navodi primjer koji nam može pomoći da to shvatimo. Nebo može biti najveća pojava koju možemo zamisliti, ali vjetar ili zrak na nebu najveća je pojava u kozmičkom svijetu. Kretanje zraka utječe na kretanje svega. Ali premda je vjetar velik, ipak počiva na nebu; ne proteže se izvan neba. Slično tome, sva čudesna kozmička očitovanja postoje po vrhovnoj volji Boga i podređena su Njegovoj vrhovnoj volji. Kao što poslovica kaže, ni vlat trave ne pomiče se bez odobrenja Svevišnje Božanske Osobe. Sve se kreće po Njegovoj volji; po Njegovoj volji sve se stvara, održava i uništava. Unatoč tome, On je odvojen od svega, kao što je nebo uvijek odvojeno od djelatnosti vjetra.

U *Upaniṣadama* je rečeno – *yad-bhīṣā vātaḥ pavate:* „Vjetar puše iz straha od Svevišnje Božanske Osobe." (*Taittirīya Upaniṣada* 2.8.1) U *Bṛhad-āraṇyaka Upaniṣadi* (3.8.9) rečeno je: *etasya vā akṣarasya praśāsane gārgi sūrya-candramasau vidhṛtau tiṣṭhata etasya vā akṣarasya praśāsane gārgi dyāv-āpṛthivyau vidhṛtau tiṣṭhataḥ.* „Mjesec, Sunce i drugi veliki planeti kreću se po vrhovnoj naredbi, pod upravom Svevišnje Božanske Osobe." U *Brahma-saṁhiti* (5.52) također je rečeno:

yac-cakṣur eṣa savitā sakala-grahāṇāṁ
rājā samasta-sura-mūrtir aśeṣa-tejāḥ
yasyājñayā bhramati sambhṛta-kāla-cakro
govindam ādi-puruṣaṁ tam ahaṁ bhajāmi

Ova strofa opisuje kretanje Sunca. Sunce se smatra okom Svevišnjeg Gospodina i posjeduje golemu moć širenja topline i svjetlosti. Unatoč tome, kreće se svojom propisanom stazom, po naredbi i vrhovnoj volji Govinde. Tako u vedskoj književnosti možemo naći svjedočanstva da se ovaj materijalni svijet, koji nam izgleda čudesan i velik, potpuno nalazi pod upravom Svevišnje Božanske Osobe. To će biti potanje objašnjeno u idućim strofama ovog poglavlja.

STROFA 7

सर्वभूतानि कौन्तेय प्रकृतिं यान्ति मामिकाम् ।
कल्पक्षये पुनस्तानि कल्पादौ विसृजाम्यहम् ॥ ७ ॥

sarva-bhūtāni kaunteya prakṛtiṁ yānti māmikām
kalpa-kṣaye punas tāni kalpādau visṛjāmy aham

sarva-bhūtāni – sva stvorena bića; *kaunteya* – o Kuntīn sine; *prakṛtim* – prirodu; *yānti* – ulaze u; *māmikām* – Moju; *kalpa-kṣaye* – na kraju milenija; *punaḥ* – ponovno; *tāni* – sva ta; *kalpa-ādau* – na početku milenija; *visṛjāmi* – stvaram; *aham* – Ja.

O Kuntīn sine, na kraju milenija sva materijalna očitovanja ulaze u Moju prirodu, a na početku sljedećega milenija Svojom ih moći ponovno stvaram.

SMISAO: Stvaranje, održavanje i uništenje materijalnog kozmičkog očitovanja potpuno ovise o vrhovnoj volji Božanske Osobe. „Na kraju milenija” znači kad Brahmā umre. Brahmā živi sto godina, a jedan njegov dan traje 4 300 000 000 naših zemaljskih godina. Njegova noć traje jednako dugo. Jedan njegov mjesec sastoji se od trideset takvih dana i noći, a jedna godina od dvanaest mjeseci. Kada nakon stotinu takvih godina Brahmā umre, dolazi do uništenja. To znači da Svevišnji Gospodin ponovno uvlači u Sebe energiju koju je očitovao. Nakon toga, kada postoji potreba za očitovanjem kozmičkog svijeta, Svojom ga voljom očituje. *Bahu syām:* „Iako sam jedan, postat ću mnoštvo.” To je vedska izreka (*Chāndogya*

Upaniṣada 6.2.3). Gospodin se ekspandira u materijalnu energiju i čitav kozmički svijet ponovno nastaje.

STROFA 8

प्रकृतिं स्वामवष्टभ्य विसृजामि पुनः पुनः ।
भूतग्राममिमं कृत्स्नमवशं प्रकृतेर्वशात् ॥ ८ ॥

prakṛtiṁ svām avaṣṭabhya visṛjāmi punaḥ punaḥ
bhūta-grāmam imaṁ kṛtsnam avaśaṁ prakṛter vaśāt

prakṛtim – materijalna priroda; *svām* – Mog Jastva; *avaṣṭabhya* – ulazi u; *visṛjāmi* – stvaram; *punaḥ punaḥ* – iznova i iznova; *bhūta-grāmam* – sve svemire; *imam* – ove; *kṛtsnam* – zajedno; *avaśam* – automatski; *prakṛteḥ* – sile prirode; *vaśāt* – po zakonu.

Čitav kozmički poredak ovisi o Meni. Po Mojoj se volji automatski očituje, iznova i iznova, i po Mojoj volji na kraju biva uništen.

SMISAO: Materijalni je svijet očitovanje niže energije Svevišnje Božanske Osobe. To je već bilo objašnjeno nekoliko puta. Prilikom stvaranja materijalna energija biva pokrenuta kao *mahat-tattva*, u koju Gospodin ulazi kao prva Puruṣa inkarnacija, Mahā-Viṣṇu. On leži na Uzročnom oceanu i izdiše bezbrojne svemire, u koje ponovno ulazi kao Garbhodakaśāyī Viṣṇu. Svaki svemir biva stvoren na taj način. Zatim se pojavljuje kao Kṣīrodakaśāyī Viṣṇu i ulazi u sve – čak i u sićušni atom. Ta je činjenica ovdje objašnjena. On ulazi u sve.

Što se tiče živih bića, ona bivaju stavljena u materijalnu prirodu i ovisno o djelima koja su počinila u prošlosti zauzimaju razne položaje. Tako počinju djelovati u materijalnom svijetu. Razne vrste živih bića počinju djelovati od samoga početka stvaranja. Nije istina da sve evoluira. Razne vrste života bivaju stvorene zajedno sa svemirom. Ljudi, životinje, zvjeri, ptice – sve biva stvoreno u isto vrijeme, jer se sve želje koje su živa bića imala u trenutku posljednjeg uništenja ponovno očituju. Riječ *avaśam* u ovoj strofi ima jasno značenje: živa bića nemaju nikakve veze s tim procesom. Stanje postojanja iz njihova prošlog života i prošle kreacije jednostavno se ponovno očituje. Sve se to odvija po Gospodinovoj volji. To je nepojmljiva moć Svevišnje Božanske Osobe. Nakon stvaranja različitih životnih vrsta On nema veze s njima. Do stvaranja dolazi kako bi različita živa bića mogla ispuniti svoje sklonosti i Gospodin se u to ne miješa.

STROFA 9

न च मां तानि कर्माणि निबध्नन्ति धनञ्जय ।
उदासीनवदासीनमसक्तं तेषु कर्मसु ॥ ९ ॥

na ca māṁ tāni karmāṇi nibadhnanti dhanañjaya
udāsīna-vad āsīnam asaktaṁ teṣu karmasu

na – nikada; *ca* – također; *mām* – Mene; *tāni* – sve te; *karmāṇi* – djelatnosti; *nibadhnanti* – vezuju; *dhanañjaya* – o osvojitelju bogatstva; *udāsīna-vat* – u nepristranu; *āsīnam* – položaju; *asaktam* – ne privlače; *teṣu* – te; *karmasu* – djelatnosti.

O Dhanañjaya, sve te djelatnosti ne mogu Me vezati. Uvijek sam nepristran i odvojen od svih materijalnih djelatnosti.

SMISAO: U vezi s tim, ne bismo trebali misliti da Svevišnja Božanska Osoba ništa ne radi. Gospodin je u duhovnom svijetu uvijek aktivan. U *Brahma-saṁhiti* (5.6) rečeno je – *ātmārāmasya tasyāsti prakṛtyā na samāgamaḥ:* „On je uvijek zaokupljen Svojim vječnim, blaženim, duhovnim djelatnostima, ali nema nikakve veze s materijalnim djelatnostima." Materijalne djelatnosti vrše Njegove različite moći. Gospodin je uvijek nepristran prema materijalnim djelatnostima kreacije. Ta nepristranost je ovdje izražena riječju *udāsīna-vat*. Premda nadzire i najmanji detalj materijalnih djelatnosti, nepristran je. Možemo navesti primjer suca vrhovnoga suda koji sjedi na svom stolcu. Po njegovoj naredbi događa se mnogo toga – nekoga objese, nekoga stave u zatvor, nekome dodijele golemo bogatstvo – ali on je ipak nepristran. Nema nikakve veze sa svim tim dobicima i gubicima. Slično tome, Gospodin je uvijek nepristran, premda je Njegova ruka prisutna u svakoj oblasti djelovanja. U *Vedānta-sūtri* (2.1.34) rečeno je – *vaiṣamya-nairghṛṇye na:* On nije podložan dvostranostima materijalnog svijeta. Transcendentalan je prema njima i nije vezan za stvaranje i uništavanje materijalnog svijeta. Živa bića dobivaju različite oblike u raznim vrstama života, ovisno o djelima koja su počinila u prošlosti, i Gospodin se u to ne miješa.

STROFA 10

मयाध्यक्षेण प्रकृतिः सूयते सचराचरम् ।
हेतुनानेन कौन्तेय जगद् विपरिवर्तते ॥ १० ॥

mayādhyakṣeṇa prakṛtiḥ sūyate sa-carācaram
hetunānena kaunteya jagad viparivartate

mayā – Mojim; *adhyakṣeṇa* – pod nadzorom; *prakṛtiḥ* – materijalna priroda; *sūyate* – očituje; *sa* – i; *cara-acaram* – pokretna i nepokretna; *hetunā* – zbog; *anena* – toga; *kaunteya* – o Kuntīn sine; *jagat* – svemir; *viparivartate* – djeluje.

O Kuntīn sine, materijalna priroda, jedna od Mojih energija, pod Mojim nadzorom stvara sva pokretna i nepokretna bića. Po njezinim zakonima ovaj svijet iznova i iznova biva stvoren i uništen.

SMISAO: U ovoj je strofi jasno rečeno da Svevišnji Gospodin, iako je odvojen od svih djelatnosti materijalnog svijeta, ostaje vrhovni upravitelj. Svevišnji Gospodin je vrhovna volja i pozadina materijalnog svijeta, ali materijalnim svijetom upravlja materijalna priroda. Kṛṣṇa također kaže u *Bhagavad-gīti* da je otac svih živih bića u različitim oblicima i vrstama. Kao što otac stavlja sjeme djeteta u maternicu majke, Svevišnji Gospodin samim Svojim pogledom stavlja u maternicu materijalne prirode sva živa bića, koja se pojavljuju u raznim oblicima i vrstama, ovisno o njihovim posljednjim željama i djelatnostima. Iako se rađaju pod pogledom Svevišnjega Gospodina, sva ta živa bića dobivaju različita tijela ovisno o svojim djelima i željama koje su imala u prošlosti. Gospodin nije neposredno vezan za materijalnu kreaciju. On samo prelazi pogledom po materijalnoj prirodi. Tako je aktivira i sve odmah biva stvoreno. Budući da prelazi pogledom po materijalnoj prirodi, nedvojbeno djeluje, ali nije neposredno povezan s očitovanjem materijalnog svijeta. U *smṛtiju* je naveden ovaj primjer: kada se pred nekim nalazi mirisni cvijet, miris cvijeta dodiruje njegovo osjetilo mirisa, ali osjetilo mirisa i cvijet odvojeni su jedno od drugog. Između materijalnog svijeta i Svevišnjeg Gospodina postoji slična veza. Ustvari, On nema nikakve veze s materijalnim svijetom, ali stvara Svojim pogledom i naređuje. Ukratko rečeno, materijalna priroda ne može ništa učiniti bez ovlasti Svevišnje Božanske Osobe. A ipak je Svevišnja Božanska Osoba odvojena od svih materijalnih djelatnosti.

STROFA 11

अवजानन्ति मां मूढा मानुषीं तनुमाश्रितम् ।
परं भावमजानन्तो मम भूतमहेश्वरम् ॥ ११ ॥

avajānanti māṁ mūḍhā mānuṣīṁ tanum āśritam
paraṁ bhāvam ajānanto mama bhūta-maheśvaram

avajānanti – ismijavaju; *mām* – Mene; *mūḍhāḥ* – budale; *mānuṣīm* – ljudskog oblika; *tanum* – tijelo; *āśritam* – kada poprimim; *param* – transcendentalne; *bhāvam* – prirode; *ajānantaḥ* – nisu svjesni; *mama* – Moje; *bhūta*—svega što postoji; *maha-īśvaram* – vrhovni vlasnik.

Budale me ismijavaju kada siđem u ljudskom obliku, nesvjesni Moje transcendentalne prirode, kao Vrhovnog Gospodara svega što postoji.

SMISAO: Iz tumačenja prethodnih strofa u ovom poglavlju možemo jasno zaključiti da Svevišnja Božanska Osoba, iako se pojavljuje kao ljudsko biće, nije običan čovjek. Božanska Osoba, koja upravlja stvaranjem, održavanjem i uništenjem čitavog svemira, ne može biti ljudsko biće. Unatoč tome, brojni budalasti ljudi smatraju da je Kṛṣṇa samo moćan čovjek i ništa više. Ustvari, On je izvorna Vrhovna Osoba, kao što je potvrđeno u *Brahma-saṁhiti* (*īśvaraḥ paramaḥ kṛṣṇaḥ*); On je Svevišnji Gospodin.

Postoji mnogo *īśvara*, upravitelja, koji izgledaju jedan veći od drugoga. U upravnom sustavu materijalnog svijeta službenik je, ili poslovođa, podređen tajniku, tajnik ministru, a ministar predsjedniku. Svaki od njih upravlja, ali je podređen drugome. U *Brahma-saṁhiti* rečeno je da je Kṛṣṇa vrhovni upravitelj. U materijalnom i duhovnom svijetu nedvojbeno ima mnogo upravitelja, ali Kṛṣṇa je vrhovni upravitelj (*īśvaraḥ paramaḥ kṛṣṇaḥ*), a Njegovo je tijelo *sac-cid-ānanda*, nematerijalno.

Materijalna tijela ne mogu činiti čudesna djela opisana u prijašnjim strofama. Gospodinovo je tijelo vječno, blaženo i puno znanja. Premda nije običan čovjek, budale Ga ismijavaju, smatrajući Ga čovjekom. Njegovo je tijelo ovdje opisano riječju *mānuṣīm* zato što djeluje kao čovjek, kao Arjunin prijatelj, političar upleten u bitku na Kurukṣetri. Na toliko mnogo načina djeluje kao običan čovjek, ali Njegovo je tijelo *sac-cid-ānanda-vigraha* – vječno blaženstvo i apsolutno znanje. To je potvrđeno u *Vedama*. *Sac-cid-ānanda-rūpāya kṛṣṇāya:* „Odajem svoje poštovanje Svevišnjoj Božanskoj Osobi Kṛṣṇi, vječnom, blaženom obliku znanja." (*Gopāla-tāpanī Upaniṣada* 1.1) U vedskim spisima nalazimo i druge izjave. *Tam ekaṁ govindam:* „Ti si Govinda, zadovoljstvo za osjetila i krave." *Sac-cid-ānandam-vigraham:* „Tvoj je oblik transcendentalan, pun znanja, blaženstva i vječnosti." (*Gopāla-tāpanī Upaniṣada* 1.35)

Unatoč transcendentalnim odlikama Kṛṣṇina tijela, puna blaženstva i znanja, mnogi navodno učeni ljudi i tumači *Bhagavad-gīte* ismijavaju Kṛṣṇu kao obična čovjeka. Učenjak može od rođenja posjedovati izuzetne sposobnosti zbog dobrih djela koja je počinio u prošlosti, ali takvo je shvaćanje Śrī Kṛṣṇe rezultat siromašna znanja. Zato se naziva *mūḍhom*, jer samo budale smatraju Kṛṣṇu običnim ljudskim bićem. Misle da je Kṛṣṇa obično ljudsko biće jer ne poznaju povjerljive djelatnosti Svevišnjega Gospodina i Njegovih različitih energija. Ne znaju da je Kṛṣṇino tijelo simbol potpuna znanja i blaženstva, da je On vlasnik svega što postoji i da može svakome dati oslobođenje. Nesvjesni Kṛṣṇinih mnogobrojnih transcendentalnih odlika, ismijavaju Ga.

Oni ne znaju da je pojava Svevišnjega Gospodina u ovom materijalnom svijetu očitovanje Njegove unutarnje energije. On je gospodar materijalne energije. Kao što je bilo objašnjeno na nekoliko mjesta (*mama māyā duratyayā*), Gospodin tvrdi da materijalna energija, iako je vrlo moćna, djeluje pod Njegovom upravom i da se onaj tko Mu se preda može osloboditi utjecaja materijalne energije. Ako se duša predana Kṛṣṇi može osloboditi utjecaja materijalne energije, kako onda Svevišnji Gospodin, koji upravlja stvaranjem, održavanjem i uništenjem čitave kozmičke prirode, može imati tijelo kao mi? Takvo je shvaćanje Kṛṣṇe potpuna ludost. Međutim budalaste osobe ne mogu shvatiti da Božanska Osoba Kṛṣṇa, koji se pojavljuje kao običan čovjek, može upravljati svim atomima i golemim očitovanjem kozmičkog oblika. Najveća su i najmanja očitovanja iznad dosega njihova poimanja i zato ne mogu zamisliti kako oblik poput ljudskoga može istodobno upravljati i beskonačno velikim i beskonačno malim. Ustvari, iako upravlja i beskonačnim i konačnim, Gospodin je odvojen od čitave pojavnosti. Što se tiče Njegove *yogam aiśvaram,* Njegove nepojmljive transcendentalne energije, jasno je rečeno da može istodobno upravljati i konačnim i beskonačnim, ostajući odvojen od njih. Premda budalasti ljudi ne mogu shvatiti kako Kṛṣṇa, koji se pojavljuje kao ljudsko biće, može upravljati i konačnim i beskonačnim, čisti *bhakte* to prihvaćaju, jer znaju da je Kṛṣṇa Svevišnja Božanska Osoba. Zato Mu se potpuno predaju i posvećuju svjesnosti Kṛṣṇe, predanom služenju Gospodina.

Između impersonalista i personalista postoje mnoga proturječna mišljenja o pojavi Gospodina kao ljudskoga bića. No potražimo li objašnjenje u *Bhagavad-gīti* i *Śrīmad-Bhāgavatamu*, vjerodostojnim djelima namijenjenima razumijevanju nauka o Kṛṣṇi, shvatit ćemo da je Kṛṣṇa Svevišnja Božanska Osoba. On nije običan čovjek, iako se na Zemlji pojavio kao obično ljudsko biće. U prvom poglavlju prvoga pjevanja *Śrīmad-Bhāgavatama*, raspitujući se o Kṛṣṇinim djelatnostima, mudraci predvođeni Śaunakom rekoše:

kṛtavān kila karmāṇi saha rāmeṇa keśavaḥ
ati-martyāni bhagavān gūḍhaḥ kapaṭa-māṇuṣaḥ

„Gospodin Śrī Kṛṣṇa, Sveviśnja Božanska Osoba, zajedno s Balarāmom, igrao je ulogu ljudskog bića i tako prerušen izvršio mnoga nadljudska djela." (*Bhāg.* 1.1.20) Gospodinova pojava u obliku čovjeka zbunjuje budalaste. Nijedno ljudsko biće ne može činiti čudesna djela koja je Kṛṣṇa činio za Svoga boravka na Zemlji. Kṛṣṇa se pojavio pred Svojim ocem i majkom, Vasudevom i Devakī, s četiri ruke, ali se nakon molitvi roditelja preobrazio u obično dijete. U *Bhāgavatamu* (10.3.46) rečeno je – *babhūva prākṛtaḥ śiśuḥ:* poprimio je oblik obična djeteta, obična ljudskog bića. Ovaj stih ponovno ističe da je oblik obična ljudskog bića u kojem se Gospodin pojavio jedno od obilježja Njegova transcendentalnog tijela. U jedanaestom poglavlju *Bhagavad-gīte* Arjuna moli Kṛṣṇu da mu pokaže Svoj četveroruki oblik (*tenaiva rūpeṇa catur-bhujena*). Nakon što je pokazao taj oblik, Kṛṣṇa je na Arjuninu molbu ponovno poprimio Svoj izvorni ljudski oblik (*mānuṣaṁ rūpam*). Ti različiti oblici Sveviśnjeg Gospodina zacijelo nisu oblici obična ljudskog bića.

Neki od onih koji ismijavaju Kṛṣṇu i koji su zaraženi filozofijom māyāvāde navode ovaj stih iz *Śrīmad-Bhāgavatama* (3.29.21) kako bi dokazali da je Kṛṣṇa običan čovjek. *Ahaṁ sarveṣu bhūteṣu bhūtātmāvasthitaḥ sadā:* „Sveviśnji je prisutan u svakom živom biću." Umjesto da prihvatimo tumačenje neovlaštenih osoba koje ismijavaju Kṛṣṇu, bolje bi bilo da prihvatimo tumačenje vaiṣṇavskih *ācārya* kao što su Jīva Gosvāmī i Viśvanātha Cakravartī Ṭhākura. Tumačeći spomenuti stih, Jīva Gosvāmī kaže da se Kṛṣṇa, u obliku Svoje potpune ekspanzije – Paramātme, Nad-duše – nalazi u pokretnim i nepokretnim bićima. Tako svaki *bhakta* početnik koji poklanja pozornost samo *arcā-mūrtiju*, obliku Sveviśnjeg Gospodina u hramu, ali ne poštuje druga živa bića, beskorisno obožava Gospodinov oblik u hramu. Od tri vrste Gospodinovih *bhakta* početnik je na najnižoj razini. *Bhakta* početnik poklanja veću pozornost Božanstvu u hramu nego drugim *bhaktama* i zato Viśvanātha Cakravartī Ṭhākura upozorava da takav mentalitet treba promijeniti. *Bhakta* treba uvidjeti da je svako tijelo utjelovljenje ili hram Sveviśnjeg Gospodina, jer Kṛṣṇa prebiva u svačijem srcu kao Paramātmā. Zato, kao što odaje poštovanje Gospodinovu hramu, treba pravilno poštovati svako tijelo u kojem prebiva Paramātmā. Svakome treba pravilno iskazati poštovanje i ne smije ga zanemariti.

Velik broj impersonalista ismijava hramsko obožavanje. Oni kažu da se osoba ne bi trebala ograničavati na hramsko obožavanje, jer je Bog svuda nazočan. Ali ako je Bog svuda nazočan, zar nije nazočan i u hramu ili u Božanstvu? Iako će se personalisti i impersonalisti neprestano prepirati, savršen *bhakta* svjestan Kṛṣṇe zna da Kṛṣṇa, iako je Vrhovna Osoba, prožima sve. To je potvrđeno u *Brahma-saṁhiti*. Premda uvijek prebiva u Svom osobnom prebivalištu, Goloki Vṛndāvani, različitim očitovanjima Svoje energije i Svojim potpunim ekspanzijama nazočan je svuda, u svim dijelovima materijalne i duhovne kreacije.

STROFA 12

मोघाशा मोघकर्माणो मोघज्ञाना विचेतसः ।
राक्षसीमासुरीं चैव प्रकृतिं मोहिनीं श्रिताः ॥ १२ ॥

moghāśā mogha-karmāṇo mogha-jñānā vicetasaḥ
rākṣasīm āsurīṁ caiva prakṛtiṁ mohinīṁ śritāḥ

mogha-āśāḥ – osujećenih nada; *mogha-karmāṇaḥ* – osujećenih plodonosnih djelatnosti; *mogha-jñānāḥ* – osujećena znanja; *vicetasaḥ* – zbunjene; *rākṣasīm* – demonske; *āsurīm* – ateističke; *ca* – i; *eva* – zacijelo; *prakṛtim* – prirode; *mohinīm* – obmanute; *śritāḥ* – nalaze utočište.

Takve zbunjene osobe privlače demonska i ateistička gledišta. U takvu obmanutu stanju sve njihove nade u dostizanje oslobođenja, njihove plodonosne djelatnosti i pokušaji stjecanja znanja bivaju osujećeni.

SMISAO: Mnogi *bhakte* smatraju da su svjesni Kṛṣṇe i da predano služe, ali u srcu ne prihvaćaju Svevišnju Božansku Osobu Kṛṣṇu kao Apsolutnu Istinu. Oni nikada neće okusiti plod predana služenja – povratak Bogu. Slično tome, oni koji vrše plodonosne pobožne djelatnosti, nadajući se oslobođenju od materijalne zapletenosti, nikada neće biti uspješni jer ismijavaju Svevišnju Božansku Osobu, Kṛṣṇu. Drugim riječima, smatra se da su osobe koje ismijavaju Kṛṣṇu demonske ili ateističke. U sedmom poglavlju *Bhagavad-gīte* rečeno je da se takvi demonski nitkovi nikada ne predaju Kṛṣṇi. Zbog toga ih njihove umne spekulacije, kojima žele prići Apsolutnoj Istini, vode do pogrešna zaključka da su obično živo biće i Kṛṣṇa jednaki. S takvim pogrešnim uvjerenjem misle da je tijelo svakoga ljudskog bića sada jednostavno prekriveno materijalnom prirodom i da nestaje razlika između njega i Boga, čim se živo biće oslobodi materijalnog tijela. Taj pokušaj stapanja s Kṛṣṇom bit će zbog iluzije osujećen. Takvo ateističko i demonsko njegovanje duhovnog znanja uvijek je besplodno. Na to upućuje ova strofa. Takve osobe bivaju osujećene u svom pokušaju stjecanja znanja iz vedske književnosti poput *Vedānta-sūtre* i *Upaniṣada*.

Stoga je veoma uvredljivo smatrati Kṛṣṇu, Svevišnju Božansku Osobu, običnim čovjekom. Oni koji to čine sigurno su obmanuti, jer ne mogu shvatiti Kṛṣṇin vječni oblik. U *Bṛhad-viṣṇu-smṛtiju* jasno je rečeno:

yo vetti bhautikaṁ dehaṁ kṛṣṇasya paramātmanaḥ
sa sarvasmād bahiṣ-kāryaḥ śrauta-smārta-vidhānataḥ
mukhaṁ tasyāvalokyāpi sa-celaṁ snānam ācaret

„Ako netko smatra Kṛṣṇino tijelo materijalnim, treba mu zabraniti da vrši obrede i djelatnosti propisane u *śrutijima* i *smṛtijima.* Onaj tko slučajno vidi njegovo lice treba se odmah okupati u Gangi kako bi se oslobodio zaraze. Ljudi se rugaju Kṛṣṇi zato što zavide Svevišnjoj Božanskoj Osobi. Takvim je ljudima suđeno da se život za životom rađaju u vrstama ateističkog, demonskog života. Njihovo će pravo znanje ostati prekriveno iluzijom i postupno će nazadovati do najmračnijeg predjela kreacije."

STROFA 13

महात्मानस्तु मां पार्थ दैवीं प्रकृतिमाश्रिताः ।
भजन्त्यनन्यमनसो ज्ञात्वा भूतादिमव्ययम् ॥ १३ ॥

mahātmānas tu māṁ pārtha daivīṁ prakṛtim āśritāḥ
bhajanty ananya-manaso jñātvā bhūtādim avyayam

mahā-ātmānaḥ – velike duše; *tu* – ali; *mām* – Mene; *pārtha* – o Pṛthin sine; *daivīm* – božanske; *prakṛtim* – prirode; *āśritāḥ* – prihvativši okrilje; *bhajanti* – služe; *ananya-manasaḥ* – nepokolebljiva uma; *jñātvā* – znajući; *bhūta* – svijeta; *ādim* – podrijetlo; *avyayam* – neiscrpno.

O Pṛthin sine, velike duše, koje nisu obmanute, nalaze se pod zaštitom božanske prirode. One su potpuno zaokupljene predanim služenjem, jer Me znaju kao prvobitnu i neiscrpnu Svevišnju Božansku Osobu.

SMISAO: U ovoj je strofi jasno opisan *mahātmā.* On je već utemeljen u božanskoj prirodi. To je prvi znak *mahātme.* Nije pod upravom materijalne prirode. Kako to možemo postići? To je bilo objašnjeno u sedmom poglavlju: onaj tko se preda Svevišnjoj Božanskoj Osobi, Śrī Kṛṣṇi, odmah se oslobađa uprave materijalne prirode. To je preduvjet. Čim svoju dušu predamo Svevišnjoj Božanskoj Osobi, možemo se osloboditi uprave materijalne prirode. To je preliminarna formula. Budući da je živo biće granična moć, čim se oslobodi uprave materijalne prirode, biva stavljeno pod vodstvo duhovne prirode, zvane *daivī prakṛti*, božanska priroda. Kada se uzdigne na taj način – predajući se Svevišnjoj Božanskoj Osobi – dostiže razinu velike duše, *mahātme.*

Mahātmā ne usmjerava svoju pozornost ni na što drugo osim na Kṛṣṇu, jer savršeno dobro zna da je Kṛṣṇa izvorna Vrhovna Osoba, uzrok svih uzroka. U to nema sumnje. Osoba može postati takav *mahātmā,* velika duša, družeći se s drugim *mahātmāma*, čistim *bhaktama*. Čiste *bhakte* ne privlače čak ni Kṛṣṇini drugi oblici, kao što je četveroruki Mahā-Viṣṇu. Privlači ih samo dvoruki oblik Kṛṣṇe. Ne privlače ih drugi Kṛṣṇini oblici, niti ih zanima bilo koji oblik poluboga ili ljudskoga bića. Meditiraju samo na Kṛṣṇu u svjesnosti Kṛṣṇe i uvijek nepokolebljivo služe Gospodina.

STROFA 14

सततं कीर्तयन्तो मां यतन्तश्च दृढव्रताः ।
नमस्यन्तश्च मां भक्त्या नित्ययुक्ता उपासते ॥ १४ ॥

satataṁ kīrtayanto māṁ yatantaś ca dṛḍha-vratāḥ
namasyantaś ca māṁ bhaktyā nitya-yuktā upāsate

satatam – uvijek; *kīrtayantaḥ* – pjevajući; *mām* – o Meni; *yatantaḥ* – trudeći se; *ca* – također; *dṛḍha-vratāḥ* – odlučno; *namasyantaḥ* – odajući poštovanje; *ca* – i; *mām* – Mene; *bhaktyā* – s predanošću; *nitya-yuktāḥ* – neprestano zaokupljeni; *upāsate* – obožavanjem.

Uvijek pjevajući Moje slave i trudeći se s velikom odlučnošću, te Me velike duše neprestano predano obožavaju, klanjajući se preda Mnom.

SMISAO: Mahātmā se ne može stvoriti udaranjem pečata na obična čovjeka. Ovdje su opisani njegovi simptomi: *mahātmā* uvijek pjeva slave Svevišnjega Gospodina Kṛṣṇe, Božanske Osobe. Nema druge dužnosti. Uvijek slavi Gospodina. Drugim riječima, nije impersonalist. Kada je u pitanju slavljenje, moramo slaviti Svevišnjega Gospodina, slaveći Njegovo ime, Njegov vječni oblik, Njegove transcendentalne odlike i Njegove neobične zabave. Sve to moramo slaviti; zato je *mahātmā* privržen Svevišnjoj Božanskoj Osobi.

Onaj tko je privržen neosobnom vidu Svevišnjega Gospodina, *brahmajyotiju*, nije opisan u *Bhagavad-gīti* kao *mahātmā*. On će biti opisan u sljedećoj strofi na drukčiji način. *Mahātmā* je uvijek zaokupljen različitim djelatnostima predanog služenja, kao što je opisano u *Śrīmad-Bhāgavatamu*, slušajući i pjevajući o Viṣṇuu, a ne o polubogu ili ljudskom biću. To je predanost: *śravaṇaṁ kīrtanaṁ viṣṇoḥ* i *smaraṇam*, sjećanje na Gospodina. Takav je *mahātmā* čvrsto odlučio da na kraju stekne društvo Svevišnje Božanske Osobe u jednoj od pet transcendentalnih *rasa*. Da bi postigao taj uspjeh, sve djelatnosti – umne, tjelesne i govorne – posvećuje služenju Svevišnjeg Gospodina Śrī Kṛṣṇe. To je puna svjesnost Kṛṣṇe.

U predanom se služenju određene djelatnosti nazivaju odlučnim, kao što je pošćenje na Ekādaśī (jedanaesti dan nakon punog i mladog mjeseca) i na dane Gospodinove pojave. Veliki *ācārye* nude sva ta pravila i propise onima koji žele biti primljeni u društvo Svevišnje Božanske Osobe u transcendentalnom svijetu. *Mahātme*, velike duše, strogo se drže svih tih pravila i propisa i zato će sigurno dostići željeni rezultat.

Kao što je bilo rečeno u drugoj strofi ovoga poglavlja, predano je služenje ne samo lako već je i puno radosti. Ne trebamo se podvrgnuti oštrim pokorama i strogostima. Možemo provesti svoj život u predanom služenju pod vodstvom iskusna duhovnog učitelja i u svakom položaju, kao obiteljski čovjek, *sannyāsī* ili *brahmacārī*, bilo gdje na svijetu, predano služiti Svevišnju Božansku Osobu i tako postati istinski *mahātmā*, velika duša.

STROFA 15

ज्ञानयज्ञेन चाप्यन्ये यजन्तो मामुपासते ।
एकत्वेन पृथक्त्वेन बहुधा विश्वतोमुखम् ॥ १५ ॥

jñāna-yajñena cāpy anye yajanto mām upāsate
ekatvena pṛthaktvena bahudhā viśvato-mukham

jñāna-yajñena – njegujući znanje; *ca* – također; *api* – zacijelo; *anye* – drugi; *yajantaḥ* – žrtvujući se; *mām* – Mene; *upāsate* – obožavaju; *ekatvena* – u jedinstvu; *pṛthaktvena* – u dvostranosti; *bahudhā* – u raznolikosti; *viśvataḥ-mukham* – i u kozmičkom obliku.

Drugi, koji se žrtvuju njegujući znanje, obožavaju Svevišnjega Gospodina kao jednoga bez premca, kao različitog u mnogima i kao kozmički oblik.

SMISAO: Ova strofa predstavlja sažet prikaz prethodnih strofa. Gospodin kaže Arjuni da su osobe koje su potpuno svjesne Kṛṣṇe i koje ne znaju ni za što drugo osim za Kṛṣṇu, *mahātme*. Međutim neke osobe, iako nisu na položaju *mahātme*, također obožavaju Kṛṣṇu na razne načine. Neki su od njih već bili opisani kao nesretni, siromašni, znatiželjni i oni koji njeguju znanje. Ali postoje i drugi, koji su na još nižoj razini i koji se svrstavaju u tri kategorije: (1) oni koji obožavaju sebe kao ravne Svevišnjem Gospodinu, (2) oni koji izmišljaju oblik Svevišnjega Gospodina i obožavaju ga i (3) oni koji prihvaćaju kozmički oblik Svevišnjega

Gospodina, *viśva-rūpu*, i obožavaju ga. Od te tri vrste najbrojniji su najniži, koji sebe obožavaju kao Svevišnjega Gospodina, smatrajući se monistima. Takvi ljudi misle da su Svevišnji Gospodin i s takvim mentalitetom obožavaju sebe. To je također vrsta obožavanja Boga, jer mogu shvatiti da nisu materijalno tijelo već duhovna duša; barem je takav osjećaj istaknut. Impersonalisti obično obožavaju Svevišnjega Gospodina na taj način. Drugoj vrsti pripadaju obožavatelji polubogova koji zamišljaju da je bilo koji oblik, oblik Svevišnjega Gospodina. Trećoj vrsti pripadaju oni koji ne mogu pojmiti ništa iznad očitovanja materijalnog svemira. Oni smatraju da je svemir vrhovni organizam ili biće i obožavaju ga. Svemir je također Gospodinov oblik.

STROFA 16

अहं क्रतुरहं यज्ञः स्वधाहमहमौषधम् ।
मन्त्रोऽहमहमेवाज्यमहमग्निरहं हुतम् ॥ १६ ॥

ahaṁ kratur ahaṁ yajñaḥ svadhāham aham auṣadham
mantro 'ham aham evājyam aham agnir ahaṁ hutam

aham – Ja; *kratuḥ* – vedski obred; *aham* – Ja; *yajñaḥ* – *smṛti* žrtvovanje; *svadhā* – ponuda; *aham* – Ja; *aham* – Ja; *auṣadham* – ljekovito bilje; *mantraḥ* – transcendentalna *mantra; aham* – Ja; *aham* – Ja; *eva* – zacijelo; *ājyam* – topljeni maslac; *aham* – Ja; *agniḥ* – vatra; *aham* – Ja; *hutam* – ponuda.

Ja sam obred, žrtvovanje, ponuda precima, ljekovito bilje i transcendentalna mantra. Ja sam maslac, vatra i ponuda.

SMISAO: Vedska žrtvovanja poznata kao *jyotiṣṭoma* i *mahā-yajña,* spomenuta u *smṛtiju,* također su Kṛṣṇa. Žrtvovanje koje se izvodi za zadovoljstvo Pitṛloke ili ponude koje se prinose Pitṛloki i koje se smatraju vrstom lijeka u obliku pročišćena maslaca također su Kṛṣṇa. *Mantre* koje se recitiraju u tu svrhu također su Kṛṣṇa. Brojna druga jela od mliječnih proizvoda pripremljena za prinošenje u žrtvovanjima također su Kṛṣṇa. Vatra je Kṛṣṇa, jer je jedan od pet materijalnih elemenata i zato se smatra Kṛṣṇinom odvojenom energijom. Drugim riječima, sva vedska žrtvovanja preporučena u *karma-kāṇḍa* dijelu *Veda* također su Kṛṣṇa. Stoga se smatra da su oni koji predano služe Kṛṣṇu izvršili sva žrtvovanja preporučena u *Vedama.*

STROFA 17

पिताहमस्य जगतो माता धाता पितामहः ।
वेद्यं पवित्रम् ॐकार ऋक् साम यजुरेव च ॥ १७ ॥

pitāham asya jagato mātā dhātā pitāmahaḥ
vedyaṁ pavitram oṁkāra ṛk sāma yajur eva ca

pitā – otac; *aham* – Ja; *asya* – ovog; *jagataḥ* – svemira; *mātā* – majka; *dhātā* – potpora; *pitāmahaḥ* – djed; *vedyam* – predmet spoznaje; *pavitram* – pročišćavatelj; *oṁ-kāraḥ* – slog *oṁ*; *ṛk* – *Ṛg Veda; sāma – Sāma Veda; yajuḥ – Yajur Veda; eva* – zacijelo; *ca* – i.

Ja sam otac ovoga svemira, majka, djed i potpora. Ja sam cilj znanja, pročišćavatelj i slog oṁ. Ja sam Ṛg, Sāma i Yajur Veda.

SMISAO: Sva kozmička očitovanja, pokretna i nepokretna, rezultat su različita djelovanja Kṛṣṇine energije. U materijalnom postojanju uspostavljamo razne odnose s raznim živim bićima koja nisu ništa drugo do Kṛṣṇina granična energija. Pod utjecajem *prakṛti* neka od njih izgledaju kao naš otac, majka, djed ili stvoritelj, ali zapravo su Kṛṣṇini sastavni djelići. Kao takva, živa bića koja izgledaju kao naš otac i majka nisu ništa drugo do Kṛṣṇa. U ovoj strofi riječ *dhātā* znači „stvoritelj". Nisu samo naš otac i majka Kṛṣṇini sastavni djelići. Stvoritelj, baka i djed također su Kṛṣṇa. Ustvari, svako je živo biće Kṛṣṇa, jer je Kṛṣṇin sastavni djelić. Zato je cilj svih *Veda* samo Kṛṣṇa. Sve što želimo saznati iz *Veda* predstavlja samo korak k razumijevanju Kṛṣṇe. Posebno je ono što nam pomaže da pročistimo svoj prirodni položaj Kṛṣṇa. Živo biće koje želi shvatiti sva vedska načela također je Kṛṣṇin sastavni djelić i kao takvo također je Kṛṣṇa. Riječ *oṁ*, koja se naziva *praṇava* i koja se pojavljuje u svim vedskim *mantrama,* transcendentalna je zvučna vibracija i predstavlja Kṛṣṇu. Budući da se *praṇava, oṁkāra,* vrlo često pojavljuje u svim vedskim himnama (u *Sāma, Yajur, Ṛg* i *Atharva Vedi*) smatra se Kṛṣṇom.

STROFA 18

गतिर्भर्ता प्रभुः साक्षी निवासः शरणं सुहृत् ।
प्रभवः प्रलयः स्थानं निधानं बीजमव्ययम् ॥ १८ ॥

gatir bhartā prabhuḥ sākṣī nivāsaḥ śaraṇaṁ suhṛt
prabhavaḥ pralayaḥ sthānaṁ nidhānaṁ bījam avyayam

gatiḥ – cilj; *bhartā* – održavatelj; *prabhuḥ* – gospodar; *sākṣī* – svjedok; *nivāsaḥ* – prebivalište; *śaraṇam* – utočište; *su-hṛt* – najbliskiji prijatelj; *prabhavaḥ* – stvaranje; *pralayaḥ* – uništenje; *sthānam* – temelj; *nidhānam* – počivalište; *bījam* – sjeme; *avyayam* – neuništivo.

Ja sam cilj, održavatelj, gospodar, svjedok, prebivalište, utočište i najdraži prijatelj. Ja sam stvaranje i uništenje, temelj svega, počivalište i vječno sjeme.

SMISAO: *Gati* znači odredište koje želimo dostići. Ali premda je krajnji cilj Kṛṣṇa, ljudi to ne znaju. Onaj tko ne poznaje Kṛṣṇu je obmanut, a njegov je navodni napredak ili djelomičan ili prividan. Mnogi prihvaćaju različite polubogove kao svoje odredište i strogim slijeđenjem propisanih procesa dostižu različite planete poznate kao Candraloka, Sūryaloka, Indraloka, Maharloka itd. No sve su te *loke*, tj. planeti, Kṛṣṇine tvorevine, i stoga u isto vrijeme i jesu i nisu Kṛṣṇa. Kao očitovanja Kṛṣṇine energije, također su Kṛṣṇa, ali služe samo kao korak naprijed k spoznaji Kṛṣṇe. Prići različitim Kṛṣṇinim energijama znači posredno prići Kṛṣṇi. Kṛṣṇi trebamo prići neposredno, jer ćemo tako uštedjeti vrijeme i energiju. Na primjer, ako na vrh zgrade možemo doći dizalom, zašto bismo išli stubama, korak po korak? Sve počiva na Kṛṣṇinoj energiji; bez Kṛṣṇina utočišta ništa ne može postojati. Kṛṣṇa je vrhovni vladar, jer sve pripada Njemu i sve postoji zahvaljujući Njegovoj energiji. Kṛṣṇa se nalazi u svačijem srcu i zato je vrhovni svjedok. Mjesta, države ili planeti na kojima živimo također su Kṛṣṇa. Kṛṣṇa je krajnje utočište i zato trebamo prihvatiti Njegovo okrilje kako bi nas zaštitio ili odagnao našu žalost. Kad god tražimo zaštitu, trebamo znati da nas mora zaštititi životna sila. Kṛṣṇa je vrhovno živo biće. Budući da je izvor našega nastanka i vrhovni otac, nitko ne može biti bolji prijatelj od Kṛṣṇe, niti itko može biti veći dobronamjernik. Kṛṣṇa je prvobitni izvor kreacije i konačno počivalište nakon uništenja. Stoga je vječni uzrok svih uzroka.

STROFA 19

तपाम्यहमहं वर्षं निगृह्णाम्युत्सृजामि च ।
अमृतं चैव मृत्युश्च सदसच्चाहमर्जुन ॥ १९ ॥

tapāmy aham ahaṁ varṣaṁ nigṛhṇāmy utsṛjāmi ca
amṛtaṁ caiva mṛtyuś ca sad asac cāham arjuna

tapāmi – dajem toplinu; *aham* – Ja; *aham* – Ja; *varṣam* – kišu; *nigṛhṇāmi* – zadržavam; *utsṛjāmi* – šaljem; *ca* – i; *amṛtam* – besmrtnost; *ca* – i;

eva – zacijelo; *mṛtyuḥ* – smrt; *ca* – i; *sat* – duh; *asat* – materija; *ca* – i; *aham* – Ja; *arjuna* – o Arjuna.

O Arjuna, Ja dajem toplinu i šaljem i sprečavam kišu. Ja sam besmrtnost i otjelovljena smrt. I duh i materija su u Meni.

SMISAO: Svojim različitim energijama Kṛṣṇa širi toplinu i svjetlost elektricitetom i suncem. Ljeti Kṛṣṇa sprečava kišne padaline, a za kišnog razdoblja šalje neprestane pljuskove. Energija koja nas održava, produžavajući trajanje našega života, je Kṛṣṇa. Na kraju života srećemo Kṛṣṇu u obliku smrti. Raščlanjivanjem Kṛṣṇinih različitih energija možemo zaključiti da za Kṛṣṇu nema razlike između materije i duha ili, drugim riječima, On je i materija i duh. Tako osoba na naprednoj razini svjesnosti Kṛṣṇe ne pravi takvu razliku. U svemu vidi samo Kṛṣṇu.

Budući da je Kṛṣṇa i materija i duh, golemi kozmički oblik koji sadrži sva materijalna očitovanja također je Kṛṣṇa, a zabave koje Kṛṣṇa provodi u Vṛndāvani kao dvoruki Śyāmasundara, zabave su Svevišnje Božanske Osobe.

STROFA 20

त्रैविद्या मां सोमपाः पूतपापा
यज्ञैरिष्ट्वा स्वर्गतिं प्रार्थयन्ते ।
ते पुण्यमासाद्य सुरेन्द्रलोकम्
अश्नन्ति दिव्यान् दिवि देवभोगान् ॥ २० ॥

trai-vidyā māṁ soma-pāḥ pūta-pāpā
yajñair iṣṭvā svar-gatiṁ prārthayante
te puṇyam āsādya surendra-lokam
aśnanti divyān divi deva-bhogān

trai-vidyāḥ – poznavatelji triju *Veda; mām* – Mene; *soma-pāḥ* – koji piju napitak *somu; pūta* – pročišćeni; *pāpāḥ* – od grijeha; *yajñaiḥ* – žrtvovanjima; *iṣṭvā* – obožavajući; *svaḥ-gatim* – put u raj; *prārthayante* – mole za; *te* – oni; *puṇyam* – pobožni; *āsādya* – dostižu; *sura-indra* – Indrin; *lokam* – svijet; *aśnanti* – uživaju; *divyān* – nebeska; *divi* – u raju; *deva-bhogān* – zadovoljstva bogova.

Oni koji proučavaju Vede i piju napitak somu, želeći se uzdići na rajske planete, obožavaju Me posredno. Pročišćeni od grešnih posljedica, rađaju se na Indrinom pobožnom, rajskom planetu, na kojem uživaju u rajskim zadovoljstvima.

SMISAO: Riječ *trai-vidyāḥ* odnosi se na tri *Vede*, tj. *Sāmu, Yajur* i *Ṛg*. *Brāhmaṇa* koji je proučio te tri *Vede* naziva se *tri-vedī*. Onaj tko je veoma privržen znanju izloženom u te tri *Vede* uživa ugled u društvu. Nažalost, ima mnogo velikih poznavatelja *Veda* koji ne znaju krajnji cilj njihova proučavanja. Stoga Kṛṣṇa ovdje izjavljuje da je krajnji cilj *tri-vedīja*. Pravi *tri-vedīji* prihvaćaju utočište Kṛṣṇinih lotosolikih stopala i posvećuju se čistom predanom služenju kako bi zadovoljili Gospodina. Predano služenje počinje s pjevanjem Hare Kṛṣṇa *mantre* i istodobnim nastojanjem da se istinski shvati Kṛṣṇa. Nažalost, one koji samo formalno proučavaju *Vede* više zanimaju žrtvovanja posvećena različitim polubogovima, kao što su Indra i Candra. Zahvaljujući takvu naporu obožavatelji se različitih polubogova zacijelo pročišćavaju od nečistoća nižih *guṇa* prirode te se uzdižu na više planetarne sustave, rajske planete poznate kao Maharloka, Janoloka, Tapoloka itd. Kada se uzdignu na više planetarne sustave, mogu zadovoljiti svoja osjetila tisuću puta bolje nego na ovom planetu.

STROFA 21

ते तं भुक्त्वा स्वर्गलोकं विशालं
क्षीणे पुण्ये मर्त्यलोकं विशन्ति ।
एवं त्रयीधर्ममनुप्रपन्ना
गतागतं कामकामा लभन्ते ॥ २१ ॥

te taṁ bhuktvā svarga-lokaṁ viśālaṁ
kṣīṇe puṇye martya-lokaṁ viśanti
evaṁ trayī-dharmam anuprapannā
gatāgataṁ kāma-kāmā labhante

te – oni; *tam* – tom; *bhuktvā* – uživajući; *svarga-lokam* – u raju; *viśālam* – mnogo; *kṣīṇe* – iscrpe; *puṇye* – rezultate svojih pobožnih djela; *martya-lokam* – na smrtnu Zemlju; *viśanti* – padaju; *evam* – tako; *trayī* – triju *Veda*; *dharmam* – učenja; *anuprapannāḥ* – slijedeći; *gata-āgatam* – smrt i rođenje; *kāma-kāmāḥ* – želeći osjetilna zadovoljstva; *labhante* – stječu.

Kada se nakon uživanja u velikim, rajskim osjetilnim zadovoljstvima rezultati njihovih pobožnih djela iscrpe, ponovno se vraćaju na ovaj smrtni planet. Tako oni koji slijede načela triju Veda želeći osjetilno uživanje stječu samo uzastopno rađanje i umiranje.

SMISAO: Onaj tko se uzdigne na više planetarne sustave uživa u dužem životu i boljim pogodnostima za osjetilno uživanje, ali mu nije dopušteno da ondje ostane zauvijek. Kad iscrpi plodove svojih pobožnih djela, ponovno se vraća na planet Zemlju. Onaj tko nije dostigao savršenstvo znanja, kao što je istaknuto u *Vedānta-sūtri* (*janmādy asya yataḥ*) ili, drugim riječima, onaj tko nije shvatio Kṛṣṇu, uzrok svih uzroka, biva osujećen u pokušaju dostizanja krajnjeg cilja života. Tako biva podvrgnut kolotečini uzdizanja na više planete i ponovna silaženja, kao da se nalazi na kolu koje se ponekad okreće prema gore, a ponekad prema dolje. Umjesto da se uzdigne u duhovni svijet, iz koga više ne postoji mogućnost silaska, samo mijenja položaj u krugu rođenja i smrti, u višim i nižim planetarnim sustavima. Bolje bi bilo da ode u duhovni svijet i uživa u vječnom životu, punom blaženstva i znanja, i nikada se ne vrati u ovo bijedno materijalno postojanje.

STROFA 22

अनन्याश्चिन्तयन्तो मां ये जनाः पर्युपासते
तेषां नित्याभियुक्तानां योगक्षेमं वहाम्यहम् ॥ २२ ॥

ananyāś cintayanto māṁ ye janāḥ paryupāsate
teṣāṁ nityābhiyuktānāṁ yoga-kṣemaṁ vahāmy aham

ananyāḥ – koje nemaju drugi cilj; *cintayantaḥ* – usredotočuju; *mām* – na Mene; *ye* – one; *janāḥ* – osobe; *paryupāsate* – pravilno obožavaju; *teṣām* – njima; *nitya* – uvijek; *abhiyuktānām* – utemeljene u predanosti; *yoga* – potrepštine; *kṣemam* – zaštitu; *vahāmi* – osiguravam; *aham* – Ja.

Ali onima koji Me uvijek obožavaju s nepodijeljenom predanošću, meditirajući na Moj transcendentalni oblik, dajem ono što im nedostaje i čuvam ono što imaju.

SMISAO: Onaj tko ne može ni trenutak živjeti bez svjesnosti Kṛṣṇe ne može a da ne misli na Kṛṣṇu dvadeset četiri sata na dan, jer predano služi slušajući, pjevajući, sjećajući se, upućujući molitve, obožavajući, služeći Gospodinova lotosolika stopala, vršeći druge službe, gajeći prijateljstvo i potpuno se predajući Gospodinu. Sve su takve djelatnosti povoljne i pune duhovnih moći koje obdaruju *bhaktu* savršenom samospoznajom tako da on jedino želi dostići društvo Svevišnje Božanske Osobe. Takav *bhakta* nedvojbeno lako prilazi Gospodinu. To se naziva *yoga*. Gospodinovom milošću, *bhakta* se nikada ne vraća u materijalno stanje života. *Kṣema* se odnosi na Gospodinovu milostivu zaštitu. Gospodin pomaže *bhakti* da *yogom* razvije svjesnost Kṛṣṇe, a kad *bhakta* postane potpuno svjestan Kṛṣṇe, štiti ga od pada u bijedni uvjetovani život.

STROFA 23

येऽप्यन्यदेवताभक्ता यजन्ते श्रद्धयान्विताः ।
तेऽपि मामेव कौन्तेय यजन्त्यविधिपूर्वकम् ॥ २३ ॥

ye 'py anya-devatā-bhaktā yajante śraddhayānvitāḥ
te 'pi mām eva kaunteya yajanty avidhi-pūrvakam

ye – oni koji; *api* – također; *anya* – drugih; *devatā* – bogova; *bhaktāḥ* – štovatelji; *yajante* – obožavaju; *śraddhayā anvitāḥ* – s vjerom; *te* – oni; *api* – također; *mām* – Mene; *eva* – jedino; *kaunteya* – o Kuntīn sine; *yajanti* – obožavaju; *avidhi-pūrvakam* – na pogrešan način.

Štovatelji drugih bogova, koji obožavaju te bogove s vjerom, ustvari obožavaju samo Mene, o Kuntīn sine, ali to čine na pogrešan način.

SMISAO: „Osobe koje obožavaju polubogove nisu vrlo inteligentne, premda je takvo obožavanje posredno upućeno Meni", kaže Kṛṣṇa. Na primjer, čovjek koji zalijeva vodom lišće i grane drveta, ali ne zalijeva korijen, postupa tako zato što nema dovoljno znanja ili ne slijedi propisana načela. Slično tome, razne dijelove tijela služimo dajući hranu trbuhu. Polubogovi su, tako reći, različiti službenici i rukovoditelji u vladi Svevišnjega Gospodina. Čovjek mora slijediti zakone koje je donijela vlada, a ne službenici i rukovoditelji. Slično tome, svatko treba obožavati samo Svevišnjeg Gospodina. Samim tim zadovoljit će Gospodinove službenike i rukovoditelje. Oni predstavljaju vladu i nezakonito je podmićivati ih. Na to ovdje upućuju riječi *avidhi-pūrvakam*. Drugim riječima, Kṛṣṇa ne odobrava nepotrebno obožavanje polubogova.

STROFA 24

अहं हि सर्वयज्ञानां भोक्ता च प्रभुरेव च ।
न तु मामभिजानन्ति तत्त्वेनातश्च्यवन्ति ते ॥ २४ ॥

ahaṁ hi sarva-yajñānāṁ bhoktā ca prabhur eva ca
na tu mām abhijānanti tattvenātaś cyavanti te

aham – Ja; *hi* – sigurno; *sarva* – svih; *yajñānām* – žrtvovanja; *bhoktā* – uživatelj; *ca* – i; *prabhuḥ* – gospodar; *eva* – također; *ca* – i; *na* – ne; *tu* – ali; *mām* – Mene; *abhijānanti* – poznaju; *tattvena* – u stvarnosti; *ataḥ* – stoga; *cyavanti* – padaju; *te* – oni.

Ja sam jedini uživatelj i gospodar svih žrtvovanja. Stoga oni koji ne poznaju Moju pravu transcendentalnu prirodu padaju.

SMISAO: U ovoj je strofi jasno rečeno da su u vedskim spisima preporučene razne vrste *yajñi*, ali sve su one namijenjene zadovoljavanju Svevišnjega Gospodina. *Yajña* znači Viṣṇu. U drugom poglavlju *Bhagavad-gīte* jasno je rečeno da trebamo djelovati samo za zadovoljstvo Yajñe, Viṣṇua. Savršeni oblik ljudske civilizacije, poznat kao *varṇāśrama-dharma*, posebno je namijenjen zadovoljavanju Viṣṇua. Zato Kṛṣṇa u ovoj strofi kaže: „Ja sam, kao vrhovni gospodar, uživatelj svih žrtvovanja." No manje inteligentne osobe, koje to ne znaju, obožavaju polubogove radi privremene dobrobiti. Stoga padaju u materijalno postojanje i ne dostižu željeni cilj života. Ako netko želi ispuniti materijalne želje, bolje je da za to moli Svevišnjega Gospodina (premda takva predanost nije čista). Tako će dobiti željeni rezultat.

STROFA 25

यान्ति देवव्रता देवान् पितॄन् यान्ति पितृव्रताः ।
भूतानि यान्ति भूतेज्या यान्ति मद्याजिनोऽपि माम् ॥ २५ ॥

yānti deva-vratā devān pitṝn yānti pitṛ-vratāḥ
bhūtāni yānti bhūtejyā yānti mad-yājino 'pi mām

yānti – odlaze; *deva-vratāḥ* – obožavatelji polubogova; *devān* – polubogovima; *pitṝn* – precima; *yānti* – odlaze; *pitṛ-vratāḥ* – obožavatelji predaka; *bhūtāni* – sablastima i duhovima; *yānti* – odlaze; *bhūta-ijyāḥ* – obožavatelji sablasti i duhova; *yānti* – odlaze; *mat* – Moji; *yājinaḥ* – *bhakte; api* – ali; *mām* – Meni.

Oni koji obožavaju polubogove rodit će se među polubogovima, oni koji obožavaju pretke rodit će se među precima, oni koji obožavaju sablasti i duhove rodit će se među takvim bićima, a oni koji obožavaju Mene živjet će sa Mnom.

SMISAO: Ako čovjek želi otići na Mjesec, Sunce ili koji drugi planet, može dostići željeno odredište slijedeći vedska načela preporučena u tu svrhu, kao što je proces *darśa-paurṇamāsī*. To je jasno opisano u dijelu *Veda* posvećenom plodonosnim djelatnostima, u kojem se preporučuje obožavanje različitih polubogova na različitim rajskim planetima. Tako se izvođenjem određene *yajñe* mogu dostići planeti Pitā. Slično tome, osoba može otići na brojne planete duhova i postati Yakṣa, Rakṣa ili Piśāca. Obožavanje Piśāca naziva se „crnim umijećem" ili „crnom magijom". Ima mnogo ljudi koji se bave takvom magijom, smatrajući je duhovnošću, ali takve su djelatnosti potpuno materijalističke. Čisti *bhakta*, koji obožava samo Svevišnju Božansku Osobu, nedvojbeno dostiže planete Vaikuṇṭhe i Kṛṣṇaloku. Iz ove strofe možemo lako shvatiti da ako se obožavanjem polubogova mogu dostići rajski planeti, obožavanjem Pitā planeti Pitā, a crnom magijom planeti duhova, čisti *bhakta* može dostići planet Kṛṣṇe ili Viṣṇua. Nažalost, mnogi ljudi ne znaju za te uzvišene planete na kojima žive Kṛṣṇa i Viṣṇu te zbog toga padaju. Čak i impersonalisti padaju iz *brahmajyotija*. Pokret svjesnosti Kṛṣṇe zato širi ovo uzvišeno znanje u ljudskom društvu, izvješćujući ljude da jednostavno pjevajući Hare Kṛṣṇa *mantru* mogu u ovom životu postati savršeni i vratiti se kući, Bogu.

STROFA 26

पत्रं पुष्पं फलं तोयं यो मे भक्त्या प्रयच्छति ।
तदहं भक्त्युपहृतमश्नामि प्रयतात्मनः ॥ २६ ॥

patraṁ puṣpaṁ phalaṁ toyaṁ yo me bhaktyā prayacchati
tad ahaṁ bhakty-upahṛtam aśnāmi prayatātmanaḥ

patram – list; *puṣpam* – cvijet; *phalam* – plod; *toyam* – vodu; *yaḥ* – tko god; *me* – Meni; *bhaktyā* – s predanošću; *prayacchati* – ponudi; *tat* – to; *aham* – Ja; *bhakti-upahṛtam* – ponuđeno s predanošću; *aśnāmi* – prihvaćam; *prayata-ātmanaḥ* – od osobe čiste svjesnosti.

Ako Mi netko s ljubavlju i predanošću ponudi list, cvijet, plod ili vodu, prihvatit ću njegovu ponudu.

SMISAO: Za inteligentnu je osobu najvažnije da bude svjesna Kṛṣṇe i transcendentalno služi Gospodina s ljubavlju, kako bi dostigla vječno, blaženo prebivalište i bila vječno sretna. Proces dostizanja tako divnog rezultata vrlo je lak i može ga usvojiti čak i najveći siromah, bez ikakvih kvalifikacija. Samo treba biti Gospodinov čisti *bhakta*. To je jedina kvalifikacija. Nije važno što je ili u kakvu je položaju. Proces je toliko lak da može ponuditi Gospodinu s iskrenom ljubavlju čak i list, malo vode ili neki plod i Gospodin će to sa zadovoljstvom prihvatiti. Svjesnost Kṛṣṇe nikome ne može biti uskraćena, jer je tako laka i univerzalna. Tko je takva budala da ne želi biti svjestan Kṛṣṇe, slijedeći ovu jednostavnu metodu, i tako dostići najviši, savršeni život vječnosti, blaženstva i znanja? Kṛṣṇa želi samo služenje s ljubavlju i ništa više. Kṛṣṇa prihvaća od Svoga čistog *bhakte* čak i mali cvijet. On ne želi nikakvu ponudu od *abhakte*. Iako je samodovoljan i ništa Mu nije potrebno, prihvaća ponudu Svoga *bhakte*, kao razmjenu ljubavi i privrženosti. Razvijena svjesnost Kṛṣṇe najviše je savršenstvo života. *Bhakti* je u ovoj strofi spomenuta dva puta kako bi se naglasilo da Kṛṣṇi možemo prići samo predanim služenjem, *bhakti*. Ničim drugim ne možemo navesti Kṛṣṇu da prihvati neku ponudu, čak ni ako postanemo *brāhmaṇa,* učenjak, bogataš ili veliki filozof. Bez tog osnovnog načela – *bhakti* – ništa ne može navesti Gospodina da prihvati bilo što od bilo koga. *Bhakti* je uvijek bezuzročna. Proces je vječan i predstavlja neposredno služenje apsolutne cjeline.

Nakon što je izjavio da je jedini uživatelj, prvobitni Gospodin i pravi cilj svih žrtvenih ponuda, Gospodin Kṛṣṇa u ovoj strofi otkriva kakve vrste žrtvenih ponuda želi. Ako netko želi predano služiti Svevišnjeg kako bi se pročistio i dostigao cilj života – transcendentalno služenje Boga s ljubavlju – treba saznati što Gospodin od njega želi. Onaj tko voli Kṛṣṇu dat će Mu sve što On želi i neće Mu ponuditi ono što On ne želi ili ne traži. Tako meso, ribu i jaja ne bismo trebali nuditi Kṛṣṇi. Kad bi htio da Mu ponudimo takve stvari, to bi i rekao. Umjesto toga jasno traži da Mu ponudimo list, plod, cvijeće i vodu i za takvu ponudu kaže: „Prihvatit ću je." Prema tome, trebamo shvatiti da neće prihvatiti meso, ribu i jaja. Povrće, žitarice, voće, mlijeko i voda prava su hrana za ljudska bića, koju je propisao sam Gospodin Kṛṣṇa. Drugu hranu ne možemo Mu ponuditi, jer je neće prihvatiti. Ako nudimo neku drugu hranu, ne možemo djelovati na razini ljubavi i predanosti.

U trinaestoj strofi trećega poglavlja Śrī Kṛṣṇa objašnjava da su samo ostaci žrtvovanja pročišćeni i pogodni za one koji žele napredovati u životu i dostići oslobođenje od okova materijalne zapletenosti. U istoj strofi Gospodin kaže da oni koji ne nude svoju hranu jedu samo grijeh. Drugim riječima, sa svakim zalogajem samo produbljuju svoju zapletenost u složene zakone materijalne prirode. Ali pripremanje lijepih, jednostavnih vegetarijanskih jela, nuđenje takvih jela pred slikom ili Božanstvom Gospodina Kṛṣṇe, te klanjanje Kṛṣṇi i moljenje Kṛṣṇe da prihvati takvu skromnu ponudu, omogućuje osobi da postojano napreduje u životu, pročisti tijelo i stvori suptilna moždana tkiva koja omogućuju jasno razmišljanje. Nadasve, hrana se treba ponuditi s ljubavlju. Kṛṣṇi nije potrebna hrana jer već posjeduje sve što postoji, ali će prihvatiti ponudu od onoga tko Ga želi zadovoljiti na taj način. Prilikom pripremanja, služenja i nuđenja važno je djelovati s ljubavlju prema Kṛṣṇi.

Impersonalistički filozofi, koji žele dokazati da Apsolutna Istina nema osjetila, ne mogu shvatiti ovu strofu *Bhagavad-gīte*. Smatraju je ili metaforom ili dokazom svjetovnog karaktera Kṛṣṇe, govornika *Bhagavad-gīte*. No Kṛṣṇa, Vrhovni Bog, ima osjetila. Rečeno je da su Njegova osjetila višefunkcionalna. Drugim riječima, jedno osjetilo može vršiti funkciju bilo kojeg drugog osjetila. To je smisao izjave da je Kṛṣṇa apsolutan. Kad ne bi imao osjetila, ne bi mogao biti pun sveg obilja. U sedmom poglavlju Kṛṣṇa je objasnio da obremenjuje materijalnu prirodu živim bićima prelazeći pogledom po njoj. U ovom slučaju Kṛṣṇino slušanje riječi *bhakte* koji s ljubavlju nudi hranu *potpuno* je istovjetno s Njegovim kušanjem hrane. Trebamo naglasiti da je zbog Njegova apsolutnog položaja Njegovo slušanje potpuno istovjetno s Njegovim kušanjem hrane. Samo *bhakta*, koji prihvaća Kṛṣṇu takvoga kakav sam Sebe opisuje, bez tumačenja, može shvatiti da Vrhovna Apsolutna Istina može jesti hranu i uživati u njoj.

STROFA 27

यत्करोषि यदश्नासि यज्जुहोषि ददासि यत् ।
यत्तपस्यसि कौन्तेय तत्कुरुष्व मदर्पणम् ॥ २७ ॥

yat karoṣi yad aśnāsi yaj juhoṣi dadāsi yat
yat tapasyasi kaunteya tat kuruṣva mad-arpaṇam

yat – sve što; *karoṣi* – radiš; *yat* – sve što; *aśnāsi* – jedeš; *yat* – sve što; *juhoṣi* – nudiš; *dadāsi* – daješ; *yat* – sve što; *yat* – sve; *tapasyasi* – strogosti koje vršiš; *kaunteya* – o Kuntīn sine; *tat* – to; *kuruṣva* – čini; *mat* – Meni; *arpaṇam* – kao ponudu.

Sve što radiš, sve što jedeš, sve što nudiš ili daješ i sve strogosti koje vršiš – o Kuntīn sine, ponudi Meni.

SMISAO: Svatko je dužan urediti svoj život na takav način da ni u kakvim okolnostima ne zaboravi Kṛṣṇu. Svatko mora raditi kako bi održao tijelo i dušu zajedno i Kṛṣṇa ovdje preporučuje da radimo za Njega. Svatko mora nešto jesti da bi živio; zato treba prihvatiti ostatke hrane ponuđene Kṛṣṇi. Svaki civilizirani čovjek mora izvoditi neke religijske obrede. Kṛṣṇa zato preporučuje: „Čini to za Mene." To se zove *arcana*. Svatko ima sklonost k davanju milostinje; Kṛṣṇa kaže: „Daj Meni." To znači da sav višak prikupljenog novca trebamo iskoristiti za širenje pokreta svjesnosti Kṛṣṇe. Danas su ljudi jako naklonjeni procesu meditacije, koji u ovom dobu nije praktičan, ali ako netko dvadeset četiri sata na dan meditira na Kṛṣṇu mantrajući Hare Kṛṣṇa *mantru* na svojoj brojanici, sigurno je najveći meditant i najveći *yogī*. To je potvrđeno u šestom poglavlju *Bhagavad-gīte.*

STROFA 28

शुभाशुभफलैरेवं मोक्ष्यसे कर्मबन्धनैः ।
सन्न्यासयोगयुक्तात्मा विमुक्तो मामुपैष्यसि ॥ २८ ॥

śubhāśubha-phalair evaṁ mokṣyase karma-bandhanaiḥ
sannyāsa-yoga-yuktātmā vimukto mām upaiṣyasi

śubha – povoljnih; *aśubha* – i nepovoljnih; *phalaiḥ* – rezultata; *evam* – tako; *mokṣyase* – oslobodit ćeš se; *karma* – rad; *bandhanaiḥ* – vezanosti za; *sannyāsa* – odricanja; *yoga – yoga; yukta-ātmā* – čvrsto usredotočena uma; *vimuktaḥ* – oslobođen; *mām* – Meni; *upaiṣyasi* – doći ćeš.

Na taj ćeš se način osloboditi vezanosti za rad i njegove povoljne i nepovoljne rezultate. Uma usredotočena na Mene u tom duhu odricanja, bit ćeš oslobođen i doći ćeš k Meni.

SMISAO: Onaj tko djeluje u svjesnosti Kṛṣṇe pod vodstvom autoriteta naziva se *yukta*. Stručni je naziv *yukta-vairāgya*. Rūpa Gosvāmī to podrobnije objašnjava na ovaj način:

anāsaktasya viṣayān yathārham upayuñjataḥ
nirbandhaḥ kṛṣṇa-sambandhe yuktaṁ vairāgyam ucyate
(*Bhakti-rasāmṛta-sindhu* 2.255)

Rūpa Gosvāmī kaže da sve dok se nalazimo u materijalnom svijetu moramo djelovati; ne možemo prestati djelovati. Ako osoba djeluje i plodove daje Kṛṣṇi, to se zove *yukta-vairāgya*. Takve djelatnosti pravog odricanja čiste ogledalo uma. S postupnim napredovanjem u duhovnoj spoznaji onaj tko tako djeluje potpuno se predaje Svevišnjoj Božanskoj Osobi. Zato na kraju biva oslobođen i to je oslobođenje pobliže opisano. Zahvaljujući tom oslobođenju ne stapa se s *brahmajyotijem,* već odlazi na planet Svevišnjega Gospodina. Ovdje je jasno rečeno – *mām upaiṣyasi:* „dolazi k Meni", vraća se kući, Bogu. Postoji pet različitih vrsta oslobođenja i ovdje je posebno rečeno da je *bhakta* koji je čitav svoj život živio pod vodstvom Svevišnjega Gospodina napredovao do te mjere da se po napuštanju ovoga tijela može vratiti Bogu i neposredno se družiti sa Svevišnjim Gospodinom.

Onaj tko je svoj život posvetio isključivo služenju Gospodina, bez drugih interesa, pravi je *sannyāsī*. Takva osoba uvijek smatra sebe vječnim slugom, ovisnim o Gospodinovoj vrhovnoj volji. Zato sve što čini, čini za Gospodina. Kako god da djeluje, djeluje za Gospodina. Ne poklanja pozornost plodonosnim djelatnostima i propisanim dužnostima opisanim u *Vedama*. Obični ljudi moraju obavljati propisane dužnosti opisane u *Vedama*, ali premda se ponekad može činiti da čisti *bhakta* potpuno zaokupljen služenjem Gospodina zanemaruje propisane vedske dužnosti, to zapravo nije istina.

Zato su vaiṣṇavski autoriteti rekli da čak ni najinteligentnija osoba ne može shvatiti planove i djelatnosti čistog *bhakte*. Točne su riječi *tāṅra vākya, kriyā, mudrā vijñeha nā bujhaya* (*Caitanya-caritāmṛta, Madhya* 23.39). Smatra se da je osoba koja uvijek služi Gospodina ili uvijek misli i planira kako bi mogla služiti Gospodina potpuno oslobođena, a u budućnosti joj je osiguran povratak kući, Bogu. Ona je iznad svake materijalističke kritike, kao što je Kṛṣṇa iznad svake kritike.

STROFA 29

समोऽहं सर्वभूतेषु न मे द्वेष्योऽस्ति न प्रियः ।
ये भजन्ति तु मां भक्त्या मयि ते तेषु चाप्यहम् ॥ २९ ॥

samo 'haṁ sarva-bhūteṣu na me dveṣyo 'sti na priyaḥ
ye bhajanti tu māṁ bhaktyā mayi te teṣu cāpy aham

samaḥ – jednak; *aham* – Ja; *sarva-bhūteṣu* – prema svim živim bićima; *na* – nikoga ne; *me* – Ja; *dveṣyaḥ* – mrzim; *asti* – je; *na* – niti; *priyaḥ* – drag; *ye* – oni koji; *bhajanti* – transcendentalno služe; *tu* – ali; *mām* – Mene; *bhaktyā* – s predanošću; *mayi* – u Meni su; *te* – takve osobe; *teṣu* – u njima; *ca* – također; *api* – zacijelo; *aham* – Ja.

Nikome ne zavidim niti sam prema ikome pristran. Jednak sam prema svima, ali onaj tko Me služi s predanošću utemeljen je u Meni, Moj je prijatelj i Ja sam njegov prijatelj.

SMISAO: Netko može postaviti pitanje: „Ako je Kṛṣṇa jednak prema svima i nitko nije Njegov prijatelj, zašto je posebno naklonjen *bhaktama* koji Ga uvijek transcendentalno služe?" No to nije diskriminacija; to je prirodno. Čovjek u materijalnom svijetu može biti vrlo milosrdan prema drugima, ali je posebno naklonjen svojoj djeci. Gospodin tvrdi da je svako živo biće – bez obzira na oblik koji ima – Njegov sin i zato svakoga opskrbljuje svim životnim potrepštinama. On je kao oblak koji izlijeva kišu svuda: i na kamen i na zemlju i na vodu. No posebnu pozornost poklanja *bhaktama*. Takvi su *bhakte* ovdje opisani: oni su uvijek svjesni Kṛṣṇe i stoga su uvijek transcendentalno utemeljeni u Kṛṣṇi. Sam izraz „svjesnost Kṛṣṇe" pokazuje da su osobe s takvom svjesnošću živi transcendentalisti, utemeljeni u Njemu. Gospodin ovdje jasno kaže – *mayi te:* „Oni su u Meni." Prirodno je, kao rezultat toga, Gospodin u njima. To je uzajamno. To također objašnjavaju riječi – *ye yathā māṁ prapadyante tāṁs tathaiva bhajāmy aham:* „Vodim brigu o svakome tko Mi se preda, razmjerno njegovu predavanju." Ta transcendentalna razmjena postoji zato što su i Gospodin i *bhakta* svjesni. Kad se na zlatan prsten stavi dijamant, prsten izgleda prekrasno. Tako i zlato i dijamant postaju slavni. Gospodin i živo biće vječno blistaju i kad živo biće postane naklonjeno služenju Gospodina, izgleda kao zlato. Gospodin je dijamant i zato je taj spoj veoma lijep. Živa bića u čistu stanju zovu se *bhakte*. Svevišnji Gospodin postaje *bhakta* Svojih *bhakta*. Ako u odnosu između *bhakte* i Gospodina nema razmjene, onda nema personalističke filozofije. U impersonalističkoj filozofiji ne postoji razmjena između Svevišnjega i živog bića, ali u personalističkoj filozofiji postoji.

Gospodin se često uspoređuje s drvetom želja, koje daje sve što netko poželi, ali ovdje nalazimo potpunije objašnjenje. Ovdje je rečeno da je Gospodin pristran prema *bhaktama*. To je očitovanje Gospodinove posebne milosti prema *bhaktama*. Ne bismo trebali misliti da Gospodin uzvraća u skladu sa zakonom *karme*. Ta se razmjena odvija na transcendentalnoj razini na kojoj djeluju Gospodin i Njegovi *bhakte*. Predano služenje Gospodina nije djelatnost materijalnog svijeta; dio je duhovnog svijeta, u kojem vladaju vječnost, blaženstvo i znanje.

STROFA 30

अपि चेत्सुदुराचारो भजते मामनन्यभाक् ।
साधुरेव स मन्तव्यः सम्यग् व्यवसितो हि सः ॥ ३० ॥

api cet su-durācāro bhajate mām ananya-bhāk
sādhur eva sa mantavyaḥ samyag vyavasito hi saḥ

api – čak; *cet* – ako; *su-durācāraḥ* – onaj tko počini najodvratnija djela; *bhajate* – predano služi; *mām* – Mene; *ananya-bhāk* – bez odstupanja; *sādhuḥ* – svecem; *eva* – zacijelo; *saḥ* – njega; *mantavyaḥ* – treba se smatrati; *samyak* – potpuno; *vyavasitaḥ* – utemeljen u odlučnosti; *hi* – zacijelo; *saḥ* – on.

Onaj tko predano služi, čak i ako počini najodvratnije djelo, treba se smatrati svetim, jer je pravilno utemeljen u svojoj odlučnosti.

SMISAO: U ovoj je strofi vrlo značajna riječ *su-durācāraḥ,* koju trebamo pravilno shvatiti. Kada je živo biće uvjetovano, vrši dvije vrste djelatnosti: uvjetovane i prirodne. U uvjetovanom životu čak i *bhakte* vrše razne djelatnosti kako bi zaštitili tijelo ili slijedili zakone društva i države. Te se djelatnosti nazivaju uvjetovanim. Uz to živo biće koje je potpuno svjesno svoje duhovne prirode i potpuno zaokupljeno svjesnošću Kṛṣṇe, odnosno predanim služenjem Gospodina, vrši djelatnosti koje se nazivaju transcendentalnima. Takve djelatnosti, koje vrši u svom prirodnom položaju, nazivaju se predano služenje. U uvjetovanu stanju predano služenje i uvjetovano služenje koje se odnosi na tijelo ponekad se mogu paralelno odvijati, ali ponekad mogu ometati jedno drugo. *Bhakta*, koliko god je to moguće, izbjegava postupke koji mogu ugroziti njegovo zdravo stanje. Zna da savršenstvo njegovih djelatnosti ovisi o napretku u razvijanju svjesnosti Kṛṣṇe. Međutim katkada osoba svjesna Kṛṣṇe može počiniti djelo koje se po društvenim ili političkim mjerilima smatra odvratnim. Unatoč tome, takav je privremeni pad ne diskvalificira. U *Śrīmad-Bhāgavatamu* rečeno je da osobu koja padne, ali svim srcem transcendentalno služi Svevišnjeg Gospodina, Gospodin u njezinu srcu pročišćava i oprašta joj odvratno djelo. Materijalne su nečistoće tako snažne da čak i *yogī* potpuno zaokupljen služenjem Gospodina katkada biva zaveden, ali svjesnost je Kṛṣṇe toliko moćna da takav slučajan pad odmah biva poništen. Stoga je proces predanog služenja uvijek uspješan. Nitko ne bi trebao ismijavati *bhaktu* zbog slučajna pada s idealnog puta, jer će takvi privremeni padovi prestati čim se *bhakta* potpuno utemelji u svjesnosti Kṛṣṇe. To će biti objašnjeno u idućoj strofi.

Zato trebamo smatrati da se osoba svjesna Kṛṣṇe, koja odlučno slijedi proces pjevanja i mantranja Hare Kṛṣṇa, Hare Kṛṣṇa, Kṛṣṇa Kṛṣṇa, Hare Hare / Hare Rāma, Hare Rāma, Rāma Rāma, Hare Hare, nalazi na transcendentalnom položaju, čak i ako slučajno padne. Riječi *sādhur eva*, „on je svet" vrlo su snažne. One predstavljaju upozorenje *abhaktama* da *bhaktu* koji slučajno padne ne trebaju ismijavati. Čak i ako je slučajno pao, trebaju ga smatrati svetim. Još je snažnija riječ *mantavyaḥ*. Ako netko ne slijedi to pravilo i ismijava *bhaktu* zbog slučajna pada, krši naredbu Svevišnjega Gospodina. *Bhakta* mora biti nepokolebljivo i isključivo zaokupljen predanim služenjem. To je jedini preduvjet.

U *Nṛsiṁha Purāṇi* nalazimo ovu izjavu:

bhagavati ca harāv ananya-cetā
bhṛśa-malino 'pi virājate manuṣyaḥ
na hi śaśa-kaluṣa-cchabiḥ kadācit
timira-parābhavatām upaiti candraḥ

Prema riječima ove strofe, čak i ako osoba potpuno zaokupljena predanim služenjem ponekad počini odvratna djela, trebamo smatrati da su ta djela poput mrlja na mjesecu koje imaju oblik zeca. Takve mrlje ne sprečavaju širenje mjesečine. Slično tome, ako *bhakta* slučajno padne s puta svetoga karaktera, ne postaje zbog toga odvratan.

S druge strane, ne bismo trebali pogrešno misliti da *bhakta* koji transcendentalno predano služi Gospodina može djelovati na bilo kakav odvratan način. Ova se strofa odnosi samo na slučajan pad uzrokovan snažnim materijalnim vezama. Predano služenje predstavlja manje-više objavu rata iluzornoj energiji. Sve dok osoba nema dovoljno snage da se suprotstavi iluzornoj energiji, može doći do slučajnih padova, ali kada postane dovoljno snažna, više ne podliježe takvim padovima. To smo već objasnili. Nitko ne smije zloupotrebljavati ovu strofu za izvođenje gluposti i misliti da je još uvijek *bhakta*. Ako predanim služenjem ne poboljša svoj karakter, trebamo smatrati da nije napredan *bhakta*.

STROFA 31

क्षिप्रं भवति धर्मात्मा शश्वच्छान्तिं निगच्छति ।
कौन्तेय प्रतिजानीहि न मे भक्तः प्रणश्यति ॥ ३१ ॥

kṣipraṁ bhavati dharmātmā śaśvac-chāntiṁ nigacchati
kaunteya pratijānīhi na me bhaktaḥ praṇaśyati

kṣipram – ubrzo; *bhavati* – postaje; *dharma-ātmā* – ispravan; *śaśvat-śāntim* – trajan mir; *nigacchati* – stječe; *kaunteya* – o Kuntīn sine; *pratijānīhi* – objavi; *na* – nikada; *me* – Moj; *bhaktaḥ* – *bhakta; praṇaśyati* – propada.

On ubrzo postaje ispravan i stječe trajan mir. O Kuntīn sine, otvoreno reci svima da Moj bhakta nikada ne propada.

SMISAO: Ovu strofu ne bismo trebali pogrešno shvatiti. U sedmom poglavlju Gospodin kaže da onaj tko čini loša djela ne može postati Gospodinov *bhakta*. Onaj tko nije Gospodinov *bhakta* nema dobrih osobina.

Stoga se može postaviti pitanje: „Kako onaj tko čini odvratna djela – bilo slučajno bilo namjerno – može biti čisti *bhakta*?" To se pitanje može s pravom postaviti. U sedmom poglavlju rečeno je da nitkovi, koji nikada ne služe Gospodina, nemaju dobrih odlika. To je potvrđeno u *Śrīmad-Bhāgavatamu*. *Bhakta* koji slijedi devet procesa predanog služenja čisti svoje srce od svih materijalnih nečistoća. On nosi Svevišnju Božansku Osobu u svom srcu i sve grešne nečistoće prirodno nestaju. Zahvaljujući neprestanom razmišljanju o Svevišnjem Gospodinu prirodno postaje čist. Prema *Vedama*, ako osoba padne s visoka položaja mora se podvrći propisanim obrednim postupcima kako bi se pročistila. Ali ovdje se ne postavlja takav uvjet. Proces je čišćenja već prisutan u srcu *bhakte*, jer se *bhakta* neprestano sjeća Svevišnje Božanske Osobe. Zato treba neprestano pjevati Hare Kṛṣṇa, Hare Kṛṣṇa, Kṛṣṇa Kṛṣṇa, Hare Hare/ Hare Rāma, Hare Rāma, Rāma Rāma, Hare Hare. To će ga zaštititi od svih slučajnih padova. Tako će uvijek biti oslobođen sve materijalne prljavštine.

STROFA 32

मां हि पार्थ व्यपाश्रित्य येऽपि स्युः पापयोनयः ।
स्त्रियो वैश्यास्तथा शूद्रास्तेऽपि यान्ति परां गतिम् ॥ ३२ ॥

māṁ hi pārtha vyapāśritya ye 'pi syuḥ pāpa-yonayaḥ
striyo vaiśyās tathā śūdrās te 'pi yānti parāṁ gatim

mām – Moje; *hi* – zacijelo; *pārtha* – o Pṛthin sine; *vyapāśritya* – prihvate utočište; *ye* – oni koji; *api* – također; *syuḥ* – su; *pāpa-yonayaḥ* – rođeni u obitelji niska roda; *striyaḥ* – žene; *vaiśyāḥ* – trgovci; *tathā* – također; *śūdrāḥ* – ljudi iz nižih staleža; *te api* – čak i oni; *yānti* – odlaze; *parām* – vrhovnom; *gatim* – odredištu.

O Pṛthin sine, oni koji prihvate Moje utočište, čak i ako su niska roda – žene, vaiśye [trgovci] i śūdre [radnici] – mogu dostići vrhovno odredište.

SMISAO: Svevišnji Gospodin ovdje jasno izjavljuje da u predanom služenju nema razlike između nižih i viših slojeva ljudi. U materijalnom shvaćanju života postoje takve podjele, ali za osobu koja transcendentalno predano služi nema takve razlike. Svatko može dostići vrhovno odredište. U *Śrīmad-Bhāgavatamu* (2.4.18) rečeno je da se čak i najniži ljudi, zvani *caṇḍāle* (oni koji jedu pse), mogu pročistiti druženjem s čistim *bhaktom*. Predano služenje i vodstvo čistoga *bhakte* toliko su moćni da nema razlike između nižih i viših slojeva ljudi; svatko se može posvetiti predanom služenju. Čak i najjednostavniji čovjek koji prihvati utočište čistoga *bhakte* može se pročistiti zahvaljujući pravilnu vodstvu. Ovisno o različitim *guṇama* materijalne prirode ljudi se dijele na ljude u *guṇi* vrline (*brāhmaṇe*), ljude u *guṇi* strasti (*kṣatriye* ili administrativni stalež), ljude u *guṇi* strasti pomiješanoj s *guṇom* neznanja (*vaiśye* ili trgovce) i ljude u *guṇi* neznanja (*śūdre* ili radnike). Niži od njih, zvani *caṇḍāle*, rođeni su u grešnim obiteljima. Viši staleži obično ne prihvaćaju društvo ljudi rođenih u grešnim obiteljima, ali proces predanog služenja tako je moćan da čisti *bhakta* Svevišnjega Gospodina može omogućiti ljudima svih nižih staleža da dostignu najviše savršenstvo života. To je moguće samo kada osoba prihvati utočište Kṛṣṇe. Riječ *vyapāśritya* pokazuje da mora potpuno prihvatiti utočište Kṛṣṇe. Onda može postati mnogo veća od velikih *jñānīja* i *yogīja*.

STROFA 33

किं पुनर्ब्राह्मणाः पुण्या भक्ता राजर्षयस्तथा ।
अनित्यमसुखं लोकमिमं प्राप्य भजस्व माम् ॥ ३३ ॥

kiṁ punar brāhmaṇāḥ puṇyā bhaktā rājarṣayas tathā
anityam asukhaṁ lokam imaṁ prāpya bhajasva mām

kim – koliko; *punaḥ* – tek; *brāhmaṇāḥ* – *brāhmaṇe; puṇyāḥ* – pobožne; *bhaktāḥ* – *bhakte; rāja-ṛṣayaḥ* – svete kraljeve; *tathā* – također; *anityam* – privremen; *asukham* – pun bijeda; *lokam* – planet; *imam* – ovaj; *prāpya* – došavši na; *bhajasva* – služi s ljubavlju; *mām* – Mene.

Koliko se tek to može reći za pobožne brāhmaṇe, bhakte i svete kraljeve! Stoga, budući da si došao u ovaj privremeni, bijedni svijet, služi Me s ljubavlju.

SMISAO: U materijalnom svijetu postoje različite kategorije ljudi, ali ovaj svijet nije ni za koga mjesto sreće. Ovdje je jasno rečeno – *anityam asukhaṁ lokam:* ovaj je svijet privremen i pun bijeda te nije pogodno mjesto za razumnu, plemenitu osobu. Svevišnja Božanska Osoba izjavljuje da je ovaj svijet privremen i pun bijeda. Neki filozofi, posebno māyāvādīji, kažu da je ovaj svijet nestvaran, ali iz *Bhagavad-gīte* možemo shvatiti da nije nestvaran, već privremen. Postoji razlika između privremenog i nestvarnog. Ovaj je svijet privremen, ali postoji drugi svijet koji je vječan. Ovaj je svijet pun bijeda, ali drugi je svijet vječan i pun blaženstva.

Arjuna se rodio u svetoj kraljevskoj obitelji, ali Gospodin je i njemu rekao: „Služi Me s predanošću i brzo se vrati kući, Bogu." Nitko ne bi trebao ostati u ovom privremenom svijetu, punom bijeda. Svatko treba postati privržen prsima Svevišnje Božanske Osobe kako bi mogao biti vječno sretan. Predano služenje Svevišnjeg Gospodina jedini je proces kojim se mogu riješiti svi problemi svih vrsta ljudi. Stoga se svatko treba posvetiti svjesnosti Kṛṣṇe i svoj život učiniti savršenim.

STROFA 34

मन्मना भव मद्भक्तो मद्याजी मां नमस्कुरु ।
मामेवैष्यसि युक्त्वैवमात्मानं मत्परायणः ॥ ३४ ॥

man-manā bhava mad-bhakto mad-yājī māṁ namaskuru
mām evaiṣyasi yuktvaivam ātmānaṁ mat-parāyaṇaḥ

mat-manāḥ – uvijek misleći na Mene; *bhava* – postani; *mat* – Moj; *bhaktaḥ* – *bhakta*; *mat* – Moj; *yājī* – obožavatelj; *mām* – Meni; *namaskuru* – odaj poštovanje; *mām* – Meni; *eva* – potpuno; *eṣyasi* – doći ćeš; *yuktvā* – zaokupljen; *evam* – tako; *ātmānam* – tvoja duša; *mat-parāyaṇaḥ* – predana Meni.

Uvijek misli na Mene, postani Moj bhakta, odavaj Mi poštovanje i obožavaj Me. Tako ćeš, potpuno svjestan Mene, sigurno doći k Meni.

SMISAO: U ovoj se strofi jasno kaže da je svjesnost Kṛṣṇe jedini način na koji živo biće može biti izbavljeno iz okova okuženog, materijalnog svijeta. Ponekad bezobzirni tumači iskrivljuju značenje onoga što je ovdje jasno rečeno: da predano služenje treba biti posvećeno isljučivo Svevišnjoj Božanskoj Osobi, Kṛṣṇi. Nažalost, bezobzirni tumači odvraćaju um čitatelja na nešto što uopće nije moguće. Takvi tumači ne znaju da između Kṛṣṇina uma i Kṛṣṇe nema razlike. Kṛṣṇa nije obično ljudsko biće; On je Apsolutna Istina. Njegovo tijelo, um i On sam istovjetni su i apsolutni. U svojim *Anubhāṣya* tumačenjima *Caitanya-caritāmṛte* (*Ādi-līlā* 5.41-48) Bhaktisiddhānta Sarasvatī Gosvāmī navodi *Kūrma Purāṇu: deha-dehi-vibhedo 'yaṁ neśvare vidyate kvacit.* To znači da između Svevišnjega Gospodina Kṛṣṇe i Njegova tijela nema razlike. Budući da tumači ne znaju nauk o Kṛṣṇi, skrivaju Kṛṣṇu i odvajaju Njegovu osobnost od Njegova uma i tijela. Premda takve tvrdnje odaju krajnje nepoznavanje nauka o Kṛṣṇi, neki ljudi zarađuju na tome, zavodeći ljude.

Neke demonske osobe također misle na Kṛṣṇu, ali sa zavišću, kao kralj Kaṁsa, Kṛṣṇin ujak. On je uvijek mislio na Kṛṣṇu, ali kao na neprijatelja. Bio je uvijek u tjeskobi, pitajući se kada će Kṛṣṇa doći i ubiti ga. Takvo razmišljanje neće nam pomoći. Na Kṛṣṇu trebamo misliti s predanošću i ljubavlju. To je *bhakti.* Trebamo neprestano njegovati znanje o

Kṛṣṇi. Kako možemo povoljno njegovati znanje? Učeći od vjerodostojna učitelja. Kṛṣṇa je Svevišnja Božanska Osoba i nekoliko smo puta objasnili da Njegovo tijelo nije materijalno, već vječno blaženo znanje. Takav će nam razgovor o Kṛṣṇi pomoći da postanemo *bhakta*. Ako pokušamo shvatiti Kṛṣṇu na drugačiji način, iz pogrešna izvora, naš će se pokušaj pokazati neplodnim.

Stoga trebamo usredotočiti um na vječni, prvobitni oblik Kṛṣṇe. Uvjereni u srcu da je Kṛṣṇa Svevišnji, trebamo Ga obožavati. U Indiji postoje tisuće hramova u kojima se Kṛṣṇa obožava i predano služi. Prilikom takva obožavanja i predanog služenja moramo Kṛṣṇi odati poštovanje. Trebamo se pokloniti pred Božanstvom i služiti Ga svojim umom, tijelom, djelatnostima – svime. Tako ćemo postati zaokupljeni Kṛṣṇom, bez odstupanja. To će nam pomoći da dostignemo Kṛṣṇaloku. Ne bismo trebali dopustiti da nas zavode bezobzirni tumači. Moramo slijediti devet različitih procesa predanog služenja, počev sa slušanjem i pjevanjem o Kṛṣṇi. Čisto predano služenje najviše je dostignuće ljudskoga društva.

U sedmom i osmom poglavlju *Bhagavad-gīte* bilo je objašnjeno čisto predano služenje Gospodina, oslobođeno spekulativnog znanja, mistične *yoge* i plodonosnih djelatnosti. One koji nisu potpuno pročišćeni mogu privući Gospodinova različita očitovanja, kao što su neosobni *brahmajyoti* i lokalizirana Paramātmā, ali čisti se *bhakta* izravno posvećuje služenju Svevišnjega Gospodina.

Postoji prekrasna pjesma o Kṛṣṇi u kojoj je jasno rečeno da obožavatelji polubogova nemaju nimalo inteligencije i nikada ne mogu steći vrhunsku nagradu, Kṛṣṇu. *Bhakta* može na početku katkada pasti, ali ga ipak trebamo smatrati višim od svih drugih filozofa i *yogīja*. Onaj tko je uvijek zaokupljen svjesnošću Kṛṣṇe savršeno je sveta osoba. Njegove slučajne djelatnosti koje odstupaju od standarda predanosti postat će sve rjeđe, a on će ubrzo biti utemeljen u potpunu savršenstvu. Ustvari, čisti *bhakta* ne može pasti, jer Vrhovni Bog osobno vodi brigu o Svojim čistim *bhaktama*. Stoga inteligentna osoba treba neposredno prihvatiti proces svjesnosti Kṛṣṇe i živjeti sretno u ovom materijalnom svijetu. S vremenom će dobiti vrhunsku nagradu, Kṛṣṇu.

Tako se završavaju Bhaktivedantina tumačenja devetoga poglavlja Śrīmad Bhagavad-gīte *pod naslovom* Najpovjerljivije znanje.

DESETO POGLAVLJE

Obilje Apsoluta

STROFA 1

श्रीभगवानुवाच
भूय एव महाबाहो शृणु मे परमं वचः ।
यत्तेऽहं प्रीयमाणाय वक्ष्यामि हितकाम्यया ॥ १ ॥

śrī-bhagavān uvāca
bhūya eva mahā-bāho śṛṇu me paramaṁ vacaḥ
yat te 'haṁ prīyamāṇāya vakṣyāmi hita-kāmyayā

śrī-bhagavān uvāca – Svevišnja Božanska Osoba reče; *bhūyaḥ* – ponovno; *eva* – zacijelo; *mahā-bāho* – snažnih ruku; *śṛṇu* – počuj; *me* – Moju; *paramam* – najvišu; *vacaḥ* – uputu; *yat* – koju; *te* – tebi; *aham* – Ja; *prīyamāṇāya* – jer si Mi drag; *vakṣyāmi* – kažem; *hita-kāmyayā* – za tvoje dobro.

Svevišnja Božanska Osoba reče: O Arjuna snažnih ruku, počuj Moje riječi. Za tvoje dobro prenijet ću ti znanje više od onoga koje sam već objasnio, jer si Moj dragi prijatelj.

SMISAO: Parāśara Muni objasnio je riječ Bhagavān na sljedeći način: Bhagavān, Svevišnja Božanska Osoba, je onaj tko u potpunosti posjeduje svih šest obilja – snagu, slavu, bogatstvo, znanje, ljepotu i moć odricanja. Za Svoga boravka na Zemlji Kṛṣṇa je pokazao svih šest obilja. Zato su svi veliki mudraci poput Parāśare Munija prihvatili Kṛṣṇu kao Svevišnju Božansku Osobu. Kṛṣṇa sada poučava Arjunu još povjerljivijem znanju o Svome obilju i djelatnostima. Gospodin je u prijašnjim poglavljima, od sedmoga do devetoga, već objasnio Svoje različite energije i način na koji djeluju. Sada će, u ovom poglavlju, objasniti Arjuni Svoja posebna obilja. U prethodnom je poglavlju jasno opisao Svoje različite energije kako bi utemeljio predanost u čvrstom uvjerenju. U ovom će poglavlju ponovno opisati Arjuni Svoja očitovanja i razna obilja.

Što više slušamo o Vrhovnom Bogu, to više razvijamo odlučnost u predanom služenju. Trebamo uvijek slušati o Gospodinu u društvu *bhakta;* to će povećati našu želju za predanim služenjem. Razgovori u društvu *bhakta* mogu se voditi samo među onima koji iskreno žele biti svjesni Kṛṣṇe. Drugi ne mogu sudjelovati u takvim razgovorima. Gospodin jasno kaže Arjuni da o tome govori za njegovo dobro, zato što Mu je veoma drag.

STROFA 2

न मे विदुः सुरगणाः प्रभवं न महर्षयः ।
अहमादिर्हि देवानां महर्षीणां च सर्वशः ॥ २ ॥

na me viduḥ sura-gaṇāḥ prabhavaṁ na maharṣayaḥ
aham ādir hi devānāṁ maharṣīṇāṁ ca sarvaśaḥ

na – nikada; *me* – Moje; *viduḥ* – znaju; *sura-gaṇāḥ* – polubogovi; *prabhavam* – podrijetlo, obilja; *na* – nikada; *mahā-ṛṣayaḥ* – veliki mudraci; *aham* – Ja sam; *ādiḥ* – podrijetlo; *hi* – zacijelo; *devānām* – polubogova; *mahā-ṛṣīṇām* – velikih mudraca; *ca* – također; *sarvaśaḥ* – u svakom pogledu.

Ni mnoštvo polubogova ni veliki mudraci ne znaju Moje podrijetlo ili obilje, jer sam u svakom pogledu izvor polubogova i mudraca.

SMISAO: Kao što je rečeno u *Brahma-saṁhiti,* Gospodin Kṛṣṇa je Svevišnji Gospodin. Nitko nije veći od Njega; On je uzrok svih uzroka. Ovdje Gospodin osobno kaže da je uzrok svih polubogova i mudraca. Čak ni polubogovi ni veliki mudraci ne mogu shvatiti Kṛṣṇu. Ne mogu shvatiti ni Njegovo ime ni Njegovu osobnost. Kakav je onda položaj tobožnjih učenjaka ovog malog planeta? Nitko ne može shvatiti zašto Vrhovni Bog dolazi na Zemlju kao obično ljudsko biće i čini čudesna, neobična djela. Trebamo znati da učenost nije preduvjet za razumijevanje Kṛṣṇe. Čak su i polubogovi i veliki mudraci pokušali shvatiti Kṛṣṇu umnom spekulacijom i nisu u tome uspjeli. U *Śrīmad-Bhāgavatamu* jasno je rečeno da čak ni veliki polubogovi ne mogu shvatiti Svevišnju Božansku Osobu. Mogu spekulirati u granicama svojih nesavršenih osjetila i doći do impersonalističkog zaključka o suprotnosti, o onome što nije očitovanje triju odlika materijalne prirode ili mogu u umu zamisliti nešto, ali takvom budalastom spekulacijom ne mogu shvatiti Kṛṣṇu.

Ako netko želi upoznati Apsolutnu Istinu, Gospodin u ovoj strofi posredno kaže: „Prisutan sam ovdje kao Svevišnja Božanska Osoba. Ja sam Svevišnji." Toga trebamo biti svjesni. Premda ne možemo shvatiti osobno prisutnog nepojmljivog Gospodina, On postoji. Kṛṣṇu, koji je pun vječnosti, znanja i blaženstva, možemo shvatiti jednostavno proučavajući Njegove riječi u *Bhagavad-gīti* i *Śrīmad-Bhāgavatamu*. Osobe pod utjecajem Gospodinove niže energije mogu zamisliti Boga kao vladajuću moć ili neosobnog Brahmana, ali onaj tko nije utemeljen na transcendentalnoj razini ne može shvatiti Božansku Osobu.

Budući da većina ljudi ne može shvatiti Kṛṣṇin pravi položaj, Kṛṣṇa se iz Svoje bezuzročne milosti pojavljuje kako bi iskazao milost takvim spekulantima. No unatoč neobičnim djelima Svevišnjega Gospodina spekulanti, okuženi materijalnom prirodom, misle da je Svevišnji neosobni Brahman. Samo *bhakte* potpuno predani Svevišnjem Gospodinu mogu Njegovom milošću shvatiti da je On Kṛṣṇa. Gospodinovi *bhakte* ne obraćaju pozornost na impersonalističku predodžbu o Bogu. Zahvaljujući svojoj vjeri i predanosti odmah se predaju Svevišnjem Gospodinu i Kṛṣṇinom bezuzročnom milošću spoznaju Kṛṣṇu. Nitko drugi ne može Ga shvatiti. Tako se čak i veliki mudraci slažu: „Što je *ātmā,* što je Svevišnji? On je taj koga moramo obožavati."

STROFA 3

यो मामजमनादिं च वेत्ति लोकमहेश्वरम् ।
असम्मूढः स मर्त्येषु सर्वपापैः प्रमुच्यते ॥ ३ ॥

yo mām ajam anādiṁ ca vetti loka-maheśvaram
asammūḍhaḥ sa martyeṣu sarva-pāpaiḥ pramucyate

yaḥ – onaj tko; *mām* – Ja; *ajam* – nerođen; *anādim* – bez početka; *ca* – također; *vetti* – zna; *loka* – planeta; *mahā-īśvaram* – vrhovni gospodar;

asammūḍhaḥ – nije obmanut; *saḥ* – on; *martyeṣu* – među smrtnicima; *sarva-pāpaiḥ* – svih grešnih posljedica; *pramucyate* – biva oslobođen.

Samo onaj tko, neobmanut među ljudima, zna da sam vrhovni gospodar svih svjetova, nerođen i bez početka, biva oslobođen svih grijeha.

SMISAO: U sedmom poglavlju (7.3) bilo je rečeno – *manuṣyāṇāṁ sahasreṣu kaścid yatati siddhaye:* oni koji se pokušavaju uzdignuti na razinu duhovne spoznaje nisu obični ljudi; viši su od milijuna običnih ljudi koji nemaju znanje o duhovnoj spoznaji. Ali od onih koji pokušavaju shvatiti svoj duhovni položaj najuspješnija duhovno spoznata osoba je ona koja može shvatiti da je Kṛṣṇa nerođena Svevišnja Božanska Osoba, vlasnik svega. Samo se na toj razini, kad potpuno shvati Kṛṣṇin vrhovni položaj, može potpuno osloboditi svih grešnih posljedica.

Gospodin je ovdje opisan riječju *aja,* koja znači „nerođen", ali On se razlikuje od živih bića, koja su u drugom poglavlju također opisana riječju *aja.* Gospodin se razlikuje od živih bića koja se rađaju i umiru zbog materijalne vezanosti. Uvjetovane duše mijenjaju tijela, ali Njegovo se tijelo ne mijenja. Čak i kad dođe u materijalni svijet, pojavljuje se kao isti nerođeni Gospodin. Zato je u četvrtom poglavlju rečeno da Gospodin, zahvaljujući Svojoj unutarnjoj moći, nije pod utjecajem niže, materijalne energije, već je uvijek utemeljen u višoj energiji.

U ovoj strofi riječi *vetti loka-maheśvaram* označavaju da je Gospodin Kṛṣṇa vrhovni vlasnik planetarnih sustava svemira. On je postojao prije stvaranja i razlikuje se od Svoje kreacije. Svi su polubogovi stvoreni u materijalnom svijetu, ali za Kṛṣṇu je rečeno da nije stvoren. Prema tome, Kṛṣṇa se razlikuje čak i od velikih polubogova kao što su Brahmā i Śiva. Budući da je stvoritelj Brahme, Śive i svih drugih polubogova, Vrhovna je Osoba na svim planetima.

Śrī Kṛṣṇa se stoga razlikuje od svega što je stvoreno. Onaj tko to shvati odmah se oslobađa svih grešnih posljedica. Da bismo stekli znanje o Svevišnjem Gospodinu, moramo biti oslobođeni svih grešnih djelatnosti. Kao što je rečeno u *Bhagavad-gīti*, Gospodina možemo shvatiti samo predanim služenjem. Nema drugog načina.

Ne bismo trebali pokušavati shvatiti Kṛṣṇu kao ljudsko biće. Kao što je već bilo rečeno, samo Ga budale smatraju ljudskim bićem. To je ovdje potvrđeno na drugačiji način. Čovjek koji nije budalast, koji svojom inteligencijom shvati prirodni položaj Boga, uvijek je oslobođen svih grešnih posljedica.

Ako je Kṛṣṇa poznat kao sin Devakī, kako onda može biti nerođen? To je objašnjeno u *Śrīmad-Bhāgavatamu.* Kada se Kṛṣṇa pojavio pred

Devakī i Vasudevom, nije se rodio kao obično dijete; pojavio se u Svom izvornom obliku i potom preobrazio u obično dijete.

Svako je djelo, učinjeno po Kṛṣṇinu nalogu, transcendentalno i ne može biti okaljano materijalnim posljedicama, koje mogu biti povoljne ili nepovoljne. Shvaćanje da u materijalnom svijetu postoje povoljne i nepovoljne stvari manje ili više je tlapnja uma, jer u materijalnom svijetu ništa nije povoljno. Sve je nepovoljno, jer je sama materijalna priroda nepovoljna. Mi samo zamišljamo da je povoljna. Prava povoljnost ovisi o djelatnostima koje se vrše s potpunom predanošću, u duhu služenja u svjesnosti Kṛṣṇe. Stoga, ako želimo da naše djelatnosti budu povoljne, trebamo djelovati po uputama Svevišnjega Gospodina. Takve upute možemo naći u vjerodostojnim spisima kao što su *Śrīmad-Bhāgavatam* i *Bhagavad-gītā* ili ih možemo primiti od vjerodostojna duhovnog učitelja. Duhovni je učitelj predstavnik Svevišnjega Gospodina i stoga su njegove upute neposredno upute Svevišnjega Gospodina. Duhovni učitelj, svete osobe i spisi naučavaju isto. Između tih triju izvora ne postoji proturječje. Sve što učinimo po njihovoj naredbi oslobođeno je posljedica pobožnih i bezbožnih djela materijalnog svijeta. *Bhakta* uvijek djeluje u transcendentalnom duhu odricanja i to se naziva *sannyāsa.* Kao što je rečeno u prvoj strofi šestoga poglavlja *Bhagavad-gīte,* onaj tko postupa iz dužnosti, jer mu je to naredio Svevišnji Gospodin, i tko ne traži utočište u plodovima svojih djela (*anāśritaḥ karma-phalam*) pravi je *sannyāsī.* Pravi je *sannyāsī* ili *yogī* onaj tko djeluje po nalogu Svevišnjega Gospodina, a ne onaj tko se odijeva kao *sannyāsī* ili izigrava *yogīja.*

STROFE 4–5

बुद्धिर्ज्ञानमसम्मोहः क्षमा सत्यं दमः शमः ।
सुखं दुःखं भवोऽभावो भयं चाभयमेव च ॥ ४ ॥
अहिंसा समता तुष्टिस्तपो दानं यशोऽयशः ।
भवन्ति भावा भूतानां मत्त एव पृथग्विधाः ॥ ५ ॥

buddhir jñānam asammohaḥ kṣamā satyaṁ damaḥ śamaḥ
sukhaṁ duḥkhaṁ bhavo 'bhāvo bhayaṁ cābhayam eva ca

ahiṁsā samatā tuṣṭis tapo dānaṁ yaśo 'yaśaḥ
bhavanti bhāvā bhūtānāṁ matta eva pṛthag-vidhāḥ

buddhiḥ – inteligencija; *jñānam* – znanje; *asammohaḥ* – oslobođenje od sumnje; *kṣamā* – opraštanje; *satyam* – istinoljubivost; *damaḥ* – vladanje osjetilima; *śamaḥ* – vladanje umom; *sukham* – sreća; *duḥkham* – nesreća; *bhavaḥ* – rođenje; *abhāvaḥ* – smrt; *bhayam* – strah; *ca* – također; *abhayam* – neustrašivost; *eva* – također; *ca* – i; *ahiṁsā* – nenasilje; *samatā* – jednakost; *tuṣṭiḥ* – zadovoljstvo; *tapaḥ* – pokora; *dānam* – milostinja; *yaśaḥ* – slava; *ayaśaḥ* – nečast; *bhavanti* – potječu; *bhāvāḥ* – prirode; *bhūtānām* – živih bića; *mattaḥ* – od Mene; *eva* – zacijelo; *pṛthak-vidhāḥ* – različite.

Ja sam stvorio sve odlike živih bića, kao što su inteligencija, znanje, oslobođenje od sumnje i iluzije, opraštanje, istinoljubivost, vladanje osjetilima, vladanje umom, sreća i nesreća, rođenje, smrt, strah, neustrašivost, nenasilje, jednakost, zadovoljstvo, strogost, milostinja, čast i nečast.

SMISAO: Sve odlike živih bića, i dobre i loše, stvorio je Kṛṣṇa i one su ovdje opisane.

Inteligencija se odnosi na moć pravilna rasuđivanja, a znanje na razumijevanje što je duh, a što materija. Obično znanje stečeno fakultetskim obrazovanjem odnosi se samo na materiju i ovdje se ne prihvaća kao znanje. Posjedovati znanje znači poznavati razliku između materije i duha. Suvremena naobrazba ne obuhvaća znanje o duhu. Ljudi vode brigu samo o materijalnim elementima i tjelesnim potrebama. Stoga akademsko znanje nije potpuno.

Asammoha, oslobođenje od sumnje i iluzije, možemo dostići kad odbacimo neodlučnost i shvatimo transcendentalnu filozofiju. Polako, ali sigurno, oslobađamo se zbunjenosti. Ništa ne trebamo slijepo prihvatiti; sve trebamo prihvatiti s pomnjom i oprezom. U svom vladanju trebamo očitovati *kṣamu,* snošljivost i opraštanje; trebamo biti snošljivi i oprostiti drugima manje uvrede. *Satyam,* istinoljubivost, znači da činjenice trebamo predstaviti takve kakve jesu, za dobrobit drugih. Ne bismo ih smjeli pogrešno predstavljati. Prema društvenim običajima istina se može reći samo ako je drugima ugodna, ali to nije istinoljubivost. Istinu trebamo reći otvoreno, tako da je drugi shvate. Ako je netko lopov i ljude na to upozorimo, to je istina. Iako je istina ponekad neugodna, ne bismo je trebali prešutjeti. Istinoljubivost zahtijeva da se činjenice predstave takve kakve jesu, za dobrobit drugih. To je definicija istine.

Vladanje osjetilima znači da ne bismo trebali koristiti osjetila za nepotrebno osobno uživanje. Nije zabranjeno zadovoljavati potrebe osjetila, ali nepotrebno osjetilno uživanje šteti duhovnom napretku. Stoga osjetila ne smijemo neobuzdano koristiti. Slično tome, um trebamo uzdržavati od nepotrebnih misli; to se zove *śama.* Ne bismo trebali trošiti svoje vrijeme na razmišljanje o zgrtanju novca. To je zloupotreba moći razmišljanja. Um trebamo koristiti za razumijevanje najvažnije potrebe ljudskog bića, koja treba biti vjerodostojno predstavljena. Moć razmišljanja trebamo razvijati u društvu autoriteta za spise, svetih osoba, duhovnih učitelja i onih koji su razvili svoju moć razmišljanja. *Sukham,* zadovoljstvo ili sreću, trebamo uvijek nalaziti u onome što je povoljno za njegovanje duhovnog znanja o svjesnosti Kṛṣṇe. Ono što je nepovoljno za njegovanje svjesnosti Kṛṣṇe uzrokuje bol ili nesreću. Sve što je povoljno za razvijanje svjesnosti Kṛṣṇe trebamo prihvatiti, a sve što je nepovoljno trebamo odbaciti.

Bhava, rođenje, odnosi se na tijelo. Što se tiče duše, ona se ne rađa i ne umire; o tome smo govorili na početku *Bhagavad-gīte.* Rođenje i smrt odnose se na utjelovljenje živoga bića u materijalnom svijetu. Strah je rezultat brige za budućnost. Osoba svjesna Kṛṣṇe ne osjeća strah, jer će zahvaljujući svojim djelatnostima sigurno otići u duhovno nebo i vratiti se kući, Bogu. Stoga je njezina budućnost veoma svijetla. No drugi ne znaju što im nosi budućnost; ne znaju što će im donijeti sljedeći život. Zato su neprestano u tjeskobi. Ako se želimo osloboditi tjeskobe, trebamo shvatiti Kṛṣṇu i uvijek biti utemeljeni u svjesnosti Kṛṣṇe. To je najbolji način. Tako ćemo se osloboditi sveg straha. U *Śrīmad-Bhāgavatamu* (11.2.37) rečeno je – *bhayaṁ dvitīyābhiniveśataḥ syāt:* uzrok je straha naša obuzetost iluzornom energijom. Oni koji su oslobođeni utjecaja iluzorne energije, koji su uvjereni da nisu materijalno tijelo, već duhovni djelići Svevišnje Božanske Osobe, i koji zato transcendentalno služe Vrhovnog Boga, nemaju se čega bojati. Njihova je budućnost veoma svijetla. Strah je stanje osoba koje nisu svjesne Kṛṣṇe. *Abhayam,* neustrašivost, može steći samo onaj tko je svjestan Kṛṣṇe.

Ahiṁsā, nenasilje, znači da ne trebamo činiti ono što će drugima donijeti patnju ili ih zbuniti. Svjetovni pothvati koje obećavaju brojni političari, sociolozi i filantropi ne daju dobre rezultate, jer političari i filantropi nemaju transcendentalnu viziju; ne znaju što je istinski dobro za ljudsko društvo. *Ahiṁsā* znači da ljude trebamo poučiti kako mogu potpuno iskoristiti ljudsko tijelo. Ljudsko je tijelo namijenjeno dostizanju duhovne spoznaje i zato svaki pokret ili odbor koji ne pomaže ljudima da dostignu taj cilj vrši nasilje nad ljudskim tijelom. Ono što pomaže ljudima da u budućnosti dostignu duhovnu sreću naziva se nenasilje.

Samatā, jednakost, odnosi se na odsutnost vezanosti i odbojnosti. Nije dobro osjećati veliku vezanost ili odbojnost prema nečemu. Ovaj materijalni svijet trebamo prihvatiti bez vezanosti ili odbojnosti. Ono što je povoljno za svjesnost Kṛṣṇe trebamo prihvatiti, a ono što je nepovoljno trebamo odbaciti. To je *samatā,* jednakost. Onaj tko je svjestan

Kṛṣṇe prihvaća ili odbacuje stvari samo na temelju njihove korisnosti za njegovanje svjesnosti Kṛṣṇe.

Tuṣṭi, zadovoljstvo, znači da ne bismo trebali željeti steći nepotrebnim djelatnostima što više materijalnih dobara. Trebamo biti zadovoljni onim što steknemo milošću Svevišnjega Gospodina. To se naziva zadovoljstvo. *Tapas* znači strogost ili pokora. U vezi s tim u *Vedama* ima mnogo pravila i propisa, kao što je pravilo da trebamo ustati rano ujutro i okupati se. Ponekad je vrlo teško ustati rano ujutro, ali dobrovoljna patnja koju prihvaćamo slijedeći to pravilo naziva se pokora. Slično tome, propisano je da na određene dane u mjesecu trebamo postiti. Možda ne volimo postiti, ali ako smo odlučni u namjeri da napredujemo u nauku o svjesnosti Kṛṣṇe, trebamo prihvatiti takve preporučene tjelesne poteškoće. Međutim ne bismo trebali postiti nepotrebno ili protivno vedskim odredbama. Ne bismo trebali postiti zbog političkih ciljeva; to je opisano u *Bhagavad-gīti* kao post u neznanju, a ono što je učinjeno u neznanju ili strasti ne vodi k duhovnom napretku. No sve što učinimo u *guṇi* vrline pomaže nam da napredujemo, a post u skladu s vedskim odredbama obogaćuje nas duhovnim znanjem.

Što se tiče milostinje, pedeset posto svoje zarade trebamo dati u dobre svrhe. Što je dobra svrha? To je svrha koja se ostvaruje u svjesnosti Kṛṣṇe. Ona nije samo dobra, već najbolja. Budući da je Kṛṣṇa dobar, Njegova je svrha uvijek dobra. Zato milostinju trebamo dati osobi koja djeluje u svjesnosti Kṛṣṇe. U vedskoj književnosti propisano je da se milostinja treba dati *brāhmaṇama.* Taj se običaj još uvijek slijedi, premda ne potpuno u skladu s vedskom odredbom. No ipak je propisano da milostinju trebamo dati *brāhmaṇama.* Zašto? Zato što se bave uzvišenim njegovanjem duhovnog znanja. *Brāhmaṇa* treba čitav život posvetiti razumijevanju Brahmana. *Brahma jānātīti brāhmaṇaḥ:* onaj tko poznaje Brahman naziva se *brāhmaṇa.* Milostinja se daje *brāhmaṇama*, jer su zaokupljeni višim, duhovnim služenjem i nemaju vremena za stjecanje životnih sredstava. U vedskoj je književnosti također rečeno da milostinju trebamo dati osobi u redu odricanja, *sannyāsīju. Sannyāsīji* ne prose od vrata do vrata kako bi stekli novac, već u misionarske svrhe. Po običaju idu od vrata do vrata kako bi trgnuli obiteljske ljude iz sna neznanja. Budući da su obiteljski ljudi, zaokupljeni obiteljskim poslovima, zaboravili pravu svrhu života – buđenje svjesnosti Kṛṣṇe – dužnost je *sannyāsīja* da kao prosjaci posjećuju obiteljske ljude i bude u njima svjesnost Kṛṣṇe. Kao što je rečeno u *Vedama,* čovjek se treba probuditi i ostvariti ono što mu kao ljudskom biću dolikuje. To znanje i proces daju *sannyāsīji.* Tako milostinju trebamo davati *sannyāsījima* i *brāhmaṇama* ili u slične dobre svrhe, a ne hirovito.

Što se tiče *yaśe,* slave, Gospodin Caitanya je rekao da je slavan onaj tko je poznat kao veliki *bhakta.* To je prava slava. Ako netko postane glasovit po svojoj svjesnosti Kṛṣṇe, onda je istinski slavan. Onaj tko nema takvu slavu nije slavan.

Sve ove odlike očituju se diljem svemira u društvu ljudi i polubogova. Na drugim planetima postoje različiti oblici ljudskoga društva i ove su odlike u njima prisutne. Kṛṣṇa stvara sve ove odlike za onoga tko želi napredovati u svjesnosti Kṛṣṇe, ali takva ih osoba sama razvija u sebi. Onaj tko predano služi Svevišnjega Gospodina razvija sve dobre odlike, po uređenju Gospodina.

Kṛṣṇa je podrijetlo svega s čime se susrećemo, i dobrog i lošeg. Ništa se ne može očitovati u materijalnom svijetu ako ne postoji u Kṛṣṇi. To je znanje. Premda znamo da sve ima svoje mjesto, trebamo spoznati da sve potječe od Kṛṣṇe.

STROFA 6

महर्षयः सप्त पूर्वे चत्वारो मनवस्तथा ।
मद्भावा मानसा जाता येषां लोक इमाः प्रजाः ॥ ६ ॥

maharṣayaḥ sapta pūrve catvāro manavas tathā
mad-bhāvā mānasā jātā yeṣāṁ loka imāḥ prajāḥ

mahā-ṛṣayaḥ – velikih mudraca; *sapta* – sedam; *pūrve* – prije; *catvāraḥ* – četiri; *manavaḥ* – Manua; *tathā* – također; *mat-bhāvāḥ* – potječu od Mene; *mānasāḥ* – iz uma; *jātāḥ* – rađaju se; *yeṣām* – od njih; *loke* – svijeta; *imāḥ* – sve ovo; *prajāḥ* – stanovništvo.

Četiri velika mudraca i Manui [očevi čovječanstva], kao i sedam velikih mudraca nakon njih, rođeni iz Moga uma, potječu od Mene, a sva živa bića koja nastanjuju različite planete potječu od njih.

SMISAO: Gospodin ukratko opisuje rodoslovno stablo stanovništva svemira. Brahmā je prvo stvorenje rođeno iz energije Svevišnjega Gospodina, poznato kao Hiraṇyagarbha. Iz Brahme se očituju četiri velika mudraca, po imenu Sanaka, Sananda, Sanātana i Sanat-kumāra, i Manui, a nakon njih sedam velikih mudraca. Svi su ti veliki mudraci poznati kao praočevi živih bića u čitavom svemiru. Postoji bezbroj svemira s bezbroj planeta i svaki planet nastanjuju različiti stanovnici. Svi oni potječu od ovih dvadeset pet praočeva. Brahmā je vršio pokore tisuću godina polubogova prije nego što je Kṛṣṇinom milošću spoznao načelo stvaranja. Od Brahme su potom nastali Sanaka, Sananda, Sanātana i Sanat-kumāra, Rudra i sedam mudraca. Tako su se svi *brāhmaṇe* i *kṣatriye* rodili iz energije Svevišnje Božanske Osobe. Brahmā je poznat kao Pitāmaha, djed, a Kṛṣṇa kao Prapitāmaha, pradjed. To je rečeno u jedanaestom poglavlju *Bhagavad-gīte* (11.39).

STROFA 7

एतां विभूतिं योगं च मम यो वेत्ति तत्त्वतः ।
सोऽविकल्पेन योगेन युज्यते नात्र संशयः ॥ ७ ॥

etāṁ vibhūtiṁ yogaṁ ca mama yo vetti tattvataḥ
so 'vikalpena yogena yujyate nātra saṁśayaḥ

etām – sve to; *vibhūtim* – obilje; *yogam* – mističnu moć; *ca* – također; *mama* – Moju; *yaḥ* – onaj tko; *vetti* – zna; *tattvataḥ* – doista; *saḥ* – on; *avikalpena* – ne odstupajući; *yogena* – predanim služenjem; *yujyate* – zaokupljen; *na* – nikada; *atra* – ovdje; *saṁśayaḥ* – sumnja.

Onaj tko je svjestan Moga obilja i mistične moći posvećuje se čistom predanom služenju. U to nema sumnje.

SMISAO: Vrhunac je duhovnog savršenstva znanje o Svevišnjoj Božanskoj Osobi. Onaj tko nije potpuno svjestan različitih obilja Svevišnjeg Gospodina ne može predano služiti. Ljudi obično znaju da je Bog velik, ali ne znaju točno koliko je Bog velik. Ovdje se opisuju pojedinosti. Ako netko zna koliko je Bog velik, prirodno postaje predana duša i posvećuje se predanom služenju Gospodina. Kad istinski spozna obilja Svevišnjeg, ne preostaje mu ništa drugo nego da se preda Gospodinu. To znanje možemo steći iz *Śrīmad-Bhāgavatama*, *Bhagavad-gīte* i sličnih spisa.

Ovim svemirom upravljaju mnogobrojni polubogovi, koji nastanjuju čitav planetarni sustav. Najistaknutiji su među njima Brahmā, Śiva, četvorica velikih Kumāra i drugi praočevi. Svi praočevi stanovništva svemira rađaju se iz Svevišnjeg Gospodina Kṛṣṇe. Svevišnja Božanska Osoba Kṛṣṇa prvobitni je praotac svih praočeva.

To su neka od obilja Svevišnjega Gospodina. Kada se osoba čvrsto uvjeri u njihovo postojanje, prihvaća Kṛṣṇu s velikom vjerom, odbacujući sve sumnje, i posvećuje se predanom služenju. Ovo je detaljno znanje potrebno kako bismo povećali zanimanje za predano služenje Gospodina s ljubavlju. Trebamo u potpunosti shvatiti koliko je Kṛṣṇa velik, jer ćemo se zahvaljujući razumijevanju veličine Kṛṣṇine moći odlučno posvetiti iskrenom predanom služenju.

STROFA 8

अहं सर्वस्य प्रभवो मत्तः सर्वं प्रवर्तते ।
इति मत्वा भजन्ते मां बुधा भावसमन्विताः ॥ ८ ॥

ahaṁ sarvasya prabhavo mattaḥ sarvaṁ pravartate
iti matvā bhajante māṁ budhā bhāva-samanvitāḥ

aham – Ja; *sarvasya* – svega; *prabhavaḥ* – izvor stvaranja; *mattaḥ* – iz Mene; *sarvam* – sve; *pravartate* – izvire; *iti* – to; *matvā* – znajući; *bhajante* – posvećuju; *mām* – Meni; *budhāḥ* – učeni; *bhāva-samanvitāḥ* – s velikom pozornošću.

Ja sam izvor svih duhovnih i materijalnih svjetova. Sve izvire iz Mene. Mudre osobe koje to savršeno dobro znaju služe Me s predanošću i obožavaju svim srcem.

SMISAO: Učeni čovjek koji je savršeno proučio *Vede* i primio znanje od autoriteta kao što je Gospodin Caitanya, koji zna kako može primijeniti ta naučavanja, može shvatiti da je Kṛṣṇa podrijetlo svega što postoji i u materijalnim i u duhovnim svjetovima. Zahvaljujući takvu znanju, nepokolebljivo predano služi Svevišnjeg Gospodina. Nikada ga ne mogu zavesti besmislena tumačenja ili budale. Svi vedski spisi slažu se da je Kṛṣṇa izvor Brahme, Śive i svih drugih polubogova. U *Atharva Vedi* (*Gopāla-tāpanī Upaniṣada* 1.24) rečeno je – *yo brahmāṇaṁ vidadhāti pūrvaṁ yo vai vedāṁś ca gāpayati sma kṛṣṇaḥ:* „Kṛṣṇa je na početku poučio Brahmu vedskom znanju i u prošlosti raširio vedsko znanje." U *Nārāyaṇa Upaniṣadi* (1) rečeno je – *atha puruṣo ha vai nārāyaṇo 'kāmayata prajāḥ sṛjeyeti:* „Tada je Vrhovna Osoba Nārāyaṇa poželio stvoriti živa bića." Ista *Upaniṣada* nastavlja – *nārāyaṇād brahmā jāyate, nārāyaṇād prajāpatiḥ prajāyate, nārāyaṇād indro jāyate, nārāyaṇād aṣṭau vasavo jāyante, nārāyaṇād ekādaśa rudrā jāyante, nārāyaṇād dvādaśādityāḥ:* „Nārāyaṇa je rodio Brahmu, Nārāyaṇa je rodio praočeve. Nārāyaṇa je rodio Indru, Nārāyaṇa je rodio osam Vasua, Nārāyaṇa je rodio jedanaest Rudra, Nārāyāṇa je rodio dvanaest Āditya." Taj je Nārāyāṇa ekspanzija Kṛṣṇe.

U istim je *Vedama* rečeno – *brahmaṇyo devakī-putraḥ:* „Devakīn sin Kṛṣṇa Vrhovna je Osoba." (*Nārāyaṇa Upaniṣada* 4) Zatim je rečeno – *eko vai nārāyaṇa āsīn na brahmā na īśāno nāpo nāgni-samau neme dyāv-āpṛthivī na nakṣatrāṇi na sūryaḥ:* „Na početku stvaranja postojao je samo Nārāyaṇa, Vrhovna Osoba. Nije bilo Brahme, Śive, vatre, mjeseca, zvijezda na nebu i sunca." (*Mahā Upaniṣada* 1) U *Mahā Upaniṣadi* također je rečeno da se Śiva rodio iz čela Svevišnjega Gospodina. Tako *Vede* kažu da trebamo obožavati Svevišnjega Gospodina, stvoritelja Brahme i Śive.

U *Mokṣa-dharmi* Kṛṣṇa kaže:

prajāpatiṁ ca rudraṁ cāpy aham eva sṛjāmi vai
tau hi māṁ na vijānīto mama māyā-vimohitau

„Ja stvaram praočeve, Śivu i druge, premda oni, obmanuti Mojom iluzornom energijom, ne znaju da sam ih Ja stvorio." U *Varāha Purāṇi* također je rečeno:

nārāyaṇaḥ paro devas tasmāj jātaś caturmukhaḥ
tasmād rudro 'bhavad devaḥ sa ca sarva-jñatāṁ gataḥ

„Nārāyaṇa je Svevišnja Božanska Osoba koja rađa Brahmu, a Brahmā rađa Śivu."

Gospodin Kṛṣṇa je izvor sveg stvaranja i naziva se pokretačkim uzrokom svega. On kaže: „Budući da sve nastaje iz Mene, Ja sam prvobitni izvor svega. Sve je pod Mojom upravom; nitko nije viši od Mene." Nitko nije vrhovni upravitelj osim Kṛṣṇe. Onaj tko na takav način shvati Kṛṣṇu od vjerodostojna duhovnog učitelja, na temelju svjedočanstava vedskih spisa, cjelokupnom se svojom energijom posvećuje svjesnosti Kṛṣṇe i postaje istinski učen. Svi drugi, koji ne poznaju Kṛṣṇu, u usporedbi s Njim samo su budale. Samo budala smatra Kṛṣṇu običnim čovjekom. Osoba svjesna Kṛṣṇe ne bi trebala dopustiti da je zbune budale. Treba izbjegavati sva neovlaštena tumačenja *Bhagavad-gīte* i odlučno nastaviti postojano slijediti put svjesnosti Kṛṣṇe.

STROFA 9

मच्चित्ता मद्गतप्राणा बोधयन्तः परस्परम् ।
कथयन्तश्च मां नित्यं तुष्यन्ति च रमन्ति च ॥ ९ ॥

mac-cittā mad-gata-prāṇā bodhayantaḥ parasparam
kathayantaś ca māṁ nityaṁ tuṣyanti ca ramanti ca

mat-cittāḥ – koji u umu uvijek misle na Mene; *mat-gata-prāṇāḥ* – koji su svoje živote posvetili Meni; *bodhayantaḥ* – propovijedajući; *parasparam* – među sobom; *kathayantaḥ* – razgovarajući; *ca* – također; *mām* – o Meni; *nityam* – neprestano; *tuṣyanti* – postaju zadovoljni; *ca* – također; *ramanti* – uživaju u transcendentalnom blaženstvu; *ca* – također.

Moji čisti bhakte uvijek misle na Mene i potpuno posvećuju svoje živote služenju Mene. Uvijek prosvjetljuju jedni druge i razgovaraju o Meni i u tome nalaze veliko zadovoljstvo i blaženstvo.

SMISAO: Čisti *bhakte,* čije su osobine ovdje opisane, potpuno se posvećuju transcendentalnom služenju Gospodina s ljubavlju. Ništa ne može odvratiti njihov um od Kṛṣṇinih lotosolikih stopala. Oni razgovaraju isključivo o transcendentalnim temama. U ovoj su strofi posebno opisani simptomi čistih *bhakta. Bhakte* Svevišnjeg Gospodina dvadeset četiri sata na dan slave odlike i zabave Svevišnjega Gospodina. Njihova srca i duše neprestano su obuzeti Kṛṣṇom i dok razgovaraju o Njemu s drugim *bhaktama* osjećaju zadovoljstvo.

U početnom stadiju predanog služenja uživaju u transcendentalnom zadovoljstvu koje potječe od same službe, a u zrelom su stadiju potpuno utemeljeni u ljubavi prema Bogu. Kad se utemelje na tom transcendentalnom položaju, mogu uživati u najvišem savršenstvu koje Gospodin očituje u Svom prebivalištu. Gospodin Caitanya uspoređuje transcendentalno predano služenje sa sijanjem sjemena u srcu živoga bića. Od bezbroj živih bića koja obilaze različite planete u svemiru samo nekolicina, zahvaljujući sreći, susreće čistoga *bhaktu* i stječe priliku za razumijevanje predanog služenja. Predano služenje nalikuje sjemenu. Ako živo biće, u čijem je srcu posijano sjeme, nastavi slušati i pjevati Hare Kṛṣṇa, Hare Kṛṣṇa, Kṛṣṇa Kṛṣṇa, Hare Hare/ Hare Rāma, Hare Rāma, Rāma Rāma, Hare Hare, to će sjeme proklijati, kao što sjeme drveta klija ako se redovito zalijeva. Ta duhovna biljka predanog služenja postupno raste sve dok ne probije omotač materijalnog svemira i uđe u *brahmajyoti* na duhovnom nebu. Na duhovnom nebu biljka nastavlja rasti sve dok ne dosegne najviši planet, zvan Goloka Vṛndāvana, Kṛṣṇin najviši planet. Na kraju prihvaća utočište Kṛṣṇinih lotosolikih stopala i ondje počiva. Postupno, kao što obična biljka rađa plodove i cvijeće, biljka predanog služenja rađa plodove, a proces se zalijevanja u obliku pjevanja i slušanja nastavlja. Ta je biljka predanog služenja potanko opisana u *Caitanya-caritāmṛti* (*Madhya-līlā,* devetnaesto poglavlje). Ondje je objašnjeno da osoba, kad cijela biljka dostigne utočište lotosolikih stopala Svevišnjega Gospodina, postaje potpuno obuzeta ljubavlju prema Bogu i ne može ni trenutak živjeti bez dodira sa Svevišnjim Gospodinom, kao što riba ne može živjeti bez vode. U takvu stanju *bhakta* razvija transcendentalne odlike u dodiru sa Svevišnjim Gospodinom.

Śrīmad-Bhāgavatam pun je takvih priča o odnosu između Svevišnjega Gospodina i Njegovih *bhakta.* Zato je veoma drag *bhaktama,* kao što je rečeno u samom *Bhāgavatamu* (12.13.18). *Śrīmad-bhāgavataṁ purāṇam amalaṁ yad vaiṣṇavānāṁ priyam.* To djelo ne govori o materijalnim djelatnostima, gospodarskom razvoju, zadovoljavanju osjetila ili oslobođenju. *Śrīmad-Bhāgavatam* jedino je djelo koje potpuno opisuje transcendentalnu prirodu Svevišnjega Gospodina i Njegovih *bhakta.* Spoznate duše u svjesnosti Kṛṣṇe uvijek nalaze zadovoljstvo u slušanju takve transcendentalne književnosti, kao što mladić i djevojka nalaze zadovoljstvo u međusobnu druženju.

STROFA 10

तेषां सततयुक्तानां भजतां प्रीतिपूर्वकम् ।
ददामि बुद्धियोगं तं येन मामुपयान्ति ते ॥ १० ॥

teṣāṁ satata-yuktānāṁ bhajatāṁ prīti-pūrvakam
dadāmi buddhi-yogaṁ taṁ yena mām upayānti te

teṣām – njima; *satata-yuktānām* – uvijek zaokupljenim; *bhajatām* – predanim služenjem; *prīti-pūrvakam* – u zanosu ljubavi; *dadāmi* – dajem; *buddhi-yogam* – pravu inteligenciju; *tam* – tu; *yena* – kojom; *mām* – Meni; *upayānti* – dolaze; *te* – oni.

Onima koji Me uvijek služe s ljubavlju dajem razumijevanje zahvaljujući kojem mogu doći Meni.

SMISAO: U ovoj je strofi veoma važna riječ *buddhi-yogam.* Sjećamo se da je Gospodin u drugom poglavlju rekao Arjuni da će ga poučiti putu *buddhi-yoge,* nakon što je govorio o raznim temama. Sada objašnjava *buddhi-yogu. Buddhi-yoga* je djelovanje u svjesnosti Kṛṣṇe; to je najviša inteligencija. *Buddhi* znači inteligencija, a *yoga* mistične djelatnosti ili mistično uzdizanje. Kad se netko pokušava vratiti kući, Bogu, i potpuno se posveti predanom služenju u svjesnosti Kṛṣṇe, njegovo se djelovanje naziva *buddhi-yoga.* Drugim riječima, *buddhi-yoga* je proces oslobađanja od zapletenosti u materijalni svijet. Krajnji je cilj napretka Kṛṣṇa. Ljudi to ne znaju. Zato je važno društvo *bhakta* i vjerodostojna duhovnog učitelja. Trebamo znati da je cilj Kṛṣṇa. S tim znanjem postupno ćemo napredovati i dostići krajnji cilj.

Osoba koja zna cilj života, ali je vezana za plodove svojih djelatnosti, djeluje u *karma-yogi.* Ako nalazi zadovoljstvo u umnoj spekulaciji, kojom pokušava shvatiti Kṛṣṇu, znajući da je Kṛṣṇa cilj, djeluje u *jñāna-yogi.* Kad zna da je Kṛṣṇa cilj i traga za Kṛṣṇom, potpuno se posvećujući svjesnosti

Kṛṣṇe i predanom služenju, djeluje u *bhakti-yogi* odnosno *buddhi-yogi,* koja je potpuna *yoga.* Ta je potpuna *yoga* najviša savršena razina života.

Netko može imati vjerodostojna duhovnog učitelja i biti privržen duhovnoj organizaciji, ali ako nema dovoljno inteligencije potrebne za napredovanje, Kṛṣṇa ga u srcu poučava tako da bez poteškoća može na kraju doći Njemu. Preduvjet je da uvijek djeluje u svjesnosti Kṛṣṇe i s ljubavlju i predanošću radi sve vrste službi. Treba raditi nešto za Kṛṣṇu, s ljubavlju. Ako *bhakta* nema dovoljno inteligencije potrebne za napredovanje na putu samospoznaje, ali je iskren i posvećen predanom služenju, Gospodin mu pruža priliku da napreduje i na kraju dođe Njemu.

STROFA 11

तेषामेवानुकम्पार्थमहमज्ञानजं तमः ।
नाशयाम्यात्मभावस्थो ज्ञानदीपेन भास्वता ॥ ११ ॥

teṣām evānukampārtham aham ajñāna-jaṁ tamaḥ
nāśayāmy ātma-bhāva-stho jñāna-dīpena bhāsvatā

teṣām – njima; *eva* – zacijelo; *anukampā-artham* – da bi iskazao posebnu milost; *aham* – Ja; *ajñāna-jam* – koja potječe od neznanja; *tamaḥ* – tamu; *nāśayāmi* – raspršujem; *ātma-bhāva* – u njihovim srcima; *sthaḥ* – prebivam; *jñāna* – znanja; *dīpena* – svjetiljkom; *bhāsvatā* – blistavom.

Da bih im iskazao posebnu milost, Ja, koji prebivam u njihovim srcima, blistavom svjetiljkom znanja uništavam tamu koja potječe od neznanja.

SMISAO: Kad je Gospodin Caitanya u Benaresu širio pokret pjevanja Hare Kṛṣṇa, Hare Kṛṣṇa, Kṛṣṇa Kṛṣṇa, Hare Hare/ Hare Rāma, Hare Rāma, Rāma Rāma, Hare Hare, tisuće su Ga ljudi slijedile. Prakāśānanda Sarasvatī, koji je u to vrijeme bio vrlo utjecajan učenjak u Benaresu, ismijavao je Gospodina Caitanyu izjavljujući da je sentimentalist. Filozofi katkada kritiziraju *bhakte* jer misle da su filozofski naivni sentimentalisti, koji se nalaze u tami neznanja, ali to nije istina. Filozofiju su predanosti predstavile vrlo učene osobe. Ali čak i ako *bhakta* ne koristi njihova djela ili djela svoga duhovnog učitelja, ako iskreno predano služi, Kṛṣṇa mu u njegovu srcu pomaže. Tako iskreni *bhakta* koji djeluje u svjesnosti Kṛṣṇe ne može biti neuk. Treba samo predano služiti u punoj svjesnosti Kṛṣṇe. To je jedini preduvjet.

Suvremeni filozofi misle da se bez procesa razlučivanja ne može steći čisto znanje. U ovoj strofi stoji odgovor Svevišnjeg Gospodina: onima koji su se posvetili čistom predanom služenju, čak i ako nisu dovoljno obrazovani ili ne poznaju dovoljno vedska načela, Vrhovni Bog pomaže.

Gospodin kaže Arjuni da se Vrhovna Istina, Apsolutna Istina, Svevišnja Božanska Osoba, ne može shvatiti samom spekulacijom, jer je Vrhovna Istina tako velika da se ne može shvatiti ili dostići samim umnim naporom. Čovjek može spekulirati nekoliko milijuna godina, ali ako nije predan, ako nema ljubavi prema Vrhovnoj Istini, nikada neće shvatiti Kṛṣṇu, ili Vrhovnu Istinu. Kṛṣṇa je zadovoljan samo predanim služenjem i Svojom nepojmljivom energijom može se razotkriti u srcu čistoga *bhakte.* Čisti *bhakta* uvijek nosi Kṛṣṇu u srcu, a prisutnost Kṛṣṇe, koji nalikuje suncu, odmah raspršuje tamu neznanja. To je posebna milost koju Kṛṣṇa iskazuje Svom čistom *bhakti.*

Zbog okuženosti uzrokovane materijalnim druženjem tijekom mnogo milijuna života srce je živoga bića uvijek prekriveno prašinom materijalizma, ali ako se posveti predanom služenju i neprestano pjeva Hare Kṛṣṇa, prašina će brzo nestati, a ono će biti uzdignuto na razinu čistoga znanja. Krajnji cilj, Viṣṇu, može se dostići samo pjevanjem svetoga imena i predanim služenjem, a ne umnom spekulacijom ili raspravljanjem. Čisti *bhakta* ne mora se brinuti za materijalne životne potrepštine, jer ga, kad pročisti srce od tame, svime opskrbljuje Svevišnji Gospodin, zadovoljan *bhaktinim* predanim služenjem. To je bit naučavanja *Bhagavad-gīte.* Proučavajući *Bhagavad-gītu,* osoba može postati duša potpuno predana Svevišnjem Gospodinu i posvetiti se čistom predanom služenju. Kada Gospodin preuzme brigu o njoj, potpuno se oslobađa svih vrsta materijalističkih nastojanja.

STROFE 12–13

अर्जुन उवाच
परं ब्रह्म परं धाम पवित्रं परमं भवान् ।
पुरुषं शाश्वतं दिव्यमादिदेवमजं विभुम् ॥ १२ ॥
आहुस्त्वामृषयः सर्वे देवर्षिर्नारदस्तथा ।
असितो देवलो व्यासः स्वयं चैव ब्रवीषि मे ॥ १३ ॥

arjuna uvāca
paraṁ brahma paraṁ dhāma pavitraṁ paramaṁ bhavān
puruṣaṁ śāśvataṁ divyam ādi-devam ajaṁ vibhum

āhus tvām ṛṣayaḥ sarve devarṣir nāradas tathā
asito devalo vyāsaḥ svayaṁ caiva bravīṣi me

arjunaḥ uvāca – Arjuna reče; *param* – vrhovna; *brahma* – istina; *param* – vrhovno; *dhāma* – prebivalište; *pavitram* – čist; *paramam* – vrhovna; *bhavān* – Ti; *puruṣam* – osoba; *śāśvatam* – izvorna; *divyam* – transcendentalna; *ādi-devam* – prvobitni Gospodin; *ajam* – nerođen; *vibhum* – najveći; *āhuḥ* – kažu; *tvām* – o Tebi; *ṛṣayaḥ* – mudraci; *sarve* – svi; *deva-ṛṣiḥ* – mudrac među polubogovima; *nāradaḥ* – Nārada; *tathā* – također; *asitaḥ* – Asita; *devalaḥ* – Devala; *vyāsaḥ* – Vyāsa; *svayam* – osobno; *ca* – također; *eva* – zacijelo; *bravīṣī* – objašnjavaš; *me* – meni.

Arjuna reče: Ti si Svevišnja Božanska Osoba, vrhovno prebivalište, najčistije biće, Apsolutna Istina. Ti si vječna, transcendentalna, prvobitna osoba, nerođena i najveća. To potvrđuju svi veliki mudraci, kao što su Nārada, Asita, Devala i Vyāsa, i sada mi sam objašnjavaš tu istu istinu.

SMISAO: U ove dvije strofe, koje jasno govore da se Svevišnji razlikuje od individualne duše, Svevišnji Gospodin pruža priliku suvremenim filozofima. Nakon što je u ovom poglavlju čuo četiri glavne strofe *Bhagavad-gīte,* Arjuna se potpuno oslobodio svih sumnji i prihvatio Kṛṣṇu kao Svevišnju Božansku Osobu. Odmah je otvoreno izjavio: „Ti si *paraṁ brahma,* Svevišnja Božanska Osoba." Kṛṣṇa je ranije rekao da je podrijetlo svega i svakoga. Svaki polubog i svako ljudsko biće ovise o Njemu. Ljudi i polubogovi iz neznanja misle da su apsolutni i neovisni o Svevišnjoj Božanskoj Osobi. To neznanje biva potpuno raspršeno predanim služenjem. Gospodin je to već objasnio u prethodnoj strofi. Sada Ga Njegovom milošću Arjuna prihvaća kao Vrhovnu Istinu, u skladu s vedskom odredbom. Ne bismo trebali misliti da Arjuna laska Kṛṣṇi nazivajući Ga Svevišnjom Božanskom Osobom, Apsolutnom Istinom, zato što je Kṛṣṇa Arjunin bliski prijatelj. Vedska istina potvrđuje sve što je Arjuna rekao u ovim strofama. Prema vedskim spisima Svevišnjega Gospodina može shvatiti samo onaj tko Ga predano služi; drugi Ga ne mogu shvatiti. Svaka pojedina riječ ove strofe, koju je izgovorio Arjuna, potvrđena je u vedskim spisima.

U *Kena Upaniṣadi* rečeno je da je Vrhovni Brahman počivalište svega i Kṛṣṇa je već objasnio da sve počiva u Njemu. *Muṇḍaka Upaniṣada* potvrđuje da Svevišnjega Gospodina, u kome sve počiva, mogu spoznati samo oni koji neprestano misle na Njega. To neprestano mišljenje na Kṛṣṇu, zvano *smaraṇam,* predstavlja jedan od procesa predanog služenja. Samo predanim služenjem Kṛṣṇe živo biće može shvatiti svoj položaj i osloboditi se materijalnog tijela.

U *Vedama* se Svevišnji Gospodin prihvaća kao najčistije biće među čistima. Onaj tko to razumije može se pročistiti od svih grešnih djela.

Pročišćenje od grešnih djelatnosti nije moguće bez predavanja Svevišnjem Gospodinu. Prihvativši Kṛṣṇu kao najčistije biće, Arjuna je postupio u skladu s izjavama vedskih spisa. Velike osobe, na čelu s Nāradom, to potvrđuju.

Kṛṣṇa je Svevišnja Božanska Osoba i zato trebamo uvijek meditirati na Njega i uživati u svom transcendentalnom odnosu s Njim. On je vrhovno postojanje. Nema tjelesne potrebe i ne podliježe rođenju i smrti. To potvrđuje ne samo Arjuna već i svi vedski spisi, *Purāṇe* i povijesna djela. Svi vedski spisi tako opisuju Kṛṣṇu. Sam Svevišnji Gospodin kaže u četvrtom poglavlju: „Iako sam nerođen, pojavljujem se na Zemlji kako bih uspostavio načela religije." On je vrhovni izvor; nema uzroka, jer je uzrok svih uzroka i sve izvire iz Njega. To savršeno znanje može se steći milošću Svevišnjega Gospodina.

Arjuna je izgovorio ove strofe Kṛṣṇinom milošću. Ako želimo shvatiti *Bhagavad-gītu,* trebamo prihvatiti njihove izjave. To je proces prihvaćanja učeničkog naslijeđa, *parampare.* Onaj tko ne pripada učeničkom naslijeđu ne može shvatiti *Bhagavad-gītu. Bhagavad-gītu* ne možemo shvatiti tobožnjim akademskim obrazovanjem. Nažalost, unatoč brojnim svjedočanstvima vedskih spisa osobe ponosne na svoju akademsku naobrazbu tvrdoglavo ustraju u svom uvjerenju da je Kṛṣṇa obična osoba.

STROFA 14

सर्वमेतदृतं मन्ये यन्मां वदसि केशव ।
न हि ते भगवन् व्यक्तिं विदुर्देवा न दानवाः ॥ १४ ॥

sarvam etad ṛtaṁ manye yan māṁ vadasi keśava
na hi te bhagavan vyaktiṁ vidur devā na dānavāḥ

sarvam – svu; *etat* – ovu; *ṛtam* – istinu; *manye* – prihvaćam; *yat* – koju; *mām* – meni; *vadasi* – govoriš; *keśava* – o Kṛṣṇa; *na* – nikada; *hi* – zacijelo; *te* – Tebe; *bhagavan* – o Božanska Osobo; *vyaktim* – otkriti; *viduḥ* – shvatiti; *devāḥ* – polubogovi; *na* – niti; *dānavāḥ* – demoni.

O Kṛṣṇa, potpuno prihvaćam kao istinu sve što si mi rekao. O Gospodine, ni polubogovi ni demoni ne mogu shvatiti Tvoju osobnost.

SMISAO: Arjuna ovdje potvrđuje da osobe bezbožne i demonske prirode ne mogu shvatiti Kṛṣṇu. Kṛṣṇu ne shvaćaju čak ni polubogovi, a da ne govorimo o takozvanim učenjacima suvremena svijeta. Milošću Svevišnjega Gospodina Arjuna je shvatio da je Kṛṣṇa savršena Vrhovna Istina.

Zato trebamo slijediti Arjunin put. Arjuna je bio ovlašten za prenošenje naučavanja *Bhagavad-gīte.* Kao što je opisano u četvrtom poglavlju, učeničko naslijeđe (*paramparā*), kojim se prenosio smisao *Bhagavad-gīte,* bilo je prekinuto i zato ga je Kṛṣṇa obnovio prenijevši znanje Arjuni, jer je smatrao Arjunu Svojim bliskim prijateljem i velikim *bhaktom.* Kao što smo objasnili u uvodu *Gītopaniṣade, Bhagavad-gītu* trebamo shvatiti u učeničkom naslijeđu. Kada je učeničko naslijeđe bilo prekinuto, Arjuna je bio izabran za nastavljača. Primjer koji je Arjuna postavio prihvaćajući sve što je Kṛṣṇa rekao trebamo slijediti. Onda ćemo shvatiti bit *Bhagavad-gīte.* Samo ćemo onda moći shvatiti da je Kṛṣṇa Svevišnja Božanska Osoba.

STROFA 15

स्वयमेवात्मनात्मानं वेत्थ त्वं पुरुषोत्तम ।
भूतभावन भूतेश देवदेव जगत्पते ॥ १५ ॥

svayam evātmanātmānaṁ vettha tvaṁ puruṣottama
bhūta-bhāvana bhūteśa deva-deva jagat-pate

svayam – osobno; *eva* – zacijelo; *ātmanā* – sam; *ātmānam* – Sebe; *vettha* – znaš; *tvam* – Ti; *puruṣa-uttama* – o najveća osobo; *bhūta-bhāvana* – o podrijetlo svega; *bhūta-īśa* – o gospodaru svega; *deva-deva* – o gospodaru svih polubogova; *jagat-pate* – o gospodaru čitavog svemira.

Doista, samo Ti poznaješ Sebe Svojom unutarnjom moći, o Vrhovna Osobo, podrijetlo svega, gospodaru svih bića, Bože nad bogovima, gospodaru svemira!

SMISAO: Svevišnjeg Gospodina Kṛṣṇu mogu shvatiti osobe poput Arjune i njegovih sljedbenika, koje imaju odnos s Njim u predanom služenju. Osobe demonske ili ateističke prirode ne mogu shvatiti Kṛṣṇu. Umna spekulacija koja udaljava osobu od Svevišnjega Gospodina ozbiljan je grijeh. Stoga onaj tko ne poznaje Kṛṣṇu ne bi trebao pokušavati tumačiti *Bhagavad-gītu. Bhagavad-gītā* je nauk o Kṛṣṇi koji je izgovorio sam Kṛṣṇa i zato se treba shvatiti od Kṛṣṇe, kao što ga je shvatio Arjuna. Ne bismo trebali slušati tumačenja ateističkih osoba.

U *Śrīmad-Bhāgavatamu* (1.2.11) rečeno je:

vadanti tat tattva-vidas tattvaṁ yaj jñānam advayam
brahmeti paramātmeti bhagavān iti śabdyate

Vrhovna se Istina spoznaje u tri vida: kao neosobni Brahman, kao lokalizirana Paramātmā i na kraju kao Svevišnja Božanska Osoba. Tako u posljednjem stadiju razumijevanja Apsolutne Istine osoba prilazi Svevišnjoj Božanskoj Osobi. Običan čovjek ili oslobođena osoba koja je spoznala neosobni Brahman ili lokaliziranu Paramātmu ne mora razumjeti Božju osobnost. Takvi ljudi trebaju pokušati shvatiti Vrhovnu Osobu iz stihova *Bhagavad-gīte* koje je izgovorila ta ista osoba – Kṛṣṇa. Impersonalisti katkada prihvaćaju Kṛṣṇu kao Bhagavāna ili prihvaćaju Njegov autoritet. No, mnoge oslobođene osobe ne mogu shvatiti da je Kṛṣṇa Puruṣottama, Vrhovna Osoba. Zato Ga Arjuna oslovljava kao Puruṣottamu. Čak i tada osoba ne mora shvatiti da je Kṛṣṇa otac svih živih bića. Zato Ga Arjuna oslovljava kao Bhūta-bhāvanu. Ako i shvati da je Kṛṣṇa otac svih živih bića, osoba ne mora shvatiti da je Kṛṣṇa vrhovni upravitelj i zato ga Arjuna ovdje oslovljava kao Bhūteśu, vrhovnog upravitelja svih živih bića. Netko može znati da je Kṛṣṇa vrhovni upravitelj svih živih bića, ali ne mora znati da je podrijetlo svih polubogova; zbog toga je ovdje oslovljen kao Devadeva, obožavani Bog svih polubogova. Čak i ako zna da je Kṛṣṇa obožavani Bog svih polubogova, osoba ne mora znati da je Kṛṣṇa vrhovni vlasnik svega; zato je oslovljen kao Jagatpati. Tako je u ovoj strofi kroz Arjuninu spoznaju otkrivena istina o Kṛṣṇi, a mi trebamo slijediti Arjunine stope kako bismo shvatili Kṛṣṇu takva kakav jest.

STROFA 16

वक्तुमर्हस्यशेषेण दिव्या ह्यात्मविभूतयः ।
याभिर्विभूतिभिर्लोकानिमांस्त्वं व्याप्य तिष्ठसि ॥ १६ ॥

vaktum arhasy aśeṣeṇa divyā hy ātma-vibhūtayaḥ
yābhir vibhūtibhir lokān imāṁs tvaṁ vyāpya tiṣṭhasi

vaktum – da govoriš; *arhasi* – priliči Ti; *aśeṣeṇa* – detaljno; *divyāḥ* – o božanskim; *hi* – zacijelo; *ātma* – Tvojim; *vibhūtayaḥ* – obiljima; *yābhiḥ* – kojima; *vibhūtibhiḥ* – obiljima; *lokān* – svi planeti; *imān* – ovi; *tvam* – Ti; *vyāpya* – prožeti; *tiṣṭhasi* – su.

Molim Te, potanko mi opiši Tvoja božanska obilja kojima prožimaš sve ove svjetove.

SMISAO: Ova strofa otkriva da je Arjuna već zadovoljan svojim razumijevanjem Svevišnje Božanske Osobe, Kṛṣṇe. Kṛṣṇinom milošću, Arjuna ima osobno iskustvo, inteligenciju, znanje i sve što netko time može steći, i shvaća da je Kṛṣṇa Svevišnja Božanska Osoba. Nema sumnji, ali ipak moli Kṛṣṇu da objasni Svoju sveprožimajuću prirodu. Obične ljude, osobito impersonaliste, uglavnom zanima sveprožimajuća priroda Svevišnjeg. Zbog toga Arjuna moli Kṛṣṇu da objasni kako je Svojim različitim energijama prisutan u Svom sveprožimajućem vidu. Trebamo znati da Arjuna postavlja ovo pitanje radi običnih ljudi.

STROFA 17

कथं विद्यामहं योगिंस्त्वां सदा परिचिन्तयन् ।
केषु केषु च भावेषु चिन्त्योऽसि भगवन्मया ॥ १७ ॥

kathaṁ vidyām ahaṁ yogiṁs tvāṁ sadā paricintayan
keṣu keṣu ca bhāveṣu cintyo 'si bhagavan mayā

katham – kako; *vidyām aham* – mogu shvatiti; *yogin* – o vrhovni mističe; *tvām* – Tebe; *sadā* – uvijek; *paricintayan* – misleći na; *keṣu* – kojih; *keṣu* – kojih; *ca* – također; *bhāveṣu* – prirodama; *cintyaḥ asi* – trebam se sjećati Tebe; *bhagavan* – o Svevišnji; *mayā* – ja.

O Kṛṣṇa, o vrhovni mističe, kako mogu neprestano misliti na Te i kako Te mogu shvatiti? Kojih se Tvojih oblika trebam sjećati, o Svevišnja Božanska Osobo?

SMISAO: Kao što je bilo rečeno u devetom poglavlju, Svevišnji Gospodin prekriven je Svojom *yoga-māyom.* Samo predane duše i *bhakte* mogu Ga vidjeti. Arjuna je sada uvjeren da je njegov prijatelj Kṛṣṇa Vrhovni Bog, ali želi znati uobičajen proces kojim obični ljudi mogu shvatiti sveprožimajućega Gospodina. Obični ljudi, demoni i ateisti ne mogu upoznati Kṛṣṇu, jer je skriven Svojom *yoga-māyom.* Arjuna postavlja ova pitanja za njihovo dobro. Napredni *bhakta* želi da čitavo čovječanstvo stekne razumijevanje, ne samo on. Kao vaiṣṇava, *bhakta,* Arjuna milostivo otkriva običnu čovjeku znanje o sveprožimajućoj prirodi Svevišnjega Gospodina. On oslovljava Kṛṣṇu riječju *yogin*, jer je Śrī Kṛṣṇa gospodar *yoga-māye,* kojom se razotkriva običnom čovjeku ili ostaje skriven. Običan čovjek koji ne voli Kṛṣṇu ne može uvijek misliti na Kṛṣṇu; zato mora razmišljati materijalno. Arjuna vodi računa o načinu razmišljanja materijalističkih osoba ovoga svijeta. Riječi *keṣu keṣu ca bhāveṣu* odnose se na materijalnu prirodu (riječ *bhāva* znači „fizičke stvari"). Budući da materijalisti ne mogu duhovno shvatiti Kṛṣṇu, savjetuje im se da usredotoče um na fizičke stvari i pokušaju vidjeti kako se Kṛṣṇa očituje kroz fizičke pojave.

STROFA 18

विस्तरेणात्मनो योगं विभूतिं च जनार्दन ।
भूयः कथय तृप्तिर्हि शृण्वतो नास्ति मेऽमृतम् ॥ १८ ॥

vistareṇātmano yogaṁ vibhūtiṁ ca janārdana
bhūyaḥ kathaya tṛptir hi śṛṇvato nāsti me 'mṛtam

vistareṇa – potanko; *ātmanaḥ* – Tvog; *yogam* – mističnu moć; *vibhūtim* – obilja; *ca* – također; *jana-ardana* – o ubojico ateista; *bhūyaḥ* – ponovno; *kathaya* – opiši; *tṛptiḥ* – zadovoljstvo; *hi* – zacijelo; *śṛṇvataḥ* – slušajući; *na asti* – ne prestaje; *me* – moje; *amṛtam* – nektar.

O Janārdana, molim Te ponovno, potanko opiši mističnu moć Svoga obilja. Nikada se ne mogu zasititi slušanja o Tebi, jer što više slušam, to više želim kušati nektar Tvojih riječi.

SMISAO: *Ṛṣiji* iz Naimiṣāraṇye predvođeni Śaunakom obratili su se Sūti Gosvāmīju sličnim riječima:

vayaṁ tu na vitṛpyāma uttama-śloka-vikrame
yac chṛṇvatāṁ rasa-jñānāṁ svādu svādu pade pade

„Onaj tko sluša o transcendentalnim zabavama Kṛṣṇe, koji se slavi prekrasnim molitvama, nikada se ne može zasititi, čak ni ako ih neprestano sluša. Osobe koje su uspostavile transcendentalan odnos s Kṛṣṇom na svakom koraku uživaju u opisima Gospodinovih zabava." (*Śrīmad-Bhāgavatam* 1.1.19) Arjuna stoga želi slušati o Kṛṣṇi, osobito o Njegovu postojanju u obliku sveprožimajućega Svevišnjega Gospodina.

Što se tiče *amṛte,* nektara, svaka je priča ili izjava o Kṛṣṇi nektarska. Taj se nektar može kušati osobnim iskustvom. Suvremene izmišljene ili povijesne priče razlikuju se od Gospodinovih transcendentalnih zabava jer slušanje o njima zamara, dok slušanje o Kṛṣṇi nikada ne zamara. Samo je zbog toga povijest čitavog svemira puna opisa zabava inkarnacija Boga. *Purāṇe* su povijesna djela o prošlim vremenima, koja opisuju zabave Gospodinovih različitih inkarnacija. Na taj način, unatoč uzastopnu čitanju, ostaju vječno svježe.

STROFA 19

श्रीभगवानुवाच
हन्त ते कथयिष्यामि दिव्या ह्यात्मविभूतयः ।
प्राधान्यतः कुरुश्रेष्ठ नास्त्यन्तो विस्तरस्य मे ॥ १९ ॥

śrī-bhagavān uvāca
hanta te kathayiṣyāmi divyā hy ātma-vibhūtayaḥ
prādhānyataḥ kuru-śreṣṭha nāsty anto vistarasya me

śrī-bhagavān uvāca – Svevišnja Božanska Osoba reče; *hanta* – da; *te* – tebi; *kathayiṣyāmi* – govorit ću; *divyāḥ* – o božanskim; *hi* – zacijelo; *ātma-vibhūtayaḥ* – osobnim obiljima; *prādhānyataḥ* – glavnim; *kuru-śreṣṭha* – o najbolji od Kurua; *na asti* – nema; *antaḥ* – kraja; *vistarasya* – opsegu; *me* – Mojih.

Svevišnja Božanska Osoba reče: Da, Arjuna. Opisat ću ti Svoja veličanstvena očitovanja, ali samo najistaknutija, jer je Moje obilje neograničeno.

SMISAO: Nije moguće shvatiti veličinu Kṛṣṇe i Njegova obilja. Osjetila su individualne duše ograničena i ne dopuštaju joj da shvati sveukupnost Kṛṣṇina obilja. Ipak *bhakte* pokušavaju shvatiti Kṛṣṇu, ne zato što misle da će nakon nekog vremena ili u nekom stadiju života moći potpuno shvatiti Kṛṣṇu, već zato što su teme o Kṛṣṇi toliko ugodne da *bhaktama* zvuče poput nektara. Stoga *bhakte* uživaju u njima. Čisti *bhakte* nalaze transcendentalno zadovoljstvo u razgovorima o Kṛṣṇinu obilju i Njegovim različitim energijama. Zato žele slušati i razgovarati o njima. Kṛṣṇa zna da živa bića ne shvaćaju opseg Njegova obilja. Zbog toga je voljan opisati samo glavna očitovanja Svojih različitih energija. Riječ *prādhānyataḥ* („glavna") veoma je važna. Budući da su Njegova očitovanja bezbrojna, mi možemo shvatiti samo nekoliko glavnih pojedinosti o Svevišnjem Gospodinu. Ne možemo ih sve shvatiti. Riječ *vibhūti,* upotrijebljena u ovoj strofi, odnosi se na obilje kojim Gospodin upravlja cijelim svemirom. Prema rječniku *Amara-kośa,* riječ *vibhūti* označava čudesno obilje.

Impersonalisti ili panteisti ne mogu shvatiti neobična obilja Svevišnjega Gospodina niti očitovanja Njegovih božanskih energija. Njegove energije prožimaju sva raznovrsna očitovanja u materijalnom i duhovnom svijetu. Kṛṣṇa će sada opisati ono što običan čovjek može izravno opaziti. Tako će opisati dio Svojih raznovrsnih energija.

STROFA 20

अहमात्मा गुडाकेश सर्वभूताशयस्थितः ।
अहमादिश्च मध्यं च भूतानामन्त एव च ॥ २० ॥

aham ātmā guḍākeśa sarva-bhūtāśaya-sthitaḥ
aham ādiś ca madhyaṁ ca bhūtānām anta eva ca

aham – Ja; *ātmā* – duša; *guḍākeśa* – o Arjuna; *sarva-bhūta* – svih živih bića; *āśaya-sthitaḥ* – prebivam u srcu; *aham* – Ja sam; *ādiḥ* – podrijetlo; *ca* – također; *madhyam* – sredina; *ca* – također; *bhūtānām* – svih živih bića; *antaḥ* – kraj; *eva* – zacijelo; *ca* – i.

O Arjuna, Ja sam Nad-duša u srcima svih živih bića. Ja sam početak, sredina i kraj svih bića.

SMISAO: U ovoj je strofi Arjuna oslovljen kao Guḍākeśa, što znači „onaj tko je nadvladao tamu spavanja". Oni koji spavaju u tmini neznanja ne mogu shvatiti kako se Svevišnja Božanska Osoba očituje na različite načine u materijalnim i duhovnim svjetovima. Zbog toga je važno da je Kṛṣṇa oslovio Arjunu tim imenom. Budući da je Arjuna nadišao takvu tamu, Božanska Osoba pristaje opisati Svoja različita obilja.

Kṛṣṇa najprije obavješćuje Arjunu da je On, u obliku Svoje primarne ekspanzije, duša cijelog kozmičkog očitovanja. Prije stvaranja materijalnog svijeta Svevišnji Gospodin u obliku Svoje potpune ekspanzije očituje *puruṣa* inkarnacije i sve započinje. Stoga je On *ātmā* (duša) *mahāt-tattve,* kozmičkih elemenata. Sveukupna materijalna energija nije uzrok stvaranja; Mahā-Viṣṇu ulazi u *mahāt-tattvu,* sveukupnu materijalnu energiju. On je duša. Kad Mahā-Viṣṇu uđe u očitovane svemire, ponovno se očituje kao Nad-duša u svakom biću. Iskustvo nam pokazuje da tijelo živoga bića postoji zahvaljujući nazočnosti duhovne iskre. Bez nazočnosti duhovne iskre tijelo se ne može razvijati. Slično tome, materijalni se svijet ne može razviti ako Vrhovna Duša, Kṛṣṇa, ne uđe u njega. Kao što je rečeno u *Subala Upaniṣadi – prakṛty-ādi-sarva-bhūtāntar-yāmī sarva-śeṣī ca nārāyaṇaḥ:* „Svevišnja je Božanska Osoba kao Nad-duša prisutna u svim očitovanim svemirima."

Trojica *puruṣa-avatāra* opisana su u *Śrīmad-Bhāgavatamu.* Opisani su i u *Sātvata-tantri. Viṣṇos tu trīṇi rūpāṇi puruṣākhyāny atho viduḥ:* Svevišnja Božanska Osoba u materijalnom se svijetu očituje u tri oblika – kao Kāraṇodakaśāyī Viṣṇu, Garbhodakaśāyī Viṣṇu te Kṣīrodakaśāyī Viṣṇu. Mahā-Viṣṇu, odnosno Kāraṇodakaśāyī Viṣṇu, opisan je u *Brahma-saṁhiti*

(5.47). *Yaḥ kāraṇārṇava-jale bhajati sma yoga-nidrām:* Svevišnji Gospodin Kṛṣṇa, uzrok svih uzroka, leži na kozmičkom oceanu kao Mahā-Viṣṇu. Stoga je Svevišnja Božanska Osoba početak svemira, održavatelj kozmičkih očitovanja i kraj cjelokupne energije.

STROFA 21

आदित्यानामहं विष्णुर्ज्योतिषां रविरंशुमान् ।
मरीचिर्मरुतामस्मि नक्षत्राणामहं शशी ॥ २१ ॥

ādityānām ahaṁ viṣṇur jyotiṣāṁ ravir aṁśumān
marīcir marutām asmi nakṣatrāṇām ahaṁ śaśī

ādityānām – među Ādityama; *aham* – Ja sam; *viṣṇuḥ* – Svevišnji Gospodin; *jyotiṣām* – među svijetlećim nebeskim tijelima; *raviḥ* – Sunce; *aṁśumān* – sjajno; *marīciḥ* – Marīci; *marutām* – među Marutima; *asmi* – Ja sam; *nakṣatrāṇām* – među zvijezdama; *aham* – Ja sam; *śaśī* – Mjesec.

Među Ādityama sam Viṣṇu, među svijetlećim nebeskim tijelima sjajno Sunce, među Marutima Marīci, a među zvijezdama Mjesec.

SMISAO: Među dvanaestoricom Āditya Kṛṣṇa je glavni. Među svijetlećim nebeskim tijelima na nebu Sunce je glavno. U *Brahma-saṁhiti* opisano je kao sjajno oko Svevišnjeg Gospodina. Postoji pedeset vrsta vjetrova koji pušu u prostoru i predsjedavajuće božanstvo tih vjetrova, Marīci, predstavlja Kṛṣṇu.

Među zvijezdama Mjesec je noću najistaknutiji i zato predstavlja Kṛṣṇu. Ova nam strofa otkriva da je Mjesec jedna od zvijezda. Stoga zvijezde koje svjetlucaju na nebu također odražavaju sunčevu svjetlost. Vedska književnost ne prihvaća teoriju da u svemiru ima mnogo sunaca. Sunce je jedno, a zvijezde, kao i Mjesec, odražavaju sunčevu svjetlost. Budući da je Mjesec, prema ovoj strofi *Bhagavad-gīte,* jedna od zvijezda, svjetlucave zvijezde nisu sunca, već nalikuju Mjesecu.

STROFA 22

वेदानां सामवेदोऽस्मि देवानामस्मि वासवः ।
इन्द्रियाणां मनश्चास्मि भूतानामस्मि चेतना ॥ २२ ॥

vedānāṁ sāma-vedo 'smi devānām asmi vāsavaḥ
indriyāṇāṁ manaś cāsmi bhūtānām asmi cetanā

vedānām – među svim *Vedama*; *sāma-vedaḥ* – *Sāma Veda*; *asmi* – Ja sam; *devānām* – među svim polubogovima; *asmi* – Ja sam; *vāsavaḥ* – kralj raja; *indriyāṇām* – među svim osjetilima; *manaḥ* – um; *ca* – također; *asmi* – Ja sam; *bhūtānām* – među svim živim bićima; *asmi* – Ja sam; *cetanā* – životna sila.

Među Vedama sam Sāma Veda, među polubogovima Indra, kralj raja, među osjetilima um, a u živim bićima životna sila [svjesnost].

SMISAO: Materija se razlikuje od duha po tome što nema svjesnost kao živo biće; stoga je svjesnost viša i vječna. Svjesnost se ne može proizvesti spajanjem materije.

STROFA 23

रुद्राणां शङ्करश्चास्मि वित्तेशो यक्षरक्षसाम् ।
वसूनां पावकश्चास्मि मेरुः शिखरिणामहम् ॥ २३ ॥

rudrāṇāṁ śaṅkaraś cāsmi vitteśo yakṣa-rakṣasām
vasūnāṁ pāvakaś cāsmi meruḥ śikhariṇām aham

rudrāṇām – među svim Rudrama; *śaṅkaraḥ* – Śiva; *ca* – također; *asmi* – Ja sam; *vitta-īśaḥ* – gospodar riznice polubogova; *yakṣa-rakṣasām* – među Yakṣama i Rākṣasama; *vasūnām* – među Vasuima; *pāvakaḥ* – vatra; *ca* – također; *asmi* – Ja sam; *meruḥ* – Meru; *śikhariṇām* – među svim planinama; *aham* – Ja sam.

Među Rudrama sam Śiva, među Yakṣama i Rākṣasama gospodar bogatstva [Kuvera], među Vasuima vatra [Agni], a među planinama Meru.

SMISAO: Među jedanaestoricom Rudra najistaknutiji je Śaṅkara, Śiva. On je inkarnacija Svevišnjega Gospodina zadužena za *guṇu* neznanja u svemiru. Vođa je Yakṣa i Rākṣasa Kuvera, glavni rizničar polubogova, koji predstavlja Svevišnjega Gospodina. Meru je planina poznata po svojim velikim prirodnim bogatstvima.

STROFA 24

पुरोधसां च मुख्यं मां विद्धि पार्थ बृहस्पतिम् ।
सेनानीनामहं स्कन्दः सरसामस्मि सागरः ॥ २४ ॥

purodhasāṁ ca mukhyaṁ māṁ viddhi pārtha bṛhaspatim
senānīnām ahaṁ skandaḥ sarasām asmi sāgaraḥ

Njegova Božanska Milost A.C. Bhaktivedanta Swami Prabhupāda

Osnivač-*ācārya* Međunarodnog društva za svjesnost Krišne

Śrīla Bhaktisiddhānta Sarasvatī Ṭhākura, duhovni učitelj Njegove Božanske Milosti A. C. Bhaktivedante Swamija Prabhupāde.

Śrīla Gaurakiśora Dāsa Bābājī, duhovni učitelj Śrīla Bhaktisiddhānte Sarasvatīja.

Śrīla Bhaktivinoda Ṭhākura, pionir širenja svjesnosti Kṛṣṇe na engleskom jeziku.

Śrī Rūpa Gosvāmī i Śrī Sanātana Gosvāmī, najpovjerljiviji *bhakte* Gospodina Caitanye.

Śrī Pañca-tattva

Śrī Kṛṣṇa Caitanya okružen Svojim najpovjerljivijim pratiocima.

Smješteni na velikim bojnim kolima, Gospodin Kṛṣṇa i Arjuna puhnuli su u svoje transcendentalne školjke. (str. 36)

„Kao što utjelovljena duša u ovom tijelu prolazi kroz dječaštvo, mladost i starost, tako u trenutku smrti prelazi u drugo tijelo. Razboritu osobu ne zbunjuje takva promjena." (str. 72)

Božanska Osoba, Gospodin Śrī Kṛṣṇa, reče: „Ovaj sam neuništivi nauk o *yogi* objasnio bogu Sunca, Vivasvānu. Vivasvān ga je objasnio Manuu, ocu čovječanstva, a Manu Ikṣvākuu." (str. 172)

„Ponizni mudraci, zahvaljujući pravom znanju, vide jednakim očima učena i plemenita *brāhmaṇu,* kravu, slona, psa i čovjeka koji jede pse." (str. 233)

Yogī koji meditira na Nad-dušu vidi u sebi Kṛṣṇinu potpunu ekspanziju, Viṣṇua s četiri ruke u kojima drži školjku, disk, toljagu i lotos. Kṛṣṇa u obliku Nad-duše prebiva u srcu svih živih bića. (str. 271)

Duša je putnik u kolima materijalnog tijela, a inteligencija je vozač. Osjetila su konji, a um uzde. Tako duša uživa ili pati u društvu uma i osjetila. Veliki mislioci to shvaćaju. (str. 275)

Gospodin je rekao: „O Arjuna, sve što želiš možeš odmah vidjeti u Mom tijelu! Ovaj kozmički oblik može ti pokazati sve što sada želiš vidjeti i sve što možeš poželjeti vidjeti u budućnosti. Sve – pokretno i nepokretno – nalazi se ovdje, na jednom mjestu.” (str. 446)

„*Guṇa* vrline vezuje živo biće za sreću, strast ga vezuje za plodonosno djelovanje, a neznanje koje prekriva njegovo znanje vezuje ga za ludilo." (str. 552)

Ako netko razvije *guṇu* neznanja, nakon smrti će se degradirati u životinjski oblik života. Iz njega se mora procesom evolucije ponovno uzdignuti do ljudskog oblika života. Stoga oni koji ozbiljno shvaćaju ljudski oblik života trebaju razviti *guṇu* vrline i u dobrom društvu transcendirati *guṇe*, utemeljivši se u svjesnosti Kṛṣṇe. (str. 556)

„Demonske, izgubljene osobe, bez inteligencije, čine beskorisna, užasna djela namijenjena uništenju svijeta.” (str. 602)

„Gdje god je prisutan Kṛṣṇa, gospodar svih mistika, i Arjuna, vrhunski strijelac, tu je prisutno obilje, pobjeda, izuzetna moć i ćudorednost."
(str. 691)

Gospodin Kṛṣṇa je rekao: „Uvijek misli na Mene, postani Moj *bhakta*. Obožavaj Me i odavaj Mi poštovanje. Tako ćeš sigurno doći k Meni. To ti obećavam, jer si Moj veoma dragi prijatelj.” (str. 680)

purodhasām – među svim svećenicima; *ca* – također; *mukhyam* – glavni; *mām* – Ja; *viddhi* – znaj; *pārtha* – o Pṛthin sine; *bṛhaspatim* – Bṛhaspati; *senānīnām* – među svim zapovjednicima; *aham* – Ja sam; *skandaḥ* – Kārtikeya; *sarasām* – među svim vodenim površinama; *asmi* – Ja sam; *sāgaraḥ* – ocean.

O Arjuna, znaj da sam među svećenicima glavni svećenik, Bṛhaspati. Među generalima sam Kārtikeya, a među vodenim površinama ocean.

SMISAO: Indra je glavni polubog na rajskim planetima i poznat je kao kralj raja. Planet na kojem vlada zove se Indraloka. Bṛhaspati je Indrin svećenik. Budući da je Indra glavni kralj, Bṛhaspati je glavni svećenik. Kao što je Indra najistaknutiji kralj, Skanda, tj. Kārtikeya, sin Pārvatī i Śive, najistaknutiji je vojni zapovjednik. Među svim vodenim površinama ocean je najveći. Ova Kṛṣṇina očitovanja samo nagovješćuju Njegovu veličinu.

STROFA 25

महर्षीणां भृगुरहं गिरामस्म्येकमक्षरम् ।
यज्ञानां जपयज्ञोऽस्मि स्थावराणां हिमालयः ॥ २५ ॥

maharṣīṇāṁ bhṛgur ahaṁ girām asmy ekam akṣaram
yajñānāṁ japa-yajño 'smi sthāvarāṇāṁ himālayaḥ

mahā-ṛṣīṇām – među velikim mudracima; *bhṛguḥ* – Bhṛgu; *aham* – Ja sam; *girām* – među vibracijama; *asmi* – Ja sam; *ekam akṣaram* – *praṇava*; *yajñānām* – među žrtvovanjima; *japa-yajñaḥ* – mantranje; *asmi* – Ja sam; *sthāvarāṇām* – među nepokretnim stvarima; *himālayaḥ* – planine Himalaje.

Među velikim mudracima sam Bhṛgu, među vibracijama transcendentalni oṁ, među žrtvovanjima mantranje svetih imena [japa], a među nepokretnim stvarima Himalaje.

SMISAO: Brahmā, prvo živo stvorenje u svemiru, stvorio je nekolicinu sinova radi razmnožavanja različitih životnih vrsta. Među tim sinovima Bhṛgu je najmoćniji mudrac. Među svim transcendentalnim vibracijama *oṁ* (*oṁkāra*) predstavlja Kṛṣṇu. Među svim žrtvovanjima mantranje Hare Kṛṣṇa, Hare Kṛṣṇa, Kṛṣṇa Kṛṣṇa, Hare Hare/ Hare Rāma, Hare Rāma, Rāma Rāma, Hare Hare najčišće je očitovanje Kṛṣṇe. Ponekad se preporučuju žrtvovanja u kojima se žrtvuju životinje, ali u mantranju Hare

Kṛṣṇa *mantre* nema ni govora o nasilju. Ono je najjednostavnije i najčišće. Sve što je uzvišeno u svijetu predstavlja Kṛṣṇu. Zato Himalaje, kao najviše planine na svijetu, također predstavljaju Kṛṣṇu. U prethodnoj je strofi spomenuta planina Meru, ali Meru se ponekad pokreće, dok se Himalaje nikada ne pokreću. Zato su Himalaje veće od planine Meru.

STROFA 26

अश्वत्थः सर्ववृक्षाणां देवर्षीणां च नारदः ।
गन्धर्वाणां चित्ररथः सिद्धानां कपिलो मुनिः ॥ २६ ॥

aśvatthaḥ sarva-vṛkṣāṇāṁ devarṣīṇāṁ ca nāradaḥ
gandharvāṇāṁ citrarathaḥ siddhānāṁ kapilo muniḥ

aśvatthaḥ – banjan; *sarva-vṛkṣāṇām* – među drvećem; *deva-ṛṣīṇām* – među svim mudracima u društvu polubogova; *ca* – i; *nāradaḥ* – Nārada; *gandharvāṇām* – među stanovnicima planeta Gandharva; *citrarathaḥ* – Citraratha; *siddhānām* – među savršenim živim bićima; *kapilaḥ muniḥ* – Kapila Muni.

Među drvećem sam banjan, a među mudracima u društvu polubogova Nārada. Među Gandharvama sam Citraratha, a među savršenim živim bićima Kapila.

SMISAO: Banjan (*aśvattha*) jedno je od najviših i najljepših stabala. Ljudi ga u Indiji često obožavaju za svakodnevnih jutarnjih obreda. Od polubogova također obožavaju Nāradu, koji se smatra najvećim *bhaktom* u svemiru. Zato predstavlja Kṛṣṇu u obliku *bhakte.* Na planetu Gandharva žive bića koja divno pjevaju i najbolji je pjevač među njima Citraratha. Među savršenim živim bićima Devahūtin sin Kapila predstavnik je Kṛṣṇe. On se smatra inkarnacijom Kṛṣṇe i Njegova je filozofija opisana u *Śrīmad-Bhāgavatamu.* Kasnije je drugi Kapila postao poznat, ali njegova je filozofija bila ateistička. Tako između njih postoji velika razlika.

STROFA 27

उच्चैःश्रवसमश्वानां विद्धि माममृतोद्भवम् ।
ऐरावतं गजेन्द्राणां नराणां च नराधिपम् ॥ २७ ॥

uccaiḥśravasam aśvānāṁ viddhi mām amṛtodbhavam
airāvataṁ gajendrāṇāṁ narāṇāṁ ca narādhipam

uccaiḥśravasam – Uccaiḥśravā; *aśvānām* – među konjima; *viddhi* – znaj; *mām* – Ja; *amṛta-udbhavam* – stvoren bućkanjem oceana; *airāvatam* – Airāvata; *gaja-indrāṇām* – među nebeskim slonovima; *narāṇām* – među ljudskim bićima; *ca* – i; *nara-adhipam* – kralj.

Znaj da sam među konjima Uccaiḥśravā, koji je bio stvoren iz nektara dobivena bućkanjem oceana. Među nebeskim slonovima sam Airāvata, a među ljudima kralj.

SMISAO: Jednom su polubogovi i demoni (*asure*) bućkali more. Tim su bućkanjem bili stvoreni nektar i otrov i Śiva je popio otrov. Iz nektara je bio stvoren konj Uccaiḥśravā i razna druga bića. Slon po imenu Airāvata također je bio stvoren iz nektara. Budući da su te dvije životinje rođene iz nektara, imaju poseban značaj i predstavljaju Kṛṣṇu.

Među ljudskim bićima kralj predstavlja Kṛṣṇu, jer Kṛṣṇa održava svemire, a kraljevi, koji se postavljaju na prijestolje zbog svojih božanskih odlika, održavaju svoja kraljevstva. Kraljevi poput Mahārāje Yudhiṣṭhire, Mahārāje Parīkṣita i Gospodina Rāme bili su pravedni kraljevi koji su uvijek mislili na blagostanje podanika. U vedskoj književnosti kralj se smatra predstavnikom Boga. Međutim, u ovom dobu, sa zloupotrebom načela religije kraljevstva su izumirala i sada su ukinuta. No trebamo znati da su u prošlosti ljudi bili sretniji pod vlašću pravednih kraljeva.

STROFA 28

आयुधानामहं वज्रं धेनूनामस्मि कामधुक् ।
प्रजनश्चास्मि कन्दर्पः सर्पाणामस्मि वासुकिः ॥ २८ ॥

āyudhānām ahaṁ vajraṁ dhenūnām asmi kāmadhuk
prajanaś cāsmi kandarpaḥ sarpāṇām asmi vāsukiḥ

āyudhānām – od sveg oružja; *aham* – Ja sam; *vajram* – grom; *dhenūnām* – među kravama; *asmi* – Ja sam; *kāma-dhuk* – krava *surabhi; prajanaḥ* – među uzrocima začeća; *ca* – i; *asmi* – Ja sam; *kandarpaḥ* – Kupid; *sarpāṇām* – među zmijama; *asmi* – Ja sam; *vāsukiḥ* – Vāsuki.

Među oružjem sam grom, a među kravama surabhi. Među uzrocima začeća sam Kandarpa, bog ljubavi, a među zmijama Vāsuki.

SMISAO: Grom, snažno oružje, predstavlja Kṛṣṇinu moć. Na Kṛṣṇaloki na duhovnom nebu žive krave koje se mogu musti u bilo koje vrijeme i koje daju onoliko mlijeka koliko netko poželi. Naravno, takve krave ne postoje u materijalnom svijetu, ali se spominje da postoje na Kṛṣṇaloki. Gospodin čuva mnogo takvih krava, koje se zovu *surabhi.* Rečeno je da Gospodin čuva stada krava *surabhi.* Kandarpa je spolna želja namijenjena rađanju dobrih sinova; zato predstavlja Kṛṣṇu. Ljudi katkada održavaju spolne odnose samo radi zadovoljavanja svojih osjetila; takav seks ne predstavlja Kṛṣṇu. No seks namijenjen rađanju dobre djece naziva se Kandarpa i predstavlja Kṛṣṇu.

STROFA 29

अनन्तश्चास्मि नागानां वरुणो यादसामहम् ।
पितॄणामर्यमा चास्मि यमः संयमतामहम् ॥ २९ ॥

anantaś cāsmi nāgānāṁ varuṇo yādasām aham
pitṝṇām aryamā cāsmi yamaḥ saṁyamatām aham

anantaḥ – Ananta; *ca* – također; *asmi* – Ja sam; *nāgānām* – među višeglavim zmijama; *varuṇaḥ* – polubog koji upravlja vodom; *yādasām* – među vodenim bićima; *aham* – Ja sam; *pitṝṇām* – među precima; *aryamā* – Aryamā; *ca* – također; *asmi* – Ja sam; *yamaḥ* – upravitelj smrti; *saṁyamatām* – među održavateljima zakona; *aham* – Ja sam.

Među višeglavim zmijama sam Ananta, a među vodenim bićima polubog Varuṇa. Među precima sam Aryamā, a među održavateljima zakona Yama, gospodar smrti.

SMISAO: Ananta je najveća višeglava zmija, Nāga, a polubog je Varuṇa najveće vodeno biće. Oboje predstavljaju Kṛṣṇu. Planetom Pitā, predaka, vlada Aryamā, koji predstavlja Kṛṣṇu. Među brojnim živim bićima koja nitkovima dodjeljuju kazne najistaknutiji je Yama. Yama živi na planetu koji se nalazi u blizini Zemlje. Tamo se nakon smrti odvode vrlo grešni ljudi i Yama im dodjeljuje različite vrste kazni.

STROFA 30

प्रह्लादश्चास्मि दैत्यानां कालः कलयतामहम् ।
मृगाणां च मृगेन्द्रोऽहं वैनतेयश्च पक्षिणाम् ॥ ३० ॥

prahlādaś cāsmi daityānāṁ kālaḥ kalayatām aham
mṛgāṇāṁ ca mṛgendro 'haṁ vainateyaś ca pakṣiṇām

prahlādaḥ – Prahlāda; *ca* – također; *asmi* – Ja sam; *daityānām* – među demonima; *kālaḥ* – vrijeme; *kalayatām* – među razoriteljima; *aham* – Ja sam; *mṛgāṇām* – među životinjama; *ca* – i; *mṛga-indraḥ* – lav; *aham* – Ja sam; *vainateyaḥ* – Garuḍa; *ca* – također; *pakṣiṇām* – među pticama.

Među Daityama sam odani Prahlāda, među razoriteljima vrijeme, među zvijerima lav, a među pticama Garuḍa.

SMISAO: Diti i Aditi su sestre. Aditini se sinovi zovu Āditye, a Ditini sinovi Daitye. Svi su Āditye Gospodinovi *bhakte,* a svi Daitye ateisti. Premda se Prahlāda rodio u obitelji Daitya, od djetinjstva je bio veliki *bhakta.* Zbog njegova predanog služenja i božanske prirode smatra se predstavnikom Kṛṣṇe.

Postoji mnogo načela razaranja, ali vrijeme razara sve stvari u materijalnom svemiru i zato predstavlja Kṛṣṇu. Među raznim životinjama lav je najsnažniji i najstrašniji, a među milijunima različitih ptica najveća je ptica Garuḍa, nositelj Gospodina Viṣṇua.

STROFA 31

पवनः पवतामस्मि रामः शस्त्रभृतामहम् ।
झषाणां मकरश्चास्मि स्रोतसामस्मि जाह्नवी ॥ ३१ ॥

pavanaḥ pavatām asmi rāmaḥ śastra-bhṛtām aham
jhaṣāṇāṁ makaraś cāsmi srotasām asmi jāhnavī

pavanaḥ – vjetar; *pavatām* – od svega što pročišćava; *asmi* – Ja sam; *rāmaḥ* – Rāma; *śastra-bhṛtām* – među nositeljima oružja; *aham* – Ja sam; *jhaṣāṇām* – od svih riba; *makaraḥ* – morski pas; *ca* – također; *asmi* – Ja sam; *srotasām* – od rijeka; *asmi* – Ja sam; *jāhnavī* – rijeka Ganga.

Među pročišćavateljima Ja sam vjetar, među nositeljima oružja Rāma, među ribama morski pas, a među rijekama Ganga.

SMISAO: Morski je pas jedno od najvećih vodenih bića i za čovjeka zacijelo najopasnije. Zato predstavlja Kṛṣṇu.

STROFA 32

सर्गाणामादिरन्तश्च मध्यं चैवाहमर्जुन ।
अध्यात्मविद्या विद्यानां वादः प्रवदतामहम् ॥ ३२ ॥

sargāṇām ādir antaś ca madhyaṁ caivāham arjuna
adhyātma-vidyā vidyānāṁ vādaḥ pravadatām aham

sargāṇām – svih pojava; *ādiḥ* – početak; *antaḥ* – kraj; *ca* – i; *madhyam* – sredina; *ca* – također; *eva* – zacijelo; *aham* – Ja sam; *arjuna* – o Arjuna; *adhyātma-vidyā* – duhovno znanje; *vidyānām* – sve naobrazbe; *vādaḥ* – prirodni zaključak; *pravadatām* – argumenata; *aham* – Ja sam.

Ja sam početak, sredina i kraj svih pojava, o Arjuna. Među znanostima sam duhovna znanost o jastvu, a među logičkim argumentima zaključna istina.

SMISAO: Među stvorenim pojavama, najprije bivaju stvoreni materijalni elementi. Kao što je bilo objašnjeno, kozmički svijet stvaraju i održavaju Mahā-Viṣṇu, Garbhodakaśāyī Viṣṇu i Kṣīrodakaśāyī Viṣṇu, a uništava ga Śiva. Brahmā je drugostepeni stvoritelj. Svi ovi posrednici u stvaranju, održavanju i uništavanju inkarnacije su materijalnih odlika Svevišnjega Gospodina. Stoga je On početak, sredina i kraj svih tvorevina.

Postoje različite knjige znanja namijenjene višem obrazovanju, kao što su četiri *Vede,* njihovih šest dodataka, *Vedānta-sūtra,* knjige o logici, knjige o religiji i *Purāṇe.* Tako postoji ukupno četrnaest vrsta obrazovnih knjiga. Od tih knjiga, knjiga u kojoj se iznosi *adhyātma-vidyā,* duhovno znanje – ili točnije rečeno *Vedānta-sūtra* – predstavlja Kṛṣṇu.

U logici postoje razne vrste argumenata. Podržavanje tvrdnje argumentom koji podržava i suprotnu tvrdnju naziva se *jalpa.* Pokušaj poražavanja protivnika naziva se *vitaṇḍā,* ali pravi se zaključak naziva *vāda.* Ta zaključna istina predstavlja Kṛṣṇu.

STROFA 33

अक्षराणामकारोऽस्मि द्वन्द्वः सामासिकस्य च ।
अहमेवाक्षयः कालो धाताहं विश्वतोमुखः ॥ ३३ ॥

akṣarāṇām a-kāro 'smi dvandvaḥ sāmāsikasya ca
aham evākṣayaḥ kālo dhātāhaṁ viśvato-mukhaḥ

akṣarāṇām – među slovima; *a-kāraḥ* – prvo slovo; *asmi* – Ja sam; *dvandvaḥ* – dvopojmovna složenica; *sāmāsikasya* – među složenicama; *ca* – i; *aham* – Ja sam; *eva* – zacijelo; *akṣayaḥ* – vječno; *kālaḥ* – vrijeme; *dhātā* – stvoritelj; *aham* – Ja sam; *viśvataḥ-mukhaḥ* – Brahmā.

Među slovima sam slovo A, a među složenim riječima dvopojmovna složenica. Ja sam neiscrpno vrijeme, a među stvoriteljima sam Brahmā.

SMISAO: *A-kāra,* prvo slovo sanskrtskog pisma, predstavlja početak vedske književnosti. Ništa se ne može izgovoriti bez *a-kāre.* Stoga je ona početak zvuka. U sanskrtu ima mnogo složenih riječi, a dvopojmovna složenica, kao *rāma-kṛṣṇa,* naziva se *dvandva.* U ovoj složenici riječi *rāma* i *kṛṣṇa* imaju isti oblik i zato se složenica naziva dvopojmovnom.

Među svim vrstama ubojica vrijeme je konačan ubojica, jer ubija sve. Vrijeme je predstavnik Kṛṣṇe, jer će se nakon određena vremena pojaviti velika vatra i sve će biti uništeno.

Među živim bićima na položaju stvoritelja, najistaknutiji je Brahmā s četiri glave. Zato predstavlja Svevišnjega Gospodina, Kṛṣṇu.

STROFA 34

मृत्युः सर्वहरश्चाहमुद्भवश्च भविष्यताम् ।
कीर्तिः श्रीर्वाक्च नारीणां स्मृतिर्मेधा धृतिः क्षमा ॥ ३४ ॥

mṛtyuḥ sarva-haraś cāham udbhavaś ca bhaviṣyatām
kīrtiḥ śrīr vāk ca nārīṇāṁ smṛtir medhā dhṛtiḥ kṣamā

mṛtyuḥ – smrt; *sarva-haraḥ* – sveproždiruća; *ca* – također; *aham* – Ja sam; *udbhavaḥ* – stvaranje; *ca* – također; *bhaviṣyatām* – budućih tvorevina; *kīrtiḥ* – slava; *śrīḥ* – obilje ili ljepota; *vāk* – blagi govor; *ca* – također; *nārīṇām* – među ženama; *smṛtiḥ* – sjećanje; *medhā* – inteligencija; *dhṛtiḥ* – postojanost; *kṣamā* – strpljivost.

Ja sam sveproždiruća smrt i načelo stvaranja svega što će tek nastati. Među ženama sam slava, sreća, blagi govor, sjećanje, inteligencija, postojanost i strpljivost.

SMISAO: Od trenutka rođenja čovjek svake sekunde umire. Tako smrt u svakom trenutku proždire svako živo biće, ali posljednji je udarac sama smrt. Ta smrt je Kṛṣṇa. Što se tiče budućeg razvoja živih bića, sva živa bića prolaze kroz šest osnovnih stadija promjene. Rađaju se, rastu, žive neko vrijeme, rađaju potomstvo, stare i na kraju nestaju. Prvi je stadij rođenje iz maternice i on predstavlja Kṛṣṇu. To prvobitno stvaranje početak je svih budućih djelatnosti.

Sedam navedenih obilja – slava, sreća, blagi govor, sjećanje, inteligencija, postojanost i strpljenje – smatraju se ženskima. Ako osoba posjeduje sva ta obilja ili neka od njih, postaje slavna. Čovjek koga prati glas pravedna čovjeka postaje slavan. Sanskrt je savršen jezik i zato je veoma slavan. Ako netko nakon proučavanja može zapamtiti tematiku, obdaren je dobrim pamćenjem, zvanim *smṛti.* Ako nakon čitanja brojnih knjiga o različitim temama može te knjige shvatiti i primijeniti znanje u slučaju potrebe, posjeduje još jedno obilje – inteligenciju (*medhu*). Sposobnost nadvladavanja nepostojanosti naziva se nepokolebljivost ili postojanost (*dhṛti*). Onaj tko posjeduje sve dobre odlike, ali je unatoč tome ponizan i blag, staložen i u tuzi i u zanosu radosti, posjeduje obilje zvano *kṣamā,* strpljivost.

STROFA 35

बृहत्साम तथा साम्नां गायत्री छन्दसामहम् ।
मासानां मार्गशीर्षोऽहमृतूनां कुसुमाकरः ॥ ३५ ॥

bṛhat-sāma tathā sāmnāṁ gāyatrī chandasām aham
māsānāṁ mārga-śīrṣo 'ham ṛtūnāṁ kusumākaraḥ

bṛhat-sāma – Bṛhat-sāma; *tathā* – također; *sāmnām* – od pjesama *Sāma Vede*; *gāyatrī* – Gāyatrī himne; *chandasām* – od svih pjesama; *aham* – Ja sam; *māsānām* – među mjesecima; *mārga-śīrṣaḥ* – studeni-prosinac; *aham* – Ja sam; *ṛtūnām* – među svim godišnjim dobima; *kusuma-ākaraḥ* – proljeće.

Među himnama Sāma Vede Ja sam Bṛhat-sāma, a među pjesmama Gāyatrī. Među mjesecima sam Mārgaśīrṣa [studeni-prosinac], a među godišnjim dobima rascvjetano proljeće.

SMISAO: Gospodin je već objasnio da je među *Vedama Sāma Veda. Sāma Veda* obiluje divnim pjesmama koje pjevaju razni polubogovi. Jedna je od tih pjesama *Bṛhat-sāma,* koja ima krasnu melodiju i pjeva se u ponoć.

U sanskrtu postoje određena pravila za pisanje pjesama; rima i metar stiha ne pišu se slobodno, kao u brojnim djelima suvremena pjesništva. Među pjesmama napisanim u skladu s pravilima najistaknutija je Gāyatrī *mantra*, koju izgovaraju kvalificirani *brāhmaṇe.* Gāyatrī *mantra* spominje se u *Śrīmad-Bhāgavatamu.* Budući da je posebno namijenjena spoznavanju Boga, predstavlja Svevišnjega Gospodina. Ova je *mantra* namijenjena duhovno naprednim ljudima. Kada osoba postigne uspjeh u pjevanju te *mantre*, može se uzdići na transcendentalnu razinu, na kojoj je utemeljen Gospodin. Da bi mogla izgovarati Gāyatrī *mantru*, najprije mora razviti odlike osobe na savršenu položaju, odlike vrline prema zakonima materijalne prirode. Gāyatrī *mantra* veoma je važna u vedskoj civilizaciji i smatra se zvučnom inkarnacijom Brahmana. Njezin je začetnik Brahmā i prenosi se od njega učeničkim naslijeđem.

Smatra se da je studeni-prosinac najbolji mjesec, jer se u Indiji u to vrijeme žitarice sakupljaju s polja i ljudi postaju veoma sretni. Naravno, svi vole proljeće, jer nije ni prevruće ni prehladno a cvijeće i drveće cvjeta. U proljeće se održavaju razne svečanosti u znak sjećanja na Kṛṣṇine zabave. Zato se proljeće smatra najradosnijim godišnjim dobom i predstavlja Svevišnjega Gospodina, Kṛṣṇu.

STROFA 36

द्यूतं छलयतामस्मि तेजस्तेजस्विनामहम् ।
जयोऽस्मि व्यवसायोऽस्मि सत्त्वं सत्त्ववतामहम् ॥ ३६ ॥

dyūtaṁ chalayatām asmi tejas tejasvinām aham
jayo 'smi vyavasāyo 'smi sattvaṁ sattvavatām aham

dyūtam – kockanje; *chalayatām* – među svim prevarama; *asmi* – Ja sam; *tejaḥ* – sjaj; *tejasvinām* – svega što blista; *aham* – Ja sam; *jayaḥ* – pobjeda; *asmi* – Ja sam; *vyavasāyaḥ* – pothvat ili avantura; *asmi* – Ja sam; *sattvam* – snaga; *sattva-vatām* – snažnog; *aham* – Ja sam.

Među prevarama Ja sam kockanje. Sjaj sam blistavih stvari, pobjeda, avantura i snaga snažnih.

SMISAO: U čitavom svemiru ima mnogo vrsta prevaranata. Od svih načina varanja kockanje je najbolje i zato predstavlja Kṛṣṇu. Kao Svevišnji, Kṛṣṇa može varati bolje od bilo kojega običnog čovjeka. Ako Kṛṣṇa hoće nekoga prevariti, nitko Ga u tome ne može nadmašiti. Njegova veličina nije jednostrana, već svestrana.

Među pobjednicima On je pobjeda. On je sjaj blistavih stvari. Među hrabrima i vrijednima On je najhrabriji i najvredniji. Među avanturistima, On je najveći avanturist, a među snažnima je najsnažniji. Kad je Kṛṣṇa boravio na Zemlji, nitko Ga nije mogao nadmašiti u snazi. Još u djetinjstvu podigao je brdo Govardhanu. Nitko Ga ne može nadmašiti u varanju, nitko Ga ne može nadmašiti u sjaju, nitko Ga ne može nadmašiti u pobjedi, nitko Ga ne može nadmašiti u hrabrosti i nitko Ga ne može nadmašiti u snazi.

STROFA 37

वृष्णीनां वासुदेवोऽस्मि पाण्डवानां धनञ्जयः ।
मुनीनामप्यहं व्यासः कवीनामुशना कविः ॥ ३७ ॥

vṛṣṇīnāṁ vāsudevo 'smi pāṇḍavānāṁ dhanañjayaḥ
munīnām apy ahaṁ vyāsaḥ kavīnām uśanā kaviḥ

vṛṣṇīnām – među Vṛṣṇijevim potomcima; *vāsudevaḥ* – Kṛṣṇa u Dvāraki; *asmi* – Ja sam; *pāṇḍavānām* – među Pāṇḍavama; *dhanañjayaḥ* – Arjuna; *munīnām* – među mudracima; *api* – također; *aham* – Ja sam; *vyāsaḥ* – Vyāsa, sastavljač svih vedskih spisa; *kavīnām* – među svim velikim misliocima; *uśanā* – Uśanā; *kaviḥ* – mislilac.

Među Vṛṣṇijevim potomcima sam Vāsudeva, među Pāṇḍavama Arjuna; među mudracima sam Vyāsa, a među velikim misliocima Uśanā.

SMISAO: Kṛṣṇa je izvorna Svevišnja Božanska Osoba, a Baladeva je Kṛṣṇina prva ekspanzija. Gospodin Kṛṣṇa i Baladeva pojavili su se kao sinovi Vasudeve i zato se obojica mogu zvati Vāsudeva. S druge strane, budući da Kṛṣṇa nikada ne napušta Vṛndāvanu, svi Kṛṣṇini oblici koji se pojave na drugim mjestima Njegove su ekspanzije. Vāsudeva je Kṛṣṇina izravna ekspanzija i zato se ne razlikuje od Kṛṣṇe. Trebamo znati da je Vāsudeva koji se spominje u ovoj strofi *Bhagavad-gīte* Baladeva, odnosno Balarāma, jer je Baladeva prvobitni izvor svih inkarnacija i zato je izvor Vāsudeve. Gospodinove se neposredne ekspanzije nazivaju *svāṁśa* (osobne ekspanzije). Odvojene se ekspanzije nazivaju *vibhinnāṁśa*.

Među Pāṇḍuovim sinovima Arjuna je poznat kao Dhanañjaya. On je najbolji od ljudi i zato predstavlja Kṛṣṇu. Među *munijima*, učenim ljudima upućenim u vedsko znanje, Vyāsa je najveći, zato što je na mnogo različitih načina objasnio vedsko znanje kako bi ga svi ljudi u dobu Kali mogli shvatiti. Vyāsa je poznat i kao Kṛṣṇina inkarnacija; stoga također predstavlja Kṛṣṇu. *Kaviji* su oni koji mogu temeljito razmišljati o bilo kojoj temi. Među *kavijima* Uśanā (Śukrācārya) bio je duhovni učitelj demona; on je bio neobično inteligentan i dalekovidan političar. Zato je još jedan predstavnik Kṛṣṇina obilja.

STROFA 38

दण्डो दमयतामस्मि नीतिरस्मि जिगीषताम् ।
मौनं चैवास्मि गुह्यानां ज्ञानं ज्ञानवतामहम् ॥ ३८ ॥

daṇḍo damayatām asmi nītir asmi jigīṣatām
maunaṁ caivāsmi guhyānāṁ jñānaṁ jñānavatām aham

daṇḍaḥ – kazna; *damayatām* – među načinima sprečavanja; *asmi* – Ja sam; *nītiḥ* – ćudoređe; *asmi* – Ja sam; *jigīṣatām* – među onima koji žele pobjedu; *maunam* – šutnja; *ca* – i; *eva* – također; *asmi* – Ja sam; *guhyānām* – od tajni; *jñānam* – znanje; *jñāna-vatām* – mudrih; *aham* – Ja sam.

Među sredstvima za sprečavanje bezakonja Ja sam kazna, a među onima koji žele pobjedu ćudoređe. Među tajnama sam šutnja, a među mudracima mudrost.

SMISAO: Od mnogo sredstava za sprečavanje bezakonja najvažnija su ona kojima se staje na kraj nitkovima. Kada se nitkovi kazne, sredstvo kažnjavanja predstavlja Kṛṣṇu. Među onima koji pokušavaju odnijeti pobjedu na nekom polju djelatnosti najpobjedonosniji je element ćudoređe. Među povjerljivim djelatnostima slušanja, mišljenja i meditiranja šutnja je najvažnija, jer se šutnjom može vrlo brzo napredovati. Mudar je čovjek onaj tko može razlikovati materiju i duh, nižu i višu Božju prirodu. Takvo je znanje sam Kṛṣṇa.

STROFA 39

यच्चापि सर्वभूतानां बीजं तदहमर्जुन ।
न तदस्ति विना यत्स्यान्मया भूतं चराचरम् ॥ ३९ ॥

yac cāpi sarva-bhūtānāṁ bījaṁ tad aham arjuna
na tad asti vinā yat syān mayā bhūtaṁ carācaram

yat – sve što; *ca* – također; *api* – postoji; *sarva-bhūtānām* – svega stvorenog; *bījam* – sjeme; *tat* – to; *aham* – Ja sam; *arjuna* – o Arjuna; *na* – ne; *tat* – takva; *asti* – ima; *vinā* – bez; *yat* – koje; *syāt* – postoji; *mayā* – Mene; *bhūtam* – stvoreno biće; *cara-acaram* – pokretno i nepokretno.

Uz to, o Arjuna, Ja sam sjeme sveg postojanja. Nijedno biće – pokretno i nepokretno – ne može postojati bez Mene.

SMISAO: Sve ima uzrok. Taj je uzrok ili sjeme postojanja Kṛṣṇa. Ništa ne može postojati bez Kṛṣṇine energije; zbog toga se Kṛṣṇa naziva svemoćnim. Bez Njegove moći ništa ne može postojati, ni pokretno ni nepokretno. Sve što postoji a ne temelji se na Kṛṣṇinoj energiji naziva se *māyā*, „ono što nije".

STROFA 40

नान्तोऽस्ति मम दिव्यानां विभूतीनां परन्तप ।
एष तूद्देशतः प्रोक्तो विभूतेर्विस्तरो मया ॥ ४० ॥

nānto 'sti mama divyānāṁ vibhūtīnāṁ parantapa
eṣa tūddeśataḥ prokto vibhūter vistaro mayā

na – ne; *antaḥ* – kraja; *asti* – ima; *mama* – Mojem; *divyānām* – božanskom; *vibhūtīnām* – obilju; *parantapa* – o pokoritelju neprijatelja; *eṣaḥ* – sve to; *tu* – ali; *uddeśataḥ* – kao primjere; *proktaḥ* – dao; *vibhūteḥ* – obilja; *vistaraḥ* – velikih; *mayā* – Ja.

O moćni pokoritelju neprijatelja, nema kraja Mojim božanskim očitovanjima. Ono što sam ti rekao samo je nagovještaj Moga beskrajnog obilja.

SMISAO: U vedskim spisima rečeno je da obilju Svevišnjeg nema kraja, premda se Njegove energije i obilje shvaćaju na razne načine. Stoga nije moguće objasniti sve energije i obilje. Kṛṣṇa je Arjuni naveo samo nekoliko primjera kako bi zadovoljio njegovu znatiželju.

STROFA 41

यद्यद्विभूतिमत् सत्त्वं श्रीमदूर्जितमेव वा ।
तत्तदेवावगच्छ त्वं मम तेजोऽंशसम्भवम् ॥ ४१ ॥

yad yad vibhūtimat sattvaṁ śrīmad ūrjitam eva vā
tat tad evāvagaccha tvaṁ mama tejo-'ṁśa-sambhavam

yat yat – sve; *vibhūti* – obilje; *mat* – ima; *sattvam* – postojanje; *śrī-mat* – lijepo; *ūrjitam* – slavno; *eva* – zacijelo; *vā* – ili; *tat tat* – sve to; *eva* – zacijelo; *avagaccha* – moraš znati; *tvam* – ti; *mama* – Mog; *tejaḥ* – sjaja; *aṁśa* – dijela; *sambhavam* – potječe od.

Znaj da sve što je bogato, lijepo i slavno potječe iz malene iskre Moga sjaja.

SMISAO: Trebamo znati da je sve što je slavno ili lijepo u duhovnom ili materijalnom svijetu samo sićušno očitovanje Kṛṣṇina obilja. Smatra se da svako neobično obilje predstavlja Kṛṣṇino obilje.

STROFA 42

अथवा बहुनैतेन किं ज्ञातेन तवार्जुन ।
विष्टभ्याहमिदं कृत्स्नमेकांशेन स्थितो जगत् ॥ ४२ ॥

atha vā bahunaitena kiṁ jñātena tavārjuna
viṣṭabhyāham idaṁ kṛtsnam ekāṁśena sthito jagat

atha vā – ili; *bahunā* – punim; *etena* – takvim; *kim* – što; *jñātena* – saznavanjem; *tava* – tvojim; *arjuna* – o Arjuna; *viṣṭabhya* – prožimam; *aham* – Ja; *idam* – ovaj; *kṛtsnam* – cijeli; *eka* – jednim; *aṁśena* – djelićem; *sthitaḥ* – nalazim se; *jagat* – svemir.

Ali zašto ti je Arjuna potrebno ovo detaljno znanje? Samo jednim Svojim djelićem prožimam i održavam cijeli svemir.

SMISAO: Svevišnji je Gospodin nazočan u svim materijalnim svemirima kao Nad-duša, koja ulazi u sve. Gospodin ovdje kaže Arjuni da nema smisla nastojati shvatiti kako stvari postoje u svom odvojenom obilju i veličini. Treba znati da sve stvari postoje zato što je Kṛṣṇa ušao u njih kao Nad-duša. Od Brahme, najvećeg bića, do najmanjeg mrava, svi postoje zato što je Gospodin ušao u svakoga od njih i što ih održava.

Postoji misija koja stalno promiče zamisao da će obožavanje bilo kojeg poluboga dovesti osobu do Svevišnje Božanske Osobe ili vrhovnog cilja. No ovdje se obeshrabruje obožavanje polubogova, jer čak i najveći polubogovi kao što su Brahmā i Śiva predstavljaju samo dio obilja Svevišnjega Gospodina. Gospodin je podrijetlo svih rođenih bića i nitko nije veći od Njega. On je *asamaurdhva*, što znači da nitko nije viši od Njega, niti Mu može biti ravan. U *Padma Purāṇi* rečeno je da onaj tko jednači Svevišnjega Gospodina Kṛṣṇu s polubogovima – čak i ako je riječ o Brahmi ili Śivi – odmah postaje ateist. Međutim, ako pomno proučimo različite opise obilja i ekspanzija Kṛṣṇine energije, možemo nedvojbeno shvatiti položaj Gospodina Śrī Kṛṣṇe i bez odstupanja usredotočiti svoj um na obožavanje Njega. Gospodin prožima sve u obliku Svoga djelomičnog očitovanja, Nad-duše, koja se umnožava i ulazi u sve što postoji. Čisti *bhakte* stoga usredotočuju um na svjesnost Kṛṣṇe, predano služeći svom svojom energijom. Zato su uvijek utemeljeni na transcendentalnoj razini. Predano služenje i obožavanje Kṛṣṇe veoma su jasno opisani u ovom poglavlju, od osme do jedanaeste strofe. To je put čistoga predanog služenja. U ovom je poglavlju potanko objašnjeno kako možemo dostići najviše savršenstvo predanosti – društvo Svevišnje Božanske Osobe. Śrīla Baladeva Vidyābhūṣaṇa, veliki *ācārya* u učeničkom naslijeđu koje potječe od Kṛṣṇe, zaključuje svoje tumačenje ovoga poglavlja riječima:

yac-chakti-leśāt suryādyā bhavanty aty-ugra-tejasaḥ
yad-aṁśena dhṛtaṁ viśvaṁ sa kṛṣṇo daśame 'rcyate

Čak i moćno sunce dobiva svoju snagu od moćne energije Gospodina Kṛṣṇe, a Kṛṣṇina djelomična ekspanzija održava cijeli svijet. Stoga je Gospodin Śrī Kṛṣṇa vrijedan obožavanja.

Tako se završavaju Bhaktivedantina tumačenja desetoga poglavlja Śrīmad Bhagavad-gīte *pod naslovom* Obilje Apsoluta.

JEDANAESTO POGLAVLJE

Kozmički oblik

STROFA 1

अर्जुन उवाच
मदनुग्रहाय परमं गुह्यमध्यात्मसंज्ञितम् ।
यत्त्वयोक्तं वचस्तेन मोहोऽयं विगतो मम ॥ १ ॥

arjuna uvāca
mad-anugrahāya paramaṁ guhyam adhyātma-saṁjñitam
yat tvayoktaṁ vacas tena moho 'yaṁ vigato mama

arjunaḥ uvāca – Arjuna reče; *mat-anugrahāya* – samo da bi mi iskazao milost; *paramam* – vrhunski; *guhyam* – povjerljivu temu; *adhyātma* – duhovnu; *saṁjñitam* – u pogledu; *yat* – toga; *tvayā* – što si; *uktam* – rekao; *vacaḥ* – riječima; *tena* – tim; *mohaḥ* – iluzija; *ayam* – ova; *vigataḥ* – raspršena; *mama* – moja.

Arjuna reče: Slušajući Te kako milostivo govoriš o ovim najpovjerljivijim duhovnim temama, moja je iluzija nestala.

SMISAO: U ovom se poglavlju razotkriva da je Kṛṣṇa uzrok svih uzroka. On je uzrok čak i Mahā-Viṣṇua, izvora materijalnih svemira. Kṛṣṇa nije inkarnacija; On je izvor svih inkarnacija. To je bilo u potpunosti objašnjeno u desetom poglavlju.

Što se tiče Arjune, on kaže da je njegova iluzija nestala. To znači da više ne smatra Kṛṣṇu običnim ljudskim bićem, svojim prijateljem, već izvorom svega. Arjuna je prosvijetljen i vrlo radostan što ima takva prijatelja kao što je Kṛṣṇa. No premda Ga prihvaća kao izvor svega, misli da Ga drugi možda neće tako prihvatiti. Zato, želeći svima pokazati Kṛṣṇinu božansku prirodu, u ovom poglavlju moli Kṛṣṇu da pokaže Svoj kozmički oblik. Onaj tko ugleda Kṛṣṇin kozmički oblik osjeća kao Arjuna strah, ali Kṛṣṇa je tako ljubazan da je nakon pokazivanja Svoga kozmičkog oblika ponovno poprimio Svoj izvorni oblik. Arjuna se slaže s onim što je Kṛṣṇa nekoliko puta rekao: Kṛṣṇa mu govori samo za njegovo dobro. Tako priznaje da je sve Kṛṣṇina milost. Sada je uvjeren da je Kṛṣṇa uzrok svih uzroka i da prebiva u srcu svih živih bića kao Nad-duša.

STROFA 2

भवाप्ययौ हि भूतानां श्रुतौ विस्तरशो मया ।
त्वत्तः कमलपत्राक्ष माहात्म्यमपि चाव्ययम् ॥ २ ॥

bhavāpyayau hi bhūtānāṁ śrutau vistaraśo mayā
tvattaḥ kamala-patrākṣa māhātmyam api cāvyayam

bhava – o pojavi; *apyayau* – nestanku; *hi* – zacijelo; *bhūtānām* – svih živih bića; *śrutau* – čuo; *vistaraśaḥ* – potanko; *mayā* – ja; *tvattaḥ* – od Tebe; *kamala-patra-akṣa* – o lotosooki; *māhātmyam* – slave; *api* – također; *ca* – i; *avyayam* – neiscrpne.

O lotosooki, čuo sam od Tebe iscrpan opis pojavljivanja i nestajanja svakog živog bića i spoznao Tvoje neiscrpne slave.

SMISAO: Arjuna zbog radosti oslovljava Kṛṣṇu riječju „lotosooki" (Njegove oči nalikuju laticama lotosa), jer ga je Kṛṣṇa u sedmom poglavlju uvjerio – *ahaṁ kṛtsnasya jagataḥ prabhavaḥ pralayas tathā:* „Ja sam izvor stvaranja i uništenja cijelog materijalnog svijeta." Arjuna je čuo Gospodinov iscrpan opis i zna da je Gospodin odvojen od sveg stvaranja i uništenja, iako je njihov izvor. Gospodin je u devetom poglavlju rekao da prožima sve, ali ipak nije svuda osobno nazočan. To je Kṛṣṇino nepojmljivo obilje i Arjuna priznaje da ga je dobro shvatio.

STROFA 3

एवमेतद्यथात्थ त्वमात्मानं परमेश्वर ।
द्रष्टुमिच्छामि ते रूपमैश्वरं पुरुषोत्तम ॥ ३ ॥

evam etad yathāttha tvam ātmānaṁ parameśvara
draṣṭum icchāmi te rūpam aiśvaraṁ puruṣottama

evam – tako; *etat* – ovaj; *yathā* – kakav jesi; *āttha* – opisao; *tvam* – Ti; *ātmānam* – Tebe; *parama-īśvara* – o Svevišnji Gospodine; *draṣṭum* – vidjeti; *icchāmi* – želim; *te* – Tvoj; *rūpam* – oblik; *aiśvaram* – božanski; *puruṣa-uttama* – o najbolja osobo.

O najveća osobo, o vrhovni obliče, premda Te pred sobom vidim u Tvom pravom položaju, kakva si Sebe opisao, želim vidjeti kako si ušao u kozmičko očitovanje. Želim vidjeti taj Tvoj oblik.

SMISAO: Gospodin je rekao da kozmičko očitovanje biva stvoreno i održavano zato što je ušao u materijalni svemir u obliku Svoje osobne ekspanzije. Što se tiče Arjune, on je nadahnut Kṛṣṇinim izjavama, ali da bi uvjerio druge u budućnosti koji mogu pomisliti da je Kṛṣṇa obična osoba, želi vidjeti kako Gospodin u Svom kozmičkom obliku djeluje unutar svemira, iako je odvojen od njega. Značajno je da je oslovio Kṛṣṇu kao *puruṣottamu*. Budući da je Gospodin Svevišnja Božanska Osoba, prisutan je i u samom Arjuni. Zato, svjestan Arjunine želje, shvaća da Arjuna ne želi posebno vidjeti Njegov kozmički oblik, jer je potpuno zadovoljan što vidi Kṛṣṇu u Njegovu osobnom obliku. Međutim, shvaća da Arjuna želi vidjeti kozmički oblik kako bi uvjerio druge. Sam nije želio potvrdu. Kṛṣṇa shvaća da Arjuna želi vidjeti kozmički oblik kako bi postavio standard, jer će se u budućnosti pojaviti razni prevaranti koji će se predstavljati kao inkarnacije Boga. Ljudi zato trebaju biti obazrivi. Onaj tko tvrdi da je Kṛṣṇa mora biti spreman pokazati svoj kozmički oblik kako bi ljudima to dokazao.

STROFA 4

मन्यसे यदि तच्छक्यं मया द्रष्टुमिति प्रभो ।
योगेश्वर ततो मे त्वं दर्शयात्मानमव्ययम् ॥ ४ ॥

manyase yadi tac chakyaṁ mayā draṣṭum iti prabho
yogeśvara tato me tvaṁ darśayātmānam avyayam

manyase – misliš; *yadi* – ako; *tat* – da; *śakyam* – mogu; *mayā* – ja; *draṣṭum* – vidjeti; *iti* – tako; *prabho* – o Gospodine; *yoga-īśvara* – o gospodaru svih mističnih moći; *tataḥ* – onda; *me* – meni; *tvam* – Ti; *darśaya* – pokaži; *ātmānam* – Tvoje Biće; *avyayam* – vječno.

O Gospodine moj, o gospodaru svih mističnih moći, ako misliš da mogu vidjeti Tvoj kozmički oblik, molim Te, pokaži mi to beskrajno kozmičko Biće.

SMISAO: Rečeno je da Svevišnjega Gospodina Kṛṣṇu ne možemo vidjeti, shvatiti ili opaziti materijalnim osjetilima, ali ako netko od početka života transcendentalno služi Gospodina s ljubavlju, Gospodin će mu se razotkriti. Svako je živo biće samo duhovna iskra; stoga ne može vidjeti ili shvatiti Svevišnjega Gospodina. Kao *bhakta,* Arjuna ne ovisi o snazi svoje spekulacije, već priznaje da je kao živo biće ograničen i prihvaća Kṛṣṇin nedokučivi položaj. Arjuna je shvatio da živo biće ne može razumjeti neograničenog. Ako se neograničeni sam razotkrije, onda milošću neograničenog može shvatiti prirodu neograničenog. U ovoj je strofi važna riječ *yogeśvara* zato što Gospodin posjeduje nepojmljivu moć. Ako želi, može se Svojom milošću razotkriti premda je neograničen. Arjuna stoga moli Kṛṣṇu da mu podari Svoju nepojmljivu milost. On ne naređuje Kṛṣṇi. Kṛṣṇa se ne mora razotkriti onome tko se nije predao u potpunoj svjesnosti Kṛṣṇe i posvetio predanom služenju. Zato osobe koje ovise o svojim umnim spekulacijama ne mogu vidjeti Kṛṣṇu.

STROFA 5

श्रीभगवानुवाच
पश्य मे पार्थ रूपाणि शतशोऽथ सहस्रशः ।
नानाविधानि दिव्यानि नानावर्णाकृतीनि च ॥ ५ ॥

śrī-bhagavān uvāca
paśya me pārtha rūpāṇi śataśo 'tha sahasraśaḥ
nānā-vidhāni divyāni nānā-varṇākṛtīni ca

śrī-bhagavān uvāca – Svevišnja Božanska Osoba reče; *paśya* – pogledaj; *me* – Moje; *pārtha* – o Pṛthin sine; *rūpāṇi* – oblika; *śataśaḥ* – stotine; *atha* – također; *sahasraśaḥ* – tisuće; *nānā-vidhāni* – različitih; *divyāni* – božanskih; *nānā* – raznih; *varṇa* – boja; *ākṛtīni* – oblika; *ca* – također.

Svevišnja Božanska Osoba reče: Dragi Moj Arjuna, o Pṛthin sine, pogledaj sada Moje obilje – stotine tisuća raznobojnih božanskih oblika.

SMISAO: Arjuna je želio vidjeti Kṛṣṇu u Njegovu kozmičkom obliku koji se, premda transcendentalan, pojavljuje samo radi očitovanja svemira i koji je stoga podložan prolaznom vremenu materijalne prirode. Kao što se materijalna priroda očituje i ponovno biva neočitovana, tako se Kṛṣṇin kozmički oblik očituje i ponovno biva neočitovan. On ne postoji vječno na duhovnom nebu kao Kṛṣṇini drugi oblici. Što se tiče *bhakte*, on ne želi posebno vidjeti taj oblik, ali Kṛṣṇa ga je razotkrio Arjuni, jer je Arjuna želio vidjeti Kṛṣṇu u tom obliku. Taj kozmički oblik ne može vidjeti nijedan običan čovjek. Kṛṣṇa mu mora dati moć da bi ga mogao vidjeti.

STROFA 6

पश्यादित्यान् वसून् रुद्रानश्विनौ मरुतस्तथा ।
बहून्यदृष्टपूर्वाणि पश्याश्चर्याणि भारत ॥ ६ ॥

paśyādityān vasūn rudrān aśvinau marutas tathā
bahūny adṛṣṭa-pūrvāṇi paśyāścaryāṇi bhārata

paśya – pogledaj; *ādityān* – dvanaest Aditinih sinova; *vasūn* – osam Vasua; *rudrān* – jedanaest oblika Rudre; *aśvinau* – dva Aśvinīja; *marutaḥ* – četrdeset devet Maruta (polubogova vjetra); *tathā* – također; *bahūni* – mnogo; *adṛṣṭa* – koja nisi vidio; *pūrvāṇi* – ranije; *paśya* – pogledaj; *āś-caryāṇi* – svih čuda; *bhārata* – o najbolji od Bhārata.

O najbolji od Bhārata, pogledaj ova različita očitovanja Āditya, Vasua, Rudra, Aśvinī-kumāra i svih drugih polubogova. Pogledaj razna čudesa koja nikada ranije nitko nije vidio niti za njih čuo.

SMISAO: Premda je Arjuna bio Kṛṣṇin osobni prijatelj i vrlo učen, nije mogao znati sve o Kṛṣṇi. Ovdje je rečeno da ljudi nisu ni čuli ni znali za sve te oblike i očitovanja. Kṛṣṇa sada razotkriva te čudesne oblike.

STROFA 7

इहैकस्थं जगत् कृत्स्नं पश्याद्य सचराचरम् ।
मम देहे गुडाकेश यच्चान्यद् द्रष्टुमिच्छसि ॥ ७ ॥

ihaika-sthaṁ jagat kṛtsnaṁ paśyādya sa-carācaram
mama dehe guḍākeśa yac cānyad draṣṭum icchasi

iha – na ovom; *eka-stham* – jednom mjestu; *jagat* – svemir; *kṛtsnam* – čitav; *paśya* – pogledaj; *adya* – sad; *sa* – sa; *cara* – pokretnim; *acaram* –

i nepokretnima; *mama* – Mom; *dehe* – u tijelu; *guḍākeśa* – o Arjuna; *yat*—to što; *ca* – također; *anyat* – nešto drugo; *draṣṭum* – vidjeti; *icchasi* – želiš.

O Arjuna, sve što želiš možeš odmah vidjeti u Mom tijelu! Ovaj kozmički oblik može ti pokazati sve što sada želiš vidjeti i sve što možeš poželjeti vidjeti u budućnosti. Sve – pokretno i nepokretno – nalazi se ovdje, na jednom mjestu.

SMISAO: Nitko ne može vidjeti čitav svemir sjedeći na jednom mjestu. Čak ni najnapredniji znanstvenici ne mogu vidjeti što se zbiva u drugim dijelovima svemira. No *bhakta* kao što je Arjuna može vidjeti sve što postoji u svakom dijelu svemira. Kṛṣṇa mu daje moć kojom može vidjeti sve što želi, u prošlosti, sadašnjosti i budućnosti. Tako je Arjuna, Kṛṣṇinom milošću, vidio sve.

STROFA 8

न तु मां शक्यसे द्रष्टुमनेनैव स्वचक्षुषा ।
दिव्यं ददामि ते चक्षुः पश्य मे योगमैश्वरम् ॥ ८ ॥

na tu māṁ śakyase draṣṭum anenaiva sva-cakṣuṣā
divyaṁ dadāmi te cakṣuḥ paśya me yogam aiśvaram

na – nikada; *tu* – ali; *mām* – Mene; *śakyase* – možeš; *draṣṭum* – vidjeti; *anena* – ovim; *eva* – zacijelo; *sva-cakṣuṣā* – vlastitim očima; *divyam* – božanske; *dadāmi* – dajem; *te* – tebi; *cakṣuḥ* – oči; *paśya* – pogledaj; *me* – Moju; *yogam aiśvaram* – nepojmljivu mističnu moć.

Dajem ti božanske oči, jer Me ne možeš vidjeti očima koje sada imaš. Pogledaj Moje mistično obilje!

SMISAO: Čisti *bhakta* ne želi vidjeti Kṛṣṇu ni u jednom drugom obliku do u Njegovu dvorukom obliku. *Bhakta* mora vidjeti Njegov kozmički oblik Njegovom milošću; ne umom, nego duhovnim očima. Da bi mogao vidjeti Njegov kozmički oblik, Kṛṣṇa kaže Arjuni da promijeni svoju viziju, ne um. Kṛṣṇin kozmički oblik nije jako bitan; to će biti jasno re<eno u idućim stihovima. No, Arjuna ga je želio vidjeti i Gospodin mu daje posebnu viziju zahvaljujuæi kojoj može vidjeti taj oblik.

Bhakte pravilno utemeljene u transcendentalnom odnosu s Kṛṣṇom privlače ljubavna obilježja, a ne bezbožna očitovanja obilja. Kṛṣṇini prijatelji s kojima se igrao i Kṛṣṇini roditelji nikada ne žele vidjeti Kṛṣṇino obilje. Toliko su obuzeti čistom ljubavlju da ne znaju čak ni da je Kṛṣṇa Svevišnja Božanska Osoba. U ljubavnoj razmjeni s Kṛṣṇom zaboravljaju da je On Svevišnji Gospodin. U *Śrīmad-Bhāgavatamu* rečeno je da su svi dječaci koji se igraju s Kṛṣṇom veoma pobožne duše, koje su nakon mnogo života dobile priliku da se igraju s Kṛṣṇom. Oni ne znaju da je Kṛṣṇa Svevišnja Božanska Osoba. Smatraju Ga osobnim prijateljem. Zato je Śukadeva Gosvāmī izgovorio ovu strofu:

itthaṁ satāṁ brahma-sukhānubhūtyā
dāsyaṁ gatānāṁ para-daivatena
māyāśritānāṁ nara-dārakeṇa
sākaṁ vijahruḥ kṛta-puṇya-puñjāḥ

„Ovo je Vrhovna Osoba. Veliki je mudraci smatraju neosobnim Brahmanom, *bhakte* Svevišnjom Božanskom Osobom, a obični ljudi tvorevinom materijalne prirode. Ovi dječaci, koji su u prošlim životima činili brojna pobožna djela, sada se igraju s tom Svevišnjom Božanskom Osobom." (*Śrīmad-Bhāgavatam* 10.12.11)

Činjenica je da *bhakte* ne žele vidjeti *viśva-rūpu*, kozmički oblik, ali Arjuna ga je želio vidjeti kako bi potkrijepio Kṛṣṇine izjave, tako da u budućnosti ljudi znaju da se Kṛṣṇa nije samo teorijski ili filozofski predstavio Arjuni kao Svevišnji, već se takvim i razotkrio. Arjuna je to morao potvrditi zato što je bio početak učeničkog naslijeđa. Oni koji doista žele shvatiti Svevišnju Božansku Osobu, Kṛṣṇu, i koji slijede Arjunine stope trebaju shvatiti da se Kṛṣṇa nije samo teorijski predstavio kao Svevišnji, već se takvim i razotkrio.

Gospodin je Arjuni dao moć potrebnu za gledanje Njegova kozmičkog oblika zato što je znao da ga Arjuna nije posebno želio vidjeti, kao što smo već objasnili.

STROFA 9

सञ्जय उवाच
एवमुक्त्वा ततो राजन् महायोगेश्वरो हरिः ।
दर्शयामास पार्थाय परमं रूपमैश्वरम् ॥ ९ ॥

sañjaya uvāca
evam uktvā tato rājan mahā-yogeśvaro hariḥ
darśayām āsa pārthāya paramaṁ rūpam aiśvaram

sañjayaḥ uvāca – Sañjaya reče; *evam* – to; *uktvā* – rekavši; *tataḥ* – zatim; *rājan* – o kralju; *mahā-yoga-īśvaraḥ* – najmoćniji mistik; *hariḥ* – Svevišnja Božanska Osoba, Kṛṣṇa; *darśayām āsa* – pokazao; *pārthāya* – Arjuni; *paramam* – božanski; *rūpam aiśvaram* – kozmički oblik.

Sañjaya reče: O kralju, rekavši to, Vrhovni Gospodar svih mističnih moći, Božanska Osoba, pokazao je Arjuni Svoj kozmički oblik.

STROFE 10–11

अनेकवक्त्रनयनमनेकाद्भुतदर्शनम् ।
अनेकदिव्याभरणं दिव्यानेकोद्यतायुधम् ॥ १० ॥
दिव्यमाल्याम्बरधरं दिव्यगन्धानुलेपनम् ।
सर्वाश्चर्यमयं देवमनन्तं विश्वतोमुखम् ॥ ११ ॥

aneka-vaktra-nayanam anekādbhuta-darśanam
aneka-divyābharaṇaṁ divyānekodyatāyudham

divya-mālyāmbara-dharaṁ divya-gandhānulepanam
sarvāścarya-mayaṁ devam anantaṁ viśvato-mukham

aneka – različita; *vaktra* – usta; *nayanam* – oči; *aneka* – različite; *adbhuta* – divne; *darśanam* – prizore; *aneka* – mnogo; *divya* – božanskih; *ābharaṇam* – nakita; *divya* – božanskog; *aneka* – različito; *udyata* – uzdignuto; *āyudham* – oružje; *divya* – božanske; *mālya* – vijence; *ambara* – odjeću; *dharam* – kako nosi; *divya* – božanskim; *gandha* – mirisima; *anulepanam* – namirisan; *sarva* – sve; *āścarya-mayam* – čudesno; *devam* – blistavo; *anantam* – beskrajno; *viśvataḥ-mukham* – sveprožimajuće.

Arjuna je u tom kozmičkom obliku vidio bezbroj usta, očiju i čudesnih prizora. Obilno ukrašen nebeskim nakitom, oblik je držao razno uzdignuto božansko oružje. Bio je ovjenčan nebeskim vijencima i obučen u nebesku odjeću, a čitavo Njegovo tijelo bilo je premazano raznim božanskim mirisima. Sve je bilo čudesno, blistavo, beskrajno i sveprožimajuće.

SMISAO: Riječ *mnogo*, koja se u ove dvije strofe više puta ponavlja otkriva nam da nije bilo kraja mnoštvu ruku, usta, nogu i drugih očitovanja koja je Arjuna vidio. One su se nalazile u raznim dijelovima svemira, ali Arjuna ih je, Gospodinovom milošću, vidio sjedeći na jednom mjestu. To je bilo moguće zahvaljujući Kṛṣṇinoj nepojmljivoj moći.

STROFA 12

दिवि सूर्यसहस्रस्य भवेद्युगपदुत्थिता ।
यदि भाः सदृशी सा स्याद् भासस्तस्य महात्मनः ॥ १२ ॥

divi sūrya-sahasrasya bhaved yugapad utthitā
yadi bhāḥ sadṛśī sā syād bhāsas tasya mahātmanaḥ

divi – na nebu; *sūrya* – sunaca; *sahasrasya* – mnogo tisuća; *bhavet* – bilo je; *yugapat* – istodobno; *utthitā* – prisutno; *yadi* – ako; *bhāḥ* – svjetlost; *sadṛśī* – kao njihova; *sā* – takav; *syāt* – je; *bhāsaḥ* – sjaj; *tasya* – Njegov; *mahā-ātmanaḥ* – velikog Gospodina.

Kad bi se na nebu istodobno pojavile stotine tisuća sunaca, njihov bi sjaj mogao nalikovati sjaju Vrhovne Osobe u tom kozmičkom obliku.

SMISAO: Ono što je Arjuna vidio bilo je neopisivo, ali Sañjaya ipak pokušava predočiti Dhṛtarāṣṭri sliku toga velikog očitovanja. Ni Sañjaya ni Dhṛtarāṣṭra nisu bili tamo nazočni, ali Sañjaya je Vyāsinom milošću mogao vidjeti sve što se dogodilo. Tako sada uspoređuje tu situaciju sa zamislivom pojavom – izlaskom tisuća sunaca.

STROFA 13

तत्रैकस्थं जगत् कृत्स्नं प्रविभक्तमनेकधा ।
अपश्यद्देवदेवस्य शरीरे पाण्डवस्तदा ॥ १३ ॥

tatraika-sthaṁ jagat kṛtsnaṁ pravibhaktam anekadhā
apaśyad deva-devasya śarīre pāṇḍavas tadā

tatra – ondje; *eka-stham* – na jednom mjestu; *jagat* – svemir; *kṛtsnam* – čitav; *pravibhaktam* – podijeljen; *anekadhā* – u mnogo; *apaśyat* – vidio; *deva-devasya* – Svevišnje Božanske Osobe; *śarīre* – u kozmičkom obliku; *pāṇḍavaḥ* – Arjuna; *tadā* – tada.

Arjuna je tada, na jednom mjestu, u Gospodinovu kozmičkom obliku vidio cijeli svemir u tisućama njegovih očitovanja.

SMISAO: Riječ *tatra* („ondje") vrlo je značajna. Ona kazuje da su Arjuna i Kṛṣṇa sjedili na kočiji kada je Arjuna vidio kozmički oblik. Ostali na bojnom polju nisu mogli vidjeti taj oblik, jer je Kṛṣṇa samo Arjuni dao potrebnu moć. Arjuna je u Kṛṣṇinu tijelu vidio mnogo tisuća planeta. Kao što saznajemo iz vedskih spisa, postoji mnogo svemira i planeta. Neki su načinjeni od zemlje, neki od zlata, neki od dragulja, neki su vrlo veliki, neki nisu tako veliki itd. Sjedeći na svojoj kočiji, Arjuna ih je sve vidio, ali nitko nije mogao shvatiti što se zbiva između Arjune i Kṛṣṇe.

STROFA 14

ततः स विस्मयाविष्टो हृष्टरोमा धनञ्जयः ।
प्रणम्य शिरसा देवं कृताञ्जलिरभाषत ॥ १४ ॥

tataḥ sa vismayāviṣṭo hṛṣṭa-romā dhanañjayaḥ
praṇamya śirasā devaṁ kṛtāñjalir abhāṣata

tataḥ – zatim; *saḥ* – on; *vismaya-āviṣṭaḥ* – obuzet čudom; *hṛṣṭa-romā* – kože naježene zbog velika zanosa; *dhanañjayaḥ* – Arjuna; *praṇamya* – odavši poštovanje; *śirasā* – glavom; *devam* – Svevišnjoj Božanskoj Osobi; *kṛta-añjaliḥ* – sklopljenih ruku; *abhāṣata* – rekao je.

Arjuna je potom, zbunjen i zapanjen, naježene kože odao poštovanje, pognuvši glavu, i sklopljenih ruku počeo se moliti Svevišnjem Gospodinu.

SMISAO: Čim je božanska vizija bila razotkrivena, odnos između Kṛṣṇe i Arjune se promijenio. Ranije se njihov odnos temeljio na prijateljstvu, ali Arjuna se sada, nakon otkrivenja, s velikim poštovanjem klanja i sklopljenih ruku moli Kṛṣṇi, slaveći kozmički oblik. Tako umjesto prijateljstva osjeća čuđenje. Veliki *bhakte* vide Kṛṣṇu kao riznicu svih odnosa. U spisima je opisano dvanaest osnovnih vrsta odnosa i svi oni postoje u Kṛṣṇi. Rečeno je da je On ocean svih odnosa koji se razmjenjuju između dva živa bića, između bogova, odnosno između Svevišnjeg Gospodina i Njegovih *bhakta*.

Arjuna je nadahnut odnosom čuđenja i premda je po prirodi bio vrlo razborit, staložen i smiren, u tom je čudu postao obuzet zanosom, koža mu se naježila i sklopljenih je ruku počeo odavati poštovanje Svevišnjem Gospodinu. Naravno, nije bio uplašen. Bio je zadivljen čudima Svevišnjega Gospodina. Trenutačna reakcija bila je čuđenje. Njegovu prirodnu prijateljsku ljubav nadvladalo je čuđenje i zato je tako reagirao.

STROFA 15

अर्जुन उवाच
पश्यामि देवांस्तव देव देहे
सर्वांस्तथा भूतविशेषसङ्घान् ।

ब्रह्माणमीशं कमलासनस्थम्
ऋषींश्च सर्वानुरगांश्च दिव्यान् ॥ १५ ॥

arjuna uvāca
paśyāmi devāṁs tava deva dehe
sarvāṁs tathā bhūta-viśeṣa-saṅghān
brahmāṇam īśaṁ kamalāsana-stham
ṛṣīṁś ca sarvān uragāṁś ca divyān

arjunaḥ uvāca – Arjuna reče; *paśyāmi* – vidim; *devān* – sve polubogove; *tava* – Tvom; *deva* – o Gospodine; *dehe* – u tijelu; *sarvān* – sva; *tathā* – također; *bhūta* – živa bića; *viśeṣa-saṅghān* – okupljene; *brahmāṇam* – Brahmu; *īśam* – Śivu; *kamala-āsana-stham* – kako sjedi na lotosu; *ṛṣīn* – velike mudrace; *ca* – također; *sarvān* – sve; *uragān* – zmije; *ca* – također; *divyān* – božanske.

Arjuna reče: Dragi moj Gospodine Kṛṣṇa, u Tvom tijelu vidim na okupu sve polubogove i razna druga živa bića. Vidim Brahmu kako sjedi na lotosu, Śivu, sve mudrace i božanske zmije.

SMISAO: Arjuna vidi sve što postoji u svemiru. Zato vidi Brahmu, prvo stvorenje u svemiru, i božansku zmiju na kojoj u nižim predjelima svemira leži Garbhodakaśāyī Viṣṇu. Ta se zmija na kojoj leži Viṣṇu zove Vāsuki. Postoje i druge zmije po imenu Vāsuki. Arjuna je vidio svemir od Garbhodakaśāyī Viṣṇua do najvišeg dijela svemira, planeta u obliku lotosa, na kojem prebiva Brahmā, prvo stvorenje u svemiru. To znači da je sjedeći na jednom mjestu, u svojoj kočiji, vidio sve, od početka do kraja. To je bilo moguće zahvaljujući milosti Svevišnjega Gospodina, Kṛṣṇe.

STROFA 16

अनेकबाहूदरवक्त्रनेत्रं
पश्यामि त्वां सर्वतोऽनन्तरूपम् ।
नान्तं न मध्यं न पुनस्तवादिं
पश्यामि विश्वेश्वर विश्वरूप ॥ १६ ॥

aneka-bāhūdara-vaktra-netraṁ
paśyāmi tvāṁ sarvato 'nanta-rūpam
nāntaṁ na madhyaṁ na punas tavādiṁ
paśyāmi viśveśvara viśva-rūpa

aneka – mnogo; *bāhu* – ruku; *udara* – trbuha; *vaktra* – usta; *netram* – očiju; *paśyāmi* – vidim; *tvām* – Ti; *sarvataḥ* – na sve strane; *ananta-rūpam* – beskrajan oblik; *na antam* – ni kraj; *na madhyam* – niti sredinu; *na punaḥ* – niti; *tava* – Tvom; *ādim* – početak; *paśyāmi* – vidim; *viśva-īśvara* – o gospodaru svemira; *viśva-rūpa* – u obliku svemira.

O Gospodaru svemira, o kozmički obliče, u Tvom tijelu vidim mnogo ruku, usta i očiju, koji se šire svuda, bez ograničenja. Ne vidim u Tebi ni kraj ni sredinu ni početak.

SMISAO: Kṛṣṇa je neograničena Svevišnja Božanska Osoba i stoga je Arjuna u Njemu vidio sve.

STROFA 17

किरीटिनं गदिनं चक्रिणं च
तेजोराशिं सर्वतो दीप्तिमन्तम् ।
पश्यामि त्वां दुर्निरीक्ष्यं समन्ताद्
दीप्तानलार्कद्युतिमप्रमेयम् ॥ १७ ॥

kirīṭinaṁ gadinaṁ cakriṇaṁ ca
tejo-rāśiṁ sarvato dīptimantam
paśyāmi tvāṁ durnirīkṣyaṁ samantād
dīptānalārka-dyutim aprameyam

kirīṭinam – s krunama; *gadinam* – s toljagama; *cakriṇam* – s diskovima; *ca* – i; *tejaḥ-rāśim* – sjaj; *sarvataḥ* – na sve strane; *dīpti-mantam* – kako blista; *paśyāmi* – vidim; *tvām* – Tebe; *durnirīkṣyam* – teško vidjeti; *samantāt* – svuda; *dīpta-anala* – plamteća vatra; *arka* – sunca; *dyutim* – sjaj sunca; *aprameyam* – neizmjeran.

Tvoj je oblik teško gledati zbog blistava sjaja koji se širi na sve strane, kao plamteća vatra ili neizmjeran sjaj Sunca. Ipak, svuda vidim taj blistavi oblik, ukrašen raznovrsnim krunama, toljagama i diskovima.

STROFA 18

त्वमक्षरं परमं वेदितव्यं
त्वमस्य विश्वस्य परं निधानम् ।

त्वमव्ययः शाश्वतधर्मगोप्ता
सनातनस्त्वं पुरुषो मतो मे ॥ १८ ॥

tvaṁ akṣaraṁ paramaṁ veditavyaṁ
tvam asya viśvasya paraṁ nidhānam
tvam avyayaḥ śāśvata-dharma-goptā
sanātanas tvaṁ puruṣo mato me

tvam – Ti; *akṣaram* – nepogrešivi; *paramam* – vrhovni; *veditavyam* – shvaćam; *tvam* – Ti; *asya* – ovoga; *viśvasya* – svemira; *param* – vrhovni; *nidhānam* – temelj; *tvam* – Ti; *avyayaḥ* – neiscrpan; *śāśvata-dharma-goptā* – održavatelju vječne religije; *sanātanaḥ* – vječan; *tvam* – Ti; *puruṣaḥ* – Sevišnja Božanska Osoba; *mataḥ me* – to je moje mišljenje.

Ti si vrhovni izvorni cilj. Konačno si počivalište čitavog svemira, neiscrpno i najstarije biće. Ti si održavatelj vječne religije, Božanska Osoba. To je moje mišljenje.

STROFA 19

अनादिमध्यान्तमनन्तवीर्यम्
अनन्तबाहुं शशिसूर्यनेत्रम् ।
पश्यामि त्वां दीप्तहुताशवक्त्रं
स्वतेजसा विश्वमिदं तपन्तम् ॥ १९ ॥

anādi-madhyāntam ananta-vīryam
ananta-bāhuṁ śaśi-sūrya-netram
paśyāmi tvāṁ dīpta-hutāśa-vaktraṁ
sva-tejasā viśvam idaṁ tapantam

anādi – bez početka; *madhya* – sredine; *antam* – ili kraja; *ananta* – neograničene; *vīryam* – slave; *ananta* – bezbroj; *bāhum* – ruku; *śaśi* – Mjesec; *sūrya* – i Sunce; *netram* – oči; *paśyāmi* – vidim; *tvām* – Tebe; *dīpta* – plamteća; *hutāśa-vaktram* – vatra izlazi iz Tvojih usta; *sva-tejasā* – Svojim sjajem; *viśvam* – svemir; *idam* – ovaj; *tapantam* – griješ.

Ti nemaš početak, sredinu i kraj. Tvoja je slava neograničena. Imaš bezbroj ruku, a Sunce i Mjesec Tvoje su oči. Vidim kako plamteća vatra izlazi iz Tvojih usta i spaljuje čitav svemir Tvojim sjajem.

SMISAO: Nema kraja obilju Svevišnje Božanske Osobe. Ovdje, kao i na mnogim drugim mjestima, ima ponavljanja, ali prema spisima ponavljanje Kṛṣṇinih slava nije književni nedostatak. Rečeno je da se u stanju zbunjenosti, čuđenja ili velika zanosa stvari ponavljaju iznova i iznova. To nije pogreška.

STROFA 20

द्यावापृथिव्योरिदमन्तरं हि
व्याप्तं त्वयैकेन दिशश्च सर्वाः ।
दृष्ट्वाद्भुतं रूपमुग्रं तवेदं
लोकत्रयं प्रव्यथितं महात्मन् ॥ २० ॥

dyāv ā-pṛthivyor idam antaraṁ hi
vyāptaṁ tvayaikena diśaś ca sarvāḥ
dṛṣṭvādbhutaṁ rūpam ugraṁ tavedaṁ
loka-trayaṁ pravyathitaṁ mahātman

dyau – od međuplanetarnog prostora; *ā-pṛthivyoḥ* – do Zemlje; *idam* – to; *antaram* – između; *hi* – zacijelo; *vyāptam* – prožimaš; *tvayā* – Ti; *ekena* – sam; *diśaḥ* – strane; *ca* – i; *sarvāḥ* – sve; *dṛṣṭvā* – vidjevši; *adbhutam* – čudesan; *rūpam* – oblik; *ugram* – užasan; *tava* – Tvoj; *idam* – ovaj; *loka* – planetarna sustava; *trayam* – tri; *pravyathitam* – uznemirena; *mahā-ātman* – o veliki.

Iako si jedan, prožimaš nebo, planete i čitav prostor između njih. O veliki, vidjevši ovaj čudesan, zastrašujući oblik, svi su planetarni sustavi uznemireni.

SMISAO: U ovoj su strofi važne riječi *dyāv ā-pṛthivyoḥ* („prostor između neba i zemlje") i *loka-trayam* („tri svijeta"), jer otkrivaju da Gospodinov kozmički oblik nije vidio samo Arjuna, već i drugi, u drugim planetarnim sustavima. Arjunina vizija kozmičkog oblika nije bila san. Svi koje je Gospodin obdario božanskim vidom vidjeli su taj kozmički oblik na bojnom polju.

STROFA 21

अमी हि त्वां सुरसङ्घा विशन्ति
केचिद्भीताः प्राञ्जलयो गृणन्ति ।

स्वस्तीत्युक्त्वा महर्षिसिद्धसङ्घाः
स्तुवन्ति त्वां स्तुतिभिः पुष्कलाभिः ॥ २१ ॥

amī hi tvāṁ sura-saṅghā viśanti
kecid bhītāḥ prāñjalayo gṛṇanti
svastīty uktvā maharṣi-siddha-saṅghāḥ
stuvanti tvāṁ stutibhiḥ puṣkalābhiḥ

amī – sve; *hi* – zacijelo; *tvām* – Tebe; *sura-saṅghāḥ* – mnoštvo polubogova; *viśanti* – ulazi u; *kecit* – neki od njih; *bhītāḥ* – iz straha; *prāñjalayaḥ* – sklopljenih ruku; *gṛṇanti* – upućuju molitve; *svasti* – neka svuda vlada mir; *iti* – tako; *uktvā* – govoreći; *mahā-ṛṣi* – veliki mudraci; *siddha-saṅghāḥ* – savršena bića; *stuvanti* – pjevaju himne; *tvām* – Tebi; *stutibhiḥ* – molitvama; *puṣkalābhiḥ* – vedske himne.

Mnoštvo polubogova predaje se Tebi i ulazi u Tebe. Neki od njih, veoma uplašeni, sklopljenih ruku upućuju molitve. Mnoštvo velikih mudraca i savršenih bića uzvikuje „Neka svuda vlada mir!" i mole se Tebi, pjevajući vedske himne.

SMISAO: Polubogovi u svim planetarnim sustavima uplašili su se zastrašujućeg očitovanja kozmičkog oblika i njegova blistavog sjaja. Zato su se molili Gospodinu za zaštitu.

STROFA 22

रुद्रादित्या वसवो ये च साध्या
विश्वेऽश्विनौ मरुतश्चोष्मपाश्च ।
गन्धर्वयक्षासुरसिद्धसङ्घा
वीक्षन्ते त्वां विस्मिताश्चैव सर्वे ॥ २२ ॥

rudrādityā vasavo ye ca sādhyā
viśve 'śvinau marutaś coṣmapāś ca
gandharva-yakṣāsura-siddha-saṅghā
vīkṣante tvāṁ vismitāś caiva sarve

rudra – očitovanja Śive; *ādityāḥ* – Āditye; *vasavaḥ* – Vasui; *ye* – sve te; *ca* – i; *sādhyāḥ* – Sādhye; *viśve* – Viśvedeve; *aśvinau* – Aśvinī-kumāre; *marutaḥ* – Maruti; *ca* – i; *uṣma-pāḥ* – preci; *ca* – također; *gandharva* –

Gandharve; *yakṣa* – Yakṣe; *asura* – demoni; *siddha* – svi savršeni polubogovi; *saṅghāḥ* – skupovi; *vīkṣante* – promatraju; *tvām* – Tebe; *vismitāḥ* – u čudu; *ca* – također; *eva* – zacijelo; *sarve* – svi.

Razna očitovanja Śive, Āditye, Vasui, Sādhye, Viśvedeve, dvojica Aśvīja, Maruti, preci, Gandharve, Yakṣe, Asure i polubogovi koji su dostigli savršenstvo gledaju Te u čudu.

STROFA 23

रूपं महत्ते बहुवक्त्रनेत्रं
महाबाहो बहुबाहूरुपादम् ।
बहूदरं बहुदंष्ट्राकरालं
दृष्ट्वा लोकाः प्रव्यथितास्तथाहम् ॥ २३ ॥

rūpaṁ mahat te bahu-vaktra-netraṁ
mahā-bāho bahu-bāhūru-pādam
bahūdaraṁ bahu-daṁṣṭrā-karālaṁ
dṛṣṭvā lokāḥ pravyathitās tathāham

rūpam – oblik; *mahat* – veliki; *te* – Tvoj; *bahu* – mnogo; *vaktra* – lica; *netram* – i očiju; *mahā-bāho* – o Gospodine snažnih ruku; *bahu* – mnogo; *bāhu* – ruku; *ūru* – bedara; *pādam* – i nogu; *bahu-udaram* – mnogo trbuha; *bahu-daṁṣṭrā* – mnogo zuba; *karālam* – strašnih; *dṛṣṭvā* – vidjevši; *lokāḥ* – svi planeti; *pravyathitāḥ* – uznemireni; *tathā* – tako; *aham* – Ja.

O Gospodine snažnih ruku, gledajući Tvoj veliki oblik, s mnogo lica, očiju, ruku, bedara, nogu, trbuha i strašnih zuba, svi su planeti s njihovim polubogovima uznemireni, a tako i ja.

STROFA 24

नभःस्पृशं दीप्तमनेकवर्णं
व्यात्ताननं दीप्तविशालनेत्रम् ।
दृष्ट्वा हि त्वां प्रव्यथितान्तरात्मा
धृतिं न विन्दामि शमं च विष्णो ॥ २४ ॥

nabhaḥ-spṛśaṁ dīptam aneka-varṇaṁ
vyāttānanaṁ dīpta-viśāla-netram

dṛṣṭvā hi tvāṁ pravyathitāntar-ātmā
dhṛtiṁ na vindāmi śamaṁ ca viṣṇo

nabhaḥ-spṛśam – dodirujući nebo; *dīptam* – sjajnih; *aneka* – mnogo; *varṇam* – boja; *vyātta* – otvorena; *ānanam* – usta; *dīpta* – sjajne; *viśāla* – veoma velike; *netram* – oči; *dṛṣṭvā* – dok gledam; *hi* – zacijelo; *tvām* – Tebe; *pravyathita* – uznemirena; *antaḥ* – unutra; *ātmā* – duša; *dhṛtim* – postojanost; *na* – ne; *vindāmi* – imam; *śamam* – mir uma; *ca* – također; *viṣṇo* – o Gospodine Viṣṇu.

O sveprožimajući Viṣṇu, dok gledam kako dodiruješ nebo Svojim brojnim blistavim bojama, dok gledam Tvoja otvorena usta i Tvoje velike, sjajne oči, moj je um uznemiren strahom. Ne mogu više zadržati postojanost ili mir uma.

STROFA 25

दंष्ट्राकरालानि च ते मुखानि
दृष्ट्वैव कालानलसन्निभानि ।
दिशो न जाने न लभे च शर्म
प्रसीद देवेश जगन्निवास ॥ २५ ॥

daṁṣṭrā-karālāni ca te mukhāni
dṛṣṭvaiva kālānala-sannibhāni
diśo na jāne na labhe ca śarma
prasīda deveśa jagan-nivāsa

daṁṣṭrā – zube; *karālāni* – strašne; *ca* – također; *te* – Tvoja; *mukhāni* – lica; *dṛṣṭvā* – vidjevši; *eva* – tako; *kāla-anala* – vatra smrti; *sannibhāni* – kao da su; *diśaḥ* – strane; *na* – ne; *jāne* – poznajem; *na* – ne; *labhe* – stječem; *ca* – i; *śarma* – milost; *prasīda* – molim Te; *deva-īśa* – o gospodaru svih polubogova; *jagat-nivāsa* – o utočište svjetova.

O Bože nad bogovima, o utočište svjetova, molim Te, budi milostiv prema meni. Dok gledam Tvoja plamteća lica, nalik na smrt, i strašne zube, ne mogu ostati miran. Sve što vidim na svim stranama zbunjuje me.

STROFE 26–27

अमी च त्वां धृतराष्ट्रस्य पुत्राः
सर्वे सहैवावनिपालसङ्घैः ।

भीष्मो द्रोणः सूतपुत्रस्तथासौ
सहास्मदीयैरपि योधमुख्यैः ॥ २६ ॥

वक्त्राणि ते त्वरमाणा विशन्ति
दंष्ट्राकरालानि भयानकानि ।
केचिद्विलग्ना दशनान्तरेषु
सन्दृश्यन्ते चूर्णितैरुत्तमाङ्गैः ॥ २७ ॥

amī ca tvāṁ dhṛtarāṣṭrasya putrāḥ
sarve sahaivāvani-pāla-saṅghaiḥ
bhīṣmo droṇaḥ sūta-putras tathāsau
sahāsmadīyair api yodha-mukhyaiḥ

vaktrāṇi te tvaramāṇā viśanti
daṁṣṭrā-karālāni bhayānakāni
kecid vilagnā daśanāntareṣu
sandṛśyante cūrṇitair uttamāṅgaiḥ

amī – ove; *ca* – također; *tvām* – Ti; *dhṛtarāṣṭrasya* – Dhṛtarāṣṭrine; *putrāḥ* – sinove; *sarve* – sve; *saha* – sa; *eva* – doista; *avani-pāla* – ratničkim kraljevima; *saṅghaiḥ* – skupine; *bhīṣmaḥ* – Bhīṣmadeva; *droṇaḥ* – Droṇācārya; *sūta-putraḥ* – Karṇa; *tathā* – također; *asau* – tim; *saha* – sa; *asmadīyaiḥ* – našim; *api* – također; *yodha-mukhyaiḥ* – najvećim ratnicima; *vaktrāṇi* – usta; *te* – Tvoja; *tvaramāṇāḥ* – jureći; *viśanti* – ulaze u; *daṁṣṭrā* – zuba; *karālāni* – užasnih; *bhayānakāni* – zastrašujuća; *kecit* – neki od njih; *vilagnāḥ* – zaglavljeni; *daśana-antareṣu* – između zuba; *sandṛśyante* – vide se; *cūrṇitaiḥ* – smrskanih; *uttama-aṅgaiḥ* – glava.

Svi Dhṛtarāṣṭrini sinovi, zajedno s njihovim savezničkim kraljevima, Bhīṣma, Droṇa, Karṇa i naši vodeći ratnici srljaju u Tvoja strašna usta. Vidim kako glave nekih od njih bivaju smrskane između Tvojih zuba.

SMISAO: U jednoj od prethodnih strofa Gospodin je obećao Arjuni da će mu pokazati stvari koje ga jako zanimaju. Arjuna sada vidi kako vođe protivničke strane (Bhīṣma, Droṇa, Karṇa i svi Dhṛtarāṣṭrini sinovi) i njihovi vojnici, kao i Arjunini vlastiti vojnici, bivaju uništeni. Tako otkriva da će nakon smrti gotovo svih osoba okupljenih na Kurukṣetri odnijeti pobjedu. Ovdje je spomenuto da će Bhīṣma, koji se smatra nepobjedivim, također biti smrvljen. Karṇa također. Neće biti smrskani samo veliki ratnici protivničke strane kao što je Bhīṣma već i neki od velikih ratnika na Arjuninoj strani.

STROFA 28

यथा नदीनां बहवोऽम्बुवेगाः
समुद्रमेवाभिमुखा द्रवन्ति ।
तथा तवामी नरलोकवीरा
विशन्ति वक्त्राण्यभिविज्वलन्ति ॥ २८ ॥

yathā nadīnāṁ bahavo 'mbu-vegāḥ
samudram evābhimukhā dravanti
tathā tavāmī nara-loka-vīrā
viśanti vaktrāṇy abhivijvalanti

yathā – kao; *nadīnām* – rijeka; *bahavaḥ* – bezbrojni; *ambu-vegāḥ*—valovi; *samudram* – oceanu; *eva* – zacijelo; *abhimukhāḥ* – prema; *dravanti* – valjaju; *tathā* – slično tome; *tava* – Tvoja; *amī* – svi oni; *nara-loka-vīrāḥ* – kraljevi ljudskog društva; *viśanti* – ulaze u; *vaktrāṇi* – usta; *abhivijvalanti* – plamteći.

Kao što se bezbrojni valovi rijeke valjaju prema oceanu, tako svi ovi veliki ratnici ulaze u Tvoja usta plamteći.

STROFA 29

यथा प्रदीप्तं ज्वलनं पतङ्गा
विशन्ति नाशाय समृद्धवेगाः ।
तथैव नाशाय विशन्ति लोकास्
तवापि वक्त्राणि समृद्धवेगाः ॥ २९ ॥

yathā pradīptaṁ jvalanaṁ pataṅgā
viśanti nāśāya samṛddha-vegāḥ
tathaiva nāśāya viśanti lokās
tavāpi vaktrāṇi samṛddha-vegāḥ

yathā – kao što; *pradīptam* – plamteću; *jvalanam* – vatru; *pataṅgāḥ* – noćni leptiri; *viśanti* – ulaze u; *nāśāya* – da bi bili uništeni; *samṛddha* – punom; *vegāḥ* – brzinom; *tathā eva* – slično tome; *nāśāya* – da bi bili uništeni; *viśanti* – ulaze u; *lokāḥ* – svi ljudi; *tava* – Tvoja; *api* – također; *vaktrāṇi* – usta; *samṛddha-vegāḥ* – punom brzinom.

Vidim kako svi ljudi punom brzinom srljaju u Tvoja usta, kao što noćni leptiri ulaze u plamteću vatru da bi u njoj našli smrt.

STROFA 30

लेलिह्यसे ग्रसमानः समन्ताल्
लोकान् समग्रान् वदनैर्ज्वलद्भिः ।
तेजोभिरापूर्य जगत्समग्रं
भासस्तवोग्राः प्रतपन्ति विष्णो ॥ ३० ॥

lelihyase grasamānaḥ samantāl
lokān samagrān vadanair jvaladbhiḥ
tejobhir āpūrya jagat samagraṁ
bhāsas tavogrāḥ pratapanti viṣṇo

lelihyase – ližeš; *grasamānaḥ* – proždireš; *samantāt* – sa svih strana; *lokān* – ljude; *samagrān* – sve; *vadanaiḥ* – ustima; *jvaladbhiḥ* – plamtećim; *tejobhiḥ* – sjajem; *āpūrya* – ispunjavaš; *jagat* – svemir; *samagram* – cijeli; *bhāsaḥ* – zrake; *tava* – Tvoje; *ugrāḥ* – strašne; *pratapanti* – prže; *viṣṇo* – o sveprožimajući Gospodine.

O Viṣṇu, vidim kako Svojim plamtećim ustima sa svih strana proždireš sve ljude. Ispunjavajući cijeli svemir Svojim sjajem, očituješ se i isijavaš strašne, vrele zrake.

STROFA 31

आख्याहि मे को भवानुग्ररूपो
नमोऽस्तु ते देववर प्रसीद ।
विज्ञातुमिच्छामि भवन्तमाद्यं
न हि प्रजानामि तव प्रवृत्तिम् ॥ ३१ ॥

ākhyāhi me ko bhavān ugra-rūpo
namo 'stu te deva-vara prasīda
vijñātum icchāmi bhavantam ādyaṁ
na hi prajānāmi tava pravṛttim

ākhyāhi – molim Te, objasni; *me* – meni; *kaḥ* – tko; *bhavān* – Ti; *ugra-rūpaḥ* – strašni oblik; *namaḥ astu* – poštovanje; *te* – Tebi; *deva-vara* – o veliki polubože; *prasīda* – budi milostiv; *vijñātum* – znati; *icchāmi* – želim; *bhavantam* – Ti; *ādyam* – prvobitan; *na* – ne; *hi* – zacijelo; *prajānāmi* – znam; *tava* – Tvoju; *pravṛttim* – misiju.

O Bože nad bogovima, zastrašujućeg oblika, molim Te, reci mi tko si. Odajem Ti svoje poštovanje. Molim Te, budi milostiv prema meni. Ti si prvobitni Gospodin. Želim saznati tko si, jer ne znam Tvoju misiju.

STROFA 32

श्रीभगवानुवाच
कालोऽस्मि लोकक्षयकृत् प्रवृद्धो
लोकान् समाहर्तुमिह प्रवृत्तः ।
ऋतेऽपि त्वां न भविष्यन्ति सर्वे
येऽवस्थिताः प्रत्यनीकेषु योधाः ॥ ३२ ॥

śrī-bhagavān uvāca
kālo 'smi loka-kṣaya-kṛt pravṛddho
lokān samāhartum iha pravṛttaḥ
ṛte 'pi tvāṁ na bhaviṣyanti sarve
ye 'vasthitāḥ pratyanīkeṣu yodhāḥ

śrī-bhagavān uvāca – Božanska Osoba reče; *kālaḥ* – vrijeme; *asmi* – Ja sam; *loka* – svjetova; *kṣaya-kṛt* – razoritelj; *pravṛddhaḥ* – veliki; *lokān* – svih ljudi; *samāhartum* – uništenje; *iha* – u ovom svijetu; *pravṛttaḥ* – činim; *ṛte* – osim; *api* – čak; *tvām* – vas; *na* – nikada; *bhaviṣyanti* – bit će; *sarve* – svi; *ye* – koji; *avasthitāḥ* – nalaze se; *prati-anīkeṣu* – na obje strane; *yodhāḥ* – vojnici.

Svevišnja Božanska Osoba reče: Ja sam vrijeme, veliki razoritelj svjetova, i došao sam ovamo uništiti sve ljude. Svi okupljeni vojnici, na obje strane, osim vas [Pāṇḍava], bit će ubijeni.

SMISAO: Iako je znao da je Kṛṣṇa njegov prijatelj i Svevišnja Božanska Osoba, Arjuna je bio zbunjen različitim oblicima koje je Kṛṣṇa pokazao. Zato je upitao za misiju te razorne sile. U *Vedama* je zapisano da Vrhovna Istina uništava sve, čak i *brāhmaṇe*. U *Kaṭha Upaniṣadi* (1.2.25) rečeno je:

yasya brahma ca kṣatraṁ ca ubhe bhavata odanaḥ
mṛtyur yasyopasecanaṁ ka itthā veda yatra saḥ

Svevišnji na kraju guta sve *brāhmaṇe, kṣatriye* i sva druga bića kao jelo. Taj je oblik Svevišnjeg Gospodina sveproždirući div i Kṛṣṇa se ovdje predstavlja u obliku sveproždirućeg vremena. Osim nekoliko Pāṇḍava progutat će sve nazočne na bojnom polju.

Arjuna se nije htio boriti i mislio je da će biti bolje ako se ne bori; onda neće biti razočaran. U odgovoru na to Gospodin kaže da će čak i ako se ne bori svatko od njih biti uništen, jer je to Njegov plan. Kad bi Arjuna odustao od borbe, oni bi umrli na drugi način. Smrt se nije mogla izbjeći, čak ni bez borbe. Ustvari, oni su već bili mrtvi. Vrijeme je uništenje i sva će očitovanja biti uništena po želji Svevišnjega Gospodina. To je zakon prirode.

STROFA 33

तस्मात्त्वमुत्तिष्ठ यशो लभस्व
जित्वा शत्रून् भुंक्ष्व राज्यं समृद्धम् ।
मयैवैते निहताः पूर्वमेव
निमित्तमात्रं भव सव्यसाचिन् ॥ ३३ ॥

tasmāt tvam uttiṣṭha yaśo labhasva
jitvā śatrūn bhuṅkṣva rājyaṁ samṛddham
mayaivaite nihatāḥ pūrvam eva
nimitta-mātraṁ bhava savya-sācin

tasmāt – stoga; *tvam* – ti; *uttiṣṭha* – ustani; *yaśaḥ* – slavu; *labhasva* – stekni; *jitvā* – pobijedivši; *śatrūn* – neprijatelje; *bhuṅkṣva* – uživaj; *rājyam* – kraljevstvo; *samṛddham* – u blagostanju; *mayā* – Ja; *eva* – zacijelo; *ete* – svi oni; *nihatāḥ* – da budu ubijeni; *pūrvam eva* – već sam uredio; *nimitta-mātram* – samo uzrok; *bhava* – postani; *savya-sācin* – o Savyasācī.

Stoga ustani! Spremi se za borbu i osvoji slavu! Pobijedi svoje neprijatelje i uživaj u kraljevstvu punu blagostanja! O Savyasācī, Ja sam se već pobrinuo za njihovu smrt; ti možeš biti samo oruđe u borbi.

SMISAO: *Savya-sācin* se odnosi na onoga tko može vješto odapinjati strijele na bojnom polju. Arjuna je oslovljen kao vješt ratnik koji svojim strijelama može ubiti neprijatelje. „Samo postani Moje oruđe": *nimitta-mātram*. Ova je riječ vrlo značajna. Sva zbivanja u čitavom svijetu odvijaju se po planu Svevišnje Božanske Osobe. Budalaste osobe koje nemaju dovoljno znanja misle da se zbivanja u prirodi odvijaju bez plana i da su sva očitovanja samo slučajne tvorevine. Ima mnogo takozvanih znanstvenika koji tvrde da je možda bilo ovako ili onako, ali nema ni govora o „možda" ili „vjerojatno”. Postoji određeni plan koji se provodi u materijalnom svijetu. Koji je to plan? Ovo kozmičko očitovanje pruža uvjetovanim dušama priliku da se vrate kući, Bogu. Sve dok pokušavaju uspostaviti vlast nad materijalnom prirodom, u duhu gospodarenja, uvjetovane su, ali onaj tko shvativši plan Svevišnjega Gospodina njeguje svjesnost Kṛṣṇe posjeduje najveću inteligenciju. Stvaranje i uništenje kozmičkog očitovanja odvija se pod vodstvom Boga. Tako je bitka na Kurukṣetri bila vođena po Božjem planu. Arjuna je odbijao da se bori, ali Kṛṣṇa mu je rekao da se treba boriti jer je to želja Svevišnjega Gospodina. Tako će biti sretan. Savršena osoba, potpuno svjesna Kṛṣṇe, posvećuje svoj život transcendentalnom služenju Gospodina.

STROFA 34

द्रोणं च भीष्मं च जयद्रथं च
कर्णं तथान्यानपि योधवीरान् ।
मया हतांस्त्वं जहि मा व्यथिष्ठा
युध्यस्व जेतासि रणे सपत्नान् ॥ ३४ ॥

droṇaṁ ca bhīṣmaṁ ca jayadrathaṁ ca
karṇaṁ tathānyān api yodha-vīrān
mayā hatāṁs tvaṁ jahi mā vyathiṣṭhā
yudhyasva jetāsi raṇe sapatnān

droṇam ca – i Droṇu; *bhīṣmam ca* – i Bhīṣmu; *jayadratham ca* – i Jayadrathu; *karṇam* – Karṇu; *tathā* – također; *anyān* – druge; *api* – zacijelo; *yodha-vīrān* – velike ratnike; *mayā* – Ja; *hatān* – već sam ubio; *tvam* – ti; *jahi* – ubij; *mā* – ne; *vyathiṣṭhāḥ* – budi uznemiren; *yudhyasva* – samo se bori; *jetā asi* – pobijedit ćeš; *raṇe* – u borbi; *sapatnān* – neprijatelje.

Ja sam već ubio Droṇu, Bhīṣmu, Jayadrathu, Karṇu i druge velike ratnike. Stoga ih ubij i ne budi uznemiren. Samo se bori i pobijedit ćeš svoje neprijatelje u bici.

SMISAO: Svaki je plan djelo Svevišnje Božanske Osobe, ali On je tako ljubazan i milostiv prema Svojim *bhaktama* da želi pripisati zasluge Svojim *bhaktama* koji provode Njegov plan po Njegovoj želji. Život se stoga treba odvijati na takav način da svatko djeluje u svjesnosti Kṛṣṇe i shvati Svevišnju Božansku Osobu kroz medij duhovnog učitelja. Planovi Svevišnjega Gospodina mogu se shvatiti Njegovom milošću, a planovi su *bhakta* jednako tako dobri kao Njegovi planovi. Trebamo slijediti takve planove i odnijeti pobjedu u borbi za opstanak.

STROFA 35

सञ्जय उवाच
एतच्छ्रुत्वा वचनं केशवस्य
कृताञ्जलिर्वेपमानः किरीती ।
नमस्कृत्वा भूय एवाह कृष्णं
सगद्गदं भीतभीतः प्रणम्य ॥ ३५ ॥

sañjaya uvāca
etac chrutvā vacanaṁ keśavasya
kṛtāñjalir vepamānaḥ kirītī
namaskṛtvā bhūya evāha kṛṣṇaṁ
sa-gadgadaṁ bhīta-bhītaḥ praṇamya

sañjayaḥ uvāca – Sañjaya reče; *etat* – tako; *śrutvā* – čuvši; *vacanam* – govor; *keśavasya* – Kṛṣṇin; *kṛta-añjaliḥ* – sklopljenih ruku; *vepamānaḥ* – dršćući; *kirītī* – Arjuna; *namaskṛtvā* – odavši poštovanje; *bhūyaḥ* – ponovno; *eva* – i; *āha* – rekao; *kṛṣṇam* – Kṛṣṇi; *sa-gadgadam* – drhtavog glasa; *bhīta-bhītaḥ* – uplašen; *praṇamya* – odajući poštovanje.

Sañjaya reče Dhṛtarāṣṭri: O kralju, čuvši te riječi Svevišnje Božanske Osobe, Arjuna je dršćući, sklopljenih ruku, iznova i iznova odavao poštovanje. Potom se drhtavim glasom bojažljivo obratio Gospodinu Kṛṣṇi.

SMISAO: Kao što smo već objasnili, Arjuna je u čudu bio zbunjen situacijom koju je stvorio kozmički oblik Svevišnje Božanske Osobe. Tako se, odajući ponizno poštovanje Kṛṣṇi, iznova i iznova, drhtavim glasom počeo moliti, ne kao prijatelj, već kao začuđeni *bhakta*.

STROFA 36

अर्जुन उवाच
स्थाने हृषीकेश तव प्रकीर्त्या
जगत् प्रहृष्यत्यनुरज्यते च ।
रक्षांसि भीतानि दिशो द्रवन्ति
सर्वे नमस्यन्ति च सिद्धसङ्घाः ॥ ३६ ॥

arjuna uvāca
sthāne hṛṣīkeśa tava prakīrtyā
jagat prahṛṣyaty anurajyate ca
rakṣāṁsi bhītāni diśo dravanti
sarve namasyanti ca siddha-saṅghāḥ

arjunaḥ uvāca – Arjuna reče; *sthāne* – tako treba; *hṛṣīka-īśa* – o gospodaru svih osjetila; *tava* – Tvojim; *prakīrtyā* – slavama; *jagat* – cijeli svijet; *prahṛṣyati* – raduje se; *anurajyate* – postaje privržen; *ca* – i; *rakṣāṁsi* – demoni; *bhītāni* – iz straha; *diśaḥ* – na sve strane; *dravanti* – bježe; *sarve* – sva; *namasyanti* – odaju poštovanje; *ca* – također; *siddha-saṅghāḥ* – savršena ljudska bića.

Arjuna reče: O gospodaru osjetila, svijet obuzima radost kada čuje Tvoje ime i tako Ti svi postaju privrženi. Premda Ti savršena bića odaju ponizno poštovanje, demoni iz straha bježe na sve strane. Sve to tako treba biti.

SMISAO: Čuvši od Kṛṣṇe za ishod bitke na Kurukṣetri, Arjuna je postao prosvijetljen. Kao veliki *bhakta* i prijatelj Svevišnje Božanske Osobe rekao je da je sve što Kṛṣṇa čini dobro. Potvrdio je da je Kṛṣṇa obožavani gospodar, održavatelj *bhakta* i uništavatelj nepoželjnih. Njegova su djela jednako dobra za sve. Po završetku bitke na Kurukṣetri Arjuna je shvatio da se na nebu okupilo mnogo polubogova, *siddha* i inteligentnih bića s viših planeta, koji su promatrali bitku zato što je Kṛṣṇa bio tamo nazočan. Kad je vidio Gospodinov kozmički oblik, polubogovi su u tome uživali, ali demoni i ateisti nisu mogli podnijeti slavljenje Gospodina. Pobjegli su iz svoga prirodnog straha od razarajućeg oblika Svevišnje Božanske Osobe. Arjuna slavi Kṛṣṇino ponašanje prema *bhaktama* i ateistima. *Bhakta* u svakom slučaju slavi Gospodina, jer zna da je sve što On čini dobro za svakoga.

STROFA 37

कस्माच्च ते न नमेरन्महात्मन्
गरीयसे ब्रह्मणोऽप्यादिकर्त्रे ।
अनन्त देवेश जगन्निवास
त्वमक्षरं सदसत्तत्परं यत् ॥ ३७ ॥

kasmāc ca te na nameran mahātman
garīyase brahmaṇo 'py ādi-kartre

ananta deveśa jagan-nivāsa
tvam akṣaraṁ sad-asat tat paraṁ yat

kasmāt – zašto; *ca* – također; *te* – Tebi; *na* – ne; *nameran* – trebaju pravilno odati poštovanje; *mahā-ātman* – o veliki; *garīyase* – bolji; *brahmaṇaḥ* – od Brahme; *api* – premda; *ādi-kartre* – vrhovni stvoritelj; *ananta* – o neograničeni; *deva-īśa* – o Bože nad bogovima; *jagat-nivāsa* – o utočište svemira; *tvam* – Ti si; *akṣaram* – neuništiv; *sat-asat* – prema uzroku i posljedici; *tat param* – transcendentalan; *yat* – jer.

O veliki Gospodine, veći i od samoga Brahme, Ti si prvobitni stvoritelj. Zašto Ti onda ne bismo odali poštovanje? O neograničeni, Bože nad bogovima, utočište svemira! Ti si nepobjedivi izvor, uzrok svih uzroka, transcendentalan prema ovom materijalnom očitovanju.

SMISAO: Odajući poštovanje na ovaj način, Arjuna pokazuje da Kṛṣṇa zavređuje obožavanje svih živih bića. On prožima sve i duša je svake duše. Arjuna oslovljava Kṛṣṇu kao *mahātmu*, što znači da je najvelikodušniji i neograničen. *Ananta* znači da Svojim utjecajem i energijom prekriva sve što postoji, a *deveśa* znači da je gospodar svih polubogova i da je viši od svih njih. On je utočište cijeloga svemira. Nitko nije veći od Njega i zato je Arjuna smatrao da sva savršena bića i moćni polubogovi s pravom odaju ponizno poštovanje Njemu. Arjuna posebno spominje da je Kṛṣṇa veći od Brahme, zato što je stvorio Brahmu. Brahmā se rađa iz stabljike lotosa izniklog iz pupka Garbhodakaśāyī Viṣṇua, Kṛṣṇine potpune ekspanzije. Stoga Mu i Brahmā i Śiva, rođen kao Brahmin sin, i svi drugi polubogovi, moraju odati ponizno poštovanje. U *Śrīmad-Bhāgavatamu* rečeno je da Śiva, Brahmā i drugi polubogovi poštuju Gospodina. Riječ *akṣaram* vrlo je značajna, jer je materijalni svijet podložan uništenju, ali Gospodin je transcendentalan prema njemu. On je uzrok svih uzroka i zato je viši od svih uvjetovanih duša u materijalnom svijetu i samoga materijalnog kozmičkog očitovanja. Prema tome, On je najveći, Svevišnji.

STROFA 38

त्वमादिदेवः पुरुषः पुराणस्
त्वमस्य विश्वस्य परं निधानम् ।
वेत्तासि वेद्यं च परं च धाम
त्वया ततं विश्वमनन्तरूप ॥ ३८ ॥

tvam ādi-devaḥ puruṣaḥ purāṇas
tvam asya viśvasya paraṁ nidhānam
vettāsi vedyaṁ ca paraṁ ca dhāma
tvayā tataṁ viśvam ananta-rūpa

tvam – Ti; *ādi-devaḥ* – izvorni Vrhovni Bog; *puruṣaḥ* – osobnost; *purāṇaḥ* – stara; *tvam* – Ti; *asya* – ovoga; *viśvasya* – svemira; *param* – transcendentalno; *nidhānam* – utočište; *vettā* – poznavatelj; *asi* – Ti si; *vedyam* – predmet znanja; *ca* – i; *param* – transcendentalno; *ca* – i; *dhāma* – utočište; *tvayā* – Ti; *tatam* – prožimaš; *viśvam* – svemir; *ananta-rūpa* – o beskrajni obliče.

Ti si izvorna Božanska Osoba, najstarije biće, krajnje utočište očitovana kozmičkog svijeta. Ti si poznavatelj svega i predmet sveg znanja. Ti si vrhovno utočište, iznad materijalnih guṇa. O beskrajni obliče! Ti prožimaš čitavo kozmičko očitovanje!

SMISAO: Sve počiva u Svevišnjoj Božanskoj Osobi. Zato je Gospodin krajnje počivalište. *Nidhānam* znači da sve, čak i sjaj Brahmana, počiva u Svevišnjoj Božanskoj Osobi, Kṛṣṇi. On zna sve što se zbiva u ovome svijetu i ako znanje ima kraja, On je kraj sveg znanja. Stoga je spoznato i spoznatljivo. Prožima sve i zato je predmet znanja. Budući da je uzrok u duhovnom svijetu, transcendentalan je. On je glavna osoba u transcendentalnom svijetu.

STROFA 39

वायुर्यमोऽग्निर्वरुणः शशाङ्कः
प्रजापतिस्त्वं प्रपितामहश्च ।
नमो नमस्तेऽस्तु सहस्रकृत्वः
पुनश्च भूयोऽपि नमो नमस्ते ॥ ३९ ॥

vāyur yamo 'gnir varuṇaḥ śaśāṅkaḥ
prajāpatis tvaṁ prapitāmahaś ca
namo namas te 'stu sahasra-kṛtvaḥ
punaś ca bhūyo 'pi namo namas te

vāyuḥ – zrak; *yamaḥ* – upravitelj; *agniḥ* – vatra; *varuṇaḥ* – voda; *śaśa-aṅkaḥ* – Mjesec; *prajāpatiḥ* – Brahmā; *tvam* – Ti; *prapitāmahaḥ* – pradjed; *ca* – također; *namaḥ* – poštovanje; *namaḥ* – ponovno poštovanje;

te – Tebi; *astu* – odajem; *sahasra-kṛtvaḥ* – tisuću puta; *punaḥ ca* – ponovno; *bhūyaḥ* – ponovno; *api* – također; *namaḥ* – odajem poštovanje; *namaḥ te* – odajem poštovanje Tebi.

Ti si zrak i vrhovni upravitelj! Ti si vatra, voda i Mjesec! Ti si Brahmā, prvo živo biće, i pradjed. Zato Ti odajem svoje ponizno poštovanje tisuću puta, iznova i iznova.

SMISAO: Gospodin je ovdje oslovljen kao zrak, jer je zrak zbog svoje sveprožimajuće prirode najvažnija pojava koja predstavlja sve polubogove. Arjuna oslovljava Kṛṣṇu kao pradjeda, jer je otac Brahme, prvoga živog stvorenja u svemiru.

STROFA 40

नमः पुरस्तादथ पृष्ठतस्ते
नमोऽस्तु ते सर्वत एव सर्व ।
अनन्तवीर्यामितविक्रमस्त्वं
सर्वं समाप्नोषि ततोऽसि सर्वः ॥ ४० ॥

namaḥ purastād atha pṛṣṭhatas te
namo 'stu te sarvata eva sarva
ananta-vīryāmita-vikramas tvaṁ
sarvaṁ samāpnoṣi tato 'si sarvaḥ

namaḥ – odajem poštovanje; *purastāt* – sprijeda; *atha* – također; *pṛṣṭhataḥ* – straga; *te* – Tebi; *namaḥ astu* – odajem svoje poštovanje; *te* – Tebi; *sarvataḥ* – sa svih strana; *eva* – doista; *sarva* – jer si sve; *ananta-vīrya* – neograničene moći; *amita-vikramaḥ* – i neograničene snage; *tvam* – Ti; *sarvam* – sve; *samāpnoṣi* – obuhvaćaš; *tataḥ* – stoga; *asi* – Ti si; *sarvaḥ* – sve.

Odajem poštovanje Tebi sprijeda, straga i sa svih strana! O neograničena moći, Ti si gospodar beskrajne snage! Prožimaš sve i zato si sve!

SMISAO: Iz zanosne ljubavi prema Kṛṣṇi Njegov prijatelj Arjuna odaje svoje poštovanje sa svih strana. Arjuna prihvaća Kṛṣṇu kao gospodara svih moći i sve snage, mnogo višeg od svih velikih ratnika okupljenih na bojnom polju. U *Viṣṇu Purāṇi* (1.9.69) rečeno je:

yo 'yaṁ tavāgato deva samīpaṁ devatā-gaṇaḥ
sa tvam eva jagat-sraṣṭā yataḥ sarva-gato bhavān

„Svakoga tko Ti priđe, pa čak i polubogove, stvorio si Ti, o Svevišnji Gospodine."

STROFE 41–42

सखेति मत्वा प्रसभं यदुक्तं
हे कृष्ण हे यादव हे सखेति ।
अजानता महिमानं तवेदं
मया प्रमादात्प्रणयेन वापि ॥ ४१ ॥
यच्चावहासार्थमसत्कृतोऽसि
विहारशय्यासनभोजनेषु ।
एकोऽथ वाप्यच्युत तत्समक्षं
तत् क्षामये त्वामहमप्रमेयम् ॥ ४२ ॥

sakheti matvā prasabhaṁ yad uktaṁ
he kṛṣṇa he yādava he sakheti
ajānatā mahimānaṁ tavedaṁ
mayā pramādāt praṇayena vāpi

yac cāvahāsārtham asat-kṛto 'si
vihāra-śayyāsana-bhojaneṣu
eko 'tha vāpy acyuta tat-samakṣaṁ
tat kṣāmaye tvām aham aprameyam

sakhā – prijateljem; *iti* – tako; *matvā* – smatrajući; *prasabham* – drsko; *yat* – sve što; *uktam* – rekao; *he kṛṣṇa* – o Kṛṣṇa; *he yādava* – o Yādava; *he sakhe* – dragi moj prijatelju; *iti* – tako; *ajānatā* – ne znajući; *mahimānam* – slave; *tava* – Tvoje; *idam* – to; *mayā* – ja; *pramādāt* – iz ludosti; *praṇayena* – iz ljubavi; *vā api* – bilo; *yat* – sve što; *ca* – također; *avahāsa-artham* – u šali; *asat-kṛtaḥ* – bez poštovanja; *asi* – prema Tebi; *vihāra* – za odmora; *śayyā* – dok smo ležali; *āsana* – sjedili; *bhojaneṣu* – ili jeli zajedno; *ekaḥ* – sami; *atha vā* – ili; *api* – također; *acyuta* – o nepogrešivi; *tat-samakṣam* – među prijateljima; *tat* – za sve to; *kṣāmaye* – molim za oproštaj; *tvām* – Tebe; *aham* – ja; *aprameyam* – veliki.

Smatrajući Te prijateljem, nepromišljeno sam Te zvao „O Kṛṣṇa," „O Yādava", „O prijatelju moj", ne znajući Tvoje slave. Molim Te, oprosti mi za sve što sam učinio iz ludosti ili ljubavi. Dok smo se opušteni šalili, ležali na istom krevetu, sjedili ili jeli zajedno, ponekad sami, a ponekad

pred prijateljima, mnogo sam se puta ponio prema Tebi bez poštovanja. O nepogrešivi, molim Te, oprosti mi za sve te uvrede.

SMISAO: Iako se Kṛṣṇa pred Arjunom pojavio u Svom kozmičkom obliku, Arjuna se sjeća svog prijateljskog odnosa s Kṛṣṇom i moli Kṛṣṇu da mu oprosti za brojne prisne postupke koji nastaju iz prijateljskog odnosa. Priznaje da nije znao da Kṛṣṇa može poprimiti takav kozmički oblik, premda mu je Kṛṣṇa, kao njegov bliski prijatelj, to objasnio. Arjuna nije znao koliko je puta oslovio Kṛṣṇu bez poštovanja, govoreći „O prijatelju moj", „O Kṛṣṇa", „O Yādava", ne cijeneći Njegovo obilje. No Kṛṣṇa je tako ljubazan i milostiv da se unatoč tom obilju zabavljao s Arjunom kao prijatelj. To je priroda transcendentalne razmjene ljubavi između *bhakte* i Gospodina. Odnos između živoga bića i Kṛṣṇe je vječan; ne može biti zaboravljen, kao što možemo vidjeti iz Arjunina ponašanja. Iako je Arjuna vidio obilje u kozmičkom obliku, nije mogao zaboraviti svoj prijateljski odnos s Kṛṣṇom.

STROFA 43

पितासि लोकस्य चराचरस्य
त्वमस्य पूज्यश्च गुरुर्गरीयान् ।
न त्वत्समोऽस्त्यभ्यधिकः कुतोऽन्यो
लोकत्रयेऽप्यप्रतिमप्रभाव ॥ ४३ ॥

pitāsi lokasya carācarasya
tvam asya pūjyaś ca gurur garīyān
na tvat-samo 'sty abhyadhikaḥ kuto 'nyo
loka-traye 'py apratima-prabhāva

pitā – otac; *asi* – Ti si; *lokasya* – cijeloga svijeta; *cara* – pokretnog; *acarasya* – i nepokretnog; *tvam* – Ti si; *asya* – ovoga; *pūjyaḥ* – obožavani; *ca* – također; *guruḥ* – gospodar; *garīyān* – slavan; *na* – nikada; *tvat-samaḥ* – jednak Tebi; *asti* – postoji; *abhyadhikaḥ* – veći; *kutaḥ* – kako je moguće; *anyaḥ* – drugi; *loka-traye* – u tri planetarna sustava; *api* – također; *apratima-prabhāva* – o neizmjerna moći.

Ti si otac svih kozmičkih očitovanja, pokretnih i nepokretnih. Ti si njihov obožavani gospodar, vrhovni duhovni učitelj. Nitko Ti nije ravan, niti itko to može biti. Kako onda itko u tri svijeta može biti veći od Tebe, o gospodaru neizmjerne moći?

SMISAO: Svevišnji Gospodin Kṛṣṇa dostojan je obožavanja, kao što je otac za svoga sina dostojan obožavanja. On je duhovni učitelj, jer je na početku prenio Brahmi vedsko znanje i sada poučava Arjunu *Bhagavad-gīti.* Stoga je prvobitni duhovni učitelj i svaki vjerodostojan duhovni učitelj danas mora biti potomak u nizu učeničkog naslijeđa koje potječe od Kṛṣṇe. Ako nije Kṛṣṇin predstavnik, ne može poučavati druge transcendentalnom znanju ili biti duhovni učitelj.

Gospodinu se odaje poštovanje u svakom pogledu. Njegova je veličina neizmjerna. Nitko ne može biti veći od Svevišnje Božanske Osobe Kṛṣṇe, jer nitko, ni u duhovnom ni u materijalnom svijetu, nije ravan Kṛṣṇi ili veći od Njega. Nitko Ga ne može nadmašiti. To je rečeno u *Śvetāśvatara Upaniṣadi* (6.8):

na tasya kāryaṁ karaṇaṁ ca vidyate
na tat-samaś cābhyadhikaś ca dṛśyate

Svevišnji Gospodin Kṛṣṇa ima osjetila i tijelo nalik na obična čovjeka, ali Njegova se osjetila, tijelo i um ne razlikuju od Njega samog. Budalaste osobe, koje Ga ne poznaju savršeno, kažu da se Kṛṣṇa razlikuje od Svoje duše, uma, srca i svega drugog. Kṛṣṇa je apsolutan; stoga su Njegove djelatnosti i moći vrhovne. Također je rečeno da Gospodin, iako nema osjetila poput naših, može vršiti sve osjetilne djelatnosti; stoga Njegova osjetila nisu nesavršena ili ograničena. Nitko ne može biti veći od Njega, niti Mu itko može biti ravan. Svatko je niži od Njega.

Znanje, snaga i djelatnosti Svevišnje Božanske Osobe su transcendentalni. U *Bhagavad-gīti* (4.9) rečeno je:

janma karma ca me divyam evaṁ yo vetti tattvataḥ
tyaktvā dehaṁ punar janma naiti mām eti so 'rjuna

Onaj tko je spoznao Kṛṣṇino transcendentalno tijelo, djelatnosti i savršenstvo, po napuštanju tijela odlazi k Njemu i ne vraća se više u ovaj svijet pun bijeda. Stoga trebamo znati da se Kṛṣṇine djelatnosti razlikuju od djelatnosti drugih. Najbolje je slijediti Kṛṣṇina načela; to će nam donijeti savršenstvo. Također je rečeno da nitko nije Kṛṣṇin gospodar; svatko je Njegov sluga. *Caitanya-caritāmṛta* (*Ādi* 5.142) potvrđuje – *ekale īśvara kṛṣṇa, āra saba bhṛtya:* samo je Kṛṣṇa Bog; svi su ostali Njegovi sluge. Svatko se pokorava Njegovoj naredbi. Nitko ne može odbiti da izvrši Njegovu naredbu. Svatko djeluje po Njegovoj naredbi, jer je pod Njegovom upravom. Kao što je rečeno u *Brahma-saṁhiti*, On je uzrok svih uzroka.

STROFA 44

तस्मात् प्रणम्य प्रणिधाय कायं
प्रसादये त्वामहमीशमीड्यम् ।
पितेव पुत्रस्य सखेव सख्युः
प्रियः प्रियायार्हसि देव सोढुम् ॥ ४४ ॥

tasmāt praṇamya praṇidhāya kāyaṁ
prasādaye tvām aham īśam īḍyam
piteva putrasya sakheva sakhyuḥ
priyaḥ priyāyārhasi deva soḍhum

tasmāt – stoga; *praṇamya* – odajem poštovanje; *praṇidhāya* – padajući; *kāyam* – tijelom; *prasādaye* – molim za milost; *tvām* – Tebe; *aham* – ja; *īśam* – Svevišnjega Gospodina; *īḍyam* – vrijednog obožavanja; *pitā iva* – kao otac; *putrasya* – sina; *sakhā iva* – kao prijatelj; *sakhyuḥ* – prijatelja; *priyaḥ* – ljubavnica; *priyāyāḥ* – najdražeg; *arhasi* – trebaš; *deva* – o Gospodine moj; *soḍhum* – podnositi.

Ti si Svevišnji Gospodin, kojeg svako živo biće treba obožavati. Zato padam preda Te odajući Ti ponizno poštovanje i molim Te za milost. Kao što otac podnosi bezobrazluke sina, prijatelj drskost prijatelja, a žena familijarnost muža, molim Te, podnosi uvrede koje sam Ti nanio.

SMISAO: Kṛṣṇini *bhakte* imaju s Kṛṣṇom različite odnose; neki se ophode prema Njemu kao prema sinu, a neki kao prema mužu, prijatelju ili gospodaru. Kṛṣṇa i Arjuna imaju prijateljski odnos. Kṛṣṇa podnosi, kao što to čine otac, muž ili gospodar.

STROFA 45

अदृष्टपूर्वं हृषितोऽस्मि दृष्ट्वा
भयेन च प्रव्यथितं मनो मे ।
तदेव मे दर्शय देव रूपं
प्रसीद देवेश जगन्निवास ॥ ४५ ॥

adṛṣṭa-pūrvaṁ hṛṣito 'smi dṛṣṭvā
bhayena ca pravyathitaṁ mano me
tad eva me darśaya deva rūpaṁ
prasīda deveśa jagan-nivāsa

adṛṣṭa-pūrvam – nikada ranije vidio; *hṛṣitaḥ* – radostan; *asmi* – ja sam; *dṛṣṭvā* – jer sam vidio; *bhayena* – strahom; *ca* – također; *pravyathitam* – uznemiren; *manaḥ* – um; *me* – moj; *tat* – taj; *eva* – zacijelo; *me* – meni; *darśaya* – pokaži; *deva* – o Gospodine; *rūpam* – oblik; *prasīda* – budi milostiv; *deva-īśa* – o Bože nad bogovima; *jagat-nivāsa* – o utočište svemira.

Vidjevši ovaj kozmički oblik, koji nikada ranije nisam vidio, osjećam radost, ali u isto vrijeme moj je um uznemiren strahom. Zato mi, molim Te, iskaži Svoju milost i ponovno pokaži Svoj oblik Božanske Osobe, o Bože nad bogovima, o prebivalište svemira!

SMISAO: Arjuna uvijek ima povjerljiv odnos s Kṛṣṇom, jer je Njegov dragi prijatelj. Kao što se dragi prijatelj raduje prijateljevu obilju, Arjuna se raduje što je njegov prijatelj Kṛṣṇa Svevišnja Božanska Osoba i što može pokazati takav čudesan kozmički oblik. No nakon što je vidio kozmički oblik, boji se da je zbog svoga neokaljana prijateljstva nanio Kṛṣṇi mnogo uvreda. Zato je njegov um uznemiren strahom, iako nema razloga za strah. Arjuna stoga moli Kṛṣṇu da mu pokaže Svoj oblik Nārāyaṇe, jer On može poprimiti bilo koji oblik. Kozmički je oblik materijalan i privremen, kao što je materijalni svijet privremen, ali na planetima Vaikuṇṭhe Gospodin prebiva u Svom transcendentalnom četverorukom obliku kao Nārāyaṇa. Na duhovnom nebu ima bezbroj planeta i na svakom od njih Kṛṣṇa prebiva u obliku Svojih potpunih ekspanzija s različitim imenima. Arjuna želi vidjeti jedan od oblika očitovanih na planetima Vaikuṇṭhe. Naravno, na svakom planetu Vaikuṇṭhe oblik Nārāyaṇe ima četiri ruke, ali simboli koje drži u Svojim rukama – školjka, toljaga, lotos i disk – različito su raspoređeni. Ovisno o rasporedu simbola u rukama, Nārāyaṇe imaju različita imena. Budući da su svi ti oblici istovjetni s Kṛṣṇom, Arjuna želi vidjeti Njegov četveroruki oblik.

STROFA 46

किरीटिनं गदिनं चक्रहस्तम्
इच्छामि त्वां द्रष्टुमहं तथैव ।
तेनैव रूपेण चतुर्भुजेन
सहस्रबाहो भव विश्वमूर्ते ॥ ४६ ॥

kirīṭinaṁ gadinaṁ cakra-hastam
icchāmi tvāṁ draṣṭum ahaṁ tathaiva
tenaiva rūpeṇa catur-bhujena
sahasra-bāho bhava viśva-mūrte

kirīṭinam – sa šljemom; *gadinam* – s toljagom; *cakra-hastam* – diskom u ruci; *icchāmi* – želim; *tvām* – Tebe; *draṣṭum* – vidjeti; *aham* – ja; *tathā eva* – u tom položaju; *tena eva* – u tom; *rūpeṇa* – obliku; *catuḥ-bhujena* – s četiri ruke; *sahasra-bāho* – s tisuću ruku; *bhava* – postani; *viśva-mūrte* – o kozmički obliče.

O kozmički obliče, o Gospodine s tisuću ruku, želim Te vidjeti u Tvom četverorukom obliku, sa šljemom na glavi i toljagom, diskom, školjkom i lotosom u rukama. Žarko Te želim vidjeti u tom obliku.

SMISAO: U *Brahma-saṁhiti* (5.39) rečeno je – *rāmādi-mūrtiṣu kalā-niyamena tiṣṭhan:* Gospodin vječno postoji u stotinama i tisućama oblika. Najpoznatiji su među njima oblici Rāme, Nṛsiṁhe, Nārāyaṇe itd. Postoji bezbroj oblika. No Arjuna je znao da je Kṛṣṇa izvorna Božanska Osoba koja je poprimila Svoj privremeni kozmički oblik. Sada moli Gospodina da mu pokaže oblik Nārāyaṇe, duhovni oblik. Ovaj stih nedvojbeno potvrđuje izjavu *Śrīmad-Bhāgavatama* da je Kṛṣṇa izvorna Božanska Osoba i da svi drugi oblici izviru iz Njega. On se ne razlikuje od Svojih potpunih ekspanzija i Bog je u svakom od Svojih bezbrojnih oblika. U svim je tim oblicima svjež kao mladić. To je vječni oblik Svevišnje Božanske Osobe. Onaj tko spozna Kṛṣṇu odmah se oslobađa svih nečistoća materijalnog svijeta.

STROFA 47

श्रीभगवानुवाच
मया प्रसन्नेन तवार्जुनेदं
रूपं परं दर्शितमात्मयोगात् ।
तेजोमयं विश्वमनन्तमाद्यं
यन्मे त्वदन्येन न दृष्टपूर्वम् ॥ ४७ ॥

śrī-bhagavān uvāca
mayā prasannena tavārjunedaṁ
rūpaṁ paraṁ darśitam ātma-yogāt
tejo-mayaṁ viśvam anantam ādyaṁ
yan me tvad anyena na dṛṣṭa-pūrvam

śrī-bhagavān uvāca – Svevišnja Božanska Osoba reče; *mayā* – Ja; *prasannena* – sa zadovoljstvom; *tava* – tebi; *arjuna* – o Arjuna; *idam* – ovaj; *rūpam* – oblik; *param* – transcendentalan; *darśitam* – pokazao; *ātma-yogāt* – Svojom unutarnjom moći; *tejaḥ-mayam* – pun sjaja; *viśvam* – cijeli svemir; *anantam* – beskrajan; *ādyam* – izvoran; *yat* – koji; *me* – Moj; *tvat anyena* – osim tebe; *na dṛṣṭa-pūrvam* – nitko ranije nije vidio.

Svevišnja Božanska Osoba reče: Dragi Moj Arjuna, Svojom unutarnjom moći pokazao sam ti, sa zadovoljstvom, ovaj vrhovni kozmički oblik u materijalnom svijetu. Nitko prije tebe nije vidio ovaj izvorni, neograničeni oblik, pun blistava sjaja.

SMISAO: Arjuna je želio vidjeti kozmički oblik Svevišnjega Gospodina i zato je Gospodin Kṛṣṇa, da bi iskazao milost Svom *bhakti* Arjuni, pokazao Svoj kozmički oblik, pun sjaja i obilja. Taj je oblik blistao kao Sunce i njegova su se mnogobrojna lica brzo mijenjala. Kṛṣṇa je pokazao taj oblik samo da bi zadovoljio želju Svoga prijatelja Arjune. Taj je oblik očitovao Svojom unutarnjom moći, koja se ne može shvatiti ljudskom spekulacijom. Nitko prije Arjune nije vidio taj oblik, ali budući da je bio pokazan Arjuni, drugi su ga *bhakte* na rajskim i drugim planetima u svemiru također vidjeli. Ranije ga nisu vidjeli, no zahvaljujući Arjuni mogli su ga vidjeti. Drugim riječima, svi *bhakte* u Gospodinovu učeničkom naslijeđu mogli su vidjeti kozmički oblik koji je Kṛṣṇinom milošću bio pokazan Arjuni. Netko je rekao da je taj oblik bio pokazan i Duryodhani kada ga je Kṛṣṇa posjetio radi mirovnih pregovora. Nažalost, Duryodhana nije prihvatio mirovnu ponudu. Kṛṣṇa je tada očitovao neke od Svojih kozmičkih oblika. Međutim, ti se oblici razlikuju od oblika koji je bio pokazan Arjuni. Ovdje je jasno rečeno da nitko ranije nije vidio taj oblik.

STROFA 48

न वेदयज्ञाध्ययनैर्न दानैर्
न च क्रियाभिर्न तपोभिरुग्रैः ।
एवंरूपः शक्य अहं नृलोके
द्रष्टुं त्वदन्येन कुरुप्रवीर ॥ ४८ ॥

na veda-yajñādhyayanair na dānair
na ca kriyābhir na tapobhir ugraiḥ
evaṁ-rūpaḥ śakya ahaṁ nṛ-loke
draṣṭuṁ tvad anyena kuru-pravīra

na – nikada; *veda-yajña* – žrtvovanjem; *adhyayanaiḥ* – ili proučavanjem *Veda*; *na* – nikada; *dānaiḥ* – milostinjom; *na* – nikada; *ca* – također; *kriyābhiḥ* – pobožnim djelima; *na* – nikada; *tapobhiḥ* – ozbiljnim pokorama; *ugraiḥ* – oštrim; *evam-rūpaḥ* – u ovom obliku; *śakyaḥ* – mogu;

aham – Mene; *nṛ-loke* – u materijalnom svijetu; *draṣṭum* – vidjeti; *tvat* – osim tebe; *anyena* – drugi; *kuru-pravīra* – o najbolji među ratnicima Kurua.

O najbolji među ratnicima Kurua, nitko prije tebe nije vidio ovaj kozmički oblik, jer Me osoba ne može vidjeti u ovom obliku u materijalnom svijetu ni proučavanjem Veda, ni vršenjem žrtvovanja, ni davanjem milostinje, niti pobožnim djelima ili oštrim pokorama.

SMISAO: U vezi s tim trebamo jasno shvatiti božanski vid. Tko može imati božanski vid? Božanski znači svet. Ako osoba ne dostigne božansku prirodu poput polubogova, ne može imati božanski vid. Tko su polubogovi? U vedskim je spisima rečeno da su polubogovi *bhakte* Gospodina Viṣṇua (*viṣṇu-bhaktāḥ smṛtā devāḥ*). Ateisti, koji ne vjeruju u Viṣṇua ili koji misle da je Kṛṣṇin neosobni vid Svevišnji, ne mogu imati božanski vid. Ne možemo vrijeđati Kṛṣṇu i u isto vrijeme imati božanski vid. Ne možemo imati božanski vid ako nemamo božansku prirodu. Drugim riječima, oni koji imaju božanski vid mogu vidjeti kao Arjuna.

U *Bhagavad-gīti* je opisan kozmički oblik. Premda je prije Arjune taj opis bio svima nepoznat, nakon ovog događaja možemo imati neku predodžbu o *viśva-rūpi*. Oni koji imaju božansku prirodu mogu vidjeti Gospodinov kozmički oblik, ali nitko ne može imati božansku prirodu ako nije Gospodinov čisti *bhakta*. Međutim, *bhakte* koji imaju božansku prirodu i božanski vid ne žele posebno vidjeti Gospodinov kozmički oblik. Kao što je opisano u prethodnoj strofi, Arjuna je htio vidjeti četveroruki oblik Gospodina Kṛṣṇe kao Viṣṇua i uplašio se kozmičkog oblika.

U ovoj je strofi upotrijebljeno nekoliko bitnih riječi, kao što je riječ *veda-yajñādhyayanaiḥ*, koja se odnosi na proučavanje vedske književnosti i pravila žrtvovanja. *Veda* se odnosi na sve vrste vedskih spisa, kao što su četiri *Vede* (*Ṛg, Yajur, Sāma* i *Atharva*) i osamnaest *Purāṇa, Upaniṣade* te *Vedānta-sūtra.* Čovjek može proučavati te spise kod kuće ili negdje drugdje. Pored njih postoje *sūtre* – *Kalpa-sūtra* i *Mīmāṁsā-sūtra* – koje opisuju žrtveni postupak. *Dānaiḥ* se odnosi na milostinju koja se daje dostojnim osobama, kao što su *brāhmaṇe* i vaiṣṇave, koje transcendentalno služe Gospodina s ljubavlju. „Pobožna djela" odnose se na *agni-hotru* i propisane dužnosti različitih kasta. Dobrovoljno prihvaćanje tjelesnih patnji naziva se *tapasya.* Osoba može vršiti tjelesne pokore, davati milostinju ili proučavati *Vede*, ali ako nije *bhakta* kao Arjuna, ne može vidjeti kozmički oblik. Impersonalisti zamišljaju da vide Gospodinov kozmički oblik, ali iz *Bhagavad-gīte* saznajemo da impersonalisti nisu *bhakte.* Zato ne mogu vidjeti Gospodinov kozmički oblik.

Mnogi izmišljaju inkarnacije i lažno proglašavaju obična čovjeka inkarnacijom, ali to je ludost. Trebamo slijediti načela *Bhagavad-gīte*, inače ne možemo steći savršeno duhovno znanje. Iako se *Bhagavad-gītā* smatra uvodnom studijom nauka o Bogu, tako je savršena da osobi omogućuje pravilno razlikovanje. Sljedbenici lažne inkarnacije mogu reći da su vidjeli transcendentalnu inkarnaciju Boga, kozmički oblik, ali to je neprihvatljivo, jer onaj tko nije postao Kṛṣṇin *bhakta* ne može vidjeti kozmički oblik Boga. Najprije mora postati Kṛṣṇin čisti *bhakta*; tek onda može tvrditi da može opisati kozmički oblik koji je vidio. Kṛṣṇin *bhakta* ne može prihvatiti lažne inkarnacije ili sljedbenike lažnih inkarnacija.

STROFA 49

मा ते व्यथा मा च विमूढभावो
दृष्ट्वा रूपं घोरमीदृङ् ममेदम् ।
व्यपेतभीः प्रीतमनाः पुनस्त्वं
तदेव मे रूपमिदं प्रपश्य ॥ ४९ ॥

mā te vyathā mā ca vimūḍha-bhāvo
dṛṣṭvā rūpaṁ ghoram īdṛṅ mamedam
vyapeta-bhīḥ prīta-manāḥ punas tvaṁ
tad eva me rūpam idaṁ prapaśya

mā – neka nestane; *te* – tvoja; *vyathā* – uznemirenost; *mā* – neka nestane; *ca* – također; *vimūḍha-bhāvaḥ* – zbunjenost; *dṛṣṭvā* – zbog gledanja; *rūpam* – oblika; *ghoram* – užasna; *īdṛk* – kakav jest; *mama* – Moj; *idam* – ovaj; *vyapeta-bhīḥ* – oslobođen sveg straha; *prīta-manāḥ* – zadovoljna uma; *punaḥ* – ponovno; *tvam* – ti; *tat* – taj; *eva* – tako; *me* – Moj; *rūpam* – oblik; *idam* – ovaj; *prapaśya* – pogledaj.

Gledajući Moj užasan oblik postao si uznemiren i zbunjen. Neka sada nestane. Moj bhakto, budi oslobođen svih uznemirenja. Sada možeš mirna uma vidjeti oblik koji želiš.

SMISAO: Na početku *Bhagavad-gīte* Arjuna se plašio ubijanja Bhīṣme i Droṇe, svoga obožavanog djeda i učitelja, ali Kṛṣṇa je rekao da se ne treba bojati ubijanja djeda. Kad su na skupu Kurua Dhṛtarāṣṭrini sinovi pokušali razgoliti Draupadī, Bhīṣma i Droṇa su šutjeli i zbog takva zanemarivanja dužnosti trebaju biti ubijeni. Kṛṣṇa je razotkrio Svoj kozmički oblik Arjuni kako bi mu pokazao da su već bili ubijeni zbog svog nezakonitog djela. Ta je scena bila pokazana Arjuni zato što su *bhakte* uvijek mirni i ne mogu činiti takva užasna djela. Svrha otkrivanja kozmičkog oblika bila je pokazana; Arjuna je sada želio vidjeti četveroruki oblik i Kṛṣṇa ga je pokazao. *Bhakta* ne želi posebno vidjeti kozmički oblik, jer ne omogućuje razmjenu ljubavi. *Bhakta* želi obožavati Gospodina s poštovanjem ili želi vidjeti Kṛṣṇin dvoruki oblik kako bi služeći mogao razmjenjivati ljubav sa Svevišnjom Božanskom Osobom.

STROFA 50

सञ्जय उवाच
इत्यर्जुनं वासुदेवस्तथोक्त्वा
स्वकं रूपं दर्शयामास भूयः ।
आश्वासयामास च भीतमेनं
भूत्वा पुनः सौम्यवपुर्महात्मा ॥ ५० ॥

sañjaya uvāca
ity arjunaṁ vāsudevas tathoktvā
svakaṁ rūpaṁ darśayām āsa bhūyaḥ
āśvāsayām āsa ca bhītam enaṁ
bhūtvā punaḥ saumya-vapur mahātmā

sañjayaḥ uvāca – Sañjaya reče; *iti* – tako; *arjunam* – Arjuni; *vāsudevaḥ* – Kṛṣṇa; *tathā* – na taj način; *uktvā* – govoreći; *svakam* – Svoj; *rūpam* – oblik; *darśayām āsa* – pokazao; *bhūyaḥ* – ponovno; *āśvāsayām āsa* – ohrabrio; *ca* – također; *bhītam* – uplašenog; *enam* – njega; *bhūtvā* – postavši; *punaḥ* – ponovno; *saumya-vapuḥ* – prekrasan oblik; *mahā-ātmā* – veliki.

Sañjaya reče Dhṛtarāṣṭri: Rekavši to Arjuni, Svevišnja Božanska Osoba Kṛṣṇa pokazao je Svoj pravi četveroruki oblik i na kraju Svoj dvoruki oblik, ohrabrivši tako uplašenog Arjunu.

SMISAO: Kada se Kṛṣṇa pojavio kao sin Vasudeve i Devakī, najprije se pojavio kao četveroruki Nārāyaṇa. Potom se na molbu Svojih roditelja preobrazio u obično dijete. Kṛṣṇa je znao da Arjuna ne želi posebno vidjeti četveroruki oblik, ali mu je na njegovu molbu pokazao taj oblik i zatim poprimio Svoj dvoruki oblik. Riječ *saumya-vapuḥ* vrlo je značajna. *Saumya-vapuḥ* je veoma lijep oblik; poznat je kao najljepši oblik. Kada je Kṛṣṇa bio nazočan, privukao je sve Svojim oblikom. Kao upravitelj svemira, Kṛṣṇa je odagnao strah Svoga *bhakte*, Arjune, i ponovno mu pokazao Svoj prekrasni oblik Kṛṣṇe. U *Brahma-saṁhiti* (5.38) rečeno je –

premāñjana-cchurita-bhakti-vilocanena: samo onaj čije su oči premazane pomašću ljubavi može vidjeti Śrī Kṛṣṇin prekrasni oblik.

STROFA 51

अर्जुन उवाच
दृष्ट्वेदं मानुषं रूपं तव सौम्यं जनार्दन ।
इदानीमस्मि संवृत्तः सचेताः प्रकृतिं गतः ॥ ५१ ॥

arjuna uvāca
dṛṣṭvedaṁ mānuṣaṁ rūpaṁ tava saumyaṁ janārdana
idānīm asmi saṁvṛttaḥ sa-cetāḥ prakṛtiṁ gataḥ

arjunaḥ uvāca – Arjuna reče; *dṛṣṭvā* – gledajući; *idam* – ovaj; *mānuṣam* – ljudski; *rūpam* – oblik; *tava* – Tvoj; *saumyam* – prekrasan; *janārdana* – o pokoritelju neprijatelja; *idānīm* – sada; *asmi* – ja sam; *saṁvṛttaḥ* – smiren; *sa-cetāḥ* – u mojoj svjesnosti; *prakṛtim* – svojoj prirodi; *gataḥ* – vratio sam se.

Vidjevši Kṛṣṇu u Njegovu izvornom obliku, Arjuna reče: O Janārdana, gledajući ovaj prekrasan ljudski oblik osjećam smirenost. Sada sam se vratio svojoj izvornoj prirodi.

SMISAO: Riječi *mānuṣaṁ rūpam* jasno pokazuju da Svevišnja Božanska Osoba izvorno ima dvije ruke. Iz ove strofe možemo vidjeti da oni koji ismijavaju Kṛṣṇu, smatrajući Ga običnim čovjekom, ne poznaju Njegovu božansku prirodu. Kad bi Kṛṣṇa bio obično ljudsko biće, kako bi mogao pokazati kozmički oblik i četveroruki oblik Nārāyaṇe? Tako je u *Bhagavad-gīti* jasno rečeno da onaj tko smatra Kṛṣṇu običnim čovjekom i zavodi čitatelja, tvrdeći da ove riječi govori neosobni Brahman u Kṛṣṇi, čini najveću nepravdu. Kṛṣṇa je doista pokazao Svoj kozmički oblik i Svoj četveroruki oblik Viṣṇua. Kako onda može biti obično ljudsko biće? Čisti *bhakta* nije zbunjen zavodljivim tumačenjima *Bhagavad-gīte*, jer zna istinu. Izvorni stihovi *Bhagavad-gīte* jasni su kao sunce; nije im potrebna svjetiljka budalastih tumača.

STROFA 52

श्रीभगवानुवाच
सुदुर्दर्शमिदं रूपं दृष्टवानसि यन्मम ।
देवा अप्यस्य रूपस्य नित्यं दर्शनकाङ्क्षिणः ॥ ५२ ॥

śrī-bhagavān uvāca
su-durdarśam idaṁ rūpaṁ dṛṣṭavān asi yan mama
devā apy asya rūpasya nityaṁ darśana-kāṅkṣiṇaḥ

śrī-bhagavān uvāca – Svevišnja Božanska Osoba reče; *su-durdarśam* – vrlo teško vidjeti; *idam* – ovaj; *rūpam* – oblik; *dṛṣṭavān asi* – koji si vidio; *yat* – koji; *mama* – Moj; *devāḥ* – polubogovi; *api* – također; *asya* – ovaj; *rūpasya* – oblik; *nityam* – vječno; *darśana-kāṅkṣiṇaḥ* – žele vidjeti.

Svevišnja Božanska Osoba reče: Dragi Moj Arjuna, Moj oblik koji sada gledaš vrlo je teško vidjeti. Čak i polubogovi uvijek priželjkuju da vide ovaj oblik, koji je toliko drag.

SMISAO: Nakon što je pokazao Svoj kozmički oblik, Gospodin Kṛṣṇa je u četrdeset osmoj strofi ovoga poglavlja obavijestio Arjunu da se taj oblik ne može vidjeti vršenjem pobožnih djelatnosti, žrtvovanja itd. Ovdje je upotrijebljena riječ *su-durdarśam*, koja kazuje da je Kṛṣṇin dvoruki oblik još povjerljiviji. Kṛṣṇin kozmički oblik možemo vidjeti ako raznim djelatnostima kao što su pokore, proučavanje *Veda* i filozofska spekulacija dodamo primjesu predanog služenja. To je moguće, ali ne bez primjese *bhakti;* to je već bilo objašnjeno. No Kṛṣṇin je dvoruki oblik još teže vidjeti nego kozmički oblik, čak i za polubogove kao što su Brahmā i Śiva. Oni ga žele vidjeti i iz *Bhāgavatama* saznajemo da su svi polubogovi, kad se Kṛṣṇa nalazio u maternici Devakī, došli iz raja vidjeti prekrasnog Kṛṣṇu. Uputili su Gospodinu divne molitve, premda Ga tada nisu mogli vidjeti. Čekali su da Ga vide. Budalasta osoba može Ga ismijavati, smatrajući Ga običnim čovjekom, i odavati poštovanje ne Njemu već neosobnom „nečemu" u Njemu, ali sve su to besmislene izjave. Kṛṣṇu u Njegovu dvorukom obliku žele vidjeti polubogovi poput Brahme i Śive.

U *Bhagavad-gīti* (9.11) potvrđeno je – *avajānanti māṁ mūḍhā mānuṣīṁ tanum āśritaḥ:* Kṛṣṇu ne mogu vidjeti budalaste osobe koje Ga ismijavaju. Prema riječima *Brahma-saṁhite* i riječima samoga Kṛṣṇe u *Bhagavad-gīti*, Kṛṣṇino je tijelo potpuno duhovno i puno blaženstva i vječnosti. Njegovo tijelo nikada nije materijalno. No za neke koji Kṛṣṇu proučavaju čitajući *Bhagavad-gītu* ili slične vedske spise Kṛṣṇa je problem. Onaj tko koristi materijalnu metodu smatra Kṛṣṇu velikom povijesnom osobom i vrlo učenim filozofom, ali misli da je bio običan čovjek i da je morao prihvatiti materijalno tijelo, iako je bio tako moćan. U biti misli da Apsolutna Istina nije osoba; zato misli da je poprimio oblik osobe, vezan za materijalnu prirodu. To je materijalistički zaključak o Svevišnjem Gospodinu. Još je jedan zaključak spekulativan. Oni koji tragaju za znanjem također spekuliraju o Kṛṣṇi i smatraju Ga manje važnim od kozmičkog oblika Svevišnjeg. Tako misle da je kozmički oblik koji je Kṛṣṇa pokazao Arjuni važniji od Njegova osobnog oblika. Prema njima, osobni oblik Svevišnjega je nešto zamišljeno. Oni vjeruju da Apsolutna Istina u izvornu obliku nije osoba. No u četvrtom je poglavlju *Bhagavad-gīte* opisan transcendentalni proces: slušanje o Kṛṣṇi od autoriteta. To je pravi vedski proces. Oni koji doista slijede *Vede* slušaju o Kṛṣṇi od autoriteta. Tako im, zahvaljujući neprestanu slušanju, Kṛṣṇa postaje drag. Kao što smo već nekoliko puta rekli, Kṛṣṇa je prekriven Svojom *yoga-māyom*. Ne može Ga svatko vidjeti, niti će se razotkriti svakome. Njega može vidjeti samo onaj kome se On razotkrije. To je potvrđeno u vedskoj književnosti. Apsolutnu Istinu može istinski shvatiti onaj tko se predao. Transcendentalist koji neprestano njeguje svjesnost Kṛṣṇe i predano služi Kṛṣṇu može vidjeti Kṛṣṇu putem otkrivenja, a njegove se duhovne oči mogu otvoriti. Takvo otkrivenje nije moguće čak ni za polubogove. Stoga je čak i polubogovima teško shvatiti Kṛṣṇu. Napredni polubogovi uvijek se nadaju da će vidjeti Kṛṣṇu u Njegovu dvorukom obliku. Iako je vrlo teško vidjeti Kṛṣṇin kozmički oblik, koji ne može svatko vidjeti, možemo zaključiti da je još teže shvatiti Njegov osobni oblik Śyāmasundare.

STROFA 53

नाहं वेदैर्न तपसा न दानेन न चेज्यया ।
शक्य एवंविधो द्रष्टुं दृष्टवानसि मां यथा ॥ ५३ ॥

nāhaṁ vedair na tapasā na dānena na cejyayā
śakya evaṁ-vidho draṣṭuṁ dṛṣṭavān asi māṁ yathā

na – nikada; *aham* – Ja; *vedaiḥ* – proučavanjem *Veda*; *na* – nikada; *tapasā* – oštrim pokorama; *na* – nikada; *dānena* – davanjem milostinje; *na* – nikada; *ca* – također; *ijyayā* – obožavanjem; *śakyaḥ* – moguće je; *evam-vidhaḥ* – tako; *draṣṭum* – vidjeti; *dṛṣṭavān* – vidiš; *asi* – ti; *mām* – Mene; *yathā* – kao što.

Oblik koji vidiš svojim transcendentalnim očima ne može se shvatiti samim proučavanjem Veda niti vršenjem oštrih strogosti, davanjem milostinje ili obožavanjem. Tim procesima osoba Me ne može vidjeti takvog kakav jesam.

SMISAO: Kṛṣṇa se pojavio pred Svojim roditeljima, Devakī i Vasudevom, u četverorukom obliku. Potom je poprimio dvoruki oblik. Ateisti ili osobe koje ne služe Gospodina s predanošću vrlo teško mogu shvatiti tu tajnu. Kṛṣṇu ne mogu shvatiti učeni ljudi koji proučavaju vedsku književnost samo u svjetlu gramatičkog znanja ili akademske naobrazbe. Njega ne mogu shvatiti osobe koje službeno odlaze u hram i ondje Ga obožavaju. One posjećuju hram, ali ne mogu shvatiti Kṛṣṇu takvoga kakav jest. Kṛṣṇa se može shvatiti samo predanim služenjem, kao što sam Kṛṣṇa objašnjava u sljedećoj strofi.

STROFA 54

भक्त्या त्वनन्यया शक्य अहमेवंविधोऽर्जुन ।
ज्ञातुं द्रष्टुं च तत्त्वेन प्रवेष्टुं च परन्तप ॥ ५४ ॥

bhaktyā tv ananyayā śakya aham evaṁ-vidho 'rjuna
jñātuṁ draṣṭuṁ ca tattvena praveṣṭuṁ ca parantapa

bhaktyā – predanim služenjem; *tu* – ali; *ananyayā* – bez primjesa plodonosnih djelatnosti ili spekulativnog znanja; *śakyaḥ* – mogu; *aham* – Mene; *evam-vidhaḥ* – tako; *arjuna* – o Arjuna; *jñātum* – znati; *draṣṭum* – vidjeti; *ca* – i; *tattvena* – uistinu; *praveṣṭum* – proniknuti; *ca* – također; *parantapa* – o pokoritelju neprijatelja.

Dragi Moj Arjuna, osoba Me može shvatiti takva kakav jesam, kakav stojim pred tobom, samo nepomućenim predanim služenjem i tako Me može neposredno vidjeti. Samo na taj način možeš proniknuti u tajne razumijevanja Mene.

SMISAO: Kṛṣṇa se može shvatiti samo procesom nepomućena predanog služenja. On to otvoreno objašnjava u ovoj strofi kako bi neovlaštenim tumačima, koji pokušavaju razumjeti *Bhagavad-gītu* spekulativnim procesom, dao do znanja da samo gube vrijeme. Nitko ne može shvatiti tko je Kṛṣṇa ili kako se pojavio kao sin Svojih roditelja u četverorukom obliku i odmah poprimio dvoruki oblik. Te je stvari vrlo teško shvatiti proučavanjem *Veda* ili filozofskom spekulacijom. Zato je ovdje jasno rečeno da Ga nitko ne može vidjeti niti u to proniknuti. Međutim, vrlo iskusni studenti vedske književnosti mogu mnogo toga saznati o Njemu iz vedske književnosti. Postoji mnogo pravila i propisa i ako netko želi shvatiti Kṛṣṇu, mora slijediti načela propisana u vjerodostojnim spisima. Može vršiti pokore u skladu s tim načelima. Na primjer, može se podvrći ozbiljnoj pokori posteći na Janmāṣṭamī, dan Kṛṣṇine pojave, i na dva Ekādaśīja u mjesecu (jedanaesti dan nakon mladog mjeseca i jedanaesti dan nakon punog mjeseca). Što se tiče milostinje, ona se treba davati Kṛṣṇinim *bhaktama* koji Ga predano služe propovijedajući Kṛṣṇinu filozofiju, ili svjesnost Kṛṣṇe, po čitavu svijetu. Svjesnost je Kṛṣṇe blagoslov za čovječanstvo. Rūpa Gosvāmī cijenio je Gospodina Caitanyu kao najvelikodušniju milosrdnu osobu, jer je besplatno dijelio ljubav prema Kṛṣṇi, koju je vrlo teško dostići. Tako, ako netko dio svoga novca da osobama koje šire svjesnost Kṛṣṇe, ta milostinja dana za širenje svjesnosti Kṛṣṇe najveća je milostinja na svijetu. Ako netko obožava Gospodina u skladu s hramskim propisima (u hramovima u Indiji uvijek se nalazi neki kip, obično Viṣṇua ili Kṛṣṇe), pruža mu se prilika da napreduje obožavajući i odajući poštovanje Svevišnjoj Božanskoj Osobi. Za početnike u predanom služenju Gospodina, hramsko je obožavanje veoma bitno. To je potvrđeno u vedskoj književnosti (*Śvetāśvatara Upaniṣada* 6.23):

yasya deve parā bhaktir yathā deve tathā gurau
tasyaite kathitā hy arthāḥ prakāśante mahātmanaḥ

Onaj tko je nepokolebljivo predan Svevišnjem Gospodinu i duhovnom učitelju, pod čijim vodstvom djeluje, može otkrivenjem vidjeti Svevišnju Božansku Osobu. Kṛṣṇa se ne može shvatiti umnom spekulacijom. Onaj tko se ne obrazuje pod vodstvom vjerodostojnog duhovnog učitelja ne može čak ni početi shvaćati Kṛṣṇu. Ovdje je posebno upotrijebljena riječ *tu* kako bi se reklo da se nijedan drugi proces ne može prihvatiti ili preporučiti za razumijevanje Kṛṣṇe niti može dovesti do uspjeha.

Kṛṣṇini osobni oblici s dvije i četiri ruke potpuno se razlikuju od privremena kozmičkog oblika pokazanog Arjuni. Nārāyaṇin četveroruki oblik i Kṛṣṇin dvoruki oblik vječni su i transcendentalni, dok je kozmički oblik, pokazan Arjuni, privremen. Sama riječ *sudurdarśam*, koja znači „teško vidljiv", pokazuje da nitko nije vidio taj kozmički oblik. Također pokazuje da nije bilo potrebno pokazivati ga *bhaktama*. Kṛṣṇa je na molbu Arjune pokazao taj oblik kako bi ljudi u budućnosti, kada se netko predstavi kao inkarnacija Boga, mogli zahtijevati da pokaže svoj kozmički oblik.

Riječ *na*, upotrijebljena više puta u prethodnoj strofi, otkriva da se nitko ne smije jako ponositi akademskim poznavanjem vedske književnosti. Moramo se posvetiti predanom služenju Kṛṣṇe. Tek onda možemo pokušati tumačiti *Bhagavad-gītu*.

Nakon što je pokazao Svoj kozmički oblik, Kṛṣṇa je poprimio četveroruki oblik Nārāyaṇe i zatim Svoj vlastiti prirodni oblik s dvije ruke. To pokazuje da su svi četveroruki oblici, kao i drugi oblici spomenuti u vedskoj književnosti, emanacije izvornog Kṛṣṇe s dvije ruke. On je podrijetlo svih emanacija. Kṛṣṇa se razlikuje čak i od tih oblika, a da ne govorimo o impersonalističkom shvaćanju. Što se tiče Kṛṣṇina četverorukog oblika, jasno je rečeno da je čak i Kṛṣṇi najsličniji četveroruki oblik (poznat kao Mahā-Viṣṇu, koji leži na kozmičkom oceanu i izdiše i udiše bezbroj svemira) ekspanzija Svevišnjega Gospodina. U *Brahma-saṁhiti* (5.48) rečeno je:

yasyaika-niśvasita-kālam athāvalambya
jīvanti loma-vila-jā jagad-aṇḍa-nāthāḥ
viṣṇur mahān sa iha yasya kalā-viśeṣo
govindam ādi-puruṣaṁ tam ahaṁ bhajāmi

„Mahā-Viṣṇu, u koga svi bezbrojni svemiri ulaze i iz koga ponovno izlaze jednostavno zahvaljujući Njegovu disanju, potpuna je ekspanzija Kṛṣṇe. Stoga obožavam Govindu, Kṛṣṇu, uzrok svih uzroka." Zato trebamo odlučno obožavati osobni oblik Kṛṣṇe kao Svevišnje Božanske Osobe, koja je vječno blažena i puna znanja. On je izvor svih oblika Viṣṇua, svih inkarnacija i prvobitna Vrhovna Osoba, kao što je potvrđeno u *Bhagavad-gīti.*

U vedskoj književnosti (*Gopāla-tāpanī Upaniṣada* 1.1) nalazimo sljedeću izjavu:

sac-cid-ānanda-rūpāya kṛṣṇāyākliṣṭa-kāriṇe
namo vedānta-vedyāya gurave buddhi-sākṣiṇe

„Odajem svoje ponizno poštovanje Kṛṣṇi, koji ima transcendentalni oblik blaženstva, vječnosti i znanja. Odajem svoje poštovanje Njemu, jer shvatiti Njega znači shvatiti *Vede.* On je stoga vrhovni duhovni učitelj." Potom je rečeno – *kṛṣṇo vai paramaṁ daivatam:* „Kṛṣṇa je Svevišnja Božanska Osoba." (*Gopāla-tāpanī* 1.3) *Eko vaśī sarva-gaḥ kṛṣṇa īḍyaḥ:* „Taj je jedan Kṛṣṇa Svevišnja Božanska Osoba i vrijedan je obožavanja." *Eko 'pi san bahudhā yo 'vabhāti:* „Kṛṣṇa je jedan, ali se pojavljuje u bezbroj oblika i inkarnacija." (*Gopāla-tāpanī* 1.21)

U *Brahma-saṁhiti* (5.1) rečeno je:

īśvaraḥ paramaḥ kṛṣṇaḥ sac-cid-ānanda-vigrahaḥ
anādir ādir govindaḥ sarva-kāraṇa-kāraṇam

„Kṛṣṇa je Svevišnja Božanska Osoba, a Njegovo je tijelo vječno, puno znanja i blaženstva. On nema početka, jer je početak svega i uzrok svih uzroka."

Na drugom je mjestu također rečeno – *yatrāvatīrṇaṁ kṛṣṇākhyaṁ paraṁ brahma narākṛti:* „Vrhovna Apsolutna Istina je osoba. Zove se Kṛṣṇa i katkada silazi na Zemlju." U *Śrīmad-Bhāgavatamu* nalazimo Kṛṣṇino ime na popisu različitih inkarnacija Svevišnje Božanske Osobe, ali je rečeno da Kṛṣṇa nije inkarnacija Boga, već sama izvorna Svevišnja Božanska Osoba (*ete cāṁśa-kalāḥ puṁsaḥ kṛṣṇas tu bhagavān svayam*).

U *Bhagavad-gīti* Gospodin kaže – *mattaḥ parataraṁ nānyat:* „Ništa nije više od Mog oblika Božanske Osobe, Kṛṣṇe." Na drugom mjestu u *Bhagavad-gīti* kaže – *aham ādir hi devānām:* „Ja sam podrijetlo svih polubogova." Nakon što je shvatio *Bhagavad-gītu* od Kṛṣṇe, Arjuna to potvrđuje – *paraṁ brahma paraṁ dhāma pavitraṁ paramaṁ bhavān:* „Sada potpuno shvaćam da si Svevišnja Božanska Osoba, Apsolutna Istina i utočište svega." Prema tome, kozmički oblik koji je Kṛṣṇa pokazao Arjuni nije izvorni oblik Boga. Izvorni je oblik, oblik Kṛṣṇe. Kozmički oblik, s tisućama glava i ruku, očituje se samo da bi privukao pozornost onih koji nemaju ljubav prema Bogu. To nije izvorni oblik Boga.

Kozmički oblik ne privlači čiste *bhakte*, koji razmjenjuju ljubav s Gospodinom u različitim transcendentalnim odnosima. Vrhovni Bog razmjenjuje ljubav u Svom izvornom obliku Kṛṣṇe. Zato Arjuni, koji je s Kṛṣṇom prisno povezan prijateljstvom, oblik kozmičkog očitovanja nije pružio zadovoljstvo, već ga je uplašio. Kṛṣṇin stalni pratilac Arjuna morao je imati transcendentalne oči; nije bio običan čovjek. Zato nije bio očaran kozmičkim oblikom. Taj oblik može izgledati čudesno onima koji se plodonosnim djelovanjem nastoje uzdignuti na viši položaj, ali osobama koje predano služe najdraži je Kṛṣṇin dvoruki oblik.

STROFA 55

मत्कर्मकृन्मत्परमो मद्भक्तः सङ्गवर्जितः ।
निर्वैरः सर्वभूतेषु यः स मामेति पाण्डव ॥ ५५ ॥

mat-karma-kṛn mat-paramo mad-bhaktaḥ saṅga-varjitaḥ
nirvairaḥ sarva-bhūteṣu yaḥ sa mām eti pāṇḍava

mat-karma-kṛt – tko radi za Mene; *mat-paramaḥ* – smatrajući Me Svevišnjim; *mat-bhaktaḥ* – služi Me s predanošću; *saṅga-varjitaḥ* – oslobođen nečistoća plodonosnog djelovanja i umne spekulacije; *nirvairaḥ* – nema neprijatelja; *sarva-bhūteṣu* – među svim živim bićima; *yaḥ* – onaj tko; *saḥ* – on; *mām* – Meni; *eti* – dolazi; *pāṇḍava* – o Pāṇḍuov sine.

Dragi Moj Arjuna, onaj tko Me služi s čistom predanošću, oslobođen nečistoća plodonosnog djelovanja i umne spekulacije, onaj tko radi za Mene, tko Me prihvati kao vrhovni cilj svoga života i tko se prijateljski ophodi prema svim živim bićima sigurno dolazi k Meni.

SMISAO: Kao što sam Svevišnji kaže, onaj tko želi prići najvišoj Božanskoj Osobi na planetu Kṛṣṇaloki na duhovnom nebu i prisno se družiti s Vrhovnom Osobom Kṛṣṇom, mora prihvatiti ovu formulu. Zato se smatra da je ova strofa bit *Bhagavad-gīte. Bhagavad-gītā* namijenjena je uvjetovanim dušama koje u materijalnom svijetu nastoje gospodariti materijalnom prirodom i koje ne znaju za pravi, duhovni život. Ona pokazuje čovjeku kako može shvatiti svoje duhovno postojanje i svoj vječni odnos s vrhovnom duhovnom osobnošću i poučava ga kako se može vratiti kući, Bogu. U ovoj je strofi jasno objašnjen proces kojim može uspjeti u svojim duhovnim djelatnostima: predanom služenju.

Što se tiče rada, čovjek treba svu svoju energiju iskoristiti za djelovanje u svjesnosti Kṛṣṇe. U *Bhakti-rasāmṛta-sindhuu* (2.255) rečeno je:

anāsaktasya viṣayān yathārham upayuñjataḥ
nirbandhaḥ kṛṣṇa-sambandhe yuktaṁ vairāgyam ucyate

Čovjek ne bi trebao raditi ništa što nije povezano s Kṛṣṇom. To se naziva *kṛṣṇa-karma.* Može se baviti bilo čim, ali ne smije biti vezan za rezultate svoga rada; rezultate treba posvetiti samo Njemu. Na primjer, netko se može baviti trgovinom, ali da bi preobrazio tu djelatnost u svjesnost Kṛṣṇe, mora trgovati za Kṛṣṇu. Ako je Kṛṣṇa vlasnik trgovine, Kṛṣṇa treba uživati prihode od trgovine. Ako trgovac ima tisuće dolara i sve to mora dati Kṛṣṇi, može to učiniti. To je rad za Kṛṣṇu. Umjesto da izgradi veliku kuću za svoje osjetilno zadovoljstvo, može sagraditi lijep hram za Kṛṣṇu, ustoličiti Božanstvo Kṛṣṇe i pobrinuti se za služenje Božanstva, kao što je izloženo u vjerodostojnim knjigama o predanom služenju. Sve je to *kṛṣṇa-karma.* Ne bi smio biti vezan za rezultate svoga rada, već ih treba ponuditi Kṛṣṇi i ostatke ponuda prihvatiti kao *prasādam.* Ako sagradi veliku zgradu za Kṛṣṇu i ustoliči Božanstvo Kṛṣṇe, nije mu zabranjeno da u njoj živi, ali smatra se da je Kṛṣṇa vlasnik zgrade. To je svjesnost Kṛṣṇe. Ako ne može sagraditi hram za Kṛṣṇu, može čistiti Kṛṣṇin hram; to je također *kṛṣṇa-karma.* Može obrađivati vrt. Svatko tko ima zemlju – svaki siromah, bar u Indiji, ima malo zemlje – može je iskoristiti za uzgoj cvijeća koje može ponuditi Kṛṣṇi. Može posaditi biljku *tulasī*, jer je lišće biljke *tulasī* veoma važno i Kṛṣṇa to preporučuje u *Bhagavad-gīti. Patraṁ puṣpaṁ phalaṁ toyam.* Kṛṣṇa želi da Mu ponudimo list, cvijet, plod ili malo vode – i zadovoljan je takvom ponudom. List se posebno odnosi na list biljke *tulasī.* Tako može posaditi *tulasī* i zalijevati je. Na taj način čak i najsiromašniji čovjek može služiti Kṛṣṇu. To su neki od primjera kako možemo raditi za Kṛṣṇu.

Riječi *mat-paramaḥ* odnose se na onoga tko smatra da je druženje s Kṛṣṇom u Njegovu vrhovnom prebivalištu najviše savršenstvo života. Takva se osoba ne želi uzdignuti na više planete poput Sunca, Mjeseca ili rajskih planeta, niti želi dostići najviši planet ovoga svemira, Brahmaloku.

To je ne privlači. Privlači je samo odlazak u duhovno nebo. Čak i kad uđe u duhovno nebo, stapanje s blistavim sjajem, *brahmajyotijem*, ne pruža joj zadovoljstvo, jer želi otići na najviši duhovni planet, Kṛṣṇaloku, Goloku Vṛndāvanu. Posjeduje potpuno znanje o tom planetu i zato je ne zanima nijedan drugi planet. Kao što pokazuje riječ *mad-bhaktaḥ*, potpuno se posvećuje predanom služenju, slijedeći devet procesa predanog služenja: slušanje, pjevanje, sjećanje, obožavanje, služenje Gospodinovih lotosolikih stopala, upućivanje molitvi, izvršavanje Gospodinovih naredbi, sklapanje prijateljstva s Gospodinom i predavanje svega Gospodinu. Može slijediti svih devet procesa ili osam ili sedam, ili barem jedan i tako će sigurno postati savršena.

Izraz *saṅga-varjitaḥ* vrlo je značajan. Trebamo izbjegavati društvo osoba koje su neprijateljski raspoložene prema Kṛṣṇi. Nisu samo ateisti neprijateljski raspoloženi prema Kṛṣṇi, već i oni koje privlače plodonosne djelatnosti i umna spekulacija. Stoga je čisti oblik predanog služenja u *Bhakti-rasāmṛta-sindhuu* (1.1.11) opisan ovim riječima:

anyābhilāṣitā-śūnyaṁ jñāna-karmādy-anāvṛtam
ānukūlyena kṛṣṇānu- śīlanaṁ bhaktir uttamā

U navedenoj strofi Śrīla Rūpa Gosvāmī jasno kaže da se moramo osloboditi svih materijalnih nečistoća, ako želimo služiti Gospodina s čistom predanošću. Moramo se osloboditi društva osoba vezanih za plodonosno djelovanje i umnu spekulaciju. Kad tako oslobođeni nepoželjna društva i okaljanosti materijalnim željama povoljno njegujemo znanje o Kṛṣṇi, to se naziva čisto predano služenje. *Ānukūlyasya saṅkalpaḥ prātikūlyasya varjanam* (*Hari-bhakti-vilāsa* 11.676). Trebamo misliti na Kṛṣṇu i djelovati za Kṛṣṇu s naklonošću, ne s neprijateljstvom. Kaṁsa je bio Kṛṣṇin neprijatelj. Od samoga početka Kṛṣṇina života na razne je načine smišljao kako bi Ga mogao ubiti. Budući da je u tome uvijek bio neuspješan, uvijek je mislio na Kṛṣṇu. Tako, dok je radio, jeo i spavao, uvijek je u svakom pogledu bio svjestan Kṛṣṇe, ali ta se svjesnost Kṛṣṇe nije temeljila na naklonosti i zato je bio smatran demonom, iako je uvijek, dvadeset četiri sata na dan mislio na Kṛṣṇu. Na kraju, Kṛṣṇa ga je ubio. Naravno, onaj koga Kṛṣṇa ubije odmah dostiže oslobođenje, ali to nije cilj čistoga *bhakte*. Čisti *bhakta* ne želi čak ni spasenje. Ne želi biti prenesen čak ni na najviši planet, Goloku Vṛndāvanu. Jedino želi služiti Kṛṣṇu, gdje god se nalazio.

Kṛṣṇin se *bhakta* prijateljski ophodi prema svakome. Zato je ovdje rečeno da nema neprijatelja (*nirvairaḥ*). Kako to? *Bhakta* utemeljen u svjesnosti Kṛṣṇe zna da samo predano služenje Kṛṣṇe može osloboditi osobu svih životnih problema. To je osobno iskusio i zato želi ovaj sustav, svjesnost Kṛṣṇe, uvesti u ljudsko društvo. Ima mnogo primjera Gospodinovih *bhakta* koji su u prošlosti izložili opasnosti svoj život radi promicanja svjesnosti Boga. Najpoznatiji je primjer Isus Krist. *Abhakte* su ga razapeli, ali on je žrtvovao život za širenje svjesnosti Boga. Naravno, bilo bi površno smatrati da je bio ubijen. U Indiji također ima mnogo primjera, kao što su Ṭhākura Haridāsa i Prahlāda Mahārāja. Zašto su se izložili tolikoj opasnosti? Zato što su htjeli širiti svjesnost Kṛṣṇe, a to je teško. Osoba svjesna Kṛṣṇe zna da ljudi pate jer su zaboravili svoj vječni odnos s Kṛṣṇom. Ljudskom društvu možemo pružiti najveću dobrobit oslobađajući svoje bližnje svih materijalnih problema. Na takav način čisti *bhakta* služi Gospodina. Možemo samo zamisliti kako je Kṛṣṇa milostiv prema onima koji Ga služe, riskirajući sve za Njega. Takve osobe, po napuštanju tijela, sigurno dostižu vrhovni planet.

Ukratko, Kṛṣṇa je pokazao Svoj kozmički oblik, koji se privremeno očituje, oblik vremena koji sve proždire i četveroruki oblik Viṣṇua. Stoga je Kṛṣṇa podrijetlo svih tih očitovanja. Kṛṣṇa nije očitovanje izvorne *viśvarūpe* ili Viṣṇua. Kṛṣṇa je podrijetlo svih oblika. Postoje stotine i tisuće oblika Viṣṇua, ali *bhakta* ne smatra nijedan Kṛṣṇin oblik važnim osim izvornog, dvorukog oblika Śyāmasundare. U *Brahma-saṁhiti* rečeno je da osobe privržene Kṛṣṇinu obliku Śyāmasundare, s ljubavlju i predanošću, mogu u srcu vidjeti samo Njega i ništa drugo. Stoga trebamo shvatiti da je oblik Kṛṣṇe najvažniji i najviši. To je smisao jedanaestoga poglavlja.

Tako se završavaju Bhaktivedantina tumačenja jedanaestoga poglavlja Śrīmad Bhagavad-gīte *pod naslovom* Kozmički oblik.

DVANAESTO POGLAVLJE

Predano služenje

STROFA 1

अर्जुन उवाच
एवं सततयुक्ता ये भक्तास्त्वां पर्युपासते ।
ये चाप्यक्षरमव्यक्तं तेषां के योगवित्तमाः ॥ १ ॥

arjuna uvāca
evaṁ satata-yuktā ye bhaktās tvāṁ paryupāsate
ye cāpy akṣaram avyaktaṁ teṣāṁ ke yoga-vittamāḥ

arjunaḥ uvāca – Arjuna reče; *evam* – tako; *satata* – uvijek; *yuktāḥ* – djeluju; *ye* – oni koji; *bhaktāḥ* – *bhakte*; *tvām* – Tebe; *paryupāsate* – pravilno obožavaju; *ye* – oni koji; *ca* – također; *api* – ponovno; *akṣaram* – transcendentalno prema osjetilima; *avyaktam* – neočitovano; *teṣām* – od njih; *ke* – tko; *yoga-vit-tamāḥ* – najsavršeniji u znanju o *yogi*.

Arjuna upita: Tko je savršeniji – onaj tko Te uvijek pravilno predano služi ili onaj tko obožava neočitovani, neosobni Brahman?

SMISAO: Kṛṣṇa je do sada objasnio osobni, neosobni i kozmički vid te opisao sve vrste *bhakta* i *yogīja*. Transcendentalisti se mogu svrstati u dvije kategorije: u impersonaliste i personaliste. *Bhakta* je personalist i aktivno služi Svevišnjeg Gospodina svom svojom energijom. Impersonalist je također aktivan, ali ne služi neposredno Kṛṣṇu, već meditira na neočitovani, neosobni Brahman.

Iz ovoga poglavlja saznajemo da je *bhakti-yoga*, predano služenje, najviši proces spoznaje Apsolutne Istine. Ako se netko želi družiti sa Svevišnjom Božanskom Osobom, mora se posvetiti predanom služenju.

Oni koji predanim služenjem izravno obožavaju Svevišnjega Gospodina nazivaju se personalistima. Oni koji meditiraju na neosobni Brahman nazivaju se impersonalistima. Arjuna ovdje pita koji je položaj bolji. Postoje različiti načini spoznaje Apsolutne Istine, ali Kṛṣṇa u ovom poglavlju izjavljuje da je od svih najviša *bhakti-yoga*, predano služenje Gospodina. Ono je najizravniji i najlakši oblik druženja s Bogom.

U drugom poglavlju *Bhagavad-gīte* Svevišnji je Gospodin objasnio da živo biće nije materijalno tijelo; ono je duhovna iskra. Apsolutna je Istina duhovna cjelina. U sedmom je poglavlju rekao da je živo biće sastavni djelić vrhovne cjeline i preporučio potpuno usmjeravanje pozornosti na cjelinu. U osmom poglavlju izjavio je da onaj tko u vrijeme napuštanja tijela misli na Njega odmah biva prenesen u duhovno nebo, u Kṛṣṇino prebivalište. Na kraju šestoga poglavlja Gospodin je jasno rekao da je najsavršeniji *yogī* onaj tko uvijek u sebi misli na Kṛṣṇu. Tako je u gotovo svakom poglavlju zaključak bio da osoba treba postati privržena Kṛṣṇinu osobnom obliku, jer je takva privrženost najviša duhovna spoznaja.

Unatoč tome neke osobe nisu vezane za Kṛṣṇin osobni oblik. Toliko su ustrajne u tome da čak i kada tumače *Bhagavad-gītu* žele odvratiti ljude od Kṛṣṇe i prenijeti svu predanost na neosobni *brahmajyoti*. Više vole meditirati na neosobni vid Apsolutne Istine, koji je iznad dosega osjetila i neočitovan.

Tako postoje dvije vrste transcendentalista. Arjuna sada pokušava utvrditi koji je proces lakši i koja je vrsta transcendentalista savršenija. Drugim riječima, želi razjasniti vlastiti položaj, jer je privržen Kṛṣṇinu osobnom obliku. Nije privržen neosobnom Brahmanu. On želi znati je li njegov položaj siguran. Na neosobno očitovanje Svevišnjega Gospodina, u materijalnom svijetu ili u duhovnom svijetu, teško je meditirati. Ustvari, neosobni vid Apsolutne Istine ne može se savršeno shvatiti. Zato Arjuna želi reći: „Kakva je korist od takva gubljenja vremena?" U jedanaestom poglavlju Arjuna je iskusio da je najbolje biti privržen Kṛṣṇinu osobnom obliku, jer je tako istodobno mogao shvatiti sve druge oblike i nije bio uznemiren u svojoj ljubavi prema Kṛṣṇi. Ovo važno pitanje koje je Arjuna postavio Kṛṣṇi razjasnit će razliku između neosobnog i osobnog shvaćanja Apsolutne Istine.

STROFA 2

श्रीभगवानुवाच
मय्यावेश्य मनो ये मां नित्ययुक्ता उपासते ।
श्रद्धया परयोपेतास्ते मे युक्ततमा मताः ॥ २ ॥

śrī-bhagavān uvāca
mayy āveśya mano ye māṁ nitya-yuktā upāsate
śraddhayā parayopetās te me yuktatamā matāḥ

śrī-bhagavān uvāca – Svevišnja Božanska Osoba reče; *mayi* – na Mene; *āveśya* – usredotočuju; *manaḥ* – um; *ye* – oni koji; *mām* – Mene; *nitya* – uvijek; *yuktā upāsate* – obožavaju; *śraddhayā* – s vjerom; *parayā* – transcendentalnom; *upetāḥ* – obdareni; *te* – njih; *me* – Ja; *yukta-tamāḥ* – najsavršenijima u *yogi; matāḥ* – smatram.

Svevišnja Božanska Osoba reče: One koji usredotoče svoj um na Moj osobni oblik i uvijek Me obožavaju s velikom transcendentalnom vjerom smatram najsavršenijim.

SMISAO: U odgovoru na Arjunino pitanje Kṛṣṇa jasno kaže da je onaj tko usredotočuje um na Njegov osobni oblik i obožava Ga s vjerom i predanošću dostigao najviše savršenstvo *yoge*. Takva osoba svjesna Kṛṣṇe ne vrši materijalne djelatnosti, jer sve radi za Kṛṣṇu. Čisti je *bhakta* uvijek aktivan. Katkada mantra, katkada sluša ili čita knjige o Kṛṣṇi, kuha *prasādam* ili na tržnici kupuje nešto za Kṛṣṇu. Ponekad čisti hram ili pere posuđe – što god da radi, u svakom trenutku posvećuje svoje djelatnosti Kṛṣṇi. Takvo je djelovanje potpuni *samādhi*.

STROFE 3–4

ये त्वक्षरमनिर्देश्यमव्यक्तं पर्युपासते ।
सर्वत्रगमचिन्त्यं च कूटस्थमचलं ध्रुवम् ॥ ३ ॥
सन्नियम्येन्द्रियग्रामं सर्वत्र समबुद्धयः ।
ते प्राप्नुवन्ति मामेव सर्वभूतहिते रताः ॥ ४ ॥

ye tv akṣaram anirdeśyam avyaktaṁ paryupāsate
sarvatra-gam acintyaṁ ca kūṭa-stham acalaṁ dhruvam

sanniyamyendriya-grāmaṁ sarvatra sama-buddhayaḥ
te prāpnuvanti mām eva sarva-bhūta-hite ratāḥ

ye – osobe koje; *tu* – ali; *akṣaram* – iznad dosega osjetilnog opažanja; *anirdeśyam* – neodređenog; *avyaktam* – neočitovanog; *paryupāsate* – potpuno se zaokupljaju obožavanjem; *sarvatra-gam* – sveprožimajućeg; *acintyam* – nepojmljivog; *ca* – također; *kūṭa-stham* – nepromjenjivog; *acalam* – nepokretnog; *dhruvam* – postojanog; *sanniyamya* – vladajući; *indriya-grāmam* – svim osjetilima; *sarvatra* – svuda; *sama-buddhayaḥ* – jednako se odnoseći; *te* – oni; *prāpnuvanti* – dolaze; *mām* – k Meni; *eva* – zacijelo; *sarva-bhūta-hite* – za dobrobit svih živih bića; *ratāḥ* – djeluju.

No oni koji obožavaju neočitovano, ono što leži izvan dosega osjetilnog opažanja, sveprožimajuće, nepojmljivo, nepromjenjivo, postojano i nepokretno – drugim riječima, neosobni vid Apsolutne Istine – vladajući osjetilima i ophodeći se jednako prema svima, takve osobe, koje djeluju za dobrobit svih živih bića, na kraju dolaze k Meni.

SMISAO: Oni koji ne obožavaju Vrhovnog Boga Kṛṣṇu neposredno, već pokušavaju dostići isti cilj posrednim procesom također na kraju dostižu isti cilj – Śrī Kṛṣṇu. „Nakon mnogo života mudar čovjek prihvaća Moje utočište, znajući da je Vāsudeva sve." Kad nakon mnogo života osoba stekne potpuno znanje, predaje se Gospodinu Kṛṣṇi. Ako netko želi prići Bogu procesom opisanim u ovoj strofi, mora vladati osjetilima, služiti svakoga i činiti dobro svim bićima. Podrazumijeva se da mora prići Gospodinu Kṛṣṇi, inače ne može dostići savršenu spoznaju. Često se mora podvrgnuti brojnim pokorama prije nego što se potpuno preda Njemu.

Da bi opazila Nad-dušu u osobnoj duši, osoba mora okončati osjetilne djelatnosti poput gledanja, slušanja, kušanja, djelovanja itd. Tada spoznaje da je Vrhovna Duša svuda nazočna. Spoznavši to, ne zavidi ni jednom živom biću – ne pravi razliku između čovjeka i životinje, jer vidi samo dušu, a ne vanjski prekrivač. Ovaj proces neosobne spoznaje vrlo je težak za obična čovjeka.

STROFA 5

क्लेशोऽधिकतरस्तेषामव्यक्तासक्तचेतसाम् ।
अव्यक्ता हि गतिर्दुःखं देहवद्भिरवाप्यते ॥ ५ ॥

kleśo 'dhikataras teṣām avyaktāsakta-cetasām
avyaktā hi gatir duḥkhaṁ dehavadbhir avāpyate

kleśaḥ – mučan; *adhika-taraḥ* – vrlo; *teṣām* – njihovi; *avyakta* – za neočitovano; *āsakta* – vezani; *cetasām* – umovi; *avyaktā* – prema neočitovanom; *hi* – zacijelo; *gatiḥ* – napredak; *duḥkham* – teško; *deha-vadbhiḥ* – utjelovljeni; *avāpyate* – postižu.

Oni čiji su umovi vezani za neočitovani, neosobni vid Svevišnjega s velikom mukom napreduju. Za utjelovljena bića uvijek je teško napredovati u tom procesu.

SMISAO: Transcendentalisti koji slijede put nepojmljivog, neočitovanog, neosobnog Svevišnjeg Gospodina nazivaju se *jñāna-yogīji*, a osobe koje su potpuno svjesne Kṛṣṇe i koje predano služe Gospodina nazivaju se *bhakti-yogīji*. Ovdje je jasno opisana razlika između *jñāna-yoge* i *bhakti-yoge*. Proces *jñāna-yoge* vrlo je težak, premda na kraju dovodi osobu do istoga cilja, dok je put *bhakti-yoge*, izravnog služenja Svevišnje Božanske Osobe, lakši i prirodan za utjelovljenu dušu. Individualna je duša od davnina utjelovljena. Za nju je vrlo teško čak i teorijski shvatiti da nije tijelo. Zato *bhakti-yogī* obožava Božanstvo Kṛṣṇe, jer tako može iskoristiti tjelesno shvaćanje uvriježeno u njegovu umu. Naravno, obožavanje Svevišnjega Gospodina u Njegovu obliku u hramu nije idolopoklonstvo. Prema vedskim spisima, postoje dva načina obožavanja Svevišnjega: *saguṇa* (s odlikama) i *nirguṇa* (bez odlika). Obožavanje Božanstva u hramu naziva se *saguṇa* obožavanjem, jer Gospodina predstavljaju materijalni elementi. No premda je Gospodinov oblik načinjen od materijalnih sastojaka, kao što su kamen, drvo ili uljena slika, nije materijalan. To je apsolutna priroda Svevišnjega Gospodina.

Ovdje možemo navesti jednostavan primjer. Na ulici možemo vidjeti poštanske sandučiće i ako u njih ubacimo pisma, ona će prirodno bez problema stići na svoje odredište. No bilo koji stari sandučić ili imitacija sandučića, kojeg nije postavila pošta, neće pomoći. Slično tome, oblik Božanstva ovlašteno je Božje očitovanje koje se naziva *arcā-vigraha*. Ta je *arcā-vigraha* inkarnacija Svevišnjega Gospodina. Bog će prihvatiti službu kroz taj oblik. Gospodin je svemoguć, svemoćan. Stoga u Svojoj *arcā-vigraha* inkarnaciji može prihvatiti službu *bhakte*, samo da bi čovjeku u uvjetovanu životu olakšao proces.

Tako *bhakta* može odmah, bez poteškoća, izravno prići Svevišnjem, ali put je sljedbenika impersonalističke škole duhovne spoznaje težak. Oni moraju shvatiti neočitovani vid Svevišnjega kroz vedske spise poput *Upaniṣada*, naučiti jezik, shvatiti nepojmljive osjećaje i spoznati sve te procese. To nije baš lako za obična čovjeka. Osoba u svjesnosti Kṛṣṇe koja predano služi veoma lako spoznaje Svevišnju Božansku Osobu samo zahvaljujući vodstvu vjerodostojna duhovnog učitelja, odavanju poštovanja Božanstvu u skladu s propisima, slušanju Gospodinovih slava i jedenju ostataka hrane ponuđene Gospodinu. Impersonalisti nedvojbeno nepotrebno prihvaćaju težak put, izlažući se opasnosti da na kraju ne spoznaju Apsolutnu Istinu. No personalisti, bez ikakve opasnosti, problema ili poteškoća, neposredno prilaze Vrhovnoj Osobi. Sličan odlomak nalazimo u *Śrīmad-Bhāgavatamu*. Ondje je rečeno da osoba koja se na kraju mora predati Svevišnjoj Božanskoj Osobi (taj proces predavanja naziva se *bhakti*), ali umjesto toga nastoji shvatiti što jest, a što nije Brahman, i u tome provede čitav svoj život, ostvaruje rezultat uz težak napor. Zato nam Gospodin u ovoj strofi savjetuje da ne prihvatimo težak put samospoznaje jer nam krajnji rezultat nije osiguran.

Živo je biće vječno individualna duša i ako se želi stopiti s duhovnom cjelinom, može spoznati dva obilježja svoje prirode, vječnost i znanje, ali ne i blaženstvo. Milošću *bhakte* takav veoma učeni transcendentalist u procesu *jñāna-yoge* može doći do *bhakti-yoge*, predanog služenja. Tada dugotrajno bavljenje impersonalizmom također postaje izvor problema, jer ne može ostaviti tu ideju. Tako utjelovljena duša uvijek ima problema s neočitovanim, i u vrijeme slijeđenja procesa i u vrijeme spoznaje. Svaka je živa duša djelomično neovisna i treba znati da se spoznaja neočitovanog protivi prirodi njezina duhovno blaženog jastva. Ne bismo trebali prihvatiti taj proces. Najbolji put za svako živo biće je proces svjesnosti Kṛṣṇe, koji zahtijeva potpunu posvećenost predanom služenju. Želi li zanemariti predano služenje, postoji opasnost od okretanja k ateizmu. Tako nikada, osobito u ovom dobu, ne bismo trebali ohrabrivati ljude da prihvate proces usredotočivanja na ono što je neočitovano, nepojmljivo i iznad dosega osjetila, kao što je objašnjeno u ovoj strofi. Gospodin Kṛṣṇa to ne savjetuje.

STROFE 6–7

ये तु सर्वाणि कर्माणि मयि सन्न्यस्य मत्पराः ।
अनन्येनैव योगेन मां ध्यायन्त उपासते ॥ ६ ॥
तेषामहं समुद्धर्ता मृत्युसंसारसागरात् ।
भवामि न चिरात् पार्थ मय्यावेशितचेतसाम् ॥ ७ ॥

ye tu sarvāṇi karmāṇi mayi sannyasya mat-parāḥ
ananyenaiva yogena māṁ dhyāyanta upāsate

teṣām ahaṁ samuddhartā mṛtyu-saṁsāra-sāgarāt
bhavāmi na cirāt pārtha mayy āveśita-cetasām

ye – oni koji; *tu* – ali; *sarvāṇi* – sve; *karmāṇi* – djelatnosti; *mayi* – Meni; *sannyasya* – posvećujući; *mat-parāḥ* – privrženi Meni; *ananyena* – bez odstupanja; *eva* – zacijelo; *yogena* – primjenjujući takvu *bhakti-yogu*; *mām* – na Mene; *dhyāyantaḥ* – meditiraju; *upāsate* – obožavaju; *teṣām* – njihov; *aham* – Ja; *samuddhartā* – izbavitelj; *mṛtyu* – smrti; *saṁsāra* – u materijalnom postojanju; *sāgarāt* – iz oceana; *bhavāmi* – postajem; *na* – ne; *cirāt* – nakon duga vremena; *pārtha* – o Pṛthin sine; *mayi* – na Mene; *āveśita* – usredotočen; *cetasām* – čiji je um.

No one koji obožavaju Mene, posvećujući sve svoje djelatnosti Meni s nepokolebljivom predanošću, koji predano služe i uvijek meditiraju na Mene, usredotočivši svoje umove na Mene, o Pṛthin sine – brzo izbavljam iz oceana rođenja i smrti.

SMISAO: Ovdje je jasno rečeno da su *bhakte* vrlo sretni, jer će ih Gospodin ubrzo izbaviti iz materijalnog postojanja. U čistu predanom služenju osoba spoznaje da je Bog velik i da Mu je individualna duša podčinjena. Njezina je dužnost služenje Gospodina – u protivnom će služiti *māyu*.

Kao što je već bilo rečeno, Svevišnjega Gospodina možemo spoznati samo predanim služenjem. Stoga trebamo svu svoju predanost posvetiti Njemu. Da bismo dostigli Kṛṣṇu, trebamo potpuno usredotočiti um na Njega. Trebamo raditi samo za Kṛṣṇu. Nije važno što radimo, ali trebamo raditi samo za Kṛṣṇu. To je standard predanog služenja. *Bhakta* ne želi ništa drugo osim da zadovolji Svevišnju Božansku Osobu. Misija je njegova života zadovoljiti Kṛṣṇu i on može sve žrtvovati za Kṛṣṇino zadovoljstvo, kao što je Arjuna učinio u bici na Kurukṣetri. Proces je vrlo jednostavan: osoba se može s predanošću baviti svojim zanimanjem i istodobno pjevati Hare Kṛṣṇa, Hare Kṛṣṇa, Kṛṣṇa Kṛṣṇa, Hare Hare/ Hare Rāma, Hare Rāma, Rāma Rāma, Hare Hare. Takvo transcendentalno mantranje razvija u *bhakti* privlačnost prema Božanskoj Osobi.

Svevišnji Gospodin ovdje obećava da će čistog *bhaktu* koji tako djeluje bez odlaganja izbaviti iz oceana materijalnog postojanja. Napredni *yogīji* mogu procesom *yoge* po svojoj volji prenijeti dušu na svaki planet po svom izboru, a drugi koriste razne druge mogućnosti, ali što se tiče *bhakte*, ovdje je jasno rečeno da ga odvodi sam Gospodin. *Bhakta* ne mora čekati da stekne veliko iskustvo kako bi se uzdigao na duhovno nebo.

U *Varāha Purāṇi* rečeno je:

nayāmi paramaṁ sthānam arcir-ādi-gatiṁ vinā
garuḍa-skandham āropya yatheccham anivāritaḥ

Prema ovoj strofi, *bhakta* ne mora vježbati *aṣṭāṅga-yogu* kako bi svoju dušu prenio na duhovne planete. Svevišnji Gospodin osobno preuzima odgovornost. On ovdje jasno kaže da sam postaje izbavitelj. Roditelji se potpuno brinu o djetetu i stoga je njegov položaj siguran. Slično tome, *bhakta* ne mora nastojati procesom *yoge* dostići druge planete. Svevišnji se Gospodin iz Svoje velike milosti odmah pojavljuje na Svom nositelju, ptici Garuḍi, i izbavlja *bhaktu* iz materijalnog postojanja. Čovjek koji je pao u ocean ne može se spasiti, iako se može vrlo žestoko boriti s valovima i biti vrlo vješt plivač. No ako netko dođe i izvadi ga iz vode, lako biva izbavljen. Slično tome, Gospodin izbavlja *bhaktu* iz materijalnog postojanja. *Bhakta* mora samo slijediti lak proces predanog služenja i potpuno se posvetiti predanom služenju. Svaki inteligentan čovjek treba uvijek dati prednost predanom služenju u odnosu na sve druge putove. To je potvrđeno u *Nārāyaṇīyi* ovim riječima:

yā vai sādhana-sampattiḥ puruṣārtha-catuṣṭaye
tayā vinā tad āpnoti naro nārāyaṇāśrayaḥ

Prema ovoj strofi, ne bismo se trebali baviti raznim plodonosnim djelatnostima ili njegovati znanje umnom spekulacijom. Onaj tko je svoju predanost posvetio Božanskoj Osobi može steći sve dobrobiti koje se dobivaju drugim procesima *yoge* ili spekulacijom, obredima, žrtvovanjima, davanjem milostinje itd. To je poseban blagoslov predanog služenja.

Samim pjevanjem Kṛṣṇina svetog imena – Hare Kṛṣṇa, Hare Kṛṣṇa, Kṛṣṇa Kṛṣṇa, Hare Hare/ Hare Rāma, Hare Rāma, Rāma Rāma, Hare Hare – Gospodinov *bhakta* može lako i sretno dostići vrhovno odredište, koje se ne može dostići nijednim drugim procesom religije.

Zaključak je *Bhagavad-gīte* iznesen u osamnaestom poglavlju:

sarva-dharmān parityajya mām ekaṁ śaraṇaṁ vraja
ahaṁ tvāṁ sarva-pāpebhyo mokṣayiṣyāmi mā śucaḥ

Trebamo ostaviti sve druge procese samospoznaje i samo predano služiti u svjesnosti Kṛṣṇe. To će nam omogućiti da dostignemo najviše savršenstvo života. Ne trebamo razmišljati o grešnim posljedicama svoga prošlog života, jer Svevišnji Gospodin preuzima brigu o nama. Stoga ne bismo trebali uzaludno pokušavati da se sami izbavimo duhovnom spoznajom. Neka svatko prihvati utočište vrhovnoga svemoćnog Boga, Kṛṣṇe. To je najviše savršenstvo života.

STROFA 8

मय्येव मन आधत्स्व मयि बुद्धिं निवेशय ।
निवसिष्यसि मय्येव अत ऊर्ध्वं न संशयः ॥ ८ ॥

mayy eva mana ādhatsva mayi buddhiṁ niveśaya
nivasiṣyasi mayy eva ata ūrdhvaṁ na saṁśayaḥ

mayi – na Mene; *eva* – zacijelo; *manaḥ* – um; *ādhatsva* – usredotoči; *mayi* – na Mene; *buddhim* – inteligenciju; *niveśaya* – usmjeri; *nivasiṣyasi* – živjet ćeš; *mayi* – u Meni; *eva* – zacijelo; *ataḥ ūrdhvam* – zatim; *na* – nikada; *saṁśayaḥ* – sumnja.

Samo usredotoči svoj um na Mene, Svevišnju Božansku Osobu, i usmjeri svoju inteligenciju na Mene. Tako ćeš nedvojbeno uvijek živjeti u Meni.

SMISAO: Onaj tko predano služi Gospodina Kṛṣṇu živi u neposrednu odnosu sa Svevišnjim Gospodinom i zato je njegov položaj od samoga početka transcendentalan. *Bhakta* ne živi na materijalnoj razini – on živi u Kṛṣṇi. Gospodinovo se sveto ime i Gospodin ne razlikuju. Kad *bhakta* pjeva Hare Kṛṣṇa *mantru*, Kṛṣṇa i Njegova unutarnja moć plešu na jeziku *bhakte*. Kad ponudi hranu Kṛṣṇi, Kṛṣṇa je neposredno prihvaća i *bhakta* postaje kṛṣṇaiziran jedući ostatke. Onaj tko se nije posvetio takvu služenju ne može to shvatiti, premda je ovaj proces preporučen u *Bhagavad-gīti* i drugim vedskim spisima.

STROFA 9

अथ चित्तं समाधातुं न शक्नोषि मयि स्थिरम् ।
अभ्यासयोगेन ततो मामिच्छाप्तुं धनञ्जय ॥ ९ ॥

atha cittaṁ samādhātuṁ na śaknoṣi mayi sthiram
abhyāsa-yogena tato mām icchāptuṁ dhanañjaya

atha – ako, stoga; *cittam* – um; *samādhātum* – usredotočiti; *na* – nisi; *śaknoṣi* – sposoban; *mayi* – na Mene; *sthiram* – postojano; *abhyāsa-yogena* – predanim služenjem; *tataḥ* – onda; *mām* – Mene; *icchā* – želi; *āptum* – dostići; *dhanam-jaya* – o osvojitelju bogatstva, Arjuna.

Dragi Moj Arjuna, o osvojitelju bogatstva, ako ne možeš usredotočiti svoj um na Mene bez odstupanja, slijedi propisana načela bhakti-yoge. Na taj način možeš razviti želju da Me dostigneš.

SMISAO: U ovoj strofi Gospodin opisuje dva različita procesa *bhakti-yoge*. Prvi je namijenjen onome tko je zahvaljujući transcendentalnoj ljubavi postao privržen Kṛṣṇi, Svevišnjoj Božanskoj Osobi, a drugi onome tko nije razvio takvu privrženost. Za njega su propisana različita pravila koja može slijediti kako bi na kraju dostigao razinu privrženosti Kṛṣṇi.

Bhakti-yoga je proces pročišćenja osjetila. Sada su, u materijalnom postojanju, osjetila uvijek nečista, jer su zaokupljena osjetilnim uživanjem, ali osjetila se mogu pročistiti procesom *bhakti-yoge* i u pročišćenu stanju mogu doći u neposredan dodir sa Svevišnjim Gospodinom. U materijalnom postojanju ja mogu služiti gospodara, ali ga ne služim s ljubavlju. Služim ga samo radi novca. Gospodar također nema ljubavi; prihvaća moju službu i plaća me. Tako nema ni govora o ljubavi. Međutim, u duhovnom životu moramo se uzdići na razinu čiste ljubavi. Tu ljubav možemo razviti predanim služenjem s osjetilima koja sada imamo.

Ljubav prema Bogu sada je uspavana u svačijem srcu. Ona se ondje očituje na razne načine, ali je okaljana dodirom materije. Zato moramo pročistiti srce od utjecaja materije i probuditi uspavanu, prirodnu ljubav prema Kṛṣṇi. To je proces svjesnosti Kṛṣṇe.

Da bi slijedila propisana načela *bhakti-yoge*, osoba treba pod vodstvom iskusna duhovnog učitelja slijediti određena načela: ustati rano ujutro, okupati se, ući u hram, uputiti molitve i mantrati Hare Kṛṣṇa, nabrati cvijeće za Božanstvo, skuhati hranu za Božanstvo, pojesti *prasādam* itd. Postoje različita pravila i načela koja treba slijediti. Usto treba stalno slušati *Bhagavad-gītu* i *Śrīmad-Bhāgavatam* od čistih *bhakta*. Te djelatnosti mogu svakome pomoći da se uzdigne na razinu ljubavi prema Bogu. Tada mu je povratak u duhovno carstvo Boga osiguran. Takvo slijeđenje procesa *bhakti-yoge* po pravilima i načelima, pod vodstvom duhovnog učitelja, sigurno će dovesti osobu do razine ljubavi prema Bogu.

STROFA 10

अभ्यासेऽप्यसमर्थोऽसि मत्कर्मपरमो भव ।
मदर्थमपि कर्माणि कुर्वन् सिद्धिमवाप्स्यसि ॥ १० ॥

abhyāse 'py asamartho 'si mat-karma-paramo bhava
mad-artham api karmāṇi kurvan siddhim avāpsyasi

abhyāse – primjenjivati; *api* – čak i ako; *asamarthaḥ* – ne možeš; *asi* – ti; *mat-karma* – radi za Mene; *paramaḥ* – posvećen; *bhava* – postani; *mat-artham* – za Mene; *api* – čak; *karmāṇi* – rad; *kurvan* – obavljajući; *siddhim* – savršenstvo; *avāpsyasi* – dostići ćeš.

Ako ne možeš slijediti pravila bhakti-yoge, pokušaj raditi za Mene, jer ćeš radeći za Mene dostići savršenstvo.

SMISAO: Onaj tko ne može čak ni slijediti propisana načela *bhakti-yoge* pod vodstvom duhovnog učitelja može dostići savršenu razinu radeći za Svevišnjega Gospodina. Kako to može učiniti već je bilo objašnjeno u pedeset petoj strofi jedanaestoga poglavlja. Treba pomagati promicanje svjesnosti Kṛṣṇe. Ima mnogo *bhakta* koji promiču svjesnost Kṛṣṇe i njima je potrebna pomoć. Ako netko ne može neposredno slijediti propisana načela *bhakti-yoge*, može im pokušati pomoći. Za svaki je posao potrebna zemlja, kapital, organizacija i napor. Radno mjesto, kapital, rad i organizacija radi promidžbe potrebni su i za trgovinu i za služenje Kṛṣṇe. Jedina je razlika u tome što materijalist radi kako bi zadovoljio osjetila. Međutim istu djelatnost može vršiti za Kṛṣṇu i to je duhovna djelatnost. Ako netko ima dovoljno novaca, može pridonijeti izgradnji ureda ili hrama za širenje svjesnosti Kṛṣṇe. Ili može pridonijeti izdavanju knjiga. Postoje različita polja djelatnosti i on treba biti zainteresiran za takve djelatnosti. Ako ne može žrtvovati rezultate svojih djelatnosti, može ipak žrtvovati neki postotak za promicanje svjesnosti Kṛṣṇe. Ta dobrovoljna služba za svjesnost Kṛṣṇe pomoći će mu da se uzdigne na višu razinu ljubavi prema Bogu. Tada će postati savršen.

STROFA 11

अथैतदप्यशक्तोऽसि कर्तुं मद्योगमाश्रितः ।
सर्वकर्मफलत्यागं ततः कुरु यतात्मवान् ॥ ११ ॥

athaitad apy aśakto 'si kartuṁ mad-yogam āśritaḥ
sarva-karma-phala-tyāgaṁ tataḥ kuru yatātmavān

atha – čak i ako; *etat* – to; *api* – također; *aśaktaḥ* – ne možeš; *asi* – ti; *kartum* – učiniti; *mat* – Moje; *yogam* – predanim služenjem; *āśritaḥ* – prihvaćajući utočište; *sarva-karma* – svih djelatnosti; *phala* – rezultata; *tyāgam* – odricanje; *tataḥ* – onda; *kuru* – učini; *yata-ātma-vān* – utemeljen u jastvu.

Međutim ako ne možeš tako djelovati, svjestan Mene, pokušaj se odreći rezultata svoga rada i budi utemeljen u jastvu.

SMISAO: Netko možda ne može pomagati djelatnosti svjesnosti Kṛṣṇe zbog društvenih, obiteljskih ili religijskih obzira ili nekih drugih zapreka. Ako se izravno poveže s djelatnostima svjesnosti Kṛṣṇe, članovi obitelji mogu mu prigovoriti ili može biti izložen brojnim drugim neugodnostima. Onome tko ima taj problem savjetuje se da stečene plodove svoga rada žrtvuje u dobre svrhe. Takvi su postupci opisani u zbornicima vedskih pravila. Postoje razna žrtvovanja i *puṇye* (posebni obredi) u kojim osoba može upotrijebiti rezultate svojih djelatnosti. Tako se može postupno uzdignuti na razinu znanja. Kad netko koga ne zanima djelovanje u svjesnosti Kṛṣṇe da milostinju bolnici ili drugoj društvenoj ustanovi, odriče se teško ostvarenih rezultata svojih djelatnosti. To je ovdje također preporučeno, jer će se njegov um sigurno postupno pročistiti. U tom pročišćenom stanju uma moći će shvatiti svjesnost Kṛṣṇe. Naravno, svjesnost Kṛṣṇe ne ovisi o drugim iskustvima, jer može sama pročistiti um, ali ako postoje zapreke za prihvaćanje svjesnosti Kṛṣṇe, osoba može pokušati odreći se rezultata svojih djelatnosti. U tom pogledu može služiti društvo, zajednicu i narod ili se žrtvovati za svoju zemlju, kako bi jednoga dana došla do razine čista predanog služenja Svevišnjeg Gospodina. U *Bhagavad-gīti* (18.46) rečeno je – *yataḥ pravṛttir bhūtānām:* ako netko odluči žrtvovati se za najviši cilj, čak i ako ne zna da je najviši cilj Kṛṣṇa, postupno će tim procesom žrtvovanja shvatiti da je vrhovni cilj Kṛṣṇa.

STROFA 12

श्रेयो हि ज्ञानमभ्यासाज्ज्ञानाद्ध्यानं विशिष्यते ।
ध्यानात्कर्मफलत्यागस्त्यागाच्छान्तिरनन्तरम् ॥ १२ ॥

śreyo hi jñānam abhyāsāj jñānād dhyānaṁ viśiṣyate
dhyānāt karma-phala-tyāgas tyāgāc chāntir anantaram

śreyaḥ – bolje; *hi* – zacijelo; *jñānam* – znanje; *abhyāsāt* – od djelovanja; *jñānāt* – od znanja; *dhyānam* – meditacija; *viśiṣyate* – smatra se boljom; *dhyānāt* – od meditacije; *karma-phala-tyāgaḥ* – odricanje od rezultata plodonosna djelovanja; *tyāgāt* – takvim odricanjem; *śāntiḥ* – mir; *anantaram* – zatim.

Ako ne možeš tako postupiti, njeguj znanje. Meditacija je bolja od znanja, a odricanje od plodova djelovanja bolje je od meditacije, jer se takvim odricanjem može dostići mir uma.

SMISAO: Kao što je bilo opisano u prethodnim strofama, postoje dvije vrste predanog služenja: put propisanih načela i put potpune privrženosti i ljubavi prema Svevišnjoj Božanskoj Osobi. Za one koji ne mogu slijediti načela svjesnosti Kṛṣṇe bolje je da njeguju znanje, jer zahvaljujući znanju mogu shvatiti svoj pravi položaj. Znanje će se s vremenom razviti u meditaciju, kojom se postupno može shvatiti Svevišnja Božanska Osoba. Postoje procesi koji navode osobu na vjerovanje da je sama Svevišnji i toj se vrsti meditacije priklanjaju oni koji se ne mogu posvetiti predanom služenju. Onaj tko ne može tako meditirati treba obavljati dužnosti propisane u vedskoj književnosti za *brāhmaṇe, kṣatriye, vaiśye* i *śūdre*, koje će biti opisane u posljednjem poglavlju *Bhagavad-gīte*. U svakom slučaju, treba se odreći rezultata ili plodova rada. To znači da plodove *karme* treba iskoristiti za dobra djela.

Ukratko, postoje dva procesa za dostizanje Svevišnje Božanske Osobe, najvišeg cilja: proces postupna razvoja i neposredan proces. Predano služenje u svjesnosti Kṛṣṇe neposredan je proces, a odricanje od plodova djelovanja posredan proces. Na taj način osoba se može uzdići na razinu znanja, potom na razinu meditacije, razinu razumijevanja Nad-duše i na kraju na razinu Svevišnje Božanske Osobe. Može ići korak po korak ili prihvatiti neposredan put. Ne može svatko prihvatiti neposredan proces; zato je i posredan proces dobar. Međutim trebamo shvatiti da se posredan proces ne preporučuje Arjuni, zato što je već utemeljen na razini predanog služenja Svevišnjeg Gospodina s ljubavlju. Posredan je proces namijenjen drugima, koji nisu na toj razini. Oni trebaju slijediti postupan proces odricanja, znanja, meditacije i spoznaje Nad-duše i Brahmana. Što se tiče *Bhagavad-gīte*, u njoj se naglašava neposredan proces. Svima se savjetuje da prihvate neposredan proces i predaju se Svevišnjoj Božanskoj Osobi, Kṛṣṇi.

STROFE 13–14

अद्वेष्टा सर्वभूतानां मैत्रः करुण एव च ।
निर्ममो निरहङ्कारः समदुःखसुखः क्षमी ॥ १३ ॥
सन्तुष्टः सततं योगी यतात्मा दृढनिश्चयः ।
मय्यर्पितमनोबुद्धिर्यो मद्भक्तः स मे प्रियः ॥ १४ ॥

adveṣṭā sarva-bhūtānāṁ maitraḥ karuṇa eva ca
nirmamo nirahaṅkāraḥ sama-duḥkha-sukhaḥ kṣamī

santuṣṭaḥ satataṁ yogī yatātmā dṛḍha-niścayaḥ
mayy arpita-mano-buddhir yo mad-bhaktaḥ sa me priyaḥ

adveṣṭā – nije zavidan; *sarva-bhūtānām* – prema svim živim bićima; *maitraḥ* – prijatelj; *karuṇaḥ* – ljubazan; *eva* – zacijelo; *ca* – također; *nirmamaḥ* – bez osjećaja vlasništva; *nirahaṅkāraḥ* – bez lažnoga ega; *sama* –

jednak; *duḥkha* – u nesreći; *sukhaḥ* – i sreći; *kṣamī* – koji oprašta; *santuṣṭaḥ* – zadovoljan; *satatam* – uvijek; *yogī* – obuzet predanošću; *yata-ātmā* – samoovladan; *dṛḍha-niścayaḥ* – odlučno; *mayi* – na Mene; *arpita*—usredotočen; *manaḥ* – um; *buddhiḥ* – i inteligencija; *yaḥ* – onaj tko; *mat-bhaktaḥ* – Moj *bhakta*; *saḥ* – on; *me* – Meni; *priyaḥ* – drag.

Moj bhakta koji nije zavidan, već je ljubazan prijatelj svih živih bića, koji ne misli da je vlasnik i koji nema lažni ego, koji je jednak i u sreći i u nesreći, koji je snošljiv, uvijek zadovoljan, samoovladan i koji Me odlučno predano služi, uma i inteligencije usredotočenih na Mene, veoma Mi je drag.

SMISAO: Došavši ponovno do čistoga predanog služenja, Gospodin u ove dvije strofe opisuje transcendentalne osobine čistoga *bhakte.* Čisti *bhakta* nikada ni u kakvim okolnostima nije uznemiren niti ikome zavidi. Nije neprijatelj svom neprijatelju, već misli: „Ova se osoba ophodi neprijateljski prema meni zbog mojih prošlih nedjela. Zato je bolje da ispaštam nego da prosvjedujem." U *Śrīmad-Bhāgavatamu* (10.14.8) rečeno je: *tat te 'nukampāṁ susamīkṣamāṇo bhuñjāna evātma-kṛtaṁ vipākam.* Kad god se *bhakta* nađe u tešku stanju ili u nevolji, smatra to Gospodinovom milošću. On misli: „Zbog nedjela koja sam počinio u prošlosti trebao bih mnogo više patiti nego što sada patim. Milošću Svevišnjega Gospodina ne dobivam svu kaznu koju zaslužujem. Zahvaljujući milosti Svevišnje Božanske Osobe dobivam samo mali dio." Zato je uvijek tih, miran i strpljiv, unatoč brojnim nevoljama. *Bhakta* je uvijek ljubazan prema svakome, čak i prema svom neprijatelju. *Nirmama* znači da ne pridaje veliku važnost bolovima i problemima vezanim uz tijelo, jer savršeno dobro zna da nije materijalno tijelo. Ne poistovjećuje se s tijelom. Zato je oslobođen koncepcije lažnoga ega i smiren i u sreći i u nesreći. Snošljiv je i zadovoljan svime što dođe milošću Svevišnjega Gospodina. Ne trudi se da nešto postigne uz velik napor; zato je uvijek radostan. Savršen je mistik, jer potpuno slijedi upute svoga duhovnog učitelja. Budući da vlada osjetilima, odlučan je. Lažni ga argumenti ne zavode, jer ga nitko ne može odvratiti od čvrste odluke da predano služi. Potpuno je svjestan da je Kṛṣṇa vječni Gospodin i zato ga nitko ne može uznemiriti. Sve te osobine omogućuju mu da svoj um i inteligenciju potpuno usredotoči na Svevišnjega Gospodina. Takav je standard predanog služenja nedvojbeno vrlo rijedak, ali *bhakta* ga dostiže slijedeći propisana načela predanog služenja. Gospodin izjavljuje da Mu je takav *bhakta* veoma drag, jer je Gospodin uvijek zadovoljan svim njegovim djelatnostima koje vrši u potpunoj svjesnosti Kṛṣṇe.

STROFA 15

यस्मान्नोद्विजते लोको लोकान्नोद्विजते च यः ।
हर्षामर्षभयोद्वेगैर्मुक्तो यः स च मे प्रियः ॥ १५ ॥

yasmān nodvijate loko lokān nodvijate ca yaḥ
harṣāmarṣa-bhayodvegair mukto yaḥ sa ca me priyaḥ

yasmāt – zbog koga; *na* – nikada; *udvijate* – uznemireni; *lokaḥ* – ljudi; *lokāt* – ljudi; *na* – nikada; *udvijate* – uznemiravaju; *ca* – također; *yaḥ* – onaj tko; *harṣa* – sreće; *amarṣa* – nesreće; *bhaya* – straha; *udvegaiḥ* – i tjeskobe; *muktaḥ* – oslobođen; *yaḥ* – tko; *saḥ* – bilo tko; *ca* – također; *me* – Meni; *priyaḥ* – veoma drag.

Onaj tko nikoga ne dovodi u teško stanje i koga nitko ne može uznemiriti, tko je staložen i u sreći i u nesreći, u strahu i tjeskobi, veoma Mi je drag.

SMISAO: U ovoj su strofi opisane još neke odlike *bhakte*. Takav *bhakta* nikoga ne dovodi u teško stanje, niti u drugima izaziva tjeskobu, strah ili nezadovoljstvo. Ljubazan je prema svakome i zato svojim postupcima ne izaziva u drugima tjeskobu. Istodobno, ako drugi pokušavaju u *bhakti* izazvati tjeskobu, nije uznemiren. Gospodinovom milošću naučio je da ne podliježe utjecaju vanjskih uznemirenja. Budući da uvijek predano služi, obuzet svjesnošću Kṛṣṇe, takve materijalne okolnosti ne mogu utjecati na njega. Materijalist je obično vrlo sretan kada može zadovoljiti svoja osjetila i tijelo, ali kada vidi da drugi imaju nešto što može zadovoljiti njihova osjetila, a on to nema, žali zbog toga i zavidi im. Kada očekuje osvetu neprijatelja, osjeća strah, a kada ne može postići uspjeh, potišten je. *Bhakta* koji je uvijek transcendentalan prema svim tim uznemirenjima veoma je drag Kṛṣṇi.

STROFA 16

अनपेक्षः शुचिर्दक्ष उदासीनो गतव्यथः ।
सर्वारम्भपरित्यागी यो मद्भक्तः स मे प्रियः ॥ १६ ॥

anapekṣaḥ śucir dakṣa udāsīno gata-vyathaḥ
sarvārambha-parityāgī yo mad-bhaktaḥ sa me priyaḥ

anapekṣaḥ – neovisan; *śuciḥ* – čist; *dakṣaḥ* – vješt; *udāsīnaḥ* – oslobođen briga; *gata-vyathaḥ* – oslobođen sve patnje; *sarva-ārambha* – svih napora;

parityāgī – koji se odriče; *yaḥ* – onaj tko; *mat-bhaktaḥ* – Moj *bhakta*; *saḥ* – on; *me* – Meni; *priyaḥ* – veoma drag.

Moj bhakta koji ne ovisi o običnu tijeku djelatnosti, koji je čist, vješt, bezbrižan, oslobođen sve patnje i koji ne teži za nekim rezultatom veoma Mi je drag.

SMISAO: Bhakta može primiti ponuđeni novac, no ne bi se trebao jako truditi da ga stekne. Ako automatski, Gospodinovom milošću, dobije novce, ne gubi svoj mir. *Bhakta* se kupa dva puta na dan i ustaje rano ujutro kako bi predano služio. Tako je prirodno čist iznutra i izvana. Uvijek je vješt, jer je potpuno svjestan srži svih životnih djelatnosti i uvjeren je u istinitost vjerodostojnih spisa. *Bhakta* se nikada ne pridružuje određenoj strani; zato je bezbrižan. Nikada ne pati, jer je oslobođen svih imenovanja. Zna da je njegovo tijelo imenovanje i zato je, ako postoje neke tjelesne patnje, slobodan. Čisti *bhakta* ne ulaže napor u nešto što se protivi načelima predanog služenja. Na primjer, za izgradnju velike zgrade potrebna je velika energija i *bhakta* ne započinje takav posao ako mu on ne pruža dobrobit unapređujući njegovo predano služenje. On može za Gospodina sagraditi hram i u tu svrhu prihvatiti sve vrste tjeskobe, ali za sebe ne gradi veliku kuću.

STROFA 17

यो न हृष्यति न द्वेष्टि न शोचति न काङ्क्षति ।
शुभाशुभपरित्यागी भक्तिमान्यः स मे प्रियः ॥ १७ ॥

yo na hṛṣyati na dveṣṭi na śocati na kāṅkṣati
śubhāśubha-parityāgī bhaktimān yaḥ sa me priyaḥ

yaḥ – onaj tko; *na* – nikada; *hṛṣyati* – nalazi zadovoljstvo; *na* – nikada; *dveṣṭi* – tuguje; *na* – nikada; *śocati* – jadikuje; *na* – nikada; *kāṅkṣati* – žudi; *śubha* – povoljnog; *aśubha* – i nepovoljnog; *parityāgī* – odriče se; *bhakti-mān* – *bhakta*; *yaḥ* – onaj tko; *saḥ* – on je; *me* – Meni; *priyaḥ* – drag.

Bhakta koji se niti raduje niti tuguje, koji niti jadikuje niti žudi i koji se odriče i povoljnih i nepovoljnih stvari veoma Mi je drag.

SMISAO: Čisti se *bhakta* nikada ne raduje zbog materijalnog dobitka niti žali zbog materijalnog gubitka. Ne žudi za sinom ili učenikom, niti žali što ih nema. Ako izgubi nešto što mu je veoma drago, ne jadikuje. Slično tome, ako ne dobije ono što želi, ne žali. Transcendentalan je unatoč svim povoljnim, nepovoljnim i grešnim djelatnostima. Spreman je prihvatiti sve vrste opasnosti za zadovoljstvo Svevišnjeg Gospodina. Ništa ne može omesti njegovo predano služenje. Takav je *bhakta* Kṛṣṇi veoma drag.

STROFE 18–19

समः शत्रौ च मित्रे च तथा मानापमानयोः ।
शीतोष्णसुखदुःखेषु समः सङ्गविवर्जितः ॥ १८ ॥
तुल्यनिन्दास्तुतिर्मौनी सन्तुष्टो येन केनचित् ।
अनिकेतः स्थिरमतिर्भक्तिमान्मे प्रियो नरः ॥ १९ ॥

samaḥ śatrau ca mitre ca tathā mānāpamānayoḥ
śītoṣṇa-sukha-duḥkheṣu samaḥ saṅga-vivarjitaḥ

tulya-nindā-stutir maunī santuṣṭo yena kenacit
aniketaḥ sthira-matir bhaktimān me priyo naraḥ

samaḥ – jednak; *śatrau* – prema neprijatelju; *ca* – također; *mitre* – prema prijatelju; *ca* – također; *tathā* – tako; *māna* – u časti; *apamānayoḥ* – i nečasti; *śīta* – hladnoći; *uṣṇa* – toplini; *sukha* – sreći; *duḥkheṣu* – i nesreći; *samaḥ* – jednak; *saṅga-vivarjitaḥ* – oslobođen druženja; *tulya* – jednak; *nindā* – u sramoti; *stutiḥ* – i slavi; *maunī* – šutljiv; *santuṣṭaḥ* – zadovoljan; *yena kenacit* – bilo čime; *aniketaḥ* – bez stalnog boravišta; *sthira* – postojan; *matiḥ* – odlučan; *bhakti-mān* – obuzet predanošću; *me* – Meni; *priyaḥ* – drag; *naraḥ* – čovjek.

Onaj tko se jednako ophodi prema prijateljima i neprijateljima, tko je jednak u časti i nečasti, toplini i hladnoći, slavi i sramoti, tko je uvijek šutljiv i zadovoljan svime, oslobođen nečistog druženja, tko ne mari ni za kakvo prebivalište, tko je utemeljen u znanju i zaokupljen predanim služenjem veoma Mi je drag.

SMISAO: Bhakta je uvijek oslobođen lošega društva. Ponekad ga mogu hvaliti, a ponekad kuditi. To je priroda ljudskoga društva. No *bhakta* je uvijek transcendentalan prema umjetnoj slavi i sramoti, sreći i nesreći. Veoma je strpljiv. Ne govori ni o čemu osim o temama vezanim uz Kṛṣṇu; zato se naziva šutljivim. Šutljivost ne znači da ne smijemo govoriti, već da ne smijemo govoriti gluposti. Trebamo govoriti samo o bitnim stvarima, a za *bhaktu* su bitne riječi izgovorene za zadovoljstvo Svevišnjega Gospodina. *Bhakta* je sretan u svim okolnostima; katkada može dobiti vrlo ukusnu hranu, a katkada ne, ali je zadovoljan. Ne mari za stambene pogodnosti. Ponekad može živjeti pod drvetom, a ponekad u palači; ne privlači ga ni jedno ni drugo. Naziva se postojanim jer je postojan u svojoj odlučnosti i znanju. U opisima osobina *bhakte* možemo naići na ponavljanje, ali takvim se ponavljanjem samo naglašava činjenica da *bhakta* mora steći sve te osobine. Ne može biti čisti *bhakta* bez dobrih odlika. *Harāv abhaktasya kuto mahad-guṇāḥ:* onaj tko nije *bhakta* nema dobrih odlika. Ako želi biti priznat kao *bhakta* treba ih razviti. Naravno, *bhakta* ne ulaže u to poseban napor, ali mu djelovanje u svjesnosti Kṛṣṇe i predano služenje sami pomažu da ih razvije.

STROFA 20

ये तु धर्मामृतमिदं यथोक्तं पर्युपासते ।
श्रद्दधाना मत्परमा भक्तास्तेऽतीव मे प्रियाः ॥ २० ॥

ye tu dharmāmṛtam idaṁ yathoktaṁ paryupāsate
śraddadhānā mat-paramā bhaktās te 'tīva me priyāḥ

ye – oni koji; *tu* – ali; *dharma* – religije; *amṛtam* – nektar; *idam* – ovaj; *yathā* – kao; *uktam* – rečeno; *paryupāsate* – potpuno posvećeni; *śraddadhānāḥ* – s vjerom; *mat-paramāḥ* – prihvaćajući Mene, Svevišnjega Gospodina, kao sve; *bhaktāḥ* – *bhakte; te* – oni; *atīva* – veoma, veoma; *me* – Meni; *priyāḥ* – dragi.

Oni koji slijede ovaj neprolazni put predanog služenja i koji mu se potpuno posvećuju s vjerom, prihvaćajući Mene kao vrhovni cilj, veoma su Mi, veoma dragi.

SMISAO: U ovom poglavlju, od druge do posljednje strofe – od *mayy āveśya mano ye mām* („usredotočujući um na Mene") do *ye tu dharmāmṛtam idam* („ova religija vječnog djelovanja") – Svevišnji je Gospodin objasnio procese transcendentalnog služenja kojim Mu osoba može prići. Takvi su procesi veoma dragi Gospodinu i zato prihvaća njihove sljedbenike. Arjuna je postavio pitanje tko je bolji – onaj tko slijedi put neosobnog Brahmana ili onaj tko osobno služi Svevišnju Božansku Osobu – i Gospodin mu je jasno odgovorio da je predano služenje Božanske Osobe bez sumnje najbolji proces duhovne spoznaje. Drugim riječima, u ovom se poglavlju zaključuje da u dobru društvu osoba postaje privržena čistom predanom služenju. Tako prihvaća vjerodostojna duhovnog učitelja i počinje slušati, mantrati i slijediti propisana načela predanog služenja s vjerom, privrženošću i predanošću, posvećujući se transcendentalnom služenju Gospodina. Taj je put preporučen u ovom poglavlju. Stoga je predano služenje nedvojbeno jedini apsolutni put samospoznaje, namijenjen dostizanju Svevišnje Božanske Osobe. Neosobno shvaćanje Vrhovne Apsolutne Istine, kao što je opisano u ovom poglavlju, preporučuje se samo do trenutka posvećivanja samospoznaji. Drugim riječima, sve dok netko nema priliku da se druži s čistim *bhaktom,* neosobno shvaćanje Apsolutne Istine može biti korisno. Osoba s takvim shvaćanjem djeluje bez očekivanja plodonosna rezultata, meditira i njeguje znanje kako bi shvatila duh i materiju. To je potrebno sve dok ne stekne društvo čistoga *bhakte.* Na sreću, ako neposredno razvije želju za njegovanjem svjesnosti Kṛṣṇe u čistu predanom služenju, ne treba korak po korak napredovati u duhovnoj spoznaji. Predano je služenje – opisano u srednjih šest poglavlja *Bhagavad-gīte* – primjerenije. Ne treba se brinuti o održavanju tijela i duše zajedno, jer se Gospodinovom milošću sve odvija automatski.

Tako se završavaju Bhaktivedantina tumačenja dvanaestoga poglavlja Śrīmad Bhagavad-gīte *pod naslovom* Predano služenje.

TRINAESTO POGLAVLJE

Priroda, uživatelj i svjesnost

STROFE 1–2

अर्जुन उवाच
प्रकृतिं पुरुषं चैव क्षेत्रं क्षेत्रज्ञमेव च ।
एतद् वेदितुमिच्छामि ज्ञानं ज्ञेयं च केशव ॥ १ ॥

श्रीभगवानुवाच
इदं शरीरं कौन्तेय क्षेत्रमित्यभिधीयते ।
एतद् यो वेत्ति तं प्राहुः क्षेत्रज्ञ इति तद्विदः ॥ २ ॥

arjuna uvāca
prakṛtiṁ puruṣaṁ caiva kṣetraṁ kṣetra-jñam eva ca
etad veditum icchāmi jñānaṁ jñeyaṁ ca keśava

śrī-bhagavān uvāca
idaṁ śarīraṁ kaunteya kṣetram ity abhidhīyate
etad yo vetti taṁ prāhuḥ kṣetra-jña iti tad-vidaḥ

arjunaḥ uvāca – Arjuna reče; *prakṛtim* – prirodu; *puruṣam* – uživatelja; *ca* – također; *eva* – zacijelo; *kṣetram* – polje; *kṣetra-jñam* – poznavatelja polja; *eva* – zacijelo; *ca* – također; *etat* – sve to; *veditum* – shvatiti; *icchāmi* – želim; *jñānam* – znanje; *jñeyam* – predmet znanja; *ca* – također; *keśava* – o Kṛṣṇa; *śrī-bhagavān uvāca* – Božanska Osoba reče; *idam* – ovo; *śarīram* – tijelo; *kaunteya* – o Kuntīn sine; *kṣetram* – polje; *iti* – tako; *abhidhīyate* – naziva se; *etat* – to; *yaḥ* – onaj tko; *vetti* – zna; *tam* – on; *prāhuḥ* – naziva se; *kṣetra-jñaḥ* – poznavateljem polja; *iti* – tako; *tat-vidaḥ* – oni koji znaju.

Arjuna reče: Dragi moj Kṛṣṇa, želim shvatiti prakṛti [prirodu], puruṣu [uživatelja], polje, poznavatelja polja, znanje i predmet znanja.

Svevišnja Božanska Osoba reče: O Kuntīn sine, ovo se tijelo naziva poljem, a poznavatelj tijela poznavateljem polja.

SMISAO: Arjuna je želio shvatiti *prakṛti* (prirodu), *puruṣu* (uživatelja), *kṣetru* (polje), *kṣetra-jñu* (poznavatelja polja), znanje i predmet znanja. U odgovoru na ova pitanja, Kṛṣṇa je rekao da se tijelo naziva poljem, a poznavatelj tijela poznavateljem polja. Ovo tijelo je polje djelovanja za uvjetovanu dušu. Uvjetovana duša, zarobljena u materijalnom postojanju, pokušava gospodariti materijalnom prirodom. Tako ovisno o svojoj sposobnosti gospodarenja materijalnom prirodom dobiva polje djelovanja. To je polje djelovanja tijelo. Što je tijelo? Tijelo se sastoji od osjetila. Uvjetovana duša želi uživati u zadovoljavanju osjetila i u skladu sa svojom sposobnošću zadovoljavanja osjetila dobiva tijelo ili polje djelovanja. Zato se tijelo naziva *kṣetrom* ili poljem djelovanja za uvjetovanu dušu. Živo je biće, koje se ne bi trebalo poistovjećivati s tijelom, *kṣetra-jña*, poznavatelj polja. Nije teško shvatiti razliku između polja i poznavatelja polja, tijela i poznavatelja tijela. Svatko može shvatiti da se njegovo tijelo od djetinjstva do starosti mijenja, ali on ipak ostaje ista osoba. Između poznavatelja polja i samoga polja postoji razlika. Tako živa uvjetovana duša može shvatiti da se razlikuje od tijela. Na početku je bilo rečeno da se živo biće nalazi u tijelu – *dehino 'smin* – i da se tijelo od djetinjstva do dječaštva, od dječaštva do mladosti i od mladosti do starosti mijenja. Osoba koja posjeduje tijelo zna da se tijelo mijenja. Vlasnik je tijela nedvojbeno *kṣetra-jña*. Katkada mislimo „ja sam sretan", „ja sam muškarac", „ja sam žena", „ja sam pas", „ja sam mačka". To su tjelesna imenovanja poznavatelja, ali on se razlikuje od tijela. Premda možemo koristiti mnogo stvari, npr. našu odjeću, znamo da se razlikujemo od stvari koje koristimo. Slično tome, ako malo razmislimo, možemo shvatiti da se razlikujemo od tijela. Ja ili vi ili bilo tko drugi tko posjeduje tijelo je *kṣetra-jña*, poznavatelj polja djelovanja, a tijelo je *kṣetra*, samo polje djelovanja.

U prvih šest poglavlja *Bhagavad-gīte* bio je opisan poznavatelj tijela (živo biće) i položaj u kojem može shvatiti Svevišnjeg Gospodina. U srednjih šest poglavlja *Bhagavad-gīte* bili su opisani Svevišnja Božanska Osoba i odnos između duše i Nad-duše u predanom služenju. U tim je poglavljima nepobitno utvrđen nadređeni položaj Svevišnje Božanske Osobe i podređeni položaj duše. Živa su bića u svim okolnostima podređena, ali u svojoj zaboravnosti pate. Kad zahvaljujući pobožnim djelima steknu znanje, prilaze Svevišnjem Gospodinu iz različitih položaja – kao nesretnici, kao siromasi, kao znatiželjni i kao tragaoci za znanjem. To je također bilo opisano. Sada će, počev od trinaestoga poglavlja, biti objašnjeno kako živo biće dolazi u dodir s materijalnom prirodom i kako ga Svevišnji Gospodin izbavlja raznim procesima plodonosna djelovanja, njegovanja znanja i predana služenja. Također će biti objašnjeno kako živo biće, iako se potpuno razlikuje od materijalnog tijela, na neki način biva vezano za njega.

STROFA 3

क्षेत्रज्ञं चापि मां विद्धि सर्वक्षेत्रेषु भारत ।
क्षेत्रक्षेत्रज्ञयोर्ज्ञानं यत्तज्ज्ञानं मतं मम ॥ ३ ॥

kṣetra-jñaṁ cāpi māṁ viddhi sarva-kṣetreṣu bhārata
kṣetra-kṣetrajñayor jñānaṁ yat taj jñānaṁ mataṁ mama

kṣetra-jñam – poznavatelj polja; *ca* – također; *api* – zacijelo; *mām* – Ja; *viddhi* – znaj; *sarva* – svim; *kṣetreṣu* – u tjelesnim poljima; *bhārata* – o sine Bharate; *kṣetra* – polju djelovanja (tijelu); *kṣetra-jñayoḥ* – i poznavatelju polja; *jñānam* – znanje o; *yat* – to koje; *tat* – to; *jñānam* – znanje; *matam* – mišljenje; *mama* – Moje.

O potomče Bharate, znaj da sam Ja poznavatelj u svim tijelima. Znanje o tijelu i njegovu poznavatelju naziva se znanjem. To je Moje mišljenje.

SMISAO: Prilikom razmatranja tijela i poznavatelja tijela, duše i Nad-duše, bit će obrađene tri različite teme: Gospodin, živo biće i materija. U svakom polju djelovanja, u svakom tijelu, nalaze se dvije duše: individualna duša i Nad-duša. Budući da je Nad-duša potpuna ekspanzija Svevišnje Božanske Osobe Kṛṣṇe, Kṛṣṇa kaže: „Ja sam također poznavatelj, ali nisam individualni poznavatelj tijela. Ja sam vrhovni poznavatelj. Prebivam u svakom tijelu kao Paramātmā, Nad-duša."

Onaj tko podrobno prouči polje djelovanja i poznavatelja polja, na temelju izjava ove *Bhagavad-gīte*, može steći znanje.

Gospodin kaže: „Ja sam poznavatelj polja djelovanja u svakom pojedinom tijelu." Pojedinac može poznavati vlastito tijelo, ali ne i druga tijela. Svevišnja Božanska Osoba, koja prebiva kao Nad-duša u svim tijelima, zna sve o svim tijelima. Poznaje sva različita tijela i sve različite vrste života. Građanin može znati sve o svom komadu zemlje, ali kralj posjeduje znanje ne samo o svojoj palači već i o svim posjedima svojih podanika. Netko može biti vlasnik jednoga tijela, ali Svevišnji je Gospodin vlasnik svih tijela. Kralj je izvorni vlasnik kraljevstva, a građani su podređeni vlasnici. Slično tome, Svevišnji je Gospodin vrhovni vlasnik svih tijela.

Tijelo se sastoji od osjetila. Svevišnji je Gospodin Hṛṣīkeśa, što znači „upravitelj osjetila". On je izvorni upravitelj osjetila, kao što je kralj izvorni upravitelj svih djelatnosti u državi; građani su podređeni upravitelji. Gospodin kaže: „Ja sam također poznavatelj." To znači da je vrhovni poznavatelj. Individualna duša poznaje samo svoje tijelo. U vedskoj je književnosti rečeno:

kṣetrāṇi hi śarīrāṇi bījaṁ cāpi śubhāśubhe
tāni vetti sa yogātmā tataḥ kṣetra-jña ucyate

U ovom tijelu, koje se naziva *kṣetra*, prebivaju vlasnik tijela i Svevišnji Gospodin, koji poznaje tijelo i vlasnika tijela. Zato se Gospodin naziva poznavateljem svih polja. Razlika između polja djelovanja, poznavatelja djelatnosti i vrhovnog poznavatelja djelatnosti objašnjena je na sljedeći način. Savršeno znanje o prirodi tijela, prirodi duše i prirodi Nad-duše u vedskoj se književnosti naziva *jñānom*. To je Kṛṣṇino mišljenje. Spoznaja istodobne istovjetnosti i različitosti duše i Nad-duše predstavlja znanje. Onaj tko ne shvaća polje djelovanja i poznavatelja djelatnosti nema savršeno znanje. Moramo shvatiti položaj *prakṛti* (prirode), *puruṣe* (uživatelja prirode) i *īśvare* (poznavatelja koji vlada ili upravlja prirodom i individualnom dušom). Ne bismo ih trebali zamijeniti. Ne bismo trebali zamijeniti slikara, sliku i slikarski stalak. Priroda je materijalni svijet, koji predstavlja polje djelovanja, a uživatelj je prirode živo biće. Viši je od njih vrhovni upravitelj, Božanska Osoba. Vedska izreka glasi – *bhoktā bhogyaṁ preritāraṁ ca matvā/ sarvaṁ proktaṁ tri-vidhaṁ brahmam etat*

(*Śvetāśvatara Upaniṣada* 1.12). Postoje tri shvaćanja Brahmana: Brahman kao *prakṛti* ili polje djelovanja, Brahman kao *jīva* (individualna duša) koja pokušava gospodariti materijalnom prirodom i Brahman kao upravitelj *prakṛti* i *jīve*, koji je zbiljski upravitelj.

U ovom će poglavlju biti objašnjeno da je jedan poznavatelj pogrešiv, a drugi nepogrešiv. Jedan je nadređen, a drugi podređen. Onaj tko misli da su oba poznavatelja polja potpuno istovjetna proturječi Svevišnjoj Božanskoj Osobi, koja ovdje jasno kaže: „Ja sam također poznavatelj polja djelovanja". Onaj tko pogrešno misli da je uže zmija nema znanje. Postoje razne vrste tijela i razni vlasnici tijela. Svaka duša posjeduje osebujnu sposobnost vladanja materijalnom prirodom i zato postoje različita tijela, ali Svevišnji također prebiva u njima kao upravitelj. Riječ je *ca* značajna, jer upućuje na sveukupnost svih tijela. To je mišljenje Śrīla Baladeve Vidyābhūṣaṇe. Kṛṣṇa je Nad-duša koja prebiva u svakom tijelu, odvojeno od individualne duše. Kṛṣṇa ovdje jasno kaže da Nad-duša upravlja i poljem djelovanja i ograničenim uživateljem.

STROFA 4

तत् क्षेत्रं यच्च यादृक् च यद्विकारि यतश्च यत् ।
स च यो यत्प्रभावश्च तत् समासेन मे शृणु ॥ ४ ॥

tat kṣetraṁ yac ca yādṛk ca yad-vikāri yataś ca yat
sa ca yo yat-prabhāvaś ca tat samāsena me śṛṇu

tat – to; *kṣetram* – polje djelovanja; *yat* – što; *ca* – također; *yādṛk* – kakvo; *ca* – također; *yat* – koje; *vikāri* – promjene; *yataḥ* – od koga; *ca* – također; *yat* – što; *saḥ* – on; *ca* – također; *yaḥ* – koji; *yat* – ima; *prabhāvaḥ* – utjecaj; *ca* – također; *tat* – to; *samāsena* – u sažetom obliku; *me* – od Mene; *śṛṇu* – shvati.

Sada ću ti ukratko opisati polje djelovanja, njegov sastav, promjene, izvor njegova stvaranja, poznavatelja polja djelovanja i njegov utjecaj. Molim te, počuj.

SMISAO: Gospodin opisuje polje djelovanja i poznavatelja polja djelovanja u njihovom prirodnom položaju. Moramo znati kako je tijelo građeno, od čega je napravljeno, pod čijom upravom djeluje, kako podliježe promjenama, što je njihov izvor, koji su uzroci, koji su razlozi, što je krajnji cilj individualne duše i kakav je njezin pravi oblik. Također trebamo znati razliku između individualne žive duše i Nad-duše, njihove različite utjecaje, sposobnosti itd. Ako shvatimo ovu *Bhagavad-gītu* na temelju opisa same Svevišnje Božanske Osobe, sve će nam biti razjašnjeno. No ne bismo smjeli pomisliti da je Svevišnja Božanska Osoba koja prebiva u svakom tijelu istovjetna s individualnom dušom, *jīvom*. Takvo poistovjećivanje nalikuje jednačenju moćnog i nemoćnog.

STROFA 5

ऋषिभिर्बहुधा गीतं छन्दोभिर्विविधैः पृथक् ।
ब्रह्मसूत्रपदैश्चैव हेतुमद्भिर्विनिश्चितैः ॥ ५ ॥

ṛṣibhir bahudhā gītaṁ chandobhir vividhaiḥ pṛthak
brahma-sūtra-padaiś caiva hetumadbhir viniścitaiḥ

ṛṣibhiḥ – mudraci; *bahudhā* – na razne načine; *gītam* – opisali; *chandobhiḥ* – u vedskim himnama; *vividhaiḥ* – raznim; *pṛthak* – različito; *brahma-sūtra* – *Vedānte*; *padaiḥ* – u izrekama; *ca* – također; *eva* – zacijelo; *hetu-madbhiḥ* – s uzrokom i posljedicom; *viniścitaiḥ* – sigurno.

To znanje o polju djelovanja i poznavatelju djelatnosti mudraci su izložili u raznim vedskim djelima, osobito u Vedānta-sūtri, objašnjavajući uzrok i posljedicu.

SMISAO: Svevišnja Božanska Osoba Kṛṣṇa najviši je autoritet koji može objasniti ovo znanje. Ipak, učeni ljudi i mjerodavni autoriteti uvijek navode svjedočanstva prethodnih autoriteta. Kṛṣṇa objašnjava to najspornije pitanje o dvostranosti i nedvostranosti duše i Nad-duše pozivajući se na *Vedāntu,* spis koji se smatra vjerodostojnim. On prvo kaže: „To je mišljenje raznih mudraca." Što se tiče mudraca, tu je, uz Njega, i veliki mudrac Vyāsadeva, pisac *Vedānta-sūtre,* u kojoj je dvostranost savršeno objašnjena. Vyāsadevin otac Parāśara također je veliki mudrac, koji u svojim knjigama o religiji piše – *aham tvaṁ ca tathānye*... „Svi smo mi – i vi, i ja i razna druga živa bića – transcendentalni, iako se nalazimo u materijalnim tijelima. Sada smo podvrgnuti utjecaju triju *guṇa* materijalne prirode, ovisno o svojoj *karmi.* Zbog toga su neki od nas na višem, a neki na nižem položaju. Više i niže prirode postoje zbog neznanja i očituju se u obliku bezbrojnih živih bića, ali nepogrešiva Nad-duša nije okaljana odlikama prirode. Ona je transcendentalna." Slično tome, u izvornim *Vedama*, osobito u *Kaṭha Upaniṣadi*, pravi se razlika između duše, Nad-duše i tijela. To su objasnili mnogi veliki mudraci. Parāśara se smatra najistaknutijim među njima.

Riječ *chandobhiḥ* odnosi se na razne vrste vedske književnosti. Na primjer, *Taittirīya Upaniṣada*, dio *Yajur Vede*, opisuje prirodu, živo biće i Svevišnju Božansku Osobu.

Kao što je već bilo rečeno, *kṣetra* je polje djelovanja. Postoje dvije vrste poznavatelja polja djelovanja: individualno živo biće i vrhovno živo biće. U *Taittirīya Upaniṣadi* (2.9) rečeno je – *brahma puccham̐ pratiṣṭhā*. Jedno od očitovanja energije Svevišnjega Gospodina poznato je kao *anna-maya*, ovisnost o hrani za opstanak. To je materijalistička spoznaja Svevišnjega. Spoznavši Vrhovnu Apsolutnu Istinu u hrani, osoba može u stadiju *prāṇa-maye* spoznati Apsolutnu Istinu u životnim simptomima ili životnim oblicima. U stadiju *jñāna-maye*, spoznaja seže iznad životnih simptoma do mišljenja, osjećanja i htjenja. Potom slijedi spoznaja Brahmana, koja se naziva *vijñāna-maya.* U tom stadiju, osoba spoznaje razliku između živoga bića i njegova uma i životnih simptoma. Sljedeći, najviši stadij je *ānanda-maya*, spoznaja sveblažene prirode. Tako postoji pet stadija spoznaje Brahmana, koji se nazivaju *brahma-puccham.* Prva tri stadija – *anna-maya, prāṇa-maya* i *jñāna-maya* – obuhvaćaju polja djelovanja živih bića. Svevišnji Gospodin, koji se naziva *ānanda-maya,* transcendentalan je prema svim tim poljima djelovanja. Svevišnji je u *Vedānta-sūtri* opisan riječima – *ānando-mayo 'bhyāsāt:* Svevišnja Božanska Osoba po prirodi je puna radosti. Da bi uživala u Svom transcendentalnom blaženstvu, ekspandira se u *vijñāna-mayu, prāṇa-mayu, jñāna-mayu* i *anna-mayu.* U polju djelovanja, živo se biće smatra uživateljem, ali nije *ānanda-maya.* Zato živo biće, ako odluči uživati u odnosu s *ānanda-mayom,* postaje savršeno. To je prava slika Svevišnjega Gospodina kao vrhovnog poznavatelja polja, živoga bića kao podređenog poznavatelja i prirode polja djelovanja. Tu istinu moramo potražiti u *Vedānta-sūtri*, odnosno *Brahma-sūtri.*

Ovdje je rečeno da su izreke *Brahma-sūtre* vrlo lijepo svrstane prema uzroku i posljedici. Neke su od tih *sūtri* ili izreka *na viyad aśruteḥ* (2.3.2), *nātmā śruteḥ* (2.3.18) i *parāt tu tac-chruteḥ* (2.3.40). Prva se izreka odnosi na polje djelovanja, druga na živo biće, a treća na Svevišnjeg Gospodina, koji je *summum bonum* svih očitovanja različitih bića.

STROFE 6–7

महाभूतान्यहङ्कारो बुद्धिरव्यक्तमेव च ।
इन्द्रियाणि दशैकं च पञ्च चेन्द्रियगोचराः ॥ ६ ॥
इच्छा द्वेषः सुखं दुःखं सङ्घातश्चेतना धृतिः ।
एतत् क्षेत्रं समासेन सविकारमुदाहृतम् ॥ ७ ॥

mahā-bhūtāny ahaṅkāro buddhir avyaktam eva ca
indriyāṇi daśaikaṁ ca pañca cendriya-gocarāḥ

icchā dveṣaḥ sukhaṁ duḥkhaṁ saṅghātaś cetanā dhṛtiḥ
etat kṣetraṁ samāsena sa-vikāram udāhṛtam

mahā-bhūtāni – velikih elemenata; *ahaṅkāraḥ* – lažni ego; *buddhiḥ* – inteligencija; *avyaktam* – neočitovano; *eva* – zacijelo; *ca* – također; *indriyāṇi* – osjetila; *daśa-ekam* – jedanaest; *ca* – također; *pañca* – pet; *ca* – također; *indriya-go-carāḥ* – predmeta osjetila; *icchā* – želja; *dveṣaḥ* – mržnja; *sukham* – sreća; *duḥkham* – nesreća; *saṅghātaḥ* – sveukupnost; *cetanā* – životni simptomi; *dhṛtiḥ* – uvjerenje; *etat* – sve to; *kṣetram* – polje djelovanja; *samāsena* – ukratko; *sa-vikāram* – s interakcijama; *udāhṛtam* – predstavlja.

Pet velikih elemenata, lažni ego, inteligencija, neočitovano, deset osjetila i um, pet predmeta osjetila, želja, mržnja, sreća, nesreća, njihova sveukupnost, životni simptomi i uvjerenja – sve se to smatra poljem djelovanja i njegovim interakcijama.

SMISAO: Na temelju svih mjerodavnih izjava velikih mudraca, vedskih himni i izreka *Vedānta-sūtre,* sastavni dijelovi ovoga svijeta mogu se shvatiti na sljedeći način. Kao prvo, tu su zemlja, voda, vatra, zrak i eter. Oni predstavljaju pet velikih elemenata (*mahā-bhūta*). Zatim slijedi lažni ego, inteligencija, neočitovano stanje triju *guṇa* prirode, pet osjetila za stjecanje znanja (oči, uši, nos, jezik i koža) i pet osjetila za djelovanje (glas, noge, ruke, čmar i spolni organi). Viši je od osjetila um, koji se nalazi unutar tijela i koji se može nazvati unutarnjim osjetilom. Tako zajedno s umom postoji jedanaest osjetila. Uz to postoji pet predmeta osjetila: miris, okus, oblik, dodir i zvuk. Sveukupnost ovih elemenata naziva se poljem djelovanja. Raščlanjivanjem ova dvadeset četiri elementa može se vrlo lako shvatiti polje djelovanja. Tu su i želja, mržnja, sreća i nesreća, koje predstavljaju očitovanja i međudjelovanja pet velikih elemenata u grubom tijelu. Životni simptomi, poput svjesnosti i uvjerenja, očitovanja su suptilnog tijela – uma, ega i inteligencije. Suptilni su elementi također sastavni dio polja djelovanja.

Pet velikih elemenata gruba su očitovanja lažnoga ega i predstavljaju njegov prvobitni stadij koji se naziva materijalističko shvaćanje ili *tāmasa-buddhi*, inteligencija u neznanju. Ona predstavlja neočitovano stanje triju *guṇa* materijalne prirode. Neočitovane *guṇe* materijalne prirode nazivaju se *pradhāna.*

Onaj tko želi detaljno shvatiti dvadeset četiri elementa i njihovo međudjelovanje treba detaljnije proučiti filozofiju. U *Bhagavad-gīti* je izložen samo sažet opis.

Tijelo je očitovanje tih čimbenika i prolazi kroz šest stadija tjelesne promjene: rađa se, raste, živi neko vrijeme, stvara potomstvo, raspada se i u posljednjem stadiju nestaje. Prema tome, tijelo je nestalna materijalna tvorevina. Međutim, *kṣetra-jña*, poznavatelj polja, vlasnik tijela, razlikuje se od tijela.

STROFE 8–12

अमानित्वमदम्भित्वमहिंसा क्षान्तिरार्जवम् ।
आचार्योपासनं शौचं स्थैर्यमात्मविनिग्रहः ॥ ८ ॥
इन्द्रियार्थेषु वैराग्यमनहङ्कार एव च ।
जन्ममृत्युजराव्याधिदुःखदोषानुदर्शनम् ॥ ९ ॥
असक्तिरनभिष्वङ्गः पुत्रदारगृहादिषु ।
नित्यं च समचित्तत्वमिष्टानिष्टोपपत्तिषु ॥ १० ॥
मयि चानन्ययोगेन भक्तिरव्यभिचारिणी ।
विविक्तदेशसेवित्वमरतिर्जनसंसदि ॥ ११ ॥
अध्यात्मज्ञाननित्यत्वं तत्त्वज्ञानार्थदर्शनम् ।
एतज्ज्ञानमिति प्रोक्तमज्ञानं यदतोऽन्यथा ॥ १२ ॥

amānitvam adambhitvam ahiṁsā kṣāntir ārjavam
ācāryopāsanaṁ śaucaṁ sthairyam ātma-vinigrahaḥ

indriyārtheṣu vairāgyam anahaṅkāra eva ca
janma-mṛtyu-jarā-vyādhi- duḥkha-doṣānudarśanam

asaktir anabhiṣvaṅgaḥ putra-dāra-gṛhādiṣu
nityaṁ ca sama-cittatvam iṣṭāniṣṭopapattiṣu

mayi cānanya-yogena bhaktir avyabhicāriṇī
vivikta-deśa-sevitvam aratir jana-saṁsadi

adhyātma-jñāna-nityatvaṁ tattva-jñānārtha-darśanam
etaj jñānam iti proktam ajñānaṁ yad ato 'nyathā

amānitvam – poniznost; *adambhitvam* – odsutnost ponosa; *ahiṁsā* – nenasilje; *kṣāntiḥ* – snošljivost; *ārjavam* – jednostavnost; *ācārya-upāsanam*—priloženje vjerodostojnom duhovnom učitelju; *śaucam* – čistoća;

sthairyam – postojanost; *ātma-vinigrahaḥ* – samoovladanost; *indriya-artheṣu* – u pogledu osjetila; *vairāgyam* – odricanje; *anahaṅkāraḥ* – odsutnost lažnoga ega; *eva* – zacijelo; *ca* – također; *janma* – rođenja; *mṛtyu* – smrti; *jarā* – starosti; *vyādhi* – i bolesti; *duḥkha* – nesreću; *doṣa* – nedostatak; *anudarśanam* – vidi; *asaktiḥ* – bez vezanosti; *anabhiṣvaṅgaḥ* – bez društva; *putra* – za sina; *dāra* – ženu; *gṛha-ādiṣu* – dom itd.; *nityam* – stalna; *ca* – također; *sama-cittatvam* – ravnoteža; *iṣṭa* – poželjno; *aniṣṭa* – i nepoželjno; *upapattiṣu* – dostigavši; *mayi* – Mene; *ca* – također; *ananya-yogena* – neokaljano predano služenje; *bhaktiḥ* – predanost; *avyabhicāriṇī* – neprekidna; *vivikta* – samotnim; *deśa* – mjestima; *sevitvam* – težnja za; *aratiḥ* – bez vezanosti; *jana-saṁsadi* – prema ljudima; *adhyātma* – o jastvu; *jñāna* – u znanju; *nityatvam* – postojanost; *tattva-jñāna* – znanje o istini; *artha* – kojoj je cilj; *darśanam* – filozofija; *etat* – sve to; *jñānam* – znanje; *iti* – tako; *proktam* – izjavljujem; *ajñānam* – neznanje; *yat* – ono što; *ataḥ* – od toga; *anyathā* – razlikuje se.

Poniznost, odsutnost ponosa, nenasilje, snošljivost, jednostavnost, prilaženje vjerodostojnom duhovnom učitelju, čistoća, postojanost, samoovladanost, odricanje od predmeta osjetilnog zadovoljstva, odsutnost lažnog ega, opažanje bijeda rođenja, smrti, starosti i bolesti, odvojenost, nevezanost za djecu, ženu, dom i ostalo, staloženost u ugodnim i neugodnim okolnostima, neprestana neokaljana predanost Meni, težnja ka životu na osami, nevezanost za druženje s velikim brojem ljudi, shvaćanje važnosti samospoznaje i filozofska potraga za Apsolutnom Istinom – to proglašavam znanjem, a sve ostalo je neznanje.

SMISAO: Manje inteligentni ljudi ponekad proces stjecanja znanja pogrešno smatraju interakcijom polja djelovanja, ali pravi je proces znanja opisan u ovoj strofi. Ako prihvatimo taj proces, postoji mogućnost prilaženja Apsolutnoj Istini. Spomenuti proces ne predstavlja međudjelovanje dvadeset četiri elementa, kao što je ranije bilo opisano, već proces oslobađanja od zapletenosti u te elemente. Utjelovljena je duša zarobljena u tijelu, prekrivaču načinjenom od dvadeset četiri elementa. Procesom znanja opisanim u ovoj strofi može se osloboditi tijela. Od svih elemenata ovoga procesa, najvažniji je opisan u prvom redu jedanaeste strofe. *Mayi cānanya-yogena bhaktir avyabhicāriṇī:* proces znanja dostiže vrhunac u neokaljanom predanom služenju Gospodina. Stoga, ako se netko ne posveti, ili nije sposoban da se posveti, transcendentalnom služenju Gospodina, ostalih devetnaest odlika nisu od posebne važnosti. Ali ako se posveti predanom služenju u punoj svjesnosti Kṛṣṇe, samim tim u sebi razvija ostalih devetnaest odlika. U petom pjevanju *Śrīmad-Bhāgavatama*

(5.18.12) rečeno je – *yasyāsti bhaktir bhagavaty akiñcanā sarvair guṇais tatra samāsate surāḥ*. Onaj tko je dostigao razinu predanog služenja stječe sve dobre odlike znanja. Načelo prihvaćanja duhovnog učitelja, spomenuto u osmoj strofi, veoma je važno. Ono je od najveće važnosti čak i za onoga tko se posvetio predanom služenju. Transcendentalni život počinje prihvaćanjem vjerodostojnog duhovnog učitelja. Svevišnja Božanska Osoba Śrī Kṛṣṇa ovdje jasno kaže da je ovaj proces znanja pravi put. Sve je ostalo besmislena spekulacija.

Što se tiče znanja koje je ovdje izloženo, njegovi se elementi mogu pojasniti na sljedeći način. Poniznost znači da ne bismo trebali žudjeti za zadovoljstvom da nam drugi iskazuju počast. Materijalno shvaćanje života budi u nama žarku želju za uživanjem u počastima, ali s gledišta čovjeka koji posjeduje savršeno znanje – koji zna da nije ovo tijelo – sve što se odnosi na tijelo beskorisno je, bilo čast bilo nečast. Ne bismo trebali žudjeti za tom materijalnom varkom. Ljudi jako žele biti poznati po svojoj pobožnosti. Stoga se oni koji ne shvaćaju načela religije ponekad znaju pridružiti skupini čiji ih članovi ne slijede, a potom se žele predstaviti kao učitelji religije. Što se tiče istinskog napretka u duhovnom nauku, osoba treba na temelju ovih odlika prosuditi koliko je napredovala.

Obično se smatra da biti nenasilan znači ne ubijati ili ne uništavati tijelo, ali zapravo, biti nenasilan znači ne nanositi drugima patnju. Ljudi su pod utjecajem materijalnog shvaćanja života opčinjeni neznanjem i stalno pate zbog materijalnih bijeda. Ako ne nastojimo uzdignuti ljude na razinu duhovnog znanja, vršimo nasilje. Trebamo im pokušati pružiti pravo znanje, tako da mogu biti prosvijetljeni i izbavljeni iz materijalne zapletenosti. To je nenasilje.

Snošljivost znači da trebamo naučiti podnositi tuđe uvrede i izraze nepoštovanja. Ako netko nastoji napredovati u duhovnom znanju, drugi će mu nanositi uvrede i ophoditi se prema njemu bez poštovanja. To je za očekivati, jer je materijalna priroda tako uređena. Čak je i petogodišnji dječak Prahlāda, koji je njegovao duhovno znanje, bio izložen opasnosti kad se njegov otac usprotivio njegovoj predanosti. Otac ga je na mnogo načina pokušao ubiti, ali Prahlāda je to podnosio. Možemo se suočiti s mnogo zapreka na putu napredovanja u duhovnom znanju, ali trebamo biti snošljivi i odlučno nastaviti napredovati.

Jednostavnost znači da trebamo otvoreno, bez dvoličnosti, otkriti pravu istinu, čak i neprijatelju. Što se tiče prihvaćanja duhovnog učitelja, ono je veoma bitno, jer bez uputa vjerodostojnog duhovnog učitelja ne možemo napredovati u duhovnom nauku. Učenik treba vrlo ponizno prići duhovnom učitelju i ponuditi mu sve vrste službi, kako bi mu duhovni učitelj, zadovoljan s njim, podario sve blagoslove. Vjerodostojni je duhovni učitelj predstavnik Kṛṣṇe i zato će učenik, ako ga duhovni učitelj blagoslovi, zahvaljujući njegovim blagoslovima odmah postati napredan, bez slijeđenja propisanih načela. Drugim riječima, onaj tko bez sustezanja služi duhovnog učitelja može lakše slijediti propisana načela.

Čistoća je prijeko potrebna za napredovanje u duhovnom životu. Postoje dvije vrste čistoće: vanjska i unutarnja. Vanjska se čistoća održava kupanjem, a unutarnja neprestanim mišljenjem na Kṛṣṇu i pjevanjem Hare Kṛṣṇa, Hare Kṛṣṇa, Kṛṣṇa Kṛṣṇa, Hare Hare / Hare Rāma, Hare Rāma, Rāma Rāma, Hare Hare. Taj proces pročišćava um od nagomilane prašine prošle *karme.*

Postojanost znači da trebamo odlučno nastojati napredovati u duhovnom životu. Bez takve odlučnosti ne možemo vidno napredovati. Samoovladanost znači da ne smijemo prihvatiti ono što predstavlja smetnju na putu duhovnog napretka. Trebamo se naviknuti da djelujemo na taj način i odbacimo sve što se protivi putu duhovnog napretka. To je pravo odricanje. Osjetila su tako snažna da uvijek žude za osjetilnim uživanjem. Ne bismo trebali udovoljavati tim nepotrebnim zahtjevima. Osjetila trebamo zadovoljiti samo da bismo održali tijelo u dobru stanju, kako bismo mogli obavljati svoju dužnost na putu napredovanja u duhovnom životu. Najvažnije i najneobuzdanije osjetilo je jezik. Ako netko može vladati jezikom, onda će najvjerojatnije moći vladati i drugim osjetilima. Uloge su jezika kušanje i govor. Zato, prema pravilima, jezik uvijek treba kušati ostatke hrane ponuđene Kṛṣṇi i pjevati Hare Kṛṣṇa. Što se tiče očiju, ne trebamo im dopustiti da gledaju ništa osim Kṛṣṇina prekrasnog oblika. Tako možemo vladati očima. Slično tome, uši trebaju slušati o Kṛṣṇi, a nos mirisati cvijeće ponuđeno Kṛṣṇi. To je proces predanog služenja i iz ovih stihova možemo shvatiti da *Bhagavad-gītā* jednostavno objašnjava nauk o predanom služenju. Predano služenje je glavni i jedini cilj. Neinteligentni tumači *Bhagavad-gīte* pokušavaju skrenuti pozornost čitatelja na druge teme, ali u *Bhagavad-gīti* ne postoji druga tema osim predanog služenja.

Lažni je ego poistovjećivanje tijela s jastvom. Kad shvatimo da nismo tijelo već duhovna duša, dolazimo do svoga pravog ega. Ego postoji. Lažni se ego osuđuje, ali pravi ego ne. U vedskoj književnosti (*Bṛhad-āraṇyaka Upaniṣada* 1.4.10) rečeno je – *ahaṁ brahmāsmi:* „Ja sam Brahman, ja sam duh". Taj doživljaj jastva, „ja sam", postoji i u oslobođenu stadiju samospoznaje. Osjećaj jastva naziva se egom, ali kad se odnosi na nestvarno tijelo, naziva se lažnim egom. Kad se osjećaj „ja sam" odnosi na stvarnost, to je pravi ego. Neki filozofi kažu da trebamo odbaciti ego, ali mi ne možemo odbaciti ego, jer ego predstavlja osobnost. Naravno, lažno poistovjećivanje s tijelom moramo odbaciti.

Trebamo pokušati shvatiti patnje koje potječu od rađanja, starenja, obolijevanja i umiranja. Proces rođenja opisan je u raznim vedskim spisima. U *Śrīmad-Bhāgavatamu* vrlo su slikovito opisani život nerođenog djeteta, njegov boravak u maternici, njegove patnje itd. Trebamo jasno shvatiti da je rađanje patnja. Budući da smo zaboravili patnje boravka u maternici, ne tražimo nikakvo rješenje za uzastopno rađanje i umiranje. U vrijeme smrti živo biće biva izloženo svim vrstama patnje i one su opisane u vjerodostojnim spisima. O tome trebamo raspravljati. Što se tiče bolesti i starosti, svatko ima osobno iskustvo. Nitko ne želi biti bolestan i star, ali ne može izbjeći bolest i starost. Ako nemamo pesimistički pogled na materijalni život, uzevši u obzir patnje rođenja, smrti, starosti i bolesti, nećemo imati poticaj za napredovanje u duhovnu životu.

Što se tiče nevezanosti za djecu, ženu i dom, to ne znači da prema njima ne trebamo ništa osjećati. Oni su prirodni predmeti privrženosti, ali kad nisu povoljni za duhovni napredak, ne smijemo biti za njih vezani. Najbolji je proces unošenja sreće u dom svjesnost Kṛṣṇe. Onaj tko je potpuno svjestan Kṛṣṇe može svoj dom ispuniti srećom, jer je proces svjesnosti Kṛṣṇe veoma lak. Osoba treba pjevati Hare Kṛṣṇa, Hare Kṛṣṇa, Kṛṣṇa Kṛṣṇa, Hare Hare/ Hare Rāma, Hare Rāma, Rāma Rāma, Hare Hare, jesti ostatke hrane ponuđene Kṛṣṇi, razgovarati o knjigama kao što su *Bhagavad-gītā* i *Śrīmad-Bhāgavatam* i obožavati Božanstvo. Te će joj četiri stvari donijeti sreću. Na taj način treba poučiti članove svoje obitelji. Članovi obitelji mogu ujutro i navečer sjesti i zajedno pjevati Hare Kṛṣṇa, Hare Kṛṣṇa, Kṛṣṇa Kṛṣṇa, Hare Hare/ Hare Rāma, Hare Rāma, Rāma Rāma, Hare Hare. Ako može tako oblikovati svoj obiteljski život kako bi razvila svjesnost Kṛṣṇe, slijedeći ta četiri načela, ne treba ostaviti obiteljski život i prihvatiti red odricanja. Ali ako obiteljski život nije povoljan za duhovni napredak, treba ga ostaviti. Da bismo spoznali ili služili Kṛṣṇu moramo žrtvovati sve, kao Arjuna. Arjuna nije htio ubiti članove svoje obitelji, ali kad je shvatio da su oni zapreke u njegovoj spoznaji Kṛṣṇe, prihvatio je Kṛṣṇin savjet, borio se i ubio ih. U svakom slučaju, ne smijemo biti vezani za sreću i nesreću obiteljskoga života, jer u ovom svijetu nije moguće biti potpuno sretan ili potpuno nesretan.

Sreća i nesreća popratne su pojave materijalnog života. Trebamo naučiti da ih podnosimo, kao što nam Gospodin savjetuje u *Bhagavad-gīti*. Dolazak i odlazak sreće i nesreće nikada ne možemo spriječiti. Zato trebamo biti odvojeni od materijalističkog načina života i samim tim staloženi u sreći i nesreći. Obično se radujemo kad dobijemo nešto poželjno i tugujemo kad dobijemo nešto nepoželjno, no ako smo utemeljeni na duhovnom položaju, te nas stvari neće uznemiravati. Da bismo dostigli tu razinu, moramo nepokolebljivo predano služiti. Predano služiti Kṛṣṇu bez odstupanja znači pridržavati se devet procesa predanog služenja (pjevati, slušati, obožavati, odavati poštovanje itd.) kao što je opisano u posljednjoj strofi devetoga poglavlja. Taj proces trebamo slijediti.

Kad se prilagodimo duhovnom načinu života, prirodno se nećemo željeti družiti s materijalističkim ljudima. To bi se protivilo našoj naravi. Osoba može sebe ispitati, videći koliko je sklona životu na osami, bez nepoželjna društva. *Bhakta* prirodno nema ukus za nepotrebne zabave ili odlaske u kino i društvene priredbe, jer shvaća da je sve to samo gubljenje vremena. Ima mnogo istraživača i filozofa koji proučavaju spolni život ili neku drugu temu, ali prema *Bhagavad-gīti* takav istraživački rad i filozofska spekulacija nemaju nikakvu vrijednost. Manje ili više su besmisleni. Prema *Bhagavad-gīti*, trebamo filozofskim rasuđivanjem istražiti prirodu duše. Istraživanje treba biti namijenjeno razumijevanju jastva. To se ovdje preporučuje.

Što se tiče samospoznaje, ovdje je rečeno da je *bhakti-yoga* posebno praktična. Čim je riječ o predanosti, mora postojati odnos između Nad-duše i individualne duše. Individualna duša i Nad-duša ne mogu biti istovjetne, barem ne u *bhakti,* shvaćanju života utemeljenom na predanosti. Individualna duša služi Vrhovnu Dušu vječno, *nityam,* kao što je jasno rečeno. Stoga je *bhakti*, predano služenje, vječno. Trebamo biti utemeljeni u tom filozofskom uvjerenju.

Śrīmad-Bhāgavatam (1.2.11) objašnjava: *vadanti tat tattva-vidas tattvaṁ yaj jñānam advayam.* „Poznavatelji Apsolutne Istine znaju da se Jastvo spoznaje u tri različita stadija, kao Brahman, Paramātmā i Bhagavān." Bhagavān je posljednja riječ u spoznaji Apsolutne Istine. Stoga trebamo dostići tu razinu razumijevanja Svevišnje Božanske Osobe i predano služiti Gospodina. To je savršenstvo znanja.

Ovaj proces, koji počinje poniznošću i nastavlja se do spoznaje Vrhovne Istine, Apsolutne Božanske Osobe, nalikuje stubama koje vode od prizemlja do najvišega kata. Idući tim stubama, mnogo ljudi dolazi do prvoga, drugoga ili trećega kata, ali ako netko ne dođe do najvišega kata – razumijevanja Kṛṣṇe – nalazi se na nižoj razini znanja. Ako se želi nadmetati s Bogom i istodobno napredovati u duhovnom životu, bit će osujećen. Ovdje je jasno rečeno da razumijevanje nije moguće bez poniznosti. Onaj tko sebe smatra Bogom je najumišljeniji. Premda ga zakoni materijalne prirode uvijek osuđuju, živo biće zbog neznanja misli: „Ja sam Bog". Stoga je *amānitva*, poniznost, početak znanja. Trebamo biti ponizni i znati da smo podređeni Svevišnjem Gospodinu. Živo biće biva podvrgnuto utjecaju materijalne prirode zato što se pobunilo protiv Svevišnjega Gospodina. To moramo spoznati s čvrstim uvjerenjem.

STROFA 13

ज्ञेयं यत्तत्प्रवक्ष्यामि यज्ज्ञात्वामृतमश्नुते ।
अनादि मत्परं ब्रह्म न सत्तन्नासदुच्यते ॥ १३ ॥

jñeyaṁ yat tat pravakṣyāmi yaj jñātvāmṛtam aśnute
anādi mat-paraṁ brahma na sat tan nāsad ucyate

jñeyam – predmet znanja; *yat* – koji; *tat* – to; *pravakṣyāmi* – sad ću ti objasniti; *yat* – koje; *jñātvā* – znajući; *amṛtam* – nektar; *aśnute* – kuša; *anādi* – bez početka; *mat-param* – podređen Meni; *brahma* – duh; *na* – niti; *sat* – uzrok; *tat* – to; *na* – niti; *asat* – posljedica; *ucyate* – kaže se.

Sad ću ti objasniti predmet znanja. Tim ćeš znanjem okusiti vječnost. Brahman, duh, koji nema početka i koji je podređen Meni, leži iznad uzroka i posljedica materijalnog svijeta.

SMISAO: Gospodin je objasnio polje djelovanja i poznavatelja polja. Također je objasnio proces razumijevanja poznavatelja polja djelovanja. Sada počinje objašnjavati predmet znanja; prvo dušu, a potom Nad-dušu. Zahvaljujući znanju o poznavatelju, duši i Nad-duši, osoba može uživati u nektaru života. Kao što je bilo objašnjeno u drugom poglavlju, živo je biće vječno. To je ovdje potvrđeno. Ne postoji točan datum rođenja *jīve.* Nitko ne može utvrditi kad je Svevišnji Gospodin očitovao *jīvātmu.* Zato nema početka. Vedska književnost to potvrđuje: *na jāyate mriyate vā vipaścit* (*Kaṭha Upaniṣada* 1.2.18). Poznavatelj tijela nikada se ne rađa, niti umire, i pun je znanja.

U vedskim spisima (*Śvetāśvatara Upaniṣada* 6.16) rečeno je da je Svevišnji Gospodin kao Nad-duša *pradhāna-kṣetrajña-patir guṇeśaḥ*, glavni poznavatelj tijela i gospodar triju *guṇa* materijalne prirode. U *smṛtiju* je rečeno: *dāsa-bhūto harer eva nānyasyaiva kadācana.* Živa bića vječno služe Svevišnjega Gospodina. To je potvrdio Gospodin Caitanya u Svojem naučavanju. Stoga se opis Brahmana u ovoj strofi odnosi na individualnu dušu. Kad se riječ Brahman odnosi na živo biće, smatra se da je ono *vijñāna-brahma*, za razliku od *ānanda-brahme. Ānanda-brahma* je Vrhovni Brahman, Božanska Osoba.

STROFA 14

सर्वतः पाणिपादं तत् सर्वतोऽक्षिशिरोमुखम् ।
सर्वतः श्रुतिमल्लोके सर्वमावृत्य तिष्ठति ॥ १४ ॥

sarvataḥ pāṇi-pādaṁ tat sarvato 'kṣi-śiro-mukham
sarvataḥ śrutimal loke sarvam āvṛtya tiṣṭhati

sarvataḥ – svuda; *pāṇi* – ruke; *pādam* – noge; *tat* – ovom; *sarvataḥ* – svuda; *akṣi* – oči; *śiraḥ* – glave; *mukham* – lica; *sarvataḥ* – svuda; *śrutimat* – ima uši; *loke* – u svijetu; *sarvam* – sve; *āvṛtya* – obuhvaćajući; *tiṣṭhati* – postoji.

Njegove ruke i noge, oči, glave, lica i uši prostiru se svuda. Na taj način Nad-duša postoji, prožimajući sve.

SMISAO: Kao što Sunce širi svoje bezbrojne zrake tako Svevišnja Božanska Osoba u obliku Nad-duše prožima sve. U Njemu počivaju sva živa bića, počev od prvoga velikog učitelja, Brahme, pa sve do malih mrava. Postoji bezbroj glava, nogu, ruku i očiju i bezbroj živih bića. Svi oni počivaju u Nad-duši, koja ih održava. Stoga Nad-duša prožima sve. Međutim, individualna duša ne može reći da se njezine ruke, noge i oči prostiru svuda. To nije moguće. Ako misli da pod utjecajem neznanja nije svjesna da se njezine ruke i noge prostiru svuda, ali će kad dostigne pravo znanje postati toga svjesna, njezino je mišljenje proturječno. To znači da individualna duša nije vrhovna, jer je uvjetovana materijalnom prirodom. Svevišnji se razlikuje od individualne duše. Svevišnji Gospodin može Svoju ruku ispružiti beskrajno daleko, ali duša to ne može. U *Bhagavad-gīti* Gospodin kaže da će prihvatiti cvijet, plod ili vodu, koje Mu ponudimo. Ako je Gospodin daleko, kako može prihvaćati stvari? To je Gospodinova svemoć: iako boravi u Svom prebivalištu, daleko od Zemlje, može ispružiti Svoju ruku i prihvatiti našu ponudu. To je Njegova moć. U *Brahma-saṁhiti* (5.37) rečeno je – *goloka eva nivasaty akhilātma-bhūtaḥ:* premda se uvijek zabavlja na Svom transcendentalnom planetu, prožima sve. Individualna duša ne može tvrditi da je sveprožimajuća. Prema tome, ova strofa opisuje Vrhovnu Dušu, odnosno Božansku Osobu, a ne individualnu dušu.

STROFA 15

सर्वेन्द्रियगुणाभासं सर्वेन्द्रियविवर्जितम् ।
असक्तं सर्वभृच्चैव निर्गुणं गुणभोक्तृ च ॥ १५ ॥

sarvendriya-guṇābhāsaṁ sarvendriya-vivarjitam
asaktaṁ sarva-bhṛc caiva nirguṇaṁ guṇa-bhoktṛ ca

sarva – svih; *indriya* – osjetila; *guṇa* – odlika; *ābhāsam* – prvobitni izvor; *sarva* – svih; *indriya* – osjetila; *vivarjitam* – bez; *asaktam* – nevezan; *sarva-bhṛt* – održavatelj svih živih bića; *ca* – također; *eva* – zacijelo; *nirguṇam* – bez materijalnih odlika; *guṇa-bhoktṛ* – gospodar *guṇa*; *ca* – također.

Premda je Nad-duša prvobitni izvor svih osjetila, nema osjetila. Nije vezana, iako održava sva živa bića. Transcendentalna je prema guṇama prirode i u isto vrijeme gospodar svih guṇa materijalne prirode.

SMISAO: Premda je izvor svih osjetila živih bića, Svevišnji Gospodin nema materijalna osjetila kao živa bića. Ustvari, individualne duše imaju duhovna osjetila, ali u uvjetovanom životu njihova su osjetila prekrivena materijalnim elementima i zato se djelatnosti osjetila očituju kroz materiju. Osjetila Svevišnjega Gospodina nisu tako prekrivena. Njegova su osjetila transcendentalna i zato se nazivaju *nirguṇa*. *Guṇa* se odnosi na materijalne odlike, ali Njegova osjetila nisu prekrivena materijom. Trebamo shvatiti da Njegova osjetila nisu kao naša. Premda je izvor svih naših osjetilnih djelatnosti, Svevišnji ima Svoja transcendentalna osjetila, koja nisu okaljana. To je lijepo objašnjeno u *Śvetāśvatara Upaniṣadi* (3.19) u stihu *apāṇi-pādo javano grahītā*. Svevišnja Božanska Osoba nema materijalno okaljane ruke, ali ima Svoje ruke i prihvaća svaku žrtvu koju Mu netko ponudi. To je razlika između uvjetovane duše i Nad-duše. On nema materijalne oči, ali ima oči – kako bi inače mogao vidjeti? On vidi sve – prošlost, sadašnjost i budućnost. Živi u srcu živoga bića i zna što smo činili u prošlosti, što činimo sada i što nas očekuje u budućnosti. To je potvrđeno u *Bhagavad-gīti*: On zna sve, ali Njega nitko ne zna. Rečeno je da Svevišnji Gospodin nema noge poput nas, ali može putovati prostorom jer ima duhovne noge. Drugim riječima, Gospodin je osoba. Ima oči, noge, ruke i sve ostalo. Budući da smo sastavni djelići Svevišnjega Gospodina i mi sve to imamo, ali Njegove ruke, noge, oči i osjetila nisu okaljani materijalnom prirodom.

Bhagavad-gītā potvrđuje da se Gospodin pojavljuje Svojom unutarnjom moći takav kakav jest. Nije okaljan materijalnom energijom, jer je njezin gospodar. Iz vedske književnosti saznajemo da je čitavo Njegovo tijelo duhovno. On ima vječni oblik koji se naziva *sac-cid-ānanda-vigraha*. Pun je sveg obilja i vlasnik je sveg bogatstva i sve energije. Najinteligentniji je i pun znanja. To su neki od simptoma Svevišnje Božanske Osobe. On je održavatelj svih živih bića i svjedok svih djelatnosti. Iz vedske književnosti saznajemo da je Svevišnji Gospodin uvijek transcendentalan.

Iako ne vidimo Njegovu glavu, lice, ruke ili noge, On ih ima i kad se uzdignemo na transcendentalnu razinu možemo vidjeti Gospodinov oblik. Zbog materijalno okaljanih osjetila, ne možemo vidjeti Njegov oblik. Zato impersonalisti, koji se još uvijek nalaze pod materijalnim utjecajem, ne mogu shvatiti Božansku Osobu.

STROFA 16

बहिरन्तश्च भूतानामचरं चरमेव च ।
सूक्ष्मत्वात्तदविज्ञेयं दूरस्थं चान्तिके च तत् ॥ १६ ॥

bahir antaś ca bhūtānām acaraṁ caram eva ca
sūkṣmatvāt tad avijñeyaṁ dūra-sthaṁ cāntike ca tat

bahiḥ – izvan; *antaḥ* – unutar; *ca* – također; *bhūtānām* – svih živih bića; *acaram* – nepokretnih; *caram* – pokretnih; *eva* – također; *ca* – i; *sūkṣmatvāt* – zbog Svoje suptilne prirode; *tat* – ona; *avijñeyam* – nespoznatljiva; *dūra-stham* – daleko; *ca* – također; *antike* – blizu; *ca* – i; *tat* – ona.

Vrhovna Istina postoji izvan i unutar svih pokretnih i nepokretnih živih bića. Zbog Svoje suptilne prirode ne može se vidjeti ili spoznati materijalnim osjetilima. Premda je vrlo daleko, nalazi se u blizini svih živih bića.

SMISAO: Iz vedske književnosti saznajemo da Nārāyaṇa, Vrhovna Osoba, prebiva izvan i unutar svakog živog bića. On je prisutan i u duhovnim i u materijalnim svjetovima. Iako je vrlo daleko, nalazi se pokraj nas. To su izjave vedskih spisa. *Āsīno dūraṁ vrajati śayāno yāti sarvataḥ* (*Kaṭha Upaniṣada* 1.2.21). Budući da je uvijek obuzet transcendentalnim blaženstvom, ne možemo shvatiti kako uživa u Svom punom obilju. To ne možemo vidjeti ili shvatiti materijalnim osjetilima. Zato je u vedskim spisima rečeno da Ga naš materijalni um i osjetila ne mogu shvatiti. No onaj tko je pročistio um i osjetila svjesnošću Kṛṣṇe u predanom služenju može Ga uvijek vidjeti. U *Brahma-saṁhiti* rečeno je da *bhakta* koji je razvio ljubav prema Vrhovnom Bogu može vidjeti Boga uvijek, neprestano. U *Bhagavad-gīti* (11.54) potvrđeno je da se Gospodin može vidjeti i shvatiti samo predanim služenjem. *Bhaktyā tv ananyayā śakyaḥ*.

STROFA 17

अविभक्तं च भूतेषु विभक्तमिव च स्थितम् ।
भूतभर्तृ च तज्ज्ञेयं ग्रसिष्णु प्रभविष्णु च ॥ १७ ॥

avibhaktaṁ ca bhūteṣu vibhaktam iva ca sthitam
bhūta-bhartṛ ca taj jñeyaṁ grasiṣṇu prabhaviṣṇu ca

avibhaktam – nije podijeljena; *ca* – također; *bhūteṣu* – u svim živim bićima; *vibhaktam* – podijeljena; *iva* – kao da; *ca* – također; *sthitam* – postoji; *bhūta-bhartṛ* – održavatelj svih živih bića; *ca* – također; *tat* – to; *jñeyam* – trebaš shvatiti; *grasiṣṇu* – proždire; *prabhaviṣṇu* – stvara; *ca* – također.

Premda se čini da je Nad-duša u svim živim bićima podijeljena, nikada nije podijeljena. Nad-duša je jedna. Iako održava svako živo biće, trebaš shvatiti da sve proždire i stvara.

SMISAO: Gospodin se nalazi u svačijem srcu kao Nad-duša. Znači li to da se podijelio? Ne. Ustvari, On je jedan. Naveden je primjer sunca. Sunce se u podne nalazi na jednom mjestu, ali ako se uputimo u bilo kojem smjeru i nakon deset tisuća kilometara upitamo: „Gdje je sunce?”, svatko će reći da sunce sija nad njegovom glavom. Ovaj je primjer u vedskoj književnosti naveden kako bi pokazao da Gospodin, iako nije podijeljen, izgleda podijeljen. U vedskoj je književnosti rečeno da je jedan Viṣṇu Svojom svemoći prisutan svuda, kao što je sunce prisutno na raznim mjestima pred očima raznih ljudi. Iako Svevišnji Gospodin održava svako živo biće, u vrijeme uništenja sve proždire. Gospodin je to potvrdio u jedanaestom poglavlju, rekavši da je došao progutati sve ratnike okupljene na Kurukṣetri. Također je rekao da proždire u obliku vremena. On je uništavatelj, ubojica svih bića. Prilikom stvaranja, očituje ih iz njihova prvobitnog stanja, a u vrijeme uništenja ih proždire. Vedske himne potvrđuju da je On podrijetlo svih živih bića i počivalište svega. Nakon stvaranja, sve počiva u Njegovoj svemoći, a nakon uništenja, sve ponovno počiva u Njemu. To potvrđuju vedske himne. *Yato vā imāni bhūtāni jāyante yena jātāni jīvanti yat prayanty abhisaṁviśanti tad brahma tad vijijñāsasva* (*Taittirīya Upaniṣada* 3.1).

STROFA 18

ज्योतिषामपि तज्ज्योतिस्तमसः परमुच्यते ।
ज्ञानं ज्ञेयं ज्ञानगम्यं हृदि सर्वस्य विष्ठितम् ॥ १८ ॥

jyotiṣām api taj jyotis tamasaḥ param ucyate
jñānaṁ jñeyaṁ jñāna-gamyaṁ hṛdi sarvasya viṣṭhitam

jyotiṣām – svih svijetlećih nebeskih tijela; *api* – također; *tat* – taj; *jyotiḥ* – izvor svjetlosti; *tamasaḥ* – tame; *param* – iznad; *ucyate* – rečeno je; *jñānam* – znanje; *jñeyam* – predmet znanja; *jñāna-gamyam* – cilj znanja; *hṛdi* – u srcu; *sarvasya* – svakoga; *viṣṭhitam* – nalazi se.

On je izvor svjetlosti svih svijetlećih nebeskih tijela. Transcendentalan je prema tami materije i nije očitovan. On je znanje, predmet znanja i cilj znanja i nalazi se u svačijem srcu.

SMISAO: Nad-duša, Svevišnja Božanska Osoba, izvor je svjetlosti svih svijetlećih nebeskih tijela, kao što su sunce, mjesec i zvijezde. Iz vedske književnosti saznajemo da u duhovnom carstvu nema potrebe za suncem i mjesecom, jer je obasjano blistavim sjajem Svevišnjega Gospodina. Taj *brahmajyoti*, Gospodinov duhovni sjaj, u materijalnom je svijetu prekriven *mahat-tattvom*, materijalnim elementima. Zato su u materijalnom svijetu radi svjetlosti potrebni sunce, mjesec i elektricitet, ali u duhovnom svijetu nema potrebe za takvim stvarima. U vedskoj je književnosti jasno rečeno da Njegov blistavi sjaj obasjava sve. Na temelju toga možemo zaključiti da Gospodin ne prebiva u materijalnom svijetu. On prebiva u duhovnom svijetu, veoma daleko, na duhovnom nebu. To je također potvrđeno u vedskoj književnosti. *Āditya-varṇaṁ tamasaḥ parastāt* (*Śvetāśvatara Upaniṣada* 3.8). On je, poput sunca, vječno blistav, ali prebiva daleko iznad tame materijalnog svijeta.

Njegovo je znanje transcendentalno. Vedska književnost potvrđuje da je Brahman zgusnuto transcendentalno znanje. Onome tko želi otići u duhovni svijet znanje daje Svevišnji Gospodin, koji se nalazi u srcu svih živih bića. Jedna vedska *mantra* (*Śvetāśvatara Upaniṣada* 6.18) izjavljuje: *taṁ ha devam ātma-buddhi-prakāśaṁ mumukṣur vai śaraṇam ahaṁ prapadye.* Ako osoba želi oslobođenje, mora se predati Svevišnjoj Božanskoj Osobi. Što se tiče cilja krajnjega znanja, on je također potvrđen u vedskoj književnosti: *tam eva viditvāti mṛtyum eti.* „Granica rođenja i smrti može se nadići samo spoznavanjem Svevišnjeg." (*Śvetāśvatara Upaniṣada* 3.8)

Gospodin prebiva u srcu svih živih bića kao vrhovni upravitelj. Noge i ruke Svevišnjeg prostiru se svuda, ali to se ne može reći za individualnu dušu. Stoga moramo priznati da postoje dva poznavatelja polja djelovanja – individualna duša i Nad-duša. Noge i ruke živog bića nalaze se na jednom mjestu, ali Kṛṣṇine ruke i noge nalaze se svuda. To je potvrđeno u *Śvetāśvatara Upaniṣadi* (3.17): *sarvasya prabhum īśānaṁ sarvasya śaraṇaṁ bṛhat.* Ta Svevišnja Božanska Osoba, Nad-duša, gospodar je ili *prabhu* svih živih bića; stoga je konačno utočište svih živih bića. Tako se ne može poreći činjenica da se Vrhovna Nad-duša i individualna duša uvijek razlikuju.

STROFA 19

इति क्षेत्रं तथा ज्ञानं ज्ञेयं चोक्तं समासतः ।
मद्भक्त एतद्विज्ञाय मद्भावायोपपद्यते ॥ १९ ॥

iti kṣetraṁ tathā jñānaṁ jñeyaṁ coktaṁ samāsataḥ
mad-bhakta etad vijñāya mad-bhāvāyopapadyate

iti – tako; *kṣetram* – polje djelovanja (tijelo); *tathā* – također; *jñānam* – znanje; *jñeyam* – predmet znanja; *ca* – također; *uktam* – opisao; *samāsataḥ* – sažeto; *mat-bhaktaḥ* – Moj *bhakta; etat* – sve to; *vijñāya* – nakon što shvati; *mat-bhāvāya* – Moju prirodu; *upapadyate* – dostiže.

Tako sam sažeto opisao polje djelovanja [tijelo], znanje i predmet znanja. Samo Moji bhakte mogu to u potpunosti shvatiti i tako dostići Moju prirodu.

SMISAO: Gospodin je sažeto opisao tijelo, znanje i predmet znanja. To znanje ima tri grane: znanje o poznavatelju, predmetu znanja i procesu spoznavanja. Cjelokupno znanje o njima naziva se *vijñāna,* znanstveno znanje. Savršeno znanje mogu neposredno shvatiti Gospodinovi neokaljani *bhakte.* Drugi nisu za to sposobni. Monisti kažu da u krajnjem stadiju ta tri čimbenika postaju jedno, ali *bhakte* to ne prihvaćaju. Posjedovati i razviti znanje znači shvatiti sebe u svjesnosti Kṛṣṇe. Mi smo vođeni materijalnom svjesnošću, ali čim prenesemo svu svoju svjesnost na Kṛṣṇine djelatnosti i spoznamo da je Kṛṣṇa sve, dostižemo pravo znanje. Drugim riječima, znanje nije ništa drugo do početni stadij savršenog razumijevanja predanog služenja. To će biti jasno objašnjeno u petnaestom poglavlju.

Ukratko, možemo zaključiti da 6. i 7. strofa, počev s *mahā-bhūtāni* i nastavljajući se s *cetanā dhṛtiḥ*, raščlanjuju materijalne elemente i određena očitovanja životnih simptoma. Oni zajedno oblikuju tijelo, tj. polje djelovanja. U strofama 8–12, koje počinju s *amānitvam* i nastavljaju se s *tattva-jñānārtha-darśanam,* opisan je proces stjecanja znanja o obje vrste poznavatelja polja djelovanja, duši i Nad-duši. U strofama 13–18, koje počinju s *anādi mat-param* i nastavljaju se s *hṛdi sarvasya viṣṭhitam,* opisana je duša i Svevišnji Gospodin, odnosno Nad-duša.

Tako su bile obrađene tri teme: polje djelovanja (tijelo), proces stjecanja znanja te duša i Nad-duša. Ovdje je napose rečeno da samo Gospodinovi neokaljani *bhakte* mogu jasno shvatiti ta tri predmeta. Za takve *bhakte Bhagavad-gītā* je izuzetno korisna; oni mogu dostići vrhovni cilj, prirodu Svevišnjega Gospodina, Kṛṣṇe. Drugim riječima, samo *bhakte* mogu shvatiti *Bhagavad-gītu* i steći željeni rezultat; drugi to ne mogu.

STROFA 20

प्रकृतिं पुरुषं चैव विद्ध्यनादी उभावपि ।
विकारांश्च गुणांश्चैव विद्धि प्रकृतिसम्भवान् ॥ २० ॥

prakṛtiṁ puruṣaṁ caiva viddhy anādī ubhāv api
vikārāṁś ca guṇāṁś caiva viddhi prakṛti-sambhavān

prakṛtim – materijalna priroda; *puruṣam* – živa bića; *ca* – također; *eva* – zacijelo; *viddhi* – moraš znati; *anādī* – bez početka; *ubhau* – oboje; *api* – također; *vikārān* – preobrazbe; *ca* – također; *guṇān* – tri *guṇe* prirode; *ca* – također; *eva* – zacijelo; *viddhi* – znaj; *prakṛti* – materijalna priroda; *sambhavān* – proizvela.

Trebaš znati da materijalna priroda i živa bića nemaju početka. Njihove preobrazbe i materijalne guṇe, tvorevine su materijalne prirode.

SMISAO: Zahvaljujući znanju izloženom u ovom poglavlju možemo shvatiti tijelo (polje djelovanja) i poznavatelje tijela (dušu i Nad-dušu). Tijelo je polje djelovanja, sastavljeno od materijalne prirode. Utjelovljena duša koja uživa u djelatnostima tijela je *puruṣa*, živo biće. Ona je jedan poznavatelj, a drugi je poznavatelj Nad-duša. Naravno, trebamo shvatiti da su i Nad-duša i individualno biće različita očitovanja Svevišnje Božanske Osobe. Živo biće pripada kategoriji Njegove energije, a Nad-duša kategoriji Njegove osobne ekspanzije.

I materijalna priroda i živo biće su vječni. To znači da su postojali prije stvaranja. Materijalno očitovanje nastaje iz energije Svevišnjeg Gospodina, kao i živa bića, ali živa su bića viša energija. I živa bića i materijalna energija postojali su prije očitovanja svemira. Materijalna je priroda bila apsorbirana u Svevišnjoj Božanskoj Osobi, Mahā-Viṣṇuu, i u potrebnom trenutku, bila je očitovana posredstvom *mahat-tattve*. Slično tome, živa bića počivaju u Njemu i zbog svoje uvjetovanosti osjećaju odbojnost prema služenju Svevišnjeg Gospodina. Zato im se ne dopušta ulazak u duhovno nebo. No s očitovanjem materijalne prirode živim se bićima ponovno pruža prilika da djeluju u materijalnom svijetu i pripreme se za odlazak u duhovni svijet. To je tajna materijalnog svijeta. Ustvari, živo je biće izvorno duhovni djelić Svevišnjeg Gospodina, ali je zbog svoje buntovne prirode uvjetovano u materijalnoj prirodi. Doista nije važno kako su živa bića ili viša bića Svevišnjega Gospodina došla u dodir s materijalnom prirodom. Međutim, Svevišnja Božanska Osoba zna kako i zašto je do toga došlo. Gospodin kaže u spisima da su oni koje privlači materijalna priroda podvrgnuti teškoj borbi za opstanak. Iz onoga što je rečeno u ovih nekoliko strofa trebamo zaključiti da su sve preobrazbe i utjecaji materijalne prirode, koje uzrokuju tri *guṇe*, također tvorevine materijalne prirode. Sve preobrazbe i raznolikosti živih bića potječu od tijela. Što se tiče duha, sva su živa bića ista.

STROFA 21

कार्यकारणकर्तृत्वे हेतुः प्रकृतिरुच्यते ।
पुरुषः सुखदुःखानां भोक्तृत्वे हेतुरुच्यते ॥ २१ ॥

kārya-kāraṇa-kartṛtve hetuḥ prakṛtir ucyate
puruṣaḥ sukha-duḥkhānāṁ bhoktṛtve hetur ucyate

kārya – uzroka; *kāraṇa* – i posljedice; *kartṛtve* – u pogledu stvaranja; *hetuḥ* – oruđe; *prakṛtiḥ* – materijalna priroda; *ucyate* – kaže se; *puruṣaḥ* – živo biće; *sukha* – sreće; *duḥkhānām* – i nesreće; *bhoktṛtve* – uživanja; *hetuḥ* – oruđe; *ucyate* – kaže se.

Kaže se da je priroda uzrok svih materijalnih uzroka i posljedica, dok je živo biće uzrok raznih patnji i užitaka u ovom svijetu.

SMISAO: Različita očitovanja tijela i osjetila živih bića tvorevine su materijalne prirode. Postoji 8 400 000 raznih životnih vrsta i one su tvorevine materijalne prirode. Nastaju iz različitih osjetilnih zadovoljstava živoga bića, koje želi uživati u određenom tijelu. Stavljeno u različita tijela, živo biće doživljava različite vrste sreće i nesreće. Uzrok je njegove materijalne sreće i nesreće materijalno tijelo, a ne on sam. U izvornom stanju nedvojbeno uživa; stoga je to njegovo pravo stanje. Živo se biće nalazi u materijalnom svijetu zbog svoje želje za vladanjem nad materijalnom prirodom. U duhovnom svijetu ne postoje takve želje. Duhovni je svijet čist, ali u materijalnom svijetu svatko se teško bori kako bi stekao razna tjelesna zadovoljstva. Drugim riječima, ovo je tijelo posljedica osjetila. Osjetila su instrumenti za zadovoljavanje želja. Sve to (tijelo i osjetila) daje materijalna priroda i kao što ćemo vidjeti iz sljedeće strofe, živo biće biva blagoslovljeno ili prokleto okolnostima ovisno o svojim prošlim željama i djelima. U skladu s njegovim željama i djelatnostima, materijalna ga priroda stavlja u razna prebivališta. Živo je biće samo uzrok dostizanja takvog prebivališta i užitaka ili patnji koje ga prate. Stavljeno u određenu vrstu tijela dolazi pod upravu prirode, jer tijelo, budući da je materija, djeluje po zakonima prirode. Živo biće ne može promijeniti taj zakon. Pretpostavimo da je neko biće stavljeno u tijelo psa. Čim se nađe u tijelu psa, mora se ponašati kao pas. Ne može drugačije djelovati.

Ako je stavljeno u tijelo svinje, mora jesti izmet i ponašati se kao svinja. Slično tome, ako je stavljeno u tijelo poluboga, mora djelovati u skladu s tim. To je zakon prirode. Međutim, u svim okolnostima dušu prati Nadduša. Ovo je objašnjeno u *Vedama* (*Muṇḍaka Upaniṣada* 3.1.1): *dvā suparṇā sayujā sakhāyaḥ*. Svevišnji Gospodin je tako ljubazan prema živom biću da uvijek prati dušu i u svim okolnostima ostaje uz nju kao Nadduša, odnosno Paramātmā.

STROFA 22

पुरुषः प्रकृतिस्थो हि भुङ्क्ते प्रकृतिजान् गुणान् ।
कारणं गुणसङ्गोऽस्य सदसद्योनिजन्मसु ॥ २२ ॥

puruṣaḥ prakṛti-stho hi bhuṅkte prakṛti-jān guṇān
kāraṇaṁ guṇa-saṅgo 'sya sad-asad-yoni-janmasu

puruṣaḥ – živo biće; *prakṛti-sthaḥ* – nalazi se u materijalnoj energiji; *hi* – zacijelo; *bhuṅkte* – uživa; *prakṛti-jān* – tvorevine materijalne prirode; *guṇān* – *guṇe* prirode; *kāraṇam* – uzrok; *guṇa-saṅgaḥ* – dodir s *guṇama* prirode; *asya* – živo biće; *sat-asat* – u dobrim i lošim; *yoni* – vrstama života; *janmasu* – rađa se.

Zbog svoga dodira s materijalnom prirodom živo biće u materijalnoj prirodi slijedi puteve života, uživajući u tri guṇe prirode. Tako nailazi na dobro i zlo u raznim vrstama života.

SMISAO: Ova je strofa vrlo važna za razumijevanje procesa seljenja živog bića iz jednoga tijela u drugo. U drugom je poglavlju bilo objašnjeno da se živo biće seli iz jednoga tijela u drugo kao što osoba mijenja odjeću. Njegova vezanost za materijalno postojanje uzrok je promjene odjeće. Sve dok je opčinjeno ovim nestvarnim očitovanjem, mora se seliti iz jednoga tijela u drugo. Budući da želi vladati materijalnom prirodom, biva stavljeno u takve nepoželjne okolnosti. Pod utjecajem materijalne želje, ponekad se rađa kao polubog, ponekad kao čovjek, ponekad kao zvjer, ptica, crv, vodena životinja, sveta osoba ili kukac. To se zbiva. U svakom slučaju, živo biće misli da je gospodar okolnosti u kojima se nalazi, iako je pod utjecajem materijalne prirode.

Ovdje je objašnjeno zašto živo biće biva stavljeno u takva različita tijela. To je posljedica njegova druženja s različitim *guṇama* prirode. Stoga se moramo uzdići iznad tri materijalne *guṇe* i utemeljiti na transcendentalnom položaju. To je svjesnost Kṛṣṇe. Ako osoba nije utemeljena u svjesnosti Kṛṣṇe, njezina će je materijalna svjesnost prisiliti da prelazi iz jednoga tijela u drugo, jer od davnina njeguje materijalne želje. To shvaćanje mora promijeniti, a do te promjene može doći samo slušanjem vjerodostojnih izvora. Najbolji je primjer Arjuna, koji sluša nauk o Bogu od Kṛṣṇe. Ako se podvrgne procesu slušanja, živo će biće izgubiti svoju dugo njegovanu želju za vladanjem nad materijalnom prirodom i postupno, razmjerno smanjivanju želje za gospodarenjem, osjetiti duhovnu sreću. U vedskim je spisima rečeno da živo biće, razmjerno stjecanju znanja u društvu Svevišnje Božanske Osobe, uživa u svom vječnom, blaženom životu.

STROFA 23

उपद्रष्टानुमन्ता च भर्ता भोक्ता महेश्वरः ।
परमात्मेति चाप्युक्तो देहेऽस्मिन् पुरुषः परः ॥ २३ ॥

upadraṣṭānumantā ca bhartā bhoktā maheśvaraḥ
paramātmeti cāpy ukto dehe 'smin puruṣaḥ paraḥ

upadraṣṭā – nadgleda; *anumantā* – odobrava; *ca* – također *bhartā* – gospodar; *bhoktā* – vrhovni uživatelj; *mahā-īśvaraḥ* – Svevišnji Gospodin; *parama-ātmā* – Nad-duša; *iti* – također; *ca* – i; *api* – doista; *uktaḥ* – rečeno je; *dehe* – u tijelu; *asmin* – taj; *puruṣaḥ* – uživatelj; *paraḥ* – transcendentalni.

U ovom se tijelu nalazi još jedan, transcendentalni uživatelj. To je Gospodin, vrhovni vlasnik, koji nadgleda i odobrava i koji je poznat kao Nad-duša.

SMISAO: Prema ovoj strofi, Nad-duša koja prati dušu očitovanje je Svevišnjega Gospodina. Paramātmā nije obično živo biće. Monistički filozofi smatraju da je poznavatelj tijela jedan i zato misle da nema razlike između Nad-duše i individualne duše. Da bi to razjasnio, Gospodin kaže da Ga u svakom tijelu predstavlja Paramātmā, koja se razlikuje od individualne duše. Paramātmā je *para*, transcendentalna. Duša uživa u djelatnostima određenog polja, ali Nad-duša je prisutna ne kao ograničeni uživatelj ili sudionik u tjelesnim djelatnostima već kao svjedok, nadglednik, odobravatelj i vrhovni uživatelj. Naziva se Paramātmā, a ne *ātmā,* i transcendentalna je. *Ātmā* se i Paramātmā očito razlikuju. Noge i ruke Nad-duše, Paramātme, nalaze se svuda, ali to nije slučaj s individualnom dušom. Paramātmā je Svevišnji Gospodin i stoga je prisutna u tijelu uvjetovane duše kako bi odobrila njezinu želju za materijalnim uživanjem. Bez odobrenja Vrhovne Duše, duša ne može ništa učiniti. Duša je *bhukta*, održavana, a Gospodin je *bhoktā*, održavatelj. Postoji bezbroj živih bića i Gospodin prebiva u njima kao prijatelj.

Činjenica je da je svako živo biće vječno sastavni djelić Svevišnjega Gospodina i da je vrlo blisko povezano s Njim kao prijatelj. Ali živo je biće sklono odbacivanju odobrenja Svevišnjeg Gospodina i neovisnom djelovanju u pokušaju vladanja materijalnom prirodom. Zbog te se sklonosti naziva graničnom energijom Svevišnjeg Gospodina. Živo biće može biti utemeljeno u materijalnoj ili duhovnoj energiji. Sve dok je uvjetovano materijalnom energijom, Svevišnji Gospodin kao njegov prijatelj, Nad-duša, ostaje s njim kako bi ga naveo da se vrati duhovnoj energiji. Gospodin uvijek žarko želi vratiti živo biće duhovnoj energiji, ali zbog svoje sićušne neovisnosti živo biće neprestano odbacuje društvo duhovnog svjetla. Zloupotreba neovisnosti uzrok je njegove materijalne borbe u uvjetovanoj prirodi. Gospodin ga zato uvijek poučava, iznutra i izvana. Izvana ga poučava kroz upute izložene u *Bhagavad-gīti*, a iznutra pokušava uvjeriti živo biće da njegove djelatnosti na materijalnom polju ne vode k pravoj sreći. „Ostavi to i vjeruj u Mene. Onda ćeš biti sretan", kaže Gospodin. Tako inteligentna osoba, polažući svoju vjeru u Paramātmu ili Svevišnju Božansku Osobu, počinje napredovati k blaženom vječnom životu punom znanja.

STROFA 24

य एवं वेत्ति पुरुषं प्रकृतिं च गुणैः सह ।
सर्वथा वर्तमानोऽपि न स भूयोऽभिजायते ॥ २४ ॥

ya evaṁ vetti puruṣaṁ prakṛtiṁ ca guṇaiḥ saha
sarvathā vartamāno 'pi na sa bhūyo 'bhijāyate

yaḥ – onaj tko; *evam* – tako; *vetti* – shvati; *puruṣam* – živo biće; *prakṛtim* – materijalnu prirodu; *ca* – i; *guṇaiḥ* – *guṇe* materijalne prirode; *saha* – sa; *sarvathā* – na svaki način; *vartamānaḥ* – položaju; *api* – unatoč; *na* – nikada; *saḥ* – on; *bhūyaḥ* – ponovno; *abhijāyate* – rađa se.

Onaj tko shvati ovu filozofiju o materijalnoj prirodi, živom biću i međudjelovanju guṇa prirode sigurno će dostići oslobođenje. Neće se ponovno roditi ovdje, bez obzira na sadašnji položaj.

SMISAO: Zahvaljujući jasnom razumijevanju materijalne prirode, Nadduše, duše i njihova uzajamnog odnosa osoba može dostići oslobođenje i prihvatiti utočište duhovnog ozračja. Takva se osoba ne mora vratiti u materijalnu prirodu. To je rezultat znanja. Svrha je znanja spoznaja da je živo biće igrom slučaja palo u materijalno postojanje. Svojim osobnim naporom u društvu autoriteta, svetih osoba i duhovnog učitelja mora shvatiti svoj položaj i vratiti se duhovnoj svjesnosti, svjesnosti Kṛṣṇe, shvaćajući *Bhagavad-gītu* u skladu s objašnjenjima Svevišnje Božanske Osobe. Onda se sigurno nikada više neće vratiti u materijalno postojanje. Bit će preneseno u duhovni svijet i dostići blaženi, vječni život pun znanja.

STROFA 25

ध्यानेनात्मनि पश्यन्ति केचिदात्मानमात्मना ।
अन्ये सांख्येन योगेन कर्मयोगेन चापरे ॥ २५ ॥

dhyānenātmani paśyanti kecid ātmānam ātmanā
anye sāṅkhyena yogena karma-yogena cāpare

dhyānena – meditacijom; *ātmani* – u sebi; *paśyanti* – vide; *kecit* – neki; *ātmānam* – Nad-dušu; *ātmanā* – umom; *anye* – drugi; *sāṅkhyena* – filozofskim razmatranjem; *yogena* – sustavom *yoge; karma-yogena* – djelovanjem bez želje za plodovima; *ca* – također; *apare* – neki.

Neki opažaju Nad-dušu u sebi meditacijom, neki njegovanjem znanja, a neki djelovanjem bez želje za plodovima.

SMISAO: Što se tiče čovjekova traganja za samospoznajom, Gospodin obavješćuje Arjunu da postoje dvije vrste uvjetovanih duša. Ateisti, agnostici i skeptici nemaju duhovno razumijevanje, ali osim njih postoje oni koji su vjerni u svom razumijevanju duhovnog života i koji se nazivaju introspektivnim *bhaktama*, filozofima ili osobama koje su se odrekle plodonosnih rezultata. Oni koji uvijek pokušavaju dokazati monističko učenje također se ubrajaju u ateiste i agnostike. Drugim riječima, samo su *bhakte* Svevišnje Božanske Osobe najbolje utemeljeni u duhovnom razumijevanju, jer shvaćaju da iznad ove materijalne prirode postoji duhovni svijet i Svevišnja Božanska Osoba, koja se ekspandirala kao Paramātmā, Nad-duša u svim živim bićima, odnosno sveprožimajući Bog. Naravno, neki pokušavaju shvatiti Vrhovnu Apsolutnu Istinu njegovanjem znanja i oni se mogu ubrojiti u vjerne. Sāṅkhya filozofi razlažu materijalni svijet na dvadeset četiri elementa i smatraju dušu dvadeset petim elementom. Kad shvate da je priroda duše transcendentalna prema materijalnim elementima, također spoznaju da iznad duše postoji Svevišnja Božanska Osoba. Ona je dvadeset šesti element. Tako i oni postupno dolaze do standarda predanog služenja u svjesnosti Kṛṣṇe. Oni koji rade bez želje za plodonosnim rezultatima također imaju savršen stav. Njima se pruža prilika za napredovanje do razine predanog služenja u svjesnosti Kṛṣṇe. Ovdje je rečeno da neki ljudi čiste svjesnosti meditacijom pokušavaju spoznati Nad-dušu i kad otkriju Nad-dušu u sebi postaju utemeljeni na transcendentalnom položaju. Neki pokušavaju shvatiti Nad-dušu njegovanjem znanja, a neki slijede proces *haṭha-yoge* i pokušavaju djetinjastim vježbama zadovoljiti Svevišnju Božansku Osobu.

STROFA 26

अन्ये त्वेवमजानन्तः श्रुत्वान्येभ्य उपासते ।
तेऽपि चातितरन्त्येव मृत्युं श्रुतिपरायणाः ॥ २६ ॥

anye tv evam ajānantaḥ śrutvānyebhya upāsate
te 'pi cātitaranty eva mṛtyuṁ śruti-parāyaṇāḥ

anye – drugi; *tu* – ali; *evam* – tako; *ajānantaḥ* – bez duhovnog znanja; *śrutvā* – čuvši; *anyebhyaḥ* – od drugih; *upāsate* – počinju obožavati; *te* – oni; *api* – također; *ca* – i; *atitaranti* – transcendiraju; *eva* – zacijelo; *mṛtyum* – put smrti; *śruti-parāyaṇāḥ* – skloni procesu slušanja.

Neki, premda nisu upućeni u duhovno znanje, počinju obožavati Svevišnjeg Gospodina nakon što od drugih čuju o Njemu. Oni, zbog svoje sklonosti k slušanju autoriteta, također nadilaze put rođenja i smrti.

SMISAO: Ova je strofa posebno važna za suvremeno društvo, jer mu gotovo u potpunosti nedostaje duhovna naobrazba. Neki se ljudi predstavljaju kao ateisti, agnostici ili filozofi, ali zapravo nitko nema pravo znanje o filozofiji. Što se tiče običnog čovjeka, ako je dobra duša, može napredovati zahvaljujući slušanju. Proces slušanja veoma je važan. Gospodin Caitanya, koji je propovijedao svjesnost Kṛṣṇe u suvremenom svijetu, posebno je naglašavao slušanje, jer običan čovjek može napredovati slušajući vjerodostojne izvore, osobito, prema Gospodinu Caitanyi, slušajući transcendentalnu vibraciju Hare Kṛṣṇa, Hare Kṛṣṇa, Kṛṣṇa Kṛṣṇa, Hare Hare/ Hare Rāma, Hare Rāma, Rāma Rāma, Hare Hare. Stoga je rečeno da svi ljudi trebaju iskoristiti priliku koja im se pruža i slušajući spoznate duše postupno postati sposobni da shvate sve. Tada će nedvojbeno obožavati Svevišnjega Gospodina. Gospodin Caitanya je rekao da u ovom dobu nitko ne treba promijeniti svoj položaj, ali treba prestati nastojati da shvati Apsolutnu Istinu spekulativnim razmišljanjem. Ako srećom prihvati utočište čistoga *bhakte,* sluša od njega o samospoznaji i slijedi njegove stope, postupno će se uzdići na položaj čistoga *bhakte*. U ovoj se strofi osobito preporučuje proces slušanja, koji je vrlo prikladan. Iako običan čovjek često nema iste sposobnosti kao takozvani filozofi, vjerno slušanje ovlaštene osobe pomoći će mu da transcendira materijalno postojanje i vrati se kući, Bogu.

STROFA 27

यावत् सञ्जायते किञ्चित् सत्त्वं स्थावरजङ्गमम् ।
क्षेत्रक्षेत्रज्ञसंयोगात् तद्विद्धि भरतर्षभ ॥ २७ ॥

yāvat sañjāyate kiñcit sattvaṁ sthāvara-jaṅgamam
kṣetra-kṣetrajña-saṁyogāt tad viddhi bharatarṣabha

yāvat – sve što; *sañjāyate* – nastane; *kiñcit* – sve što; *sattvam* – postoji; *sthāvara* – nepokretno; *jaṅgamam* – pokretno; *kṣetra* – tijela; *kṣetra-jña* – i poznavatelja tijela; *saṁyogāt* – spoj; *tat viddhi* – moraš znati; *bharata-ṛṣabha* – o najbolji Bhārato.

O najbolji Bhārato, znaj da je sve što postoji, i pokretno i nepokretno, samo spoj polja djelovanja i poznavatelja polja.

SMISAO: U ovoj su strofi objašnjeni materijalna priroda i živo biće, koji su postojali prije stvaranja svemira. Sve tvorevine predstavljaju samo spoj živoga bića i materijalne prirode. Brojna nepokretna očitovanja, poput drveća, planina i brda, kao i pokretna očitovanja poput živih stvorenja samo su spojevi materijalne prirode i više prirode, živoga bića. Bez dodira više prirode, živoga bića, ništa ne može rasti. Odnos između materije i više prirode postoji vječno, a njihovo spajanje uzrokuje Svevišnji Gospodin. On upravlja i višom i nižom prirodom. Stvara materijalnu prirodu i u nju stavlja višu prirodu. Tako nastaju sve djelatnosti i očitovanja.

STROFA 28

समं सर्वेषु भूतेषु तिष्ठन्तं परमेश्वरम् ।
विनश्यत्स्वविनश्यन्तं यः पश्यति स पश्यति ॥ २८ ॥

samaṁ sarveṣu bhūteṣu tiṣṭhantaṁ parameśvaram
vinaśyatsv avinaśyantaṁ yaḥ paśyati sa paśyati

samam – jednako; *sarveṣu* – u svim; *bhūteṣu* – živim bićima; *tiṣṭhantam* – prebiva; *parama-īśvaram* – Nad-duša; *vinaśyatsu* – u uništivim;

avinaśyantam – nisu uništene; *yaḥ* – onaj tko; *paśyati* – vidi; *saḥ* – on; *paśyati* – istinski vidi.

Onaj tko u svim tijelima pokraj duše vidi Nad-dušu i tko shvaća da ni duša ni Nad-duša u uništivom tijelu nikada ne bivaju uništene, istinski vidi.

SMISAO: Onaj tko zahvaljujući dobrom društvu može vidjeti tri stvari zajedno – tijelo, vlasnika tijela (ili dušu) i prijatelja duše – posjeduje pravo znanje. Ako nema društvo pravoga poznavatelja duhovne stvarnosti, ne može vidjeti te tri stvari. Oni koji nemaju takvo društvo nalaze se u neznanju. Vide samo tijelo i misle da s uništenjem tijela sve biva svršeno. Ustvari, nije tako. Nakon uništenja tijela i duša i Nad-duša nastavljaju svoje vječno postojanje, u raznim pokretnim i nepokretnim oblicima. Sanskrtska riječ *parameśvara* katkada se prevodi kao „individualna duša", jer je duša gospodar tijela i nakon uništenja tijela prelazi u drugi oblik. Zato je gospodar. Drugi prevode riječ *parameśvara* kao „Nad-duša". U svakom slučaju, i Nad-duša i duša nastavljaju postojati. Ne bivaju uništeni. Onaj tko to može vidjeti vidi stvari takve kakve jesu.

STROFA 29

समं पश्यन् हि सर्वत्र समवस्थितमीश्वरम् ।
न हिनस्त्यात्मनात्मानं ततो याति परां गतिम् ॥ २९ ॥

samaṁ paśyan hi sarvatra samavasthitam īśvaram
na hinasty ātmanātmānaṁ tato yāti parāṁ gatim

samam – jednako; *paśyan* – vidi; *hi* – zacijelo; *sarvatra* – svuda; *samavasthitam* – jednako prisutna; *īśvaram* – Nad-duša; *na* – ne; *hinasti* – degradira se; *ātmanā* – umom; *ātmānam* – duša; *tataḥ* – onda; *yāti* – dostiže; *parām* – transcendentalno; *gatim* – odredište.

Onaj tko vidi da je Nad-duša jednako prisutna u svemu, u svakom živom biću, ne degradira se svojim umom. Tako prilazi transcendentalnom odredištu.

SMISAO: Prihvativši materijalno postojanje živo se biće našlo u položaju koji se razlikuje od njegova duhovnog postojanja, ali ako shvati da je Svevišnji prisutan svuda u obliku Paramātme, ako može vidjeti nazočnost Svevišnje Božanske Osobe u svakom živom biću, ne uzrokuje rušilačkim mentalitetom svoju degradaciju i stoga postupno napreduje k duhovnom svijetu. Um je obično odan procesima zadovoljavanja osjetila, ali kad se okrene k Nad-duši, osoba postaje napredna u duhovnom razumijevanju.

STROFA 30

प्रकृत्यैव च कर्माणि क्रियमाणानि सर्वशः ।
यः पश्यति तथात्मानमकर्तारं स पश्यति ॥ ३० ॥

prakṛtyaiva ca karmāṇi kriyamāṇāni sarvaśaḥ
yaḥ paśyati tathātmānam akartāraṁ sa paśyati

prakṛtyā – materijalna priroda; *eva* – zacijelo; *ca* – također; *karmāṇi* – djelatnosti; *kriyamāṇāni* – vrši; *sarvaśaḥ* – u svakom pogledu; *yaḥ* – onaj tko; *paśyati* – vidi; *tathā* – također; *ātmānam* – on sam; *akartāram* – ne čini; *saḥ* – on; *paśyati* – vidi savršeno.

Onaj tko može vidjeti da sve djelatnosti vrši tijelo, koje je stvorila materijalna priroda, i tko vidi da jastvo ništa ne čini, istinski vidi.

SMISAO: Ovo je tijelo stvorila materijalna priroda pod nadzorom Nad-duše i nijednu tjelesnu djelatnost ne vrši živo biće. Zbog prirode tijela živo biće mora činiti ono što se od njega očekuje, bez obzira donosi li mu to sreću ili nesreću. Međutim, jastvo je odvojeno od svih tjelesnih djelatnosti. Živo je biće dobilo tijelo u skladu sa svojim bivšim željama. Da bi ispunilo svoje želje, dobiva tijelo kojim djeluje na odgovarajući način. Ustvari, tijelo je stroj za ispunjavanje želja, kojeg je napravio Svevišnji Gospodin. Zbog želja osoba biva stavljena u teške okolnosti kako bi patila ili uživala. Kad živo biće razvije ovu transcendentalnu viziju, odvaja se od tjelesnih djelatnosti. Onaj tko ima takvu viziju istinski vidi.

STROFA 31

यदा भूतपृथग्भावमेकस्थमनुपश्यति ।
तत एव च विस्तारं ब्रह्म सम्पद्यते तदा ॥ ३१ ॥

yadā bhūta-pṛthag-bhāvam eka-stham anupaśyati
tata eva ca vistāraṁ brahma sampadyate tadā

yadā – kad; *bhūta* – živih bića; *pṛthak-bhāvam* – odvojene identitete; *eka-stham* – smještene u jednom; *anupaśyati* – pokušava vidjeti očima autoriteta; *tataḥ eva* – zatim; *ca* – također; *vistāram* – širenje; *brahma* – Apsolut; *sampadyate* – dostiže; *tadā* – tada.

Kad razboriti čovjek prestane razlikovati identitete na temelju različitih materijalnih tijela i svuda vidi živa bića, dostiže spoznaju Brahmana.

SMISAO: Onaj tko može vidjeti da razna tijela živih bića nastaju zbog raznih želja individualne duše i ne pripadaju samoj duši, istinski vidi. Pod utjecajem materijalnog shvaćanja života mislimo da je netko polubog, ljudsko biće, pas, mačka itd. To nije prava, već materijalna vizija. Takvo materijalno razlikovanje rezultat je materijalnog shvaćanja života. Nakon uništenja materijalnog tijela duhovna je duša jedna. Zbog dodira s materijalnom prirodom dobiva razne vrste tijela. Onaj tko to može vidjeti dostiže duhovnu viziju. Tako oslobođen, prestaje praviti razliku između čovjeka, životinje, velikog i malog. Njegova svjesnost postaje pročišćena i tako razvija svjesnost Kṛṣṇe u svom duhovnom identitetu. Kakvu viziju ima tada, bit će objašnjeno u idućoj strofi.

STROFA 32

अनादित्वान्निर्गुणत्वात् परमात्मायमव्ययः ।
शरीरस्थोऽपि कौन्तेय न करोति न लिप्यते ॥ ३२ ॥

anāditvān nirguṇatvāt paramātmāyam avyayaḥ
śarīra-stho 'pi kaunteya na karoti na lipyate

anāditvāt – zbog vječnosti; *nirguṇatvāt* – transcendentalan; *parama* – iznad materijalne prirode; *ātmā* – duh; *ayam* – taj; *avyayaḥ* – neuništiv; *śarīra-sthaḥ* – prebiva u tijelu; *api* – premda; *kaunteya* – o Kuntīn sine; *na karoti* – nikada ništa ne čini; *na lipyate* – niti se zapleće.

Osobe koje posjeduju viziju vječnosti vide da je neuništiva duša transcendentalna i vječna, iznad guṇa prirode. O Arjuna, unatoč dodiru s materijalnim tijelom, duša ništa ne čini niti biva zapletena.

SMISAO: Zbog rođenja materijalnog tijela, živo se biće naizgled rađa, ali je, ustvari, vječno. Nerođeno je, transcendentalno i vječno, iako se nalazi u materijalnom tijelu. Stoga ne može biti uništeno. Po prirodi je puno blaženstva. Ne vrši materijalne djelatnosti i zato ga djelatnosti izvršene zbog dodira s materijalnim tijelom ne zapleću.

STROFA 33

यथा सर्वगतं सौक्ष्म्यादाकाशं नोपलिप्यते ।
सर्वत्रावस्थितो देहे तथात्मा नोपलिप्यते ॥ ३३ ॥

yathā sarva-gataṁ saukṣmyād ākāśaṁ nopalipyate
sarvatrāvasthito dehe tathātmā nopalipyate

yathā – kao; *sarva-gatam* – sveprožimajuće; *saukṣmyāt* – zbog svoje suptilne prirode; *ākāśam* – nebo; *na* – nikada ne; *upalipyate* – spaja se; *sarvatra* – svuda; *avasthitaḥ* – nalazi se; *dehe* – u tijelu; *tathā* – tako; *ātmā* – jastvo; *na* – nikada ne; *upalipyate* – spaja se.

Zbog svoje suptilne prirode, nebo se ni sa čim ne spaja, iako prožima sve. Slično tome, duša utemeljena u viziji Brahmana ne spaja se s tijelom, premda se u njemu nalazi.

SMISAO: Zrak ulazi u vodu, blato, izmet i sve ostalo, ali se ipak ni sa čim ne spaja. Slično tome, živo je biće zbog svoje suptilne prirode odvojeno od raznih tijela, premda se u njima nalazi. Zato materijalnim očima ne možemo vidjeti kako živo biće održava dodir s tijelom i kako izlazi iz njega nakon njegova uništenja. Nijedan znanstvenik to ne može utvrditi.

STROFA 34

यथा प्रकाशयत्येकः कृत्स्नं लोकमिमं रविः ।
क्षेत्रं क्षेत्री तथा कृत्स्नं प्रकाशयति भारत ॥ ३४ ॥

yathā prakāśayaty ekaḥ kṛtsnaṁ lokam imaṁ raviḥ
kṣetraṁ kṣetrī tathā kṛtsnaṁ prakāśayati bhārata

yathā – kao što; *prakāśayati* – osvjetljava; *ekaḥ* – jedno; *kṛtsnam* – cijeli; *lokam* – svemir; *imam* – ovo; *raviḥ* – Sunce; *kṣetram* – tijelo; *kṣetrī* – duša; *tathā* – slično; *kṛtsnam* – cijelo; *prakāśayati* – osvjetljava; *bhārata* – o Bharatin sine.

O Bharatin sine, kao što Sunce samo obasjava cijeli svemir, živo biće u tijelu obasjava čitavo tijelo svjesnošću.

SMISAO: Postoje razne teorije o svjesnosti. U ovoj je strofi *Bhagavad-gīte* naveden primjer Sunca i Sunčeve svjetlosti. Kao što Sunce s jednoga mjesta obasjava cijeli svemir, sićušna duhovna duša, iako se nalazi u srcu ovoga tijela, obasjava čitavo tijelo svjesnošću. Tako je svjesnost dokaz prisutnosti duše, kao što je Sunčeva svjetlost dokaz prisutnosti Sunca. Kad je duša prisutna u tijelu, svjesnost se širi cijelim tijelom. Čim duša napusti tijelo, svjesnost nestaje. Svaki inteligentan čovjek to može lako shvatiti. Svjesnost stoga nije tvorevina materijalnih spojeva. Ona je simptom živoga bića. Premda je svjesnost živoga bića kvalitativno jednaka vrhovnoj svjesnosti, nije vrhovna, jer svjesnost jednoga tijela ne obuhvaća svjesnost drugoga tijela. No Nad-duša, koja prebiva u svim tijelima kao prijatelj duše, svjesna je svih tijela. To je razlika između vrhovne svjesnosti i individualne svjesnosti.

STROFA 35

क्षेत्रक्षेत्रज्ञयोरेवमन्तरं ज्ञानचक्षुषा ।
भूतप्रकृतिमोक्षं च ये विदुर्यान्ति ते परम् ॥ ३५ ॥

kṣetra-kṣetrajñayor evam antaraṁ jñāna-cakṣuṣā
bhūta-prakṛti-mokṣaṁ ca ye vidur yānti te param

kṣetra – između tijela; *kṣetra-jñayoḥ* – vlasnika tijela; *evam* – tako; *antaram* – razliku; *jñāna-cakṣuṣā* – vizijom znanja; *bhūta* – živoga bića; *prakṛti* – materijalne prirode; *mokṣam* – oslobođenje; *ca* – također; *ye* – oni koji; *viduḥ* – znaju; *yānti* – prilaze; *te* – oni; *param* – Svevišnjem.

Oni koji očima znanja vide razliku između tijela i poznavatelja tijela i shvaćaju proces oslobađanja od robovanja materijalnoj prirodi, dostižu vrhovni cilj.

SMISAO: Trebamo shvatiti razliku između tijela, vlasnika tijela i Nad-duše te proces dostizanja oslobođenja, koji je opisan od osme do dvanaeste strofe. To je poruka ovoga poglavlja. Onda možemo otići u vrhovno odredište.

Vjerna osoba treba prvo u dobrom društvu slušati o Bogu i tako postupno postati prosvijetljena. Ako prihvati duhovnog učitelja, može shvatiti razliku između materije i duha i na temelju tog razumijevanja dalje napredovati u duhovnoj spoznaji. Duhovni učitelj na razne načine poučava svoje učenike da se oslobode materijalnog shvaćanja života. Na primjer, u *Bhagavad-gīti* možemo vidjeti da Kṛṣṇa poučava Arjunu kako bi ga oslobodio materijalističkih obzira.

Možemo shvatiti da je ovo tijelo materija; možemo ga, na temelju dvadeset četiri elementa od kojih se sastoji, raščlaniti. Tijelo je grubo očitovanje. Suptilna su očitovanja um i psihološke funkcije. Životni su simptomi međudjelovanja tih očitovanja, ali iznad njih su duša i Nad-duša. Duša i Nad-duša su dvije osobe. Materijalni se svijet pokreće zahvaljujući spoju duše i dvadeset četiri materijalna elementa. Onaj tko može vidjeti da čitavo materijalno očitovanje predstavlja spoj duše i materijalnih elemenata i shvaća položaj Nad-duše postaje dostojan odlaska u duhovni svijet.

To su stvari o kojima trebamo razmišljati i koje trebamo spoznati. Ovo poglavlje trebamo potpuno shvatiti uz pomoć duhovnog učitelja.

Tako se završavaju Bhaktivedantina tumačenja trinaestoga poglavlja Śrīmad Bhagavad-gīte *pod naslovom* Priroda, uživatelj i svjesnost.

ČETRNAESTO POGLAVLJE

Tri guṇe materijalne prirode

STROFA 1

श्रीभगवानुवाच
परं भूयः प्रवक्ष्यामि ज्ञानानां ज्ञानमुत्तमम् ।
यज्ज्ञात्वा मुनयः सर्वे परां सिद्धिमितो गताः ॥ १ ॥

śrī-bhagavān uvāca
paraṁ bhūyaḥ pravakṣyāmi jñānānāṁ jñānam uttamam
yaj jñātvā munayaḥ sarve parāṁ siddhim ito gatāḥ

śrī-bhagavān uvāca – Svevišnja Božanska Osoba reče; *param* – transcendentalnom; *bhūyaḥ* – ponovno; *pravakṣyāmi* – govorit ću; *jñānānām* – od sveg znanja; *jñānam* – znanje; *uttamam* – najviše; *yat* – koje; *jñātvā* – stekavši; *munayaḥ* – mudraci; *sarve* – svi; *parām* – transcendentalno; *siddhim* – savršenstvo; *itaḥ* – ovoga svijeta; *gatāḥ* – dostigli.

Svevišnja Božanska Osoba reče: Ponovno ću ti objasniti ovu najvišu mudrost, višu od sveg znanja. Stekavši to znanje, svi su mudraci dostigli najviše savršenstvo.

SMISAO: Od sedmoga do kraja dvanaestoga poglavlja Śrī Kṛṣṇa potanko opisuje Apsolutnu Istinu, Svevišnju Božansku Osobu. Gospodin sada nastavlja poučavati Arjunu. Ako netko shvati ovo poglavlje procesom filozofske spekulacije, doći će do razumijevanja predanog služenja. U trinaestom je poglavlju bilo objašnjeno da se osoba koja ponizno njeguje znanje može osloboditi materijalne zapletenosti. Također je bilo objašnjeno da je zapletenost živog bića u materijalnom svijetu uzrokovana dodirom s *guṇama* prirode. U ovom poglavlju Vrhovna Osoba objašnjava što su *guṇe* prirode, kako djeluju, kako vezuju i kako donose oslobođenje. Svevišnji Gospodin izjavljuje da je znanje objašnjeno u ovom poglavlju više od znanja do sada izloženog u prethodnim poglavljima. Spoznavši ovo znanje, veliki su mudraci dostigli savršenstvo i bili preneseni u duhovni svijet. Gospodin sada objašnjava isto znanje na bolji način. Ovo je znanje uzvišenije od svih do sada opisanih procesa stjecanja znanja. Zahvaljujući njemu, mnogi su dostigli savršenstvo. Zato se smatra da će onaj tko shvati ovo poglavlje dostići savršenstvo.

STROFA 2

इदं ज्ञानमुपाश्रित्य मम साधर्म्यमागताः ।
सर्गेऽपि नोपजायन्ते प्रलये न व्यथन्ति च ॥ २ ॥

idaṁ jñānam upāśritya mama sādharmyam āgatāḥ
sarge 'pi nopajāyante pralaye na vyathanti ca

idam – ovog; *jñānam* – znanja; *upāśritya* – prihvaćajući okrilje; *mama* – Moju; *sādharmyam* – istu prirodu; *āgatāḥ* – dostigavši; *sarge api* – čak ni prilikom stvaranja; *na* – nikada; *upajāyante* – rađaju se; *pralaye* – tijekom uništenja; *na* – niti; *vyathanti* – uznemireni su; *ca* – također.

Prihvativši okrilje toga znanja osoba može dostići transcendentalnu prirodu poput Moje. Tako utemeljena, ne rađa se u vrijeme stvaranja niti biva uznemirena u vrijeme uništenja.

SMISAO: Stekavši savršeno transcendentalno znanje osoba postaje kvalitativno jednaka Svevišnjoj Božanskoj Osobi i oslobađa se uzastopna rađanja i umiranja. Međutim, ne gubi prirodu individualne duše. Iz vedske književnosti saznajemo da oslobođene duše koje su dostigle transcendentalne planete duhovnog neba uvijek misle na lotosolika stopala

Svevišnjeg Gospodina, transcendentalno Ga služeći s ljubavlju. Tako čak ni nakon oslobođenja *bhakte* ne gube svoju osobnost.

Znanje koje stječemo u materijalnom svijetu obično je okaljano *guṇama* materijalne prirode. Znanje koje nije okaljano *guṇama* prirode naziva se transcendentalnim znanjem. Čim se netko utemelji u transcendentalnom znanju, dostiže razinu Vrhovne Osobe. Oni koji nemaju znanje o duhovnom nebu misle da nakon oslobođenja od materijalnih djelatnosti materijalnog oblika duhovni identitet postaje bezobličan, bez ikakve raznolikosti. No kao što u ovom svijetu postoji materijalna raznolikost, tako i u duhovnom svijetu postoji raznolikost. Oni koji to ne znaju misle da je duhovno postojanje suprotnost materijalnoj raznolikosti, ali na duhovnom nebu osoba dostiže duhovni oblik. Na duhovnom nebu postoje duhovne djelatnosti, a duhovno se stanje naziva životom predanosti. Rečeno je da je to ozračje neokaljano i da je u njemu živo biće iste prirode kao Svevišnji Gospodin. Da bismo stekli takvo znanje, moramo razviti sve duhovne odlike. Onaj tko razvije duhovne odlike nije uznemiren ni stvaranjem ni uništenjem materijalnog svijeta.

STROFA 3

मम योनिर्महद् ब्रह्म तस्मिन् गर्भं दधाम्यहम् ।
सम्भवः सर्वभूतानां ततो भवति भारत ॥ ३ ॥

mama yonir mahad brahma tasmin garbhaṁ dadhāmy aham
sambhavaḥ sarva-bhūtānāṁ tato bhavati bhārata

mama – Moje; *yoniḥ* – izvor rođenja; *mahat* – sveukupno materijalno postojanje; *brahma* – vrhovno; *tasmin* – u njemu; *garbham* – bremenitost; *dadhāmi* – stvaram; *aham* – Ja; *sambhavaḥ* – moguće; *sarva-bhūtānām* – svih živih bića; *tataḥ* – zatim; *bhavati* – postaje; *bhārata* – o Bharatin sine.

Sveukupna materijalna tvar, zvana Brahman, izvor je rođenja. Ja oplođavam taj Brahman, omogućujući rađanje svih živih bića, o sine Bharate.

SMISAO: Spoj *kṣetre* i *kṣetra-jñe,* tijela i duhovne duše, uzrokuje sva zbivanja. To je objašnjenje svijeta. Taj spoj materijalne prirode i živoga bića omogućuje Vrhovni Bog osobno. *Mahat-tattva* je cjelokupni uzrok cjelokupnog kozmičkog očitovanja. Taj materijalni uzrok, koji sadrži tri *guṇe* prirode, ponekad se naziva Brahman. Vrhovna Osoba oplođava *mahat-tattvu* i tako omogućuje nastanak bezbrojnih svemira. Sveukupna materijalna tvar, *mahat-tattva,* opisana je u vedskoj književnosti kao Brahman

(*Muṇḍaka Upaniṣada* 1.1.9): *tasmād etad brahma nāma-rūpam annaṁ ca jāyate.* Vrhovna Osoba oplođava Brahman sjemenom živih bića. Dvadeset četiri elementa – počev od zemlje, vode, vatre i zraka – predstavljaju materijalnu energiju i tvore *mahad brahmu* ili veliki Brahman, materijalnu prirodu. Kao što je bilo objašnjeno u sedmom poglavlju, osim nje postoji druga, viša priroda – živo biće. Po volji Svevišnje Božanske Osobe viša priroda dolazi u dodir s materijalnom prirodom, koja potom rađa sva živa bića.

Škorpion polaže jaja na gomilu riže i katkada se kaže da se škorpion rađa iz riže, ali riža nije uzrok škorpiona. Ustvari, jaja je položila majka. Slično tome, materijalna priroda nije uzrok rođenja živih bića. Sjeme daje Svevišnja Božanska Osoba. Živa se bića samo naizgled pojavljuju kao tvorevine materijalne prirode. Tako svako živo biće, ovisno o djelima koja je činilo u prošlosti, ima drugačije tijelo, koje stvara materijalna priroda, kako bi moglo uživati i ispaštati posljedice svojih prošlih djela. Gospodin je uzrok svih očitovanja živih bića u materijalnom svijetu.

STROFA 4

सर्वयोनिषु कौन्तेय मूर्तयः सम्भवन्ति याः ।
तासां ब्रह्म महद्योनिरहं बीजप्रदः पिता ॥ ४ ॥

sarva-yoniṣu kaunteya mūrtayaḥ sambhavanti yāḥ
tāsāṁ brahma mahad yonir ahaṁ bīja-pradaḥ pitā

sarva-yoniṣu – svim vrstama života; *kaunteya* – o Kuntīn sine; *mūrtayaḥ* – oblicima; *sambhavanti* – pojavljuju se; *yāḥ* – koja; *tāsām* – svih njih; *brahma* – najviši; *mahat yoniḥ* – izvor rođenja u materijalnoj prirodi; *aham* – Ja; *bīja-pradaḥ* – koji daje sjeme; *pitā* – otac.

O Kuntīn sine, trebaš shvatiti da sve vrste života nastaju rađanjem u materijalnoj prirodi i da sam Ja otac koji daje sjeme.

SMISAO: U ovoj je strofi jasno rečeno da je Svevišnja Božanska Osoba Kṛṣṇa izvorni otac svih živih bića. Živa su bića spojevi materijalne i duhovne prirode. Takva se živa bića mogu vidjeti ne samo na ovom planetu, već i na svim drugim planetima, čak i na najvišem, na kojem prebiva Brahmā. Živih bića ima svuda; ima ih u zemlji, u vodi, čak i u vatri. Sva ta bića pojavljuju se zahvaljujući majci, materijalnoj prirodi, i Kṛṣṇinom procesu davanja sjemena. To znači da je materijalna priroda prožeta živim bićima, koja u vrijeme stvaranja izlaze u raznim oblicima, ovisno o djelima koja su počinila u prošlosti.

STROFA 5

सत्त्वं रजस्तम इति गुणाः प्रकृतिसम्भवाः ।
निबध्नन्ति महाबाहो देहे देहिनमव्ययम् ॥ ५ ॥

sattvaṁ rajas tama iti guṇāḥ prakṛti-sambhavāḥ
nibadhnanti mahā-bāho dehe dehinam avyayam

sattvam – *guṇa* vrline; *rajaḥ* – *guṇa* strasti; *tamaḥ* – *guṇa* neznanja; *iti* – tako; *guṇāḥ* – odlike; *prakṛti* – materijalne prirode; *sambhavāḥ* – proizvod; *nibadhnanti* – uvjetuju; *mahā-bāho* – o Arjuna snažnih ruku; *dehe* – u ovom tijelu; *dehinam* – živo biće; *avyayam* – vječno.

Materijalna se priroda sastoji od tri guṇe – vrline, strasti i neznanja. Kad vječno živo biće dođe u dodir s prirodom, o Arjuna snažnih ruku, te ga guṇe uvjetuju.

SMISAO: Zbog svoje transcendentalne prirode živo biće nema nikakve veze s materijalnom prirodom. Unatoč tome, djeluje pod utjecajem triju *guṇa* materijalne prirode, jer je postalo uvjetovano materijalnim svijetom. Živa bića dobivaju različite vrste tijela, pod utjecajem različitih odlika prirode, i zato bivaju potaknuta da djeluju u skladu s tom prirodom. To je uzrok raznih vrsta sreće i nesreće.

STROFA 6

तत्र सत्त्वं निर्मलत्वात् प्रकाशकमनामयम् ।
सुखसङ्गेन बध्नाति ज्ञानसङ्गेन चानघ ॥ ६ ॥

tatra sattvaṁ nirmalatvāt prakāśakam anāmayam
sukha-saṅgena badhnāti jñāna-saṅgena cānagha

tatra – tamo; *sattvam* – *guṇa* vrline; *nirmalatvāt* – najčistija u materijalnom svijetu; *prakāśakam* – prosvjetljujuća; *anāmayam* – bez grešnih posljedica; *sukha* – srećom; *saṅgena* – dodir; *badhnāti* – uvjetuje; *jñāna* – znanjem; *saṅgena* – dodir; *ca* – također; *anagha* – o bezgrešni.

O bezgrešni, guṇa je vrline čistija od drugih guṇa i zato prosvjetljuje živo biće i oslobađa ga svih grešnih posljedica. Osobe pod utjecajem te guṇe bivaju uvjetovane osjećajem sreće i znanja.

SMISAO: Postoje razne vrste živih bića uvjetovanih materijalnom prirodom. Jedno je sretno, drugo vrlo aktivno, a treće bespomoćno. Sve te vrste psiholoških pojava uzroci su uvjetovanog stanja bića u prirodi. U ovom dijelu *Bhagavad-gīte* objašnjava se kako su živa bića uvjetovana na različit način. Prvo se razmatra *guṇa* vrline. Razvijanjem *guṇe* vrline u materijalnom svijetu živo biće postaje mudrije od živih bića koja su uvjetovana drugim *guṇama*. Čovjek u *guṇi* vrline nije vrlo uznemiren materijalnim bijedama i napreduje u materijalnom znanju. Tipičan je primjer *brāhmaṇa*, jer se smatra da je *brāhmaṇa* u *guṇi* vrline. Njegov osjećaj sreće rezultat je razumijevanja da se u *guṇi* vrline manje-više oslobađa grešnih posljedica. Ustvari, u vedskoj je književnosti rečeno da *guṇa* vrline donosi veće znanje i veći osjećaj sreće.

Problem je da živo biće u *guṇi* vrline postaje uvjetovano osjećajem napredovanja u znanju i mišljenjem da je bolje od drugih. Na taj način biva uvjetovano. Najbolji su primjer znanstvenici i filozofi. I jedni i drugi vrlo su ponosni na svoje znanje. Budući da obično poboljšavaju svoje životne okolnosti, osjećaju izvjesnu materijalnu sreću. Taj osjećaj veće sreće u uvjetovanom životu vezuje ih za *guṇu* vrline. Zbog toga osjećaju privlačnost prema djelovanju u *guṇi* vrline i sve dok osjećaju takvu privlačnost, moraju prihvatiti neku vrstu tijela pod utjecajem *guṇa* prirode. Tako nemaju izgleda za oslobođenje ili odlazak u duhovni svijet. Čovjek može iznova i iznova biti filozof, znanstvenik ili pjesnik i iznova i iznova se zapletati u bijede rađanja i umiranja, ali zbog iluzije materijalne energije smatra takav život ugodnim.

STROFA 7

रजो रागात्मकं विद्धि तृष्णासङ्गसमुद्भवम् ।
तन्निबध्नाति कौन्तेय कर्मसङ्गेन देहिनम् ॥ ७ ॥

rajo rāgātmakaṁ viddhi tṛṣṇā-saṅga-samudbhavam
tan nibadhnāti kaunteya karma-saṅgena dehinam

rajaḥ – *guṇa* strasti; *rāga-ātmakam* – rezultat želje ili požude; *viddhi* – znaj; *tṛṣṇā* – sa žudnjom; *saṅga* – druženjem; *samudbhavam* – proizvod; *tat* – ona; *nibadhnāti* – vezuje; *kaunteya* – o Kuntīn sine; *karma-saṅgena* – zbog dodira s plodonosnim djelatnostima; *dehinam* – utjelovljeno.

O Kuntīn sine, guṇa se strasti rađa iz neograničenih želja i žudnji i vezuje utjelovljeno živo biće za materijalno plodonosno djelovanje.

SMISAO: Guṇa se strasti ogleda u privlačnosti između muškarca i žene. Žena privlači muškarca, a muškarac privlači ženu. To se naziva *guṇom* strasti. Kad se *guṇa* strasti poveća, razvija se žudnja za materijalnim uživanjem. Čovjek želi uživati u osjetilnom zadovoljstvu. Radi osjetilnog zadovoljstva čovjek u *guṇi* strasti želi ugled u društvu ili narodu i sretnu obitelj, s lijepom djecom, ženom i kućom. To su tvorevine *guṇe* strasti. Sve dok žudi za time, mora vrlo teško raditi. Stoga je ovdje jasno rečeno da se vezuje za plodove svojih djelatnosti i tako biva vezan. Da bi zadovoljio svoju ženu, djecu i društvo i održao ugled, mora raditi. Stoga je čitav materijalni svijet manje ili više u *guṇi* strasti. Suvremena se civilizacija smatra naprednom po standardu *guṇe* strasti. Ranije se utemeljenost u *guṇi* vrline smatrala naprednim stanjem. Ako osobe u *guṇi* vrline ne mogu biti oslobođene, što reći za osobe zapletene u *guṇu* strasti?

STROFA 8

तमस्त्वज्ञानजं विद्धि मोहनं सर्वदेहिनाम् ।
प्रमादालस्यनिद्राभिस्तन्निबध्नाति भारत ॥ ८ ॥

tamas tv ajñāna-jaṁ viddhi mohanaṁ sarva-dehinām
pramādālasya-nidrābhis tan nibadhnāti bhārata

tamaḥ – *guṇa* neznanja; *tu* – ali; *ajñāna-jam* – proizvod neznanja; *viddhi* – znaj; *mohanam* – iluzija; *sarva-dehinām* – svih utjelovljenih bića; *pramāda* – ludilom; *ālasya* – nemarnošću; *nidrābhiḥ* – i spavanjem; *tat* – ona; *nibadhnāti* – vezuje; *bhārata* – o Bharatin sine.

O Bharatin sine, znaj da guṇa tame, koja se rađa iz neznanja, obmanjuje sva utjelovljena živa bića. Posljedice utjecaja te guṇe su ludilo, nemar i spavanje, koji vezuju uvjetovanu dušu.

SMISAO: U ovoj je strofi vrlo znakovita uporaba riječi *tu*. To znači da je *guṇa* neznanja jako svojstvena utjelovljenoj duši i da je suprotna *guṇi* vrline. U *guṇi* vrline osoba može razvijanjem znanja shvatiti pravu prirodu pojava koje je okružuju, ali *guṇa* neznanja potpuna je suprotnost. Pod njezinim utjecajem svatko postaje lud, a luđak ne može shvatiti stvarnost. Umjesto da napreduje, degradira se. Definiciju *guṇe* neznanja nalazimo u vedskoj književnosti. *Vastu-yāthātmya-jñānāvarakaṁ viparyaya-jñāna-janakaṁ tamaḥ:* čovjek pod utjecajem neznanja ne može shvatiti pravu prirodu stvari. Na primjer, svatko može vidjeti da je njegov djed umro i da će prema tome i on umrijeti; čovjek je smrtan. Djeca koju začne također će umrijeti. Smrt je, stoga, sigurna. Ipak, ljudi pomamno zgrću novac i vrlo teško rade čitav dan i noć, ne mareći za vječni duh. To je ludilo. U svom ludilu opiru se napredovanju u duhovnom razumijevanju. Takvi su ljudi veoma lijeni. Kad ih pozovete u društvo duhovnih osoba radi duhovnog razumijevanja ne pokazuju veliko zanimanje. Nisu čak ni aktivni kao ljudi pod utjecajem *guṇe* strasti. Spavaju više nego što je potrebno i to je još jedan simptom osobe utonule u *guṇu* neznanja. Šest je sati spavanja dovoljno, ali čovjek u *guṇi* neznanja spava najmanje deset ili dvanaest sati dnevno. Takav čovjek izgleda uvijek snužden i odaje se uzimanju opojnih sredstava i spavanju. To su simptomi osobe uvjetovane *guṇom* neznanja.

STROFA 9

सत्त्वं सुखे सञ्जयति रजः कर्मणि भारत ।
ज्ञानमावृत्य तु तमः प्रमादे सञ्जयत्युत ॥ ९ ॥

sattvaṁ sukhe sañjayati rajaḥ karmaṇi bhārata
jñānam āvṛtya tu tamaḥ pramāde sañjayaty uta

sattvam – *guṇa* vrline; *sukhe* – za sreću; *sañjayati* – vezuje; *rajaḥ* – *guṇa* strasti; *karmaṇi* – za plodonosno djelovanje; *bhārata* – o Bharatin sine; *jñānam* – znanje; *āvṛtya* – prekrivajući; *tu* – ali; *tamaḥ* – *guṇa* neznanja; *pramāde* – za ludilo; *sañjayati* – vezuje; *uta* – rečeno je.

O Bharatin sine, guṇa vrline vezuje živo biće za sreću, strast ga vezuje za plodonosno djelovanje, a neznanje koje prekriva njegovo znanje vezuje ga za ludilo.

SMISAO: Osoba u *guṇi* vrline nalazi zadovoljstvo u svom djelovanju ili intelektualnom radu, kao što filozof, znanstvenik ili prosvjetni radnik nalaze zadovoljstvo u bavljenju određenom oblasti znanja. Čovjek u *guṇi* strasti može se baviti plodonosnim djelatnostima. On nastoji steći što više i troši u dobre svrhe. Katkada pokušava otvoriti bolnice, daje doprinose dobrotvornim ustanovama itd. To su znaci osobe u *guṇi* strasti. *Guṇa* neznanja prekriva znanje. Djela počinjena u *guṇi* neznanja nisu dobra ni za počinitelja niti za bilo koga drugoga.

STROFA 10

रजस्तमश्चाभिभूय सत्त्वं भवति भारत ।
रजः सत्त्वं तमश्चैव तमः सत्त्वं रजस्तथा ॥ १० ॥

rajas tamaś cābhibhūya sattvaṁ bhavati bhārata
rajaḥ sattvaṁ tamaś caiva tamaḥ sattvaṁ rajas tathā

rajaḥ – *guṇu* strasti; *tamaḥ* – *guṇu* neznanja; *ca* – i; *abhibhūya* – nadvladava; *sattvam* – *guṇa* vrline; *bhavati* – nadvladava; *bhārata* – o Bharatin sine; *rajaḥ* – *guṇa* strasti; *sattvam* – *guṇu* vrline; *tamaḥ* – *guṇu* neznanja; *ca* – i; *eva* – tako; *tamaḥ* – *guṇa* neznanja; *sattvam* – *guṇu* vrline; *rajaḥ* – *guṇu* strasti; *tathā* – tako.

O Bharatin sine, katkada guṇa vrline, postavši istaknuta, nadvladava guṇe strasti i neznanja. Katkada guṇa strasti nadvladava vrlinu i neznanje, a katkada neznanje nadvladava vrlinu i strast. Tako uvijek postoji nadmetanje za prevlašću.

SMISAO: Kada *guṇa* strasti postane istaknuta, nadvladava *guṇe* vrline i neznanja. Kada *guṇa* vrline postane istaknuta, nadvladava strast i neznanje, a kad *guṇa* neznanja postane istaknuta, nadvladava strast i vrlinu. To se nadmetanje uvijek odvija. Stoga onaj tko iskreno želi napredovati u svjesnosti Kṛṣṇe mora nadići tri *guṇe*. Izraziti utjecaj neke *guṇe* prirode očituje se u ponašanju, djelatnostima, ishrani itd. Sve će to biti objašnjeno u idućim poglavljima. Onaj tko želi može vježbanjem razviti *guṇu* vrline i tako nadvladati *guṇe* strasti i neznanja. Isto tako može razviti *guṇu* strasti i nadvladati vrlinu i neznanje. Ili može razviti *guṇu* neznanja i nadvladati vrlinu i strast. Unatoč postojanju triju *guṇa* materijalne prirode, ako je odlučan, može biti blagoslovljen *guṇom* vrline i nadišavši *guṇu* vrline utemeljiti se na razini čiste vrline, zvanoj *vasudeva*, na kojoj može shvatiti nauk o Bogu. Po djelatnostima pojedine osobe možemo shvatiti u kojoj se *guṇi* prirode nalazi.

STROFA 11

सर्वद्वारेषु देहेऽस्मिन् प्रकाश उपजायते ।
ज्ञानं यदा तदा विद्याद् विवृद्धं सत्त्वमित्युत ॥ ११ ॥

sarva-dvāreṣu dehe 'smin prakāśa upajāyate
jñānaṁ yadā tadā vidyād vivṛddhaṁ sattvam ity uta

sarva-dvāreṣu – u svim dverima; *dehe asmin* – ovoga tijela; *prakāśaḥ* – prosvijetljenost; *upajāyate* – razvija se; *jñānam* – znanje; *yadā* – kada; *tadā* – tada; *vidyāt* – znaj; *vivṛddham* – prevladava; *sattvam* – *guṇa* vrline; *iti uta* – tako je rečeno.

Očitovanja guṇe vrline mogu se opaziti kad su sve dveri tijela obasjane znanjem.

SMISAO: Tijelo ima devet dveri: dva oka, dva uha, dvije nosnice, usta, spolni organ i čmar. Kad su sve dveri obasjane simptomima vrline, smatra se da je osoba razvila *guṇu* vrline. U *guṇi* vrline može vidjeti stvari na pravi način, čuti na pravi način i kušati na pravi način. Postaje čista iznutra i izvana. U svim se dverima razvijaju simptomi sreće. To je stanje vrline.

STROFA 12

लोभः प्रवृत्तिरारम्भः कर्मणामशमः स्पृहा ।
रजस्येतानि जायन्ते विवृद्धे भरतर्षभ ॥ १२ ॥

lobhaḥ pravṛttir ārambhaḥ karmaṇām aśamaḥ spṛhā
rajasy etāni jāyante vivṛddhe bharatarṣabha

lobhaḥ – pohlepa; *pravṛttiḥ* – djelatnost; *ārambhaḥ* – napor; *karmaṇām* – u djelatnostima; *aśamaḥ* – neobuzdana; *spṛhā* – žudnja; *rajasi* – *guṇe* strasti; *etāni* – sve to; *jāyante* – razvija se; *vivṛddhe* – kad se previše poveća; *bharata-ṛṣabha* – o glavni potomče Bharate.

O glavni potomče Bharate, kad se poveća guṇa strasti razvijaju se simptomi velike vezanosti, plodonosnog djelovanja, ulaganja velikog napora i neobuzdane želje i žudnje.

SMISAO: Osoba u *guṇi* strasti nikada nije zadovoljna položajem koji je već stekla; uvijek žudi za boljim položajem. Ako želi sagraditi kuću, ulaže sav napor da sagradi veliku i raskošnu kuću, kao da će u njoj moći vječno stanovati. Takva osoba razvija veliku žudnju za osjetilnim zadovoljstvima. Nema kraja zadovoljavanju osjetila. Uvijek želi ostati sa svojom obitelji u svojoj kući i nastaviti s procesom zadovoljavanja osjetila. S tim ne prestaje. Smatra se da su svi ti simptomi obilježja *guṇe* strasti.

STROFA 13

अप्रकाशोऽप्रवृत्तिश्च प्रमादो मोह एव च ।
तमस्येतानि जायन्ते विवृद्धे कुरुनन्दन ॥ १३ ॥

aprakāśo 'pravṛttiś ca pramādo moha eva ca
tamasy etāni jāyante vivṛddhe kuru-nandana

aprakāśaḥ – tama; *apravṛttiḥ* – neaktivnost; *ca* – i; *pramādaḥ* – ludilo; *mohaḥ* – iluzija; *eva* – zacijelo; *ca* – i; *tamasi* – *guṇa* neznanja; *etāni* – one; *jāyante* – očituju se; *vivṛddhe* – kad se razvije; *kuru-nandana* – o sine Kurua.

O sine Kurua, kad se poveća guṇa neznanja, očituju se tama, pasivnost, ludilo i iluzija.

SMISAO: Kad nema svjetlosti, znanje je odsutno. Osoba u *guṇi* neznanja ne djeluje u skladu s propisanim načelima. Želi djelovati hirovito, bez ikakva cilja. Iako je sposobna za rad, ne ulaže nikakav napor. To se naziva iluzijom. Premda svijest i dalje postoji, život je neaktivan. To su simptomi osobe u *guṇi* neznanja.

STROFA 14

यदा सत्त्वे प्रवृद्धे तु प्रलयं याति देहभृत् ।
तदोत्तमविदां लोकानमलान् प्रतिपद्यते ॥ १४ ॥

yadā sattve pravṛddhe tu pralayaṁ yāti deha-bhṛt
tadottama-vidāṁ lokān amalān pratipadyate

yadā – kada; *sattve* – *guṇa* vrline; *pravṛddhe* – razvijena; *tu* – ali; *pralayam* – uništenje; *yāti* – odlazi; *deha-bhṛt* – utjelovljena; *tadā* – tada; *uttama-vidām* – velikih mudraca; *lokān* – planete; *amalān* – čiste; *pratipadyate* – dostiže.

Onaj tko umre u guṇi vrline dostiže čiste, više planete velikih mudraca.

SMISAO: Osoba u *guṇi* vrline dostiže više planetarne sustave, kao što su Brahmaloka ili Janaloka, i ondje uživa u rajskoj sreći. Riječ je *amalān* značajna; ona znači „oslobođen *guṇa* strasti i neznanja". U materijalnom svijetu postoje nečistoće, ali *guṇa* je vrline najčistiji oblik postojanja u materijalnom svijetu. Postoje razne vrste planeta za razne vrste živih bića. Oni koji umru u *guṇi* vrline uzdižu se na planete koje nastanjuju veliki mudraci i *bhakte*.

STROFA 15

रजसि प्रलयं गत्वा कर्मसङ्गिषु जायते ।
तथा प्रलीनस्तमसि मूढयोनिषु जायते ॥ १५ ॥

rajasi pralayaṁ gatvā karma-saṅgiṣu jāyate
tathā pralīnas tamasi mūḍha-yoniṣu jāyate

rajasi – u strasti; *pralayam* – uništenje; *gatvā* – stječući; *karma-saṅgiṣu* – u društvu osoba koje se bave plodonosnim djelovanjem; *jāyate* – rađa se; *tathā* – slično tome; *pralīnaḥ* – kada je uništen; *tamasi* – u neznanju; *mūḍha-yoniṣu* – u životinjskim vrstama; *jāyate* – rađa se.

Onaj tko umre u guṇi strasti rađa se među osobama koje se bave plodonosnim djelovanjem, a onaj tko umre u guṇi neznanja, rađa se u životinjskom carstvu.

SMISAO: Neki ljudi imaju dojam da se duša, kad jednom dostigne razinu ljudskog života, nikada više ne degradira u niže oblike. To nije točno. Prema ovoj strofi, ako netko razvije *guṇu* neznanja, nakon smrti će se degradirati u životinjski oblik života. Iz njega se mora procesom evolucije ponovno uzdignuti do ljudskog oblika života. Stoga oni koji ozbiljno shvaćaju ljudski oblik života trebaju razviti *guṇu* vrline i u dobrom društvu transcendirati *guṇe,* utemeljivši se u svjesnosti Kṛṣṇe. To je cilj ljudskoga života. Inače, ljudskom biću nije osiguran položaj čovjeka u idućem životu.

STROFA 16

कर्मणः सुकृतस्याहुः सात्त्विकं निर्मलं फलम् ।
रजसस्तु फलं दुःखमज्ञानं तमसः फलम् ॥ १६ ॥

karmaṇaḥ sukṛtasyāhuḥ sāttvikaṁ nirmalaṁ phalam
rajasas tu phalaṁ duḥkham ajñānaṁ tamasaḥ phalam

karmaṇaḥ – djelovanja; *su-kṛtasya* – pobožnog; *āhuḥ* – kaže se; *sāttvikam* – u *guṇi* vrline; *nirmalam* – pročišćen; *phalam* – rezultat; *rajasaḥ* – *guṇe* strasti; *tu* – ali; *phalam* – rezultat; *duḥkham* – bijeda; *ajñānam* – ludost; *tamasaḥ* – *guṇe* neznanja; *phalam* – rezultat.

Rezultat pobožnog djelovanja je čist i nalazi se u guṇi vrline. Rezultat djelovanja u guṇi strasti je bijeda, a rezultat djelovanja u guṇi neznanja ludost.

SMISAO: Rezultat pobožnog djelovanja u *guṇi* vrline je čist. Zato su mudraci, potpuno oslobođeni iluzije, utemeljeni u sreći. Djelovanje u *guṇi* strasti donosi samo bijedu. Svaka djelatnost koja se vrši radi stjecanja materijalne sreće osuđena je na propast. Ako, na primjer, netko želi imati neboder, takva gradnja povlači za sobom toliko mnogo ljudske bijede, prije nego što neboder može biti sagrađen. Onaj tko osigurava novčana sredstva za gradnju nebodera mora uložiti veliki napor kako bi zaradio ogromno bogatstvo, a radnici koji rade na zdanju moraju uložiti fizički napor. Bijede su tu. Tako *Bhagavad-gītā* kaže da svaka djelatnost koja se vrši pod utjecajem *guṇe* strasti sigurno povlači za sobom veliku bijedu. Možda u umu osoba može iskusiti malo tobožnje sreće – „Imam ovu kuću ili ovaj novac" – ali to nije prava sreća.

Što se tiče *guṇe* neznanja, onaj tko djeluje pod njezinim utjecajem nema znanje i zato mu sve djelatnosti koje sada vrši donose bijedu, a kasnije će se degradirati na razinu životinje. Životinjski je život uvijek pun bijede, ali životinje to ne shvaćaju, jer su obmanute iluzornom energijom, *māyom*. Klanje jadnih životinja također je posljedica *guṇe* neznanja. Ubojica životinje ne zna da će u budućnosti životinja dobiti tijelo u kojem ga može ubiti. To je zakon prirode. U ljudskom društvu, ako netko ubije čovjeka, mora biti obješen. To je zakon države. Zbog neznanja, ljudi ne vide da je cijela kreacija jedna država, kojom upravlja Svevišnji Gospodin. Svako je živo stvorenje sin Svevišnjega Gospodina, koji ne podnosi čak ni ubijanje mrava. Osoba za to mora platiti. Stoga je ubijanje životinja radi zadovoljavanja jezika najgrublja vrsta neznanja. Ljudsko biće ne treba ubijati životinje, jer je Bog dao toliko mnogo ukusnih namirnica. Ako netko ipak jede meso, smatra se da djeluje u neznanju i stvara sebi mračnu budućnost. Od svih vrsta ubijanja životinja, ubijanje je krava najporočnije, jer nam krava pruža sve vrste zadovoljstva dajući nam mlijeko. Klanje je krava čin najgrublje vrste neznanja. U vedskoj književnosti (*Ṛg Veda* 9.4.64) riječi *gobhiḥ prīṇita-matsaram* pokazuju da se onaj tko želi ubiti kravu, iako se potpuno zasitio mlijekom, nalazi u najdubljem neznanju. U vedskim spisima nalazimo ovu molitvu:

namo brahmaṇya-devāya go-brāhmaṇa-hitāya ca
jagad-dhitāya kṛṣṇāya govindāya namo namaḥ

„Gospodine moj, Ti si dobronamjernik krava, *brāhmaṇa,* čitavog ljudskog društva i svijeta." (*Viṣṇu Purāṇa* 1.19.65) U ovoj se molitvi posebno spominje zaštita krava i *brāhmaṇa*. *Brāhmaṇe* su simbol duhovne naobrazbe, a krave simbol najvrednije hrane. Tim živim bićima, *brāhmaṇama* i kravama, mora se pružiti sva zaštita – to je pravi napredak civilizacije. U suvremenu ljudskom društvu duhovna se naobrazba zanemaruje, a ubijanje krava potiče. Trebamo shvatiti da ljudsko društvo napreduje u pogrešnom smjeru i utire put k vlastitoj propasti. Civilizacija koja vodi građane do toga da u idućem životu postanu životinje sigurno nije ljudska. Naravno, sadašnja je civilizacija zavedena *guṇama* strasti i neznanja. Ovo je vrlo opasno doba i svi se narodi trebaju pobrinuti da čovječanstvu pruže najlakši proces, svjesnost Kṛṣṇe, kako bi ga spasili od najveće opasnosti.

STROFA 17

सत्त्वात्सञ्जायते ज्ञानं रजसो लोभ एव च ।
प्रमादमोहौ तमसो भवतोऽज्ञानमेव च ॥ १७ ॥

sattvāt sañjāyate jñānaṁ rajaso lobha eva ca
pramāda-mohau tamaso bhavato 'jñānam eva ca

sattvāt – iz *guṇe* vrline; *sañjāyate* – razvija se; *jñānam* – znanje; *rajasaḥ* – iz *guṇe* strasti; *lobhaḥ* – pohlepa; *eva* – zacijelo; *ca* – i; *pramāda* – ludilo; *mohau* – i iluzija; *tamasaḥ* – iz *guṇe* neznanja; *bhavataḥ* – razvija se; *ajñānam* – glupost; *eva* – zacijelo; *ca* – također.

Iz guṇe vrline razvija se pravo znanje, iz guṇe strasti razvija se pohlepa, a iz guṇe neznanja glupost, ludilo i iluzija.

SMISAO: Budući da sadašnja civilizacija nije povoljna za živa bića, preporučuje se svjesnost Kṛṣṇe. Kroz svjesnost Kṛṣṇe, društvo će razviti *guṇu* vrline. Kad razvije *guṇu* vrline, ljudi će vidjeti pravu prirodu stvari. U *guṇi* neznanja, ljudi su kao životinje i ne mogu jasno vidjeti stvari. Na primjer, u *guṇi* neznanja ne vide da se ubijajući životinju izlažu opasnosti da ih ta ista životinja ubije u sljedećem životu. Ljudi se ne poučavaju pravom znanju i zato postaju neodgovorni. Da bi se stalo na kraj toj neodgovornosti, moraju kroz obrazovanje razviti *guṇu* vrline. Kad steknu znanje u *guṇi* vrline postat će razboriti i steći znanje o pravoj prirodi stvari. Tada će biti sretni i uspješni. Čak i ako većina ljudi nije sretna i uspješna, ako određeni postotak stanovništva razvije svjesnost Kṛṣṇe i utemelji se u *guṇi* vrline, postoji mogućnost za mir i blagostanje u čitavom svijetu. U protivnom, ako je svijet odan *guṇama* strasti i neznanja, ne može biti mira i blagostanja. U *guṇi* strasti ljudi postaju pohlepni i njihovoj žudnji za osjetilnim uživanjem nema kraja. Možemo vidjeti da čak ni oni koji imaju dovoljno novaca i odgovarajuće pogodnosti za zadovoljavanje osjetila nisu ni sretni ni spokojni. To nije moguće zato što su u *guṇi* strasti. Ako žele sreću, njihov im novac neće pomoći; moraju se uzdignuti do *guṇe* vrline slijeđenjem procesa svjesnosti Kṛṣṇe. Kad netko djeluje u *guṇi* strasti, nije samo nesretan, već je i njegov posao mukotrpan. Prisiljen je smišljati razne planove kako bi zaradio dovoljno novaca i održao svoj status quo. Sve je to mučno. U *guṇi* neznanja, ljudi postaju ludi. Nesretni zbog okolnosti u kojima se nalaze, nalaze utočište u opojnim sredstvima i tako još dublje tonu u neznanje. Njihova je budućnost veoma mračna.

STROFA 18

ऊर्ध्वं गच्छन्ति सत्त्वस्था मध्ये तिष्ठन्ति राजसाः ।
जघन्यगुणवृत्तिस्था अधो गच्छन्ति तामसाः ॥ १८ ॥

ūrdhvaṁ gacchanti sattva-sthā madhye tiṣṭhanti rājasāḥ
jaghanya-guṇa-vṛtti-sthā adho gacchanti tāmasāḥ

ūrdhvam – gore; *gacchanti* – idu; *sattva-sthāḥ* – u *guṇi* vrline; *madhye* – u sredini; *tiṣṭhanti* – prebivaju; *rājasāḥ* – u *guṇi* strasti; *jaghanya* – odvratnu; *guṇa* – odliku; *vṛtti-sthāḥ* – čije zanimanje; *adhaḥ* – dolje; *gacchanti* – idu; *tāmasāḥ* – osobe u *guṇi* neznanja.

Osobe u guṇi vrline postupno se uzdižu na više planete, osobe u guṇi strasti žive na zemaljskim planetima, a osobe u odvratnoj guṇi neznanja silaze u paklene svjetove.

SMISAO: U ovoj su strofi još jasnije opisani rezultati djelovanja pod utjecajem triju *guṇa* prirode. U višem planetarnom sustavu, koji se sastoji od rajskih planeta, svatko je vrlo uzvišen. Ovisno o stupnju razvoja *guṇe* vrline živo biće može biti preneseno na razne planete u tom sustavu. Najviši je planet Satyaloka, odnosno Brahmaloka, na kojem prebiva prvobitna osoba u ovom svemiru, Brahmā. Već smo vidjeli da teško možemo procijeniti čudesne uvjete života na Brahmaloki, ali najviše stanje života, *guṇa* vrline, može nas dovesti do nje.

Guṇa je strasti pomiješana. Nalazi se u sredini, između *guṇe* vrline i neznanja. Čovjek nije uvijek podvrgnut utjecaju samo jedne *guṇe,* ali kad bi bio isključivo u *guṇi* strasti, jednostavno bi ostao na planetu Zemlji kao kralj ili bogataš. Međutim uvijek postoji mogućnost degradacije, jer su utjecaji *guṇa* pomiješani. Ljudi sa Zemlje, koji se nalaze pod utjecajem *guṇa* strasti i neznanja ne mogu strojevima, silom, prići višim planetima. U *guṇi* strasti također postoji mogućnost da osoba u sljedećem životu postane luda.

Najniža odlika, *guṇa* neznanja, ovdje je opisana kao odvratna. Rezultat je razvijanja neznanja veoma, veoma opasan. To je najniža odlika u materijalnoj prirodi. Ispod ljudske razine postoji osam milijuna životnih vrsta – ptice, zvjeri, gmazovi, drveće itd. Ovisno o mjeri u kojoj su razvili *guṇu* neznanja, ljudi bivaju stavljeni u ta odvratna stanja. Ovdje je vrlo značajna riječ *tāmasāḥ*. Ona upućuje na one koji su stalno u *guṇi* neznanja i koji se ne uzdižu do više *guṇe*. Njihova je budućnost veoma mračna.

Ljudi u *guṇama* neznanja i strasti imaju priliku da se uzdignu do *guṇe* vrline i taj se sustav naziva svjesnost Kṛṣṇe, ali onaj tko ne iskoristi tu priliku sigurno će ostati pod utjecajem nižih *guṇa*.

STROFA 19

नान्यं गुणेभ्यः कर्तारं यदा द्रष्टानुपश्यति ।
गुणेभ्यश्च परं वेत्ति मद्भावं सोऽधिगच्छति ॥ १९ ॥

nānyaṁ guṇebhyaḥ kartāraṁ yadā draṣṭānupaśyati
guṇebhyaś ca paraṁ vetti mad-bhāvaṁ so 'dhigacchati

na – nitko; *anyam* – drugi; *guṇebhyaḥ* – nego odlike; *kartāram* – vršitelj; *yadā* – kada; *draṣṭā* – promatrač; *anupaśyati* – vidi pravilno; *guṇebhyaḥ* – prema *guṇama* prirode; *ca* – i; *param* – transcendentalan; *vetti* – shvaća; *mat-bhāvam* – u Moju duhovnu prirodu; *saḥ* – on; *adhigacchati* – biva uzdignut.

Kad osoba pravilno vidi da sve djelatnosti vrše samo guṇe prirode i shvaća Svevišnjega Gospodina, koji je transcendentalan prema svim guṇama, dostiže Moju duhovnu prirodu.

SMISAO: Čovjek može nadići sve djelatnosti *guṇa* materijalne prirode pravilnim razumijevanjem njihove prirode, stečenim od pravih duša. Pravi je duhovni učitelj Kṛṣṇa, koji ovo duhovno znanje prenosi Arjuni. O djelatnostima koje se vrše pod utjecajem *guṇa* prirode moramo učiti od osoba potpuno svjesnih Kṛṣṇe. Inače će naš život biti pogrešno usmjeren. Zahvaljujući poukama vjerodostojna duhovnog učitelja živo biće može shvatiti svoj duhovni položaj, svoje materijalno tijelo, svoja osjetila, način na koji je zarobljeno i kako djeluje pod utjecajem materijalnih *guṇa* prirode. Živo je biće bespomoćno, jer je pod upravom tih *guṇa*, ali kad uvidi svoj pravi položaj može dostići transcendentalnu razinu, stekavši priliku za duhovni život. Ustvari, živo biće ne vrši različite djelatnosti. Prisiljeno je djelovati, jer se nalazi u određenoj vrsti tijela kojom upravlja određena *guṇa* materijalne prirode. Bez pomoći duhovnog autoriteta ne može shvatiti svoj pravi položaj. Zahvaljujući druženju s vjerodostojnim duhovnim učiteljem može uvidjeti svoj pravi položaj i s takvim se razumijevanjem utemeljiti u potpunoj svjesnosti Kṛṣṇe. Čovjek svjestan Kṛṣṇe nije opsjednut čarima materijalnih *guṇa* prirode. U sedmom je poglavlju već bilo rečeno da se osoba koja se predala Kṛṣṇi oslobađa djelatnosti materijalne prirode. Materijalna priroda postupno prestaje utjecati na onoga tko može vidjeti pravu prirodu stvari.

STROFA 20

गुणानेतानतीत्य त्रीन् देही देहसमुद्भवान् ।
जन्ममृत्युजरादुःखैर्विमुक्तोऽमृतमश्नुते ॥ २० ॥

guṇān etān atītya trīn dehī deha-samudbhavān
janma-mṛtyu-jarā-duḥkhair vimukto 'mṛtam aśnute

guṇān – odlike; *etān* – sve te; *atītya* – nadilazeći; *trīn* – tri; *dehī* – utjelovljeno; *deha* – tijela; *samudbhavān* – koje potječu od; *janma* – rađanja; *mṛtyu* – umiranja; *jarā* – i starosti; *duḥkhaiḥ* – nesreća; *vimuktaḥ* – oslobođeno; *amṛtam* – nektar; *aśnute* – uživa.

Kad utjelovljeno biće nadiđe tri guṇe koje utječu na materijalno tijelo, može se osloboditi rođenja, smrti, starosti i patnji koje oni donose te čak i u ovom životu uživati u nektaru.

SMISAO: U ovoj se strofi objašnjava kako čovjek, čak i u ovom tijelu, može ostati na transcendentalnom položaju, u potpunoj svjesnosti Kṛṣṇe. Riječ *dehī* znači „utjelovljen". Premda se osoba može nalaziti u materijalnom tijelu, napredujući u duhovnom znanju može se osloboditi utjecaja *guṇa* prirode. Čak i u ovom tijelu može uživati u sreći duhovnog života, jer će po napuštanju tijela sigurno otići u duhovno nebo. Tako čak i u ovom tijelu može uživati u duhovnoj sreći. Drugim riječima, predano služenje u svjesnosti Kṛṣṇe znak je oslobođenja od materijalne zapletenosti. To će biti objašnjeno u osamnaestom poglavlju. Onaj tko je oslobođen utjecaja *guṇa* materijalne prirode počinje predano služiti.

STROFA 21

अर्जुन उवाच
कैर्लिङ्गैस्त्रीन् गुणानेतानतीतो भवति प्रभो ।
किमाचारः कथं चैतांस्त्रीन् गुणानतिवर्तते ॥ २१ ॥

arjuna uvāca
kair liṅgais trīn guṇān etān atīto bhavati prabho
kim ācāraḥ kathaṁ caitāṁs trīn guṇān ativartate

arjunaḥ uvāca – Arjuna reče; *kaiḥ* – po kojim; *liṅgaiḥ* – simptomima; *trīn* – tri; *guṇān* – odlike; *etān* – sve te; *atītaḥ* – nadišao; *bhavati* – je; *prabho* – o Gospodine moj; *kim* – kakvo; *ācāraḥ* – ponašanje; *katham* – kako; *ca* – također; *etān* – ove; *trīn* – tri; *guṇān* – odlike; *ativartate* – nadilazi.

Arjuna upita: Dragi moj Gospodine, po kojim se simptomima može prepoznati onaj tko je transcendirao tri guṇe? Kako se ponaša i kako transcendira guṇe prirode?

SMISAO: Arjuna u ovoj strofi postavlja vrlo prikladna pitanja. On želi znati simptome osobe koja je već transcendirala materijalne *guṇe*. Najprije pita: „Koji su simptomi takve transcendentalne osobe? Na temelju čega mogu zaključiti da je već transcendirala utjecaj *guṇa* materijalne prirode?" Potom pita: „Kako živi i kakve djelatnosti vrši? Jesu li regulirane ili neregulirane?" Na kraju pita kako može dostići transcendentalnu prirodu. To je veoma važno. Ako netko ne zna izravan proces kojim može uvijek biti utemeljen na transcendentalnoj razini, ne može očitovati simptome. Sva ova pitanja koja je postavio Arjuna veoma su važna i Gospodin će na njih odgovoriti.

STROFE 22–25

श्रीभगवानुवाच
प्रकाशं च प्रवृत्तिं च मोहमेव च पाण्डव ।
न द्वेष्टि सम्प्रवृत्तानि न निवृत्तानि काङ्‌क्षति ॥ २२ ॥
उदासीनवदासीनो गुणैर्यो न विचाल्यते ।
गुणा वर्तन्त इत्येवं योऽवतिष्ठति नेङ्गते ॥ २३ ॥
समदुःखसुखः स्वस्थः समलोष्टाश्मकाञ्चनः ।
तुल्यप्रियाप्रियो धीरस्तुल्यनिन्दात्मसंस्तुतिः ॥ २४ ॥
मानापमानयोस्तुल्यस्तुल्यो मित्रारिपक्षयोः ।
सर्वारम्भपरित्यागी गुणातीतः स उच्यते ॥ २५ ॥

śrī-bhagavān uvāca
prakāśaṁ ca pravṛttiṁ ca moham eva ca pāṇḍava
na dveṣṭi sampravṛttāni na nivṛttāni kāṅkṣati

udāsīna-vad āsīno guṇair yo na vicālyate
guṇā vartanta ity evaṁ yo 'vatiṣṭhati neṅgate

sama-duḥkha-sukhaḥ sva-sthaḥ sama-loṣṭāśma-kāñcanaḥ
tulya-priyāpriyo dhīras tulya-nindātma-saṁstutiḥ

mānāpamānayos tulyas tulyo mitrāri-pakṣayoḥ
sarvārambha-parityāgī guṇātītaḥ sa ucyate

śrī-bhagavān uvāca – Svevišnja Božanska Osoba reče; *prakāśam* – prosvijetljenost; *ca* – i; *pravṛttim* – vezanost; *ca* – i; *moham* – iluziju; *eva ca* – i; *pāṇḍava* – o sine Pāṇḍua; *na dveṣṭi* – ne mrzi; *sampravṛttāni* – premda su razvijeni; *na nivṛttāni* – niti prestanak razvijanja; *kāṅkṣati* – želi; *udāsīna-vat* – u neutralnom; *āsīnaḥ* – položaju; *guṇaiḥ* – odlikama; *yaḥ* – onaj tko; *na* – nikada nije; *vicālyate* – uznemiren; *guṇāḥ* – odlike; *vartante* – djeluju; *iti evam* – znajući; *yaḥ* – onaj tko; *avatiṣṭhati* – ostaje; *na* – nikada; *iṅgate* – dvoumi se; *sama* – jednak; *duḥkha* – u nesreći; *sukhaḥ* – i sreći; *sva-sthaḥ* – utemeljen u sebi; *sama* – jednako; *loṣṭa* – grumen zemlje; *aśma* – kamen; *kāñcanaḥ* – zlato; *tulya* – jednak; *priya* —prema dragom; *apriyaḥ* – i nepoželjnom; *dhīraḥ* – postojan; *tulya* – jednak; *nindā* – kad ga vrijeđaju; *ātma-saṁstutiḥ* – i hvale; *māna* – u časti; *apamānayoḥ* – i nečasti; *tulyaḥ* – jednak; *tulyaḥ* – jednak; *mitra* – prijatelja; *ari* – i neprijatelja; *pakṣayoḥ* – prema grupama; *sarva* – svih; *ārambha* – napora; *parityāgī* – odriče se; *guṇa-atītaḥ* – transcendentalan prema materijalnim *guṇama* prirode; *saḥ* – on; *ucyate* – kaže se da je.

Svevišnja Božanska Osoba reče: O sine Pāṇḍua, za osobu koja ne mrzi prosvijetljenost, vezanost i iluziju kad su prisutni niti žudi za njima kad nestanu, koja je nepokolebljiva i neuznemirena svim posljedicama materijalnih odlika, koja ostaje staložena i transcendentalna, znajući da samo guṇe djeluju, koja je utemeljena u jastvu i jednaka u sreći i nesreći, koja jednakim očima vidi grumen zemlje, kamen i zlato, poželjno i nepoželjno, koja je postojana, jednaka u pohvali i pokudi, časti i nečasti, koja se jednako ophodi prema prijatelju i neprijatelju i koja se odrekla svih materijalnih djelatnosti kaže se da je nadišla guṇe prirode.

SMISAO: Arjuna je postavio tri različita pitanja i Gospodin odgovara na njih, jedno za drugim. U ovim stihovima Kṛṣṇa prvo izjavljuje da osoba utemeljena na transcendentalnoj razini nije zavidna. Takva osoba ne žudi ni za čim. Za vrijeme boravka u materijalnom svijetu živo biće, utjelovljeno u materijalnom tijelu, nalazi se pod upravom jedne od triju *guṇa* materijalne prirode. Po napuštanju tijela oslobađa se okova materijalnih *guṇa* prirode, ali sve dok se nalazi u materijalnom tijelu treba biti nevezano. Treba predano služiti Gospodina kako bi samim tim zaboravilo svoje poistovjećivanje s materijalnim tijelom. Kad svoju svjesnost usmjerava na materijalno tijelo, svojim djelatnostima nastoji samo zadovoljiti osjetila, ali kad prenese svoju svjesnost na Kṛṣṇu, prestaje zadovoljavati osjetila. Nije mu potrebno materijalno tijelo niti se mora povinovati zapovjedima materijalnog tijela. Materijalne *guṇe* u tijelu će djelovati, ali jastvo je kao duhovna duša odvojeno od takvih djelatnosti. Kako postaje odvojeno? Ne želi uživati u tijelu, niti želi izaći iz njega. Tako transcendentalno utemeljen, *bhakta* samim tim postaje slobodan. Ne treba pokušavati da se oslobodi utjecaja *guṇa* materijalne prirode.

Sljedeće je pitanje vezano uz ponašanje transcendentalno utemeljene osobe. Na osobu na materijalnoj razini utječu takozvana čast i nečast koje se iskazuju materijalnom tijelu, ali na osobu na transcendentalnom položaju takva lažna čast i nečast ne utječu. Ona obavlja svoju dužnost u svjesnosti Kṛṣṇe i ne mari za poštovanje koje joj drugi iskazuju. Prihvaća stvari povoljne za obavljanje njezine dužnosti u svjesnosti Kṛṣṇe, inače joj nije potrebno ništa materijalno, ni kamen ni zlato. Svakoga prihvaća kao dragog prijatelja koji joj pomaže u svjesnosti Kṛṣṇe i ne mrzi svog takozvanog neprijatelja. Jednako je naklonjena svima i sve vidi na jednakoj razini, jer savršeno dobro zna da nema nikakve veze s materijalnim postojanjem. Društveni i politički događaji ne utječu na nju, jer je svjesna privremenih preokreta i uznemirenja. Ne trudi se da učini bilo što za sebe. Može sve učiniti za Kṛṣṇu, ali za sebe osobno ne pokušava ništa. Takvim ponašanjem istinski se utemeljuje na transcendentalnoj razini.

STROFA 26

मां च योऽव्यभिचारेण भक्तियोगेन सेवते ।
स गुणान् समतीत्यैतान् ब्रह्मभूयाय कल्पते ॥ २६ ॥

māṁ ca yo 'vyabhicāreṇa bhakti-yogena sevate
sa guṇān samatītyaitān brahma-bhūyāya kalpate

mām – Mene; *ca* – također; *yaḥ* – osoba koja; *avyabhicāreṇa* – neprestano; *bhakti-yogena* – predanim služenjem; *sevate* – služi; *saḥ* – ona; *guṇān* – *guṇe* materijalne prirode; *samatītya* – nadilazeći; *etān* – sve te; *brahma-bhūyāya* – uzdignuta na razinu Brahmana; *kalpate* – postaje.

Onaj tko uvijek predano služi i ni u kakvim okolnostima ne pada odmah transcendira guṇe materijalne prirode te tako dostiže razinu Brahmana.

SMISAO: Ova strofa predstavlja odgovor na Arjunino treće pitanje: „Kako se može dostići transcendentalni položaj?" Kao što je već bilo objašnjeno, materijalni svijet djeluje pod utjecajem *guṇa* materijalne prirode. Osoba ne bi trebala biti uznemirena djelatnostima *guṇa* prirode. Umjesto da svoju svjesnost zaokupi takvim djelatnostima, može je prenijeti na djelatnosti za Kṛṣṇu. Djelatnosti za Kṛṣṇu poznate su kao *bhakti-yoga* – neprestano djelovanje za Kṛṣṇu. To se odnosi ne samo na Kṛṣṇu, već i na Njegove različite potpune ekspanzije kao što su Rāma i Nārāyaṇa. Kṛṣṇa ima bezbroj ekspanzija. Smatra se da se onaj tko služi bilo koji oblik Kṛṣṇe, ili Njegovih potpunih ekspanzija, nalazi na transcendentalnoj razini. Također trebamo primijetiti da su svi Kṛṣṇini oblici potpuno transcendentalni, vječni i puni blaženstva i znanja. Takve su Božanske Osobe svemoćne i sveznajuće i posjeduju sve transcendentalne odlike. Ako netko s nepokolebljivom odlučnošću služi Kṛṣṇu ili Njegove potpune ekspanzije, može lako nadići *guṇe* materijalne prirode, koje se vrlo teško mogu nadići. To je već bilo objašnjeno u sedmom poglavlju. Onaj tko se preda Kṛṣṇi odmah nadilazi utjecaj *guṇa* materijalne prirode. Biti svjestan Kṛṣṇe ili predano služiti znači postati jednak Kṛṣṇi. Gospodin kaže da je Njegova priroda vječna, blažena i puna znanja, a živa su bića sastavni djelići Svevišnjega, kao što su čestice zlata dio rudnika zlata. Stoga je živo biće u svom duhovnom položaju kvalitativno jednako zlatu, Kṛṣṇi. Razlika u osobnosti i dalje postoji, inače ne bi bilo govora o *bhakti-yogi*. *Bhakti-yoga* znači da postoji Gospodin, *bhakta* i razmjena ljubavi između Gospodina i *bhakte*. Prema tome, Svevišnja Božanska Osoba i živo biće su dvije osobe, inače *bhakti-yoga* ne bi imala smisla. Ako osoba nije utemeljena na istom transcendentalnom položaju kao Gospodin, ne može služiti Svevišnjega Gospodina. Da bi postao osobni pomoćnik kralja, čovjek mora steći kvalifikacije. Mora postati Brahman, odnosno osloboditi se svih materijalnih nečistoća. To je preduvjet. U vedskoj je književnosti rečeno: *brahmaiva san brahmāpy eti.* Osoba može dostići Vrhovni Brahman ako postane Brahman. To znači da mora postati kvalitativno jednaka Brahmanu. Dostigavši Brahman, ne gubi svoju vječnu prirodu individualne duše.

STROFA 27

ब्रह्मणो हि प्रतिष्ठाहममृतस्याव्ययस्य च ।
शाश्वतस्य च धर्मस्य सुखस्यैकान्तिकस्य च ॥ २७ ॥

brahmaṇo hi pratiṣṭhāham amṛtasyāvyayasya ca
śāśvatasya ca dharmasya sukhasyaikāntikasya ca

brahmaṇaḥ – neosobnog *brahmajyotija*; *hi* – zacijelo; *pratiṣṭhā* – počivalište; *aham* – Ja sam; *amṛtasya* – besmrtnog; *avyayasya* – neuništivog; *ca* – također; *śāśvatasya* – vječnog; *ca* – i; *dharmasya* – prirodni položaj; *sukhasya* – sreće; *aikāntikasya* – krajnje; *ca* – također.

Ja sam temelj neosobnog Brahmana, besmrtnog, neuništivog i vječnog, koji je prirodni položaj krajnje sreće.

SMISAO: Priroda je Brahmana besmrtnost, neuništivost, vječnost i sreća. Brahman je početak transcendentalne spoznaje, Paramātmā je drugi, srednji stadij, a Svevišnja Božanska Osoba je krajnja spoznaja Apsolutne Istine. Stoga su i Paramātmā i neosobni Brahman prisutni u Vrhovnoj Osobi. U sedmom je poglavlju bilo objašnjeno da je materijalna energija očitovanje niže energije Svevišnjeg Gospodina. Gospodin obremenjuje nižu, materijalnu prirodu djelićima više prirode i to je duhovni dodir u materijalnoj prirodi. Kad živo biće uvjetovano materijalnom prirodom počne njegovati duhovno znanje, postupno se uzdiže s položaja materijalnog postojanja do razumijevanja Svevišnjeg kao Brahmana. Spoznaja Brahmana predstavlja prvi stadij samospoznaje. U tom stadiju osoba koja je spoznala Brahman transcendira materijalnu razinu, ali ne dostiže potpuno savršenstvo u spoznaji Brahmana. Ako želi, može ostati na razini Brahmana i postupno se uzdići do spoznaje Paramātme i, na kraju, do spoznaje Svevišnje Božanske Osobe. U vedskoj je književnosti opisano mnogo takvih primjera. Četvorica su Kumāra u početku bili utemeljeni u spoznaji istine kao neosobnog Brahmana, ali su se potom postupno uzdigli na razinu predanog služenja. Onaj tko ne može nadići neosobnu spoznaju Brahmana izlaže se opasnosti pada. U *Śrīmad-Bhāgavatamu* rečeno je da osoba koja je dostigla razinu neosobnog Brahmana, ali ne napreduje dalje i nema znanje o Vrhovnoj Osobi, nema savršeno čistu inteligenciju. Premda je dostigla razinu Brahmana može pasti, ako ne služi Gospodina s predanošću. U vedskim je spisima rečeno – *raso vai saḥ, rasaṁ hy evāyaṁ labdhvānandī bhavati:* „Kad osoba shvati Božansku Osobu, riznicu zadovoljstva, Kṛṣṇu, osjeća pravo transcendentalno blaženstvo." (*Taittirīya Upaniṣada* 2.7.1) Svevišnji Gospodin u potpunosti posjeduje šest obilja i kad Mu *bhakta* priđe, dolazi do razmjene tih obilja. Sluga kralja uživa na gotovo istoj razini kao kralj. Tako predano služenje prate vječna, neuništiva sreća i vječan život. Prema tome, predano služenje obuhvaća spoznaju Brahmana, vječnosti ili neuništivosti. Osoba koja predano služi već je dostigla tu spoznaju.

Premda je živo biće po prirodi Brahman, želi gospodariti materijalnim svijetom, pa zbog toga pada. U svom prirodnom položaju živo je biće transcendentalno prema tri *guṇe* materijalne prirode, ali družeći se s materijalnom prirodom zapleće se u različite *guṇe* materijalne prirode – vrlinu, strast i neznanje. Zbog druženja s tim *guṇama* želi vladati materijalnim svijetom. Zahvaljujući predanom služenju u punoj svjesnosti Kṛṣṇe, odmah dostiže transcendentalnu razinu i tako ostavlja svoju nezakonitu želju za vladanjem nad materijalnom prirodom. Stoga se proces predanog služenja, koji se sastoji od slušanja, pjevanja, sjećanja i ostalih propisanih oblika predanog služenja, treba slijediti u društvu *bhakta*. Postupno, zahvaljujući takvu druženju i utjecaju duhovnog učitelja, materijalna će želja za vladanjem nestati, a osoba će se čvrsto utemeljiti u transcendentalnom služenju Gospodina s ljubavlju. Taj je proces propisan u posljednjih šest strofa ovoga poglavlja. Predano je služenje Gospodina vrlo jednostavno: trebamo uvijek služiti Gospodina, jesti ostatke hrane ponuđene Božanstvu, mirisati cvijeće ponuđeno Gospodinovim lotosolikim stopalima, posjećivati mjesta na kojima je Gospodin provodio Svoje transcendentalne zabave, čitati o Gospodinovim djelatnostima, o Njegovoj razmjeni ljubavi s *bhaktama*, uvijek pjevati transcendentalnu vibraciju Hare Kṛṣṇa, Hare Kṛṣṇa, Kṛṣṇa Kṛṣṇa, Hare Hare / Hare Rāma, Hare Rāma, Rāma Rāma, Hare Hare i postiti na dane pojave i odlaska Gospodina i Njegovih *bhakta*. Slijeđenjem takvog procesa sva će vezanost za materijalne djelatnosti nestati. Onaj tko se može tako utemeljiti u *brahmajyotiju* ili drugim shvaćanjima Brahmana, kvalitativno je jednak Svevišnjoj Božanskoj Osobi.

Tako se završavaju Bhaktivedantina tumačenja četrnaestoga poglavlja Śrīmad Bhagavad-gīte *pod naslovom* Tri guṇe materijalne prirode.

PETNAESTO POGLAVLJE

Yoga Vrhovne Osobe

STROFA 1

श्रीभगवानुवाच
ऊर्ध्वमूलमधःशाखमश्वत्थं प्राहुरव्ययम् ।
छन्दांसि यस्य पर्णानि यस्तं वेद स वेदवित् ॥ १ ॥

śrī-bhagavān uvāca
ūrdhva-mūlam adhaḥ-śākham aśvatthaṁ prāhur avyayam
chandāṁsi yasya parṇāni yas taṁ veda sa veda-vit

śrī-bhagavān uvāca – Svevišnja Božanska Osoba reče; *ūrdhva-mūlam* – s korijenom prema gore; *adhaḥ* – prema dolje; *śākham* – granama; *aśvattham* – banjanovo stablo; *prāhuḥ* – rečeno je; *avyayam* – vječno; *chandāṁsi* – vedske himne; *yasya* – čiji su; *parṇāni* – listovi; *yaḥ* – onaj tko; *tam* – njega; *veda* – spozna; *saḥ* – on; *veda-vit* – poznavatelj *Veda*.

Svevišnja Božanska Osoba reče: Kaže se da postoji neuništivo stablo banjana čiji je korijen okrenut prema gore, a grane prema dolje, i čiji su listovi vedske himne. Onaj tko poznaje to drvo poznavatelj je Veda.

SMISAO: Nakon razmatranja važnosti *bhakti-yoge* netko može upitati: „Što je s *Vedama*?" U ovom će poglavlju biti objašnjeno da je svrha proučavanja *Veda* spoznaja Kṛṣṇe. Zato osoba svjesna Kṛṣṇe, koja predano služi, već razumije *Vede*.

Zapletenost u materijalnom svijetu ovdje se uspoređuje s banjanom. Za onoga tko se bavi plodonosnim djelatnostima to stablo nema kraja. On prelazi s jedne grane na drugu, iznova i iznova. Stablo materijalnog svijeta nema kraja i onaj tko je za njega vezan ne može se osloboditi. Vedske himne, namijenjene uzdizanju, nazivaju se lišćem toga stabla. Njegov korijen raste prema gore, jer se počinje širiti od najvišeg planeta ovoga svemira na kojem prebiva Brahmā. Onaj tko shvati to neuništivo stablo iluzije može ga napustiti.

Trebamo shvatiti proces iskorjenjivanja. U prijašnjim poglavljima bilo je objašnjeno da postoje razni procesi oslobađanja od materijalne zapletenosti. U prvih dvanaest poglavlja vidjeli smo da je najbolji način predano služenje Svevišnjeg Gospodina. Temeljno je načelo predanog služenja odvojenost od materijalnih djelatnosti i privrženost transcendentalnom služenju Gospodina. Na početku ovoga poglavlja razmatra se proces presijecanja vezanosti za materijalni svijet. Korijen materijalnog postojanja raste prema gore. To znači da se počinje širiti od sveukupne materijalne tvari, najvišeg planeta u svemiru. Iz njega se širi cijeli svemir, s mnogo grana koje predstavljaju razne planetarne sustave. Plodove predstavljaju rezultati djelatnosti živih bića – religija, gospodarski razvoj, zadovoljavanje osjetila i oslobođenje.

U ovom svijetu nemamo iskustvo o stablu s granama koje rastu prema dolje i korijenom koji raste prema gore, ali takvo stablo postoji. Možemo ga naći pokraj vodenih površina. Drvo s obale odražava se u vodi s granama okrenutim prema dolje i korijenom okrenutim prema gore. Drugim riječima, stablo materijalnog svijeta predstavlja samo odraz pravoga stabla duhovnog svijeta. Taj odraz duhovnog svijeta počiva na želji, kao što odraz stabla počiva na vodi. Želja je uzrok počivanja stvari u odraženom materijalnom svjetlu. Onaj tko se želi osloboditi materijalnog postojanja mora analitičkim proučavanjem dobro upoznati to stablo. Tako može raskinuti svoj odnos s njim.

Budući da je odraz pravoga stabla, to je stablo vjerna replika. U duhovnom svijetu sve postoji. Impersonalisti smatraju Brahman korijenom materijalnog stabla. Prema sāṅkhya filozofiji, iz tog korijena niču *prakṛti, puruṣa,* tri *guṇe*, pet grubih elemenata (*pañca-mahā-bhūta*), deset osjetila (*daśendriya*), um itd. Na taj način, sāṅkhya filozofi dijele materijalni svijet na dvadeset četiri elementa. Ako je Brahman središte svih očitovanja, materijalni je svijet očitovanje središta okrenuto za 180 stupnjeva, a ostalih 180 stupnjeva predstavlja duhovni svijet. Materijalni je svijet iskrivljeni odraz i stoga u duhovnom svijetu mora postojati ista raznolikost, ali u stvarnosti. *Prakṛti* je vanjska energija Svevišnjega Gospodina, a *puruṣa* je sam Svevišnji Gospodin. To je objašnjeno u *Bhagavad-gīti*. Zbog svoje materijalne prirode, ovaj je svijet privremen. Odraz je privremen, jer se ponekad vidi, a ponekad ne, ali izvor je odraza vječan. Materijalni odraz pravoga stabla mora se presjeći. Pod poznavateljem *Veda* podrazumijeva se osoba koja zna presjeći vezanost za materijalni svijet. Ako zna taj proces, razumije *Vede*. Osobu koju privlače obredne formule *Veda* privlači lijepo zeleno lišće stabla. Ona ne zna pravu svrhu *Veda*. Prema riječima same Božanske Osobe svrha je *Veda* presjeći odraz stabla i dostići pravo stablo duhovnoga svijeta.

STROFA 2

अधश्चोर्ध्वं प्रसृतास्तस्य शाखा
गुणप्रवृद्धा विषयप्रवालाः ।
अधश्च मूलान्यनुसन्ततानि
कर्मानुबन्धीनि मनुष्यलोके ॥ २ ॥

adhaś cordhvaṁ prasṛtās tasya śākhā
guṇa-pravṛddhā viṣaya-pravālāḥ
adhaś ca mūlāny anusantatāni
karmānubandhīni manuṣya-loke

adhaḥ – prema dolje; *ca* – i; *ūrdhvam* – prema gore; *prasṛtāḥ* – sežu; *tasya* – njegove; *śākhāḥ* – grane; *guṇa* – zbog *guṇa* materijalne prirode; *pravṛddhāḥ* – koje se razvijaju; *viṣaya* – predmeti osjetila; *pravālāḥ* – grančice; *adhaḥ* – prema dolje; *ca* – i; *mūlāni* – korijen; *anusantatāni* – seže; *karma* – za rad; *anubandhīni* – vezani; *manuṣya-loke* – u svijetu ljudskoga društva.

Grane ovoga stabla šire se prema dolje i prema gore, a hrane ih tri guṇe materijalne prirode. Grančice su predmeti osjetila. Ovo stablo ima i korijenje koje se širi prema dolje, vezano za plodonosna djela ljudskoga društva.

SMISAO: Gospodin u ovoj strofi nastavlja opisivati to banjanovo stablo. Grane mu se protežu u svim smjerovima. U nižim dijelovima žive raznovrsna očitovanja živih bića – ljudska bića, životinje, konji, krave, psi, mačke itd. Oni se nalaze na nižim granama, dok na višim dijelovima drveta žive viši oblici života: polubogovi, Gandharve i druge više vrste života. Kao što drvo crpi hranu iz vode, ovo stablo crpi hranu iz tri *guṇe* materijalne prirode. Zemljište je katkada zbog nedostatka vode neplodno, a katkada je puno zelenila. Slično tome, ovisno o utjecaju *guṇa*, očituju se razne vrste života.

Smatra se da su predmeti osjetila grančice drveta. S razvojem različitih *guṇa* prirode razvijamo različita osjetila kojima uživamo u raznim vrstama predmeta osjetila. Vrhovi grana su osjetila (uši, nos, oči itd.), koja su vezana za uživanje u raznim predmetima osjetila. Grančice su predmeti osjetila (zvuk, oblik, dodir itd.). Sporedno korijenje su vezanosti i odbojnosti, koje predstavljaju popratne proizvode raznih vrsta patnji i osjetilnog uživanja. Smatra se da se sklonosti prema pobožnosti i bezbožnosti razvijaju iz tog sporednog korijenja, koje se proteže u svim smjerovima. Pravi se korijen širi iz Brahmaloke, a drugo korijenje iz ljudskih planetarnih sustava. Nakon uživanja u rezultatima pobožnih djela u višim planetarnim sustavima, živo biće silazi na Zemlju i stvara novu *karmu*, tj. vrši plodonosne djelatnosti namijenjene uzdizanju. Ovaj planet ljudskih bića smatra se poljem djelovanja.

STROFE 3–4

न रूपमस्येह तथोपलभ्यते
नान्तो न चादिर्न च सम्प्रतिष्ठा ।
अश्वत्थमेनं सुविरूढमूलम्
असङ्गशस्त्रेण दृढेन छित्त्वा ॥ ३ ॥
ततः पदं तत्परिमार्गितव्यं
यस्मिन् गता न निवर्तन्ति भूयः ।
तमेव चाद्यं पुरुषं प्रपद्ये
यतः प्रवृत्तिः प्रसृता पुराणी ॥ ४ ॥

na rūpam asyeha tathopalabhyate
nānto na cādir na ca sampratiṣṭhā
aśvattham enaṁ su-virūḍha-mūlam
asaṅga-śastreṇa dṛḍhena chittvā

tataḥ padaṁ tat parimārgitavyaṁ
yasmin gatā na nivartanti bhūyaḥ
tam eva cādyaṁ puruṣaṁ prapadye
yataḥ pravṛttiḥ prasṛtā purāṇī

na – ne; *rūpam* – oblik; *asya* – ovoga stabla; *iha* – u ovom svijetu; *tathā* – također; *upalabhyate* – može se opaziti; *na* – nikada; *antaḥ* – kraj; *na* – nikada; *ca* – također; *ādiḥ* – početak; *na* – nikada; *ca* – također; *sampratiṣṭhā* – temelj; *aśvattham* – stablo banjana; *enam* – ovo; *su-virūḍha* – čvrsto; *mūlam* – ukorijenjeno; *asaṅga-śastreṇa* – oružjem odvojenosti; *dṛḍhena* – odlučno; *chittvā* – presjeći; *tataḥ* – zatim; *padam* – mjesto; *tat* – to; *parimārgitavyam* – mora potražiti; *yasmin* – gdje; *gatāḥ* – otišavši; *na* – nikada ne; *nivartanti* – vraćaju se; *bhūyaḥ* – ponovno; *tam* – Njemu; *eva* – zacijelo; *ca* – također; *ādyam* – izvornoj; *puruṣam* – Božanskoj Osobi; *prapadye* – predaju se; *yataḥ* – od koje; *pravṛttiḥ* – počelo; *prasṛtā* – širi se; *purāṇī* – od davnina.

Pravi oblik toga stabla ne može se opaziti u ovom svijetu. Nitko ne može shvatiti gdje mu je kraj, gdje početak, a gdje temelj. To snažno ukorijenjeno drvo mora se odlučno presjeći odvojenošću. Nakon toga, osoba mora potražiti mjesto iz kojeg se, jednom otišavši, nikada više neće vratiti. Ondje se mora predati Svevišnjoj Božanskoj Osobi od koje je sve počelo i od koje se sve širi od davnina.

SMISAO: U ovoj strofi Gospodin jasno izjavljuje da se pravi oblik banjanova stabla ne može shvatiti u materijalnom svijetu. Njegov korijen raste prema gore i zato se pravo stablo nalazi na drugom kraju. Osoba zapletena u materijalne ekspanzije drveta ne može vidjeti dokle se drvo proteže, niti gdje počinje. Ipak, mora pronaći uzrok. „Ja sam sin moga oca, moj otac je sin tog i tog čovjeka itd." Istražujući na taj način dolazi do Brahme, kojeg stvara Garbhodakaśāyī Viṣṇu. Tako na kraju dolazi do Svevišnje Božanske Osobe i to je kraj istraživanja. Mora pronaći izvor drveta, Svevišnju Božansku Osobu, družeći se s osobama koje posjeduju znanje o Svevišnjoj Božanskoj Osobi. Tada, zahvaljujući razumijevanju, postupno odbacuje vezanost za lažni odraz stvarnosti i znanjem presijeca vezu s njim. Tako dostiže pravo stablo.

U vezi s tim, riječ *asaṅga* veoma je značajna, jer je vezanost za osjetilno uživanje i gospodarenje materijalnom prirodom vrlo snažna. Slušajući one koji posjeduju pravo znanje osoba mora kroz razgovore o duhovnom nauku, temeljene na mjerodavnim spisima, odbaciti vezanost. Zahvaljujući takvim razgovorima u društvu *bhakta* prilazi Svevišnjoj Božanskoj

Osobi. Prva stvar koju tada mora učiniti je predati se Gospodinu. Ovdje je opisano mjesto iz kojeg se osoba, jednom kad ode, nikada više ne vraća lažnom odrazu stabla. Svevišnja Božanska Osoba Kṛṣṇa izvorni je korijen iz kojega sve emanira. Da bismo stekli naklonost te Božanske Osobe, moramo se jednostavno predati. To je rezultat predanog služenja putem slušanja, pjevanja itd. On je uzrok očitovanja materijalnog svijeta. Gospodin je to već objasnio. *Ahaṁ sarvasya prabhavaḥ:* „Ja sam podrijetlo svega". Zato se moramo predati Kṛṣṇi, kako bismo se oslobodili zapletenosti u to snažno stablo materijalnog života. Predajući se Kṛṣṇi, samim tim izgubit ćemo vezanost za materijalno očitovanje.

STROFA 5

निर्मानमोहा जितसङ्गदोषा
अध्यात्मनित्या विनिवृत्तकामाः ।
द्वन्द्वैर्विमुक्ताः सुखदुःखसंज्ञैर्
गच्छन्त्यमूढाः पदमव्ययं तत् ॥ ५ ॥

nirmāna-mohā jita-saṅga-doṣā
adhyātma-nityā vinivṛtta-kāmāḥ
dvandvair vimuktāḥ sukha-duḥkha-saṁjñair
gacchanty amūḍhāḥ padam avyayaṁ tat

niḥ – bez; *māna* – lažna ugleda; *mohāḥ* – i iluzije; *jita* – pobjedivši; *saṅga* – druženja; *doṣāḥ* – greške; *adhyātma* – u duhovnom znanju; *nityāḥ* – u vječnosti; *vinivṛtta* – odvojeni; *kāmāḥ* – požude; *dvandvaiḥ* – dvostranosti; *vimuktāḥ* – oslobođeni; *sukha-duḥkha* – sreće i nesreće; *saṁjñaiḥ* – po imenu; *gacchanti* – dostižu; *amūḍhāḥ* – bez zbunjenosti; *padam* – položaj; *avyayam* – vječni; *tat* – taj.

Oslobođeni lažna ugleda, iluzije i grešna druženja, oni koji su spoznali vječno postojanje odbacivši materijalnu požudu, oslobođeni dvostranosti sreće i nesreće, koji nisu zbunjeni i koji znaju proces predavanja Vrhovnoj Osobi, dostižu to vječno carstvo.

SMISAO: Ovdje je veoma lijepo opisan proces predavanja. Osoba ne smije biti obmanuta ponosom. To je prvi preduvjet. Uvjetovana duša ponosno misli da je gospodar materijalne prirode i zato se teško može predati Svevišnjoj Božanskoj Osobi. Njegujući pravo znanje treba shvatiti da nije gospodar materijalne prirode; gospodar je Svevišnja Božanska Osoba. Kad se oslobodi iluzije uzrokovane ponosom, može započeti proces predavanja. Onaj tko uvijek očekuje neko poštovanje u materijalnom svijetu ne može se predati Vrhovnoj Osobi. Ponos nastaje iz iluzije, jer čovjek, unatoč svom kratkotrajnom boravku ovdje, budalasto smatra sebe gospodarem svijeta. Tako čini cijelu situaciju složenom i uvijek je u nevolji. Čitav se svijet okreće pod tim dojmom. Ljudi smatraju da planet Zemlja pripada ljudskom društvu i zato su ga podijelili, pod lažnim dojmom da su njegovi vlasnici. Čovjek se mora osloboditi pogrešne ideje da je ljudsko društvo vlasnik ovoga svijeta. Kad se oslobodi takve pogrešne ideje, oslobađa se sveg grešnog druženja uzrokovanog naklonošću prema obitelji, društvu i narodu. To grešno druženje vezuje ga za materijalni svijet. Nakon toga mora razviti duhovno znanje. Mora njegovati znanje o tome što mu pripada, a što ne. Shvaćajući pravu prirodu stvari oslobađa se svih dvostranih shvaćanja sreće i nesreće, zadovoljstva i boli, i stječe potpuno znanje. Tada se može predati Svevišnjoj Božanskoj Osobi.

STROFA 6

न तद्भासयते सूर्यो न शशाङ्को न पावकः ।
यद्गत्वा न निवर्तन्ते तद्धाम परमं मम ॥ ६ ॥

na tad bhāsayate sūryo na śaśāṅko na pāvakaḥ
yad gatvā na nivartante tad dhāma paramaṁ mama

na – ne; *tat* – to; *bhāsayate* – osvjetljava; *sūryaḥ* – sunce; *na* – niti; *śaśāṅkaḥ* – mjesec; *na* – niti; *pāvakaḥ* – vatra, elektricitet; *yat* – gdje; *gatvā* – otišavši; *na* – nikada; *nivartante* – vraćaju se; *tat dhāma* – to prebivalište; *paramam* – vrhovno; *mama* – Moje.

Moje vrhovno prebivalište ne osvjetljavaju sunce, mjesec, vatra ili elektricitet. Oni koji ga dostignu nikada se ne vraćaju u materijalni svijet.

SMISAO: Ovdje je opisan duhovni svijet, prebivalište Svevišnje Božanske Osobe Kṛṣṇe – poznato kao Kṛṣṇaloka, Goloka Vṛndāvana. Na duhovnom nebu nema potrebe za sunčevom svjetlošću, mjesečinom, vatrom ili elektricitetom, jer su svi planeti samoobasjani. U ovom svemiru postoji samo jedan samoobasjani planet – Sunce, ali na duhovnom nebu svi su planeti samoobasjani. Blistavi sjaj svih tih planeta (zvanih Vaikuṇṭhe) tvori blistavo nebo poznato kao *brahmajyoti*. Ustvari, taj sjaj emanira iz Kṛṣṇina planeta, Goloke Vṛndāvane. Dio toga blistavog sjaja prekriva *mahat-tattva*, materijalni svijet. Veći dio blistavog sjaja pun je duhovnih planeta zvanih Vaikuṇṭhe, od kojih je glavni Goloka Vṛndāvana.

Sve dok se nalazi u mračnom materijalnom svijetu živo je biće uvjetovano, ali čim dostigne duhovno nebo, presjekavši lažno, iskrivljeno stablo materijalnog svijeta, biva oslobođeno. Onda više ne postoji mogućnost vraćanja ovdje. U svom uvjetovanom životu živo biće smatra sebe gospodarem materijalnog svijeta, ali u oslobođenom stanju ulazi u duhovno carstvo i postaje pratilac Svevišnjeg Gospodina. Ondje uživa u vječnom blaženstvu, vječnom životu i potpunom znanju.

Trebamo biti očarani ovim podatkom i poželjeti da odemo u taj vječni svijet, izbavljeni iz lažnog odraza stvarnosti. Onaj tko je previše vezan za materijalni svijet teško može presjeći tu vezanost, ali ako se posveti svjesnosti Kṛṣṇe, može postupno odbaciti vezanost. Mora se družiti s *bhaktama* svjesnim Kṛṣṇe. Treba potražiti društvo posvećeno svjesnosti Kṛṣṇe i naučiti predano služiti. Na taj način može presjeći svoju vezanost za materijalni svijet. Privlačnost prema materijalnom svijetu ne može izgubiti samim oblačenjem odjeće narančaste boje. Mora postati privržen predanom služenju Gospodina. Stoga trebamo shvatiti da se iz lažnog očitovanja pravoga stabla možemo izbaviti samo predanim služenjem, kao što je bilo objašnjeno u dvanaestom poglavlju. U četrnaestom su poglavlju bile opisane nečistoće *guṇa* materijalne prirode. Samo je predano služenje opisano kao potpuno transcendentalno.

Ovdje su veoma značajne riječi *paramaṁ mama*. Svaki je kutak svijeta vlasništvo Svevišnjeg Gospodina, ali duhovni je svijet *paramam*, pun šest vrsta obilja. *Kaṭha Upaniṣada* (2.2.15) potvrđuje da u duhovnom svijetu nema potrebe za sunčevom svjetlošću, mjesečinom ili zvijezdama (*na tatra sūryo bhāti na candra-tārakam*), jer je čitavo duhovno nebo osvijetljeno unutarnjom moći Svevišnjega Gospodina. To vrhovno prebivalište može se dostići samo predavanjem.

STROFA 7

ममैवांशो जीवलोके जीवभूतः सनातनः ।
मनःषष्ठानीन्द्रियाणि प्रकृतिस्थानि कर्षति ॥ ७ ॥

mamaivāṁśo jīva-loke jīva-bhūtaḥ sanātanaḥ
manaḥ-ṣaṣṭhānīndriyāṇi prakṛti-sthāni karṣati

mama – Moj; *eva* – zacijelo; *aṁśaḥ* – sićušni djelić; *jīva-loke* – u svijetu uvjetovana života; *jīva-bhūtaḥ* – uvjetovano živo biće; *sanātanaḥ* – vječan; *manaḥ* – s umom; *ṣaṣṭhāni* – šest; *indriyāṇi* – osjetila; *prakṛti* – u materijalnoj prirodi; *sthāni* – boraveći; *karṣati* – teško se bori.

Živa su bića u ovom uvjetovanom svijetu Moji vječni odvojeni djelići. Zbog uvjetovana života teško se bore sa šest osjetila, u koja se ubraja i um.

SMISAO: U ovoj je strofi jasno objašnjen identitet živoga bića. Živo je biće vječno odvojeni djelić Svevišnjega Gospodina. Ne bismo trebali misliti da u uvjetovanom životu stječe osobnost, a u oslobođenom se stanju stapa sa Svevišnjim Gospodinom. Vječno je odvojeno. Jasno je rečeno – *sanātanaḥ*. Prema vedskim spisima, Svevišnji Gospodin se očituje i ekspandira u bezbroj ekspanzija. Primarne se ekspanzije nazivaju *viṣṇu-tattva*, a sekundarne ekspanzije živa bića. Drugim riječima, *viṣṇu-tattva* je osobna ekspanzija, a živa bića su odvojene ekspanzije. Svojom osobnom ekspanzijom Gospodin se očituje u različitim oblicima kao što su Gospodin Rāma, Nṛsiṁhadeva, Viṣṇumūrti i sva vladajuća Božanstva na planetima Vaikuṇṭhe. Odvojene ekspanzije – živa bića – vječno su sluge. Osobne ekspanzije Svevišnje Božanske Osobe, individualni identiteti Boga, vječno su prisutne. Slično tome, odvojene ekspanzije, živa bića, imaju svoje identitete. Kao sastavni djelići Svevišnjega Gospodina, živa bića posjeduju Njegove odlike u sićušnoj mjeri. Jedna je od njih neovisnost. Svako živo biće, kao individualna duša, ima svoju osobnost i sićušan oblik neovisnosti. Zlouporabom te neovisnosti postaje uvjetovano, a pravilnom uporabom neovisnosti uvijek ostaje u oslobođenu stanju. U svakom slučaju, kvalitativno je vječno, poput Svevišnjega Gospodina. U oslobođenom stanju nije materijalno uvjetovano i transcendentalno služi Gospodina. U uvjetovanom životu pod upravom materijalnih *guṇa* prirode zaboravlja transcendentalno služenje Gospodina s ljubavlju. Zbog toga se mora teško boriti za opstanak u materijalnom svijetu.

Sva su živa bića sastavni djelići Svevišnjeg Gospodina; ne samo ljudska bića, psi i mačke, već i najveći upravitelji materijalnog svijeta – Brahmā i Śiva, pa čak i Viṣṇu. Svi su oni vječna, neprolazna očitovanja. Riječ *karṣati* („boriti se" ili „hvatati se u koštac") vrlo je značajna. Uvjetovana je duša zarobljena, kao da je okovana željeznim lancima. Zarobljena je lažnim egom, a um je glavni posrednik koji je vodi u materijalnom postojanju. Kad je um u *guṇi* vrline, njezine su djelatnosti dobre, kad je u *guṇi* strasti, njezine su djelatnosti mučne, a kad je u *guṇi* neznanja, prolazi kroz niže vrste života. Iz ove strofe možemo jasno vidjeti da je uvjetovana duša prekrivena materijalnim tijelom, umom i osjetilima i kad postane oslobođena taj materijalni prekrivač biva uništen, a duhovno se tijelo očituje sa svojim odlikama. U *Mādhyandināyana-śruti* nalazimo ovaj podatak: *sa vā eṣa brahma-niṣṭha idaṁ śarīraṁ martyam atisṛjya brahmābhisampadya brahmaṇā paśyati brahmaṇā śṛṇoti brahmaṇaivedaṁ sarvam anubhavati.* Ovdje je rečeno da živo biće, kad odbaci svoje materijalno utjelovljenje i uđe u duhovni svijet, oživljava svoje duhovno tijelo i u svom duhovnom tijelu gleda Svevišnju Božansku Osobu licem u lice. Može Ga čuti, razgovarati s Njim licem u lice i shvatiti Vrhovnu Osobu takvu kakva jest.

Iz *smṛtija* također saznajemo – *vasanti yatra puruṣāḥ sarve vaikuṇṭha-mūrtayaḥ:* na duhovnim planetima svi imaju tijela nalik na tijelo Svevišnje Božanske Osobe. Što se tiče tjelesne građe, nema razlike između živih bića, djelića, i ekspanzija, *viṣṇu-mūrtija*. Drugim riječima, kad dostigne oslobođenje, živo biće milošću Svevišnje Božanske Osobe dobiva duhovno tijelo.

Riječi *mamaivāṁśaḥ* („odvojeni sastavni djelići Svevišnjega Gospodina") također su vrlo značajne. Odvojeni djelić Svevišnjega Gospodina ne nalikuje odlomljenom djeliću materije. Već smo saznali iz drugoga poglavlja da se duh ne može sasjeći na dijelove. Taj djelić ne biva stvoren materijalno. Nije kao materija, koja se može sasjeći na dijelove i ponovno sastaviti. To shvaćanje ovdje se ne može primijeniti, jer je upotrijebljena riječ *sanātana* („vječan"). Odvojeni je djelić vječan. Na početku drugoga poglavlja također je rečeno da je u svakom tijelu prisutan odvojeni djelić Svevišnjega Gospodina (*dehino 'smin yathā dehe*). Kad se oslobodi tjelesne zapletenosti, oživljava svoje izvorno duhovno tijelo na duhovnom planetu duhovnog neba i uživa u društvu Svevišnjega Gospodina. Iz ove strofe doznajemo da je živo biće, odvojeni djelić Svevišnjeg Gospodina, kvalitativno jednako Gospodinu, kao što su čestice zlata također zlato.

STROFA 8

शरीरं यदवाप्नोति यच्चाप्युत्क्रामतीश्वरः ।
गृहीत्वैतानि संयाति वायुर्गन्धानिवाशयात् ॥ ८ ॥

śarīraṁ yad avāpnoti yac cāpy utkrāmatīśvaraḥ
gṛhītvaitāni saṁyāti vāyur gandhān ivāśayāt

śarīram – tijelo; *yat* – kao što; *avāpnoti* – dobiva; *yat* – kao što; *ca api* – također; *utkrāmati* – napušta; *īśvaraḥ* – gospodar tijela; *gṛhītvā* – prihvaća; *etāni* – sva ta; *saṁyāti* – odlazi; *vāyuḥ* – zrak; *gandhān* – mirise; *iva* – kao; *āśayāt* – iz njihova izvora.

Živo biće u materijalnom svijetu prenosi svoja različita životna shvaćanja iz jednoga tijela u drugo, kao što zrak prenosi mirise. Tako prihvaća jednu vrstu tijela i ponovno je napušta kako bi prihvatilo drugu.

SMISAO: U ovoj strofi živo je biće opisano kao *īśvara*, gospodar svoga tijela. Ako želi, može dobiti tijelo na višoj razini ili može prijeći u nižu vrstu života. Ima sićušnu neovisnost. Promjena tijela ovisi o njemu. U trenutku smrti svjesnost koju je stvorilo prenijet će ga u sljedeću vrstu tijela. Ako je razvilo svjesnost mačke ili psa, sigurno će prijeći u tijelo mačke ili psa. Ako je usredotočilo svoju svjesnost na božanske odlike, prijeći će u tijelo poluboga. Ako je svjesno Kṛṣṇe, bit će preneseno u duhovni svijet na Kṛṣṇaloku i družit će se s Kṛṣṇom. Tvrdnja da nakon uništenja ovoga tijela sve biva svršeno je pogrešna. Duša se seli iz jednoga tijela u drugo i njezino sadašnje tijelo i djelatnosti predstavljaju temelj idućeg tijela. Prema *karmi* dobiva drugačije tijelo i nakon određena vremena mora ga napustiti. Ovdje je rečeno da suptilno tijelo nosi predodžbu sljedećeg tijela i u sljedećem životu razvija drugo tijelo. Ovaj proces seljenja iz jednoga tijela u drugo i borbe za vrijeme boravka u tijelu naziva se *karṣati*, borba za opstanak.

STROFA 9

श्रोत्रं चक्षुः स्पर्शनं च रसनं घ्राणमेव च ।
अधिष्ठाय मनश्चायं विषयानुपसेवते ॥ ९ ॥

śrotraṁ cakṣuḥ sparśanaṁ ca rasanaṁ ghrāṇam eva ca
adhiṣṭhāya manaś cāyaṁ viṣayān upasevate

śrotram – uši; *cakṣuḥ* – oči; *sparśanam* – dodir; *ca* – također; *rasanam* – jezik; *ghrāṇam* – nos; *eva* – također; *ca* – i; *adhiṣṭhāya* – nalaze se; *manaḥ* – um; *ca* – također; *ayam* – ono; *viṣayān* – u predmetima osjetila; *upasevate* – uživa.

Prihvaćajući drugo grubo tijelo živo biće dobiva određenu vrstu očiju, jezika, nosa i osjetila dodira, čije je središte um. Tako uživa u određenoj vrsti predmeta osjetila.

SMISAO: Drugim riječima, ako živo biće okalja svoju svjesnost osobinama mačaka i pasa, u idućem će životu dobiti tijelo mačke ili psa i uživati. Svjesnost je izvorno čista, poput vode, ali ako vodu pomiješamo s određenom bojom, ona se mijenja. Slično tome, svjesnost je čista, jer je duhovna duša čista, ali se mijenja u dodiru s materijalnim odlikama. Prava je svjesnost, svjesnost Kṛṣṇe. Stoga je osoba svjesna Kṛṣṇe utemeljena u svom čistom životu. Ako okalja svoju svjesnost materijalnim mentalitetom, u sljedećem će životu dobiti odgovarajuće tijelo. Ne mora ponovno dobiti ljudsko tijelo; može dobiti tijelo mačke, psa, svinje, poluboga ili nekog drugog oblika, jer postoji 8 400 000 vrsta života.

STROFA 10

उत्क्रामन्तं स्थितं वापि भुञ्जानं वा गुणान्वितम् ।
विमूढा नानुपश्यन्ति पश्यन्ति ज्ञानचक्षुषः ॥ १० ॥

utkrāmantaṁ sthitaṁ vāpi bhuñjānaṁ vā guṇānvitam
vimūḍhā nānupaśyanti paśyanti jñāna-cakṣuṣaḥ

utkrāmantam – napušta tijelo; *sthitam* – smješteno u tijelu; *vā api* – ili; *bhuñjānam* – uživa; *vā* – ili; *guṇa-anvitam* – pod utjecajem *guṇa* materijalne prirode; *vimūḍhāḥ* – budalaste osobe; *na* – nikada ne; *anupaśyanti* – mogu vidjeti; *paśyanti* – mogu vidjeti; *jñāna-cakṣuṣaḥ* – oni koji vide očima znanja.

Budalaste osobe ne mogu shvatiti kako živo biće može napustiti tijelo, niti mogu shvatiti u kakvom tijelu uživa pod utjecajem guṇa prirode. No oni koji vide očima znanja mogu sve to vidjeti.

SMISAO: Riječ *jñāna-cakṣuṣaḥ* vrlo je značajna. Bez znanja ne možemo shvatiti kako živo biće napušta sadašnje tijelo, koji će oblik tijela dobiti u sljedećem životu i zašto živi u određenoj vrsti tijela. Za to je potrebno veliko znanje koje možemo steći iz *Bhagavad-gīte* i sličnih spisa, slušajući o njima od vjerodostojna duhovnog učitelja. Onaj tko izobrazbom stekne moć takvog opažanja je sretan. Svako živo biće napušta tijelo u određenim okolnostima, živi u određenim okolnostima i uživa u određenim okolnostima, opčinjeno materijalnom prirodom. Zbog toga doživljava razne vrste sreće i nesreće, obmanuto osjetilnim uživanjem. Osobe vječno zaluđene požudom i željom gube svu moć razumijevanja procesa mijenjanja tijela i boravljenja u određenu tijelu. Ne mogu to shvatiti. Međutim, oni koji su razvili duhovno znanje mogu vidjeti da se duh razlikuje od tijela, da mijenja tijelo i uživa na razne načine. Osoba koja posjeduje takvo znanje može shvatiti patnje uvjetovanog živog bića u materijalnom postojanju. Zato oni koji su veoma napredni u svjesnosti Kṛṣṇe pokušavaju svim srcem ljudima pružiti ovo znanje, jer je uvjetovani život vrlo mučan. Ljudi bi trebali ostaviti uvjetovani život, postati svjesni Kṛṣṇe i dostići oslobođenje, kako bi mogli otići u duhovni svijet.

STROFA 11

यतन्तो योगिनश्चैनं पश्यन्त्यात्मन्यवस्थितम् ।
यतन्तोऽप्यकृतात्मानो नैनं पश्यन्त्यचेतसः ॥ ११ ॥

yatanto yoginaś cainaṁ paśyanty ātmany avasthitam
yatanto 'py akṛtātmāno nainaṁ paśyanty acetasaḥ

yatantaḥ – koji se trude; *yoginaḥ* – transcendentalisti; *ca* – također; *enam* – to; *paśyanti* – mogu vidjeti; *ātmani* – u jastvu; *avasthitam* – utemeljeni; *yatantaḥ* – trude se; *api* – premda; *akṛta-ātmānaḥ* – koji nisu dostigli samospoznaju; *na* – ne; *enam* – to; *paśyanti* – vide; *acetasaḥ* – jer nemaju razvijen um.

Transcendentalisti koji se trude, utemeljeni u samospoznaji, mogu sve to jasno vidjeti, ali osobe nerazvijene svjesnosti, koje nisu dostigle samospoznaju, ne mogu vidjeti što se zbiva, unatoč svom nastojanju.

SMISAO: Postoji mnogo transcendentalista na putu duhovne samospoznaje, ali onaj tko nije utemeljen u samospoznaji ne može vidjeti kako se u tijelu živoga bića odvijaju promjene. S tim u vezi, značajna je riječ *yoginaḥ*. Danas ima mnogo udruženja *yogīja* i *pseudoyogīja,* koji su slijepi za samospoznaju. Takvi se ljudi bave nekom vrstom gimnastičkih vježbi i zadovoljni su ako im je tijelo dobro građeno i zdravo. Nemaju drugo znanje. Nazivaju se *yatanto 'py akṛtātmānaḥ*. Iako pokušavaju slijediti sustav *pseudoyoge*, nisu spoznali jastvo. Oni ne mogu shvatiti proces seljenja duše. Samo iskreni sljedbenici sustava *yoge,* koji su spoznali jastvo, svijet i Svevišnjega Gospodina – drugim riječima, *bhakti-yogīji*, koji služe s čistom predanošću u svjesnosti Kṛṣṇe – mogu ga shvatiti.

STROFA 12

यदादित्यगतं तेजो जगद् भासयतेऽखिलम् ।
यच्चन्द्रमसि यच्चाग्नौ तत्तेजो विद्धि मामकम् ॥ १२ ॥

yad āditya-gataṁ tejo jagad bhāsayate 'khilam
yac candramasi yac cāgnau tat tejo viddhi māmakam

yat – taj koji; *āditya-gatam* – sunčeve svjetlosti; *tejaḥ* – sjaj; *jagat* – cijeli svijet; *bhāsayate* – osvjetljava; *akhilam* – potpuno; *yat* – taj koji; *candramasi* – mjeseca; *yat* – taj koji; *ca* – također; *agnau* – u vatri; *tat* – taj; *tejaḥ* – sjaj; *viddhi* – shvati; *māmakam* – od Mene.

Svjetlost sunca, koja raspršuje tamu cijeloga svijeta, potječe od Mene. Svjetlost mjeseca i vatre također potječu od Mene.

SMISAO: Neinteligentni ljudi ne mogu shvatiti zbivanja oko sebe, ali shvaćajući Gospodinova objašnjenja u ovoj strofi mogu početi stjecati znanje. Svi vide Sunce, Mjesec, vatru i elektricitet. Trebaju jednostavno pokušati shvatiti da svjetlost Sunca, Mjeseca i elektriciteta ili vatre potječu od Svevišnje Božanske Osobe. U takvom shvaćanju života, koje predstavlja početak svjesnosti Kṛṣṇe, leži velik napredak za uvjetovanu dušu u materijalnom svijetu. Živa su bića po svojoj prirodi djelići Svevišnjega Gospodina i On ovdje pokazuje kako se mogu vratiti kući, Bogu.

Iz ove strofe možemo shvatiti da Sunce osvjetljava čitav Sunčev sustav. Postoje razni svemiri i sunčevi sustavi s raznim suncima, mjesecima i planetima, ali u svakom svemiru postoji samo jedno sunce. Kao što je rečeno u *Bhagavad-gīti* (10.21), Mjesec je jedna od zvijezda (*nakṣatrāṇām ahaṁ śaśī*). Sunčeva svjetlost potječe od duhovnog sjaja Svevišnjega Gospodina na duhovnom nebu. S izlaskom Sunca započinju djelatnosti živih bića. Ljudi pale vatru kako bi skuhali jelo, stavili u pogon strojeve u tvornicama itd. Tako uz pomoć vatre vrše razne djelatnosti. Zato su izlazak Sunca, vatra i mjesečina veoma ugodni za živa bića. Bez njihove pomoći nijedno živo biće ne bi moglo živjeti. Ako osoba može shvatiti da svjetlost Sunca, Mjeseca i vatre emanira iz Svevišnje Božanske Osobe Kṛṣṇe, takvo shvaćanje predstavlja početak svjesnosti Kṛṣṇe. Mjesečina hrani sve biljke. Ona je tako ugodna da ljudi mogu lako shvatiti da žive od milosti Svevišnje Božanske Osobe, Kṛṣṇe. Bez Njegove milosti, ne može postojati Sunce, bez Njegove milosti ne može postojati Mjesec, bez Njegove milosti ne može postojati vatra. Nitko ne može živjeti bez pomoći Sunca, Mjeseca i vatre. To su neke od misli koje mogu probuditi svjesnost Kṛṣṇe u uvjetovanoj duši.

STROFA 13

गामाविश्य च भूतानि धारयाम्यहमोजसा ।
पुष्णामि चौषधीः सर्वाः सोमो भूत्वा रसात्मकः ॥ १३ ॥

gām āviśya ca bhūtāni dhārayāmy aham ojasā
puṣṇāmi cauṣadhīḥ sarvāḥ somo bhūtvā rasātmakaḥ

gām – planete; *āviśya* – ulazim u; *ca* – također; *bhūtāni* – živa bića; *dhārayāmi* – održavam; *aham* – Ja; *ojasā* – Svojom energijom; *puṣṇāmi* – hranim; *ca* – i; *auṣadhīḥ* – biljke; *sarvāḥ* – sve; *somaḥ* – Mjesec; *bhūtvā* – postajući; *rasa-ātmakaḥ* – dajem sok.

Ulazim u sve planete i Svojom ih energijom održavam. Postajem Mjesec i tako svim biljkama dajem sok života.

SMISAO: Smatra se da samo zahvaljujući Gospodinovoj energiji svi planeti lebde u zraku. Gospodin ulazi u svaki atom, svaki planet i svako živo biće. To je opisano u *Brahma-saṁhiti.* Ondje je rečeno da potpuna ekspanzija Svevišnje Božanske Osobe, Paramātmā, ulazi u planete, svemir i živa bića, čak i u atome. Tako se zahvaljujući Njegovu ulasku sve očituje na odgovarajući način. Kad je duhovna duša prisutna, čovjek može plivati u vodi, ali kad životna iskra izađe iz tijela i tijelo umre, tijelo tone. Naravno, kad se raspadne, pluta kao slamka i druge stvari, ali čim čovjek umre, tone u vodu. Slično tome, svi planeti lebde u zraku zahvaljujući nazočnosti vrhovne energije Svevišnje Božanske Osobe. Njegova energija održava svaki planet, kao šaku prašine. Ako netko drži u šaci prašinu, ona ne može pasti, ali ako je baci u zrak, past će. Slično tome, planeti koji lebde u zraku počivaju u šaci kozmičkog oblika Svevišnjega Gospodina. Zahvaljujući Njegovoj snazi i energiji, sve pokretne i nepokretne stvari ostaju na svom mjestu. U vedskim je himnama rečeno da sunce sija i planeti se postojano kreću zahvaljujući Svevišnjoj Božanskoj Osobi. Kad ne bi bilo Njega, svi bi se planeti raspršili poput prašine u zraku i iščezli. Slično tome, zahvaljujući Svevišnjoj Božanskoj Osobi, mjesec hrani sve bilje. Zbog utjecaja mjeseca povrće postaje ukusno. Bez mjesečine ne može ni rasti niti biti sočno. Ljudsko društvo radi, udobno živi i uživa u hrani, jer ga opskrbljuje Svevišnji Gospodin. Inače ne bi moglo preživjeti. Riječ *rasātmakaḥ* vrlo je značajna. Zahvaljujući Svevišnjem Gospodinu pod utjecajem mjeseca sve postaje ukusno.

STROFA 14

अहं वैश्वानरो भूत्वा प्राणिनां देहमाश्रितः ।
प्राणापानसमायुक्तः पचाम्यन्नं चतुर्विधम् ॥ १४ ॥

ahaṁ vaiśvānaro bhūtvā prāṇināṁ deham āśritaḥ
prāṇāpāna-samāyuktaḥ pacāmy annaṁ catur-vidham

aham – Ja; *vaiśvānaraḥ* – Moja potpuna ekspanzija u obliku probavne vatre; *bhūtvā* – postajem; *prāṇinām* – svih živih bića; *deham* – u tijelima; *āśritaḥ* – smješten; *prāṇa* – izlazeći zrak; *apāna* – ulazeći zrak; *samāyuktaḥ* – držeći u ravnoteži; *pacāmi* – probavljam; *annam* – hrane; *catuḥ-vidham* – četiri vrste.

Ja sam probavna vatra u tijelima svih živih bića i zajedno s izlazećim i ulazećim životnim zrakom probavljam četiri vrste hrane.

SMISAO: Prema Āyur-vedskoj *śāstri* vatra u želucu probavlja svu hranu koja u njega uđe. Kad ne gori nismo gladni, a kad pravilno gori osjećamo glad. Ponekad, kad vatra ne gori pravilno, potrebno je liječenje. U svakom slučaju, ta je vatra predstavnik Svevišnje Božanske Osobe. Vedske *mantre* (*Bṛhad-āraṇyaka Upaniṣada* 5.9.1) potvrđuju da Svevišnji Gospodin, ili Brahman, u obliku vatre u želucu probavlja sve vrste hrane (*ayam agnir vaiśvānaro yo 'yam antaḥ puruṣe yenedam annaṁ pacyate*). Budući da potiče probavu svih vrsta hrane, ishrana živoga bića ovisi o Njemu. Ako mu Svevišnji Gospodin ne pomogne da probavi hranu, živo biće ne može jesti. Gospodin tako proizvodi i probavlja hranu i zahvaljujući Njegovoj milosti možemo uživati u životu. To je potvrđeno u *Vedānta-sūtri* (1.2.27). *Śabdādibhyo 'ntaḥ pratiṣṭhānāc ca:* Gospodin se nalazi u zvuku, u tijelu, u zraku, pa čak i u želucu kao probavna moć. Postoje četiri vrste hrane – hrana koja se guta, hrana koja se žvače, hrana koja se liže i hrana koja se siše – i On je sila koja ih probavlja.

STROFA 15

सर्वस्य चाहं हृदि सन्निविष्टो
मत्तः स्मृतिर्ज्ञानमपोहनं च ।
वेदैश्च सर्वैरहमेव वेद्यो
वेदान्तकृद् वेदविदेव चाहम् ॥ १५ ॥

sarvasya cāhaṁ hṛdi sanniviṣṭo
mattaḥ smṛtir jñānam apohanaṁ ca
vedaiś ca sarvair aham eva vedyo
vedānta-kṛd veda-vid eva cāham

sarvasya – svih živih bića; *ca* – i; *aham* – Ja; *hṛdi* – u srcu; *sanniviṣṭaḥ* – nalazim se; *mattaḥ* – od Mene; *smṛtiḥ* – sjećanje; *jñānam* – znanje; *apohanam* – zaborav; *ca* – i; *vedaiḥ* – kroz *Vede*; *ca* – također; *sarvaiḥ* – sve; *aham* – Mene; *eva* – zacijelo; *vedyaḥ* – mogu spoznati; *vedānta-kṛt* – tvorac *Vedānte*; *veda-vit* – poznavatelj *Veda*; *eva* – zacijelo; *ca* – i; *aham* – Ja.

Nalazim se u svačijem srcu i dajem sjećanje, znanje i zaborav. Ja sam cilj proučavanja svih Veda. Tvorac sam Vedānte i poznavatelj Veda.

SMISAO: Svevišnji Gospodin prebiva u svačijem srcu kao Paramātmā, i začetnik je svih djelatnosti. Živo biće potpuno zaboravlja svoj prošli život, ali mora djelovati po naredbi Svevišnjega Gospodina, koji je svjedok svih njegovih djela. Tako počinje djelovati u skladu sa svojim prošlim djelima. Dobiva potrebno znanje i sjećanje i zaboravlja prošli život. Gospodin nije samo sveprožimajući, već i lokaliziran u svakom pojedinom srcu. On dodjeljuje različite plodonosne rezultate. Gospodin se može obožavati ne samo kao neosobni Brahman, Svevišnja Božanska Osoba i lokalizirana Paramātmā, već i kao oblik inkarnacije *Veda*. *Vede* pružaju ljudima pravo vodstvo kako bi mogli pravilno oblikovati svoj život i vratiti se kući, Bogu. One pružaju znanje o Svevišnjoj Božanskoj Osobi, Kṛṣṇi, koji je u inkarnaciji Vyāsadeve tvorac *Vedānta-sūtre*. Vyāsadevino tumačenje *Vedānta-sūtre* u *Śrīmad-Bhāgavatamu* pruža pravo razumijevanje *Vedānta-sūtre*. Svevišnji Gospodin tako je potpun da radi izbavljenja uvjetovane duše osigurava i probavlja njezinu hranu, promatra njezine djelatnosti i daje joj znanje, u obliku *Veda* i kao Svevišnja Božanska Osoba, Śrī Kṛṣṇa, učitelj *Bhagavad-gīte*. Stoga zavređuje obožavanje uvjetovane duše. Bog je svedobar; Bog je svemilostiv.

Antaḥ-praviṣṭaḥ śāstā janānām. Živo biće gubi sjećanje čim napusti sadašnje tijelo, ali ponovno počinje djelovati na poticaj Svevišnjega Gospodina. Premda zaboravlja, Gospodin mu daje inteligenciju kako bi moglo nastaviti svoje djelatnosti iz prošlog života. Tako živo biće ne samo da uživa ili pati u ovom svijetu, po naredbi Svevišnjeg Gospodina koji se nalazi u njegovom srcu, već i dobiva priliku da od Njega shvati *Vede*. Ako netko ozbiljno želi shvatiti vedsko znanje, Kṛṣṇa mu daje potrebnu inteligenciju. Zašto Kṛṣṇa izlaže vedsko znanje? Zato što svako živo biće treba shvatiti Kṛṣṇu. Vedski spisi to potvrđuju: *yo 'sau sarvair vedair gīyate*. U svim vedskim spisima, počev od četiri *Vede, Vedānta-sūtre*, *Upaniṣada* i *Purāṇa*, veličaju se slave Svevišnjega Gospodina. On se dostiže izvođenjem vedskih obreda, proučavanjem vedske filozofije i obožavanjem Gospodina u predanom služenju. Stoga je svrha proučavanja *Veda* shvatiti Kṛṣṇu. *Vede* nam pružaju vodstvo zahvaljujući kojem možemo shvatiti Kṛṣṇu i proces kojim Ga možemo spoznati. Krajnji cilj je Svevišnja Božanska Osoba. *Vedānta-sūtra* (1.1.4) to potvrđuje sljedećim riječima: *tat tu samanvayāt*. Osoba može dostići savršenstvo u tri stadija. Razumijevanjem vedskih spisa može shvatiti svoj odnos sa Svevišnjom Božanskom Osobom, slijeđenjem raznih procesa može Mu prići i na kraju može dostići vrhovni cilj – samu Svevišnju Božansku Osobu. U ovoj su strofi jasno objašnjeni svrha *Veda*, razumijevanje *Veda* i cilj *Veda*.

STROFA 16

द्वाविमौ पुरुषौ लोके क्षरश्चाक्षर एव च ।
क्षरः सर्वाणि भूतानि कूटस्थोऽक्षर उच्यते ॥ १६ ॥

dvāv imau puruṣau loke kṣaraś cākṣara eva ca
kṣaraḥ sarvāṇi bhūtāni kūṭa-stho 'kṣara ucyate

dvau – dva; *imau* – ta; *puruṣau* – živa bića; *loke* – u svijetu; *kṣaraḥ* – pogrešiva; *ca* – i; *akṣaraḥ* – nepogrešiva; *eva* – zacijelo; *ca* – i; *kṣaraḥ* – pogrešiva; *sarvāṇi* – sva; *bhūtāni* – živa bića; *kūṭa-sthaḥ* – u jedinstvu; *akṣaraḥ* – nepogrešiva; *ucyate* – rečeno je.

Postoje dvije vrste bića, pogrešiva i nepogrešiva. U materijalnom je svijetu svako živo biće pogrešivo, a u duhovnom svijetu svako se živo biće naziva nepogrešivim.

SMISAO: Kao što je već objašnjeno, Gospodin je u inkarnaciji Vyāsadeve napisao *Vedānta-sūtru*. Ovdje Gospodin ukratko izlaže sadržaj *Vedānta-sūtre*. On kaže da postoje dvije vrste živih bića: pogrešiva i nepogrešiva. Živa su bića vječno odvojeni djelići Svevišnje Božanske Osobe. U dodiru s materijalnim svijetom nazivaju se *jīva-bhūta* i riječi *kṣaraḥ sarvāṇi bhūtāni* u ovoj strofi znače da su pogrešiva. Međutim, u jedinstvu sa Svevišnjom Božanskom Osobom nazivaju se nepogrešivim. Jedinstvo ne znači da nemaju osobnost, već da nema nesloge. Oni potpuno prihvaćaju svrhu stvorena svijeta. Naravno, u duhovnom svijetu ne postoji stvaranje, ali budući da je Svevišnja Božanska Osoba izvor svih emanacija, kao što je objašnjeno u *Vedānta-sūtri*, ponekad se upotrebljava taj pojam.

Prema riječima Svevišnje Božanske Osobe, Gospodina Kṛṣṇe, postoje dvije vrste živih bića. *Vede* pružaju svjedočanstvo o tome i zato u to nema sumnje. Živa bića koja se u ovom svijetu bore s umom i pet osjetila imaju materijalna tijela koja se mijenjaju. Sve dok je živo biće uvjetovano, njegovo se tijelo mijenja zbog dodira s materijom. Materija se mijenja i zato se živo biće naizgled mijenja, ali u duhovnom svijetu tijelo nije načinjeno od materije; stoga nema promjene. U materijalnom svijetu živo biće prolazi kroz šest stadija promjene – rađa se, raste, živi neko vrijeme, razmnožava se, slabi i nestaje. To su promjene materijalnog tijela, ali u duhovnom svijetu tijelo se ne mijenja. Nema starosti, rođenja ili smrti. Ondje sve postoji u jedinstvu. *Kṣaraḥ sarvāṇi bhūtāni:* svako živo biće koje je došlo u dodir s materijom, od prvog stvorenog bića (Brahme) sve do malog mrava, mijenja svoje tijelo; zato je pogrešivo. Međutim, u duhovnom svijetu uvijek je oslobođeno u jedinstvu.

STROFA 17

उत्तमः पुरुषस्त्वन्यः परमात्मेत्युदाहृतः ।
यो लोकत्रयमाविश्य बिभर्त्यव्यय ईश्वरः ॥ १७ ॥

uttamaḥ puruṣas tv anyaḥ paramātmety udāhṛtaḥ
yo loka-trayam āviśya bibharty avyaya īśvaraḥ

uttamaḥ – najbolja; *puruṣaḥ* – osoba; *tu* – ali; *anyaḥ* – druga; *parama* – vrhovno; *ātmā* – biće; *iti* – tako; *udāhṛtaḥ* – rečeno je; *yaḥ* – koje; *loka* – svemir; *trayam* – u tri dijela; *āviśya* – ušavši; *bibharti* – održava; *avyayaḥ* – neuništivi; *īśvaraḥ* – Gospodin.

Viša od te dvije vrste bića je najviša osoba, Vrhovna Duša, sam neuništivi Gospodin, koji je ušao u tri svijeta i održava ih.

SMISAO: Misao izražena u ovoj strofi veoma je lijepo opisana u *Kaṭha Upaniṣadi* (2.2.13) i *Śvetāśvatara Upaniṣadi* (6.13). U njima je jasno rečeno da iznad bezbrojnih živih bića, od kojih su neka uvjetovana, a neka oslobođena, postoji Vrhovna Osoba, Paramātmā. Stih iz *Upaniṣada* glasi ovako: *nityo nityānāṁ cetanaś cetanānām.* To znači da među svim živim bićima, i uvjetovanim i oslobođenim, postoji jedno vrhovno živo biće, Svevišnja Božanska Osoba, koja ih održava i pruža im sve pogodnosti za uživanje, ovisno o njihovu djelovanju. Svevišnja Božanska Osoba prebiva u svačijem srcu kao Paramātmā. Samo mudar čovjek, koji je shvatio Svevišnju Božansku Osobu, može dostići savršeni mir.

STROFA 18

यस्मात्क्षरमतीतोऽहमक्षरादपि चोत्तमः ।
अतोऽस्मि लोके वेदे च प्रथितः पुरुषोत्तमः ॥ १८ ॥

yasmāt kṣaram atīto 'ham akṣarād api cottamaḥ
ato 'smi loke vede ca prathitaḥ puruṣottamaḥ

yasmāt – zato što; *kṣaram* – prema pogrešivim; *atītaḥ* – transcendentalan; *aham* – Ja sam; *akṣarāt* – iznad nepogrešivih; *api* – također; *ca* – i; *uttamaḥ* – najbolji; *ataḥ* – stoga; *asmi* – Ja sam; *loke* – u svijetu; *vede* – u vedskoj književnosti; *ca* – i; *prathitaḥ* – slavljen; *puruṣa-uttamaḥ* – kao Vrhovna Osoba.

Transcendentalan sam prema pogrešivim i nepogrešivim živim bićima i najveći. Zato Me svijet i Vede veličaju kao Vrhovnu Osobu.

SMISAO: Nitko ne može nadmašiti Svevišnju Božansku Osobu Kṛṣṇu – ni uvjetovana ni oslobođena duša. On je stoga najveća osoba. Iz ove strofe možemo jasno vidjeti da su i živa bića i Svevišnji Gospodin osobe, ali živa bića, za razliku od Gospodina, ni u uvjetovanu ni u oslobođenu stanju ne mogu kvantitativno nadmašiti nepojmljive moći Svevišnje Božanske Osobe. Mišljenje po kojem su Svevišnji Gospodin i živa bića na istoj razini i u svakom pogledu jednaki, nije ispravno. U odnosu između njih uvijek postoji nadređenost i podređenost. Riječ *uttama* veoma je značajna. Nitko ne može nadmašiti Svevišnju Božansku Osobu.

Riječ *loke* znači „u *pauruṣa āgami* (spisima zvanim *smṛti*)". Kao što je potvrđeno u *Niruktiju – lokyate vedārtho 'nena:* „Svrha je *Veda* objašnjena u *smṛtijima*".

Svevišnji Gospodin, u Svom lokaliziranom vidu kao Paramātmā, također je opisan u *Vedama*. U njima nalazimo sljedeću strofu (*Chāndogya Upaniṣada* 8.12.3): *tāvad eṣa samprasādo 'smāc charīrāt samutthāya paraṁ jyoti-rūpaṁ sampadya svena rūpeṇābhiniṣpadyate sa uttamaḥ puruṣaḥ*. „Kad Nad-duša izađe iz tijela, ulazi u neosobni *brahmajyoti*. Potom u Svome obliku zadržava Svoj duhovni identitet. Taj se Svevišnji naziva Vrhovnom Osobom." To znači da Vrhovna Osoba očituje i širi Svoj duhovni sjaj, koji predstavlja vrhunsku svjetlost. Paramātmā je lokalizirani vid te Vrhovne Osobe. Inkarnirajući se kao Satyavatīn i Parāśarin sin Vyāsadeva, Gospodin objašnjava vedsko znanje.

STROFA 19

यो मामेवमसम्मूढो जानाति पुरुषोत्तमम् ।
स सर्वविद्भजति मां सर्वभावेन भारत ॥ १९ ॥

yo mām evam asammūḍho jānāti puruṣottamam
sa sarva-vid bhajati māṁ sarva-bhāvena bhārata

yaḥ – onaj tko; *mām* – Mene; *evam* – tako; *asammūḍhaḥ* – bez sumnje; *jānāti* – spozna; *puruṣa-uttamam* – Svevišnja Božanska Osoba; *saḥ* – on; *sarva-vit* – poznavatelj svega; *bhajati* – predano služi; *mām* – Mene; *sarva-bhāvena* – u svakom pogledu; *bhārata* – o Bharatin sine.

Onaj tko zna da sam Svevišnja Božanska Osoba i u to ne sumnja, zna sve. Zato Me predano služi svom svojom energijom, o sine Bharate.

SMISAO: Postoje razne filozofske spekulacije o prirodnom položaju živih bića i Vrhovne Apsolutne Istine. U ovoj strofi Svevišnja Božanska Osoba jasno izjavljuje da onaj tko zna da je Gospodin Kṛṣṇa Vrhovna Osoba zna sve. Nesavršeni poznavatelj nastavlja spekulirati o Apsolutnoj Istini, ali savršeni poznavatelj, ne gubeći dragocjeno vrijeme, neposredno se posvećuje svjesnosti Kṛṣṇe, predanom služenju Svevišnjega Gospodina. To se naglašava u čitavoj *Bhagavad-gīti*, na svakom koraku. Unatoč tome, toliko mnogo tvrdoglavih tumača *Bhagavad-gīte* smatra da su Vrhovna Apsolutna Istina i živa bića potpuno istovjetni.

Vedsko se znanje naziva *śruti*, znanje koje se stječe slušanjem. Vedsku poruku trebamo primiti od autoriteta kao što su Kṛṣṇa i Njegovi predstavnici. Kṛṣṇa ovdje veoma lijepo objašnjava razliku između različitih kategorija. Znanje trebamo, slušanjem, primiti iz tog izvora. Nije dovoljno samo slušati poput svinja; moramo biti sposobni shvatiti znanje primljeno od autoriteta. Ne bismo trebali samo akademski spekulirati. Trebamo poniznim slušanjem *Bhagavad-gīte* shvatiti da su živa bića uvijek podređena Svevišnjoj Božanskoj Osobi. Prema riječima Svevišnje Božanske Osobe, Śrī Kṛṣṇe, onaj tko može to shvatiti zna svrhu *Veda*. Nitko drugi ne zna svrhu *Veda*.

Riječ je *bhajati* vrlo značajna. Ona se na mnogo mjesta koristi za upućivanje na služenje Svevišnjeg Gospodina. Ako je netko potpuno zaokupljen svjesnošću Kṛṣṇe, predanim služenjem Gospodina, smatra se da je shvatio sve vedsko znanje. U vaiṣṇavskom učeničkom naslijeđu smatra se da onaj tko predano služi Kṛṣṇu ne treba slijediti ni jedan drugi duhovni proces kako bi shvatio Vrhovnu Apsolutnu Istinu. On je već shvatio bit, jer predano služi Gospodina. Dovršio je sve pripremne procese razumijevanja. Ali ako nakon stotine tisuća života spekulacije ne dođe do zaključka da je Kṛṣṇa Svevišnja Božanska Osoba i da Mu se mora predati, sve njegovo umovanje predstavlja uzaludno gubljenje vremena.

STROFA 20

इति गुह्यतमं शास्त्रमिदमुक्तं मयानघ ।
एतद् बुद्ध्वा बुद्धिमान् स्यात्कृतकृत्यश्च भारत ॥ २० ॥

iti guhyatamaṁ śāstram idam uktaṁ mayānagha
etad buddhvā buddhimān syāt kṛta-kṛtyaś ca bhārata

iti – tako; *guhya-tamam* – najpovjerljiviji; *śāstram* – razotkrivenih spisa; *idam* – taj; *uktam* – otkrio; *mayā* – Ja; *anagha* – o bezgrešni; *etat* – to; *buddhvā* – shvaćajući; *buddhi-mān* – inteligentan; *syāt* – postaje; *kṛta-kṛtyaḥ* – savršen u svom nastojanju; *ca* – i; *bhārata* – o Bharatin sine.

O bezgrešni, sada sam ti razotkrio najpovjerljiviji dio vedskih spisa. Onaj tko ga shvati postat će mudar i u svom nastojanju dostići savršenstvo.

SMISAO: Gospodin ovdje jasno izjavljuje da ovo znanje predstavlja suštinu svih razotkrivenih spisa. Trebamo ga shvatiti na temelju riječi Svevišnje Božanske Osobe. Tako ćemo postati inteligentni i steći savršeno transcendentalno znanje. Drugim riječima, razumijevanjem ove filozofije Svevišnje Božanske Osobe i transcendentalnim služenjem Gospodina svatko se može potpuno osloboditi nečistoća *guṇa* materijalne prirode. Predano je služenje proces duhovnog razumijevanja. Gdje god postoji predano služenje, ne mogu postojati materijalne nečistoće. Zbog svoje duhovne prirode predano služenje Gospodina i sam Gospodin potpuno su istovjetni. Predano se služenje odvija u unutarnjoj energiji Svevišnjega Gospodina. Kaže se da je Gospodin sunce, a neznanje tama. Gdje je prisutno sunce, nema tame. Stoga, kad god je prisutno predano služenje pod pravilnim vodstvom vjerodostojna duhovnog učitelja, nema govora o neznanju.

Svatko se mora posvetiti svjesnosti Kṛṣṇe i predano služiti kako bi postao inteligentan i pročišćen. Ako ne dostigne tu razinu razumijevanja Kṛṣṇe i ne posveti se predanom služenju, ne posjeduje savršenu inteligenciju, bez obzira na to koliko inteligentan bio u očima obična čovjeka.

U ovoj je strofi znakovita riječ *anagha*, kojom je oslovljen Arjuna. *Anagha*, „o bezgrešni", znači da onaj tko se nije oslobodio svih grešnih posljedica vrlo teško može shvatiti Kṛṣṇu. Mora se osloboditi svih nečistoća, svih grešnih djelatnosti; onda može shvatiti. Ali predano služenje je tako čisto i moćno da, kad se jednom posveti predanom služenju, samim tim dostiže razinu bezgrešnosti.

Dok osoba predano služi u društvu čistih *bhakta* u potpunoj svjesnosti Kṛṣṇe, postoje određene stvari koje treba potpuno odbaciti. Najvažnija stvar koju mora nadići jest slabost srca. Prvi je pad uzrokovan željom za vladanjem nad materijalnom prirodom. Tako živo biće prestaje transcendentalno služiti Svevišnjeg Gospodina s ljubavlju. Druga je slabost srca vezanost za materiju i materijalna dobra, koja se razvija s povećavanjem sklonosti k vladanju nad materijalnom prirodom. Problemi materijalnog postojanja posljedice su tih slabosti. U prvih pet strofa ovog poglavlja opisan je proces oslobađanja od slabosti srca, a u preostalom dijelu poglavlja, od šeste do posljednje strofe, opisana je *puruṣottama-yoga*.

Tako se završavaju Bhaktivedantina tumačenja petnaestoga poglavlja Śrīmad Bhagavad-gīte *pod naslovom* Puruṣottama-yoga, yoga Vrhovne Osobe.

ŠESNAESTO POGLAVLJE

Božanska i demonska priroda

STROFE 1–3

श्रीभगवानुवाच
अभयं सत्त्वसंशुद्धिर्ज्ञानयोगव्यवस्थितिः ।
दानं दमश्च यज्ञश्च स्वाध्यायस्तप आर्जवम् ॥ १ ॥
अहिंसा सत्यमक्रोधस्त्यागः शान्तिरपैशुनम् ।
दया भूतेष्वलोलुप्त्वं मार्दवं ह्रीरचापलम् ॥ २ ॥
तेजः क्षमा धृतिः शौचमद्रोहो नातिमानिता ।
भवन्ति सम्पदं दैवीमभिजातस्य भारत ॥ ३ ॥

śrī-bhagavān uvāca
abhayaṁ sattva-saṁśuddhir jñāna-yoga-vyavasthitiḥ
dānaṁ damaś ca yajñaś ca svādhyāyas tapa ārjavam

ahiṁsā satyam akrodhas tyāgaḥ śāntir apaiśunam
dayā bhūteṣv aloluptvaṁ mārdavaṁ hrīr acāpalam

tejaḥ kṣamā dhṛtiḥ śaucam adroho nāti-mānitā
bhavanti sampadaṁ daivīm abhijātasya bhārata

śrī-bhagavān uvāca – Svevišnja Božanska Osoba reče; *abhayam* – neustrašivost; *sattva-saṁśuddhiḥ* – pročišćenje postojanja; *jñāna* – u znanju; *yoga* – povezivanje; *vyavasthitiḥ* – položaj; *dānam* – milostinja; *damaḥ* – vladanje umom; *ca* – i; *yajñaḥ* – izvođenje žrtvovanja; *ca* – i; *svādhyāyaḥ* – proučavanje vedske književnosti; *tapaḥ* – vršenje strogosti; *ārjavam* – jednostavnost; *ahiṁsā* – nenasilje; *satyam* – istinoljubivost; *akrodhaḥ* – odsutnost srdžbe; *tyāgaḥ* – odricanje; *śāntiḥ* – smirenost; *apaiśunam* – odsutnost sklonosti k nalaženju nedostataka; *dayā* – samilost; *bhūteṣu* – prema svim živim bićima; *aloluptvam* – odsutnost pohlepe; *mārdavam* – blagost; *hrīḥ* – skromnost; *acāpalam* – odlučnost; *tejaḥ* – energičnost; *kṣamā* – opraštanje; *dhṛtiḥ* – hrabrost; *śaucam* – čistoća; *adrohaḥ* – odsutnost zavisti; *na* – ne; *ati-mānitā* – očekivanje poštovanja; *bhavanti* – su; *sampadam* – odlike; *daivīm* – transcendentalnom prirodom; *abhijātasya* – onoga tko se rodio sa; *bhārata* – o Bharatin sine.

Svevišnja Božanska Osoba reče: Neustrašivost, pročišćenje postojanja, njegovanje duhovnog znanja, milostinja, samoovladanost, izvođenje žrtvovanja, proučavanje Veda, vršenje strogosti, jednostavnost, nenasilje, istinoljubivost, odsutnost srdžbe, odricanje, smirenost, odbojnost prema nalaženju grešaka, samilost prema svim živim bićima, odsutnost pohlepe, blagost, skromnost, postojana odlučnost, energičnost, opraštanje, hrabrost, čistoća i odsutnost zavisti i žudnje za ugledom – ove transcendentalne odlike, o Bharatin sine, posjeduju pobožni ljudi obdareni božanskom prirodom.

SMISAO: Na početku petnaestoga poglavlja bilo je objašnjeno stablo materijalnog svijeta. Sporedno korijenje koje se širi iz njega bilo je uspoređeno s povoljnim i nepovoljnim djelatnostima živoga bića. U devetom poglavlju bili su opisani *deve*, pobožne osobe, i *asure*, odnosno bezbožne osobe, demoni. Prema vedskim obredima, djelatnosti u *guṇi* vrline smatraju se povoljnim za napredovanje na putu oslobođenja. Takve su djelatnosti *daivī prakṛti*, po prirodi transcendentalne. Osobe utemeljene u transcendentalnoj prirodi napreduju na putu oslobođenja. Za razliku od njih, oni koji djeluju u *guṇama* strasti i neznanja ne mogu dostići oslobođenje. Oni moraju ostati u materijalnom svijetu kao ljudska bića ili silaze u životinjske vrste ili još niže oblike života. U ovom poglavlju Gospodin objašnjava transcendentalnu i demonsku prirodu i njihove odlike. Također objašnjava njihove prednosti i nedostatke.

Riječ *abhijātasya*, koja se odnosi na osobu rođenu s transcendentalnim odlikama, ili božanskim sklonostima, vrlo je značajna. Začeće djeteta u pobožnom ozračju u vedskim se spisima naziva *garbhādhāna-saṁskāra*. Ako roditelji žele dijete s božanskim odlikama, trebaju slijediti deset načela preporučenih za društveni život ljudskih bića. U *Bhagavad-gīti* bilo je objašnjeno da je seks namijenjen rađanju dobroga djeteta sam Kṛṣṇa. Seks se ne osuđuje, pod uvjetom da se koristi u svjesnosti Kṛṣṇe. Osobe svjesne Kṛṣṇe ne bi trebale začimati djecu poput mačaka i pasa. Trebaju ih začeti na takav način da nakon rođenja mogu postati svjesna Kṛṣṇe. To treba biti prednost djece čiji su roditelji svjesni Kṛṣṇe.

Društveni sustav poznat kao *varṇāśrama-dharma* – u kojem se društvo dijeli na četiri duhovna reda i četiri kaste ili staleža – ne temelji se na rođenju. Takva se podjela temelji na obrazovnim kvalifikacijama i služi za održavanje mira i blagostanja u društvu. Transcendentalne odlike spomenute u ovoj strofi omogućuju osobi da napreduje u duhovnom razumijevanju i tako se oslobodi materijalnog svijeta.

U *varṇāśrama* društvu, *sannyāsī*, osoba koja je prihvatila red odricanja, smatra se glavom ili duhovnim učiteljem svih staleža i duhovnih redova. *Brāhmaṇa* se smatra duhovnim učiteljem tri ostala društvena staleža – *kṣatriya, vaiśya* i *śūdra* – ali *sannyāsī*, koji zauzima položaj na vrhu toga sustava, smatra se duhovnim učiteljem svih staleža. Prva osobina *sannyāsīja* treba biti neustrašivost. *Sannyāsī* mora živjeti sam, bez ičije pomoći ili osiguranja i zato mora ovisiti samo o milosti Svevišnje Božanske Osobe. Ako netko misli: „Tko će me zaštititi kad raskinem sve odnose?", ne bi trebao prihvatiti red odricanja. Mora biti potpuno uvjeren da Kṛṣṇa, Svevišnja Božanska Osoba, u Svom lokaliziranom vidu, uvijek prebiva u njegovu srcu kao Paramātmā, da sve vidi i uvijek zna njegove namjere. Tako mora biti čvrsto uvjeren da će se Kṛṣṇa kao Paramātmā pobrinuti za osobu koja Mu se predala. „Nikada neću biti sam", treba misliti. „Čak i ako živim u najmračnijim predjelima šume, pokraj mene će biti Kṛṣṇa. On će mi pružiti svu zaštitu." To uvjerenje naziva se *abhayam*, neustrašivost. Takvo stanje uma prijeko je potrebno za osobu u redu odricanja.

Potom mora pročistiti svoje postojanje. Postoji toliko mnogo pravila i propisa koje treba slijediti u redu odricanja. *Sannyāsīju* se strogo zabranjuje da održava bilo kakav prisan odnos sa ženom. To je najvažnije pravilo. Čak mu se zabranjuje da razgovara sa ženom na osami. Gospodin Caitanya je bio uzoriti *sannyāsī* i za vrijeme Njegova boravka u Purīju

Njegove *bhaktine* nisu Mu smjele prići blizu, čak ni da Mu odaju poštovanje. Bilo im je savjetovano da odaju poštovanje s udaljena mjesta. To nije znak mržnje prema ženama, već strogo pravilo za *sannyāsīja* da ne smije održavati prisne odnose sa ženama. Čovjek mora slijediti pravila i propise određenog staleža kako bi pročistio svoje postojanje. *Sannyāsīju* se strogo zabranjuje da održava prisne odnose sa ženama i posjeduje bogatstvo radi zadovoljavanja osjetila. Gospodin Caitanya je bio uzoriti *sannyāsī* i iz Njegova života vidimo da je bio vrlo strog što se tiče žena. Premda se smatra najvelikodušnijom inkarnacijom Boga, koja je prihvatila najpalije uvjetovane duše, strogo je slijedio pravila i propise *sannyāse* u smislu druženja sa ženama. Jedan od Njegovih osobnih pratilaca, Choṭa Haridāsa, koji je zajedno s drugim povjerljivim osobnim pratiocima bio u društvu Gospodina Caitanye, jednom je požudno pogledao mladu ženu i Gospodin Caitanya je bio tako strog da ga je odmah izbacio iz društva Svojih osobnih pratilaca. Gospodin Caitanya je rekao: „Ako *sannyāsī* ili onaj tko se želi osloboditi okova materijalne prirode i tko se pokušava uzdignuti na duhovnu razinu i vratiti kući, Bogu, želi materijalne posjede i žene kako bi zadovoljio osjetila – ne mora čak ni u njima uživati, već ih samo željeti – toliko je osuđen da treba radije počiniti samoubojstvo nego imati takve nezakonite želje." To su procesi pročišćenja.

Sljedeća je odlika *jñāna-yoga-vyavasthiti:* njegovanje znanja. Svrha je *sannyāse* pružanje znanja obiteljskim ljudima i drugima koji su zaboravili pravi život duhovnog napredovanja. *Sannyāsī* treba prositi od vrata do vrata kako bi održao život, ali to ne znači da je prosjak. Poniznost je također jedna od osobina osobe na transcendentalnoj razini. Iz čiste poniznosti, *sannyāsī* ide od vrata do vrata, ne da bi prosio, već da bi susreo obiteljske ljude i probudio u njima svjesnost Kṛṣṇe. To je dužnost *sannyāsīja.* Ako je istinski napredan i ako mu je to naredio duhovni učitelj, treba propovijedati svjesnost Kṛṣṇe s logikom i razumijevanjem, a ako nije tako napredan, ne bi trebao prihvatiti red odricanja. Ali čak i ako je prihvatio red odricanja bez dovoljno znanja, treba slušati duhovnog učitelja kako bi stekao znanje. *Sannyāsī,* osoba koja je prihvatila red odricanja, mora biti utemeljen u neustrašivosti, *sattva-saṁśuddhi* (čistoći) i *jñāna-yogi* (znanju).

Sljedeća je odlika milostinja. Milostinju trebaju davati obiteljski ljudi. Obiteljski ljudi trebaju zarađivati za život na pošten način i trošiti pedeset posto svoje zarade na širenje svjesnosti Kṛṣṇe po čitavom svijetu. Zato trebaju davati milostinju društvima koja se time bave. Milostinja se treba dati pravoj osobi. Postoje razne vrste milostinje, kao što će kasnije biti objašnjeno – milostinja u *guṇi* vrline, strasti i neznanju. Davanje milostinje u *guṇi* vrline u spisima se preporučuje, ali davanje milostinje u *guṇama* strasti i neznanja se ne preporučuje, jer se time samo rasipa novac. Milostinja se treba davati samo za širenje svjesnosti Kṛṣṇe po čitavom svijetu. To je milostinja u *guṇi* vrline.

Što se tiče *dame* (samoovladanosti), ona nije namijenjena samo ostalim redovima pobožnog društva, već posebno obiteljskim ljudima. Premda ima ženu, obiteljski čovjek ne bi trebao nepotrebno koristiti svoja osjetila za spolno uživanje. U obiteljskom životu postoje ograničenja čak i po pitanju spolnih odnosa, koji se trebaju održavati samo radi začimanja djece. Ako obiteljskom čovjeku nisu potrebna djeca, ne bi trebao uživati u spolnim odnosima sa svojom ženom. Suvremeno društvo uživa u seksu uz kontraceptivna sredstva ili još odvratnija sredstva, kako bi izbjeglo odgovornost prema djeci. To nije transcendentalna, već demonska odlika. Ako netko želi napredovati u duhovnom životu, čak i ako živi s obitelji, mora ograničiti svoj spolni život i treba začeti dijete samo ako želi time služiti Kṛṣṇu. Ako može začeti djecu koja će biti svjesna Kṛṣṇe, može začeti stotine djece, ali ako nije sposoban za to, ne bi trebao održavati spolne odnose samo radi osjetilnog uživanja.

Žrtvovanje je još jedna dužnost obiteljskih ljudi, jer žrtvovanja iziskuju veliku količinu novaca. Pripadnici drugih redova života, *brahmacārīji, vānaprasthe* i *sannyāsīji*, nemaju novaca; oni žive od prošnje. Stoga je izvođenje raznih žrtvovanja namijenjeno obiteljskim ljudima. Oni trebaju izvoditi *agni-hotra* žrtvovanja po uputama vedskih spisa, ali u današnje vrijeme takva su žrtvovanja vrlo skupa i nijedan obiteljski čovjek ih ne može izvoditi. Najbolje žrtvovanje preporučeno za ovo doba je *saṅkīrtana-yajña*. Ta *saṅkīrtana-yajña* – pjevanje Hare Kṛṣṇa, Hare Kṛṣṇa, Kṛṣṇa Kṛṣṇa, Hare Hare/ Hare Rāma, Hare Rāma, Rāma Rāma, Hare Hare – najbolje je i najjeftinije žrtvovanje. Svatko ga može vršiti i steći dobrobit. Tako su milostinja, vladanje osjetilima i vršenje žrtvovanja posebno namijenjeni obiteljskim ljudima.

Svādhyāya, proučavanje *Veda*, namijenjeno je *brahmacārījima*, učenicima. *Brahmacārīji* ne bi trebali održavati nikakve veze sa ženama. Trebaju živjeti u celibatu i zaokupiti um proučavanjem vedske književnosti kako bi njegovali duhovno znanje. To se naziva *svādhyāya*.

Tapas, strogost, posebno je namijenjena *vānaprasthama*. Čovjek ne bi trebao živjeti s obitelji cijeli život. Mora uvijek imati na umu da postoje četiri reda života: *brahmacarya, gṛhastha, vānaprastha* i *sannyāsa*. Tako se nakon *gṛhastha* života treba povući. Ako živi sto godina, dvadeset pet godina treba provesti u učeničkom životu, dvadeset pet u obiteljskom, dvadeset pet u redu povlačenja i dvadeset pet u redu odricanja. To su propisi vedske religijske discipline. Čovjek koji se povukao iz obiteljskog života mora vršiti strogosti tijela, uma i jezika. To je *tapasya*. Svrha je društva utemeljenog na *varṇāśrama-dharmi* vršenje *tapasye*. Bez *tapasye,* odnosno strogosti, nijedno ljudsko biće ne može dostići oslobođenje. Teorija da u životu ne trebamo vršiti strogosti, već možemo nastaviti spekulirati i sve će biti lijepo, ne preporučuje se ni u vedskim spisima niti u *Bhagavad-gīti*. Takve teorije izmišljaju pseudospiritualisti koji pokušavaju okupiti što više sljedbenika. Ako postoje ograničenja, pravila i propisi, neće privući ljude. Stoga oni koji žele sljedbenike u ime religije, samo da bi pravili predstavu, ne ograničavaju ni svoje živote ni živote svojih sljedbenika. *Vede* ne odobravaju tu metodu.

Što se tiče brāhmaṇske odlike jednostavnosti, to načelo trebaju slijediti ne samo članovi određenog reda života, već svi članovi društva, bilo da se nalaze u *brahmacārī āśrami, gṛhastha āśrami, vānaprastha āśrami* ili *sannyāsa āśrami*. Čovjek treba biti vrlo jednostavan i otvoren.

Ahiṁsā znači da ne bismo trebali sprečavati napredovanje nijednog živog bića. Ne bismo trebali misliti da nema ništa lošeg u ubijanju životinja radi zadovoljavanja osjetila, budući da duhovna iskra nikada nije ubijena, čak ni nakon ubijanja tijela. U današnje vrijeme ljudi su navikli jesti životinje, unatoč obilju žitarica, voća i mlijeka. Nema potrebe ubijati životinje. Ta je odredba namijenjena svima. Kad nema drugoga rješenja, osoba može ubiti životinju, ali je treba ponuditi u žrtvovanju. U svakom slučaju, kad ima dovoljno hrane za čovječanstvo, oni koji žele napredovati u duhovnoj spoznaji ne bi trebali vršiti nasilje nad životinjama. Prava *ahiṁsā* znači ne sprečavati ničije napredovanje u životu. Životinje također napreduju u svojoj evoluciji, seleći se iz jedne životinjske vrste u drugu. Ako ubijemo životinju, sprečavamo njezino napredovanje. Ako neka životinja treba živjeti u određenu tijelu toliko dana ili toliko godina i prije vremena bude ubijena, mora se ponovno vratiti u taj oblik života i proživjeti preostale dane kako bi mogla prijeći u drugu, višu vrstu života. Zato ne bismo trebali sprečavati njezino napredovanje samo da bismo zadovoljili jezik. To je *ahiṁsā*.

Satyam. Ta riječ znači da ne trebamo iskrivljavati istinu radi osobnog probitka. U vedskoj književnosti postoje neki teški odlomci, ali njihovo značenje ili svrhu trebamo naučiti od vjerodostojna duhovnog učitelja. To je proces razumijevanja *Veda*. *Śruti* znači da trebamo slušati autoritete. Ne bismo trebali izmisliti svoje tumačenje radi vlastitog probitka. Postoji toliko mnogo tumača *Bhagavad-gīte* koji pogrešno tumače izvorni tekst. Trebamo predstaviti pravi smisao riječi, koji trebamo naučiti od vjerodostojna duhovnog učitelja.

Akrodha znači obuzdati srdžbu. Čak i ako nas netko izaziva, trebamo biti snošljivi, jer čim se razljutimo čitavo tijelo postaje nečisto. Srdžba je proizvod *guṇe* strasti i požude i osoba utemeljena na transcendentalnoj razini treba je obuzdati. *Apaiśunam* znači da drugima ne trebamo nalaziti mane ili ih nepotrebno ispravljati. Naravno, nazvati lopova lopovom ne znači da mu nalazimo mane, ali onaj tko napreduje u duhovnom životu čini veliku uvredu ako poštenu osobu nazove lopovom. *Hrī* znači da trebamo biti vrlo skromni i ne smijemo činiti sramna djela. *Acāpalam*, odlučnost, znači da ne smijemo biti uznemireni ili razočarani u svojim nastojanjima. Možemo doživjeti neuspjeh, ali ne trebamo žaliti zbog toga; trebamo strpljivo i odlučno napredovati.

U ovoj strofi upotrijebljena je riječ *tejas,* koja se odnosi na *kṣatriye*. *Kṣatriye* trebaju uvijek biti vrlo snažni kako bi mogli zaštititi slabe. Ne bi se trebali predstavljati kao nenasilni. Ako je nasilje potrebno, moraju biti nasilni. No onaj tko može savladati neprijatelja može, u određenim okolnostima, i oprostiti. Može oprostiti manje uvrede.

Śaucam znači čistoća, ne samo uma i tijela, već i ponašanja. Posebno je namijenjena trgovcima, koji ne bi trebali raditi na crno. *Nāti-mānitā*, odsutnost želje za ugledom, odnosi se na *śūdre*, radnike, koji se prema vedskim odredbama smatraju najnižim od četiri staleža. Oni ne bi trebali biti ponosni na nepotreban ugled i čast i trebaju ostati u svom položaju. *Śūdre* su dužni odati poštovanje višim staležima u cilju očuvanja društvenog poretka.

Ovih dvadeset šest osobina su transcendentalne odlike, koje se trebaju njegovati u skladu s različitim položajima društvenih i duhovnih redova. To znači da će se sve vrste ljudi koje se, unatoč bijednim materijalnim okolnostima, trude razviti ove odlike, postupno uzdignuti na najvišu razinu transcendentalne spoznaje.

STROFA 4

दम्भो दर्पोऽभिमानश्च क्रोधः पारुष्यमेव च ।
अज्ञानं चाभिजातस्य पार्थ सम्पदमासुरीम् ॥ ४ ॥

dambho darpo 'bhimānaś ca krodhaḥ pāruṣyam eva ca
ajñānaṁ cābhijātasya pārtha sampadam āsurīm

dambhaḥ – ponos; *darpaḥ* – oholost; *abhimānaḥ* – taština; *ca* – i; *krodhaḥ* – srdžba; *pāruṣyam* – grubost; *eva* – zacijelo; *ca* – i; *ajñānam* – neznanje; *ca* – i; *abhijātasya* – onoga tko se rodio sa; *pārtha* – o Pṛthin sine; *sampadam* – odlike; *āsurīm* – demonskom prirodom.

Ponos, oholost, taština, srdžba, grubost i neznanje – te odlike posjeduju osobe demonske prirode, o Pṛthin sine.

SMISAO: U ovoj je strofi opisan kraljevski put u pakao. Demonske osobe žele praviti predstavu od religije i napretka u duhovnom nauku, premda ne slijede načela. Uvijek su ohole i ponosne na svoju naobrazbu ili veliko bogatstvo. Žele da ih drugi obožavaju i zahtijevaju poštovanje, premda ga ne zaslužuju. Ljute se zbog sitnica i govore grubo. Ne znaju što treba, a što ne treba činiti. Sve rade hirovito, po svojoj želji, i ne priznaju nikakav autoritet. Te demonske osobine posjeduju od početka života, od vremena kad su se nalazile u maternici, i s rastom očituju sve te nepovoljne osobine.

STROFA 5

दैवी सम्पद् विमोक्षाय निबन्धायासुरी मता ।
मा शुचः सम्पदं दैवीमभिजातोऽसि पाण्डव ॥ ५ ॥

daivī sampad vimokṣāya nibandhāyāsurī matā
mā śucaḥ sampadaṁ daivīm abhijāto 'si pāṇḍava

daivī – transcendentalne; *sampat* – odlike; *vimokṣāya* – vode k oslobođenju; *nibandhāya* – k ropstvu; *āsurī* – demonske odlike; *matā* – smatra se; *mā* – ne; *śucaḥ* – brini; *sampadam* – odlikama; *daivīm* – transcendentalnim; *abhijātaḥ* – rođen sa; *asi* – ti si; *pāṇḍava* – o sine Pāṇḍua.

Transcendentalne odlike vode k oslobođenju, a demonske odlike uzrokuju ropstvo. O Pāṇḍuov sine, ne brini, jer si se rodio s božanskim odlikama.

SMISAO: Gospodin Kṛṣṇa je ohrabrio Arjunu, rekavši mu da se nije rodio s demonskim osobinama. Njegovo sudjelovanje u borbi nije bilo demonsko, jer je razmišljao o razlozima za i protiv. Razmišljao je treba li ubiti ugledne osobe kao što su Bhīṣma i Droṇa i zato nije djelovao pod utjecajem srdžbe, lažna ugleda ili grubosti. Stoga nije imao demonske odlike. Smatra se da *kṣatriya*, vojnik, odapinjući strijele na neprijatelja postupa transcendentalno, a ostavljajući takvu dužnost djeluje demonski. Tako Arjuna nije imao razloga za žaljenje. Onaj tko slijedi načela propisana za različite redove života nalazi se na transcendentalnoj razini.

STROFA 6

द्वौ भूतसर्गौ लोकेऽस्मिन् दैव आसुर एव च ।
दैवो विस्तरशः प्रोक्त आसुरं पार्थ मे शृणु ॥ ६ ॥

dvau bhūta-sargau loke 'smin daiva āsura eva ca
daivo vistaraśaḥ prokta āsuraṁ pārtha me śṛṇu

dvau – dva; *bhūta-sargau* – stvorena živa bića; *loke* – u svijetu; *asmin* – ovom; *daivaḥ* – božansko; *āsuraḥ* – demonsko; *eva* – zacijelo; *ca* – i; *daivaḥ* – božansko; *vistaraśaḥ* – opširno; *proktaḥ* – rekao; *āsuram* – demonsko; *pārtha* – o Pṛthin sine; *me* – od Mene; *śṛṇu* – počuj.

O Pṛthin sine, u ovom svijetu postoje dvije vrste stvorenih bića. Jedna se nazivaju božanskim, a druga demonskim. Već sam ti opširno opisao božanske odlike. Sada počuj o demonskim.

SMISAO: Nakon što je uvjerio Arjunu da se rodio s božanskim odlikama, Gospodin Kṛṣṇa opisuje demonske odlike. U ovom svijetu postoje dvije vrste uvjetovanih živih bića. Bića rođena s božanskim odlikama vode reguliran život. To znači da slijede naredbe spisa i autoriteta. Dužnosti se trebaju obavljati u svjetlu vjerodostojnih spisa. Taj se mentalitet naziva božanskim. Onaj tko ne slijedi načela propisana u spisima i tko djeluje hirovito naziva se demonom ili *asurom*. Ne postoji drugo mjerilo osim slijeđenja propisanih načela spisa. U vedskoj je književnosti opisano da i polubogovi i demoni potječu od Prajāpatija, ali jedni izvršavaju vedske naredbe, a drugi ne. To je jedina razlika.

STROFA 7

प्रवृत्तिं च निवृत्तिं च जना न विदुरासुराः ।
न शौचं नापि चाचारो न सत्यं तेषु विद्यते ॥ ७ ॥

pravṛttiṁ ca nivṛttiṁ ca janā na vidur āsurāḥ
na śaucaṁ nāpi cācāro na satyaṁ teṣu vidyate

pravṛttim – pravilno djelovanje; *ca* – također; *nivṛttim* – nepravilno djelovanje; *ca* – i; *janāḥ* – osobe; *na* – nikada ne; *viduḥ* – znaju; *āsurāḥ* – demonskih odlika; *na* – nikada; *śaucam* – čistoća; *na* – ne; *api* – također; *ca* – i; *ācāraḥ* – ponašanje; *na* – nikada; *satyam* – istina; *teṣu* – u njima; *vidyate* – postoji.

Demonske osobe ne znaju što treba, a što ne treba činiti. Ne ponašaju se pravilno, niti su čiste i istinoljubive.

SMISAO: U svakom civiliziranom ljudskom društvu postoje neka pravila i propisi spisa koji se od početka slijede. Posebno među Arijcima, koji prihvaćaju vedsku civilizaciju i koji su poznati kao najciviliziraniji narodi, oni koji ne slijede odredbe spisa smatraju se demonima. Zato je ovdje rečeno da demoni ne znaju propise spisa, niti ih žele slijediti. Većina ih ne zna, a čak i ako ih netko od njih zna, ne želi ih slijediti. Oni nemaju vjeru, niti žele postupati u skladu s vedskim odredbama. Demoni nisu čisti, ni izvana ni iznutra. Tijelo uvijek trebamo brižno održavati čistim kupajući se, perući zube, brijući se, mijenjajući odjeću itd. Što se tiče unutarnje čistoće, trebamo se uvijek sjećati Božjih svetih imena i pjevati Hare Kṛṣṇa, Hare Kṛṣṇa, Kṛṣṇa Kṛṣṇa, Hare Hare/ Hare Rāma, Hare Rāma, Rāma Rāma, Hare Hare. Demoni niti vole niti slijede sva ta pravila za održavanje vanjske i unutarnje čistoće.

Što se tiče ponašanja, postoje razna pravila i propisi ljudskoga ponašanja, kao što je *Manu-saṁhitā*, zakon ljudske rase. Čak i danas hindusi slijede *Manu-saṁhitu*. Zakoni o naslijeđu i drugi zakoni temelje se na toj knjizi. U *Manu-saṁhiti* jasno je rečeno da se ženi ne treba dati sloboda. To ne znači da se sa ženama treba postupati kao s robovima, ali one su kao djeca. Djeci se ne daje sloboda, ali to ne znači da se s njima postupa kao s robovima. Demoni su sada zanemarili te odredbe i misle da se ženama treba dati jednaka sloboda kao muškarcima, no to nije poboljšalo stanje društva u svijetu. Ustvari, ženu se treba štititi u svakom stadiju života. U djetinjstvu je treba štititi otac, u mladosti muž, a u starosti odrasli sinovi. To je prema *Manu-saṁhiti* pravilno društveno ponašanje. No suvremeno je obrazovanje umjetno stvorilo umišljenu koncepciju ženskoga života, pa je brak u ljudskom društvu sada praktički maštarija. Zato položaj žena u društvu trenutačno nije baš dobar, iako su udane žene u boljem položaju od onih koje izjavljuju da su „slobodne". Prema tome, demoni ne prihvaćaju nijednu uputu koja je dobra za društvo. Budući da ne slijede iskustvo velikih mudraca te pravila i propise koje su oni postavili, u društvu demonskih ljudi stanje je vrlo bijedno.

STROFA 8

असत्यमप्रतिष्ठं ते जगदाहुरनीश्वरम् ।
अपरस्परसम्भूतं किमन्यत् कामहैतुकम् ॥ ८ ॥

asatyam apratiṣṭhaṁ te jagad āhur anīśvaram
aparaspara-sambhūtaṁ kim anyat kāma-haitukam

asatyam – nestvarna; *apratiṣṭham* – bez temelja; *te* – oni; *jagat* – svemir; *āhuḥ* – kažu; *anīśvaram* – bez upravitelja; *aparaspara* – bez uzroka; *sambhūtam* – nastala; *kim anyat* – nema drugog uzroka; *kāma-haitukam* – samo zbog požude.

Prema njima, ovaj je svijet nestvaran, bez temelja i bez Boga koji njime upravlja. Tvrde da je svijet tvorevina spolne želje i da nema drugoga uzroka osim požude.

SMISAO: Demoni zaključuju da je svijet nestvaran. Nema uzroka i posljedice, nema upravitelja, nema svrhe; sve je nestvarno. Po njihovom mišljenju, svemir nastaje zbog slučajnih materijalnih akcija i reakcija. Ne misle da je Bog stvorio svijet u određenu svrhu. Imaju vlastitu teoriju: svijet je sam nastao i nema razloga vjerovati da iza njega stoji Bog. Za njih nema razlike između duha i materije i ne prihvaćaju Vrhovni Duh. Sve je samo materija i cijeli je svemir masa neznanja. Prema njima, sve je prazno i sve što postoji plod je našeg pogrešnog opažanja. Uvjereni su da su sve raznolikosti očitovanja neznanja, kao što u snu možemo vidjeti razne stvari koje ne postoje, ali kad se probudimo vidimo da je sve bio samo san. Međutim, premda kažu da je život san, demoni vrlo vješto u njemu uživaju. Tako se, umjesto da steknu znanje, sve više zapleću u svoju zemlju snova. Zaključuju da je svijet nastao bez ikakve duše, kao što je i dijete samo posljedica spolnog odnosa muškarca i žene. Misle da su živa bića tvorevine materijalnih spojeva i da nema govora o postojanju duše. Kao što brojna živa bića bez ikakva uzroka izlaze iz znoja ili mrtvoga tijela, čitav je živi svijet nastao iz materijalnih spojeva kozmičkog očitovanja. Stoga je uzrok ovoga svijeta materijalna priroda. Nema drugoga uzroka. Oni ne vjeruju u Kṛṣṇine riječi u *Bhagavad-gīti: mayādhyakṣeṇa prakṛtiḥ sūyate sa-carācaram.* „Sva zbivanja u materijalnom svijetu odvijaju se pod Mojom upravom." Drugim riječima, demoni nemaju savršeno znanje o stvaranju svijeta. Svatko od njih ima vlastitu teoriju. Prema njima, jedno je tumačenje spisa jednako dobro kao drugo, jer ne vjeruju u standardno razumijevanje izjava spisa.

STROFA 9

एतां दृष्टिमवष्टभ्य नष्टात्मानोऽल्पबुद्धयः ।
प्रभवन्त्युग्रकर्माणः क्षयाय जगतोऽहिताः ॥ ९ ॥

etāṁ dṛṣṭim avaṣṭabhya naṣṭātmāno 'lpa-buddhayaḥ
prabhavanty ugra-karmāṇaḥ kṣayāya jagato 'hitāḥ

etām – to; *dṛṣṭim* – viđenje; *avaṣṭabhya* – prihvaćajući; *naṣṭa* – izgubivši; *ātmānaḥ* – sebe; *alpa-buddhayaḥ* – manje inteligentni; *prabhavanti* – postaju snažni; *ugra-karmāṇaḥ* – vrše bolne djelatnosti; *kṣayāya* – za uništenje; *jagataḥ* – svijeta; *ahitāḥ* – beskorisne.

Slijedeći takve zaključke, demonske, izgubljene osobe, bez inteligencije, čine beskorisna, užasna djela namijenjena uništenju svijeta.

SMISAO: Demonski ljudi vrše djelatnosti koje će svijet dovesti do uništenja. Gospodin ovdje kaže da su neinteligentni. Materijalisti, koji nemaju nikakvu predodžbu o Bogu, misle da napreduju, ali prema *Bhagavad-gīti* nisu inteligentni i nemaju razuma. Pokušavaju uživati u ovom svijetu do krajnjih granica i stoga uvijek smišljaju nove načine zadovoljavanja osjetila. Takvi se materijalistički izumi smatraju napretkom ljudske civilizacije, ali ljudi zbog toga postaju sve nasilniji i okrutniji prema životinjama i drugim ljudskim bićima. Ne znaju se pravilno ophoditi prema drugima. Među demonskim je ljudima ubijanje životinja vrlo rašireno. Smatra se da su takvi ljudi neprijatelji svijeta, jer će na kraju izumiti ili stvoriti nešto što će dovesti do uništenja svega. U ovoj se strofi posredno pretkazuje izum atomskog oružja, na koje je danas cijeli svijet vrlo ponosan. U svakom trenutku može doći do rata i atomsko oružje može stvoriti kaos. Takve su stvari napravljene samo radi uništenja svijeta i na to se ovdje upućuje. Takvo je oružje izumljeno u ljudskom društvu zbog bezbožnosti; nije namijenjeno miru i blagostanju svijeta.

STROFA 10

काममाश्रित्य दुष्पूरं दम्भमानमदान्विताः ।
मोहाद् गृहीत्वासद्ग्राहान् प्रवर्तन्तेऽशुचिव्रताः ॥ १० ॥

kāmam āśritya duṣpūraṁ dambha-māna-madānvitāḥ
mohād gṛhītvāsad-grāhān pravartante 'śuci-vratāḥ

kāmam – požude; *āśritya* – prihvaćajući utočište; *duṣpūram* – nezasitne; *dambha* – ponosa; *māna* – i lažnog ugleda; *mada-anvitāḥ* – obuzeti taštinom; *mohāt* – u iluziji; *gṛhītvā* – prihvaćajući; *asat* – prolazne; *grāhān* – stvari; *pravartante* – postaju snažni; *aśuci* – nečistim; *vratāḥ* – zakleto odani.

Prihvaćajući utočište nezasitne požude, obuzete taštinom ponosa i lažnog ugleda, obmanute demonske osobe uvijek su zakleto odane nečistim djelima, očarane prolaznim pojavama.

SMISAO: Ovdje je opisan demonski mentalitet. Demoni ne mogu zasititi svoju požudu. Oni će nastaviti povećavati svoje nezasitne želje za materijalnim uživanjem. Premda su uvijek puni tjeskobe, jer prihvaćaju prolazne stvari, zbog iluzije nastavljaju takve djelatnosti. Nemaju znanje i ne vide da idu u pogrešnom smjeru. Prihvaćajući prolazne stvari takvi demonski ljudi stvaraju vlastitog Boga i vlastite himne i pjevaju o tome. Zbog toga ih sve više privlače dvije stvari – spolno uživanje i zgrtanje materijalnog bogatstva. U vezi s tim, vrlo je značajna riječ *aśuci-vratāḥ*, „nečisti zavjeti". Takve demonske ljude privlače samo vino, žene, kockanje i meso. To su njihove *aśuci*, nečiste navike. Potaknuti ponosom i lažnim ugledom, izmišljaju religijska načela koja *Vede* ne odobravaju. Premda su takvi demonski ljudi najodvratniji, svijet umjetno gradi njihov lažni ugled. Iako klize prema paklu, misle da su vrlo napredni.

STROFE 11–12

चिन्तामपरिमेयां च प्रलयान्तामुपाश्रिताः ।
कामोपभोगपरमा एतावदिति निश्चिताः ॥ ११ ॥
आशापाशशतैर्बद्धाः कामक्रोधपरायणाः ।
ईहन्ते कामभोगार्थमन्यायेनार्थसञ्चयान् ॥ १२ ॥

cintām aparimeyāṁ ca pralayāntām upāśritāḥ
kāmopabhoga-paramā etāvad iti niścitāḥ

āśā-pāśa-śatair baddhāḥ kāma-krodha-parāyaṇāḥ
īhante kāma-bhogārtham anyāyenārtha-sañcayān

cintām – strahovi i tjeskobe; *aparimeyām* – neizmjerni; *ca* – i; *pralaya-antām* – do trenutka smrti; *upāśritāḥ* – prihvativši utočište; *kāma-upabhoga* – osjetilnog uživanja; *paramāḥ* – najviši cilj života; *etāvat* – tako; *iti* – na taj način; *niścitāḥ* – odredivši; *āśā-pāśa* – zapletenosti u mrežu nade; *śataiḥ* – stotinama; *baddhāḥ* – vezanosti; *kāma* – požudom; *krodha* – i srdžbom; *parāyaṇāḥ* – uvijek obuzeti; *īhante* – žele; *kāma* – požudu; *bhoga* – osjetilnog uživanja; *artham* – radi; *anyāyena* – nezakonito; *artha* – bogatstvo; *sañcayān* – zgrću.

Oni vjeruju da je glavna potreba ljudske civilizacije zadovoljavanje osjetila. Tako do kraja života osjećaju neizmjernu tjeskobu. Zaplevši se u mrežu stotina tisuća želja, obuzeti požudom i srdžbom, nezakonitim sredstvima zgrću novac kako bi zadovoljili osjetila.

SMISAO: Demonski ljudi smatraju da je osjetilno uživanje krajnji cilj života i to shvaćanje zadržavaju sve do smrti. Ne vjeruju u život nakon smrti niti vjeruju da se razna tijela dobivaju prema *karmi*, djelima počinjenim u ovom svijetu. Njihovi se životni planovi nikada ne ostvaruju do kraja i tako nastavljaju smišljati planove, koji se nikada neće ostvariti. Imamo vlastito iskustvo o osobi takva demonskog mentaliteta koja je čak i u trenutku smrti tražila od liječnika da joj produži život za četiri godine, jer još nije ostvarila svoje planove. Takvi budalasti ljudi ne znaju da im liječnik ne može produžiti život čak ni za trenutak. Kad dođe kraj, čovjekova želja ne igra ulogu. Zakoni prirode mu ne dopuštaju da uživa ni sekundu duže od onoga što mu je suđeno.

Demonska osoba, koja ne vjeruje u Boga ili Nad-dušu u sebi, čini svakojaka grešna djela samo da bi zadovoljila osjetila. Ne zna da u njezinu srcu postoji svjedok. Nad-duša promatra djelatnosti individualne duše. Kao što je rečeno u *Upaniṣadama*, dvije ptice sjede na jednom drvetu: jedna djeluje i ispašta ili uživa u plodovima s grana, a druga promatra. Ali demonska osoba ne poznaje vedske spise, niti ima ikakvu vjeru. Zato misli da može počiniti bilo kakvo djelo radi osjetilnog uživanja, bez obzira na posljedice.

STROFE 13–15

इदमद्य मया लब्धमिमं प्राप्स्ये मनोरथम् ।
इदमस्तीदमपि मे भविष्यति पुनर्धनम् ॥ १३ ॥
असौ मया हतः शत्रुर्हनिष्ये चापरानपि ।
ईश्वरोऽहमहं भोगी सिद्धोऽहं बलवान् सुखी ॥ १४ ॥
आढ्योऽभिजनवानस्मि कोऽन्योऽस्ति सदृशो मया ।
यक्ष्ये दास्यामि मोदिष्य इत्यज्ञानविमोहिताः ॥ १५ ॥

idam adya mayā labdham imaṁ prāpsye manoratham
idam astīdam api me bhaviṣyati punar dhanam

asau mayā hataḥ śatrur haniṣye cāparān api
īśvaro 'ham ahaṁ bhogī siddho 'haṁ balavān sukhī

āḍhyo 'bhijanavān asmi ko 'nyo 'sti sadṛśo mayā
yakṣye dāsyāmi modiṣya ity ajñāna-vimohitāḥ

idam – ovo; *adya* – danas; *mayā* – ja; *labdham* – stekao; *imam* – ovo; *prāpsye* – steći ću; *manaḥ-ratham* – po mojim željama; *idam* – ovo; *asti* – je; *idam* – ovo; *api* – također; *me* – moje; *bhaviṣyati* – povećat će se u budućnosti; *punaḥ* – ponovno; *dhanam* – bogatstvo; *asau* – to; *mayā* – ja; *hataḥ* – ubio; *śatruḥ* – neprijatelja; *haniṣye* – ubit ću; *ca* – također; *aparān* – druge; *api* – zacijelo; *īśvaraḥ* – gospodar; *aham* – ja sam; *aham* – ja sam; *bhogī* – uživatelj; *siddhaḥ* – savršen; *aham* – ja sam;

bala-vān – moćan; *sukhī* – sretan; *āḍhyaḥ* – bogat; *abhijana-vān* – okružen plemićkom rodbinom; *asmi* – ja sam; *kaḥ* – tko; *anyaḥ* – drugi; *asti* – postoji; *sadṛśaḥ* – kao; *mayā* – ja; *yakṣye* – žrtvovat ću; *dāsyāmi* – dat ću milostinju; *modiṣye* – uživat ću; *iti* – tako; *ajñāna* – neznanjem; *vimohitāḥ* – obmanut.

Demonska osoba misli: „Danas imam toliko novaca i prema mojim planovima, steći ću još više. Toliko je sada moje i u budućnosti će se još više povećati. On je moj neprijatelj i ja sam ga ubio. Moji drugi neprijatelji također će biti ubijeni. Ja sam gospodar svega, ja sam uživatelj. Ja sam savršen, moćan i sretan. Najbogatiji sam čovjek, okružen plemićkom rodbinom. Nitko nije tako moćan i sretan kao ja. Vršit ću žrtvovanja, dat ću neku milostinju i na taj ću način uživati." Tako je obmanuta neznanjem.

STROFA 16

अनेकचित्तविभ्रान्ता मोहजालसमावृताः ।
प्रसक्ताः कामभोगेषु पतन्ति नरकेऽशुचौ ॥ १६ ॥

aneka-citta-vibhrāntā moha-jāla-samāvṛtāḥ
prasaktāḥ kāma-bhogeṣu patanti narake 'śucau

aneka – brojnim; *citta* – tjeskobama; *vibhrāntāḥ* – zbunjeni; *moha* – iluzija; *jāla* – mrežom; *samāvṛtāḥ* – okruženi; *prasaktāḥ* – vezani; *kāma-bhogeṣu* – za zadovoljavanje osjetila; *patanti* – klize; *narake* – u pakao; *aśucau* – nečisti.

Zbunjene raznim tjeskobama i sputane mrežom iluzije, postaju previše vezane za osjetilno uživanje i padaju u pakao.

SMISAO: Želja demonskog čovjeka za stjecanjem novaca nema granica. Beskrajna je. On samo misli na to koliko ima novaca i kako može povećati svoje bogatstvo. Zbog toga bez oklijevanja čini sve vrste grešnih djela i posluje na crnoj burzi kako bi nezakonito uživao. Opčinjen je stečenim posjedima, kao što su zemlja, obitelj, kuća i bankovni račun, i uvijek smišlja kako ih može povećati. Vjeruje u vlastitu snagu i ne zna da je sve što dobiva rezultat njegovih prošlih dobrih djela. Pružena mu je prilika da stekne takve stvari, ali on nije svjestan prošlih uzroka. Jednostavno misli da je stekao svoje bogatstvo vlastitim naporom. Demonska osoba vjeruje u snagu svoga rada, a ne u zakon *karme*. Prema zakonu *karme* čovjek se zahvaljujući prošlim dobrim djelima rađa u obitelji visokoga roda ili postaje bogat, obrazovan i lijep. Demonski ljudi misle da je sve to rezultat slučaja i osobne sposobnosti. Ne shvaćaju da iza svih vrsta ljudi, ljepote i naobrazbe postoji neki plan. Onaj tko se nadmeće s takvim demonskim čovjekom njegov je neprijatelj. Ima mnogo demonskih ljudi i svaki je neprijatelj drugih. To se neprijateljstvo sve više produbljuje – između osoba, obitelji, društava i na kraju između naroda. Stoga je čitav svijet pun neprestanih sukoba, ratova i neprijateljstava.

Svaka demonska osoba misli da može živjeti na račun drugih. Obično smatra sebe Vrhovnim Bogom, a demonski propovjednik govori svojim sljedbenicima: „Zašto tražite Boga na drugom mjestu? Vi ste sami Bog! Možete raditi što god hoćete. Nemojte vjerovati u Boga. Odbacite Boga. Bog je mrtav." To su propovjedi demonske osobe.

Premda vidi da su drugi jednako bogati ili čak i bogatiji i utjecajniji od nje, demonska osoba misli da nitko nije bogatiji i utjecajniji od nje. Što se tiče uzdizanja u viši planetarni sustav, ne vjeruje u izvođenje *yajñi,* odnosno žrtvovanja. Demoni misle da će izmisliti svoj proces *yajñe* i napraviti stroj u kojem će otići na bilo koji viši planet. Najbolji je primjer takvog demonskog čovjeka Rāvaṇa. On je ponudio ljudima plan za stube kojima bi svatko mogao otići na rajske planete, bez izvođenja žrtvovanja propisanih u *Vedama.* U današnje vrijeme takvi demonski ljudi pokušavaju otići u više planetarne sustave mehaničkim sredstvima. To su primjeri zbunjenosti. Zbog toga klize prema paklu, a da to i ne znaju. Ovdje je vrlo značajna riječ *moha-jāla. Jāla* znači „mreža". Poput ribe uhvaćene u mrežu, ne mogu se izbaviti.

STROFA 17

आत्मसम्भाविताः स्तब्धा धनमानमदान्विताः ।
यजन्ते नामयज्ञैस्ते दम्भेनाविधिपूर्वकम् ॥ १७ ॥

ātma-sambhāvitāḥ stabdhā dhana-māna-madānvitāḥ
yajante nāma-yajñais te dambhenāvidhi-pūrvakam

ātma-sambhāvitāḥ – samozadovoljni; *stabdhāḥ* – drski; *dhana-māna* – bogatstva i lažnog ugleda; *mada* – iluzijom; *anvitāḥ* – obuzeti; *yajante* – vrše žrtvovanja; *nāma* – samo po imenu; *yajñaiḥ* – sa žrtvovanjima; *te* – oni; *dambhena* – iz ponosa; *avidhi-pūrvakam* – ne slijedeći nikakva pravila i propise.

Samozadovoljni i uvijek drski, obmanuti bogatstvom i lažnim ugledom, ponekad ponosno vrše žrtvovanja samo po imenu, ne slijedeći nikakva pravila i propise.

SMISAO: Smatrajući sebe središtem svijeta, ne mareći ni za kakav autoritet ili spis, demonski ljudi ponekad izvode takozvane religijske ili žrtvene obrede. Budući da ne vjeruju u autoritet, vrlo su drski. To je posljedica iluzije, uzrokovane stjecanjem bogatstva i lažnim ugledom. Katkada takvi demoni preuzimaju ulogu propovjednika, zavode ljude i postaju poznati kao reformatori religije ili inkarnacije Boga. Prave predstavu od vršenja žrtvovanja, obožavaju polubogove ili stvaraju vlastitog Boga. Obični ih ljudi proglašavaju Bogom i obožavaju, a budalasti ih ljudi smatraju naprednim sljedbenicima načela religije i poznavateljima duhovnog znanja. Oblače odjeću *sannyāsīja* i u njoj čine svakojake gluposti. Ustvari, za onoga tko se odrekao ovoga svijeta postoji toliko mnogo ograničenja. Međutim, demoni ne mare za takva ograničenja. Misle da svatko može naći svoj vlastiti put i da ne postoji standardni put koji moraju slijediti. Ovdje je posebno naglašena riječ *avidhi-pūrvakam*, koja se odnosi na zanemarivanje pravila i propisa. Takvo je ponašanje posljedica neznanja i iluzije.

STROFA 18

अहङ्कारं बलं दर्पं कामं क्रोधं च संश्रिताः ।
मामात्मपरदेहेषु प्रद्विषन्तोऽभ्यसूयकाः ॥ १८ ॥

ahaṅkāraṁ balaṁ darpaṁ kāmaṁ krodhaṁ ca saṁśritāḥ
māṁ ātma-para-deheṣu pradviṣanto 'bhyasūyakāḥ

ahaṅkāram – lažnog ega; *balam* – snage; *darpam* – ponosa; *kāmam* – požude; *krodham* – srdžbe; *ca* – također; *saṁśritāḥ* – prihvativši utočište; *māṁ* – Meni; *ātma* – u njihovim; *para* – i tuđim; *deheṣu* – tijelima; *pradviṣantaḥ* – ocrnjuju; *abhyasūyakāḥ* – zavide.

Zbunjeni lažnim egom, snagom, ponosom, požudom i srdžbom, demoni zavide Svevišnjoj Božanskoj Osobi koja se nalazi u njihovim tijelima i u tijelima drugih živih bića i ocrnjuju pravu religiju.

SMISAO: Demonska se osoba uvijek protivi Božjoj nadmoći i zato ne želi vjerovati u spise. Zavidna je i na spise i na postojanje Svevišnje Božanske Osobe. Uzrok je tome njezin lažni ugled i stečeno bogatstvo i snaga. Ne zna da je sadašnji život priprema za sljedeći. Nesvjesna toga, ustvari zavidi samoj sebi, kao i drugima. Vrši nasilje nad svojim tijelom i tijelima drugih. Ne mari za vrhovnu vlast Božanske Osobe, jer nema znanja. Budući da zavidi spisima i Svevišnjoj Božanskoj Osobi, iznosi lažne argumente protiv postojanja Boga i poriče autoritet spisa. Misli da je u svemu što čini neovisna i moćna. „Nitko mi nije ravan po snazi, moći ili bogatstvu i zato mogu činiti što god me volja. Nitko me ne može spriječiti." Tako razmišlja. Ako ima neprijatelja koji bi mogao omesti njezine osjetilne djelatnosti, smišlja kako bi ga svojom moći mogla uništiti.

STROFA 19

तानहं द्विषतः क्रूरान् संसारेषु नराधमान् ।
क्षिपाम्यजस्रमशुभानासुरीष्वेव योनिषु ॥ १९ ॥

tān ahaṁ dviṣataḥ krūrān saṁsāreṣu narādhamān
kṣipāmy ajasram aśubhān āsurīṣv eva yoniṣu

tān – one; *aham* – Ja; *dviṣataḥ* – zavidne; *krūrān* – zle; *saṁsāreṣu* – u ocean materijalnog postojanja; *nara-adhamān* – najniže ljude; *kṣipāmi* – stavljam; *ajasram* – zauvijek; *aśubhān* – nepovoljne; *āsurīṣu* – demonske; *eva* – zacijelo; *yoniṣu* – u maternice.

Zavidne i zle, najniže među ljudima, neprestano bacam u ocean materijalnog postojanja, u razne demonske vrste života.

SMISAO: U ovoj strofi jasno je rečeno da je stavljanje individualne duše u određeno tijelo isključivo pravo vrhovne volje. Demonski čovjek ne mora prihvatiti Gospodinovu nadmoć i činjenica je da može djelovati po svojim hirovima, ali njegovo sljedeće rođenje ovisi o odluci Svevišnje Božanske Osobe, a ne o njemu. U trećem pjevanju *Śrīmad-Bhāgavatama* rečeno je da duša nakon smrti biva stavljena u maternicu, u kojoj pod upravom više moći dobiva određenu vrstu tijela. Zato u materijalnom postojanju nalazimo toliko mnogo vrsta života – životinje, kukce, ljude itd. Sve to uređuje viša moć. Nijedna vrsta života ne nastaje slučajno. Što se tiče demonskih osoba, ovdje je jasno rečeno da uvijek iznova bivaju stavljene u maternice demona i tako nastavljaju biti zavidni, najniži ljudi. Smatra se da su takve demonske vrste ljudi uvijek pune požude i mržnje, nasilne i nečiste. Također se smatra da razne vrste lovaca u prašumi pripadaju demonskim vrstama života.

STROFA 20

आसुरीं योनिमापन्ना मूढा जन्मनि जन्मनि ।
मामप्राप्यैव कौन्तेय ततो यान्त्यधमां गतिम् ॥ २० ॥

āsurīṁ yonim āpannā mūḍhā janmani janmani
mām aprāpyaiva kaunteya tato yānty adhamāṁ gatim

āsurīm – demonske; *yonim* – vrste; *āpannāḥ* – dobivajući; *mūḍhāḥ* – budalasti; *janmani janmani* – život za životom; *mām* – Mene; *aprāpya* – ne dostižući; *eva* – zacijelo; *kaunteya* – o Kuntīn sine; *tataḥ* – zatim; *yānti* – odlaze; *adhamām* – osuđeno; *gatim* – u odredište.

Iznova i iznova se rađajući među vrstama demonskog života, o Kuntīn sine, takve Mi osobe nikada ne mogu prići. Postupno tonu do najodvratnije vrste postojanja.

SMISAO: Poznato je da je Bog svemilostiv, ali iz ove strofe proizlazi da nikada nije milostiv prema demonskim osobama. Jasno je rečeno da demonski ljudi život za životom bivaju stavljeni u maternice sličnih demona. Ne dobivajući milost Svevišnjega Gospodina, klize sve niže i niže i na kraju dobivaju tijela mačaka, pasa i svinja. Jasno je rečeno da takvi demoni nemaju gotovo nikakvih izgleda da bilo kada u budućnosti dobiju milost Boga. U *Vedama* je također rečeno da postupno tonu i postaju psi i svinje. U vezi s tim, netko može prigovoriti da Boga ne bismo trebali predstavljati kao svemilostivog ako nije milostiv prema takvim demonima. U odgovoru na to pitanje možemo navesti *Vedānta-sūtru,* u kojoj je rečeno da Svevišnji Gospodin nikoga ne mrzi. Stavljanje *asura*, demona, u najniži životni položaj samo je jedan oblik Njegove milosti. Katkada Svevišnji Gospodin ubija *asure*, ali to je za njih dobro, jer iz vedskih spisa saznajemo da onaj koga Svevišnji Gospodin ubije biva oslobođen. U povijesti ima mnogo primjera *asura,* poput Rāvaṇe, Kaṁse i Hiraṇyakaśipua, pred kojima se Gospodin pojavio u različitim inkarnacijama kako bi ih ubio. Stoga *asure* dobivaju Božju milost, ako imaju sreću da umru od Njegove ruke.

STROFA 21

त्रिविधं नरकस्येदं द्वारं नाशनमात्मनः ।
कामः क्रोधस्तथा लोभस्तस्मादेतत्त्रयं त्यजेत् ॥ २१ ॥

tri-vidhaṁ narakasyedaṁ dvāraṁ nāśanam ātmanaḥ
kāmaḥ krodhas tathā lobhas tasmād etat trayaṁ tyajet

tri-vidham – tri vrste; *narakasya* – pakla; *idam* – tog; *dvāram* – ulaza; *nāśanam* – razorne; *ātmanaḥ* – za jastvo; *kāmaḥ* – požuda; *krodhaḥ* –

srdžba; *tathā* – i; *lobhaḥ* – pohlepa; *tasmāt* – stoga; *etat* – te; *trayam* – tri; *tyajet* – čovjek mora ostaviti.

Tri ulaza vode u taj pakao – požuda, srdžba i pohlepa. Svaki ih razuman čovjek mora ostaviti, jer vode k degradaciji duše.

SMISAO: Ovdje je opisan početak demonskog života. Čovjek pokušava zadovoljiti požudu i kad je ne može zadovoljiti, pojavljuju se srdžba i pohlepa. Razuman čovjek, koji se ne želi degradirati u vrste demonskog života, mora pokušati odbaciti ta tri neprijatelja, koji mogu upropastiti biće u tolikoj mjeri da se više ne može osloboditi materijalne zapletenosti.

STROFA 22

एतैर्विमुक्तः कौन्तेय तमोद्वारैस्त्रिभिर्नरः ।
आचरत्यात्मनः श्रेयस्ततो याति परां गतिम् ॥ २२ ॥

etair vimuktaḥ kaunteya tamo-dvārais tribhir naraḥ
ācaraty ātmanaḥ śreyas tato yāti parāṁ gatim

etaiḥ – njih; *vimuktaḥ* – oslobođena; *kaunteya* – o Kuntīn sine; *tamaḥ-dvāraiḥ* – vrata neznanja; *tribhiḥ* – tri vrste; *naraḥ* – osoba; *ācarati* – čini; *ātmanaḥ* – za jastvo; *śreyaḥ* – blagoslov; *tataḥ* – zatim; *yāti* – odlazi; *parām* – u vrhovno; *gatim* – prebivalište.

Čovjek koji je izbjegao ta troja vrata pakla, o Kuntīn sine, čini djela povoljna za samospoznaju i tako postupno dostiže vrhovno prebivalište.

SMISAO: Čovjek treba pomno izbjegavati ova tri neprijatelja ljudskoga života: požudu, srdžbu i pohlepu. Što se više oslobađa požude, srdžbe i pohlepe, to više pročišćava svoje postojanje. Tako može slijediti pravila i propise vedskih spisa. Slijedeći propisana načela ljudskoga života postupno se uzdiže na razinu duhovne spoznaje. Ako se zahvaljujući velikoj sreći takvim slijeđenjem uzdigne na razinu svjesnosti Kṛṣṇe, uspjeh mu je osiguran. U vedskoj su književnosti propisani načini djelovanja koji omogućuju osobi da dostigne razinu pročišćenja. Čitav se proces temelji na odbacivanju požude, pohlepe i srdžbe. Njegujući znanje o tom procesu osoba se može uzdići na najviši položaj samospoznaje: ta samospoznaja dostiže savršenstvo u predanom služenju. Kad se uvjetovana duša utemelji u predanom služenju, njezino je oslobođenje osigurano. Zato u vedskom sustavu postoje četiri duhovna reda i četiri staleža, zvana kastinski sustav i sustav duhovnih redova. Za različite društvene kaste ili redove postoje različita pravila i propisi. Ako ih se netko može pridržavati, bit će uzdignut na najvišu razinu duhovne spoznaje. Tada nedvojbeno može dostići oslobođenje.

STROFA 23

यः शास्त्रविधिमुत्सृज्य वर्तते कामकारतः ।
न स सिद्धिमवाप्नोति न सुखं न परां गतिम् ॥ २३ ॥

yaḥ śāstra-vidhim utsṛjya vartate kāma-kārataḥ
na sa siddhim avāpnoti na sukhaṁ na parāṁ gatim

yaḥ – onaj tko; *śāstra-vidhim* – propise spisa; *utsṛjya* – odbacuje; *vartate* – nastavi; *kāma-kārataḥ* – hirovito djelovati iz požude; *na* – nikada; *saḥ* – on; *siddhim* – savršenstvo; *avāpnoti* – dostiže; *na* – nikada; *sukham* – sreću; *na* – nikada; *parām* – vrhovni; *gatim* – stadij savršenstva.

Onaj tko odbacuje naredbe spisa i djeluje po vlastitim hirovima ne dostiže ni savršenstvo, ni sreću, ni vrhovno odredište.

SMISAO: Kao što je već bilo opisano, *śāstra-vidhi,* odredbe *śāstra*, propisane su za različite kaste i redove ljudskoga društva. Od svakoga se očekuje da slijedi ta pravila i propise. Ako ih netko ne slijedi i djeluje hirovito, potaknut požudom, pohlepom i željom, nikada neće dostići savršenstvo života. Drugim riječima, čovjek može teorijski znati sve te stvari, ali ako ih ne primijeni u vlastitu životu, smatra se da je najniži od ljudi. Od živoga se bića u ljudskom obliku života očekuje da bude razumno i slijedi pravila propisana za uzdizanje na najvišu razinu. Ako ih ne slijedi, uzrokuje svoju degradaciju. Čak i ako slijedi propise i ćudoredna načela, ali na kraju ne spozna Svevišnjeg Gospodina, njegovo je znanje beskorisno. Ako prihvati postojanje Boga, ali se ne posveti služenju Gospodina, njegovi pokušaji neće uroditi uspjehom. Stoga se treba postupno uzdići do razine svjesnosti Kṛṣṇe i predanog služenja. Tada, na toj razini, može dostići najviše savršenstvo. U protivnom, ne može dostići savršenstvo.

Riječ *kāma-kārataḥ* vrlo je značajna. Osoba koja svjesno krši pravila djeluje iz požude. Zna da je nešto zabranjeno, ali ipak to čini. To je hirovito djelovanje. Zna da nešto treba učiniti, ali ipak to ne čini; zato se naziva hirovitom. Takve će osobe Gospodin sigurno osuditi. One ne mogu dostići savršenstvo ljudskoga života. Ljudski je život posebno namijenjen pročišćenju postojanja, ali onaj tko ne slijedi pravila i propise ne može se pročistiti, niti dostići stanje istinske sreće.

STROFA 24

तस्माच्छास्त्रं प्रमाणं ते कार्याकार्यव्यवस्थितौ ।
ज्ञात्वा शास्त्रविधानोक्तं कर्म कर्तुमिहार्हसि ॥ २४ ॥

tasmāc chāstraṁ pramāṇaṁ te kāryākārya-vyavasthitau
jñātvā śāstra-vidhānoktaṁ karma kartum ihārhasi

tasmāt – stoga; *śāstram* – spisa; *pramāṇam* – svjedočanstvo; *te* – tvoje; *kārya* – dužnosti; *akārya* – i zabranjene djelatnosti; *vyavasthitau* – u određivanju; *jñātvā* – znajući; *śāstra* – spisa; *vidhāna* – propise; *uktam* – kao što je objavljeno; *karma* – djelatnosti; *kartum* – vršiti; *iha* – u ovom svijetu; *arhasi* – trebaš.

Čovjek treba na temelju propisa spisa shvatiti što je njegova dužnost. Znajući takva pravila i propise, treba postupati u skladu s njima kako bi se mogao uzdići.

SMISAO: Kao što je bilo rečeno u petnaestom poglavlju, sva pravila i propisi *Veda* namijenjeni su razumijevanju Kṛṣṇe. Ako netko shvati Kṛṣṇu na temelju *Bhagavad-gīte* i utemelji se u svjesnosti Kṛṣṇe, predano služeći, dostigao je najviše savršenstvo znanja koje nude vedski spisi. Gospodin Caitanya Mahāprabhu olakšao je taj proces. On je tražio od ljudi da jednostavno pjevaju Hare Kṛṣṇa, Hare Kṛṣṇa, Kṛṣṇa Kṛṣṇa, Hare Hare/ Hare Rāma, Hare Rāma, Rāma Rāma, Hare Hare, predano služe Gospodina i jedu ostatke hrane ponuđene Božanstvu. Smatra se da je onaj tko neposredno vrši sve te djelatnosti s predanošću proučio svu vedsku književnost. On je došao do savršenog zaključka. Naravno, kad se radi o običnim ljudima koji nisu svjesni Kṛṣṇe ili koji ne služe Gospodina s predanošću, vedske odredbe propisuju što trebaju činiti, a što ne. Osoba treba postupati u skladu s njima, bez raspravljanja. To se naziva slijeđenjem načela *śāstra*, odnosno spisa. *Śāstra* nema četiri glavna nedostatka vidljiva kod uvjetovane duše: nesavršena osjetila, sklonost k varanju, neizbježno činjenje grešaka i neizbježnu podložnost iluziji. Onaj tko posjeduje ta četiri glavna nedostatka uvjetovanog života nije kvalificiran za postavljanje pravila i propisa. Pravila i propisi opisani u *śāstrama* nemaju te nedostatke i zato ih svi veliki sveci, *ācārye* i velike duše prihvaćaju takve kakvi jesu.

U Indiji ima mnogo škola duhovnog razumijevanja, koje se mogu svrstati u dvije kategorije: personalističke i impersonalističke. Međutim, sljedbenici i jednih i drugih škola žive u skladu s načelima *Veda*. Bez slijeđenja načela spisa osoba se ne može uzdići na razinu savršenstva. Zato se onaj tko shvaća smisao *śāstra* smatra sretnim.

Odbojnost prema načelima razumijevanja Svevišnje Božanske Osobe uzrok je svih padova u ljudskom društvu. To je najveća uvreda u ljudskom životu. Zato nam *māyā*, materijalna energija Svevišnje Božanske Osobe, uvijek zadaje nevolje u obliku trostrukih bijeda. Materijalna se energija sastoji od triju *guṇa* materijalne prirode. Čovjek se mora uzdignuti bar na razinu *guṇe* vrline, prije nego što može kročiti na put razumijevanja Svevišnjega Gospodina. Ako se ne uzdigne do standarda *guṇe* vrline, ostaje pod utjecajem neznanja i strasti, koji predstavljaju uzroke demonskog života. Osobe u *guṇama* strasti i neznanja ismijavaju spise, svete osobe te pravilno razumijevanje Svevišnje Božanske Osobe. Ne slijede upute duhovnog učitelja i ne mare za propise spisa. Premda su čule slave predanog služenja, ne osjećaju prema njemu privlačnost. Tako izmišljaju vlastiti način uzdizanja. To su neki od nedostataka ljudskoga društva koji vode do demonskog stanja života. Međutim, ako netko prihvati vodstvo pravog, vjerodostojnog duhovnog učitelja, koji ga može voditi na putu uzdizanja do više razine, postiže uspjeh u životu.

Tako se završavaju Bhaktivedantina tumačenja šesnaestoga poglavlja Śrīmad Bhagavad-gīte *pod naslovom* Božanska i demonska priroda.

SEDAMNAESTO POGLAVLJE

Vrste vjere

STROFA 1

अर्जुन उवाच
ये शास्त्रविधिमुत्सृज्य यजन्ते श्रद्धयान्विताः ।
तेषां निष्ठा तु का कृष्ण सत्त्वमाहो रजस्तमः ॥ १ ॥

arjuna uvāca
ye śāstra-vidhim utsṛjya yajante śraddhayānvitāḥ
teṣāṁ niṣṭhā tu kā kṛṣṇa sattvam āho rajas tamaḥ

arjunaḥ uvāca – Arjuna reče; *ye* – oni koji; *śāstra-vidhim* – propise spisa; *utsṛjya* – odbacujući; *yajante* – obožavaju; *śraddhayā* – čvrstu vjeru; *anvitāḥ* – imaju; *teṣām* – njihova; *niṣṭhā* – vjera; *tu* – međutim; *kā* – kakva; *kṛṣṇa* – o Kṛṣṇa; *sattvam* – u vrlini; *āho* – ili; *rajaḥ* – u strasti; *tamaḥ* – u neznanju.

Arjuna upita: O Kṛṣṇa, kakav je položaj onih koji ne slijede načela spisa, već obožavaju po vlastitu nahođenju? Jesu li u vrlini, strasti ili neznanju?

SMISAO: U trideset devetoj strofi četvrtoga poglavlja bilo je rečeno da se osoba vjerna određenoj vrsti obožavanja postupno uzdiže na razinu znanja i dostiže najvišu savršenu razinu mira i blagostanja. U šesnaestom poglavlju bilo je zaključeno da se onaj tko ne slijedi načela spisa naziva *asurom*, demonom, a onaj tko vjerno slijedi odredbe spisa *devom* ili polubogom. Međutim, ako netko s vjerom slijedi pravila koja nisu spomenuta u odredbama spisa, kakav je njegov položaj? Kṛṣṇa treba raspršiti tu Arjuninu sumnju. Obožavaju li oni koji stvaraju neku vrstu Boga, birajući ljudsko biće i polažući svoju vjeru u njega, u vrlini, strasti ili neznanju? Dostižu li savršenu razinu života? Mogu li se utemeljiti u pravom znanju i uzdići na najvišu razinu savršenstva? Postižu li osobe koje ne slijede pravila i propise spisa, ali imaju vjeru u nešto i obožavaju bogove, polubogove i ljude, uspjeh u svojim naporima? Arjuna postavlja Kṛṣṇi ova pitanja.

STROFA 2

श्रीभगवानुवाच
त्रिविधा भवति श्रद्धा देहिनां सा स्वभावजा ।
सात्त्विकी राजसी चैव तामसी चेति तां शृणु ॥ २ ॥

śrī-bhagavān uvāca
tri-vidhā bhavati śraddhā dehināṁ sā svabhāva-jā
sāttvikī rājasī caiva tāmasī ceti tāṁ śṛṇu

śrī-bhagavān uvāca – Svevišnja Božanska Osoba reče; *tri-vidhā* – tri vrste; *bhavati* – postaje; *śraddhā* – vjera; *dehinām* – utjelovljenog; *sā* – ta; *sva-bhāva-jā* – ovisno o *guṇi* materijalne prirode; *sāttvikī* – u *guṇi* vrline; *rājasī* – u *guṇi* strasti; *ca* – također; *eva* – zacijelo; *tāmasī* – u *guṇi* neznanja; *ca* – i; *iti* – tako; *tām* – to; *śṛṇu* – počuj.

Svevišnja Božanska Osoba reče: Ovisno o guṇama prirode koje je stekla, utjelovljena duša može imati tri vrste vjere – u vrlini, strasti i neznanju. Počuj sada o tome.

SMISAO: Oni koji znaju pravila i propise spisa, ali ih iz lijenosti ili nemara prestanu slijediti nalaze se pod upravom *guṇa* materijalne prirode. Ovisno o djelima koja su ranije počinili u *guṇi* vrline, strasti ili neznanja, stječu prirodu s određenim odlikama. Živo se biće već dugo vremena druži s različitim *guṇama* prirode. Budući da je u dodiru s materijalnom prirodom, razvija određenu vrstu mentaliteta, ovisno o dodiru s materijalnim *guṇama*. Ali ta se priroda može promijeniti ako se druži s vjerodostojnim duhovnim učiteljem i slijedi njegove upute i spise. Postupno može promijeniti svoj položaj i uzdići se s razine neznanja ili strasti na razinu vrline. Možemo zaključiti da slijepa vjera u određenoj *guṇi* ne može pomoći osobi da se uzdigne na savršenu razinu. Ona mora pomno i inteligentno razmotriti stvari u društvu vjerodostojna duhovnog učitelja. Tako može promijeniti svoj položaj i uzdići se do više *guṇe* prirode.

STROFA 3

सत्त्वानुरूपा सर्वस्य श्रद्धा भवति भारत ।
श्रद्धामयोऽयं पुरुषो यो यच्छ्रद्धः स एव सः ॥ ३ ॥

sattvānurūpā sarvasya śraddhā bhavati bhārata
śraddhā-mayo 'yaṁ puruṣo yo yac-chraddhaḥ sa eva saḥ

sattva-anurūpā – prema postojanju; *sarvasya* – svačija; *śraddhā* – vjera; *bhavati* – postaje; *bhārata* – o Bharatin sine; *śraddhā* – vjere; *mayaḥ* – mnogo; *ayam* – to; *puruṣaḥ* – živo biće; *yaḥ* – koje; *yat* – s tom; *śraddhaḥ* – vjerom; *saḥ* – tako; *eva* – zacijelo; *saḥ* – ono.

O Bharatin sine, ovisno o svom postojanju pod utjecajem različitih guṇa prirode živo biće razvija određenu vrstu vjere. Smatra se da ima određenu vjeru prema guṇama koje je steklo.

SMISAO: Svatko ima određenu vrstu vjere bez obzira na svoj položaj, ali prema naravi koju je stekao smatra se da je njegova vjera u vrlini, strasti ili neznanju. Tako se, u skladu sa svojom vrstom vjere, druži s određenim osobama. Ustvari, kao što je bilo rečeno u petnaestom poglavlju, svako je živo biće, izvorno, djelić Svevišnjeg Gospodina. Zato je izvorno transcendentalno prema svim *guṇama* materijalne prirode, ali kad zaboravi svoj odnos sa Svevišnjom Božanskom Osobom i dođe u dodir s materijalnom prirodom u uvjetovanu životu, stvara vlastiti položaj, družeći se s raznolikostima materijalne prirode. Umjetna vjera i postojanje, uzrokovani takvim druženjem, materijalne su prirode. Premda živo biće može biti vođeno nekim dojmom ili životnim shvaćanjem, izvorno je *nirguṇa*, transcendentalno. Zbog toga se mora pročistiti od materijalnih nečistoća koje je steklo kako bi ponovno uspostavilo svoj odnos sa Svevišnjim Gospodinom. Jedini put povratka bez straha jest svjesnost Kṛṣṇe. Ako se utemelji u svjesnosti Kṛṣṇe, osiguran mu je put uzdizanja do savršene razine. Ako ne prihvati ovaj put samospoznaje, sigurno će djelovati pod utjecajem *guṇa* prirode.

U ovoj je strofi vrlo znakovita riječ *śraddhā,* tj. vjera. *Śraddhā,* vjera, izvorno nastaje iz *guṇe* vrline. Netko može vjerovati u poluboga ili izmišljenog Boga, ili u neku maštariju. Čvrsta se vjera smatra rezultatom djelovanja materijalne vrline, ali u materijalno uvjetovanom životu nijedno djelo nije potpuno pročišćeno. Pomiješano je. Nije u čistoj vrlini. Čista je vrlina transcendentalna. U pročišćenoj vrlini možemo shvatiti pravu prirodu Svevišnje Božanske Osobe. Sve dok vjera nije potpuno utemeljena u pročišćenoj vrlini, podložna je nečistoćama *guṇa* materijalne prirode. Nečiste *guṇe* materijalne prirode dopiru do srca. Tako se vjera stvara prema stanju srca u dodiru s određenom *guṇom* materijalne prirode. Ako je nečije srce u *guṇi* vrline, trebamo shvatiti da je i njegova vjera u *guṇi* vrline. Ako je srce u *guṇi* strasti, i vjera je u *guṇi* strasti. Ako je srce u *guṇi* tame, iluzije, i vjera je tako nečista. U ovom svijetu postoje različite vrste vjere i zbog različitih vjera različite religije. Pravo je načelo pobožne vjere u *guṇi* čiste vrline, ali budući da srce nije čisto, postoje razne vrste religijskih načela. Tako, prema raznim vrstama vjere, postoje razne vrste obožavanja.

STROFA 4

यजन्ते सात्त्विका देवान् यक्षरक्षांसि राजसाः ।
प्रेतान् भूतगणांश्चान्ये यजन्ते तामसा जनाः ॥ ४ ॥

yajante sāttvikā devān yakṣa-rakṣāṁsi rājasāḥ
pretān bhūta-gaṇāṁś cānye yajante tāmasā janāḥ

yajante – obožavaju; *sāttvikāḥ* – osobe u *guṇi* vrline; *devān* – polubogove; *yakṣa-rakṣāṁsi* – demone; *rājasāḥ* – osobe u *guṇi* strasti; *pretān* – duhove umrlih; *bhūta-gaṇān* – sablasti; *ca* – i; *anye* – drugi; *yajante* – obožavaju; *tāmasāḥ* – u *guṇi* neznanja; *janāḥ* – ljudi.

Ljudi u guṇi vrline obožavaju polubogove, ljudi u guṇi strasti obožavaju demone, a ljudi u guṇi neznanja obožavaju sablasti i duhove.

SMISAO: U ovoj strofi Svevišnja Božanska Osoba opisuje razne vrste obožavatelja prema njihovim vanjskim djelatnostima. Prema odredbi spisa samo je Svevišnja Božanska Osoba vrijedna obožavanja, ali oni koji ne poznaju dobro spise ili ne slijede vjerno njihove odredbe obožavaju razne predmete obožavanja, ovisno o svom položaju u *guṇama* materijalne prirode. Osobe u vrlini obično obožavaju polubogove, u koje se ubrajaju Brahmā, Śiva i drugi polubogovi kao što su Indra, Candra i bog Sunca.

Postoje razni polubogovi. Osobe u vrlini obožavaju određenog poluboga s određenim ciljem. Osobe u *guṇi* strasti obožavaju demone. Sjećamo se da je za vrijeme Drugog svjetskog rata jedan čovjek u Calcutti obožavao Hitlera, jer je zahvaljujući ratu zgrnuo ogromno bogatstvo, poslujući na crnoj burzi. Osobe u *guṇama* strasti i neznanja obično izabiru moćnoga čovjeka za Boga. Misle da svakoga mogu obožavati kao Boga i da će steći isti rezultat.

Ovdje je jasno rečeno da ljudi u *guṇi* strasti obožavaju i stvaraju takve bogove, a ljudi u *guṇi* neznanja, ili tame, obožavaju duhove mrtvaca. Katkada izvode obred obožavanja pred grobom nekog mrtvaca. Smatra se da je seksualno služenje također u *guṇi* tame. U zabačenim selima Indije postoje obožavatelji sablasti. Vidjeli smo da u Indiji niži slojevi ljudi ponekad idu u šumu i ako znaju da u nekom drvetu živi sablast, obožavaju to drvo i prinose mu žrtve. Te razne vrste obožavanja ne predstavljaju obožavanje Boga. Obožavanje Boga namijenjeno je za osobe koje su transcendentalno utemeljene u čistoj vrlini. U *Śrīmad-Bhāgavatamu* (4.3.23) rečeno je – *sattvaṁ viśuddhaṁ vasudeva-śabditam:* „Čovjek utemeljen u čistoj vrlini obožava Vāsudevu". To znači da Svevišnju Božansku Osobu mogu obožavati osobe utemeljene na transcendentalnoj razini, koje su se potpuno pročistile od materijalnih *guṇa* prirode.

Smatra se da su impersonalisti u *guṇi* vrline. Oni obožavaju pet polubogova. Obožavaju neosobni oblik Viṣṇua u materijalnom svijetu, poznat kao filozofski Viṣṇu. Viṣṇu je ekspanzija Svevišnje Božanske Osobe, ali impersonalisti ne vjeruju u Svevišnju Božansku Osobu i zato zamišljaju da je Viṣṇuov oblik samo jedan vid neosobnog Brahmana. Isto tako zamišljaju da je Brahmā neosobni oblik u materijalnoj *guṇi* strasti. Tako ponekad opisuju pet vrsta bogova vrijednih obožavanja, ali na kraju odbacuju sve obožavane bogove, jer misle da je neosobni Brahman prava istina. Možemo zaključiti da se razne odlike materijalnih *guṇa* prirode mogu pročistiti druženjem s osobama transcendentalne prirode.

STROFE 5–6

अशास्त्रविहितं घोरं तप्यन्ते ये तपो जनाः ।
दम्भाहङ्कारसंयुक्ताः कामरागबलान्विताः ॥ ५ ॥
कर्षयन्तः शरीरस्थं भूतग्राममचेतसः ।
मां चैवान्तः शरीरस्थं तान् विद्ध्यासुरनिश्चयान् ॥ ६ ॥

aśāstra-vihitaṁ ghoraṁ tapyante ye tapo janāḥ
dambhāhaṅkāra-saṁyuktāḥ kāma-rāga-balānvitāḥ

karṣayantaḥ śarīra-sthaṁ bhūta-grāmam acetasaḥ
māṁ caivāntaḥ śarīra-sthaṁ tān viddhy āsura-niścayān

aśāstra – nisu u spisima; *vihitam* – propisane; *ghoram* – štetne po druge; *tapyante* – podvrgavaju se; *ye* – one koje; *tapaḥ* – strogostima; *janāḥ* – osobe; *dambha* – ponosom; *ahaṅkāra* – i sebičnošću; *saṁyuktāḥ* – obuzete; *kāma* – požude; *rāga* – i vezanosti; *bala* – snagom; *anvitāḥ* – gonjene; *karṣayantaḥ* – muče; *śarīra-stham* – koji se nalazi u tijelu; *bhūta-grāmam* – spoj materijalnih elemenata; *acetasaḥ* – zavedenog mentaliteta; *mām* – Mene; *ca* – također; *eva* – zacijelo; *antaḥ* – unutra; *śarīra-stham* – prebivam u tijelu; *tān* – oni; *viddhi* – znaj; *āsura-niścayān* – demoni.

Oni koji se podvrgavaju oštrim strogostima i pokorama koje nisu preporučene u spisima i vrše ih iz ponosa i sebičnosti, gonjeni požudom i vezanošću, koji su budalasti i muče materijalne elemente u tijelu, kao i Nad-dušu koja u tijelu prebiva, poznati su kao demoni.

SMISAO: Neke osobe izmišljaju strogosti i pokore koje nisu spomenute u spisima. Na primjer, post sa skrivenom pobudom, kao što je ostvarenje čisto političkog cilja, nije propisan u spisima. Spisi preporučuju post radi ostvarivanja duhovnog napretka, a ne političkog ili društvenog cilja. Prema *Bhagavad-gīti* osobe koje vrše takve strogosti zacijelo su demonske. Njihova se djela protive odredbama spisa i ne pružaju ljudima dobrobit. Ustvari, oni djeluju iz ponosa, lažnog ega, požude i vezanosti za materijalno uživanje. Takve djelatnosti predstavljaju uznemirenje ne samo za spoj materijalnih elemenata od kojih je tijelo načinjeno, već i za samu Svevišnju Božansku Osobu koja u tijelu živi. Takav neovlašteni post ili strogosti koje se vrše radi ostvarivanja političkog cilja nedvojbeno jako uznemiruju druge i nisu spomenuti u vedskoj književnosti. Demonska osoba može misliti da tom metodom može prisiliti svoga neprijatelja ili protivničku stranu da udovolji njezinoj želji, ali ponekad se događa da zbog takvog posta umre. Svevišnja Božanska Osoba ne odobrava takva djela i takve osobe naziva demonima. Čineći takva djela osoba nanosi uvrede Svevišnjoj Božanskoj Osobi, jer krši odredbe vedskih spisa. U vezi s tim, značajna je riječ *acetasaḥ*. Osobe normalnog uma moraju se pokoravati odredbama spisa. Oni koji nisu u takvom stanju zanemaruju i krše spise te izmišljaju vlastiti način vršenja strogosti i pokora. Trebamo uvijek imati na umu krajnje odredište demonskih ljudi, opisano u šesnaestom poglavlju. Gospodin ih prisiljava da se rode u maternicama demonskih osoba. Stoga će život za životom slijediti demonska načela, nesvjesni svoga odnosa sa Svevišnjom Božanskom Osobom. No ako imaju sreću da ih vodi duhovni učitelj, koji im može pokazati put vedske mudrosti, mogu se izbaviti iz ove zapletenosti i na kraju dostići vrhovni cilj.

STROFA 7

आहारस्त्वपि सर्वस्य त्रिविधो भवति प्रियः ।
यज्ञस्तपस्तथा दानं तेषां भेदमिमं शृणु ॥ ७ ॥

āhāras tv api sarvasya tri-vidho bhavati priyaḥ
yajñas tapas tathā dānaṁ teṣāṁ bhedam imaṁ śṛṇu

āhāraḥ – hrane; *tu* – zacijelo; *api* – također; *sarvasya* – svakoga; *tri-vidhaḥ* – tri vrste; *bhavati* – postoje; *priyaḥ* – omiljene; *yajñaḥ* – žrtvovanje; *tapaḥ* – strogost; *tathā* – također; *dānam* – milostinja; *teṣām* – o njihovim; *bhedam* – razlikama; *imam* – to; *śṛṇu* – počuj.

Ovisno o tri guṇe materijalne prirode, postoje tri vrste omiljene hrane, žrtvovanja, strogosti i milostinje. Počuj sada o njihovim razlikama.

SMISAO: Ovisno o različitim položajima u *guṇama* materijalne prirode, postoje razlike u načinu ishrane, vršenju žrtvovanja, strogosti i davanju milostinje. Sve se ove djelatnosti ne vrše na istoj razini. Oni koji mogu analitički shvatiti kakve se djelatnosti vrše u kojoj *guṇi* materijalne prirode istinski su mudri. Budalaste osobe smatraju da su sve vrste žrtvovanja, hrane ili milostinje iste i ne mogu uočiti razlike. Neki misionari zastupaju mišljenje da čovjek može raditi sve što hoće i dostići savršenstvo, ali takvi budalasti vođe ne postupaju u skladu s odredbama spisa. Izmišljaju vlastite puteve i zavode ljude.

STROFA 8

आयुःसत्त्वबलारोग्यसुखप्रीतिविवर्धनाः ।
रस्याः स्निग्धाः स्थिरा हृद्या आहाराः सात्त्विकप्रियाः ॥ ८ ॥

āyuḥ-sattva-balārogya- sukha-prīti-vivardhanāḥ
rasyāḥ snigdhāḥ sthirā hṛdyā āhārāḥ sāttvika-priyāḥ

āyuḥ – trajanje života; *sattva* – postojanje; *bala* – snagu; *ārogya* – zdravlje; *sukha* – sreću; *prīti* – i zadovoljstvo; *vivardhanāḥ* – povećava; *rasyāḥ* – sočna; *snigdhāḥ* – masna; *sthirāḥ* – dugotrajna; *hṛdyāḥ* – godi srcu; *āhārāḥ* – hrana; *sāttvika* – za osobu u vrlini; *priyāḥ* – ukusna.

Hrana koja je draga osobama u guṇi vrline produžava život, pročišćava postojanje i daje snagu, zdravlje, sreću i zadovoljstvo. Takva je hrana sočna, masna i zdrava i godi srcu.

STROFA 9

कट्वम्ललवणात्युष्णतीक्ष्णरूक्षविदाहिनः ।
आहारा राजसस्येष्टा दुःखशोकामयप्रदाः ॥ ९ ॥

kaṭv-amla-lavaṇāty-uṣṇa- tīkṣṇa-rūkṣa-vidāhinaḥ
āhārā rājasasyeṣṭā duḥkha-śokāmaya-pradāḥ

kaṭu – gorka; *amla* – kisela; *lavaṇa* – slana; *ati-uṣṇa* – ljuta; *tīkṣṇa* – oštra; *rūkṣa* – suha; *vidāhinaḥ* – vruća; *āhārāḥ* – hrana; *rājasasya* – za osobe u *guṇi* strasti; *iṣṭāḥ* – ukusna; *duḥkha* – nesreću; *śoka* – bijedu; *āmaya* – bolest; *pradāḥ* – uzrokuje.

Hrana koja je previše gorka, kisela, slana, ljuta, oštra, suha i vruća draga je osobama u guṇi strasti. Takva hrana uzrokuje nesreću, bijedu i bolest.

STROFA 10

यातयामं गतरसं पूति पर्युषितं च यत् ।
उच्छिष्टमपि चामेध्यं भोजनं तामसप्रियम् ॥ १० ॥

yāta-yāmaṁ gata-rasaṁ pūti paryuṣitaṁ ca yat
ucchiṣṭam api cāmedhyaṁ bhojanaṁ tāmasa-priyam

yāta-yāmam – hrana skuhana tri sata prije jela; *gata-rasam* – bezukusna; *pūti* – neugodna mirisa; *paryuṣitam* – trula; *ca* – također; *yat* – ta koja; *ucchiṣṭam* – ostaci tuđe hrane; *api* – također; *ca* – i; *amedhyam* – nedodirljiva; *bhojanam* – jedu; *tāmasa* – osobama u *guṇi* tame; *priyam* – draga.

Hrana koja je pripremljena više od tri sata prije jela, hrana koja je bezukusna, trula i smrdljiva i hrana koja se sastoji od ostataka i nedodirljivih stvari draga je osobama u guṇi tame.

SMISAO: Hrana treba produžiti život, pročistiti um i povećati tjelesnu snagu. To je njezina jedina svrha. U prošlosti su veliki autoriteti izabrali hranu koja najbolje održava zdravlje i produžava život, kao što su mliječni proizvodi, šećer, riža, pšenica, voće i povrće. Ta hrana je vrlo draga ljudima u *guṇi* vrline. Neka druga hrana, koja sama po sebi nije vrlo ukusna, kao pečeni kukuruz i šećerni sirup, može se učiniti ukusnom ako se pomiješa s mlijekom ili sličnim namirnicama. Onda je u *guṇi* vrline. Sva je ta hrana po prirodi čista i sasvim se razlikuje od nedodirljivih stvari kao što su meso i alkohol. Masna hrana spomenuta u osmoj strofi nema nikakve veze sa životinjskom mašću dobivenom klanjem. Životinjska je mast dostupna u obliku mlijeka, najdivnije hrane. Mlijeko, maslac, sir i slični proizvodi daju životinjsku mast u obliku koji isključuje bilo kakvu potrebu za ubijanjem nedužnih stvorenja. Ljudi ubijaju životinje samo zbog surovosti. Civilizirana metoda dobivanja potrebne masti je prerada mlijeka. Klanje je metoda podljudi. Suhi grašak, *dāl*, nemljevena pšenica i slične namirnice sadrže obilje bjelančevina.

Hrana u *guṇi* strasti, koja je gorka, preslana, preljuta ili sadrži previše čilija, uzrokuje bijedu, jer smanjuje sluz u želucu i tako vodi k bolesti. Hrana u *guṇi* neznanja ili tame obično nije svježa. Smatra se da je svaka hrana skuhana više od tri sata prije jela (izuzev *prasādama*, hrane ponuđene Gospodinu) u *guṇi* tame. Budući da se kvari, takva hrana neugodno miriše, što često privlači ljude u toj *guṇi*, ali odbija osobe u *guṇi* vrline.

Ostaci hrane mogu se jesti samo kad predstavljaju dio obroka koji je bio ponuđen Svevišnjem Gospodinu ili koji su prvo kušale svete osobe, osobito duhovni učitelj. Inače se smatra da su ostaci hrane u *guṇi* tame i da povećavaju zarazu ili bolest. Iako je takva hrana vrlo ukusna za osobe u *guṇi* tame, ljudi u *guṇi* vrline je ne vole i ne dodiruju. Najbolja je hrana ona koja je ponuđena Svevišnjoj Božanskoj Osobi. U *Bhagavad-gīti* Svevišnji Gospodin kaže da prihvaća jela od povrća, brašna i mlijeka, kada se ponude s predanošću. *Patraṁ puṣpaṁ phalaṁ toyam.* Naravno, predanost i ljubav glavne su stvari koje Svevišnja Božanska Osoba prihvaća, ali je također spomenuto da se *prasādam* treba pripremiti na određen način. Svaka hrana pripremljena po uputama spisa i ponuđena Svevišnjoj Božanskoj Osobi može se jesti, čak i ako je davno pripremljena, jer je transcendentalna. Prema tome, da bismo hranu učinili antiseptičnom, jestivom i ukusnom za svakoga, trebamo je ponuditi Svevišnjoj Božanskoj Osobi.

STROFA 11

अफलाकाङ्क्षिभिर्यज्ञो विधिदिष्टो य इज्यते ।
यष्टव्यमेवेति मनः समाधाय स सात्त्विकः ॥ ११ ॥

aphalākāṅkṣibhir yajño vidhi-diṣṭo ya ijyate
yaṣṭavyam eveti manaḥ samādhāya sa sāttvikaḥ

aphala-ākāṅkṣibhiḥ – bez želje za rezultatom; *yajñaḥ* – žrtvovanje; *vidhi-diṣṭaḥ* – prema odredbama spisa; *yaḥ* – koje; *ijyate* – izvode; *yaṣṭavyam* – mora se vršiti; *eva* – zacijelo; *iti* – tako; *manaḥ* – um; *samādhāya* – usredotočujući; *saḥ* – to; *sāttvikaḥ* – u *guṇi* vrline.

Žrtvovanje koje prema odredbama spisa, iz dužnosti, vrše oni koji ne žele nagradu ima prirodu vrline.

SMISAO: Ljudi obično prinose žrtve s nekom namjerom, ali ovdje je rečeno da se žrtvovanje treba vršiti bez takve želje, iz dužnosti. Uzmimo, na primjer, izvođenje obreda u hramovima ili crkvama. Ljudi ih obično izvode kako bi stekli materijalnu dobrobit, ali takvo žrtvovanje nije u *guṇi* vrline. Čovjek treba otići u hram ili crkvu iz dužnosti, odati poštovanje Svevišnjoj Božanskoj Osobi i ponuditi cvijeće i hranu. Svatko misli da nema koristi od posjećivanja hrama samo radi obožavanja Boga. No u odredbama spisa nije preporučeno obožavanje radi materijalne dobrobiti. Hram trebamo posjećivati samo da bismo odali poštovanje Božanstvu. To će nas dovesti u *guṇu* vrline. Svaki je civiliziran čovjek dužan pokoravati se naredbama spisa i odavati poštovanje Svevišnjoj Božanskoj Osobi.

STROFA 12

अभिसन्धाय तु फलं दम्भार्थमपि चैव यत् ।
इज्यते भरतश्रेष्ठ तं यज्ञं विद्धि राजसम् ॥ १२ ॥

abhisandhāya tu phalaṁ dambhārtham api caiva yat
ijyate bharata-śreṣṭha taṁ yajñaṁ viddhi rājasam

abhisandhāya – sa željom; *tu* – ali; *phalam* – za rezultatom; *dambha* – ponosa; *artham* – radi; *api* – također; *ca* – i; *eva* – zacijelo; *yat* – koje; *ijyate* – vrši se; *bharata-śreṣṭha* – o vođo Bhārata; *tam* – to; *yajñam* – žrtvovanje; *viddhi* – znaj; *rājasam* – u *guṇi* strasti.

O vođo Bhārata, znaj da je žrtvovanje koje se vrši radi stjecanja materijalne dobrobiti ili zbog ponosa u guṇi strasti.

SMISAO: Katkada se žrtvovanja i obredi izvode radi uzdizanja u rajsko kraljevstvo ili radi stjecanja materijalne dobrobiti u ovom svijetu. Smatra se da su takva žrtvovanja ili obredi u *guṇi* strasti.

STROFA 13

विधिहीनमसृष्टान्नं मन्त्रहीनमदक्षिणम् ।
श्रद्धाविरहितं यज्ञं तामसं परिचक्षते ॥ १३ ॥

vidhi-hīnam asṛṣṭānnaṁ mantra-hīnam adakṣiṇam
śraddhā-virahitaṁ yajñaṁ tāmasaṁ paricakṣate

vidhi-hīnam – bez obaziranja na odredbe spisa; *asṛṣṭa-annam* – bez dijeljenja *prasādama; mantra-hīnam* – bez pjevanja vedskih himni; *adakṣiṇam* – bez nagrađivanja svećenika; *śraddhā* – vjere; *virahitam* – bez; *yajñam* – žrtvovanja; *tāmasam* – u *guṇi* neznanja; *paricakṣate* – smatra se da su.

Smatra se da je svako žrtvovanje u kojem se zanemaruju odredbe spisa, u kojem se ne dijeli prasādam [duhovna hrana], u kojem se ne recitiraju vedske himne i ne nagrađuju svećenici i koje se vrši bez vjere, u guṇi neznanja.

SMISAO: Vjera u *guṇi* tame ili neznanja zapravo je bezvjerje. Ljudi ponekad obožavaju nekog poluboga samo da bi zaradili novac koji onda troše na razbibrigu, ne obazirući se na odredbe spisa. Takve se obredne predstave pobožnosti smatraju neiskrenim. Izvode se u *guṇi* tame i stvaraju demonski mentalitet, ne pružajući dobrobit ljudskom društvu.

STROFA 14

देवद्विजगुरुप्राज्ञपूजनं शौचमार्जवम् ।
ब्रह्मचर्यमहिंसा च शारीरं तप उच्यते ॥ १४ ॥

deva-dvija-guru-prājña- pūjanaṁ śaucam ārjavam
brahmacaryam ahiṁsā ca śārīraṁ tapa ucyate

deva – Svevišnjeg Gospodina; *dvija* – *brāhmaṇa; guru* – duhovnog učitelja; *prājña* – osoba vrijednih obožavanja; *pūjanam* – obožavanje; *śaucam* – čistoća; *ārjavam* – jednostavnost; *brahmacaryam* – celibat; *ahiṁsā* – nenasilje; *ca* – također; *śārīram* – tijela; *tapaḥ* – strogost; *ucyate* – kaže se.

Obožavanje Svevišnjeg Gospodina, brāhmaṇa, duhovnog učitelja i nadređenih, kao što su otac i majka, čistoća, jednostavnost, celibat i nenasilje predstavljaju strogosti tijela.

SMISAO: Vrhovni Bog ovdje objašnjava razne vrste strogosti i pokora. Najprije objašnjava strogosti i pokore tijela. Čovjek treba odavati ili naučiti odavati poštovanje Bogu ili polubogovima, savršenim, kvalificiranim *brāhmaṇama,* duhovnom učitelju, nadređenima kao što su otac i majka i svakome tko je upućen u vedsko znanje. Njima treba iskazati dolično poštovanje. Treba održavati unutarnju i vanjsku čistoću i naučiti se jednostavno ponašati. Ne smije činiti djela koja spisi ne odobravaju. Ne smije se upuštati u spolne odnose izvan braka, jer ih spisi dopuštaju samo u braku. To se naziva celibatom. To su pokore i strogosti tijela.

STROFA 15

अनुद्वेगकरं वाक्यं सत्यं प्रियहितं च यत् ।
स्वाध्यायाभ्यसनं चैव वाङ्मयं तप उच्यते ॥ १५ ॥

anudvega-karaṁ vākyaṁ satyaṁ priya-hitaṁ ca yat
svādhyāyābhyasanaṁ caiva vāṅ-mayaṁ tapa ucyate

anudvega-karam – neuznemiravajuće; *vākyam* – riječi; *satyam* – istinoljubive; *priya* – drage; *hitam* – korisne; *ca* – također; *yat* – koje; *svādhyāya* – proučavanja *Veda; abhyasanam* – primjena; *ca* – također; *eva* – zacijelo; *vāk-mayam* – glasa; *tapaḥ* – strogost; *ucyate* – kaže se.

Izgovaranje ugodnih, istinitih riječi koje pružaju dobrobit i ne uznemiruje druge te redovito recitiranje vedskih spisa predstavljaju strogosti govora.

SMISAO: Čovjek ne bi trebao svojim riječima uznemiravati umove drugih. Naravno, kad učitelj govori, može reći istinu kako bi poučio svoje učenike, ali ne bi trebao govoriti onima koji nisu njegovi učenici, ako će time uznemiriti njihove umove. To je pokora govora. Uz to ne bi trebao govoriti gluposti. U duhovnim krugovima riječi se obično potkrepljuju navodima spisa. Osoba treba odmah navesti mjerodavne spise kako bi potvrdila svoje riječi. U isto vrijeme, takav govor treba biti vrlo ugodan. Takve rasprave pružaju najvišu dobrobit i uzdižu ljudsko društvo. Postoji neograničeni broj vedskih spisa, koje osoba treba proučavati. To se naziva strogošću govora.

STROFA 16

मनःप्रसादः सौम्यत्वं मौनमात्मविनिग्रहः ।
भावसंशुद्धिरित्येतत् तपो मानसमुच्यते ॥ १६ ॥

manaḥ-prasādaḥ saumyatvaṁ maunam ātma-vinigrahaḥ
bhāva-saṁśuddhir ity etat tapo mānasam ucyate

manaḥ-prasādaḥ – zadovoljstvo uma; *saumyatvam* – nedvolično ophođenje prema drugima; *maunam* – ozbiljnost; *ātma* – nad sobom; *vinigrahaḥ* – vladanje; *bhāva* – svoje prirode; *saṁśuddhiḥ* – pročišćenje; *iti* – tako; *etat* – to; *tapaḥ* – strogost; *mānasam* – uma; *ucyate* – kaže se.

Zadovoljstvo, jednostavnost, ozbiljnost, samoovladanost i pročišćenje postojanja, strogosti su uma.

SMISAO: Vršiti strogosti uma znači odvojiti um od osjetilnog uživanja. Um trebamo naviknuti da uvijek misli na pružanje dobrobiti drugima. Najbolji trening za um je ozbiljnost u razmišljanju. Ne bismo trebali odstupiti od svjesnosti Kṛṣṇe i moramo uvijek izbjegavati osjetilno uživanje. Pročistiti svoju prirodu znači postati svjestan Kṛṣṇe. Zadovoljstvo uma možemo steći samo ako odvojimo um od misli o osjetilnom uživanju. Što više mislimo na osjetilno uživanje, to više um postaje nezadovoljan. U sadašnjem dobu nepotrebno zaokupljamo um raznim načinima zadovoljavanja osjetila i zato ne može postati zadovoljan. Trebamo ga zaokupiti čitanjem vedskih spisa, punih priča koje pružaju zadovoljstvo, kao što su priče u *Purāṇama* i *Mahābhārati*. To je najbolji način. Možemo iskoristiti to znanje i tako se pročistiti. Um ne smije biti dvoličan i treba misliti na dobrobit svih živih bića. Šutiti znači uvijek misliti na samospoznaju. U tom smislu se osoba svjesna Kṛṣṇe savršeno pridržava šutnje. Vladati umom znači odvojiti ga od osjetilnog uživanja. Trebamo se otvoreno ophoditi prema drugima i tako pročistiti svoje postojanje. Sve te odlike zajedno predstavljaju strogosti umnih djelatnosti.

STROFA 17

श्रद्धया परया तप्तं तपस्तत् त्रिविधं नरैः ।
अफलाकाङ्क्षिभिर्युक्तैः सात्त्विकं परिचक्षते ॥ १७ ॥

śraddhayā parayā taptaṁ tapas tat tri-vidhaṁ naraiḥ
aphalākāṅkṣibhir yuktaiḥ sāttvikaṁ paricakṣate

śraddhayā – s vjerom; *parayā* – transcendentalnom; *taptam* – vrše; *tapaḥ* – strogost; *tat* – tu; *tri-vidham* – tri vrste; *naraiḥ* – ljudi; *aphala-ākāṅkṣibhiḥ* – koji nemaju želja za plodovima; *yuktaiḥ* – djeluju; *sāttvikam* – u *guṇi* vrline; *paricakṣate* – naziva se.

Ova trostruka strogost, koju s transcendentalnom vjerom vrše ljudi koji ne očekuju materijalne dobrobiti, već djeluju samo radi Svevišnjeg, naziva se strogošću u vrlini.

STROFA 18

सत्कारमानपूजार्थं तपो दम्भेन चैव यत् ।
क्रियते तदिह प्रोक्तं राजसं चलमध्रुवम् ॥ १८ ॥

satkāra-māna-pūjārthaṁ tapo dambhena caiva yat
kriyate tad iha proktaṁ rājasaṁ calam adhruvam

sat-kāra – poštovanja; *māna* – ugleda; *pūjā* – i obožavanja; *artham* – radi; *tapaḥ* – strogost; *dambhena* – s ponosom; *ca* – također; *eva* – zacijelo; *yat* – koja; *kriyate* – vrši se; *tat* – ta; *iha* – u ovom svijetu; *proktam* – kaže se; *rājasam* – u *guṇi* strasti; *calam* – treperava; *adhruvam* – privremena.

Kaže se da je pokora izvršena iz ponosa, radi stjecanja poštovanja, ugleda i obožavanja, u guṇi strasti. Takva pokora nije ni postojana niti stalna.

SMISAO: Ljudi katkada vrše pokore i strogosti kako bi privukli ljude i stekli ugled, poštovanje i divljenje drugih. Osobe u *guṇi* strasti prihvaćaju obožavanje od svojih podčinjenih i dopuštaju da im peru stopala i daju bogatstvo. Smatra se da je takvo obožavanje umjetno uzrokovano vršenjem pokora u *guṇi* strasti. Njegovi su rezultati privremeni; mogu trajati neko vrijeme, ali nisu trajni.

STROFA 19

मूढग्राहेणात्मनो यत् पीडया क्रियते तपः ।
परस्योत्सादनार्थं वा तत्तामसमुदाहृतम् ॥ १९ ॥

mūḍha-grāheṇātmano yat pīḍayā kriyate tapaḥ
parasyotsādanārthaṁ vā tat tāmasam udāhṛtam

mūḍha – budalasta; *grāheṇa* – s naporom; *ātmanaḥ* – vlastitog bića; *yat* – koja; *pīḍayā* – mučenjem; *kriyate* – vrši se; *tapaḥ* – pokora; *parasya* – drugih; *utsādana-artham* – radi uništenja; *vā* – ili; *tat* – ta; *tāmasam* – u *guṇi* tame; *udāhṛtam* – kaže se.

Kaže se da je pokora učinjena iz ludosti, kojom osoba muči samu sebe kako bi uništila ili povrijedila druge, u guṇi neznanja.

SMISAO: Postoje primjeri budalastih pokora, kojima se podvrgavaju demoni poput Hiraṇyakaśipua. On je vršio oštre pokore kako bi postao besmrtan i ubio polubogove. Molio se za to Brahmi, ali ga je na kraju ubila Svevišnja Božanska Osoba. Vršenje strogosti radi ostvarivanja nemogućeg cilja zacijelo je strogost u *guṇi* neznanja.

STROFA 20

दातव्यमिति यद्दानं दीयतेऽनुपकारिणे ।
देशे काले च पात्रे च तद्दानं सात्त्विकं स्मृतम् ॥ २० ॥

dātavyam iti yad dānaṁ dīyate 'nupakāriṇe
deśe kāle ca pātre ca tad dānaṁ sāttvikaṁ smṛtam

dātavyam – vrijedna davanja; *iti* – tako; *yat* – koja; *dānam* – milostinja; *dīyate* – daje se; *anupakāriṇe* – bez obzira na uzvraćanje; *deśe* – na pravom mjestu; *kāle* – u pravo vrijeme; *ca* – također; *pātre* – dostojnoj osobi; *ca* – i; *tat* – ta; *dānam* – milostinja; *sāttvikam* – u *guṇi* vrline; *smṛtam* – smatra se.

Smatra se da je milostinja koju osoba daje iz dužnosti, u pravo vrijeme i na pravom mjestu, dostojnoj osobi, bez očekivanja nečega za uzvrat, milostinja u guṇi vrline.

SMISAO: U vedskoj se književnosti preporučuje davanje milostinje osobi koja se bavi duhovnim djelatnostima. Ne preporučuje se slijepo davanje milostinje. Uvijek se uzima u obzir duhovno savršenstvo. Stoga se preporučuje davanje milostinje na mjestu hodočašća, za vrijeme pomračenja sunca i mjeseca, na kraju mjeseca, kvalificiranim *brāhmaṇama* ili vaiṣṇavama (*bhaktama*) ili u hramovima. Takva se milostinja treba davati bez očekivanja nečega za uzvrat. Ponekad se iz samilosti milostinja daje siromasima, ali ako siromah nije vrijedan toga, takva milostinja neće donijeti duhovni napredak. Drugim riječima, u vedskoj se književnosti ne preporučuje slijepo davanje milostinje.

STROFA 21

यत्तु प्रत्युपकारार्थं फलमुद्दिश्य वा पुनः ।
दीयते च परिक्लिष्टं तद्दानं राजसं स्मृतम् ॥ २१ ॥

yat tu pratyupakārārthaṁ phalam uddiśya vā punaḥ
dīyate ca parikliṣṭaṁ tad dānaṁ rājasaṁ smṛtam

yat – koja; *tu* – ali; *prati-upakāra-artham* – radi dobivanja nečega za uzvrat; *phalam* – rezultat; *uddiśya* – želeći; *vā* – ili; *punaḥ* – ponovno; *dīyate* – daje se; *ca* – također; *parikliṣṭam* – nerado; *tat* – ta; *dānam* – milostinja; *rājasam* – u *guṇi* strasti; *smṛtam* – smatra se.

Za milostinju koja se daje nerado, s očekivanjem nečega za uzvrat ili sa željom za plodonosnim rezultatima, kaže se da je milostinja u guṇi strasti.

SMISAO: Čovjek ponekad daje milostinju kako bi se uzdigao u rajsko kraljevstvo, a ponekad je daje s teškom mukom, kajući se: „Zašto sam toliko mnogo potrošio na ovaj način?" Milostinja se također ponekad daje iz obveze, na zahtjev pretpostavljenog. Za takvu se milostinju kaže da je u *guṇi* strasti.

Ima mnogo milosrdnih udruženja koja daju priloge ustanovama u kojima se zadovoljavaju osjetila. Takve milostinje nisu preporučene u vedskim spisima. Preporučena je samo milostinja u *guṇi* vrline.

STROFA 22

अदेशकाले यद्दानमपात्रेभ्यश्च दीयते ।
असत्कृतमवज्ञातं तत्तामसमुदाहृतम् ॥ २२ ॥

adeśa-kāle yad dānam apātrebhyaś ca dīyate
asat-kṛtam avajñātaṁ tat tāmasam udāhṛtam

adeśa – na neпročišćenom mjestu; *kāle* – u nepročišćeno vrijeme; *yat* – koja; *dānam* – milostinja; *apātrebhyaḥ* – nedostojnim osobama; *ca* – također; *dīyate* – daje se; *asat-kṛtam* – bez poštovanja; *avajñātam* – bez obzira; *tat* – ta; *tāmasam* – u *guṇi* tame; *udāhṛtam* – kaže se.

Za milostinju koja se daje na nečistom mjestu, u pogrešno vrijeme, nedostojnim osobama, bez pravog obzira i poštovanja, kaže se da je u guṇi neznanja.

SMISAO: Doprinosi za uzimanje opojnih sredstava i kockanje ovdje se ne odobravaju. Takva je vrsta milostinje u *guṇi* neznanja. Ona ne pruža dobrobit, već ohrabruje grešne osobe. Ako se milostinja da dostojnoj osobi, ali bez obzira i poštovanja, smatra se da je u *guṇi* tame.

STROFA 23

ॐ तत्सदिति निर्देशो ब्रह्मणस्त्रिविधः स्मृतः ।
ब्राह्मणास्तेन वेदाश्च यज्ञाश्च विहिताः पुरा ॥ २३ ॥

oṁ tat sad iti nirdeśo brahmaṇas tri-vidhaḥ smṛtaḥ
brāhmaṇās tena vedāś ca yajñāś ca vihitāḥ purā

oṁ – upućujući na Svevišnjeg; *tat* – tog; *sat* – vječnog; *iti* – tako; *nirdeśaḥ* – simbolom; *brahmaṇaḥ* – Svevišnjeg; *tri-vidhaḥ* – trostrukim; *smṛtaḥ* – smatra se; *brāhmaṇāḥ* – *brāhmaṇe; tena* – time; *vedāḥ* – vedsku književnost; *ca* – također; *yajñāḥ* – žrtvovanje; *ca* – također; *vihitāḥ* – koristili; *purā* – ranije.

Od početka kreacije, tri riječi – oṁ tat sat – koriste se za upućivanje na Vrhovnu Apsolutnu Istinu. Ta su tri simbola koristili brāhmaṇe dok su recitirali vedske himne i vršili žrtvovanja za zadovoljstvo Svevišnjeg.

SMISAO: Objašnjeno je da postoje tri vrste pokora, žrtvovanja, milostinje i hrane: u *guṇi* vrline, u *guṇi* strasti i u *guṇi* neznanja. Ali bez obzira na svoju prvorazrednost, drugorazrednost ili trećerazrednost, sve su uvjetovane, okaljane materijalnim *guṇama* prirode. Kad im je cilj Svevišnji – *oṁ tat sat*, vječna Svevišnja Božanska Osoba – postaju sredstvo za duhovno napredovanje. Odredbe spisa upućuju na takav cilj. Ove tri riječi, *oṁ tat sat*, posebno upućuju na Apsolutnu Istinu, Svevišnju Božansku Osobu. Vedske himne uvijek sadrže riječ *oṁ*.

Onaj tko u svom djelovanju ne slijedi propise spisa neće dostići Apsolutnu Istinu. Dobit će privremen rezultat, ali neće dostići krajnji cilj života. Možemo zaključiti da se milostinja, žrtvovanje i pokora moraju vršiti u *guṇi* vrline. Kad se vrše u *guṇama* strasti i neznanja nedvojbeno imaju manju vrijednost. Tri riječi, *oṁ tat sat,* izgovaraju se zajedno sa svetim imenom Svevišnjega Gospodina, na primjer, *oṁ tad viṣṇoḥ*. *Oṁ* se dodaje prilikom svakog izgovaranja vedskih himni ili svetoga imena Svevišnjeg Gospodina. Na to upućuje vedska književnost. Te su tri riječi uzete iz vedskih himni. *Oṁ ity etad brahmaṇo nediṣṭhaṁ nāma* (*Ṛg Veda*) upućuje na prvi cilj. Zatim *tat tvam asi* (*Chāndogya Upaniṣada* 6.8.7) upućuje na drugi cilj. *Sad eva saumya* (*Chāndogya Upaniṣada* 6.2.1) upućuje na treći cilj. Spojene zajedno postaju *oṁ tat sat*. Ranije, kada je Brahmā, prvo stvoreno živo biće, vršio žrtvovanja, upotrijebio je te tri riječi kako bi uputio na Svevišnju Božansku Osobu. Zato je učeničko naslijeđe uvijek slijedilo isto načelo. Tako ova himna ima veliki značaj. *Bhagavad-gītā* preporučuje da sve trebamo činiti za *oṁ tat sat*, Svevišnju Božansku Osobu.

Kad netko vrši pokore, žrtvovanje ili daje milostinju s te tri riječi, djeluje u svjesnosti Kṛṣṇe. Svjesnost je Kṛṣṇe znanstveni proces transcendentalnog djelovanja, koji omogućuje osobi da se vrati kući, Bogu. Nijedan napor nije uzaludan kada osoba djeluje na takav transcendentalan način.

STROFA 24

तस्माद् ॐ इत्युदाहृत्य यज्ञदानतपःक्रियाः ।
प्रवर्तन्ते विधानोक्ताः सततं ब्रह्मवादिनाम् ॥ २४ ॥

tasmād oṁ ity udāhṛtya yajña-dāna-tapaḥ-kriyāḥ
pravartante vidhānoktāḥ satataṁ brahma-vādinām

tasmāt – stoga; *oṁ* – počev s *oṁ*; *iti* – tako; *udāhṛtya* – upućujući; *yajña* – žrtvovanja; *dāna* – milostinje; *tapaḥ* – i pokore; *kriyāḥ* – vršenje; *pravartante* – počinju; *vidhāna-uktāḥ* – u skladu s propisima spisa; *satatam* – uvijek; *brahma-vādinām* – transcendentalisti.

Stoga transcendentalisti koji vrše žrtvovanja i pokore i daju milostinju u skladu s propisima spisa uvijek na početku izgovaraju oṁ, kako bi dostigli Svevišnjeg.

SMISAO: *Oṁ tad viṣṇoḥ paramaṁ padam* (*Ṛg Veda* 1.22.20). Viṣṇuova lotosolika stopala predstavljaju najvišu razinu predanosti. Sve što se čini za Svevišnju Božansku Osobu osigurava savršenstvo svih djelatnosti.

STROFA 25

तदित्यनभिसन्धाय फलं यज्ञतपःक्रियाः ।
दानक्रियाश्च विविधाः क्रियन्ते मोक्षकाङ्क्षिभिः ॥ २५ ॥

tad ity anabhisandhāya phalaṁ yajña-tapaḥ-kriyāḥ
dāna-kriyāś ca vividhāḥ kriyante mokṣa-kāṅkṣibhiḥ

tat – ta; *iti* – tako; *anabhisandhāya* – bez želje za; *phalam* – plodonosnim rezultatom; *yajña* – žrtvovanja; *tapaḥ* – i pokore; *kriyāḥ* – djelatnosti; *dāna* – milostinje; *kriyāḥ* – djelatnosti; *ca* – također; *vividhāḥ* – razne; *kriyante* – čine; *mokṣa-kāṅkṣibhiḥ* – oni koji iskreno žele oslobođenje.

Čovjek treba, bez želje za plodonosnim rezultatima, vršiti razne vrste žrtvovanja i pokora i davati milostinju, izgovarajući riječ „tat". Svrha je

takvih transcendentalnih djelatnosti oslobođenje od materijalne zapletenosti.

SMISAO: Da bi se uzdigao na duhovni položaj, čovjek ne treba nastojati steći materijalnu dobrobit svojim djelovanjem. Djelatnosti treba vršiti kako bi bio prenesen u duhovno carstvo i vratio se kući, Bogu, stekavši tako krajnju dobrobit.

STROFE 26–27

सद्भावे साधुभावे च सदित्येतत् प्रयुज्यते ।
प्रशस्ते कर्मणि तथा सच्छब्दः पार्थ युज्यते ॥ २६ ॥
यज्ञे तपसि दाने च स्थितिः सदिति चोच्यते ।
कर्म चैव तदर्थीयं सदित्येवाभिधीयते ॥ २७ ॥

sad-bhāve sādhu-bhāve ca sad ity etat prayujyate
praśaste karmaṇi tathā sac-chabdaḥ pārtha yujyate

yajñe tapasi dāne ca sthitiḥ sad iti cocyate
karma caiva tad-arthīyaṁ sad ity evābhidhīyate

sat-bhāve – za upućivanje na prirodu Svevišnjeg; *sādhu-bhāve* – za upućivanje na prirodu *bhakte; ca* – također; *sat* – riječ *sat; iti* – tako; *etat* – ona; *prayujyate* – koristi se; *praśaste* – u vjerodostojnim; *karmaṇi* – djelatnostima; *tathā* – također; *sat-śabdaḥ* – zvuk *sat; pārtha* – o Pṛthin sine; *yujyate* – koristi se; *yajñe* – prilikom žrtvovanja; *tapasi* – prilikom vršenja pokora; *dāne* – prilikom davanja milostinje; *ca* – također; *sthitiḥ* – situacija; *sat* – Svevišnjem; *iti* – tako; *ca* – i; *ucyate* – izgovara se; *karma* – rad; *ca* – također; *eva* – zacijelo; *tat* – tome; *arthīyam* – namijenjen; *sat* – Svevišnjem; *iti* – tako; *eva* – zacijelo; *abhidhīyate* – upućuje.

Riječ „sat" upućuje na Apsolutnu Istinu, koja je cilj žrtvovanja s predanošću. Vršitelj takvog žrtvovanja također se naziva „sat", kao i sve žrtve, milostinje i pokore koje se, u skladu s apsolutnom prirodom, vrše za zadovoljstvo Vrhovne Osobe, o Pṛthin sine.

SMISAO: Riječi *praśaste karmaṇi*, „propisane dužnosti", upućuju na razne procese pročišćenja propisane u vedskoj književnosti, koji se vrše od vremena začeća do kraja života. Takvi se procesi pročišćenja vrše radi konačnog oslobođenja živoga bića. U svim tim djelatnostima preporučuje se izgovaranje riječi *oṁ tat sat*. Riječi *sad-bhāve* i *sādhu-bhāve* upućuju na transcendentalan položaj. Djelovanje u svjesnosti Kṛṣṇe naziva se *sattva*, a onaj tko je potpuno svjestan djelatnosti u svjesnosti Kṛṣṇe naziva se *sādhu*. U *Śrīmad-Bhāgavatamu* (3.25.25) rečeno je da transcendentalne teme postaju jasne u društvu *bhakta*. Upotrijebljene su riječi *satāṁ prasaṅgāt*. Bez dobra društva ne možemo steći transcendentalno znanje. Onaj tko inicira učenika ili mu da sveti konac izgovara riječi *oṁ tat sat*. Slično tome, u svim vrstama *yajñi* cilj je Svevišnji, *oṁ tat sat*. Riječ *tad-arthīyam* također znači ponuditi službu svemu što predstavlja Svevišnjeg. To obuhvaća službe poput kuhanja i pomaganja u Gospodinovu hramu ili bilo koji drugi rad namijenjen širenju Gospodinovih slava. Vrhovne riječi *oṁ tat sat* koriste se na mnogo načina kako bi sve djelatnosti učinile savršenim i potpunim.

STROFA 28

अश्रद्धया हुतं दत्तं तपस्तप्तं कृतं च यत् ।
असदित्युच्यते पार्थ न च तत्प्रेत्य नो इह ॥ २८ ॥

aśraddhayā hutaṁ dattaṁ tapas taptaṁ kṛtaṁ ca yat
asad ity ucyate pārtha na ca tat pretya no iha

aśraddhayā – bez vjere; *hutam* – ponuđeno u žrtvovanju; *dattam* – dano; *tapaḥ* – pokora; *taptam* – izvršena; *kṛtam* – vršeno; *ca* – također; *yat* – to što; *asat* – lažno; *iti* – tako; *ucyate* – kaže se; *pārtha* – o Pṛthin sine; *na* – nikada; *ca* – također; *tat* – to; *pretya* – nakon smrti; *na u* – niti; *iha* – u ovom životu.

O Pṛthin sine, svako žrtvovanje, milostinja ili pokora koji se vrše bez vjere u Svevišnjeg su prolazni. Nazivaju se „asat" i beskorisni su i u ovom i u sljedećem životu.

SMISAO: Sve što se čini bez transcendentalnog cilja beskorisno je, bilo da je riječ o žrtvovanju, milostinji ili pokori. Zato je u ovoj strofi rečeno da su takve djelatnosti odvratne. Sve djelatnosti trebamo vršiti za Svevišnjeg u svjesnosti Kṛṣṇe. Ako nemamo takvu vjeru i pravilno vodstvo, nikada nećemo steći nikakav rezultat. U svim je vedskim spisima preporučena vjera u Svevišnjeg. Prema vedskim spisima krajnji je cilj razumijevanje Kṛṣṇe. Nitko ne može postići uspjeh bez slijeđenja ovoga načela. Prema tome, najbolje je da od samoga početka djelujemo u svjesnosti Kṛṣṇe, pod vodstvom vjerodostojna duhovnog učitelja. Na taj način možemo u svemu postići uspjeh.

U uvjetovanu stanju ljude privlači obožavanje polubogova, sablasti ili Yakṣa poput Kuvere. *Guṇa* je vrline bolja od *guṇe* strasti i neznanja, ali onaj tko neposredno prihvati svjesnost Kṛṣṇe transcendira sve tri *guṇe* materijalne prirode. Premda postoji proces postupna uzdizanja, ako netko neposredno prihvati svjesnost Kṛṣṇe, družeći se s čistim *bhaktama*, to je najbolje. To se preporučuje u ovom poglavlju. Da bismo na taj način postigli uspjeh, najprije moramo pronaći pravoga duhovnog učitelja i podvrgnuti se izobrazbi pod njegovim vodstvom. Onda možemo steći vjeru u Svevišnjeg. Kad vjera s vremenom sazrije, naziva se ljubav prema Bogu. Ta je ljubav krajnji cilj živih bića. Zato se trebamo neposredno posvetiti svjesnosti Kṛṣṇe. To je poruka sedamnaestoga poglavlja.

Tako se završavaju Bhaktivedantina tumačenja sedamnaestoga poglavlja Śrīmad Bhagavad-gīte *pod naslovom* Vrste vjere.

OSAMNAESTO POGLAVLJE

Zaključak – savršenstvo odricanja

STROFA 1

अर्जुन उवाच
सन्न्यासस्य महाबाहो तत्त्वमिच्छामि वेदितुम् ।
त्यागस्य च हृषीकेश पृथक्केशिनिषूदन ॥ १ ॥

arjuna uvāca
sannyāsasya mahā-bāho tattvam icchāmi veditum
tyāgasya ca hṛṣīkeśa pṛthak keśi-niṣūdana

arjunaḥ uvāca – Arjuna reče; *sannyāsasya* – o redu odricanja; *mahā-bāho* – o Gospodine snažnih ruku; *tattvam* – istinu; *icchāmi* – želim; veditum – saznati; *tyāgasya* – o odricanju; *ca* – također; *hṛṣīkeśa* – o gospodaru osjetila; *pṛthak* – drugačije; *keśi-niṣūdana* – o ubojico demona Keśija.

Arjuna reče: O Gospodine snažnih ruku, o ubojico demona Keśīja, gospodaru osjetila, želim saznati što je svrha odricanja [tyāge] i reda odricanja [sannyāse].

SMISAO: *Bhagavad-gītā* se ustvari završava sa sedamnaestim poglavljem. Osamnaesto je poglavlje dodatni, sažeti prikaz tema o kojima je bilo riječi ranije. U svakom poglavlju *Bhagavad-gīte* Gospodin Kṛṣṇa naglašava da predano služenje Svevišnje Božanske Osobe predstavlja krajnji cilj života. To je sažeto objašnjeno u osamnaestom poglavlju kao najpovjerljiviji put znanja.

U prvih šest poglavlja, naglašava se predano služenje: *yogināṁ api sarveṣām*... „Najbolji od svih *yogīja* ili transcendentalista je onaj tko uvijek misli na Mene." U sljedećih šest poglavlja, Gospodin govori o čistom predanom služenju, njegovoj prirodi i djelatnostima, a u posljednjih šest poglavlja opisuje znanje, odricanje, svjetovne i transcendentalne djelatnosti i predano služenje. Zaključeno je da sve djelatnosti trebaju biti povezane sa Svevišnjim Gospodinom, predstavljenim riječima *oṁ tat sat*, koje upućuju na Viṣṇua, Vrhovnu Osobu. Treći dio *Bhagavad-gīte* pokazuje da je krajnja svrha života predano služenje i ništa drugo. To je bilo dokazano navođenjem izjava prethodnih *ācārya* i *Brahma-sūtre*, odnosno *Vedānta-sūtre*.

Neki impersonalisti misle da imaju isključivo pravo na znanje *Vedānta-sūtre*, ali *Vedānta-sūtra* je namijenjena razumijevanju predanog služenja, jer je njezin tvorac i poznavatelj sam Gospodin. To je bilo opisano u petnaestom poglavlju. U svakom spisu, svakoj *Vedi*, cilj je predano služenje. To je objašnjeno u *Bhagavad-gīti*.

Kao što je u drugom poglavlju bio izložen pregled čitavog sadržaja, tako je u osamnaestom poglavlju izložen sažeti prikaz svih uputa. Istaknuto je da je cilj života odricanje i dostizanje transcendentalnog položaja iznad utjecaja triju *guṇa* materijalne prirode. Arjuna želi jasnije shvatiti dvije istaknute teme *Bhagavad-gīte*, odricanje (*tyāgu*) i red odricanja (*sannyāsu*) i zato pita za značenje tih dviju riječi.

U ovoj su strofi važne dvije riječi kojima je oslovljen Svevišnji Gospodin – Hṛṣīkeśa i Keśi-niṣūdana. Hṛṣīkeśa je Kṛṣṇa, gospodar svih osjetila, koji nam uvijek može pomoći da dostignemo mir uma. Arjuna Ga moli da sve ukratko izloži na takav način da može zadržati svoju staloženost. On još ima neke sumnje, a sumnje se uvijek uspoređuju s demonima. Zato oslovljava Kṛṣṇu kao Keśi-niṣūdanu. Među demonima koje je Gospodin ubio, Keśī je bio najopasniji. Arjuna sada očekuje da Kṛṣṇa ubije demona sumnje.

STROFA 2

श्रीभगवानुवाच
काम्यानां कर्मणां न्यासं सन्न्यासं कवयो विदुः ।
सर्वकर्मफलत्यागं प्राहुस्त्यागं विचक्षणाः ॥ २ ॥

śrī-bhagavān uvāca
kāmyānāṁ karmaṇāṁ nyāsaṁ sannyāsaṁ kavayo viduḥ
sarva-karma-phala-tyāgaṁ prāhus tyāgaṁ vicakṣaṇāḥ

śrī-bhagavān uvāca – Svevišnja Božanska Osoba reče; *kāmyānām* – sa željom; *karmaṇām* – djelatnosti; *nyāsam* – odricanje; *sannyāsam* – red odricanja; *kavayaḥ* – učeni; *viduḥ* – znaj; *sarva* – svih; *karma* – djelatnosti; *phala* – rezultata; *tyāgam* – odricanje; *prāhuḥ* – zovu; *tyāgam* – odricanjem; *vicakṣaṇāḥ* – iskusni.

Svevišnja Božanska Osoba reče: Odbacivanje djelatnosti utemeljenih na materijalnoj želji učeni ljudi nazivaju redom odricanja [sannyāsom], a odbacivanje rezultata svih djelatnosti mudri nazivaju odricanjem [tyāgom].

SMISAO: Djelatnosti koje se vrše radi stjecanja rezultata moramo odbaciti. To je uputa *Bhagavad-gīte.* Ali djelatnosti koje vode k naprednom duhovnom znanju ne bismo trebali odbaciti. To će biti objašnjeno u sljedećim strofama. U vedskoj su književnosti propisani razni procesi vršenja žrtvovanja radi ostvarivanja određene svrhe. Neka se žrtvovanja vrše radi dobivanja dobrog sina ili uzdizanja na više planete, ali žrtvovanja utemeljena na željama trebamo odbaciti. No žrtvovanja namijenjena pročišćenju srca ili napredovanju u duhovnom nauku ne bismo trebali odbaciti.

STROFA 3

त्याज्यं दोषवदित्येके कर्म प्राहुर्मनीषिणः ।
यज्ञदानतपःकर्म न त्याज्यमिति चापरे ॥ ३ ॥

tyājyaṁ doṣa-vad ity eke karma prāhur manīṣiṇaḥ
yajña-dāna-tapaḥ-karma na tyājyam iti cāpare

tyājyam – moraju se odbaciti; *doṣa-vat* – kao zlo; *iti* – tako; *eke* – jedna vrsta; *karma* – djelatnosti; *prāhuḥ* – kažu; *manīṣiṇaḥ* – veliki mislioci;

yajña – žrtvovanja; *dāna* – milostinje; *tapaḥ* – i pokore; *karma* – djelatnosti; *na* – nikada; *tyājyam* – ne bi trebalo odbaciti; *iti* – tako; *ca* – i; *apare* – drugi.

Neki učeni ljudi kažu da se sve vrste plodonosnog djelovanja trebaju odbaciti kao loše, a drugi mudraci tvrde da žrtvovanja, davanje milostinje i pokore nikada ne bi trebalo odbaciti.

SMISAO: Mnoge su djelatnosti opisane u vedskoj književnosti predmeti rasprave. Na primjer, rečeno je da se životinja može ubiti u žrtvovanju, ali neki tvrde da je ubijanje životinja odvratno. Premda je u vedskoj književnosti preporučeno ubijanje životinja u žrtvovanju, smatra se da životinja nije ubijena jer u žrtvovanju dobiva novi život. Katkada ubijena životinja dobiva novi životinjski oblik, a katkada biva odmah uzdignuta do ljudskog oblika života. No među mudracima postoje različita mišljenja. Neki kažu da se ubijanje životinja treba potpuno izbjegavati, dok drugi kažu da je to, za određeno žrtvovanje, dobro. Gospodin sada osobno razjašnjava sva ta različita mišljenja o žrtvenim djelatnostima.

STROFA 4

निश्चयं शृणु मे तत्र त्यागे भरतसत्तम ।
त्यागो हि पुरुषव्याघ्र त्रिविधः सम्प्रकीर्तितः ॥ ४ ॥

niścayaṁ śṛṇu me tatra tyāge bharata-sattama
tyāgo hi puruṣa-vyāghra tri-vidhaḥ samprakīrtitaḥ

niścayam – sigurno; *śṛṇu* – počuj; *me* – od Mene; *tatra* – u vezi s tim; *tyāge* – o odricanju; *bharata-sat-tama* – o najbolji od Bhārata; *tyāgaḥ* – odricanja; *hi* – zacijelo; *puruṣa-vyāghra* – o tigre među ljudima; *tri-vidhaḥ* – tri vrste; *samprakīrtitaḥ* – objašnjene su.

O najbolji od Bhārata, počuj sada Moj sud o odricanju. O tigre među ljudima, u svetim je spisima objašnjeno da postoje tri vrste odricanja.

SMISAO: Iako postoje različita mišljenja o odricanju, Svevišnja Božanska Osoba, Śrī Kṛṣṇa, ovdje daje Svoj sud, koji trebamo prihvatiti kao konačan. Napokon, *Vede* su različiti zakoni koje je donio Gospodin. Gospodin je ovdje osobno nazočan i Njegova se riječ treba prihvatiti kao konačna. On kaže da se sud o procesu odricanja treba donijeti na temelju *guṇa* materijalne prirode u kojima se ono vrši.

STROFA 5

यज्ञदानतपःकर्म न त्याज्यं कार्यमेव तत् ।
यज्ञो दानं तपश्चैव पावनानि मनीषिणाम् ॥ ५ ॥

yajña-dāna-tapaḥ-karma na tyājyaṁ kāryam eva tat
yajño dānaṁ tapaś caiva pāvanāni manīṣiṇām

yajña – žrtvovanja; *dāna* – davanje milostinje; *tapaḥ* – i pokore; *karma* – djelatnosti; *na* – nikada; *tyājyam* – ne bi trebalo odbaciti; *kāryam* – moraju se vršiti; *eva* – zacijelo; *tat* – ta; *yajñaḥ* – žrtvovanja; *dānam* – davanje milostinje; *tapaḥ* – pokore; *ca* – također; *eva* – zacijelo; *pāvanāni* – pročišćavaju; *manīṣiṇām* – čak i velike duše.

Žrtvovanja, davanje milostinje i vršenje pokora ne bi trebalo odbaciti. Te se djelatnosti moraju vršiti. Žrtvovanja, davanje milostinje i vršenje pokora pročišćavaju čak i velike duše.

SMISAO: Yogīji trebaju vršiti djelatnosti koje unapređuju ljudsko društvo. Postoji mnogo procesa pročišćenja koji uzdižu ljudsko biće do duhovnog života. Na primjer, smatra se da je obred vjenčanja, zvan *vivāha-yajña*, jedno od tih žrtvovanja. Treba li *sannyāsī*, koji je prihvatio red odricanja i koji je prekinuo sve obiteljske odnose poticati ljude da izvrše obred vjenčanja? Gospodin ovdje kaže da nijedno žrtvovanje namijenjeno ljudskoj dobrobiti nikada ne bi trebalo odbaciti. Svrha je *vivāha-yajñe* (obreda vjenčanja) reguliranje ljudskoga uma kako bi postao smiren za duhovni napredak. U većini slučajeva čak bi i osobe u redu odricanja trebale ohrabriti ljude da izvrše *vivāha-yajñu. Sannyāsīji* se nikada ne bi trebali družiti sa ženama, ali to ne znači da mladić u nižem stadiju života ne bi trebao prihvatiti ženu u obredu vjenčanja. Sva su propisana žrtvovanja namijenjena dostizanju Svevišnjega Gospodina. Zato ih u nižim stadijima života ne bi trebalo izbjegavati. Slično tome, davanje milostinje namijenjeno je pročišćenju srca. Ako se milostinja daje odgovarajućim osobama, kao što je bilo opisano, vodi osobu k naprednom duhovnom životu.

STROFA 6

एतान्यपि तु कर्माणि सङ्गं त्यक्त्वा फलानि च ।
कर्तव्यानीति मे पार्थ निश्चितं मतमुत्तमम् ॥ ६ ॥

etāny api tu karmāṇi saṅgaṁ tyaktvā phalāni ca
kartavyānīti me pārtha niścitaṁ matam uttamam

etāni – sve te; *api* – zacijelo; *tu* – ali; *karmāṇi* – djelatnosti; *saṅgam* – vezanosti; *tyaktvā* – odričući se; *phalāni* – rezultata; *ca* – također; *kartavyāni* – treba vršiti iz dužnosti; *iti* – takvo je; *me* – Moje; *pārtha* – o Pṛthin sine; *niścitam* – konačno; *matam* – mišljenje; *uttamam* – najbolje.

O Pṛthin sine, sve se te djelatnosti trebaju vršiti iz osjećaja dužnosti, bez vezanosti i očekivanja bilo kakvog rezultata. To je Moje konačno mišljenje.

SMISAO: Iako su sva žrtvovanja pročišćavajuća, ne bismo trebali očekivati rezultate od takvih djelatnosti. Drugim riječima, sva žrtvovanja namijenjena materijalnom napretku u životu trebamo odbaciti, ali ne bismo trebali prestati vršiti žrtvovanja koja pročišćavaju naše postojanje i uzdižu nas na duhovnu razinu. Sve što vodi k svjesnosti Kṛṣṇe mora se poticati. U *Śrīmad-Bhāgavatamu* također je rečeno da se svaka djelatnost koja vodi k predanom služenju Gospodina treba prihvatiti. To je najviše mjerilo religije. Gospodinov *bhakta* treba prihvatiti svaku vrstu djelatnosti, žrtvovanja ili davanja milostinje koja mu može pomoći u predanom služenju Gospodina.

STROFA 7

नियतस्य तु सन्न्यासः कर्मणो नोपपद्यते ।
मोहात्तस्य परित्यागस्तामसः परिकीर्तितः ॥ ७ ॥

niyatasya tu sannyāsaḥ karmaṇo nopapadyate
mohāt tasya parityāgas tāmasaḥ parikīrtitaḥ

niyatasya – propisanih; *tu* – ali; *sannyāsaḥ* – odricanje; *karmaṇaḥ* – djelatnosti; *na* – nikada; *upapadyate* – dolikuje; *mohāt* – zbog iluzije; *tasya* – za njega; *parityāgaḥ* – odricanje; *tāmasaḥ* – u *guṇi* neznanja; *parikīrtitaḥ* – kaže se.

Čovjek se nikada ne bi trebao odreći svojih propisanih dužnosti. Ako se zbog iluzije odrekne svojih propisanih dužnosti, kaže se da je takvo odricanje u guṇi neznanja.

SMISAO: Čovjek se mora odreći djelatnosti namijenjenih stjecanju materijalnog zadovoljstva, ali djelovanje koje ga uzdiže na razinu duhovnih djelatnosti, kao što je kuhanje za Svevišnjega Gospodina, nuđenje hrane Gospodinu i uzimanje ponuđene hrane, preporučuje se. Rečeno je da osoba u redu odricanja ne bi smjela kuhati za sebe. Takvo je kuhanje zabranjeno, ali kuhanje za Svevišnjega Gospodina nije zabranjeno. Slično tome, *sannyāsī* može izvršiti obred vjenčanja kako bi pomogao svom učeniku da napreduje u svjesnosti Kṛṣṇe. Ako se osoba odrekne takvih djelatnosti, smatra se da djeluje u *guṇi* tame.

STROFA 8

दुःखमित्येव यत् कर्म कायक्लेशभयात्त्यजेत् ।
स कृत्वा राजसं त्यागं नैव त्यागफलं लभेत् ॥ ८ ॥

duḥkham ity eva yat karma kāya-kleśa-bhayāt tyajet
sa kṛtvā rājasaṁ tyāgaṁ naiva tyāga-phalaṁ labhet

duḥkham – neugodne; *iti* – tako; *eva* – zacijelo; *yat* – koje; *karma* – djelatnosti; *kāya* – za tijelo; *kleśa* – zbog poteškoća; *bhayāt* – iz straha; *tyajet* – odrekne se; *saḥ* – on; *kṛtvā* – nakon što učini; *rājasam* – u *guṇi* strasti; *tyāgam* – odricanje; *na* – ne; *eva* – zacijelo; *tyāga* – odricanja; *phalam* – rezultate; *labhet* – dobiva.

Ako se odrekne svojih propisanih dužnosti zato što su mukotrpne ili iz straha od tjelesne neudobnosti, smatra se da je takvo odricanje u guṇi strasti. Takvo odricanje nikada ne vodi k napretku.

SMISAO: Osoba svjesna Kṛṣṇe ne bi trebala prestati zarađivati novac, iz straha da vrši plodonosne djelatnosti. Ako zahvaljujući svom radu može uložiti novac u svjesnost Kṛṣṇe ili ako ustajući rano ujutro može napredovati u svojoj transcendentalnoj svjesnosti Kṛṣṇe, ne bi trebala odustati zbog straha ili zato što smatra takve djelatnosti mukotrpnim. Takvo je odricanje u *guṇi* strasti. Rezultat je strastvenog rada uvijek bijedan. Ako se osoba odrekne rada u tom duhu, nikada neće dobiti rezultat odricanja.

STROFA 9

कार्यमित्येव यत् कर्म नियतं क्रियतेऽर्जुन ।
सङ्गं त्यक्त्वा फलं चैव स त्यागः सात्त्विको मतः ॥ ९ ॥

kāryam ity eva yat karma niyataṁ kriyate 'rjuna
saṅgaṁ tyaktvā phalaṁ caiva sa tyāgaḥ sāttviko mataḥ

kāryam – mora se vršiti; *iti* – tako; *eva* – doista; *yat* – koja; *karma* – djelatnost; *niyatam* – propisana; *kriyate* – vrši se; *arjuna* – o Arjuna; *saṅgam* – društva; *tyaktvā* – odričući se; *phalam* – rezultata; *ca* – također;

eva – sigurno; *saḥ* – to; *tyāgaḥ* – odricanje; *sāttvikaḥ* – u *guṇi* vrline; *mataḥ* – po Mom mišljenju.

O Arjuna, kad osoba obavlja svoje propisane dužnosti samo iz dužnosti i odrekne se sveg materijalnog društva i vezanosti za rezultate, kaže se da je njezino odricanje u guṇi vrline.

SMISAO: Propisane dužnosti se moraju obavljati s tim stavom. Trebamo djelovati bez vezanosti za rezultat; ne smijemo se poistovjećivati s onim što radimo. Čovjek svjestan Kṛṣṇe, koji radi u tvornici, ne poistovjećuje se s poslom kojim se ondje bavi, niti se druži s radnicima iz tvornice. On jednostavno radi za Kṛṣṇu, a kad se odrekne rezultata za Kṛṣṇu, postupa transcendentalno.

STROFA 10

न द्वेष्ट्यकुशलं कर्म कुशले नानुषज्जते ।
त्यागी सत्त्वसमाविष्टो मेधावी छिन्नसंशयः ॥ १० ॥

na dveṣṭy akuśalaṁ karma kuśale nānuṣajjate
tyāgī sattva-samāviṣṭo medhāvī chinna-saṁśayaḥ

na – nikada; *dveṣṭi* – mrzi; *akuśalam* – nepovoljno; *karma* – djelovanje; *kuśale* – u povoljnom; *na* – niti; *anuṣajjate* – postaje vezan; *tyāgī* – onaj tko se odriče; *sattva* – vrlinom; *samāviṣṭaḥ* – obuzet; *medhāvī* – inteligentan; *chinna* – sasjekavši; *saṁśayaḥ* – sve sumnje.

Inteligentna osoba utemeljena u guṇi vrline, koja se odriče bez mržnje prema nepovoljnim djelatnostima ili vezanosti za povoljne, ne dvoji se prilikom djelovanja.

SMISAO: Onaj tko je svjestan Kṛṣṇe, ili utemeljen u *guṇi* vrline, ne mrzi osobe ili stvari koje uznemiravaju njegovo tijelo. Djeluje na pravom mjestu i u pravo vrijeme, ne plašeći se neugodnih posljedica svoje dužnosti. Takva je osoba utemeljena u transcendenciji. Smatra se da je najinteligentnija i da je nadišla sve sumnje u svoje djelatnosti.

STROFA 11

न हि देहभृता शक्यं त्यक्तुं कर्माण्यशेषतः ।
यस्तु कर्मफलत्यागी स त्यागीत्यभिधीयते ॥ ११ ॥

na hi deha-bhṛtā śakyaṁ tyaktuṁ karmāṇy aśeṣataḥ
yas tu karma-phala-tyāgī sa tyāgīty abhidhīyate

na – nikada; *hi* – zacijelo; *deha-bhṛtā* – za utjelovljeno; *śakyam* – moguće je; *tyaktum* – odreći se; *karmāṇi* – djelatnosti; *aśeṣataḥ* – svih; *yaḥ* – bilo tko; *tu* – ali; *karma* – djelovanja; *phala* – rezultata; *tyāgī* – onaj tko se odriče; *saḥ* – on; *tyāgī* – onaj tko se odriče; *iti* – tako; *abhidhīyate* – kaže se.

Utjelovljeno biće ne može se odreći svih djelatnosti, ali onaj tko se odriče plodova rada istinski se odriče.

SMISAO: U *Bhagavad-gīti* rečeno je da čovjek nikada ne može prestati raditi. Zato se onaj tko radi za Kṛṣṇu i ne uživa u plodonosnim rezultatima, tko sve nudi Kṛṣṇi, istinski odriče. Mnogi članovi Međunarodnog društva za svjesnost Kṛṣṇe rade veoma naporno u svojim uredima, tvornicama ili drugim radnim mjestima i svu zaradu daju društvu. Takve su veoma napredne duše *sannyāsīji* i utemeljene su u redu odricanja. Ovdje je jasno opisano kako se i u koju svrhu trebamo odreći plodova rada.

STROFA 12

अनिष्टमिष्टं मिश्रं च त्रिविधं कर्मणः फलम् ।
भवत्यत्यागिनां प्रेत्य न तु सन्न्यासिनां क्वचित् ॥ १२ ॥

aniṣṭam iṣṭaṁ miśraṁ ca tri-vidhaṁ karmaṇaḥ phalam
bhavaty atyāgināṁ pretya na tu sannyāsināṁ kvacit

aniṣṭam – vodi u pakao; *iṣṭam* – vodi u raj; *miśram* – pomiješan; *ca* – i; *tri-vidham* – trostruki; *karmaṇaḥ* – djelovanja; *phalam* – rezultat; *bhavati* – dolazi; *atyāginām* – za one koji se ne odriču; *pretya* – nakon smrti; *na* – ne; *tu* – ali; *sannyāsinām* – za red odricanja; *kvacit* – u bilo koje vrijeme.

Osoba koja se ne odriče dobiva nakon smrti trostruke plodove djelovanja – poželjne, nepoželjne i pomiješane. Ali onaj tko je utemeljen u redu odricanja ne mora patiti ili uživati u takvim rezultatima.

SMISAO: Osoba svjesna Kṛṣṇe, koja djeluje sa znanjem o svom odnosu s Kṛṣṇom, uvijek je oslobođena. Zato nakon smrti ne mora uživati ili ispaštati rezultate svojih djela.

STROFA 13

पञ्चैतानि महाबाहो कारणानि निबोध मे ।
सांख्ये कृतान्ते प्रोक्तानि सिद्धये सर्वकर्मणाम् ॥ १३ ॥

pañcaitāni mahā-bāho kāraṇāni nibodha me
sāṅkhye kṛtānte proktāni siddhaye sarva-karmaṇām

pañca – pet; *etāni* – ovih; *mahā-bāho* – o Arjuna snažnih ruku; *kāraṇāni* – uzroka; *nibodha* – znaj; *me* – od Mene; *sāṅkhye* – u *Vedānti; kṛta-ante* – u zaključku; *proktāni* – rečeno je; *siddhaye* – za savršenstvo; *sarva* – svih; *karmaṇām* – djelatnosti.

O Arjuna snažnih ruku, prema Vedānti postoji pet uzroka svih djelatnosti. Počuj sada o njima.

SMISAO: Netko može postaviti pitanje: „Budući da svaka djelatnost mora imati neku posljedicu, kako to da osoba svjesna Kṛṣṇe ne uživa niti ispašta posljedice djelovanja?" Gospodin navodi filozofiju *Vedānte* da bi pokazao kako je to moguće. On kaže da svaka djelatnost ima pet uzroka. Onaj tko želi postići uspjeh u svim djelatnostima treba uzeti u obzir tih pet uzroka. Sāṅkhya znači stablo znanja, a *Vedānta* je izvorno stablo znanja, koje prihvaćaju svi vodeći *ācārye.* Čak i Śaṅkara prihvaća *Vedānta-sūtru* kao takvu. Zato trebamo potražiti savjet takvog autoriteta.

Vrhovni je upravitelj Nad-duša. U *Bhagavad-gīti* rečeno je: *sarvasya cāhaṁ hṛdi sanniviṣṭaḥ.* Nad-duša navodi svako živo biće na određenu vrstu djelovanja, podsjećajući ga na djela koja je činilo u prošlosti. Djela učinjena u svjesnosti Kṛṣṇe po Njegovoj naredbi ne donose posljedice, ni u ovom ni u idućem životu.

STROFA 14

अधिष्ठानं तथा कर्ता करणं च पृथग्विधम् ।
विविधाश्च पृथक् चेष्टा दैवं चैवात्र पञ्चमम् ॥ १४ ॥

adhiṣṭhānaṁ tathā kartā karaṇaṁ ca pṛthag-vidham
vividhāś ca pṛthak ceṣṭā daivaṁ caivātra pañcamam

adhiṣṭhānam – mjesto; *tathā* – također; *kartā* – djelatelj; *karaṇam* – sredstvo; *ca* – i; *pṛthak-vidham* – različitih vrsta; *vividhāḥ* – raznih; *ca* – i; *pṛthak* – odvojeno; *ceṣṭāḥ* – napori; *daivam* – Svevišnji; *ca* – također; *eva* – zacijelo; *atra* – ovdje; *pañcamam* – peti.

Mjesto djelovanja [tijelo], djelatelj, razna osjetila, različite vrste napora i Nad-duša predstavljaju pet čimbenika djelovanja.

SMISAO: Riječ *adhiṣṭhānam* odnosi se na tijelo. Duša unutar tijela djeluje kako bi ostvarila rezultate djelovanja i zato je poznata kao *kartā*, „djelatelj". U *śrutiju* je rečeno da je duša poznata kao poznavatelj i djelatelj. *Eṣa hi draṣṭā sraṣṭā* (*Praśna Upaniṣada* 4.9). To je potvrđeno u *Vedānta-sūtri* stihovima *jño 'ta eva* (2.3.18) i *kartā śāstrārthavattvāt* (2.3.33). Djelatnosti se vrše osjetilima, kojima duša djeluje na razne načine. Svaka pojedina djelatnost zahtijeva različit napor, ali sve djelatnosti ovise o volji Nad-duše, koja prebiva u srcu kao prijatelj. Svevišnji je Gospodin vrhovni uzrok. U takvim okolnostima onaj tko djeluje svjesno Kṛṣṇe, po savjetu Nad-duše u srcu, prirodno nije vezan svojim djelatnostima. Osoba potpuno svjesna Kṛṣṇe ne snosi krajnju odgovornost za svoja djela. Sve ovisi o vrhovnoj volji Nad-duše, Svevišnje Božanske Osobe.

STROFA 15

शरीरवाङ्मनोभिर्यत् कर्म प्रारभते नरः ।
न्याय्यं वा विपरीतं वा पञ्चैते तस्य हेतवः ॥ १५ ॥

śarīra-vāṅ-manobhir yat karma prārabhate naraḥ
nyāyyaṁ vā viparītaṁ vā pañcaite tasya hetavaḥ

śarīra – tijelom; *vāk* – riječima; *manobhiḥ* – i umom; *yat* – koje; *karma* – djelo; *prārabhate* – počinje; *naraḥ* – osoba; *nyāyyam* – dobro; *vā* – ili; *viparītam* – suprotno; *vā* – ili; *pañca* – pet; *ete* – sve to; *tasya* – njegovi; *hetavaḥ* – uzroci.

Ovih pet čimbenika uzrokuju svako dobro ili loše djelo koje čovjek počini tijelom, umom ili riječima.

SMISAO: Riječi „dobro" i „loše" vrlo su važne u ovoj strofi. Dobra su djela ona koja se čine u skladu s propisanim pravilima spisa, a loša ona kojima se krše pravila i načela spisa. Ali za potpuno ostvarenje svakoga djela potrebno je ovih pet čimbenika.

STROFA 16

तत्रैवं सति कर्तारमात्मानं केवलं तु यः ।
पश्यत्यकृतबुद्धित्वान्न स पश्यति दुर्मतिः ॥ १६ ॥

tatraivaṁ sati kartāram ātmānaṁ kevalaṁ tu yaḥ
paśyaty akṛta-buddhitvān na sa paśyati durmatiḥ

tatra – tamo; *evam* – tako; *sati* – jest; *kartāram* – djelatelj; *ātmānam* – sebe; *kevalam* – samo; *tu* – ali; *yaḥ* – onaj tko; *paśyati* – vidi; *akṛta-buddhitvāt* – zbog nedostatka inteligencije; *na* – nikad; *saḥ* – on; *paśyati* – vidi; *durmatiḥ* – budalast.

Zato onaj tko smatra sebe jedinim djelateljem, ne uzimajući u obzir ovih pet čimbenika, nije vrlo inteligentan i ne može vidjeti stvari kakve jesu.

SMISAO: Budalasta osoba ne može shvatiti da Nad-duša prebiva u njezinu srcu kao prijatelj i upravlja njezinim djelovanjem. Premda su materijalni uzroci mjesto, djelatelj, napor i osjetila, konačni je uzrok Svevišnja Božanska Osoba. Zato ne bismo trebali vidjeti samo četiri materijalna uzroka, već i vrhovni pokretački uzrok. Onaj tko ne vidi Svevišnjeg smatra sebe djelateljem.

STROFA 17

यस्य नाहङ्कृतो भावो बुद्धिर्यस्य न लिप्यते ।
हत्वापि स इमाँल्लोकान्न हन्ति न निबध्यते ॥ १७ ॥

yasya nāhaṅkṛto bhāvo buddhir yasya na lipyate
hatvāpi sa imāl̐ lokān na hanti na nibadhyate

yasya – onaj čija; *na* – nikada; *ahaṅkṛtaḥ* – lažnoga ega; *bhāvaḥ* – priroda; *buddhiḥ* – inteligencija; *yasya* – čija; *na* – nikada; *lipyate* – vezana; *hatvā* – ubijajući; *api* – čak; *saḥ* – on; *imān* – ovom; *lokān* – svijetu; *na* – nikada; *hanti* – ubija; *na* – nikada; *nibadhyate* – ne zapleće se.

Onaj tko ne djeluje na poticaj lažnoga ega, čija inteligencija nije vezana, iako ubija ljude u ovom svijetu, ne ubija, niti biva sputan svojim djelima.

SMISAO: U ovoj strofi Gospodin objašnjava Arjuni kako njegova želja da izbjegne borbu proizlazi iz lažnoga ega. Arjuna je mislio da je djelatelj, ali nije uzeo u obzir vrhovno odobrenje, iznutra i izvana. Ako ne znamo za vrhovno odobrenje, kakva je korist od naših djelatnosti? Ali onaj tko zna instrumente djelovanja, sebe kao djelatelja i Svevišnjeg Gospodina kao vrhovnog odobravatelja, uvijek savršeno postupa. Takva osoba nikada nije u zabludi. Osobno djelovanje i odgovornost nastaju iz lažnoga ega i bezbožnosti ili nedostatka svjesnosti Kṛṣṇe. Onaj tko djeluje svjesno Kṛṣṇe, po nalogu Nad-duše ili Svevišnje Božanske Osobe, čak i ako ubija, ne ubija. Takva osoba nikada ne podliježe utjecaju posljedica takvoga postupka. Vojnik koji ubije po zapovijedi časnika ne biva podvrgnut suđenju, ali ako ubije na vlastitu odgovornost, sud će ga sigurno osuditi.

STROFA 18

ज्ञानं ज्ञेयं परिज्ञाता त्रिविधा कर्मचोदना ।
करणं कर्म कर्तेति त्रिविधः कर्मसङ्ग्रहः ॥ १८ ॥

jñānaṁ jñeyaṁ parijñātā tri-vidhā karma-codanā
karaṇaṁ karma karteti tri-vidhaḥ karma-saṅgrahaḥ

jñānam – znanje; *jñeyam* – predmet znanja; *parijñātā* – poznavatelj; *tri-vidhā* – tri vrste; *karma* – za djelatnosti; *codanā* – poticaja; *karaṇam* – osjetila; *karma* – djelatnost; *kartā* – djelatelj; *iti* – tako; *tri-vidhaḥ* – tri vrste; *karma* – rada; *saṅgrahaḥ* – akumulacije.

Znanje, predmet znanja i poznavatelj, tri su poticaja za djelovanje. Osjetila, djelatnost i djelatelj, tri su elementa djelovanja.

SMISAO: Postoje tri vrste poticaja za svakidašnje djelovanje: znanje, predmet znanja i poznavatelj. Instrumenti djelovanja, sama djelatnost i djelatelj nazivaju se elementima djelovanja. Svaki postupak bilo kojeg ljudskog bića sadrži ove elemente. Prije početka djelovanja postoji neki poticaj, koji se naziva nadahnućem. Svaka odluka koju osoba donese prije početka djelovanja predstavlja suptilni oblik djelovanja. Nakon toga ona se provodi u djelo. Osoba se najprije mora podvrći psihološkim procesima mišljenja, osjećanja i htijenja i to se naziva poticaj. Nadahnuće za djelovanje koje potječe od spisa ne razlikuje se od onoga koje svojom naredbom pruža duhovni učitelj. Kad postoji nadahnuće i djelatelj, djelo se provodi uz pomoć osjetila i uma, koji je središte svih osjetila. Sveukupnost elemenata djelovanja naziva se akumulacijom rada.

STROFA 19

ज्ञानं कर्म च कर्ता च त्रिधैव गुणभेदतः ।
प्रोच्यते गुणसङ्ख्याने यथावच्छृणु तान्यपि ॥ १९ ॥

jñānaṁ karma ca kartā ca tridhaiva guṇa-bhedataḥ
procyate guṇa-saṅkhyāne yathāvac chṛṇu tāny api

jñānam – znanja; *karma* – djelatnosti; *ca* – također; *kartā* – djelatelja; *ca* – također; *tridhā* – tri vrste; *eva* – zacijelo; *guṇa-bhedataḥ* – ovisno o različitim *guṇama* materijalne prirode; *procyate* – rečeno je; *guṇa-saṅkhyāne* – ovisno o različitim *guṇama*; *yathā-vat* – kakve jesu; *śṛṇu* – počuj; *tāni* – sve njih; *api* – također.

Ovisno o tri različite guṇe materijalne prirode, postoje tri vrste znanja, djelatnosti i djelatelja. Počuj sada o njima.

SMISAO: U četrnaestom poglavlju bile su potanko opisane tri *guṇe* materijalne prirode. U tom je poglavlju bilo rečeno da *guṇa* vrline vodi k prosvjetljenju, *guṇa* strasti k materijalizmu, a *guṇa* neznanja k lijenosti i nemarnosti. Sve *guṇe* materijalne prirode vezuju osobu i nisu izvori oslobođenja. Živo je biće uvjetovano čak i u *guṇi* vrline. U sedamnaestom poglavlju bili su opisani različiti procesi obožavanja koje vrše različite vrste ljudi pod utjecajem različitih *guṇa* materijalne prirode. U ovoj strofi Gospodin kaže da želi govoriti o različitim vrstama znanja, djelatnosti i djelatelja pod utjecajem tri materijalne *guṇe.*

STROFA 20

सर्वभूतेषु येनैकं भावमव्ययमीक्षते ।
अविभक्तं विभक्तेषु तज्ज्ञानं विद्धि सात्त्विकम् ॥ २० ॥

sarva-bhūteṣu yenaikaṁ bhāvam avyayam īkṣate
avibhaktaṁ vibhakteṣu taj jñānaṁ viddhi sāttvikam

sarva-bhūteṣu – u svim živim bićima; *yena* – kojim; *ekam* – jedan; *bhāvam* – položaj; *avyayam* – neprolazan; *īkṣate* – vidi; *avibhaktam* – nedjeljiv; *vibhakteṣu* – podijeljen na bezbroj; *tat* – to; *jñānam* – znanje; *viddhi* – znaj; *sāttvikam* – u *guṇi* vrline.

Znaj da je znanje kojim se jedna nepodvojena duhovna priroda opaža u svim živim bićima, iako je podijeljena na bezbroj oblika, u guṇi vrline.

SMISAO: Osoba koja vidi jednu duhovnu dušu u svakom živom biću, bez obzira je li polubog, ljudsko biće, životinja, ptica, zvjer, vodena životinja ili biljka, posjeduje znanje u *guṇi* vrline. U svim živim bićima prebiva duhovna duša, iako dobiva različita tijela u skladu sa svojim prethodnim djelovanjem. Kao što je bilo opisano u sedmom poglavlju, uzrok očitovanja životne sile u svakom je tijelu viša priroda Svevišnjega Gospodina. Zato je opažanje više prirode, životne sile, u svakom tijelu, opažanje u *guṇi* vrline. Životna je energija neuništiva, iako su tijela uništiva. Razlike se opažaju zbog tijela. Budući da u uvjetovanom životu postoje razni oblici materijalnog postojanja, čini se da je životna sila podijeljena. Takvo impersonalističko znanje predstavlja oblik samospoznaje.

STROFA 21

पृथक्त्वेन तु यज्ज्ञानं नानाभावान् पृथग्विधान् ।
वेत्ति सर्वेषु भूतेषु तज्ज्ञानं विद्धि राजसम् ॥ २१ ॥

pṛthaktvena tu yaj jñānaṁ nānā-bhāvān pṛthag-vidhān
vetti sarveṣu bhūteṣu taj jñānaṁ viddhi rājasam

pṛthaktvena – zbog podjele; *tu* – ali; *yat* – kojim; *jñānam* – znanje; *nānā-bhāvān* – raznovrsna stanja; *pṛthak-vidhān* – različitim; *vetti* – smatra; *sarveṣu* – u svim; *bhūteṣu* – živim bićima; *tat* – to; *jñānam* – znanje; *viddhi* – znaj; *rājasam* – u *guṇi* strasti.

Znaj da je znanje kojim osoba u različitim tijelima vidi različite vrste živih bića, u guṇi strasti.

SMISAO: Shvaćanje da je materijalno tijelo živo biće i da s uništenjem tijela svjesnost također biva uništena naziva se znanjem u *guṇi* strasti. Prema tom znanju, tijela se razlikuju jedno od drugog zbog razvoja različite vrste svijesti; ne postoji duša koja očituje svjesnost. Samo je tijelo duša i ne postoji duša odvojena od tijela. Pobornici takva znanja smatraju svjesnost privremenom ili smatraju da ne postoje individualne duše, već sveprožimajuća duša koja je puna znanja, a ovo je tijelo očitovanje privremenog neznanja. Neki od njih misle da individualna duša transcendentalna prema tijelu ili vrhovna duša ne postoje. Sva takva shvaćanja smatraju se tvorevinama *guṇe* strasti.

STROFA 22

यत्तु कृत्स्नवदेकस्मिन् कार्ये सक्तमहैतुकम् ।
अतत्त्वार्थवदल्पं च तत्तामसमुदाहृतम् ॥ २२ ॥

yat tu kṛtsna-vad ekasmin kārye saktam ahaitukam
atattvārtha-vad alpaṁ ca tat tāmasam udāhṛtam

yat – to koje; *tu* – ali; *kṛtsna-vat* – kao sve u svemu; *ekasmin* – u jednom; *kārye* – djelovanju; *saktam* – vezani; *ahaitukam* – bez uzroka; *atattva-artha-vat* – bez znanja o stvarnosti; *alpam* – vrlo oskudno; *ca* – i; *tat* – to; *tāmasam* – u *guṇi* tame; *udāhṛtam* – kaže se.

Veoma oskudno znanje, kojim se osoba vezuje za određenu vrstu djelovanja kao sve u svemu, bez znanja o istini, smatra se znanjem u guṇi tame.

SMISAO: „Znanje" običnog čovjeka uvijek je u *guṇi* tame ili neznanja, jer se svako živo biće u uvjetovanu životu rađa u *guṇi* neznanja. Onaj tko ne razvije znanje primajući ga od autoriteta ili spisa, posjeduje znanje ograničeno na tijelo. Takva osoba ne mari za djelovanje u skladu s uputama spisa. Za nju je Bog novac, a znanje zadovoljavanje tjelesnih prohtjeva. Takvo znanje nema veze s Apsolutnom Istinom. Ono je manje-više kao znanje običnih životinja: znanje o jedenju, spavanju, branjenju i razmnožavanju. Takvo je znanje ovdje opisano kao tvorevina *guṇe* tame. Drugim riječima, znanje o duhovnoj duši transcendentalnoj prema tijelu naziva se znanjem u *guṇi* vrline, znanje koje svjetovnom logikom i umnom spekulacijom stvara razne teorije i učenja tvorevina je *guṇe* strasti, a znanje koje se odnosi samo na održavanje tjelesne udobnosti naziva se znanjem u *guṇi* neznanja.

STROFA 23

नियतं सङ्गरहितमरागद्वेषतः कृतम् ।
अफलप्रेप्सुना कर्म यत्तत्सात्त्विकमुच्यते ॥ २३ ॥

niyataṁ saṅga-rahitam arāga-dveṣataḥ kṛtam
aphala-prepsunā karma yat tat sāttvikam ucyate

niyatam – propisana; *saṅga-rahitam* – bez vezanosti; *arāga-dveṣataḥ* – bez ljubavi ili mržnje; *kṛtam* – učinjeno; *aphala-prepsunā* – bez želje za plodonosnim rezultatom; *karma* – djelo; *yat* – koje; *tat* – to; *sāttvikam* – u *guṇi* vrline; *ucyate* – naziva se.

Djelo učinjeno u skladu s odredbama spisa, bez vezanosti, ljubavi, mržnje ili bez želje za plodonosnim rezultatima, naziva se djelom u guṇi vrline.

SMISAO: Dužnosti različitih redova i staleža propisane vedskim spisima koje se obavljaju bez vezanosti ili polaganja prava vlasništva i stoga bez ljubavi ili mržnje, u svjesnosti Kṛṣṇe za zadovoljstvo Svevišnjega, bez zadovoljavanja vlastitih osjetila ili samoga sebe, nazivaju se djelima u *guṇi* vrline.

STROFA 24

यत्तु कामेप्सुना कर्म साहङ्कारेण वा पुनः ।
क्रियते बहुलायासं तद् राजसमुदाहृतम् ॥ २४ ॥

yat tu kāmepsunā karma sāhaṅkāreṇa vā punaḥ
kriyate bahulāyāsaṁ tad rājasam udāhṛtam

yat – ona koja; *tu* – ali; *kāma-īpsunā* – sa željom za plodonosnim rezultatima; *karma* – djelatnost; *sa-ahaṅkāreṇa* – s egom; *vā* – ili; *punaḥ* – ponovno; *kriyate* – vrši se; *bahula-āyāsam* – s velikim naporom; *tat* – ona; *rājasam* – u *guṇi* strasti; *udāhṛtam* – kaže se.

Ali djelo učinjeno uz veliki napor, sa željom za plodonosnim rezultatima, potaknuto osjećajem lažnoga ega, naziva se djelom u guṇi strasti.

STROFA 25

अनुबन्धं क्षयं हिंसामनपेक्ष्य च पौरुषम् ।
मोहादारभ्यते कर्म यत्तत्तामसमुच्यते ॥ २५ ॥

anubandhaṁ kṣayaṁ hiṁsām anapekṣya ca pauruṣam
mohād ārabhyate karma yat tat tāmasam ucyate

anubandham – buduće ropstvo; *kṣayam* – uništenje; *hiṁsām* – i nesreću drugima; *anapekṣya* – ne vodeći računa o posljedicama; *ca* – također; *paurușam* – sam odobrava; *mohāt* – iluzijom; *ārabhyate* – započeto; *karma* – djelo; *yat* – koje; *tat* – to; *tāmasam* – u *guṇi* neznanja; *ucyate* – kaže se.

Za djelo učinjeno u iluziji, bez obaziranja na naredbe spisa i buduće ropstvo, nasilje ili nesreću koje drugima donosi, kaže se da je u guṇi neznanja.

SMISAO: Za naša djela moramo odgovarati državi ili predstavnicima Svevišnjega Gospodina koji se zovu Yamadūte. Neodgovorno je djelovanje razorno, jer uništava načela propisana u spisima. Često se temelji na nasilju i donosi nesreću drugim živim bićima. Takve neodgovorne djelatnosti vrše se na temelju osobnog iskustva. To se naziva iluzijom. Sve takve iluzorne djelatnosti tvorevine su *guṇe* neznanja.

STROFA 26

मुक्तसङ्गोऽनहंवादी धृत्युत्साहसमन्वितः ।
सिद्ध्यसिद्ध्योर्निर्विकारः कर्ता सात्त्विक उच्यते ॥ २६ ॥

mukta-saṅgo 'nahaṁ-vādī dhṛty-utsāha-samanvitaḥ
siddhy-asiddhyor nirvikāraḥ kartā sāttvika ucyate

mukta-saṅgaḥ – oslobođen sveg materijalnog dodira; *anaham-vādī* – bez lažnoga ega; *dhṛti* – odlučno; *utsāha* – s velikim poletom; *samanvitaḥ* – sposoban; *siddhi* – u savršenstvu; *asiddhyoḥ* – i neuspjehu; *nirvikāraḥ* – bez promjene; *kartā* – djelatelj; *sāttvikaḥ* – u *guṇi* vrline; *ucyate* – kaže se.

Za osobu koja obavlja svoje dužnosti bez dodira s guṇama materijalne prirode, bez lažnoga ega, s velikom odlučnošću i poletom, ne dvoumeći se u uspjehu i neuspjehu, kaže se da djeluje u guṇi vrline.

SMISAO: Osoba svjesna Kṛṣṇe uvijek je transcendentalna prema *guṇama* materijalne prirode. Ništa ne očekuje od rezultata dužnosti koje su joj povjerene, jer je nadišla lažni ego i ponos. Ipak uvijek s poletom obavlja svoju dužnost do kraja. Ne obazire se na nevolje koje je pretrpjela i uvijek je puna poleta. Ne mari za uspjeh ili neuspjeh; jednaka je i u sreći i u nesreći. Takva osoba djeluje u *guṇi* vrline.

STROFA 27

रागी कर्मफलप्रेप्सुर्लुब्धो हिंसात्मकोऽशुचिः ।
हर्षशोकान्वितः कर्ता राजसः परिकीर्तितः ॥ २७ ॥

rāgī karma-phala-prepsur lubdho hiṁsātmako 'śuciḥ
harṣa-śokānvitaḥ kartā rājasaḥ parikīrtitaḥ

rāgī – jako vezan; *karma-phala* – plod rada; *prepsuḥ* – želeći; *lubdhaḥ* – pohlepan; *hiṁsā-ātmakaḥ* – uvijek zavidan; *aśuciḥ* – nečist; *harṣa-śoka-anvitaḥ* – podložan radosti i žalosti; *kartā* – takav djelatelj; *rājasaḥ* – u *guṇi* strasti; *parikīrtitaḥ* – kaže se.

Za pohlepnu osobu, uvijek zavidnu, nečistu, podložnu radosti i tuzi i vezanu za rad i plodove rada u kojima želi uživati, kaže se da djeluje u guṇi strasti.

SMISAO: Čovjek je previše vezan za određenu vrstu rada ili rezultate, jer je previše vezan za materijalizam ili dom i ognjište, ženu i djecu. Takav se čovjek ne želi uzdignuti na višu razinu života. Jedino želi ovaj svijet učiniti materijalno što udobnijim. Obično je veoma pohlepan te misli da je sve što je postigao trajno i da to nikada neće izgubiti. Takav čovjek zavidi drugima i spreman je počiniti bilo kakvo zlodjelo kako bi zadovoljio osjetila. Zato nije čist i ne mari je li njegova zarada poštena ili nepoštena. Veoma je sretan ako postigne uspjeh u svojim djelatnostima i nesretan kada je neuspješan. Takva osoba djeluje u *guṇi* strasti.

STROFA 28

अयुक्तः प्राकृतः स्तब्धः शठो नैष्कृतिकोऽलसः ।
विषादी दीर्घसूत्री च कर्ता तामस उच्यते ॥ २८ ॥

ayuktaḥ prākṛtaḥ stabdhaḥ śaṭho naiṣkṛtiko 'lasaḥ
viṣādī dīrgha-sūtrī ca kartā tāmasa ucyate

ayuktaḥ – ne oslanjajući se na naredbe spisa; *prākṛtaḥ* – svjetovan; *stabdhaḥ* – tvrdoglav; *śaṭhaḥ* – prevrtljiv; *naiṣkṛtikaḥ* – vješto vrijeđa druge; *alasaḥ* – lijen; *viṣādī* – mrzovoljan; *dīrgha-sūtrī* – odugovlači; *ca* – također; *kartā* – djelatelj; *tāmasaḥ* – u *guṇi* neznanja; *ucyate* – kaže se.

Za materijalističku osobu koja uvijek krši naredbe spisa, vara i vrijeđa druge i sve odgađa, koja je svojeglava, lijena i uvijek mrzovoljna, kaže se da djeluje u guṇi neznanja.

SMISAO: U spisima je propisano kako trebamo djelovati. Oni koji ne mare za takve naredbe vrše zabranjene djelatnosti. Takve su osobe obično materijalisti i djeluju pod utjecajem *guṇa* prirode, a ne po naredbama spisa. Nisu ljubazne, obično se lukavo ponašaju i vješto vrijeđaju druge. Veoma su lijene; čak i ako imaju neku dužnost, ne obavljaju je pravilno i odlažu je za poslije. Zato izgledaju mrzovoljno. Sve odgađaju i ono što se može učiniti za jedan sat otežu godinama. Takve osobe djeluju u *guṇi* neznanja.

STROFA 29

बुद्धेर्भेदं धृतेश्चैव गुणतस्त्रिविधं शृणु ।
प्रोच्यमानमशेषेण पृथक्त्वेन धनञ्जय ॥ २९ ॥

buddher bhedaṁ dhṛteś caiva guṇatas tri-vidhaṁ śṛṇu
procyamānam aśeṣeṇa pṛthaktvena dhanañjaya

buddheḥ – inteligencije; *bhedam* – razlike; *dhṛteḥ* – postojanosti; *ca* – također; *eva* – zacijelo; *guṇataḥ* – *guṇama* materijalne prirode; *tri-vidham* – tri vrste; *śṛṇu* – počuj; *procyamānam* – Moj opis; *aśeṣeṇa* – potanko; *pṛthaktvena* – različit; *dhanañjaya* – o osvojitelju bogatstva.

O osvojitelju bogatstva, sada ću ti potanko opisati različite vrste inteligencije i odlučnosti, u skladu s tri guṇe materijalne prirode. Molim te, počuj.

SMISAO: Nakon što je objasnio tri vrste znanja, predmeta znanja i poznavatelja, u skladu s *guṇama* materijalne prirode, Gospodin sada na isti način objašnjava inteligenciju i odlučnost djelatelja.

STROFA 30

प्रवृत्तिं च निवृत्तिं च कार्याकार्ये भयाभये ।
बन्धं मोक्षं च या वेत्ति बुद्धिः सा पार्थ सात्त्विकी ॥ ३० ॥

pravṛttiṁ ca nivṛttiṁ ca kāryākārye bhayābhaye
bandhaṁ mokṣaṁ ca yā vetti buddhiḥ sā pārtha sāttvikī

pravṛttim – činiti; *ca* – također; *nivṛttim* – ne činiti; *ca* – i; *kārya* – što treba činiti; *akārye* – i što ne treba činiti; *bhaya* – strah; *abhaye* – i neustrašivost; *bandham* – ropstvo; *mokṣam* – oslobođenje; *ca* – i; *yā* – to koje; *vetti* – zna; *buddhiḥ* – moć razlučivanja; *sā* – to; *pārtha* – o Pṛthin sine; *sāttvikī* – u *guṇi* vrline.

O Pṛthin sine, kada osoba zna što treba činiti, a što ne, čega se treba plašiti, a čega ne, što uzrokuje vezanost, a što oslobođenje, posjeduje moć razlučivanja u guṇi vrline.

SMISAO: Djelovanje u skladu s naredbama spisa naziva se *pravṛtti* ili dolično djelovanje. Djelatnosti koje nisu u skladu s naredbama spisa ne bismo trebali vršiti. Onaj tko ne zna naredbe spisa zapleće se u djelovanje i posljedice djelovanja. Moć razlučivanja utemeljena na inteligenciji nalazi se u *guṇi* vrline.

STROFA 31

यया धर्ममधर्मं च कार्यं चाकार्यमेव च ।
अयथावत्प्रजानाति बुद्धिः सा पार्थ राजसी ॥ ३१ ॥

yayā dharmam adharmaṁ ca kāryaṁ cākāryam eva ca
ayathāvat prajānāti buddhiḥ sā pārtha rājasī

yayā – kojim; *dharmam* – načela religije; *adharmam* – bezbožnosti; *ca* – i; *kāryam* – što treba činiti; *ca* – također; *akāryam* – što ne treba činiti; *eva* – zacijelo; *ca* – također; *ayathā-vat* – nesavršeno; *prajānāti* – zna; *buddhiḥ* – inteligencija; *sā* – ta; *pārtha* – o Pṛthin sine; *rājasī* – u *guṇi* strasti.

O Pṛthin sine, kada osoba ne pravi razliku između religije i bezbožnosti, između onoga što treba činiti i onoga što ne treba, posjeduje moć razlučivanja u guṇi strasti.

STROFA 32

अधर्मं धर्ममिति या मन्यते तमसावृता ।
सर्वार्थान् विपरीतांश्च बुद्धिः सा पार्थ तामसी ॥ ३२ ॥

adharmaṁ dharmam iti yā manyate tamasāvṛtā
sarvārthān viparītāṁś ca buddhiḥ sā pārtha tāmasī

adharmam – nereligiju; *dharmam* – religiju; *iti* – tako; *yā* – koje; *manyate* – smatra; *tamasā* – iluzijom; *āvṛtā* – prekrivena; *sarva-arthān* – sve stvari; *viparītān* – u pogrešnom smjeru; *ca* – također; *buddhiḥ* – inteligencija; *sā* – ta; *pārtha* – o Pṛthin sine; *tāmasī* – u *guṇi* neznanja.

O Pṛthin sine, kada osoba opčinjena iluzijom i tamom smatra bezbožnost religijom, a religiju bezbožnošću, i uvijek djeluje u pogrešnom smjeru, posjeduje moć razlučivanja u guṇi neznanja.

SMISAO: Inteligencija u *guṇi* neznanja uvijek djeluje na suprotan način nego što bi trebala. Prihvaća religije koje nisu prave religije, a odbacuje istinsku religiju. Ljudi u neznanju smatraju veliku dušu običnim čovjekom i prihvaćaju običnog čovjeka kao veliku dušu. Istinu smatraju neistinom, a neistinu istinom. U svim djelatnostima slijede pogrešan put; zato je njihova inteligencija u *guṇi* neznanja.

STROFA 33

धृत्या यया धारयते मनःप्राणेन्द्रियक्रियाः ।
योगेनाव्यभिचारिण्या धृतिः सा पार्थ सात्त्विकी ॥ ३३ ॥

dhṛtyā yayā dhārayate manaḥ-prāṇendriya-kriyāḥ
yogenāvyabhicāriṇyā dhṛtiḥ sā pārtha sāttvikī

dhṛtyā – odlučnosti; *yayā* – kojom; *dhārayate* – održava; *manaḥ* – um; *prāṇa* – život; *indriya* – i osjetila; *kriyāḥ* – djelatnosti; *yogena* – *yoge*; *avyabhicāriṇyā* – bez prekida; *dhṛtiḥ* – odlučnost; *sā* – ta; *pārtha* – o Pṛthin sine; *sāttvikī* – u *guṇi* vrline.

O Pṛthin sine, neslomljiva odlučnost koja se postojano održava primjenom yoge i koja tako vlada djelatnostima uma, života i osjetila odlučnost je u guṇi vrline.

SMISAO: Yoga je proces kojim se može shvatiti Nad-duša. Osoba koja postojano i odlučno usmjerava svoju svjesnost na Vrhovnu Dušu, usredotočujući svoj um, život i osjetilne djelatnosti na Svevišnjega, djeluje u svjesnosti Kṛṣṇe. Ta je vrsta odlučnosti u *guṇi* vrline. Riječ *avyabhicāriṇyā* veoma je značajna, jer pokazuje da osobe koje djeluju u svjesnosti Kṛṣṇe ni jedna druga djelatnost nikada ne odvraća s puta.

STROFA 34

यया तु धर्मकामार्थान् धृत्या धारयतेऽर्जुन ।
प्रसङ्गेन फलाकाङ्क्षी धृतिः सा पार्थ राजसी ॥ ३४ ॥

yayā tu dharma-kāmārthān dhṛtyā dhārayate 'rjuna
prasaṅgena phalākāṅkṣī dhṛtiḥ sā pārtha rājasī

yayā – kojom; *tu* – ali; *dharma* – pobožnost; *kāma* – osjetilno zadovoljstvo; *arthān* – i gospodarski razvoj; *dhṛtyā* – odlučnošću; *dhārayate* – održava; *arjuna* – o Arjuna; *prasaṅgena* – zbog vezanosti; *phala-ākāṅkṣī* – želeći plodonosne rezultate; *dhṛtiḥ* – odlučnost; *sā* – ta; *pārtha* – o Pṛthin sine; *rājasī* – u *guṇi* strasti.

Odlučnost kojom je osoba čvrsto vezana za plodonosne rezultate religije, gospodarskog razvoja i zadovoljavanja osjetila ima prirodu strasti, o Arjuna.

SMISAO: Svaka osoba koja uvijek žudi za plodonosnim rezultatima religijskih ili gospodarskih djelatnosti, čija je jedina želja zadovoljavanje osjetila i čiji su um, život i osjetila time obuzeti u *guṇi* je strasti.

STROFA 35

यया स्वप्नं भयं शोकं विषादं मदमेव च ।
न विमुञ्चति दुर्मेधा धृतिः सा पार्थ तामसी ॥ ३५ ॥

yayā svapnaṁ bhayaṁ śokaṁ viṣādaṁ madam eva ca
na vimuñcati durmedhā dhṛtiḥ sā pārtha tāmasī

yayā – kojom; *svapnam* – san; *bhayam* – strah; *śokam* – jadikovanje; *viṣādam* – mrzovolja; *madam* – iluzija; *eva* – zacijelo; *ca* – također; *na* – nikada ne; *vimuñcati* – napušta; *durmedhā* – neinteligentna; *dhṛtiḥ* – odlučnost; *sā* – ta; *pārtha* – o Pṛthin sine; *tāmasī* – u *guṇi* neznanja.

O Pṛthin sine, odlučnost kojom osoba ne može nadići san, strah, jadikovanje, mrzovolju i iluziju – takva neinteligentna odlučnost u guṇi je tame.

SMISAO: Ne bismo trebali zaključiti da osoba u *guṇi* vrline ne sanja. Ovdje „san" znači pretjerano spavanje. Sanjanje je uvijek prisutno; i u *guṇi* vrline i u strasti i u neznanju. Spavanje je prirodna pojava, ali oni koji ne mogu izbjeći pretjerano spavanje, koji ne mogu odbaciti ponos na uživanje u materijalnim predmetima, koji uvijek sanjaju o vlasti nad materijalnim svijetom i čiji su život, um i osjetila time zaokupljeni, posjeduju odlučnost u *guṇi* neznanja.

STROFA 36

सुखं त्विदानीं त्रिविधं शृणु मे भरतर्षभ ।
अभ्यासाद् रमते यत्र दुःखान्तं च निगच्छति ॥ ३६ ॥

sukhaṁ tv idānīṁ tri-vidhaṁ śṛṇu me bharatarṣabha
abhyāsād ramate yatra duḥkhāntaṁ ca nigacchati

sukham – sreće; *tu* – ali; *idānīm* – sada; *tri-vidham* – o tri vrste; *śṛṇu* – počuj; *me* – Mene; *bharata-ṛṣabha* – o najbolji među Bhāratama; *abhyāsāt* – primjenom; *ramate* – uživa; *yatra* – gdje; *duḥkha* – do nesreće; *antam* – kraja; *ca* – također; *nigacchati* – dovodi.

O najbolji od Bhārata, sada ću ti opisati tri vrste sreće u kojoj uvjetovana duša uživa i zahvaljujući kojoj ponekad okončava svu svoju nesreću. Molim te, počuj.

SMISAO: Uvjetovana duša uvijek iznova pokušava uživati u materijalnoj sreći. Tako žvače već prožvakano, ali katkada, za vrijeme takvog uživanja, biva oslobođena materijalne zapletenosti, družeći se s velikom dušom. Drugim riječima, uvjetovana je duša uvijek zaokupljena nekom vrstom zadovoljavanja osjetila, ali kad zahvaljujući dobrom društvu shvati da je takvo uživanje samo uzastopno kušanje iste stvari, budi svoju svjesnost Kṛṣṇe i ponekad biva oslobođena uzastopnog kušanja takozvane sreće.

STROFA 37

यत्तदग्रे विषमिव परिणामेऽमृतोपमम् ।
तत्सुखं सात्त्विकं प्रोक्तमात्मबुद्धिप्रसादजम् ॥ ३७ ॥

yat tad agre viṣam iva pariṇāme 'mṛtopamam
tat sukhaṁ sāttvikaṁ proktam ātma-buddhi-prasāda-jam

yat – koja; *tat* – ta; *agre* – na početku; *viṣam iva* – kao otrov; *pariṇāme* – na kraju; *amṛta* – nektar; *upamam* – uspoređuje se; *tat* – ta; *sukham* – sreća; *sāttvikam* – u *guṇi* vrline; *proktam* – kaže se; *ātma* – u jastvu; *buddhi* – inteligencija; *prasāda-jam* – izvor zadovoljstva.

Sreća koja na početku može izgledati kao otrov, ali je na kraju kao nektar i koja budi u osobi svijest o samospoznaji smatra se srećom u guṇi vrline.

SMISAO: U potrazi za samospoznajom moramo slijediti mnogo pravila i propisa kako bismo ovladali umom i osjetilima i usredotočili um na jastvo. Svi su ti postupci veoma teški, gorki kao otrov, ali ako slijedeći propise postignemo uspjeh i uzdignemo se na transcendentalni položaj, počet ćemo piti pravi nektar i uživati u životu.

STROFA 38

विषयेन्द्रियसंयोगाद्यत्तदग्रेऽमृतोपमम् ।
परिणामे विषमिव तत्सुखं राजसं स्मृतम् ॥ ३८ ॥

viṣayendriya-saṁyogād yat tad agre 'mṛtopamam
pariṇāme viṣam iva tat sukhaṁ rājasaṁ smṛtam

viṣaya – predmeta osjetila; *indriya* – i osjetila; *saṁyogāt* – spojem; *yat* – koja; *tat* – ta; *agre* – na početku; *amṛta-upamam* – kao nektar; *pariṇāme* – na kraju; *viṣam iva* – kao otrov; *tat* – ona; *sukham* – srećom; *rājasam* – u *guṇi* strasti; *smṛtam* – smatra se.

Sreća koja nastaje iz dodira osjetila s njihovim predmetima i koja na početku izgleda kao nektar, ali je na kraju kao otrov, smatra se srećom u guṇi strasti.

SMISAO: Kad se mladić i djevojka sretnu, osjetila nagone mladića da gleda djevojku, da je dodirne i ima spolni odnos. Na početku to može biti veoma ugodno za osjetila, ali na kraju, ili nakon izvjesnog vremena, postaje kao otrov. Oni se razdvajaju ili rastavljaju, jadikuju, tuguju itd. Takva je sreća u *guṇi* strasti. Sreća koja nastaje iz dodira osjetila s predmetima osjetila uvijek je uzrok nesreće. Takvu sreću trebamo na svaki način izbjegavati.

STROFA 39

यदग्रे चानुबन्धे च सुखं मोहनमात्मनः ।
निद्रालस्यप्रमादोत्थं तत्तामसमुदाहृतम् ॥ ३९ ॥

yad agre cānubandhe ca sukhaṁ mohanam ātmanaḥ
nidrālasya-pramādotthaṁ tat tāmasam udāhṛtam

yat – to što; *agre* – na početku; *ca* – također; *anubandhe* – na kraju; *ca* – također; *sukham* – sreća; *mohanam* – iluzorna; *ātmanaḥ* – jastva; *nidrā* – spavanja; *ālasya* – lijenosti; *pramāda* – i iluzije; *uttham* – nastaje iz; *tat* – ta; *tāmasam* – u *guṇi* neznanja; *udāhṛtam* – kaže se.

Za sreću koja je slijepa za samospoznaju, koja je od početka do kraja iluzorna i koja nastaje iz spavanja, lijenosti i iluzije, kaže se da ima prirodu neznanja.

SMISAO: Onaj tko uživa u lijenosti i spavanju zacijelo je u *guṇi* tame, neznanja. Osoba koja nema pojma kako treba postupati, također je u *guṇi* neznanja. Za osobu u *guṇi* neznanja sve je iluzija. Ne postoji sreća, ni na početku ni na kraju. Osoba u *guṇi* strasti može na početku iskusiti neku vrstu prolazne sreće, a na kraju nesreću, ali za osobu u *guṇi* neznanja postoji samo nesreća, i na početku i na kraju.

STROFA 40

न तदस्ति पृथिव्यां वा दिवि देवेषु वा पुनः ।
सत्त्वं प्रकृतिजैर्मुक्तं यदेभिः स्यात् त्रिभिर्गुणैः ॥ ४० ॥

na tad asti pṛthivyāṁ vā divi deveṣu vā punaḥ
sattvaṁ prakṛti-jair muktaṁ yad ebhiḥ syāt tribhir guṇaiḥ

na – ne; *tat* – to; *asti* – postoji; *pṛthivyām* – na Zemlji; *vā* – ili; *divi* – u višem planetarnom sustavu; *deveṣu* – među polubogovima; *vā* – ili;

punaḥ – ponovno; *sattvam* – postojanje; *prakṛti-jaiḥ* – potječu od materijalne prirode; *muktam* – oslobođeno; *yat* – to; *ebhiḥ* – pod utjecajem ove; *syāt* – je; *tribhiḥ* – tri; *guṇaiḥ* – *guṇe* materijalne prirode.

Ni ovdje ni među polubogovima u višim planetarnim sustavima ne postoji biće koje je oslobođeno ove tri guṇe materijalne prirode.

SMISAO: Gospodin ovdje sažeto opisuje utjecaj triju *guṇa* materijalne prirode u cijelom svemiru.

STROFA 41

ब्राह्मणक्षत्रियविशां शूद्राणां च परन्तप ।
कर्माणि प्रविभक्तानि स्वभावप्रभवैर्गुणैः ॥ ४१ ॥

brāhmaṇa-kṣatriya-viśāṁ śūdrāṇāṁ ca parantapa
karmāṇi pravibhaktāni svabhāva-prabhavair guṇaiḥ

brāhmaṇa – *brāhmaṇe; kṣatriya* – *kṣatriye; viśām* – i *vaiśye; śūdrāṇām* – *śūdre; ca* – i; *parantapa* – o pokoritelju neprijatelja; *karmāṇi* – djelatnosti; *pravibhaktāni* – dijele se; *svabhāva* – njihova vlastita priroda; *prabhavaiḥ* – nastaje; *guṇaiḥ* – prema *guṇama* materijalne prirode.

Brāhmaṇe, kṣatriye, vaiśye i śūdre razlikuju se po odlikama rođenim iz njihove vlastite prirode pod utjecajem materijalnih guṇa, o pokoritelju neprijatelja.

STROFA 42

शमो दमस्तपः शौचं क्षान्तिरार्जवमेव च ।
ज्ञानं विज्ञानमास्तिक्यं ब्रह्मकर्म स्वभावजम् ॥ ४२ ॥

śamo damas tapaḥ śaucaṁ kṣāntir ārjavam eva ca
jñānaṁ vijñānam āstikyaṁ brahma-karma svabhāva-jam

śamaḥ – smirenost; *damaḥ* – samoovladanost; *tapaḥ* – strogost; *śaucam* — čistoća; *kṣāntiḥ* – snošljivost; *ārjavam* – poštenje; *eva* – zacijelo; *ca* – i; *jñānam* – znanje; *vijñānam* – mudrost; *āstikyam* – pobožnost; *brahma* – *brāhmaṇe; karma* – dužnost; *svabhāva-jam* – rođena iz njegove prirode.

Smirenost, samoovladanost, strogost, čistoća, snošljivost, poštenje, znanje, mudrost i pobožnost prirodne su osobine koje u svom djelovanju očituje brāhmaṇa.

STROFA 43

शौर्यं तेजो धृतिर्दाक्ष्यं युद्धे चाप्यपलायनम् ।
दानमीश्वरभावश्च क्षात्रं कर्म स्वभावजम् ॥ ४३ ॥

śauryaṁ tejo dhṛtir dākṣyaṁ yuddhe cāpy apalāyanam
dānam īśvara-bhāvaś ca kṣātraṁ karma svabhāva-jam

śauryam – junaštvo; *tejaḥ* – snaga; *dhṛtiḥ* – odlučnost; *dākṣyam* – snalažljivost; *yuddhe* – u bici; *ca* – i; *api* – također; *apalāyanam* – ne bježi; *dānam* – velikodušnost; *īśvara* – vodstvo; *bhāvaḥ* – priroda; *ca* – i; *kṣātram* – *kṣatriye; karma* – dužnost; *svabhāva-jam* – rođena iz vlastite prirode.

Junaštvo, snaga, odlučnost, snalažljivost, hrabrost u bici, velikodušnost i vladarska moć prirodne su osobine koje u svom djelovanju očituje kṣatriya.

STROFA 44

कृषिगोरक्ष्यवाणिज्यं वैश्यकर्म स्वभावजम् ।
परिचर्यात्मकं कर्म शूद्रस्यापि स्वभावजम् ॥ ४४ ॥

kṛṣi-go-rakṣya-vāṇijyaṁ vaiśya-karma svabhāva-jam
paricaryātmakaṁ karma śūdrasyāpi svabhāva-jam

kṛṣi – oranje; *go* – krava; *rakṣya* – zaštita; *vāṇijyam* – trgovina; *vaiśya* – *vaiśye; karma* – dužnost; *svabhāva-jam* – rođena iz vlastite prirode; *paricaryā* – u služenju; *ātmakam* – sastoji se; *karma* – dužnost; *śūdrasya* – *śūdre; api* – također; *svabhāva-jam* – rođena iz vlastite dužnosti.

Zemljoradnja, zaštita krava i trgovina prirodne su djelatnosti vaiśya, a rad i služenje drugih, djelatnosti śūdra.

STROFA 45

स्वे स्वे कर्मण्यभिरतः संसिद्धिं लभते नरः ।
स्वकर्मनिरतः सिद्धिं यथा विन्दति तच्छृणु ॥ ४५ ॥

sve sve karmaṇy abhirataḥ saṁsiddhiṁ labhate naraḥ
sva-karma-nirataḥ siddhiṁ yathā vindati tac chṛṇu

sve sve – svatko svoju; *karmaṇi* – djelatnost; *abhirataḥ* – slijedeći; *saṁsiddhim* – savršenstvo; *labhate* – dostiže; *naraḥ* – čovjek; *sva-karma* –

vlastitom dužnošću; *nirataḥ* – zaokupljen; *siddhim* – savršenstvo; *yathā* – kako; *vindati* – dostiže; *tat* – to; *śṛṇu* – počuj.

Obavljanjem svoje dužnosti svaki čovjek može postati savršen. Sada, molim te, počuj kako to može učiniti.

STROFA 46

यतः प्रवृत्तिर्भूतानां येन सर्वमिदं ततम् ।
स्वकर्मणा तमभ्यर्च्य सिद्धिं विन्दति मानवः ॥ ४६ ॥

yataḥ pravṛttir bhūtānāṁ yena sarvam idaṁ tatam
sva-karmaṇā tam abhyarcya siddhiṁ vindati mānavaḥ

yataḥ – iz koga; *pravṛttiḥ* – nastaju; *bhūtānām* – sva živa bića; *yena* – koji; *sarvam* – sve; *idam* – ovo; *tatam* – prožima; *sva-karmaṇā* – vlastitim dužnostima; *tam* – Njega; *abhyarcya* – obožavajući; *siddhim* – savršenstvo; *vindati* – dostiže; *mānavaḥ* – čovjek.

Obožavanjem Gospodina, koji je izvor svih živih bića i koji je sveprožimajući, čovjek može dostići savršenstvo obavljajući vlastite dužnosti.

SMISAO: Kao što je bilo rečeno u petnaestom poglavlju, sva su živa bića odvojeni sastavni djelići Svevišnjega Gospodina. Tako je Svevišnji Gospodin podrijetlo svih živih bića. To je potvrđeno u *Vedānta-sūtri – janmādy asya yataḥ.* Prema tome, Svevišnji je Gospodin izvor života svakog živog bića. U sedmom poglavlju *Bhagavad-gīte* bilo je rečeno da Svevišnji Gospodin Svojim energijama, izvanjskom i unutarnjom, prožima sve. Zato Ga trebamo obožavati zajedno s Njegovim energijama. Vaiṣṇave obično obožavaju Svevišnjega Gospodina zajedno s Njegovom unutarnjom energijom. Njegova je izvanjska energija iskrivljeni odraz unutarnje energije. Izvanjska je energija pozadina, ali Svevišnji Gospodin se u obliku Svoje potpune ekspanzije, Paramātme, nalazi svuda. On je Nad-duša svih polubogova, svih ljudskih bića, svih životinja, svega. Zato trebamo znati da smo kao sastavni djelići Svevišnjega Gospodina dužni služiti Svevišnjeg. Svatko treba predano služiti Gospodina, potpuno svjestan Kṛṣṇe. To je preporučeno u ovoj strofi.

Svatko treba misliti da mu je njegovo zanimanje dodijelio Hṛṣīkeśa, gospodar osjetila. Plodovima svoga rada treba obožavati Svevišnju Božansku Osobu, Śrī Kṛṣṇu. Ako uvijek mislimo na taj način, potpuno svjesni Kṛṣṇe, onda ćemo Gospodinovom milošću postati svjesni svega.

To je savršenstvo života. Gospodin kaže u *Bhagavad-gīti* (12.7): *teṣām ahaṁ samuddhartā.* Svevišnji Gospodin osobno preuzima brigu o oslobođenju takvog *bhakte.* To je najviše savršenstvo života. Ako služimo Svevišnjeg Gospodina, bez obzira na svoje zanimanje, dostići ćemo najviše savršenstvo.

STROFA 47

श्रेयान् स्वधर्मो विगुणः परधर्मात् स्वनुष्ठितात् ।
स्वभावनियतं कर्म कुर्वन्नाप्नोति किल्बिषम् ॥ ४७ ॥

śreyān sva-dharmo viguṇaḥ para-dharmāt sv-anuṣṭhitāt
svabhāva-niyataṁ karma kurvan nāpnoti kilbiṣam

śreyān – bolje; *sva-dharmaḥ* – vlastito zanimanje; *viguṇaḥ* – nesavršeno obavljati; *para-dharmāt* – nego tuđe zanimanje; *su-anuṣṭhitāt* – savršeno obavljati; *svabhāva-niyatam* – propisan u skladu sa svojom prirodom; *karma* – rad; *kurvan* – obavljajući; *na* – nikada ne; *āpnoti* – stječe; *kilbiṣam* – grešne posljedice.

Bolje je baviti se vlastitim zanimanjem, čak i nesavršeno, nego prihvatiti tuđe zanimanje i baviti se njime savršeno. Dužnosti propisane u skladu s prirodom pojedine osobe nikada ne povlače za sobom grešne posljedice.

SMISAO: Dužnosti pojedinih staleža propisane su u *Bhagavad-gīti.* Kao što je već bilo razmotreno u prijašnjim strofama, dužnosti *brāhmaṇe, kṣatriye, vaiśye* i *śūdre* propisane su u skladu s njihovim *guṇama* prirode. Ne bismo trebali oponašati tuđu dužnost. Čovjek kojeg po prirodi privlače djelatnosti *śūdra* ne bi trebao lažno tvrditi da je *brāhmaṇa*, iako se možda rodio u obitelji *brāhmaṇa.* Treba djelovati u skladu sa svojom prirodom. Nijedna djelatnost nije odvratna, ako se vrši u službi Svevišnjega Gospodina. Propisana je dužnost *brāhmaṇe* zacijelo u *guṇi* vrline, ali ako osoba nije po prirodi u *guṇi* vrline, ne bi trebala oponašati propisane dužnosti *brāhmaṇe. Kṣatriya*, pripadnik upravnog staleža, mora obavljati toliko mnogo mrskih dužnosti; *kṣatriya* mora biti nasilan kako bi ubio neprijatelje i ponekad mora lagati zbog diplomacije. Takvo nasilje i dvoličnost prate političke događaje, ali od *kṣatriye* se ne očekuje da ostavi svoju dužnost i pokuša obavljati dužnosti *brāhmaṇe.*

Trebamo djelovati za zadovoljstvo Svevišnjega Gospodina. Na primjer, Arjuna je bio *kṣatriya* i nije se htio boriti sa svojim protivnicima. Ali ako se takva borba vodi za Kṛṣṇu, Svevišnju Božansku Osobu, ne trebamo se plašiti degradacije. Dok trguje, trgovac katkada mora lagati da bi zaradio. Ako to ne učini, možda neće ništa zaraditi. Trgovci ponekad kažu: „Dragi moj kupče, na tebi neću zaraditi", ali trebamo znati da bez zarade ne mogu opstati. Zato, kad trgovac kaže da nema nikakve zarade, trebamo znati da laže. No trgovac ne bi trebao misliti da mora napustiti svoje zanimanje zato što mora lagati i da mora prihvatiti poziv *brāhmaṇe*. To nije preporučeno. Ako netko svojim radom služi Svevišnju Božansku Osobu, nije važno je li *kṣatriya, vaiśya* ili *śūdra*. Čak i *brāhmaṇe*, koji vrše različite vrste žrtvovanja, katkada moraju ubijati životinje, jer se u takvim obredima katkada žrtvuju životinje. Slično tome, ako *kṣatriya* obavljajući svoju dužnost ubije neprijatelja, ne čini grijeh. To je bilo podrobno objašnjeno u trećem poglavlju. Svaki čovjek treba djelovati za Yajñu, Viṣṇua, Svevišnju Božansku Osobu. Sve djelatnosti koje se vrše radi osobnog zadovoljavanja osjetila uzrokuju ropstvo. Možemo zaključiti da svatko treba djelovati u skladu s *guṇama* prirode koje je stekao i odlučiti da time ispuni isključivo vrhovnu nakanu Svevišnjega Gospodina.

STROFA 48

सहजं कर्म कौन्तेय सदोषमपि न त्यजेत् ।
सर्वारम्भा हि दोषेण धूमेनाग्निरिवावृताः ॥ ४८ ॥

saha-jaṁ karma kaunteya sa-doṣam api na tyajet
sarvārambhā hi doṣeṇa dhūmenāgnir ivāvṛtāḥ

saha-jam – nastaje istodobno; *karma* – s djelovanjem; *kaunteya* – o Kuntīn sine; *sa-doṣam* – s nedostatkom; *api* – iako; *na* – nikad; *tyajet* – treba ostaviti; *sarva-ārambhāḥ* – sve pokušaje; *hi* – zacijelo; *doṣeṇa* – s nedostatkom; *dhūmena* – s dimom; *agniḥ* – vatra; *iva* – kao; *āvṛtāḥ* – prekrivena.

Svaki je napor prekriven nekom vrstom nedostatka, kao što je vatra prekrivena dimom. Čovjek, stoga, ne bi trebao ostaviti djelatnost rođenu iz njegove prirode, o Kuntīn sine, čak i ako je puna nedostataka.

SMISAO: U uvjetovanom životu sve su djelatnosti okaljane *guṇama* materijalne prirode. Čak i ako je netko *brāhmaṇa*, mora izvoditi žrtvovanja u kojima se ubijaju životinje. *Kṣatriya* se, bez obzira na svoju pobožnost, mora boriti protiv neprijatelja. Ne može to izbjeći. Trgovac, bez obzira na svoju pobožnost, mora ponekad prikriti zaradu kako bi održao trgovinu ili mora katkada poslovati na crnoj burzi. Te su stvari potrebne; ne mogu se izbjeći. *Śūdra*, čak i ako služi lošeg gospodara, mora izvršiti naredbu gospodara, čak i kad je riječ o nečemu što se ne bi smjelo činiti. Unatoč tim nedostacima, čovjek treba nastaviti obavljati propisane dužnosti, jer su rođene iz njegove vlastite prirode.

Ovdje je naveden veoma lijep primjer. Iako je vatra čista, stvara dim, ali ne postaje zbog toga nečista. Čak i ako u vatri postoji dim, vatra se smatra najčistijim elementom. Ako netko želi ostaviti djelatnosti *kṣatriye* i prihvatiti zanimanje *brāhmaṇe*, nije siguran da u zanimanju *brāhmaṇe* ne postoje neugodne dužnosti. Stoga možemo zaključiti da u materijalnom svijetu nitko ne može biti potpuno oslobođen nečistoća materijalne prirode. S tim u vezi, primjer vatre i dima veoma je prikladan. Kad zimi sklonimo kamen s vatre, ponekad dim uznemirava oči i druge dijelove tijela, ali ipak moramo koristiti vatru, unatoč uznemiravajućim okolnostima. Stoga ne bismo trebali ostaviti naše prirodno zanimanje zbog uznemiravajućih elemenata, već trebamo odlučno služiti Svevišnjega Gospodina, obavljajući svoju dužnost u svjesnosti Kṛṣṇe. To je razina savršenstva. Kad se bavimo određenim zanimanjem za zadovoljstvo Svevišnjega Gospodina svi nedostaci toga zanimanja bivaju pročišćeni. Kad se rezultati rada pročiste i povežu s predanim služenjem, osoba može savršeno vidjeti u sebi jastvo i to je samospoznaja.

STROFA 49

असक्तबुद्धिः सर्वत्र जितात्मा विगतस्पृहः ।
नैष्कर्म्यसिद्धिं परमां सन्न्यासेनाधिगच्छति ॥ ४९ ॥

asakta-buddhiḥ sarvatra jitātmā vigata-spṛhaḥ
naiṣkarmya-siddhiṁ paramāṁ sannyāsenādhigacchati

asakta-buddhiḥ – nevezane inteligencije; *sarvatra* – svuda; *jita-ātmā* – ovladana uma; *vigata-spṛhaḥ* – bez materijalnih želja; *naiṣkarmya-siddhim* – savršenstvo bez posljedica; *paramām* – najviše; *sannyāsena* – redom odricanja; *adhigacchati* – dostiže.

Samoovladana osoba, koja nije vezana i koja se ne obazire na materijalne užitke, može odricanjem dostići najsavršeniji stadij oslobođenja od posljedica.

SMISAO: Trebamo uvijek smatrati sebe sastavnim djelićem Svevišnjeg Gospodina i misliti da nemamo pravo na uživanje u rezultatima svoga rada. To je pravo odricanje. Budući da smo sastavni djelići Svevišnjega Gospodina, u rezultatima našeg rada mora uživati Svevišnji Gospodin. To je svjesnost Kṛṣṇe. Onaj tko djeluje svjesno Kṛṣṇe pravi je *sannyāsī*, osoba u redu odricanja. Zahvaljujući takvom mentalitetu osjeća zadovoljstvo, jer djeluje za Svevišnjeg. Zato nije vezan ni za što materijalno. Naviknut je da uživa samo u transcendentalnoj sreći koja potječe od služenja Gospodina i ni u čemu drugome. Smatra se da je *sannyāsī* oslobođen svih posljedica prošlih djela, ali osoba svjesna Kṛṣṇe automatski dostiže to savršenstvo, čak i bez prihvaćanja takozvanog reda odricanja. To se stanje uma naziva *yogārūḍha*, odnosno savršena razina *yoge*. Kao što je bilo potvrđeno u trećem poglavlju – *yas tv ātma-ratir eva syāt:* onaj tko nalazi zadovoljstvo u sebi ne plaši se posljedica svoga djelovanja.

STROFA 50

सिद्धिं प्राप्तो यथा ब्रह्म तथाप्नोति निबोध मे ।
समासेनैव कौन्तेय निष्ठा ज्ञानस्य या परा ॥ ५० ॥

siddhiṁ prāpto yathā brahma tathāpnoti nibodha me
samāsenaiva kaunteya niṣṭhā jñānasya yā parā

siddhim – savršenstvo; *prāptaḥ* – dostigavši; *yathā* – kako; *brahma* – Svevišnjeg; *tathā* – tako; *āpnoti* – dostiže; *nibodha* – pokušaj shvatiti; *me* – od Mene; *samāsena* – sažeto; *eva* – zacijelo; *kaunteya* – o Kuntīn sine; *niṣṭhā* – razinu; *jñānasya* – znanja; *yā* – koja; *parā* – transcendentalna.

O Kuntīn sine, počuj kako onaj tko je dostigao to savršenstvo može dostići vrhovnu razinu savršenstva, Brahman, razinu najvišeg znanja, djelujući na način koji ću ti sada sažeto opisati.

SMISAO: Gospodin objašnjava Arjuni kako može dostići najvišu razinu savršenstva jednostavno obavljajući svoju dužnost za Svevišnju Božansku Osobu. Vrhovna razina Brahmana dostiže se jednostavno odricanjem od rezultata rada za zadovoljstvo Svevišnjega Gospodina. To je proces samospoznaje. Pravo savršenstvo znanja leži u dostizanju čiste svjesnosti Kṛṣṇe. To će biti objašnjeno u idućim strofama.

STROFE 51–53

बुद्ध्या विशुद्धया युक्तो धृत्यात्मानं नियम्य च ।
शब्दादीन् विषयांस्त्यक्त्वा रागद्वेषौ व्युदस्य च ॥ ५१ ॥

विविक्तसेवी लघ्वाशी यतवाक्कायमानसः ।
ध्यानयोगपरो नित्यं वैराग्यं समुपाश्रितः ॥ ५२ ॥
अहङ्कारं बलं दर्पं कामं क्रोधं परिग्रहम् ।
विमुच्य निर्ममः शान्तो ब्रह्मभूयाय कल्पते ॥ ५३ ॥

buddhyā viśuddhayā yukto dhṛtyātmānaṁ niyamya ca
śabdādīn viṣayāṁs tyaktvā rāga-dveṣau vyudasya ca

vivikta-sevī laghv-āśī yata-vāk-kāya-mānasaḥ
dhyāna-yoga-paro nityaṁ vairāgyaṁ samupāśritaḥ

ahaṅkāraṁ balaṁ darpaṁ kāmaṁ krodhaṁ parigraham
vimucya nirmamaḥ śānto brahma-bhūyāya kalpate

buddhyā – inteligencijom; *viśuddhayā* – potpuno pročišćena; *yuktaḥ* – zaokupljena; *dhṛtyā* – odlučnošću; *ātmānam* – jastvo; *niyamya* – regulirajući; *ca* – također; *śabda-ādīn* – poput zvuka; *viṣayān* – predmeta osjetila; *tyaktvā* – odričući se; *rāga* – vezanost; *dveṣau* – i mržnju; *vyudasya* – ostavljajući po strani; *ca* – također; *vivikta-sevī* – živeći na osami; *laghu-āśī* – jedući malo; *yata* – ovladavši; *vāk* – govorom; *kāya* – tijelom; *mānasaḥ* – i umom; *dhyāna-yoga-paraḥ* – obuzeta transom; *nityam* – dvadeset četiri sata na dan; *vairāgyam* – odvojenosti; *samupāśritaḥ* – prihvativši okrilje; *ahaṅkāram* – lažnog ega; *balam* – lažne snage; *darpam* – lažnog ponosa; *kāmam* – požude; *krodham* – srdžbe; *parigraham* – i prihvaćanja materijalnih stvari; *vimucya* – izbavljena od; *nirmamaḥ* – bez osjećaja vlasništva; *śāntaḥ* – smirena; *brahma-bhūyāya* – za samospoznaju; *kalpate* – kvalificirana.

Osoba koja se pročistila svojom inteligencijom, koja odlučno vlada umom i odriče se predmeta osjetilnog zadovoljstva, oslobođena vezanosti i mržnje, koja živi na osami, jede malo, vlada svojim tijelom, umom i govorom, koja je uvijek u transu i koja nije vezana, oslobođena lažnog ega, lažne snage, lažnog ponosa, požude, srdžbe i lažne posesivnosti, koja ne prihvaća materijalne stvari i koja je smirena – takva osoba sigurno biva uzdignuta na razinu samospoznaje.

SMISAO: Onaj tko se inteligencijom pročistio održava sebe u *guṇi* vrline. Tako vlada umom i uvijek ostaje u transu. Nije vezan za predmete osjetilnog zadovoljstva i djeluje bez vezanosti i mržnje. Takva nevezana osoba prirodno voli život na osami, ne jede više nego što je potrebno i vlada djelatnostima svoga tijela i uma. Nema lažni ego, jer ne misli da je tijelo, niti se želi udebljati i postati snažna, prihvaćanjem brojnih materijalnih stvari. Budući da nema tjelesno shvaćanje života, nije lažno ponosna. Zadovoljna je svime što joj se milošću Gospodina ponudi i nikada se ne ljuti u odsutnosti osjetilnog zadovoljstva, niti se trudi da stekne predmete osjetila. Tako, kad se potpuno oslobodi lažnoga ega, gubi vezanost za sve materijalne stvari. To je razina samospoznaje Brahmana, zvana *brahma-bhūta*. Onaj tko se oslobodio materijalnog shvaćanja života postaje smiren i ne može biti uznemiren. To je opisano u *Bhagavad-gīti* (2.70):

āpūryamāṇam acala-pratiṣṭhaṁ
samudram āpaḥ praviśanti yadvat
tadvat kāmā yaṁ praviśanti sarve
sa śāntim āpnoti na kāma-kāmī

„Želje dolaze kao što se rijeke ulijevaju u ocean, koji se uvijek puni vodom, ali ostaje miran. Samo onaj tko nije uznemiren neprestanim tijekom želja može dostići mir, a ne onaj tko nastoji zadovoljiti takve želje."

STROFA 54

ब्रह्मभूतः प्रसन्नात्मा न शोचति न काङ्क्षति ।
समः सर्वेषु भूतेषु मद्भक्तिं लभते पराम् ॥ ५४ ॥

brahma-bhūtaḥ prasannātmā na śocati na kāṅkṣati
samaḥ sarveṣu bhūteṣu mad-bhaktiṁ labhate parām

brahma-bhūtaḥ – sjedinjen s Apsolutom; *prasanna-ātmā* – potpuno radostan; *na* – nikada; *śocati* – jadikuje; *na* – nikada; *kāṅkṣati* – želi; *samaḥ* – jednako se ophodi; *sarveṣu* – prema svim; *bhūteṣu* – živim bićima; *mat-bhaktim* – predano služenje Mene; *labhate* – stječe; *parām* – transcendentalno.

Onaj tko je tako transcendentalno utemeljen odmah spoznaje Vrhovni Brahman i postaje potpuno radostan. Nikada ne jadikuje niti za ičim žudi. Jednako se ophodi prema svakom živom biću. U takvom stanju dostiže čisto predano služenje Mene.

SMISAO: Za impersonalista je dostizanje razine *brahma-bhūta*, jedinstva s Apsolutom, posljednja riječ. Ali personalist ili čisti *bhakta* mora dalje napredovati kako bi se posvetio čistom predanom služenju. To znači da je osoba koja služi Svevišnjeg Gospodina s čistom predanošću već dostigla oslobođenje, zvano *brahma-bhūta* ili jedinstvo s Apsolutom. Bez sjedinjavanja sa Svevišnjim, Apsolutom, ne možemo služiti Svevišnjega. U apsolutnom shvaćanju ne postoji razlika između sluge i služenog; ipak, razlika postoji u višem, duhovnom smislu.

U materijalnom shvaćanju života, kad osoba svojim postupcima nastoji zadovoljiti osjetila, doživljava bijedu, ali u apsolutnom svijetu, kad služi s čistom predanošću, nema bijede. *Bhakta* svjestan Kṛṣṇe ni za čim ne jadikuje niti žudi. Budući da je Bog potpun, živo biće koje služi Boga u svjesnosti Kṛṣṇe također postaje potpuno u sebi. Ono je kao rijeka pročišćena od sve prljavštine. Čisti *bhakta* ne misli ni na što drugo osim na Kṛṣṇu i zato je prirodno uvijek radostan. Ne žali za materijalnim gubitkom niti želi nešto dobiti, jer se osjeća potpunim u služenju Gospodina. Ne želi materijalno uživanje, jer zna da je svako živo biće odvojeni djelić Svevišnjeg Gospodina i stoga je vječno sluga. U materijalnom svijetu ne smatra neka bića višim, a neka nižim; viši i niži položaji su prolazni i *bhakta* nema nikakve veze s prolaznim pojavama i nestancima. Za njega kamen i zlato imaju jednaku vrijednost. To je razina *brahma-bhūta* i čisti je *bhakta* vrlo lako dostiže. Na toj razini postojanja pomisao na stapanje s Vrhovnim Brahmanom i uništavanje vlastite osobnosti izgleda paklena, pomisao na odlazak u rajsko kraljevstvo čini se poput utvare, a osjetila nalikuju slomljenim zubima otrovne zmije. Kao što se ne trebamo plašiti zmije slomljenih zuba, tako se ne trebamo plašiti ovladanih osjetila. Za osobu pod utjecajem materije svijet je pun bijede, ali za *bhaktu* je čitav svijet jednako dobar kao Vaikuṇṭha, duhovno nebo. Za *bhaktu* najviša osoba u ovom svemiru nije značajnija od mrava. Ta se razina može dostići milošću Gospodina Caitanye, koji je u ovom dobu propovijedao čisto predano služenje.

STROFA 55

भक्त्या मामभिजानाति यावान् यश्चास्मि तत्त्वतः ।
ततो मां तत्त्वतो ज्ञात्वा विशते तदनन्तरम् ॥ ५५ ॥

bhaktyā mām abhijānāti yāvān yaś cāsmi tattvataḥ
tato māṁ tattvato jñātvā viśate tad-anantaram

bhaktyā – čistim predanim služenjem; *mām* – Mene; *abhijānāti* – osoba može spoznati; *yāvān* – takvog; *yaḥ ca asmi* – kakav jesam; *tattvataḥ* – uistinu; *tataḥ* – zatim; *mām* – Mene; *tattvataḥ* – istinski; *jñātvā* – poznajući; *viśate* – ulazi; *tat-anantaram* – nakon toga.

Osoba Me može spoznati kao Svevišnju Božansku Osobu samo predanim služenjem. Kad zahvaljujući takvoj predanosti postane potpuno svjesna Mene, može ući u Božje carstvo.

SMISAO: Svevišnja Božanska Osoba Kṛṣṇa i Njegove potpune ekspanzije ne mogu se shvatiti umnom spekulacijom. Osobe koje nisu *bhakte* ne mogu ih shvatiti. Ako netko želi shvatiti Svevišnju Božansku Osobu, mora se posvetiti čistom predanom služenju pod vodstvom čistog *bhakte*. Inače će istina o Svevišnjoj Božanskoj Osobi uvijek ostati skrivena. Kao što je bilo rečeno u dvadeset petoj strofi sedmoga poglavlja – *nāhaṁ prakāśaḥ sarvasya:* Bog se ne otkriva svakome. Nitko ne može shvatiti Boga samom učenošću ili umnom spekulacijom. Samo onaj tko postupa svjesno Kṛṣṇe i predano služi može shvatiti tko je Kṛṣṇa. Sveučilišne diplome ne mogu mu pomoći.

Onaj tko je potpuno upućen u nauk o Kṛṣṇi postaje dostojan ulaska u duhovno carstvo, Kṛṣṇino prebivalište. Postati Brahman ne znači izgubiti svoju osobnost. Predano služenje postoji i sve dok postoji predano služenje, moraju postojati Bog, *bhakta* i proces predanog služenja. Takvo se znanje nikada ne gubi, čak ni nakon oslobođenja. Oslobođenje podrazumijeva oslobađanje od materijalnog shvaćanja života. U duhovnom životu postoji ista razlika, ista osobnost, ali u čistoj svjesnosti Kṛṣṇe. Ne bismo trebali pogrešno misliti da riječ *viśate*, „ulazi u Mene", podržava monističku teoriju prema kojoj se živo biće stapa s neosobnim Brahmanom. Ne. *Viśate* znači da kao osoba može ući u prebivalište Svevišnjeg Gospodina kako bi se družila s Njim i služila Ga. Na primjer, zelena ptica ulazi u krošnju zelenog drveta ne da bi se stopila s drvetom, već da bi uživala u plodovima drveta. Impersonalisti obično navode primjer rijeke koja se ulijeva u ocean i stapa s njim. To može biti izvor sreće za impersonaliste, ali personalisti zadržavaju svoju osobnost poput vodene životinje u oceanu. Ako zaronimo duboko u ocean, naći ćemo mnogo živih bića. Nije dovoljno upoznati samo površinu oceana; moramo imati potpuno znanje o vodenim bićima koja žive u dubinama oceana.

Zahvaljujući čistom predanom služenju, *bhakta* može istinski shvatiti transcendentalne odlike i obilja Svevišnjeg Gospodina. U jedanaestom poglavlju bilo je rečeno da se ona mogu shvatiti samo predanim služenjem. To je ovdje potvrđeno; predanim služenjem osoba može shvatiti Svevišnjega Gospodina i ući u Njegovo carstvo.

Nakon što dostigne *brahma-bhūta* razinu oslobođenja od materijalnih shvaćanja, počinje predano služiti slušajući o Gospodinu. Slušajući o Svevišnjoj Božanskoj Osobi, samim tim dostiže *brahma-bhūta* razinu postojanja i oslobađa se materijalnih nečistoća – pohlepe i požude za osjetilnim uživanjem. S iščezavanjem požude i želje iz srca *bhakta* postaje sve više privržen služenju Gospodina. Zahvaljujući takvoj privrženosti biva oslobođen materijalnih nečistoća. U tom stanju života može shvatiti Svevišnjega Gospodina. To je također izjava *Śrīmad-Bhāgavatama*.

Nakon oslobođenja, proces se transcendentalnoga služenja, *bhakti*, nastavlja. *Vedānta-sūtra* (4.1.12) to potvrđuje: *ā-prāyaṇāt tatrāpi hi dṛṣṭam*. To znači da se nakon oslobođenja proces predanog služenja nastavlja. U *Śrīmad-Bhāgavatamu* pravo je oslobođenje živoga bića, utemeljeno na predanosti, definirano kao ponovno stjecanje vlastitog identiteta, vlastitoga prirodnog položaja. Taj je prirodni položaj već bio objašnjen: svako je živo biće odvojeni djelić Svevišnjega Gospodina. Zato je njegov prirodni položaj služenje. Nakon oslobođenja, to služenje nikada ne prestaje. Pravo oslobođenje je oslobođenje od pogrešnih životnih shvaćanja.

STROFA 56

सर्वकर्माण्यपि सदा कुर्वाणो मद्व्यपाश्रयः ।
मत्प्रसादादवाप्नोति शाश्वतं पदमव्ययम् ॥ ५६ ॥

sarva-karmāṇy api sadā kurvāṇo mad-vyapāśrayaḥ
mat-prasādād avāpnoti śāśvataṁ padam avyayam

sarva – sve; *karmāṇi* – djelatnosti; *api* – premda; *sadā* – uvijek; *kurvāṇaḥ* – vrši; *mat-vyapāśrayaḥ* – pod Mojom zaštitom; *mat-prasādāt* – Mojom milošću; *avāpnoti* – dostiže; *śāśvatam* – vječno; *padam* – prebivalište; *avyayam* – neuništivo.

Premda Moj čisti bhakta vrši sve vrste djelatnosti pod Mojom zaštitom, Mojom milošću dostiže vječno i neuništivo prebivalište.

SMISAO: Riječ *mad-vyapāśrayaḥ* znači pod zaštitom Svevišnjeg Gospodina. Da bi se oslobodio materijalnih nečistoća, čisti *bhakta* djeluje po uputama Svevišnjeg Gospodina ili Njegova predstavnika, duhovnog učitelja. Za čistog *bhaktu* ne postoji vremensko ograničenje. On je uvijek, dvadeset četiri sata na dan, potpuno zaokupljen djelatnostima koje vrši po naredbi Svevišnjega Gospodina. Gospodin je vrlo ljubazan prema *bhakti* koji tako djeluje u svjesnosti Kṛṣṇe. Unatoč svim poteškoćama, on na kraju biva uzdignut u transcendentalno prebivalište, Kṛṣṇaloku. Osiguran mu je odlazak tamo; u to nema sumnje. U tom vrhovnom prebivalištu nema promjene; sve je vječno, neuništivo i puno znanja.

STROFA 57

चेतसा सर्वकर्माणि मयि सन्न्यस्य मत्परः ।
बुद्धियोगमुपाश्रित्य मच्चित्तः सततं भव ॥ ५७ ॥

cetasā sarva-karmāṇi mayi sannyasya mat-paraḥ
buddhi-yogam upāśritya mac-cittaḥ satataṁ bhava

cetasā – inteligencijom; *sarva-karmāṇi* – svih vrsta djelatnosti; *mayi* – radi Mene; *sannyasya* – odričući se; *mat-paraḥ* – pod Mojom zaštitom; *buddhi-yogam* – djelatnosti utemeljenih na predanosti; *upāśritya* – prihvativši utočište; *mat-cittaḥ* – svjestan Mene; *satatam* – dvadeset četiri sata na dan; *bhava* – samo postani.

U svim djelatnostima samo ovisi o Meni i uvijek djeluj pod Mojom zaštitom. Tako predano služeći budi potpuno svjestan Mene.

SMISAO: Kad osoba djeluje u svjesnosti Kṛṣṇe, ne djeluje kao gospodar svijeta. Treba djelovati po naredbi Svevišnjega Gospodina, kao sluga. Sluga nema neovisnost. On djeluje samo po naredbi gospodara. Na slugu koji djeluje za vrhovnog gospodara ne utječu gubitak i dobitak. On jednostavno vjerno obavlja svoju dužnost u skladu s Gospodinovom naredbom. Netko može prigovoriti da je Arjuna postupio po Kṛṣṇinoj osobnoj naredbi, ali kad Kṛṣṇa nije nazočan kako onda trebamo postupiti? Ako netko djeluje po uputama koje je Kṛṣṇa dao u ovoj knjizi, ili pod vodstvom Kṛṣṇina predstavnika, rezultat će biti isti. U ovoj je strofi vrlo važna riječ *mat-paraḥ*. Ona nam otkriva da *bhakta* nema ni jedan cilj u životu osim djelovanja u svjesnosti Kṛṣṇe, samo za zadovoljstvo Kṛṣṇe. Dok djeluje na taj način, treba misliti samo na Kṛṣṇu. „Kṛṣṇa mi je povjerio ovu dužnost." Djelujući na taj način prirodno mora misliti na Kṛṣṇu. To je savršena svjesnost Kṛṣṇe. Međutim kad učini nešto hirovito, rezultat ne bi trebao ponuditi Svevišnjem Gospodinu. Takva vrsta dužnosti nije predano služenje u svjesnosti Kṛṣṇe. Trebamo djelovati po Kṛṣṇinoj naredbi. To je veoma važno. Kṛṣṇina se naredba prenosi učeničkim naslijeđem i prima od vjerodostojna duhovnog učitelja. Stoga naredbu duhovnog učitelja trebamo prihvatiti kao glavnu dužnost u životu. Ako netko nađe vjerodostojna duhovnog učitelja i djeluje po njegovoj naredbi, sigurno će dostići savršenstvo života u svjesnosti Kṛṣṇe.

STROFA 58

मच्चित्तः सर्वदुर्गाणि मत्प्रसादात्तरिष्यसि ।
अथ चेत्त्वमहङ्कारान्न श्रोष्यसि विनङ्क्ष्यसि ॥ ५८ ॥

mac-cittaḥ sarva-durgāṇi mat-prasādāt tariṣyasi
atha cet tvam ahaṅkārān na śroṣyasi vinaṅkṣyasi

mat – Mene; *cittaḥ* – ako si svjestan; *sarva* – sve; *durgāṇi* – zapreke; *mat-prasādāt* – Mojom milošću; *tariṣyasi* – savladat ćeš; *atha* – ali; *cet* – ako; *tvam* – ti; *ahaṅkārāt* – zbog lažnoga ega; *na śroṣyasi* – ne slušaš; *vinaṅkṣyasi* – bit ćeš izgubljen.

Ako postaneš svjestan Mene, Mojom ćeš milošću nadići sve zapreke uvjetovanog života. Međutim, ako ne budeš djelovao u takvoj svjesnosti, već pod utjecajem lažnoga ega, ne slušajući Moje riječi, bit ćeš izgubljen.

SMISAO: Osoba potpuno svjesna Kṛṣṇe ne brine se previše o obavljanju dužnosti svoga postojanja. Budalasti ljudi ne mogu shvatiti tu veliku slobodu od sve tjeskobe. Onome tko djeluje u svjesnosti Kṛṣṇe Gospodin Kṛṣṇa postaje najprisniji prijatelj. On uvijek brine o udobnosti Svoga prijatelja i daje se Svome prijatelju, koji tako odano, dvadeset četiri sata na dan, djeluje za Gospodinovo zadovoljstvo. Stoga nitko ne bi trebao biti obmanut lažnim egom tjelesnog shvaćanja života. Osoba ne bi trebala pogrešno misliti da ne ovisi o zakonima materijalne prirode ili da može djelovati slobodno. Ona se već nalazi pod strogim materijalnim zakonima. Ali čim djeluje u svjesnosti Kṛṣṇe, postaje slobodna, oslobođena materijalnih nedaća. Trebamo primijetiti da onaj tko nije aktivan u svjesnosti Kṛṣṇe biva izgubljen u materijalnom vrtlogu, u oceanu rođenja i smrti. Nijedna uvjetovana duša ne zna kako treba postupati. No osoba koja djeluje u svjesnosti Kṛṣṇe može slobodno djelovati jer je Kṛṣṇa potiče iznutra, a duhovni učitelj to potvrđuje.

STROFA 59

यदहङ्कारमाश्रित्य न योत्स्य इति मन्यसे ।
मिथ्यैष व्यवसायस्ते प्रकृतिस्त्वां नियोक्ष्यति ॥ ५९ ॥

yad ahaṅkāram āśritya na yotsya iti manyase
mithyaiṣa vyavasāyas te prakṛtis tvāṁ niyokṣyati

yat – ako; *ahaṅkāram* – lažnog ega; *āśritya* – prihvativši utočište; *na yotsye* – neću se boriti; *iti* – tako; *manyase* – misliš; *mithyā eṣaḥ* – to je sve pogrešno; *vyavasāyaḥ* – odlučnost; *te* – tvoje; *prakṛtiḥ* – materijalne prirode; *tvām* – ti; *niyokṣyati* – djelovat ćeš.

Ako ne izvršiš Moju naredbu i ne boriš se, tvoje će djelatnosti biti pogrešno usmjerene. Zbog tvoje prirode, bit ćeš prisiljen sudjelovati u ratu.

SMISAO: Arjuna je bio vojnik, rođen s prirodom *kṣatriye*. Stoga je njegova prirodna dužnost bila da se bori. Međutim, zbog lažnoga ega, bojao se da će ubijanjem svoga učitelja, djeda i prijatelja uzrokovati grešne posljedice. Ustvari, smatrao se gospodarem svojih djela, kao da on određuje dobre ili loše rezultate takva djelovanja. Zaboravio je da je Svevišnji, Božanska Osoba, bio nazočan i nalagao mu da se bori. To je zaboravnost uvjetovane duše. Svevišnja Božanska Osoba poučava nas što je dobro, a što loše. Da bismo dostigli savršenstvo života trebamo jednostavno djelovati u svjesnosti Kṛṣṇe. Nitko ne zna svoju sudbinu, ali Svevišnji Gospodin zna sudbinu svih živih bića. Stoga je najbolje prihvatiti uputu Svevišnje Božanske Osobe ili naredbu duhovnog učitelja, Božjeg predstavnika. Trebamo bez dvojbe izvršiti naredbu Svevišnje Božanske Osobe – tako ćemo biti sigurni u svim okolnostima.

STROFA 60

स्वभावजेन कौन्तेय निबद्धः स्वेन कर्मणा ।
कर्तुं नेच्छसि यन् मोहात्करिष्यस्यवशोऽपि तत् ॥ ६० ॥

svabhāva-jena kaunteya nibaddhaḥ svena karmaṇā
kartuṁ necchasi yan mohāt kariṣyasy avaśo 'pi tat

svabhāva-jena – koje potječu od tvoje prirode; *kaunteya* – o Kuntīn sine; *nibaddhaḥ* – uvjetovane; *svena* – tvoje vlastite; *karmaṇā* – djelatnosti; *kartum* – da djeluješ; *na* – ne; *icchasi* – želiš; *yat* – to koje; *mohāt* – zbog iluzije; *kariṣyasi* – učinit ćeš; *avaśaḥ* – protiv svoje volje; *api* – čak; *tat* – to.

O Kuntīn sine, pod utjecajem iluzije sada odbijaš izvršiti Moju naredbu, ali ćeš djelovati na isti način, prisiljen svojom prirodom.

SMISAO: Ako netko odbije izvršiti naredbu Svevišnjeg Gospodina, bit će prisiljen da djeluje pod utjecajem *guṇa* u kojima se nalazi. Svatko je opčinjen određenim *guṇama* prirode i djeluje na taj način. Ali onaj tko dobrovoljno djeluje po naredbi Svevišnjega Gospodina postaje slavan.

STROFA 61

ईश्वरः सर्वभूतानां हृद्देशेऽर्जुन तिष्ठति ।
भ्रामयन् सर्वभूतानि यन्त्रारूढानि मायया ॥ ६१ ॥

īśvaraḥ sarva-bhūtānāṁ hṛd-deśe 'rjuna tiṣṭhati
bhrāmayan sarva-bhūtāni yantrārūḍhāni māyayā

īśvaraḥ – Svevišnji Gospodin; *sarva-bhūtānām* – svih živih bića; *hṛt-deśe* – u predjelu srca; *arjuna* – o Arjuna; *tiṣṭhati* – prebiva; *bhrāmayan* – uzrokuje lutanje; *sarva-bhūtāni* – sva živa bića; *yantra* – u stroju; *ārūḍhāni* – smještena; *māyayā* – općinjena materijalnom energijom.

Svevišnji se Gospodin nalazi u svačijem srcu, o Arjuna, i upravlja lutanjima svih živih bića, koja su smještena u stroju načinjenom od materijalne energije.

SMISAO: Arjuna nije bio vrhovni poznavatelj i njegova odluka da se bori ili ne bori temeljila se na njegovu ograničenom rasuđivanju. Gospodin Kṛṣṇa je objasnio da živo biće nije sve u svemu. Svevišnja Božanska Osoba, On sam, Kṛṣṇa, kao lokalizirana Nad-duša prebiva u srcu živoga bića i usmjerava ga. Nakon što promijeni tijelo živo biće zaboravlja svoja prošla djela, ali Nad-duša, kao poznavatelj prošlosti, sadašnjosti i budućnosti, ostaje svjedok svih njegovih djelatnosti. Stoga svim djelatnostima živih bića upravlja Nad-duša. Živo biće dobiva ono što zaslužuje i biva nošeno materijalnim tijelom, stvorenim u materijalnoj energiji po naredbi Nad-duše. Čim se nađe u određenoj vrsti tijela, mora djelovati pod utjecajem tog tjelesnog stanja. Osoba u brzom autu vozi brže od osobe u sporijem autu, iako vozači, živa bića, mogu biti ista. Slično tome, po naredbi Vrhovne Duše materijalna priroda oblikuje određenu vrstu tijela za određenu vrstu živoga bića tako da ono može djelovati u skladu sa svojim prošlim željama. Živo biće nije neovisno. Ne bi trebalo misliti da ne ovisi o Svevišnjoj Božanskoj Osobi. Uvijek je pod upravom Gospodina. Zato se mora predati i to je poruka sljedeće strofe.

STROFA 62

तमेव शरणं गच्छ सर्वभावेन भारत ।
तत्प्रसादात्परां शान्तिं स्थानं प्राप्स्यसि शाश्वतम् ॥ ६२ ॥

tam eva śaraṇaṁ gaccha sarva-bhāvena bhārata
tat-prasādāt parāṁ śāntiṁ sthānaṁ prāpsyasi śāśvatam

tam – Njemu; *eva* – zacijelo; *śaraṇam gaccha* – predaj se; *sarva-bhāvena* – u svakom pogledu; *bhārata* – o Bharatin sine; *tat-prasādāt* – Njegovom milošću; *parām* – transcendentalan; *śāntim* – mir; *sthānam* – prebivalište; *prāpsyasi* – steći ćeš; *śāśvatam* – vječno.

O potomče Bharate, predaj Mu se potpuno. Njegovom ćeš milošću dostići transcendentalni mir i vrhovno vječno prebivalište.

SMISAO: Živo se biće treba predati Svevišnjoj Božanskoj Osobi, koja se nalazi u svačijem srcu, i to će ga osloboditi svih vrsta bijeda materijalnog postojanja. Takvim će predavanjem ne samo u ovom životu biti oslobođeno svih bijeda, već će na kraju dostići Vrhovnog Boga. Transcendentalni je svijet opisan u vedskoj književnosti (*Ṛg Veda* 1.22.20) kao *tad viṣṇoḥ paramaṁ padam*. Budući da je cijela kreacija Božje carstvo, sve je materijalno ustvari duhovno, ali *paramaṁ padam* se posebno odnosi na vječno prebivalište, koje se naziva duhovno nebo ili Vaikuṇṭha.

U petnaestom je poglavlju bilo rečeno – *sarvasya cāhaṁ hṛdi sanniviṣṭaḥ:* Gospodin se nalazi u svačijem srcu. Tako ova preporuka da se trebamo predati Nad-duši u srcu znači da se trebamo predati Svevišnjoj Božanskoj Osobi, Kṛṣṇi. Arjuna je već prihvatio Kṛṣṇu kao Svevišnjeg. U desetom poglavlju prihvatio Ga je kao *paraṁ brahmu paraṁ dhāmu*. Arjuna je prihvatio Kṛṣṇu kao Svevišnju Božansku Osobu i vrhovno prebivalište svih bića ne samo na temelju osobnog iskustva, već i na temelju svjedočanstva velikih autoriteta kao što su Nārada, Asita, Devala i Vyāsa.

STROFA 63

इति ते ज्ञानमाख्यातं गुह्याद् गुह्यतरं मया ।
विमृश्यैतदशेषेण यथेच्छसि तथा कुरु ॥ ६३ ॥

iti te jñānam ākhyātaṁ guhyād guhyataraṁ mayā
vimṛśyaitad aśeṣeṇa yathecchasi tathā kuru

iti – tako; *te* – tebi; *jñānam* – znanje; *ākhyātam* – opisao; *guhyāt* – povjerljivog; *guhya-taram* – još povjerljivije; *mayā* – Ja; *vimṛśya* – razmislivši; *etat* – o tome; *aśeṣeṇa* – dobro; *yathā* – što; *icchasi* – želiš; *tathā* – to; *kuru* – učini.

Tako sam ti objasnio još povjerljivije znanje. Dobro razmisli o tome i zatim postupi po svojoj volji.

SMISAO: Gospodin je već objasnio Arjuni znanje o *brahma-bhūti*. Osoba na razini *brahma-bhūta* je radosna; nikada ne jadikuje, niti za ičim žudi. To je rezultat povjerljivog znanja. Kṛṣṇa otkriva i znanje o Nad-duši. To je također znanje o Brahmanu, ali je više.

Ovdje riječi *yathecchasi tathā kuru* – „postupi po svojoj volji" – pokazuju da se Bog ne miješa u malu neovisnost živoga bića. Gospodin je u *Bhagavad-gīti* potpuno objasnio kako se osoba može uzdignuti na viši životni položaj. Najbolji savjet dan Arjuni jest da se preda Nad-duši koja se nalazi u njegovom srcu. Na temelju pravilnog rasuđivanja živo biće treba pristati da djeluje po naredbi Nad-duše. To će mu pomoći da se zauvijek utemelji u svjesnosti Kṛṣṇe, najvišoj razini savršenstva ljudskoga života. Božanska Osoba neposredno naređuje Arjuni da se bori. Predavanje Svevišnjoj Božanskoj Osobi u najboljem je interesu živoga bića. Nije u interesu Svevišnjeg. Prije predavanja osoba može slobodno razmisliti o tome, koliko god joj to inteligencija dopušta. To je najbolji način prihvaćanja uputa Svevišnje Božanske Osobe. Takve upute daje i duhovni učitelj, Kṛṣṇin vjerodostojni predstavnik.

STROFA 64

सर्वगुह्यतमं भूयः शृणु मे परमं वचः ।
इष्टोऽसि मे दृढमिति ततो वक्ष्यामि ते हितम् ॥ ६४ ॥

sarva-guhyatamaṁ bhūyaḥ śṛṇu me paramaṁ vacaḥ
iṣṭo 'si me dṛḍham iti tato vakṣyāmi te hitam

sarva-guhya-tamam – najpovjerljivije od sveg; *bhūyaḥ* – ponovno; *śṛṇu* – počuj; *me* – od Mene; *paramam* – najvišu; *vacaḥ* – uputu; *iṣṭaḥ asi* – ti si drag; *me* – Meni; *dṛḍham* – veoma; *iti* – tako; *tataḥ* – zato; *vakṣyāmi* – govorim; *te* – za tvoje; *hitam* – dobro.

Budući da si Moj veoma dragi prijatelj, prenijet ću ti najpovjerljivije znanje, Moju najvišu uputu. Saslušaj Me, jer govorim za tvoje dobro.

SMISAO: Gospodin je prenio Arjuni povjerljivo znanje (znanje o Apsolutu, Brahmanu) i još povjerljivije znanje (znanje o Nad-duši u svačijem srcu), a sada mu prenosi najpovjerljiviji dio znanja: „Predaj se Svevišnjoj Božanskoj Osobi". Na kraju devetoga poglavlja rekao je – *man-manāḥ:* „Uvijek misli na Mene". Ovdje ponavlja istu uputu kako bi naglasio bit učenja *Bhagavad-gīte.* Tu bit ne može shvatiti običan čovjek, već onaj tko je veoma drag Kṛṣṇi, Kṛṣṇin čisti *bhakta.* To je najvažnija uputa svih vedskih spisa. Ono što Kṛṣṇa kaže u vezi s tim najvažniji je dio znanja, koji treba slijediti ne samo Arjuna, već i sva živa bića.

STROFA 65

मन्मना भव मद्भक्तो मद्याजी मां नमस्कुरु ।
मामेवैष्यसि सत्यं ते प्रतिजाने प्रियोऽसि मे ॥ ६५ ॥

man-manā bhava mad-bhakto mad-yājī māṁ namaskuru
mām evaiṣyasi satyaṁ te pratijāne priyo 'si me

mat-manāḥ – misleći na Mene; *bhava* – postani; *mat-bhaktaḥ* – Moj *bhakta*; *mat-yājī* – Moj obožavatelj; *mām* – Meni; *namaskuru* – odavaj poštovanje; *mām* – Meni; *eva* – zacijelo; *eṣyasi* – doći ćeš; *satyam* – istinski; *te* – tebi; *pratijāne* – obećavam; *priyaḥ* – drag; *asi* – ti si; *me* – Meni.

Uvijek misli na Mene, postani Moj bhakta, obožavaj Me i odavaj Mi poštovanje. Tako ćeš sigurno doći k Meni. To ti obećavam, jer si Moj veoma dragi prijatelj.

SMISAO: Trebamo postati Kṛṣṇin čisti *bhakta* i uvijek misliti na Njega i djelovati za Njega. To je najpovjerljiviji dio znanja. Ne bismo trebali postati službeni meditant. Život treba biti oblikovan na takav način da uvijek imamo priliku za mišljenje na Kṛṣṇu. Trebamo uvijek djelovati na takav način da sve naše svakidašnje djelatnosti budu povezane s Kṛṣṇom. Trebamo urediti svoj život na takav način da od dvadeset četiri sata na dan ne možemo ni trenutak provesti bez mišljenja na Kṛṣṇu. Gospodin obećava da će se onaj tko je utemeljen u takvoj čistoj svjesnosti Kṛṣṇe sigurno vratiti u Kṛṣṇino prebivalište, u kojem će se družiti s Kṛṣṇom, licem u lice. Arjuni je bio prenesen ovaj najpovjerljiviji dio znanja, jer je Kṛṣṇin veoma dragi prijatelj. Onaj tko slijedi Arjunin put može postati Kṛṣṇin dragi prijatelj i dostići isto savršenstvo kao Arjuna.

Ove riječi naglašavaju da um trebamo usredotočiti na Kṛṣṇu – na dvoruki oblik s flautom, na plavoputog dječaka predivna lica, s paunovim perom u kosi. Kṛṣṇa je opisan u *Brahma-saṁhiti* i drugim spisima. Trebamo usredotočiti um na taj izvorni oblik Boga, Kṛṣṇu. Ne trebamo skretati pozornost čak ni na Gospodinove druge oblike. Gospodin ima mnogo oblika kao što su Viṣṇu, Nārāyaṇa, Rāma, Varāha i drugi, ali *bhakta* treba usredotočiti um na oblik koji je bio prisutan pred Arjunom. Usredotočenost uma na Kṛṣṇin oblik predstavlja najpovjerljiviji dio znanja. To je znanje bilo otkriveno Arjuni, jer je Kṛṣṇin najdraži prijatelj.

STROFA 66

सर्वधर्मान् परित्यज्य मामेकं शरणं व्रज ।
अहं त्वां सर्वपापेभ्यो मोक्षयिष्यामि मा शुचः ॥ ६६ ॥

sarva-dharmān parityajya mām ekaṁ śaraṇaṁ vraja
ahaṁ tvāṁ sarva-pāpebhyo mokṣayiṣyāmi mā śucaḥ

sarva-dharmān – sve vrste religija; *parityajya* – ostavi; *mām* – Meni; *ekam* – samo; *śaraṇam* – da se predaš; *vraja* – dođi; *aham* – Ja; *tvām* –

tebe; *sarva* – svih; *pāpebhyaḥ* – grešnih posljedica; *mokṣayiṣyāmi* – oslobodit ću; *mā* – ne; *śucaḥ* – brini.

Ostavi sve vrste religija i samo se predaj Meni. Oslobodit ću te svih grešnih posljedica. Ne boj se.

SMISAO: Gospodin je opisao različite vrste znanja i procesa religije – znanje o Vrhovnom Brahmanu, znanje o Nad-duši, znanje o različitim vrstama duhovnih redova i staleža društva, znanje o redu odricanja, znanje o nevezanosti, znanje o vladanju umom i osjetilima, meditaciji itd. Na toliko mnogo načina opisao je različite vrste religije. Sada, sažeto izlažući *Bhagavad-gītu*, Gospodin kaže Arjuni da treba ostaviti sve vrste procesa koje mu je objasnio; jednostavno se treba predati Kṛṣṇi. To će ga predavanje spasiti od svih vrsta grešnih posljedica, jer Gospodin osobno obećava da će ga zaštititi.

U osmom je poglavlju bilo rečeno da se samo onaj tko se oslobodio svih grešnih posljedica može posvetiti obožavanju Gospodina Kṛṣṇe. Netko može misliti da ne može prihvatiti proces predavanja sve dok se ne oslobodi svih grešnih posljedica. U odgovoru na takve sumnje u ovoj je strofi rečeno da čak i onaj tko nije oslobođen svih grešnih posljedica samim procesom predavanja Śrī Kṛṣṇi biva oslobođen. Ne treba ulagati veliki napor da bi se oslobodio grešnih posljedica. Treba bez oklijevanja prihvatiti Kṛṣṇu kao vrhovnog spasitelja svih živih bića i predati Mu se s vjerom i ljubavlju.

Proces predavanja Kṛṣṇi opisan je u *Hari-bhakti-vilāsi* (11.676):

ānukūlyasya saṅkalpaḥ prātikūlyasya varjanam
rakṣiṣyatīti viśvāso goptṛtve varaṇaṁ tathā
ātma-nikṣepa-kārpaṇye ṣaḍ-vidhā śaraṇāgatiḥ

Prema procesu *bhakti,* trebamo prihvatiti samo religijska načela koja vode k predanom služenju Gospodina. Čovjek se može baviti određenim zanimanjem u skladu sa svojim položajem u društvenom poretku, ali ako obavljanjem svoje dužnosti ne dođe do svjesnosti Kṛṣṇe, sve su njegove djelatnosti uzaludne. Treba izbjegavati sve što ne vodi do savršene razine svjesnosti Kṛṣṇe, siguran da će ga Kṛṣṇa u svim okolnostima zaštititi od svih poteškoća. Ne treba razmišljati o tome kako će održati tijelo i dušu zajedno. Kṛṣṇa će se za to pobrinuti. Treba uvijek misliti da je bespomoćan i da je Kṛṣṇa jedini temelj njegova napretka u životu. Čim se ozbiljno posveti predanom služenju Gospodina i postane potpuno svjestan Kṛṣṇe, oslobađa se svih nečistoća materijalne prirode. Postoje razni religijski procesi i procesi pročišćenja njegovanjem znanja, meditacijom u sustavu mistične *yoge* itd., ali ako se predamo Kṛṣṇi, ne moramo slijediti toliko mnogo procesa. To jednostavno predavanje Kṛṣṇi spasit će nas od nepotrebnoga gubljenja vremena. Tako možemo odmah ostvariti sav napredak i osloboditi se svih grešnih posljedica.

Trebamo osjećati privlačnost prema Kṛṣṇinu predivnom liku. Njegovo je ime Kṛṣṇa, jer sve privlači. Onaj tko razvije privlačnost prema predivnom svemoćnom liku Kṛṣṇe je sretan. Postoje različite vrste transcendentalista – neke privlači neosobni Brahman, neke privlači oblik Nad-duše, ali najsavršeniji transcendentalist je onaj tko osjeća privlačnost prema osobnom obliku Svevišnje Božanske Osobe i, iznad svega, onaj tko osjeća privlačnost prema samom Kṛṣṇi, Svevišnjoj Božanskoj Osobi. Drugim riječima, predano služenje Kṛṣṇe u potpunoj svjesnosti najpovjerljiviji je dio znanja i bit *Bhagavad-gīte*. *Karma-yogīji*, empirijski filozofi, mistici i *bhakte* nazivaju se transcendentalistima, ali čisti je *bhakta* najbolji od svih. Riječi koje su ovdje upotrijebljene, *mā śucaḥ*, „ne boj se, ne oklijevaj, ne brini se", veoma su značajne. Osoba može biti zbunjena, pitajući se kako može ostaviti sve vrste religije i jednostavno se predati Kṛṣṇi, ali takva je zabrinutost nepotrebna.

STROFA 67

इदं ते नातपस्काय नाभक्ताय कदाचन ।
न चाशुश्रूषवे वाच्यं न च मां योऽभ्यसूयति ॥ ६७ ॥

idaṁ te nātapaskāya nābhaktāya kadācana
na cāśuśrūṣave vācyaṁ na ca māṁ yo 'bhyasūyati

idam – to; *te* – ti; *na* – nikada; *atapaskāya* – onome tko ne vrši strogosti; *na* – nikada; *abhaktāya* – onome tko nije *bhakta; kadācana* – ikada; *na* – ne; *ca* – također; *aśuśrūṣave* – onome tko nije zaokupljen predanim služenjem; *vācyam* – trebaš reći; *na* – nikada; *ca* – također; *mām* – Meni; *yaḥ* – onome tko; *abhyasūyati* – zavidi.

Ovo povjerljivo znanje nikada ne bi trebao objašnjavati onima koji ne vrše strogosti, koji nisu predani niti zaokupljeni predanim služenjem i koji Mi zavide.

SMISAO: Osobama koje nikada nisu vršile strogosti religijskih procesa, koje nikada nisu pokušale predano služiti u svjesnosti Kṛṣṇe, koje nikada nisu služile čistoga *bhaktu* i posebno onima koje misle da je Kṛṣṇa samo povijesna osoba ili koje zavide Kṛṣṇinoj veličini, ne bismo trebali objašnjavati ovaj najpovjerljiviji dio znanja. Međutim, katkada možemo vidjeti da čak i demonske osobe koje zavide Kṛṣṇi, obožavajući Kṛṣṇu na drukčiji način, objašnjavaju *Bhagavad-gītu* na drugačiji način kako bi na tome zaradile. Ali onaj tko iskreno želi shvatiti Kṛṣṇu mora izbjegavati takva tumačenja *Bhagavad-gīte*. Ustvari, smisao *Bhagavad-gīte* ne mogu shvatiti putene osobe. Čak i ako netko nije puten, već strogo slijedi pravila propisana u vedskim spisima, ako nije *bhakta* ne može shvatiti Kṛṣṇu. Čak i ako se predstavlja kao Kṛṣṇin *bhakta*, ali ne postupa svjesno Kṛṣṇe, ne može shvatiti Kṛṣṇu. Ima mnogo osoba koje zavide Kṛṣṇi, jer je u *Bhagavad-gīti* objasnio da je Svevišnji i da ništa nije više od Njega ili jednako Njemu. Mnogi zavide Kṛṣṇi. Takvim osobama ne trebamo govoriti o *Bhagavad-gīti*, jer je ne mogu shvatiti. Osobe koje nemaju vjeru ne mogu shvatiti *Bhagavad-gītu* i Kṛṣṇu. Ako ne shvate Kṛṣṇu na temelju autoriteta čistoga *bhakte*, ne bi trebale pokušavati tumačiti *Bhagavad-gītu*.

STROFA 68

य इदं परमं गुह्यं मद्भक्तेष्वभिधास्यति ।
भक्तिं मयि परां कृत्वा मामेवैष्यत्यसंशयः ॥ ६८ ॥

ya idaṁ paramaṁ guhyaṁ mad-bhakteṣv abhidhāsyati
bhaktiṁ mayi parāṁ kṛtvā mām evaiṣyaty asaṁśayaḥ

yaḥ – onaj tko; *idam* – ovu; *paramam* – najvišu; *guhyam* – povjerljivu tajnu; *mat* – Moju; *bhakteṣu* – *bhaktama; abhidhāsyati* – objašnjava; *bhaktim* – predano služenje; *mayi* – Mene; *parām* – transcendentalno; *kṛtvā* – vršeći; *mām* – Meni; *eva* – zacijelo; *eṣyati* – dolazi; *asaṁśayaḥ* – bez sumnje.

Onaj tko objašnjava ovu uzvišenu tajnu bhaktama sigurno će dostići čisto predano služenje i na kraju doći k Meni.

SMISAO: Obično se savjetuje da o *Bhagavad-gīti* govorimo isključivo u društvu *bhakta*, jer oni koji nisu *bhakte* nikada neće shvatiti niti Kṛṣṇu niti *Bhagavad-gītu.* Oni koji ne prihvaćaju Kṛṣṇu takvoga kakav jest i *Bhagavad-gītu* takvu kakva jest, ne bi trebali pokušavati hirovito objašnjavati *Bhagavad-gītu* i time činiti uvrede. *Bhagavad-gītu* trebamo objašnjavati osobama koje su spremne prihvatiti Kṛṣṇu kao Svevišnju Božansku Osobu. Ona je namijenjena samo *bhaktama*, a ne filozofskim spekulantima. Međutim, onaj tko iskreno pokušava predstaviti *Bhagavad-gītu* takvu kakva jest napredovat će u predanom služenju i dostići razinu čiste predanosti. Zahvaljujući takvoj čistoj predanosti, sigurno će se vratiti kući, Bogu.

STROFA 69

न च तस्मान्मनुष्येषु कश्चिन्मे प्रियकृत्तमः ।
भविता न च मे तस्मादन्यः प्रियतरो भुवि ॥ ६९ ॥

na ca tasmān manuṣyeṣu kaścin me priya-kṛttamaḥ
bhavitā na ca me tasmād anyaḥ priyataro bhuvi

na – nikada; *ca* – i; *tasmāt* – od njega; *manuṣyeṣu* – među ljudima; *kaś-cit* – nitko; *me* – Meni; *priya-kṛt-tamaḥ* – draži; *bhavitā* – postat će; *na* – niti; *ca* – i; *me* – Meni; *tasmāt* – od njega; *anyaḥ* – drugi; *priya-taraḥ* – draži; *bhuvi* – u ovom svijetu.

Nema sluge na ovom svijetu koji Mi je draži od njega, niti će Mi ikada itko biti draži.

STROFA 70

अध्येष्यते च य इमं धर्म्यं संवादमावयोः ।
ज्ञानयज्ञेन तेनाहमिष्टः स्यामिति मे मतिः ॥ ७० ॥

adhyeṣyate ca ya imaṁ dharmyaṁ saṁvādam āvayoḥ
jñāna-yajñena tenāham iṣṭaḥ syām iti me matiḥ

adhyeṣyate – proučavat će; *ca* – također; *yaḥ* – onaj tko; *imam* – ovaj; *dharmyam* – sveti; *saṁvādam* – razgovor; *āvayoḥ* – naš; *jñāna* – znanja; *yajñena* – žrtvovanjem; *tena* – njime; *aham* – Mene; *iṣṭaḥ* – obožavati; *syām* – će; *iti* – tako; *me* – Moje; *matiḥ* – mišljenje.

Izjavljujem da Me onaj tko proučava ovaj naš sveti razgovor obožava svojom inteligencijom.

STROFA 71

श्रद्धावाननसूयश्च शृणुयादपि यो नरः ।
सोऽपि मुक्तः शुभाल्ँलोकान् प्राप्नुयात् पुण्यकर्मणाम् ॥ ७१ ॥

śraddhāvān anasūyaś ca śṛṇuyād api yo naraḥ
so 'pi muktaḥ śubhāl̐ lokān prāpnuyāt puṇya-karmaṇām

śraddhā-vān – vjeran; *anasūyaḥ* – nezavidan; *ca* – i; *śṛṇuyāt* – sluša; *api* – zacijelo; *yaḥ* – tko; *naraḥ* – čovjek; *saḥ* – on; *api* – također; *muk-taḥ* – oslobađa se; *śubhān* – povoljne; *lokān* – planete; *prāpnuyāt* – dostiže; *puṇya-karmaṇām* – pobožnih.

Onaj tko sluša s vjerom, bez zavisti, oslobodit će se grešnih posljedica i dostići povoljne planete na kojima žive pobožni.

SMISAO: U šezdeset sedmoj strofi ovog poglavlja Gospodin je izričito zabranio da se *Bhagavad-gītā* objašnjava onima koji zavide Gospodinu. Drugim riječima, *Bhagavad-gītā* je namijenjena samo *bhaktama.* Ali ponekad Gospodinov *bhakta* drži javno predavanje i na tom se predavanju ne očekuje da su svi prisutni *bhakte.* Zašto takve osobe drže javno predavanje? Ovdje je objašnjeno da ima mnogo ljudi koji ne zavide Kṛṣṇi, iako nisu *bhakte.* Takvi ljudi vjeruju da je Kṛṣṇa Svevišnja Božanska Osoba. Ako čuju od vjerodostojnog *bhakte* o Gospodinu, odmah se oslobađaju svih grešnih posljedica i nakon toga dostižu planetarni sustav u kojem žive pobožna bića. Jednostavno zahvaljujući slušanju *Bhagavad-gīte* čak i oni koji ne pokušavaju postati čisti *bhakte* dostižu rezultat pobožnih djelatnosti. Tako Gospodinov čisti *bhakta* pruža svakome priliku da se oslobodi svih grešnih posljedica i postane Gospodinov *bhakta.*

Pobožne osobe, oslobođene grešnih posljedica, obično veoma lako prihvaćaju svjesnost Kṛṣṇe. Riječ *puṇya-karmaṇām* ovdje je veoma značajna. Ona se odnosi na izvođenje velikih žrtvovanja opisanih u vedskoj književnosti, kao što je *aśvamedha-yajña.* Oni koji pravilno predano služe, ali nisu čisti, mogu dostići planetarni sustav zvijezde Sjevernjače, tj. Dhruvaloke, kojim vlada Dhruva Mahārāja. On je Gospodinov veliki *bhakta* i ima poseban planet, koji se zove zvijezda Sjevernjača.

STROFA 72

कच्चिदेतच्छ्रुतं पार्थ त्वयैकाग्रेण चेतसा ।
कच्चिदज्ञानसम्मोहः प्रणष्टस्ते धनञ्जय ॥ ७२ ॥

kaccid etac chrutaṁ pārtha tvayaikāgreṇa cetasā
kaccid ajñāna-sammohaḥ praṇaṣṭas te dhanañjaya

kaccit – jesi li; *etat* – to; *śrutam* – čuo; *pārtha* – o Pṛthin sine; *tvayā* – ti; *eka-agreṇa* – s punom pozornošću; *cetasā* – umom; *kaccit* – je li; *ajñāna* – neznanje; *sammohaḥ* – iluzija; *praṇaṣṭaḥ* – raspršeni; *te* – tvoji; *dhanañjaya* – o osvojitelju bogatstva (Arjuna).

O Pṛthin sine, o osvojitelju bogatstva, jesi li pozorno saslušao Moje riječi? Jesu li sada tvoje neznanje i iluzija raspršeni?

SMISAO: Gospodin je postupao kao Arjunin duhovni učitelj. Zato je Njegova dužnost bila upitati Arjunu je li pravilno shvatio *Bhagavad-gītu.* Ako nije, Gospodin je bio spreman ponovno objasniti bilo koji dio ili cijelu *Bhagavad-gītu*, ako je potrebno. Ustvari, onaj tko čuje *Bhagavad-gītu* od vjerodostojnog duhovnog učitelja kao što je Kṛṣṇa ili Njegov predstavnik uvidjet će da je sve njegovo neznanje raspršeno. *Bhagavad-gītā* nije obična knjiga, djelo pjesnika ili romanopisca; izgovorila ju je Svevišnja Božanska Osoba. Onaj tko ima sreću da čuje ovo učenje od Kṛṣṇe ili Njegova vjerodostojnog duhovnog predstavnika sigurno će biti oslobođen i izaći iz tame neznanja.

STROFA 73

अर्जुन उवाच
नष्टो मोहः स्मृतिर्लब्धा त्वत्प्रसादान्मयाच्युत ।
स्थितोऽस्मि गतसन्देहः करिष्ये वचनं तव ॥ ७३ ॥

arjuna uvāca
naṣṭo mohaḥ smṛtir labdhā tvat-prasādān mayācyuta
sthito 'smi gata-sandehaḥ kariṣye vacanaṁ tava

arjunaḥ uvāca – Arjuna reče; *naṣṭaḥ* – raspršena; *mohaḥ* – iluzija; *smṛtiḥ* – pamćenje; *labdhā* – vratilo se; *tvat-prasādāt* – Tvojom milošću; *mayā* – meni; *acyuta* – o nepogrešivi Kṛṣṇa; *sthitaḥ* – nalazi se; *asmi* – ja sam; *gata* – uklonio; *sandehaḥ* – sve sumnje; *kariṣye* – izvršit ću; *vacanam* – naredbu; *tava* – Tvoju.

Arjuna reče: Dragi moj Kṛṣṇa, o nepogrešivi, moja je iluzija sada nestala. Tvojom milošću vratilo mi se pamćenje. Sada sam nepokolebljiv i oslobođen sumnje, spreman da postupim po Tvojim uputama.

SMISAO: Živo biće, koje predstavlja Arjuna, u svom prirodnom položaju mora izvršavati naredbe Svevišnjega Gospodina. Ono je stvoreno za samoovladanost. Śrī Caitanya Mahāprabhu je rekao da je živo biće u svom pravom položaju vječni sluga Svevišnjega Gospodina. Kad zaboravi to načelo biva uvjetovano materijalnom prirodom, ali služenjem Svevišnjeg Gospodina postaje oslobođeni sluga Boga. Živo je biće u svom prirodnom položaju sluga; mora služiti ili iluzornu *māyu* ili Svevišnjeg Gospodina. Ako služi Svevišnjega Gospodina, utemeljeno je u svom prirodnom položaju, ali ako želi služiti iluzornu vanjsku energiju, sigurno će biti zarobljeno. Pod utjecajem iluzije živo biće služi u materijalnom svijetu. Premda je vezano svojom požudom i željama, smatra sebe gospodarem svijeta. To se naziva iluzijom. Kad postane oslobođeno, njegova iluzija biva raspršena i ono se dobrovoljno predaje Svevišnjem, djelujući u skladu s Njegovim željama. Posljednja iluzija, posljednja zamka koju *māyā* postavlja živom biću je zamisao da je Bog. Živo biće misli da više nije uvjetovana duša, već Bog. Toliko je neinteligentno da ne misli: „Ako sam Bog, kako onda mogu sumnjati?" O tome ne razmišlja. To je posljednja zamka iluzije. Ustvari, osloboditi se iluzorne energije znači shvatiti Kṛṣṇu, Svevišnju Božansku Osobu, i postupati po Njegovoj naredbi.

U ovoj je strofi vrlo važna riječ *moha*. *Moha* se odnosi na ono što je suprotno znanju. Pravo je znanje shvaćanje da je svako živo biće Gospodinov vječni sluga, ali umjesto da smatra sebe vječnim slugom Gospodina, živo biće misli da nije sluga, već gospodar materijalnog svijeta, jer želi vladati materijalnom prirodom. To je njegova iluzija. Ta se iluzija može nadići milošću Gospodina ili čistog *bhakte*. Kada iluzija nestane, osoba pristaje djelovati u svjesnosti Kṛṣṇe.

Biti svjestan Kṛṣṇe znači djelovati po Kṛṣṇinoj naredbi. Uvjetovana duša, općinjena vanjskom materijalnom energijom, ne zna da je Svevišnji Gospodin gospodar koji je pun znanja i vlasnik svega. Gospodin može dati Svojim *bhaktama* sve što poželi; prijatelj je svakog živog bića i osobito je naklonjen Svome *bhakti*. On je upravitelj materijalne prirode i svih živih bića. Također je upravitelj neiscrpnog vremena i posjeduje sva obilja i sve moći. Svevišnja Božanska Osoba može dati *bhakti* čak i samu Sebe. Osoba koja ne poznaje Gospodina općinjena je iluzijom. Takva osoba ne postaje *bhakta*, već sluga *māye*. Međutim, kad je čuo *Bhagavad-gītu* od Svevišnje Božanske Osobe, Arjuna se oslobodio sve iluzije. Shvatio je da Kṛṣṇa nije samo njegov prijatelj, već Svevišnja Božanska Osoba. Tako je istinski shvatio Kṛṣṇu. Proučavati *Bhagavad-gītu* znači istinski shvatiti Kṛṣṇu. Onaj tko posjeduje potpuno znanje prirodno se predaje Kṛṣṇi. Kada je Arjuna shvatio da je Kṛṣṇin plan bio smanjivanje nepotrebnog porasta stanovništva, pristao je da se bori po Kṛṣṇinoj želji. Ponovno je uzeo svoje oružje – luk i strijele – kako bi se borio po naredbi Svevišnje Božanske Osobe.

STROFA 74

सञ्जय उवाच
इत्यहं वासुदेवस्य पार्थस्य च महात्मनः ।
संवादमिममश्रौषमद्भुतं रोमहर्षणम् ॥ ७४ ॥

sañjaya uvāca
ity ahaṁ vāsudevasya pārthasya ca mahātmanaḥ
saṁvādam imam aśrauṣam adbhutaṁ roma-harṣaṇam

sañjayaḥ uvāca – Sañjaya reče; *iti* – tako; *aham* – ja; *vāsudevasya* – Kṛṣṇe; *pārthasya* – i Arjune; *ca* – također; *mahā-ātmanaḥ* – velike duše; *saṁvādam* – razgovor; *imam* – taj; *aśrauṣam* – čuo sam; *adbhutam* – divan; *roma-harṣaṇam* – koža mi se ježi.

Sañjaya reče: Tako sam čuo razgovor dvije velike duše, Kṛṣṇe i Arjune. Ta je poruka tako divna da mi se koža ježi.

SMISAO: Na početku *Bhagavad-gīte*, Dhṛtarāṣṭra je upitao svoga tajnika Sañjayu: „Što se zbilo na bojnom polju Kurukṣetre?" Čitavo je učenje bilo preneseno u srce Sañjaye milošću njegova duhovnog učitelja Vyāse. Tako je Sañjaya objasnio zbivanja na bojnom polju. Razgovor je bio zadivljujući, jer se tako važan razgovor između dvije velike duše nikada ranije nije vodio niti će se ikada ponovno voditi. Bio je zadivljujući, jer je Svevišnja Božanska Osoba govorila o Sebi i Svojim energijama živom biću, Arjuni, velikom Gospodinovom *bhakti*. Ako pokušamo shvatiti Kṛṣṇu slijedeći Arjunine stope, bit ćemo sretni i uspješni u životu. Sañjaya je to spoznao i zato je prenio razgovor Dhṛtarāṣṭri. Sada je zaključeno da gdje god su prisutni Kṛṣṇa i Arjuna, prisutna je pobjeda.

STROFA 75

व्यासप्रसादाच्छ्रुतवानेतद् गुह्यमहं परम् ।
योगं योगेश्वरात्कृष्णात्साक्षात्कथयतः स्वयम् ॥ ७५ ॥

vyāsa-prasādāc chrutavān etad guhyam ahaṁ param
yogaṁ yogeśvarāt kṛṣṇāt sākṣāt kathayataḥ svayam

vyāsa-prasādāt – milošću Vyāsadeve; *śrutavān* – čuo sam; *etat* – ovaj; *guhyam* – povjerljiv; *aham* – ja; *param* – vrhovni; *yogam* – misticizam; *yoga-īśvarāt* – gospodara sveg misticizma; *kṛṣṇāt* – Kṛṣṇe; *sākṣāt* – neposredno; *kathayataḥ* – koji govori; *svayam* – osobno.

Vyāsinom milošću čuo sam ovaj najpovjerljiviji razgovor neposredno od gospodara sveg misticizma, Kṛṣṇe, koji je osobno govorio Arjuni.

SMISAO: Vyāsa je bio Sañjayin duhovni učitelj i Sañjaya potvrđuje da je Vyāsinom milošću mogao shvatiti Svevišnju Božansku Osobu. To znači da Kṛṣṇu ne možemo shvatiti neposredno, već preko duhovnog učitelja. Duhovni je učitelj prozirni posrednik, iako je istina da je iskustvo ipak neposredno. To je tajna učeničkog naslijeđa. Kad je duhovni učitelj vjerodostojan, možemo izravno čuti *Bhagavad-gītu*, kao što ju je čuo Arjuna.

U svijetu ima mnogo mistika i *yogīja*, ali Kṛṣṇa je gospodar svih sustava *yoge*. Kṛṣṇina je uputa jasno izložena u *Bhagavad-gīti* – predaj se Kṛṣṇi. Onaj tko to učini najviši je *yogī*. To je potvrđeno u posljednjoj strofi šestoga poglavlja, *yoginām api sarveṣām*.

Nārada je Kṛṣṇin izravni učenik i duhovni učitelj Vyāse. Zato je Vyāsa vjerodostojan kao i Arjuna, jer pripada učeničkom naslijeđu, a Sañjaya je Vyāsin izravan učenik. Vyāsinom milošću, Sañjayina su osjetila bila pročišćena i tako je mogao izravno vidjeti i čuti Kṛṣṇu. Osoba koja neposredno sluša Kṛṣṇu može shvatiti ovo povjerljivo znanje. Ako ne prihvati učeničko naslijeđe, ne može čuti Kṛṣṇu. Zato je njezino znanje uvijek nesavršeno, bar što se tiče shvaćanja *Bhagavad-gīte*.

U *Bhagavad-gīti* su objašnjeni svi sustavi *yoge* – *karma-yoga, jñāna-yoga* i *bhakti-yoga*. Kṛṣṇa je gospodar sveg misticizma. Međutim, trebamo shvatiti da je Arjuna imao sreću da shvati Kṛṣṇu neposredno i tako je Sañjaya, Vyāsinom milošću, također mogao neposredno čuti Kṛṣṇu. Ustvari, ne postoji razlika između neposrednog slušanja Kṛṣṇe i neposrednog slušanja o Kṛṣṇi od vjerodostojnog duhovnog učitelja kao što je Vyāsa. Duhovni je učitelj predstavnik Vyāsadeve. Zato prema vedskom sustavu, na rođendan duhovnog učitelja učenici održavaju svečanost zvanu Vyāsa-pūjā.

STROFA 76

राजन् संस्मृत्य संस्मृत्य संवादमिममद्भुतम् ।
केशवार्जुनयोः पुण्यं हृष्यामि च मुहुर्मुहुः ॥ ७६ ॥

rājan saṁsmṛtya saṁsmṛtya saṁvādam imam adbhutam
keśavārjunayoḥ puṇyaṁ hṛṣyāmi ca muhur muhuḥ

rājan – o kralju; *saṁsmṛtya* – sjećajući se; *saṁsmṛtya* – sjećajući se; *saṁvādam* – poruke; *imam* – ove; *adbhutam* – divne; *keśava* – Gospodina Kṛṣṇe; *arjunayoḥ* – i Arjune; *puṇyam* – pobožne; *hṛṣyāmi* – uživam; *ca* – također; *muhuḥ muhuḥ* – iznova i iznova.

O kralju, dok se prisjećam ovoga divnog, svetog razgovora između Kṛṣṇe i Arjune, osjećam zadovoljstvo i ushićenje u svakom trenutku.

SMISAO: Znanje izloženo u *Bhagavad-gīti* tako je transcendentalno da onaj tko se upozna s razgovorima Arjune i Kṛṣṇe postaje pobožan i ne može zaboraviti takve razgovore. To je transcendentalna priroda duhovnog života. Drugim riječima, osoba koja čuje *Gītu* iz pravoga izvora, od samoga Kṛṣṇe, dostiže potpunu svjesnost Kṛṣṇe. Zahvaljujući svjesnosti Kṛṣṇe postaje sve više prosvijetljena i uživa u životu s ushićenjem, ne samo neko vrijeme, već u svakom trenutku.

STROFA 77

तच्च संस्मृत्य संस्मृत्य रूपमत्यद्भुतं हरेः ।
विस्मयो मे महान् राजन् हृष्यामि च पुनः पुनः ॥ ७७ ॥

tac ca saṁsmṛtya saṁsmṛtya rūpam aty-adbhutaṁ hareḥ
vismayo me mahān rājan hṛṣyāmi ca punaḥ punaḥ

tat – tog; *ca* – također; *saṁsmṛtya* – sjećajući se; *saṁsmṛtya* – sjećajući se; *rūpam* – oblika; *ati* – jako; *adbhutam* – čudesnog; *hareḥ* – Gospodina Kṛṣṇe; *vismayaḥ* – čuđenje; *me* – moje; *mahān* – veliko; *rājan* – o kralju; *hṛṣyāmi* – uživam; *ca* – također; *punaḥ punaḥ* – iznova i iznova.

O kralju, sjećajući se predivnog lika Gospodina Kṛṣṇe, osjećam sve veće divljenje i iznova i iznova se radujem.

SMISAO: Izgleda da je Sañjaya, Vyāsinom milošću, mogao vidjeti kozmički oblik koji je Kṛṣṇa pokazao Arjuni. Naravno, rečeno je da Gospodin Kṛṣṇa nikada ranije nije pokazao takav oblik. Pokazao ga je samo Arjuni, ali kada je to učinio, neki su ga veliki *bhakte* vidjeli. Vyāsa je bio jedan od njih. On je jedan od Gospodinovih velikih *bhakta* i smatra se Kṛṣṇinom moćnom inkarnacijom. Vyāsa je to razotkrio svom učeniku Sañjayi, koji se sjećao Kṛṣṇina zadivljujućeg oblika prikazanog Arjuni iznova i iznova uživajući u njemu.

STROFA 78

यत्र योगेश्वरः कृष्णो यत्र पार्थो धनुर्धरः ।
तत्र श्रीर्विजयो भूतिर्ध्रुवा नीतिर्मतिर्मम ॥ ७८ ॥

yatra yogeśvaraḥ kṛṣṇo yatra pārtho dhanur-dharaḥ
tatra śrīr vijayo bhūtir dhruvā nītir matir mama

yatra – gdje; *yoga-īśvaraḥ* – gospodar misticizma; *kṛṣṇaḥ* – Gospodin Kṛṣṇa; *yatra* – gdje; *pārthaḥ* – Pṛthin sin; *dhanuḥ-dharaḥ* – nositelj luka i strijele; *tatra* – ondje; *śrīḥ* – obilje; *vijayaḥ* – pobjeda; *bhūtiḥ* – neobična moć; *dhruvā* – zacijelo; *nītiḥ* – ćudorednost; *matiḥ mama* – moje mišljenje.

Gdje god je prisutan Kṛṣṇa, gospodar svih mistika, i Arjuna, vrhunski strijelac, tu je prisutno obilje, pobjeda, izuzetna moć i ćudorednost. To je moje mišljenje.

SMISAO: *Bhagavad-gītā* je počela s Dhṛtarāṣṭrinim pitanjem. On se nadao da će njegovi sinovi, uz pomoć velikih ratnika kao što su Bhīṣma, Droṇa i Karṇa, pobijediti. Nadao se da će pobjeda biti na njihovoj strani. Ali nakon što je opisao bojno polje, Sañjaya je rekao kralju: „Ti razmišljaš o pobjedi, ali po mom mišljenju, gdje god su prisutni Kṛṣṇa i Arjuna, tu je prisutna sva sreća." Tako je otvoreno izjavio da Dhṛtarāṣṭra ne može očekivati pobjedu svojih sinova. Pobjeda je zacijelo očekivala Arjunu, jer je Kṛṣṇa bio na Arjuninoj strani. Prihvativši mjesto vozača Arjuninih bojnih kola, Kṛṣṇa je pokazao još jedno obilje. Kṛṣṇa posjeduje sva obilja i jedno je od njih odricanje. Ima mnogo primjera takva odricanja, jer Kṛṣṇa je gospodar odricanja.

Borba se ustvari vodila između Duryodhane i Yudhiṣṭhire. Arjuna se borio na strani svoga starijeg brata, Yudhiṣṭhire. Budući da su Kṛṣṇa i Arjuna bili na njegovoj strani, Yudhiṣṭhirina je pobjeda bila osigurana. Bitka je trebala odlučiti tko će vladati svijetom i Sañjaya je pretkazao da će vlast preuzeti Yudhiṣṭhira. Također je pretkazao da će Yudhiṣṭhira, nakon osvajanja pobjede u bici, sve više napredovati, jer nije bio samo pravedan i pobožan, već i strogi sljedbenik ćudoređa. Nikada u životu nije izgovorio laž.

Ima mnogo neinteligentnih osoba koje smatraju da je *Bhagavad-gītā* razgovor između dva prijatelja na bojnom polju. No takva knjiga ne može biti sveti spis. Neki mogu prigovoriti da je Kṛṣṇa naveo Arjunu da se bori, što je bilo nemoralno, ali stvarna je situacija bila jasno opisana: *Bhagavad-gītā* je najviša moralna uputa. Najviša je moralna uputa izložena u trideset četvrtoj strofi devetoga poglavlja: *man-manā bhava mad-bhaktaḥ*. Osoba mora postati Kṛṣṇin *bhakta* i bit je svih religija predati se Kṛṣṇi (*sarva-dharmān parityajya mām ekaṁ śaraṇaṁ vraja*). Upute *Bhagavad-gīte* predstavljaju najviši proces religije i ćudoređa. Svi drugi procesi mogu biti pročišćavajući i mogu voditi do ovog procesa, ali posljednja je uputa *Gīte* posljednja riječ ćudoređa i religije: predaj se Kṛṣṇi. To je mišljenje osamnaestoga poglavlja.

Iz *Bhagavad-gīte* možemo shvatiti da se jastvo može spoznati i filozofskom spekulacijom i meditacijom, ali potpuno je predavanje Kṛṣṇi najviše savršenstvo. To je bit naučavanja *Bhagavad-gīte*. Put načela propisanih u skladu s društvenim staležima i različitim religijskim procesima može biti povjerljivi put znanja, ali iako su religijski obredi povjerljivi, meditacija i njegovanje znanja još su povjerljiviji. Najpovjerljivija je uputa predavanje Kṛṣṇi u predanom služenju, u potpunoj svjesnosti Kṛṣṇe. To je bit osamnaestoga poglavlja.

Druga je poruka *Bhagavad-gīte* da je krajnja istina Svevišnja Božanska Osoba, Kṛṣṇa. Apsolutna se Istina spoznaje u tri oblika: kao neosobni Brahman, kao lokalizirana Paramātmā i na kraju kao Svevišnja Božanska Osoba, Kṛṣṇa. Savršeno znanje o Apsolutnoj Istini savršeno je znanje o Kṛṣṇi. Ako netko shvati Kṛṣṇu, to razumijevanje obuhvaća sva područja znanja. Kṛṣṇa je transcendentalan, jer je uvijek utemeljen u Svojoj vječnoj unutarnjoj moći. Živa su bića očitovanja Njegove energije i dijele se na dvije vrste – vječno uvjetovana i vječno oslobođena živa bića. Takva su živa bića bezbrojna i smatraju se Kṛṣṇinim temeljnim dijelovima. Materijalna se energija očituje u obliku dvadeset četiri elementa. Kreaciju uzrokuje vječno vrijeme, a stvara je i uništava izvanjska energija. To očitovanje kozmičkoga svijeta uvijek nanovo postaje vidljivo i nevidljivo.

U *Bhagavad-gīti* bilo je objašnjeno pet glavnih tema: Svevišnja Božanska Osoba, materijalna priroda, živa bića, vječno vrijeme i razne vrste djelatnosti. Sve ovisi o Svevišnjoj Božanskoj Osobi, Kṛṣṇi. Sva shvaćanja Apsolutne Istine – neosobni Brahman, lokalizirana Paramātmā i bilo koje drugo transcendentalno shvaćanje – postoje unutar kategorije razumijevanja Svevišnje Božanske Osobe. Iako, površno gledano, Svevišnja Božanska Osoba, živo biće, materijalna priroda i vrijeme izgledaju različito, ništa se ne razlikuje od Svevišnjeg. Međutim, Svevišnji se uvijek razlikuje od svega. Filozofija je Gospodina Caitanye „nepojmljiva istovjetnost i različitost". Taj filozofski sustav predstavlja savršeno znanje o Apsolutnoj Istini.

Živo je biće u svom izvornom položaju čisti duh. Ono je atomska čestica Vrhovnog Duha. Zato se Gospodin Kṛṣṇa može usporediti sa Suncem, a živa bića sa sunčevim zrakama. Budući da su živa bića Kṛṣṇina granična energija, sklona su dodiru s materijalnom ili duhovnom energijom. Drugim riječima, živo se biće nalazi između dvije Gospodinove energije i ima djelomičnu neovisnost, jer pripada Njegovoj višoj energiji. Pravilnom upotrebom te neovisnosti dolazi pod Kṛṣṇino neposredno vodstvo. Tako dostiže svoje prirodno stanje u energiji koja pruža zadovoljstvo.

Tako se završavaju Bhaktivedantina tumačenja osamnaestoga poglavlja Śrīmad Bhagavad-gīte *pod naslovom* Zaključak – savršenstvo odricanja.

Dodaci

O autoru

Njegova Božanska Milost A. C. Bhaktivedanta Swami Prabhupāda pojavio se na ovom svijetu 1896. u Kolkati, u Indiji. Prvi je put sreo svoga duhovnog učitelja, Śrīla Bhaktisiddhāntu Sarasvatīja Gosvāmīja, u Kolkati 1922. godine. Bhaktisiddhānta Sarasvatī, istaknuti religijski učenjak i osnivač šezdeset četiri Gauḍīya Maṭha (vedska instituta), zavolio je ovoga obrazovanog mladića i naveo ga da život posveti širenju vedskoga znanja. Śrīla Prabhupāda je postao njegov sljedbenik, a jedanaest godina kasnije (1933.) u Allahabadu i njegov zvanično inicirani učenik.

Prigodom njihova prvog susreta, 1922. godine, Śrīla Bhaktisiddhānta Sarasvatī Ṭhākura zamolio je Śrīla Prabhupādu da raširi vedsko znanje na engleskom jeziku. U godinama koje su slijedile Śrīla Prabhupāda je napisao tumačenje *Bhagavad-gīte*, pomagao Gauḍīya Maṭhu, a 1944. godine bez ičije pomoći pokrenuo *Back to Godhead*, dvotjedni časopis na engleskom jeziku. Sam ga je uređivao, tipkao rukopise i ispravljao. Čak je i dijelio pojedinačne primjerke i borio se da časopis redovito izlazi. Jednom pokrenut, časopis nikada nije prestao izlaziti. Danas ga izdaju njegovi učenici na Zapadu na više od dvadeset jezika.

Cijeneći Śrīla Prabhupādinu filozofsku učenost i posvećenost, udruženje Gauḍīya Vaiṣṇava Society 1947. godine dodijelilo mu je počasni naziv „Bhaktivedanta". Śrīla Prabhupāda se 1950. godine, u 54. godini života, povukao iz bračnog života prihvativši *vānaprasthu* (povučeni red života) s namjerom da više vremena posveti proučavanju i pisanju. Otputovao je u sveto mjesto Vṛndāvanu, gdje je živio veoma skromno u povijesnome srednjovjekovnom hramu Rādhā-Dāmodare. Ondje je proveo nekoliko godina u pomnom proučavanju i pisanju. Godine 1959. prihvatio je red odricanja (*sannyāsu*). U hramu Rādhā-Dāmodare Śrīla Prabhupāda je otpočeo rad na svom životnom djelu: prijevodu i tumačenju osamnaest tisuća stihova *Śrīmad-Bhāgavatama* (*Bhāgavata Purāṇe*). Ondje je napisao i *Lako putovanje na druge planete*.

Nakon što je izdao tri sveska *Bhāgavatama*, Śrīla Prabhupāda je 1965. godine otišao u Sjedinjene Američke Države kako bi ostvario misiju svoga duhovnog učitelja. Narednih je godina napisao više od pedeset svezaka ovlaštenih prijevoda, tumačenja i sažetih studija indijskih filozofskih i religijskih djela.

Kada je 1965. godine došao brodom u New York, bio je gotovo bez novca. Nakon godinu dana, u srpnju 1966. godine, uz velike je poteškoće osnovao Međunarodno društvo za svjesnost Kṛṣṇe. Društvo je pod njegovim brižnim vodstvom za dvanaest godina izraslo u svjetsku organizaciju koja se sastoji od više od stotinu *āśrama*, škola, hramova, instituta i seoskih zajednica, čiji se broj još uvijek povećava.

1972. godine Śrīla Prabhupāda je uveo vedski sustav osnovnog i srednjeg obrazovanja na Zapadu osnovavši *gurukulu* (školu) u Dallasu, u Texasu. Od tada su njegovi učenici otvorili slične škole u Sjedinjenim Američkim Državama i diljem svijeta.

Śrīla Prabhupāda je potaknuo izgradnju nekoliko velikih međunarodnih centara kulture u Indiji. U Śrīdhāma Māyāpuru u Zapadnom Bengalu, njegovi učenici grade duhovni grad u čijem će se središtu nalaziti veličanstveni hram s vedskim planetarijem. Riječ je o vrlo zahtjevnom projektu čija će se izgradnja nastaviti još dugi niz godina. U Vṛndāvani se nalazi hram Kṛṣṇa-Balarāme i International Guest House, *gurukula* te Śrīla Prabhupādin mauzolej i muzej. Veliki hramovi i centri kulture postoje i u Mumbaiu, New Delhiju, Ahmedabadu, Siliguriju i Ujjainu. Planira se izgradnja centara i na mnogim drugim značajnim mjestima na indijskom podkontinentu.

Međutim, Śrīla Prabhupādin najveći doprinos predstavljaju njegove knjige. Vrlo cijenjene u akademskim krugovima zbog svoje stručnosti, dubine i jasnoće, koriste se kao udžbenici na brojnim visokoškolskim ustanovama. Njegove su knjige prevedene na više od osamdeset jezika. Bhaktivedanta Book Trust, osnovan 1972. godine s ciljem izdavanja djela Njegove Božanske Milosti, tako je postao najveći izdavač knjiga s područja indijske religije i filozofije u svijetu.

Za samo dvanaest godina, Śrīla Prabhupada je unatoč svojoj poodmakloj dobi obišao svijet četrnaest puta, održavajući predavanja na svih šest kontinenata. Unatoč tako zahtjevnom programu, nastavio je s bogatim spisateljskim radom sve do studenog 1977. godine kada je u svetom mjestu Vṛndāvani, u Indiji, napustio ovaj svijet. Njegova su djela prava riznica vedske filozofije, religije, književnosti i kulture.

Popis navedenih spisa

Sva tumačenja strofa *Bhagavad-gīte* potkrijepljena su izjavama standardnih vedskih autoriteta. Brojevi poglavlja i strofa uz koje su navedena pojedina djela mogu se naći u Općem indeksu. U ovoj su knjizi navedeni sljedeći spisi:

Amṛta-bindu Upaniṣada
Atharva Veda
Bhakti-rasāmṛta-sindhu
Brahma-saṁhitā
Brahma-sūtra
Bṛhad-āraṇyaka Upaniṣada
Bṛhad-viṣṇu-smṛti
Bṛhan-nāradīya Purāṇa
Caitanya-caritāmṛta
Chāndogya Upaniṣada
Garga Upaniṣada
Gītā-māhātmya
Gopāla-tāpanī Upaniṣada
Hari-bhakti-vilāsa
Īśopaniṣada
Kaṭha Upaniṣada
Kauṣītakī Upaniṣada
Kūrma Purāṇa
Mādhyandināyana-śruti
Mahābhārata
Mahā Upaniṣada
Māṇḍūkya Upaniṣada
Mokṣa-dharma
Muṇḍaka Upaniṣada
Nārada-pañcarātra
Nārāyaṇa Upaniṣada
Nārāyaṇīya
Nirukti (rječnik)
Nṛsiṁha Purāṇa
Padma Purāṇa
Parāśara-smṛti
Praśna Upaniṣada
Puruṣa-bodhinī Upaniṣada
Ṛg Veda
Sātvata-tantra
Śrīmad-Bhāgavatam
Stotra-ratna
Subala Upaniṣada
Śvetāśvatara Upaniṣada
Taittirīya Upaniṣada
Upadeśāmṛta
Varāha Purāṇa
Vedānta-sūtra
Viṣṇu Purāṇa
Yoga-sūtra

Pojmovnik

A

ācārya – onaj tko poučava vlastitim primjerom; duhovni učitelj.

acintya-bhedābheda-tattva – naučavanje Gospodina Caitanye po kojem su Bog i Njegove energije istodobno istovjetni i različiti.

Agni – polubog vatre.

agnihotra-yajña – obred u kojem se ponude prinose u vatru; dio vedskih svečanosti.

ahaṅkāra – lažni ego, zbog kojeg se duša pogrešno poistovjećuje s materijalnim tijelom.

ahiṁsā – nenasilje.

akarma – „neaktivnost"; djelovanje s predanošću koje ne donosi posljedice.

ānanda – duhovno blaženstvo.

aparā-prakṛti – Gospodinova niža, materijalna energija (materija).

arcana – proces obožavanja *arcā-vigrahe.*

arcā-vigraha – Gospodinov oblik načinjen od materijalnih sastojaka, kao što su drvo ili metal, koji se obožava kod kuće ili u hramu. Prisutan u tom obliku, Gospodin osobno prihvaća službu koju Mu *bhakte* posvećuju obožavajući Ga.

arijac – civilizirani sljedbenik vedske kulture; onaj tko stremi duhovnom napretku.

āśrame – četiri duhovna reda u vedskom društvenom sustavu: *brahmacarya* (učenički život), *gṛhastha* (obiteljski život), *vānaprastha* (red povlačenja) i *sannyāsa* (red odricanja).

aṣṭāṅga-yoga – osmerostruki sustav yoge koji se sastoji od *yame* i *niyame* (ćudorednih pravila), *āsane* (položaja tijela), *prāṇāyāme* (vladanja disanjem), *pratyāhāre* (povlačenja osjetila), *dhāraṇe* (vladanja umom), *dhyāne* (meditacije) i *samādhija* (duboke meditacije na Viṣṇua u srcu).

asura – onaj tko se protivi služenju Gospodina.

ātmā – jastvo. Može se odnositi na tijelo, um, inteligenciju ili Vrhovno Jastvo. Obično označava dušu.

avatāra – „onaj tko silazi"; potpuno ili djelomično opunomoćena inkarnacija Boga koja silazi iz duhovnog svijeta s određenom misijom.

avidyā – neznanje.

B

Bhagavān – „onaj tko posjeduje sve obilje"; Svevišnji Gospodin, koji je riznica sve ljepote, snage, slave, bogatstva, znanja i moći odricanja.

bhakta – onaj tko obožava Gospodina s predanošću.

bhakti – predano služenje Svevišnjeg Gospodina.

Bhakti-rasāmṛta-sindhu – priručnik o predanom služenju, koji je u šesnaestom stoljeću na sanskrtu napisao Śrīla Rūpa Gosvāmī.

bhakti-yoga – povezivanje sa Svevišnjim Gospodinom pomoću predanog služenja.

Bharata – bivši kralj Indije, čiji su potomci bili Pāṇḍave.

bhāva – zanos; stadij *bhakti* koji prethodi čistoj ljubavi prema Bogu.

Bhīṣma – uzvišeni general, poštovani „djed" dinastije Kuru.

Brahmā – prvo stvoreno biće u svemiru; po uputi Gospodina Viṣṇua stvara sve životne oblike u svemiru i vlada *guṇom* strasti.

brahmacārī – učenik koji živi u celibatu, prema propisima vedskog društvenog sustava (vidi *āśrame*).

brahma-jijñāsā – raspitivanje o duhovnom znanju.

brahmajyoti – duhovni sjaj koji emanira iz transcendentalnog tijela Gospodina Kṛṣṇe i obasjava duhovni svijet.

Brahmaloka – Brahmino prebivalište; najviši planet u ovom svemiru.

Brahman – (1) osobna duša; (2) neosobni, sveprožimajući vid Svevišnjeg; (3) Svevišnja Božanska Osoba; (4) *mahat-tattva,* odnosno sveukupna materijalna tvar.

brāhmaṇa – pripadnik staleža najinteligentnijih ljudi u sustavu četiriju staleža vedskoga društva.

Brahma-saṁhitā – spis koji sadržava molitve koje je Brahmā uputio Gospodinu Kṛṣṇi; otkrio ga je Caitanya Mahāprabhu u južnoj Indiji.

buddhi-yoga – još jedan naziv za *bhakti-yogu* (predano služenje Kṛṣṇe), koji pokazuje da je predano služenje najviši oblik korištenja inteligencije (*buddhi*).

C

Caitanya-caritāmṛta – biografija Śrī Caitanye Mahāprabhua koju je u 16. stoljeću na bengalskom jeziku napisao Śrīla Kṛṣṇadāsa Kavirāja.

Caitanya Mahāprabhu – inkarnacija Gospodina Kṛṣṇe u dobu Kali. Pojavio se u Navadvīpi, u Zapadnom Bengalu, pred kraj petnaestoga stoljeća i započeo *yuga-dharmu*, glavni religijski proces za ovo doba – skupno pjevanje Božjih imena.

caṇḍāla – onaj tko jede pse i ne pripada nijednoj kasti.

Candra – vladajući polubog Mjeseca (Candraloke).

cāturmāsya – četiri mjeseca kišnog razdoblja u Indiji; period u kojem se Viṣṇuovi *bhakte* podvrgavaju posebnim pokorama.

D

deva – polubog; onaj tko posjeduje božanske odlike.

dharma – (1) načela religije; (2) vječna, prirodna djelatnost živoga bića (predano služenje Gospodina).

dhyāna – meditacija.

Dvāpara-yuga – pogledaj pod *yuge.*

G

Gandharve – nebeski pjevači i glazbenici među polubogovima.

Garbhodakaśāyī Viṣṇu – pogledaj pod *puruṣa-avatāre.*

Garuḍa – ptica koja nosi Gospodina Viṣṇua.

Goloka – Kṛṣṇaloka, vječno prebivalište Gospodina Kṛṣṇe.

gosvāmī – *svāmī*, onaj tko potpuno vlada svojim osjetilima.

gṛhastha – oženjeni, obiteljski čovjek koji se pridržava propisa vedskog društvenog sustava.

guṇe – tri svojstva ili modusa materijalne prirode: vrlina, strast i neznanje.

guru – duhovni učitelj.

I

Indra – kralj raja i predsjedavajuće božanstvo kiše.

J

jīva (jīvātmā) – vječna duša.

jñāna – transcendentalno znanje.
jñāna-yoga – put dostizanja duhovne spoznaje spekulativnom filozofskom potragom za istinom.
jñānī – sljedbenik puta *jñāna-yoge.*

K

kāla – vrijeme.
Kali-yuga – doba svađe i licemjerja, koje je počelo prije pet tisuća godina i koje ukupno traje 432 000 godina. Pogledaj pod *yuge.*
karma – materijalne djelatnosti, koje donose posljedice.
karma-yoga – put spoznaje Boga posvećivanjem plodova rada Njemu.
karmī – onaj tko se bavi *karmom* (plodonosnim djelovanjem); svjetovna osoba, materijalist.
Kṛṣṇaloka – vrhovno prebivalište Gospodina Kṛṣṇe.
Kṣīrodakaśāyī Viṣṇu – pogledaj pod *puruṣa-avatāre.*
Kurui – potomci Kurua, posebno Dhṛtarāṣṭrini sinovi koji su se suprotstavili Pāṇḍavama.

L

līlā – transcendentalna „zabava" ili djelo Svevišnjeg Gospodina.
loka – planet.

M

mahā-mantra – „velika *mantra":* Hare Kṛṣṇa, Hare Kṛṣṇa, Kṛṣṇa Kṛṣṇa, Hare Hare/ Hare Rāma, Hare Rāma, Rāma Rāma, Hare Hare.
mahātmā – „velika duša"; oslobođena osoba koja je potpuno svjesna Kṛṣṇe.
Mahat-tattva – sveukupna materijalna energija.
mantra – transcendentalni zvuk ili vedska himna.
Manu – polubog koji je otac čovječanstva.
māyā – iluzija; energija Svevišnjeg Gospodina pod čijim utjecajem živa bića zaboravljaju svoju duhovnu prirodu i Boga.
māyāvādī – impersonalist.
mukti – oslobođenje od materijalnog postojanja.

Muni – mudrac.

N

naiṣkarma – još jedan naziv za *akarmu.*
Nārāyaṇa – četveroruki oblik Gospodina Kṛṣṇe koji vlada planetima Vaikuṇṭhe; Gospodin Viṣṇu.
nirguṇa – bez osobina ili odlika; kad se odnosi na Svevišnjeg Gospodina, izraz znači da je Gospodin transcendentalan prema materijalnim svojstvima.
nirvāṇa – oslobođenje od materijalnog postojanja.

O

oṁ (oṁkāra) – sveti slog koji predstavlja Apsolutnu Istinu.

P

Pāṇḍave – petorica sinova kralja Pāṇḍua: Yudhiṣṭhira, Bhīma, Arjuna, Nakula i Sahadeva.
Pāṇḍu – Dhṛtarāṣṭrin brat i otac Pāṇḍava.
Paramātmā – Nad-duša; lokalizirani vid Svevišnjeg Gospodina koji se nalazi u srcu svakog živog bića i koji promatra i vodi uvjetovanu dušu.
paramparā – učeničko naslijeđe.
prakṛti – energija ili priroda.
prāṇāyāma – vladanje disanjem, metoda kojom se napreduje u yogi.
prasādam – posvećena hrana; hrana ponuđena s predanošću Gospodinu Kṛṣṇi.
pratyāhāra – povlačenje osjetila, metoda kojom se napreduje u yogi.
prema – čista, spontana ljubav prema Bogu.
Purāṇe – osamnaest povjesnica koje dopunjuju *Vede.*
puruṣa – „uživatelj"; duša ili Svevišnji Gospodin.
puruṣa-avatāre —ekspanzije Gospodina Viṣṇua koje uzrokuju stvaranje, održavanje i uništenje materijalnih svemira. Kāraṇodakaśāyī Viṣṇu (Mahā-Viṣṇu) leži na Uzročnom oceanu i izdiše bezbrojne svemire; Garbhodakaśāyī Viṣṇu ulazi u svaki svemir i stvara raznolikost;

Kṣīrodakaśāyī Viṣṇu (Nad-duša) ulazi u srce svakog stvorenog bića i svaki atom.

R

rajo-guṇa – *guṇa* strasti.
Rākṣase – rasa demona koji jedu ljude.
Rāma – (1) ime Gospodina Kṛṣṇe koje znači „izvor sveg zadovoljstva"; (2) Gospodin Rāmacandra, Kṛṣṇina inkarnacija u obliku savršeno pravedna kralja.
Rūpa Gosvāmī – vođa šestorice Gosvāmīja iz Vṛndāvane, glavnih sljedbenika Śrī Caitanye Mahāprabhua.

S

sac-cid-ānanda – vječnost, blaženstvo i potpuno znanje.
sādhu – sveta osoba ili osoba svjesna Kṛṣṇe.
saguṇa – „s osobinama ili odlikama"; kad se odnosi na Svevišnjeg Gospodina, izraz upućuje na to da Gospodin ima duhovne, transcendentalne odlike.
samādhi – trans; potpuna obuzetost svjesnošću Boga.
saṁsāra – ciklus uzastopna rađanja i umiranja u materijalnom svijetu.
sanātana-dharma – vječna religija: predano služenje.
Śaṅkara (Śaṅkarācārya) – veliki filozof i tvorac učenja *advaite* (nepodvojenosti), koja naglašava neosobnu prirodu Boga i istovjetnost svih duša s nepodvojenim Brahmanom.
sāṅkhya – (1) analitičko razlikovanje duha i materije; (2) put predanog služenja koji je opisao Gospodin Kapila, sin Devahūti.
saṅkīrtana – skupno slavljenje Boga, posebno pjevanjem Njegova svetog imena.
sannyāsa – red odricanja namijenjen njegovanju duhovne spoznaje.
sannyāsī – onaj tko je prihvatio red odricanja.
śāstra – razotkriveni spis; vedska književnost.
sattva-guṇa – *guṇa* vrline.
Satya-yuga – pogledaj pod *yuge*.
Śiva – jedan od glavnih polubogova; upravlja materijalnom *guṇom* neznanja (*tamo-guṇom*) i uništava materijalni svemir.
smaraṇam – proces sjećanja Gospodina Kṛṣṇe; jedan od devet osnovnih oblika *bhakti-yoge*.
smṛti – razotkriveni spisi koji su dopune *Vedama*, npr. *Purāṇe*.

soma-rasa – nebeski napitak polubogova.

śravaṇam – slušanje o Gospodinu; jedan od devet osnovnih oblika predanog služenja.

Śrīmad-Bhāgavatam – *Bhāgavata Purāṇa;* povijesnica koju je napisao Vyāsadeva da bi predstavio uzvišeno znanje o Gospodinu Śrī Kṛṣṇi.

śruti – *Vede.*

śūdra – pripadnik staleža radnika u sustavu četiriju staleža vedskog društva.

svāmī – onaj tko može potpuno vladati svojim osjetilima; osoba u redu odricanja.

Svargaloka – rajski materijalni planeti, na kojima prebivaju polubogovi.

svarūpa – izvorni duhovni oblik ili prirodni položaj duše.

T

tamo-guṇa – *guṇa* neznanja.

Tretā-yuga – pogledaj pod *yuge.*

U

Upaniṣade – 108 filozofskih rasprava koje su dio *Veda.*

V

Vaikuṇṭhe – vječni planeti duhovnog svijeta.

vaiṣṇava – *bhakta* Svevišnjeg Gospodina.

vaiśya – pripadnik staleža poljoprivrednika i trgovaca u sustavu četiriju staleža vedskoga društva.

vānaprastha – onaj tko se povukao iz obiteljskog života radi odricanja od svjetovnih djelatnosti u skladu s propisima vedskog društvenog sustava.

varṇāśrama-dharma – vedski društveni sustav, u kojem je društvo podijeljeno na četiri staleža i četiri duhovna reda života (*varṇe* i *āśrame*).

Vasudeva – otac Gospodina Kṛṣṇe.

Vāsudeva – Kṛṣṇa, Vasudevin sin.

Vedānta-sūtra – filozofska rasprava koju je napisao Vyāsadeva i koja se sastoji od sažetih izreka koje čine bit *Upaniṣada.*

Vede – četiri izvorna spisa (*Ṛg, Sāma, Atharva* i *Yajur*).

vidyā – znanje.

vikarma – djela kojima se krše naredbe spisa; grešna djela.
virāṭ-rūpa – kozmički oblik Svevišnjeg Gospodina.
Viṣṇu – Božanska Osoba.
Viṣṇu-tattva – kategorija ili položaj Boga.
viśva-rūpa – kozmički oblik Svevišnjeg Gospodina.
Vṛndāvana – transcendentalno prebivalište Gospodina Kṛṣṇe poznato kao Goloka Vṛndāvana ili Kṛṣṇaloka. Gradić Vṛndāvana u oblasti Mathure u Uttar Pradeshu u Indiji, u kojem se Kṛṣṇa pojavio prije pet tisuća godina, očitovanje je Kṛṣṇina duhovnog prebivališta na Zemlji.
Vyāsadeva – autor *Veda, Purāṇa, Mahābhārate* i *Vedānta-sūtre*.

Y

yajña – žrtvovanje.
Yakṣe – sablasni sljedbenici poluboga Kuvere.
Yamarāja – polubog koji kažnjava grešnike nakon smrti.
yoga – duhovni proces povezivanja sa Svevišnjim.
yoga-māyā – Gospodinova unutarnja, duhovna energija.
yuga – „doba"; postoje četiri *yuge*, koje se ponavljaju u ciklusima: Satya-yuga, Tretā-yuga, Dvāpara-yuga i Kali-yuga. Sa smjenom doba, od Satye do Kali, religija i vrline postupno nestaju.

O izgovaranju sanskrta

Sanskrt je stoljećima bio bilježen raznim vrstama pisma. Pismo koje se najviše koristi u Indiji zove se *devanāgarī*, što doslovno znači pismo koje se koristi u „gradovima polubogova". *Devanāgarī* se sastoji od četrdeset osam znakova: trinaest samoglasnika i trideset pet suglasnika. Drevni gramatičari sanskrta svrstali su znakove ovoga pisma prema lingvističkim načelima i svi su učenjaci na Zapadu prihvatili taj sustav. Transkripcije u ovoj knjizi odgovaraju sustavu koji je u posljednjih pedeset godina bio prihvaćen kao standard i koji označava izgovor svakog sanskrtskog znaka.

Samoglasnici

अ a आ ā इ i ई ī उ u ऊ ū ऋ ṛ ॠ ṝ

ऌ ḷ ए e ऐ ai ओ o औ au

Suglasnici

Grleni:	क ka	ख kha	ग ga	घ gha	ङ ṅa
Palatalni:	च ca	छ cha	ज ja	झ jha	ञ ña
Cerebralni:	ट ṭa	ठ ṭha	ड ḍa	ढ ḍha	ण ṇa
Dentalni:	त ta	थ tha	द da	ध dha	न na
Labijalni:	प pa	फ pha	ब ba	भ bha	म ma
Polusuglasnici:	य ya	र ra	ल la	व va	
Sibilanti:	श śa	ष ṣa	स sa		
Aspirat:	ह ha	Anusvāra: ं ṁ		Visarga: ः ḥ	

Brojevi

०-0 १-1 २-2 ३-3 ४-4 ५-5 ६-6 ७-7 ८-8 ९-9

Samoglasnici preuzimaju drugačiji oblik kada stoje iza suglasnika:

ा ā ि i ी ī ु u ू ū ृ ṛ ॄ ṝ े e ै ai ो o ौ au

Na primjer: क **ka** का **kā** कि **ki** की **kī** कु **ku** कू **kū**

कृ **kṛ** कॄ **kṝ** के **ke** कै **kai** को **ko** कौ **kau**

Obično se dva ili više suglasnika koji slijede jedan za drugim pišu zajedno u posebnom obliku, kao na primjer: क्ष **kṣa** त्र **tra**

Nakon suglasnika bez simbola za samoglasnikom slijedi samoglasnik **„a"**.

Znak *virāma* (्) označava da ga ne prati samoglasnik: क्

Samoglasnici se izgovaraju na sljedeći način:

a – kao **a** u riječi k**a**t
ā – kao **a** u riječi s**a**t
ai – kao **ai** u riječi l**ai**k
au – kao **au** u riječi n**au**m
e – kao **e** u riječi m**e**d
i – kao **i** u riječi b**i**č
ī – kao **i** u riječi p**i**smo
ḷ – kao u njemačkom imenu U**ri**ch
o – kao **o** u riječi b**o**l
ṛ – kao **ri** u riječi **ri**ba
ṝ – izgovara se isto kao **ṛ**, ali dva puta duže
u – kao **u** u riječi p**u**kovnik
ū – kao **u** u riječi p**u**t

Suglasnici se izgovaraju na sljedeći način:

Grleni
(izgovaraju se iz grla)
k – kao u riječi **k**it
kh – izgovara se kao u vla**k h**ita

Labijalni
(izgovaraju se usnama)
p – kao u riječi **p**anj
ph – izgovara se kao u sku**p h**rvača

g – kao u riječi **g**itara
gh – izgovara se kao u Bo**g** **h**rani
ṅ – kao u riječi ba**n**ka

Cerebralni
(izgovaraju se vrškom jezika uzdignutim prema gornjem dijelu nepca)
ṭ – kao u riječi **t**enk
ṭh – izgovara se kao u pu**t** **h**odočašća
ḍ – kao u riječi **d**an
ḍh – izgovara se kao u sa**d** **h**oću
ṇ – kao u riječi sr**n**a

Dentalni
(izgovaraju se kao cerebralni ali vrškom jezika uzdignutim prema zubima)
t – kao u riječi **t**enk
th – izgovara se kao u pu**t** **h**odočašća
d – kao u riječi **d**an
dh – izgovara se kao u sa**d** **h**oću
n – kao u riječi **n**ovac

Aspirat
h – kao u riječi **h**ram

Sibilanti
ś – kao u riječi **š**irina
ṣ – kao u riječi **š**uma
s – kao u riječi **s**unce

b – kao u riječi **b**rdo
bh – izgovara se kao u ro**b** **h**oda
m – kao u riječi **m**ajka

Palatalni
(izgovaraju se iz nepca sredinom jezika)
c – kao u riječi **č**ovjek
ch – izgovara se kao u hrva**č** **h**vata
j – kao u riječi **dž**ep
jh – izgovara se kao u engleskoj riječi he**dgeh**og
ñ – kao u riječi **nj**iva

Polusuglasnici
y – kao u riječi **y**es
r – kao u riječi **r**adost
l – kao u riječi **l**atica
v – kao u riječi **v**rata; kada mu u istom slogu prethodi suglasnik izgovara se kao **u**

Anusvāra
ṁ – izgovara se kao u francuskoj riječi bo**n**

Visarga
ḥ – jaki aspirat, izgovara se kao završni zvuk **h**: **aḥ** se izgovara kao **aha**; **iḥ** kao **ihi**

U sanskrtu nema snažnog naglašavanja slogova ili prekida između riječi u rečenici; postoje samo kratki i dugi slogovi (dvostruko duži od kratkih). Dugi slog ima dugi samoglasnik (**ā, ai, au, e, ī, o, ṝ, ū**) ili iza kratkog samoglasnika slijede bar dva suglasnika (uključujući **ḥ** i **ṁ**). Suglasnici s aspiracijom (suglasnici za kojima slijedi **h**) ubrajaju se u jednozvučne suglasnike.

Kazalo sanskrtskih stihova

U ovom su kazalu navedeni prvi i treći stihovi svih sanskrtskih strofa *Bhagavad-gīte,* poredani po abecedi. U prvom je stupcu navedena sanskrtska transliteracija, a u drugom poglavlje i broj strofe.

A

abhayaṁ sattva-saṁśuddhir 16.1
abhisandhāya tu phalaṁ 17.12
abhito brahma-nirvāṇaṁ 5.26
abhyāsād ramate yatra 18.36
abhyāsa-yoga-yuktena 8.8
abhyāsa-yogena tato 12.9
abhyāsena tu kaunteya 6.35
abhyāse 'py asamartho 'si 12.10
abhyutthānam adharmasya 4.7
ā-brahma-bhuvanāl lokāḥ 8.16
ācaraty ātmanaḥ śreyas 16.22
ācāryāḥ pitaraḥ putrās 1.33
ācāryam upasaṅgamya 1.2
ācāryān mātulān bhrātṝn 1.26
ācāryopāsanaṁ śaucaṁ 13.8
acchedyo 'yam adāhyo 'yam 2.24
adeśa-kāle yad dānam 17.22
adharmābhibhavāt kṛṣṇa 1.40
adharmaṁ dharmam iti yā 18.32
adhaś ca mūlāny anusantatāni 15.2
adhaś cordhvaṁ prasṛtās tasya śākhā 15.2
adhibhūtaṁ ca kiṁ proktam 8.1
adhibhūtaṁ kṣaro bhāvaḥ 8.4
adhiṣṭhānaṁ tathā kartā 18.14
adhiṣṭhāya manaś cāyaṁ 15.9
adhiyajñaḥ kathaṁ ko 'tra 8.2
adhiyajño 'ham evātra 8.4
adhyātma-jñāna-nityatvaṁ 13.12
adhyātma-vidyā vidyānāṁ 10.32
adhyeṣyate ca ya imaṁ 18.70
āḍhyo 'bhijanavān asmi 16.15
ādityānām ahaṁ viṣṇur 10.21
adṛṣṭa-pūrvaṁ hṛṣito 'smi dṛṣṭvā 11.45
adveṣṭā sarva-bhūtānāṁ 12.13
ādy-antavantaḥ kaunteya 5.22
āgamāpāyino 'nityās 2.14
aghāyur indriyārāmo 3.16
agnir jyotir ahaḥ śuklaḥ 8.24
aham ādir hi devānāṁ 10.2
aham ādiś ca madhyaṁ ca 10.20
aham ātmā guḍākeśa 10.20
aham evākṣayaḥ kālo 10.33
ahaṁ hi sarva-yajñānāṁ 9.24
ahaṁ kratur ahaṁ yajñaḥ 9.16
ahaṁ kṛtsnasya jagataḥ 7.6
ahaṁ sarvasya prabhavo 10.8
ahaṁ tvāṁ sarva-pāpebhyo 18.66
ahaṁ vaiśvānaro bhūtvā 15.14
ahaṅkāra itīyaṁ me 7.4
ahaṅkāraṁ balaṁ darpaṁ 16.18
ahaṅkāraṁ balaṁ darpaṁ 18.53
ahaṅkāra-vimūḍhātmā 3.27
āhārā rājasasyeṣṭā 17.9
āhāras tv api sarvasya 17.7
ahiṁsā samatā tuṣṭis 10.5
ahiṁsā satyam akrodhas 16.2
aho bata mahat pāpaṁ 1.44
āhus tvām ṛṣayaḥ sarve 10.13
airāvataṁ gajendrāṇāṁ 10.27
ajānatā mahimānaṁ tavedaṁ 11.41
ajñānaṁ cābhijātasya 16.4
ajñānenāvṛtaṁ jñānaṁ 5.15
ajñaś cāśraddadhānaś ca 4.40
ajo nityaḥ śāśvato 'yaṁ purāṇo 2.20
ajo 'pi sann avyayātmā 4.6
akarmaṇaś ca boddhavyaṁ 4.17
ākhyāhi me ko bhavān ugra-rūpo 11.31
akīrtiṁ cāpi bhūtāni 2.34
akṣaraṁ brahma paramaṁ 8.3
akṣarāṇām a-kāro 'smi 10.33
amānitvam adambhitvam 13.8
amī ca tvāṁ dhṛtarāṣṭrasya putrāḥ 11.26
amī hi tvāṁ sura-saṅghā viśanti 11.21
amṛtaṁ caiva mṛtyuś ca 9.19
anādi-madhyāntam ananta-vīryam 11.19

anādi mat-paraṁ brahma 13.13
anāditvān nirguṇatvāt 13.32
ananta deveśa jagan-nivāsa 11.37
anantaś cāsmi nāgānāṁ 10.29
anantavijayaṁ rājā 1.16
ananta-vīryāmita-vikramas tvaṁ 11.40
ananya-cetāḥ satataṁ 8.14
ananyāś cintayanto māṁ 9.22
ananyenaiva yogena 12.6
anapekṣaḥ śucir dakṣa 12.16
anārya-juṣṭam asvargyam 2.2
anāśino 'prameyasya 2.18
anāśritaḥ karma-phalaṁ 6.1
anātmanas tu śatrutve 6.6
aneka-bāhūdara-vaktra-netraṁ 11.16
aneka-citta-vibhrāntā 16.16
aneka-divyābharaṇaṁ 11.10
aneka-janma-saṁsiddhas 6.45
aneka-vaktra-nayanam 11.10
anena prasaviṣyadhvam 3.10
anicchann api vārṣṇeya 3.36
aniketaḥ sthira-matir 12.19
aniṣṭam iṣṭaṁ miśraṁ ca 18.12
anityam asukhaṁ lokam 9.33
annād bhavanti bhūtāni 3.14
anta-kāle ca mām eva 8.5
antavanta ime dehā 2.18
antavat tu phalaṁ teṣāṁ 7.23
anubandhaṁ kṣayaṁ hiṁsām 18.25
anudvega-karaṁ vākyaṁ 17.15
anye ca bahavaḥ śūrā 1.9
anye sāṅkhyena yogena 13.25
anye tv evam ajānantaḥ 13.26
apāne juhvati prāṇaṁ 4.29
aparaṁ bhavato janma 4.4
aparaspara-sambhūtaṁ 16.8
apare niyatāhārāḥ 4.29
apareyam itas tv anyāṁ 7.5
aparyāptaṁ tad asmākaṁ 1.10
apaśyad deva-devasya 11.13
aphalākāṅkṣibhir yajño 17.11
aphalākāṅkṣibhir yuktaiḥ 17.17
aphala-prepsunā karma 18.23
api ced asi pāpebhyaḥ 4.36
api cet su-durācāro 9.30
api trailokya-rājyasya 1.35
aprakāśo 'pravṛttiś ca 14.13
aprāpya māṁ nivartante 9.3
aprāpya yoga-saṁsiddhiṁ 6.37
apratiṣṭho mahā-bāho 6.38
āpūryamāṇam acala-pratiṣṭhaṁ 2.70
ārto jijñāsur arthārthī 7.16
ārurukṣor muner yogaṁ 6.3
asad ity ucyate pārtha 17.28
asakta-buddhiḥ sarvatra 18.49
asaktaṁ sarva-bhṛc caiva 13.15
asaktir anabhiṣvaṅgaḥ 13.10
asakto hy ācaran karma 3.19
asammūḍhaḥ sa martyeṣu 10.3
asaṁśayaṁ mahā-bāho 6.35
asaṁśayaṁ samagraṁ māṁ 7.1
asaṁyatātmanā yogo 6.36
asat-kṛtam avajñātaṁ 17.22
asatyam apratiṣṭhaṁ te 16.8
asau mayā hataḥ śatrur 16.14
asito devalo vyāsaḥ 10.13
asmākaṁ tu viśiṣṭā ye 1.7
āsthitaḥ sa hi yuktātmā 7.18
āsurīṁ yonim āpannā 16.20
āśā-pāśa-śatair baddhāḥ 16.12
aśāstra-vihitaṁ ghoraṁ 17.5
āścarya-vac cainam anyaḥ śṛṇoti 2.29
āścarya-vat paśyati kaścid enam 2.29
aśocyān anvaśocas tvaṁ 2.11
aśraddadhānāḥ puruṣā 9.3
aśraddhayā hutaṁ dattaṁ 17.28
āśvāsayām āsa ca bhītam enaṁ 11.50
aśvatthaḥ sarva-vṛkṣāṇāṁ 10.26
aśvatthāmā vikarṇaś ca 1.8
aśvattham enaṁ su-virūḍha-mūlam 15.3
atattvārtha-vad alpaṁ ca 18.22
atha cainaṁ nitya-jātaṁ 2.26
atha cet tvam ahaṅkārān 18.58
atha cet tvam imaṁ dharmyaṁ 2.33
atha cittaṁ samādhātuṁ 12.9
athaitad apy aśakto 'si 12.11
atha kena prayukto 'yaṁ 3.36
atha vā bahunaitena 10.42
atha vā yoginām eva 6.42
atha vyavasthitān dṛṣṭvā 1.20
ātmaiva hy ātmano bandhur 6.5
ātmany eva ca santuṣṭas 3.17
ātmany evātmanā tuṣṭaḥ 2.55
ātma-sambhāvitāḥ stabdhā 16.17
ātma-saṁsthaṁ manaḥ kṛtvā 6.25
ātma-saṁyama-yogāgnau 4.27
ātmaupamyena sarvatra 6.32
ātmavantaṁ na karmāṇi 4.41
ātma-vaśyair vidheyātmā 2.64
ato 'smi loke vede ca 15.18
atra śūrā maheṣv-āsā 1.4
atyeti tat sarvam idaṁ viditvā 8.28
avācya-vādāṁś ca bahūn 2.36
avajānanti māṁ mūḍhā 9.11
avāpya bhūmāv asapatnam ṛddhaṁ 2.8
avibhaktaṁ ca bhūteṣu 13.17
avibhaktaṁ vibhakteṣu 18.20
avināśi tu tad viddhi 2.17

āvṛtaṁ jñānam etena 3.39
avyaktādīni bhūtāni 2.28
avyaktād vyaktayaḥ sarvāḥ 8.18
avyaktā hi gatir duḥkhaṁ 12.5
avyaktaṁ vyaktim āpannaṁ 7.24
avyakta-nidhanāny eva 2.28
avyakto 'kṣara ity uktas 8.21
avyakto 'yam acintyo 'yam 2.25
ayaneṣu ca sarveṣu 1.11
ayathāvat prajānāti 18.31
ayatiḥ śraddhayopeto 6.37
āyudhānām ahaṁ vajraṁ 10.28
āyuḥ-sattva-balārogya- 17.8
ayuktaḥ kāma-kāreṇa 5.12
ayuktaḥ prākṛtaḥ stabdhaḥ 18.28

B

bahavo jñāna-tapasā 4.10
bahir antaś ca bhūtānām 13.16
bahūdaraṁ bahu-daṁṣṭrā-karālaṁ 11.23
bahūnāṁ janmanām ante 7.19
bahūni me vyatītāni 4.5
bahūny adṛṣṭa-pūrvāṇi 11.6
bahu-śākhā hy anantāś ca 2.41
bāhya-sparśeṣv asaktātmā 5.21
balaṁ balavatāṁ cāhaṁ 7.11
bandhaṁ mokṣaṁ ca yā vetti 18.30
bandhur ātmātmanas tasya 6.6
bhajanty ananya-manaso 9.13
bhaktiṁ mayi parāṁ kṛtvā 18.68
bhakto 'si me sakhā ceti 4.3
bhaktyā mām abhijānāti 18.55
bhaktyā tv ananyayā śakya 11.54
bhavāmi na cirāt pārtha 12.7
bhavān bhīṣmaś ca karṇaś ca 1.8
bhavanti bhāvā bhūtānāṁ 10.5
bhavanti sampadaṁ daivīm 16.3
bhavāpyayau hi bhūtānāṁ 11.2
bhāva-saṁśuddhir ity etat 17.16
bhavaty atyāgināṁ pretya 18.12
bhaviṣyāṇi ca bhūtāni 7.26
bhavitā na ca me tasmād 18.69
bhayād raṇād uparataṁ 2.35
bhīṣma-droṇa-pramukhataḥ 1.25
bhīṣmam evābhirakṣantu 1.11
bhīṣmo droṇaḥ sūta-putras tathāsau 11.26
bhogaiśvarya-prasaktānāṁ 2.44
bhoktāraṁ yajña-tapasāṁ 5.29
bhrāmayan sarva-bhūtāni 18.61
bhruvor madhye prāṇam āveśya samyak 8.10
bhūmir āpo 'nalo vāyuḥ 7.4
bhuñjate te tv aghaṁ pāpā 3.13
bhūta-bhartṛ ca taj jñeyaṁ 13.17
bhūta-bhāvana bhūteśa 10.15
bhūta-bhāvodbhava-karo 8.3
bhūta-bhṛn na ca bhūta-stho 9.5
bhūta-grāmaḥ sa evāyaṁ 8.19
bhūta-grāmam imaṁ kṛtsnam 9.8
bhūtāni yānti bhūtejyā 9.25
bhūta-prakṛti-mokṣaṁ ca 13.35
bhūya eva mahā-bāho 10.1
bhūyaḥ kathaya tṛptir hi 10.18
bījaṁ māṁ sarva-bhūtānāṁ 7.10
brahma-bhūtaḥ prasannātmā 18.54
brahmacaryam ahiṁsā ca 17.14
brahmāgnāv apare yajñaṁ 4.25
brahmaiva tena gantavyaṁ 4.24
brāhmaṇa-kṣatriya-viśāṁ 18.41
brahmāṇam īśaṁ kamalāsana-stham 11.15
brāhmaṇās tena vedāś ca 17.23
brahmaṇo hi pratiṣṭhāham 14.27
brahmaṇy ādhāya karmāṇi 5.10
brahmārpaṇaṁ brahma havir 4.24
brahma-sūtra-padaiś caiva 13.5
bṛhat-sāma tathā sāmnāṁ 10.35
buddhau śaraṇam anviccha 2.49
buddher bhedaṁ dhṛteś caiva 18.29
buddhir buddhimatām asmi 7.10
buddhir jñānam asammohaḥ 10.4
buddhi-yogam upāśritya 18.57
buddhi-yukto jahātīha 2.50
buddhyā viśuddhayā yukto 18.51
buddhyā yukto yayā pārtha 2.39

C

cañcalaṁ hi manaḥ kṛṣṇa 6.34
cātur-varṇyaṁ mayā sṛṣṭaṁ 4.13
catur-vidhā bhajante māṁ 7.16
cetasā sarva-karmāṇi 18.57
chandāṁsi yasya parṇāni 15.1
chinna-dvaidhā yatātmānaḥ 5.25
chittvainaṁ saṁśayaṁ yogam 4.42
cintām aparimeyāṁ ca 16.11

D

dadāmi buddhi-yogaṁ taṁ 10.10
daivam evāpare yajñaṁ 4.25
daivī hy eṣā guṇa-mayī 7.14
daivī sampad vimokṣāya 16.5
daivo vistaraśaḥ prokta 16.6
dambhāhaṅkāra-saṁyuktāḥ 17.5
dambho darpo 'bhimānaś ca 16.4
daṁṣṭrā-karālāni ca te mukhāni 11.25
dāna-kriyāś ca vividhāḥ 17.25
dānaṁ damaś ca yajñaś ca 16.1
dānam īśvara-bhāvaś ca 18.43
daṇḍo damayatām asmi 10.38
darśayām āsa pārthāya 11.9
dātavyam iti yad dānaṁ 17.20
dayā bhūteṣv aloluptvaṁ 16.2
dehī nityam avadhyo 'yaṁ 2.30
dehino 'smin yathā dehe 2.13
deśe kāle ca pātre ca 17.20
devā apy asya rūpasya 11.52
deva-dvija-guru-prājña- 17.14
devān bhāvayatānena 3.11
devān deva-yajo yānti 7.23
dharma-kṣetre kuru-kṣetre 1.1
dharma-saṁsthāpanārthāya 4.8
dharmāviruddho bhūteṣu 7.11
dharme naṣṭe kulaṁ kṛtsnam 1.39
dharmyād dhi yuddhāc chreyo 'nyat 2.31
dhārtarāṣṭrā raṇe hanyus 1.45
dhārtarāṣṭrasya durbuddher 1.23
dhṛṣṭadyumno virāṭaś ca 1.17
dhṛṣṭaketuś cekitānaḥ 1.5
dhṛtyā yayā dhārayate 18.33
dhūmenāvriyate vahnir 3.38
dhūmo rātris tathā kṛṣṇaḥ 8.25
dhyānāt karma-phala-tyāgas 12.12
dhyāna-yoga-paro nityaṁ 18.52
dhyānenātmani paśyanti 13.25
dhyāyato viṣayān puṁsaḥ 2.62
diśo na jāne na labhe ca śarma 11.25
divi sūrya-sahasrasya 11.12
divya-mālyāmbara-dharaṁ 11.11
divyaṁ dadāmi te cakṣuḥ 11.8
dīyate ca parikliṣṭaṁ 17.21
doṣair etaiḥ kula-ghnānāṁ 1.42
draṣṭum icchāmi te rūpam 11.3
dravya-yajñās tapo-yajñā 4.28
droṇaṁ ca bhīṣmaṁ ca jayadrathaṁ ca 11.34
dṛṣṭvādbhutaṁ rūpam ugraṁ tavedaṁ 11.20
dṛṣṭvā hi tvāṁ pravyathitāntar-ātmā 11.24
dṛṣṭvā tu pāṇḍavānīkaṁ 1.2
dṛṣṭvedaṁ mānuṣaṁ rūpaṁ 11.51
dṛṣṭvemaṁ sva-janaṁ kṛṣṇa 1.28
drupado draupadeyāś ca 1.18
duḥkham ity eva yat karma 18.8
duḥkheṣv anudvigna-manāḥ 2.56
dūreṇa hy avaraṁ karma 2.49
dvandvair vimuktāḥ sukha-duḥkha- 15.5
dvau bhūta-sargau loke 'smin 16.6
dvāv imau puruṣau loke 15.16
dyāv ā-pṛthivyor idam antaraṁ hi 11.20
dyūtaṁ chalayatām asmi 10.36

E

ekākī yata-cittātmā 6.10
ekam apy āsthitaḥ samyag 5.4
ekaṁ sāṅkhyaṁ ca yogaṁ ca 5.5
ekatvena pṛthaktvena 9.15
ekayā yāty anāvṛttim 8.26
eko 'tha vāpy acyuta tat-samakṣaṁ 11.42
eṣā brāhmī sthitiḥ pārtha 2.72
eṣā te 'bhihitā sāṅkhye 2.39
eṣa tūddeśataḥ prokto 10.40
etac chrutvā vacanaṁ keśavasya 11.35
etad buddhvā buddhimān syāt 15.20
etad dhi durlabhataraṁ 6.42
etad veditum icchāmi 13.1
etad-yonīni bhūtāni 7.6
etad yo vetti taṁ prāhuḥ 13.2
etair vimohayaty eṣa 3.40
etair vimuktaḥ kaunteya 16.22
etaj jñānam iti proktam 13.12
etāṁ dṛṣṭim avaṣṭabhya 16.9
etāṁ vibhūtiṁ yogaṁ ca 10.7
etan me saṁśayaṁ kṛṣṇa 6.39
etān na hantum icchāmi 1.34
etāny api tu karmāṇi 18.6
etasyāhaṁ na paśyāmi 6.33
etat kṣetraṁ samāsena 13.7
evaṁ bahu-vidhā yajñā 4.32
evaṁ buddheḥ paraṁ buddhvā 3.43
evam etad yathāttha tvam 11.3
evaṁ jñātvā kṛtaṁ karma 4.15
evaṁ paramparā-prāptam 4.2
evaṁ pravartitaṁ cakraṁ 3.16
evaṁ-rūpaḥ śakya ahaṁ nṛ-loke 11.48
evaṁ satata-yuktā ye 12.1

evaṁ trayī-dharmam anuprapannā 9.21
evam ukto hṛṣīkeśo 1.24
evam uktvā hṛṣīkeśaṁ 2.9
evam uktvārjunaḥ saṅkhye 1.46
evam uktvā tato rājan 11.9

G

gacchanty apunar-āvṛttiṁ 5.17
gām āviśya ca bhūtāni 15.13
gandharvāṇāṁ citrarathaḥ 10.26
gandharva-yakṣāsura-siddha-saṅghā 11.22
gāṇḍīvaṁ sraṁsate hastāt 1.29
gata-saṅgasya muktasya 4.23
gatāsūn agatāsūṁś ca 2.11
gatir bhartā prabhuḥ sākṣī 9.18
gṛhītvaitāni saṁyāti 15.8
guṇā guṇeṣu vartanta 3.28
guṇān etān atītya trīn 14.20
guṇā vartanta ity evaṁ 14.23
guṇebhyaś ca paraṁ vetti 14.19
gurūn ahatvā hi mahānubhāvān 2.5

H

hanta te kathayiṣyāmi 10.19
harṣāmarṣa-bhayodvegair 12.15
harṣa-śokānvitaḥ kartā 18.27
hato vā prāpsyasi svargaṁ 2.37
hatvāpi sa imāl̐ lokān 18.17
hatvārtha-kāmāṁs tu gurūn ihaiva 2.5
hetunānena kaunteya 9.10
hṛṣīkeśaṁ tadā vākyam 1.20

I

icchā dveṣaḥ sukhaṁ duḥkhaṁ 13.7
icchā-dveṣa-samutthena 7.27
idam adya mayā labdham 16.13
idam astīdam api me 16.13
idaṁ jñānam upāśritya 14.2
idaṁ śarīraṁ kaunteya 13.2
idaṁ te nātapaskāya 18.67
idaṁ tu te guhyatamaṁ 9.1
idānīm asmi saṁvṛttaḥ 11.51
ihaika-sthaṁ jagat kṛtsnaṁ 11.7
ihaiva tair jitaḥ sargo 5.19
īhante kāma-bhogārtham 16.12
ijyate bharata-śreṣṭha 17.12
īkṣate yoga-yuktātmā 6.29
imaṁ vivasvate yogaṁ 4.1
indriyāṇāṁ hi caratāṁ 2.67
indriyāṇāṁ manaś cāsmi 10.22
indriyāṇi daśaikaṁ ca 13.6
indriyāṇi mano buddhir 3.40
indriyāṇīndriyārthebhyas 2.68
indriyāṇīndriyārthebhyas 2.58
indriyāṇīndriyārtheṣu 5.9
indriyāṇi parāṇy āhur 3.42
indriyāṇi pramāthīni 2.60
indriyārthān vimūḍhātmā 3.6
indriyārtheṣu vairāgyam 13.9
indriyasyendriyasyārthe 3.34
iṣṭān bhogān hi vo devā 3.12
iṣṭo 'si me dṛḍham iti 18.64
iṣubhiḥ pratiyotsyāmi 2.4
īśvaraḥ sarva-bhūtānāṁ 18.61
īśvaro 'ham ahaṁ bhogī 16.14
iti guhyatamaṁ śāstram 15.20
iti kṣetraṁ tathā jñānaṁ 13.19
iti māṁ yo 'bhijānāti 4.14
iti matvā bhajante māṁ 10.8
iti te jñānam ākhyātaṁ 18.63
ity ahaṁ vāsudevasya 18.74
ity arjunaṁ vāsudevas tathoktvā 11.50

J

jaghanya-guṇa-vṛtti-sthā 14.18
jahi śatruṁ mahā-bāho 3.43
janma-bandha-vinirmuktāḥ 2.51
janma karma ca me divyam 4.9
janma-mṛtyu-jarā-duḥkhair 14.20
janma-mṛtyu-jarā-vyādhi- 13.9
jarā-maraṇa-mokṣāya 7.29
jātasya hi dhruvo mṛtyur 2.27
jayo 'smi vyavasāyo 'smi 10.36
jhaṣāṇāṁ makaraś cāsmi 10.31
jijñāsur api yogasya 6.44
jitātmanaḥ praśāntasya 6.7
jīva-bhūtāṁ mahā-bāho 7.5
jīvanaṁ sarva-bhūteṣu 7.9
jñānāgni-dagdha-karmāṇaṁ 4.19
jñānāgniḥ sarva-karmāṇi 4.37
jñānam āvṛtya tu tamaḥ 14.9
jñānaṁ jñeyaṁ jñāna-gamyaṁ 13.18

jñānaṁ jñeyaṁ parijñātā 18.18
jñānaṁ karma ca kartā ca 18.19
jñānaṁ labdhvā parāṁ śāntim 4.39
jñānaṁ te 'haṁ sa-vijñānam 7.2
jñānaṁ vijñānam āstikyaṁ 18.42
jñānaṁ vijñāna-sahitaṁ 9.1
jñānaṁ yadā tadā vidyād 14.11
jñāna-vijñāna-tṛptātmā 6.8
jñāna-yajñena cāpy anye 9.15
jñāna-yajñena tenāham 18.70
jñāna-yogena sāṅkhyānāṁ 3.3
jñānena tu tad ajñānaṁ 5.16
jñātuṁ draṣṭuṁ ca tattvena 11.54
jñātvā śāstra-vidhānoktaṁ 16.24
jñeyaḥ sa nitya-sannyāsī 5.3
jñeyaṁ yat tat pravakṣyāmi 13.13
joṣayet sarva-karmāṇi 3.26
jyāyasī cet karmaṇas te 3.1
jyotiṣām api taj jyotis 13.18

K

kaccid ajñāna-sammohaḥ 18.72
kaccid etac chrutaṁ pārtha 18.72
kaccin nobhaya-vibhraṣṭaś 6.38
kair liṅgais trīn guṇān etān 14.21
kair mayā saha yoddhavyam 1.22
kālo 'smi loka-kṣaya-kṛt pravṛddho 11.32
kalpa-kṣaye punas tāni 9.7
kāma eṣa krodha eṣa 3.37
kāmaḥ krodhas tathā lobhas 16.21
kāmais tais tair hṛta-jñānāḥ 7.20
kāma-krodha-vimuktānāṁ 5.26
kāma-krodhodbhavaṁ vegaṁ 5.23
kāmam āśritya duṣpūraṁ 16.10
kāma-rūpeṇa kaunteya 3.39
kāmātmānaḥ svarga-parā 2.43
kāmopabhoga-paramā 16.11
kāmyānāṁ karmaṇāṁ nyāsaṁ 18.2
kāṅkṣantaḥ karmaṇāṁ siddhiṁ 4.12
kāraṇaṁ guṇa-saṅgo 'sya 13.22
karaṇaṁ karma karteti 18.18
karma brahmodbhavaṁ viddhi 3.15
karma caiva tad-arthīyaṁ 17.27
karma-jaṁ buddhi-yuktā hi 2.51
karma-jān viddhi tān sarvān 4.32
karmaṇaḥ sukṛtasyāhuḥ 14.16
karmaṇaiva hi saṁsiddhim 3.20
karmāṇi pravibhaktāni 18.41
karmaṇo hy api boddhavyaṁ 4.17
karmaṇy abhipravṛtto 'pi 4.20
karmaṇy akarma yaḥ paśyed 4.18
karmaṇy evādhikāras te 2.47
karmendriyaiḥ karma-yogam 3.7
karmendriyāṇi saṁyamya 3.6
karmibhyaś cādhiko yogī 6.46
kārpaṇya-doṣopahata-svabhāvaḥ 2.7
karṣayantaḥ śarīra-sthaṁ 17.6
kartavyānīti me pārtha 18.6
kartuṁ necchasi yan mohāt 18.60
kārya-kāraṇa-kartṛtve 13.21
kāryam ity eva yat karma 18.9
kāryate hy avaśaḥ karma 3.5
kasmāc ca te na nameran mahātman 11.37
kāśyaś ca parameṣv-āsaḥ 1.17
kathaṁ bhīṣmam ahaṁ saṅkhye 2.4
katham etad vijānīyāṁ 4.4
kathaṁ na jñeyam asmābhiḥ 1.38
kathaṁ sa puruṣaḥ pārtha 2.21
kathaṁ vidyām ahaṁ yogiṁs 10.17
kathayantaś ca māṁ nityaṁ 10.9
kaṭv-amla-lavaṇāty-uṣṇa- 17.9
kaunteya pratijānīhi 9.31
kaviṁ purāṇam anuśāsitāram 8.9
kāyena manasā buddhyā 5.11
kecid vilagnā daśanāntareṣu 11.27
keśavārjunayoḥ puṇyaṁ 18.76
keṣu keṣu ca bhāveṣu 10.17
kim ācāraḥ kathaṁ caitāṁs 14.21
kiṁ karma kim akarmeti 4.16
kiṁ no rājyena govinda 1.32
kiṁ punar brāhmaṇāḥ puṇyā 9.33
kiṁ tad brahma kim adhyātmaṁ 8.1
kirīṭinaṁ gadinaṁ cakra-hastam 11.46
kirīṭinaṁ gadinaṁ cakriṇaṁ ca 11.17
kīrtiḥ śrīr vāk ca nārīṇāṁ 10.34
klaibyaṁ mā sma gamaḥ pārtha 2.3
kleśo 'dhikataras teṣām 12.5
kriyate bahulāyāsaṁ 18.24
kriyate tad iha proktaṁ 17.18
kriyā-viśeṣa-bahulāṁ 2.43
krodhād bhavati sammohaḥ 2.63
kṛpayā parayāviṣṭo 1.27
kṛṣi-go-rakṣya-vāṇijyaṁ 18.44
kṣaraḥ sarvāṇi bhūtāni 15.16
kṣetra-jñaṁ cāpi māṁ viddhi 13.3
kṣetra-kṣetrajña-saṁyogāt 13.27
kṣetra-kṣetrajñayor evam 13.35
kṣetra-kṣetrajñayor jñānaṁ 13.3
kṣetraṁ kṣetrī tathā kṛtsnaṁ 13.34
kṣipāmy ajasram aśubhān 16.19
kṣipraṁ bhavati dharmātmā 9.31

kṣipraṁ hi mānuṣe loke 4.12
kṣudraṁ hṛdaya-daurbalyaṁ 2.3
kula-kṣaya-kṛtaṁ doṣaṁ 1.38
kula-kṣaya-kṛtaṁ doṣaṁ 1.37
kula-kṣaye praṇaśyanti 1.39
kuru karmaiva tasmāt tvaṁ 4.15
kuryād vidvāṁs tathāsaktaś 3.25
kutas tvā kaśmalam idaṁ 2.2

L

labhante brahma-nirvāṇam 5.25
labhate ca tataḥ kāmān 7.22
lelihyase grasamānaḥ samantāl 11.30
lipyate na sa pāpena 5.10
lobhaḥ pravṛttir ārambhaḥ 14.12
loka-saṅgraham evāpi 3.20
loke 'smin dvi-vidhā niṣṭhā 3.3

M

mac-cittaḥ sarva-durgāṇi 18.58
mac-cittā mad-gata-prāṇā 10.9
mad-anugrahāya paramaṁ 11.1
mad-artham api karmāṇi 12.10
mad-bhakta etad vijñāya 13.19
mad-bhāvā mānasā jātā 10.6
mādhavaḥ pāṇḍavaś caiva 1.14
mahā-bhūtāny ahaṅkāro 13.6
maharṣayaḥ sapta pūrve 10.6
maharṣīṇāṁ bhṛgur ahaṁ 10.25
mahāśano mahā-pāpmā 3.37
mahātmānas tu māṁ pārtha 9.13
mā karma-phala-hetur bhūr 2.47
mama dehe guḍākeśa 11.7
mamaivāṁśo jīva-loke 15.7
māmakāḥ pāṇḍavāś caiva 1.1
mām aprāpyaiva kaunteya 16.20
mām ātma-para-deheṣu 16.18
mama vartmānuvartante 4.11
mama vartmānuvartante 3.23
mama yonir mahad brahma 14.3
māṁ caivāntaḥ śarīra-sthaṁ 17.6
māṁ ca yo 'vyabhicāreṇa 14.26
mām evaiṣyasi satyaṁ te 18.65
mām evaiṣyasi yuktvaivam 9.34
mām eva ye prapadyante 7.14
māṁ hi pārtha vyapāśritya 9.32
mām upetya punar janma 8.15
mām upetya tu kaunteya 8.16
manaḥ-prasādaḥ saumyatvaṁ 17.16
manaḥ saṁyamya mac-citto 6.14
manaḥ-ṣaṣṭhānīndriyāṇi 15.7
mānāpamānayos tulyas 14.25
manasaivendriya-grāmaṁ 6.24
manasas tu parā buddhir 3.42
man-manā bhava mad-bhakto 18.65
man-manā bhava mad-bhakto 9.34
mantro 'ham aham evājyam 9.16
manuṣyāṇāṁ sahasreṣu 7.3
manyase yadi tac chakyaṁ 11.4
marīcir marutām asmi 10.21
māsānāṁ mārga-śīrṣo 'ham 10.35
mā śucaḥ sampadaṁ daivīm 16.5
mā te vyathā mā ca vimūḍha-bhāvo 11.49
mat-karma-kṛn mat-paramo 11.55
mat-prasādād avāpnoti 18.56
mātrā-sparśās tu kaunteya 2.14
mat-sthāni sarva-bhūtāni 9.4
matta eveti tān viddhi 7.12
mattaḥ parataraṁ nānyat 7.7
mātulāḥ śvaśurāḥ pautrāḥ 1.34
maunaṁ caivāsmi guhyānāṁ 10.38
mayādhyakṣeṇa prakṛtiḥ 9.10
mayā hatāṁs tvaṁ jahi mā vyathiṣṭhā 11.34
mayaivaite nihatāḥ pūrvam eva 11.33
mayā prasannena tavārjunedaṁ 11.47
mayā tatam idaṁ sarvaṁ 9.4
māyayāpahṛta-jñānā 7.15
mayi cānanya-yogena 13.11
mayi sarvam idaṁ protaṁ 7.7
mayi sarvāṇi karmāṇi 3.30
mayy arpita-mano-buddhir 8.7
mayy arpita-mano-buddhir 12.14
mayy āsakta-manāḥ pārtha 7.1
mayy āveśya mano ye māṁ 12.2
mayy eva mana ādhatsva 12.8
mithyaiṣa vyavasāyas te 18.59
moghāśā mogha-karmāṇo 9.12
mohād ārabhyate karma 18.25
mohād gṛhītvāsad-grāhān 16.10
mohāt tasya parityāgas 18.7
mohitaṁ nābhijānāti 7.13
mṛgāṇāṁ ca mṛgendro 'haṁ 10.30
mṛtyuḥ sarva-haraś cāham 10.34
mūḍha-grāheṇātmano yat 17.19
mūḍho 'yaṁ nābhijānāti 7.25
mukta-saṅgo 'nahaṁ-vādī 18.26
munīnām apy ahaṁ vyāsaḥ 10.37
mūrdhny ādhāyātmanaḥ prāṇam 8.12

N

nabhaḥ-spṛśaṁ dīptam aneka-varṇaṁ 11.24
nabhaś ca pṛthivīṁ caiva 1.19
nābhinandati na dveṣṭi 2.57
na buddhi-bhedaṁ janayed 3.26
na cābhāvayataḥ śāntir 2.66
na cainaṁ kledayanty āpo 2.23
na caitad vidmaḥ kataran no garīyo 2.6
na caiva na bhaviṣyāmaḥ 2.12
na ca māṁ tāni karmāṇi 9.9
na ca mat-sthāni bhūtāni 9.5
na ca sannyasanād eva 3.4
na cāsya sarva-bhūteṣu 3.18
na ca śaknomy avasthātuṁ 1.30
na ca śreyo 'nupaśyāmi 1.31
na cāśuśrūṣave vācyaṁ 18.67
na ca tasmān manuṣyeṣu 18.69
na cāti-svapna-śīlasya 6.16
nādatte kasyacit pāpaṁ 5.15
na dveṣṭi sampravṛttāni 14.22
na dveṣṭy akuśalaṁ karma 18.10
nāhaṁ prakāśaḥ sarvasya 7.25
nāhaṁ vedair na tapasā 11.53
na hi deha-bhṛtā śakyaṁ 18.11
na hi jñānena sadṛśaṁ 4.38
na hi kalyāṇa-kṛt kaścid 6.40
na hi kaścit kṣaṇam api 3.5
na hinasty ātmanātmānaṁ 13.29
na hi prapaśyāmi mamāpanudyād 2.8
na hi te bhagavan vyaktiṁ 10.14
na hy asannyasta-saṅkalpo 6.2
nainaṁ chindanti śastrāṇi 2.23
naiṣkarmya-siddhiṁ paramāṁ 18.49
naite sṛtī pārtha jānan 8.27
naiva kiñcit karomīti 5.8
naiva tasya kṛtenārtho 3.18
na jāyate mriyate vā kadācin 2.20
na kāṅkṣe vijayaṁ kṛṣṇa 1.31
na karmaṇām anārambhān 3.4
na karma-phala-saṁyogaṁ 5.14
na kartṛtvaṁ na karmāṇi 5.14
nakulaḥ sahadevaś ca 1.16
namaḥ purastād atha pṛṣṭhatas te 11.40
na māṁ duṣkṛtino mūḍhāḥ 7.15
na māṁ karmāṇi limpanti 4.14
namaskṛtvā bhūya evāha kṛṣṇaṁ 11.35
namasyantaś ca māṁ bhaktyā 9.14
na me pārthāsti kartavyaṁ 3.22
na me viduḥ sura-gaṇāḥ 10.2
namo namas te 'stu sahasra-kṛtvaḥ 11.39
nānā-śastra-praharaṇāḥ 1.9
nānavāptam avāptavyaṁ 3.22
nānā-vidhāni divyāni 11.5
nāntaṁ na madhyaṁ na punas tavādiṁ 11.16
nānto 'sti mama divyānāṁ 10.40
nānyaṁ guṇebhyaḥ kartāraṁ 14.19
nāpnuvanti mahātmānaḥ 8.15
na prahṛṣyet priyaṁ prāpya 5.20
narake niyataṁ vāso 1.43
na rūpam asyeha tathopalabhyate 15.3
na sa siddhim avāpnoti 16.23
nāsato vidyate bhāvo 2.16
nāsti buddhir ayuktasya 2.66
na śaucaṁ nāpi cācāro 16.7
nāśayāmy ātma-bhāva-stho 10.11
naṣṭo mohaḥ smṛtir labdhā 18.73
na tad asti pṛthivyāṁ vā 18.40
na tad asti vinā yat syān 10.39
na tad bhāsayate sūryo 15.6
na tu māṁ abhijānanti 9.24
na tu māṁ śakyase draṣṭum 11.8
na tvat-samo 'sty abhyadhikaḥ kuto 'nyo 11.43
na tv evāhaṁ jātu nāsaṁ 2.12
nāty-aśnatas tu yogo 'sti 6.16
nāty-ucchritaṁ nāti-nīcaṁ 6.11
nava-dvāre pure dehī 5.13
na veda-yajñādhyayanair na dānair 11.48
na vimuñcati durmedhā 18.35
nāyakā mama sainyasya 1.7
nāyaṁ loko 'sti na paro 4.40
nāyaṁ loko 'sty ayajñasya 4.31
na yotsya iti govindam 2.9
nehābhikrama-nāśo 'sti 2.40
nibadhnanti mahā-bāho 14.5
nidrālasya-pramādotthaṁ 18.39
nihatya dhārtarāṣṭrān naḥ 1.35
nimittāni ca paśyāmi 1.30
nindantas tava sāmarthyaṁ 2.36
nirāśīr nirmamo bhūtvā 3.30
nirāśīr yata-cittātmā 4.21
nirdoṣaṁ hi samaṁ brahma 5.19
nirdvandvo hi mahā-bāho 5.3
nirdvandvo nitya-sattva-stho 2.45
nirmamo nirahaṅkāraḥ 12.13
nirmamo nirahaṅkāraḥ 2.71
nirmāna-mohā jita-saṅga-doṣā 15.5
nirvairaḥ sarva-bhūteṣu 11.55

nispṛhaḥ sarva-kāmebhyo 6.18
niścayaṁ śṛṇu me tatra 18.4
nityaḥ sarva-gataḥ sthāṇur 2.24
nityaṁ ca sama-cittatvam 13.10
nivasiṣyasi mayy eva 12.8
niyataṁ kuru karma tvaṁ 3.8
niyataṁ saṅga-rahitam 18.23
niyatasya tu sannyāsaḥ 18.7
nyāyyaṁ vā viparītaṁ vā 18.15

O

oṁ ity ekākṣaraṁ brahma 8.13
oṁ tat sad iti nirdeśo 17.23

P

pañcaitāni mahā-bāho 18.13
pāñcajanyaṁ hṛṣīkeśo 1.15
pāpam evāśrayed asmān 1.36
pāpmānaṁ prajahi hy enaṁ 3.41
paramaṁ puruṣaṁ divyaṁ 8.8
paramātmeti cāpy ukto 13.23
paraṁ bhāvam ajānanto 7.24
paraṁ bhāvam ajānanto 9.11
paraṁ bhūyaḥ pravakṣyāmi 14.1
paraṁ brahma paraṁ dhāma 10.12
parasparaṁ bhāvayantaḥ 3.11
paras tasmāt tu bhāvo 'nyo 8.20
parasyotsādanārthaṁ vā 17.19
paricaryātmakaṁ karma 18.44
pariṇāme viṣam iva 18.38
paritrāṇāya sādhūnāṁ 4.8
pārtha naiveha nāmutra 6.40
paryāptaṁ tv idam eteṣāṁ 1.10
paśyādityān vasūn rudrān 11.6
paśyaitāṁ pāṇḍu-putrāṇāṁ 1.3
paśya me pārtha rūpāṇi 11.5
paśyāmi devāṁs tava deva dehe 11.15
paśyāmi tvāṁ dīpta-hutāśa-vaktraṁ 11.19
paśyāmi tvāṁ durnirīkṣyaṁ samantād 11.17
paśyañ śṛṇvan spṛśañ jighrann 5.8
paśyaty akṛta-buddhitvān 18.16
patanti pitaro hy eṣāṁ 1.41
patraṁ puṣpaṁ phalaṁ toyaṁ 9.26
pauṇḍraṁ dadhmau mahā-śaṅkhaṁ 1.15
pavanaḥ pavatām asmi 10.31
pitāham asya jagato 9.17
pitāsi lokasya carācarasya 11.43
piteva putrasya sakheva sakhyuḥ 11.44
pitṝṇām aryamā cāsmi 10.29
prabhavaḥ pralayaḥ sthānaṁ 9.18
prabhavanty ugra-karmāṇaḥ 16.9
prādhānyataḥ kuru-śreṣṭha 10.19
prahlādaś cāsmi daityānāṁ 10.30
prajahāti yadā kāmān 2.55
prajanaś cāsmi kandarpaḥ 10.28
prakāśaṁ ca pravṛttiṁ ca 14.22
prakṛteḥ kriyamāṇāni 3.27
prakṛter guṇa-sammūḍhāḥ 3.29
prakṛtiṁ puruṣaṁ caiva 13.20
prakṛtiṁ puruṣaṁ caiva 13.1
prakṛtiṁ svām adhiṣṭhāya 4.6
prakṛtiṁ svām avaṣṭabhya 9.8
prakṛtiṁ yānti bhūtāni 3.33
prakṛtyaiva ca karmāṇi 13.30
pralapan visṛjan gṛhṇann 5.9
pramādālasya-nidrābhis 14.8
pramāda-mohau tamaso 14.17
praṇamya śirasā devaṁ 11.14
prāṇāpāna-gatī ruddhvā 4.29
prāṇāpāna-samāyuktaḥ 15.14
prāṇāpānau samau kṛtvā 5.27
praṇavaḥ sarva-vedeṣu 7.8
prāpya puṇya-kṛtāṁ lokān 6.41
prasāde sarva-duḥkhānāṁ 2.65
prasaktāḥ kāma-bhogeṣu 16.16
prasaṅgena phalākāṅkṣī 18.34
prasanna-cetaso hy āśu 2.65
praśānta-manasaṁ hy enaṁ 6.27
praśāntātmā vigata-bhīr 6.14
praśaste karmaṇi tathā 17.26
pratyakṣāvagamaṁ dharmyaṁ 9.2
pravartante vidhānoktāḥ 17.24
pravṛtte śastra-sampāte 1.20
pravṛttiṁ ca nivṛttiṁ ca 16.7
pravṛttiṁ ca nivṛttiṁ ca 18.30
prayāṇa-kāle ca kathaṁ 8.2
prayāṇa-kāle manasācalena 8.10
prayāṇa-kāle 'pi ca māṁ 7.30
prayātā yānti taṁ kālaṁ 8.23
prayatnād yatamānas tu 6.45
pretān bhūta-gaṇāṁś cānye 17.4
priyo hi jñānino 'tyartham 7.17
procyamānam aśeṣeṇa 18.29
procyate guṇa-saṅkhyāne 18.19

pṛthaktvena tu yaj jñānaṁ 18.21
puṇyo gandhaḥ pṛthivyāṁ ca 7.9
purodhasāṁ ca mukhyaṁ māṁ 10.24
purujit kuntibhojaś ca 1.5
puruṣaḥ prakṛti-stho hi 13.22
puruṣaḥ sa paraḥ pārtha 8.22
puruṣaḥ sukha-duḥkhānāṁ 13.21
puruṣaṁ śāśvataṁ divyam 10.12
pūrvābhyāsena tenaiva 6.44
puṣṇāmi cauṣadhīḥ sarvāḥ 15.13

R

rāga-dveṣa-vimuktais tu 2.64
rāgī karma-phala-prepsur 18.27
rajaḥ sattvaṁ tamaś caiva 14.10
rājan saṁsmṛtya saṁsmṛtya 18.76
rajasas tu phalaṁ duḥkham 14.16
rajasi pralayaṁ gatvā 14.15
rajas tamaś cābhibhūya 14.10
rajasy etāni jāyante 14.12
rāja-vidyā rāja-guhyaṁ 9.2
rajo rāgātmakaṁ viddhi 14.7
rakṣāṁsi bhītāni diśo dravanti 11.36
rākṣasīm āsurīṁ caiva 9.12
rasa-varjaṁ raso 'py asya 2.59
raso 'ham apsu kaunteya 7.8
rasyāḥ snigdhāḥ sthirā hṛdyā 17.8
rātriṁ yuga-sahasrāntāṁ 8.17
rātry-āgame pralīyante 8.18
rātry-āgame 'vaśaḥ pārtha 8.19
ṛṣibhir bahudhā gītaṁ 13.5
ṛte 'pi tvāṁ na bhaviṣyanti sarve 11.32
rudrādityā vasavo ye ca sādhyā 11.22
rudrāṇāṁ śaṅkaraś cāsmi 10.23
rūpaṁ mahat te bahu-vaktra-netraṁ 11.23

S

sa brahma-yoga-yuktātmā 5.21
sa buddhimān manuṣyeṣu 4.18
sa ca yo yat-prabhāvaś ca 13.4
sad-bhāve sādhu-bhāve ca 17.26
sādhibhūtādhidaivaṁ māṁ 7.30
sādhur eva sa mantavyaḥ 9.30
sādhuṣv api ca pāpeṣu 6.9
sadṛśaṁ ceṣṭate svasyāḥ 3.33
sa evāyaṁ mayā te 'dya 4.3
sa ghoṣo dhārtarāṣṭrāṇāṁ 1.19
sa guṇān samatītyaitān 14.26
saha-jaṁ karma kaunteya 18.48
sahasaivābhyahanyanta 1.13
sahasra-yuga-paryantam 8.17
saha-yajñāḥ prajāḥ sṛṣṭvā 3.10
sa kāleneha mahatā 4.2
sakheti matvā prasabhaṁ yad uktaṁ 11.41
sa kṛtvā rājasaṁ tyāgaṁ 18.8
saktāḥ karmaṇy avidvāṁso 3.25
samādhāv acalā buddhis 2.53
sama-duḥkha-sukhaḥ sva-sthaḥ 14.24
sama-duḥkha-sukhaṁ dhīraṁ 2.15
samaḥ sarveṣu bhūteṣu 18.54
samaḥ siddhāv asiddhau ca 4.22
samaḥ śatrau ca mitre ca 12.18
samaṁ kāya-śiro-grīvaṁ 6.13
samaṁ paśyan hi sarvatra 13.29
samaṁ sarveṣu bhūteṣu 13.28
samāsenaiva kaunteya 18.50
sambhavaḥ sarva-bhūtānāṁ 14.3
sambhāvitasya cākīrtir 2.34
samo 'haṁ sarva-bhūteṣu 9.29
samprekṣya nāsikāgraṁ svaṁ 6.13
saṁvādam imam aśrauṣam 18.74
saṅgaṁ tyaktvā phalaṁ caiva 18.9
saṅgāt sañjāyate kāmaḥ 2.62
sa niścayena yoktavyo 6.24
saṅkalpa-prabhavān kāmāṁs 6.24
saṅkarasya ca kartā syām 3.24
saṅkaro narakāyaiva 1.41
sāṅkhya-yogau pṛthag bālāḥ 5.4
sāṅkhye kṛtānte proktāni 18.13
sanniyamyendriya-grāmaṁ 12.4
sannyāsaḥ karma-yogaś ca 5.2
sannyāsaṁ karmaṇāṁ kṛṣṇa 5.1
sannyāsas tu mahā-bāho 5.6
sannyāsasya mahā-bāho 18.1
sannyāsa-yoga-yuktātmā 9.28
santuṣṭaḥ satataṁ yogī 12.14
sargāṇām ādir antaś ca 10.32
sarge 'pi nopajāyante 14.2
sarva-bhūtāni kaunteya 9.7
sarva-bhūtāni sammohaṁ 7.27
sarva-bhūta-stham ātmānaṁ 6.29
sarva-bhūta-sthitaṁ yo māṁ 6.31
sarva-bhūtātma-bhūtātmā 5.7
sarva-bhūteṣu yenaikaṁ 18.20
sarva-dharmān parityajya 18.66
sarva-dvārāṇi saṁyamya 8.12
sarva-dvāreṣu dehe 'smin 14.11
sarva-guhyatamaṁ bhūyaḥ 18.64

sarva-jñāna-vimūḍhāṁs tān 3.32
sarva-karmāṇi manasā 5.13
sarva-karmāṇy api sadā 18.56
sarva-karma-phala-tyāgaṁ 18.2
sarva-karma-phala-tyāgaṁ 12.11
sarvam etad ṛtaṁ manye 10.14
sarvaṁ jñāna-plavenaiva 4.36
sarvaṁ karmākhilaṁ pārtha 4.33
sarvāṇīndriya-karmāṇi 4.27
sarvārambhā hi doṣeṇa 18.48
sarvārambha-parityāgī 14.25
sarvārambha-parityāgī 12.16
sarvārthān viparītāṁś ca 18.32
sarva-saṅkalpa-sannyāsī 6.4
sarvasya cāhaṁ hṛdi sanniviṣṭo 15.15
sarvasya dhātāram acintya-rūpam 8.9
sarvāścarya-mayaṁ devam 11.11
sarvataḥ pāṇi-pādaṁ tat 13.14
sarvataḥ śrutimal loke 13.14
sarvathā vartamāno 'pi 6.31
sarvathā vartamāno 'pi 13.24
sarvatra-gam acintyaṁ ca 12.3
sarvatrāvasthito dehe 13.33
sarva-yoniṣu kaunteya 14.4
sarvendriya-guṇābhāsaṁ 13.15
sarve 'py ete yajña-vido 4.30
sa sannyāsī ca yogī ca 6.1
sa sarva-vid bhajati māṁ 15.19
satataṁ kīrtayanto māṁ 9.14
sa tayā śraddhayā yuktas 7.22
satkāra-māna-pūjārthaṁ 17.18
sattvaṁ prakṛti-jair muktaṁ 18.40
sattvaṁ rajas tama iti 14.5
sattvaṁ sukhe sañjayati 14.9
sattvānurūpā sarvasya 17.3
sattvāt sañjāyate jñānaṁ 14.17
sāttvikī rājasī caiva 17.2
saubhadraś ca mahā-bāhuḥ 1.18
saubhadro draupadeyāś ca 1.6
sa yat pramāṇaṁ kurute 3.21
sa yogī brahma-nirvāṇaṁ 5.24
senānīnām ahaṁ skandaḥ 10.24
senayor ubhayor madhye 1.24
senayor ubhayor madhye 2.10
senayor ubhayor madhye 1.21
sīdanti mama gātrāṇi 1.28
siddhiṁ prāpto yathā brahma 18.50
siddhy-asiddhyoḥ samo bhūtvā 2.48
siddhy-asiddhyor nirvikāraḥ 18.26
siṁha-nādaṁ vinadyoccaiḥ 1.12
smṛti-bhraṁśād buddhi-nāśo 2.63
so 'pi muktaḥ śubhāl̐ lokān 18.71
so 'vikalpena yogena 10.7
sparśān kṛtvā bahir bāhyāṁś 5.27
sthāne hṛṣīkeśa tava prakīrtyā 11.36
sthira-buddhir asammūḍho 5.20
sthita-dhīḥ kiṁ prabhāṣeta 2.54
sthita-prajñasya kā bhāṣā 2.54
sthito 'smi gata-sandehaḥ 18.73
sthitvāsyām anta-kāle 'pi 2.72
strīṣu duṣṭāsu vārṣṇeya 1.40
striyo vaiśyās tathā śūdrās 9.32
su-durdarśam idaṁ rūpaṁ 11.52
suhṛdaṁ sarva-bhūtānāṁ 5.29
suhṛn-mitrāry-udāsīna- 6.9
sukha-duḥkhe same kṛtvā 2.38
sukham ātyantikaṁ yat tad 6.21
sukhaṁ duḥkhaṁ bhavo 'bhāvo 10.4
sukhaṁ tv idānīṁ tri-vidhaṁ 18.36
sukhaṁ vā yadi vā duḥkhaṁ 6.32
sukha-saṅgena badhnāti 14.6
sukhena brahma-saṁsparśam 6.28
sukhinaḥ kṣatriyāḥ pārtha 2.32
sūkṣmatvāt tad avijñeyaṁ 13.16
svabhāva-jena kaunteya 18.60
svabhāva-niyataṁ karma 18.47
sva-dharmam api cāvekṣya 2.31
sva-dharme nidhanaṁ śreyaḥ 3.35
svādhyāyābhyasanaṁ caiva 17.15
svādhyāya-jñāna-yajñāś ca 4.28
sva-janaṁ hi kathaṁ hatvā 1.36
sva-karmaṇā tam abhyarcya 18.46
sva-karma-nirataḥ siddhiṁ 18.45
sv-alpam apy asya dharmasya 2.40
svastīty uktvā maharṣi-siddha-saṅghāḥ 11.21
svayam evātmanātmānaṁ 10.15
sve sve karmaṇy abhirataḥ 18.45

Ś

śabdādīn viṣayāṁs tyaktvā 18.51
śabdādīn viṣayān anya 4.26
śaknotīhaiva yaḥ soḍhuṁ 5.23
śakya evaṁ-vidho draṣṭuṁ 11.53
śamo damas tapaḥ śaucaṁ 18.42
śanaiḥ śanair uparamed 6.25
śāntiṁ nirvāṇa-paramāṁ 6.15
śārīraṁ kevalaṁ karma 4.21
śarīraṁ yad avāpnoti 15.8
śarīra-stho 'pi kaunteya 13.32
śarīra-vāṅ-manobhir yat 18.15
śarīra-yātrāpi ca te 3.8
śāśvatasya ca dharmasya 14.27
śauryaṁ tejo dhṛtir dākṣyaṁ 18.43

śītoṣṇa-sukha-duḥkheṣu 12.18
śītoṣṇa-sukha-duḥkheṣu 6.7
śraddadhānā mat-paramā 12.20
śraddhā-mayo 'yaṁ puruṣo 17.3
śraddhāvāl labhate jñānaṁ 4.39
śraddhāvān anasūyaś ca 18.71
śraddhāvān bhajate yo māṁ 6.47
śraddhāvanto 'nasūyanto 3.31
śraddhā-virahitaṁ yajñaṁ 17.13
śraddhayā parayā taptaṁ 17.17
śraddhayā parayopetās 12.2
śreyān dravya-mayād yajñāj 4.33
śreyān sva-dharmo viguṇaḥ 3.35
śreyān sva-dharmo viguṇaḥ 18.47
śreyo hi jñānam abhyāsāj 12.12
śrotrādīnīndriyāṇy anye 4.26
śrotraṁ cakṣuḥ sparśanaṁ ca 15.9
śruti-vipratipannā te 2.53
śubhāśubha-parityāgī 12.17
śubhāśubha-phalair evaṁ 9.28
śucau deśe pratiṣṭhāpya 6.11
śucīnāṁ śrīmatāṁ gehe 6.41
śukla-kṛṣṇe gatī hy ete 8.26
śuni caiva śva-pāke ca 5.18
śvaśurān suhṛdaś caiva 1.26

T

tac ca saṁsmṛtya saṁsmṛtya 18.77
tadā gantāsi nirvedaṁ 2.52
tad ahaṁ bhakty-upahṛtam 9.26
tad-arthaṁ karma kaunteya 3.9
tad asya harati prajñāṁ 2.67
tad-buddhayas tad-ātmānas 5.17
tad ekaṁ vada niścitya 3.2
tad eva me darśaya deva rūpaṁ 11.45
tad ity anabhisandhāya 17.25
tadottama-vidāṁ lokān 14.14
tadvat kāmā yaṁ praviśanti sarve 2.70
tad viddhi praṇipātena 4.34
ta ime 'vasthitā yuddhe 1.33
tair dattān apradāyaibhyo 3.12
tamas tv ajñāna-jaṁ viddhi 14.8
tamasy etāni jāyante 14.13
tam eva cādyaṁ puruṣaṁ prapadye 15.4
tam eva śaraṇaṁ gaccha 18.62
taṁ tam evaiti kaunteya 8.6
taṁ taṁ niyamam āsthāya 7.20
taṁ tathā kṛpayāviṣṭam 2.1
tam uvāca hṛṣīkeśaḥ 2.10
taṁ vidyād duḥkha-saṁyoga- 6.23
tān ahaṁ dviṣataḥ krūrān 16.19
tān akṛtsna-vido mandān 3.29
tāni sarvāṇi saṁyamya 2.61
tan nibadhnāti kaunteya 14.7
tān samīkṣya sa kaunteyaḥ 1.27
tāny ahaṁ veda sarvāṇi 4.5
tapāmy aham ahaṁ varṣaṁ 9.19
tapasvibhyo 'dhiko yogī 6.46
tāsāṁ brahma mahad yonir 14.4
tasmāc chāstraṁ pramāṇaṁ te 16.24
tasmād ajñāna-sambhūtaṁ 4.42
tasmād aparihārye 'rthe 2.27
tasmād asaktaḥ satataṁ 3.19
tasmād evaṁ viditvainaṁ 2.25
tasmād oṁ ity udāhṛtya 17.24
tasmād uttiṣṭha kaunteya 2.37
tasmād yasya mahā-bāho 2.68
tasmād yogāya yujyasva 2.50
tasmān nārhā vayaṁ hantuṁ 1.36
tasmāt praṇamya praṇidhāya kāyaṁ 11.44
tasmāt sarva-gataṁ brahma 3.15
tasmāt sarvāṇi bhūtāni 2.30
tasmāt sarveṣu kāleṣu 8.27
tasmāt sarveṣu kāleṣu 8.7
tasmāt tvam indriyāṇy ādau 3.41
tasmāt tvam uttiṣṭha yaśo labhasva 11.33
tasyāhaṁ na praṇaśyāmi 6.30
tasyāhaṁ nigrahaṁ manye 6.34
tasyāhaṁ sulabhaḥ pārtha 8.14
tasya kartāram api māṁ 4.13
tasya sañjanayan harṣaṁ 1.12
tasya tasyācalāṁ śraddhāṁ 7.21
tata eva ca vistāraṁ 13.31
tataḥ padaṁ tat parimārgitavyaṁ 15.4
tataḥ sa vismayāviṣṭo 11.14
tataḥ sva-dharmaṁ kīrtiṁ ca 2.33
tataḥ śaṅkhāś ca bheryaś ca 1.13
tataḥ śvetair hayair yukte 1.14
tatas tato niyamyaitad 6.26
tathā dehāntara-prāptir 2.13
tathaiva nāśāya viśanti lokās 11.29
tathāpi tvaṁ mahā-bāho 2.26
tathā pralīnas tamasi 14.15
tathā sarvāṇi bhūtāni 9.6
tathā śarīrāṇi vihāya jīrṇāny 2.22
tathā tavāmī nara-loka-vīrā 11.28
tat kiṁ karmaṇi ghore māṁ 3.1
tat kṣetraṁ yac ca yādṛk ca 13.4
tato māṁ tattvato jñātvā 18.55
tato yuddhāya yujyasva 2.38
tat-prasādāt parāṁ śāntiṁ 18.62
tatra cāndramasaṁ jyotir 8.25
tatraikāgraṁ manaḥ kṛtvā 6.12
tatraika-sthaṁ jagat kṛtsnaṁ 11.13

tatraivaṁ sati kartāram 18.16
tatrāpaśyat sthitān pārthaḥ 1.26
tatra prayātā gacchanti 8.24
tatra sattvaṁ nirmalatvāt 14.6
tatra śrīr vijayo bhūtir 18.78
tatra taṁ buddhi-saṁyogaṁ 6.43
tat sukhaṁ sāttvikaṁ proktam 18.37
tat svayaṁ yoga-saṁsiddhaḥ 4.38
tat tad evāvagaccha tvaṁ 10.41
tat te karma pravakṣyāmi 4.16
tattva-vit tu mahā-bāho 3.28
tāvān sarveṣu vedeṣu 2.46
tayor na vaśam āgacchet 3.34
tayos tu karma-sannyāsāt 5.2
te brahma tad viduḥ kṛtsnam 7.29
te dvandva-moha-nirmuktā 7.28
tejaḥ kṣamā dhṛtiḥ śaucam 16.3
tejobhir āpūrya jagat samagraṁ 11.30
tejo-mayaṁ viśvam anantam ādyaṁ 11.47
tenaiva rūpeṇa catur-bhujena 11.46
te 'pi cātitaranty eva 13.26
te 'pi mām eva kaunteya 9.23
te prāpnuvanti mām eva 12.4
te puṇyam āsādya surendra-lokam 9.20
teṣām āditya-vaj jñānaṁ 5.16
teṣām ahaṁ samuddhartā 12.7
teṣām evānukampārtham 10.11
teṣāṁ jñānī nitya-yukta 7.17
teṣāṁ niṣṭhā tu kā kṛṣṇa 17.1
teṣāṁ nityābhiyuktānāṁ 9.22
teṣāṁ satata-yuktānāṁ 10.10
te taṁ bhuktvā svarga-lokaṁ viśālaṁ 9.21
trai-guṇya-viṣayā vedā 2.45
trai-vidyā māṁ soma-pāḥ pūta-pāpā 9.20
tribhir guṇa-mayair bhāvair 7.13
tri-vidhā bhavati śraddhā 17.2
tri-vidhaṁ narakasyedaṁ 16.21
tulya-nindā-stutir maunī 12.19
tulya-priyāpriyo dhīras 14.24
tvad-anyaḥ saṁśayasyāsya 6.39
tvam ādi-devaḥ puruṣaḥ purāṇas 11.38
tvam akṣaraṁ paramaṁ veditavyaṁ 11.18
tvam avyayaḥ śāśvata-dharma-goptā 11.18
tvattaḥ kamala-patrākṣa 11.2
tyāgasya ca hṛṣīkeśa 18.1
tyāgī sattva-samāviṣṭo 18.10
tyāgo hi puruṣa-vyāghra 18.4
tyājyaṁ doṣa-vad ity eke 18.3
tyaktvā dehaṁ punar janma 4.9
tyaktvā karma-phalāsaṅgaṁ 4.20

U

ubhau tau na vijānīto 2.19
ubhayor api dṛṣṭo 'ntas 2.16
uccaiḥśravasam aśvānāṁ 10.27
ucchiṣṭam api cāmedhyaṁ 17.10
udārāḥ sarva evaite 7.18
udāsīna-vad āsīnam 9.9
udāsīna-vad āsīno 14.23
uddhared ātmanātmānaṁ 6.5
upadekṣyanti te jñānaṁ 4.34
upadraṣṭānumantā ca 13.23
upaiti śānta-rajasaṁ 6.27
upaviśyāsane yuñjyād 6.12
ūrdhvaṁ gacchanti sattva-sthā 14.18
ūrdhva-mūlam adhaḥ-śākham 15.1
utkrāmantaṁ sthitaṁ vāpi 15.10
utsādyante jāti-dharmāḥ 1.42
utsanna-kula-dharmāṇāṁ 1.43
utsīdeyur ime lokā 3.24
uttamaḥ puruṣas tv anyaḥ 15.17
uvāca pārtha paśyaitān 1.25

V

vaktrāṇi te tvaramāṇā viśanti 11.27
vaktum arhasy aśeṣeṇa 10.16
vāsāṁsi jīrṇāni yathā vihāya 2.22
vāsudevaḥ sarvam iti 7.19
vasūnāṁ pāvakaś cāsmi 10.23
vaśe hi yasyendriyāṇi 2.61
vaśyātmanā tu yatatā 6.36
vāyur yamo 'gnir varuṇaḥ śaśāṅkaḥ 11.39
vedāhaṁ samatītāni 7.26
vedaiś ca sarvair aham eva vedyo 15.15
vedānāṁ sāma-vedo 'smi 10.22
veda-vāda-ratāḥ pārtha 2.42
vedāvināśinaṁ nityaṁ 2.21
vedeṣu yajñeṣu tapaḥsu caiva 8.28
vedyaṁ pavitram oṁkāra 9.17
vepathuś ca śarīre me 1.29
vettāsi vedyaṁ ca paraṁ ca dhāma 11.38
vetti sarveṣu bhūteṣu 18.21
vetti yatra na caivāyaṁ 6.21
vidhi-hīnam asṛṣṭānnaṁ 17.13
vidyā-vinaya-sampanne 5.18
vigatecchā-bhaya-krodho 5.28
vihāya kāmān yaḥ sarvān 2.71
vijñātum icchāmi bhavantam ādyaṁ 11.31
vikārāṁś ca guṇāṁś caiva 13.20

vimṛśyaitad aśeṣeṇa 18.63
vimucya nirmamaḥ śānto 18.53
vimūḍhā nānupaśyanti 15.10
vināśam avyayasyāsya 2.17
vinaśyatsv avinaśyantaṁ 13.28
vismayo me mahān rājan 18.77
visṛjya sa-śaraṁ cāpaṁ 1.46
vistareṇātmano yogaṁ 10.18
viṣādī dīrgha-sūtrī ca 18.28
viṣayā vinivartante 2.59
viṣayendriya-saṁyogād 18.38
viṣīdantam idaṁ vākyam 2.1
viṣṭabhyāham idaṁ kṛtsnam 10.42
vīta-rāga-bhaya-krodhā 4.10
vīta-rāga-bhaya-krodhaḥ 2.56
vivasvān manave prāha 4.1
vividhāś ca pṛthak ceṣṭā 18.14
vivikta-deśa-sevitvam 13.11
vivikta-sevī laghv-āśī 18.52
vṛṣṇīnāṁ vāsudevo 'smi 10.37
vyāmiśreṇeva vākyena 3.2
vyapeta-bhīḥ prīta-manāḥ punas tvaṁ 11.49
vyāsa-prasādāc chrutavān 18.75
vyavasāyātmikā buddhiḥ 2.44
vyavasāyātmikā buddhir 2.41
vyūḍhāṁ drupada-putreṇa 1.3

Y

yābhir vibhūtibhir lokān 10.16
yac candramasi yac cāgnau 15.12
yac cāpi sarva-bhūtānāṁ 10.39
yac cāvahāsārtham asat-kṛto 'si 11.42
yac chreya etayor ekaṁ 5.1
yac chreyaḥ syān niścitaṁ brūhi tan me 2.7
yadā bhūta-pṛthag-bhāvam 13.31
yad āditya-gataṁ tejo 15.12
yad agre cānubandhe ca 18.39
yad ahaṅkāram āśritya 18.59
yadā hi nendriyārtheṣu 6.4
yad akṣaraṁ veda-vido vadanti 8.11
yadā saṁharate cāyaṁ 2.58
yadā sattve pravṛddhe tu 14.14
yadā te moha-kalilaṁ 2.52
yadā viniyataṁ cittam 6.18
yadā yadā hi dharmasya 4.7
yad gatvā na nivartante 15.6
yadi bhāḥ sadṛśī sā syād 11.12
yad icchanto brahmacaryaṁ caranti 8.11
yadi hy ahaṁ na varteyaṁ 3.23
yadi mām apratīkāram 1.45
yad rājya-sukha-lobhena 1.44
yadṛcchā-lābha-santuṣṭo 4.22
yadṛcchayā copapannaṁ 2.32
yad yad ācarati śreṣṭhas 3.21
yad yad vibhūtimat sattvaṁ 10.41
yady apy ete na paśyanti 1.37
ya enaṁ vetti hantāraṁ 2.19
ya evaṁ vetti puruṣaṁ 13.24
yaḥ paśyati tathātmānam 13.30
yaḥ prayāti sa mad-bhāvaṁ 8.5
yaḥ prayāti tyajan dehaṁ 8.13
yaḥ sarvatrānabhisnehas 2.57
yaḥ sa sarveṣu bhūteṣu 8.20
yaḥ śāstra-vidhim utsṛjya 16.23
ya idaṁ paramaṁ guhyaṁ 18.68
yajante nāma-yajñais te 16.17
yajante sāttvikā devān 17.4
yaj jñātvā munayaḥ sarve 14.1
yaj jñātvā na punar moham 4.35
yaj jñātvā neha bhūyo 'nyaj 7.2
yajña-dāna-tapaḥ-karma 18.3
yajña-dāna-tapaḥ-karma 18.5
yajñād bhavati parjanyo 3.14
yajñānāṁ japa-yajño 'smi 10.25
yajñārthāt karmaṇo 'nyatra 3.9
yajñas tapas tathā dānaṁ 17.7
yajña-śiṣṭāmṛta-bhujo 4.30
yajña-śiṣṭāśinaḥ santo 3.13
yajñāyācarataḥ karma 4.23
yajñe tapasi dāne ca 17.27
yajño dānaṁ tapaś caiva 18.5
yakṣye dāsyāmi modiṣya 16.15
yaṁ hi na vyathayanty ete 2.15
yām imāṁ puṣpitāṁ vācaṁ 2.42
yaṁ labdhvā cāparaṁ lābhaṁ 6.22
yaṁ prāpya na nivartante 8.21
yaṁ sannyāsam iti prāhur 6.2
yaṁ yaṁ vāpi smaran bhāvaṁ 8.6
yān eva hatvā na jijīviṣāmas 2.6
yā niśā sarva-bhūtānāṁ 2.69
yānti deva-vratā devān 9.25
yasmān nodvijate loko 12.15
yasmāt kṣaram atīto 'ham 15.18
yasmin sthito na duḥkhena 6.22
yas tu karma-phala-tyāgī 18.11
yas tv ātma-ratir eva syād 3.17
yas tv indriyāṇi manasā 3.7
yasyāṁ jāgrati bhūtāni 2.69
yasya nāhaṅkṛto bhāvo 18.17
yasyāntaḥ-sthāni bhūtāni 8.22
yasya sarve samārambhāḥ 4.19
yaṣṭavyam eveti manaḥ 17.11

yataḥ pravṛttir bhūtānāṁ 18.46
yatanto 'py akṛtātmāno 15.11
yatanto yoginaś cainaṁ 15.11
yatatām api siddhānāṁ 7.3
yatate ca tato bhūyaḥ 6.43
yatato hy api kaunteya 2.60
yāta-yāmaṁ gata-rasaṁ 17.10
yatendriya-mano-buddhir 5.28
yathā dīpo nivāta-stho 6.19
yathaidhāṁsi samiddho 'gnir 4.37
yathākāśa-sthito nityaṁ 9.6
yathā nadīnāṁ bahavo 'mbu-vegāḥ 11.28
yathā pradīptaṁ jvalanaṁ pataṅgā 11.29
yathā prakāśayaty ekaḥ 13.34
yathā sarva-gataṁ saukṣmyād 13.33
yatholbenāvṛto garbhas 3.38
yat karoṣi yad aśnāsi 9.27
yato yato niścalati 6.26
yatra caivātmanātmānaṁ 6.20
yatra kāle tv anāvṛttim 8.23
yatra yogeśvaraḥ kṛṣṇo 18.78
yatroparamate cittaṁ 6.20
yat sāṅkhyaiḥ prāpyate sthānaṁ 5.5
yat tad agre viṣam iva 18.37
yat tapasyasi kaunteya 9.27
yat te 'haṁ prīyamāṇāya 10.1
yat tu kāmepsunā karma 18.24
yat tu kṛtsna-vad ekasmin 18.22
yat tu pratyupakārārthaṁ 17.21
yat tvayoktaṁ vacas tena 11.1
yāvad etān nirīkṣe 'haṁ 1.21
yāvān artha udapāne 2.46
yāvat sañjāyate kiñcit 13.27
yayā dharmam adharmaṁ ca 18.31
yayā svapnaṁ bhayaṁ śokaṁ 18.35
yayā tu dharma-kāmārthān 18.34
ye bhajanti tu māṁ bhaktyā 9.29
ye caiva sāttvikā bhāvā 7.12
ye cāpy akṣaram avyaktaṁ 12.1
ye hi saṁsparśa-jā bhogā 5.22
ye me matam idaṁ nityam 3.31
yena bhūtāny aśeṣāṇi 4.35
ye 'py anya-devatā-bhaktā 9.23
yeṣām arthe kāṅkṣitaṁ no 1.32
yeṣāṁ ca tvaṁ bahu-mato 2.35
yeṣāṁ tv anta-gataṁ pāpaṁ 7.28
ye śāstra-vidhim utsṛjya 17.1
ye tu dharmāmṛtam idaṁ 12.20
ye tu sarvāṇi karmāṇi 12.6
ye tv akṣaram anirdeśyam 12.3
ye tv etad abhyasūyanto 3.32
ye yathā māṁ prapadyante 4.11
yogaṁ yogeśvarāt kṛṣṇāt 18.75
yogārūḍhasya tasyaiva 6.3
yoga-sannyasta-karmāṇaṁ 4.41
yoga-sthaḥ kuru karmāṇi 2.48
yoga-yukto munir brahma 5.6
yoga-yukto viśuddhātmā 5.7
yogenāvyabhicāriṇyā 18.33
yogeśvara tato me tvaṁ 11.4
yoginaḥ karma kurvanti 5.11
yoginām api sarveṣāṁ 6.47
yogino yata-cittasya 6.19
yogī yuñjīta satatam 6.10
yo loka-trayam āviśya 15.17
yo mām ajam anādiṁ ca 10.3
yo mām evam asammūḍho 15.19
yo māṁ paśyati sarvatra 6.30
yo na hṛṣyati na dveṣṭi 12.17
yo 'ntaḥ-sukho 'ntar-ārāmas 5.24
yotsyamānān avekṣe 'haṁ 1.23
yo 'yaṁ yogas tvayā proktaḥ 6.33
yo yo yāṁ yāṁ tanuṁ bhaktaḥ 7.21
yudhāmanyuś ca vikrānta 1.6
yuktāhāra-vihārasya 6.17
yuktaḥ karma-phalaṁ tyaktvā 5.12
yukta ity ucyate yogī 6.8
yukta-svapnāvabodhasya 6.17
yuñjann evaṁ sadātmānaṁ 6.15
yuñjann evaṁ sadātmānaṁ 6.28
yuyudhāno virāṭaś ca 1.4

Kazalo navedenih stihova

Ovo je kazalo stihova navedenih u tumačenjima strofa *Bhagavad-gīte*. Brojevi tiskani masnim slogom odnose se na prvi i treći red potpuno navedenih strofa; brojevi tiskani običnim slogom odnose se na djelomično navedene strofe.

abhyāsa-yoga-yuktena **23. uv.**
ācāryavān puruṣo veda 9.2
ādau śraddhā tataḥ sādhu-saṅgaḥ **4.10**
āditya-varṇaṁ tamasaḥ parastāt 13.18
advaitam acyutam anādim ananta-rupam **4.5**, 4.9
āgamāpāyino 'nityās 6.20-23
aham ādir hi devānām 11.54
ahaṁ bīja-pradaḥ pitā 13. uv.
ahaṁ brahmāsmi 7.29, 13.8-12
ahaṁ kṛtsnasya jagataḥ 11.2
ahaṁ sarvasya prabhavaḥ 15.3
ahaṁ sarveṣu bhūteṣu 9.11
aham tvaṁ ca tathānye 13.5
ahaṁ tvāṁ sarva-pāpebhyo **24. uv., 12.6-7**
āhāra-śuddhau sattva-śuddhiḥ, **3.11**
āhaveṣu mitho 'nyonyam **2.31**
aho bata śva-paco 'to garīyān **2.46, 6.44**
āhus tvām ṛṣayaḥ sarve **4. uv.**
aikāntikī harer bhaktir **7.3**
aiśvaryād rūpam ekaṁ ca **6.31**
ajani ca yan-mayaṁ tad avimucya niyantṛ bhavet **7.5**
ajño jantur anīśo 'yam 5.15
ajo nityaḥ śāśvato 'yaṁ purāṇo **2.20**
akāmaḥ sarva-kāmo vā **4.11, 7.20**
akṣayyaṁ ha vai cāturmāsya-yājinaḥ 2.42-43
anādir ādir govindaḥ **10. uv., 2.2, 11.54**
ānanda-mayo 'bhyāsāt 16.uv., 6.20-23, 13.5
anāsaktasya viṣayān **6.10,** 8.27, **9.28, 11.55**
anāśritaḥ karma-phalam 10.3
anityam asukhaṁ lokam **24. uv.,** 9.33
aṇor aṇīyān mahato mahīyān **2.20**
antaḥ-praviṣṭaḥ śāstā janānām 15.15
anta-kāle ca mām eva **19. uv.**
antavanta ime dehā 2.28, 9.2
ānukūlyasya saṅkalpaḥ 11.55, **18.66**
ānukūlyena kṛṣṇānu- **7.16, 11.55**
anyābhilāṣitā-śūnyam **7.16, 11.55**
apāma somam amṛtā abhūma 2.42-43
apāṇi-pādo javano grahītā 13.15
apareyam itas tv anyām 7. uv.
aparimitā dhruvās tanu-bhṛto yadi sarva-gatās **7.5**
aprārabdha-phalaṁ pāpam **9.2**
ā-prāyaṇāt tatrāpi hi dṛṣṭam 18.55
āpūryamāṇam acala-pratiṣṭham **18.51-53**
arcanaṁ vandanaṁ dāsyam **23. uv.**
āścaryo vaktā kuśalo 'sya labdhā **2.29**
āsīno dūraṁ vrajati 13.16
asito devalo vyāsaḥ **4. uv.**
asya mahato bhūtasya niśvasitam **3.15**
ataḥ śrī-kṛṣṇa-nāmādi **6.8, 7.3, 9.4**
ātatatvāc ca mātṛtvāc ca 6.29
athāpi te deva padāmbuja-dvaya **7.24**
atha puruṣo ha vai nārāyaṇo 'kāmayata **10.8**
athāsaktis tato bhāvas **4.10**
athāto brahma-jijñāsā **5. uv.,** 3.37
ati-martyāni bhagavān **9.11**
ātmānaṁ rathinaṁ viddhi **6.34**
ātma-nikṣepa-kārpaṇye **18.66**
ātmārāmasya tasyāsti 9.9
ātmendriya-mano-yuktam **6.34**
avaiṣṇavo gurur na syād **2.8**
avajānanti māṁ mūḍhā 6.47, 7.24, 11.52
avidyā-karma-saṁjñānyā **20. uv.**

avyakto 'kṣara ity uktas **18. uv.**
avyartha-kālātvam 6.17
ayam agnir vaiśvānaro 15.14
babhūva prākṛtaḥ śiśuḥ 9.11
bahūnāṁ janmanām ante 5.16, 6.38
bahu syām 9.7
bālāgra-śata-bhāgasya **2.17**
bandhāya viṣayāsaṅgo **6.5**
bhagavati ca harāv ananya-cetā **9.30**
bhagavat-tattva-vijñānam **7.1**
bhagavaty uttama-śloke **7.1**
bhāgo jīvaḥ sa vijñeyaḥ **2.17**
bhaktir asya bhajanaṁ tad **6.47**
bhakto 'si me sakhā ceti **3. uv.**
bhaktyā tv ananyayā śakyaḥ 13.16
bhāratāmṛta-sarvasvaṁ **25. uv.**
bhava-mahā-dāvāgni-nirvāpaṇam 6.20-23
bhavāmbudhir vatsa-padaṁ paraṁ padam **2.51**
bhayaṁ dvitīyābhiniveśataḥ syāt 1.30, 6.13-14, 10.4-5
bhidyate hṛdaya-granthiś **7.1**
bhoktā bhogyaṁ preritāraṁ ca matvā **13.3**
bhoktāraṁ yajña-tapasām 3.11
bhuñjate te tv aghaṁ pāpā 6.16
bhūtvā bhūtvā pralīyate 8.19
brahmaiva san brahmāpy eti 14.26
brahma jānātīti brāhmaṇaḥ 10.4-5
brahmaṇā saha te sarve **8.16**
brahmaṇo hi pratiṣṭhāham 10. uv., 5.16
brahmaṇyo devakī-putraḥ 10.8
brahma pucchaṁ pratiṣṭhā 13.5
brahmeti paramātmeti **2.2, 10.15**
buddhiṁ tu sārathiṁ viddhi **6.34**
cakṣur unmīlitaṁ yena **1. uv.**
ceta etair anāviddham **7.1**
ceto-darpaṇa-mārjanam 6.20-23
chandāṁsi yasya parṇāni **17. uv.**
dadāmi buddhi-yogaṁ tam 8.14
darśana-dhyāna-saṁsparśair **5.26**
dāsa-bhūto harer eva 13.13
dehā-dehi vibhedo 'yam 9.34
dehino 'smin yathā dehe 15.7
devān deva-yajo yānti 7.24
devarṣi-bhūtāpta-nṛṇāṁ pitṝṇām **1.41, 2.38**
dharmaṁ tu sākṣād bhagavat-praṇītam 4.7, 4.16, 4.34
dhyāyan stuvaṁs tasya yaśas tri-sandhyam **2.41**
dik-kālādy-anavacchinne **6.31**
dvandvair vimuktāḥ sukha-duḥkha-saṁjñair **18. uv.**
dvā suparṇā sayujā sakhāyaḥ 13.21
eka eva paro viṣṇuḥ **6.31**
ekale īśvara kṛṣṇa, āra saba bhṛtya 7.20, 11.43
ekaṁ śāstraṁ devakī-putra-gītam **25. uv.**
ekāṁśena sthito jagat 19. uv.
ekaṁ tu mahataḥ sraṣṭṛ **7.4**
eko devo nitya-līlānurakto 4.9
eko mantras tasya nāmāni yāni **25. uv.**
eko 'pi san bahudhā yo 'vabhāti 6.31, 11.54
eko vai nārāyaṇa āsīn na brahmā **10.8**
eko vaśī sarva-gaḥ kṛṣṇaḥ 8.22, 11.54
eṣa hi draṣṭā sraṣṭā 18.14
eṣa u hy eva sādhu karma kārayati **5.15**
eṣo 'ṇur ātmā cetasā veditavyo **2.17**
etasyāhaṁ na paśyāmi **22. uv.**
etasya vā akṣarasya praśāsane gārgi **9.6**
ete cāṁśa-kalāḥ puṁsaḥ **2.2**, 11.54
evaṁ manaḥ karma-vaśaṁ prayuṅkte **5.2**
evaṁ paramparā-prāptam **3. uv.**
evaṁ prasanna-manaso **7.1**, 9.2
evaṁ pravṛttasya viśuddha-cetasas **9.2**
garuḍa-skandham āropya **12.6-7**
ghrāṇaṁ ca tat-pāda-saroja-saurabhe **2.61, 6.18**
gītādhyāyana-śīlasya **24. uv.**
gītā-gaṅgodakaṁ pītvā **25. uv.**
gītā-śāstram idaṁ puṇyam 24. uv.
gītā su-gītā kartavyā **25. uv.**
gobhiḥ prīṇita-matsaram 14.16
goloka eva nivasaty akhilātma-bhūtaḥ 17. uv., 6.15, 8.22, 13.14
gopeśa gopikā-kānta **1. uv.**
harāv abhaktasya kuto mahad-guṇāḥ **1.28**, 12.18-19
hare kṛṣṇa, hare kṛṣṇa 6.44, 7.24, 8.5, 8.6, 8.11, 8.13, 8.14, 8.19, 9.2, 9.30, 10.9, 10.11, 12.6-7, 13.8-12, 13.26, 14.27, 16.7, 16.24
harer nāma harer nāma **6.11-12**
he kṛṣṇa karuṇā-sindho **1. uv.**
hiraṇmayena pātreṇa **7.25**
hṛdy antaḥ-stho hy abhadrāṇi **7.1**
īhā yasya harer dāsye **5.11**
ikṣvākuṇā ca kathito **4.1**
imaṁ vivasvate yogam **3. uv.**
indrāri vyākulaṁ lokam **2.2**
indriyāṇi hayān āhur **6.34**

īśāvāsyam idaṁ sarvam 2.71
īśvaraḥ paramaḥ kṛṣṇaḥ **10. uv.,** 2.2, 4.12, 7.3, 7.7, 9.11, 11.54
īśvaraḥ sarva-bhūtānām 6.29
īśvarāṇāṁ vacaḥ satyam **3.24**
īśvara-prerito gacchet **5.15**
iti rāma-padenāsau **5.22**
itthaṁ satāṁ brahma-sukhānubhūtyā **11.8**
jagad-dhitāya kṛṣṇāya **14.16**
jānāti tattvaṁ bhagavan mahimno **7.24**
janmādy asya yataḥ 9.21, 18.46
janmādy asya yato 'nvayād itarataś ca 3.37
janma karma ca me divyam **11.43**
jayas tu pāṇḍu-putrāṇām 1.14
jīvaḥ sūkṣma-svarūpo 'yam **2.17**
jīvere kṛpāya kailā kṛṣṇa **21.uv.**
jñānāgniḥ sarva-karmāṇi 5.16
jñānaṁ parama-guhyaṁ me **3.41**
jño 'ta eva 18.14
juṣṭaṁ yadā paśyaty anyam īśam **2.22**
jyotīṁṣi viṣṇur bhuvanāni viṣṇuḥ 2.16
kaivalyaṁ svarūpa-pratiṣṭhā vā citi-śaktir iti 6.20-23
kalau nāsty eva nāsty eva **6.11-12**
kāmais tais tair hṛta-jñānāḥ **15. uv.,** 7.24
kāmaṁ ca dāsye na tu kāma-kāmyayā **2.61, 6.18**
karau harer mandira-mārjanādiṣu **2.61, 6.18**
kariṣye vacanaṁ tava 12. uv.
karmaṇā manasā vācā **6.13-14**
kartā śāstrārthavattvāt 18.14
kasmin bhagavo vijñāte sarvam 7.2
keśāgra-śata-bhāgasya **2.17**
kibā vipra, kibā nyāsī **2.8**
kiṁ punar brāhmaṇāḥ puṇyā **24. uv.**
kīrtanīyaḥ sadā hariḥ 22. uv.
krameṇaiva pralīyeta **9.2**
kṛṣṇaḥ svayaṁ samabhavat paramaḥ pumān yo **4.5**
kṛṣṇas tu bhagavān svayam 3. uv.
kṛṣṇa-varṇaṁ tviṣākṛṣṇam **3.10**
kṛṣṇe bhakti kaile sarva-karma kṛta haya **2.41**
kṛṣṇo vai paramaṁ daivatam 11.54
kṛtavān kila karmāṇi **9.11**
kṣaraḥ sarvāṇi bhūtāni 15.16
kṣatriyo hi prajā rakṣan **2.32**
kṣetrāṇi hi śarīrāṇi **13.3**
kṣīṇe puṇye martya-lokaṁ viśanti 2.8
kṣīyante cāsya karmāṇi **7.1**
lokyate vedārtho 'nena 15.18
mad-anyat te na jānanti **7.18**
mad-bhaktiṁ labhate parām 6.27
mad-bhakti-prabhāvena 2.61
mahat-sevāṁ dvāram āhur vimukteḥ 7.28
mā hiṁsyāt sarvā-bhūtāni 2.19
maline mocanaṁ puṁsāṁ **25. uv.**
mama janmani janmanīśvare **6.1**
mama māyā duratyayā 9.11
mama yonir mahad brahma 5.10
māṁ ca yo 'vyabhicāreṇa **4.29**
māṁ hi pārtha vyapāśritya **24. uv.**
māṁ tu veda na kaścana 7.3
mana eva manuṣyāṇām **6.5**
man-manā bhava mad-bhaktaḥ 18.78
manuś ca loka-bhṛty-artham **4.1**
manuṣyāṇāṁ sahasreṣu 10.3
mat-sthāni sarva-bhūtāni 9.5
mattaḥ parataraṁ nānyat 5.17, 11.54
mayādhyakṣeṇa prakṛtiḥ 9. uv., 16.8
māyāṁ tu prakṛtiṁ vidyān **7.14**
māyā-mugdha jīvera nāhi **21. uv.**
māyāśritānāṁ nara-dārakeṇa **11.8**
māyātīta paravyome sabāra avasthāna **4.8**
mayi sarvāṇi karmāṇi 5.10
mayy arpita-mano-buddhir **21. uv.**
mṛtyur yasyopasecanam **11.32**
muhyanti yat sūrayaḥ 7.3
mukhaṁ tasyāvalokyāpi **9.12**
mukti-pradātā sarveṣām 7.14
muktir hitvānyathā-rūpaṁ 9. uv., 4.35
mukunda-liṅgālaya-darśane dṛśau **2.61, 6.18**
mumukṣubhiḥ parityāgo **2.63, 5.2, 6.10**
na bhajanty avajānanti **6.47**
na cāsāv ṛṣir yasya mataṁ na bhinnam 2.56
na ca tasmān manuṣyeṣu 6.32
na dhanaṁ na janaṁ na sundarīm **6.1**
nāhaṁ prakāśaḥ sarvasya 18.55
na hi jñānena sadṛśam 5.16
na hi śaśa-kaluṣa-cchabiḥ kadācit **9.30**
na hi te bhagavan vyaktim **4. uv.**
naitat samācarej jātu **3.24**
naiva santi hi pāpāni **24. uv.**
na jāyate mriyate vā vipaścit **2.20,** 13.13
nakṣatrāṇām ahaṁ śaśī 15.12
namo brahmaṇya-devāya 14.16
namo vedānta-vedyāya **11.54**
nārāyaṇād brahmā jāyate **10.8**

nārāyaṇaḥ paro devas **10.8**
na sādhu manye yata ātmano 'yam **5.2**
naṣṭa-prāyeṣv abhadreṣu **7.1**
na tad bhāsayate sūryo **16. uv.**
na tasya kāryaṁ karaṇaṁ ca vidyate **3.22,** 11.43
na tatra sūryo bhāti na candra-tārakam 15.6
nātmā śruteḥ 13.5
nava-dvāre pure dehī **5.13**
na vai vāco na cakṣūṁṣi **7.19**
na viyad aśruteḥ 13.5
nāyaṁ deho deha-bhājāṁ nṛ-loke **5.22**
nayāmi paramaṁ sthānam **12.6-7**
nikhilāsv apy avasthāsu **5.11,** 6.31
nimitta-mātram evāsau **4.14**
nirbandhaḥ kṛṣṇa-sambandhe **6.10, 9.28, 11.55**
nirjitya para-sainyādi **2.32**
nirmāna-mohā jita-saṅga-doṣā **18. uv.**
nityasyoktāḥ śarīriṇaḥ 2.28
nityo nityānāṁ cetanaś cetanānām 11. uv., **2.12,** 4.12, 7.6, **7.10,** 15.17
nūnaṁ pramattaḥ kurute vikarma **5.2**
oṁ ajñāna-timirāndhasya **1. uv.**
oṁ ity etad brahmaṇo nediṣṭhaṁ nāma 17.23
oṁ tad viṣṇoḥ paramaṁ padam 17.24
pādau hareḥ kṣetra-padānusarpaṇe **2.61, 6.18**
parābhavas tāvad abodha-jāto **5.2**
paramaṁ puruṣaṁ divyam **23. uv.**
paraṁ brahma paraṁ dhāma **4. uv.,** 11.54
paraṁ dṛṣṭvā nivartate 3.42
parasyānte kṛtātmānaḥ **8.16**
parāsya śaktir vividhaiva śrūyate 11. uv., **3.22,** 8.22
parāt tu tac-chruteḥ 13.5
pārtho vatsaḥ su-dhīr bhoktā **25. uv.**
patiṁ patīnāṁ paramaṁ parastād **3.22**
patiṁ viśvasyātmeśvaram 3.10
patir gatiś cāndhaka-vṛṣṇi-sātvatām **3.10**
patitānāṁ pāvanebhyo **2. uv.**
patraṁ puṣpaṁ phalaṁ toyam 9.2, 11.55, 17.10
pradhāna-kāraṇī-bhūtā **4.14**
pradhāna-kṣetrajña-patir guṇeśaḥ 13.13
prajāpatiṁ ca rudraṁ cāpy **10.8**
prakāśaś ca karmaṇy abhyāsāt 9.2
prakhyāta-daiva-paramārtha-vidāṁ mataiś ca **7.24**
prakṛty-ādi-sarva-bhūtāntar-yāmī 10.20
prāṇaiś cittaṁ sarvam otaṁ prajānām **2.17**
prāṇopahārāc ca yathendriyāṇām **9.3**
prāpañcikatayā buddhyā **2.63, 5.2, 6.10**
praśānta-niḥśeṣa-mano-rathāntara 2.56
premāñjana-cchurita-bhakti-vilocanena 3.13, **6.30,** 9.4, 11.50
prītir na yāvan mayi vāsudeve **5.2**
puruṣa evedaṁ sarvam **7.19**
puruṣaṁ śāśvataṁ divyam **4. uv.**
puruṣān na paraṁ kiñcit 8.21
puruṣārtha-śūnyānāṁ guṇānāṁ **6.20-23**
rakṣiṣyatīti viśvāso **18.66**
rāmādi-mūrtiṣu kalā-niyamena tiṣṭhan **4.5,** 11.46
ramante yogino 'nante **5.22**
rasa-varjaṁ raso 'py asya **6.13-14**
raso vai saḥ, rasaṁ hy evāyaṁ labdhvā 14.27
śabdādibhyo 'ntaḥ pratiṣṭhānāc ca 15.14
sa bhūmiṁ viśvato vṛtvā **7.19**
sac-cid-ānanda-rūpāya 9.11, **11.54**
sac-cid-ānanda-vigraham 9.11
sad eva saumya 17.23
sādhakānām ayaṁ premṇaḥ **4.10**
sādhavo hṛdayaṁ mahyam **7.18**
sādvaitaṁ sāvadhūtam **1. uv.**
sa evāyaṁ mayā te 'dya **3. uv.**
sa guṇān samatītyaitān 2.72, **4.29**
sahasra-śīrṣā puruṣaḥ **7.19**
sa kāleneha mahatā **3. uv.**
sakṛd gītāmṛta-snānam **25. uv.**
sa mahātmā su-durlabhaḥ **7.3**
samaḥ sarveṣu bhūteṣu 9.2
samāne vṛkṣe puruṣo nimagno **2.22**
samāśritā ye pada-pallava-plavam **2.51**
saṁskṛtāḥ kila mantraiś ca **2.31**
samyag ādhīyate 'sminn ātma-tattva-yāthātmyam 2.44
sandhyā-vandana bhadram astu **2.52**
saṅga-tyāgāt sato vṛtteḥ **6.24**
sāṅkhya-yogau pṛthag bālāḥ 2.39
sa-rahasyaṁ tad-aṅgaṁ ca **3.41**
sarva-dharmān parityajya **24. uv., 12.6-7, 18.78**
sarvam etad ṛtaṁ manye **4. uv.**
sarvaṁ hy etad brahma 5.10
sarvaṁ jñāna-plavena 5.16
sarvasya cāhaṁ hṛdi sanniviṣṭaḥ 18.13, 18.62

sarvasya prabhum īśānam 13.18
sarvātmanā yaḥ śaraṇaṁ śaraṇyam **1.41, 2.38**
sarvatra maithuna-tyāgo **6.13-14**
sarvopaniṣado gāvo **25. uv.**
sa sarvasmād bahiṣ-kāryaḥ **9.12**
ṣaṭ-karma-nipuṇo vipro **2.8**
sattvaṁ viśuddhaṁ vasudeva-śabditam 17.4
sa tvam eva jagat-sraṣṭā **11.40**
sa vā eṣa brahma-niṣṭha idaṁ śarīraṁ martyam **15.7**
sa vai manaḥ kṛṣṇa-padāravindayor 2.60, **2.61,** 6.15, **6.18,** 6.27, 6.34
sa vai puṁsāṁ paro dharmo 9.2
sevonmukhe hi jihvādau **6.8, 7.3, 9.4**
śiṣyas te 'haṁ śādhi māṁ tvāṁ prapannam 2.39
śiva-viriñci-nutam 4.12
'śraddhā-śabde — viśvāsa kahe sudṛḍha niścaya **2.41**
śraddhāvān bhajate yo māṁ **22. uv.**
śravaṇaṁ kīrtanaṁ viṣṇoḥ 23. uv.
śravaṇayāpi bahubhir yo na labhyaḥ **2.29**
śrī-advaita gadādhara **2. uv.**
śrī-caitanya-mano-'bhīṣṭaṁ **1. uv.**
śrī-kṛṣṇa-caitanya **2. uv.**
śrīmad-bhāgavataṁ purāṇam amalam 10.9
śriyaḥ patir yajña-patiḥ prajā-patir **3.10**
śṛṇvatāṁ sva-kathāḥ kṛṣṇaḥ **7.1**
sṛṣṭi-hetu yei mūrti prapañce avatare **4.8**
śruti-smṛti-purāṇādi- **7.3**
striyo vaiśyās tathā śūdrās **24. uv.**
svābhāvikī jñāna-bala-kriyā ca 8.22
sv-alpam apy asya dharmasya 3.4
svāny apatyāni puṣṇanti **5.26**
svarūpeṇa vyavasthitiḥ 6.20-23
svayaṁ rūpaḥ kadā mahyam **1. uv.**
tadā rajas-tamo-bhāvāḥ **7.1**
tad-avadhi bata nārī-saṅgame smaryamāne **2.60, 5.21**
tadvan na rikta-matayo yatayo 'pi ruddha **5.26**
tadvat kāmā yaṁ praviśanti sarve **18.51-53**
tad vijñānārthaṁ sa gurum evābhigacchet 23. uv.
tad viṣṇoḥ paramaṁ padam 18.62
tāḥ śraddhayā me 'nupadaṁ viśṛṇvataḥ **9.2**
tam akratuḥ paśyati vīta-śoko **2.20**
tam ātma-sthaṁ ye 'nupaśyanti dhīrās **2.12**
tam ekaṁ govindam 9.11
tam eva viditvāti mṛtyum eti 4.9, 6.15, 13.18
tam eva vidvān ati mṛtyum eti **7.7**
tam īśvarāṇāṁ paramaṁ maheśvaram **3.22,** 5.29
tamo-dvāraṁ yoṣitāṁ saṅgi-saṅgam 7.28
taṁ tam evaiti kaunteya **20. uv.**
taṁ taṁ niyamam āsthāya **15. uv.**
tāni vetti sa yogātmā **13.3**
tan-mayo bhavati kṣipram **6.31**
tāṅra vākya, kriyā, mudrā vijñeha nā bujhaya 9.28
tapo divyaṁ putrakā yena sattvam **5.22**
tapta-kāñcana-gaurāṅgi **1. uv.**
taror iva sahiṣṇunā 8.5
tasmād etad brahma nāma-rūpam 5.10, 14.3
tasmād rudro 'bhavad devaḥ **10.8**
tasmāt sarveṣu kāleṣu **21. uv.**
tasyaite kathitā hy arthāḥ **6.47, 11.54**
tato 'nartha-nivṛttiḥ syāt **4.10**
tato yad uttarataram **7.7**
tatrānvahaṁ kṛṣṇa-kathāḥ pragāyatām **9.2**
tat te 'nukampāṁ susamīkṣamāṇo 12.14
tat tu samanvayāt 15.15
tat tvam asi 17.23
tat tvaṁ pūṣann apāvṛṇu **7.25**
tau hi māṁ na vijānīto **10.8**
tāvad eṣa samprasādo 'smāc charīrāt **15.18**
tayā vinā tad āpnoti **12.6-7**
te dvandva-moha-nirmuktā **6.45**
tenaiva rūpeṇa catur-bhujena 9.11
tepus tapas te juhuvuḥ sasnur āryā **2.46, 6.44**
teṣām ahaṁ samuddhartā 18.46
teṣāṁ yat sva-vaco-yuktam **3.24**
te santaḥ sarveśvarasya yajña-puruṣasya **3.14**
tīvreṇa bhakti-yogena **4.11, 7.20**
tretā-yugādau ca tato **4.1**
tṛtīyaṁ sarva-bhūta-stham **7.4**
tvāṁ śīla-rūpa-caritaiḥ parama-prakṛṣṭaiḥ **7.24**
tyaktvā dehaṁ punar janma **11.43**

tyaktvā sva-dharmaṁ caraṇāmbujaṁ harer **2.40, 3.5, 6.40**
ubhe uhaivaiṣa ete taraty amṛtaḥ sādhv-asādhūnī 4.37
ucchiṣṭa-lepān anumodito dvijaiḥ **9.2**
ūrdhva-mūlam adhaḥ-śākham **17. uv.**
utāmṛtatvasyeśāno **7.19**
utsāhān niścayād dhairyāt **6.24**
vadanti tat tattva-vidas **2.2, 10.15,** 13.8-12
vaiṣamya-nairghṛṇye na sāpekṣatvāt 4.14, **5.15,** 9.9
vāñchā-kalpatarubhyaś ca **2. uv.**
vande 'haṁ śrī-guroḥ **1. uv.**
varṇāśramācāravatā 3.9
vasanti yatra puruṣāḥ sarve vaikuṇṭha-mūrtayaḥ 15.7
vaśī sarvasya lokasya **5.13**
vastu-yāthātmya-jñānāvarakam 14.8
vāsudevaḥ sarvam iti 2.41, 2.56
vayaṁ tu na vitṛpyāma **10.18**
vedāham etaṁ puruṣaṁ mahāntam **7.7**
vedaiś ca sarvair aham eva vedyaḥ 3.10, 3.26
vedeṣu durlabham adurlabham ātma-bhaktau **4.5,** 4.5
vedeṣu yajñeṣu tapaḥsu caiva 9.2
vinaśyaty ācaran mauḍhyād **3.24**
viṣayā vinivartante **6.13-14**
viṣṇos tu trīṇi rūpāṇi **7.4,** 10.20
viṣṇu-bhaktāḥ smṛtā devāḥ 11.48
viṣṇur mahān sa iha yasya kalā-viśeṣo **11.54**
viṣṇu-śaktiḥ parā proktā **20. uv.**
viṣṭabhyāham idaṁ kṛtsnam 9.4
vivasvān manave prāha **3. uv.**
vṛkṣa iva stabdho divi tiṣṭhaty ekas **7.7**
vṛṣabhānu-sute devi **1. uv.**
yac-cakṣur eṣa savitā sakala-grahāṇām **4.1, 9.6**
yac-chakti-leśāt suryādyā **10.42**
yac chṛṇvatāṁ rasa-jñānām **10.18**
yad-aṁśena dhṛtaṁ viśvam **10.42**
yad-avadhi mama cetaḥ kṛṣṇa-padāravinde **2.60, 5.21**
yad-bhīṣā vātaḥ pavate 9.6
yad gatvā na nivartante **17. uv.**
ya eṣāṁ puruṣaṁ sākṣād **6.47**
ya etad akṣaraṁ gārgi viditvāsmāl **2.7**
yaḥ kāraṇārṇava-jale bhajati sma yoga-nidrām 10.20
yaḥ prayāti sa mad-bhāvam **19. uv.**
yajñaiḥ saṅkīrtana-prāyair **3.10**
yajñeṣu paśavo brahman **2.31**
yajño vai viṣṇuḥ 3.9
yam evaiṣa vṛṇute tena labhyas 8.14
yaṁ prāpya na nivartante **18. uv.**
yaṁ śyāmasundaram acintya-guṇa-svarūpam **6.30**
yaṁ yaṁ vāpi smaran bhāvam **20. uv.**
yānti deva-vratā devān 17. uv.
yasmāt paraṁ nāparam asti kiñcid **7.7**
yas tv ātma-ratir eva syāt 18.49
yā svayaṁ padmanābhasya **25. uv.**
yasya brahma ca kṣatraṁ ca **11.32**
yasya deve parā bhaktir **6.47, 11.54**
yasyaika-niśvasita-kālam athāvalambya **11.54**
yasyājñayā bhramati sambhṛta-kāla-cakro **4.1, 9.6**
yasya prasādād bhagavat-prasādo **2.41**
yasyāsti bhaktir bhagavaty akiñcanā **1.28,** 13.8-12
yasyātma-buddhiḥ kuṇape tri-dhātuke **3.40**
yataḥ pravṛttir bhūtānām 12.11
yathā taror mūla-niṣecanena **9.3**
yato vā imāni bhūtāni jāyante **13.17**
yat-pāda-paṅkaja-palāśa-vilāsa-bhaktyā **5.26**
yatra kvāpi niṣadya yādava- **2.52**
yatra kva vābhadram abhūd amuṣya kim **2.40, 3.5, 6.40**
yatrāvatīrṇaṁ kṛṣṇākhyam, 11.54
yat-tīrtha-buddhiḥ salile na karhicij **3.40**
yā vai sādhana-sampattiḥ **12.6-7**
yāvat kriyās tāvad idaṁ mano vai **5.2**
yei kṛṣṇa-tattva-vettā **2.8**
ye indrādy-aṅgatayāvasthitam **3.14**
yeṣāṁ tv anta-gataṁ pāpam **6.45**
ye yathā māṁ prapadyante 9.29
yo brahmāṇaṁ vidadhāti pūrvaṁ **10.8**
yoginām api sarveṣāṁ **22. uv.,** 18.1, 18.75
yo 'sau sarvair vedair gīyate 15.15
yo vā etad akṣaraṁ gārgy aviditvāsmāl **2.7**
yo vetti bhautikaṁ deham **9.12**
yo 'yaṁ tavāgato deva **11.40**
yo 'yaṁ yogas tvayā proktaḥ **22. uv.**
yuddhamānāḥ paraṁ śaktyā **2.31**
yujyate 'nena durghaṭeṣu kāryeṣu 9.5

Opće kazalo

Brojevi koji su tiskani masnim slogom odnose se na prijevod strofa *Bhagavad-gīte.*

A

Abhakte, 1.28, 2.7
pogledaj: Ateisti; Demoni; Impersonalisti; Materijalisti; *pojedini abhakte*
Abhayam. Pogledaj: Neustrašivost
Abhimanyu (Subhadrin sin), **1.6, 1.16**–1.19
Ācārya(e), 2, 13, 6.42
definicija, 3.21
pogledaj: Učeničko naslijeđe; Duhovni učitelj(i); *pojedini ācārye*
Acintya
definicija, 8.9
Kṛṣṇa kao *acintya,* **8.9,** 8.9
Acintya-bhedābheda-tattva, 7.8
Adhibhūta, **8.4**
pogledaj: Materijalna priroda
Adhidaiva, **8.4**
pogledaj: Kozmički oblik Gospodina
Adhiyajña, **8.4**
Adhyātma. Pogledaj: Duša
Ādi-devam, definicija, 4
Aditi, njezini sinovi. *Pogledaj:* Āditye
Āditye (Aditini sinovi), 10.8, 10.30
pogledaj: Polubogovi
Advaitācārya, 26
citiran u vezi Gospodina Caitanye, 8.14
Agni, 1.14
Kṛṣṇa kao Agni, **10.23**
Ahaṅkāra. Pogledaj: Lažni ego
Ahiṁsā, 10.4-5
pogledaj: Nenasilje
Airāvata, predstavlja Kṛṣṇu, **10.27,** 10.27
Ajam, definicija, 4
Ajāmila, 2.40
Akarma, 4.20
definicija, 4.18
Akṣobhya, 26
Amara-kośa rječnik citiran u vezi *vibhūti,* 10.19
Ambarīṣa Mahārāja, 2.60, 2.67
Durvāsā Muni i Mahārāja Ambarīṣa, 2.60, 2.61
Amṛta-bindu Upaniṣada, citat u vezi uma, 6.5
Analogije između
antiseptičnog lijeka i *prasādama,* 3.14
auta i materijalnog tijela, 18.61
bilja i djelatnosti živih bića, 4.14
biljke i predanog služenja, 10.9
biserne ogrlice i Kṛṣṇe, **7.7**
blagajnika i osobe svjesne Kṛṣṇe, 3.30
bljeska munje i Brahmina životnog vijeka, 8.17
bolesnika i materijalista, 2.59
bolesti i materijalnog života, 4.24
cvijeta i materijalnog svijeta, 9.10
čestice zlata i živih bića, 7
demona i sumnji, 8.2
dijamanta i Gospodina, 9.29
dijela stroja i živog bića, 10
dijelova stabla i živih bića, 10, 5.7, 9.3
dijelova tijela i živih bića, 10, 5.7, 7.23
dima i požude, **3.38**
djece i žena, 1.40
dječaka pastira i Kṛṣṇe, 25
djeteta i *bhakte,* 12.7
djeteta i neukog čovjeka, 6
drveta i duhovnog svijeta, 17
drveta i Gospodina, 7.7, 8.22, 9.3, 9.23
drveta i grešne posljedice, 9.2
drveta i tijela, 2.22, 16.11–12
drveta želja i Gospodina, 9.29
državnih zakona i Gospodinovih naredbi, 3.15
duše i Gospodina kao Nad-duše, 15.13
Gange i *Bhagavad-gīte,* 25
godišnjih doba i prirodnih pojava, 7
godišnjih doba te sreće i nesreće, **2.14**
gospodara i Gospodina, 10
grada i tijela, **15.13–14**
gradskih dveri i osjetila, **5.13**
građana i živih bića, 13.3
grančica banjanova drveta i predmeta osjetila, **15.2**
gubljenja kemikalija i smrti, 2.26
gusjenice i uvjetovane duše, 8.8

Analogije između (nastavak)
hranjenja želuca i predanog služenja, 5.7, 9.3, 9.23
izlaska sunca i Kṛṣṇine pojave, 4.6
izlaska sunca i samospoznaje, **5.16,** 5.16
jastva i putnika, 6.34
jedenja i predanog služenja, 2.60, 4.19, 5.7, 9.3, 9.23
jedenja voća i osjetilnog uživanja, 2.22
jogurta i požude, 3.37
kirurgije i opravdanog nasilja, 2.21
kiše i pogodnosti koje Gospodin pruža za djelovanje, 4.14
konja i osjetila, 6.34
konopaca i *guṇa* materijalne prirode, 7.14
korijena banjanova drveta i Brahmana, 15.1
korijena banjanova drveta i Gospodina Kṛṣṇe, 15.3–4
korijena stabla i Gospodina, 10, 7.10
kornjače i *bhakte,* 5.26
kornjače i samospoznate osobe, **2.58,** 2.58
korova i Kurua, 1.1
kralja i Gospodina, 4.14, 7.12, 9.4, 13.3, 14.26
kraljevog pomoćnika i *bhakte,* 14.26
kraljevskog puta i ograničavanja osjetilnog uživanja, 3.34
krave i *Bhagavad-gīte,* 25
kriminalca i materijalista, 3.39
kuhara i Arjune, 1.31
labuda i uma, 8.2
lađe i inteligencije, **2.67**
lađe i Kṛṣṇinih lotosovih stopala, 2.51
lađe i svjesnosti Kṛṣṇe, **4.36,** 4.36
lađe i transcendentalnog znanja, **4.36,** 4.36
lava i Bhīṣmadeve, **1.12,** 1.12
lebdenja planeta i plutanja tijela na vodi, 15.13
leptira i oslobođene duše, 8.8
lišća banjanova stabla i vedskih himni, **15.1,** 15.1
ljestava i *yoge,* 6.3
ljubavnika i Kṛṣṇe, 22
lotosa i Kṛṣṇe, 8.2
lotosa i Kṛṣṇinih očiju, **11.2**
lotosova lista i *bhaktina* tijela, 5.10
magarca i koristoljubivog radnika, 7.15
magarca i *mūḍha,* 7.15
majke i Kṛṣṇe, 6.29
majke i *Veda,* 2.25
matematike i religije, 4.7
materijalne prirode i kozmičkog oblika, 11.5

Analogije između (nastavak)
maternice i požude, **3.38**
medicine i inteligencije, 6.34
mijenjanja odjeće i mijenjanja tijela, 8
mijenjanja odjeće i seljenja duše, 13.22
mjehurića pjene u oceanu i Brahma, 8.17
mjehurića pjene u oceanu i materijalista, 4.10
mjeseca i *bhakte,* 9.30
mjeseca i Gospodina, 2.13
mladića i djevojke te *bhakte* i transcendentalne književnosti, 10.9
mladog sira i djelatnosti utemeljenih na predanosti, 4.24
mlijeka i ljubavi prema Bogu, 3.37
mraka i neznanja, **10.11,** 10.11
mrlja na mjesecu i *bhaktinih* pogrešaka, 9.30
muža i Gospodina, 7
neba i duše, **13.33**
neba i Gospodina, **9.6,** 9.6
nektara koji se pretvara u otrov i sreće u *guṇi* strasti, **18.38**
neprijatelja i osjetila, 2.68
noćnih leptira i ljudi, **11.29**
oblaka i Gospodina, 9.29
oblaka i materijalne prirode, 7
oblaka i *māye,* 7.26
oblaka i transcendentalista, **6.38**
oca i Gospodina, 2.25, 11.43, **11.44**
oceana i Gospodina, 7
oceana i materijalnog svijeta, **4.36,** 4.36, **12.6**–12.7
oceana i transcendentalista, **2.70,** 2.70, 18.51–53
odjeće i tijela, 8, 2.1, 2.28
odraza drveta i materijalnog svijeta, 17
održavanja stroja i predanog služenja, 4.21
ogledala i uma, **3.38**
ogledala i živog bića, **3.38**
oružja i znanja, **4.42**
osobe koja miriše cvijet i Gospodina Kṛṣṇe, 9.10
otrova koji se pretvara u nektar i sreće u *guṇi* vrline, **18.37**
otrovnih biljaka i predmeta osjetila, 2.43
otrovnih zmija i osjetila, 2.58
pčele izvan staklenke i *abhakte,* 2.12
planina i procesa *yoge,* 6.47
plivača u oceanu i *bhakte,* 12.7
plivača u oceanu i živog bića, **4.36,** 4.36
podmićivanja vladinih činovnika i obožavanja polubogova, 9.23
posla i materijalnog života, 12.9

Analogije između (nastavak)
poslovanja i predanog služenja, 12.10
poštanskog sandučića i Božanstva, 12.5
pošte i obožavanja, 12.5
prašine i požude, **3.38**
predsjednika vlade i Svevišnjeg Gospodina, 3.32
prejedanja i osjetilnog uživanja, 4.24
prijatelja i Nad-duše, 2.22
promjene odjeće i seljenja duše, **2.22**
ptica te duše i Nad-duše, 2.22, 16.11–12
ptice na drvetu i Arjune, 2.22
ptičicine i *bhaktine* odlučnosti, 6.24
pustinje i materijalnog svijeta, 18
putnika i živog bića, 6.34
radnika i materijalista, 4.14
raspršenog oblaka i palog transcendentalista, **6.38**
rasta tijela i seljenja duše, **2.13,** 2.22
ribe i *bhakte,* 5.26
ribe u mreži i demona, 16.16
rijeka i materijalnih želja, **2.70,** 2.70, 18.51–53
rijeke i *bhakte,* 18.54
rijeke koja se ulijeva u ocean i impersonalnog oslobođenja, 18.55
riznice i *Veda,* 2.46
riže i materijalne prirode, 14.3
rižina polja i Kurukṣetre, 1.1
roditelja i Kṛṣṇe, 12.7
ruke i živog bića, 4.21
sijanja sjemena i grešnih djelatnosti, 9.2
sjemena i predanog služenja, 10.9
sjemenja i grešnih djelatnosti, 9.2
slikara, slike i slikarskog stalka te zbunjujuće prirode, živog bića i Gospodina, 13.3
sluge i živoga bića, 10
sna i materijalnog života, 2.28
spašavanja iz oceana i oslobođenja, 12.7
stabla banjana i materijalnog svijeta, **15.1–4,** 16.1–3
staklenke s medom i *Bhagavad-gīte,* 2.12
stroja i Gospodina, 10
stroja i materijalnog tijela, **18.61,** 18.61
stuba i stadija spoznaje Boga, 13.12
sunaca i kozmičkog oblika, 11.12
sunca i duše, 2.18, 2.20, **13.34,** 13.34,
sunca i Gospodina, 2.2, 2.13, 2.17, 4.6, 6.31, 7.8, 7.26, 9.4, 13.17, 13.18, 18.78
sunca i njegovih vidova te Apsolutne Istine, 2.2
sunca i predanog služenja, 15.20
sunca i prirode *Bhagavad-gīte,* 2.2

Analogije između (nastavak)
sunca i stihova *Bhagavad-gīte,* 11.51
sunca i živih bića, 11.43
sunčeve svjetlosti i duša, 2.17
sunčeve svjetlosti i energije duše, 2.18
sunčeve svjetlosti i Gospodinovih energija, 9.4
sunčeve svjetlosti i znanja, **5.16,** 5.16
sunčeve svjetlosti i živih bića, 18.78
sunčevih zraka i Brahmana, 10
svinje i koristoljubivih radnika, 7.15
svinjske sreće i osjetilnih užitaka, 7.15
svjetiljke i znanja, **10.11**
svjetiljke na mjestu bez vjetra i transcendentalista, **6.19**
svjetla i svjesnosti, 9, 2.20
škorpiona koji se rađa iz riže i živoga bića koje se rađa u prirodi, 14.3
teleta i Arjune, 26
tijela i Gospodina, 3.14, 4.21, 6.1, 7.23
tijela i stabla, 2.20
tijela i tjelesnih udova te Gospodina i živih bića, 15
tjelesnih udova i polubogova, 3.14
tjelesnih udova i živih bića, 6.1
udate žene koja ima ljubavnika i *bhakte,* 22
ugašene žeravice i uvjetovane duše, 2.23
ukrotitelja zmija i *yogīja,* tj. *bhakte,* 2.58
upravljača i uma, 6.34
valova rijeke i vojnika, **11.28**
vatre i duhovnog znanja, **4.19, 4.37**
vatre i Gospodina, 2.23, 2.61
vatre i požude, **3.39**
vatre i rada, **18.48,** 18.48
vatre i živog bića, **3.38**
vatre i *yoge,* 6.36
vatre prekrivene dimom i ljudskog bića, **3.38**
vatre prekrivene dimom i nesavršenog rada, **18.48,** 18.48
vatre u šumi i materijalnog svijeta, 4.36
vatre u šumi i zbunjenosti u životu, 2.7
vezanog čovjeka i uvjetovane duše, 7.14
više sile i predanog služenja, 2.68
vjetra i uma, **6.34,** 6.34
vjetrova i živih bića, **9.6,** 9.6
vlasnika i Gospodina, 4.14
vlasnika životinje i Kṛṣṇe, 4.21
vlasništva i tijela, 13.3
voća, cvijeća i lišća te Kṛṣṇinih ekspanzija, 8.22
vode i osjetilnog uživanja, 6.36
vode na tlu i *guṇa* materijalne prirode, 15.2

Analogije između (nastavak)
vode u otisku teletova papka i materijalnog svijeta, 2.51
vodene životinje u oceanu i personalista nakon oslobođenja, 18.55
vozača i Gospodina, 6
vozača i pale duše, 2.1
vozača i živog bića, 18.61
vrhova grana banjanova stabla i osjetila, 15.2
vrtuljka i seljenja duše, 9.21
zadovoljstva koje potječe od jedenja i zadovoljstva koje potječe od predanog služenja, 2.60, 6.35
zakona države i *guṇa* materijalne prirode, 7.12
zalaska sunca i Kṛṣṇina odlaska, 4.6
zalijevanja korijena i predanog služenja, 2.41, 5.4, 5.7, 9.3, 9.23
zalijevanja sjemena i predanog služenja, 10.9
zametka i živoga bića, **3.38**
zaraze i uma, 6.34
zatvorskih rešetaka i seksa, 3.39
zelene ptice na zelenom stablu i oslobođenja, 18.55
zlata i Gospodina, 7
zlatnog prstena i živoga bića, 9.29
zmija i osjetila, 2.58, 3.42, 18.54
zvijezda i živih bića, 2.13
želuca i Gospodina, 10
žene i prirode, 7
žeravice i duše, 2.23
životinje i škrca, 2.7
životinje koju čuva čovjek i *bhakte,* 4.21
žvakanja prožvakanog i materijalnih užitaka, 18.36
Ānanda-maya, 7.24, 13.5
Gospodin kao, 13.5
Ananta, Gospodin kao, 11.37
Ananta-deva, Kṛṣṇa kao, **10.29**
Anantavijaya školjka, **1.16–18**
Aniruddha, 8.22
Anna-maya, 13.5
Antropologija, 2.26
Aṇu-ātmā definicija, 2.20
Anubhāṣya tumačenje, citirano o Kṛṣṇi, 9.34
Apāna, 2.17
Apauruṣeya, 12, 4.1
Apsolutna Istina
aritmetika Apsolutne Istine, 4.35
dostiže se predavanjem, 2.39
filozofsko traganje za Apsolutnom Istinom, kao znanje, **13.8-12**

Apsolutna Istina (nastavak)
Gospodin kao Apsolutna Istina, **7.7,** 7.7
kao *ānanda-mayo 'bhyāsāt,* 7.24
kao izvor svega, 7.10
kao *oṁ tat sat,* **17.23,** 17.23
kao osoba, 11
kao potpuna cjelina, 11
kao predmet žrtvovanja, **17.26-27**
Kṛṣṇa kao Apsolutna Istina, 2.2, 6.38, 7.4, **7.7–8,** 9.34, 10.3, **10.12–13,** 11.54, 18.78
neosobno shvaćanje Apsolutne Istine, 4.25, 7.7, 7.12, 11.52
oblici Apsolutne Istine, 11
očitovanja Apsolutne Istine uspoređena sa sunčevom svjetlošću, sunčevom površinom i samim suncem, 2.2
poznavatelj Apsolutne Istine, svjesnost o Apsolutnoj Istini, **3.28–29**
raspitivanje o Apsolutnoj Istini, kao potrebno, 5–6
shvaćanja Apsolutne Istine, tri, 2.2, 5.17, 5.20, 7.1, 7.15, 7.24, 8.1, 13.12, 14.27, 18.78
spekuliranje o Apsolutnoj Istini, 15.19
spoznaja Apsolutne Istine. *Pogledaj:* Spoznaja Boga
studenti Apsolutne Istine, vrste studenata, 2.2
u svjesnosti Kṛṣṇe, 3.3
uspoređuje se sa suncem i njegovim vidovima, 2.2
znanje o Apsolutnoj Istini, **5.20**
pogledaj: Kṛṣṇa, Svevišnji Gospodin
Arcanam
definicija, 6.18
u svjesnosti Kṛṣṇe. *Pogledaj:* Obožavanje Božanstva
Arcāvatāra. Pogledaj: Oblik Božanstva Svevišnjeg Gospodina
Arcā-vigraha. Pogledaj: Oblik Božanstva Svevišnjeg Gospodina
Arijci, definicija, 2.2, 2.46, 16.7
Arjuna, **1.4,** 12.6-7
Arjuna i Bhīṣmadeva, 16.5
Droṇācārya i Arjuna, 2.30, 11.49, 16.5
duhovne oči za njega, **11.8**
dužnost i Arjuna, 21, 2.7, 2.15, **2.27,** 2.27, **2.31–33,** 2.39, **2.47–48,** 3.8
Gospodin ga kritizira, **2.11**
Gospodin mu pokazuje Svoje oblike, **11.50–54**
pogledaj: Arjuna, kozmički oblik i Arjuna
Gospodinovi oblici koji su mu pokazani, 11.55

Arjuna (nastavak)
gresne djelatnosti i Arjuna, **1.36–44,** 2.27, **2.39**
ima božanske osobine, **16.5,** 16.6
Indra i Arjuna, 2.33
inkarnira se s Kṛṣṇom, 4.5
kao Arijac, 2.2
kao bezgrešan, **3.3, 15.20,** 15.20
kao *bhakta,* 1.45, 1.46, 2.6
kao Bhārata, 2.14, **4.42**
kao *dhanañjaya,* 1.15, **2.49,** 7.6-**7.7,** 10.37
kao „gospodar Bhārata", **7.11**
kao Guḍākeśa, 2.10
razlog zašto je poznat kao Guḍākeśa, 1.24, 10.20
kao junak „snažnih ruku", **6.35, 10.1**
kao Kaunteya, 2.14
kao Kṛṣṇin
rođak, 2.3
učenik, 3, 9, 12
vječni *bhakta,* 1.20
kao *kṣatriya,* 23–24, 2.3, 2.26, 2.30, 2.48, 3.8, 18.47, 18.59
kao „Kuntīn sin", **2.14, 2.37, 6.35, 7.8, 9.23, 9.27, 11.1–2, 16.20, 16.22, 18.48, 18.50, 18.60**
kao *mahā-bāhu,* 2.26
kao obiteljski čovjek, 3.8
kao osoba meka srca, 1.45, 1.46
kao „osvojitelj bogatstva", **12.9**
kao *parantapa,* 2.9
kao Pārtha, **1.25,** 1.25, **2.21, 2.32, 2.55, 3.23, 18.32**
kao potomak Bharate, **2.18, 2.30, 18.62**
kao „prirodni *bhakta",* 1.35
kao „Pṛthin sin", **2.32, 2.39, 3.22, 4.11, 4.33, 6.2, 7.1, 8.14, 9.13, 9.32, 11.5, 14.22–25, 16.4, 16.5, 16.6, 18.30, 18.31, 18.33, 18.35, 18.72**
kao Savyasācī, razlog zašto je poznat pod tim imenom, **11.33**
kao „sin Bharate", **14.8, 14.9, 14.10, 16.1–3, 17.3**
kao „sin Kurua", **6.43**
kao slavni borac, **2.33**
kao sveti čovjek, 1.36
kao „tigar među ljudima", **18.4**
kao veliki ratnik, 2.33
Karṇa i Arjuna, 1.8
kozmički oblik Gospodina i Arjuna, 11.1, **11.3–32, 11.35–49**
pogledaj: Kozmički oblik Gospodina, Arjuna i

Arjuna (nastavak)
Kṛṣṇa, 7.2, 9.11
Arjuna Ga moli da bude snošljiv, **11.44**
Arjuna Ga moli da pokaže kozmički oblik, 11.1, **11.3–4**
Arjuna Ga moli za oproštaj, **11.41–42**
Arjuna Ga oslovljava, 4, **1.28–45, 10.12–18, 18.73**
Arjuna Ga pravilno shvaća, 10.12–15, 10.16
Arjuna Ga prihvaća kao Gospodina, 4.3, 11.54, 18.62
Arjuna Ga se sjeća, 11.41–42
Arjunin gospodar, 3.1
Arjunin učitelj, 3, 9, 12, 2.20, 3.1, 3.2
duhovni učitelj Arjune, **2.7**-2.8, 2.9, 2.39
hrabri Arjunu, **9.1,** 9.1, **16.5,** 16.5
kritizira Arjunu, **2.11,** 2.32
na Arjuninoj strani, 1.1, **1.14, 1.15**
nudi Arjuni oslobođenje od posljedica, **2.38**
opisan kao Arjuna, **10.37,** 10.37
pokazuje oblike Arjuni, **11.51–54**
poučava Arjunu, 23, 1.1, 1.15, 2.13, 2.22, 4.16
poznaje Arjunin um, 1.25, 11.3
priprema Arjunu za viziju kozmičkog oblika, **11.5–8**
pročišćava Arjuninu svjesnost, 3.2
služi Arjunu, **1.21,** 1.21
stalni pratilac Arjune, 4.5
vozač Arjuninih bojnih kola, 7.3, 18.78
zahtijeva Arjunino predavanje, **18.62**
želi da Arjuna bude Njegovo oruđe, **11.33–34**
Kṛṣṇin
oblik privlači Arjunu, 12.1
odnos s Arjunom, 4, 1.20, 1.21–22, 1.24, 1.26, 2.2, 2.3, 2.10, 2.22, 2.34, **4.3,** 4.26, 7.2, 9.11, 10.12–13, 10.14, 11.1, 11.6, 11.14, 11.36, 11.40, **11.41–42,** 11.45, 11.54, **18.64, 18.65–66**
sud o Arjuni, 11.4, 11.7
Kṛṣṇin razgovor s Arjunom
čuli su ga svi, 2.10
kao čudesan, **18.74–77**
svrha razgovora, 9, 3.2, 4.4, 10.17
Kṛṣṇina
božanstvenost, **10.12–15,** 11.1, 11.3, **11.45–46,** 11.54
nadmoćnost, Arjuna prihvaća, 11.54
vlast nad Arjunom, 1.15
naziva *yogu* teškim procesom, **6.33–34**

Arjuna (nastavak)
ne zavidi Gospodinu, **9.1**
neuvredljiv, 5.7
nije običan čovjek, 11.54
njegov djed, 2.26, 2.30, 11.49
njegov duhovni učitelj, Kṛṣṇa kao, **2.7**-2.8, 2.9
njegov luk, **1.29**
njegov oproštaj Kuruima, 1.35–36
njegov otac, 2.33, 10.37
njegov primjer, 4–7, 1.1, **10.12,** 10.13, 10.15
njegova bojna kola, **1.14, 1.20–24, 1.46,** 11.13
njegova borba
dužan se boriti, **2.33–38**
kao pravilna, 2.21
Kṛṣṇa ga potiče, **2.18, 2.47–48,** 3.37, **4.41–42,** 11.32, **11.33-34, 18.59–61**
Kṛṣṇa mu naređuje da se bori, **3.30**
Kṛṣṇa zahtijeva od njega da se bori, 2.19, 2.21, 2.26–27, **2.31–38,** 2.39, 2.47, 2.48
Kṛṣṇa želi da se bori, 2.71, 3.19
nevezanost za rezultate borbe, **2.38**
odbija se boriti, 13, **1.31–46, 2.4–6, 2.9**
pristaje se boriti, 2.71, **18.73,** 18.73
slava njegove borbe, **2.33**
uzdržavanje od borbe, 5.7
njegova majka, 1.25, **2.3**
njegova milost, 10.17
njegova nevezanost, 2.6
njegova pitanja
o Brahmanu, **8.1,** 8.1
o dužnosti, **2.7**
o „dvosmislenim uputama", **3.2**
o jastvu, **8.1,** 8.1
o odricanju i redu odricanja, **18.1**
o odricanju u usporedbi s predanim služenjem, **5.1,** 5.1
o polubogovima, **8.1**
o *prakṛti, puruṣi* itd., **13.1**
o predanom služenju u usporedbi s impersonalizmom, **12.1**
o svjesnosti o Gospodinu u vrijeme smrti, **8.2,** 8.2
o transcendentalnim simptomima, **2.54**
o transcendiranju *guṇa* prirode, **14.21,** 14.25
o *tyāgi* i *sannyāsi,* **18.1,** 18.1
o uzroku grijeha, **3.36–37**
o Vivasvānovom slušanju *Bhagavad-gīte* od Kṛṣṇe, **4.4**
o vrijednostima borbe, **1.32–36, 3.1–2**
svrha njegovih pitanja, 6, 3.2, 4.4, 10.16–17

Arjuna (nastavak)
njegova pitanja (nastavak)
u vezi gospodara žrtvovanja, **8.2**
u vezi Kṛṣṇinih božanskih obilja, **10.16–18**
u vezi materijalnog očitovanja, **8.1**
u vezi plodonosnog djelovanja, **3.1–2, 8.1**
u vezi prirode, uživatelja i svjesnosti, **13.1**
u vezi vjere i neuspješnog transcendentalista, **6.37–39**
u vezi vjere i obožavanja prema *guṇama* materijalne prirode, **17.1,** 17.1
u vezi znanja, predmeta znanja itd., **13.1**
za dobrobit drugih, 3.2, 4.4, **10.16**-10.17
njegova samilost, **1.27**-1.28, 1.35, 1.45, **2.1,** 2.2, 2.36
sumnjiva, **2.35–36**
njegova slava, **2.33–36**
njegova sreća, **1.31–36,** 1.36
njegova strahovanja, 2.26, 2.27, 2.30, 11.14, **11.23–25, 11.35, 11.45,** 11.45, 11.48, 18.59
njegova tjelesna uznemirenja, **1.27–30**
njegova vjera, 12, 2.6, 4.4
njegova zastava, **1.20,** 1.20
njegova zbunjenost, **2.6**-2.8, **3.2,** 3.2, **5.1,** 5.1
njegove molitve i odavanje poštovanja, 4–5, **10.12–18, 11.14, 11.24–25, 11.32, 11.35, 11.36–46, 18.73**
njegove osobine, 4-9, 6.33, 11.5
njegove sumnje, **8.1–2,** 8.2, 18.1, **18.73,** 18.73
njegove vrline, 1.28, 1.36, 1.45, 2.6, **3.3,** 5.7, 10.17, **15.20,** 15.20
njegovi prijatelji, 1.25
njegovi rođaci, 12, 1.8, 1.25, **1.26–46, 2.3, 2.4**-2.7, **2.11,** 2.14, 2.22, 2.27, 2.39, 9.33, 13.8–12
njegovi učitelji, 1.26, 2.4, 2.22, 2.26, 2.30, 2.33, 11.49, 16.5
njegovo jadikovanje, **1.26–29,** 2.22, **2.25–30**
njegovo kraljevstvo, 1.31
njegovo nasljedstvo, 2.14
njegovo „neznanje", 2.32
njegovo predano služenje, 12.12
njegovo predavanje
Kṛṣṇa zahtijeva, **3.30, 4.15–16, 18.63, 18.65–66**
Kṛṣṇi, 12, **2.7,** 2.8, 2.10, 2.22
njegovo protivljenje borbi, 2.2, 2.3, 2.32, 2.39, 11.32, 13.8–12
Kṛṣṇina osuda njegova protivljenja, 2.34, **11.32–34,** 11.49
njegovo viđenje kao božansko, 11.54
očekuju ga rajski planeti, **2.37**
odbija izazov Kurua, **1.37–38**

Arjuna (nastavak)
oružje *yoge,* znanja o njemu, **4.42**
pobjeda kroz njegovu nazočnost, 18.74, **18.78**
pobjeđuje san, 1.24, 10.20
pokazuje vezanost za obitelj, **2.4**–2.7, 2.9, 2.11
polubogovi i Arjuna, 2.33
predlaže odricanje, **2.5, 2.6,** 2.6, 2.9
predstavlja živa bića, 18.73
pribavlja bogatstvo za Yudhiṣṭhiru, 1.15
prihvaća položaj materijalista, **4.4,** 4.4
promatra vojsku Kurua, **1.20–26**
samospoznaja predodređena za njega, 2.9
Sañjaya ga hvali, **18.74–78**
saznaje sudbinu vojske Kurua, **11.26–28, 11.32–34,** 11.49
slave za njega, **11.33**
slavljen kada ga Kṛṣṇa oslovljava, **2.30, 4.31, 4.33, 7.7, 9.3, 11.6, 11.48, 13.27, 14.12, 18.36, 18.41, 18.72**
slijeđenje Arjuninih stopa, 18.65, 18.74
sluša *Bhagavad-gītu,* 4–7
Śiva i Arjuna, 2.33
školjka u koju je puhnuo, **1.14–15**
u „iluziji", 1.30, 2.1, 2.2, 2.3, 2.7, 2.8, **2.11,** 2.11, 2.13
u učeničkom naslijeđu (*paramparī*), 10.14, 11.8
u *yoga-māyi,* 6, 4.5
umiren primjerima, 10.40
uspoređen sa
Gospodinom, 2.13
pticom na drvetu, 2.22
sitim kuharom, 1.31
teletom, 25
uzdržava se od borbe, 3.1, 11.33, 18.47
zaboravnost koju očituje, 2.20, 4.5, 18.59
zadovoljan što vidi Gospodinov kozmički oblik, **11.36–37, 11.45**
yoga za njega, 22–23
Yudhiṣṭhira i Arjuna, 1.15
Aryamā, Kṛṣṇa kao, **10.29**
Asammoha, značenje, 10.4–5
Asamprajñāta-samādhi, 6.20–23
Asaṁśayaṁ samagram, 7.1
Asat, materijalni život kao, 5
Asita, 5, 7.15, 18.62
Astrologija, **8.24–26**
Āsuraṁ bhāvam āśritāḥ, **7.15,** 7.15
Asure, **11.22,** 16.20
pogledaj: Demoni
Aṣṭhāṅga-yoga, 2.59, 5.27–28, 5.29, 6.1, 6.47, 9.2, 12.6–7
Aśvattha, 10.26
Aśvatthāmā, **1.8,** 1.26
Aśvinī-kumāre, **11.6, 11.22**
Ateisti, 4.2–3, 4.8, 4.12, **7.15,** 7.15, 11.48, 11.55, 13.25
pogledaj: Demoni
Ateizam, 2.28, 7.4, **9.12,** 10.15, 10.26, 10.42, 16.8
Atharva Veda, 9.17
citat o Kṛṣṇi i vedskom znanju, 10.8
Atlas, 9.5
Ātmā
definicija, 6.5, 8.1
pogledaj: Duša
Ātma-nivedanam u svjesnosti Kṛṣṇe. *Pogledaj:* Predavanje Gospodinu
Atomsko oružje, 2.23, 16.9
Autoriteti. *Pogledaj:* Vlada; Ljudska bića, vođe među; Duhovni učitelji
Avantura, predstavlja Kṛṣṇu, **10.36**
Avanturisti, Kṛṣṇa kao najveći avanturist, 10.36
Avatāre, 4.7, 4.8
pogledaj: Kṛṣṇa, Njegove inkarnacije; Svevišnji Gospodin, Njegove inkarnacije
Avyakta, definicija, 18

B

Bāhlīka, kralj, 1.8
Baladeva Vidyābhūṣaṇa, 26
citiran u vezi
Gospodina, 3.14, 10.11
kāle, 8.23
smrti, 8.26
vladanja osjetilima, 2.61
Bali Mahārāja, 4.16, 7.15
Banjanovo drvo, predstavlja Kṛṣṇu, **10.26**
analogija banjanova stabla, **15.1–4,** 16.1–3
Besmrtnost
Kṛṣṇa kao, **9.19**
pogledaj: Duša, kao vječna
Bezbožni ljudi, četiri vrste, **7.15,** 7.15
Bezbožnici, 9.31
vrste bezbožnika, **7.15,** 7.15
pogledaj: Demoni
Bhagavad-gītā
Arjuna je kvalificiran za slušanje, 3-6
demonske osobe je ne mogu shvatiti, 4.5
diskvalifikacija za slušanje, **18.67**
dobrobiti od *Bhagavad-gīte,* 8.28, 11.55

Bhagavad-gītā (nastavak)
Gītā-māhātmya je sažeto opisuje, 1.1
Gospodin se može spoznati kroz nju, 10.2
govori isključivo o predanom služenju, 18.1
Ikṣvāku sluša od Manua, **4.1,** 4.1
impersonalno shvaćanje *Bhagavad-gīte,* 2.7
iz *Mahābhārate,* 21, 2.45
izgovorena Arjuni, 3-6, 17
izgovorena na Kurukṣetri, 3
izravno shvaćanje *Bhagavad-gīte,* **4.1–4.5,** 4.42
izvorno je izgovorena, **4.1,** 4.1, 4.5
kao *apauruṣeya,* 4.1
kao bit svih spisa, 25, 1.1
kao najbolji autoritet među spisima, 4.40
kao posljednja riječ u religiji, 18.78
kao potpuna i savršena, 11
kao rješenje za ljudske probleme, 5
kao transcendentalni spis, 2.12, 18.76
kao univerzalni spis, 27, 1.1
kao vedski spis, 2.45, 4.1
kao vrhovna pouka o ćudorednosti, 18.78
kome je namijenjena *Bhagavad-gītā,* 4.2
kraljevi je trebaju čuti, 4.2
Kṛṣṇa
dokazano da je Svevišnji u njoj, 15.19
njezin govornik, 2, 3, 9, 12, 25, 1.1, 2.1, 2.20, 4.1, 4.42, 10.15
lažna tumačenja *Bhagavad-gīte,* 2.7
Manu ju je čuo od Vivasvāna, **4.1,** 4.1
materijalisti je ne mogu shvatiti, 4.5
najviše savršenstvo predanosti objašnjeno u njoj, 10.42
namijenjena prosvjetljenju uvjetovanih duša, 11.55
njezin autoritet, **4.1–4.5**
njezin cilj, 4.35
njezin govornik, 2, 3, 9, 12, 25, 1.1, 2.1, 2.20, 4.1, 4.42, 10.15
njezina bit, 25, 10.13, 11.55, 18.1, **18.64–66,** 18.66, 18.78
njezina poglavlja
četvrto poglavlje, 4.42
deseto poglavlje, 10.42
deveto poglavlje, **9.2**
drugo poglavlje, 2.1, 2.72, 3.1–3
dvanaesto poglavlje, 12.20
jedanaesto poglavlje, 11.55
od drugoga do petoga poglavlja, 5.1
osamnaesto poglavlje, 18.1, 18.78
osmo poglavlje, 8.1
petnaesto poglavlje, 15.20
peto poglavlje, 5.29
podjela poglavlja, 8.28

Bhagavad-gītā (nastavak)
njezina poglavlja (nastavak)
raspored poglavlja, 8.28, 9.1
sedamnaesto poglavlje, 17.28
sedmo, deveto i deseto poglavlje, 10.1
sedmo i osmo poglavlje, 9.34
sedmo poglavlje, 7.30
teme poglavlja, 8.28, 9.1, 14.1, 18.1
treće poglavlje, 3.1, 3.43
trinaesto poglavlje, 13.19, **13.35,** 13.35
njezina povijest, 2-6, 26, **4.1–5**
njezina svrha, 5, 9, 12, 13, 2.1, 3.30, 4.17, 11.55, 13.12, 18.1, 18.67
njezine teme, 3.2
njezini predmeti i dijelovi, 6–8, 10, 2.72, 18.78
njezino „posebno odličje", 1.1
njezino povjerljivo znanje, **18.67**
njezino propovijedanje, **18.68, 18.69,** 18.71
objašnjenje *Bhagavad-gīte,* 1.1, 2.7, 4.1–4.7, 7.15, 10.8
oslobođenje slušanjem *Bhagavad-gīte,* 25–26
podjela i teme *Bhagavad-gīte,* 13.1–2, 18.1
„posljednja riječ" u njoj, 4.38
poučava kako meditirati na Kṛṣṇu, 22
pravilno shvaćanje *Bhagavad-gīte,* 4.42
predavanje Gospodinu kao njezina poruka, 4.7
proces savršenstva objašnjen u, 24
pročišćenje slijeđenjem *Bhagavad-gīte,* 13
prosvjetljenje *Bhagavad-gītom,* 2.20
različita izdanja *Bhagavad-gīte,* 2
razumijevanje živih bića prema *Bhagavad-gīti,* 2.54
religija shvaćena kroz nju, 4.7
Sañjaya slavi razgovor u njoj, **18.74–77**
sažeti prikaz *Bhagavad-gīte,* 18.78
u drugom i osamnaestom poglavlju, 18.1
shvaćanje *Bhagavad-gīte,* 1.1, 2.7, 2.12, 3.2
slijeđenje *Bhagavad-gīte,* 4.42
slušanje *Bhagavad-gīte*
diskvalifikacija za slušanje, **18.67, 18.71,** 18.71
kvalifikacije za slušanje, 3, 5, **18.71,** 18.71
od *bhakta,* 8.28
od vjerodostojnog duhovnog učitelja, 16.3
oslobođenje slušanjem, 25
preporučeno, 12.9
proces slušanja, 1.1
propisano slušanje, 2–6
u društvu *bhakta,* 8.28
uzvišenih osoba, 4.7

Bhagavad-gītā (nastavak)
slušanje *Bhagavad-gīte* (nastavak)
važnost i prednosti slušanja, 24–27, 4.42, 18.76
znatiželjno slušanje, 1.1
središnja točka *Bhagavad-gīte,* 5.17
svjesnost Kṛṣṇe kroz *Bhagavad-gītu,* 10.11
Śaṅkarācāryino tumačenje *Bhagavad-gīte,* 7.3
tajna *Bhagavad-gīte,* 13.3
tumačenje *Bhagavad-gīte,* 3.14, 3.31, 4.2–3, 7.3, 8.16, 9.1, 10.8, 10.14-15, 11.51, 11.54, 12.1, 16.3, 18.67, 18.78
uklanja neznanje, 2.50
uspoređena sa
kravom, 25
lijekom, 2
staklenkom meda, 2.12
suncem, 11.51
vodom Gange, 25
Vivasvān je čuo *Bhagavad-gītu* od Kṛṣṇe, **4.1,** 4.1, **4.4,** 4.5
vjera slijeđenjem *Bhagavad-gīte,* 4.41
vjera u nju, 4.40, 8.28
vođe vlada trebaju shvatiti, 4.1
za *bhakte,* 4.2.12, 8.28, 13.19, **18.68,** 18.71,
za sve, 2.10
„zaključak" *Bhagavad-gīte,* 9.3
znanje *Bhagavad-gīte,* 2.8, **4.1,** 4.1, **4.3,** 6.8
„izgubljeno", 4.2
znanje iz *Bhagavad-gīte,* 2.29, 3.2, 3.41, 4.42, 11.48, 13.2, 15.10
pogledaj: posebne vrste znanja
yoga Bhagavad-gīte, 3
yoga u njoj, 2.72, 3.1
Bhagavad-gītā, citat u vezi
Apsolutne Istine kao potpune cjeline, 11
Arjune i *yoge,* 22–23
Bhagavad-gīte, **4.1, 4.2**
bhakte
kao dragog Kṛṣṇi, 6.32
kao najvišeg *yogīja,* **18.75**
kao predane osobe, 9.29
kao rijetke osobe koja zna da je Kṛṣṇa sve, 2.41
Boga, dostizanja Njega, kao vječno, 16–17
buddhi-yoge, 2.39, 10.10
cilja *Veda,* 3.10, 3.26
duhovnog svijeta, 16, 6.15, 11.43
kvalifikacije za dostizanje duhovnog svijeta, 19–20
duše, 2.12, 15.7
u usporedbi s tijelom, 2.28
Gospodina i živih bića, 2.46, 8.3

Bhagavad-gītā, citat u vezi (nastavak)
Gospodina kao vječnog, 13
Gospodina koji se spoznaje predanim služenjem, 8.14
Gospodina u srcu, 6.29
guṇa prirode, 13
hrane koja se može ponuditi Gospodinu, 6.17, 17.10
jīve uspoređene s *īśvarom,* 8–9
Kṛṣṇe
budale koje Ga ismijavaju, 11.52
i Njegova uzvraćanja *bhaktama,* 9.29
i žrtvovanja, 3.11
kao cilja *Veda,* 3.25
kao izvora, 13, 11.2, 11.54, 15.4
kao malo poznatog, 7.3
kao najviše istine, 5.17
kao osloboditelja Svog *bhakte,* 18.46
kao Svevišnje Božanske Osobe, 11.54
kao temelja Brahmana, 5.17
kao upravitelja materijalnog svijeta, 16.8
koji je kao mjesec među zvijezdama, 15.12
koji je prisutan u obliku Svojih energija, 9.4
koji se ne razotkriva svakome, 18.55
mišljenje budala o Kṛṣṇi, 7.24, 11.52
Njegov oblik Viṣṇua, 9.11
Njegove upute da Ga se trebamo sjećati, 18.64
proces dostizanja Kṛṣṇe, 21–24
u svačijem srcu, 18.62
Kṛṣṇe kao Svevišnje Božanske Osobe, 10
Kṛṣṇina prebivališta, 16
mahātme, 2.56
materijalnog svijeta, 11.43
kao drveta s korijenjem koje raste prema gore, 17, 5.10, 11.2–3
mira putem odvojenosti, 18.53
misli u trenutku smrti, 20
munija, 2.56
Nad-duše u srcu, 18.13
najviše spoznaje kao privrženosti Kṛṣṇinom osobnom obliku, 12.1
naredbe da osoba postane Gospodinov *bhakta,* 18.78
obavljanja dužnosti sa sjećanjem na Kṛṣṇu, 22
obožavanja polubogova, 16, 17
kao neinteligentnog, 7.24
u usporedbi s predanim služenjem, 7.24
odricanja, 6.23
putem višeg ukusa, 6.14

Bhagavad-gītā, citat u vezi (nastavak)
oslobođenja
Gospodinova prebivališta kao mjesta trajnog oslobođenja, 16
putem predanog služenja, 2.72
oslobođenja i *nirvāṇe,* 6.23
oslobođenja od *guṇa* prirode putem predavanja Svevišnjem, 3.33
osobnosti, 5.16
pet osnovnih istina, 6-9
podnošenja patnje, 6.23
ponuda Gospodinu, 9.2, 11.55
prakṛti, 7
predanog služenja
Gospodin se spoznaje samo predanim služenjem, 13.16
predanog služenja
nakon mnogo života, 6.45
oslobođenje putem, 2.72, 4.29
u usporedbi s obožavanjem polubogova, 7.24
viši ukus putem, 6.14
zaštita putem, 3.4
predavanja duhovnom učitelju, 2.39
predavanja Gospodinu, 24, 5.16, 12.7, 18.78
predavanja Svevišnjem Gospodinu, 7.15
rada ponuđenog Kṛṣṇi, 5.10
rada za Kṛṣṇu kao pravog odricanja, 10.3
rijetkosti transcendentalista i *bhakta,* 10.3
sādhua, 4.8
samozadovoljne osobe, 18.49
sanātana-dharme, 14
sāṅkhya-yoge i predanog služenja, 2.39
seljenja duše, 2.19
shvaćanja *Bhagavad-gīte,* 2.13
sjećanja na Kṛṣṇu, 19–20
svrhe *Veda,* 2.46
tijela kao privremenog, 9.2
toga da *bhakte* vide sve jednakim očima, 7.15
toga da je Brahman podređen Svevišnjoj Osobi, 11
toga da je Kṛṣṇa pradjed, 10.6
uspjeha u duhovnom životu, 6.37
vedskog znanja, 9.2
znanja, 5.16
živog bića kao vječnog, 14
žrtvovanja, 3.11, 12.11
yoge, 5.28
yoge i predanog služenja, 3.3
yogīja, kao najvišeg, 23
Bhagavad-gītā kakva jest, 2
Bhagavān, 7
definiran, 2–3, 10.1
Bhagavān (nastavak)
Kṛṣṇa kao, 2.2, 10.1
u usporedbi
s Brahmanom i Paramātmom, 2.2
sa suncem, 2.2
pogledaj: Kṛṣṇa; Svevišnji Gospodin
Bhāgavata Purāṇa, 3
pogledaj: Śrīmad-Bhāgavatam
Bhāgavatam. Pogledaj: Śrīmad-Bhāgavatam
Bhajate, definicija, 6.47
Bhakta(e)
kao transcendentalisti, 3
Bhakte Svevišnjeg Gospodina
Āditye kao, 10.30
Arjuna kao *bhakta,* 1.45–46
aṣṭāṅga-yoga i *bhakte,* 12.6–7
Bhagavad-gītā i *bhakte,* 3.19, **18.68,** 18.71
bhakte i jedenje, 6.16–17, 9.26
bhakte i materijalni svijet, 18.54
bogatstvo i *bhakte,* 1.35
brahmacārī. Pogledaj: Brahmacārīji; Brahmacarya
dāsya-bhakta, 8.14
djeca za njih, 17.20
pogledaj: Obiteljski život
dječaci pastiri kao, 11.8
djeluju bez vezanosti, **4.18–24,** 18.11
djeluju samo za Kṛṣṇu, 3.25, 12.2, 14.22–25
dragi Kṛṣṇi, **12.13–20, 18.69**
druženje im je važno, 13.8–12
druženje s njima, 2.61, 6.18, 10.4–5
Gospodin se spoznaje pomoću, 7.30
Nārada Munijevo druženje s *bhaktama,* 9.2
predano služenje i druženje, 14.27
prednosti druženja, 2.29, 4.17, 6.8, 7.16, 7.28, 7.30, 8.28, 9.1, 9.32, 13.24, 14.27, 15.3–4, 15.6, 17.26–27, 18.36
služenje pri druženju, 15.20
svjesnost Kṛṣṇe počinje druženjem, 7.30
za slušanje i pjevanje o Gospodinu, 8.28, 9.1, 10.1, **10.9–10,** 10.19, 15.3–4
želja za društvom *bhakta,* 4.10
duhovni učitelj
mora postojati, 2.8
pogledaj: Duhovni učitelj, druženje s njim
prihvaćaju ga, 12.20
dužnost i *bhakte,* 1.35, 6.23, 9.28, 18.57
Gospodinova uputa za *bhakte,* **18.57–58**
Gospodinova uputa za *bhakte* u sadašnjem dobu, 18.57
Hanumān kao vječni *bhakta,* 1.20
hrana koju nude, 3.14

Bhakte Svevišnjeg Gospodina (nastavak)
impersonalizam i *bhakte,* 2.12, 4.18, **5.6,** 5.6, 7.24, 9.11, 9.14–15, 10.2
izbjegavaju plodonosno djelovanje, **5.13–14**
izbjegavaju slušanje iz pogrešnih izvora, 10.8
jedino oni shvaćaju duhovno znanje, **13.19–20**
jedino žele Kṛṣṇu, 9.13, **9.22,** 11.55, 12.6–7
jednostavno ih je zadovoljiti, **4.22–23**
kao Arijci, 2.46
kao dragi svakome, **5.7**
kao mekog srca, 1.45
kao najveći *jñānīji* i *yogīji,* 22
kao nesebični, 6.32
kao oni koji se stvarno odriču, 18.11
kao oprezni, 9.30
kao polubogovi, 11.48
kao potpuni, 2.70
kao pravi *sannyāsīji,* **18.49**
kao prijatelji svih, 6.32
kao prirodno mirni, 11.49
kao *sādhui,* 4.8, 17.26–27
kao samilosni, 2
kao strpljivi, 12.18–19
kao sveti unatoč proturječju, **9.30,** 9.30
kao tihi, 12.18–19
kao transcendentalisti, 3, 19
kao transcendentalni, 9, 20, 1.35, 2.64, 4.13, **4.22–23, 5.7–14,** 18.26
pogledaj: Bhakte, njihova odvojenost (nevezanost)
kao vječno osobe, 18.55
kao *yogīji,* 22, 4.25, 6.15, 6.32, 9.27, 10.3, 18.75
kao *yukte,* 9.27
kozmički oblik i *bhakte,* 11.8, 11.48–49, 11.54
Kṛṣṇa
bhakte Ga vide svuda, **6.30–31**
bhakte Ga vole, 3.13, 6.30
bhakte kao Njegovo Jastvo, 7.18
dobronamjernik *bhakta,* 1.36
kao njihov interes, 4.4, 11.8, 11.55
kao njihov prijatelj, **9.29,** 9.29
milostiv prema njima, 18.73
može dati Sebe *bhaktama,* 18.73
nikada nije za njih izgubljen, **6.30–31**
obožavani za *bhakte,* 4.11
oni Ga dostižu, **7.23,** 7.23, **13.19–20**
oslobađa ih, 18.46
pripisuje zasluge *bhaktama,* 11.34
uzvraća *bhaktama,* **4.11, 9.29–30**
zadovoljan s *bhaktama,* 1.35

Bhakte Svevišnjeg Gospodina (nastavak)
Kṛṣṇin oblik privlačan za *bhakte,* 11.54
Kṛṣṇina
milost prema *bhaktama,* **9.22**
naklonjenost *bhaktama,* 1.22
obilja, ne privlače ih, 11.8
Kṛṣṇina uputa koju *bhakte* trebaju slijediti, **18.57–58**
Kṛṣṇine inkarnacije okružene *bhaktama,* 4.5
Kṛṣṇini odnosi s *bhaktama,* 1.22, **4.11,** 6.30, 7.14, 7.18, 8.14, **9.29,** 9.29, 10.9, 11.8, 11.14, 11.36, 11.41–42, 11.44, 11.49, 11.54, 18.58
Kṛṣṇino vlasništvo poznato *bhaktama,* 6.10
mādhurya, 8.14
mahātmā, njegovi simptomi, **9.13,** 9.13
mat-para, 2.61
milostinja namijenjena njima, 11.54
najbolji transcendentalisti, 13.25, 18.1
najbolji u znanju o Kṛṣṇi, **7.17–18**
najveći *bhakta,* Nārada Muni kao, 10.26
Nāradina služba za *bhakte,* 9.2
ne trebaju uznemiravati materijaliste, **3.26–27**
nemaju lažni ego, 5.11
nemaju zavisti, **4.22**
nepravedno ih kritiziraju, 10.11
nisu izgubljeni za Kṛṣṇu, **6.30–31**
nisu uvredljivi, **5.7–9**
nisu uznemireni, **2.70,** 2.70, 3.28, **4.22–23**
njihov govor, **2.54–55,** 12.18–19
njihov pad, 5.7, **9.3,** 9.3, 9.22, 9.30–31, 15.20
njihov um je discipliniran, **5.7**
njihova budućnost, **2.40–41,** 10.4-5
njihova književnost, 21
njihova meditacija, **6.20–23**
njihova milost, 3.29, 7.15, 7.28, 10.17, 11.55, 12.5, 15.10
njihova neosjetljivost, 6.20–23
njihova neovisnost, **18.63–64**
njihova odvojenost (nevezanost), **2.55–64, 2.68–71, 4.13–23, 5.11,** 6.1, 8.14, 10.5, **12.13–19,** 14.22–25
kao potrebna za *bhaktu,* **2.58,** 2.58
kao prirodni rezultat svjesnosti Kṛṣṇe, 4.19–23
nevezani, unatoč tjelesnom radu, **5.18–11, 8.13–14**
od gubljenja vremena, 13.8–12
od lažnog ega, **12.13–14**
od materijalne sreće, **2.13–19**
od patnje, 6.23
od svega osim Kṛṣṇe, 9.13, 9.28, 11.55, 12.6-7

Bhakte Svevišnjeg Gospodina (nastavak)
njihova odvojenost (nevezanost) (nastavak)
od vlasništva, **2.13–14**
puni poleta unatoč nevezanosti, 18.26
za bogatstvo, 12.15
za obiteljski život, 6.23, 12.17
za osjetilno uživanje, **2.55–64, 2.68–71**
za oslobođenje, 11.55
za prebivalište, **12.18–19,** 12.18–19
za rezultate rada, 3.17–19, 18.7–14
za slavu i sramotu, **12.18–19,** 12.18–19
za tjelesne potrebe, **5.11,** 6.23
za toplinu i hladnoću, **12.18–19**
za više planete, 11.55
za vrijeme smrti, 8.23–24, **8.27**
njihova osveta, 1.35
njihova poniznost, 2.56, 18.57
njihova smirenost, **5.18–19, 6.29–30,** 7.15
njihova sreća, **5.21–24**
njihova transcendentalna vizija, 6.28–30
njihova vizija, svuda vide Kṛṣṇu, **6.30–31**
njihova vjera u Kṛṣṇu, 4.4
njihova žrtvovanja, 3.13–14, 4.25–26, 4.29
njihove dnevne navike, 12.16
njihove inkarnacije, 4.5
njihove loše djelatnosti, shvaćanje o tome, **9.30–31**
njihove molitve
za materijalnu dobrobit, 7.18, 7.22
pogledaj: Molitve
njihove „obične" djelatnosti, 9
njihove pobude, **7.16–18**
njihove vrline, 12.18–19
njihove želje, 3.25, 5.7, 7.18, 7.22, **7.29,** 9.29
njihovi nedostaci uspoređeni s mrljama na mjesecu, 9.30
njihovi planeti, 14.14
njihovo obožavanje. *Pogledaj:* Obožavanje
njihovo odricanje, **3.28,** 3.28, 6.16–17
njihovo prošenje, 10.4–5
njihovo raspoloženje služenja, 18.57
njihovo seljenje preko viših planeta, 8.16
njihovo vladanje osjetilima, **2.58–59, 5.8–11, 5.13**
njihovo zadovoljstvo je slušanje i pjevanje o Gospodinu, **10.9–10, 10.18–19**
njihovo zanimanje, 4.22
odnose se prema Gospodinu na pet načina, 3–4
održavaju se predanim služenjem, 4.22
oni su predani, **4.11, 5.12,** 9.28, **9.29,** 9.29, **18.66,** 18.66
oponašatelji *bhakta,* 3.24
oslobođeni grešnih posljedica, **7.28**

Bhakte Svevišnjeg Gospodina (nastavak)
oslobođenje za njih, 2.24, **4.9–10, 9.28–29,** 18.12
u usporedbi s impersonalističkim, 19
pogledaj: Oslobođenje
osobine *bhakta,* **2.54–61, 2.64–65, 2.68–72, 4.18–22**
automatski su dobre kroz svjesnost Kṛṣṇe, 2.54
ostaci hrane koja im je ponuđena, 17.10
ozbiljni, 10.1, **10.10–11**
patnja
oni je shvaćaju, 15.10
smanjena za njih, 2.56
pet vrsta, 8.14
početnici, 2.52, 2.59, 3.42, 8.4, 9.11, 11.54
ponude i *bhakte,* 9.28
posjeduju dobre osobine, 1.28
posjeduju osobine polubogova, 1.28
postojani, **2.56,** 2.56, **4.22–23**
potpuno zaposleni, 18.58
potrepštine za *bhaktu,* 2.70, 4.22
predano služenje kao kvalifikacija *bhakte,* **10.10,** 10.11
predano služenje prirodno za *bhakte,* 5.9
primjer koji postavljaju, **3.20–21**
propovijedanje i *bhakte,* **18.68**
rijetkost *bhakta,* 10.3
rizik koji prihvaćaju, 3.29, 11.55
s materijalnim motivima, 7.16, 7.29
s nedostatkom vjere, 9.12
sākhya, 8.14
slava i *bhakte,* 10.5
slijeđenje njihovih stopa, **14.15–16,** 14.16
slobodno vrijeme i *bhakte,* 6.17
slušanje od njih, 1.1, 7.1, 8.28
pogledaj: druženje s
služenje upućeno njima, 9.2
pogledaj: druženje s
smatraju vrijeme vrijednim, 6.17
sudjeluju u razmjeni Gospodinovih obilja, 14.27
svakome ugodni, **5.7**
sve najprije nude Gospodinu, 3.13–14
svoju budućnost prepuštaju Kṛṣṇi, 12.6–7
śānta, 3.13, 8.14
Śrīmad-Bhāgavatam im je drag, 10.9
transcendiraju *guṇe* prirode, 17.28
u ISKCON-u, 18.11
u Kali-yugi, 18.57
u učeničkom naslijeđu. *Pogledaj:* Učeničko naslijeđe; Duhovni učitelj
u usporedbi sa
abhaktama, 1.28

Bhakte Svevišnjeg Gospodina (nastavak)
u usporedbi sa (nastavak)
demonima, 4.3, 4.8
materijalistima, 2.72, 3.25–27, 4.3, 4.7–8, 5.10, **5.12,** 7.15, 12.15
obožavateljima polubogova, 7.20, 7.22–23, 7.29
yogījima, 2.61, 8.23–24
u vrijeme smrti, 8.23–24, **8.27,** 12.6–7
u znanju, **7.17–18,** 18.2
učeni, nisu zavedeni, 10.8
uspoređeni sa
blagajnikom, 3.30
čovjekom u oceanu, 12.6–7
djetetom, 12.7
drvećem želja, 2
kornjačom, **2.58–59,** 5.26
kraljevskim pomoćnicima, 14.26
mjesecom, 9.30
rijekom, 18.54
udatom ženom koja ima ljubavnika, 23
ukrotiteljem zmija, 2.58
životinjom koju čuva gospodar, 4.21
uvijek se sjećaju Kṛṣṇe, 1.24
uvrede nanesene njima. *Pogledaj:* Uvrede
uzdižu se preko viših planeta, 8.16
vātsalya, 8.14
Vede i *bhakte,* 15.1, 15.19
vedske naredbe za *bhakte,* 2.58
vrijeme njihova odlaska, 8.23–24, **8.27**
vrste, prema vjeri, 9.3
za njih nema uznemirenja, **12.16–17,** 18.58
zaljubljeni u Kṛṣṇu, **8.28**
zanimanja za *bhakte,* 4.21–22, 18.8–11
zaštita za *bhakte*
Gospodin obećava zaštitu, 24, 9.31
Gospodinovom božanskom prirodom, **9.13,** 9.13
Kṛṣṇa se inkarnira kako bi ih zaštitio, **4.8–9**
Kṛṣṇina, **9.22,** 9.34, 18.58
znanje i *bhakte. Pogledaj:* Znanje
znanje o Kṛṣṇi je ograničeno samo na njih, 10.2–3, 10.11, **18.67**
pogledaj: Čisti *bhakte; posebni bhakte*
Bhakti-rasāmṛta-sindhu, citat u vezi
bhakte kao oslobođenog, 6.31
Kṛṣṇe koga spoznaju samo pročišćene duše, 6.8
odricanja
djelovanja za Kṛṣṇu i odricanja, 11.55
i predanog služenja, 11.55
najvišeg odricanja, 6.10
nepotpunog odricanja, 5.2
u svjesnosti Kṛṣṇe, 9.28
Bhakti-rasāmṛta-sindhu, citat u vezi (nastavak)
oslobođenja putem svjesnosti Kṛṣṇe, 6.31
predanog služenja, 7.16
kao oslobođenja, 5.11
Kṛṣṇa se spoznaje putem predanog služenja, 7.3
neovlaštenog predanog služenja, 7.3
odricanja i predanog služenja, 11.55
oslobođenog sveg lošeg druženja, 11.55
svjesnosti Kṛṣṇe
kao oslobođenja, 6.31
odricanja u svjesnosti Kṛṣṇe, 2.63
stadija svjesnosti Kṛṣṇe, 4.10
znanja o Kṛṣṇi koje se dobiva putem predanog služenja, 7.3, 9.4
Bhaktisiddhānta Sarasvatī Ṭhākura
citiran u vezi s Kṛṣṇinim tijelom, 9.34
njegova obitelj, 6.42
u učeničkom naslijeđu, 26
Bhaktivedanta Swami Prabhupāda, Njegova Božanska Milost A. C. *Pogledaj:* Śrīla Prabhupāda
Bhaktivinoda Ṭhākura, 26
njegov citat u vezi *Bhagavad-gīte,* 2.72
Bhakti-yoga, 5.29, 6.23
pogledaj: Predano služenje
Bharata Mahārāja, **1.24, 2.30,** 6.43, 8.6
Bhārata-varṣa, 6.43
pogledaj: Indija
Bhāva, definicija, 4.10
Bhīma, **1.4, 1.10, 1.15**
Bhīṣmadeva, **1.8, 1.25,** 1.26, **2.4,** 4.16, 18.75
Arjuna i, 2.26, 2.30, 16.5
Draupadī i, **1.10–12,** 2.5
i Kṛṣṇa, 7.25
i Kurui, **1.8, 1.10, 1.11**
njegova sudbina, 2.13, 2.30, **11.26–28, 11.34**
njegova školjka, **1.12,** 1.14
u kozmičkom obliku, **11.26–28**
u usporedbi s Bhīmom, **1.10**
uspoređen s lavom, **1.12,** 1.12
Bhṛgu Muni
njegov otac, 10.25
predstavlja Kṛṣṇu, **10.25**
Bhūriśravā, **1.8,** 1.26
njegov otac, **1.8**
Bhūta-bhāvana, Kṛṣṇa kao, **10.15,** 10.15,
Bhūteśa, Kṛṣṇa kao, **10.15,** 10.15
Biblija citirana u vezi materijalnog dobitka, 2.40
Bića. *Pogledaj:* Živa bića; Duša
Bijede života
četiri, imenovane, 17
sloboda od bijeda života, **2.56,** 2.56, **2.65**
pogledaj: Patnja

Bijes. *Pogledaj:* Ljutnja
Bitka na Kurukṣetri, 5, 12.6–7
  Arjuna
    i Kṛṣṇa u bici, 1.15, 9.11
    nije namijenjen da izbjegne bitku, 1.25
    njegov osjećaj u vezi s bitkom, 12, **1.27–29,** 11.32
    njegova naklonost prema rođacima, **1.28,** 1.28
    njegova zastava u bici, **1.20,** 1.20
    odbija sudjelovati u njoj, **1.46**
    pristaje sudjelovati u njoj, 12, **18.73,** 18.73
  Dhṛtarāṣṭra
    boji se rezultata bitke, 1.1
    raspituje se o bici, 18.74
  duša nije pod utjecajem smrti u bici, 5.7
  generali u bici, uspoređeni jedni s drugima, **1.10**
  izazov da se sudjeluje u bici, 1.38
  kao borba između Duryodhane i Yudhiṣṭhire, 18.78
  kao neizbježna, 2.27
  kao viteški rat, 2.22, 2.27
  Kṛṣṇa
    Njegov položaj u bici, 1.12, **1.14, 1.15,** 3.22
    Njegova želja, 2.27, 2.38, **11.33–34**
    Njegovo doba i pojava u bici, 4.6
    vozač bojnih kola u bici, 1.15, **1.21–22,** 1.21–22, 18.78
  Kurui su odlučni da se bore, 3.20
  mir nije bio moguć u vrijeme bitke, 1.22–23
  njezin strijelac, **1.4**
  njezin uzrok, 1.18, 1.22-**1.23**
  njezino mjesto. *Pogledaj:* Bojno polje Kurukṣetra
  pobjeda Pāṇḍava u bici kao mješoviti blagoslov, **2.5–6**
  pod utjecajem mjesta borbe, 1.1–2
  pokušaji da se izbjegne bitka, 3.20
  politička pozadina bitke na Kurukṣetri, 1.1–3, 1.11, 1.16–18, 1.23, 1.36, 1.37–38
  polubogovi su svjedočili, 11.36
  pozadina bitke, 18.78
  primjer bitke, 3.20
  promatrana iz međuplanetarnog prostora, 11.36
  rezultat bitke, 1.9
    Dhṛtarāṣṭra se bojao, 1.1, 1.2
    Gospodin je predodredio, **11.32–34,** 11.36
    predodređen u kozmičkom obliku, **11.26–28,** 11.49
Bitka na Kurukṣetri (nastavak)
  rezultat bitke (nastavak)
    Sañjaya je prorekao, **18.78,** 18.78
  Sañjaya je upitan o bici, 18.74
  školjke koje su se oglasile u bici, **1.12**-1.15, 1.19
  treba započeti, **1.20**
  vojske u bici
    Arjuna ih promatra, **1.21–27**
    Arjunina zabrinutost za, **1.26–46**
    Arjunini rođaci u njima, imenovani, 1.26
    borci vječno kao osobe, **2.12,** 2.12
    dobile dobrobit od razgovora između Kṛṣṇe i Arjune, 2.10
    njihovi generali, **2.35**
    uspoređene s valovima rijeke, **11.18**
  vozači bojnih kola u bici, 1.15, **1.21–22,** 1.21–22, 18.78
  značaj bitke, 18.78
Blagoslovi, 2.33, 18.73
  za propovijedanje filozofije *Bhagavad-gīte,* **18.68–70**
  za razumijevanje Kṛṣṇine pojave i djelatnosti, **4.9–10**
  za slušanje *Bhagavad-gīte,* **18.71,** 18.71
Bog
  Kṛṣṇa kao univerzalni, 26
  pogledaj: Apsolutna Istina; Kṛṣṇa; Svevišnji Gospodin
Bog ljubavi, **10.28,** 10.28
Bog Sunca. *Pogledaj:* Vivasvān
Bog, vraćanje Njemu, 22–27, 24–25, 2.24
  buddhi-yogom, 10.10
  čisti *bhakta* je kvalificiran za povratak, 9.26
  čistim predanim služenjem, 2.39, **11.55,** 11.55
  djelatnosti u tu svrhu, 17.25
  Gospodinovom milošću ili naklonošću, **18.62,** 18.62
  izvorno duhovno tijelo oživljeno u vrijeme povratka, 15.7
  kao cilj života, 3.7
  kao vječno, 16
  Kṛṣṇa izlaže proces za, **11.55,** 11.55
  Kṛṣṇa obećava Svojim *bhaktama,* **18.65–66**
  materijalne želje sprečavaju, 16.1–3
  materijalni svijet pruža priliku za povratak, 11.33
  Nad-duša daje znanje za, 13.18
  nema povratka u ovaj svijet nakon toga, **8.15–16,** 11.43, **15.6,** 15.6
  obožavanjem Kṛṣṇe, **7.23,** 7.23, **9.25**
  odricanjem i predavanjem, **15.3**-15.5, 15.6

Bog, vraćanje Njemu (nastavak)
oslobođenim djelatnostima, **5.24–26**
osobnost se zadržava nakon, 18.55
pjevanjem Hare Kṛṣṇa, 8.13, 8.19
pogodnostima koje pruža kreacija, **3.10**
pomoću svjesnosti Kṛṣṇe, **2.72,** 4.10, **4.24,** 4.29, 5.26, 6.15, **8.13,** 8.28, 9.25–26, **9.28–29,** 10.4–5, **11.55,** 11.55, 15.8, 17.23, 18.65
pomoću znanja iz *Veda,* 15.15
poznavanjem Kṛṣṇe, **4.9–10,** 11.43
predanim služenjem, **2.51,** 2.51, **7.23,** 7.23, 7.24, 7.29, **8.22,** 8.22, 10.9, **11.55,** 11.55, **18.55,** 18.55
isključivo ovim putem, 8.22, **8.28,** 8.28
Kṛṣṇa ohrabruje, **9.33–34**
predavanjem Gospodinu, 9.28, **11.55,** 11.55, **15.3–5,** 15.6, **18.62–65**
proces za, **15.5,** 15.5
propovijedanjem *Bhagavad-gīte,* **18.68**
samospoznajom, 5.19
sjećanjem na Kṛṣṇu u trenutku smrti, **7.30, 8.8, 8.10, 8.13**
slijeđenjem uputa *Bhagavad-gīte,* 17
slušanjem o Gospodinu, 13.26
u duhovnom tijelu, 15.7
u vrijeme smrti, sjećanjem na Gospodina, **7.30, 8.8, 8.10, 8.13**
u vrijeme uništenja svemira, 8.16
uvjeti za povratak, **15.5,** 15.5
vedske upute za, 3.15
viđenje Gospodina i povratak Bogu, 15.7
za *bhakte,* 8.23, 18.56
za *yogīja* u svjesnosti Kṛṣṇe, **6.15,** 6.15
želja za, 15.6
žrtvovanjem, **3.10,** 4.30
Bogatstvo
bhakte su zadovoljni s mnogo ili malo bogatstva, 1.35
dohodak kao, 10.4–5, 16.1–3
kao privremeno, 2.8
karma kao uzrok bogatstva, 16.16
krađa bogatstva, 1.36
Kuvera je njegov gospodar, **10.23,** 10.23
milostinja i, 10.4–5, 16.1–3
ne jamči sreću, **2.8,** 2.8
njegova upotreba, 2.49
obožavanje za stjecanje, 17.11
odvojenost od, **4.21-**4.23
bhaktina, 12.15, 12.16
pogledaj: Odvojenost
odvojenost od mišljenja na, 10.4–5
osoba postaje obmanuta njime, **16.17**
Bogatstvo (nastavak)
potrebno je za žrtvovanje, 16.1–3
sannyāsī i bogatstvo, 16.1–3
stečeno na nezakonit način, 16.16
u Kṛṣṇinoj službi, **9.27,** 9.27, 11.54, 11.55, 12.10
u propovijedanju svjesnosti Kṛṣṇe, 12.10
u svjesnosti Kṛṣṇe, 12.10, 18.8
vezanost za njega, 1.35, 14.8
demonska, 16.16
u *guṇi* strasti, **18.34**
zbog prošlih dobrih djela, 16.16
žrtvovanje bogatstva, 4.25, **4.28,** 4.28, 4.42
Bogovi. *Pogledaj:* Polubogovi
Bojno polje Kurukṣetra, 3, 1.15
kao sveto mjesto, **1.1,** 1.1
kozmički oblik je viđen na njemu, **11.13,** 11.13, 11.20
pogledaj: Kozmički oblik Gospodina
njegov utjecaj na bitku, 1.1–2
pripreme za borbu na njemu, **1.1-**1.28
školjke koje su se oglasile na njemu, **1.12–19**
uspoređeno s rižinim poljem, 1.1
vojske na njemu
kozmički oblik ih je progutao, **11.26–28,** 11.32
njihova sudbina predodređena, **11.26–28, 11.32–34,** 11.36, 11.49, **18.78,** 18.78
vrijeme ih je progutalo, **11.32**
Bolest, 1.40, 13.8–12
Božica sreće, 1.14–15, 1.20, **1.36,** 1.36
Božice sreće, 8.21
Božje kraljevstvo. *Pogledaj:* Duhovni svijet
Brahmā, 2.2, 4.16, 8.2, 10.7, 10.42, 11.46, 11.52, 14.4, 15.16, 17.4
citiran. *Pogledaj: Brahma-saṁhitā,* citat u vezi
dužina njegova života, 8.17, 8.19, 9.7
kao Pitāmaha, 10.6
kao podrijetlo Gāyatrī *mantre,* 10.35
kao prvo živo biće, 10.6, 10.8
kao sastavni djelić Gospodina, 15.7
kao vrhovni među živim bićima, 7.7
Kṛṣṇa
Brahmā Ga je obožavao, 4.12
kao Brahmā, **11.39**
kao izvor Brahme, 7.15, 10.3, 10.8, 11.37
predstavljen kao Brahmā, **10.33–34**
viši od Brahme, 10.42
Nārāyaṇa kao njegov izvor, 10.8
neosobno obožavanje Brahme, 17.4
nevolje ga također snalaze, 8.17

Brahmā (nastavak)
njegov dan i noć, **8.17–19,** 9.7
njegov otac, 7.15, 10.8, 11.40
njegov planet, 17, 8.16, 14.14, 15.1–2
njegov rodoslov, 10.6, 10.25
njegova smrt, 8.17, 8.19, 9.7
njegova vremenska skala, **8.17–19,** 9.7
njegove molitve, 4.1, 4.5
pogledaj: Brahma-saṁhitā
njegove pokore, 10.6
njegovi sinovi, 10.25
njegovo podrijetlo, Gospodin kao, 12, 7.15, 10.3, 10.8, 11.37
njegovo predavanje Svevišnjem Gospodinu, 7.15
njegovo rođenje, 11.37
njegovo stvaranje, 10.6, 10.32, 10.33
njegovo tijelo, 10.33
on i Hiraṇyakaśipu, 17.19
on i *oṁ tat sat,* 17.23
on ne daje oslobođenje, 7.14
oslobođenje za njega, 8.17
u kozmičkom obliku, **11.15–16**
u učeničkom naslijeđu, 12–13, 27, 2.29, 11.43
uspoređen s mjehurićem u oceanu, 8.17
vedsko znanje i Brahmā, 12–13
Brahma, definicija, 4.24
Brahma puccham, 13.5
Brahma-bhūta razina spoznaje, 5.24, 6.27, 9.2, 18.51–54, 18.55, 18.63
brahma-bhūta stadij, 18.63
djelomičan, 4.11, 7.1
impersonalni stadij spoznaje, 11, 4.1, 4.13, 7.1, 7.3, 7.8, **7.13,** 7.13, 10.2, **12.5,** 12.5, 18.54
pogledaj: Impersonalizam
jñāna-maya, 13.5
Kṛṣṇa predmet spoznaje, 4.11
mantranjem, 8.11, 10.35
najviši, 7.24, 7.26, 13.12, 14.27, 18.78
pogledaj: Spoznaja Boga, Bhagavān; Svjesnost Kṛṣṇe
neizravni, u usporedbi s izravnim, 12.12
odricanjem, 12.3–4
osobni u usporedbi s neosobnim, 7.3, 7.8, 9.11, 10.2
pogodnosti za spoznaju, 11
poniznost neophodna u, 13.12
potpuna, u usporedbi s djelomičnom, 4.11
prāṇa-maya stadij spoznaje, 13.5
preduvjeti za, 2.29
preporuka Gospodina Caitanye za spoznaju Boga, 13.26
Brahma-bhūta razina spoznaje (nastavak)
proces spoznaje. *Pogledaj:* Predano služenje; *Yoga*
putem predanog služenja, 12.5, **14.26,** 14.26
putem *Vedānta* filozofije, 2.45, 15.15
sac-cid-ānanda-vigraha i spoznaja Boga, 11
sjećanjem na Gospodina, 10.13
slijeđenje procesa za spoznaju, razine toga procesa, 12.12
smirenost u spoznaji Boga, **18.54,** 18.54
spoznaja Brahmana i spoznaja Boga, 11, 2.2, 5.20, 6.10, 7.3, 7.26, 10.15, 13.5, **13.31**-13.33, 14.27, 18.51–53, **18.54,** 18.54, 18.78
pogledaj: Spoznaja Boga, impersonalni stadij
spoznaja Kṛṣṇe kao, 15.15
spoznaja Nad-duše i spoznaja Boga, **6.31,** 6.31, 12.3–4, **13.28**-13.29
spoznaja Paramātme kao, 11, 2.2, 7.26, 10.15, 14.27
sreća od spoznaje Boga, **18.54,** 18.54
stadiji spoznaje, 11, 4.11, 4.13, 5.17, 6.10, 6.15, 7.1, 7.17, 7.19, 7.24, 7.26, 10.15, 13.5, 13.12, 14.27, 15.15, 18.78
uspoređeni sa stubama, 13.12
svjesnost Kṛṣṇe kao spoznaja Boga, 2.53, 7.26
vijñāna-maya stadij spoznaje, 13.5
vrste pokušaja za spoznaju, **13.25,** 13.25
pogledaj: Svjesnost Kṛṣṇe
Brahmacārīji, 4.26–27, 6.13–14, 8.28, 16.3
pogledaj: Brahmacarya; Celibat; *Varṇāśrama-dharma* sustav
Brahmacarya, 6.15, 8.11, 8.28
pogledaj: Brahmacārīji; Celibat; *Varṇāśrama-dharma* sustav
Brahma-jijñāsā, 2.45
Brahmajyoti, 9.14, 15.6
duhovni i „materijalni", 4.24
duhovni planeti u *brahmajyotiju,* 16
kao Gospodinov sjaj, 4.24, 6.47
kao izvor svjetlosti, 7.8
kao sjaj koji prekriva Gospodinovo tijelo, 7.25
njegov izvor, 16
oslobođenje u *brahmajyotiju,* 20, 4.9, 8.13, 8.24
pogledaj: Oslobođenje; Brahman
pad iz njega, 4.9, 9.25
stvaranje u njemu, 4.24
u materijalnom svijetu, kao prekriven, 13.18
pogledaj: Brahman

Brahmaloka, 17, 8.16, 14.14, 15.1–2
Brahman, 7.15, 11.38, 18.78
dostizanje Brahmana, 19, 14.26, **18.50,** 18.50
impersonalisti i, **4.25–26,** 10.2, 12.1, 17.4
kao Gospodinov sjaj, 4.35
kao podređen Gospodinu, 10, 7.10, 7.15, **13.13, 14.27**
kao razina čistih *bhakta,* 7.29
kao središte duhovnih i materijalnih svjetova, 15.1
kao *vijñāna-brahma* i *ānanda-brahma,* 13.13
kao vječan i bez početka, **13.13**
kao znanje, 13.18
Kṛṣṇa
kao osnova Brahmana, 7.10, **14.27,** 14.27
viši od Brahmana, 11, 2.12, 7.10, 7.15, **13.13, 14.27,** 14.27
mahad brahma, 14.3
meditacija na njega, 12.1
obožavanje Brahmana uspoređeno s predanim služenjem, **12.1–7**
oṁ je istovjetan s njim, 8.11, 8.13
oplođivanje Brahmana, **14.3**
osobnost se zadržava na razini Brahmana, 14.26
pad iz Brahmana, 14.27
priroda se očituje iz, 5.10
sastavne karakteristike Brahmana, **14.27,** 14.27
shvaćanje života, 7.29
spoznaja Brahmana. *Pogledaj:* Spoznaja Boga
„suprotan od materije", 2.72
u usporedbi sa
Parabrahmanom, 7.10, 8.3
Paramātmom i Bhagavānom, 2.2
Vrhovnim Brahmanom, 4
uspoređen sa
korijenom banjanova stabla, 15.1
sunčevim zrakama, 10
uzdizanje iz, 14.27
zvučna inkarnacija Brahmana, 10.35
živa bića kao, 4, 8.1, **8.3,** 13.13
žrtvovanje Brahmanu, **4.25**
Brāhmaṇe
bhakte su transcendentalni u odnosu na njih, 4.13
dostižu rajske planete, 2.31
Droṇācārya kao, 1.3
dužnosti zanimanja za *brāhmaṇe,* 18.47, 18.48
Gāyatrī *mantra* i *brāhmaṇe,* 10.35
izvor *brāhmaṇa,* 10.6
Brāhmaṇe (nastavak)
kao duhovni učitelji, 16.3
koji djeluju kao *kṣatriye,* 3.35
Kṛṣṇa kao dobronamjernik *brāhmaṇa,* 14.6
milostinja i oni, 10.5, 17.20
nekvalificirani, 2.3
nemaju vremena zarađivati, 10.5
njihov značaj, 14.6
njihova dužnost, 3.35, 18.47
oṁ tat sat i *brāhmaṇe,* **17.23,** 17.23
osobine i kvalifikacije *brāhmaṇa,* 2.7, 4.13, 9.20, 10.5, **18.42**
svećenici, Kṛṣṇa predstavljen među njima, **10.24**
tri-vedījī, 9.20
u *guṇi* vrline, 4.13, 7.13, 9.32, 14.6, 18.47
vedski učenjaci među njima, 9.20
vrše žrtvovanje životinja, 2.31
pogledaj: Varṇāśrama-dharma sustav
Brahma-nirvāṇa, 2.72, 5.26, 5.29
Brahmaṇya Tīrtha, 28
Brahma-saṁhitā, 3, 4.5
Brahma-saṁhitā, citat u vezi
Goloke, 16
Kāraṇodakaśāyī Viṣṇua, 10.20
Kṛṣṇe
i Njegovih bezbrojnih oblika, 11.46
kao Govinde koga *bhakte* vide kao Śyāmasundaru, 6.30
kao Gospodinova izvornog oblika, 4.5
kao onoga koji se spoznaje predanim služenjem, 9.4
kao sveprožimajućeg iako je lokaliziran, 13.14
kao Svevišnjeg Gospodina, 10, 2.2, 4.5, 7.3, 7.7, 9.11
kao uzroka svih uzroka, 7.3
ljubavi *bhakta* prema Njemu, 3.13
Mahā-Viṣṇua i, 11.54
na Goloki, 6.15
Njegove ljepote, koja se može vidjeti pomoću ljubavi, 11.50
Njegove nadmoćnosti, 7.3
Njegove nepogrešivosti, 4.5
Njegovih djelatnosti, kao transcendentalnih, 9.9
Njegovih inkarnacija, 4.5
Njegovih oblika i inkarnacija, 4.9
Njegova oblika vječnosti, blaženstva i znanja, 11.54
Njegova prebivališta, 8.21
opisa Kṛṣṇe, 18.65
poznavanja Kṛṣṇe, 7.24
sunca i Njega, 4.1

Brahma-saṁhitā, citat u vezi (nastavak)
Svevišnjeg Gospodina i *Veda,* 4.5
Brahma-saṁsparśa, 6.28
Brahma-sūtra, 13.5
citat u vezi
Brahmana, 10
Gospodina, živog bića i polja djelatnosti, 13.5
ispitivanja o Apsolutnom, 5
Brak
potreban u ljudskom društvu, 18.5
prednosti braka, 18.5
uloga *sannyāsīja* u braku, 18.5, 18.7
zanemarivanje braka, 16.7
pogledaj: Obiteljski život
Brdo Govardhana, 3.24
Bṛhad-āraṇyaka Upaniṣada, citat u vezi
Gospodina
kao probavne vatre, 15.14
kao upravitelja, 9.6
nadilaženja posljedica, 4.37
podrijetla *Veda,* 3.16
pravoga ega, 13.12
škrtice nasuprot *brāhmaṇe,* 2.7
Bṛhad-viṣṇu-smṛti, citat u vezi onoga tko vrijeđa Gospodina, 9.12
Bṛhan-nāradīya Purāṇa, citat u vezi slušanja, 6.13
Bṛhaspati, 10.24
predstavlja Kṛṣṇu, **10.24**
Bṛhat-sāma, predstavlja Kṛṣṇu, **10.35,** 10.35
Buddha, njegova misija, 4.7
Buddhi, definirana, 10.10
Buddhi-yoga, 2.39, 2.49, 3.2–4, 5.1, 10.10
Budizam, 2.26, 2.72

C

Caitanya, citiran u vezi
bhakte, 10.5
čišćenja srca, 6.23
impersonalističkih tumačenja, 2.12
mantranja, 22
odvojenosti i želje za predanim služenjem, 6.1
podnošljivosti, 8.5
prirodnog položaja živoga bića, 14
slave, 10.5
spoznaje Boga u ovom dobu, 13.26
vjerodostojnog duhovnog učitelja, 2.8
Caitanya-caritāmṛta,
citat u vezi
čistog *bhakte,* 9.28
inkarnacija Svevišnjeg Gospodina, 4.8
Kṛṣṇe kao Svevišnjeg, 7.20, 11.43
predanog služenja, 7.22, 10.9
Veda koje su date zaboravnim dušama, 21
vjere, 9.3
vjere u predano služenje, 2.41
vjerodostojnog duhovnog učitelja, 2.8
tumačenje, 9.34
Cāṇakya Paṇḍita, citiran u vezi žena, 1.40
Caṇḍāle, 9.32
Candra, 3.14, 17.4
njegov planet, 8.16, 9.18
Cāturmāsya, 2.43, 4.28
Cekitāna, **1.5**
Celibat, **8.11, 17.14–15**
kao strogost tijela, **17.14,** 17.14
poteškoće u, 8.11
pravila za, 6.13–14
za *brahmacārīja,* 16.13–14
za savršenstvo, **8.11**
pogledaj: Brahmacarya; Odricanje; *Sannyāsa*
Chāndogya Upaniṣada, citat u vezi
dva načina smrti, 8.26
sat, 17.23
Svevišnjeg Gospodina
Njegovog stvaranja, 9.7
u tri oblika, 15.18
tat, 17.23
života kao središta mogućnosti i djelatnosti, 7.19
žrtvovanja, 8.3, 8.16
Choṭa Haridāsa, 16.3
Cilj života, 3.7, 3.12, 3.26
Citi-śakti, definirana, 6.23
Citraratha, predstavlja Kṛṣṇu, **10.26**

Č

Četvorica Kumāra, 4.16, 7.15, **10.6,** 10.6, 10.7, 14.27
Čista vrlina, 14.10, 17.3, 17.4
Čisti *bhakte*
čisti *bhakta* i njegov duhovni učitelj, 18.56
dobre kvalifikacije su potrebne za, 12.19

Čisti *bhakte* (nastavak)
dok spavaju sanjaju o Kṛṣṇi, 1.24
druženje s njima, 6.8, 7.16, 7.17, 7.28, 9.32, 12.20, 15.20
rijetkost njihova društva, 10.9
duhovni učitelj i, 12.13–14
dužnost i, **3.17–19,** 9.28
imaju potpuno znanje o Kṛṣṇi, **7.17–19**
jedino oni razumiju duhovno znanje, 13.19
jedino oni spoznaju Kṛṣṇu, 4.11
jednaki su prema sreći i nesreći, **12.13–16**
kao *adhyātma-cetas,* 3.30
kao kvalificirani da se vrate Bogu, 9.26
kao ljubazni, **12.13–16**
kao *mahātme,* 9.13
kao najviši transcendentalisti, 18.66
kao neshvatljivi, 9.28
kao *niṣkāme,* 8.14
kao odlučni u predanom služenju, **12.13–14, 12.15**
kao oslobođeni, 9.28
kao osobe meka srca, 1.28
kao prijatelji svih, **12.13–14**
kao rijetki, 12.14
kao snošljivi, **12.13–15**
kao transcendentalni
prema dvostranostima života, **12.17**-12.19
prema imenovanjima, 12.16
prema materijalnim dužnostima, **3.17–19**
prema strahu i zabrinutosti, **12.15–16**
prema vezanosti i odvojenosti, 2.64
kao zadovoljni, **12.13–15**
kozmički oblik ih posebno ne privlači, 11.54
Kṛṣṇa
daje im ono što im nedostaje i čuva ono što imaju, **9.22**
jedino Ga oni mogu vidjeti, 11.48
jedino ih On privlači, 2.64, 9.13
milostiv je prema njima, 7.23, 11.7, 18.56
Njegova obećanja čistim *bhaktama,* **12.6–7,** 12.6–7, **18.65–66**
Njegovo društvo za njih, 4.9, 4.11
oni Ga poznaju, 4.5, 7.3
oni Ga se sjećaju, **8.14,** 8.14, **10.9,** 10.9
prihvaća njihove ponude, 9.26
prosvjetljava ih, 10.11
štiti čiste *bhakte,* 9.34
upravlja njima, 1.15
zadovoljan je s njima, 1.22
želi da mi postanemo čisti *bhakte,* **18.65**
na razini Brahmana, 7.29
ne osjećaju patnju, 12.17

Čisti *bhakte* (nastavak)
nemaju zavisti, **12.13–14**
nisu uznemireni, **12.15–16**
njihova budućnost, 9.28
njihova meditacija, **6.19**
njihova milost, 2.29, 18.71, 18.73
njihova neovisnost, **12.16–17**
njihova odvojenost, 7.22, 8.14, **8.15,** 8.23–24, 8.27, **12.16–17**
njihova smirenost, **12.18–19,** 12.18–19
njihova sreća, **18.54,** 18.54
njihova vizija, 11.7
njihove dobre osobine, 1.28
njihove odlike i kvalifikacije, 6.7–32, **7.17–18,** 7.20, 7.22, **8.14,** 8.14, 9.11, 9.13, **9.22,** 9.28, **10.9,** 10.9, 10.42, 12.2, **12.13–20, 18.54,** 18.54, 18.56
njihovo jedinstvo s Gospodinom, 18.54
njihovo predano služenje, 6.18, 12.2, **12.13–15**
njihovo propovijedanje, 11.55
njihovo vodstvo, 9.32, 18.55, 18.56
osoba ih ne može shvatiti, 9.28
potpuno su privrženi Gospodinu, **10.9,** 10.9
potpuno su zaokupljeni djelatnostima pod Kṛṣṇinim vodstvom, 18.56
povezani s Gospodinom, 9
povratak Bogu za njih, 18.55, **18.56**
predani Gospodinu, 10.9
predavanje njima, 13.26
razumiju *Bhagavad-gītu,* 18.64
rizik koji prihvaćaju, 12.17
slušaju i pjevaju o Kṛṣṇi sa zadovoljstvom, 10.19
slušanje i pjevanje njihovo je zadovoljstvo, **10.9,** 10.9
slušanje od njih, 7.1, 8.15
služenje njih, 18.67
svi se uzdižu druženjem s njima, 9.32
u usporedbi sa
bhaktama koji imaju motive, 7.16
yogījima, 8.14, 8.16
uvijek služe Gospodina, **8.14,** 8.14, 18.56
za njih nema smetnji, 8.14, **9.22,** 12.17
za njih nema tjeskobe, 10.11, **12.16–17**
Čisto predano služenje, 2.39, 4.10, 9.20
Brahman se dostiže putem, **14.26,** 14.26
definirano, 7.16
devet vrsta aktivnosti pri služenju, 9.1
i niže alternative, **12.8–12**
kao cilj znanja, 13.8–12

Čisto predano služenje (nastavak)
kao oslobođenje, **9.13,** 9.13, **14.26,** 14.26, 18.54, 18.58
kao rezultat vjere, **10.7,** 10.7
karakteristike i kvalitete, 6.7–32, **8.14,** 8.14, **10.9,** 10.9, **11.55,** 11.55
nasuprot propisanom predanom služenju, 12.12
povratak Bogu je osiguran čistim predanim služenjem, **11.55,** 11.55
putem propovijedanja *Bhagavad-gīte,* **18.68**
rizik koji osoba prihvaća u čistom predanom služenju, 12.17
sreća putem čistog predanog služenja, **18.54,** 18.54
stadiji dostizanja čistog predanog služenja, **18.51–56**
u *Bhagavad-gīti,* 18.1
u usporedbi sa služenjem s materijalnim motivima, 7.16, 9.2
uvjerenje dovodi do, **10.7,** 10.7
znanje o Kṛṣṇi ga nadahnjuje, **10.7–8**
znanje putem čistog predanog služenja, 15.11
Čistoća, **16.1–3,** 18.27
aktivnosti u, kao *bhakti,* 9
čistoća svjesnosti definirana, 9
definirana, 13.12, 16.3, 16.7
kao brāhmaṇska odlika, **18.42**
kao strogost tijela, **17.14,** 17.14
kupanjem, 2.14
nedostatak čistoće, **16.7, 16.10,** 16.10
potrebna za pričanje o transcendentalnim temama, 9
u ponašanju prema drugima, 16.3
vrste čistoće, 13.12, 16.7
za *sannyāsīja,* 16.1–3
Čovječanstvo. *Pogledaj:* Ljudska bića; Društvo

D

Daitye. *Pogledaj:* Demoni
Dama. Pogledaj: Samoovladanost
Dāmodara, 8.22
Darežljivost, **18.43**
Darśa-paurṇamāsī, 9.25
Dayānidhi, 26
Demoni, 4.3, **16.4–22,** 16.24, 17.5–6
Daitye kao, 10.30
Daitye, Kṛṣṇin predstavnik među njima, **10.30**
demoni i *bhakte,* 4.8
Demoni (nastavak)
demoni i polubogovi, 17.1
demonske i božanske osobe, **16.5–6**
dovode svijet u opasnost, **16.9,** 16.9
duhovni učitelj demona, 10.37
Gospodinova milost prema, 16.20
Kṛṣṇa i demoni, 4.3–4, **4.8,** 4.8, **10.14–15, 11.36**
Kṛṣṇin predstavnik među njima, **10.30**
ne mogu dostići Gospodina, **16.20**
neprijatelji demona, **16.13–15,** 16.16
njihova sudbina, 16.10, **16.16,** 16.16, **16.19–20**
njihove djelatnosti, **16.7–12,** 16.16, **16.17–18,** 16.24, **17.5–6,** 17.5–6
njihove osobine, **16.4–18,** 16.19, **16.21,** 16.21, **16.23,** 16.24, **17.5–6,** 17.5–6
njihovo pogrešno razumijevanje, 2.1
obožavanje demona, **17.4,** 17.4
u *guṇi* neznanja, **17.4–6**
pad u demonske vrste, **16.19–20**
poštovani, 16.10
Prahlāda iz obitelji demona, **10.30**
Rāvaṇa kao demon, 16.16
rođenje u obitelji demona, 16.19–20, 17.6
u usporedbi s Ādityama, 10.30
uspoređeni s ribom u mreži, 16.16
pogledaj: Materijalisti; *posebni demoni*
Devadatta školjka, **1.14–15**
Devadeva, Kṛṣṇa kao, **10.15,** 10.15
Devahūti, Gospodin Kapila i ona, 2.39, 10.26
Devakī, 7.24, 10.8
Kaṁsa je proganjao, 4.8
Kṛṣṇa i Devakī, 1.15, 4.4, 4.8, 4.11, 10.3, 11.52, 11.53
njezin brat, 4.8
njezin muž, 4.8
Devakī-nandana, Kṛṣṇa kao, 1.15
Devala, 5, 7.15, 18.62
Deveśa, Kṛṣṇa kao, 11.37
Dhanañjaya, Arjuna kao, 1.15, **2.49,** 7.6-**7.7,** 10.37
Dharma, 14–15
definirana, 13–15
pogledaj: Dužnost; Zanimanje; *Sanātana-dharma; Varṇāśrama-dharma*
Dharma-kṣetra definirana, 1.1
Dharma-śālā, 4.28
Dhīra, znanje o njemu, 2.13
Dhṛṣṭadyumna, **1.3,** 1.3, **1.16–18,** 1.19
njegov učitelj, 1.3
Dhṛṣṭaketu, **1.5**

Dhṛtarāṣṭra, 1.1–2, 1.18, 1.23, **1.36,** 2.9, 11.12
njegovi sinovi, **1.1,** 1.1, **1.19**-1.20, 2.39, **11.26–28**
pogledaj: Duryodhana; Kurui; *određeni sinovi*
Sañjaya
ga obeshrabruje, **18.78**
ga ohrabruje, **1.2–3**
slavi Kṛṣṇu i Arjunu pred njim, **18.74–78**
upitan od, **1.1,** 1.1, 18.74
upozorava ga, 1.18, **18.78,** 18.78
Dhruva Mahārāja, 18.71
Dhruvaloka, 18.71
Dhyāna-yoga, 6.14, 6.23, 6.47, 7.3
Diplomacija, 18.47
Diti
njezini sinovi, 10.30
Prahlāda Mahārāja i ona, 10.30
Divyam definirano, 4
Djeca, 2.20, 3.38, 7.11, 7.15, 16.1–4
dužnost prema, 7.11, 7.15
nerođena, 3.38, 7.15
neželjena (*varṇa-saṅkara*), **1.40–41, 3.24**
Dječaci pastiri, 16, 11.8
Djelovanje (aktivnost)
aktivnost u neaktivnosti, **4.18**
bhakta je transcendentalan prema aktivnostima, **5.13–14**
cilj djelatnosti, Gospodin kao, 17.28, 18.65
činitelji koji motiviraju djelovanje, tri, **18.18**
činitelji, tri, **18.18**
devocijske djelatnosti. *Pogledaj:* Predano služenje
Gospodin kao cilj, 17.28
grešno djelovanje, 3.15
pogledaj: Grešne djelatnosti
hirovito djelovanje, 14.13
i nedjelovanje, **4.16–42**
Kṛṣṇa je pravi uzrok, 4.21
lažni ego i, **18.24**
materijalno djelovanje kao *karma,* **8.3**
pogledaj: Karma
Nad-duša kao konačni činitelj, **18.14,** 18.14
neodgovorno, **18.24**-18.25
obožavanjem Gospodina, **18.46,** 18.46
odgovornost za; kao Gospodinova odgovornost, 18.14, 18.17
odricanje od rezultata, **18.2**
pogledaj: Odvojenost(Nevezanost)
opunomoćena i neopunomoćena djela, znanje o djelovanju, **18.30–32**
pet činitelja djelovanja
navedeni, **18.14,** 18.16
neznanje o njima, **18.16**
Djelovanje (aktivnost) (nastavak)
pobožne djelatnosti, njihovo značenje, 11.48
polje djelatnosti, **13.1–7, 13.18, 13.19**-13.20, **13.27,** 13.27
poznavatelji polja djelatnosti. *Pogledaj:* Uvjetovane duše; Svevišnji Gospodin, kao Nad-duša
povoljna i nepovoljna djela, predano služenje i djelatnosti, 10.3
pravṛtti djelatnosti, 18.30
propisane djelatnosti i djelovanje bez vezanosti, **18.23**
prošle djelatnosti, stjecanje tijela prema prošlim djelima, 13.21
rezultati aktivnosti, 18.12
svjesno Kṛṣṇe, 12.2
ne stvara posljedice, 18.13–14
tijelo, priroda i aktivnosti, 14.5
trebamo se sjećati Kṛṣṇe kroz naše, 18.65
u *guṇi* neznanja, **18.25,** 18.25
u *guṇi* strasti, **18.24**
u *guṇi* vrline, **18.23**
u iluziji; ne mareći za spise, sebe ili druge, **18.25,** 18.25
u svjesnosti Kṛṣṇe, **4.15–42, 5.1–29, 6.1–4, 6.17,** 6.20–23, **9.27–28,** 12.2
u vrlini, strasti i neznanju, **14.15**-16, 16.1–3, 17.2, **18.23–25**
uzroci djelatnosti, pet, 5.9, **18.13–16**
vršitelji djelatnosti. *Pogledaj:* Djelovanje, vršitelji djela
za djelovanje je potrebno odobrenje Nad-duše, 13.23
za naša djela odgovorni smo Yamadūtama, 18.25
za *sannyāsīje,* 5.6
za zadovoljstvo Viṣṇua, **3.9–10**
pogledaj: Plodonosne djelatnosti; *Karma;* Materijalni život; Duhovni život
Doba, kozmička. *Pogledaj:* Dvāpara-yuga; Kali-yuga; Satya-yuga; Tretā-yuga; *Yuge*
Doba, sadašnje. *Pogledaj:* Kali-yuga
Dobro, kao ono koje uvijek pobjeđuje, **6.40**
Dobrotvorni rad
obitelj i dobrotvorni rad, **1.42**
svjesnost Kṛṣṇe kao najviši dobrotvorni rad, **5.25**
pogledaj: Milostinja
Dragulj, *vaidurya,* 4.5
Draupadī, 1.11, 11.49
njeni sinovi, **1.6, 1.18**-1.19
Dṛḍha-vrata, 7.30
Droṇācārya, 1.2–3, **1.8, 1.12,** 1.12, **1.25,** 1.26, **2.4,** 2.5, 2.13, 18.78

Droṇācārya (nastavak)
Arjuna i, 2.26, 2.30, 16.5
Draupadī, 11.49
Duryodhana ga oslovljava, **1.2–11**
njegova sudbina u bici na Kurukṣetri, 1.12, 2.30, **1.26–28, 11.34**
njegovi rođaci, 1.8
njegovi učenici, 1.3
u kozmičkom obliku, **11.26–28**
umrijet će u bici, 2.30
Drupada, **1.4, 1.18**-1.19
Društveni život, 13.8–12
Društvo
današnje. *Pogledaj:* Kali-yuga
ljudsko. *Pogledaj:* Ljudska bića; Ljudski život
obitelj u društvu. *Pogledaj:* Obiteljski život
podjele društva. *Pogledaj: Varṇāśrama-dharma* sustav
svjesno Kṛṣṇe. *Pogledaj:* ISKCON; Pokret svjesnosti Kṛṣṇe
vedsko. *Pogledaj: Varṇāśrama-dharma* sustav; Vedska civilizacija
Drveće, Kṛṣṇin predstavnik među njima, **10.26**
Drveće želja, 2, 8.21
Duh
i materija su isti za Kṛṣṇu, **9.19**
prekrivena materija kao, 4.24
u usporedbi s materijom, **2.16–30**
pogledaj: Duša(e)
Duhovi. *Pogledaj:* Materijalno tijelo, suptilno
Duhovni nauk
predstavlja Kṛṣṇu, **10.32,** 10.32
pogledaj: Predano služenje; Svjesnost Kṛṣṇe; *Yoga*
Duhovni planeti. *Pogledaj:* Duhovni svijet, planeti u njemu
Duhovni svijet
brahmajyoti iz duhovnog svijeta, 15.6
devocijski život i aktivnosti u duhovnom svijetu, 14.2
Goloka Vṛndāvana u njemu, 8.28
Gospodin u duhovnom svijetu
iako je sveprožimajući, 9.11
iako je svuda, 9.11
jedinstvo s Gospodinom i živa bića u, 15.16
jednakost (kvalitativna) s Gospodinom, **14.2,** 14.2
kao *avyakta,* 19
kao cilj *Veda,* 15.1
kao Gospodinovo očitovanje, **8.22,** 8.22
kao Gospodinovo prebivalište, 18.62

Duhovni svijet (nastavak)
kao neočitovan, 18
kao *paraṁ padam,* 2.51
kao potpuno duhovan, 8.22
kao samoobasjan, 2.16
kao vječan, 13
karakteristike, 14.2
Kṛṣṇa kao podrijetlo, 10.8
Kṛṣṇino prebivalište u, *pogledaj:* Kṛṣṇa, Njegova prebivališta
kvalifikacija za opisivanje, 9
materijalni svijet kao njegov odraz, 15.1, 15.3–4
materijalni svijet kao „prekriveni" duhovni svijet, 4.24
ne može se vidjeti iz materijalnog svijeta, **15.3–4**
nema povratka iz, **8.15–16**
njegov Vaikuṇṭha dio, 2.51, 8.13, 11.45, 15.6
njegova priroda, 2.51, **15.6,** 15.6
njegova veličina, 19
obilja, 15.6
oblik u duhovnom svijetu, 14.2
odlazak duše u, 15.8
odnosi s Kṛṣṇom u, 4.11
opisan, 16
osobnost se zadržava u njemu, 14.2
osvjetljenje u, 16
Paramātmā i, 7.4
planeti u duhovnom svijetu, 16–19, 8.13
broj planeta, 2.51
duhovna tijela živih bića na njima, 15.7
glavni među njima, 17
Goloka Vṛndāvana kao jedan od njih, 16, 17, 19, 8.15
Gospodinova očitovanja u njima, 11.45
kao neograničeni, 11.45
kao samoobasjani, 6.15
Kṛṣṇaloka kao jedan od njih, 8.15
kvalifikacije za ulazak na njih, 2.51
Nārāyaṇa oblik za njih, 11.45
njihov sjaj, 15.6
njihova Božanstva, 15.7
njihova priroda, 2.51
njihova priroda, 6.15
njihovo osvjetljavanje, 13.18, **15.6,** 15.6
oslobođenje dostizanjem njih, **9.25**
predano služenje na, 14.2
prevladavajuća Božanstva na, 8.22
u *brahmajyotiju,* 16
Vaikuṇṭha kao, 2.51, 8.13, 11.45, 15.6
predano služenje i, 2.72
prednosti, 15.6
raznolikosti u, 10.19, 14.2

Duhovni svijet (nastavak)
u analogiji banjanova drveta, **15.3–4**
u usporedbi s
materijalnim svijetom, 16, 17, 18, 19, 20, 9.33, 13.18, 13.21, 15.6, 15.16
višim planetima, 9.21
uništenje ga ne dotiče, **8.20**
uspoređen s uspravnim drvetom, 17
uzdizanje u duhovni svijet
bhakta ima povjerenje u Kṛṣṇu glede toga, 12.6–7
pogledaj: Bog, povratak Njemu
pogledaj: Kṛṣṇaloka; Vṛndāvana; Vaikuṇṭha
Duhovni učitelj(i)
bhakta je pod njegovom upravom, 18.58
brahmacārīji i duhovni učitelj, 6.14
brāhmaṇa kao, 16.1–3
Caitanya-caritāmṛta ga definira, 2.8
Caitanyin, 2.46
čisti *bhakta* i duhovni učitelj, 12.14, 18.56
demoni mu se ne pokoravaju, 16.24
diskvalifikacije za duhovnog učitelja, 2.7, 2.8, 2.12, 2.13
druženje s njim, 10.4–5
Gospodin
duhovni učitelj Ga predstavlja, 10.3
ga šalje, 13
kao duhovni učitelj, 12
shvaća se preko duhovnog učitelja, 11.34
zadovoljan je ako je duhovni učitelj zadovoljan, 2.41
Gurv-aṣṭaka molitve upućene njemu, 2.41
inicijacija koju daje, 4.10
oṁ tat sat u vrijeme inicijacije, 17.27
inkarnacija duhovnog učitelja, Nityānanda kao, 7.15
izvorni duhovni učitelj, 2.7, 4.34
Kṛṣṇa kao, 11.43
kao Kṛṣṇin predstavnik, 2.20
kao onaj tko je ovladao naukom o Kṛṣṇi, 2.8
kao oslobođen, 7.14
kao ozbiljan, 2.10
kao potpuno svjestan Kṛṣṇe, 2.8
kao prozirni posrednik, 18.75
kao samospoznat, **4.34-**4.35
kao transcendentalan prema staležima i redovima društva, 2.8
kao učitelj *Veda,* 8.28
Kṛṣṇa
čuje se izravno preko duhovnog učitelja, 18.75
ga šalje, 4.7
kao on, 2.7, 11.43, 11.54
Duhovni učitelj(i) (nastavak)
Kṛṣṇa daje upute kroz duhovnog učitelja, 10.3
Kṛṣṇa kao vrhovni duhovni učitelj, **11.43**
molitve upućene njemu, 2.41
Nārada Munijev, 18.75
nije
u suprotnosti sa svetim osobama i spisima, 10.3
uvjetovana duša, 2.12
njegov rođendan, 18.75
njegov test, 4.34
njegova milost, 13.8–12
njegova pravila, 8.28
njegove kvalifikacije i osobine, 2.8, 2.41, **4.34–35,** 4.42, 5.16, 18.75
njegove upute, 3.35, 18.63
kao duhovne dužnosti, 3.35
kao osnovna dužnost, 18.57
neophodnost prihvaćanja, 3.35, 10.3, 3.11, 11.54, 12.5, 17.28
pokoravanje njima, 18.59
njegovi planovi jednako dobri kao Gospodinovi, 11.34
njegovo vodstvo, 4.10, 9.14, 17.6
njegovo zadovoljstvo je potrebno, **4.34,** 4.34
njihove obitelji, 6.42
njihovo učeničko naslijeđe. *Pogledaj:* Učeničko naslijeđe
obožavanje, **17.14**
odavanje poštovanja, 2.41
oslobođenje uz njegovu pomoć, 7.14
ostaci ponuda posvećenih, 17.10
pokoravanje njemu, 2.41
potreban je, 2.20
predavanje njemu. *Pogledaj:* Predavanje Gospodinu, uz pomoć duhovnog učitelja
prednosti duhovnog učitelja, 13.35
preporučen je, 2.68
prihvaćanje njega
kao osnovno, 13.8–12
kao ozbiljno, 2.7
prijeka potreba prihvaćanja duhovnog učitelja, 23, 2.7–8, 2.41, 4.10, **4.34,** 4.34, **4.35, 4.36,** 9.34, 10.3, 11.54, 13.8–12, 16.24, 17.28
radi stjecanja znanja o Gospodinu, 18.75
prijeka potreba vjere u duhovnog učitelja, 6.47

Duhovni učitelj(i) (nastavak)
razgovori s njim, kao ozbiljni, 2.7
Sañjayin duhovni učitelj, 18.75
sannyāsī i duhovni učitelj, 16.1–3
savršenstvo putem njegove upute, 18.57
slijeđenje njegovih stopa se preporučuje, 4.40
slušanje od njega, **4.34,** 4.34, **4.35–36,** 16.1–3
služba namijenjena njemu, **4.34,** 4.34
treba biti na razini oslobođenja, 7.14
u učeničkom naslijeđu, 11.43, 18.75
učenik i duhovni učitelj
kao ozbiljan odnos, 2.7, 2.10
njihov odnos, 2.7, 2.10, **4.34,** 4.34
uzdizanje druženjem s njim i pokoravanjem njemu, 17.2
vjera u Gospodina putem njegovih uputa, 17.28
vjerodostojni, 10.10
Bhagavad-gītu treba čuti od, 16.1–3
dobrobit od zadovoljavanja, 13.8–12
dobrobiti od predavanja, 13.8–12
prihvaćanje i slušanje, 12.20
značaj duhovnog učitelja, 13.8–12
znanje preko duhovnog učitelja, 2.7, **4.34–35,** 5.16, 10.8, 13.25, 15.20, 16.1–3, 18.75
pogledaj: određeni duhovni učitelji
Duhovni život
aktivnosti u
osoba ih se ne treba odreći, 18.2, **18.3–10**
pogledaj: Predano služenje
autoriteti u, Kṛṣṇine božanske osobine, **10.12**–10.13
celibat u, **8.11**
djelovanje kao dio duhovnog života, 7.19
dužnost i, 2.2
jedenje u duhovnom životu, **6.16,** 6.16
kritika duhovnog života, 13.8–12
Kṛṣṇa ga je objasnio, 3.2
Kṛṣṇa je cilj, 4.11
lažni duhovni život, **3.6**-3.8, 16,1–3
materijalisti nisu zainteresirani za, 3.29, **4.10,** 4.10
materijalna vezanost u duhovnom životu, 6.40
napredak u duhovnom životu
putem dužnosti, 2.2
test napretka, 13.8–12
nastavlja se život za životom, **6.41–45**
neizravni i izravni procesi duhovnog života, 12.12
nezainteresiranost za, 14.8
njegov najviši put, 18.78
Duhovni život (nastavak)
obitelj je odgovorna za duhovni život, 1.39, 1.40
odnosi u duhovnom životu, 4.11
odricanje je potrebno u duhovnom životu, 13.8–12
odricanje kao početak duhovnog života, 3.42
osjetilno uživanje ometa, **2.41–44**
oslobođenje kroz duhovni život, 8.28
patnja kao poticaj za, 13.8–12
podjele u duhovnom životu
dvije, 4.42
tri, 6.40
postojanost u duhovnom životu, 13.8–12
prednosti duhovnog života
dobro rođenje, 1.31
krajnji uspjeh, **6.40–45**
oslobođenje, **2.72**
povratak Bogu, **2.72**
transcendentalno zadovoljstvo, 2.69
zbunjenost nestaje, **2.72**
procesi duhovnog života
izravni i neizravni, 12.12
razine duhovnog života prema sposobnostima, **12.8–12**
transcendiraju se svjesnošću Kṛṣṇe, 18.66
procesi pročišćavaju, **18.4–6**
propisi
demoni ignoriraju, **16.17**
pogledaj: Propisana načela
pseudo, 3.33
putem odricanja, 2.15
rizici u duhovnom životu, 13.8–12
savršenstvo u
kao svjesnost Kṛṣṇe, 18.49, 18.50
putem odricanja, **18.49,** 18.49
smetnje u duhovnom životu, **4.10,** 4.10
podnošenje tih smetnji, 13.8–12
strogost je potrebna u duhovnom životu, 16.1–3
svjesnost Kṛṣṇe kao najviši put duhovnog života, 6.40
tijekom utjelovljenja, 5.29
u Indiji, 16.24
u usporedbi s materijalnim životom, 1.35, 2.72, 6.40, 9.1, 9.20–21
uzrok raspitivanja o duhovnom životu, 3.37
vrste obožavanja u duhovnom životu, **7.23,** 7.23, 7.24
završetak duhovnog života u vrijeme smrti, **2.72**
žrtvovanje i duhovni život, **4.24–33**
pogledaj: Žrtvovanje

Duhovni život (nastavak)
pogledaj: Predano služenje; Svjesnost Kṛṣṇe; Religija; *Yoga*
Duhovno nebo. *Pogledaj:* Duhovni svijet
Duhovno znanje
akademsko znanje u usporedbi sa spoznatim znanjem, 6.8
Arjunino znanje o svemiru, prošlosti, sadašnjosti i budućnosti, 11.7
autoritet duhovnog znanja
kvalifikacije za, 2.7, 2.8, 2.12, 2.13, 13.5
pogledaj: Duhovni učitelj
bhakte
jedini shvaćaju, **13.19,** 13.19
pokušavaju dati, 15.10
Bog se spoznaje duhovnim znanjem, 7.17
Brahman kao, 13.18
danas je zapostavljeno, 14.16
definicija potpunog znanja, 7.2
definirano, 2.11
deveto poglavlje *Gīte* kao kralj duhovnog znanja, 9.2
dijeljenje znanja. *Pogledaj:* Predano služenje, propovijedanje
diskvalifikacija za slušanje duhovnog znanja, **18.67**
djelovanje u duhovnom znanju, 5.1
dostiže vrhunac u predavanju, 18.66
duhovni nauk o Bogu, **5.20**
pogledaj: Svjesnost Kṛṣṇe
dvije vrste znanja, 4.42
eksperimentalno duhovno znanje, 3.3
Gītā predstavlja znanje o pet temeljnih istina, 6
Gospodin ga sažeto prikazuje Arjuni, **18.2–66**
Gospodin kao, **13.18**
izgubljeno zbog grešnih želja, 3.6
izvori duhovnog znanja, **7.1,** 7.1
analitičko proučavanje kao, 2.16
autoritet kao, 3, 1.43, 2.7, 2.8, 2.12, 2.13, 2.25, 4.16–17, 7.15, 9.34, 10.3, 13.5, 18.62
Bhagavad-gītā kao, 2.20, 2.29, 2.50, 3.2, 3.41, 4.42, 8.28, 10.2, 10.3, 11.48, 11.55, 13.1–2, 15.10, **18.67, 18.70–71,** 18.71, 18.73
bhakte kao, **4.34,** 4.34, **7.1-**7.2, 15.10, 18.55
društvo *bhakta* kao, 7.30, 9.1, 13.24, 13.28, 15.3–4, 17.26–27
guṇa vrline kao, **14.6,** 14.6, **14.17**
inteligencija kao, 7.10, **7.25,** 7.25

Duhovno znanje (nastavak)
izvori duhovnog znanja (nastavak)
istraživanje kao, 11
Kṛṣṇa kao, 12–13, 2.20, 2.39, 2.45, 3.2, 3.41, 4.4, **4.5–9, 7.1–30, 9.1,** 9.1, 10.2, 10.4–5, 10.8, 11.4, 11.7, 11.52, **15.15,** 15.15, **18.63–64, 18.74–77**
Kṛṣṇina milost kao, 7.24, 11.4, 11.52
ljubav prema Kṛṣṇi kao, 9.4
odvojenost kao, 2.20
ponavljanje kao, 12.19
predano služenje kao, 2.39, 4.38, 6.8, 7.1, 8.14, 9.2, 9.4, **10.2-**10.3, **10.10-**10.11, 10.15, 10.17, 15.11, 15.20, 18.67
predano služenje kao jedini, 7.3, 7.24–25, 9.2, 9.4, 11.52–53, **11.54,** 11.54, 15.11, **18.55,** 18.55, 18.67
religija kao, 2.14
samospoznaja kao, **15.11,** 15.11
samospoznata duša kao, **4.34,** 4.34, **5.16–17,** 10.2, 11.4, 11.52
sāṅkhya kao, 13.25
sannyāsīji kao, 16.1–3
sloboda od vezanosti, straha i ljutnje kao, **4.10,** 4.10
slušanje kao, 4.4, **7.1–30,** 9.1, 10.2, 11.52, 15.3–4, **18.74–77**
spisi kao, 2.45, 7.15, 8.9, 10.3, 10.7, 10.32, 13.5, **15.15,** 15.15, **15.18,** 15.18
spoznaja kao, **6.8,** 6.8
svjesnost Kṛṣṇe kao, **7.1,** 7.1, 7.3, 7.24, 15.11
tri izvora koja nisu proturječna, 10.3
učeničko naslijeđe kao, 17, 4.16, 7.2, 18.75
vjera kao, 4.40, 6.47
Vyāsadeva kao, 10.37
žrtvovanje kao, **4.33**
jedino čisti *bhakte* shvaćaju, 13.19
jednako viđenje kao simptom pravog znanja, **5.18,** 5.18, 7.15
jñāna i duhovno znanje, 3.41
kao brāhmaṇska odlika, **18.42**
kao cilj žrtvovanja, **4.33,** 4.33
kao Gospodinova milost prema Vlastitim *bhaktama,* **10.10–11**
kao kralj obrazovanja, **9.2,** 9.2
kao najčistije znanje, **9.2,** 9.2
kao povjerljivo, **9.2,** 9.2
kao radosno, **9.2,** 9.2
kao savršenstvo religije, **9.2,** 9.2
kao svrha života, 5

Duhovno znanje (nastavak)
kao tajno, **9.2,** 9.2
kao uzvišeno i čisto, **4.38**
kao vječno, **9.2,** 9.2
kao znanje koje daje razumijevanje o tijelu i njegovom poznavatelju, **13.3**
krade ga iluzija, **7.15,** 7.15
Kṛṣṇa
ima sve duhovno znanje, **11.38,** 11.38
je sve duhovno znanje, **11.38,** 11.38
kao izvor potpunog i savršenog znanja, 7.1–2
nudi Arjuni najbolje znanje, **14.1–2**
uređuje za buduću civilizaciju, 6
Kṛṣṇino znanje, 2.20, 6.39, **7.26,** 7.26
o svim živim bićima, **7.26,** 7.26
uspoređeno sa znanjem živih bića, 5.15, 5.16
kvalifikacije za primanje duhovnog znanja, 2.12
najpovjerljivije, **15.20,** 15.20, **18.64–66,** 18.66
najviše duhovno znanje, 7.16, **18.64–66**
namijenjeno oslobođenju
od borbe, 2.45
od patnje, **9.1,** 9.1
nedostaje materijalistima, 2.2
nedostatak duhovnog znanja. *Pogledaj:* Neznanje; Iluzija
njegov cilj, 4.33
predano služenje Kṛṣṇe kao, **9.17–18,** 13.8–12, **13.18**
njegovanje duhovnog znanja, **12.12,** 12.12, **16.1–3,** 16.1–3
njegovanje znanja kao žrtvovanje, **9.15**
o aktivnosti i neaktivnosti, **4.16–21, 4.33–42**
o aktivnostima u *guṇi* vrline koje vezuju i oslobađaju, **18.30**
o aktivnostima u svjesnosti Kṛṣṇe, **4.16–21, 4.33–42**
o Apsolutnoj Istini, 7, **5.20,** 11.52
o bezličnoj duhovnoj prirodi i *guṇi* vrline, **18.20,** 18.20
o *Bhagavad-gīti,* 2.12
pogledaj: Bhagavad-gītā; Bhagavad-gītā kakva jest
o *brāhmaṇi,* 10.5
o Brahmanu, 10.5, 18.64
o budućnosti, 6.39
o cilju života, 6
o čistim *bhaktama,* 9.28
o djelovanju, pravilnom i nepravilnom, **18.30–32**
o duhovnoj prirodi i *guṇi* vrline, **18.20,** 18.20

Duhovno znanje (nastavak)
o duhovnom savršenstvu, sažeti prikaz znanja, **18.50–66**
o duši, 2.25, 2.29
duša i seljenje duše, **15.11,** 15.11
kao različitoj od tijela, 9.1, 9.2
o djelovanju duše, 9.2
o duši i Nad-duši, 2.29
o duši i svjesnosti, **13.33–35**
o duši i tijelu, 3.41, **7.1,** 7.1, 9.15
potječe od Kṛṣṇe, 2.1
potrebe duše, 3.42, 9.1, 9.2
preko *Bhagavad-gīte,* 2.1
simptomi duše, 2.20
o Gospodinu. *Pogledaj:* Duhovno znanje, o Kṛṣṇi
o jastvu
mali broj osoba ga želi, 5
o duši i seljenju duše, **15.11,** 15.11
o korištenju nasilja, 2.21
o Kṛṣṇi, **4.42,** 4.42, **5.29,** 5.29
abhakte ne mogu dati, 4.4
asaṁśayaṁ samagram razina znanja, 7.1
čistoća je potrebna da bi se posjedovalo, **6.8,** 6.8
djelovanje s takvim znanjem, **4.14–15**
dolazi od Njega samog, 4.4
i čisto predano služenje, **7.17–19**
impersonalisti ne mogu imati znanje o Kṛṣṇi, 7.3, 10.19
iz *Kaṭha Upaniṣade,* 8.14
iz spisa, 10.7
jedino sam Gospodin doista posjeduje to znanje, **10.15,** 10.15
kao cilj *Veda,* 2.46, 17.28
kao izvor svega, 10.8
kao najviše znanje, 4.13, 7.16
kao nektarsko, **10.18,** 10.18
kao sve, 18.78
kao znanje o svemu, **15.19,** 15.19
kao znanje o *Vedama,* 11.54
Kṛṣṇa nudi Arjuni više znanja, **10.1,** 10.1
Kṛṣṇina moć ograničava, **7.25,** 7.25
kvalifikacije za dostizanje toga znanja, 5, 10.2–3, **18.67**
mir putem znanja o Kṛṣṇi, 15.17
nakon mnogo rođenja, **7.19,** 12.3–4
nakon povratka Bogu, 15.7
ne može se dobiti na materijalne načine, **11.53**
ne može se dostići na materijalan način, 11.4
ne otkriva se svakome, 18.55
neshvatljivo, **8.9–10**

Duhovno znanje (nastavak)
o Kṛṣṇi (nastavak)
nitko ga ne posjeduje, **7.26**
Njega je teško dostići znanjem, 5
njegov značaj, **10.7,** 10.7
njegova nadmoćnost, **4.9,** 4.9, 5.25, **5.29,** 5.29, **10.7,** 10.8, 10.42
o Kṛṣṇinom obilju i mističnoj moći, **10.7,** 10.7
o Njegovim ekspanzijama, 4.13
o Njegovoj veličini, **10.7,** 10.7
od Gospodina kao Nad-duše, **13.18**
oslobođenih duša, **4.15,** 4.15
oslobođenje od grešnih posljedica putem, **10.3,** 10.3
oslobođenje putem, **4.9,** 4.9, 6.15, 7.7
podstiče predano služenje, **10.7,** 10.7, **10.8,** 10.42, **15.19,** 15.19
polubogovi i mudraci imaju malo, **10.2,** 10.2
poniznost je prijeko potrebna da bi se posjedovalo znanje, 13.8–12
posjedovanje znanja o Kṛṣṇi, 6.10
povratak Bogu zahvaljujući tom znanju, **4.9,** 4.9
prekriveno je za neinteligentne osobe, **7.24–26, 7.25,** 7.25
propisana načela koja osoba treba slijediti da bi ga dostigla, 11.54
razine znanja o Kṛṣṇi, 10.15
razvija se jedino predanim služenjem, 9.2
rijetkost tog znanja, 4.5, **7.3,** 7.3, 7.25–26, **10.2,** 10.2, **10.14–15,** 11.52
sam Gospodin mora ga otkriti, 11.4
stečeno putem sāṅkhya filozofije, 13.25
stupnjevi znanja o Kṛṣṇi, 7.1
spekulacija ne može dati, 8.9, 10.11, 11.4
spekulativno znanje, kao nedovoljno, 7.24
to znanje potiče predavanje Gospodinu, **10.7,** 10.7, 12.3–4
u progresivnoj spoznaji Njegovih odlika, 10.15
u vrijeme smrti, **7.30**
vedska književnost nije dovoljna za dostizanje tog znanja, 7.24
živa bića su ograničena u shvaćanju znanja o Kṛṣṇi, **10.19,** 10.19
yoga-māyā prekriva to znanje, 7.15, 10.17
o Kṛṣṇinim božanskim osobinama, **15.19,** 15.19
o Kṛṣṇinoj veličini, 10.19

Duhovno znanje (nastavak)
o Kṛṣṇinom
obilju i mističnoj moći, **10.7,** 10.7
obliku i aktivnostima, 11.43
silasku i aktivnostima, **4.9,** 4.9, 11.43
vlasništvu, 5.2, 5.10–12, **5.29,** 5.29, 6.10
o materijalnom svijetu i njegovom podrijetlu, 15.3–4
o Nad-duši, 5.18, **13.28–29,** 15.18
o nadmoćnosti Gospodina, **7.19,** 7.19
o nasilju, 2.21
o osjetilnom uživanju, 18.36
o oslobođenju, 2.2
o procesu oslobođenja, **13.35,** 13.35
o patnji, 15.10
o polju djelatnosti i poznavatelju djelatnosti, **13.5,** 13.5, **13.19,** 13.19, **13.27,** 14.3
o *prakṛti, puruṣi* i *īśvari,* 13.3
o pravom prirodnom položaju
jastva, 2.51
živih bića, 18.73
živoga bića, **5.15,** 5.15
o predanom služenju, **10.10–11**
o prirodi, duši i Nad-duši, **13.24,** 13.24
Kṛṣṇa posjeduje, 8.9
o religijskim načelima, 4.16
o seljenju duše, **15.10–11**
o svemiru, 11.7
o tijelu, duši, Nad-duši i oslobođenju, **13.35,** 13.35
o tome što valja raditi, a što ne, **18.30, 18.31**
o upravitelju svemira, 6–7
o uzroku aktivnosti, 18.17
o uzroku pada, 13.20
o *Vedama,* **8.11**
pogledaj: Vedsko znanje
o veličini Boga, 10.7
o Viṣṇuima, 7.4
o zakonu *karme,* 4.14
o živim bićima, **7.26,** 7.26
i Gospodinu, **13.3,** 13.3
i njihovom tijelu, 13.3–4
kao različitim od Gospodina, 13.3, 13.4
njihovom odnosu s Gospodinom, 4.17, **4.35,** 4.35
njihovom položaju služenja, 18.73
o žrtvovanju, **4.30–33**
od Nad-duše o prošlosti, sadašnjosti i budućnosti, 18.61
od osobe koja ima znanje, 1.43
od vjerodostojnog duhovnog učitelja, 5.16

Duhovno znanje (nastavak)
odlučnost u svjesnosti Kṛṣṇe i duhovno znanje, 2.41
odricanje u duhovnom znanju, 5.1, 5.2, 5.3, 6.10
oslobođenje putem odricanja, **5.3**
odvojenost je potrebna za duhovno znanje, 2.20
oslobođenje nije osigurano duhovnim znanjem, 3.33
povjerljivo
diskvalifikacije za slušanje, **18.67**
Kṛṣṇa hvali, **9.1–2**
o jastvu i Vrhovnom Jastvu, 3.41
od samog Kṛṣṇe, **18.75,** 18.75
različiti stupnjevi znanja, 18.64, 18.78
požuda uništava, **3.41**
pratyakṣa, 9.2
predano služenje u znanju, **7.17–19, 15.20,** 15.20
predavanje putem duhovnog znanja, 15.5, 18.73
predavanje u duhovnom znanju, **7.19,** 7.19
prednosti duhovnog znanja, 2.51, 8.28, 11.55, 15.10
detaljno znanje, **9.1**-9.2
dostizanje vrhovnog cilja, **13.35,** 13.35
mir, 4.38, **4.39, 5.29,** 15.17
obnavljanje odnosa s Gospodinom, 2.16
odvojenost, 15.1, 15.3–4
oslobođenje, **4.9,** 4.9, 4.14, 4.17, **4.36–39,** 6.15, 7.4, 7.7, **13.24,** 13.24, **13.35,** 13.35, **14.2,** 14.2
oslobođenje od grešnih posljedica, **4.19, 10.3,** 10.3
otklanjanje grešnih posljedica, **4.19, 4.37, 10.3,** 10.3
povratak Bogu, **4.9,** 4.9, 11.43, **13.35,** 13.35, 15.15
prestanak patnje, 2.45, **4.36,** 4.36, **9.1,** 9.1
pročišćenje, **4.10**
promjena *karme,* 8
prosvjetljenje, 2.20
sagorijevanje posljedica, **4.19**
samospoznaja, 2.1, 6.37, 7.17, **9.2,** 9.2
savršenstvo, **2.52–54, 14.1,** 14.1, **15.20,** 15.20
spoznaja Boga, 7.17, **13.25,** 13.25
sreća, **9.2,** 9.2, **9.3, 10.18,** 10.18
transcendencija, **2.52–54**
uklanjanje iluzije, 2.13, **4.35,** 4.35, **5.16–17**
vrhunski vječni mir, **4.39**
zadovoljstvo uma, 17.16

Duhovno znanje (nastavak)
preko duhovnog učitelja kao izravno iskustvo, 18.75
prijeka potreba za duhovnim znanjem, 2.29
prilaženje Kṛṣṇi radi duhovnog znanja, **7.16–17**
proces duhovnog znanja
dvadeset činitelja procesa, **13.8–12,** 13.8–12
kao proces iznad materijalnih elemenata, 13.8–12
kao transcendentalan, 13.8–12
njegov vrhunac, 13.8–12
poniznost na početku, **13.8–12,** 13.8–12
raspoloženje potrebno za dostizanje duhovnog znanja, **4.34,** 4.34
rijetkost duhovnog znanja, **2.29,** 2.29
s nedostatkom vjere, 4.40
samospoznato znanje, **5.16–17**
sāṅkhya i duhovno znanje, 2.39
savršeno, **5.16–18**
njegovi simptomi, **4.19–23**
o odnosu živih bića s Kṛṣṇom, **4.35–36**
transcendentalista, 2.57
savršenstvo znanja
kao znanje o Gospodinu i služenju Gospodina, 13.12
svjesnost Kṛṣṇe kao, 16.23
sažeto znanje o tijelu, Gospodinu i živom biću, **13.19–20**
simptomi potpunog duhovnog znanja, **4.19–23**
spoznaja i duhovno znanje, **6.8,** 6.8
spoznato znanje u usporedbi s akademskim znanjem, **6.8,** 6.8
stečeno kroz svjesnost Kṛṣṇe, 5.16-**5.18, 7.1,** 7.1
svi mogu uzeti duhovno znanje, 24
svjesnost Kṛṣṇe i duhovno znanje, 6.2
teorijsko znanje, 16.23
transcendentalno, **4.23,** 14.2
vrijednost, **4.36–39**
u *guṇama* vrline, strasti i neznanja, **18.19–22**
u *guṇi* vrline, **14.11, 14.17, 18.20,** 18.20, 18.22
u skladu s vremenom i okolnostima, 4.7
u usporedbi s materijalnim znanjem, 9.2, 10.4–5
uspoređeno sa
brodom, **4.36,** 4.36
oružjem, **4.42**
sunčevom svjetlošću, **5.16,** 5.16
vatrom, **4.19, 4.37**
žaruljom, **10.11**

Duhovno znanje (nastavak)
„vatra" duhovnog znanja, karmičke posljedice i duhovno znanje, **4.19**
važnost duhovnog znanja, 2.11, 2.13
vijñāna, 13.19
vladanje osjetilima je potrebno za posjedovanje, 2.6
vrata tijela i duhovno znanje, **14.11**
vrijednost ponavljanja duhovnog znanja, 12.19
vrste duhovnog znanja, 18.66
vrste ljudi pogodnih za duhovno znanje, **13.25,** 13.25
značenje duhovnog znanja, 10.4–5, 13.19, 14.2
znanje transcendentalista, 15.10–11
znanje živoga bića u usporedbi s Gospodinovim znanjem, **5.15,** 5.15, 5.16
žrtvovanje sa znanjem, **4.33,** 4.33
pogledaj: Naobrazba; Spoznaja Boga; Neznanje; Vedsko znanje; Sāṅkhya, *Vede*
Duhovnost, 9.25
pogledaj: Religija
Durvāsā Muni, 2.60–61
Duryodhana, 1.2–3, 1.12, 1.26, 2.35
Bhīma i, 1.10
Bhīṣma i, 1.10, **1.12,** 2.5
citiran u vezi vlastite vojske Kurua, **1.3–11**
dao naređenja vojsci, **1.10–12**
dao obavijesti Droṇācāryi, **1.2–12**
Dhṛtarāṣṭra i, **1.23**
kozmički oblik i, 11.47
Kṛṣṇa i, 11.47
njegov izazov, 1.38
odbio ponudu mira, 1.22–23, 11.47
ratnici na njegovoj strani, **1.7–11**
uspoređivao snage vojski, **1.10**
„zlonamjeran", **1.23**
Yudhiṣṭhira i, 18.78
Duša(e)
bez početka, **2.12,** 2.12, **2.20**
dokaz za njeno postojanje, 2.17, 2.20, 13.34
dokaz za njenu vječnost, 2.20, 2.25, 13.34
duša, Nad-duša i tijelo, **13.1–7**
dvije vrste opisane, 2.20
Gospodin
i duša, njihovo jedinstvo, 2.20, 2.23, 2.24
Njegov oblik koji je prati. *Pogledaj:* Nad-duša
objašnjava dušu, **2.11–30**
u usporedbi s dušom, 2.25

Duša(e) (nastavak)
impersonalistička teorija o duši, 2.23, 2.24
inteligencija je pokraj nje, 3.40
istraživanje o duši, 13.8–12
kao *aṇu-ātmā,* 2.20
kao atomske, 2.17, 2.20, 2.24, 2.29
kao bezbrojne, 2.17
kao čista, 15.9
kao Gospodinov sastavni djelić, 2.20, 2.23, 2.24
kao *kūṭa-stha,* 2.20
kao *mahān,* 3.42
kao najviša, **3.42,** 3.42
kao nedjeljiva, 2.13
kao pogrešiva, 2.23
kao postojana, 2.20
kao „postojeća", **2.16**
kao poznavatelj tijela, 13.13
kao prvobitna, **2.20**
kao *puruṣa,* 13.20
kao *sarva-gata,* 2.24
kao sastavni djelići Vrhovne Duše, 2.13
kao transcendentalna
prema *guṇama* prirode, 13.32
prema osjetilima, umu i inteligenciji, **3.43**
prema tijelu, **2.16–30, 13.32–33**
kao uvijek aktivne, 3.5, 9.2
kao uvijek podređena Vrhovnoj Duši, 2.25
kao vječne, 2.20
kao zadivljujuće, **2.29**
kao život tijela, **2.17–18,** 2.20, 10.20
Kṛṣṇa kao njihovo podrijetlo, 7.6
Kṛṣṇino objašnjenje duše, kao sāṅkhya, **2.39**
krv prenosi energije duše, 2.17
māyā je može obmanuti, 2.23
može se opaziti, 2.17
ne materijalno, 2.25
Nad-duša je prati, **13.28–29**
ne može se
izmjeriti, 2.17, **2.18**
odvojiti od Gospodina, 2.23
opaziti, 2.18, **2.25**
podijeliti, 2.13, **2.23, 2.24,** 15.7
poreći, 2.17
sasjeći, **2.23,** 15.7
sasušiti, **2.23, 2.24**
smočiti, **2.23, 2.24**
ubiti, **2.17–21, 2.23–24**
uništiti, **2.17–25**
neznanje o duši, 2.19, 2.20, 2.23, **2.26,** 2.26, **2.29,** 2.29, **3.32, 4.35,** 4.35, 5.2, 9.2, 13.23, 13.33, 18.21

Duša(e) (nastavak)
nije
Gospodin, 13.8–12
promjenjiva, 2.13, **2.16,** 2.20, **2.21, 2.24, 2.25,** 2.30
rođena, **2.20, 2.21**
shvatljiva, **2.25**
spaljiva, **2.23, 2.24**
viṣṇu-tattva, 2.18
njen pad
sklonost k, 2.23
pogledaj: Pad
njen smještaj u tijelu, 2.20
njena duhovna priroda, **13.32–34**
njena neovisnost, 15.7
njena osjetila, 13.15
njena osobnost, 15.7
Kṛṣṇa potvrđuje, **2.12,** 2.12
vječna, 1, **2.12,** 2.12, 2.24, 2.39
njena priroda, 5, **2.12–13, 2.16–30, 13.32**
njena veličina, 2.17, **2.18,** 2.19, 2.20, 2.25, 2.29, 8.9
njena vječnost, **2.16–30,** 10.4–5, **13.28, 13.32**
Kṛṣṇa potvrđuje, **2.12**
nije izgovor za nasilje, 2.30, 16.1–3
osjećaju je stariji, 2.20
u prošlosti kao i u budućnosti, **2.12,** 2.12, **2.20**
njene osobine, 5.18
njeno predano služenje, 3.42
njeno seljenje. *Pogledaj:* Seljenje duše
ona obasjava tijelo svjesnošću, **13.34,** 13.34
oružje je ne može ubiti, **2.23**
povezane su s Gospodinom svjesnošću Kṛṣṇe, 3.42
pratyag-ātmā i *parāg-ātmā,* 4.27
pravi prirodni položaj duše, 3.41
potreba za poznavanjem tog položaja, 3.42
priroda je oplođena dušama, 2.39
prisutne svuda, 2.24
prožima tijelo svjesnošću, 2.17
smrt ne postoji za dušu, **2.11–12, 2.13, 2.16–30**
svjesnost
duše, 2.17, 2.25
njeni simptomi, 2.20, 13.34
uspoređena s Gospodinovom svjesnošću, 2.20
svjesnost kao njen simptom, 2.20, 13.34
teorije o duši, 18.21
teorije o vrstama duše, 18.21

Duša(e) (nastavak)
tijelo
pod upravom duše, 3.5
uspoređeno s dušom, **2.16–20, 2.30,** 2.30, 9.2
tjelesna energija dolazi od duše, 2.22
tjelesne promjene zbog nazočnosti duše, 2.20
u sāṅkhya filozofiji, 13.25
u srcu, 2.17, 2.20
u usporedbi s
Gospodinom, 2.25
materijalnim tijelom, 2.28
Nad-dušom, 2.20, 6.29, 13.5, 13.13–15, 13.18, 13.20, 13.23, 13.34
upoznaje se slušanjem od autoriteta, 2.25
uspoređena s
iskrama vatre, 2.23
molekulama sunčeve svjetlosti, 2.17
nebom (zrakom) **13.33**
pticom koja uživa, 16.11–12
suncem, 2.18, 2.20, **13.34,** 13.34
važnost duše, 9.2
veličina duše, 2.29
vjerovanje i nevjerovanje u dušu, **2.26–27, 2.28,** 2.28
znanje kao njen simptom, 2.20
živo biće kao duša, 2.12, 2.28, 2.30, 13.20, 15.7
životinjske, 2.20
pogledaj: Živa bića
Duṣkṛtinaḥ
definirano, 4.8, 7.15
njihove osobine, 4.8
vrste, **7.15,** 7.15
Dužnost(i)
Arjunine, 22–23, 2.2, 2.7, **2.27,** 2.27, **2.31–38, 2.47–48,** 3.8
bhakte i dužnosti, 1.41, 6.23, 9.28
brahmacārījeve, 8.28
brāhmaṇske, 18.47–48
cilj dužnosti, 3.7
djelomice izvršena, 2.40
duhovne i materijalne, 2.2, 2.31, 2.38, 3.35
duhovne, nisu podložne odricanju, 18.2, **18.3–10**
duhovni učitelj i dužnosti, 2.41, 3.35, 18.57
dužnost djelovanja bez vezanosti, **3.19–20**
dužnosti i *guṇa* vrline, **18.9–10,** 18.9–10
dužnosti zanimanja, 18.46–48
guṇe određuju, 2.47
izvršena s odvojenošću, **3.30,** 3.30
Janaka Mahārāja i dužnosti, **3.20,** 3.20
Kṛṣṇa razotkriva samospoznatoj duši, 3.17

Dužnost(i) (nastavak)
Kṛṣṇin primjer u vezi dužnosti, **3.22–24**
materijalistička ideja o, 7.15
materijalne i duhovne, 3.35
meditacija na Kṛṣṇu nije ometena dužnostima, 22–23
milostinja iz dužnosti, **17.20**
nasilje može biti dužnost, **2.31–33**
oblikovati svoj život na takav način da nikad ne zaboravimo Kṛṣṇu, 9.27
obožavati Gospodina, 17.11, 18.46
odricanje od dužnosti u Kṛṣṇinu korist, 2.40, 3.33, 3.43
održavanje tijela i dužnosti, 3.9
odvojenost od rezultata dužnosti, **2.47–49**
poštivati druge, 9.11
potreba za dužnostima, 2.14, **3.8–9, 3.20–26,** 3.33, **3.35,** 3.35, **6.1,** 6.1, 18.46–54
predano služenje i dužnosti, 1.41, 3.4, 6.23, 6.47, **8.28,** 8.28, 10.3
prema vlastitoj prirodi, **3.35,** 3.35, **18.47**-18.49
prestanak dužnosti, predavanjem Gospodinu, 2.38
prihvaćanje dužnosti, **18.9–11**
primjer prihvaćanja dužnosti, **3.20–26**
primjeri, **8.28,** 8.28
primjeri potrebni za, **3.20–26**
propisane dužnosti, **3.35,** 3.35, **8.7,** 17.26–27, **18.6–9**
propovijedanja, 16.3
religijska načela određuju, 2.31
samostvorene dužnosti, 7.15
spisi kao autoriteti za, 16.6, **16.23**-16.24
svjesnost Kṛṣṇe
kao dužnost, 6.1
transcendira dužnosti, 2.38, 2.41, 2.52, **3.17–18,** 3.43
zajedno s dužnostima, 8.7
transcendentalne, u *guṇi* vrline, **18.26**
transcendiraju se svjesnošću Kṛṣṇe, 2.38, 2.41, 2.52, **3.17–19,** 3.43
tri vrste, 2.47
u svjesnosti Kṛṣṇe, **3.30–31,** 4.20–21, 5.29
u *varṇāśrami,* 2.30–31, **3.35–36,** 8.28, 18.23, **18.47–48,** 18.66
unatoč poteškoćama, 2.14
uspoređene sa svjesnošću Kṛṣṇe, 2.40, 3.5, 3.33
uzdizanje putem dužnosti, 2.31
vedske dužnosti i *bhakte,* 9.28
vezanost za niže dužnosti, **3.29,** 3.29
vlastite uspoređene s dužnostima drugih, **3.35,** 3.35

Dužnost(i) (nastavak)
vođa vlada, 4.1
vođe zanemaruju, 1.42
za Gospodina, **3.22–24**
za Gospodinovo zadovoljstvo, **3.9**
za Kṛṣṇu, **3.22**-3.24
za *kṣatriyu,* 2.14–15, 2.27, **2.31,** 2.32, 3.22, 18.47–48
za oslobođene i uvjetovane duše, 2.31
za pročišćenje, 3.4
za samospoznatu dušu, **3.17–19**
za *sannyāsīja,* 16.1–3
za trgovce, 18.47
za *vaiśyu,* 18.47
zanemarivanje dužnosti, **2.47,** 2.47, **18.7–8**
Bhīṣmadevino i Droṇācāryino, 11.49
kao grešno, 2.27
kao zabranjeno, **18.7–8, 18.47–48**
posljedice za, **2.33–34,** 6.40, 6.47
u Kṛṣṇinu korist, 2.38
žrtvovanje izvedeno kao dužnost, **17.11**
yajña rođena iz dužnosti, **3.14**
pogledaj: Dharma; Zanimanje; *Sanātana-dharma*
Dvāpara-yuga, 4.1, 4.7, 8.17
Dvoličnost, 17.16
Dvostranosti, 7.27
bhakta je transcendentalan prema, **12.18–19,** 12.18–19
Kṛṣṇa zahtijevao od Arjune da ih transcendira, **2.45**
odvojenost od, **12.17–19**
oslobođenje od, **2.57, 15.5,** 15.5
svjesnost Kṛṣṇe je transcendentalna prema, 2.41

E

Ekādaśī, 9.14, 11.54
Elektricitet, od Kṛṣṇe, 15.12
Elementi, materijalni,
grubi materijalni elementi, 7.4
kao kreacija, 7.4
kao Kṛṣṇine materijalne energije, **7.4,** 7.4
kao niža energija, 7.5
lažni ego i materijalni elementi, **13.6–7**
materijalna priroda sastavljena od, 2.28, **13.6–7**
navedeni, 7.4–5
njihov izvor, 2.28
očitovani i neočitovani, 2.28

Elementi, materijalni (nastavak)
oružja od svakog elementa, 2.23
podrijetlo materijalnih elemenata, 2.28, 7.4, 10.32
sāṅkhya filozofija i materijalni elementi, 13.25, 15.1
suptilni materijalni elementi, 7.4, 13.6–7
vatra kao, 2.24, 9.16
živa bića nastanjuju sve, 2.24
život iz. *Pogledaj:* Život, podrijetlo života, materijalistička teorija
pogledaj: Materijalna priroda; *određeni elementi*
Energičnost, **16.1–3**
potrebna je za *kṣatriye,* 16.1–3
Energija(e)
daivī prakṛti, 9.13
duhovna, 9.4
kao uzrok materijalnog očitovanja, 7.6
kao viša, 9.4
meditacija na, 21
prekrivena, 4.24
štiti *bhakte,* **9.13,** 9.13
uspoređena s materijalnom energijom, 8, 20, 7.4, **7.5–6, 8.20,** 10.22
živa bića kao, 20, 6.29, **7.5–6,** 7.14, 14.27, 18.78
duše, **2.17,** 2.17, 2.22
uspoređena sa sunčevom svjetlošću, 2.18
energije planeta, Gospodin kao, **15.13**
Gospodinove, 10.40
duhovni svijet kao, **8.22,** 8.22
Gospodin ih objašnjava, **10.19,** 10.19
guṇe kao, **7.14**
kao Gospodin, neizravno, **9.4–10,** 9.18
kao uzrok vremena, **9.19**
kao vječne, 7.14
materijalna priroda kao, 21, **9.9–10**
obožavaju se zajedno s Gospodinom, 18.46
održavaju sve, 8.22, **9.4–11, 15.3**
tri kategorije, 20, 4.13, **7.4,** 7.4
unutarnje, **7.25,** 7.25, 15.20, 18.46
uspoređene sa sunčevom svjetlošću, 9.4
vatra kao, 9.16
za stvaranje, **9.4–10,** 13.20
za upravljanje materijalnim svijetom, 9.9
živa bića kao, 5.14, 9.17, 18.78
yoga-māyā, 10.17
iluzorne, 7.14
pogledaj: Iluzija, *Māyā*
izvanjske. *Pogledaj:* Materijalna energija
mahat-tattva, 10.20
Energija(e) (nastavak)
materijalna energija(e), 9.4, 18.78
duh kao njen uzrok, 7.4, 7.6
duhovna energija u usporedbi sa, 20, 7.4, **7.5–6, 8.20,** 10.22
kao jedini interes sāṅkhye, 7.4
navedene, **7.4,** 7.4
osjetila su viša od, **3.42,** 3.42
pod Kṛṣṇinom upravom, **9.5–10,** 9.11
produhovljena kroz svjesnost Kṛṣṇe, 4.24
pogledaj: Materijalna priroda
nije izgubljena, 2.28
niža(e), 6.29, 9.4, 15.1, 18.46
materijalna priroda kao, 7.14, 8.20, 14.27
u usporedbi s višom energijom, 8, **7.5–6,** 8.20
odvojene, materijalna priroda kao, 8
priroda je božanska, iako je niža, 7.14
tijela, 2.22
u *guṇi* neznanja, 20
za stvaranje, **9.10,** 9.10, 9.11
živa bića kao rubna energija, 6.2, 6.29, 8.3, 9.13, 9.17, 13.23, 18.78
pogledaj: Māyā; Materijalna priroda
Evolucija
duše. *Pogledaj:* Seljenje duše
kroz vrste života, 14.15, 16.1–3
teorija evolucije, 9.8
pogledaj: Seljenje duše

F

Farmeri, **18.44**
pogledaj: Vaiśye
Filozofi
impersonalni. *Pogledaj:* Impersonalisti
koji imaju devociju. *Pogledaj: Bhakte*
ponos i vezanost opasni za njih, 14.6
pogledaj: određeni filozofi
Filozofija
acintya-bhedābheda-tattva, 7.8
ateistička, 2.28, 7.4
nema dobrobiti od nje, **9.12**
ateističkog Kapile, 2.39
budistička, 2.26
Caitanyina, 7.8, 18.78
današnja filozofija, 2.26
devocijska filozofija. *Pogledaj:* Predano služenje; Svjesnost Kṛṣṇe
dvije vrste filozofije, 2.28

Filozofija (nastavak)
empirijska filozofija, 3.4, 4.9
filozofija jedinstva, 18.78
pogledaj: Impersonalizam
filozofija monizma, 13.23
filozofija nihilizma, 2.26
Gospodina Kapile, 2.39
Lokāyatika, 2.26
materijalna, **2.26,** 2.26
māyāvādī filozofija. *Pogledaj:* Impersonalizam
njen cilj, 5.4–5
personalistička filozofija
u usporedbi s impersonalističkom, 9.29
pogledaj: Predano služenje; Svjesnost Kṛṣṇe
pobožnih ljudi, 2.26
prijeka potreba filozofije i religije, 3.3
svjesnost Kṛṣṇe i filozofija, 10.11
transcendentalna je preporučena, **2.45**
Vaibhāṣika, 2.26

G

Gandharve
Kṛṣṇin predstavnik među njima, **10.26**
u kozmičkom obliku, **11.22**
Gāṇḍīva luk, **1.29**
Garbhādhāna-saṁskāra, 16.1–3
Garbhodakaśāyī Viṣṇu, 7.4, 9.8, 11.15, 11.37, 15.3–4
Garuḍa, 6.24, **10.30,** 12.7
Gaurakiśora dāsa Bābājī, 26
Gāyatrī, predstavlja Kṛṣṇu, **10.35–36**
Generali, Kṛṣṇin predstavnik među njima, **10.24**
Gītā. Pogledaj: Bhagavad-gītā; Bhagavad-gītā kakva jest
Gītā-māhātmya
citat u vezi slušanja *Bhagavad-gīte,* 24–26, 1.1
kao sažet prikaz *Bhagavad-gīte,* 1.1
Gītopaniṣada, 2
pogledaj: Bhagavad-gītā; Bhagavad-gītā kakva jest
Glupost, **14.17**
Go-dāsa definiran, 6.26
Godišnja doba
Kṛṣṇin predstavnik među njima, **10.35,** 10.35
najbolje, **10.35,** 10.35
Goloka Vṛndāvana. *Pogledaj:* Vṛndāvana, Goloka
Gopāla-tāpanī Upaniṣada, citat u vezi,
Kṛṣṇe, 6.31, 8.22, 10.8, 11.54
Njegova oblika, 9.11
predanog služenja, 6.47
vedskog znanja, 10.8
Gopīje, mlade, 16
Gospodin Balarāma, 10.37
Gospodin Caitanya
Choṭa Haridāsa i Caitanya, 16.3
Haridāsa Ṭhākura i Caitanya, 6.44
kao *ācārya,* 3
kao inkarnacija za Kali-yugu, 4.8
kao najvelikodušniji, 11.54
kao spasitelj nevjernika, 4.8
Njegov duhovni učitelj, 2.46
Njegov primjer predavanja, 7.15
Njegov učenik, 6.44
Njegov zanos, 2.46
Njegova filozofija, 7.8, 18.78
Njegova milost, 11.54, 18.54
Njegova molitva za predano služenje, 6.1
Njegova obitelj, 2.15
Njegova *sannyāsa,* 2.15, 16.3
Njegovo mantranje, 2.46
Njegovo odricanje, 2.15
Njegovo prebivalište, 8.14
Njegovo propovijedanje, 7.15
Prakāśānanda Sarasvatī i Caitanya, 10.11
preporučio predano služenje, 16.24, 18.54
preporučio slušanje, 13.26
saṅkīrtana-yajña i Caitanya, 3.10, 3.12, 4.8
spisi Ga pretkazali, 4.8
u Purīju, 16.3
u učeničkom naslijeđu, 26
započeo pjevanje Hare Kṛṣṇa, 2.46, 8.11, 10.11, 16.24
žene i Caitanya, 16.3
Gospodin Govinda, 11, 6.30
kao Gospodin, izvorna osoba, 4.5
Kṛṣṇa kao, 1.15, **1.32–35,** 1.32–35, 2.2, 4.5, 7.3, 8.21
Gospodin Kalki, 8.17
Gospodin Kapila, 4.16, 7.15
citiran u vezi seljenja duše, 8.25
Kapila i Njegova majka, 2.39, 10.26
Njegova sāṅkhya filozofija, 2.39
predstavlja Kṛṣṇu, **10.26**
u usporedbi s ateističkim Kapilom, 2.39, 10.26

Gospodin Kṛṣṇa
Arjuna hvali Njegove slave, **11.36–40**
Bhagavad-gītā
kao Njegova učenja, 2.29
On je izgovorio, 2, 3, 25–26, 1.1, 2.1, 2.20, 4.1, 4.42, 10.14, 10.15
Bhīṣmadeva i Kṛṣṇa, 7.25
Bhūteśa, **10.15** 10.15
bitka na Kurukṣetri i Kṛṣṇa, 2.38, 3.20, 4.6, 9.11, **11.33–34**
božica sreće i Kṛṣṇa, 1.14, **1.36,** 1.36
brahmajyoti prekriva Njegov oblik, 7.25
Brahman i Kṛṣṇa, 11, 7.10, **13.13, 14.27,** 14.27
brdo Govardhana i Kṛṣṇa, 3.24
citira spise, **13.5, 18.4, 18.13**
citiran. *Pogledaj: Bhagavad-gītā,* citat u vezi
demoni Ga ne mogu dostići, **16.20**
Devakī i On, 4.8
djelovanje za Kṛṣṇu, **3.22–24**
dostizanje Njega
bhaktino, **13.19,** 13.19
Kṛṣṇino obećanje o, **12.8, 18.65–66**
predanim služenjem, **7.18,** 7.18, **8.5–8, 8.14–15, 8.22,** 8.22, 9.26, **9.34,** 9.34, **12.8–9, 18.65–66**
sjećanjem na Kṛṣṇu, **8.5–8**
uvjeti za dostizanje impersonalnim procesom, **12.3–4**
pogledaj: Bog, vraćanje Njemu; Oslobođenje
druženje s Njim, 15.7
dostizanje Njegova društva, 10.42, **12.8,** 12.8
sreća od druženja s Njim, 15
duhovni učitelj Ga predstavlja, 13.8–12
dvostranosti i Kṛṣṇa, 5.17
ekspandira se kao Nad-duša. *Pogledaj:* Nad-duša
govori o samom Sebi, 4.4
hrana ponuđena Njemu, 6.17, 9.2, **9.26,** 9.26, 13.14, 17.10
pogledaj: Prasādam
ismijavanje Njega, 7.15, 7.24, 9.1, **9.11**-9.12, 11.48, 11.51, 11.52, 16.18
budale koje Ga ismijavaju, 6.47, **9.11,** 9.11–12
pogledaj: Uvrede, Kṛṣṇi
ispunjava želje živih bića kako bi im pomogao, 5.15
izražavanje Njegovih životnih doba, 4.6
jedinstvo s Njim, 5.3
jedinstvo čistog *bhakte,* 18.54

Gospodin Kṛṣṇa (nastavak)
jednakost s Njim
kvalitativna jednakost, predanim služenjem, 14.26
nitko nije kvantitativno jednak, **11.43,** 11.43
Kaṁsa i Kṛṣṇa, 9.34, 11.55
kao *acintya,* **8.9,** 8.9
kao Acyuta, 8.3
kao *adhiyajña,* **8.4**
kao *advaita,* 4.5
kao *ananta,* 11.37
kao apsolutan, 4.5, 4.35, 12.5
kao Apsolutna Istina, 2.2, 6.38, 7.4, **7.7,** 7.7, 10.3, **10.12–13,** 11.54, 18.78
kao Arjunin sluga, **1.21–22,** 1.21–22
kao *asamaurdhva,* 10.42
kao autor i poznavatelj *Veda,* 18.1
kao autor *Vedānta-sūtre,* 18.1
kao autoritet u predanom služenju, 7.1
kao avanturist, **10.36**
kao besmrtnost, **9.19**
kao Bhagavān, 3, 10.1
Njegovo ime definirano, 2.2
kao Bhūta-bhāvana, **10.15,** 10.15
kao bit svega, **15.12**-15.14
kao Bog bogova, **11.37,** 11.37
kao Brahmā, **11.39**
kao cilj, 3.26, **4.11,** 4.11, **7.18, 9.18,** 9.18, 10.10, **11.18,** 17.28
Veda, 2.46, **9.17,** 9.17, 9.20, 15.1, 17.28
vedskih obreda i žrtvovanja, 3.26
znanja, **9.17,** 9.17, 13.12
kao Devadeva, **10.15,** 10.15
kao Devakī-nandana, 1.15
kao dobar prema svima, 15.15
kao dobronamjernik krava, *brāhmaṇa* itd., 14.16
kao dobronamjernik svih, 1.36
kao duhovni učitelj, **2.7,** 2.7, 2.9
kao duša svemira, **10.20,** 10.20
kao energija planeta, **15.13**
kao filozof, 2.34
kao glavni obožavani, **11.43**
kao glavni uživatelj žrtvovanja, 3.11
kao gospodar
materijalne prirode, 13.15
osjetila, 3.27, **11.36, 18.1,** 18.1, 18.46
sveg misticizma, **18.78**
svemira, **10.15,** 10.15
svih, 3.10, 6.30, 7.20, **10.15,** 10.15
svih *yoga,* 18.75
žrtvovanja, **9.24**

Gospodin Kṛṣṇa (nastavak)
kao Govinda, 2.2, 7.3, 8.21
razlog zašto je poznat kao, 1.15, 1.32–35, 3.13
kao Hṛṣīkeśa, 1.22, 1.24, 2.10, 18.46
razlog zašto je poznat kao, 1.15, 3.27, 6.26, 13.3, **18.1,** 18.1
kao inteligencija, **7.10**
kao istovjetan, ali različit od svega, 18.78
kao izvor. *Pogledaj:* Kṛṣṇa, kao podrijetlo
kao izvorni(a)
Božanska Osoba, **11.38,** 11.46, 11.54
duhovni učitelj, 11.43
izvorna osoba, 4.5, **10.12–13,** 10.12–13
izvorno sjeme postojanja, **7.10**
miris zemlje, **7.9**
oblik Boga, 11.54, 18.65
stvoritelj, **11.37,** 11.37
kao Jagatpati, **10.15,** 10.15
kao Janārdana, **1.38, 3.1, 10.18**
kao jednak prema svima, **9.29,** 9.29
kao *kavi,* 8.9
kao Keśava, **3.1**
kao Keśī-niṣūdana, **18.1,** 18.1
kao konačno počivalište, **9.4–6, 9.18,** 9.18, **10.12–13,** 10.12–13, **11.18, 11.38,** 11.38, 13.17
kao konačno svetilište, **11.38,** 11.38
kao konačno utočište, 9.18, **11.37**
kao kozmički oblik, 9.19, **11.7–9, 11.31–32,** 11.54, **18.77,** 18.77
pogledaj: Kozmički oblik
kao ljekovita biljka, **9.16**
kao lotosooki, **11.2**
kao Mādhava, 1.36
kao *mahātmā,* 11.37
kao Mahā-Viṣṇu, 10.20
kao majka, **9.17**
kao manji od najmanjeg, **8.9,** 8.9
kao maslac za žrtvovanje, **9.16**
kao mjesec, **11.39, 15.13**
kao moć moćnih, **7.10**
kao Mukunda, 1.41
razlog zašto je poznat kao, 2.51, 3.13
kao nadčovjek, 4.4
kao Nad-duša, **6.29–30, 6.31,** 6.31, **7.21–22,** 7.26, **8.4,** 9.11, 10.10, **10.11, 10.20,** 10.20, 10.42, 13.3, **13.15–16,** 14.27, **15.15,** 15.15, 18.61
pogledaj: Nad-duša
kao najčistiji, **10.12–13,** 10.12–13
kao najstarija osoba, **8.9,** 8.9, **11.18, 11.38**
kao najviša istina, 5.17
kao najviši ili vrhovni autoritet, 4.4, 8.1

Gospodin Kṛṣṇa (nastavak)
kao naklonjen Svojim *bhaktama,* 1.22, 7.14, 7.18
kao naklonjen živim bićima, 7.14
kao Nārāyaṇa, 4.6, 11.54
u vrijeme rođenja, 11.50
kao neograničen, 7.23, **10.19,** 10.19, **11.37, 11.38**
kao neovisan, 4.7, **7.7, 7.12–13**
kao nepobjediv, **1.22,** 1.22, 4.5, 7.24
kao nepromjenjiv, **4.13**
kao nerođen, **4.6,** 4.6, **7.25,** 7.25, **10.3,** 10.3, **10.12–13**
kao *nirguṇa,* 7.12
kao obiteljski čovjek, 3.23
kao obred, **9.16,** 9.16
kao održavatelj, **8.9,** 8.9, **9.4–10,** 13.5, 15.13, **15.17–18**
svih i svega, **9.4–10, 9.18,** 9.18
vječne religije, **11.18**
kao okus vode, **7.8,** 7.8
kao *oṁ* (*oṁkāra*), **7.8,** 7.8, 8.13, **9.17,** 9.17
kao onaj koji ništa ne čini, **4.13**
kao onaj tko je iznad *guṇa* prirode, 4.4
kao onaj tko je iznad svih, 2.2
kao onaj tko nema početka, **4.6,** 4.6, **10.3,** 10.3, **11.16, 11.19**
kao osiguravatelj životnih potrepština, 9.29
kao osloboditelj Svoga *bhakte,* **12.6–7,** 12.6–7, 18.46
kao osnova svega, **9.4–10, 9.18,** 9.18
pogledaj: Gospodin Kṛṣṇa, kao uzrok svega
kao osoba, 2.39, 4.5, **7.24,** 7.24, **8.9, 9.4–5, 10.12–13,** 10.12–13, 11.54
u usporedbi s impersonalističkim shvaćanjem, 7.26, 7.27
kao „osoba snažnih ruku", **18.1**
kao otac
svemira, **9.17**
svih, 13, 3.24, 6.29, 7.15, 9.10, **10.6**-10.7, **11.39,** 11.39, **11.43, 14.3–4**
kao Parabrahman, ili *paraṁ brahma,* 4, 7.10, 10.13, 18.62
kao *paraṁ dhāma,* 18.62
kao Pārtha-sārathi,
razlog zašto je poznat pod tim imenom, 1.15
kao pastir, 10.28
kao pobjeda, **10.36**
kao početak, sredina i kraj svih bića, **10.20,** 10.20

Gospodin Kṛṣṇa (nastavak)
kao podrijetlo, 6.30, **7.6–12, 9.4–10, 10.2,** 10.2, **10.8,** 10.8, **15.3–4**
četvorice Kumāra, **10.6,** 10.6
ekspanzija, 11.46
guṇa prirode, **7.12,** 7.12
inkarnacija, **4.8,** 4.8, 11.1
kreacije, 11.2
materijalnih i duhovnih svjetova, **10.8,** 10.8
oblika Boga, 11.54, 11.55
polubogova i mudraca, **10.2,** 10.2, 10.8, 10.42
sjećanja, znanja i zaborava, **15.15,** 15.15
sveg znanja, 7.1-**7.2**
svega, 2.2, 6.29, 6.30, **10.15,** 10.15, 10.20, 10.42, 13.17, **15.3–4**
svemira, 10.20
svih Manua, **10.6,** 10.6
svih odlika živih bića, **10.4–5,** 10.4–5
svih osjetila, **13.15–16**
svih osobina, dobrih i loših, **10.4–5,** 10.4–5
topline i kiše, **9.19**
Veda, **15.15,** 15.15
vedskog znanja, 10.8
zadovoljstva, 1.32–35
živih bića, **10.6,** 10.6, 10.42, **11.2,** 11.2, 13.7, 18.46
života, **7.9–10**
života na svim planetima, **10.6,** 10.6
kao poduzetan i marljiv, 10.36
kao pokore isposnika, **7.9**
kao ponuda precima, **9.16**
kao potomak Vṛṣṇija, **3.36**
kao poznavatelj svih, 4.15, 6.39, **8.9, 11.38,** 11.38
kao poznavatelj tijela, **13.3,** 13.3
kao pradjed, **9.17,** 9.17, **11.39,** 11.39
kao praotac svih praočeva, **10.6,** 10.7
kao Prapitāmaha,
razlog zašto je poznat pod tim imenom, 10.6
kao predmet znanja, **9.17,** 9.17
kao prijatelj, 2.22, 2.66, 6.47, 7.1, **9.18,** 9.18, **9.29,** 9.29, 11.8, 18.58, 18.73
kao pročišćavatelj, **9.17,** 9.17
kao *puruṣa,* 15.1
kao Puruṣottama, **8.1–2, 10.15,** 10.15, 11.3
kao Rāmacandra, 1.20
kao rijetko poznat ili shvatljiv, 4.5, **7.3,** 7.3, 7.25, 7.26, **10.2,** 10.2
kao riznica sveg zadovoljstva, 15
kao rješenje za sve probleme, 2.7–8

Gospodin Kṛṣṇa (nastavak)
kao rođenje, 10.34
kao *sac-cid-ānanda,* 10, 4.4, 7.24
kao samodovoljan, **3.22**
kao sjeme svega, 7.10, 9.17, **10.39,** 10.39
kao smrt, **9.19, 10.34**
kao snaga snažnih, **7.11, 10.36**
kao sposobnost u čovjeku, **7.8**
kao stvaranje i uništenje, **9.18,** 9.18
kao stvoritelj, 4.13, **9.7–8**
izvorni, **11.37–38**
varṇāśrame, **4.13,** 4.13
pogledaj: Gospodin Kṛṣṇa, kao uzrok
kao sunčeva svjetlost, **7.8,** 7.8, **15.12,** 15.12
kao svatko, **9.17,** 9.17
kao sve i neovisan, 7.7, **7.12,** 7.12
kao sve znanje, **11.38,** 11.38
kao svedobar, **11.36,** 11.36, 15.15
kao svemilostivi, 15.15
kao svemoćan, 10.39, 13.14, **11.40,** 18.73
kao sveprivlačan, 11.50
kao sveprožimajući, **6.29, 6.30, 9.4–6,** 9.11, 11.2, **11.38,** 11.38, **11.40,** 18.46
kao Nad-duša, **10.42**
premda je odvojen, 11.2
premda je u srcima svih, 15.15
premda je u Svom prebivalištu, **8.22,** 8.22, 9.11
kao Svevišnja Božanska Osoba, 2, 3, 10–11, **9.13–14, 10.12–17,** 11.8, **11.18, 11.32, 11.38–39, 11.43,** 11.46, 11.54, 18.78
autoriteti potvrđuju, **10.12–13,** 10.12–13
Parāśara Muni prihvaća, 10.1
kao Svevišnji Gospodin, 4.3, **4.35,** 4.35, 5.17, 6.30, 6.47, 7.15, **7.24,** 7.24, **7.30,** 7.30, **9.11,** 9.12, **9.15–20,** 10.2, **10.3,** 10.3, **10.12–16,** 11.1–3, 11.8, **11.18, 11.31, 11.37–38, 11.43**-11.46, **15.18–19**
Arjuna prihvaća da je Kṛṣṇa Svevišnji Gospodin, 4.3, **10.12–15,** 11.54
Bhagavad-gītā Ga opisuje kao, 4.42
dokaz u Njegovom djetinjstvu, 9.11
dokaz za, 2.1–2
kao Nad-duša, **10.11,** 10.11, **10.20,** 10.20, 10.42, 13.3, 13.4, 14.27, 18.61
prihvaćanje Njega kao Svevišnjeg Gospodina, 2.24
svi *bhakte* Ga prihvaćaju, 4.4
zavist na, 18.67
znanje o, **4.9–10**
pogledaj: Svevišnji Gospodin
kao sveznajući, 4.15, 6.39, **8.9, 11.38,** 11.38

Gospodin Kṛṣṇa (nastavak)
kao svjedok, 2.22
pogledaj: Nad-duša
kao svjetlost mjeseca, **7.8,** 7.8
kao svjetlost sunca i mjeseca, **7.8,** 7.8, **15.12,** 15.12
kao svuda prisutan, **6.29, 6.30**
pogledaj: Gospodin Kṛṣṇa, kao sveprožimajući
kao Śyāmasundara, 6.30, 9.19, 11.52, 11.55
Njegov opis, 6.47
kao toplina vatre, **7.9**
kao transcendentalan, 4.4, 4.12, **8.9,** 8.9, 18.78
prema *guṇama* prirode, **7.12–13, 11.38,** 13.15
prema materijalnoj prirodi i svemiru, 4.4, 9.13, **11.37–38**
prema plodonosnom djelovanju, **4.14,** 4.14
prema posljedicama djelovanja, **4.14,** 4.14
prema propisima i dužnostima, 3.22
prema Svojoj kreaciji, **7.12–13, 9.4–10,** 9.10, 9.11, 11.2
prema *varṇāśrami,* **4.13,** 4.13
prema živim bićima, 22–23
kao transcendentalna *mantra,* **9.16**
kao ubojica demona Madhua (Madhusūdana), **2.4, 8.2**
razlog zašto je poznat kao, 1.15, **2.1,** 2.1, 8.2
kao učitelj
Arjune, 2.20
Brahme, 2.29
kao uništavatelj svega, **11.32**
kao univerzalni Bog, 26
kao upravitelj
kao Nad-duša, 8.9
materijalnog svijeta i prirode, 6, 3.27, **9.5–10,** 9.11, 13.27
māye, 7.14
osjetila živih bića, 1.15, 1.24, 13.3
planeta, 4.1, 9.6
putem Svojih energija, **9.5–10,** 9.11
seljenja duše, **16.19–20**
svega, 7.5, 7.21, **8.9,** 8.9, 9.4, 9.5-**9.10,** 11.33, 11.43, 13.3, 13.27
u usporedbi s podređenim upraviteljima, 9.11
uma, 1.24
živih bića, 13.3, **16.19–20, 18.61,** 18.61
kao utočište svih, **11.37, 11.38,** 11.38
kao uzrok
naših djelatnosti, 4.21
sposobnosti živih bića, 7.19

Gospodin Kṛṣṇa (nastavak)
kao uzrok (nastavak)
svega, 10–11, **7.6–12, 7.19,** 7.19, **9.4–10**
svih uzroka, 4.35, 7.2, 7.3, 7.6, **7.19,** 7.19, 9.18, **10.2,** 10.2, **10.8,** 10.8, 10.13, 10.20, **10.39–40,** 11.1, **11.37,** 11.37, 11.54
kao uživatelj svega, 2.63, 2.66, 8.8, **9.24**
kao uživatelj žrtvovanja, **9.24, 9.26–27**
kao Vāsudeva, 2.56
razlog zašto je poznat kao, 1.15, 10.37
kao *Vede,* **9.17,** 9.17
kao viša energija, 6.29
kao viši od Brahmana, 2.12
kao Viṣṇu, **6.31,** 6.31, 10.20, **11.24**
pogledaj: Gospodin Viṣṇu
kao vječan, 4.4, **7.25, 7.26, 11.16, 11.19**
transcendentalna i izvorna osoba, **10.12–13,** 10.12–13
vrhovno vječan, 15.17, 15.18
kao vječno mlad, 4.5, 4.6
kao vječno sretan, 15
kao vladajuće načelo, **7.30**
kao vlasnik, 2.66, 2.71, 5.2, 5.10, **5.29,** 5.29, **10.3,** 10.3, 11.55
hrama, 11.55
osjetila, 6.26
znanje o Njemu kao vlasniku, 5.10–12
kao voda, **11.39**
kao vođa svih, **4.11–12**
kao vozač bojnih kola, 1.15, **1.21–24,** 18.78
kao vrhovna
obožavana osoba, 10.42
osoba, 2.12
kao Vrhovna Apsolutna Istina, 18.78
kao vrhovni
autoritet, 3.22, 4.4, 7.1, 8.1
Brahman, 4
duhovni učitelj, **11.43,** 11.54
glavni predmet, **11.18**
gospodar, 1.22, 7.20
izvor, 6.30, **7.6–12, 10.8,** 10.8
mistik, **10.17–18, 11.4, 11.8, 11.9**
održavatelj, **15.17**
otac, 3.24, 6.29
praotac, **10.6,** 10.6
prevarant, 10.36
prijatelj, 2.66
spasitelj, 18.66
stvoritelj, **9.7–8**
učitelj, 2.32
uništavatelj, **11.32**
upravitelj, 7.5, 7.21, **7.30, 8.9,** 8.9, 9.4, 9.5, **9.10,** 11.33, 13.3, 13.27, 16.8

Gospodin Kṛṣṇa (nastavak)
kao vrhovni (nastavak)
uzrok, 2.2, 4.35, 7.2, 7.3, **7.6–12, 7.19,** 7.19, **9.4–10, 10.8,** 10.8, 10.20, 11.54
uživatelj, 2.63, 8.8, **9.24**
uživatelj, vlasnik i prijatelj, 2.66
vječni, 7.10
vlasnik, 2.66, 2.71, 5.2, 5.10, **5.29,** 5.29, **10.3,** 10.3, 11.55
kao vrhovno
podrijetlo, 6.29, 10.20
prebivalište, 18.62
utočište, **11.37, 11.38,** 11.38
kao zrak, **11.39**
kao zvuk u eteru, **7.8**
kao život i duša materijalnog očitovanja, 10.20
kao život svakoga, **7.9,** 18.20
kao žrtvena ponuda, **9.16,** 9.16
kao žrtvena vatra, **9.16,** 9.16
kao žrtvovanje, **9.16,** 9.16
kao Yādava, **11.41–42,** 11.41–42
kao *yajña-pati,* 3.11
kao Yaśodā-nandana, razlog zašto je poznat kao, 1.15
kao *yogeśvara,* 11.4
književnost o Njemu, kao vječno svježa, 10.18
kritiziran kada se pojavi kao ljudsko biće, 16
Kṛṣṇa i Duryodhana, 11.47
Kṛṣṇa pojačava vjeru u polubogove, **7.21,** 7.21
kvalifikacije potrebne da bi Ga osoba mogla vidjeti, **11.52–54**
ljubav prema Njemu. *Pogledaj:* Ljubav prema Gospodinu
ljudska bića
nalik na Njega, 7.15
ovise o Njemu, 15.13
Mādhavendra Purī Ga se sjeća, 2.52
materija i duh su isti za Njega, **9.19**
materijalisti Ga ne mogu shvatiti, 4.5
mjesečeva svjetlost i sjaj potječu od Njega, **15.12,** 15.12
nalazi se u duhovnom svijetu, premda je sveprožimajući, **8.22,** 8.22
ne mogu Ga vidjeti nekvalificirane osobe, **11.48,** 11.48
ne može se opaziti materijalno, 9.4
ne očituje se svakome, 18.55
nepogrešiv, **7.25**
neuništiv, **7.13,** 7.25, **11.18**
nije izgubljen za *bhaktu,* **6.30–31**

Gospodin Kṛṣṇa (nastavak)
nije stvoren, **10.3,** 10.3
Njegov devocijski oblik, 3.10
pogledaj: Oblik Božanstva Svevišnjeg Gospodina
Njegov izvor, kao nepoznat, **10.2,** 10.2
Njegov oblik(ci)
bhakta se usredotočuje na Njegov oblik, 9.13, 11.8, 18.65
četveroruki, 9.11, **11.46, 11.50,** 11.53, 11.54, 11.55
devocijski oblik, 3.10
impersonalistička mišljenja o Njegovom obliku, 7.24, 7.26, 9.11
izvorni oblik, **4.6,** 4.6, **4.7,** 11.1, **11.50–51,** 11.54, 11.55, 18.65
kao Caitanya, 3.10
kao mladalački, 4.5, 4.6, 11.46
kao Nārāyaṇa, **11.45-**11.46, 11.50, 11.54
kao osobni, 4.10, 7.24
kao *sac-cid-ānanda,* 4.5, 9.11, 11.54
kao *saumya-vapuḥ* 11.50
kao Śyāmasundara, 11.55
kao vrijeme, **11.32,** 11.55
kvalifikacije potrebne za viđenje Njegova oblika, **11.52–54**
ljepota Njegovih oblika, 8.21, 9.11, 11.50, **11.51,** 18.65, 18.66
meditacija na Njegov oblik, **9.22,** 18.65
moći Njegovih oblika, 9.11, 13.14
nalik na ljudski, 4.5, 4.6, 9.11, **11.51–54**
Njegove lotosove oči, **11.2**
njihova apsolutna priroda, 2.2, 2.7, 4.5, **4.6–7,** 4.9, 7.24, 7.25, 9.5, 9.11, 9.12, 11.54, 13.14–15
oblik vječnosti, blaženstva i znanja (*sac-cid-ānanda*) 2.2, 9.11, 11.54
opisani, 6.47, 8.21, 18.65
osjetila Njegova oblika, 13.15
pokazao je Arjuni, 9.11, **11.50–54,** 11.55
polubogovi žele vidjeti, **11.52**
rast Njegova oblika, 4.6
s dvije ruke, **11.50–54,** 11.54, 11.55
Sañjaya se sjeća, **18.76–78**
sjećati se oblika, **9.22,** 18.65
u usporedbi s kozmičkim oblikom, 11.54
u usporedbi s materijalnim tijelom, 9.11, 11.43, 13.18
u vrijeme rođenja, 11.53, 11.54
yoga-māyā prekriva, 7.25
pogledaj: Gospodin Kṛṣṇa, Njegove inkarnacije

Gospodin Kṛṣṇa (nastavak)
Njegov oblik Božanstva, 11.55
pogledaj: Oblik Božanstva Svevišnjeg Gospodina
Njegov odlazak uspoređen sa zalaskom sunca, 4.6
Njegov osobni oblik je teško shvatiti, **7.24–25**
Njegov otac, 1.25, 2.3
Njegov plan za materijalni svijet, 11.33
Njegov sjaj, 4.35, 6.47, 15.18
pogledaj: Brahman
Njegov sud o odricanju, **18.4**
Njegov učenik, Vivasvān kao, 4.15
Njegov ujak, 9.34
Njegov um nije različit od Njega samog, 9.34
Njegova bojna kola, **1.14, 1.20–24, 1.46,** 11.13
zastava na Njegovim kolima, **1.20,** 1.20
Njegova imena
definirana, 15
impersonalisti izbjegavaju, 7.8
njihova apsolutna priroda, 12.8
primjeri, 6.47
zadovoljstvo od slušanja Njegovih imena, **11.36**
pogledaj: određena imena Kṛṣṇe
Njegova ljepota, 2.59, 6.47, 8.21, 11.50, **11.51,** 18.65, 18.66
Njegova lotosova stopala, 2.51
Njegova majka, 4.4, 4.8, 6.47, 7.3, 10.8, 11.52
Njegova milost, 4.16, 7.19, 15.15
bezuzročna, 7.14
daje živim bićima sve što im je neophodno, 15.15
duhovno znanje o Njemu samom, kao milost, **10.10–11**
Gospodin se može spoznati samo milošću Kṛṣṇe, 7.24, 11.4
kao neograničena, 7.23
On uklanja iluziju, **18.73,** 18.73
patnja prihvaćena kao milost, 12.13–14
pokazivanje kozmičkog oblika kao milost, 11.4, 11.7, 11.47
prema *bhaktama,* **8.14,** 8.14, **9.22, 9.29,** 9.29, **10.10–11,** 11.34, 11.55, 12.7, 12.13–14, 18.73
prema čistim *bhaktama,* 10.11, 18.56
prema predanoj duši, 7.14
pri oslobađanju uvjetovanih duša, 7.14

Gospodin Kṛṣṇa (nastavak)
Njegova milost (nastavak)
pri praćenju duše u obliku Nad-duše, 13.21
pri ubijanju *asura* (demona), 16.20
sannyāsī ovisi o Njegovoj milosti, 16.1–3
sumnja u, 16.20
u osiguravanju sunčeve svjetlosti, mjesečine i vatre, **15.12,** 15.12
u uputama, 13.23, 15.15
u znanju, **10.10–11,** 15.15
vraćanje Bogu putem milosti, **18.56**
za Arjunu, 11.1, 11.4, 11.7, **11.44–45**
za demone, 16.20
Njegova neutralnost, 6.29, **9.9–10**
Njegova obilja, **10.7,** 10.7, **10.40,** 13.15
bhakte nisu posebno privučeni njima, 11.8
detaljno opisana, **10.2–8, 10.12–42**
dijeli ih sa Svojim *bhaktom,* 14.27
jedino ih *bhakte* poznaju, 7.3
kao bezgranična i neshvatljiva, **10.19,** 10.19
kao neograničena, **10.2–8, 10.12–42**
Kṛṣṇa ih je pokazao, 10.1
mistična obilja, **9.5,** 9.5
navedena, 7.3, 7.13
odricanje kao obilje, 18.78
u kozmičkom obliku, **11.5–43**
u usporedbi s drugima, 2.2
u vrijeme rođenja, 4.6
znanje kao obilje, **4.5**-4.6
znanje o Njegovim obiljima, **10.7,** 10.7
Njegova obitelj Ga voli, 11.8
Njegova očitovanja koja nisu bila poznata ranije, **11.6**
Njegova odjeća, 6.47, 8.21
Njegova odlika blaženstva, 13.5
Njegova osjetila, 1.15
njihova apsolutna priroda, 9.26, 11.43, 13.15
uspoređena s našim osjetilima, 1.35
zadovoljavanje Njegovih osjetila, zadovoljava naša osjetila, 1.35
Njegova pojava u ljudskom obliku pogrešno se shvaća, **9.11,** 9.11
Njegova ponuda mira, 11.47
Njegova *prakṛti,* 4.6
Njegova pravednost i nasilje, 2.21
Njegova prebivališta, 17–18, 9.11, **15.6,** 15.6, **18.56**
Brahma-saṁhitā opisuje, 8.21
dostižu se predanim služenjem, **8.22,** 8.22

Gospodin Kṛṣṇa (nastavak)
Njegova prebivališta (nastavak)
Gospodin se nalazi u njima, iako je svuda, 9.11
kao *ānanda-cinmaya-rasa,* 8.22
kao konačno prebivalište, **9.18,** 9.18, **10.12–13,** 10.12–13, **11.45**
kao najviše prebivalište i odredište, **8.21**
kao očitovanje Kṛṣṇine energije, **8.22,** 8.22
Kṛṣṇa je vrhovni u njima, 8.22
nema povratka iz njih, **4.9,** 4.9, **8.21,** 11.43, **15.6,** 15.6
opisana, **8.21**
oslobođenje u njima, 8.13, **8.16,** 8.16, 8.19, **8.21,** 8.28
replika prebivališta, 8.22
pogledaj: Duhovni svijet; Vṛndāvana
Njegova prevlast, 2.2, 4.5–6, 6.29, 6.30, 6.32, 6.38, 7.1, 7.2, 7.3, 7.6–13, 7.15, **7.19,** 7.19, 7.20, **7.24,** 7.24, **7.30,** 8.8, **8.22,** 8.22, 9.1, **9.4–20, 9.23**-9.33, 10.1, **10.2–8, 10.12–16, 10.39–42, 11.5–44, 13.13–16, 13.18–19,** 13.20, **15.18–19,** 18.4, 18.14, 18.16, 18.46, 18.49, 18.55, 18.57, **18.59**-18.61, 18.66–67, **18.73,** 18.73, **18.75,** 18.75, **18.78,** 18.78
Bhagavad-gītā poučava o, 15.19
Brahma-saṁhitā, citat u vezi, 2.2
detaljno opisana, **11.37–38, 11.43,** 11.43
kozmički oblik otkriva, 11.3, **11.5–47**
Kṛṣṇina moć ograničava znanje o, **7.25–26**
mjerodavni navodi iz spisa o, 10.7–8
navodi iz spisa koji je podržavaju, 10.7–8
potreba za znanjem o Njegovoj svemoći, **5.29**
u sjećanju, **4.5,** 4.5
zaborav o Njegovoj prevlasti, 5.25
Njegova samilost, 2.1
pogledaj: Gospodin Kṛṣṇa, Njegova milost
Njegova sveprožimajuća obilja, **10.16–17**
Njegova tetka, 1.25
Njegova unutarnja moć, **7.25,** 7.25
Njegova veličina, **10.12–14, 10.19,** 10.19, **10.40–42, 11.37,** 11.37, **11.43–44, 15.12–15, 15.18,** 15.18
pogledaj: Gospodin Kṛṣṇa, Njegova obilja; Kṛṣṇa, kao vrhovni...
Njegova vlada, polubogovi u njoj, 9.23
Njegova zaštita, 9.18, 18.66
Vlastitih *bhakta,* **9.22, 9.31,** 9.34, 18.58, **18.66,** 18.66

Gospodin Kṛṣṇa (nastavak)
Njegova *yoga-māyā,* 10.18, 11.52
Njegove aktivnosti. *pogledaj:* Gospodin Kṛṣṇa, Njegove zabave
Njegove dužnosti, **3.22–24**
Njegove ekspanzije
kao Gospodin Balarāma, 10.37
kao Mahā-Viṣṇu, 11.54
kao mladalačke, 11.46
kao Nārāyaṇa, 10.8, 11.45, 14.26
kao transcendentalne i pune svih obilja, 14.26
Kṛṣṇa kao njihovo podrijetlo, 11.46
na duhovnom nebu, 11.45
na Vaikuṇṭha planetima, 8.22, 15.7
Nad-duša kao, **6.31,** 6.31, 7.4, 7.15, 10.42, 13.3
Njegovi oblici izvan Vṛndāvane kao, 10.37
predano služenje njih, 8.14, 14.26
primarne i sekundarne ekspanzije, 15.7
primjeri, 4.13, 8.8, 14.26, 15.7, 18.65
prva ekspanzija, 10.37
puruṣa ekspanzije, 7.4
svijet se održava pomoću ekspanzija, 10.42
u usporedbi s voćem, cvijećem i lišćem, 8.22
u Viṣṇu oblicima, 10.20, **11.46,** 11.46
viṣṇu-tattva, ekspanzije, 15.7
vrste ekspanzija, 10.37
za stvaranje, 7.4, 9.8, 10.20
zadržava izvorni identitet unatoč ekspanzijama, 4.35
živa bića kao Njegove ekspanzije, 4.35, 15.7
pogledaj: Gospodin Kṛṣṇa, Njegovi oblici; Kṛṣṇa; Njegove inkarnacije; Nad-duša; Svevišnji Gospodin, Njegove ekspanzije
Njegove inkarnacije
ateistička mišljenja o Njima, 7.15
Brahmā Ih hvali, 4.5
Brahma-saṁhitā navodi, 4.5
Buddha kao, 4.7
Caitanya kao, 4.8, 16.1–3
dokaz za inkarnaciju, 4.7, 11.3, 11.54
inkarnacije *bhakta* Ih prate, 4.5
kao božanski gospodar, 7.15
kao Kalki, 8.17
kao Kṛṣṇa, 4.8, 10.36
kao Njegove ekspanzije, 4.35
kao sin, 4.7
kao Vyāsadeva, 10.37, 15.15, 15.16, 15.18, 18.77
Kapila (Gospodin) kao, 10.26

Gospodin Kṛṣṇa (nastavak)
Njegove inkarnacije (nastavak)
Kṛṣṇa kao izvor inkarnacija, 2.2, 4.5, **4.7,** 4.7, 11.1, 11.54
lažne, 3.24
Njihova misija, 4.7, 16.20
obični ljudi Ih imitiraju, 11.48
poučavaju ista načela, 4.7
primjeri inkarnacija, 6.47
puruṣa inkarnacije, 7.4, 9.8, 10.20
služenje Njih, 8.14
spisi opisuju Njihove zabave, 10.18
svjesnost Kṛṣṇe se budi pod Njihovim utjecajem, 4.7
svrha inkarnacija, 6, 13, **4.7–8**
Śrīmad-Bhāgavatam navodi, 11.54
u Kali-yugi, 8.17
u korist *bhakta,* **4.8,** 4.8
učestalost inkarnacija, **4.8,** 4.8
vrste inkarnacija, navedene, 4.8
za *guṇe* prirode, 7.14
za stvaranje, 7.4, 9.8, 10.20
za zaštitu životinja, 4.7
pogledaj: Gospodin Kṛṣṇa, Njegovi oblici; *određene inkarnacije*
Njegove konačne upute, 7.21
Njegove krave, 10.28
Njegove oči u usporedbi s lotosovim cvijetom, 11.2
Njegove odlike, 2.56, 2.57, 4.5
sjećati se njih, **8.9,** 8.9
tri odlike, 6.15
pogledaj: Gospodin Kṛṣṇa, Njegova obilja
Njegove pojave, 4.4
da bi popravio društvo, 3.24
kao Devakīno dijete, 4.4, 10.3
kao duhovne, ili transcendentalne, 4.4, 4.7, **9.11,** 9.11, 10.3, 13.5
Kṛṣṇa objašnjava, **4.5–9**
mjesta pojave, 8.21
na Kurukṣetri, 1.1
Njegov oblik i zabave koje provodi za vrijeme pojave, 17
Njegova pojava u ljudskom obliku se pogrešno shvaća, **9.11,** 9.11
osoba dostiže oslobođenje poznajući ih, **4.9–10**
post na dan Njegove pojave, 9.14
svrha Njegovih pojava, 22–23, 3.23, **4.7,** 4.7, 10.13
učestalost Njegovih pojava, **4.6, 4.7,** 4.7
uspoređene s izlaskom sunca, 4.6
zabave pri Njegovim pojavama, 11.50

Gospodin Kṛṣṇa (nastavak)
Njegove sarkastične riječi upućene Arjuni, 2.26
Njegove upute, 10.3
Arjuna ih prihvaća, **18.73,** 18.73
najpovjerljivije, 18.78
potreba za slijeđenjem Njegovih uputa, **18.59–61**
preko duhovnog učitelja, 10.3, 18.63
razmatranje Njegovih uputa, **18.63,** 18.63
zanemarivanje Njegovih uputa, **18.59–61**
pogledaj: Određene upute
Njegove zabave, 16, 7.24, 7.25, 9.11
dobre za sve, 11.36
kao djeteta, 9.11
Njegova veličina je izražena kroz zabave, 9.11, 10.36
slušanje zabava, kao nektarsko, **10.18,** 10.18
Njegove zabave rođenja, 4.6, 11.50, 11.52, 11.53, 11.54
pogledaj: Gospodin Kṛṣṇa, Njegove pojave
Njegovi hramovi
Ambarīṣa Mahārāja i hramovi, 2.61
tijelo kao Njegov hram, **10.33–34, 11.32,** 11.55
Njegovi planeti, **6.15**
dostizanje njih, **7.23,** 7.24, 7.29
Njegovi prijatelji dječaci pastiri, 11.8
Njegovi prijatelji u igri, 20, 11.8
Njegovi roditelji, 1.15, 9.11, 11.53
Njegovi zastupnici, polubogovi kao, 9.23
Njegovo doba
mladalačko, 4.5, 4.6
na Kurukṣetri, 4.6
najstariji, **8.9,** 8.9
Njegovo jedenje, 9.26
Njegovo jedinstvo s Nad-dušom, **6.31,** 6.31
Njegovo mistično obilje, **9.5,** 9.5
Njegovo opraštanje, 1.35
Njegovo pamćenje, **4.5,** 4.5
Njegovo ubijanje, 11.55
demona, 1.15, **2.4, 4.8,** 4.8, **8.2,** 8.17, 16.20
u kozmičkom obliku, **11.26–30, 11.32**
Njegovo zadovoljstvo, 2.64, 2.71
jedino predanim služenjem, 10.11
kao cilj *varṇāśrama-dharme,* 2.48
zadovoljava sve, 2.41
Njegovo znanje, 6.39, **7.26,** 7.26
objasnio je *Vede* kao Vyāsadeva, 15.16, 15.18
objašnjava duhovni život, 3.2

Gospodin Kṛṣṇa (nastavak)
obožavanje je namijenjeno Njemu, **6.47,** 6.47, 10.42, **11.44**
obožavanje Njega
niže vrste obožavanja, **9.15,** 9.15
odavanje poštovanja Njemu, **9.34,** 9.34
Arjunino, **11.39–40**
odgovoran je za duše koje Mu se predaju, 24
odnos između Kṛṣṇe, duše i tijela, **13.1–7**
odnosi s Njim, 3–4, 2.10, 4.11
nazvan imenom Kṛṣṇa zbog odnosa, 1.15
primjeri odnosa, 6.47
vrste odnosa, 11.14
odricanje kao Njegovo obilje, 18.78
odvojen od Svoje kreacije, **9.4**-9.10
On je napravio podjelu društva, **4.13,** 14.13
On je oplodio prirodu, 14.27
On osigurava životne potrepštine, 9.29
On prihvaća ponude, **9.26–27**
On štiti religiju, **4.7–8**
oponašanje Njega u usporedbi s poslušnošću, 3.24
oponašanje Njegova *rāsa* plesa, 3.24
oslobođenje prihvaćanjem Njegova utočišta, 2.51
osobine pričaju o Njemu, **10.18,** 10.18
Pāṇḍave i Kṛṣṇa, 1.12–15, 1.20, 7.25
pita Arjunu, **18.72**
pobjeda zahvaljujući Njegovoj prisutnosti, 18.74, **18.78**
polubogovi su Mu podređeni, **7.22,** 7.22, **10.2,** 10.2, 10.42
ponude pogodne za Njega, 11.55
poslušnost Njemu, 2.48
prijeka potreba poslušnosti, **3.32**
u usporedbi s oponašanjem Njega, 3.24
predano služenje je namijenjeno Njemu, **9.34,** 9.34
prekriven *yoga-māyom,* 11.52
pretkazao rezultat bitke na Kurukṣetri, **11.32–34**
primjer koji postavlja, **3.23–24**
privrženost prema Njemu, 5.5, 6.35
pogledaj: Ljubav prema Gospodinu
proždire sve, 13.17
prožima sve, **6.29, 6.30, 9.4–6,** 9.11, 10.42, 11.2, **11.38,** 11.38, **11.40,** 18.46
razlog zašto je poznat kao Kṛṣṇa, 3.13
razlozi zašto je neshvatljiv, **8.9,** 8.9
s flautom, 4.6
Sañjaya Ga je hvalio, **18.74–78**
savršenstvo, prema Njemu, 3.19

Gospodin Kṛṣṇa (nastavak)
sjećanje, znanje i zaborav dolaze od Njega, **15.15,** 15.15
služenje upućeno Njemu. *Pogledaj:* Predano služenje
spoznaja Kṛṣṇe, 15.15, 18.78
stadiji spoznaje, 15.15
pogledaj: Spoznaja Boga
stvaranje i Kṛṣṇa, 10.3
stvaranje uzrokovano Njegovim pogledom, 9.10
stvorio je *varṇāśramu,* **4.13,** 4.13
sunce Mu se pokorava, 4.1
sunce ovisi o Njemu, 10.42
sve je povezano s Njim, **7.19,** 7.19
sve je unutar Njega, **8.22,** 8.22
svi odnosi su sadržani u Njemu, 11.14
svijetao kao sunce, **8.9**
svjetlost i sjaj vatre potječu od Njega, **15.12,** 15.12
Śaṅkarācārya Ga prihvaća, 7.3
Śiśupāla i Kṛṣṇa, 7.25
školjka u koju je puhnuo, **1.14–15**
tulasī i Kṛṣṇa, 9.2, 11.55
u analogiji banjanova drveta, 15.3–4
u maternici, 11.52
u obiteljskom životu, 3.23
u srcima svih, 1.15, **6.29**-6.30, **15.15,** 15.15
pogledaj: Nad-duša
u ulozi *kṣatriye,* 3.22
ukazao Arjuni na sudbinu vojske Kurua, **11.26–28, 11.32–34,** 11.49
uništava demone, 1.15, **4.8,** 4.8, 8.17, 16.20
uništenje koje On vrši, **7.6**
uspoređen sa
cijelim tijelom, 7.23
dijamantom, 9.29
dječakom pastirom, 26
drvetom, 8.22, 9.3, 9.23
drvetom želja, 9.29
koncem za bisere, **7.7**
korijenom banjanova stabla, 15.3–4
korijenom drveta, 7.10
kraljem, 7.12, 9.4, 13.3, 14.26
liječnikom, 2
ljubavnikom, 23
lotosovim cvijetom, 8.2
majkom, 6.29
nebom, **9.6,** 9.6
oblakom, 9.29
ocem, 11.43, **11.45**
onim tko miriše cvijet, 9.10
polubogovima, 2.2
roditeljem, 12.7
suncem, 4.6, 7.8, 7.26, 9.4, 18.78

Gospodin Kṛṣṇa (nastavak)
vidjeti Ga licem u lice, 15.7
vidjeti Ga s ljubavlju, 11.55
Vivasvān i Viṣṇu, **4.4,** 4.5, 4.15, 7.26
vjera u Kṛṣṇu, 4, 20, 22, 4.39, 4.42, 18.68
pogledaj: Vjera u Gospodina
vrijednost i neophodnost slijeđenja Njegovih učenja, **3.31–32**
zavist na Njega, 9.1, **18.67, 18.71,** 18.71
znanje o Njegovoj mističnoj moći, **10.7,** 10.7
želio je da Kurui budu kažnjeni, 1.35
živa bića kao Kṛṣṇa, **9.17–18**
žrtvovanje je namijenjeno Njemu, **9.24**
yoga koju je preporučio, **6.46–47**
pogledaj: Svjesnost Kṛṣṇe; Svevišnji Gospodin
Gospodin Mādhava, 1.36, 8.22
Gospodin Mukunda, Kṛṣṇa kao, 1.41, 2.51
Gospodin Nārāyaṇa, 2.2, 14.26, 18.65
kao izvor polubogova i praočeva, 10.8
kao podrijetlo Brahme, 10.8
kao stvoritelj Śive, 10.8
Kṛṣṇa kao Njegovo podrijetlo, 10.8
Kṛṣṇa se pojavljuje kao Nārāyaṇa, 4.6
Njegovi oblici
Arjuna ih želi vidjeti, **11.45–46**
na duhovnim planetima, 11.45
opisani, 11.45
Njegovi simboli, **11.46**
pogledaj: Svevišnji Gospodin, kao Nārāyaṇa
Gospodin Nityānanda
Njegova milost prema Jagāju i Mādhāju, 7.15
u učeničkom naslijeđu, 26
Gospodin Nṛsiṁhadeva, 6.47, 8.14, 11.46, 15.7
kao inkarnacija Kṛṣṇe, 4.5
Gospodin Paraśurāma, 3.35
Gospodin Rāmacandra, 1.20, 4.13, 6.47, 8.14, 14.26, 15.7, 18.65
Gospodin je poznat kao Rāmacandra, 5.22
Hanumān i On, 3.37
kao inkarnacija Kṛṣṇe, 4.5
kao pravedni kralj, 10.27
Njegov punac, 3.20
Njegova dinastija, 4.1
Njegova pratilja, 1.20
predstavlja Kṛṣṇu, **10.31**
protiv Rāvaṇe, 1.20, 1.36
pogledaj: Svevišnji Gospodin
Gospodin Śyāmasundara, 6.30, 9.19, 11.55
Njegov opis, 6.47
teško je vidjeti Njegov oblik, 11.52
pogledaj: Gospodin Kṛṣṇa
Gospodin Vāmana, 8.22
Gospodin Varāha, 4.13, 6.47, 18.65
Gospodin Vāsudeva, 8.22
Balarāma kao, 10.37
kao cilj, 12.3–4
kao uzrok svega, **7.19,** 7.19
Kṛṣṇa i Balarāma kao, 10.37
Kṛṣṇa kao, 1.15, 2.56
Njegovi rođaci, 1.25
predstavlja Kṛṣṇu, **10.37,** 10.37
pogledaj: Gospodin Kṛṣṇa; Svevišnji Gospodin
Gospodin Viṣṇu, 11.55, 15.7, 18.65
Garbhodakaśāyī Viṣṇu, 7.4, 9.8, 15.4
Brahmā i On, 11.37
Njegov ležaj, 11.15
u kozmičkom obliku, 11.15
impersonalističko obožavanje Njega, 17.4
kao cilj *varṇāśrame,* 3.9
kao cilj *yoge,* 5.4
kao duša i korijen materijalnoga svijeta, 5.4
kao glavni uživatelj žrtvovanja, 3.9–10, 3.11–12, 3.14
kao Gospodar žrtvovanja, 8.2
kao jedini gospodar *māye,* 7.14
kao *prajā-pati,* 3.10
kao samoobasjan, 2.16
kao sastavni djelić Kṛṣṇe, 15.7
kao *yajña-puruṣa,* 3.15
Kṛṣṇa
kao Viṣṇu, 4.23, **6.31,** 6.31, 10.20, **11.24**
Viṣṇu predstavlja Kṛṣṇu, **10.21**
Kṣīrodakaśāyī Viṣṇu, 7.4, 9.8
Mahā-Viṣṇu, 7.4, 11.1, 13.20
stvaranje i On, 9.8, 11.54
meditacija na Njega, 2.61
Njegov nositelj, 6.24
Garuḍa kao, 10.30
Njegovi oblici
u usporedbi s duhovnim tijelima živih bića, 15.7
za stvaranje, 7.4, 10.20, 10.32
Njegovi simboli, 6.31
Njegovo prebivalište. *Pogledaj:* Duhovni svijet
pročišćenje uz Njegovu pomoć, 2.61
stvaranje pod Njegovim vodstvom, 10.32, 11.54, 13.20
u srcima svih, 6.31
uspoređen sa suncem, 6.31
yajña kao Viṣṇu, 3.9, 9.24
pogledaj: Svevišnji Gospodin

Gosvāmīji
definirani, 6.26
kvalifikacije *gosvāmīja*, 5.23
njihove obitelji, 6.42
šestorica Gosvāmīja, navedeni, 1
pogledaj: imena pojedinih Gosvāmīja
pogledaj: Sannyāsīji
Govor
karakteristike osobe mogu se saznati iz, 2.54
lijep govor predstavlja Kṛṣṇu, **10.34,** 10.34
pravila govora, **17.15**
strogost govora, **17.15,** 17.15
vladanje govorom, **18.51–53**
Grešne djelatnosti
bhaktino shvaćanje o njima, **9.30–31**
doba u kojima prevladavaju, 8.17
iskupljenje ih poništava, 1.43
ismijavanje Kṛṣṇe, 6.47, **9.11,** 9.11, **9.12,** 9.12
kazna za grešne djelatnosti, **1.43,** 1.43
pogledaj: Kazna; Grešne posljedice
koje su izvršili Kurui protiv Draupadī, 1.11
kontracepcija i grešne djelatnosti, 16.1–3
Nad-duša nije njihov uzrok, 3.36
napad kao, 1.36
nevoljne, **3.36,** 3.36
njihov uzrok
Arjunina pitanja o tome, **3.36–37**
požuda kao, **3.37–41**
opijanjem, 3.24
oponašanja duhovnog života, 3.6
požuda i grešne djelatnosti, **3.41**
pogledaj: Požuda
preljub kao, 1.40
pri jedenju mesa, 6.16, 14.16, 16.1–3
sloboda od grešnih djelatnosti
potrebna za spoznaju Kṛṣṇe, 15.20
putem predanog služenja, 15.20
smatrati Gospodina običnim čovjekom, 9.12
u jedenju, **3.13-**3.14, 9.26
u materijalnom životu bez žrtvovanja, **3.16**
u različitim *yugama,* 8.17
ubijanja rođaka, **1.44**
ubijanje životinja kao, 13, 14.16, 14.17
uspoređene sa sađenjem sjemena, 9.2
zaboravljanje svoga pravog prirodnog položaja, 7.28
znanje se gubi zbog, 3.6
pogledaj: određene grešne djelatnosti
Grešne posljedice
Arjuna
bojao ih se, **1.36–44,** 2.27, 18.59
imun na njih, 2.19, 2.21
Kṛṣṇa je obećao da će ga osloboditi od, **2.38**
ne treba ih se plašiti, **2.26–27, 2.38**
bhakta vidi Gospodinovu milost u njima, 12.13–14
Gospodin
nije odgovoran za, 5.15
štiti *bhaktu* od, 24, 12.7
kao zapreke za samospoznaju, 3.14
nastavljaju se u materijalnom postojanju, 3.39
od Yamarāje, 10.29
okončane s predanim služenjem, 2.50
osjetilno uživanje povlači za sobom grešne posljedice, 2.38
osjetilnog uživanja bez žrtvovanja, **3.16**
oslobođenje od grešnih posljedica
iskupljenjem, 1.43
kažnjavanjem, 2.21
smrću u bici, 2.22
osoba se pročišćava od, proučavanjem *Veda,* **9.20**
otklonjene jedenjem *prasādama,* **3.13,** 3.14
pakao kao, 1.43
planet za, 10.29
predano služenje je transcendentalno prema, 2.21, 2.38
propisana dužnost i, **18.47-**18.48
sazrijevanje grešnih posljedica, 9.2
sloboda od njih
guṇom vrline, **14.6,** 14.6
kroz svjesnost Kṛṣṇe, **10.3,** 10.3
odricanjem od rada, kao nedjelotvorno, **3.4**
poznavanjem Kṛṣṇe, **10.3,** 10.3
predanim služenjem, **7.28,** 9.2
predavanjem Gospodinu, **18.66,** 18.66
sjećanjem na Kṛṣṇu, 2.52
pogledaj: Oslobođenje
stadiji grešnih posljedica, 4.37, 9.2
u jedenju, 3.13–14, 6.16, 9.26
uspoređene s drvetom, 9.2
uzrokuju materijalni život, 4.31
za kažnjavanje napadača, **1.36,** 1.36
za neposlušnost Gospodinu, **3.32**
za one koji vrijeđaju Gospodina, **9.12,** 9.12
za opijanje, 3.24
za ubijanje napadača, **1.36**
za zanemarivanje dužnosti, 2.27, **2.33,** 2.33, 6.40
zbog ismijavanja Gospodina, **9.12,** 9.12

Grešne posljedice (nastavak)
- zbog jedenja mesa, 14.16
- životinjski život kao, **14.15,** 14.16
- žrtvovanje za pročišćenje od grešnih posljedica, **3.16**
- *pogledaj: Karma;* Kažnjavanje; Patnja

Grešnici. *Pogledaj:* Demoni; Materijalisti
Gṛhamedhīji. Pogledaj: Obiteljski život; Materijalisti
Gṛhasthe. Pogledaj: Obiteljski život; *Varṇāśrama-dharma* sustav
Grom, predstavlja Kṛṣṇu, **10.28,** 10.28
Guḍākeśa, Arjuna kao, 1.24, 10.20
Guṇa neznanja, 7
- demoni u njoj, 16.24
- djelovanje u njoj, **14.16,** 14.16, **18.25,** 18.25
- energije u *guṇi* neznanja, 20
- *guṇa* strasti u suprotnosti s njom, **14.10**
- hrana u njoj, 17.22
- iluzija u njoj, **18.32,** 18.32, **18.35,** 18.35, 18.39
- inteligencija u njoj, 13.6–7, **18.32,** 18.32
- jedenje u njoj, 6.16, **17.7, 17.10,** 17.10
- lijenost i *guṇa* neznanja, **14.8, 14.13**
- ljutnja u *guṇi* neznanja, 3.37
- milostinja u njoj, 16.1–3, 17.23
- neznanje o Kṛṣṇi kao *guṇa* neznanja, 4.9
- njen upravitelj, 10.23
- njena istaknutost, **14.10**
- njene posljedice i utjecaj na živo biće, 6.16, **14.5, 14.8–10, 14.13, 14.15–16,** 14.15–16, **14.17–18, 18.28,** 18.39
- njeni nedostaci, **14.8, 14.13, 14.18,** 14.18
- odbacivanje dužnosti iz neznanja, **18.7**
- odlučnost u, **18.35,** 18.35
- odricanje u, **18.7**
- opijanje u, 14.17
- pokora u, 17.23
- post u, 10.5
- razumijevanje u, **18.32,** 18.32
- rođenje u, **14.15,** 14.15, **14.18,** 14.18
- spavanje u, 6.16, 10.20, 14.8
- sreća u, **18.39,** 18.39
- Śiva i, 7.14
- u usporedbi sa
  - *guṇom* strasti, 14.8
  - *guṇom* vrline, 14.8
- um u, 15.7
- uvjetovanost *guṇom* neznanja, **14.5, 14.8–9**
- *varṇāśrama* podjela u, 9.32
- vršitelj djelatnosti u, **18.28**
- znanje u, **18.22,** 18.22
- želja i nezadovoljstvo u, 14.17
- žrtvovanje u, 17.23
- *pogledaj:* Neznanje; *Guṇe* prirode

Guṇa strasti, 7
- Brahmā i, 7.14
- demoni u, 16.24
- djelatnik u, **18.27**
- djelovanje u, **14.16,** 14.16, **18.24**
- djelovanje u *guṇi* strasti, ima posljedice, 2.38
- hrana u, 17.23
- jedenje u, **17.7, 17.9,** 17.10
- kao vezujuća, **14.7**
- materijalne želje zbog *guṇe* strasti, **14.7**
- milostinja u, 14.9, 16.1–3, 17.23
- nevolje zbog *guṇe* strasti, **14.16,** 14.16
- njena istaknutost, **14.10**
  - u sadašnjem dobu, 14.7
- njena očitovanja kod živoga bića, **14.12,** 14.12
- njeni učinci i utjecaj na živo biće, **14.5**-14.19
- odlike osobe u *guṇi* strasti, **18.27**
- odlučnost u, **18.34**
- odricanje od dužnosti zbog *guṇe* strasti, **18.8**
- odricanje u, **18.8**
- osjetilno uživanje u njoj, **18.34**
- pad zbog, **14.18,** 14.18
- patnja zbog, **14.16,** 14.16, 14.17
- plodonosne djelatnosti i *guṇa* strasti, **14.7, 14.9, 14.12,** 14.12, **18.34**
- predstavljena je privlačnošću između muškarca i žene, 14.7
- razumijevanje u, **18.31**
- rezultat smrti u, **14.15**
- rođenje kao rezultat *guṇe* strasti, **14.18**
- sloboda od nje putem svjesnosti Kṛṣṇe, **6.27**
- sreća u, **18.38**
- strogosti i pokore u, 17.23
- svjesnost opažena u odnosu na, 18.21
- um u, 15.7
- uvjetovanost *guṇom* strasti, **14.5, 14.7, 14.9**
- uzdizanje iz *guṇe* strasti, 3.37
- *varṇāśrama* podjela u *guṇi* strasti, 9.32
- veliki trud u *guṇi* strasti, **14.12,** 14.12
- vezanost i želja u *guṇi* strasti, **14.12,** 14.12
- vjera u, **17.2–4**
- znanje u, **18.21**-18.22
- želja i nezadovoljstvo u, 14.17
- žrtvovanje u, 17.23
- *pogledaj: Guṇe* prirode

Guṇa tame. *Pogledaj: Guṇa* neznanja
Guṇa vrline, 7
- *brāhmaṇe* i *guṇa* vrline, 14.6, 18.47
- čista *guṇa* vrline, 14.10, 17.3–4
- djelovanje u, **14.16,** 14.16, 16.1–3, **18.23**

Guṇa vrline (nastavak)
dužnost prihvaćena u *guṇi* vrline, **18.9–10,** 18.10
Gāyatrī *mantra* i *guṇa* vrline, 10.35
jedenje u *guṇi* vrline, 6.16–17, 17.7–10
materijalne posljedice i *guṇa* vrline, 2.38
milostinja u *guṇi* vrline, 16.1–3, 17.23
obožavanje za osobu u *guṇi* vrline, 13.12
obrazovanje neophodno za *guṇu* vrline, 14.17
očitovanja i učinci *guṇe* vrline na živo biće, **14.6,** 14.6, **14.9–12, 14.14–18,** 14.16
odlučnost u *guṇi* vrline, **18.33**
odricanje u *guṇi* vrline, **18.9–11**
odvojenost od rezultata rada kao, **18.9**
osjetila u *guṇi* vrline, **14.11**
pobožne djelatnosti i *guṇa* vrline, **14.16,** 14.16
pokore u *guṇi* vrline, 17.23
post u *guṇi* vrline, 10.4–5
prednosti vrline, 8, **14.6,** 14.6, **14.9, 14.14, 14.17–18,** 16.24
razumijevanje u *guṇi* vrline, **18.30**
rezultat smrti u *guṇi* vrline, **14.14**
shvaćanje u *guṇi* vrline, **18.30**
sreća u *guṇi* vrline, **18.37**
tijelo u *guṇi* vrline, **14.11**
u suprotnosti s *guṇama* strasti i neznanja, 14.8, **14.10**
um i *guṇa* vrline, 15.7
uvjetovanost *guṇom* vrline, **14.6,** 14.6, **14.9**
uzdizanje do *guṇe* vrline, 3.37
varṇāśrama podjela u *guṇi* vrline, 9.32
vezanost za, 3.19, **14.6,** 14.6
vjera u *guṇi* vrline, **17.2–3**
vrste hrane u *guṇi* vrline, 6.16–17, 17.23
vršenje dužnosti u *guṇi* vrline, 2.47, **18.26**
znanje u *guṇi* vrline, **18.20,** 18.20, 18.22, **18.30**
žrtvovanje u *guṇi* vrline, 17.23
pogledaj: Guṇe prirode
Guṇe prirode, 13
djelovanje
prema *guṇama,* **4.13,** 4.13
svatko je prisiljen djelovati pod upravom *guṇa* prirode, **3.5,** 3.5
djelovanje prema, **14.15**-14.16, 15.7, **18.23–25**
duša je transcendentalna prema njima, 13.32
dužnost u određenim *guṇama,* 3.35
dvostranosti uzrokovane njima, 2.45
Guṇe prirode (nastavak)
Gospodinove inkarnacije za *guṇe* prirode, 7.14
hrana u određenim *guṇama,* **17.7–10,** 17.23
iluzija preko *guṇa,* **7.13–14**
inteligencija u određenim *guṇama,* **18.29–32**
jedenje u određenim *guṇama,* **17.7–10**
kao Gospodinove energije, **7.14**
kao materijalni uzrok, 7.12, 7.13
kao predmet *Veda,* **2.45**
kao upravljači živih bića, 14.22–25, 18.60
Kṛṣṇa je potakao Arjunu da ih transcendira, **2.45**
Kṛṣṇa je transcendentalan prema, 4.4, **7.12–13**
Kṛṣṇa kao njihovo podrijetlo, **7.12,** 7.12
materijalne, **13.20,** 13.20
materijalni svijet i *guṇe* prirode, 5.10
milostinja u određenim *guṇama,* 8.28, 16.1–3, **17.7–8, 17.20–22,** 17.23
natjecanje za nadmoć među njima, **14.10**
neočitovano stanje *guṇa* prirode, 13.6–7
njihov izvor, **7.12,** 7.12
njihov utjecaj, kao univerzalan, **18.40**
obožavanje polubogova u *guṇama* prirode, 3.12
obožavanje u određenim *guṇama,* **17.1**-17.4
odlučnost u određenim *guṇama,* **18.29, 18.33–35**
odricanje u određenim *guṇama,* **18.4, 18.7**-18.9
okaljanost *guṇama,* 17.3
osobine i odlike u određenim *guṇama* prirode, **18.19–42**
osobine vršitelja djelatnosti u određenim *guṇama,* **18.26–28**
rad u odvojenosti od *guṇa* prirode, **18.26**
rezultat djelovanja u *guṇama* prirode, 17.2
rezultati *guṇa* prirode, 18.19
seljenje duše prema određenim *guṇama,* **13.22,** 13.22, **14.14–16**
seljenje duše ovisi o druženju s *guṇama,* **13.22,** 13.22
shvaćanje prema određenim *guṇama,* **18.29–32**
skupine ljudi prema *guṇama,* 7.14
sloboda od *guṇa,*
jedino uz pomoć Gospodina ili oslobođene duše, 7.14
predanim služenjem, 7.1
pogledaj: Oslobođenje
srce u *guṇama* prirode, 17.3
sreća u određenim *guṇama,* **18.36–39**

Guṇe prirode (nastavak)
stanje *pradhāne,* 13.6–7
strogosti u određenim *guṇama,* **17.7, 17.17–19,** 17.23
svi su obmanuti njima, **7.13–14**
svi su pod upravom *guṇa,* **3.33**
svjesnost Kṛṣṇe je transcendentalna prema, 7.13
tijelo prema *guṇama,* 7.13, 13.5
transcendiranje *guṇa* prirode
Arjunina pitanja o tome, **14.21,** 14.21, 14.22–25
čak dok je osoba utjelovljena, **14.20**
načini za transcendiranje *guṇa,* **14.21,** 14.21, **14.26,** 14.26
ponašanje koje slijedi, **14.21,** 14.21, **14.22–25,** 14.22–25
predanim služenjem, **14.26,** 14.26
predavanjem Gospodinu, **14.26**
simptomi osobe koja ih je transcendirala, **14.21,** 14.21, **14.22–25,** 14.22–25
sloboda od bijeda života transcendiranjem *guṇa* prirode, **14.20**
sreća putem transcendiranja *guṇa,* **14.20**
svjesnošću Kṛṣṇe, 3.33, 5.13-**5.14, 14.19–20**
u analogiji banjanova drveta, **15.2**
um u njima, 15.7
upravljaju djelatnostima, **3.5,** 3.5, **3.27,** 3.27
upravljaju tijelom, **5.14**-5.15
uspoređene sa
užadima, 7.14
zakonima, 7.12
uvjetovanost u svakoj od njih, **14.5–10**
uzdizanje preko, 17.2
varṇāśrama
i *guṇe* prirode, 3.35
podjele prema *guṇama* prirode, 2.31
položaj u odnosu na *guṇe* prirode, 2.31
vjera u određenim *guṇama,* **17.1–4**
vršitelji djelatnosti u određenim *guṇama,* **18.26–28**
znanje u određenim *guṇama,* **18.19–22**
živo biće pod njihovom upravom, **18.59–61**
žrtvovanje u određenim *guṇama* prirode, 3.12, **17.11–13,** 17.23
pogledaj: Materijalna priroda; pojedine *guṇe*
Guru. Pogledaj: Duhovni učitelj(i)
Gurukula, 6.14
Gurv-aṣṭaka, citat u vezi zadovoljavanja Gospodina i duhovnog učitelja, 2.41

H

Hanumān, 3.37
zastava s Hanumānom, **1.20,** 1.20
Hardwar, 6.11–12
Hare Kṛṣṇa *mantra* citirana, 2, 26, 6.44, 7.24
pogledaj: Mantranje u svjesnosti Kṛṣṇe
Hare Kṛṣṇa pokret. *Pogledaj:* ISKCON; Pokret svjesnosti Kṛṣṇe
Hari-bhakti-vilāsa, citat u vezi,
čistog predanog služenja, 11.55
predavanja Kṛṣṇi, 18.66
Haridāsa Ṭhākura, 2.62, 6.17, 6.44, 11.55
Haṭha-yoga, 4.29, 6.23, 6.47, 8.14, 8.23, 13.25,
njena svrha, 2.17
Hiḍimba, 1.15
Himalaje, 6.47
predstavljaju Kṛṣṇu, **10.25**
uspoređene s planinom Meru, 10.25
Himne *Sāma Vede,* Kṛṣṇin predstavnik među njima, **10.35,** 10.35
Hiraṇyakaśipu, 4.8, 7.15, 16.20, 17.19
Hitler, 17.4
Hodočašće, 4.28, 6.18
Hrabrost, **16.1–3**
Kṛṣṇa kao, **7.10**
u bici, **18.43**
Hramovi
bogatstvo da im se pomogne, 11.55
izgradnja hramova za Kṛṣṇu, 12.16
Kṛṣṇa je njihov vlasnik, 11.55
milostinja u njima, 17.20
obožavanje u hramovima, 11.54, 17.11
pogledaj: Obožavanje Božanstva
pomaganje pri njihovoj izgradnji, 12.10
predano služenje u hramu, 17.26–27
služba za hramove, 11.55
u Indiji, 9.34
Hrana
bolest i uznemirenja od, **17.9,** 17.10
duhovna. *Pogledaj: Prasādam*
grešna, 9.26
kao izvor bjelančevina, 17.10
kategorije hrane
četiri, 15.14
prema kvaliteti i *guṇama* prirode, **17.7–10**
Kṛṣṇa kao hrana koja se koristi u žrtvovanju, **9.16,** 9.16
kuhanje hrane, 18.7
meso iskorišteno kao, 4.26, 6.16, 14.16, 16.1–3
pogledaj: Jedenje mesa
mliječni proizvodi kao, 17.10

Hrana (nastavak)
njen utjecaj na zdravlje, **17.7–10,** 17.10
ostaci hrane, **17.10,** 17.10
Gospodinovih *bhakta*. *Pogledaj: Prasādam*
ponuđena Kṛṣṇi. *Pogledaj: Prasādam*
ponuđena precima, **1.41,** 1.41
povrće kao, **15.13–14**
prihvatljiva za Gospodina, **9.26,** 9.26
probava hrane, 7.9, 7.15, **15.14,** 15.14
pročišćavajuća, **17.8**
putem žrtvovanja, **3.12,** 3.12, 3.14
svrha hrane, 17.10
ubijanje radi. *Pogledaj:* Ubijanje životinja; Jedenje mesa
vegetarijanska, 17.10
za ljudska bića, 9.26
za životinje, 13
žitarice i povrće kao prava hrana, 3.14
pogledaj: Jedenje; *Prasādam*
Hṛṣīkeśa (mjesto), 6.11–12
Hṛṣīkeśa, Kṛṣṇa kao, 1.15, 1.22, 1.24–25, 3.27, 6.26, 13.3, **18.1,** 18.1, 18.46

I

Ikṣvāku, 3, **4.1,** 4.1, 4.16
Ilāvṛta-varṣa, 6.43
Iluzija
Arjunina iluzija, 6, **11.1–2, 18.73,** 18.73
ateista, **9.12,** 9.12
ateističkih mišljenja o Bogu, 7.15
demona, **9.12,** 9.12, **16.10–18**
djelovanje u, 18.25
društvo *bhakta* uklanja iluziju, 7.28
dvostranosti života, 5.12, 7.27
Gospodin je dopušta i upravlja njom, 7.14, 7.21
guṇa neznanja i iluzija, **14.8, 18.32,** 18.32, **18.35,** 18.35, 18.39
impersonalizam kao iluzija, 2.63, **7.24,** 7.24, 7.27
inteligencija oslobođena iluzije, **2.52**
istine prihvaćene kao neistine, 18.32
kao diskvalifikacija vjerodostojnog učitelja, 2.13
kao odvojena od Kṛṣṇe, **4.35,** 4.35
kao tjelesno imenovanje, 17, 25, 2.1, 2.12, **2.26–27,** 2.30, 2.71, 3.29, 3.40, 5.2, 5.13, 5.19, 5.20, 7.5, 8.3, 13.1–2, 13.8–12, **13.31–32,** 16.8, 18.21
Iluzija (nastavak)
krajnja iluzija, 18.73
Kṛṣṇa razbija Arjuninu iluziju, **11.1–2**
lažnog ega. *Pogledaj:* Lažni ego
lažnog posjedovanja, 15.5
materijalnih imenovanja, 3.29
materijalno jadikovanje kao iluzija, 2.1
materijalnog napredovanja, 9.17
mūḍhe koji je nalik na magarca, 7.15
nepokoravanja Gospodinu, **3.32**
neznanje o Kṛṣṇi nastaje iz iluzije, 7.8, **7.27,** 10.8
o duši, 2.29
o Kṛṣṇinom obliku, **7.24,** 7.24
o Kṛṣṇinom položaju, 4.4, **9.11–12,** 10.8, 10.42
o materijalnom podrijetlu svjesnosti, 8
o materijalnom svijetu kao zbiljskom, 17, 15.1
o osjetilnom uživanju kao pravoj sreći, 3.40
o podrijetlu života, 2.30
o prirodi kao lažnoj, 8
o sreći u materijalnom svijetu, 1.31, **2.14,** 2.51, **5.22**
o svjesnosti Kṛṣṇe, 3.1
o zavaravanju u duhovnom životu, **3.6**
o živom biću
kao Bogu, 2.17, 2.39, 5.16, **9.12,** 9.12, 9.15, 13.8–12, 13.14, 16.16, 18.73
kao gospodaru, 5.14, 13.22, 18.73
kao materijalnom, 9–10, 7.5
kao stvoritelju i uživatelju, 9
kao vlasniku, 5.14, 5.29, 7.27
kao vrhovnom, 7
kao vršitelju djelatnosti, **3.27,** 3.27, **18.16, 18.17**
obiteljskog poistovjećivanja, 3.29
osoba zaboravlja iluziju smrti, 14.8
osobe koja radi kao da smrt neće doći, 14.8
pod utjecajem materijalnog svijeta ili energije, 2.2, 2.29, 8.19
privremenih imenovanja, 7.13
putem osjetilnog uživanja, **2.44,** 3.27, 15.10
rođenje u iluziji, **7.27**
shvaćanja da su polubogovi jednaki Bogu, tj. Kṛṣṇi, 4.12, 10.42
sloboda od iluzije. *Pogledaj:* Oslobođenje
slobode, 6
sprečava predavanje, **15.5,** 15.5
sreća u iluziji, **18.38–39,** 18.39
stadiji razvitka iluzije, **2.63**
svjesnost Kṛṣṇe je uklanja, 4.24
„učenih" ljudi, 7.15
uzroci iluzije, 1.31, **3.40,** 7.5

Iluzija (nastavak)
vedsko znanje je oslobođeno iluzije, 11, 12
viđenja Vrhovnog Brahmana kao *jīve,* 8.3
za dušu izvan svjesnosti Kṛṣṇe, 3.5
zaboravljanja, 8
duhovnog života, 2.69
identiteta i svrhe, **4.35,** 4.35, 7.5
Kṛṣṇe, 2.22, 3.27, **4.35,** 4.35, 6.32, 7.15
Kṛṣṇine prevlasti, 5.25
Kṛṣṇina posjedovanja, 5.29
našega odnosa s Gospodinom, 22, **4.35,** 4.35
patnje, 7.15
prošlosti, 7.26
zbog akademskog znanja, 6.8
zbog *guṇa* prirode, **7.13–14**
zbog *guṇe* neznanja, **14.8, 14.13**
zbog ljutnje, **2.63,** 3.37
zbog opijanja, 4.10
znanje uklanja iluziju, **4.35–36, 5.16–17, 7.15,** 7.15
živo biće
služi iluziju, ako ne služi Kṛṣṇu, 18.73
uzrokuje svoju iluziju, **5.15,** 5.15
pogledaj: Ateisti; Lažni ego; Impersonalizam; *Māyā*
Impersonalisti
Arjuna ispituje Kṛṣṇu u njihovo ime, **10.16**
bhaktama je zabranjeno slušati ih, 2.12
Brahman i impersonalisti, 17.4
ismijavaju Kṛṣṇu, 11.51, 11.52
jedenje i impersonalisti, 2.63
kao māyāvādīji, 7.24
kao neizravno svjesni Kṛṣṇe, 6.10
kao transcendentalisti, 3, 20
misle da je Apsolutna Istina bezlična, 11.52
monisti kao impersonalisti, 13.25
najveći od impersonalista, 7.3
ne mogu vidjeti Boga, 11.48
neinteligentni, 7.24
njihov pad, 4.11, 5.6, 9.25
njihov vođa, 4.12, 7.24
njihova filozofija, 1.15, 2.7, 2.12, 3.19, 6.20–23, 9.11, 9.33, 11.52
njihova meditacija, 12.1
njihova tumačenja, 5.6, 12.1
njihovi argumenti, 7.7, 9.11
njihovi spisi, 5.6
njihovo dostizanje Kṛṣṇe, **12.3–4**
njihovo neznanje, 4.10, 7.3, **7.24–25,** 9.26, 10.19, 13.23
njihovo obožavanje, 9.15
njihovo proučavanje *Bhāgavatama,* 5.5
njihovo tumačenje *Bhagavad-gīte,* 2.7, 2.12
Impersonalisti (nastavak)
njihovo žrtvovanje, **4.25,** 4.25
obožavanje polubogova i impersonalisti, 17.4
oṁkāra i impersonalisti, 8.11
opasnost slušanja od impersonalista, 2.12
oslobođenje za njih, 3.19, 4.9, 6.20–23, 9.2, 9.12, 18.54
pogrešno shvaćaju *Vedānta-sūtru,* 18.1
spoznaja Boga za njih, 4.11, 4.13, 18.54
sreća i impersonalisti, 6.20–23
Svevišnji kao oslobođenje za njih, 3.19
Śaṅkarācārya kao, 4.12
u usporedbi sa
bhaktama, 4.18, **5.6,** 5.6, 7.24, 9.11, 9.14–15
personalistima, 4.18
sannyāsījima, 5.2, 5.6
pogledaj: Impersonalizam
Impersonalizam, 3.4
argumenti protiv, **2.12,** 2.12, 2.13, 5.3, 5.16, **7.24,** 7.24, 7.26, 9.11
dostizanje Kṛṣṇe preko impersonalizma, **12.3–4**
filozofija impersonalizma, 2.12, **2.12,** 2.13, 2.61, 2.72, 4.35, 5.3, 7.24
Gospodin se ne može spoznati putem impersonalizma, 7.28
iluzija impersonalizma, 7.27
kao djelomično znanje o Gospodinu, 10–11
kao duhovno samoubojstvo, 4.11
kao grešan, 7.28
na početnom stadiju duhovnog života, 7.19
njegove nepovoljnosti, 4.10, 4.11, 12.1, **12.5,** 12.5, 12.20
odricanje i impersonalizam, 5.2
opažanje Kṛṣṇe i Brahmana u impersonalizmu, 11.51
oslobođenje i impersonalizam, 6.15
smirenost u impersonalizmu, **12.3–4**
spoznaja Boga i impersonalizam, 7.1
u budizmu, 2.72
u usporedbi sa
personalizmom, 2.12, 7.3, **7.24,** 7.27, 9.11, 9.29
predanim služenjem, **12.1–7,** 12.20
vladanje osjetilima i impersonalizam, **12.3–4**
Indija, 3.20
današnja Indija, 6.42, 8.21
duhovni putevi u njoj, 16.24
hodočašća u Indiji, 6.11–12
hramovi u njoj, 9.34, 11.54
Manu-saṁhitā i Indija, 16.7
milostinja u Indiji, 4.28

Indija (nastavak)
  obitelji transcendentalista u Indiji, 6.42
  vedski autoriteti Indije, 2
  Vṛndāvana u Indiji, 8.21
  zemljište u Indiji, 11.55
Indra, 16, 3.14, 7.23, 8.2, 17.4
  Arjuna i, 2.33
  Bṛhaspati i, 10.24
  Kṛṣṇa je prikazan kao Indra, **10.22**
  njegov planet, 8.16, 9.18, **9.20**
  njegovo podrijetlo, 10.8
Inkarnacije. *Pogledaj:* Gospodin Kṛṣṇa, Njegove inkarnacije; *određene inkarnacije*
Inteligencija, 10.4–5
  demonima nedostaje inteligencija, **16.9–10**
  duša je viša od nje, **3.42,** 3.42
  inteligencija neodlučnih, **2.41,** 2.41
  ispravlja um, 3.42
  izgubljena, **2.67**
  kroz svjesnost Kṛṣṇe, **2.65,** 2.68
  Kṛṣṇa
    inteligencija predstavlja Kṛṣṇu, **10.34–35**
    kao, **7.10**
    kao njeno podrijetlo, **10.4–5**
  materijalistima nedostaje inteligencija, **16.9–10**
  materijalna u usporedbi s duhovnom, 2.69
  nije obmanuta, **2.52**
  njeno podrijetlo, **10.4–5**
  obožavanje Kṛṣṇe inteligencijom, **18.70**
  podijeljena na mnogo grana, **2.41,** 2.41
  požuda i inteligencija, **3.40**
  pročišćenje inteligencijom, **18.51–53**
  prva do duhovne duše, 3.40
  put koji vodi do gubitka inteligencije, **2.62–63**
  u *guṇama* prirode, 13.6–7, **18.29–32**
  u *guṇi* neznanja, 13.6–7, **18.32,** 18.32
  u *guṇi* strasti, **18.31**
  u *guṇi* vrline, **18.30**
  u svjesnosti Kṛṣṇe, **3.43,** 3.43, **8.7**
  uspoređena sa
    brodom, **2.67**
    lijekom, 6.34
    plodonosnim radom, **3.1–2**
  za upravljanje umom, 6.34
  značenje inteligencije, 10.4–5, 10.34
  pogledaj: Materijalno tijelo, suptilno; Znanje; Razumijevanje
ISKCON
  odricanje u njemu, **18.11**
  pogledaj: Pokret svjesnosti Kṛṣṇe
Iskrenost, 13.8–12, 16.1–3
Istina, **16.1–3**
  Apsolutna. *Pogledaj:* Apsolutna Istina; Gospodin Kṛṣṇa; Svevišnji Gospodin
  definirana, 10.4–5, 16.1–3
  govorenje istine, kao strogost govora, **17.15**
  Kṛṣṇa,
    istina Ga predstavlja, **10.32,** 10.32
    njeno podrijetlo, **10.4–5**
  kṣatriye i istina, 18.47
  nedostatak istine, **16.7**
  opažanje istine u *guṇi* neznanja, 18.32
  standard istine, 13.8–12
  trgovac i istina, 18.47, 18.48
  u govoru, **17.15**
  Yudhiṣṭhirina istina, 18.78
Isus Krist, 11.55
Īśopaniṣada
  citat u vezi
    Kṛṣṇe kao vlasnika, 2.71
    Kṛṣṇina oblika prekrivenog *yoga-māyom,* 7.25
    predanog služenja, 7.25
    Vrhovnog Brahmana kao vlasnika, 5.10
Īśvara
  definiran, 6
  kao predmet *Gīte,* 6, 8, 9
  živo biće kao *īśvara,* 15.8
Īśvara Purī, 26
Izdvajanje radi samospoznaje, **18.51–53**

J

Jaḍa Bharata, 6.43
Jagāi i Mādhāi, 7.15
Jagannātha dāsa Bābājī, 26
Jagatpati, Kṛṣṇa kao, **10.15,** 10.15
Janaloka, 7.20, 14.14
Janārdana, Kṛṣṇa kao, **1.38,** 8.22
Janmāṣṭamī, 11.54
Japa, 9.27
  predstavlja Kṛṣṇu, **10.25**
Jastvo
  definirano, **8.1,** 8.1, **8.3**
  pravo u usporedbi s lažnim, 13.8–12
  pogledaj: Duša
Jaya Tīrtha, 26
Jayadharma, 26
Jayadratha, 1.9, **11.34**

Jedenje
Bhīmino, 1.15
dopuštena i zabranjena hrana, 9.26
duhovno u usporedbi s materijalnim, 2.63
grijeh u jedenju, **3.13**-3.14, 6.16, 9.26
hrana ponuđena Gospodinu, 9.26
koristoljubivih radnika, 7.15
Kṛṣṇino jedenje, 2.63, **9.26,** 9.26
Nārada Munijevo, 9.2
neponuđena hrana, 3.13–14
nevezanost za, **18.51–53**
odvojenost u jedenju, 2.63, 4.29–30, **6.16,** 6.16
ovisi o Gospodinu, **15.14**-15.15
post, 6.16, 8.28, 9.14, 10.4–5, 11.54, 14.27, 17.5–6
prekomjerno jedenje, **6.16**-6.17
pročišćenje jedenja, 3.11
pseće jedenje, 9.32
reguliranje jedenja, **6.16–17**
sanjanje i jedenje, 6.16
strogosti u jedenju, 4.28
u *brahmacārī* životu, 8.28
u duhovnom životu, **6.16,** 6.16
u *guṇama* vrline, strasti i neznanja, **17.7–10**
u *guṇi* neznanja, **17.7, 17.10,** 17.10
u *guṇi* strasti, **17.7, 17.9,** 17.10
u *guṇi* vrline, 6.16, **17.8,** 17.10
u svjesnosti Kṛṣṇe, 2.63, 6.16
ubijanje zbog jedenja, 14.16
vegetarijanska dijeta i jedenje, 6.16–17
za *bhaktu,* 2.63, 6.17
za impersonaliste, 2.63
za vrijeme Cāturmāsye, 4.28
životinja. *Pogledaj:* Ubijanje životinja; Jedenje mesa
žrtvovanje hrane za jedenje, 3.11, **3.13,** 3.14
žrtvovanje u jedenju, **4.29,** 4.29
yoga i jedenje, **6.16,** 6.16
pogledaj: Hrana; *Prasādam*
Jedenje mesa
kao grešno i zabranjeno, 6.16, 14.16
kao opća ljudska sklonost, 4.26
vezanost za, 13, 3.12, 16.1–3
zabranjeno i nepotrebno, 6.16, 16.1–3
pogledaj: Ubijanje životinja
Jedinstvo, Caitanyina filozofija o, 18.78
Jednostavnost, **13.8–12, 16.1–3,** 16.1–3
definirana, 13.8–12
kao strogost uma, **17.14,** 17.14
kao tjelesna strogost, **17.14,** 17.14
Jīva,
definirana, 6, 7
kao predmet *Gīte,* 6, 7
pogledaj: Živa bića; Duša
Jīva Gosvāmī, 26
citiran u vezi Kṛṣṇe kao Nad-duše, 9.11
Jīva-bhūtām, definirano, 7
Jīvātmā, 8.3
pogledaj: Duša
Jñāna
definirana, 3.41, 5.2, 13.3
pogledaj: Znanje; *Yoga, jñāna*
Jñāna-kāṇḍa, definirana, 4.33
Jñāna-maya, 13.5
Jñānasindhu, 26
Jñānīji, 3, 22
Junaštvo, **18.43**

K

Kāla,
definirana, 7
kao predmet *Gīte,* 7, 8
pogledaj: Vrijeme
Kali-yuga, 8.17
aktualna filozofija u njoj, 2.26
Bhagavad-gītā
njene verzije u Kali-yugi, 4.2
posebno za Kali-yugu, 25
Bhagavad-gītā kakva jest potrebna je u Kali-yugi, 2
bhakte u Kali-yugi
Gospodinova uputa za njih, 18.57
pogledaj: Bhakte
bog Sunca u
Vivasvān kao, 4.1
pogledaj: Vivasvān
brahmacarya je teška u njoj, 8.11
duhovna naobrazba u Kali-yugi, 13.26, 14.16
duhovnost je minimalna u Kali-yugi, 25
Gospodinova inkarnacija za Kali-yugu, 4.8
guṇa strasti u, 14.7
Indija u Kali-yugi, 6.42
jedinstvo religije je poželjno u, 26
književnost u Kali-yugi, 10.18
kraljevi Jaipura u, 2.31
kṣatriye u, 2.31
lažni *yogīji* u, 15.11
ljudi slijede *Manu-saṁhitu* u Kali-yugi, 16.7
ljudska „civilizacija" u, 14.16
meditacija u Kali-yugi, 9.27
milostinja u, 4.28
mogućnost za mir u, 14.17
monarhija u, 10.27

Kali-yuga (nastavak)
naobrazba u njoj, 10.4–5
duša je zapostavljena u izobražavanju, 9.2
kao materijalistička, 9.2
nije duhovna, 13.26
neznanje (duhovno) u njoj, 7.15, 9.2, 14.16
pogledaj: Neznanje; *Guṇa* neznanja
njen povijesni položaj, 4.1
njeno mjesto u kozmičkom vremenu, 8.17
opasnost od rata u, 16.9
oružje Kali-yuge, 2.23
osjetilno uživanje u njoj, 17.16
osobine ljudi u Kali-yugi, 2.46, 7.15
pjevanje svetih imena je preporučeno u, 2.46, 6.12, 8.13, 9.27
poezija u Kali-yugi, 10.35
pokušaji da se putuje prostorom u, 16.16
pretkazanje *saṅkīrtane* za Kali-yugu, 4.8
religija u Kali-yugi, 7.15
religijsko jedinstvo za Kali-yugu, 26
saṅkīrtana kao žrtvovanje za Kali-yugu, 3.10, 3.12, 3.13, 3.14, 16.1–3
saṅkīrtana u, 2.46, 3.10, 3.14, 4.8, 6.12, 16.1–3
slušanje *Veda* je teško u, 25
spoznaja Boga u, mantranjem, 8.11
svjesnost Kṛṣṇe je potrebna u, 14.16–17
takozvani *yogīji* u, 15.11
trajanje Kali-yuge, 4.1, 8.17
ubijanje krava u Kali-yugi, 14.16
vedske obrede i proučavanje *Veda* teško je vršiti u, 2.46
vjenčanje u Kali-yugi, 16.7
vladanje osjetilima u *yogi* i Kali-yuga, 8.12
vladavina Rāme je još uvijek poželjna u, 1.36
Vṛndāvana i Kali-yuga, 8.21
značajke Kali-yuge, 4.1, 6.33, 8.17
znanost u Kali-yugi
njena ograničenja, 7.4
znanost potvrđuje čistoću krave, 11
znanstvenici u, 11.33
duša i znanstvenici, 2.17, 2.22
žene nisu zaštićene u Kali-yugi, 16.7
yoga u, 6.11–12, 6.23, 6.33
yuge (druge) i Kali-yuga, 4.1
Kalpa definierana, 8.17
Kalpa-sūtre, 11.48
Kāma. Pogledaj: Vezanost; Materijalne želje
Kandarpa (Kupid), Kṛṣṇa je opisan kao, **10.28,** 10.28
Kapila (ateist), 2.39, 10.26
Kāraṇodakaśāyī Viṣṇu, 10.20
Karma
akarma i *karma,* 4.18, 4.20
bhakta vidi Gospodinovu milost u *karmi,* 12.13–14
definirana, 6, 7, 8, 10, 8.3
kao djelatnost za tijelo, **8.3**
kao predmet *Gīte,* 6, 7, 8, 10
karma plodonosnog rada, 2.47
mijenja se stjecanjem znanja, 8
ne postoji vječno, 8
od pobožnih djelatnosti, 2.8
posljedice *karme,* 8
pogledaj: Grešne posljedice
prednosti *karme,* 16.16
rođenje prema *karmi,* 2.18, 2.27, 8.3, 13.5, 14.3, 15.8
sazrijevanje njenih posljedica, 9.2
sloboda od *karme,* 24, **2.51,** 3.31, 4.14
sreća i patnja zbog *karme,* 7–8
uzrokuje ropstvo, 2.50
vikarma i *karma,* 4.17, 4.20
vrijeme i *karma,* 8
za ubijanje, 14.16
zakoni *karme,* 8
pogledaj: Djelovanje; Krug rođenja i smrti; Plodonosna djelatnost; Materijalni život; Grešne posljedice
Karma-kāṇḍa, 2.43, 2.46
definirana, 4.33
pogledaj: Plodonosne djelatnosti
Karma-yoga. Pogledaj: Yoga, karma
Karmīji. Pogledaj: Materijalisti
Karṇa, **1.8,** 2.35, **11.26–28, 11.34,** 18.78
njegovi rođaci, 1.8
Kārtikeya, 2.62
njegovi roditelji, 10.24
predstavlja Kṛṣṇu, **10.24**
Kaṭha-Upaniṣada, citat u vezi,
duhovnog svijeta, 15.6
duše, 2.20, 2.29, 13.13
Kṛṣṇe
kao održavatelja svih, 2.12
kao onoga koji proždire sve, 11.32
kao onoga koji se spoznaje putem predavanja, 8.14
kao onoga tko je blizu i daleko od nas, 13.16
kao uzroka svih uzroka, 7.6
kao vrhovnog vječnog, 7.10, 15.17
Njegova prebivališta, 8.21
Nad-duše i drveta tijela, 2.20
predanog služenja, 8.14
predavanja Gospodinu, 8.14
uma, 6.34

Kauṣītakī Upaniṣada, citat u vezi Gospodinova ispunjavanja želja, 5.15
Kaviji
Kṛṣṇa kao, 8.9
najbolji od njih, 10.37
Kažnjavanje
glavna kazna, 2.21
Manu-saṁhitā citirana u vezi kažnjavanja, 2.21
pomoću Gospodinovih zakona i zakona prirode. *Pogledaj:* Grešne posljedice
predstavlja Kṛṣṇu, **10.38**
Rāmacandrino kažnjavanje, 1.36
smrću, 2.21, 14.16
vladino, 2.21
za kriminalce, 1.36
za šest vrsta napadača, 1.36
za ubojstvo, 2.19, 2.21, 14.16
pogledaj: Pakleni planeti; Grešne posljedice
Keśava, 8.22
Keśī demon i Kṛṣṇa, **18.1,** 18.1
Keśī-niṣūdana
razlog zbog koga je Kṛṣṇa poznat kao, **18.1,** 18.1
Khaṭvāṅga Mahārāja, 2.72
Kino, 13.12
Kīrtana u svjesnosti Kṛṣṇe. *Pogledaj:* Mantranje u svjesnosti Kṛṣṇe
Kiša putem žrtvovanja, **3.14,** 3.14
Klanje životinja. *Pogledaj:* Ubijanje životinja
Književnost
duhovna u usporedbi s materijalnom, 21
pogledaj: određene književnosti
Kockanje, 1.11, 1.38
Kṛṣṇa je predstavljen kao, **10.36**
Konji, Kṛṣṇin predstavnik među njima, **10.27–28**
Kontracepcija, 16.3
Kontrola disanja, **4.27,** 4.27, **4.29, 5.27–28,** 5.27–28
pogledaj: Životni zrakovi
Koristoljubivi radnici
uspoređeni sa svinjama, 7.15
pogledaj: Materijalisti; Radnici; *Śūdre*
Kozmički oblik Gospodina, 9.11
Arjuna
jedino on ga je mogao vidjeti, 11.13
moli da ga vidi, 11.1, **11.3–4**
moli mu se, **11.36–46**
moli za njegovu milost, **11.25, 11.31**
ne može zaboraviti Kṛṣṇu unatoč viđenju kozmičkog oblika, 11.41–42
nije ga se bojao,11.14
Kozmički oblik Gospodina (nastavak)
Arjuna (nastavak)
odaje mu poštovanje, **11.35–44**
pokazan njemu, 11.1, 11.3, **11.5–32, 11.45–49**
razlozi zbog kojih je želio vidjeti, 11.1–3, 11.8
sudbina vojske Kurua pokazana u njemu, **11.26–28,** 11.49
uznemiren kad ga je vidio, **11.14, 11.24–25, 11.35, 11.45,** 11.45, **11.49**
zbunjen njime, **11.24–25**
bez početka je, **11.16, 11.19**
bhakte ga mogu vidjeti, 11.47
bhaktino zanimanje za njega, 11.8, 11.48, 11.49, 11.54
čisti *bhakte* i kozmički oblik, 11.54
demoni ga se boje, **11.36**
Duryodhana i kozmički oblik, 11.47
jedino čisti *bhakte* ga mogu vidjeti, 11.48
jedino Kṛṣṇa može dati osobi viziju kozmičkog oblika, 11.4, **11.7**-11.8
kao *adhidaiva,* **8.4**
kao dokaz božanske prirode, 11.3
kao dokaz Kṛṣṇine božanske prirode, 11.1–3, 11.8, 11.54
kao materijalan i privremen, 11.45
kao neograničen, **11.4–13, 11.16–25, 11.28–30**
kao privremen, 11.5, 11.46, 11.54, 11.55
kao strašan, **11.21–31,** 11.36, 11.54
kao transcendentalan, 11.5
kao vatren, **11.17–19, 11.24–25, 11.28–30**
Kṛṣṇa
kao kozmički oblik, 9.19
pokazuje taj oblik Arjuni, 11.1, **11.5–32, 11.45–49**
priprema Arjunu da ga vidi, **11.5–8**
Kṛṣṇa može dati osobi moć da ga vidi, **11.8,** 11.8
Kṛṣṇa pokazuje Arjuni izvorni oblik nakon, 11.1, **11.50–51**
Kṛṣṇina nadmoć se njime otkriva, **11.5–47**
materijalisti ga smatraju vrhovnim, 4.10
može se vidjeti jedino
ako ga Kṛṣṇa razotkrije, 11.5, **11.7–9**
s devocijom, 11.52
nikada ranije nije viđen u obliku koji je vidio Arjuna, **11.47–48**
njegov sjaj, **11.10–13, 11.17–19,** 11.21, **11.30, 11.47**
njegova misija, **11.31–32**
njegova usta, **11.16, 11.19, 11.24–30**
njegove odlike, **11.5–7, 11.10–13, 11.15–32**
njegovo ubijanje, **11.26–30, 11.32**

Kozmički oblik Gospodina (nastavak)
obožavanje, 9.15
polubogovi ga se boje, **11.21**
predstavnici njegovih dijelova, 8.4
proždire svakoga, **11.26–30, 11.32**
rezultat bitke na Kurukṣetri je pokazan u njemu, **11.26**-11.27
Sañjaya
pokušao ga je objasniti, 11.12
poziva se na njega, **18.76–78**
sudbina Kṛṣṇine vojske vidjela se u njemu, **11.26–28, 11.49**
svrha pokazivanja kozmičkog oblika, 11.49, 11.54
teško ga je vidjeti, **11.17, 11.24–25, 11.45, 11.49**
u usporedbi s Kṛṣṇinim izvornim oblikom, 11.54
uspoređen s materijalnom prirodom, 11.5
viđen na drugim planetima, **11.20, 11.23,** 11.36, 11.47
viđen u potpunosti na jednom mjestu, **11.7,** 11.10–11, 11.15
viđen u vanjskom prostoru, 11.47
Vyāsadeva i Sañjaya su ga vidjeli, 18.77
za početnika, 8.4
Kozmičko očitovanje
Brahmā i, 8.17, 10.6, 10.32
ciklusi, **8.17–19, 9.7–8**
demoni spekuliraju o, 16.8
elementi se očituju pri, 2.28, 10.32
evolucija i, 9.8
Gospodin je transcendentalan prema, **9.4–11,** 9.11, 11.2
Gospodinove energije i, **9.4–11,** 13.20
i uništenje, **8.17–19, 9.7–8**
istovremeno, 9.8
kao istinski duhovno, 18.62
komponente, **7.4–5**
Kṛṣṇa i, 7.6–12, **9.4–10,** 10.3, 11.2–3
Kṛṣṇa kao, **9.18,** 9.18
Kṛṣṇa kao uzrok stvaranja života, **7.9–10**
Kṣīrodakaśāyī Viṣṇu i, 9.8
lotosov cvijet i, 11.37
mahat-tattva i, 7.4, 9.8, 10.20, 13.20, 14.3
materijalna energija uključuje, 7.4
Nad-duša i, 7.6, 10.22
početak, 10.8
podrijetlo, **7.6–12, 9.4–10, 9.18,** 9.18, 10.3, 11.2
pomoću Gospodinove volje, 9.5
pomoću Gospodinova pogleda, 2.39, 9.10
ponavljanje, 11, 13.20, 18.78
povoljno za živa bića, **3.10**

Kozmičko očitovanje (nastavak)
proces stvaranja, 7.4, 10.20
puruṣa, prakṛti i, 2.39
sastojci, 7.4
stadiji, **10.32–33**
stvaranje polubogova, 11.37
stvaranje prvih živih bića, **10.6–7**
stvaranje Sunčevog sustava, 4.1
stvaranje živih bića, 3.15, **9.8,** 9.10, 13.20, 14.3–4
Gospodinova želja za, 10.8
svrha, **3.10, 3.37, 9.8**
učestalost, **9.7**
uloga prirode u, 7.14, 9.10
unutar Gospodinovih energija, **9.4–10**
uzrok, **7.6–12**
Viṣṇui za, 10.22, 10.32
vrsta života, 9.8, 9.10
pogledaj: Uništenje; Evolucija
Kozmičko vrijeme, njegova doba, 4.1
pogledaj: Yuge
Krađa, 1.36
Kralj Janaka, **3.20,** 3.20, 4.16, 7.15
Kralj Kaṁsa, 4.8, 9.34, 11.55, 16.20
Kralj Kāśīja (Kāśirāja), **1.5, 1.16–18,** 1.16–18
Kralj, predstavlja Kṛṣṇu, **10.27,** 10.27
Kraljevi Jaipura, 2.31
Kraljevi. *Pogledaj:* Vlade; *Kṣatriye; određeni kraljevi*
Kraljevstvo Pāṇḍava, 1.16–18, **1.31–35**
Krave
kao čiste, 11
Kṛṣṇa i krave, 1.15, 14.16
Kṛṣṇa je predstavljen među njima, **10.28–29**
na Kṛṣṇaloki, 10.28
njihov značaj, 14.16
surabhi, 8.21
ubijanje krava kao zabranjeno i kažnjivo, 14.16
pogledaj: Ubijanje životinja
zaštita krava, 14.16, **18.43**
Kremiranje tigrova, 2.31
Krivično djelo, 1.36
Kṛpācārya, **1.8,** 1.26
Kṛpaṇa definiran, 2.7
Kṛṣṇa citiran. *Pogledaj: odgovarajuće stihove* Bhagavad-gīte
Kṛṣṇa. *Pogledaj:* Gospodin Kṛṣṇa
Kṛṣṇadāsa Kavirāja, 26
Kṛṣṇaloka, 17, 6.15, 10.28, 11.55
pogledaj: Duhovni svijet
Kṛtavarmā, 1.9, 1.26
Krug rođenja i smrti
ne podržava neopravdano nasilje, 2.27

Krug rođenja i smrti (nastavak)
njegov zakon, **2.27,** 2.27
osobnost se ne gubi u krugu, 2.39
plodonosni rad produžava ciklus, 2.49
žrtvovanje te krug rođenja i smrti, 8.3
pogledaj: Rođenje; Seljenje duše
Kṣamā definirana, 10.4–5
Kṣatriye, 2.31
Arjuna kao, 22–23, 2.2, 2.26, 2.30, 3.8, 18.47, 18.59
definirani, 2.30
diplomacija je ponekad potrebna za, 18.47
djeluju kao *brāhmaṇe,* 3.35
dostižu rajske planete, 2.31, 2.32, **2.37**
kao zaštitnici, 2.31, 2.32
kažnjavanje kao njihova dužnost, 1.36
kockanje za njih, 1.38
Kṛṣṇa u ulozi *kṣatriye,* 3.22
kṣatriye u vojsci Kurua, **1.7–11, 1.25,** 1.25
kṣatriye u vojsci Pāṇḍava, **1.3–6, 1.10, 1.14**-1.19
načela za njih, 1.31, 2.3, 2.26
pri borbi s nenaoružanim ili nevoljnim vojnikom, 1.45
prihvaćanje izazova, 1.38
nasilje i *kṣatriye,* 16.1–3, 18.47, 18.48
nekvalificirani, 2.3
njihov otac, 4.1
njihov sljedeći život, 1.31, 2.37
njihova borba s tigrom, 2.31
njihova dužnost, 1.36, 2.27, **2.31–33,** 3.8, 3.22, 16.5, 18.47–48
njihova dužnost da se bore, 2.14, **2.31–33, 16.5**
njihova milost, 16.1–3
njihove odlike, 2.1, 2.31
njihove prilike za borbu, **2.32–33**
njihovo podrijetlo, 10.6
odlike njihova djelovanja, **18.43**
sannyāsa i *kṣatriye,* 2.31
smrt za *kṣatriye,* 1.31, 2.22
snaga im je potrebna, 16.1–3
sūrya-vaṁśa, 4.1
u *guṇi* strasti, 4.13, 7.13, 9.32
ubijanje koje vrše, 18.47
obučavanje za, 2.31
Vivasvān kao otac *kṣatriya,* 4.1
zanimanje za, 1.31, 18.47–48
životinje koje su ubili, 2.31
pogledaj: Političari; *Varṇāśrama-dharma* sustav; *određeni* kṣatriye
Kṣetra
materijalno tijelo kao, 13.1–2
pogledaj: Materijalno tijelo
Kṣetra-jña
Gospodin kao, 13.1–5
živo biće kao, **13.1**-13.5, 13.6–7
Kṣīrodakaśāyī Viṣṇu, 7.4, 9.8
Kulaśekhara Mahārāja, njegova molitva, 8.2
Kumbhaka-yoga, 4.29
Kuntī, 1.8, **1.27**
njeni sinovi. *Pogledaj:* Karṇa; Pāṇḍave; *određeni sinovi*
Kuntibhoja, **1.5**
Kupanje, 2.52, 13.12
Kūrma Purāṇa, citat u vezi Kṛṣṇinog tijela, 9.34
Kurui
Arjuna
odbija da im pruži otpor, **1.45**
samilostan je prema njima, 1.35, **1.36,** 1.36
Dhṛtarāṣṭra i Kurui, 1.1
Gospodin je želio da budu kažnjeni, 1.35
Kurui i Pāṇḍave se pripremaju za borbu, **1.1**-1.28
njihov izazov, 1.38
njihov skup, 7.25
njihova dinastija, djed dinastije, **1.12,** 1.12
njihova sigurnost skrhana, **1.16–22**
njihova vojska
Arjuna jadikuje nad njenim uništenjem, **1.27–46**
Arjuna procjenjuje, **1.20–26**
Dhṛtarāṣṭra je zabrinut za njenu sudbinu, 1.1, 1.2
Duryodhana citiran u vezi, **1.3–11**
Duryodhana daje upute, **1.11,** 1.11
Kṛṣṇa pokazuje Arjuni njenu sudbinu, **11.26–28, 11.32–34,** 11.36, 11.49
njena snaga uspoređena sa snagom Pāṇḍava, **1.10,** 1.20
opisana, **1.7–11, 1.25–26**
osuđena da bude uništena, 1.35
Sañjaya je pretkazao njenu sudbinu, **18.78,** 18.78
njihovi politički postupci, 1.1–1.3, 1.11, 1.16–18, 1.23, 1.36, 1.37–38
obeshrabreni, 1.1, 1.2, 1.20
osuđeni da izgube bitku, 1.16–18
školjke u koje su puhnuli, **1.12–13,** 1.19
u kozmičkom obliku, **11.26–28**
u usporedbi s Pāṇḍavama, **1.1–46**
uspoređeni s nepotrebnim biljkama, 1.1
uvrijedili su Draupadī, 11.49
zanemarena sreća, 1.15
Kurukṣetra, *Gītā* izgovorena na njoj, 6
Kuru-kṣetre, značaj riječi, 1.1

Kūṭa-stha, duša kao, 2.20
Kuvera, **10.23,** 10.23, 17.28

L

Lakṣmaṇa, 1.26
Lakṣmīpati, 26
Lav, predstavlja Kṛṣṇu, **10.30**
Lažni ego, 6.5, 18.17
  definiran, 9, 13.8–12
  demona, **16.18**
  djelovanje bez lažnog ega, **18.26**
  djelovanje s lažnim egom, **18.24–25, 18.58**
  imenovanja zbog lažnog ega, 18
  kao element, **13.6–7**
  materijalne vezanosti i lažni ego, 3.40
  osjetilni organi i lažni ego, 7.4
  post za dostizanje političkog cilja zbog lažnog ega, 17.5–6
  prvobitni stadij, 13.6–7
  sloboda od lažnog ega, **2.71,** 5.11, 5.20, **12.13–14, 13.8–12, 18.26, 18.51–53**
  u usporedbi s pravim egom, 13.8–12
  uzrok, 3.40
  vršenje strogosti i pokora zbog lažnog ega, **17.5–6**
  pogledaj: Vezanost; Tjelesno shvaćanje života; Materijalno tijelo, suptilno
Lažno vlasništvo
  kao iluzija, 7.27
  lažno posjedovanje sprečava predavanje, 15.5
  odvojenost od, **3.30, 4.21–23**
    radi samospoznaje, **18.51–53**
Lijenost i *guṇa* neznanja, **14.8, 14.13, 18.28, 18.39,** 18.39
Ljepota, Kṛṣṇa predstavljen kao, 10.41
Ljubav prema Gospodinu, 4.20, 8.28
  buđenje uspavane ljubavi, 12.9
  Gospodinov oblik odgovara odnosu s *bhaktama* koji Ga vole, 11.54
  kao prirodno stanje, 3.41
  kao znanje, u neokaljanoj devociji, **13.8–12**
  Kṛṣṇa se vidi kroz ljubav, 11.55
  ljubav *bhakta,* 3.13, 8.28
  ljubav dječaka pastira, 11.8
  ljubav Kṛṣṇinih prijatelja, pratilaca i roditelja, 11.8
  počinje u bilo koje vrijeme, 3.41
  potrebna da bismo Ga se sjećali, 22
Ljubav prema Gospodinu (nastavak)
  požuda
    kao iskrivljeni odraz ljubavi, 3.41
    kao preobražena u ljubav, 3.37
  predano služenje i ljubav prema Gospodinu, 9.2, 10.9, **10.10,** 10.10, 11.49, **12.9,** 12.9
  uspoređena s mlijekom, 3.37
  vjera u Boga sazrijeva u ljubav prema Gospodinu, 17.28
  vraćena na isti način, **4.11**
  pogledaj: Bhakti; Bhakti-yoga; Predano služenje; Svjesnost Kṛṣṇe
Ljubaznost
  Arjunina, 1.46
  čistih *bhakta,* **12.13–16**
Ljudska bića
  Arjuna postavlja pitanja Gospodinu u njihovo ime, 10.16–17
  bezbožna, koja se nikada ne predaju Kṛṣṇi, **7.15,** 7.15, 9.31
  bhakte propovijedaju za njihovu dobrobit, 11.55
  bijedna ljudska bića, 2.7
  bogatstvo za njih. *Pogledaj:* Bogatstvo
  božanska, **16.5–6**
    pogledaj: Bhakte; Transcendentalisti; *Yogīji*
  budalasta ljudska bića, **7.15,** 7.15
  civilizirana, kao regulirana, 7.15
  definicija učenih ljudi, 7.15
  demonska. *Pogledaj:* Demoni
  djeluju prema vlastitoj prirodi, **3.33**
  dužnosti za njih. *Pogledaj:* Dužnost
  dvije vrste, 6.40
  Gītā je namijenjena rješavanju njihovih problema, 5
  grešna ljudska bića, 1.11, **1.36–44**
    pogledaj: Demoni; Materijalisti
  guṇe prirode i ljudska bića, **18.19–42**
    pogledaj: Guṇe prirode
  hrana, zabranjena i povoljna za njih, 9.26
    pogledaj: Jedenje; Hrana; *Prasādam*
  jako budalasta, **7.15,** 7.15
  kao životinje, 4.40, 7.3, 14.17
  Kṛṣṇa
    ima oblik kao ljudsko biće, **11.51**
    kao dobronamjernik ljudskih bića, 14.16
    kao njihova sposobnost, **7.8,** 7.8
    ljudska bića ne poznaju Njegova očitovanja, **11.6**
    Njegov predstavnik među ljudskim bićima, **10.26**-10.27
    se pojavljuje kao ljudsko biće, 16

Ljudska bića (nastavak)
kvalificirana da prihvate milostinju, **17.20**
ljudsko društvo, 1.42, 2.4, 2.21, 3.19–21, 14.16
pogledaj: Ljudski život; Društvo
luda ljudska bića, **14.18, 14.13**
materijalistički ljudi. *Pogledaj:* Vezanost; Materijalisti
moćna ljudska bića, Kṛṣṇa je izvor njihove moći, **7.10**
najniži od ljudi, **7.15,** 7.15, 16.19
nasilje je neizbježno među njima, 2.27
nepoželjno stanovništvo među njima, **3.24**
nerođena, 7.15
nevjernici, 9.31
pogledaj: Demoni; Materijalisti
nižeg roda mogu dostići vrhovno odredište, 25, **9.32–33**
njihov kralj, predstavlja Kṛṣṇu, **10.27,** 10.27
pogledaj: Kṣatriye
njihov pad, 16.1–3
iz svjesnosti Kṛṣṇe, **2.40,** 2.40, **2.67,** 3.5, 4.29, 5.7, 8.22, **9.3,** 9.3, **9.30**-9.31, 15.20
u demonske vrste, **16.19–20**
u materijalni život, 6.23, 6.26, **9.3,** 9.3
u pakleni život, **14.18,** 14.18, **16.21**
zbog bezvjerja, **4.40**
zbog materijalističkog druženja, 7.28
zbog materijalnih želja, 6.5
zbog odbojnosti prema duhovnim načelima, 16.24
zbog vrijeđanja Gospodina, **9.12,** 9.12
njihov zaštitnik, 4.1
njihova evolucija. *Pogledaj:* Evolucija; Seljenje duše
njihova osjetila. *Pogledaj:* Osjetila
njihova patnja. *Pogledaj:* Patnja
njihova slobodna volja, 7.21
njihova snaga, **7.11**
Kṛṣṇa kao, **7.11, 10.36**
njihova vremenska skala, 8.17, 9.7
njihove dobre osobine, 10.5
pogledaj: Vrline
njihove najvažnije karakteristike, 2.54
njihove osobine i karakteristike
prema *guṇama* prirode, **18.18–42**
prema simptomima, 2.54
njihove vezanosti. *Pogledaj:* Vezanost
njihove vrline. *Pogledaj:* Vrline, *posebne vrline*
njihovi vođe, vladari. *Pogledaj:* Vlada
njihovo djelovanje u *guṇama* prirode, **18.26–28**

Ljudska bića (nastavak)
njihovo nasilje. *Pogledaj:* Ubijanje životinja; Ubojstvo; Nasilje; Rat
njihovo trajanje života, 7.9, **8.17,** 8.17, **17.8,** 17.10
obožavanje za njih, 15
pogledaj: Predano služenje; Obožavanje
obrazovanje za njih. *Pogledaj:* Naobrazba; Znanje
odvojena. *Pogledaj:* Odvojenost; Odricanje
oponašaju inkarnacije Gospodina, 11.48
osobine po kojima se razlikuju, 7.15
ovise o Gospodinu, 15.13
pobožni ljudi koji prilaze Kṛṣṇi, **7.16–18,** 7.30, 8.14
podrijetlo ljudskih bića, 9.8
potrebe ljudskih bića, 3.9, 3.34, **4.21**-4.22, 6.23, 12.20, 18.66
poznata po određenim simptomima, 2.54
prilaze Gospodinu tragajući za znanjem, **7.16–17**
procesi pročišćenja i ljudska bića, **18.4–6**
progutana u kozmičkom obliku, **11.26–30,** 11.32
propisi za njih, 2.64, **3.15,** 3.15, 6.40, **16.1–3,** 16.1–3, **16.7,** 16.7, 16.22, **16.23–24,** 17.5–6, 18.25, 18.78
pogledaj: Propisana načela
radoznala prilaze Gospodinu, **7.16,** 7.16
rođenje, 2.40, **14.15**
savršenstvo za njih
putem njihova vlastitog rada, **18.45–46**
putem *varṇāśrame,* 4.26
rijetkost savršenstva, **7.3,** 7.3
pogledaj: Čisti *bhakte;* Oslobođene duše; Savršena bića; Savršenstvo
slijede velike osobe, **3.21,** 3.21
starija ljudska bića, 2.20
suradnja između polubogova i ljudskih bića, **3.11,** 3.11, 3.24
u analogiji banjanova drveta, 15.2
učeni među ljudima, 7.15
unesrećena, **7.16,** 7.16
upravitelji ljudskih bića, 9.8
upute i znanje za ljudska bića, **18.59–61, 18.64–66**
uspoređena sa
noćnim leptirima, **11.29**
vatrom prekrivenom dimom, **3.38**
životinjama, 12–13
uzdizanje za njih, **4.28,** 4.28
uzrok njihova bogatstva, 16.16
važnost njihova govora, 2.54
vedska književnost je namijenjena njima, 13

Ljudska bića (nastavak)
vjenčana. *Pogledaj:* Obiteljski život
vladavina za njih. *Pogledaj:* Vlada
vođe među ljudskim bićima,
neodgovorni, 1.42
pogledaj: Vlada; *Kṣatriye*
vrste ljudskih bića
broj vrsta, 7.15
demonske, **16.19–20**
vrste ljudskih bića, 4.3, 4.15, 7.13, **9.32–33, 16.6**
znanje o jastvu, 4
pogledaj: Samospoznaja
znanje za ljudska bića
Kṛṣṇa uređuje primanje, 6
pogledaj: Znanje
žele bogatstvo, **7.16,** 7.16
životinjski život nije namijenjen njima, 12
žrtvena vatra pri vjenčanju potrebna je za njih, 18.5
pogledaj: Ljudski život; Živa bića; Društvo; Rođenje; *Varṇāśrama-dharma* sustav
Ljudski život
četiri funkcije ljudskog života, 6.20–23
ćudorednost u ljudskom životu, 1.40
pogledaj: Svjesnost Kṛṣṇe; Pročišćenje; Religija; Vrline
dužina života, 7.9, **8.17**-8.19, 17.7, 17.10
kao priprema za sljedeći život, 20–21
Kṛṣṇa daje znanje o životu, 6
namijenjen sjećanju Kṛṣṇe, 18.64–65
njegov cilj, 16, 2.2, 2.7, 3.12, 3.38, 4.26, 7.15, 9.27, 10.4–5, 14.15, 16.23, 18.1
Gospodin u srcu kao, **6.13–14**
Kṛṣṇa kao, **9.18,** 9.18, 10.10
materijalistima nedostaje, 3.12
neznanje o cilju života, **7.15,** 7.15
predano služenje kao cilj, 18.1
samospoznaja kao cilj, 3.16
svjesnost Kṛṣṇe kao cilj života, 3.27–28, 4.1, 11.33, 16.23, 18.65–66
varṇāśrama za dostizanje cilja, 4.26
osjetilno uživanje i ljudski život, 4.26
pogledaj: Osjetilno uživanje
pad u ljudskom životu, 3.12, 3.42
pobjeda u životu svjesnošću Kṛṣṇe, 11.34
pobožni život, 3.16
početak ljudskoga života, 5
namijenjen za svjesnost Kṛṣṇe, 3.41
podjele
prema *guṇama* prirode, **4.13,** 4.13
varṇāśrama. Pogledaj: Varṇāśrama-dharma sustav
podrijetlo ljudskoga života, **10.6,** 10.6

Ljudski život (nastavak)
potrebe u ljudskom životu, 3.9, 3.34, **4.21**-4.22, 6.23, 12.20, 18.66
predano služenje je neovisno o uvjetima života, 9.2, 9.14, **9.32,** 9.32
predano služenje na kraju života, 25–26
prednosti i mogućnosti u ljudskom životu, 2.7, 3.38, 4.31, 7.30, 14.15
pročišćenje ljudskoga života, 9.2, 18.5–6
postupno, 3.35
pogledaj: Pročišćenje
propisi u ljudskom životu, **6.16–17,** 16.6, 16.22–23
puruṣārtha u ljudskom životu, 6.20–23
rezultat razmišljanja u životu, 8.6
savršenstvo ljudskoga života, 13–14, 2.15, 8.15
kao svjesnost Kṛṣṇe, 11.33
neposlušnost Gospodinu uništava mogućnost za, **3.32**
preko duhovnih redova u *varṇāśrami,* 8.28
rijetko ga netko pokušava dostići, **7.3,** 7.3
pogledaj: Savršenstvo
seljenje duše tijekom života, **2.40,** 2.40, **14.15**
pogledaj: Seljenje duše
strogosti su potrebne u ljudskom životu, 16.1–3
svrha civiliziranog života, 7.15
traćenje ljudskoga života, 2.7, 3.16
trebamo se sjećati Kṛṣṇe tijekom života, 18.64–65
pogledaj: Ljudski život, njegov cilj ili svrha
u maternici, 7.15
u usporedbi s životinjskim životom i životom biljaka, 3.38
uređen tako da bi se osoba sjećala Kṛṣṇe, 18.65
uzdizanje do ljudskog života, 14.15
pogledaj: Seljenje duše
varṇāśrama i ljudski život. *Pogledaj: Varṇāśrama-dharma* sustav
za žrtvovanu životinju, 2.31
život samospoznaje
kao transcendentalan prema materijalnim dužnostima, **3.17–19**
pogledaj: Samospoznaja
žrtvovanje je od bitnog značaja u ljudskom životu, **3.16**
pogledaj: Ljudska bića; Društvo

Ljudsko društvo, 1.42, 2.4, 2.21, 3.19–21, 14.16
pogledaj: Ljudski život; Društvo; *Varṇāśrama-dharma* sustav
Ljutnja
demonska ljutnja, **16.4, 16.18**
izvori ljutnje, **2.62, 3.37,** 3.37, 16.1–3, 16.21
oslobođenje od ljutnje, **2.56,** 2.56, **16.1**-16.3, 16.22, **18.51–53**
produhovljenje ljutnje, 3.37
šteta zbog ljutnje, 3.37, 16.1–3, **16.21–22**
Logičari
argumenti među njima, 10.32
Kṛṣṇin predstavnik među njima, **10.32,** 10.32
Logički argumenti, 10.32
Lokāyatika filozofi i filozofija, 2.26
Loše društvo, 11.55
Lov, 16.19
pogledaj: Ubijanje životinja
Ludilo zbog *guṇe* neznanja, **14.8,** 14.9, **14.13,** 14.13, 14.17, 14.18

M

Mādhavendra Purī
citiran u vezi transcendiranja obreda i rituala putem predanog služenja, 2.52
sjećao se Kṛṣṇe, 2.52
u učeničkom naslijeđu, 26
Madhu demon, 1.15, 8.2
Madhusūdana, Gospodin Kṛṣṇa kao, 22, **8.2**
razlog zašto je poznat kao, 1.15, **2.1,** 2.1, 8.2
Madhvācārya, 2, 26, 7.15
Mādhyandināyana-śruti, citat u vezi oslobođene duše u duhovnom svijetu, 15.7
Mahā Upaniṣada, citat u vezi kreacije, 10.8
Mahā-bāhu, Arjuna kao, 2.26
Mahābhārata, 21, 1.1, 4.8
citat o *munijima,* 2.56
citat u vezi povijesti *Bhagavad-gīte,* 4.1
Mahad brahma, 14.3
Mahājane (vedski autoriteti), **10.12–13**
imenovani, 4.16
Mahā-mantra
za sjećanje na Gospodina, 8.5–7
pogledaj: Mantranje u svjesnosti Kṛṣṇe
Maharloka, 9.18, 9.20
Mahātme, 8.15
definirani, 8.15
kao čisti *bhakte,* 9.13
Mahātme (nastavak)
njihove kvalifikacije, 9.13
njihove odlike, 9.14
njihovi simptomi i osobine, **9.13**-9.14
značenje *mahātme,* 11.37
pogledaj: Bhakte; Čisti *bhakte;* Mudraci; *određene osobe*
Mahat-tattva, 7.4, 9.8
brahmajyoti je prekriven sa, 13.18
Gospodin kao duša, 10.20
i *mahat-tattva,* 13.20, 14.3
materijalni svijet pod, 15.6
Mahā-Viṣṇu, 7.4, 11.1, 13.20
kao Kṛṣṇina ekspanzija, 11.54
mahat-tattva i On, 10.20
stvaranje i Mahā-Viṣṇu, 9.8
svemiri potječu od Njega, 11.54
u kozmičkom oceanu, 10.20
Māṇḍūkya Upaniṣada, citat u vezi materijalnog svijeta kao očitovanja Brahmana, 5.10
Maṇipuṣpaka školjka, **1.16–18**
Mantranje krugova, 9.27
Mantranje u svjesnosti Kṛṣṇe, 4.26, 4.39, 6.34, 6.44, 7.24, 8.5–8, 8.11–13, 8.14, 9.20, 9.30, 13.12, 14.27
brahmacārījevo mantranje, 4.26
Caitanya poučavao, 2.46, 3.10, 3.12, 4.8, 10.11, 16.24
Caitanyino pretkazanje o mantranju, 4.8
Gāyatrī *mantra* i mantranje, 10.35
Haridāse Ṭhākure, 6.17
kao cilj *Veda,* 2.46
kao lak proces, 12.7
kao najbolje žrtvovanje, 10.25
kao zalijevanje sjemena predanog služenja, 10.9
Kṛṣṇa predstavljen mantranjem, **10.25**
mahā-mantra i mantranje, 4.39, 6.34, 7.24, 8.5–8, 8.11–13, 8.14
mahātmā, **9.14**
mantranje i slušanje, 8.8, 9.2, 9.14, **10.9,** 10.9, 10.19, 12.20, 13.12, 14.27
mantranje Mahārāje Ambarīṣe, 2.61
na brojanici (*japa*), 9.27
na usamljenom mjestu, 3.1
otkriva duhovni položaj, 2.46, 6.44
ponavljanje mantranja, 10.25
pospješuje ovladavanje umom, 6.34
prednosti mantranja, 6.34, 7.24, 8.8, 8.11, 8.14, 8.19, 9.2, 9.31, 10.11, 13.12, 16.7
pri žrtvovanju, **17.14**
pročišćenje mantranjem, 9.31, 10.11, 13.12
pročišćenje mu prethodi, 6.44
rad praćen mantranjem, 12.6–7

Mantranje u svjesnosti Kṛṣṇe (nastavak)
svjesnost Kṛṣṇe se razvija mantranjem, 21–22, 6.7–9, 8.5–8, 8.11–13, 8.14
transcendira nisko rođenje, 2.46, 6.44
u *saṅkīrtani,* 3.10, 3.12–14, 4.8
u trenutku smrti, 8.2, 8.13
ukazuje na to da je osoba završila s djelatnostima propisanim u *Vedama,* 2.46, 6.44
veličina mantranja, 2.46, 7.27
„veliki blagoslov" mantranja, 8.14
vjera postignuta mantranjem, 4.39
vraćanje Bogu mantranjem, 8.8
za sadašnje doba, 4.8, 6.11–12, 8.13, 9.27
Manu(i)
Bhagavad-gītā je izgovorena Manuu, **4.1,** 4.1
kao autoritet svjestan Kṛṣṇe, 4.16
Kṛṣṇa je podrijetlo, **10.6,** 10.6
milenij Manua u kojem se Kṛṣṇa pojavio, 4.7
njihovo doba, 4.1
podrijetlo Manua, **10.6,** 10.6
predavanje Gospodinu, 7.15
u učeničkom naslijeđu, 3, 4.16
Manu-saṁhitā
citat u vezi
kažnjavanja ubojice, 2.21
požude, 3.39
kao uputa za ljudsko društvo, 3.21
procesi pročišćenja iz nje, 7.15
propisi za ljudsko ponašanje u njoj, 16.7
zakon iz nje, koji se tiče žena, 16.7
zakon je izveden iz, 16.7
Mārgaśīrṣa, predstavlja Kṛṣṇu, **10.35,** 10.35
Marīci, predstavlja Kṛṣṇu, **10.21**
Marihuana, 3.24
Maruti
kozmički oblik i oni, **11.22**
Kṛṣṇin predstavnik među njima, **10.21**
Materija
kao prekriveni duh, 4.24
materija i duh, kao isti za Kṛṣṇu, **9.19**
u usporedbi s duhom, **2.16–30**
pogledaj: Energija, niže; Materijalna energija; Materijalni svijet
Materijalisti
Arjuna postavlja pitanja Kṛṣṇi za njihovu dobrobit, 4.4
ateisti, **9.12,** 9.12
pogledaj: Ateizam; Ateisti; Demoni
bave se duhovnom spekulacijom, 4.10
Materijalisti (nastavak)
Bhagavad-gītā
njihova tumačenja *Bhagavad-gīte,* 4.2, 18.67
oni je ne cijene, 4.2
bhakte
mogu izgledati kao, 9
ne trebaju uznemiravati materijaliste, **3.26,** 3.26, **3.29,** 3.29
u usporedbi s njima, 1.28, 2.72, 3.25, 3.27, 4.3, 4.8, 5.10, **5.12,** 7.15, 12.15
buntovni prema Gospodinu, 13.20
demonski, 4.3, 7.15
ismijavaju Gospodina, **9.12,** 9.12
Kaṁsa je primjer, 9.34
pogledaj: Ateisti; Demoni
druženje s njima, 11.55
izbjegavaju predavanje, **7.15,** 7.15
kao animalističke osobe, 6.40
kao budalasti, 3.40
kao kradljivci, 3.12, 3.13
kao osuđeni, 2.44
karakteristike njihova rada, **18.27–28**
Kṛṣṇa
ne shvaćaju Ga, 4.9–10, 7.4
Njegove odlike kojih se mogu sjećati, **10.17**-10.19
obožavani za njih, 4.11
odbacili su Njegove metode, 7.15
oni Ga ismijavaju, 6.47, **9.11,** 9.11–12
zaboravili su Ga, 3.27
materijalne vezanosti su neizbježne za njih, 1.28
mudri ih izbjegavaju uznemiravati, **3.29,** 3.29
napredak za njih, 3.6
ne pridržavaju se propisa, 6.40
ne zanima ih duhovan život, 3.29, **4.10,** 4.10
nedostaje im cilj života, 3.12
nemaju duhovno razumijevanje, 13.25
nemaju inteligenciju, **16.9,** 16.9
nemaju znanje o
duši i seljenju duše, **15.11,** 15.11
Gospodinu, 4.10
oslobođenju, 2.2
pravom radu i obožavanju, 4.12
neposlušni su prema Gospodinu, 3.39
posljedice za neposlušnost, **3.32**
savršenstvo je izgubljeno za njih, **3.32**
njihov pad, **14.18,** 14.18
njihova djela u usporedbi s duhovnim djelima, 21
njihova filozofija, 3.16

Materijalisti (nastavak)
njihova noć je uspoređena s vremenom buđenja za spiritualiste, **2.69,** 2.69
njihova religija. *Pogledaj:* Religija, materijalna
njihova sebičnost, 1.30
njihove aktivnosti, osobine, **18.24–25**
njihove osobine
u *guṇama* vrline, strasti i neznanja, **18.7–8, 18.21–22, 18.24–25, 18.27–28, 18.31–32, 18.34–35, 18.38–39**
pogledaj: Guṇe prirode
njihove želje, 3.25
njihovo vrijeme buđenja uspoređeno s noći za spiritualiste, **2.69,** 2.69
obožavaju polubogove, 15, **4.12,** 4.12
obožavaju važne ljude, 4.12
osobine njihova znanja, **18.21–22**
personalizam ih zastrašuje, 4.10
produžavaju seljenje duše u krugu rođenja i smrti, 8.24–26
razočarani, 4.10
s lažnim egom
misle da su vršitelji djelatnosti, **3.27,** 3.27
pogledaj: Lažni ego
svjetovni učenjaci kao materijalisti, 4.9
škrti, 2.7
u neznanju, **3.29,** 3.29
pogledaj: Neznanje
u usporedbi sa
mudracem, **2.69,** 2.69
spiritualistima, **2.69,** 2.69, 6.40
transcendentalistima, 6.38
uspoređeni sa
bolesnom osobom, 2.59
kriminalcima, 3.39
magarcem, 7.15
radnicima, 4.14
svinjom, 7.15
uživaju bez žrtvovanja, **3.12,** 3.12
varalice u duhovnom životu, 3.6
vide kozmički oblik kao vrhovni, 4.10
vrše dobar rad, 3.29
zaboravili su na upravljanje prirode, **3.27,** 3.27
zanemaruju predano služenje, **2.41-**2.44
zavidni su na Kṛṣṇu, 18.67
žrtvovanje za njih, 3.12, 4.25
pogledaj: Demoni; Koristoljubivi radnici
Materijalizam
djela materijalista, 21
iluzija zbog, 2.2
Materijalizam (nastavak)
kao *asat,* 5
kao nepostojanje, 5
osjetila zaokupljena materijalizmom, 2.62
u usporedbi s duhovnim životom, 1.35
uništenje obitelji je rezultat, **1.39,** 1.39
uznemirenost zbog, 5
zbunjenost kao posljedica materijalizma, 2.7
pogledaj: Vezanost; Plodonosne djelatnosti; Osjetilno uživanje
Materijalna priroda
Bhagavad-gītā je objašnjava, 6, 7, 8
daje uvjete za ispunjenje želja, 3.37
duhovna priroda je transcendentalna prema njoj, **8.20–21**
elementi koji je čine, **7.4–5,** 13.6–7
pogledaj: Materijalni elementi
Gospodin je prešao pogledom preko materijalne prirode, 3.15
Gospodin je transcendentalan prema njoj, 9.13
Gospodin upravlja njome, 7.14
kao *adhibhūta,* **8.4**
kao božanska, iako je niža energija, 7.14
kao Gospodinova energija, 7, 21, 7.14, **9.9–10**
kao odvojena Gospodinova energija, 8
kao ovisna o Gospodinu, 6
kao potpuna, 11
kao *prakṛti,* 7, 2.39, 7.4, **13.1–2,** 13.3
kao predmet *Gīte,* 7, 8
kao privremena, 7
kao upravitelj
tijela, **13.21–22**
živoga bića, **13.22,** 13.22
kao uzrok
djelatnosti, **5.14**
neposredni, 4.14
svih materijalnih uzroka i posljedica, **13.21–22**
kao vječna, 7, 8
i bez početka, **13.20,** 13.20
kombinacija više i materijalne prirode, 13.27
kreacija i materijalna priroda, 7.14
Kṛṣṇa je transcendentalan prema njoj, 4.4
nije podrijetlo živih bića, 14.3
očitovana i neočitovana, 13.20
duhovna priroda je transcendentalna prema materijalnoj, **8.20–21**
očitovanje materijalne prirode
uspoređeno s godišnjim dobima, 7
uspoređeno s oblacima, 7

Materijalna priroda (nastavak)
oplođavanje,
koje vrši Gospodin, 2.39, **14.3,** 14.27
živim bićima, 3.15, 9.10
pad zbog dodira s njom, **3.37**
pod upravom je, 6
Kṛṣṇe, 3.27
podređena, 9.8, **9.10,** 9.10
podrijetlo, 7.6
pogledaj: Kozmičko očitovanje
polubogovi kao upravitelji materijalne prirode, 3.24
polubogovi njom upravljaju, 4.25
preobrazbe i *guṇe* materijalne prirode, **13.20,** 13.20
rođenje u materijalnoj prirodi. *Pogledaj:* Rođenje
sastojci, **13.6–7**
pogledaj: Elementi, materijalni
sloboda od materijalne prirode, 9.13
svrha materijalne prirode, 3.37, 13.20
tijelo je pod upravom, **5.14,** 5.14
tri odlike, 7
uspoređena sa
rižom, 14.3
zakonima države, 7.12
uzrokuje patnju, 2.7, 2.8
pogledaj: Patnja
vezujući utjecaj, **3.33**
viša i niža, 7
zakoni
smrt prema njima, 16.11–12
upravljanje njima, 13.21
živa bića
kombinacija materijalne prirode i, 13.27
pod njenom su upravom, 7.13–14, **13.22,** 13.22
živa bića pokušavaju upravljati, 7
Materijalne želje
bhakte savladavaju, **2.55–64, 2.68–71**
definirane, 2.71
demona. *Pogledaj:* Demoni, njihove osobine
duhovni svijet se odražava u, 15.1
guṇa strasti i materijalne želje, **14.7, 14.12–13, 18.24**
iz umnih izmišljotina, **2.55–56**
jedino Gospodin može ispuniti, 7.21–22
kao neprijatelji, 3.43
kao neznanje, 2.42–44
kao suptilna uvjetovanost, 5.15
kreacija pruža mogućnosti za ispunjenje želja, 9.8
molitva zbog materijalnih želja, 9.24
Materijalne želje (nastavak)
mržnja i materijalne želje, **7.27**
njihove posljedice, 16, 18, **2.67,** 2.70, 3.6, **3.37–41,** 3.43, 5.23, **7.27, 8.6,** 8.6, 9.10, 13.21–22, 13.30, 15.5, 15.10, 15.20, 16.3, **16.21,** 16.22
obožavanje Kṛṣṇe bez obzira na materijalne želje, 4.11
odricanje od materijalnih želja. *Pogledaj:* Odvojenost; Odricanje
oslobođenje od materijalnih želja, **2.70,** 2.70
pogledaj: Odvojenost; Odricanje; Vladanje osjetilima
pohlepa i materijalne želje, **1.38, 14.7, 16.21–22, 18.27**
polubogovi i materijalne želje, 16, **7.20,** 7.20–22, 7.24
pogledaj: Obožavanje polubogova
požuda kao. *Pogledaj:* Požuda
predano služenje i materijalne želje, 7.20, 7.29, 9.3
priroda daje mogućnosti za, 3.37
pročišćenje želja njihovim preobražavanjem, 3.37
pogledaj: Pročišćenje
razvijaju se druženjem, 3.34
sannyāsī i materijalne želje, 16.3
stadiji razvoja materijalnih želja, **2.62**
strogosti i pokore zbog, **17.5–6,** 17.5–6
svi su pod njihovim utjecajem, 2.70, 3.8
svjesnost Kṛṣṇe i materijalne želje, 3.37
tijelo i rođenje dobivaju se prema željama, **8.6–7,** 9.10, 13.21–22, 13.30
u usporedbi s duhovnim željama, 2.71, 3.25
upravljanje željama
potreba za tim, 5.23
pogledaj: Odvojenost; Um, disciplina uma; Odricanje; Vladanje osjetilima
uspoređene s rijekama, **2.70,** 2.70, 18.53
za bogatstvom, **17.16–17**
za gospodarenjem, 13.21, 14.27, 15.20
za jedinstvom s Gospodinom, 2.39, 7.5, 7.27, 9.12
za osjetilnim uživanjem, 2.39, **2.42–43,** 2.42–43
pogledaj: Osjetilno uživanje
za prenošenjem na druge planete, 9.25
za rajskom srećom, **2.42–44, 9.20**
zavist na Gospodina i materijalne želje, 9–10, 4.2–3, 7.27
žudnja, **16.1–3**
pogledaj: Vezanost; Požuda; Osjetilno uživanje

Materijalni svijet
analitičko proučavanje materijalnog svijeta, **5.5,** 5.5
pogledaj: Sāṅkhya; *Sāṅkhya-yoga*
borba za opstanak u njemu, 15.6
brahmajyoti je prekriven u njemu, 13.18
degradira se osjetilnim uživanjem, 16.9
demonski pogled na materijalni svijet, **16.8,** 16.8
djelatnosti u njemu
produhovljene svjesnošću Kṛṣṇe, **4.24,** 4.24
seks je središte djelovanja, 3.39
duhovni svijet
njegov odraz, 15.1, 15.3–4
prekriven, kao materijalni svijet, 4.24
transcendentalan prema materijalnom svijetu, **8.21**
u usporedbi s materijalnim svijetom, 13, 16, 18, 19, 20, 9.33, 13.18, 13.21, 15.1, 15.6, 15.16
dvostranosti materijalnog svijeta, 4.22
bhakta je transcendentalan prema njima, **4.22,** 4.22
Gospodinove energije su njegov izvor, 13.20
guṇe prirode i materijalni svijet, 5.10
kao bijedan, **8.15, 9.33,** 9.33, 11.43
pogledaj: Patnja
kao iskrivljen odraz, 15.2
kao *maithunya-āgāra,* 3.39
kao mjesto ponovnog rađanja i umiranja, **9.21**
kao odraz duhovnog svijeta, 15.1, 15.3–4
kao potpun, 11
kao privremen, 4.12, 9.33, 15.1
ali ne lažan, 9.33
Kṛṣṇa
kao upravitelj materijalnog svijeta, **16.8,** 9.8–10
Njegov plan za materijalni svijet, 11.33
njegovo podrijetlo, 10.8
održavatelj materijalnog svijeta, **9.18,** 9.18
sveprožimajući u materijalnom svijetu, **8.22,** 8.22
transcendentalan prema, 4.14, 9.11, **11.37–38**
Kṛṣṇini planovi za materijalni svijet, 11.33
mahat-tattva ga prekriva, 9.8, 13.18
napuštanje. *Pogledaj:* Povratak Bogu; Oslobođenje
nije lažan nego privremen, 9.33
nije mjesto prebivanja za razumnu, plemenitu osobu, 9.33

Materijalni svijet (nastavak)
njegov uzrok
istraživanje uzroka, 15.4
materijalna priroda kao podređeni uzrok, 9.8, **9.10,** 9.10
njegova dimenzija, 19
njegove karakteristike, 13
njegovi elementi, 11
pogledaj: Materijalni elementi
njegovo podrijetlo
duhovni svijet kao, 15.2
Kṛṣṇa kao, 10.8, **15.3–4**
očitovanje živih bića u materijalnom svijetu, **8.18**
održava ga Gospodin, 15.13
odvojenost od materijalnog svijeta, 11.55
oslobođenje od materijalnog svijeta. *Pogledaj:* Oslobođenje
pad u materijalni svijet, 9.25, 13.24
pogledaj: Pad
pradhāna i materijalni svijet, 5.10
prilika za povratak Bogu kao njegova svrha, 11.33
sreća
nemoguća u materijalnom svijetu, 2.51
pogledaj: Sreća
stvaranje materijalnog svijeta. *Pogledaj:* Kozmičko očitovanje
u usporedbi s duhovnim svijetom, 13–14, 16, 17, 18, 19, 20, 9.33, 13.18, 13.21, 15.1, 15.6, 15.16
uništenje materijalnog svijeta
demoni usmjereni ka, **16.9,** 16.9
pogledaj: Uništenje
upravitelji materijalnog svijeta, uspoređeni s vrhovnim upraviteljem, 9.11
uspoređen s
banjanovim drvetom, **15.1**-15.4, 16.1–3
cvijetom, 9.10
drvetom s korijenom prema gore, 17, **15.1**-15.4
oceanom, **4.36,** 4.36, **12.6–7,** 12.6–7
odsjajem, 17
pustinjom, 18
vatrom u šumi, 4.36
vodom u otisku teletova papka, 2.51
za *bhaktu* je jednako dobar kao Vaikuṇṭha, 18.54
zapletenost u njemu, 15.1, 15.3–4
požuda je uzrok zapletenosti, 3.37
život u materijalnom svijetu uspoređen sa snom, 2.28
pogledaj: Materijalna priroda; Planeti, materijalni; Svemir

Materijalni život
budalaština materijalnog života, **8.18, 8.19,** 8.19
današnji materijalni život. *Pogledaj:* Današnje doba
grešne posljedice uzrokuju, 4.31
iluzija u njemu. *Pogledaj:* Iluzija
imenovanja u materijalnom životu, 3.29
kao bijedan, 2.51
kao borba, **15.7,** 15.7, 15.8
za postojanje, uspoređena s plivanjem u oceanu, 4.36
kao grešan, **3.16**
kao očitovanje i uništenje, **8.18–19**
njegov prestanak kao cilj *yoge,* **6.15–16**
njegove bijede, 7.15, 7.29, 13.8–12
imenovane, **13.8–12**
opažanje zla u njemu, **13.8–12**
oslobođenje od njih, transcendiranjem *guṇa* prirode, **14.20–21**
također postoje na Brahmaloki, 8.17
pogledaj: Patnja
pad u materijalni život
oslobođenje od pada, putem *yoge,* 6.23, 6.25
s razine predanog služenja, **9.3,** 9.3
pesimistički pogled na materijalni život, 13.8–12
pobožnost u materijalnom životu, 3.16
početak, 7.14
potrepštine za materijalni život
Gospodin ih određuje, 3.28
Gospodin osigurava, 2.70, 3.12, 3.16, 9.29, 12.20, 18.66
polubogovi osiguravaju, 3.11, **3.12,** 3.12, 3.14, 3.16
pravila koja se odnose na njih, **3.34**
putem obožavanja polubogova, **3.11–12,** 3.16
seks kao jedna od njih, 3.34
smanjivanje, 6.23
predano služenje može izgledati kao, 9.30
predano služenje pročišćava okaljanost materijalnim životom, 10.11
produženje njegova trajanja, 4.29
ropstvo u materijalnom životu, **5.12,** 18.73
sredstva za materijalni život
Gospodin osigurava, 4.14
uspoređena s kišom, 4.14
suvremeno društvo daje samo naobrazbu o materijalnom životu, 9.2
tri stanja vezanosti, 4.10
Materijalni život (nastavak)
u usporedbi s
duhovnim životom, 2.72, 6.40, 9.1, 9.20–21
pravim životom, 2.72
ugodan vršenjem žrtvovanja, **3.10–12**
uspoređen s
bolešću, 4.24
poslom, 12.9
uzrok razočaranja 3.37
vezanost je uzrok, 13.21–22
vezanost za, **3.29,** 3.29
demonska vezanost, 16.11–12
pogledaj: Vezanost
žrtvovanje za, **17.12–13**
pogledaj: Plodonosne djelatnosti; Materijalizam
Materijalno tijelo
aktivnosti tijela, izvan nadzora jastva, **13.30–31**
bhakta je odvojen od tijela, **5.8–11, 5.13–14**
biljaka, 3.38
čimbenici koji određuju
svjesnost kao, **15.8,** 15.8
duhovi kao suptilna tijela, 1.41
duhovno tijelo uspoređeno s materijalnim tijelom, 8.3, 15.16
duša i tijelo, **2.16–30,** 3.5, 7.6, 10.20, **13.32–34,** 15.8
pogledaj: Uvjetovane duše
duša u usporedbi s tijelom, 2.11, **2.16–30,** 2.30, 9.2
elementi suptilnog tijela, 13.6–7
evolutivni proces za tijelo, 2.31
Gospodin kao Nad-duša u tijelu. *Pogledaj:* Nad-duša
Gospodin upravlja njime, 3.27
Gospodinovo upravljanje kao čimbenik, 16.9
grubo i suptilno tijelo, različiti stadiji, **3.42,** 3.42
gubi se tijekom Brahmine noći, **8.19**
guṇe prirode kao činitelj, 7.13, 13.5
guṇe prirode upravljaju njime, 2.45, **5.14–15**
hrana za tijelo. *Pogledaj:* Jedenje; Hrana; *Prasādam*
jadikovanje nad tijelom, kao budalasto, **2.11,** 2.12
kao Gospodinov hram, 9.11
kao Kṛṣṇino vlasništvo, 5.10, 5.11
kao *kṣetra,* 13.1–2
kao mrtvo, 3.5
kao „nepostojeće", **2.16,** 2.28

Materijalno tijelo (nastavak)
kao privremeno, 15, 2.11, **2.16–30,** 13.28, 18.20
kao uzrok djelovanja, 5.14, 14.5
kao uzrok patnje i uživanja, 13.21
karma prošlih djelatnosti kao njegov čimbenik, 8.3, 13.5, 13.21
ljudsko tijelo
svrha ljudskoga tijela, 10.5
pogledaj: Ljudska bića; Ljudski život
mjesta u tijelu na kojima se nalazi požuda, **3.40**
mrtvo tijelo uspoređeno sa živim, 2.17, 2.18, 2.19
nedostaci tijela, 19
neki ga muče iz ponosa i vezanosti, **17.5–6,** 17.5–6
nevolje nastaju zbog tijela, 19
nije potrebno, 14.25
održavanje tijela, **4.21,** 4.22, 6.23, 12.20, 18.66
odvojenost od tijela, 4.21, 14.24
pogledaj: Odvojenost
odvojenost unatoč posjedovanju tijela, 6.25
opisano kao polje djelatnosti, **13.1–7**
osjetila su viša od tijela, **3.42,** 3.42
oslobođenje od tijela. *Pogledaj:* Oslobođenje
patnja i uživanje kroz tijelo, 13.21
popratni proizvodi tijela, 2.20
poštovanje za tijelo, 9.11
potrepštine materijalnog tijela, 3.9, **4.21**-4.22, 6.23, 12.20, 18.66
poznavatelji tijela, **13.1–5,** 13.13, 13.18, 13.19–20
pogledaj: Uvjetovana duša; Svevišnji Gospodin, kao Nad-duša
preobražaji tijela, 2.20, 10.34
priroda upravlja njime, **5.14–15**
probava i tijelo, **15.14–15**
promjena tijela, **2.16,** 2.22, 13.1–2, 15.16
rad za održavanje tijela, **3.8–9,** 3.9
rast tijela, 2.20, 7.6
rođenje tijela, 2.20
pogledaj: Rođenje
sastavni dijelovi tijela, **13.6**
smrt tijela. *Pogledaj:* Smrt
srce tijela
duša u srcu, 2.17, 2.20
energija iz srca, 2.22
stadiji tijela, 13, 8.4
stanovnika Mjeseca, 8.25
stjecanje materijalnog tijela. *Pogledaj:* Rođenje; Seljenje duše

Materijalno tijelo (nastavak)
suptilno i grubo tijelo, njihovi stadiji, **3.42,** 3.42
suptilno tijelo
nosi razumijevanje o sljedećem tijelu, **15.8–9**
svjesnost živoga bića u tijelu, 2.17, **13.34–35**
pogledaj: Svjesnost; Duša
šest promjena tijela, 13.6, 15.16
teorija o nastanku života iz tijela, 2.26
tijelo *bhakte* uspoređeno s listom lotosa, 5.10
tijelo i Nad-duša, 5.18, **13.1–7,** 18.61
tijelo kao čimbenik djelovanja, **18.14–15**
tijelo za život na Sunčevom planetu, 2.24
tijelo žene nije diskvalifikacija, **9.32–33**
tjelesna doba, 2.20, 2.22
tjelesna krv, prenosi energiju duše, 2.17
tjelesne strogosti, **17.14–15**
tjelesni zahtjevi, 2.70
transcendira se pomoću svjesnosti Kṛṣṇe, **5.13–14**
u *guṇi* vrline, **14.11**
u Kṛṣṇinoj službi, 13.12
u usporedbi s
duhovnim tijelom, 8.3, 15.16
dušom, 2.11, **2.16–30,** 2.30, 9.2
Kṛṣṇinim tijelom, 20, 9.11, 10.3, 11.43, 13.8, 13.9
ubijanje tijela. *Pogledaj:* Ubijanje životinja; Ubojstvo; Rat
upravitelj aktivnosti tijela, **13.30–31**
upravlja živim bićem, 13.21
uspoređeno s
autom, 18.61
dijelom posjedovanja, 13.3
drvetom, 2.20, 2.22, 16.12
gradom, **15.13–14**
odjećom, 20, 2.1, 2.22, 2.28
strojem, **18.61–62**
tijelom u snu, 2.28
varṇāśrama i tijelo, 2.31
vezanost za tijelo. *Pogledaj:* Vezanost; Lažni ego
vezanost za tjelesna imenovanja, 3.29
vrata tijela, **5.13, 14.11**
pogledaj: Osjetilni organi; Osjetila
vrste tijela, njihov broj, 8.3, 13.21, 15.9
vrste tijela, razlozi za, 13.3
za ispunjenje želja, 13.30
za osjetilno uživanje, 13.1–2
značaj tijela, 2.18
znanje o tijelu, 2.1, **18.22,** 18.22
želja kao čimbenik, 9.10, 13.21, 13.30

Materijalno tijelo (nastavak)
živo biće
logični dokazi o živom biću u tijelu, 13.1–2
različito od tijela, **1.8, 2.16–22, 2.25–30,** 2.71, 5.11, 5.13, 5.20, 9.1, 10.20, 13.1–2, 13.7, 13.20, 15.7, 15.10
upravljano tijelom, 13.21
živo biće upravlja njime, 15.8
živo tijelo uspoređeno s mrtvim, 2.17, 2.18, 2.19
život tijela
duša kao život u tijelu, 2.6, 18.20
od Gospodina, 18.20
životinjsko tijelo, 13.21
uspoređeno s prašinom na ogledalu, **3.38**
pogledaj: Životinje, rođenje kao
žrtvovanje tijela, 2.22
pogledaj: Osjetila
Mathurā, 6.11–12
Māyā
bijede zbog *māye,* 16.24
da osoba smatra sebe Bogom, 18.73
definirana, 4.6, 4.35, 6.20–23, 10.39
dostizanje slobode od *māye,* 3.33, 7.5
pogledaj: Oslobođenje
duše su sklone tome da postanu prekrivene *māyom,* 2.23
Gospodin upravlja njome, 7.14
Kṛṣṇin oblik nije *māyā,* 7.24, 7.26
oslobođenje od *māye*
načini za dostizanje, 2.14
pogledaj: Oslobođenje
posljednja zamka *māye,* 2.39, 18.73
transcendentaliste *māyā* dovodi u iskušenje, 6.37
upravlja uvjetovanim dušama, 3.5
uspoređena s oblakom, 7.26
vizija živih bića prekrivena je *māyom,* 7.26
zaboravnost zbog *māye,* 7.15
živo biće je služi, 18.73
pogledaj: Neznanje; Iluzija; Materijalna priroda; *Yoga-māyā*
Māyā-devī i Haridāsa Ṭhākura, 2.62
Māyāvāda filozofija. *Pogledaj:* Impersonalizam
Māyāvādīji. *Pogledaj:* Impersonalisti
Māyayāpahṛta-jñānāḥ, **7.15,** 7.15
Meditacija, **6.19, 6.25–26**
bezlična meditacija, kao teška, 12.1
kao dio posrednog procesa, 12.12
lažna meditacija, **3.6**
mantranjem Hare Kṛṣṇa, 8.8
pogledaj: Mantranje u svjesnosti Kṛṣṇe
Meditacija (nastavak)
na Brahman, 12.1
na duhovnu energiju, 22
na Gospodina u srcu, **6.14**
na Gospodinova obilja, **10.17**
na Kṛṣṇu, 22, 23, 24, **6.10,** 6.10, 7.28
Kṛṣṇa preporučuje, **18.65,** 18.65
Kṛṣṇa se dostiže putem meditacije, **8.8**
sa zavišću, 9.34
na Nad-dušu, **6.31,** 6.31, 8.12
na oblik Gospodina, **9.22,** 18.65
na šest *cakri,* 8.10
na vedsku književnost, 21
njen predmet, 7.2
postojanost u meditaciji, **6.19**
proces *yoga* meditacije, 5.28
s motivom za oslobođenje, 7.29
spoznaja Boga (Nad-duše) meditacijom, **13.25,** 13.25
u sadašnjem dobu, 9.27
Viṣṇu kao njen predmet, 2.61
zavaravanje pri meditaciji, **3.6**
Međunarodno društvo za svjesnost Kṛṣṇe. *Pogledaj:* ISKCON
Menakā, Viśvāmitra i ona, 2.60
Milost
čistoga *bhakte,* 18.71
Vyāsadevina milost, **18.75,** 18.75
Milostinja, **16.1–3**
bez vjere, **17.28,** 17.28
dana *sannyāsījima,* 10.5
davanje pedeset posto svoje zarade, 10.5
definirana, 10.5, 16.3
institucije za milostinju, 4.28, 17.21
kao pročišćavajuća, 12.11, **18.4**-18.7
kao žrtvovanje, **4.28,** 4.28
Kṛṣṇa kao podrijetlo milostinje, **10.4–5**
Kṛṣṇa se ne spoznaje samo milostinjom, **11.53**
materijalna, 5.6, 17.23
odricanje od milostinje, **18.3, 18.4–7**
podrijetlo milostinje, Kṛṣṇa kao, **10.4–5**
ponuđena *brāhmaṇama,* 10.5, 11.48
razlikovanje, 8.28, 10.5, 11.48, 11.54, **17.20,** 17.21, 18.5
s izgovaranjem *oṁ,* **17.24**
s odvojenošću, **17.20, 17.25**
s *tat,* **17.25**
s vezanošću za rezultate, **17.21**
sa *sat,* **17.26–28**
siromašnim osobama, 17.20
svjesna Kṛṣṇe, 5.25, **8.28,** 8.28, **9.27,** 9.27, 11.48, 11.34, 16.3, 17.23
svrha milostinje, **17.25**

Milostinja (nastavak)
u *guṇama* vrline, strasti i neznanja, 16.3, **17.7, 17.20–22,** 17.23
u *guṇi* neznanja, **17.22,** 17.22
u *guṇi* strasti, 14.9, **17.21**
u *guṇi* vrline **17.20**
za obiteljske ljude, 8.28, 16.3
Mīmāṁsā-sūtre, 11.48
Miris, izvorni, **7.9**
Misionarski rad. *Pogledaj:* Propovijedanje svjesnosti Kṛṣṇe
Mistične moći, Kṛṣṇa je gospodar svih, **10.17, 11.4, 11.5, 11.9**
Mistična *yoga. Pogledaj: Yoga*
Mithilā, 3.20
Mjesec, 17
Gospodin kao mjesec, **15.13**
hrani povrće, **15.13,** 15.13
kao zvijezda, **10.21,** 15.12
Kṛṣṇa kao, **11.39**
mjesečina, **7.8,** 7.8, 13.18
njegov sjaj i svjetlost potječu od Kṛṣṇe, **15.12,** 15.12
polubog Mjeseca, 7.23
predstavlja Kṛṣṇu, **10.21**
seljenje duše na Mjesec, 17, 2.8, **8.25**
u kozmičkom obliku, 8.4, **11.19**
značenje mjeseca, 15.12
živa bića ovise o mjesecu, 15.12, **15.13–14**
život na Mjesecu, 8.25
Mjeseci
Kṛṣṇin predstavnik među njima, **10.35,** 10.35
najbolji mjesec, **10.35,** 10.35
Mjesta hodočašća, 8.14
Ambarīṣa Mahārāja ih je posjetio, 2.61
Kurukṣetra kao, **1.1,** 1.1
milostinja na mjestima hodočašća, 17.20
nepravilno razumijevanje mjesta hodočašća, 3.40
za primjenu *yoge,* **6.11–12**
pogledaj: Određena mjesta hodočašća
Moć
izuzetna, na mjestu gdje se nalaze Kṛṣṇa i Arjuna, **18.78**
kao osobina *kṣatriya,* 18.43
Mokṣa. Pogledaj: Oslobođenje
Mokṣa-dharma, citat u vezi
Kṛṣṇe kao stvoritelja polubogova, 10.8
stvaranja, 10.8
Molitve
Arjunine molitve Kṛṣṇi, **11.14–31, 11.35**
da pokaže Svoj oblik Nārāyaṇe, **11.45–46**
Molitve (nastavak)
Arjunine molitve Kṛṣṇi (nastavak)
da se smiluje i oprosti mu, **11.41–42, 11.44–45**
u kozmičkom obliku, **11.15–31, 11.36–46**
bhakta za materijalnu dobrobit, 7.18, 7.22
Brahmine upućene Govindi, 4.5
Caitanyine, 6.1
Caitanyine molitve za predano služenje, 6.1
djeteta u maternici, 7.15
duhovnom učitelju, 2.41
Gurv-aṣṭaka, 2.41
Hare Kṛṣṇa *mantra* kao univerzalna, 27
iz *Gopāla-tāpanī Upaniṣade,* 9.11
Kulaśekhara Mahārāje, 8.2
Mādhavendra Purī im odaje poštovanje, 2.52
molitve Gospodinu za ispunjenje materijalnih želja, 9.24
molitve Viśvanātha Cakravartīja Ṭhākure, 2.41
o Vivasvānu, 4.1
odavanje poštovanja Kṛṣṇi, 9.11
polubogova za zaštitu od kozmičkog oblika, **11.21**
poticaj molitvama, 7.15
upućene kozmičkom obliku
Arjunine, **11.36–46**
polubogova, **11.21**
za Gospodinovu milost, iz *Bhāgavatama,* 3.10
za materijalnu dobrobit, 7.18, 7.22
za sjećanje na Kṛṣṇu u trenutku smrti, 8.2
za zaštitu krava i *brāhmaṇa,* 14.16
Monizam. *Pogledaj:* Impersonalizam
Moralnost, ćudorednost
Bhagavad-gītā je vrhunska uputa za moralnost, 18.78
predavanje Gospodinu kao bit ćudoređa 18.78
predstavlja Kṛṣṇu, **10.38**
važna je u društvu, **1.38–43**
pogledaj: Svjesnost Kṛṣṇe; Pročišćenje; Religija; Vrlina
Morski pas, predstavlja Kṛṣṇu, **10.31**
Mržnja, **7.27**
Mudar čovjek
njegova mudrost, predstavlja Kṛṣṇu, **10.38**
pogledaj: Bhakte; Mudraci; *određene osobe*
Mūḍhe, **7.15,** 7.15
uspoređeni s magarcima, 7.15
„Mudrac postojana uma", **2.56**
Mudraci
Kṛṣṇa kao podrijetlo velikih mudraca, **10.6,** 10.6

Mudraci (nastavak)
Kṛṣṇin predstavnik među njima, **10.25, 10.26, 10.37,** 10.37
njihova različita mišljenja, **18.3**
njihovi planeti, 14.14
njihovo znanje, **13.5**
noć i vrijeme njihova buđenja, **2.69,** 2.69
oni dostižu savršenstvo primajući znanje od Gospodina, **14.1,** 14.1
primjeri, 5, 13.5
u kozmičkom obliku, **11.15, 11.21**
pogledaj: Bhakte; Sādhui; Svete osobe
Mudraci Naimiṣāraṇye, 10.18
Mudrost
definirana, 10.38
kao brāhmaṇska odlika, **18.42**
predstavlja Kṛṣṇu, **10.38**
Mukti
definirano, 9
pogledaj: Oslobođenje
Muṇḍaka Upaniṣada
citat u vezi
duše, 2.17
duše i Nad-duše kao ptica na drvetu, 2.22
materijalnog svijeta kao očitovanja Brahmana, 5.10
Nad-duše, 13.21
stvaranja, 14.3
znanja dobijenog od Gospodina, 7.2
Muniji
definirani, **2.56,** 2.56
vrste *munija,* 2.56
Vyāsadeva kao najbolji, 10.37

N

Nad-duša, 2.20, 2.39, 4.11, 7.4, 9.11, 9.18, 18.78
bez osjetila (materijalnih), **13.15,** 13.15
bhakte
Nad-duša im pomaže i prosvjetljava ih, **10.10–11**
Nad-duša upravlja njima, 18.58
demoni su zavidni na Nad-dušu, **16.18**
dodjeljuje blagoslove polubogova, **7.22,** 7.22
dostizanje Nad-duše, **6.7**
ispunjava želje, 2.22
iznad tame materije, **13.18**
jednako je prisutna u srcima svih, 5.18

Nad-duša (nastavak)
kao *adhiyajña,* **8.4**
kao cilj znanja, **13.18**
kao cilj *yoge,* **6.13–14,** 6.13–14
kao činitelj djelovanja, **18.14,** 18.14, 18.16
kao gospodar *guṇa* prirode, **13.15,** 13.15
kao gospodar i utočište svih, 13.18
kao jedan koji se ekspandira u mnoge, 6.31
kao Kṣīrodakaśāyī Viṣṇu, 7.4
kao lokalizirana iako je sveprožimajuća, 15.15
kao održavatelj svih, 2.12, **13.15,** 13.15, **13.17,** 13.17, **15.13,** 15.13, **15.17,** 15.17
kao onaj tko nadgleda i odobrava, **13.23**
kao Paramātmā, 13.23
kao podrijetlo
sveg svjetla, **13.18**
svih osjetila, **13.15,** 13.15
kao poznavatelj
tijela, **13.3,** 13.3, 13.13
živih bića, 7.26
kao predmet znanja, **13.18**
kao predstavnik koji daje odobrenje, 13.23
kao prijatelj, 13.23, 13.34, 18.14, 18.16
kao privremeno očitovanje, 7.4
kao sveprožimajuća, **13.14**
kao svjedok, 2.22, 8.4, **13.23,** 16.11–12, 18.61
kao transcendentalna
prema *guṇama* prirode, **13.15,** 13.15
prema tijelu u kojem se nalazi, 6.29
kao transcendentalni uživatelj, **13.23**
kao unutra i izvan, blizu i daleko, **13.16,** 13.16
kao upravitelj svega, 8.9
kao uzrok aktivnosti, **18.13,** 18.14, 18.16
kao *vibhu-ātmā,* 2.20
kao vječna, **13.28**
kao vrhovni upravitelj, 13.18
kao znanje, **13.18**
Kṛṣṇa
kao jedan s Nad-dušom, **6.31,** 6.31
kao Nad-duša, 7.21–22, **8.4,** 9.11, **10.20,** 10.20, 10.42, 13.3, 14.27, **15.15,** 15.15, 18.61
Njen izvor, 2.20
viši je od Nad-duše, 7.15
meditacija na Nad-dušu, **6.13–14, 6.31,** 6.31
može se vidjeti u srcima svih, **6.29–30**
nalazi se svuda i u svakome, 15.13
ne može se vidjeti materijalnim osjetilima, **13.16,** 13.16
ne prisiljava osobu na grešne djelatnosti, 3.36
Njen sjaj, 13.14, 13.18, 15.18

Nad-duša (nastavak)
Njena milost, 13.21, 13.23
Njena veličina, 8.9
Njene funkcije, **13.23–24**
Njene osobine, 5.18
obožavatelji Nad-duše, 20–21
očituje sve, **13.17,** 13.17
odnos između duše, Nad-duše i tijela, **13.1–7**
ojačava vjeru u polubogove, **7.21–22**
pokoravanje Nad-duši, 6.6, 6.7
polubogovi i Nad-duša, 7.21
pomaže nam da se sjetimo prošlih želja, 18.61
pomaže živom biću, 8
potanko opisana, **13.13–18**
povratak Bogu uz pomoć Nad-duše, 13.18
poznaje sve, 7.26
predavanje Nad-duši, 18.62, 18.63
proždire i očituje sve, **13.17,** 13.17
prožima kreaciju, 10.20
prožima sve i svakoga, 10.42, 15.13
pruža sjećanje, znanje i zaborav, **15.15,** 15.15, 18.13
sa Brahmanom i Bhagavānom, 2.2
sannyāsī je siguran u nazočnost Nad-duše, 16.1–3
seljenje duše uz pomoć Nad-duše, 2.22
shvatila je Arjunu, 1.25
služba puna obožavanja upućena Nad-duši, **6.31,** 6.31
spoznaja Nad-duše, 11, 10.15
kao djelomična svjesnost Kṛṣṇe, 6.10
spoznaja o Nad-duši, **6.28–30, 6.31,** 6.31, 18.78
putem odricanja, 12.3–4
uvjeti za spoznaju, 12.3–4
stvaranje i Nad-duša, 7.6
svakoga živog bića, **13.28–29**
tijelo
je hram Nad-duše, 9.11
Nad-duša upravlja njime, 18.61
tri načina za opažanje Nad-duše, **13.25,** 13.25
u srcima sviju, 2.20, 5.18, **10.20,** 10.20, **13.18,** 13.18, **15.15,** 15.15, **18.61**
u svakome, 4.12, 18.46
u usporedbi s dušom, 2.13, 2.20, 5.18, 6.29, 13.5, 13.13–15, 13.18, 13.20, 13.23, 13.28, 13.34, 15.13
ulazi u sve, 9.8
uspoređena s
prijateljem, 2.22
pticom koja svjedoči, 16.11–12
pticom na drvetu, 2.22

Nad-duša (nastavak)
uspoređena s (nastavak)
suncem, 13.17, 13.18
vatrom, 2.61
važnost znanja o Nad-duši, **13.28–29**
Vede objašnjavaju Nad-dušu, 15.18
Viṣṇu kao Nad-duša, 6.31
Viṣṇu oblik za Nad-dušu, 9.8
živa bića
Nad-duša ih održava, 2.12, 6.29, 10.42, **13.15,** 13.15, **13.17,** 13.17, **15.17,** 15.17
Nad-duša ih poznaje, 7.26
pod upravom Nad-duše, **18.61–62**
podržava ih, **10.42**
u društvu Nad-duše, 13.21, **13.23,** 13.23, **13.28**
u usporedbi s Nad-dušom, 2.13
yoga meditacija na Nad-dušu, **8.12**
yoga susretanja s Nad-dušom, 6.6
Nāga zmije, Kṛṣṇin predstavnik među njima, **10.29**
Naiṣkarmya, 6.47
Nakula, školjka u koju je puhnuo, **1.16-**1.19
Nalaženje pogrešaka, **16.1–3,** 16.1–3
pogledaj: Uvrede
Nanda Mahārāja i obožavanje Indre, 16
Nandana-kānana vrtovi, 2.43
Napadači, šest vrsta, 1.36
Nārada Muni, 5, 7.24
bhakte koje je služio, 9.2
citat u vezi
njegova predanog služenja u prethodnom životu, 9.2
toga da nema gubitka u svjesnosti Kṛṣṇe, 6.40
kao autoritet svjestan Kṛṣṇe, 4.16
kao autoritet u znanju o Kṛṣṇi, 18.62
njegov duhovni učitelj, 18.75
njegov prethodni život, 9.2
njegova majka, 9.2
prasādam i on, 9.2
predstavlja Kṛṣṇu, **10.26**
u učeničkom naslijeđu, 28
Nārada-pañcarātra, 7.3
citat u vezi oslobođenja svjesnošću Kṛṣṇe, 6.31
Narādhame, **7.15,** 7.15
definirani, 7.15
Nārāyaṇa Upaniṣada, citat u vezi
Kṛṣṇe
kao izvorne osobe, 10.8
Njegove nadmoći, 10.8

Nārāyaṇa Upaniṣada, citat u vezi (nastavak)
polubogova, Nārāyaṇe kao njihova stvoritelja, 10.8
stvaranja, 10.8
živih bića. Nārāyaṇe kao njihova stvoritelja, 10.8
Nārāyaṇīya, citat u vezi predanog služenja, 12.7
Narottama (*ācārya*), 26
Nasilje
Gospodinovo odobrenje za nasilje, 2.30
kao dužnost, **2.31–33**
kao neizbježno, 2.27
koje vrše demoni, protiv sebe kao i protiv drugih, 16.18
kṣatriye mogu koristiti, 16.1–3, 18.47, 18.48
odobreno i neodobreno, 18.17
opravdano, uspoređeno s kirurgijom, 2.21
ponekad je potrebno, 2.21, 2.30, 3.20, 16.1–3, 18.47, 18.48
prema samom sebi kao i prema drugima, kao demonsko, 16.18
prema životinjama
je zabranjeno, 2.19, 16.1–3
pogledaj: Ubijanje životinja
reinkarnacija i nasilje, prijeko potrebni, 2.27
religijsko, **2.31–33**
snaga za nasilje, svrha nasilja, **7.11**
strogosti u svrhu nasilja, **17.19**
u *guṇi* neznanja, **18.25,** 18.25
vječnost duše nije izgovor za nasilje, 2.30
zabranjeno i dopušteno, 2.19, 2.21
zabranjeno je u *Vedama,* 2.19
pogledaj: Ubijanje životinja; Bitka na Kurukṣetri; Ubijanje; Ubojstvo; Nenasilje; Rat
Nečast, Kṛṣṇa kao njeno podrijetlo, **10.4–5**
„Neka svuda bude mir!", **11.21**
Nenasilje, **16.1–3**
Buddha i nenasilje, 4.7
kao strogost tijela, **17.14**
Kṛṣṇa je podrijetlo nenasilja, **10.4–5**
kṣatriye i nenasilje, 2.31, 2.32, 16.1–3
u usporedbi s ubijanjem životinja, 16.1–3
značenje nenasilja, 10.4–5, 13.8–12, 16.1–3
pogledaj: Nasilje
Nepokretne stvari, Kṛṣṇin predstavnik među njima, **10.25**
Nesreća. *Pogledaj:* Patnja
Neustrašivost, 2.55, **6.13–14,** 6.13–14, **16.1–3**
kroz predavanje, 1.19
Kṛṣṇa kao podrijetlo, **10.4–5**
sannyāsījeva neustrašivost, 16.1–3
Nezakoniti seks. *Pogledaj:* Seks, nezakoniti
Neznanje
Arjuna je iznad neznanja, 6, 1.24
bez učeničkog naslijeđa, 18.75
Bhagavad-gītā pobija, 2.1, 2.50
definirano, **13.8–12,** 13.8–12
demonsko neznanje, **16.4, 16.7–9,** 16.11–12, 16.18
duhovno neznanje, 9.2
vrste osoba osuđenih na duhovno neznanje, 13.25
impersonalista, 2.23, 7.4, **7.24,** 7.24, 9.26, 13.23
Kṛṣṇa je prekrio Arjunu neznanjem, 6
neposlušnosti Gospodinu, **3.32**
neznanje *abhakta* o Gospodinu, **7.24–26**
neznanje ateista, 7.15
neznanje i sumnje su uklonjeni znanjem, **4.42,** 4.42
neznanje materijalista, **3.29,** 3.29, 4.12
i pseudotranscendentalista, **15.11,** 15.11
o Kṛṣṇi, 7.4, 7.24, 9.26, **10.14**-10.15, 18.67
neznanje sāṅkhya filozofa, 7.4
neznanje znanstvenika, 2.23, 11.33, 13.33
o bijedama i opasnostima materijalnog svijeta, 2.51
o cilju života, 5, **7.15,** 7.15
o cilju *yoge,* 2.61
o činiteljima djelovanja, **18.16**
o djelovanju, pravilnom i nepravilnom, **16.7–8**
o duhovnim pravilima, 16.7
o duhovnom i materijalnom svijetu, 19
o duhovnom postojanju, 4.10
o duši, 2.19, 2.20, 2.23, **2.26,** 2.26, **2.29,** 2.29, **3.32, 4.35,** 4.35, 5.2, 9.2, 13.23, 13.33, 18.21
o dužnostima, 2.32
o Gospodinu. *Pogledaj:* Neznanje, o Kṛṣṇi
o identitetu i cilju živoga bića, **4.35,** 4.35, 5.2
pogledaj: Neznanje, o duši i jastvu
o identitetu. *Pogledaj:* Neznanje, o duši i jastvu
o *karma-yogi* i sāṅkhyi, 5.4
o korištenju bogatstva, 2.49
o Kṛṣṇi, 4.3–4, 4.10, 4.14, 7.8, **7.13,** 7.13, **7.24–25,** 9.18, 10.8, **10.14**-10.15
i živom biću, 2.22, 2.51, 9.12
kao apsolutnom, 9.34
kao Gospodaru, 4.9, 4.35, 7.3, **7.26,** 7.26, **9.11–12,** 9.34, 10.3, 10.8, 11.51, 11.52–54

Neznanje (nastavak)
o Kṛṣṇi (nastavak)
kao o osobi s oblikom, 11, 4.10, **7.24,** 7.24, 9.11, 11.43
kao o stvoritelju, 10.8
Kṛṣṇina moć održava neznanje, **7.25,** 7.25
māyā uzrokuje, 7.26
neznanje *abhakta,* **7.24,** 7.24, 18.67
neznanje impersonalista, 13.23
neznanje materijalista i impersonalista, 4.10, 7.4, **7.24,** 7.24, 9.26, **10.14**-10.15, 18.67
neznanje nevjernika, 7.4, 7.15
Njegovim neshvatljivim odlikama, 8.9
o Kṛṣṇinim očitovanjima, **11.6**
prava priroda neznanja, **7.24–26**
rezultat neznanja o Kṛṣṇi, 9.21
tumačenja utemeljena na neznanju, 9.1
uspoređeno s oblakom, 7.26
zbog iluzije, 7.27
o materijalnoj prirodi, 11.33
o obožavanju Gospodina, 9.15
o oružju iz starih vremena, 2.23
o oslobođenju, 9.12
o pravilnom djelovanju, 18.58
o predanom služenju, **5.4**
o prošlosti, sadašnjosti i budućnosti, 7.26
o religiji, 4.16
o *sāṅkhya-yogi,* 2.39
o seljenju duše, **15.10–11**
o svjesnosti Kṛṣṇe, 2.63, **10.10,** 10.10
o svom pravom prirodnom položaju, 2.50
o ubijanju životinja, 14.16
o zakonu *karme,* 4.14
obožavanje polubogova zbog neznanja, **7.20–23,** 9.23-**9.24**
osobe ismijavaju Kṛṣṇu zbog neznanja, **9.11,** 9.11
osobe koja nema vjere, **4.40**
patnja zbog neznanja, 5.14, 13.8–12
plodonosni rad zbog neznanja, **2.42–43,** 2.42–43, **3.25–27**
požuda i neznanje, 3.39
predano služenje uklanja neznanje, 15.20
razgovor razotkriva, 2.54
reinkarnacija i neznanje, 2.22, 2.51
savladavanje neznanja, 1.24
simptomi neznanja, 2.1
sloboda od neznanja, 15.20
slušanje od autoriteta suzbija neznanje, **13.26**

Neznanje (nastavak)
spavanje kao neznanje, 1.24
tjelesno poistovjećivanje zbog neznanja, 3.29
u sadašnjem dobu, 9.2, 14.16
„učenih" ljudi, 7.15
uspoređeno s
noći, 5.16
tamom, **10.11,** 10.11
zbunjenost zbog neznanja, **5.15,** 5.15
pogledaj: Guṇa neznanja; Iluzija
Nihilizam, 2.26
Nimbārka Svāmī, 2
Nirguṇa obožavanje u usporedbi sa *saguṇa* obožavanjem, 12.5
Nirukti rječnik citiran u vezi
Gospodinovih zabava i energije, 2.44
samādhija, 2.44
sāṅkhye, 2.39
svrhe *Veda,* 15.18
Nirvāṇa, 6.20–23
definirana, 2.72
Nitya-baddha duše, 7.14
pogledaj: Uvjetovane duše
Noć za sve uspoređena je s vremenom buđenja za mudraca, **2.69,** 2.69
Nositelji oružja
Kṛṣṇin predstavnik među njima, **10.31**
pogledaj: Kṣatriye
Novac. *Pogledaj:* Bogatstvo
Nṛhari, 28
Nṛsiṁha Purāṇa, citat u vezi *bhakta,* 9.30
Nuklearna oružja, 16.9

O

Obilje
Kṛṣṇino. *Pogledaj:* Gospodin Kṛṣṇa, Njegova obilja
tamo gdje su Kṛṣṇa i Arjuna prisutni, **18.78**
pogledaj: Bogatstvo
Obiteljski život
Arjuna i obiteljski život, **1.27–29,** 3.8, 13.8–12
bhakti-yoga u, 6.14
brak i obiteljski život, 4.26, 18.5–7
demonski, **16.13–15**
djeca u, *pogledaj:* Djeca

Obiteljski život (nastavak)
dobrotvorne djelatnosti, **6.42**
duhovni obiteljski život, 4.26, **6.42–43**
dužnosti u obiteljskom životu, predano služenje zadovoljava, 1.41
iluzija obiteljskog života, 3.29
pogledaj: Iluzija
kao zaštita, 2.7
kćer u, 16.7
Kṛṣṇin, 3.23
milostinja i obiteljski život, **8.28,** 16.1–3
muž u obiteljskom životu, 16.7
načela za obiteljski život, 16.1–3
nevezanost za, 3.7, 6.23, 12.6–7, **13.8–12,** 13.8–12
običaji u obiteljskom životu, **1.38–43**
obiteljski ljudi u, 10.4–5
obožavanje Božanstva u, 13.8–12
obredi pročišćenja u, 7.15
odricanje i obiteljski život, 4.26, 6.13–14, 13.8–12, 16.1–3
pogledaj: Odvojenost; Odricanje
osjetilno uživanje u obiteljskom životu, 4.31
povoljan uspoređen s nepovoljnim, 13.8–12
preci u, *pogledaj:* Preci
prihod u, 16.1–3
milostinja data pokretu svjesnosti Kṛṣṇe, 16.1–3
reguliranje u obiteljskom životu, 3.7, 3.23, 4.26, 4.31, 6.13–14
roditelji u, 7.15, 11.43, 16.7
kao Kṛṣṇa, **9.17,** 9.17
rođaci u, kao Kṛṣṇa, **9.17,** 9.17
s izgubljenom obiteljskom tradicijom, **1.38–43**
savršenstvo kroz obiteljski život, 3.7
seks u obiteljskom životu, 3.34, 6.13–14, 7.11, 16.1–3
sinovi u, 16.7
sreća u obiteljskom životu, 1.31, 13.8–12
stariji u obiteljskom životu, **1.38–43**
strogosti u, 4.26, **17.14,** 17.14
supruga u obiteljskom životu, 1.36, 3.34, 7.21, **11.44,** 16.7
u predanom služenju, **6.42–43**
u svjesnosti Kṛṣṇe, 3.7, 7.11, 13.8–12, 16.1–3
ubijanje u obiteljskom životu, kao grešno, **1.44**
varṇāśrama i obiteljski život, 7.15
vezanost za, 2.7, 3.29, 7.27, 14.7, 18.27
žene u obiteljskom životu, **1.40,** 1.40, **11.44,** 16.7
žrtvovanje i obiteljski život, **4.26,** 4.26, 8.28, 16.1–3

Oblik Božanstva Svevišnjega Gospodina, 11.54
filozofija i logika u vezi Božanstva, 12.5
uspoređen s poštanskim sandučićem, 12.5
Obožavanje
arcā-vigrahe. Pogledaj: Obožavanje Božanstva
banjanova stabla, 10.26
brāhmaṇa, **17.4**
definirano, 6.47
demona, 16.10, **17.4,** 17.4
duhova i sablasti, **9.25, 17.4,** 17.4, 17.28
hramsko obožavanje, 12.5
potreba za njim, 11.54
pogledaj: Obožavanje Božanstva
impersonalno, Kṛṣṇa se konačno dostiže njime, **12.3–4**
impersonalnog Brahmana u usporedbi s predanim služenjem, **12.1–7**
inteligencijom, slušanje *Bhagavad-gīte* kao, **18.70**
izmišljenoga Gospodinova oblika, 9.15
kao dužnost, 17.11
koje vrše impersonalisti, 9.15
upućeno polubogovima, 17.4
koje vrše podređeni, 17.18
Kṛṣṇa je vrijedan obožavanja, **11.43**
Kṛṣṇa njegov predmet, **9.34,** 9.34, **11.44,** 11.54
Kṛṣṇe
kao dužnost, 18.46
kao Gospodinova uputa, **18.65–66**
kao inkarnacije *Veda,* 15.15
kao najviše, **12.2**
kao strogost tijela, **17.14**
kroz rad, **18.46,** 18.46
nasuprot obožavanju bezličnog Brahmana, **12.1–7**
niže vrste obožavanja Kṛṣṇe, **9.15,** 9.15
njegova važnost, 10.42
polubogovi Ga obožavaju u maternici, 11.52
posredno, **9.20**
s Njegovim energijama, 18.46
svi trebaju uputiti obožavanje Njemu, **11.44**
u bilo kojim uvjetima života, 4.11
u čistoj vrlini, 17.4
u izvornom obliku, 18.65
Kṛṣṇina veličina ga zaslužuje, 10.42
na preporuku autoriteta, **13.26**
namijenjeno je Gospodinu, **6.47,** 6.47
namijenjeno običnom čovjeku, 17.4
namijenjeno sebi, 9.15
nije dovoljno za spoznaju Kṛṣṇe, **11.53**

Obožavanje (nastavak)
njegov predmet, Gospodin u različitim oblicima, 15.15
osobe koje su vrijedne obožavanja, **17.14,** 17.14
polubogovi obožavaju Kṛṣṇu u maternici, 11.52
rezultat obožavanja predaka, **9.25**
rezultati različitih vrsta obožavanja, **9.25**
saguṇa i *nirguṇa* obožavanje, 12.5
službeno obožavanje, 11.53
strogosti u svrhu prihvaćanja obožavanja, **17.18,** 17.18
transcendentalno, 17.4
u *guṇama* vrline, strasti i neznanja, **17.1**-17.4
u Indiji, 10.26
u predanom služenju, **9.34,** 9.34
Arjunino, **11.35–44**
kao dužnost, 17.11
kao najviše obožavanje, **9.23–25**
kao potrebno, 6.47
kao preporučeno, 7.20
kao transcendentalno, 17.4
koje vrše *mahātme,* **9.14**
kozmičkog oblika, **11.35–44**
na preporuku autoriteta, **13.26**
nije plodonosno, 17.11
njegov pravi predmet, **6.47,** 6.47
povratak Bogu putem obožavanja, **7.23–24, 9.25**
s isključivom predanošću, 16, **9.22**
s materijalnom željom, 7.20
slušanje o Gospodinu ga inspirira, **13.26**
u usporedbi s obožavanjem polubogova ili drugom vrstom obožavanja, **7.23–24,** 7.24, **9.23–25**
vrste obožavanja, **9.15–16**
u uvjetovanom stanju, 17.28
umjetno, 17.18
upućeno bogu Sunca, 7.20, 7.21
upućeno duhovnom učitelju, **17.14**
upućeno Gospodinovom kozmičkom obliku, **9.15–16**
koje je uputio Arjuna. *Pogledaj:* Kozmički oblik Gospodina, Arjuna i on
upućeno nadređenima, **17.14**
upućeno Nāradi Muniju, 10.26
upućeno Umi, 7.21
upućeno Yakṣama, 17.28
uspoređeno s poštom, 12.5
vezanost za prihvaćanje obožavanja, **17.18,** 17.18

Obožavanje (nastavak)
vrste obožavanja, 6.47
rezultati različitih vrsta obožavanja, **9.25**
za materijalnu dobit, 17.11
značenje obožavanja, 6.47
Obožavanje Boga. *Pogledaj:* Obožavanje, Kṛṣṇe
Obožavanje Božanstva, 12.5, 12.9, 13.12, 14.27
bogatstvo je namijenjeno obožavanju, 11.55
filozofija i logika glede obožavanja, 9.11, 12.5
impersonalisti ismijavaju, 9.11
koje vrši *bhakta* početnik, 9.11
nije plodonosno, 17.11
nuđenjem hrane, 9.26
odavanje poštovanja pri obožavanju, 9.34
prednosti obožavanja, 6.18, 11.54, 12.5, 13.12
s motivom oslobođenja, 7.29
Obožavanje polubogova, 9.15, 9.20, 17.28
Darśa-paurṇamāsī, 9.25
dobrobit od obožavanja polubogova
Arjuna pita o, 17.1
blagostanje kao, **3.11–12,** 3.16
kao privremena, 4.12, **9.21,** 9.24
osjetilno uživanje kao, **4.12,** 4.12, **9.20–21**
uzdizanje na više planete kao, **7.23–24,** 7.24, 9.18, **9.20–21, 9.25**
zadovoljenje materijalnih želja kao, 16, **4.12,** 4.12, **7.20,** 7.20–22, 7.24, 17.13
zdravlje kao, 7.20–21
kao materijalističko, 17.13
Kṛṣṇa učvršćuje vjeru u polubogove, **7.21–22**
Nanda Mahārāja i obožavanje polubogova, 16
nedostaci u obožavanju polubogova
Kṛṣṇa ga osuđuje, 16, **9.23–25**
privremene koristi od obožavanja, kao nedostatak, 4.12, **9.21,** 9.24
smatra se budalastim, 4.12, **7.20–23,** 7.24, **9.23–25**
smatra se neznanjem, **7.20–23,** 9.23, **9.25**
obožavanje Kālī, 3.12
obožavanje Sarasvatī, 7.21
obožavanje Viṣṇua uz obožavanje polubogova, 3.11
obožavanjem Gospodina, **9.23–25**
od strane impersonalista, 17.4
prema *guṇama* prirode, 3.12
preporuke za obožavanje, 7.20–21, 10.42
sa žrtvovanjem, **4.25**
u *guṇi* vrline, **17.4,** 17.4

Obožavanje polubogova (nastavak)
u kozmičkom obliku, 8.4
u usporedbi s predanim služenjem, 7.20, 7.22–23, 7.29
u vedskoj književnosti, 3.14, 7.21, 9.25
uspoređeno sa
podmićivanjem vladinih službenika, 9.23
vezanost za obožavanje, 9.20
za jedenje mesa. *Pogledaj:* Žrtvovanje, životinja
za zdravlje, 7.20–21
Obrazovanje
duhovno
kvalifikacije za učitelja duhovnog znanja, 11.43
ne postoji danas, 13.26
potreba za, 14.17
govor u, 17.15
guru-kula i obrazovanje, 6.14
knjige za, 10.32
materijalna naobrazba, 10.4–5
Kṛṣṇa se ne može spoznati preko, **11.53,** 11.54, 18.50
Nārada Munijevo, 9.2
obožavanje za stjecanje, 7.21
od duhovnog učitelja, 2.20, 6.14, 8.28
od Kṛṣṇe ili Njegova predstavnika, 2.20
prava naobrazba, 7.15
predano služenje neovisno o obrazovanju, 9.2, 10.11
u *guṇi* vrline, 14.17
u sadašnjem dobu, 9.2, 13.26
u *Vedama,* 8.28, 10.32
za *brahmacārīje,* 6.14, 8.11, 8.28, 16.1–3
pogledaj: Znanje
Obveza. *Pogledaj:* Dužnost
Ocean
bućkanje oceana, **10.27,** 10.27
predstavlja Kṛṣṇu, **10.24**
Očitovanja, Kṛṣṇa je predstavljen među, **10.32–33**
Odavanje poštovanja
Arjunino odavanje poštovanja kozmičkom obliku, **11.32, 11.35–44**
autorovo, 1–2
Kṛṣṇi
Arjunino, **11.39–40, 11.44**
u *Gopāla-tāpanī Upaniṣadi,* 11.54
pogledaj: Molitve
Odlučnost, **16.1–3, 18.33–36, 18.43**
značenje odlučnosti, 16.1–3
Odricanje, **16.1–3**
Arjuna želi, 1.31, **2.5–7**
Odricanje (nastavak)
brāhmaṇa, 10.4–5
Caitanyino odricanje, 2.15
duhovne aktivnosti nisu predmet odricanja, 18.2
duhovne dužnosti nisu predmet odricanja, 18.2, **18.3–10**
duhovni život zahtijeva odricanje, 13.8–12
Gospodin treba dati sud o odricanju, **18.4–5**
Gospodinovo vlasništvo i odricanje, 5.2
Haridāse Ṭhākure, 6.17
kao alternativa za propisano predano služenje, **12.11**
kao nedovoljno za pročišćenje, 5.2
kao simptom transcendiranja *guṇa,* **14.22–25,** 14.22–25
kao znanje, **13.8–12**
kao želja za osjetilnim uživanjem, **6.2,** 6.2
Kṛṣṇa preporučuje, **12.11**
Kṛṣṇino obilje odricanja, 18.78
kṣatriye i odricanje, 2.31
lažno odricanje, **3.6**
Nad-duša se spoznaje odricanjem, 12.3–4
nepotpuno u usporedbi s potpunim, 6.10
njegovanje znanja kao njegova alternativa, **12.12**
od plodonosnih djelatnosti, 3.4
kao nedovoljno za pročišćenje, 5.2
mišljenja o, **18.3**
od rada, 3.43
kao nepravilno, **3.4–33**
prividno odricanje, **3.6**-3.8
u usporedbi s predanim služenjem, **5.1–13,** 6.1–23
od spavanja u rano jutro, 18.8
od žena, 2.15
odreći se dužnosti, 3.43
kao zabranjeno, **18.7–10, 18.47–48**
nije potrebno, **8.7**
u Kṛṣṇinu korist, 2.38, 2.40
odricanje *bhakta,* **3.28,** 3.28, **5.12,** 6.16, 6.17
u usporedbi s odricanjem impersonalista, 2.63
odricanje i *sannyāsa,* 2.15, **18.2, 18.7**
pogledaj: Sannyāsa
odricanje impersonalista u usporedbi s odricanjem *bhakta,* 2.63
odricanje od materijalnih želja, **6.2–3**
odricanje od materijalnog shvaćanja života, 2.41
odricanje od osjetilnog uživanja, **4.26–27**
odricanje od plodova rada, **2.39, 4.41, 18.11**
bhaktino, **5.12**
za Kṛṣṇinu službu, 12.10

Odricanje (nastavak)
odricanje od rezultata rada, **2.39, 4.41, 18.11**
odricanje od seksa, 4.26
potrebno za *yogu,* **6.13–14,** 6.13–14
u obiteljskom životu, 6.13–14, 16.1–3
za *brahmacārīja,* 6.13–14
yogījevo odricanje, 6.18
odricanje od seksa u obiteljskom životu, 6.14
odricanje od *varṇāśrama* dužnosti je zabranjeno, **18.47–48**
odricanje od zadovoljavanja osjetila, 6.17
odricanje od želja za plodovima, **13.25,** 13.25
odricanje od žrtvovanja, milostinje i pokore, **18.3**
Gospodin ga je odbacio, **18.5–6**
„opasnost" odricanja, 6.38, 6.40
oponašanje odricanja, 16.17
oslobođenje putem odricanja, **5.2,** 5.2
posljedice izbjegnute odricanjem, **18.12**
potpuno u usporedbi s nepotpunim, 5.2, 6.10
poznavatelja Apsolutne Istine, **3.28,** 3.28
pravo odricanje, 2.58–60, **2.61**-63, **2.64, 2.67–69, 2.70–71, 6.1–2**
kao odricanje od plodova rada, **18.11**
kao odvojenost od rezultata rada, 18.7–11
kao rad u svjesnosti Kṛṣṇe, 18.49
predano služenje kao pravo odricanje, 10.3
u usporedbi s prividnim odricanjem, **6.1,** 6.1
predano služenje i odricanje, **5.6,** 5.6, 18.11
prednosti odricanja, 1.31, **5.13**
prema *guṇama* prirode, **18.4**
pri jedenju, 2.63, **4.29,** 4.29, **6.16,** 6.16
pogledaj: Post
prihvaćanje samo onih stvari koje su nam namijenjene, 13
pročišćenje i odricanje, 3.8, 12.11
putem svjesnosti Kṛṣṇe, **2.55–56, 6.2–3**
različita mišljenja o odricanju, **18.3–4**
redovi života koji su posvećeni odricanju. *Pogledaj: Brahmacarya; Sannyāsa; Vānaprastha*
rođenje na Suncu kao rezultat odricanja, 1.31
Rūpa Gosvāmī preporučuje, 8.27
Rūpe Gosvāmīja, 6.17
savršenstvo i odricanje, **3.4–9, 18.49–50**
spoznaja Boga putem odricanja, 12.3–4
sputavanje i odricanje, **3.33**

Odricanje (nastavak)
sreća putem odricanja, **5.13**
tapasya i odricanje, 16.1–3
pogledaj: Strogosti
u *guṇama* vrline, strasti i neznanja, **18.4, 18.7–9**
u *guṇi* neznanja, **18.7**
u *guṇi* strasti, **18.8**
u *guṇi* vrline, **18.9–11**
u Kṛṣṇinu korist, 6.40
u lošem društvu, 11.55
u obiteljskom životu, 2.15, 13.8–12
u svjesnosti Kṛṣṇe, 2.41, **6.2–3,** 6.40, 8.27, 9.28, 18.49
Brahman se dostiže njime, **18.50,** 18.50
kao djelatnost u korist Kṛṣṇe, 18.49
primjeri odricanja, 18.7–11
u *varṇāśrama* sustavu, 16.1–3
u znanju, 5.1, 5.3, 6.10
o Kṛṣṇinom vlasništvu svega, 5.2
u *yogi,* **6.3–4**
umjetno odricanje, **2.59,** 2.59, **2.62–67,** 2.71, **3.4–6,** 3.7–8, **3.33,** 6.18
ne preporučuje se, 11.55
treba se izbjeći, **3.33**
u usporedbi s pravim odricanjem, **6.1,** 6.1
varṇāśrama podjela namijenjena za, 16.1–3
za materijalnu dobit, 3.7–8
za spiritualiste početnike, 3.42
za sreću je potrebno više od odricanja, **5.6,** 5.6
zabranjeno je odreći se duhovnih dužnosti, **18.6–10**
značenje odricanja, 13.8–12, **18.2**
yogījevo odricanje od seksa, 6.18
yukta-vairāgya, 8.27, 9.28
pogledaj: Strogosti; Odvojenost; Žrtvovanje; Predavanje
Održavatelji zakona, Kṛṣṇa predstavljen među njima, **10.29**
Odsutnost ponosa, **13.8–12**
Odvojeni red života. *Pogledaj: Brahmacarya; Sannyāsa; Vānaprastha*
Odvojenost
Arjunina odvojenost, 2.7
automatska u svjesnosti Kṛṣṇe, 6.18
definirana, 2.56
djelovanje u odvojenosti, **4.18–24**
u *guṇi* vrline, **18.26**
djelovanje u odvojenosti kao djelovanje u *guṇi* vrline, **18.23**
druženjem, 15.3–4

Odvojenost (nastavak)
kao potrebna, 16.1–3
kao simptom transcendiranja *guṇa,* **14.22–25,** 14.22–25
kao znanje, **13.8–12**
kontrolom disanja, **4.27–28, 5.27–28,** 5.27–28
krajnja odvojenost, kao nepovoljna, 10.5
kroz predano služenje, 18, 3.28, 4.10, 18.55
kroz viši ukus, **2.59–64, 2.67–68,** 5.24
Kṛṣṇa zahtijeva od Arjune, **2.38**
milostinja s nevezanošću, **17.20, 17.25**
munija, **2.56,** 2.56
odvojenost i privrženost Kṛṣṇi, 5.5
odvojenost od
bogatstva, 10.5, 12.15
diplomacije, 13.12
dvostranosti, 2.45, **12.17–19,** 13.12, **14.22–25,** 14.22–25, **15.5–6**
gospodarenja, 13.22, 14.27
gubljenja vremena, 13.8–12
izbjegavanja rada, **3.18–19**
jedenja, **18.51–53**
kritiziranja, 13.12
Kṛṣṇa zahtijeva od Arjune da bude odvojen od rezultata borbe, **2.38**
lažne snage, **18.51–53**
lažnih imenovanja, 12.16
lažnog ega, **2.71,** 4.21, 5.20, **12.13–14,** 13.12, **18.51–53**
lažnog ponosa, **18.51–53**
lažnog vlasništva, **18.51–53**
ljutnje, **18.51–53**
masa ljudi, **13.8–12**
materijalne sreće, 2.69
materijalnih želja, **18.51–53**
materijalnog tijela, 4.21, **5.8–11, 5.13–14,** 14.25
nepoželjna društva, 13.12
obiteljskog života, 3.7, 6.23, 12.17, **13.8–12,** 13.12
osjetila unatoč njihovom korištenju, **5.8–11, 5.13**
osjetilnog uživanja, 5.21, **5.22,** 17.16, **18.51–53**
oslobođenja, 2.70, 8.14–15, 11.55
osobnog uzdizanja, 6.32
patnje, 6.23
plodonosnog rada, 2.1, **3.19–20, 4.20–22, 5.12**
plodova rada, **2.47–49, 3.30, 4.20–23, 5.3, 6.1,** 6.1, 6.40
poštovanja i nepoštovanja, 13.8–12, 14.22–25, **14.22–25, 16.1–3,** 16.1–3
povoljnog i nepovoljnog rada, **18.10–11**

Odvojenost (nastavak)
odvojenost od (nastavak)
požude, ljutnje i pohlepe, 16.22, **18.51–53**
prebivališta, **12.18–19,** 12.18–19
reguliranog osjetilnog uživanja, **3.34**
rezultata aktivnosti, **13.25,** 13.25
rezultata dužnosti, **2.47–49, 3.30–31**
rezultata rada, **3.19, 3.30–31, 4.18–24, 5.12,** 11.55, 18.7, **18.10–11, 18.26**
rezultata žrtvovanja, pokora i milostinje, **17.11, 17.25**
seksa, 5.21, 6.14
slave i sramote, **12.18–19,** 12.18–19
spavanja, 1.24, 6.17
sportova, kinematografa i društvenih priredbi, 13.8–12
sreće, 2.15, 2.38, 13.12
svega osim Kṛṣṇe, 9.13, 9.28, 11.55, 12.6–7, 18.65
tjelesnih potreba, 6.23
topline i hladnoće, **12.18–19**
viših planeta, 11.55
vlasništva, **2.71, 3.30, 4.21–23,** 6.10, 11.55, **12.13–14**
vremena smrti, 8.23–24, **8.27**
zadovoljstva i nezadovoljstva, **5.20**
oslobođenje i odvojenost, 2.15, 4.19–30, **5.19–21, 5.26–29,** 16.1–3
podnošljivost i odvojenost, 8.5, 13.8–12
pokore, ili strogosti s odvojenošću, **17.25**
potreba za odvojenošću, **6.5–26, 15.3–4**
potrebna za samospoznaju, 2.20
predavanjem, 15.4
prednosti
mir kao, **2.70–71,** 18.51–53
oslobođenje kao, 2.15, 4.29, **5.19,** 5.20, **5.26–28,** 16.3
pročišćenje kao, 16.22
samospoznaja kao, **18.51–53**
savršenstvo kao, **18.49–50**
sreća kao, **6.7,** 13.22
proces za odvojenost, 4.10
putem *bhakti-yoge,* 7.1
putem Patañjalijeve *yoge,* 4.27
reguliranjem osjetilnog uživanja, **3.34**
samospoznaja i odvojenost, 2.1, **18.51,** 18.54
simptomi odvojenosti, **2.55–61, 2.64–65, 2.68–72**
simptomi potpune odvojenosti, **14.22–25,** 14.22–25
slušanjem o Kṛṣṇi, 6.35
smirenost u odvojenosti, **6.7–9**
strogosti s, **17.17**
strpljivost i odvojenost, **10.34–35**

Odvojenost (nastavak)
svjesnošću Kṛṣṇe, 2.56, **2.57–71,** 3.17, **4.23,** 5.26, **6.1–4,** 6.10, 6.35–36, 7.1, 15.6
transcendira se u svjesnosti Kṛṣṇe, **2.64**
u analogiji banjanova drveta, 15.1, **15.3–4**
u predanom služenju, 2.56, 6.47
u svjesnosti Kṛṣṇe, **2.38,** 2.56, **2.64,** 4.18, **4.20–23, 5.7–14, 6.13.26**
u usporedbi s vezanošću, 2.56
u *yogi,* **6.2, 6.4, 6.13–17, 8.12**
um se disciplinira odvojenošću, **6.35,** 6.35
umjetna, **1.31,** 1.31
unatoč utjelovljenju, 6.25
vairāgya kao, 6.35
vladanjem osjetilima, **5.27–28,** 5.27–28
vrste odvojenosti, **18.51–53**
za povratak Bogu, **15.3–5**
znanjem, 15.1, 15.3–4
Yāmunācāryina odvojenost, 2.60, 5.21
yogom, **4.27, 5.27–28,** 5.27–28, **6.1–4**
pogledaj: Strogosti; Pročišćenje; Odricanje
Oklijevanje, **18.28**
Okrutnost demona, 16.9
Oṁ(kāra), 8.11
kao Brahman, 8.11, 8.13
Kṛṣṇa kao, **7.8,** 7.8, 8.13, **9.17,** 9.17
predstavlja Kṛṣṇu, **10.25**
u vedskim himnama, 17.23
žrtvovanje, milostinja i pokore s *oṁkārom,* **17.24**
Oṁ tat sat, **17.23–27**
brāhmaṇe i *oṁ tat sat,* **17.23,** 17.23
Gospodin kao, **17.23,** 17.23, 18.1
svjesnost Kṛṣṇe i *oṁ tat sat,* 17.23
u *Vedama,* **17.23,** 17.23
značenje *oṁ tat sat,* 17.23
Oni koji žele pobjedu, Kṛṣṇin predstavnik među njima, **10.38**
Opijanje, 3.24, 4.10, 4.26, 14.8, 14.17, 17.22
Opraštanje, 1.35–36, **16.1–3,** 16.1–3
Kṛṣṇa kao podrijetlo, **10.4–5**
pogledaj: Samilost; Milost; Uvrede
Oružja
atomsko oružje, 2.23
koje posjeduju demoni, 16.9
Kṛṣṇin predstavnik među njima, **10.28,** 10.28
Kurua, **1.9**
ne mogu povrijediti dušu, **2.23**
od materijalnih elemenata, 2.23
pāśupata-astra, 2.33
u različitim dobima, 2.23
pogledaj: Rat
Osjetila
bhakta je transcendentalan prema osjetilima, **5.8–11, 5.13**
borba s osjetilima, **15.7,** 15.7
duša ima osjetila, 13.15
Gospodin
kao njihov gospodar, **18.1,** 18.1, 18.46
kao njihov izvor, **13.15,** 13.15
Gospodin se ne može spoznati osjetilima, 7.3
Gospodinova osjetila
njihova apsolutna priroda, 9.26
uspoređena s osjetilima živoga bića, 13.15
Govinda zadovoljava osjetila, 1.15
Hṛṣīkeśa ih posjeduje i upravlja njima, 1.15
impersonalističko shvaćanje o njima, 1.15
kao činitelji djelovanja, **18.13–15**
kao izvor bijeda, **5.22**
kao nesavršena, 18
kao sastavni dio djelovanja, **18.18**
kao sastavni djelić Kṛṣṇinih osjetila, 1.15
kao superiornija od materije, **3.42,** 3.42
kao viša od tijela, 3.42
kao vrata tijela, **5.13**
korištenje osjetila u predanom služenju, 2.58, 2.64, **5.8–11,** 6.18, 6.26
kao pravo odricanje, 13.8–12
primjeri, 13.8–12
pročišćenje takvim korištenjem osjetila, 12.9
Kṛṣṇa
Njegov predstavnik među njima, **10.22**
njihov je gospodar, 1.22, 3.27, **11.36, 18.1,** 18.1, 18.46
posjeduje ih i upravlja njima, 1.15, 6.26
upravlja osjetilima, 1.24
zadovoljava osjetila, 1.15
Kṛṣṇa upravlja njima, 1.15
najvažnije od, 13.8–12
navedeno jedanaest, 13.6–7
odvojenost od
unatoč tome što ih osoba koristi, **5.8–11, 5.13**
pogledaj: Odvojenost
osjetila čistog *bhakte* uspoređena su sa slomljenim otrovnim zubima zmije, 18.54
potrebno ih je zaokupiti, 2.62
povlačenje osjetila procesom *yoge,* **8.12**
požuda i osjetila, **3.40,** 3.42
pročišćenje osjetila predanim služenjem, 12.9
transcendiranje osjetila svjesnošću Kṛṣṇe, **5.13–14**

Osjetila (nastavak)
u *guṇi* vrline, **14.11**
u predanom služenju su uspoređena sa zmijama polomljenih otrovnih zubiju, 3.42
u sāṅkhya filozofiji, 15.1
u svjesnosti Kṛṣṇe, 2.67–68
u usporedbi s Kṛṣṇinim osjetilima, 11.43
um i osjetila, **2.67, 3.42,** 3.42
um je njihovo središte, 3.40
uspoređena sa
dverima, **5.13**
konjima, 6.34
neprijateljem, 2.68
vrhovima grana banjanova stabla, 15.2
zmijama, 2.58, 3.42
vladanje osjetilima. *Pogledaj:* Strogosti; Odvojenost; Odricanje
vrste osjetila, 13.6–7
zadovoljavanje osjetila. *Pogledaj:* Osjetilno uživanje
zahtijevaju zadovoljavanje, 2.70
život im daje moć, 7.19
životni zrak i osjetila, 4.27
pogledaj: Materijalno tijelo; Osjetilni organi
Osjetilni organi i lažni ego, 7.4
Osjetilni predmeti
korisnost osjetilnih predmeta, 2.63
njihov utjecaj, **2.62,** 2.62
odricanje od osjetilnih predmeta. *Pogledaj:* Odricanje
pet imenovano, 13.6–7
u analogiji banjanova stabla, **15.2**
uspoređeni sa
granama banjana, **15.2**
otrovnim biljkama, 2.43
Osjetilno uživanje
Arjunina borba nije, 2.71
besmislenost osjetilnog uživanja, **5.22**
bhakte transcendiraju, **2.55–64, 2.68–71**
bijede uzrokovane osjetilnim uživanjem, **5.22**
degradacija osjetilnim uživanjem, 16.9
demoni su privučeni, **16.11–12**
djelovanje za, u strasti, **18.27**
dostizanje osjetilnog uživanja
plodonosnim djelatnostima, **2.42-**2.43
žrtvovanjem, 2.42–43
Gospodin nije odgovoran za, 4.14
iluzija uzrokovana osjetilnim uživanjem, 3.27
inteligencija izgubljena zbog osjetilnog uživanja, **2.67**
Osjetilno uživanje (nastavak)
inteligencija za osjetilno uživanje, 2.69
izbjegavanje osjetilnog uživanja neophodnost, 17.16
pogledaj: Vladanje osjetilima
jedenje i, **3.13-**3.14, **6.16,** 6.16
kao neprijatelj, 3.43
kao privremeno, 4.12
kao uzrok materijalnog postojanja, 4.30
kao vezujuće, 5.2
kao žvakanje prožvakanog, 18.36
konačna želja za osjetilnim uživanjem, 2.39
Kṛṣṇa nije namijenjen našem, 1.35
ljudski život i, 4.26
materijalisti se posvećuju osjetilnom uživanju, 16.9
materijalistička filozofija osjetilnog uživanja, 3.16
misli o osjetilnom uživanju, **2.62,** 2.62
na Mjesecu, 8.25
na rajskim planetima, **9.20, 9.21**
nemoguće je steći mir osjetilnim uživanjem, **2.70,** 2.70
odricanje od, 6.17
u *yogi,* **6.4**
pogledaj: Odricanje
odvojenost od, 5.21
um zadovoljan osjetilnim uživanjem, 17.16
zbog samospoznaje, **18.51–53**
pogledaj: Odvojenost; Vladanje osjetilima
ometa
duhovni napredak, **2.41–44**
predano služenje, **2.44**
samospoznaju, 2.29, **3.34,** 6.36
oponašanje meditacije, 3.7–8
osjetila zahtijevaju, 2.70
osobe obožavaju polubogove zbog, **4.12,** 4.12, 17.23
pad zbog, **2.67**
patnja kao konačni rezultat, **18.38**
posljedice osjetilnog uživanja, 2.38
pogledaj: Karma
regulirano osjetilno uživanje
odvojenost od, **3.34**
ovladavanje požudom reguliranim osjetilnim uživanjem, **3.41,** 3.41
uspoređeno s kraljevskim putem, 3.34
seljenje duše stvara uvjete za, 2.13
sloboda od osjetilnog uživanja svjesnošću Kṛṣṇe, 14.22–25
sreća od, 3.39
kao nektar na početku, a kasnije kao otrov, **18.38**

Osjetilno uživanje (nastavak)
suzdržavanje od, 1.35, **2.59,** 2.59
svi žele, 3.8
tijelo za, 13.1–2
u analogiji banjanova drveta, 15.1, 15.2
u *karma-kāṇḍa* dijelu *Veda,* 2.43, 2.45
u obiteljskom životu, 4.31
ubijanje životinja radi osjetilnog uživanja, 16.1–3
uloga uma u, 3.40
uspoređeno sa
jedenjem plodova drveta, 2.22
prejedanjem, 4.24
svinjskom srećom, 7.15
vodom, 6.36
uzrok osjetilnog uživanja, **2.62,** 2.62
vedsko
dopuštenje za, 3.15, 3.16
metoda za dostizanje, **2.42**-2.43
propisi ograničavaju, 2.58
vezanost za
guṇa strasti uzrokuje, 14.7
u *guṇi* strasti, **14.12,** 14.12, **18.31, 18.34**
pogledaj: Vezanost
za jezik
šest vrsta, 6.16
pogledaj: Osjetilno uživanje, jedenje i
zbunjenost kroz osjetilno uživanje, 3.27
želja za osjetilnim uživanjem
odricanje od, **6.2,** 6.2
pogledaj: Vezanost; Materijalne želje; Požuda
životinjsko, 5.22
pogledaj: Vezanost; Materijalne želje; Materijalizam
Oskudica, 3.14
Oslobođene duše, **4.15,** 4.15, 18.78
Arjuna kao, 1.20
bez obzira na utjelovljenje, **5.19–20**
kao vječno osobne, **2.12,** 2.12
Kṛṣṇini pratioci kao, 4.5
njihov duhovni oblik. *Pogledaj:* Duhovno tijelo
njihovi simptomi i osobine, **5.16–28**
njihovo zadovoljstvo, 5.22
shvaćaju i slijede Kṛṣṇu, **4.15,** 4.15
sreća za njih, **5.24**
u usporedbi sa
uvjetovanim dušama, **5.13–14,** 5.19
Vrhovnom Dušom, **5.19**
uspoređene sa
kornjačom, **2.58,** 2.58
leptirom, 8.8
oceanom, 18.53
Oslobođene duše (nastavak)
uspoređene sa (nastavak)
rijekom koja se stapa s oceanom, za impersonaliste, 18.55
vodenim životinjama u oceanu, 18.55
zelenom pticom na zelenom drvetu, 18.55
pogledaj: Oslobođenje
Oslobođenje
bezlično oslobođenje, 6.15, **8.11,** 8.13
bhaktin pogled na impersonalističko oslobođenje, 18.54
odvojenost od, 11.55
teškoća bezličnog oslobođenja, 4.9
brahma-bhūta stadij oslobođenja, 6.27, 9.2, 18.55
Brahman oslobođenje, 19, 2.24, **8.11**
brahma-nirvāṇa, 2.72, 5.29
brzo, predanim služenjem, **5.26**
budistički pogled na oslobođenje, 2.72
budućnost duše nakon oslobođenja, 2.23, 2.24
čisti *bhakta* i oslobođenje, 11.28
čisto predano služenje kao, 18.54
definirano, 9, 7.5
djelovanje u oslobođenom stanju, **5.24**-5.26
duhovno tijelo pri oslobođenju, 20, 15.7
Gospodin želi za nas, 13.23
jedino uz pomoć Gospodina ili oslobođene duše, 7.14
jedino uz pomoć oslobođene duše, 7.14
kaivalyam, 6.20–23
kao oživljavanje odnosa Gospodinova sluge, 18.55
kao vrhovno za impersonalistu, 3.19
kroz *buddhi-yogu,* 10.10
kroz duhovno znanje, 2.14, 2.23, 2.50, 4.14, 4.17, 4.35–39, **13.8–12,** 13.8–12, **13.24,** 13.24, 13.35, **14.2,** 14.2
kroz odricanje, **5.2,** 5.2
kroz poznavanje Kṛṣṇe, **4.9–10, 4.14,** 6.15, 7.4, 7.7, **10.3,** 10.3
Kṛṣṇa obećava čistim *bhaktama,* **12.6–7,** 12.6–7
kvalifikacije za oslobođenje, 2.6, 2.14, 2.68, **5.24–29**
ljudski život pruža mogućnost za oslobođenje, 3.38
mantranjem svetih imena, 6.12
materijalne želje sprečavaju, 16.1–3
nevezanost za oslobođenje, 2.70, 8.14, 8.15
nirvāṇa, 2.72, 6.20–23
obavljanjem dužnosti s odvojenošću, 2.47
od dvostranosti, **5.3**

Oslobođenje (nastavak)
od grešnih posljedica, **10.3,** 10.3
od *guṇa* prirode, **14.20–26**
od *guṇe* strasti, **6.27**
od *karme,* 3.31
od nesreće, **4.16**
od posljedica, **4.41**
od tjelesnog shvaćanja života, 9–10, 14.22–25
odlaskom u Gospodinovo prebivalište, 16–20, 4.29, 8.13, 8.19, **8.21,** 8.28, **9.25,** 9.28, **18.62,** 18.62
kao trajno, 16, 18, **8.15**-8.16
kvalificiranost za, 18–23
odvojenost od, 8.15
osigurano za *bhaktu,* 19, 20, **9.28,** 9.28
putem predanog služenja, 19, 20, 23–24, 2.39, **2.51,** 2.51, **7.23,** 7.23, 7.24, 7.29, **8.8, 8.10, 8.13, 8.22,** 8.22, **8.28,** 8.28, **9.32,** 9.32, 10.9, **11.55,** 11.55, **18.55,** 18.55
putem *yoge,* predanosti **6.15,** 6.15
sjećajući se Kṛṣṇe, 19, 21, 22–23
pogledaj: Bog, povratak Njemu; Oslobođenje, u duhovni svijet
odvojenost i oslobođenje, **2.15,** 2.47, **5.19–21, 5.24–29,** 16.1–3
oslobođenje i znanje o prošlosti, sadašnjosti i budućnosti, 7.26
osobnost nakon oslobođenja, 2.13, 2.23, 2.24, 2.39, 5.16, 14.2, 15.7, 18.55
postupno pročišćenje radi oslobođenja, **16.22**
povratak Bogu i oslobođenje, **5.24–26**
požuda, ljutnja i pohlepa uništavaju mogućnosti za oslobođenje, 16.21
predano služenje kao oslobođenje, 2.72, 3.9, 5.11, **5.12**
predano služenje nakon oslobođenja, 9.2, 18.55
predavanjem Gospodinu, 2.50, **7.14**-7.15, 9.11, **12.6–7,** 12.6–7, 13.18
preko služenja s vjerom, 3.31
preporučeno je za okončavanje života punog nevolja, 15.10
primjenom *yoge,* **6.27–29**
proces oslobođenja, **8.11–13, 13.8–12,** 13.8–12, 13.35
putem predanog služenja, 19, 20, 24–25, 2.39, **2.51,** 2.51, 2.72, 4.35, **4.41,** 5.2, **5.26,** 5.26, 7.14, **7.29,** 7.29, 8.6, **8.8, 8.10, 8.13,** 8.27, 10.12–13, 13.22, **14.26,** 14.26, 15.1
Kṛṣṇa nudi, **12.6–7,** 12.6–7
samospoznaja i oslobođenje, 5.19

Oslobođenje (nastavak)
sārūpya, 8.8
sjećanjem na Gospodina, 5.26
slijeđenjem pravila spisa, **16.23–24**
slijeđenjem *varṇāśrama-dharme,* 1.42
slijeđenjem vedskih uputa, 3.15
slušanjem od duhovnih autoriteta, **13.26**
sreća na razini oslobođenja, **5.24,** 18.63
stadiji oslobođenja, 9.28
svjesnost Kṛṣṇe
je iznad oslobođenja, 6.30
sama je dovoljna za oslobođenje, 20–21, 6.15, **9.28,** 9.28, **12.6–7,** 12.6–7, 18.46
svjesnošću Kṛṣṇe, 2.68, 2.72, **3.31, 4.15**-4.16, **4.18–24,** 4.29, 4.35, **5.2,** 5.2, **5.17,** 5.17, 6.15, **6.27,** 6.31, 7.14, 8.9, 8.19, **10.3,** 10.3, 13.24, 18.12, **18.58**
tijekom utjelovljenja, 9.1
transcendentalnim djelatnostima, **7.24–25**
transcendentalnim odlikama, **16.5**
u analogiji banjana, 15.1
u *brahmajyotiju,* 4.9, 8.13, 8.24
u društvu *bhakta,* 7.28
u duhovni svijet
jednakost (kvalitativna) s Gospodinom u, **14.2,** 14.2
putem duhovnog znanja, **13.35,** 13.35
u Gospodinovu prirodu, **14.2,** 14.2
u Kali-yugi je moguće jedino mantranjem svetih imena, 6.12
u usporedbi s oslobođenjem za impersonaliste, **4.9,** 4.9
uloga uma u, **5.27–28,** 5.27–28, **6.5,** 6.5
umiranjem u odgovarajuće vrijeme, **8.23–26**
unatoč tijelu, **5.24–25**
uspoređeno sa
rijekom koja se stapa s oceanom, za impersonaliste, 18.55
spašavanjem iz oceana, 12.7
vodenim životinjama u oceanu, za personaliste, 18.55
zelenom pticom koja ulazi u drvo, 18.55
uz pomoć vode Gange, 25
vjernim služenjem, **3.31**
vladanjem osjetilima, 4.30, **5.27–28,** 5.27–28
za Arjunu, 2.6, 2.23
za *bhakte,* 2.24, **9.28,** 9.28, 18.12
za Brahmu, 8.17
za impersonaliste, 20, 2.24, 6.20–23, 9.2, 9.12
u usporedbi s oslobođenjem za *bhakte,* **4.9,** 4.9

Oslobođenje (nastavak)
za *sādhaku,* 2.68
znanje ne osigurava oslobođenje, 3.33
znanje o oslobođenju, **13.35,** 13.35
želja za oslobođenjem, 2.70, **7.29,** 7.29
život je namijenjen za oslobođenje, 3.7
žrtvovanjima, **3.10,** 3.11, **4.30–31, 4.32–33**
pogledaj: Samospoznaja; Oslobođene duše
Oslobođenje od materijalnog svijeta i materijalnih želja. *Pogledaj:* Odvojenost, Oslobođenje
Osoba bez želja, **2.70–71**
definirana, 2.71
pogledaj: Odvojenost
Osobe u odvojenom redu života
njihov sljedeći život, 1.31
pogledaj: Sannyāsīji
Osobnost, 2.12, 2.13, **2.23–24,** 4.11, 4.35, 5.3, 7.24, 13.23
Osveta, 1.35
Otimanje, kazna za, 1.36
Ozbiljnost kao strogost uma, **17.16,** 17.16

P

Pad, 9.25, 13.24
Arjunina pitanja o, **6.37–38**
bhaktin, 5.7, **9.3,** 9.3, 9.22, **9.30,** 9.31, 15.20
iz duhovnog svijeta, 17, **15.6,** 15.6
obitelji, 15.20
povijest pada, 7.14
razlozi za, 13.20
stadiji pada, **2.62–63**
uzrok pada, 15.20
zbog nezaokupljenih osjetila, 2.64
žena, **1.40–41**
Pāda-sevanam u svjesnosti Kṛṣṇe. *Pogledaj:* Obožavanje Gospodina
Padma Purāṇa, citat u vezi
bhakta i grešnih posljedica, 9.2
toga da duhovni učitelj može biti iz bilo koje kaste ako je vaiṣṇava, 2.8
zadovoljstva putem svjesnosti Kṛṣṇe, 5.22
Padmanābha, 26, 8.22
Pakleni planeti, **1.43,** 1.43, 16.10, **16.16,** 16.16, **16.21–22**
degradacija do, 1.43
demoni su vezani za njih, 16.16
pad na, **18.48**
zaštita od njih, 1.43

Pamćenje
definirano, 10.34
predstavlja Kṛṣṇu, **10.34,** 10.34
pročišćeno pamćenje, 3.11
Pāñcajanya školjka, **1.14, 1.15**
Pāñcarātrikī, 5.6
Pañca-tattva
mahā-mantra, 2
molitva upućena Pañca-tattvi, 2
Pāṇḍave
čeka ih pobjeda, 1.14
kao pobožni, 1.1, 1.2
Kṛṣṇa
bio je na njihovoj strani, 1.14
ih je vodio, 1.20
Njegov predstavnik među njima, **10.37,** 10.37
poznavali su Ga kao Gospodina, 7.25
njihov odnos s Dhṛtarāṣṭrom, 1.1
njihov učitelj, 1.3
njihova vjera, 1.19
njihova vojska
njezina snaga, **1.10,** 1.20
njezina sudbina na bojnom polju Kurukṣetri, **11.26–28**
znaci njene pobjede, **1.20,** 1.20
njihovi vojnici
sudbina njihovih vojnika na Kurukṣetri, **11.26–28**
u kozmičkom obliku, **11.26–28**
njihovo kraljevstvo, 1.18, **1.31–35**
obeshrabrili Kurue, **1.19**-1.20
opis njihove vojske, **1.3–6, 1.10–11, 1.14–1.19**
Pāṇḍave i Kurui se pripremaju za borbu, **1.1**-1.28
protiv Kurua, **1.1–46**
njihovi politički postupci, 1.1–3, 1.11, 1.18, 1.23, 1.36, 1.37–38
sreća na njihovoj strani, 1.14
školjke u koje su puhnuli, **1.14**-1.19
pogledaj: određeni Pāṇḍave
Pāṇḍu, kralj, **1.1,** 1.8
Arjuna i on, 6.2, 10.37
njegov odnos s Dhṛtarāṣṭrom, 1.1, 1.2
njegovi sinovi. *Pogledaj:* Pāṇḍave; *određeni Pāṇḍave*
Parabrahman
definiran, 4–5
Kṛṣṇa kao, 4–5
u usporedbi s Brahmanom, 8.3
Paramātmā. *Pogledaj:* Nad-duša
Paraṁ-dhāma definirana, 4
Parameśvara, značenje riječi, 13.28

Paramparā
definiran, 3
pogledaj: Učeničko naslijeđe
Parāśara Muni, 2.32
citiran u vezi
dužnosti *kṣatriye,* 2.32
riječi *bhagavān,* 2.2
živih bića i Nad-duše, 13.5
kao Vyāsadevin otac, 2.2, 13.5
prihvatio je Kṛṣṇu kao Gospodina, 10.1
Parāśara-smṛti citirana. *Pogledaj:* Parāśara Muni, citiran u vezi
Parīkṣit Mahārāja, 10.27
Pārtha. *Pogledaj:* Arjuna
Pārtha-sārathi, Kṛṣṇa kao, 1.15
Pārvatī
njen sin, 10.24
Śiva, Kārtikeya i ona, 2.62
Pāṣaṇḍī, 4.12
Pāśupata-astra, 2.33
Patañjali Muni, 6.20–23
citiran u vezi
duše i osjetilnog uživanja, 4.27
oslobođenja i duhovnog zadovoljstva, 6.20–23
samospoznaje, 6.20–23
njegov sustav *yoge,* 4.27, 6.20–23
Patnja
Bhagavad-gītā
objašnjava ublažavanje patnje, 6
ublažuje patnju, 24
bhakte
oslobođeni patnje, 5.26
prihvaćaju kao Kṛṣṇinu milost, 12.13–14
žele druge osloboditi od patnje, 11.55
bijede kao patnja, 17, 2.51
bol i patnja, 2.17
borba za opstanak kao patnja, 2.45
djeteta u maternici, 7.15
grešne posljedice kao patnja. *Pogledaj:* Grešne posljedice
guṇa neznanja kao patnja, 18.39
jadikovanje i patnja, **2.11,** 2.11
kao Gospodinova milost, 2.56, 3.28
kao karmička posljedica, 8, 9
kao neizbježna u materijalnom svijetu, 17
kao poticaj u duhovnom životu, 13.8–12
kao privremena, **2.14,** 2.69
kazna kao patnja, 10.29
koristoljubivih radnika, 7.15
Kṛṣṇa je njezino podrijetlo, **10.4–5**
materijalni svijet je pun patnje, 2.51, **8.15,** **9.33,** 9.33, 11.43
Patnja (nastavak)
materijalnu sreću prati patnja, 14.16
molitve potaknute patnjom, 7.15
na Brahminom planetu također postoji, 8.17
na višim kao i na nižim planetima, **8.16,** 8.17
nastojanja u strasti uvijek su praćena patnjom, 14.16
nevolje
Arjunine na Kurukṣetri, **1.27–2.2**
demona, **16.11–12,** **16.13**-16.16
svi iskušavaju, 5–6
odvojenost od, 6.23
pogledaj: Odvojenost
planet za patnju, 10.29
podnošenje patnje, **2.14,** 2.15, **2.45**
predaka, 1.41
prestanak patnje, svjesnošću Kṛṣṇe, **2.65**
raspitivanje o patnji, 5
razočaranje kao patnja, 1.30, 3.37, 4.10
rođenje, smrt, starost i bolest kao patnje, 13.8–12
samospoznaja izgleda kao patnja, **18.37**
smrtna kazna i patnja, 2.21
strah i patnja, 1.29, **2.56,** **10.4–5,** 10.4–5
svjesnost Kṛṣṇe i patnja, 2.66, 10.4–5
tijelo kao uzrok patnje, 19–20, 13.21
tjelesno shvaćanje uzrokuje, 5.14
transcendiranje patnje, **2.56,** 2.56
trostruke bijede kao, 16.24
u *guṇi* strasti, **14.16,** 14.16, 14.17
u maternici, 7.15
u tijelu duha, 1.41
u trenutku smrti, 13.8–12
ublažavanje patnje
Bhagavad-gītā opisuje, 6
bhakta propovijeda da bi ga pružio ljudima, 11.55
duhovnim znanjem, **9.1,** 9.1
kroz dobro društvo, 18.36
kroz samospoznaju, **6.20–23,** 6.20–23
osobe prilaze Gospodinu zbog toga, **7.16,** 7.16
predanim služenjem, 1.41, 9.33, 11.55
predavanjem, 18.62
reguliranim životom **6.17**
slušanjem *Bhagavad-gīte,* 2.22
slušanjem o Gospodinu, **9.1**
svjesnošću Kṛṣṇe, 2.8, **5.29,** 15.10, 18.54
transcendiranjem *guṇa,* **14.20**
za pretke, 1.41
uništenje kao patnja, **8.19**
uspoređena s godišnjim dobima, **2.14**
uvjetovana duša je puna patnje, 2.22

Patnja (nastavak)
uzroci patnje, 6.32
bhakta ih shvaća, 15.10
hrana kao, **17.9,** 17.10
karmičke posljedice kao uzrok, 7–8
Kṛṣṇa kao uzrok, **10.4–5**
materijalne želje kao uzrok, 1.30, **2.70,** 2.70
neznanje kao uzrok, 13.8–12, 18.39
osjetilno uživanje kao uzrok, **5.22, 18.38**
pokušaj da uživamo odvojeno od Gospodina kao uzrok patnje, 9
priroda kao uzrok, **10.4–5**
rat, 1.40
starost, 13.8–12
strast, **14.15,** 14.15, 14.17
tijelo kao, 18–19, 13.21
zaboravljanje Gospodina kao uzrok, 5.25, 6.32, 11.55
zaboravljanje vlastitog interesa kao uzrok patnje, 1.30
živo biće kao uzrok, **13.21–22**
za *bhakte* je umanjena, 2.56
zaštita od patnje, 1.19
zbog besciljnosti, 2.66
zbog bolesti, 1.40, 13.8–12
zbog osjetilnog uživanja, **5.22, 18.38**
zbog seljenja duše, 2.8, **2.13,** 15.10
živo biće ju uzrokuje, **13.21–22**
životinjska patnja, 14.16
pogledaj: Ubijanje životinja
Pauṇḍra školjka, **1.15**
Pavitram definirano, 4
Pisac. *Pogledaj:* Śrīla Prabhupāda
Piśāce, 9.25
Pitāmaha, Brahmā kao, 10.6
Pite
njihov planet (Pitṛloka), 10.29
žrtvovanje namijenjeno njima, 9.16
vođa Pitā, 10.29
Planet Zemlja, 17, 15.2
borba za vlast nad Zemljom, 18.78
dostiže se *guṇom* strasti, **14.18**
imena, 6.43
kraljevi na, 1.16–18, 4.1, 6.43
pad na, **9.21**
Planeti, 18, 19
Brahmin planet, 17, 14.18
seljenje duše na njega, 8.17
tamo također postoje patnje, 8.17
žrtvovanje za uzdizanje na njega, 8.16
Gospodin
njihov je vlasnik, **10.3,** 10.3
njihovo je podrijetlo, **10.8**
Planeti (nastavak)
Gospodin (nastavak)
održava ih, 8.9
upravlja njima, 9.6
Gospodin kao njihova energija, **15.13**
Indrin planet, **9.20**
kozmički oblik
uznemiruje planetarne sustave, **11.20, 11.23**
viđen na planetima, **11.20, 11.23,** 11.36, 11.47
Kṛṣṇa kao njihov vlasnik, **10.3,** 10.3
Mjesec. *Pogledaj:* Mjesec
mnoštvo planeta, 11.13
najviši, 14.18
najviši materijalni planeti, 8.17
niži planeti. *Pogledaj:* Pakleni planeti
njihov broj, 19
njihova svjetlost, 13.18
njihovi kraljevi, čuli su *Bhagavad-gītu,* **4.1–2**
njihovi upravitelji, 7–8
pogledaj: Polubogovi
njihovo lebdenje uspoređeno s plutanjem čovjeka na vodi, 15.13
njihovo održavanje
Gospodinova energija za, **15.13**
kozmičkim oblikom Gospodina, 15.13
njihovo podrijetlo, 4.1
Kṛṣṇa kao, **10.8**
pakleni, 16.10, **16.16,** 16.16
pogledaj: Pakleni planeti
planet duhova, **9.25**
planet Gandharva, 10.26
planet Pitā, 9.25, 10.29
planet Yamarāje, 10.29
planeti polubogova
dostižu se obožavanjem polubogova, **7.23,** 7.23, 7.24
kao Kṛṣṇina energija, 9.18
obožavanje da bi se rodili na njima, **9.25**
pad s njih, 8.16
primjeri, 8.16
seljenje duše na njih, 9.18
pogledaj: Rajski planeti
predaka, 10.29
putovanje na različite planete, 16, 17
rajski. *Pogledaj:* Rajski planeti
Satyaloka, 14.18
seljenje duše na planete prema *guṇama* prirode, **14.18**
Sunce
kao kralj planeta, 4.1
pogledaj: Sunce
u analogiji banjanova drveta, 15.2

Planeti (nastavak)
u stvaranju, 10.8
uzdizanje na Gospodinov planet, **9.25**
viši. *Pogledaj:* Rajski planeti
za ispaštanje grešnih posljedica, 10.29
za kažnjavanje, 10.29
pogledaj: Pakleni planeti
Zemlja. *Pogledaj:* Planet Zemlja
zvijezda Sjevernjača, 18.71
zvijezde kao, 10.21
živa bića postoje na svim planetima, 14.4
život na njima, 8.25, 10.4–5
izvor života na njima, **10.6,** 10.6
postoji na svim, 2.24, 14.4
pogledaj: određeni planeti
Planina Meru
njeno značenje, 10.23
predstavlja Kṛṣṇu, **10.23,** 10.23
uspoređena sa Himalajama, 10.25
Planine
Kṛṣṇin predstavnik među njima, **10.23,** 10.23
pokretne i nepokretne, 10.25
Plemenitost, **16.1–3**
Plodonosne djelatnosti
bhakta transcendentalan prema, **5.7–14**
bhakte izbjegavaju, **5.13–14**
kao djelatnosti za tijelo, **8.3**
kao vezujuće, **2.39,** 2.47, 2.49, **3.9,** 4.20, 5.2, **14.7,** 15.1
Kṛṣṇa je transcendentalan prema, **4.14,** 4.14
Kṛṣṇa je upitan o, **3.1–2**
neodlučni zavedeni sa, **2.41,** 2.41
obožavanje polubogova i plodonosne djelatnosti, **4.12,** 4.12
odricanje od, 3.4, **6.3–4, 18.3**
odvojenost od, 2.1, **3.19–20, 4.20–22, 5.12**
pogledaj: Odvojenost
osoba svjesna Kṛṣṇe transcendira plodonosne djelatnosti, 2.41, 2.53, 3.19
osuđene, 2.42–43, **2.47–49,** 2.51, 7.15
patnja ih prati, 7.15
početni stadij *yoge* i plodonosne djelatnosti, 6.3
posljedice plodonosnih djelatnosti, 3.9, 4.14, **4.37,** 9.2
oslobođenje od, predanim služenjem, **2.38–39, 3.31, 4.37**
rezultati plodonosnih djelatnosti
bhakte odvojeni od, **12.16–17**
nesreća i rezultati, 2.70
odgovornost za, 4.14
Plodonosne djelatnosti (nastavak)
rezultati plodonosnih djelatnosti (nastavak)
odricanje od rezultata, **2.39,** 3.4, **4.41, 6.3–4,** 18.3
odvojenost od, 9.28, **12.16–17**
ovise o Gospodinu, 4.11
vezanost za njih, **3.9,** 3.9, **5.12,** 6.40, 7.15, **18.34**
žrtvovanje rezultata, **12.11**
u analogiji banjanova drveta, **15.2**
u *guṇi* strasti, **14.12,** 14.12
u usporedbi s predanim služenjem, 2.38–40, 2.52–53, **3.28–29, 8.28,** 8.28
uspoređene s inteligencijom, **3.1–2**
Vede preporučuju, **2.42–47**
vezanost za, **3.26–27, 5.12,** 7.15, **14.7, 18.27**
za uzdizanje na rajske planete, 2.42–43, **2.42–43, 3.25–27**
žrtvovanje kao plodonosna djelatnost, 4.33
pogledaj: Karma; Karma-kāṇḍa; Materijalni život
Pobjeda
predstavlja Kṛṣṇu, **10.36**
zbog prisutnosti Kṛṣṇe i Arjune, 18.74, **18.78**
Pobjednici, Kṛṣṇin predstavnik među njima, 10.36
Pobožne djelatnosti
njihovi rezultati privremeni, 2.8
u *guṇi* vrline, **14.16,** 14.16
Pobožni ljudi, četiri vrste, **7.16–18,** 8.14
Pobožnost, 3.16, 15.2
Poezija
Kṛṣṇin predstavnik u, **10.35,** 10.35
pravila za poeziju, 10.35
Pohlepa, **14.17**
pogledaj: Vezanost; Materijalne želje
Pokajanje, 1.43, 9.31–32
pogledaj: Pročišćenje
Pokore
bez vjere, kao privremene i beskorisne, **17.28,** 17.18
kao pročišćavajuće za sve, **18.5-**18.6
koje je vršio Hiraṇyakaśipu, 17.19
Kṛṣṇa je njihov uživatelj, 2.66
Kṛṣṇa kao, **7.9**
materijalne u suprotnosti s duhovnim, 17.23
odricanje od pokora, **18.3, 18.5–6**
osobe u *vānaprastha* redu, 8.28
oštre, neautorizirane pokore, **17.6,** 17.6
preporučene za pročišćenje, 5.22
s odvojenošću, **17.25**

Pokore (nastavak)
tijela, **17.14,** 17.14
u Gospodinovu korist, 17.23
u *guṇi* neznanja, 17.19
u *guṇi* strasti, 17.23
značenje pokora, 10.4–5
pogledaj: Pokajanje; Strogosti; Odricanje
Pokret svjesnosti Kṛṣṇe, 1, 9.27
pogledaj: ISKCON
Političari
njihov pad, 2.8
njihove kvalifikacije, 1.2
pogledaj: Kṣatriye
Politike
u sukobu između Pāṇḍava i Kurua, 1.1–3, 1.11, 1.16–18, 1.23, 1.36, 1.37–38
pogledaj: Diplomacija
Polje djelatnosti, **13.1–7**
polje i poznavatelj polja, **13.19,** 13.19, **13.27,** 14.3
poznavatelji polja. *Pogledaj:* Duša; Nad-duša
pogledaj: Materijalno tijelo
Polubogovi
Arjuna se borio s njima, 2.33
bhakte imaju dobre osobine polubogova, 1.28
bhakte kao polubogovi, 11.48
blagoslovi koje oni daju, 7.21–23
dužina života polubogova na Mjesecu, 8.25
dvije vrste, 8.2
glavni među njima, 8.2, 10.7
glavni polubogovi, 8.2
guṇe prirode utječu na njih, **18.40**
kao Gospodinovi dijelovi, 4.12, 7.21, 7.23
kao Gospodinovi zastupnici, 3.11, **3.12,** 3.12, 9.23
kao *īśvare,* 3.24
kao Kṛṣṇini zastupnici, 3.11, **3.12,** 3.12, 9.23
kao upravljači prirode, 3.11, **3.12,** 3.24, 4.12, 4.25
kao živa bića, ne Bog, 4.12
Kṛṣṇa
kao njihovo podrijetlo, **10.2,** 10.2 10.3, 10.42
ne poznaju Ga, 6–7, **10.2–3, 10.14–15**
Njegov predstavnik među njima, **10.23**
obožavaju Ga, 4.12
obožavaju Ga dok je u maternici, 11.52
viši od, **11.37–38,** 11.40
žele vidjeti Njegov oblik, **11.52**
Kṛṣṇa ih je stvorio, **10.2,** 10.2, 10.3, 10.42
Kurukṣetra i polubogovi, 1.1
ljudi u *guṇi* vrline ih obožavaju, 17.4

Polubogovi (nastavak)
ljudska bića
surađuju s njima, **3.11,** 3.11
uspoređena s njima, 3.24
Mādhavendra Purī im je odao poštovanje, 2.52
među vodenim bićima, 10.29
na Mjesecu, 7.23, 8.25
najviši, 10.7
nisu Bog, 4.12
njihov utjecaj na odredište nakon smrti, **8.24**
njihovo podrijetlo, **10.2,** 10.2, 10.3, 10.42, 11.37
njihovo zadovoljstvo, **3.11–12,** 3.14, 9.23
oblici polubogova, seljenje u te oblike, 15.8
oponašanje polubogova, 3.24
opskrbljuju potrepštinama za život, **3.11–12,** 3.14
polubog ljubavi, **10.28–29**
polubog Sunca. *Pogledaj:* Vivasvān
ponude polubogovima, 2.38, **3.12–13**
predano služenje ispunjava obveze, 1.41
promatrali su bitku na Kurukṣetri, 11.36
u analogiji banjanova stabla, 15.2
u kozmičkom obliku, **11.6, 11.15, 11.21–23**
u usporedbi sa
demonima, 10.30, 17.1
Kṛṣṇom, 2.2, 3.22, 4.12
ljudima, 3.24
uplašili se kozmičkog oblika, **11.21–23**
upravljači, 8.2
uspoređeni s udovima tijela, 3.14
vatre, 1.14
vjera u njih, **7.21–22**
žrtvovanje ponuđeno njima, **3.11–12, 4.25**
pogledaj: Obožavanje polubogova
Ponavljanje
prikladnost ponavljanja, 11.19
važnost ponavljanja u spisima, 2.25
Poniznost, 8.28, 10.34, **13.8–12,** 13.12, 16.1–3, 18.57
definirana, 13.8–12
potreba za poniznošću, 13.8–12
sannyāsījeva poniznost, 16.1–3
vizija osobe koja je ponizna, **5.18,** 5.18
pogledaj: Skromnost
Ponos, 18.35
demona, **16.4, 16.10,** 16.10, **16.13–15,** 16.16, **16.17–18**
nevezanost za ponos, **18.51–53**
predavanje spriječeno ponosom, **15.5,** 15.5
strogosti i pokore iz ponosa, **17.5–6,** 17.5–6
žrtvovanje iz ponosa, **17.12**

Poslovanje i *vaiśye,* **18.44**
Post, 6.16, 8.28, 17.5–6
iz materijalnih razloga, 10.4–5, 17.5–6
prilike za post, 9.14, 11.54
u različitim *guṇama,* 10.4–5
u svjesnosti Kṛṣṇe, 6.16, 10.4–5, 14.27
Postojanje, Kṛṣṇa kao uzrok postojanja, **10.39,** 10.39, **10.41–42**
Postojanost
definirana, 13.8–12
predstavlja Kṛṣṇu, **10.34,** 10.34
Postupak raščlanjivanja. *Pogledaj:* Sāṅkhya
Poštenje, 4.22, **18.42,** 18.78
pogledaj: Istina
Poštovanje, 9.11, 14.22–25, **14.22–25, 16.1–3,** 16.1–3, **17.18,** 17.18
Potomci Vṛṣṇija, Kṛṣṇa među njima, **10.37,** 10.37
Potop. *Pogledaj:* Uništenje
Povijesna književnost. *Pogledaj:* *Bhagavad-gītā; Purāṇe; Śrīmad-Bhāgavatam*
Povijest, 21
Povjerljivo znanje. *Pogledaj:* Predano služenje; Znanje, duhovno
Povlačenje. *Pogledaj:* Odricanje; *Sannyāsa; Vānaprastha*
Poznavatelj kao vršitelj, **18.18**
Poznavatelj polja
i polje djelatnosti, **13.27,** 14.3
živo biće kao, 13.1–3, 13.5
pogledaj: Duša; Nad-duša
Požuda, **2.62, 3.37–41, 3.43, 16.8–12, 16.18, 16.21-**16.22
kao iskrivljeni odraz ljubavi prema Bogu, 3.41
kao preobražena ljubav prema Kṛṣṇi, 3.37
ljutnja, pohlepa i požuda, **16.21–22**
mjesta gdje se nalazi, **3.40**
nadvladava se svjesnošću Kṛṣṇe, **3.43,** 3.43
opasnost od požude, **3.40–41**
osjetila i požuda, **3.40,** 3.42
pročišćava se predanim služenjem, 3.41
reguliranje osjetila da bi se obuzdala požuda, **3.41,** 3.41
u Kṛṣṇinoj službi, 3.37
uspoređena sa
dimom, prašinom i maternicom, **3.38**
jogurtom, 3.37
vatrom, **3.39**
pogledaj: Vezanost; Materijalne želje; Osjetilno uživanje
Pradhāna, 13.6–7
Pradyumna, 8.22
Prahlāda Mahārāja, 4.8
iz obitelji Daitya, **10.30**
kao autoritet svjestan Kṛṣṇe, 4.16
njegovo predavanje Svevišnjem Gospodinu, 7.15
podnošljiv prema svom ocu, 13.8–12
predstavlja Kṛṣṇu, **10.30**
rizik koji je prihvatio u Kṛṣṇinu korist, 11.55
Prajāpati, 16.6
Prakāśānanda Sarasvatī i Caitanya, 2.46, 10.11
Prakṛti, 2.39, 7.4, 15.1
definirana, 7, 8
Gospodin upravlja njome, 6
kao predmet *Gīte,* 6, 7
kao privremena, 7
kao vječna ali privremena, 7, 8
kao ženska, 7
Kṛṣṇina *prakṛti,* 4.6
uspoređena sa suprugom, 7
viša i niža *prakṛti,* 7
živa bića kao *prakṛti,* **13.1–2,** 13.3
Prāṇa. Pogledaj: Životni zrakovi
Prāṇa-maya, 13.5
Prāṇāyāma-yoga, **4.29**
Prapitāmaha, Kṛṣṇa kao, 10.6
Prasādam, 4.29, 6.17, 13.8–12, 17.10
cvijeće kao, 2.61
definiran, 4.29
dijeljenje *prasādama,* kao žrtvovanje, **17.13**
dobrobiti od, 6.17, 9.2, **9.26–27,** 12.8, 17.10
Gospodin Caitanya ga preporučuje, 16.24
hrana koja se može ponuditi, 6.17, 9.2, **9.26,** 9.26, 13.14, 17.20
jedenje *prasādama,* kao predano služenje, 16.24
kao „odgovarajuća dijeta za pacijenta koji pati", 6.35
kao ostaci hrane Gospodinovih *bhakta,* 17.10
kao ostaci ponuda, 11.55
Nārada Muni i *prasādam,* 9.2
njegove prednosti, 17.10
odricanje i *prasādam,* 2.63
otklanja grešne posljedice, **3.13,** 3.14
potreba za *prasādamom,* 6.16
prasādam ublažuje patnju, 1.41
prihvaćanje *prasādama,* 18.7
pročišćenje uzimanjem *prasādama,* 3.11, 3.14, 12.8
tulasī prasādam, 2.61, 9.2
uspoređen s antiseptičnim cjepivom, 3.14
važnost *prasādama,* **3.13,** 3.14
za pretke, **1.41,** 1.41
žrtvovanje i *prasādam,* **17.13**

Praśna Upaniṣada, citat u vezi duše kao poznavatelja i vršitelja djelatnosti, 18.14
Pratyag-ātmā i *parāg-ātmā,* 4.27
Pratyāhāra, 5.28, 6.25
Pravilno raspitivanje, 5
Pravo viđenje, definirano, **13.28–30**
Pravṛtti, 18.30
Prayāga, 6.11–12
Prāyaścitta (iskupljenje), 1.43
pogledaj: Pročišćenje
Prebivalište
odvojenost od, **12.18–19,** 12.18–19
vezanost za, 14.12
Preci
Kṛṣṇin predstavnik među njima, **10.29**
ponude precima, Kṛṣṇa kao, **9.16**
u kozmičkom obliku, **11.22**
Predano služenje upućeno Svevišnjem Gospodinu
Ambarīṣe Mahārāje, 2.61, 6.18
Apsolutna Istina se spoznaje jedino pomoću, 11.52
arcanam, 6.18, 9.27
pogledaj: Obožavanje Božanstva
Arjunino, 22–23
ātma-nivedanam. Pogledaj: Predavanje Svevišnjem Gospodinu
bez primjesa. *Pogledaj:* Čisto predano služenje
bezgrešnost putem predanog služenja, 15.20
bhakta ovisi o Kṛṣṇi u predanom služenju, **18.57**
Božanstvo može prihvatiti, 12.5
buddhi-yoga kao, 2.39, 2.49, 2.51, 10.10
Caitanyina molitva za predano služenje, 6.1
četiri vrste pobožnih ljudi, **7.16–17**
disciplina u, 3.30
djelatnosti se pročišćavaju predanim služenjem, **5.11**
djelatnosti u predanom služenju imenovane, **4.22-**4.28, 9.1
pogledaj: Predano služenje, procesi
djelovanje u odvojenosti, 18.7–11
djelovanje u predanom služenju, 5.1, 12.6–7
duhovni učitelj i predano služenje. *Pogledaj:* Duhovni učitelj
duša predano služeći zaokuplja tijelo, 3.42
dužnost i predano služenje, 1.41, 6.23, 6.47, **8.28,** 8.28, 10.3
Gospodin pomaže u, 6.24
Gospodinova odgovornost za posljedice predanog služenja, 18.14, 18.17
hirovito, 18.57
Predano služenje upućeno Svevišnjem Gospodinu (nastavak)
inteligencija u predanom služenju, 23–24, **8.7**
iskreno predano služenje, 3.31
izvori uputa za predano služenje, 10.3
pogledaj: Bhakte; Spisi; Duhovni učitelj; *Vede;* Vedska književnost
jedenjem *prasādama. Pogledaj: Prasādam*
jedinstvo u predanom služenju, 5.11, 15.20
jednakost (kvalitativna) s Gospodinom preko predanog služenja, 14.26
jednostavno vršenje predanog služenja, 12.5, 12.6–7, 14.27
kao Božje carstvo, 2.72
kao cilj *Bhagavad-gīte,* 13.8–12, 18.1
kao čisto i transcendentalno, 15.20
kao djelovanje svjesno Kṛṣṇe, 23–24
kao druženje s Kṛṣṇom, **12.8–9**
kao duhovna djelatnost, 9.29
kao izvorni cilj, 9.2
kao jedini put Kṛṣṇi, 9.26
kao kvalifikacija za *bhaktu,* **10.10,** 10.11
kao kvalifikacija za povjerljivo znanje, **18.67**
kao lako, 9.2, 9.14, 9.26, 12.5, 12.7
kao najviša
aktivnost, **6.47,** 6.47, 8.16
najviši duhovni proces, 7.30, 15.19, 18.78
spoznaja, 12.1, 14.27
yoga, 22, 6.46, 9.2, 10.10, 12.5
kao neovisno o uvjetima života, 9.2
kao odvažno, 2.56
kao oslobođena aktivnost, 2.72, 3.9, 5.11–12
kao povoljan rad, 10.3
kao predmet *Bhagavad-gīte,* 13.8–12
kao prirodni proces, 16, 5.9, 12.5
kao pročišćene djelatnosti, 13
kao rat s iluzornom energijom, 9.30
kao sretan proces, 9.14, 12.7
kao stalno, **8.14,** 8.14, **9.22, 10.9,** 10.9, 9.12, 13.8–12
kao svrha djelovanja, 11.55
kao transcendentalno prema
grešnim posljedicama, 2.38
plodonosnim djelatnostima, 2.52–53
povoljnim i nepovoljnim djelatnostima, 10.3
propisanim dužnostima, **3.5**
vedskim obredima, 2.52–53
vedskom znanju, 9.2
vrsti rođenja, **9.32,** 9.32
žrtvovanju, 9.16

Predano služenje upućeno Svevišnjem Gospodinu (nastavak)
kao univerzalna djelatnost, 27
kao važno, 7.1
kao vedski zaključak, 16.24
kao više od odricanja, **5.2,** 5.2
kao viši ukus, 3.42, 6.3–4, 6.14
kao vječni odnos služenja, 13.8.12
kao vječno, 9.2, 13.8–12
kao život u Kṛṣṇi, **12.8–9**
kao žrtvovanje, 4.23
karma-yoga kao predano služenje, 2.51
kīrtana. Pogledaj: Mantranje u svjesnosti Kṛṣṇe
korištenje bogatstva u predanom služenju, 11.55, 12.10
korištenje svega u predanom služenju, 2.63
Kṛṣṇa
kao predmet predanog služenja, **9.34,** 9.34
spoznaje se jedino predanim služenjem, 7.3, 7.24–25, 9.2, 10.2–3, 11.52–53, **11.54,** 11.54, 13.16, **18.55,** 18.55, 18.67
zahtijeva od nas predano služenje, **9.33–34**
materija postaje duhovna putem predanog služenja, **4.24,** 4.24
materijalisti osjećaju odbojnost prema, 13.20
materijalisti su potaknuti predanim služenjem, 3.29
meditacija pri predanom služenju, 7.28
mir kao, **2.71, 9.31**
moć predanog služenja, 3.41
može izgledati kao obične materijalne djelatnosti, 9
na kraju života, 20
na višim planetima, 8.16
načela predanog služenja u redovima života, 8.28
najprije tijelom, umom i inteligencijom, 23
najviši motivi za predano služenje, **7.17–19**
napredni stadiji, 8.28
pogledaj: Čisto predano služenje
Nārada Munijevo, 9.2
nasilje u predanom služenju, 2.21
neophodnost predanog služenja, 3.41
neophodnost privrženosti predanom služenju, 18–19
neovlašteno, 7.3
neposredno uspoređeno s posrednim, 12.20
nepotpuno predano služenje, **2.40–41,** 3.4

Predano služenje upućeno Svevišnjem Gospodinu (nastavak)
nije materijalno, 9.2
nije rizičan proces, 12.5
nisu potrebne nikakve kvalifikacije za, 9.2
njegov početak, 9.20, 9.34, 18.55
njegov vrhunac, 6.47, 8.16
njegova apsolutna priroda, 2.72, **4.24,** 4.24
obrazovanje i predano služenje, 9.2
od duše preko osjetila, 3.42
od početka života, 6.42
odlučnost u predanom služenju, **2.41,** 2.41, **2.44, 6.24–25, 6.45–46,** 7.30, 9.14, **9.30,** 9.30
odnos s Gospodinom u predanom služenju. *Pogledaj:* Kṛṣṇa, odnos s Njim
odricanje i predano služenje, **5.1–13,** 10.3, 13.8–12, 18.7–11
odvojenost i predano služenje, **2.47–51,** 3.28, 4.10, 6.14, 6.47, 14.27
pogledaj: Odvojenost
odvojenost putem predanog služenja, 7.1
osjetila pročišćena predanim služenjem, 12.9
osjetila upotrebljena u predanom služenju, 23, 2.58, **2.64, 5.8–11,** 6.18, 6.25–26, 8.8, 12.9, 13.8–12
oslobođenje putem predanog služenja. *Pogledaj:* Oslobođenje
„osnovno načelo" predanog služenja, 15.1
osobe, 4.11
osobnost i predano služenje, 14.26
ozbiljnost u, 15.6
pad s razine predanog služenja, 5.7, **9.3–4,** 9.22, **9.30**-9.31, 15.20
pobožne djelatnosti prethode, 6.45, **7.28**
pobožnih i svetih osoba, **7.28**
pogreške uz predano služenje, 9.30, **9.31,** 9.31
pomaganje pri predanom služenju, 12.10, **12.11**
poslije oslobođenja, 9.2, 18.55
poslovanje i predano služenje, 11.55
postojanost u predanom služenju, 6.23, **6.26,** 7.1, 7.30, 8.28, **9.22,** 10.1, **10.7–9,** 18.33
postupni proces, 4.10, 4.15, 4.24, 5.29, 10.10
postupno uzdizanje, preko viših planeta, 8.16
posvećeno Kṛṣṇinom obliku, 12.1, **12.2–4**
posvećeno Nad-duši, **6.31**
poteškoće u predanom služenju, 7.3, 9.3
poticaji za predano služenje, **7.16–18**
potpuno, **9.13,** 9.13, **14.26,** 14.26, 18.58
pogledaj: Čisto predano služenje

Predano služenje upućeno Svevišnjem Gospodinu (nastavak)
potreba za predanim služenjem, 3.29, 5.2, **15.20,** 15.20
pogledaj: Predano služenje, prednosti
povezivanje aktivnosti u predanom služenju, 3.28, 4.21, 5.11, 8.27
pravila predanog služenja, 9.14, **12.9,** 12.9, 13.8–12
nemogućnost slijeđenja, **12.10**
predano služenje mantranjem. *Pogledaj:* Mantranje u svjesnosti Kṛṣṇe
prednosti predanog služenja
bez obzira na pogreške, 7.20, 9.30, **9.31,** 9.31
buđenje izvornog odnosa s Gospodinom kao, 3
dostizanje bezgrešnosti kao, 15.20
dostizanje Brahmana kao, **14.26–27**
dostizanje dobrih osobina kao, 10.5, 13.8–12
dostizanje Kṛṣṇe kao, 19, 20, 22–23, 24–25, **8.5–8, 8.14–15, 8.22,** 8.22, 9.26, **9.33,** 9.34, **12.8,** 12.8, **18.65,** 18.65
dostizanje kvalitativne jednakosti s Gospodinom kao, 14.26
dostizanje postojanosti kao, **2.70,** 2.70
dostizanje samospoznaje kao, **3.3,** 3.3, **9.1**-9.2, 13.8–12, 16.22
dostizanje svega kao, **8.28,** 8.28
dostizanje svih ciljeva i dobrih rezultata kao 2.41, **8.28,** 8.28, 9.3
dostizanje višeg ukusa kao, 6.14
duhovno znanje kao, 2.25, 2.39, **4.38, 6.8–9,** 7.1, 7.3–4, 9.2, **10.10–11,** 15.11, **15.20**
izlječenje od materijalne bolesti kao, 4.24, 6.35
ljubav prema Bogu kao, 4.10, 10.9, 12.9
nema više dugova i obveza, 1.41, 2.38, 9.28
neustrašivost kao, **6.13–14,** 6.13–14
nikada izgubljeno, **2.40,** 2.40, 9.30
odvojenost kao, **2.70,** 2.70, 3.28, 4.10, 6.13–14, 6.35–36, 14.27, 18.55
oslobođenje dostizanjem Gospodinova prebivališta kao, 18, 19–20, 23–24, 2.39, **2.51,** 2.51, **7.23,** 7.23–24, 7.29, **8.8, 8.10, 8.13, 8.22,** 8.22, **8.28,** 8.28, **9.32,** 9.32, 10.9, **11.55,** 11.55, **18.55,** 18.55
oslobođenje kao, 18, 19, 25, **2.51,** 2.51, 2.72, 4.35, 5.2, 5.26, 7.14, **7.29,** 7.29, 8.6–7, **8.8, 8.10, 8.13,** 8.27, 10.12–13, **14.26,** 14.26, 15.1

Predano služenje upućeno Svevišnjem Gospodinu (nastavak)
prednosti predanog služenja (nastavak)
oslobođenje od reakcija kao, 2.21, 2.38, **2.50–51,** 4.14, 4.18, **4.19–22, 4.24, 5.7–14,** 9.2
oslobođenje od tjelesnog shvaćanja života kao, 14.22–25
ovladavanje osjetilima, 2.68, 5.26, 8.8
prestanak patnje kao, 5.26, 9.33
prestanak seljenja duše kao, 5.2
prestanak uznemirenja kao, **2.70,** 2.70
prestanak vezanosti kao, 2.49
prisnost s Gospodinom kao, 1.22
pročišćenje kao, 2.50, 3.9, 3.41, **4.24,** 4.24, **5.11,** 7.1, 7.16, 7.20, 9.2, **9.28,** 9.28, 9.30, **9.31,** 9.31, 10.11, 12.9, 13.8–12, 13.22, 14.27, 15.20, 18.55, 18.66, **18.71,** 18.71
prosvjetljenje kao, **9.1,** 9.2
razvijanje duhovnog tijela kao, 23
sjećanje na Kṛṣṇu uvijek kao, 1.24
sreća kao, 16, 2.39, 2.70, 4.18, 6.26, 6.35, 8.28, 9.2, 9.14, 12.7, **18.54,** 18.54
stječu se dobrobiti svih ostalih procesa, 12.6–7
svjesnost Kṛṣṇe kao, 23, 24, 8.5–8, 8.11–14, 8.27–28, 9.1, 12.8
trajno, **2.40,** 3.4–5
transcendiranje *guṇa* prirode kao, **14.26,** 14.26
vjera kao, 4.39, 8.28
vraćanje Bogu kao, 19, 20, 23–24, 2.39, **2.51,** 2.51, 8.8, **8.28,** 8.28, 10.9, **11.55,** 11.55
za pretke, 1.41
zadovoljavanje Kṛṣṇe kao, **7.17–18,** 11.55
zadovoljavanje polubogova kao, 9.23
zadovoljavanje svakoga kao, 2.41, 9.3
zadovoljstvo kao, 15, 7.30
zaštita kao, 2.21, **2.40–41,** 3.4, 7.17
znanje o Kṛṣṇi kao, 3.3–4, 7.24–25, 9.2, 9.4, 10.2–3, 11.52–53, **11.54,** 11.54, 13.16, **15.19,** 15.19, **18.55,** 18.55, 18.67
pri meditaciji. *Pogledaj:* Meditacija; Sjećanje u svjesnosti Kṛṣṇe
pri obožavanju Božanstva. *Pogledaj:* Obožavanje Božanstva
prilikom izgradnje hramova, 12.16
prilikom nuđenja hrane Gospodinu, 12.9, 17.10, 18.7
prilikom odavanja poštovanja Gospodinu, **9.34,** 9.34

Predano služenje upućeno Svevišnjem Gospodinu (nastavak)
primjeri predanog služenja, 12.9, 14.27
primjeri strogosti u predanom služenju, 12.16
pogledaj: Strogosti
pripadnost društvenoj klasi se ne uzima u obzir pri predanom služenju, **9.32–33**
procesi predanog služenja, 7.1, 11.55, 12.5, 12.9, 12.12, **12.20,** 18.55
Ambarīṣa Mahārāja i, 2.61, 6.18
devet procesa nabrojano, 2.61, 9.1, 9.22, 11.55
dva procesa, ovisno o privlačnosti prema Kṛṣṇi, 12.9
Kṛṣṇa objašnjava, **12.2–19**
pogledaj: određeni procesi
propisano predano služenje, **12.9–10,** 12.12
propovijedanje. *Pogledaj:* Propovijedanje svjesnosti Kṛṣṇe
putem *jñāna-yoge* dolazi se do, 12.5
putem propisanog djelovanja, **18.45–49**
rase u, 8.14
raspoloženje predavanja u, **5.10,** 5.10, 9.28
raznolikosti predanog služenja, 12.2
rezultati predanog služenja se mogu iskusiti, 9.2
rizik u predanom služenju, 13.8–12
s čistom ljubavlju, 10.9, 11.8
s ljubavlju, 9.2, **9.26,** 9.26, **10.10,** 10.10, 11.49
s materijalnom željom, **7.16–17, 7.20,** 7.20, 7.22, 7.29, 9.2–3
s odlučnošću, 6.24
s vojničkom disciplinom, 3.30
sa sadašnjeg položaja, **3.33**
sa željom za oslobođenjem, **7.29–30**
sakhyam. Pogledaj: Gospodin Kṛṣṇa, odnosi s Njim
samospoznaja putem predanog služenja, 13.8–12
sāṅkhya i predano služenje, 2.39, **5.4–6**
sāṅkhya-yoga kao, 2.39
sjećanjem. *Pogledaj:* Sjećanje u svjesnosti Kṛṣṇe
slavljenjem Gospodina. *Pogledaj:* Predano služenje, mantranjem
sluga i služeni su potrebni za predano služenje, 14.26
slušanjem. *Pogledaj:* Slušanje u svjesnosti Kṛṣṇe
služenje posvećeno *bhaktama* kao, 7.28, 9.2

Predano služenje upućeno Svevišnjem Gospodinu (nastavak)
smaraṇam. Pogledaj: Meditacija; Sjećanje u svjesnosti Kṛṣṇe
spisi kao upute za, 10.3
spolni užitak ometa, 5.21
spontano predano služenje, 8.28
stadiji predanog služenja, 4.10, 10.9, 18.55
śravaṇam. Pogledaj: Slušanje u svjesnosti Kṛṣṇe
tijekom života, 8.10
tijelom i osjetilima u uvjetovanom stanju, 12.9
u bilo kojim uvjetima života, 9.2, 9.14, 9.26, **9.32–33,** 11.55
u društvu *bhakta,* 14.27
pogledaj: Bhakte, druženje sa
u duhovnom svijetu, 2.72, 14.2
u hramu, 11.55, 17.26–27
u Kali-yugi, 9.27
u materijalnom svijetu, **9.30,** 9.30
u obiteljskom životu, 6.14, 13.8–12
pogledaj: Obiteljski život
u svjesnosti Kṛṣṇe, **18.57–58**
u usporedbi sa
impersonalizmom, **12.1–7,** 12.20
jñāna-yogom, 12.5
ostalim *yogama,* **6.47,** 6.47, 8.16, 9.2, 10.10, **12.5,** 12.5
plodonosnim djelovanjem, 2.38–40, **3.28–29**
u znanju, **7.17–19**
učeničko naslijeđe i predano služenje, 4.16
umom, 23, 3.42, 6.18, 6.34, 6.36
uspjeh u predanom služenju, 6.24
uspoređeno sa
biljkom, 10.9
hranjenjem trbuha, 5.7, 9.3, 9.23
jedenjem, 2.60, 6.35
mladim sirom, 4.24
održavanjem stroja, 4.21
poslovnim naporom, 12.10
sjemenom, 10.9
suncem, 15.20
višom silom, 2.69
zalijevanjem korijena, 2.41, 5.4, 5.7, 9.23
uzdizanje putem predanog služenja, 9.1
uzimanje *prasādama* kao, 9.2
vandanam. Pogledaj: Molitve
varṇāśrama obredi se transcendiraju putem, **8.28,** 8.28
vjera kroz predano služenje, 4.39, 7.30, 8.28
vjera u predano služenje, 3.31, 6.24, 9.3
vjernost predanom služenju, **9.3,** 9.3

Predano služenje upućeno Svevišnjem Gospodinu (nastavak)
- vrhovno odredište za svakoga u predanom služenju, **9.32,** 9.32
- vrste, 3.13, 8.14, 12.2
  - pet vrsta, 8.14
- za čitav život, 8.10
- za Kṛṣṇino zadovoljstvo, 2.64
- za svakoga, 9.14, 11.55
- za utjelovljene duše, 5.29
- zadovoljava svakoga, 2.41, 9.3
- zadovoljstvo putem predanog služenja, 15, 7.30
- zapreke u predanom služenju, 8.5, 8.14
- značenje predanog služenja, 14.26
- znači razmjenu ljubavi između Gospodina i *bhakte,* 14.26
- znanje o Kṛṣṇi završava u, **10.7–8,** 10.42, **15.19,** 15.19
- znanje putem predanog služenja, 15.11–12
- želja kao uzrok predanog služenja, **7.16–17**
- žrtvovanje u predanom služenju, 3.10, **3.13,** 3.14, **9.26–27,** 12.6–7
- *pogledaj:* Svjesnost Kṛṣṇe; Ljubav prema Bogu

Predavanje čistim *bhaktama,* 13.26

Predavanje Gospodinu, 2.53, 6.8
- Arjunino predavanje, 2.22
  - Gospodin je zahtijevao od njega, **3.30, 18.62**
- beba obećava, 7.15
- četiri vrste nitkova koji izbjegavaju predavanje, **7.15,** 7.15
- demoni i ateisti izbjegavaju, 9.12
- grešne posljedice se uklanjaju predavanjem, **18.66,** 18.66
- *guṇe* se transcendiraju predavanjem, **14.26**
- kao najviše znanje, **18.64–66,** 18.78
- kao pouka *Bhagavad-gīte,* 2.50, 4.7, 18.78
- kao prava *yoga,* 2.48
- kao pravi prirodni položaj živoga bića, 7.5, 18.73
- kao transcendentalno prema religiji, **18.66,** 18.66
- Khaṭvāṅga Mahārāje, 2.72
- kroz svjesnost Kṛṣṇe, 6.6
- Kṛṣṇa
  - daje upute u skladu s predavanjem, 1.15
  - glasno naređuje, 24
  - može se spoznati samo predavanjem, 10.2, 11.4
  - naređuje, **2.49, 15.3–4, 18.66**

Predavanje Gospodinu (nastavak)
- Kṛṣṇa (nastavak)
  - obećava zaštitu onima koji se predaju, **18.66,** 18.66
  - predavanje potiče Njegovu milost, **8.14,** 8.14
  - preporučuje, 18.63, **18.65–66**
  - uzvraća na predavanje, **4.11, 9.29,** 9.29
  - zahtijeva od Arjune, **18.62**
  - zahtijeva predavanje, **3.30**
- mentalitet predavanja, **3.30**
- mir putem predavanja, **5.12**
- nagrada prema predavanju, **4.11**
- nakon mnogo rođenja, 2.39, 12.3–4
- nema gubitka od predavanja, 6.40
- nema zapreka predavanju, **18.66,** 18.66
- neposredan proces predavanja, 12.12
- nevjernici izbjegavaju, **7.15,** 7.15
- nije potrebno bojati se predavanja, **18.66,** 18.66
- od strane obrazovanih i inteligentnih ljudi te vođa, 7.15
- odvojenost i predavanje, povratak Bogu putem, **15.3–5**
- odvojenost predavanjem, 15.3–4
- oslobođenje od utjecaja prirode, **9.13,** 9.13
- oslobođenje putem predavanja, 7.15, 9.11, 13.18
  - je lako, **7.14,** 7.14
  - jedino moguće, **7.14,** 7.14
- osoba postaje Kṛṣṇin instrument, 11.33
- povratak Bogu predavanjem, 9.28, **11.55,** 11.55
- predano služenje u predanosti, **5.10,** 5.10
- predavanje Gospodinovom planu, 11.33
- predavanje Gospodinu u kozmičkom obliku, **11.21**
- predavanje „nerođenom u Kṛṣṇi", 2.7
- predavanje polubogova kozmičkom obliku, **11.21**
- predavanje svega za Kṛṣṇino zadovoljstvo, 2.48, **2.49–54**
- prednosti predavanja, **5.12**
  - neustrašivost, 1.19
  - sloboda od dugova i obveza, 2.38
  - sloboda od posljedica, **3.31**
  - sloboda od uznemirenosti, 2.45
- prestanak patnje putem predavanja, 18.62
- prihvaćanjem povoljnih stvari, 10.4–5
- prijeka potreba predavanja, **15.3–4,** 15.6
- proces predavanja, **15.5,** 15.5, 18.66
- putem duhovnog znanja, 15.5
- putem znanja, **5.16–17, 7.19,** 7.19, **10.7,** 10.7, 18.73

Predavanje Gospodinu (nastavak)
raspoloženje predavanja, 9.28
rijetkost predavanja, **7.19**
savršeno znanje putem predavanja, **5.16–5.17**
simptomi predavanja, 10.9
sjećanjem na Gospodina, **18.65–66**
sreća putem predavanja, 3.30
trenutačno, ako je moguće, 2.72
u trenutku smrti, **2.72**
um je ojačan predavanjem, 3.42
uređujući život kako bi se sjećali Kṛṣṇe, 18.65
uvjeti potrebni za predavanje, **15.5,** 15.5
uz pomoć duhovnog učitelja, 2.39, 2.41, **4.34,** 4.34, 13.8–12
zapreke predavanju, **15.5,** 15.5
pogledaj: Predano služenje, čisto
Preljub, 1.40
pogledaj: Nezakonit seks
Prema. Pogledaj: Ljubav prema Bogu
Prevaranti i prevareni, 1.42
Prijateljstvo
Kṛṣṇe i Arjune. *Pogledaj:* Arjuna, Kṛṣṇa i njihov odnos
transcendentalno uspoređeno s materijalnim, 4
Prijevara, **18.28**
Primjena *tat tvam asi,* 4.9
Primjer, potreba za, **3.20–26**
Priroda
Kṛṣṇa upravlja njome, 6, 7
materijalna. *Pogledaj:* Materijalna priroda
Probava, 7.9, 7.15, **15.14,** 15.14
Pročišćavatelji, Kṛṣṇin predstavnik među njima, **10.31**
Pročišćenje, **16.1–3**
davanjem milostinje, 12.11
sva dobrobit od, **18.5,** 18.5
druženjem s *bhaktama,* 14.27
druženjem s transcendentalistima, 17.4
haṭha-yogom, 2.17
inteligencijom, **18.51–53**
iskupljenja radi, 1.43
izvršavanjem dužnosti, 3.7–8, 17.26–27, **18.6–11**
kao strogost uma, **17.16,** 17.16
kroz svjesnost Kṛṣṇe, 3.38, 3.41, 17.3
kao izravan proces, 17.28
kroz *varṇāśramu,* 16.22
kroz žrtvovanje, 3.11, 3.12-**3.13,** 3.14, **4.30–31,** 18.2
sve dobrobiti od, **18.5–7**
mantranjem Hare Kṛṣṇa, 9.31
Pročišćenje (nastavak)
Nad-duša uzrokuje, 2.61
obiteljske tradicije za, **1.38**-1.44
od materijalnih zrakova, 2.17
od želje za upravljanjem, 13.22
odgovarajuća hrana za, **17.8,** 17.10
odricanje i, 13, 3.8
odvojenošću od požude, ljutnje i pohlepe, 16.22
opažanjem Nad-duše u svemu, **13.29**
pokorama, **18.5–7**
postom, 17.6
postupno pročišćenje, 3.35, **16.22**
u usporedbi s izravnim procesom, 17.28
prasādamom, 3.11, 3.14
pravila spisa se moraju slijediti radi pročišćenja, **16.23,** 16.23
predanim služenjem, 13, **2.50–51,** 2.61, 3.9, **9.28,** 9.28, 10.11, 14.27, 15.20, 18.66
preobražavanje požude u ljubav, 3.37
procesi, svi su ohrabreni da ih prihvate, **18.4–7**
sannyāsa zahtijeva, 3.4
slijeđenjem pravila i propisa, 3.6
slušanjem
Bhagavad-gīte, **18.71,** 18.71
o Gospodinu, 18.55
od Gospodina, 13.22
stadiji pročišćenja, **16.22**
umiranjem na bojnom polju, 2.22
varṇāśrama za pročišćenje društva, 1.40, 1.42
vatrom, 2.24
vedskim obredima, 3.26
za pretke, **1.41,** 1.41
za *sannyāsīja,* ograničenja za, 16.1–3
pogledaj: Strogosti; Predano služenje; Uzdizanje; Samospoznaja
Proljeće, predstavlja Kṛṣṇu, **10.36**
Propisana načela, 18.78
kao „načela slobode", **2.64**
potreba za, 16.22, **16.23–24**
pročišćenje slijeđenjem propisanih načela, 16.22
uništavaju se neodgovornim djelovanjem, 18.25
pogledaj: Spisi, njihova pravila
Propovijedanje svjesnosti Kṛṣṇe, 3.13, 6.32, 9.2, 11.55, 15.10
autoriteti koje treba citirati pri, 17.15
Bhagavad-gītā i, **18.68–71,** 18.71
bogatstvo iskorišteno kao pomoć, 12.10
Caitanyino, 7.15, 18.54
dobrobiti od, **18.68**

Propovijedanje svjesnosti Kṛṣṇe (nastavak)
dužnost, 13.8–12
kao nenasilje, 13.8–12
koje vrše *sannyāsīji,* 4.1, 10.4–5, 16.1–3
Kṛṣṇa je zadovoljan sa, 11.55
milostinja se treba koristiti u svrhu, 11.54
otvoreno propovijedanje, 18.71
pomoć pri propovijedanju, 12.10
poticaj *bhakti* za propovijedanje, 11.55
potrebe u propovijedanju svjesnosti Kṛṣṇe, 12.10
rizici koje osoba prihvaća pri propovijedanju, 11.55
za dobrobit živih bića koja pate, 11.55
Propovjednici svjesnosti Kṛṣṇe. *Pogledaj: Bhakte*
Prosvjetljenje. *Pogledaj:* Predano služenje, prednosti; Spoznaja Boga; Svjesnost Kṛṣṇe; Pročišćenje; Samospoznaja
Prošenje, 10.5, 16.3
Pṛthā, njeni rođaci, 1.25
Ptice, Kṛṣṇa predstavljen među njima, **10.30**
Purāṇe, 3
kao povijesti, 21
njihova povijest, 21
Purujit, **1.5**
Puruṣa, 15.1
definiran, 4
duša kao, 13.20
Puruṣa-avatāra, 10.20
Puruṣa-bodhinī Upaniṣada, citirana u vezi Gospodinovih oblika, 4.9
Puruṣārtha definiran, 6.20–23
Puruṣottama, **8.1,** 8.1, **10.15,** 10.15, 11.3
Puruṣottama-yoga, 15.20
Putovanje prostorom, 16, 17

R

Rad (djelovanje)
dobrotvorno. *Pogledaj:* Dobrotvorni rad
duhovno, u usporedbi s materijalnim, 23–24
guṇe prirode i, **3.5,** 3.5, **4.13,** 4.13, 14.7, **14.16,** 14.16, **18.22, 18.23-**18.25
kao dužnost, **3.18–20**
kao način za početnika *yoge,* **6.3,** 6.3
kao ponuda Kṛṣṇi, **9.27–28**
Kṛṣṇa
nije vezan njime, **4.35,** 4.35
treba Ga se sjećati djelujući, 18.65
Rad (djelovanje) (nastavak)
lažno
odbijanje djelovanja nije podržano, **18.48,** 18.48
uspoređeno s vatrom prekrivenom dimom, **18.48,** 18.48
materijalistička filozofija djelovanja, 3.16
nečisto, u *guṇi* strasti, **18.27**
neodgovorno i razorno, u *guṇi* neznanja, **18.25,** 18.25
njegovi plodovi
bhaktino odricanje od, **5.12**
odvojenost od, **3.30, 5.3,** 6.40
predavanje plodova Gospodinu, **5.10,** 5.10
u svjesnosti Kṛṣṇe, 3.25
vezanost za, **5.12,** 6.40, 7.15
njegovi sastavni činitelji, 18.18
odricanje od, 3.43
kao nepravilno, **3.4–33**
u usporedbi s predanim služenjem, **5.1–13**
osobine djelovanja *brāhmaṇa, kṣatriya, vaiśya* i *śūdra,* **18.42–44**
plodonosni rad. *Pogledaj:* Plodonosne djelatnosti
po Kṛṣṇinoj uputi, 3.9
po uputama *Veda,* **3.15,** 3.15
pobožno djelovanje, 3.16
posljedice djelovanja
bhakta je transcendentalan prema, **5.7–14**
Gospodin je transcendentalan prema, **4.14,** 4.14
sloboda od, 4.14, **4.18–24**
spaljuje ih vatra znanja, **4.19**
pogledaj: Karma
poticaj za djelovanje, 18.18
potrebno je, **3.4–9**
povoljno i nepovoljno
odvojenost od, **18.10–11**
predano služenje je transcendentalno prema, 10.3
pravilno i pogrešno, **18.15,** 18.15
predano služenje ga pročišćava, **5.11**
predano služenje kao univerzalno djelovanje, 26
prema prirodi osobe
odricanje od takvog djelovanja nije podržano, **18.47–48**
u Kṛṣṇinu korist, 18.46–48
pročišćeno predanim služenjem, **5.11**
rad kao sastavni činitelj djelovanja, **18.18**
regulirani rad, **6.17**

Rad (djelovanje) (nastavak)
rezultati rada
odricanje od. *Pogledaj:* Odricanje
odvojenost od, **4.20–23, 5.12,** 11.55, **17.25,** 18.7–11
sloboda od, kroz svjesnost Kṛṣṇe, **9.28,** 9.28
u Kṛṣṇinu korist, **3.26,** 3.26, 18.46
vezanost za, u *guṇi* strasti, **18.27**
s vezanošću za rezultate, **18.27**
savršenstvo djelovanja, 3.19
savršenstvo putem, **18.45–46**
sloboda od posljedica
kroz svjesnost Kṛṣṇe, **4.18–24**
pogledaj: Oslobođenje
suptilni oblik, 18.18
svi činitelji, **18.18**
težak rad, u *guṇi* strasti, 13.23, **14.12,** 14.12
tijelo održavano djelovanjem, **3.8,** 3.8, 3.9
u *guṇi* neznanja, **18.22, 18.25,** 18.25
u *guṇi* strasti, 14.7, **18.27**
u odvojenosti, **4.18–24**
Gospodin se dostiže, **3.19**
u predanom služenju, **3.26,** 3.26, **4.19–23,** 5.1
pogledaj: Predano služenje
u svjesnosti Kṛṣṇe, **4.15–42,** 5.1-**5.29**
buddhi-yoga kao, 10.10
kao prijeko potrebno, **4.15–16**
u usporedbi s odricanjem od djelovanja, **6.1,** 6.1
pogledaj: Predano služenje
u znanju, 5.1
o Kṛṣṇi, **4.14–15**
„umjetnost djelovanja", 3.9
umom i inteligencijom, 23
uspoređeno s vatrom, **18.48,** 18.48
vezanost za djelovanje u *guṇi* neznanja, **18.22**
vezuje osobu, **18.30**
vrste djelovanja, žrtvovanje za svaku vrstu, **4.32–33**
za Gospodina, 17.23–25, 18.1, 18.6–11
za Kṛṣṇu
Kṛṣṇa ga preporučuje, **12.10**
njegov značaj, **18.57–58**
pogledaj: Predano služenje
za samospoznatog čovjeka, **3.17–19**
Rad za *śūdru,* **18.44**
Rādhārāṇī, 1–2
Radnici
koristoljubivi. *Pogledaj:* koristoljubivi radnici
u *guṇi* neznanja, **18.28**
u *guṇi* strasti, **18.27**
Radnici (nastavak)
u *guṇi* vrline, **18.26**
pogledaj: Śūdre
Rađanje, **10.28,** 10.28
Raghu dinastija, 4.1
Ragunātha dāsa Gosvāmī, 26
Rahūgaṇa (kralj) i Jaḍa Bharata, 6.43
Rāja-yoga, 6.47
Rājendra, 26
Rajski planeti
bhakte se uzdižu preko njih, 8.16
brāhmaṇe dostižu, 2.31
demonske osobe ih pokušavaju dostići, 16.16
Dhruvaloka kao poseban planet, 18.71
kralj rajskih planeta, 10.24
Nandana-kānana vrtovi na njima, 2.43
nevezanost za rajske planete, 11.55
osjetilno uživanje na njima, 2.43, **9.20–21**
pad s njih, 8.16, 8.19, **9.21**
patnje postoje i tamo, **8.16,** 8.17
predano služenje na rajskim planetima, 8.16
primjeri rajskih planeta, **9.20**
privremeno prebivalište na njima, 8.16, 8.19
proučavanje *Veda* radi dostizanja rajskih planeta, **9.20–21**
putem slušanja *Bhagavad-gīte,* **18.71,** 18.71
seljenje duše na rajske planete, 8.17, **9.20**
smrt postoji i tamo, 8.17
soma-rasa na njima, 2.43
svjesnost Kṛṣṇe na njima, 8.16
u usporedbi s duhovnim svijetom, 9.21
uzdizanje na, 2.8, 2.31, **14.14, 14.18**
Arjunino, **2.37**
milostinja radi uzdizanja, 17.21
za *kṣatriye,* 2.31, **2.32,** 2.32, **2.37**
žrtvovanje radi uzdizanja na rajske planete, 8.16
uzdizanje sa njih, 8.16
žrtvovanja za dostizanje rajskih planeta, 8.3, 18.71
Rakṣase, 9.25
pogledaj: Demoni
Rāmānujācārya, 2, 2.12, 7.24
citiran u vezi *sanātana-dharme,* 14
predan Gospodinu, 7.15
Rāma-rājya, 1.36
Rase
u predanom služenju, 8.14
pogledaj: Kṛṣṇa, odnos s Njim; Svevišnji Gospodin, odnos s Njim

Rat, 1.40
demoni mogu izazvati atomski rat, 16.9
kṣatriya i rat, 2.31, 2.32
na Kurukṣetri. *Pogledaj:* Bitka na Kurukṣetri; Bojno polje Kurukṣetra
nasilje je potrebno u njemu, 2.30
nepotreban rat, 2.27
opasnost od rata danas, 16.9
oružja, Kṛṣṇin predstavnik među njima, **10.28,** 10.28
pravedan, 2.21, 2.27
bitka na Kurukṣetri kao, 2.27
pravila za rat, među *kṣatriyama,* 1.45
s Gospodinovim odobrenjem, 2.30
smrt u ratu, 2.22
pogledaj: Bojno polje Kurukṣetra; Bitka na Kurukṣetri; Oružja
Ratnici. *Pogledaj:* Vojske; *Kṣatriye*
Rāvaṇa, 4.8, 7.15, 16.20
njegove stube, 16.16
protiv Hanumāna, 3.37
Rāma protiv njega, 1.20, 1.36
Razmjena na crnoj burzi, 16.3, 16.16
Razoritelji, Kṛṣṇin predstavnik među njima, **10.30**
Razumijevanje
u *guṇama* vrline, strasti i neznanja, **18.29–32**
u *guṇi* neznanja, **18.32,** 18.32
u *guṇi* strasti, **18.31**
u *guṇi* vrline, **18.30**
pogledaj: Znanje
Reinkarnacija. *Pogledaj:* Krug rođenja i smrti; Seljenje duše
Religija
Bhagavad-gītā
kao posljednja riječ religije, 18.78
objašnjava, 4.7
demonska religija, 16.4
duhovna u usporedbi s materijalnom, 17.11
duhovno znanje kao njeno savršenstvo, **9.2,** 9.2
Gospodin je autoritet za religiju, 4.7
gubljenje religije u obiteljskom životu, **1.39–43**
kao brāhmaṇska odlika, **18.42**
kao promjenjiva, 15
kao zaštita za žene, 1.40
knjige o religiji, 10.32
Kṛṣṇa silazi da je zaštiti, **4.7–8**
Kṛṣṇin primjer u odnosu na religiju, **3.22–24**
lažna religija, 7.15, 16.1–3
demona, 16.10, **16.17**
materijalna, 2.26, 13.8–12
u *guṇi* strasti, **18.34**
u usporedbi s duhovnom, 17.11
Religija (nastavak)
moralni zakonici religije, 3.16
načela religije
borba na polju religije, **2.31–33**
dužnosti prema njima, 2.31
Kṛṣṇa silazi kako bi ih ponovno uspostavio, 3.23, 10.13
nasilje i načela religije, 2.21, **2.31–33**
nedovoljni bez Kṛṣṇe, 2.8
njihov izvor, 4.16
njihova relativna važnost, 2.11
obveza osobe da ih slijedi, 1.38
opraštanje kao njezino načelo, 1.36
počinju s *varṇāśramom,* 4.7
ponude precima kao načelo religije, **1.41,** 1.41
potreba za njima, 7.15
preporučeni, 2.18
seks prema načelima religije, **7.11**
stariji su odgovorni za njih, 1.39
u *Manu-smṛti,* 7.15
u obiteljskom životu, 1.39–42
u *Parāśara-smṛti,* 2.32
ubijanje prema njima, 2.19, 2.21
varṇāśrama ih podržava, 1.39, 1.40
vladavina prema njima, 2.32
za čistoću, 2.14
za *kṣatriye,* 1.31, 2.14
za uzdizanje, 2.14
za žrtvovanje životinja, 2.31
zanemarivanje načela, 7.15
znanje putem načela religije, 2.14
pogledaj: Propisana načela; Vrlina
njezin otac, 1.1
njena materijalistička učenja, 17.7
njeno najviše načelo, 4.7
odbaciti je u Kṛṣṇinu korist, **18.66,** 18.66
Parāśara Munijevi zakonici o religiji, 2.32
predano služenje kao cilj religije, 9.2
predavanje Kṛṣṇi je iznad religije, **18.66,** 18.66
prema *guṇama* prirode, 17.4
razlike među religijama u različitim *yugama,* 8.17
religija i filozofija, potreba za objema, 3.3
religija se smatra nereligijom i obratno, u *guṇi* neznanja, **18.32,** 18.32
sektaška religija, 14
stupnjevi znanja o religiji, 4.7
svih
služenje kao, 15
pogledaj: Sanātana-dharma
svrha religije, 7.15
u analogiji banjana, 15.1

Religija (nastavak)
u sadašnjem dobu, 7.15
u suprotnosti s nereligijom, **18.32,** 18.32
u usporedbi sa *sanātana-dharmom,* 14–15
uspoređena s
matematikom, 4.7
Vede kao autoriteti za religiju, 4.7
vječna, 14
Kṛṣṇa kao njen održavatelj, **11.18**
pogledaj: Predano služenje; Svjesnost Kṛṣṇe; *Sanātana-dharma*
Rezervoari vode, Kṛṣṇa predstavljen među njima, **10.24**
Ṛg Veda, **9.17,** 9.17
citat u vezi
Gospodina Viṣṇua, 17.24
Gospodinova prebivališta, 18.62
oṁa, 17.23
ubijanja krava, 14.16
Ribe, Kṛṣṇa predstavljen među njima, **10.31**
Rijeka Ganga, 25, 6.11–12
predstavlja Kṛṣṇu, **10.31**
uspoređena s *Bhagavad-gītom,* 25
Rijeka Yamunā, 6.11–12
Rijeke
Kṛṣṇin predstavnik među njima, **10.31**
Rođenje
ciklus. *Pogledaj:* Krug rođenja i smrti; Seljenje duše
izbor planeta na kojemu se rađa, 12.6–7
Jaḍa Bharatino, 6.43
jedino za tijelo, **2.20,** 13.32
kao ljudsko biće, 2.40, **14.15–16**
kao životinje, 3.14, 8.3, 13.21, 13.22, **14.15,** 14.16, 15.8, 15.9, 16.1–3, **16.19–20**
Kṛṣṇa kao podrijetlo rađanja, **10.4–5,** 10.33, **14.3–4**
niže rođenje, 1.43, 9.12, **9.32,** 9.32, **14.15–16,** 16.4, **16.19–20**
odlučujući činitelji za rođenje
guṇe prirode kao **4.14–15, 4.18,** 4.18
karma iz prošlih života kao, 2.2, 2.18, 2.27
Kṛṣṇa kao, **10.4–5,** 10.33, **14.3–4**
misli u trenutku smrti kao, 19–22, **8.6,** 8.6
obožavanje polubogova kao, 17
viši autoriteti kao, 19
želja kao, 9.10, 13.22
odluke za rođenje, 19
pad prethodi rođenju, 8.3
patnja pri rođenju, 13.12
prestanak rađanja. *Pogledaj:* Oslobođenje
priroda nije uzrok rođenja, 14.3
Rođenje (nastavak)
rađanje u prirodi, Gospodin kao uzrok, **14.3–4**
rođenje na Suncu, 1.31
rođenje u ulozi koristoljubivog radnika, **4.15**
slijedi nakon smrti, 2.20, **2.27,** 2.27
transcendiranje rođenja, 2.46, 6.44, **9.32,** 9.32
u dobroj obitelji, **6.41–43,** 6.45
u dobrom društvenom sustavu, 1.40
umiranje počinje od rođenja, 10.34
uz Garbhādhāna-saṁskāru, 16.3
više rođenje, 1.31, 2.8, 2.20, 2.31, 2.40, 6.41, **6.42–43, 14.14**
za neuspjelog transcendentalistu, **6.41–43**
značenje rođenja, 10.5
pogledaj: Seljenje duše
Rudre
Gospodin kao njihovo podrijetlo, 10.8
Kṛṣṇin predstavnik među njima, **10.23**
njihov vođa, 10.23
u kozmičkom obliku, **11.6**
Rūpa Gosvāmī
Caitanya i on, 11.54
citiran u vezi
bhakte kao oslobođenog, 6.31
čistog predanog služenja, 11.55
odvojenosti i svjesnosti Kṛṣṇe, 8.27
svjesnosti Kṛṣṇe kao oslobođenja, 9.28
molitva upućena njemu, 1
njegov propovjednički rad, 1
odrekao se spavanja, 6.17
u učeničkom naslijeđu, 26

S

Sac-cid-ānanda, 19
Kṛṣṇa kao, 4.5
Kṛṣṇin oblik kao, 16, 9.11
Sadašnje doba. *Pogledaj:* Kali-yuga
Sādhye, **11.22**
Saguṇa obožavanje, 12.5
Sahadeva, **1.18**–1.19
Sakhyam u svjesnosti Kṛṣṇe. *Pogledaj:* Kṛṣṇa, odnos s Njim
Sāma Veda, **9.17,** 9.17, **10.22, 10.35,** 10.35
himne u njoj, **10.35,** 10.35
Kṛṣṇa je predstavljen njome, **10.22**

Samādhi, 1.24, 2.57, 6.10, **6.20–23,** 6.20.23, 6.25
definiran, 2.44
dvije vrste, 6.20–23
njegovo značenje, 2.53
putem svjesnosti Kṛṣṇe, 2.57, 8.12
pogledaj: Sjećanje u svjesnosti Kṛṣṇe; Meditacija
Samāna, 2.17
Samatā definirana, 10.4–5
Samoobrana, Arjuna odbija, **1.45**
Samoovladanost, **16.1–3**
čistog *bhakte,* **12.13–15**
kao brāhmaṇska odlika, **18.42**
kao strogost uma, **17.16,** 17.16
kao znanje, **13.8–12**
neophodnost samoovladanosti, 16.1–3
njeno značenje, 13.8–12
savršenstvo putem samoovladanosti, **18.49,** 18.49
za obiteljske ljude, 16.1–3
Samospoznaja, 2.28
definirana, 2.46, 2.71, 6.28
dobrobiti od nje, **16.20–23,** 16.20–23
dužnost se transcendira putem samospoznaje, **3.17–19**
dvije vrste, **3.3,** 3.3
ego i samospoznaja, 13.8–12
inteligencija za, 2.69
istraživanje za samospoznaju, 15.3–4
kao oslobođenje, 5.19
karakteristike samospoznate osobe, **18.54,** 18.54
kvalifikacije za samospoznaju, 1.46
ljudski život je namijenjen za, 10.4–5
mantranje Gospodinova imena kao najviša, 2.46
mir putem samospoznaje, 18.51–53
načini za dostizanje, 13.25
nadvladavanje stanja rođenja i smrti putem samospoznaje, **5.19**
najbolji proces za samospoznaju. *Pogledaj:* Predano služenje
najviša samospoznaja, 2.53
svjesnost Kṛṣṇe kao, 6.10
napredne alternative u samospoznaji, **12.8–12**
nezakoniti seks je zaustavlja, **3.34**
njen prvi stadij, kao Brahman stadij, 14.27
njen trans, **2.53–54**
njene prednosti, 18.51–53
njeni simptomi, **2.54-**2.61, 2.64–66, 2.68–72, 5.16–26, 6.8, 6.20–23, **18.54,** 18.54
njezina *brahma-bhūta* razina, 5.24, 18.51–54
Samospoznaja (nastavak)
odricanjem u svjesnosti Kṛṣṇe, 18.50
odvojenost i samospoznaja, 2.1, **16.22, 18.51-**18.54
odvojenost neophodna za samospoznaju, 2.1, **16.22**
osjetilno uživanje je ometa, 2.29, **3.34,** 6.36
oslobađa osobu straha, **4.10,** 4.10
ovladavanjem uma, 6.36
pad s razine samospoznaje
Arjunina pitanja o tome, **6.37–38**
njegovi uzroci, **6.37**
rezultati pada, **6.38–45**
sreća se gubi time, 6.38
postojanost u samospoznaji, **6.18–23**
postupci koji dovode do samospoznaje, 4.42
postupna, u usporedbi s izravnim procesom samospoznaje, 12.20
povratak Bogu samospoznajom, 5.19
požuda je uništava, **3.41**
predano služenje i samospoznaja, **3.3,** 3.3, 12.20
predavanje Kṛṣṇi kao savršenstvo samospoznaje, 18.78
prihvaćanje važnosti samospoznaje, **13.8–12**
procesi za samospoznaju, 3.16, 6.37, 12.20
putem *bhakti-yoge,* kao najbolja, 13.8–12
putem duhovnog znanja, **9.2,** 9.2
putem znanja, 2.1, 6.37, 7.17
putem *yoge,* 3.16
samādhi u samospoznaji, 2.44
seks i samospoznaja, 5.21
slušanjem o Gospodinu, 9.1–2
smetnje u samospoznaji, **3.18**
smirenost u samospoznaji, **5.18–19**
spoznaja Brahmana i samospoznaja. *Pogledaj:* Spoznaja Boga, spoznaja Brahmana i spoznaja Boga
sreća putem samospoznaje, **5.21–24, 16.20–23,** 16.20–23, **18.37**
stadiji samospoznaje, 13.1–2
napredak kroz njih, 7.19, 14.27
svjesnost Kṛṣṇe i samospoznaja, **6.27,** 6.30, 6.37
svjesnost u, 3.17
test samospoznaje, 5.21
tri metode za samospoznaju, 3.16, 6.37
ublažavanje patnje, **6.20–23,** 6.20–23
um utemeljen u samospoznaji, **2.53,** 2.53
uspoređena s izlaskom sunca, **5.16,** 5.16
Vede su namijenjene samospoznaji, 2.46
vladanje umom je potrebno za, **6.36**
vladanjem osjetilima, **4.27,** 4.27
zanemarivanje samospoznaje, 2.7

Samospoznaja (nastavak)
znanje
i samospoznaja, **6.8–9**
putem samospoznaje, **15.11–12**
samospoznate osobe, **5.16–17, 6.8–9**
želja za samospoznajom, 4.10
pogledaj: Svjesnost Kṛṣṇe; Oslobođenje
Samospoznate duše. *Pogledaj: Bhakte;* Oslobođene duše
Samprajñāta-samādhi, 6.20–23
Saṁsāra. Pogledaj: Krug rođenja i smrti; Seljenje duše
Saṁskāra, Garbhādhāna, 16.1–3
Sanaka-kumāra, 10.6
Sananda-kumāra, 10.6
Sanātana definirana, 13
Sanātana Gosvāmī
Caitanya i, 14
u učeničkom naslijeđu, 26
Sanātana-dharma, 14–16, 1.42
bez početka, 14
definirana, 14
detaljno opisana, 14–16
u usporedbi s religijom, 14–17
uspoređena s osnovnom prirodom, 14
pogledaj: Varṇāśrama-dharma sustav
Sanātana-kumāra, 10.6
Sanat-kumāra, 10.6
Sāndīpani Muni, 2.4
Sanjanje, 6.16, **18.35,** 18.35
Sañjaya, **2.9**
čuo je Kṛṣṇu neposredno, **18.75,** 18.75
Dhṛtarāṣṭra
i on, 11.12
njegova pitanja, **1.1,** 1.1, 18.74
Sañjaya ga je obeshrabrio, **18.78**
Sañjaya ga je upozorio, 1.18
kozmički oblik koji je vidio, 18.77
njegov duhovni učitelj, 1.1, 18.75, 18.78
njegova priča, **1.2–18.78**
njegova sreća, **18.76-**18.77
njegova vizija
na bojnom polju Kurukṣetri, 18.75
Vyāsadevinom milošću, 11.12, 18.75
njegove moći, 1.1
pokušao je opisati kozmički oblik, 11.12
slavi Kṛṣṇu i Arjunu, 18.73-**18.78**
u učeničkom naslijeđu, 18.75
Saṅkarṣaṇa, 8.22
Saṅkīrtana
Caitanya
je uveo, 3.12
preporučio je, 3.10
definirana, 4.8
Saṅkīrtana (nastavak)
kao *yajña* za sadašnje doba, 3.10, 3.12, 3.13, 3.14
propovijedanje *saṅkīrtane* kao prijeko potrebno, 3.13
pogledaj: Mantranje u svjesnosti Kṛṣṇe
Sannyāsa
Arjunino mišljenje o, 5.1
Caitanyina *sannyāsa,* 16.1–3
Gospodin definira, **18.2**
njezin cilj, 3.5
njezine teškoće, 2.15
njezino značenje, 10.3, **18.2**
odricanje u, **18.2**
potrebno je prethodno pročišćenje za *sannyāsu,* 3.4
uvjeti za *sannyāsu,* 3.4
za *kṣatriyu,* 2.31
pogledaj: Varṇāśrama-dharma sustav
Sannyāsa-yoga, 6.2
Sannyāsīji
bhakte kao *sannyāsīji,* 18.11, 18.49
bogatstvo i *sannyāsīji,* 16.1–3
Caitanyin primjer *sannyāsīja,* 16.1–3
djelovanje i, 5.6
duhovni učitelj i *sannyāsī,* 16.1–3
dvije vrste, 5.6
impersonalisti, 5.2, 5.6
u usporedbi s vaiṣṇava *sannyāsījima,* 5.6
kao *bhakte* koji sve nude Kṛṣṇi, 18.11
kao neustrašivi, 16.1–3
kao uznemirenje, ako nisu kvalificirani, 3.4
kuhanje i *sannyāsīji,* 18.7
materijalno vezani, 6.1
māyāvādī *sannyāsīji,* 5.2, 5.6
milostinja ponuđena njima, 10.4–5
njihova poniznost, 16.1–3
njihova vjera, 16.1–3
njihove kvalifikacije, 9.28
njihovo propovijedanje obiteljskim ljudima, 10.4–5
njihovo prošenje, 10.4–5
odricanje i *sannyāsīji,* 18.7
ovisni o Gospodinu, 16.1–3
propisi za njihovo pročišćenje, 16.1–3
propovijedanje namijenjeno, 16.1–3
trebaju izbjegavati želje (materijalne), 16.1–3
vaiṣṇava *sannyāsīji,* 5.6
vjenčanja i *sannyāsīji,* 18.5, 18.7
vjeruju Nad-duši, 16.1–3
žene i *sannyāsīji,* 16.1–3

Sanskrtski jezik, 10.33, 10.34
Sarva-gata, duša kao, 2.24
Sat, žrtvovanje, milostinja i pokore koje se vrše sa, **17.26–27,** 17.26–27
Sātvata-tantra, citat u vezi,
  Viṣṇuovih ekspanzija, 10.20
  Viṣṇuova stvaranja, 7.4
Sātyaki, **1.16**-1.19
Satyam
  definirano, 10.4–5
  pogledaj: Istinoljubivost
Satya-yuga, 8.17
Saumadatti, 1.8
Saumya-vapuḥ, Kṛṣṇin oblik kao, 11.50
Savršena bića
  kozmički oblik i, **11.21–23, 11.36**
  Kṛṣṇin predstavnik među njima, **10.26**
  pogledaj: Čisti *bhakte*
Savršenstvo
  putem potpune vjere u Kṛṣṇu i vladanja osjetilima, 4.39
  putem znanja o predanom služenju, **15.20,** 15.20
Savyasācī, Arjuna kao, **11.33**
Seks
  gađenje pri pomisli na seks, 2.60
  istraživanje o seksu, 13.8–12
  kao Kṛṣṇa ako je ispravan, 16.1–3
  kao *maithunya-āgāra,* 3.39
  kao potreba, 3.34
  kao središte djelovanja, 3.39
  kontracepcija i seks, 16.1–3
  nevezanost za seks, 5.21
    pogledaj: Odvojenost
  nezakonit, 3.34
    preljuba i nezakonit seks, 1.40
    zaštita od, 16.1–3
  njegovi okovi, 3.39
  pad zbog seksa, 2.60
  radi začeća dobrog djeteta, 16.1–3
  regulirani seks
    neophodan u obiteljskom životu, 16.1–3
    za začimanje djece svjesne Kṛṣṇe, 16.1–3
  religiozan seks, 10.28
    Kṛṣṇa kao, **7.11**
    predstavlja Kṛṣṇu, 10.28
  samospoznaja i seks, 5.21
  sreća od seksa, kao nektar na početku, a na kraju otrov, **18.38**
  svrha seksa, 7.11, 16.1–3
  u braku, 3.34
  u obiteljskom životu, 3.34
    regulirani, 16.1–3
Seks (nastavak)
  uspoređen sa zatvorskim rešetkama, 3.39
  vezanost za seks, 10.28
    izbjegavanje vezanosti, 3.34
    pogledaj: Vezanost
  zabrane u seksu, 3.34
  žrtvovanje u seksu, 4.26
  Yāmunācāryino mišljenje o seksu, 5.21
Seljenje duše, 2.13
  bhakta nije zainteresiran za, 12.6–7
  Bharata Mahārājino, 6.43, 8.6
  detaljno opisano, **2.13**-2.27
  duhovni napredak se nastavlja bez obzira na seljenje duše, 6.40, **6.43–45**
  Gospodin
    imun prema seljenju duše, 4.5, 4.6
    nadzire, **18.60**-18.61
    objašnjava ga, **2.13**-2.27
  iz *guṇe* vrline, 14.6
  kao krug rođenja i smrti, 9.21
    pogledaj: Krug rođenja i smrti
  kao patnja, 15.10
  kraj seljenja
    vraćanjem u Gospodinovo prebivalište, **8.15–16**
    pogledaj: Bog, povratak Njemu; Oslobođenje
  materijalisti produžavaju seljenje, 8.24–26
  misli u trenutku smrti određuju budućnost, **8.6,** 8.6
  na Brahmaloku, 8.17
  na Dhruvaloku, 18.71
  na Mjesečev planet, **8.25**
  na planet Zemlju s rajskih planeta, **9.21**
  na planete duhova, **9.25**
  na planete polubogova, 9.18
  na više i niže planete, 2.8, 6.41, **8.16,** 8.19
  na više planete, 6.41
    demoni pokušavaju otići, 16.16
    obožavanjem polubogova, **9.25**
    slušanjem *Gīte* na pravilan način, **18.71,** 18.71
  Nad-duša i seljenje duše, 2.22, **18.61–62**
  neovisnost živoga bića utječe na seljenje duše, 15.8
  neuspješnih transcendentalista, **6.41–43**
  neuspješnog *yogīja,* **6.41–43**
  neznanje produžava, 2.51
  od ubojice do žrtve, 14.16
  osjetilno uživanje ga produžava, 5.2
  patnja se nastavlja seljenjem duše, 2.8
  pod upravom autoriteta, 20–21
  prema
    dodiru s materijom, 15.16

Seljenje duše (nastavak)
druženju s *guṇama* prirode, **13.22,** 13.22
Gospodinova uprava nad, **16.19**-16.20
guṇama prirode, **14.14–16, 14.18,** 14.18
karmi, 15.8
mislima u trenutku smrti, **8.6–7**
Nad-duši, **18.60–62**
neovisnosti živog bića, 15.8
proticanju vremena, **8.23–26**
svjesnosti, **15.8**-15.9
utjecaju prirode, **13.22,** 13.22
želji, **8.6–7,** 13.22
proces seljenja, **15.8**-15.19, 16.19
s viših planeta, 8.16, **9.21**
samospoznate duše nisu zbunjene promjenom tijela, **2.13**
seljenje demona u niže vrste, **16.19–20**
suptilno tijelo i seljenje duše, 15.8
u brāhmaṇsku obitelj, 6.41, 6.42, 6.43
u dobru obitelj, **6.41–43,** 6.45
u duhovni svijet, 15.8
u ljudski oblik života, 2.40, 14.15
u niže vrste, 8.3, **14.15–16**
u obitelji transcendentalista, **6.42–43**
u oblik poluboga, 15.8, 15.9
u različite vrste, 8.3
u sadašnjem tijelu, **2.13,** 13.1–2
u životinjsko tijelo, 13.21, 13.22, 15.8, 15.9, 16.1–3
ubijene životinje, 14.16, 14.17
uspoređeno s
kretanjem kotača vrtuljka, 9.21
lutanjem s grane na granu, 15.1
mijenjanjem odjeće, 8, **2.22,** 13.22
rastom, **2.13,** 2.22
uzroci seljenja duše
zaboravljanje Gospodina, 2.22
vrijednost seljenja duše, 2.13
vrste uređene za seljenje duše, 16.19
znanje i neznanje o seljenju duše, **15.10–11**
želje utječu na seljenje duše, **8.6,** 8.6, 13.22
životinja, 16.1–3
yoga se nastavlja tijekom seljenja duše, **6.41–45**
yogī upravlja seljenjem duše, 12.6–7
pogledaj: Krug rođenja i smrti; Seljenje duše, prema
Siddhe, bili su svjedoci na bojnom polju Kurukṣetri, 11.36
Siddhiji, 6.23
Simptomi zanosa, 1.29
Sītā-devī, 1.20
njen otac, 3.20
Rāma i Sītādevī, 1.36
Sjaj, predstavlja Kṛṣṇu, **10.36**
Sjećanje i zaborav
Gospodin i Nad-duša kao njihov izvor, **15.15,** 15.15
pogledaj: Znanje
Sjećanje u svjesnosti Kṛṣṇe, 2.48, 6.3, 6.10, 6.19, 6.31, 7.28, **8.5–10**
disciplina sjećanja, 8.8
kao učenje *Bhagavad-gīte,* 22–23
Kṛṣṇa savjetuje i poučava, 21–23, **12.8, 18.65,** 18.65
Kṛṣṇa se dostiže sjećanjem, 22–23, **8.5–8**
Kṛṣṇina oblika, 19, 18.65
Mādhavendre Purīja, 2.52
mantranjem Hare Kṛṣṇa, 22–23, 8.5–8, 8.11–13, 8.14, 9.27
na Gospodina u srcu, **6.13–14**
neprekidno sjećanje, **8.14,** 8.14
oslobođenje putem sjećanja, 19, 21, 5.26, **8.8, 8.10, 8.13,** 10.12–13
prednosti sjećanja, 19–21, 22, 1.24, 2.52, 10.12–13
primjer Ambarīṣe Mahārāje, 6.18
proces sjećanja, 8.5–7, **8.9,** 8.9, 18.65
proces za neprekidno, 22–24
s ljubavlju, 22, 9.34
s motivom oslobođenja, 7.29
sjećanje i meditacija, 2.61
u *samādhiju,* 2.53, 6.10
u vrijeme smrti, 19, 20, 21, **8.2,** 8.2, **8.5–6**
vraćanje Bogu putem sjećanja, **8.8, 8.10, 8.13**
zajedno s propisanim dužnostima, **8.7**
značenje sjećanja, 22–24, **8.5–6, 8.8–9, 18.64**
pogledaj: Meditacija
Sjeme, Kṛṣṇa kao izvorno sjeme cjelokupnog postojanja, **7.10**
Skanda
njegovi roditelji, 10.24
predstavlja Kṛṣṇu, 10.24
Skromnost, **16.1–3,** 16.1–3
pogledaj: Poniznost
Slava
Kṛṣṇa kao izvor slave, **10.4–5**
Kṛṣṇa predstavlja, **10.34,** 10.34
za *kṣatriyu,* 2.2
značenje, 10.4–5
Slobodna volja i neovisnost, 7.37, 4.14, 5.15, 7.21, 13.23, 15.7–8, **18.63,** 18.63, 18.78

Slonovi, Kṛṣṇa je predstavljen među njima, **10.27,** 10.27
Slovo *A,* predstavlja Kṛṣṇu, **10.33,** 10.33
Složenice, Kṛṣṇa predstavljen među njima, **10.33,** 10.33
Slušanje u svjesnosti Kṛṣṇe, 7.1, 18.55
brahmacārījevo, 4.26
Caitanya preporučuje, 7.15, 13.26
duša se shvaća slušanjem, 2.25
Hare Kṛṣṇa *mantra* i slušanje, 13.26
iznova i iznova, 2.25
kao najlakši proces predanog služenja, 23
kao savršen proces za ludi um, 6.35
koristoljubivi radnici izbjegavaju slušanje, 7.15
Kṛṣṇa se shvaća slušanjem, 9.2, 10.2, 11.52
Mahārāje Ambarīṣe, 2.61
materijalisti odbacuju slušanje, 7.15
moć slušanja, 9.1
nemotivirano slušanje, 1.1
od duhovnog učitelja, 16.1–3
prednosti slušanja, 23–25, 2.22, 6.35, **9.1**-9.2, 13.22, **13.26,** 18.76
pročišćenje slušanjem, 7.1, 13.22, 18.55, **18.71,** 18.71
prosvjetljenje slušanjem, 2.20, **9.1**-9.2
pruža zadovoljstvo, 10.9, **10.18,** 10.18
samospoznaja slušanjem, **9.1**-9.2
sjećanje i druženje s Gospodinom slijede slušanje, 23–24
slušanje *Bhagavad-gīte,* 2–6, 11–12, 24–25, 1.1, 2.20, 2.22, 2.29, **4.1**-4.5, 4.42, 8.28, 12.9, **18.67, 18.71,** 18.71, 18.76
slušanje i mantranje, 8.8, 9.2, 9.14, **10.9,** 10.19, 12.20, 13.8–12, 14.27
slušanje inspirira osobu da obožava Gospodina, **13.26**
slušanje od autoriteta, 1.43, **13.26,** 15.19
slušanje od *bhakta,* 8.15, 9.2, 12.9
slušanje od Kṛṣṇe, 2.20, 2.29, 4.4
Śrīmad-Bhāgavatam i slušanje, 12.9
u društvu *bhakta,* 9.1, 10.1
u usporedbi sa svjetovnim slušanjem, 10.18
ukus za slušanje, 4.10
uspoređeno s kupanjem u Gangi, 25
važnost slušanja, 7.1, 7.15, 10.1, 13.26
Služenje drugih, kao posao *śūdra,* **18.44**
Služenje Gospodina. *Pogledaj:* Predano služenje
Smirenost, **10.4–5,** 10.4–5, **12.10**-12.19, **16.1–3**
bhakte i smirenost, 11.49
formula za smirenost, 5.29
Smirenost (nastavak)
impersonalista, **12.3–4**
kao brāhmaṇska odlika, **18.42**
kao vrlina, **12.10–20**
kroz duhovno znanje, 4.38-**4.39**
Kṛṣṇa nudi Duryodhani mir, 11.47
mogućnost mira između Pāṇḍava i Kurua, 1.22–23
njezino osnovno načelo, 2.71
osjetilno uživanje i smirenost, **2.70,** 2.70
osoba je dostiže kada nema želja, **2.70–71**
poznavanjem Gospodina, 15.17
predanim služenjem, **9.31**
predavanjem Gospodinu, **5.12, 18.62**
prilika za, 14.17
putem Gospodinova pogleda, **18.62**
putem odvojenosti, **2.70–71,** 18.51–53
samo putem odvojenosti i vladanja osjetilima, **2.70–71**
putem samospoznaje, **18.51–53,** 18.51–53
putem svjesnosti Kṛṣṇe, 2.71, 4.38, **5.12, 5.29**
putem znanja i vladanja osjetilima, 4.39
sreća zbog, **2.66,** 2.66
svjesnost Kṛṣṇe
je neophodna za smirenost, **2.66,** 2.66
jedino jamstvo za smirenost, 2.8
transcendiranjem *guṇa* prirode, **14.22–25**
značenje, 10.4–5
pogledaj: Brahman
Smrt
Bhīṣmadevina smrt, 2.30
Brahmina smrt, 9.7
Droṇācāryina, 2.26, 2.30
dva načina, **8.26**
jadikovanje je nepotrebno u trenutku smrti, **3.25–30**
kao promjena tijela, 2.20
kao sudbina *kṣatriya* na Kurukṣetri, 1.16–18
kazna u obliku smrti, 1.36, 2.21, 14.16
Kṛṣṇa kao personificirana smrt, **9.19**
Kṛṣṇa kao podrijetlo smrti, **10.4–5**
Kṛṣṇa kao smrt, **10.34**
krug smrti. *Pogledaj:* Krug rođenja i smrti; Seljenje duše
Mahārāje Bharate, 8.6
misli transcendentalista u vrijeme smrti, 19–20
misli u vrijeme smrti određuju budućnost, 19–20, **8.6–7**
molitva za smrt, 8.2
odredište nakon smrti, 21–22
odvojenost u vrijeme smrti rođaka, 6.23

Smrt (nastavak)
oslobođenje od smrti. *Pogledaj:* Oslobođenje
patnja u vrijeme smrti, 8.2, 13.12
odvojenost od, **8.27**
svladavanje, 8.23–24
počinje rođenjem, 10.34
pokajanje za nadolazeću smrt, 1.43
postoji također na višim planetima, **8.16,** 8.17
predodređena na Kurukṣetri, 1.9, 1.16–18, 1.35
primjena *yoge* u trenutku smrti, **8.10**
pročišćenje kroz smrt, 2.22
reakcije nagomilane nakon smrti, **18.12**
rezultat prerane smrti, 16.3
rođenje slijedi nakon, 2.20, **2.27–28**
sjećanje na Gospodina u trenutku smrti, **7.30,** 8.2, **8.5–7, 8.10**
starijih članova obitelji, 1.39
svjesnost Kṛṣṇe u trenutku smrti, **7.30**
transcendira se predanim služenjem, **8.27**
u bici, 2.22
u obitelji, 6.23
uspoređena s gubitkom kemikalija, 2.26
utječe samo na tijelo, **2.18–21**
uzdizanje u trenutku smrti, 1.31, 2.8, 2.22, 2.31, 2.40, 6.41, **6.42–43, 14.14**
guṇa prirode koja prevladava u trenutku smrti, **14.14–16**
vezanosti u trenutku smrti. *Pogledaj:* Vezanosti
vrijeme smrti
astrološko razmatranje vremena, **8.24–26**
Bharata Mahārāja u vrijeme smrti, 8.6
duša u vrijeme smrti, 2.17, **2.20,** 2.39, 13.31
mantranje Hare Kṛṣṇa u vrijeme smrti, 8.2, 8.13
odgađanje, 16.11–12
rođenje ovisi o svjesnosti u vrijeme smrti, **2.72, 15.8–9**
uznemirenosti u vrijeme smrti, 8.2
važnost vremena smrti, **8.23–27**
za *bhakte,* 8.23–24, **8.27,** 12.6–7
za Duryodhanu, 1.10
za *kṣatriyu,* 2.22
za *yogīje,* **8.23–26**
zaborav neizbježnosti smrti, 14.8
pogledaj: Ubijanje životinja; Ubijanje; Seljenje duše
Smṛti-śāstra citat o tome da je Viṣṇu jedan ali sveprožimajući, 6.31
Snaga
demoni su ponosni na, **16.18**
hrana za stjecanje snage, **17.8**
odvojenost od, **18.51–53**
predstavlja Kṛṣṇu, **10.36**
Snalažljivost, kao kṣatriyska osobina, **18.43**
Snažni ljudi
Kṛṣṇin predstavnik među njima, **10.36**
pogledaj: Kṣatriye; određeni ljudi
Snošljivost, 2.14–15, 8.5, 10.4–5, **11.44, 13.8-**13.12, 16.1–3
Arjuna pita Kṛṣṇu da razvije, **11.44**
definirana, 13.8–12
kao brāhmaṇska odlika, **18.42**
kod čistih *bhakta,* **12.13–15**
starijih, **11.44**
Somadatta, **1.8,** 1.26
Soma-rasa (*soma* napitak), 2.43, 8.25, **9.20**
Spavanje
Arjuna je nadjačao, 1.24
guṇa neznanja i spavanje, 1.24, **14.8, 18.35,** 18.35, **18.39,** 18.39
odlučnost za, **18.35,** 18.35
odricanje od, 6.17
odvojenost od, 6.17
prekomjerno, 6.16, 6.17
reguliranje spavanja, **6.16–17**
sreća od, **18.39,** 18.39
svladavanje spavanja, 1.24
u duhovnom životu, **6.16,** 6.16
u svjesnosti Kṛṣṇe, 6.17
vezanost za spavanje, 6.16
kao *guṇa* neznanja, 18.35
Spekulacija, 3.3, 6.8
ateistička, 10.15
bezlična spoznaja Boga putem spekulacije, 10.2
demonska, 16.8
filozofska, 3.3, 3.43
Bhagavad-gītā nije filozofska spekulacija, 4.1, 4.2
spekulacija impersonalista, 4.25
u usporedbi sa svjesnošću Kṛṣṇe, **3.3,** 3.3
Gospodin se ne može upoznati spekulacijom, 7.24, 8.9, 10.11, 11.4
impersonalistička, 5.6
Kṛṣṇa se ne može spoznati spekuliranjem, 11.52
o Gospodinu i živim bićima, 15.19
polubogova i mudraca, **10.2,** 10.2
razočaranje zbog spekulacije, 4.10
spekulacija *māyayāpahṛta-jñānīja,* **7.15,** 7.15
spekulacija *munija,* 2.56
svjesnost Kṛṣṇe i spekuliranje, 5.6
transcendiranje spekulacije, 2.56
u vezi *Bhagavad-gīte,* 11.54

Spisi
autoritet za dužnosti, **16.24,** 16.24
Bhagavad-gītā je najbolji među njima, 4.40
citiranje spisa kao autoritet, 17.15
Gospodin ih citira, **18.4, 18.13**
impersonalistički spisi, 5.6
inkarnacije koje su pretkazane u njima, 4.7
kao autoritet, 13.5
za vođe i učitelje, 3.21
Kṛṣṇa je prihvaćen kao Gospodin u njima, 2–3
Kṛṣṇina nadmoć je podržana u njima, 10.7–8
nemaju nedostatke, 16.24
njihovi propisi, **16.24,** 16.24
demoni ih ne slijede, 16.7
narušeni svjesno, 16.23
nepoštovanje propisa u *guṇi* neznanja, **18.28**
njihovi sljedbenici, 6.40
njihovo zanemarivanje, **17.1–3, 17.6,** 17.6
postovi za dostizanje političkih ciljeva i, 17.6
prijeka potreba za slijeđenjem propisa, 16.22, **16.23–24,** 17.6
rad ocijenjen prema propisima, 18.15
uništeni su neodgovornim djelovanjem, 18.25
za post, 17.5–6
za žrtvovanje, milostinju i pokore, **17.25**
zahtijeva se pokoravanje njima, 17.15, 18.30
žrtvovanje izvan propisa spisa, **17.13**
pogledaj: Propisana načela
o Gospodinu saznajemo iz njih, 10.7
obožavanje polubogova je preporučeno u njima, 7.21
predano služenje prema njihovim naredbama, 10.3
pretkazuju Caitanyu, 4.8
primjeri spisa, 10.32
univerzalna načela, *Bhagavad-gītā* kao, 24, 1.1
uvjetovane duše nisu njihovi autori, 2.12
vođe i učitelji ih moraju slijediti, 3.21
znanje o Gospodinu u njima, 8.9
pogledaj: Bhagavad-gītā; Śrīmad-Bhāgavatam; Vede; Vedska književnost
Sportovi, 13.8–12
Spoznaja Boga
ānanda-maya stadij spoznaje, 13.5
anna-maya stadij spoznaje, 13.5
Bhagavān stadij spoznaje, 2.2, 13.12
sve vrste. *Pogledaj:* Spoznaja Boga, stadiji spoznaje
svi mogu dostići, 24, 10.17
Spoznaja Brahmana. *Pogledaj:* Spoznaja Boga
Spoznaja. *Pogledaj:* Spoznaja Boga; Svjesnost Kṛṣṇe; Samospoznaja
Srce
Gospodin u srcu. *Pogledaj:* Nad-duša
pogledaj: Materijalno tijelo, srce tijela
Sreća
Arjunina briga o sreći, 13, 2.39
bogatstvo i sreća, **2.8,** 2.8
djelovanje za sreću u obiteljskom životu, 13.8–12
duhovna sreća, 10.4–5
putem predanog služenja, 6.25–26, 6.35, 8.28, 9.2, **10.9,** 10.9, **10.18–19, 11.36,** 13.22
putem samospoznaje, **6.20–23,** 6.20–23
savršenstvo sreće, **6.27**
slušanjem Gospodinova imena, **11.36**
uspoređena s materijalnom srećom, 5.22, 5.24, 6.38
impersonalizam i sreća, 5.6, 6.20–23
kao Gospodinova milost, 2.56
kao Kṛṣṇina milost, 2.56
kao privremena, **2.14**
kao rezultat *karme,* 8
koja nastaje zadovoljavanjem spolne želje, **18.38**
kreacija daje uvjete za sreću, 3.10
kroz odvojenost, 6.7
kroz predano služenje, 7.30, 9.2
uspoređena sa zadovoljstvom od jedenja, 6.35
pogledaj: Sreća, duhovna
kroz spavanje i lijenost, **18.39,** 18.39
Kṛṣṇa je potreban za sreću, 3.30
Kṛṣṇina sreća, 1.22
materijalna sreća, 3.40
Arjunina zabrinutost za, **1.31–36,** 1.36
bijede je prate, 14.16
kao neprijatelj, 3.39
kao osjetilno uživanje, 2.39
kao privremena, 1.36, 2.69, **5.22**
kao žvakanje prožvakanog, 18.36
na rajskim planetima, **2.42–43,** 2.42–43
odvojenost od materijalne sreće, **5.20, 12.13–19,** 13.8–12
seljenje duše daje mogućnosti za materijalnu sreću, 2.13
uspoređena s duhovnom srećom, 5.22, 5.24, 6.38
uzrok materijalne sreće, 1.31, 1.32–35, **10.4–5, 13.21–22**
materijalne želje su zapreka, 2.70

Sreća (nastavak)
mir je potreban za sreću, **2.66,** 2.66
na *brahma-bhūta* razini, 18.63
na Mjesecu, 8.25
na rajskim planetima, **9.20**
na razini Brahmana, **14.27,** 14.27
najviša sreća, 4.31
nedostaje u materijalnom svijetu, 18, 2.51
neograničena u samospoznaji, **6.20–23**
nevezanost za sreću, 2.15, 2.38
nevjerni nemaju sreće, **4.40**
nije moguća odvojeno od Gospodina, 15
od osjetilnog uživanja, 3.39, **18.38**
odricanje samo po sebi ne može donijeti sreću, **5.6,** 5.6
osjetilna sreća. *Pogledaj:* Osjetilno uživanje
pareśānubhūti, 6.35
plodonosne djelatnosti ne mogu donijeti sreću, 2.51
podrijetlo sreće, **10.4–5**
predstavlja Kṛṣṇu, **10.34,** 10.34
prehrambeni proizvodi za sreću, **17.8**
propisi su potrebni za, **16.23,** 16.23
putem duhovnog znanja, **9.2**
putem duhovnog života, 2.69
putem odricanja, **5.13**
putem pokora, 5.22
putem pročišćenih djelatnosti, 9–10
putem samospoznaje, **5.21–24, 6.20–23,** 6.20–23
putem spoznaje Boga, **18.54,** 18.54
putem suradnje s Gospodinom, 10–11
putem svjesnosti Kṛṣṇe, **5.21,** 6.20–23, **6.27,** 6.32, 8.28, 9.33, 18.76
putem vladanja osjetilima, **5.23**
putem znanja o Kṛṣṇi, 6.32
putem žrtvovanja, **3.10–12, 4.31,** 4.31
putem *yoge,* 6.4, **6.20–23,** 6.20–23, **6.27–29**
Sañjayina sreća, **18.77,** 18.77
slijeđenjem Arjuninih stopa, 18.74
služenjem vrhovnog uživatelja, 10–11
sreća čistog *bhakte,* **18.54,** 18.54
sreća u procesu samospoznaje kao otrov na početku, a na kraju nektar, **18.37**
standard sreće, 6.25–26
transcendiranjem *guṇa* prirode, **14.20**
tri vrste, prema *guṇama* prirode, **18.36–39**
u *guṇama* vrline, strasti i neznanja, **18.36–39**
u *guṇi* neznanja, **18.39,** 18.39
u *guṇi* strasti, **18.38**
u *guṇi* vrline, 14.17, **18.37**
u *guṇi* vrline, **14.6,** 14.6
kao otrov na početku, a onda nektar, **18.37**

Sreća (nastavak)
u iluziji, **18.39,** 18.39
u *samādhiju,* **6.20–23,** 6.20–23
unutarnja sreća, **5.21, 5.24**
uspoređena sa
godišnjim dobima, 2.14
nektarom ili otrovom, 18.37–38
uzrok sreće, 6.32
vrata tijela i sreća, 14.11
za *bhakte,* **5.21–24**
za *kṣatriyu,* **2.32,** 2.32
za oslobođenu dušu, **5.24**
za transcendentaliste, 5.22
pogledaj: Osjetilno uživanje; Patnja, prestanak patnje
Starije osobe. *Pogledaj:* Obiteljski život, stariji članovi obitelji
Starost, 13.8–12
Sterilizacija vatrom, 2.24
Sthita-dhīr muni, 2.56
Stotra-ratna, citat u vezi
munija, 2.56
znanja o Gospodinu, 7.24
Strah, 1.29, **2.56, 10.4–5,** 10.4–5, **18.35**
Kṛṣṇa kao podrijetlo straha, **10.4–5**
od predavanja Gospodinu, **18.66,** 18.66
Strogosti, 11.48, **16.1–3**
brahmacārīja, **4.26,** 4.26, 8.28
candrāyaṇa, 4.28
govora, vrste strogosti govora, **17.15,** 17.15
kao brāhmaṇska osobina, **18.42**
kao brāhmaṇske djelatnosti, **18.42**
kao kvalifikacija za povjerljivo znanje, **18.67**
kao ponuda Kṛṣṇi, **9.27,** 9.27
kao žrtvovanje, 2.29, **4.28,** 4.28
podrijetlo strogosti, Kṛṣṇa kao, **10.4–5**
post kao strogost, 9.14, 10.5
potreba za strogostima, 16.3
potrebne u duhovnom životu, 16.3
pri kupanju, 2.14, 2.52, 10.5, 12.16, 13.8–12
pri slušanju, 4.26
svjesnost Kṛṣṇe i strogosti, 2.52, 6.40, **9.27–28,** 12.9
teške, neovlaštene, **17.5–6,** 17.5–6
u *guṇama* vrline, strasti i neznanja, **17.7, 17.17–19,** 17.23
u *guṇi* neznanja, 10.5, **17.19**
u *guṇi* strasti, **17.18,** 17.18
u *guṇi* vrline, **17.17**
u jedenju, 4.28
u kuhanju, **8.28,** 8.28
u obiteljskom životu, 4.26
vrste, **17.14,** 17.14

Strogosti (nastavak)
u povučenom redu života, 16.3
uma, **17.16,** 17.16
ustajanje rano ujutro kao strogost, 2.52, 10.5, 12.16, 18.8
vānaprasthe, 8.28
vrste strogosti, podrobnije, **17.14–19**
vrste tjelesnih strogosti, **17.14,** 17.14
za Cāturmāsyu, 4.28
za Kṛṣṇu, **17.17**
za spoznaju Boga, 2.29
značenje strogosti, 10.5
pogledaj: Brahmacarya; Celibat; Odricanje
Strpljenje, 12.19
definirano, 10.34
predstavlja Kṛṣṇu, **10.34,** 10.34
Stvaralačko načelo, Kṛṣṇa je predstavljen kao, **10.34,** 10.34
Stvaratelji
Kṛṣṇin predstavnik među njima, **10.33–34**
pogledaj: Brahmā; Kṛṣṇa
Subala Upaniṣada citirana u vezi Gospodina kao Nad-duše svemira, 10.20
Subhadrā, njezin sin, **1.6, 1.16-**1.19
Sughoṣa školjka, **1.16–18**
Sukham definirana, 10.4–5
Sukṛtinaḥ, četiri vrste, **7.16,** 7.16
Sumnje
Arjunine sumnje, 8.2
oslobođenje od sumnji i zbunjenosti, **10.4–5**
pogledaj: Arjuna, njegova pitanja
Sunce(a), 17, 15.6
bog Sunca, 4.1
pogledaj: Vivasvān
broj sunaca u svemiru, 10.21, 15.12
Gospodin upravlja njime, 4.1
kao Gospodinovo oko, 4.1, 9.6
kao podrijetlo drugih planeta, 4.1
njegov sjaj, **15.12,** 15.12
njegova svjetlost potječe od Kṛṣṇe, **15.12,** 15.12
njegovo kretanje, 9.6
njegovo značenje, 15.12
obožavanje polubroga Sunca, 7.20, 7.21
ovisi o Kṛṣṇi, 10.42
predstavlja Kṛṣṇu, **10.21**
rođenje na Suncu, 18, 1.31
sunčeva svjetlost, **7.8,** 7.8, 13.18, **15.12,** 15.12
u kozmičkom obliku, 8.4, **11.19**
živa bića na njemu, 2.24
Supruga, 1.36, 3.34, 7.21, **11.44,** 16.7
Suptilno tijelo. *Pogledaj:* Materijalno suptilno tijelo
Surabhi krava, 8.21
predstavlja Kṛṣṇu, **10.28,** 10.28
Sūryaloka, 9.18
Sūrya-vaṁśa kṣatriye, 4.1
Sūta Gosvāmī, 10.18
Sva-dharma
dvije vrste, 2.31
pogledaj: Dužnost
Svāmīji
definirani, 6.26
njihove kvalifikacije, 5.23
pogledaj: Gosvāmīji; Sannyāsīji
Svargaloka, 17
Svārtha-gati, 3.7
Svarūpa Dāmodara u učeničkom naslijeđu, 26
Svarūpa definirana, 4, 4.6
Svećenici
Kṛṣṇin predstavnik među njima, **10.24**
pogledaj: Mudraci; *određeni svećenici*
Svemiri
Arjuna je mogao vidjeti mnoštvo, **11.12–14**
broj, 19
doba u
detaljno opisana, **8.17,** 8.17
pogledaj: Yuge
Gospodin kao njihov početak, **10.20,** 10.20
Gospodin upravlja njima, 6
iz Mahā-Viṣṇua, 11.54
kao Gospodinov oblik, **11.3, 11.7–32**
pogledaj: Kozmički oblik
Kṛṣṇa
njihov otac, **9.17**
njihov život, 10.20
njihovo podrijetlo, 10.20
održava ih, 7.10
prisutan je svuda u, 9.11
prožima ih, **11.38–39**
transcendentalan je prema njima, **11.37–38**
Kṛṣṇa ih prožima, **10.38–39**
Kṛṣṇa kao njihova duša, **10.20,** 10.20
Kṛṣṇa kao njihovo mjesto počivališta, **10.38–39, 11.18**
Kṛṣṇa kao njihovo prebivalište, **11.45**
Kṛṣṇin kozmički oblik sadrži sve što postoji u, **11.7**
njegova genealogija, **10.6,** 10.6
njegova povijest, 4.1
Gospodinove zabave koje su povezane s time, 10.18
njihove ekspanzije, **11.12–14**
njihovi praočevi, 10.6, 10.7
Nārāyaṇa kao njihov izvor, 10.8

Svemiri (nastavak)
njihovo održavanje
Kṛṣṇa ga održava, 7.10
polubogovi su postavljeni za to, 4.25
njihovo podrijetlo
Kṛṣṇa, 10.20
Mahā-Viṣṇu, 11.54
njihovo trajanje, 8.17
njihovo uništenje. *Pogledaj:* Uništenje svemira
njihovo uređenje, 15.12, **15.13**
„praznina" u, 6.15
sunce u, 10.21, 15.12
u analogiji banjana, 15.1
utočište, **11.37**
vremensko razdoblje, **8.17–19, 9.7**
pogledaj: Vrijeme
zvijezda Sjevernjača u, 18.71
zvijezde u njima, 15.12
Mjesec kao zvijezda, **10.21,** 15.12
pogledaj: Materijalni svijet; Planeti
Sveta mjesta, **1.1,** 1.1, 2.61, 3.40, **6.11**-12, 8.14, 17.20
Svete osobe
bhakte kao, 4.8
najbolji među njima, 5.26
ismijavanje, 16.24
kao oni koji opraštaju, 1.36
Kṛṣṇa ih štiti, **4.8–9**
njihova vizija, **5.18,** 5.18
njihovo zadovoljstvo, 5.22
u predanom služenju, **7.28**
veliki mudraci kao, **10.6,** 10.6
pogledaj: Bhakte; Mudraci; *Sādhui*
Svevišnja Božanska Osoba. *Pogledaj:* Gospodin Kṛṣṇa; Svevišnji Gospodin
Svevišnji Gospodin
Arjuna i Svevišnji Gospodin. *Pogledaj:* Arjuna, Kṛṣṇa i,
brahmajyoti prekriva Njegov oblik, 7.25
Caitanya kao On. *Pogledaj:* Caitanya
demonsko mišljenje o Njemu, 16.16
dostiže se djelovanjem s odvojenošću, **3.19**
druženje s Njim
čistih *bhakta,* 4.11
pogledaj: Svevišnji Gospodin, odnosi s Njim
duše i Svevišnji Gospodin. *Pogledaj:* Duša, Gospodin i duše
Ganga teče s Njegovih stopala, 25
Garuḍa i Svevišnji Gospodin, 12.7
impersonalistička filozofija o Svevišnjem Gospodinu. *Pogledaj:* Impersonalizam

Svevišnji Gospodin (nastavak)
inkarnira se u obliku Božanstva, 12.5
pogledaj: Oblik Božanstva Svevišnjeg Gospodina
izgovorio je *Bhagavad-gītu,* 4.1
„jedinstvo" s Njim, 6.20–23
kao *acyuta,* 4.5
kao *advaita,* 4.5
kao *ānanda-maya,* 7.24, 13.5
kao apsolutan, 3.22
kao Apsolutna Istina, **7.7,** 7.7
kao autoritet za religiju, 4.7
kao čist, 4–5
kao energetik, 2.16
kao gospodar sviju, 3.22
kao govornik *Bhagavad-gīte,* 26
kao izvor polubogova i praočeva, 10.8
kao Nad-duša. *Pogledaj:* Nad-duša
kao najveća osoba, **15.17–18**
kao najveći i najmanji, 7.7
kao Nārāyaṇa, 11.54, 14.26
blizu i daleko, **13.16,** 13.16
kao unutra i izvan, **13.16,** 13.16
na duhovnim planetima, 8.22, 11.45
pogledaj: Nārāyaṇa
kao neograničen, 2.25
kao nepodvojen, 5.15
kao nepogrešiv, 4.5
kao nerođen, 4
kao Nṛsiṁhadeva, 15.7
kao *oṁ tat sat,* **17.23,** 17.23, 18.1
kao opskrbljivač potrepština za život, 3.12
kao osoba, 4.10, **7.7,** 7.7
kao osoban, u usporedbi s bezličnim, 4.35, 7.15, 9.11
kao otac koji daje sjeme, **14.3–4**
kao otac sviju, 3.15
kao Paramātmā. *Pogledaj:* Nad-duša
kao *pitāmaha,* 12
kao podrijetlo
svega, 2.16, 3.15, 3.37, **18.46**
Veda, **3.15,** 3.15
kao potpuna cjelina, 10
kao poznavatelj sviju, 5.15
kao *prapitāmaha,* 12
kao predmet *Bhagavad-gīte,* 6, 7, 8, 9
kao prijatelj sviju, 5.18
kao pun radosti, 13.5
kao *pūrṇam,* 12
kao *puruṣa,* 2.39
kao Rāma, razlog zašto je poznat pod tim imenom, 5.22
kao sastavljač, poznavatelj i cilj *Veda,* **15.15,**
kao savršen, 13, **5.19**

Svevišnji Gospodin (nastavak)
kao stvoritelj, 10
izvorni, 12
kao Mahā-Viṣṇu, 9.8
sviju, 11.40
kao svemoćan, 3.15, 5.15
kao sveprožimajući, 6.31
kao sveznajući, 2.20, 5.15
kao svjedok. *Pogledaj:* Nad-duša
kao svuda prisutan, 6.31
kao transcendentalan, 4.12
prema djelatnostima živih bića, 4.14, 6.29, **9.9–11**
prema materijalnoj prirodi, 9, 12, 4.14
prema posljedicama živih bića, **5.15,** 5.15
prema propisima i dužnosti, 3.22
kao ubojica Hiraṇyakaśipua, 17.19
kao upravitelj
māye, 7.14
potrepština za život, 3.28
prirode, 7, 7.14
svih, 3.22, 5.13, 7.5
kao uzrok svih uzroka, 3.22, 4.14
kao uživatelj, 10
kao *vibhu,* 5.15
kao viša energija, 6.29
kao vječan, 7, 8, 13
kao vječan, blažen i pun znanja, 14.26
kao vlasnik svega, 13, 3.30
kao vrhovni, 3.22, 5.16, **5.19, 15.17–18**
Brahman, 4
mađioničar, 7.14
otac, 3.15
upravitelj, 6, 7, 8, 10, 3.22, 7.5, 7.14, 18.73
uzrok, 3.22, 4.14
uživatelj, 4, 10, 15
vlasnik, 3.30
vođa, 3.22
vrhovno počivalište ili prebivalište svega, 4
kao vrhovno svjestan, 8
kao *yajña-puruṣa,* 3.14
Kṛṣṇa kao Svevišnji Gospodin, 2–3, 11–12, 2.29, 4.3, 4.9, **4.35–36,** 5.17, 6.30, 6.47, 7.15, **7.30,** 7.30, **9.11**-9.12, **9.13–14, 9.15–20,** 10.1, 10.2, **10.3,** 10.3, **10.12–17,** 11.1–3, 11.8, **11.18, 11.31, 11.32,** 11.37, 11.43–46, **15.18,** 15.18
Arjuna Ga želi predstaviti kao takvog, 11.1, 11.3
Bhagavad-gītā Ga objašnjava na taj način, 4.42
dokaz za, 2.2
pogledaj: Gospodin Kṛṣṇa

Svevišnji Gospodin (nastavak)
kvalifikacije za viđenje Gospodina, **11.48,** 11.48
ljubav prema Njemu. *Pogledaj:* Ljubav prema Gospodinu
mogu Ga vidjeti samo čisti *bhakte,* 11.48
molitve upućene Njemu. *Pogledaj:* Molitve
može se vidjeti samo kroz predano služenje, 13.16
nalazi se u srcima svih, 8, 2.12
pogledaj: Nad-duša
ne može se vidjeti materijalnim osjetilima, **13.16,** 13.16
nikada bez oblika, 11
Njegov bezlični aspekt, 7.8
Njegov blaženi aspekt, 13.5
Njegov izvorni oblik, 11.51
Njegov sin, 4.7
Njegov sjaj, 13.18
duše se nalaze u njemu, 2.24
svjetlost sunca i mjeseca potječe od njega, 7.8
pogledaj: Brahmajyoti; Brahman
Njegova dužnost, **3.22–24**
Njegova iluzorna energija. *Pogledaj: Māyā*
Njegova imena
kao nerazličita od Njega, 22
kao raznolika, 6
primjeri imena prema Njegovim aktivnostima, 1.15
Njegova milost, **2.64**
bhakta je shvaća, 3.28
patnja se shvaća kao, 2.56
posebno za ljudska bića, 6–7
prema svima, 6–7
sreća se smatra Njegovom milošću, 2.56
svi ovise o Njegovoj milosti, 4.11
u govorenju *Bhagavad-gīte,* 6
Njegova nadmoć, 2, 4–5
Njegova obilja
Kṛṣṇa ih pokazuje, 10.1
navedena, 5.15
sveznanje kao, 2.20
u usporedbi s obiljem živih bića, 2.2
znanje kao, 5.15
Njegova osjetila
bhakte ih zadovoljavaju, 1.35
njihova apsolutna priroda, 3.15, 3.22
Njegova prebivališta, 13.18
pogledaj: Kṛṣṇa, Njegova prebivališta; Duhovni svijet
Njegova pristrasnost, 5.15

Svevišnji Gospodin (nastavak)
Njegova svjesnost
dotiče svako živo biće, 8
kao transcendentalna, 8–9
kao vrhovna, 8
u usporedbi sa svjesnošću živoga bića, 8–9, 2.20
Njegova veličina, 3.22
Njegova volja, Svevišnji Gospodin i slobodna volja živoga bića, 5.15
Njegove ekspanzije
Kṛṣṇine, 2.2, 14.26
potpune ekspanzije, 19
puruṣa ekspanzije, 7.4
svrha Njegovih ekspanzija, 3.37
u obliku Nad-duše, 7.4
u Vaikuṇṭhi, 19
za stvaranje, 7.4
živa bića kao ekspanzije, 3.37
pogledaj: Gospodin Kṛṣṇa, Njegovi oblici; Gospodin Kṛṣṇa, Njegove inkarnacije; Svevišnji Gospodin, Njegovi oblici
Njegove energije. *Pogledaj:* Energija
Njegove inkarnacije
Kṛṣṇa je podrijetlo sviju njih, 2.2, 4.5, **4.7**-4.8, 11.1, 11.54
Kṛṣṇa nije inkarnacija, 11.54
pogledaj: Kṛṣṇa, Njegove inkarnacije
Njegove naredbe u usporedbi sa zakonima države, 3.15
Njegove pojave
Kṛṣṇa objašnjava, **4.5–9**
svrha Njegovih pojava, 6
Njegove tri karakteristike, 3.28, 5.17, 6.15
Njegovi *bhakte. Pogledaj: Bhakte,* Kṛṣṇa i *bhakte*
Njegovi oblici
četveroruki, 11.45, **11.50,** 11.54
Gospodin ih je očitovao, 22–23
izvorni oblik s dvije ruke koji je pokazao Arjuni, **11.50–54**
kao Nārāyaṇa, 11.54
kao nepromjenjiv, 4.5
kao Njegovo vlastito jastvo, 4.5
kao *sac-cid-ānanda,* 16, 4.5
kozmički. *Pogledaj:* Kozmički oblik Gospodina
njihova apsolutna priroda, 3.15, 3.22
sjećanje na Njegove oblike u trenutku smrti, 19–20
u usporedbi s materijalnim tijelom, 19
pogledaj: Kṛṣṇa, Njegovi oblici

Svevišnji Gospodin (nastavak)
Njegovi oblici Božanstva. *Pogledaj:* Oblici Božanstva Svevišnjeg Gospodina
Njegovi planeti, 6.15
pogledaj: Duhovni svijet
Njegovo očitovanje Brahmana, 7.8
pogledaj: Brahman
Njegovo tijelo. *Pogledaj:* Svevišnji Gospodin, Njegovi oblici
Njegovo zadovoljstvo
kroz svjesnost Kṛṣṇe, 6.1
polubogovi su zadovoljni zbog, 3.14
putem zadovoljavanja duhovnog učitelja, 2.41
odnosi s Njim, 3–4
održava sve, 2.12, 6.29, 10.42, **13.15,** 13.15
osobe koje Ga oponašaju, 11.48
polubogovi
Njegovi su sastavni djelići, 4.12
obožavaju Ga, 4.12
uspoređeni s Njim, 3.22, 4.12
polubogovi kao Njegovi pomagači, 3.11, 3.12
polubogovi kao Njegovi predstavnici, 3.11, **3.12,** 3.12
poslušnost prema Njemu
neophodnost poslušnosti, **3.32**
primjer koji daje, **3.23–24**
priroda
kao Njegova, 6
On je obremenjuje, 2.39
proždire sve, 11.32
Rāmacandra kao, 14.26, 15.7, 18.65
religijsko načelo koje je objavio, 4.16, 5.3
služenje Njega. *Pogledaj:* Predano služenje
spoznaja Njega. *Pogledaj:* Spoznaja Boga; Znanje, o Gospodinu
spoznaje se svjesnošću Kṛṣṇe, 5.28
sreća kao Njegova milost, 2.56
sreća koja dolazi od Svevišnjeg Gospodina, 3.30
stvaranje u Njemu, dok je odvojen od toga, **9.4–10**
sunce kao Njegovo oko, 4.1, 9.6
šalje *ācārye,* 13
teško Ga je shvatiti, 5
u usporedbi sa
Arjunom, 2.13
dušom, 2.25
ljudskim bićima, 3.24
oslobođenim dušama, **5.19**

Svevišnji Gospodin (nastavak)
učeničko naslijeđe koje potječe od Njega. *Pogledaj:* Učeničko naslijeđe
uspoređen sa
cijelim strojem, 10
drvetom, 7.7
državnim izvršnim organom, 3.32
gospodarem, 10
korijenom drveta, 10
kraljem, 4.14, 7.12
mjesecom, 2.13
mužem, 7
nebom, 16
oceanom, 7
ocem, 2.25
suncem, 10, 2.2, 2.13, 2.17, 6.31, 7.8, 13.18
tijelom, 16, 3.14, 4.21, 6.1, 7.23
trbuhom, 10
vatrom, 2.23, 2.61
vlasnikom, 4.14
vlasnikom životinje, 4.21
vozačem, 6
zlatom, 7
uvrede počinjene Njemu. *Pogledaj:* Uvrede, prema Kṛṣṇi
Varāha kao, 18.65
varṇāśrama je namijenjena da Ga zadovolji, 9.24
Vede nastaju iz Njegova disanja, 3.15
Viṣṇu kao, 15.7, 18.65
impersonalističko obožavanje, 17.4
kao cilj života, 1.42
kao sastavni djelić Kṛṣṇe, 15.7
Njegov oblik u usporedbi s duhovnim tijelom živih bića, 15.7
vjera slijeđenjem Svevišnjeg Gospodina, 4.41
za impersonaliste, 3.19
znanje o Njemu. *Pogledaj:* Znanje, duhovno, o Kṛṣṇi
želi stvarati, 10.8
želje koje ispunjava, 5.15
živa bića i Svevišnji Gospodin. *Pogledaj:* Živa bića, Kṛṣṇa i...
živa bića kao Njegovi sinovi, 14, 7.14, 14.16
životna sila postoji zahvaljujući Njemu, 18.20
yoga-māyā Ga prekriva, 7.25
pogledaj: Gospodin Kṛṣṇa; Nad-duša; *određene Gospodinove inkarnacije*
Svjesnost
biljaka, 3.38
božanska svjesnost, 15.8
Svjesnost (nastavak)
čista
kao transcendentalna, **2.55–61, 2.64–66, 2.68–72,** 3.17
požuda je prekriva, **3.39**
pogledaj: Čisti *bhakte;* Svjesnost Kṛṣṇe
definirana, 9
duhovna. *Pogledaj:* Svjesnost Kṛṣṇe
duše, 2.20, 2.25, 13.34
Gospodinova svjesnost u usporedbi sa svjesnošću živoga bića, 8, 2.20, 13.34
kao duhovna i vječna, 10.22
kao poznavatelj Apsolutne Istine, **3.28–29**
kao životni simptom, 13.6–7
Kṛṣṇa je predstavljen sa, **10.22**
materijalna svjesnost, dvije vrste, 9–10
nirmama, 3.30
njena izvorna priroda, 15.9
ograničenja svjesnosti, 2.17
okaljanost svjesnosti, **3.38–40,** 15.9
opažanje svjesnosti, u stadijima, 3.38
pojedinačna svjesnost u usporedbi s vrhovnom svjesnošću, 13.34
razumijevanje svjesnosti u *guṇi* strasti, **18.21–22**
rođenje prema svjesnosti, **15.8–10**
stadiji okaljanosti svjesnosti, **2.62–63**
svjesnost predane duše, 3.30
u tijelu potječe od duše, 2.17, **13.34–35**
uspoređena sa svjetlom, 9, 2.20
utemeljena, **2.59**
zadovoljna, **2.65**
životinjska, 2.20, 3.38, 15.8, 18.22
pogledaj: Svjesnost Kṛṣṇe; Duša
Svjesnost Boga. *Pogledaj:* Spoznaja Boga; Svjesnost Kṛṣṇe
Svjesnost Kṛṣṇe
aktivnosti za Kṛṣṇu prijeko potrebne u svjesnosti Kṛṣṇe, 10.10
aktivnosti za razvijanje svjesnosti Kṛṣṇe, **3.26,** 3.26
Apsolutna Istina se pronalazi putem svjesnosti Kṛṣṇe, 3.3,
Arjuna je iskoristio kao izgovor, 3.1
Arjunine poteškoće u svjesnosti Kṛṣṇe, 3.2
aṣṭāṅga-yoga i svjesnost Kṛṣṇe, 5.28, 5.29
autoriteti u svjesnosti Kṛṣṇe, 4.15–17
imenovani, 4.16
Kṛṣṇa kao najveći od svih, 7.1
bez mane je, 3.3
Bhagavad-gītā i svjesnost Kṛṣṇe, 1.1, 10.11
blagdani u svjesnosti Kṛṣṇe, 14.27
bogatstvo upotrijebljeno za, 18.8

Svjesnost Kṛṣṇe (nastavak)
čista svjesnost Kṛṣṇe, 2.45, 4.10
alternativa za, **12.9,** 12.9
njene karakteristike, 6.7–32
povratak Bogu putem čiste svjesnosti Kṛṣṇe, 18.65
čistoća svjesnosti Kṛṣṇe, 6.45
djelovanje u svjesnosti Kṛṣṇe, **4.15–42, 5.1–29, 6.1–4, 6.17,** 6.20–23
buddhi-yoga kao, 10.10
kao pravo odricanje, 18.49
Kṛṣṇa preporučuje, **12.10**
ne ostavlja posljedice, 18.13–14
odgovornost za, 18.14, 18.17
potrebno, **4.15,** 4.15
prema prirodi osobe, 18.46–49
u usporedbi s odricanjem od djelovanja, **6.1,** 6.1
pogledaj: Predano služenje
društva za svjesnost Kṛṣṇe, 15.6, 16.1–3
druženje s *bhaktama* je neophodno za svjesnost Kṛṣṇe, 6.8
pogledaj: Bhakte, druženje s njima
duhovni učitelj je potreban za, 2.68
dužnost
dužnost i svjesnost Kṛṣṇe, **3.31,** 4.20, 5.29
transcendira se putem svjesnosti Kṛṣṇe, **3.17–19**
u usporedbi sa svjesnošću Kṛṣṇe, 3.5
dužnosti zanimanja i svjesnost Kṛṣṇe, 3.33, 18.8
filozofija i svjesnost Kṛṣṇe, 10.11
Gospodinove ekspanzije su poznate u svjesnosti Kṛṣṇe, 4.13
Gospodinove inkarnacije pomažu razvijanju svjesnosti Kṛṣṇe, 4.7
govor otkriva, 2.54
inteligencija za svjesnost Kṛṣṇe, **3.43,** 3.43
izravno prihvaćena, 17.28
jedenje u svjesnosti Kṛṣṇe, 6.16
jedino za Gospodinovo zadovoljstvo, 2.39, 2.40
kao apsolutna, 2.41
kao *buddhi-yoga,* 3.1, 3.3
kao cilj, 3.5, 16.23, 18.66
moralnosti, 3.16
znanja, 4.33, 16.23
žrtvovanja, 4.33
kao dužnost, 6.1, 9.27
kao dužnost vođa vlada, 4.1
kao izravna metoda, 3.3
kao izvorna svjesnost, 15.9

Svjesnost Kṛṣṇe (nastavak)
kao korisna za sve, 4.15
kao najbolja razina djelovanja, 17.28
kao najviša spoznaja, 7.26, 14.27
kao najviša *yoga,* **6.47,** 6.47, 7.1
kao najviši dobrotvorni rad, **5.25**
kao najviši put, 6.40
kao oslobođenje, 2.72, 4.35, 5.3, **6.27**
kao pravo odricanje, 5.3, **6.2–3,** 18.49
kao savršenstvo znanja, 16.23
kao savršenstvo života, 11.33
kao služenje Kṛṣṇe pročišćenim osjetilima, 6.26
kao svrha ljudskoga života, 3.27, 3.28, 7.30, 10.4–5, 11.34
kao transcendentalna prema, **4.23–24**
dužnostima i obvezama, 2.41, 2.52, 3.35
plodonosnom radu, 2.53
posljedicama rada, 3.19
svim drugim duhovnim procesima, 18.66
varṇāśrama dužnostima, 3.35
Vedama i *Upaniṣadama,* 2.52
vedskim pravima i obredima, 2.52
vedskim žrtvovanjima i pokorama, 2.52, 3.15, 3.16, 3.17, 4.28
vezanosti i odbojnosti, **2.64**
vremenu smrti, 8.23–24, **8.27**
žrtvovanju, 8.3
yogama, 4.28
kao univerzalna, 9.26
kao vječna istina, 3.31
kao zadovoljavanje Kṛṣṇe, 2.64, 2.71
kroz pomaganje predanog služenja, 12.10
Kṛṣṇa preporučuje, **12.8–9**
Kṛṣṇa se dostiže svjesnošću Kṛṣṇe, **8.5–8, 12.8**
Kṛṣṇa se dostiže svjesnošću Kṛṣṇe bez odstupanja, **8.8,** 8.8
ljudi se rijetko zanimaju za svjesnost Kṛṣṇe, 4.12
ljutnja i svjesnost Kṛṣṇe, **2.56,** 2.56
materija je produhovljena svjesnošću Kṛṣṇe, 4.24
mir putem svjesnosti Kṛṣṇe, **5.12, 5.29**
moralna pravila i svjesnost Kṛṣṇe, 3.16
na višim planetima, 8.16
napredak u svjesnosti Kṛṣṇe, 3.19
uvjeti za napredak, 3.31
ne vezuje osobu, 18.14, 18.17
neaktivnost i svjesnost Kṛṣṇe, 3.1
neustrašivost putem svjesnosti Kṛṣṇe, 10.4–5
njen savršeni stadij, 2.71
njeni simptomi, **2.54–61, 2.64–65, 2.68–72, 4.19–23, 5.16–28**

Svjesnost Kṛṣṇe (nastavak)
njeno propovijedanje. *Pogledaj:* Propovijedanje u svjesnosti Kṛṣṇe
njeno značenje 11.33
danas, 14.16
obiteljski život u svjesnosti Kṛṣṇe. *Pogledaj:* Obiteljski život
od početka života, 3.41, 8.5
odlučnost u svjesnosti Kṛṣṇe, **2.41,** 2.41, 2.56
materijalizam ometa, **2.41,** 2.41, **2.44**
u *guṇi* vrline, 18.33
odricanje u svjesnosti Kṛṣṇe, 6.40, 8.27, 9.28
pri odricanju nema gubitka, 6.40
primjeri za odricanje, 18.7–11
odvojenost
je automatska u svjesnosti Kṛṣṇe, 6.18
od rezultata rada, **3.30–31**
od spolnog užitka putem, 5.21
putem svjesnosti Kṛṣṇe, **4.20–23, 5.7–14, 6.1–4, 6.13–26**
oṁ tat sat i svjesnost Kṛṣṇe, 17.23
ometena vezanošću, strahom i ljutnjom, **4.10,** 4.10
osjetila se koriste u svjesnosti Kṛṣṇe, 2.67–68
osjetila su pročišćena svjesnošću Kṛṣṇe, 12.9
osjetilno uživanje se transcendira svjesnošću Kṛṣṇe, **2.55–64, 2.68–71**
oslobođenje putem svjesnosti Kṛṣṇe
Kṛṣṇa nudi, **12.6–7,** 12.6–7
Kṛṣṇa osigurava, **9.28,** 9.28
osnovna načela svjesnosti Kṛṣṇe, 6.30
osoba transcendira osjetila kroz svjesnost Kṛṣṇe, **5.13,** 5.13
pad s razine svjesnosti Kṛṣṇe, **2.40–41, 2.67,** 4.29
dobrobit je zadržana bez obzira na pad, 3.5
početnici u, 4.15
počinje druženjem, 7.30
počinje u bilo koje vrijeme, 3.41
post u svjesnosti Kṛṣṇe, 6.16
postojanost u svjesnosti Kṛṣṇe, **2.56,** 2.56, **6.19,** 7.1, **8.14,** 8.14
postupni razvoj svjesnosti Kṛṣṇe, **3.26,** 3.26, 3.31, 3.43, 4.15, 4.24, 5.29, 7.30
poteškoće u slijeđenju svjesnosti Kṛṣṇe, 12.11
potpuna svjesnost Kṛṣṇe, **4.23–24**
potreba za njom u trenutku smrti, **8.10**
potrebna u suvremenom dobu, 14.16, 14.17

Svjesnost Kṛṣṇe (nastavak)
povoljna uspoređena s nepovoljnom, 11.55
požuda
preobražena u svjesnost Kṛṣṇe, 3.37
svladana, **3.43,** 3.43
predano služenje u svjesnosti Kṛṣṇe, **18.57–58**
predavanje kroz svjesnost Kṛṣṇe, 6.6
predavanje u svjesnosti Kṛṣṇe je iznad svih religija, **18.66,** 18.66
prednosti svjesnosti Kṛṣṇe
daje rješenje za sve probleme, 4.31
dobre osobine kao, 2.55
dostizanje Gospodinova prebivališta kao, 18, 21
dostizanje *guṇe* vrline kao, 14.17
duhovno zadovoljstvo kao, 2.59–61, **5.21**
Gospodinova milost kao, **2.64**
inteligencija kao, **3.18**
kao stanje bez želja, 2.70
karma se transcendira putem svjesnosti Kṛṣṇe, 4.14
kontakt s Kṛṣṇom, 2.53
Kṛṣṇa se dostiže, 21–22, 23–24, **8.5–8, 12.8**
ljubav prema Bogu kao, 3.41
materija se produhovljava, 4.24
mir kao, 2.8, **2.66,** 2.66, **2.71,** 4.38, **5.12**
nema više dugova i obveza, 2.38
neovisnost kao, **3.18**
neustrašivost kao, 10.4–5
obveze su ispunjene, **3.17–18**
odricanje kao, **6.2,** 6.2
odvojenost kao, 2.48, 2.52–53, 2.55, 2.56, **2.57–71,** 3.17, 3.34, **3.43,** 3.43, 4.18, **4.20–23, 5.21,** 5.26, 6.1–4, 6.10, 6.18, 6.35–36, 7.1, 14.22–25, 15.6
oslobođenje kao, 1, 1.32–35, 2.68, **2.72,** 3.30, **4.9–10, 4.16,** 4.16, **4.18–24,** 4.29, 4.35, **5.2,** 5.2, **5.17–18,** 6.15, **6.27,** 6.31, 7.14, 8.8, 8.19, **10.3,** 10.3, 13.24, 8.12, 18.58
postojan um, **3.43,** 3.43
postojanost kao, **2.70,** 2.70
potpuna spoznaja Boga kao, 2.53
povratak Bogu kao, **2.72,** 4.10, **4.24,** 4.29, 5.26, 6.15, **8.13,** 8.28, 9.25, 9.26, **9.28,** 9.28, 10.4–5, **11.55,** 11.55, 15.8, 17.23, 18.65
prestanak bijeda kao, **2.65**
prestanak iluzije kao, 4.24
prestanak osjetilnog uživanja kao, 14.22–25
prestanak patnje kao, 5.26, **5.29, 6.7,** 6.7
prestanak uznemirenja kao, 2.45
prestanak zbunjenosti kao, **2.72**

Svjesnost Kṛṣṇe (nastavak)
prednosti svjesnosti Kṛṣṇe (nastavak)
pročišćenje kao, 3.3, 3.7, 3.38, 3.41, **4.10,** 4.10, 5.2, **5.17,** 5.17, 8.5, 8.7, 8.8, 12.9, 17.3, 17.28
samādhi kao, 8.12
samospoznaja kao, 6.37, 18.50
savršenstvo kao, 2.40, 18.49–50
sloboda od dvostranosti prirode kao, **6.7, 6.8**
sloboda od grešnih posljedica kao, 2.38, 3.3, **3.31,** 4.14, **10.3,** 10.3, **18.66,** 18.66
sloboda od *guṇa* prirode kao, 5.13-**5.14,** 7.1
sloboda od materijalnih dužnosti kao, **3.17–18**
sloboda od materijalnog shvaćanja života kao, 2.41
sloboda od ponovnog rođenja kao, 13.22
sloboda od tjelesnog shvaćanja života kao, 14.22–25
sreća kao, 2.55, **2.66,** 2.66, 2.70, 6.20–23, **6.27,** 6.32, 8.28, 9.33, **18.54,** 18.76
stalna dobrobit kao, 3.4, 3.5
sumnje su uklonjene putem svjesnosti Kṛṣṇe, **5.17,** 5.17
sve svrhe su ispunjene u, 6.2
svi imaju jednaku dobrobit od, 4.15
svjesnost Kṛṣṇe se nastavlja nakon smrti, **2.40–41**
tijelo se transcendira preko nje, **5.13,** 5.13
transcendiranje *guṇa* prirode kao, 3.33
transcendiranje tijela i osjetila kao, **5.13–14**
ublažavanje patnje kao, 2.7–8, **5.29,** 18.54
um je stabilan, **3.43,** 3.43
um postaje zadovoljan, **2.66,** 2.66
uzdizanje do Kṛṣṇe kao, **8.5–8**
uzdizanje kao, 3.33, 7.28, 14.17
viši ukus kao, **2.59,** 2.59, 2.60, 2.62–63
vjera kao, 7.30
vladanje osjetilima kao, **2.58–71,** 3.3, 3.43, 4.24, 6.2
vrijeme smrti se transcendira, 8.23–24, **8.27**
zadovoljstvo kao, **2.55,** 2.55, 2.60, **2.65**
znanje kao, 5.16, **5.17–18, 7.1,** 7.1, 7.24, 15.11
znanje o Kṛṣṇi kao, 5.28, 7.3
prijeka potreba za svjesnošću Kṛṣṇe, 3.15, **3.32,** 3.41, 14.16, 14.17
pogledaj: Svjesnost Kṛṣṇe, prednosti svjesnosti Kṛṣṇe

Svjesnost Kṛṣṇe (nastavak)
primjena sile u svjesnosti Kṛṣṇe, 8.8
privlačnost za svjesnost Kṛṣṇe
Khaṭvāṅga Mahārāje, 2.72
nakon mnogih rođenja, **6.45,** 6.45
uvjeti za privlačnost, 2.72
vrijeme je potrebno za razvijanje privlačnosti, 2.72
pročišćenje pomoću svjesnosti Kṛṣṇe, 17.28
stadiji pročišćenja, 3.38
propisane dužnosti i svjesnost Kṛṣṇe, **8.7**
putem mantranja Hare Kṛṣṇa *mantre,* 8.5
putem predanog služenja, 8.27
putem uputa Nad-duše, 18.63
putem vedskog žrtvovanja, 3.16
putem žrtvovanja, 3.10, 3.11
rezultat djelomične svjesnosti Kṛṣṇe, **2.40,** 2.40
rijetkost svjesnosti Kṛṣṇe, 7.26
samādhi u svjesnosti Kṛṣṇe, 2.57
samospoznaja i svjesnost Kṛṣṇe, **6.27**
sāṅkhya-yoga i svjesnost Kṛṣṇe, 3.3
savršenstvo u svjesnosti Kṛṣṇe, 2.41, 5.11
seljenje duše prema svjesnosti Kṛṣṇe, 15.8
simptomi zanosa u svjesnosti Kṛṣṇe, 1.29
slobodno vrijeme i svjesnost Kṛṣṇe, 6.17
slučajan pad *bhakte* je ispravljen svjesnošću Kṛṣṇe, 9.30, **9.31,** 9.31
slušanjem *Bhagavad-gīte,* 18.76
spavanje i svjesnost Kṛṣṇe, 6.17
stadiji svjesnosti Kṛṣṇe, 4.10, 5.11, 18.55
analogije o njima, **3.38**
stalna svjesnost Kṛṣṇe, **9.22**
strogosti u svjesnosti Kṛṣṇe, 12.9
svjesnost Kṛṣṇe se budi kada se počnu cijeniti prirodne pojave, koje su Gospodinova kreacija, 15.12
„tajna" svjesnosti Kṛṣṇe, 4.34, 5.12
test za napredak u svjesnosti Kṛṣṇe, 13.8–12
u duhovnom svijetu, 2.72
u obiteljskom životu. *Pogledaj:* Obiteljski život
u početnom stadiju osoba cijeni Gospodina u prirodi, **15.12,** 15.12
u usporedbi s
dobrotvornim radom, 5.25
filozofskom spekulacijom, **3.3,** 3.3
materijalnim željama, 3.37
materijalnom svjesnošću, 5.9
plodonosnim radom, 2.41
yogom, 6.1
učeničko naslijeđe i svjesnost Kṛṣṇe, 4.16

Svjesnost Kṛṣṇe (nastavak)
uloga uma u svjesnosti Kṛṣṇe, 3.42, **6.5–6,** 6.27
uspoređena s
brodom, **4.36,** 4.36
jedenjem, 2.60
ustajanje rano ujutro u svjesnosti Kṛṣṇe, 18.8
viši ukus svjesnosti Kṛṣṇe, **2.57–71, 5.21**
vjera i svjesnost Kṛṣṇe, 3.31, **4.39–40**
vladanje osjetilima je prirodno u svjesnosti Kṛṣṇe,
zanemarivanje svjesnosti Kṛṣṇe, **18.58**
završetak, u vrijeme smrti, **2.72**
značenje svjesnosti Kṛṣṇe, 18.73
znanje i svjesnost Kṛṣṇe, 6.2, 6.8
pogledaj: Znanje, njegovi izvori
žrtvovanje i svjesnost Kṛṣṇe, **4.24-**33, 4.42
yoga i svjesnost Kṛṣṇe, 2.48, 5.28, 5.29, 6.4, 6.20–23, 6.40, 7.1, 8.8, 8.12, 9.22
pogledaj: Predano služenje; Ljubav prema Bogu; Duhovni život
Svjetla
Gospodin kao izvor svjetla, **13.18**
Kṛṣṇin predstavnik među, **10.21**

Š

Śaibya, **1.5**
Śakuni, 1.26
Śalya, 1.9, 1.26
Śaṅkara. *Pogledaj:* Śiva
Śaṅkarācārya, 2
citiran u vezi toga da je Kṛṣṇa Svevišnji, 7.24
kao najveći impersonalista, 7.3
njegova *Śārīraka-bhāṣya,* 5.6
njegovo tumačenje *Bhagavad-gīte,* 7.3
prihvatio je Kṛṣṇu, 7.3
prihvatio je *Vedānta-sūtru,* 18.13
Śārīraka-bhāṣya, 5.6
Śāstra. Pogledaj: Spisi
Śāśvatam, definirano, 4
Ṣaṭ-cakra-yoga, 8.10, 8.11
njezin proces, **8.11–13**
Śaucam. Pogledaj: Čistoća
Śaunaka citiran u vezi slušanja o Gospodinu, 10.18
Śikaṇḍī, **1.16-**1.19
Śikṣāṣṭaka citirana u vezi
pročišćenja srca, 6.20–23
snošljivosti, 8.5
Śiśupāla, Kṛṣṇa i Śiśupāla, 7.25
Śīva, 2.2, 8.2, 10.7, 10.42, 11.52, 17.4
borba između njega i Arjune, 2.33
citiran u vezi oslobođenja i Viṣṇua, 7.14
kao autoritet svjestan Kṛṣṇe, 4.16
kao sastavni djelić, 15.7
kao Śaṅkara, 10.23
kao uništavatelj, 10.32
Kṛṣṇa
kao njegovo podrijetlo, 10.3, 10.8
Śiva Ga predstavlja, **10.23**
uspoređen s njim, 10.42
Nārāyaṇa je njegovo podrijetlo, 10.8
Nārāyaṇa kao, 10.8
ne daje oslobođenje, 7.14
njegov sin, 10.24
njegovo podrijetlo
Brahmā, Viṣṇu i Kṛṣṇa kao, 11.37
Kṛṣṇa kao, 10.8
oni koji ga oponašaju, 3.24
otrov koji je popio, 10.27
Pārvatī, Kārtikeya i Śiva, 2.62
predan je Gospodinu, 7.15
u kozmičkom obliku, **11.55, 11.22**
Umā je njegova žena, 7.21
Školjke koje su se čule na Kurukṣetri, **1.12–19**
Śraddhā, 17.3
pogledaj: Vjera u Gospodina
Śravaṇam. Pogledaj: Slušanje u svjesnosti Kṛṣṇe
Śrī Īśopaniṣada. Pogledaj: Īśopaniṣada
Śrīdhara 8.22
Śrīdhara Svāmī citiran u vezi *bhaktinog* uzdizanja u vrijeme uništenja svemira, 8.16
Śrīla Prabhupāda
njegova obitelj, 6.42
njegovo odavanje poštovanja, 1–2
u učeničkom naslijeđu, 26
Śrīmad-Bhāgavatam, 3, 4.8
Gospodin se spoznaje preko, 10.2
Gospodinove inkarnacije su navedene u njemu, 11.54
kao drag *bhaktama,* 10.9
kao nauk o Kṛṣṇi, 2.8
kao transcendentalna priča, 10.9
kao tumačenje *Vedānta-sūtre,* 22
preporučeno je slušati ga, 12.9
sāṅkhya filozofija Gospodina Kapile i *Śrīmad-Bhāgavatam,* 2.39
Śrīmad-Bhāgavatam i *Vedānta-sūtra,* 15.15
Śrīmad-Bhāgavatam, citat u vezi
abhakta u suprotnosti s *bhaktama,* 1.28
Bhāgavatama kao dragog *bhaktama,* 10.9

Śrīmad-Bhāgavatam, citat u vezi (nastavak)
bhaktinog opažanja patnje, 12.13–14
devet procesa predanog služenja, 23
dostizanja duhovnog svijeta predanim služenjem, 2.51
druženja s *bhaktama,* 17.26–27
duhovnih zadovoljstava, 5.22
dužnosti
predano služenje kao, 6.47
svjesnost Kṛṣṇe i dužnost, 3.5
Gospodina
i živih bića, 7.5
Njegovih obilja, 3.10
znanja o Njemu, putem Njegove milosti, 7.24
Gospodinovih inkarnacija, 2.2
njihova izvora, 2.2
ispunjavanjem obveza putem predanog služenja, 1.41
Kṛṣṇe
i dječaka pastira, 11.8
kao izvornog Svevišnjeg Gospodina, 11.54
Njegove nadmoći, 7.25
Njegovih zabava, 9.11
Kṛṣṇe kao Boga u vrijeme rođenja, 4.6
Kṛṣṇine prisutnosti u svakome, 9.11
Kṛṣṇinih ljudskih zabava, 9.11
Kṛṣṇinih prijatelja dječaka pastira, 11.8
Kṛṣṇina obiteljskog života, 3.23
Mahārāje Ambarīṣe, 2.61, 6.18
mantranja kao najviše spoznaje, 2.46
mantranja svetih imena kao cilja *Veda,* 2.46
materijalnog druženja, 7.28
mira putem svjesnosti Kṛṣṇe, 2.66
Nārade Munija, 9.2
neustrašivosti putem svjesnosti Kṛṣṇe, 6.14
obožavanja Gospodina u bilo kojim uvjetima, 4.11
obožavanje Vāsudeve iz stanja čiste vrline, 17.4
odlika Apsolutne Istine, 10.15
odnosa između *bhakta* i Gospodina, 7.18
odvojenosti putem predanog služenja, 5.26
onih koji nadilaze vedske obrede mantranjem svetih imena, 6.44
osjetilnog uživanja, 5.2
oslobođenja, 9
putem Kṛṣṇine zaštite, 2.51
služenjem *bhakta,* 7.28
svjesnosti Kṛṣṇe i oslobođenja, 4.35
oslobođenja i *nirvāṇe,* 6.20–23
osobina *bhakta,* 2.55

Śrīmad-Bhāgavatam, citat u vezi (nastavak)
plodonosnog rada, 5.2
pravog prirodnog položaja živoga bića, 6.20–23, 7.18
predanog služenja
devet procesa predanog služenja, 23, 2.61
dobrih odlika putem predanog služenja, 13.8–12
kao zalijevanja korijena drveta, 9.3
Mahārāje Ambarīṣe, 6.18
mantranjem, 6.44
neophodnost predanog služenja, 5.2, 6.47
odricanje putem predanog služenja, 5.26
preporučeno je, 7.20
religija i predano služenje, 9.2
slušanjem o Kṛṣṇi, 7.1
u usporedbi s plodonosnim djelatnostima, 2.40
umom, 6.27, 6.34
predanog služenja u suprotnosti sa plodonosnim djelatnostima, 2.40
religije
izvora religije, 4.7, 4.16, 4.34
predanog služenja i religije, 9.2
saṅkīrtana-yajñe, 3.10
seljenja duše na Mjesec, 8.25
slijeđenja Gospodina u usporedbi s oponašanjem Gospodina, 3.24
slobode od obveza, 2.38
slušanja o Gospodinu, 10.18
slušanja od Gospodina, 9.1
stadija spoznaje Boga, 10.15, 13.8–12
straha, 1.30
straha kao uzroka, 10.4–5
svjesnosti Kṛṣṇe
dužnosti i svjesnosti Kṛṣṇe, 3.5
neustrašivosti putem svjesnosti Kṛṣṇe, 6.14
rada u svjesnosti Kṛṣṇe, 6.15
toga da nema gubitka u svjesnosti Kṛṣṇe, 6.40
Śrīmad-Bhāgavatama, 10.9
tattva-vita, 3.28
tjelesnog shvaćanja života, 3.40
tri aspekta Apsolutne Istine, 2.2
uma
predanog služenja i uma, 6.27
usredotočenog na Kṛṣṇu, 6.34
zaokupljenog Kṛṣṇom, 6.15
vladanja osjetilima putem predanog služenja, 5.26

Śrīmad-Bhāgavatam, citat u vezi (nastavak)
Vrhovnog Brahmana kao podrijetla svega, 3.37
znanja
o Kṛṣṇi slušanjem, 7.1
povjerljivog znanja, o jastvu i Svevišnjem, 3.41
živih bića i Gospodina, 7.5
Śruti. Pogledaj: Slušanje u svjesnosti Kṛṣṇe; Vedska književnost
Śūdre
mogu dostići Kṛṣṇu, 24
načela za njih, 16.1–3
njihova *guṇa* prirode, 7.13
njihove osobine, 2.1, **18.44**
podobni za vrhovno odredište, **9.32,** 9.32
poniznost i odavanje poštovanja se zahtijevaju od njih, 16.1–3
u neznanju, 4.13, 9.32
pogledaj: Varṇāśrama-dharma sustav; Radnici
Śukadeva Gosvāmī kao autoritet u svjesnosti Kṛṣṇe, 4.16
Śukrācārya, predstavlja Kṛṣṇu, 10.37
Šutnja
čisti *bhakta* i, **12.18-**12.19
definirana, 12.19, 17.16
predstavlja Kṛṣṇu, **10.38**
vrijednost šutnje, 10.38
Śvetāśvatara Upaniṣada, citat u vezi
duše, 2.17
i Nad-duše kao ptica na drvetu, 2.22
Gospodina
Gospodina i Njegovih energija, 8.22
kao gospodara *guṇa* prirode i glavnog poznavatelja tijela, 13.13
kao gospodara i utočišta svih, 13.18
kao upravitelja, 5.13
kao vrhovnog vječnog, 15.17
koji je iznad tame materijalnog svijeta, 13.18
Njegove nadmoći, 3.22, 5.29
Njegovih osjetila i oblika, 3.22
Njegovih transcendentalnih ruku, 13.15
živih bića, prirode i Gospodina, 13.3
Kṛṣṇe kao Vrhovne Osobe, 11.43
māye kao Gospodinove energije, 7.14
oslobođenja putem svjesnosti Kṛṣṇe, 6.15, 13.18
predanog služenja, 6.47
predavanja Gospodinu, 7.19
prirode Apsolutne Istine, 7.7
transcendiranja materijalnog tijela, 5.13
tri shvaćanja Brahmana, 13.3
Śvetāśvatara Upaniṣada, citat u vezi (nastavak)
vjere i znanja, 6.47
vjere u Gospodina i duhovnog učitelja, 11.54

T

Taittirīya Upaniṣada, citat u vezi
blaženstva prilikom shvaćanja Kṛṣṇe, 14.27
Kṛṣṇe
kao izvora svega, 13.17
kao riznice zadovoljstva, 14.27
kao upravitelja, 9.6
spoznaje Brahmana, 13.5
Taittirīya Upaniṣada, njen sadržaj, 13.5
Tajne stvari, Kṛṣṇin predstavnik među njima, **10.38**
Tapasya
definirana, 10.4–5, 11.48
pogledaj: Strogosti; Odricanje
Tapoloka, 9.20
Tat, 17.23, **17.25**
Tattva-vit, 3.28
Tijelo
duhovno
nakon oslobođenja, 15.7
prednosti duhovnog tijela, 7.29
preko predanog služenja, 8.6
u usporedbi s materijalnim tijelom, 8.3, 15.16
izvorno, 15.7
kroz pripremanje u ovom životu, 20–21
nema promjene za duhovno tijelo, 15.16
viṣṇu-mūrti i tijelo, 15.7
pogledaj: Duša
Tjelesna imenovanja, 18
Tjelesno shvaćanje života, 1.29, 2.1, **2.26–27,** 3.40, 13.1–2, 13.12
budalasto, 3.40
iluzija tjelesnog shvaćanja, 18, 7.14
Kṛṣṇa ga osuđuje, 2.13
oslobođenje, 9, **13.31–32,** 14.25
patnja uzrokovana, 5.14
posljedice tjelesnog shvaćanja života, 5.15
požuda ga uzrokuje, **3.40**
seljenje duše prema tjelesnom shvaćanju, 13.21–22
uspoređeno s uživanjem ptice u plodovima drveta, 2.22

Toplina
Kṛṣṇa kao, **7.9**
probave, 7.9
pogledaj: Vatra
Trans. *Pogledaj: Samādhi*
Transcendencija. *Pogledaj:* Svjesnost Kṛṣṇe; Oslobođenje
Transcendentalisti
bhakte
kao najbolji od njih, 18.1
kao transcendentalisti, 9.29
druženje s njima, 17.4
duša i Nad-duša kako ih oni vide, **13.28–34**
izvan utjecaja *guṇa,* 14.22–25
kao oni koji vide, 1.1, 2.16
lažni, **3.6**-3.8, 15.11
māyā ih iskušava, 6.37
najviši, 18.66
neuspješni
njihova budućnost, **6.38–45**
njihova sudbina, **6.37–45**
rođenje za njih, **6.41–43**
njihov pad. *Pogledaj:* Pad
njihova duhovna vizija, 15.10–11
njihova rijetkost, 10.3
njihova smirenost, 12.3–4, **14.22**-14.25
njihove odlike, **16.1**-16.3, **18.51–54**
njihovi simptomi i ponašanje, **14.22**-14.25
noć i vrijeme buđenja za njih, **2.69,** 2.69
odlike čistih transcendentalista, **6.7–32**
pali
izgubili su sreću, 6.38
uspoređeni s raspršenim oblakom, **6.38**
pogledaj: Pad
prvi uvjet za njih, 9
rođenje u njihovoj obitelji, **6.42–43**
u usporedbi s materijalistima, 6.38
uspjeh im je osiguran, **6.40–45**
uspoređeni sa
oblakom, **6.38**
oceanom, **2.70,** 2.70
svjetiljkom na mjestu bez vjetra, **6.19**
uvjeti za njih, **6.10–18**
vrste transcendentalista, 3, **3.3,** 3.3, 12.1, 18.66
tri vrste su uspoređene, 19
žrtvovanja i pokore koje vrše; milostinja koju daju, **17.25**
yoga je privlačna za njih, **6.44**-6.45
pogledaj: Bhakte; Impersonalisti; Čisti *bhakte;* Mudraci; Svete osobe; *Yogīji*
Transcendentalna *mantra,* Kṛṣṇa kao, **9.16**
Transcendentalno znanje. *Pogledaj:* Znanje, duhovno
Transcendentalnost. *Pogledaj:* Predano služenje; Spoznaja Boga; Impersonalizam; Svjesnost Kṛṣṇe; Samospoznaja; *Yoga*
Transcendiranje granica *śabda-brahme,* 2.52
Tretā-yuga, 4.1, 8.17
Trgovci
njihova dužnost zanimanja, 18.47, 18.48
pogledaj: Vaiśye
Tri-kāla-jñāna, Kṛṣṇa kao, **7.26,** 7.26
Tri-vedīji, 9.20
Trivikrama, 8.22
Trostruke bijede. *Pogledaj:* Patnja
Trovanje, kazna za, 1.36
Tulasī, 2.61, 6.18
prasādam, dobrobit od njega, 9.2
uzgajanje i nuđenje *tulasī,* 11.55
Tuṣṭi definirano, 10.4–5
Tyāga
definirana, **18.2**
pogledaj: Odricanje

U

Ubijanje
Arjunino, 2.19, 2.21
Gospodinovo ubijanje demona, 16.20
kazna za ubijanje. *Pogledaj:* Kazna; Grešne posljedice
nemoguće je ubiti dušu, **2.17–21, 2.23–24**
ovlašteno, **18.17**
ponekad je prijeko potrebno, 2.21
u ratu, 1.45
ubijanje ljudi. *Pogledaj:* Ubojstvo
ubijanje starijih je zabranjeno, 1.39
vječnost duše nije izgovor za ubijanje, 16.1–3
Ubijanje životinja, 4.21
degradirane osobe vrše, 3.12, 16.9, 16.19, 17.10
Gospodinova inkarnacija u svrhu zaustavljanja, 4.7
„izgovori" za ubijanje životinja, 2.27, 4.7, 16.1–3
najgore vrste ubijanja životinja, 14.16
oni koji ubijaju životinje, njihova sudbina, 2.31, 14.16, 14.17, 16.1–3, 18.3
prilikom žrtvovanja, 2.31, 3.12, 4.7, 16.1–3, 18.3
u *guṇi* neznanja, 14.16

Ubijanje životinja, (nastavak)
ubijanje životinja je kažnjivo, 2.19, 14.16, 14.17
zabranjeno za ljude, 13, 2.19, 14.16
pogledaj: Jedenje mesa
Ubojice, Kṛṣṇin predstavnik među njima, 10.33
Ubojstvo, 2.19, 2.21
kazna za njega, 1.36
reinkarnacija ne podržava, 2.27
Uccaiḥśravā, predstavlja Kṛṣṇu, **10.27,** 10.27
Učeničko naslijeđe, 3, 12, 26, **4.2,** 4.16, 7.2, 18.75
Arjuna u učeničkom naslijeđu, 10.14, 11.8
Bhagavad-gītā i učeničko naslijeđe, 1.1, **4.1–5,** 4.42, 7.15, 10.13–14, 11.43
Ikṣvāku u, 3, 4.16
Kṛṣṇa
obnovio ga, 3, 4.2, **4.7,** 4.7
u učeničkom naslijeđu, 26
Manu u, 3, 4.16
navedeno, 26
njegova „misterija", 18.75
od Brahme, 12–13, 11.43
od Rāmānujācārye, 7.24
odavanje poštovanja učeničkom naslijeđu, 1–2
potreba za, 4.15–16, 4.34, 11.43, 18.75
Sañjaya u, 18.75
Vivasvān (bog Sunca) u, 3, 4.15–16, 7.26
Vyāsadeva u, 18.75
pogledaj: Duhovni učitelj; *određeni članovi naslijeđa*
Učenik, 2.41, **4.34,** 4.34, 18.75
pogledaj: Učeničko naslijeđe; Duhovni učitelj; *određeni učenici*
Učitelji
nekvalificirani, 2.5
pogledaj: Duhovni učitelji; *određeni učitelji*
Udāna, 2.17
Ugled
Arjunin, **2.3,** 2.3, **2.33–36**
Bhīṣmadevin, 1.11
gubljenje ugleda, 2.2, **2.33–36**
Kṛṣṇin ugled, 2–3, 5, 1.15, 2.2
nepoštovanje i ugled, **2.34**
smrt je bolja od gubitka ugleda, **2.34**
vrhunski ugled, 2.2
Ugrasena, 2.4
Um
borba s umom, **15.7,** 15.7
duhovna zaokupljenost prijeko potrebna za um, 2.60
inteligencija viša od njega, **3.42,** 3.42
inteligencija za ojačanje uma, 3.42
Um (nastavak)
kao nemiran, 22, 23
kao prijatelj ili neprijatelj, **6.5–6**
kao središte osjetila, 3.40
kao uvijek aktivan, 3.42
kao viši od osjetila, **3.42,** 3.42
karakteristike uma, **6.34,** 6.34
Kṛṣṇa
je predstavljen njime, **10.22**
upravlja njime, 1.24
Kṛṣṇin um, 9.34
misli u trenutku smrti, **8.5–6**
najbolje vježbanje za um, 7.16
nečist um, **3.6**
njegova disciplina, **2.60,** 2.60, **6.25–26**
bhaktina disciplina uma, **5.7**
brak je namijenjen pomoći, 18.5
definirana, 10.4–5
inteligencija za disciplinu uma, 6.34
Kṛṣṇa je podrijetlo, **10.4–5**
mantranjem Hare Kṛṣṇa, 6.34
metode za, **6.35–36,** 17.16
mogućnosti discipline, **6.35–36**
neophodnost discipline, **6.5,** 6.5, **6.26,** 6.34, 6.36
odlučnost u disciplini, **6.35–36**
oslobođenje putem discipline uma, **5.27–28,** 5.27–28, **6.5,** 6.5
poteškoća discipline, **6.33–35**
predanim služenjem, 2.66, 2.67, 6.36
prednosti discipline, **6.6–7**
putem odvojenosti, **6.35,** 6.35
simptomi discipline uma, **6.7,** 6.7
slušanjem vedske književnosti, 17.16
smirenost putem discipline uma, **6.7–9**
u *yogi,* **6.18–27**
za *brahmacārīja,* 4.26
za samospoznaju, **18.51–53**
zadovoljava svakoga, **5.7**
značenje discipline uma, 10.4–5, 17.16
yoga je namijenjena za, 6.5, 6.6
pogledaj: Odvojenost
njegova dvoličnost, 17.16
njegova ozbiljnost, **17.16**
njegova priroda, 6.26
ojačan predavanjem, 3.42
osjetila i um, **2.67**
osjetilno uživanje i um, 3.40
pad zbog uznemirenog uma, 3.42
počiva u vibraciji Kṛṣṇa, 24–25
postojanost uma, **5.19, 5.20, 6.25–26**
putem svjesnosti Kṛṣṇe, **3.43,** 3.43
požuda i um, **3.40**
procesi uma kao poticaji za rad, 18.18

Um (nastavak)
pročišćenje uma, 6.20–23
strogost uma, **17.16,** 17.16
u *guṇama* vrline, strasti i neznanja, 15.7
u Kṛṣṇinoj službi, 2.60, 6.18, 6.27
u predanom služenju, 3.42, 6.36
u *samādhiju,* 2.44
umno zadovoljstvo
jedino putem svjesnosti Kṛṣṇe, **2.66,** 2.66
načini za njegovo postizanje, 17.16
uspoređen sa
infekcijom, 6.34
labudom, 8.2
ogledalom, **3.38**
vjetrom, **6.34,** 6.34
vozačkim instrumentom, 6.34
usredotočen na Kṛṣṇu, **8.5–10**
Kṛṣṇa preporučuje, **12.8**
utemeljen u samospoznaji, **2.53,** 2.53
uzdizanje umom, **13.29**
uznemirenost uma materijalnom vezanošću, **1.28–45**
viša zaokupljenost za um, **2.59,** 2.59, 3.42
zadovoljan u sebi, **2.55**
zaokupljen Kṛṣṇom, 6.34
želje koje izmišlja, **2.55,** 2.55
pogledaj: Suptilno tijelo; Meditacija
Umā, obožavanje, 7.21
Uništenje svemira, 11, **7.6,** 8.16, **9.7–8, 9.18,** 10.32, 10.33, **11.32**
Kṛṣṇa kao uništavatelj, **9.18**
Upadeśāmṛta, citat u vezi predanog služenja, 6.24
Upaniṣade, 4.8, 4.28, 7.3, 7.24, 11.48
citat u vezi
podrijetla *Veda,* 3.15
Svevišnjeg Gospodina, 3.22
duhovni život je objašnjen u njima, 2.45
Gītopaniṣada kao jedna od njih, 2
pogledaj: Bhagavad-gītā; Bhagavad-gītā kakva jest
njihova bit, 25
transcendiranje njih, 2.52
pogledaj: određene Upaniṣade
Upravljanje za *kṣatriyu,* **18.43**
Usporedbe. *Pogledaj:* Analogije
Uśanā, predstavlja Kṛṣṇu, **10.37,** 10.37
Uttama definiran, 9.2
Uttamaujā, **1.6**
Uvjerenje kao simptom života, 13.6–7
Uvjetovane duše, 18.78
Bhagavad-gītā namijenjena njima, 11.55
buntovne prema Gospodinu, 13.26
Uvjetovane duše (nastavak)
dužnosti koje se zahtijevaju od njih, **3.35,** 3.35
Gospodinov oblik koji ih prati. *Pogledaj:* Nad-duša
izvor sreće im nije poznat, 1.31
kao *nitya-baddhe,* 7.14
kao osobe u neznanju
o pravilnom djelovanju, 18.58
o prošlosti, sadašnjosti i budućnosti, 7.26
kao „poznavatelj polja", 13.1–6
kao pune straha, 6.14
kao transcendentalne prema tijelu, **13.32–33**
kao uvijek aktivne, **3.5,** 3.5
kao više od inteligencije, **3.42,** 3.42
kao vječno osobne, **2.12,** 2.12
kao život tijela, 7.6
materijalno tijelo i uvjetovana duša, 7.6
Nad-duša
ih prati, **13.23,** 13.23
kao svjedok njihovih djelatnosti, 8.4
nedostaci uvjetovanih duša
četiri vrste, 12, 16.24
kao diskvalifikacija, 2.12
njihov lažni ego, 3.40
njihov pad
stadiji pada, **2.62–63**
u materijalni svijet, 13.20
njihova svjesnost je ograničena, 2.17
njihove osobine, 9–10
njihove želje ispunjava Nad-duša, 2.22
njihovo predavanje. *Pogledaj:* Predavanje Gospodinu
njihovo uzdizanje
putem svjesnosti Kṛṣṇe, 4.24
Vede osiguravaju za njih, 3.15
njihovo zaboravljanje Gospodina, 18.59
obožavanje Božanstva je dato kako bi im pomoglo, 12.5
okaljane životnim zrakovima, 2.17
pate zbog seljenja duše, 15.10
pogledaj: Patnja
pod upravom, 6
iluzorne energije, 3.5
podložne padu, 6.37
pogrešno iskoristile svoju neovisnost, 15.7
predano služenje za njih, **12.9,** 12.9
primorane da djeluju, **3.5,** 3.5
priroda je puna, 2.39
program za njihov napredak, 3.10
prožima tijelo svjesnošću, 2.17
puno ispaštaju, 2.22
robovi, odane osjetilnom uživanju, 3.40

Uvjetovane duše (nastavak)
seks, ili spolni užitak, im je prijeko potreban, 3.34
služenje osjetilima je preporučeno za njih, 6.18
stručna njega i dijeta za njih, 6.35
stvaranje za njihovu dobrobit, **3.10**
svjesnost Kṛṣṇe im koristi, 15.7
u trenutku smrti, 13.31
u usporedbi sa
Nad-dušom, 5.18, 6.29
oslobođenom dušom, **5.13–14,** 5.20
uspoređene sa
gusjenicom, 8.8
pticom na drvetu, 2.22
putnikom, 6.34
ugašenim žarom, 2.23
utopljenikom, 2.1
vezanim čovjekom, 7.14
vezane *guṇama* prirode, **3.33**
vrijednost njihovih učenja, 2.12
vrste, demonske i božanske, **16.6**
zaboravile Gospodina, 4
zaboravile samointeres, 1.30–31
žvaču prožvakano, 18.36
pogledaj: živa bića
Uvrede
Arjuna i uvrede, **11.41–42, 11.44–45,** 11.45
Bhīṣmadevina i Droṇācāryina uvreda Draupadī, 11.49
demona prema pravoj religiji, **16.18**
familijarnosti s Kṛṣṇom
Arjuna moli oproštaj za uvredu, **11.41–42, 11.44–45**
Arjuna se plaši uvrede, 11.45
ismijavanja Kṛṣṇe, **9.11–12**
koju su Kurui nanijeli Draupadī, 11.49
najveća uvreda u ljudskom životu, 16.24
nanesene *bhaktama,* 10.11
koje su nanijeli Kurui, 1.35
Kṛṣṇa ne oprašta, 1.35
Kṛṣṇa zabranjuje, **9.30,** 9.30
nanesene Caitanyi, 10.11
nanesene Draupadī, 11.49
nanesene Kṛṣṇi
Arjuna ih se plaši, 11.45
Arjuna moli za oproštaj zbog, **11.41–42, 11.44–45**
iz zavisti, 18.67
posljedice uvreda, **9.12,** 9.12
smatrati da su polubogovi jednaki Njemu, 10.42
pogledaj: Gospodin Kṛṣṇa, ismijavanje Njega
Uvrede (nastavak)
neovlaštene teške strogosti i pokore kao uvrede, **17.5–6,** 17.5–6
odbojnost prema duhovnim načelima, 16.24
prema pravoj religiji, **16.18**
pronalaženja pogrešaka, 16.1–3
Uzroci, pet izravnih i neizravnih, 5.9
Uzroci za stvaranje stanovništva, Kṛṣṇa kao, **10.28–29**
Uzročni ocean (kozmički ocean), 10.20, 11.54
Uživanje. *Pogledaj:* Sreća; Osjetilno uživanje

V

Vaibhāṣika filozofi i filozofija, 2.26
Vaidūrya kamen, 4.5
Vaikuṇṭha, 15.6
gospodar Vaikuṇṭhe, 19
uzdizanje na Vaikuṇṭhu, 19
pogledaj: Duhovni svijet
Vairāgya
definirana, 6.35
pogledaj: Odricanje
Vaiṣṇava-aparādha. Pogledaj: Uvrede
Vaiṣṇave. *Pogledaj: Bhakte*
Vaiṣṇavska filozofija. *Pogledaj:* Predano služenje; Svjesnost Kṛṣṇe
Vaiśye
čistoća namijenjena njima, 16.1–3
guṇe prirode i *vaiśye,* 7.13
karakteristike njihova rada, **18.44**
mogu dostići Kṛṣṇu, 24
mogu se uzdići u vrhovno odredište, **9.32,** 9.32
njihova dužnost zanimanja, 18.47
pod utjecajem *guṇa* strasti i neznanja, 4.13
u strasti i neznanju, 9.32
pogledaj: Varṇāśrama-dharma sustav
Vānaprastha. Pogledaj: Varṇāśrama-dharma sustav
Vandanam u svjesnosti Kṛṣṇe. *Pogledaj:* Molitve
Varāha Purāṇa
citat u vezi
bhakte u trenutku smrti, 12.6–7
Nārāyaṇe kao podrijetla polubogova, 10.8
polubogova, 10.8
stvaranja, 10.8
živih bića kao Gospodinovih dijelova, 2.23

Varalice, Kṛṣṇa predstavljen među njima, **10.36**

Varṇa-saṅkara (neželjeno potomstvo), **1.40–41, 1.42, 3.24**

Varṇāśrama-dharma sustav, **9.32–33**
- administrativni stalež u njemu. *Pogledaj: Kṣatriye*
- *bhakte* su transcendentalni prema njemu, 4.13
- *brāhmaṇa* kao duhovni učitelj u njemu, 16.1–3
- cilj sustava, 2.48, 3.7, 3.9
  - kao svjesnost Kṛṣṇe, 18.66
- cilj života se dostiže kroz njega, 4.26
- čista svjesnost Kṛṣṇe ga transcendira, 3.35
- duhovni učitelj je transcendentalan prema, 2.8
- dužnosti u njemu, 21–22, 2.31
  - ne treba ih odbaciti, **18.47–48**
  - osoba ih transcendira u čistoj svjesnosti Kṛṣṇe, 3.35
  - s odvojenošću i u svjesnosti Kṛṣṇe, 18.23
  - trebaju dostići vrhunac u svjesnosti Kṛṣṇe, 18.66
  - u Kṛṣṇinu korist, 18.47–48
- *guṇe* prirode i sustav *varṇāśrama-dharme*, 3.35, 7.13, 9.32
- kao dužnost prema *guṇama* i prirodi, 2.31
- kao *sva-dharma*, 2.31
- Kṛṣṇa
  - stvoritelj sustava, **4.13,** 4.13
  - transcendentalan je prema, **4.13–14**
- *Manu-smṛti* i sustav *varṇāśrama-dharme*, 7.15
- njegova svrha, 1.40, 1.42, 4.13, 4.26
- njegove prednosti, 1.42
- njegovi duhovni redovi
  - dužnosti u njima, 8.28
  - napredovanje kroz njih, 8.28
- njegovi redovi i staleži, 22, 4.26, 7.13
  - kao privremena imenovanja, 7.13
  - ljudi niži od staleža u sustavu, 9.32
  - osobine potrebne za svaki određeni dio, 16.1–3
  - poznati prema *guṇama* prirode, **18.41**
  - prema *guṇama* prirode, 7.13, 9.32
  - trajanje pojedinih redova, 16.1–3
- obiteljski život u njemu, 1.39–44
- obredi pročišćenja i sustav *varṇāśrama-dharme*, 7.15

Varṇāśrama-dharma sustav (nastavak)
- oslobođenje kroz njega, 1.42
- položaj u njemu, prema *guṇama* prirode, **4.13,** 4.13
- potreban je ljudskoj civilizaciji, 2.31
- predano služenje transcendira njegove obrede, **8.28,** 8.28
- pročišćenje kroz njega, 1.40, 1.42, 16.22
- religija počinje njime, 4.7
- rođenje nije značajno u njemu, 16.1–3
- *sannyāsī* kao duhovni učitelj u njemu, 16.1–3
- svjesnost Kṛṣṇe
  - se budi kroz njega, 4.42
  - transcendira ga, 3.35
  - treba slijediti djelovanje u njemu, 28–31
- uloga naslijeđivanja osobina u njemu, 2.3
- vođe ga zanemaruju, 1.42
- za zadovoljavanje Viṣṇua, 9.24
- žene i sustav *varṇāśrama-dharme,* 1.40
- *pogledaj: određene dharme i āśrame*

Varuṇa, 3.14
- predstavlja Kṛṣṇu, **10.29**

Vasudeva, 7.24
- Kaṁsa ga je proganjao, 4.8
- Kṛṣṇa i on, 9.11
- Kṛṣṇa je njegov sin, 1.15, 2.3
- Kṛṣṇina pojava pred njim, 10.3, 11.53

Vasudeva razina, 14.10
- *pogledaj:* Čista vrlina

Vasui
- Gospodin kao njihovo podrijetlo, 10.8
- Kṛṣṇin predstavnik među njima, **10.23**
- Nārāyaṇa kao njihovo podrijetlo, 10.8
- u kozmičkom obliku, **11.6, 11.22**

Vāsuki
- predstavlja Kṛṣṇu, **10.28**
- u kozmičkom obliku, 11.15

Vatra
- Kṛṣṇa je predstavljen kao, **10.23**
- probave, 7.9, **15.14,** 15.14
- sjaj i svjetlost, potječu od Kṛṣṇe, **15.12,** 15.12
- sterilizacija i vatra, 2.24
- u kozmičkom obliku, **11.19, 11.24–25, 11.28–30**
- žrtvovanje za obiteljske ljude, **6.1,** 6.1, 8.3, 16.1–3
- *pogledaj:* Elementi

Vedānta, 2.45, 2.46

Vedānta, 18.13
- teško shvatljiva u sadašnjem dobu, 2.46
- vedska filozofija, 2.25
- *pogledaj: određene filozofije*

Vedānta-sūtra, 4.28, 10.32, 11.48
autor, 13.5, 15.15, 15.16
i *Śrīmad-Bhāgavatam,* 15.15
Kṛṣṇa
njen autor i poznavatelj, 18.1
predstavlja Kṛṣṇu, 10.32
sastavljač, 15.15, 15.16
Śaṅkarācārya je prihvaća, 18.13
tumačenja, 21
vaiṣṇavska u usporedbi s impersonalističkim, 5.6
vedska književnost i odnos s, 21
Vyāsadeva je sastavljač *Vedānta-sūtre,* 13.5, 15.15, 15.16
Vedānta-sūtra, citat u vezi
Apsolutne Istine, 9.21
duše kao poznavatelja i vršitelja djelatnosti, 18.14
Gospodina
kao cilja, 15.15
kao podrijetla, 18.46
kao punog radosti, 13.5
kao vatre probave, 15.14
u zvuku, tijelu, zraku i trbuhu, 15.14
Gospodinove nepristranosti, 4.14
Gospodinove pristranosti, 5.15
oslobođenja, 18.55
predanog služenja
njegova nastavljanja nakon oslobođenja, 18.55
prosvjetljenja putem, 9.2
znanja putem predanog služenja, 9.2
raspitivanja o Svevišnjem, 3.37
transcendentalnog zadovoljstva, 6.20–23
znanja o polju i poznavatelju polja, **13.5,** 13.5
živih bića koja traže zadovoljstvo, 15
Vedānta-sūtra, Kṛṣṇa je citira, **13.5**
Vede, 10.32
autoriteti za njih, 2–3, 4.1
citat u vezi
Boga kao jednog, 4.12
Cāturmāsye, 2.43
duše, 2.25
Gospodina, 3.10
Gospodina i živog bića kao poznavatelja tijela, 13.3
Gospodina kao uzroka svih uzroka, 4.14
Gospodinovih bezbrojnih oblika, 4.5
oblika Svevišnjeg Gospodina kao Njega samog, 4.9
ubijanja, 2.19
žrtvovanja, 3.9
žrtvovanja i pročišćenja, 3.11
Vede (nastavak)
četiri, imenovane, 3.15, 11.48
duhovni učitelj
predstavlja ih istinito, 16.1–3
za učenje *Veda,* 8.28
imenovane
četiri, 9.17
peta *Veda,* 2.45
tri, **9.17,** 9.20
izravan i postupan povratak Bogu, 3.15
kao Gospodinovi zakoni, 18.4
kao upute za djelovanje, **3.15,** 3.15
karma-kāṇḍa podjela *Veda,* 2.43, 2.45, 2.46
žrtvovanje u, 9.16
Kṛṣṇa
je slavljen u njima, **15.18,** 15.18
kao njihov cilj, svrha i poznavatelj, **15.15,** 15.15
kao *Vede,* **9.17,** 9.17
upoznaje se iz njih, **15.18,** 15.18
Kṛṣṇin predstavnik među njima, **10.22**
Mahābhārata kao peta *Veda,* 2.45
njihov autor, 21, 2.46
njihova načela kao prava religija, 4.7
njihova povijest, 21
njihova svrha, **2.46,** 2.46, 4.7, **15.15,** 15.15
smṛti je objašnjavaju, 15.18
njihove kitnjaste riječi, **2.42–43, 2.53,** 2.53
njihove *mantre, oṁ* u njima, **7.8,** 7.8
njihove upute. *Pogledaj:* Vedski propisi
njihovi ciljevi
detaljno opisani, **15.15,** 15.15
duhovni svijet kao cilj, 15.1
Kṛṣṇa kao cilj, 2.46, 3.26, **9.17,** 9.17, 9.18, **9.20,** 15.1
poznavanje Kṛṣṇe kao cilj, 17.28
predano služenje kao cilj, 16.24, 18.1
samospoznaja kao cilj, 2.46
njihovi dijelovi, 2.45
njihovi obredi
Kṛṣṇa kao, **9.16,** 9.16
śabda-brahma, 6.44
transcendiraju se mantranjem Hare Kṛṣṇa, 6.44
njihovi propisi za pokore i strogosti, 10.4–5
njihovo podrijetlo, **3.15,** 3.15
Gospodinovo disanje kao, 3.15
obožavanje polubogova opisano u njima, 3.14, 9.25
oṁ tat sat u njima, **17.23,** 17.23
oslobođenje slijeđenjem *Veda,* 3.15
osoba ih uči od duhovnog učitelja, 8.28
osobe ih proučavaju radi uzdizanja na više planete, **9.20–21**

Vede (nastavak)
osobno uživanje i *Vede,* 3.15
plodonosne djelatnosti preporučene u njima, **2.42–43, 2.44**–2.46
proučavanje, **16.1–3**
Gospodinov kozmički oblik se ne može vidjeti na taj način, 11.48
nije dovoljno za poznavanje Kṛṣṇe, **11.53**
predano služenje daje isti rezultat, **8.28,** 8.28
za *brahmacārīje,* 16.1–3
žrtvovanje proučavanjem *Veda,* **4.28,** 4.28
religija se upoznaje iz njih, 4.7
Sāma Veda, **10.22, 10.35,** 10.35
samospoznaja kao njihov cilj, 2.46
shvaćanje *Veda,* **15.15,** 15.15
slušanje *Veda* od duhovnog učitelja, 16.1–3
transcendiranje njih, 2.52
učenici *Veda,* **9.20**
Upaniṣade kao njihov dio, 2.45
uspoređene sa
majkom, 2.25
rezervoarom, 2.46
znanje iz njih, 2.25
o Gospodinu, **15.15,** 15.15
za sreću, 4.31
znanje o njima, **8.11**
poznavanje Kṛṣṇe je isto kao poznavanje *Veda,* 11.54
živim bićima je potrebno znanje iz njih, 15.15
žrtvovanja propisana u njima, 2.43, 3.12, 3.14, 4.31, **4.32**
svjesnost Kṛṣṇe je transcendentalna prema njima, 3.15
svjesnost Kṛṣṇe putem njih, 3.16
pogledaj: Žrtvovanja
žrtvovanje životinja u njima, 4.7
pogledaj: Spisi
Vedska civilizacija
odricanje u njoj. *Pogledaj:* Odricanje
pod vodstvom Gospodina Rāmacandre, 1.36
podjele rada u njoj. *Pogledaj: Varṇāśrama-dharma* sustav
pogledaj: Arijci; *Varṇāśrama-dharma* sustav
Vedska književnost
Bhagavad-gītā
dovoljna je u njoj, 25
kao, 4.1
kao bit vedske književnosti, 25
Vedska književnost (nastavak)
danas je teško proučavati vedsku književnost, 2.46
duhovno znanje iz, **13.5,** 13.5
kao savršena, 4.1
Kṛṣṇa
poznat zbog vedske književnosti, 15.15
prihvaćen kao Gospodin u njoj, 2–3
Kṛṣṇin citat u vezi polja djelatnosti iz, **13.5**
meditacija na vedsku književnost, 21
namijenjena je ljudima, 13
nedovoljna za poznavanje Gospodina, 7.24
njena povijest, 21
njene upute. *Pogledaj:* Spisi, njihovi propisi; Vedski propisi
obožavanje polubogova u, 7.20, 7.21
pogledaj: Obožavanje polubogova
prihvaćanje duhovnog učitelja je propisano u, 2.7
primjeri vedske književnosti, 10.32, 11.48
razlike u mišljenju u njoj, 18.3
recitiranje i proučavanje vedske književnosti, **17.15,** 17.15
za napredno obrazovanje, 10.32
žrtvovanje i vedska književnost, 11.48
pogledaj: Bhagavad-gītā; Śrīmad-Bhāgavatam; Vede; određeni spisi
Vedska monarhija, 10.27
Vedska žrtvovanja. *Pogledaj:* Žrtvovanja
Vedske himne uspoređene s lišćem banjanova drveta, **15.1,** 15.1
Vedski kastinski sustav. *Pogledaj: Varṇāśrama-dharma* sustav
Vedski obredi
danas ih je teško izvoditi, 2.46
Kṛṣṇa je njihov cilj, 3.26
njihov cilj, **15.20,** 15.20
njihov najpovjerljiviji dio, **15.20,** 15.20
potrebni su za početnike, 2.52
pročišćenje putem njih, 3.26
svjesnost Kṛṣṇe je transcendentalna prema njima, 2.52, 3.15, 3.19
transcendiraju se predanim služenjem, 2.52–53
za *bhakte* početnike, 2.52
za uzdizanje na rajske planete, 2.43
Vedski propisi, **3.15,** 3.15
bhakte ih trebaju slijediti, 2.58
narušeni svjesno, 16.23
neophodni su za postupno uzdizanje, 16.23, **16.24,** 16.24
o milostinji, 10.4–5
o žrtvovanju životinja, 4.7

Vedski propisi (nastavak)
prijeka potreba slijeđenja vedskih propisa, 16.22, **16.23–24,** 17.6
pročišćenje putem njih, 16.22
za kupanje, 11, 2.14
Vedsko znanje, 2, 11–12, 2.45, 15.1
Bhagavad-gītā kao suština vedskog znanja, 11
dostiže vrhunac u predanom služenju, 15.19
Kṛṣṇa kao njegov izvor, 10.8
Kṛṣṇa milostivo daje, 15.15
njegovo podrijetlo i naslijeđe, 11–12
poznavanje Kṛṣṇe kao vedsko znanje, 11.54
poznavatelji vedskoga znanja, 9.20
predano služenje je transcendentalno prema, 9.2
um je zadovoljen, 17.16
Vyāsadeva objasnio, 10.37
Vegetarijanstvo, 6.16–17
Veliki mislioci
Kṛṣṇin predstavnik među njima, **10.37,** 10.37
pogledaj: Mudraci
Vezanost (privrženost)
abhakte su pod utjecajem vezanosti, 1.28
definirana, 2.56
degradacija zbog vezanosti, **6.5,** 6.5
demona, **16.11–17**
između muškarca i žene, 14.7
kao budalasta, 4.12, 7.15
kao pad, 15.20
lažni ego i vezanost 3.40
milostinja s vezanošću, **17.22**
mūḍhe, 7.15
nevezanost u usporedbi s vezanošću, 2.56
odbojnost i privrženost, **2.47,** 2.47, **2.64, 3.34–35,** 10.5
oslobođenje od vezanosti. *Pogledaj:* Nevezanost; Odvojenost; Oslobođenje
povećanje vezanosti, 15.20
požuda i vezanost, 15, 18
predano služenje je ometeno vezanošću, **2.44**
predavanje zaustavljeno vezanošću, **15.5,** 15.5
privrženost Kṛṣṇi u usporedbi s materijalnom vezanošću, **5.12,** 6.35
privrženost obožavanju polubogova, 9.20
privrženost *sannyāsīja,* 6.1
rad s vezanošću, **18.27**
sav rad s vezanošću, 6.1
stadiji vezanosti, **2.62–63,** 4.10
Vezanost (privrženost) (nastavak)
strogosti i privrženost, **17.5–6,** 17.5–6
test vezanosti, u slučaju Haridāse Ṭhākure, 2.62
transcendira se u svjesnosti Kṛṣṇe, **2.64**
u duhovnom životu, 6.40
um uznemiren vezanošću, 1.30
vezanost u *guṇi* strasti, **14.12,** 14.12
vezanost za materijalne
djelatnosti, **3.29,** 3.29, 16.11.12
imenovanja, 23, 3.29, 7.13
predmete, 2.29
tijelo, 3.29
za bogatstvo, 1.32–35, 14.8, 16.10, **16.13**-16.16, **18.34**
za boravište, 14.12
za *guṇu* vrline, **14.6,** 14.6
za imenovanja, 17–18, 3.29, 7.13
za izbjegavanje dužnosti, **2.47,** 2.47
za jedenje mesa, 13, 3.12, 16.3, 16.10
za kockanje, 16.10
za moć, **16.13–15**
za obiteljski život. *Pogledaj:* Obiteljski život, vezanost za
za obožavanje samoga sebe, **17.18,** 17.18
za odricanje od djelovanja, **3.5–10**
za osjetilno uživanje, 2.29, 3.8, 3.12, **3.34,** 14.7, 14.12, **14.12, 16.16,** 16.16, **18.32**
za osobno uzdizanje, 6.32
za plodonosno djelovanje, **3.25–27, 5.12,** 7.15, **14.7, 18.27**
za plodove rada, **3.9,** 3.9, **5.12,** 6.40, 7.15, **18.34**
za posjedovanje, 2.47, 2.48, **2.71,** 5.29, 15.5
za poštovanje, 13.8–12, 15.5, **16.13–16,** 18.35
za privremeno, 4.12, 7.13
za propisano osjetilno uživanje, 3.34
za rad i njegove rezultate, **18.27**
za seks, 2.60, 3.34, 7.15, 10.28, 16.10
za spavanje, 1.24, 6.16, **14.8,** 18.35
za tijelo, 18, **2.25–30,** 3.29
pogledaj: Tjelesno shvaćanje života
za vrlinu, 3.19, **14.6,** 14.6
za ženu, 2.60, 3.34, 14.7, 16.10
pogledaj: Vezanost, za seks
zbunjenost zbog vezanosti, 1.30
životinjskim sklonostima, 6.40
yogīja, 8.14
pogledaj: Materijalne želje; Odvojenost; Osjetilno uživanje
Vibhu, definiran, 4
Vibhu-ātmā, definirana, 2.20

Vibhūti definirana, 10.19
Vibracije, Kṛṣṇin predstavnik među njima, **10.25**
Vidyānidhi, 26
Vijñāna-maya, 13.5
Vikarma, 4.20
definirana, 3.15, 4.17
Vikarṇa, **1.8**
Virāṭa, **1.4**
školjka u koju je puhnuo, **1.16–20**
Viṣṇu Purāṇa
citat u vezi
duhovnog postojanja, 2.16
Gospodinovih energija, 20
Kṛṣṇe kao dobronamjernika krava, *brāhmaṇa* itd., 14.16
Kṛṣṇe kao stvoritelja svega, 11.40
varṇāśrama-dharme, 2.48
varṇāśrame, 3.9
Viṣṇumūrti, 15.7
Viṣṇu-tattve, 2.17
Viśva-kośa rječnik citiran u vezi *māye,* 4.6
Viśvāmitra
kao *kṣatriya* i kao *brāhmaṇa,* 3.35
Menakā i on, 2.60
Viśvanātha Cakravartī Ṭhākura, 26
citiran u vezi duhovnog učitelja, 2.41
citiran u vezi Kṛṣṇe kao Nad-duše, 9.11
Viśva-rūpa. Pogledaj: Kozmički oblik Gospodina
Viśvedeve, **11.22**
Vivasvān
Bhagavad-gītā je izgovorena njemu, **4.1**-4.2, **4.4,** 4.5
dostizanje njegova planeta, 7.23
Gospodin ga se sjeća, 7.26
kao Kṛṣṇin učenik, 4.15
kṣatriye potječu od njega, 4.1
molitva o njemu, 4.1
njegov utjecaj na odredište nakon smrti, **8.24**
obožavanje upućeno njemu, 7.20, 7.21
u učeničkom naslijeđu, 3, 4.15, 4.16, 7.26
Vjera
definirana, 2.41, 4.39
kroz *Bhagavad-gītu,* 4.41
materijalna vjera, 17.3
pogrešno usmjerena, 17.1
pri primjeni *yoge,* **6.24**
transcendentalna, **17.17**
u *Bhagavad-gītu,* 4.40
u duhovnog učitelja, 6.47, 11.54
u *guṇama* vrline, strasti i neznanja, pojedinačno, **17.1–4**
Vjera (nastavak)
u *guṇi* neznanja, ne postoji vjera, **17.13**
u Kṛṣṇino obećanje, 20
u Kṛṣṇu, kao Svevišnjeg Gospodina, 18.68
u slušanje od duhovnih autoriteta, 13.26
u vječne Gospodinove upute, 3.31
uspoređena sa *sanātana-dharmom,* 14–15
uzdizanje vjere, 17.2–3
važnost vjere u predano služenje, **9.3,** 9.3
znanje putem vjere, 4.40
žrtvovanje prema vjeri, 4.33
pogledaj: Vjera u Gospodina; Religija
Vjera u Gospodina, 20, 1.28, 8.23, **17.17**
Arjunina, 20, 2.6, 4.4
bhakte su podijeljeni prema vjeri, 9.3
bhaktina vjera, 4.4, 9.3, 9.12, 18.66
bhakti-yoga s vjerom, 6.24
čistih *bhakta,* 9.11
čisto predano služenje kao rezultat, **10.7,** 10.7
dṛḍha-vrata, 7.30
duhovni učitelj i vjera, 11.54, 13.24
duhovno znanje putem vjere, 6.47
kroz predano služenje, 7.30, 8.28
kroz svjesnost Kṛṣṇe, 4.41, 7.30
mantranjem Hare Kṛṣṇa, 4.39–42
nedostatak vjere, **9.3,** 9.3
kod *bhakta,* 9.12
kod demona, 4.3–4, 16.11–12, 16.18
kod tumačitelja *Bhagavad-gīte,* 3.31, 18.67
rezultat nedostatka vjere, 4.40, **17.28,** 17.28
vjera u *guṇi* neznanja, 17.13
odlučna, 7.30
oslobođenje putem, 3.31
podjela na tri vrste, 9.3
postupno se dostiže, 7.30
potreba za, **4.39–40, 10.14,** 10.14, **17.28,** 17.28
predano služenje s vjerom, 12.2
preduvjeti za, 2.29
proces razvijanja vjere, 9.3
sannyāsīja, 16.1–3
savršenstvo kroz, 4.9
sazrijeva u ljubav prema Bogu, 17.28
slušanje *Bhagavad-gīte* s vjerom, 18.68, **18.71,** 18.71
u društvu *bhakta,* 9.2–3
uzdizanje putem, 13.23
vjera Pāṇḍava, 1.19
vjera u Gospodina i Njegove inkarnacije, 4.9
značenje vjere, 9.3

Vjernost, **1.40–41**
Vjetar
  Kṛṣṇa upravlja njime, 9.6
  predstavlja Kṛṣṇu, **10.31**
Vlada, vladavina
  kazna koju donosi. *Pogledaj:* Kazna
  kažnjava za ubojstvo, 14.16
  kraljevi u vladi, **10.27,** 10.27
  nasilje koje nanosi, 2.27
    pogledaj: Rat
  planetarna, **4.1–2**
  pobožna vlada, 2.32
  pod upravom kralja je pravedna, 10.27
  polubogovi u Kṛṣṇinoj vladi, 9.23
  Raghu dinastija kao, 4.1
  Rāmacandrina vladavina, 1.36
  služba u vladi, 15
  vođe vlade, 1.36, 1.42
    car svijeta kao, 6.43
    nedostaje im duhovna vizija, 10.4–5
    njihova dužnost, **3.21,** 3.21, 4.1
    njihovo predavanje, 7.15
    obožavanje vođa, 4.12
  vršenje posta da bi se utjecalo na vladu, 17.5–6
  zakon i vlada, 2.21, 2.27, 16.7, 18.17
  zaštita koju daje, 2.31–32
  pogledaj: Varṇāśrama-dharma sustav
Vladanje osjetilima
  bhakta, **2.58–59, 5.8–11, 5.13**
  definirano, 10.4–5
  gosvāmīji i vladanje osjetilima, 5.23, 6.26
  hitnost vladanja osjetilima, **3.41,** 3.41
  impersonalizam i vladanje osjetilima, **12.3–4**
  jedino putem svjesnosti Kṛṣṇe, 2.61, 2.62, 2.63, 2.67, 2.68
  kada je um zaokupljen predanim služenjem, 3.42
  kao cilj žrtvovanja, 4.30
  Kṛṣṇa kao podrijetlo, **10.4–5**
  mir putem vladanja osjetilima, **2.70–71**
  navedene zapreke na putu, 5.23
  odlučnost za, **6.24**
  odvojenost se razvija, **5.27–28,** 5.27–28
  oslobođenje putem, **5.27-**5.28
  postupno ovladavanje, **6.25–26**
  poteškoće pri ovladavanju osjetilima, **2.60,** 2.60, **2.62–63, 2.67**
  potrebno za znanje i oslobođenje, 2.6
  pratyāhāra, 6.25
    nepraktična danas, 8.12
    njena metoda, **8.12**
Vladanje osjetilima (nastavak)
  prednosti, **4.39**
  prijeka potreba za vladanjem osjetilima, **3.34,** 3.34, **3.41,** 3.41, 4.29, 4.30, **5.23, 6.24,** 6.26
  propisi za, **3.34**
  putem *aṣṭāṅga-yoge,* 2.59
  putem kontrole disanja, **4.27,** 4.27, **4.29**
  putem obožavanja Božanstva, 13.8–12
  putem ograničenja, **2.59,** 2.59
  putem predanog služenja, 2.68, 5.26
  putem propisanih načela, **2.64**
  putem višeg ukusa, **2.59–64,** 2.67-**2.68**
  putem *yoge,* 2.48, **4.29, 5.27-**5.28, **6.11–18,** 6.28, **8.12**
  samospoznaja putem, **4.27,** 4.27
  sreća putem, **5.23**
  svāmīja ili *gosvāmīja,* 5.23, 6.26
  ugodno je za svakoga, **5.7**
  umjetno vladanje osjetilima, 3.43
  uspoređeno s kornjačinim uvlačenjem nogu, **2.58,** 2.58
  Viśvāmitra i vladanje osjetilima, 2.60
  vladanje jezikom, 13.8–12
  vladanje očima, 13.8–12
  vladanje osjetilima na način svjestan Kṛṣṇe, **2.57–71,** 6.2, 13.8–12
    primjeri, 13.8–12
  za samospoznaju, **18.51–53**
  znanje putem vladanja osjetilima, **4.39**
  životni zrak i vladanje osjetilima, **4.27,** 4.27
  žrtvovanje vladanjem osjetilima, **4.26-**4.27
  pogledaj: Strogosti; Odvojenost; Odricanje
Voda
  element. *Pogledaj:* Elementi
  Kṛṣṇa kao, **11.39**
  njen čisti ukus predstavlja Gospodina, **7.8,** 7.8
Vodene životinje, Kṛṣṇa predstavljen među njima, **10.29**
Vođe, **3.20-**3.21, 3.22
  pogledaj: Vlada; *Kṣatriye;* Duhovni učitelji; *imena određenih vođa*
Voidizam. *Pogledaj:* Impersonalizam
Vojske, Kurua i Pāṇḍava, **1.3–6, 1.8–11, 1.14–20, 1.25–26**
Vrhovni Brahman, 4
Vrhovno Biće. *Pogledaj:* Kṛṣṇa; Svevišnji Gospodin
Vrhovno odredište
  podobnost osobe za, **9.32-**9.33
  pogledaj: Bog, povratak Njemu; Duhovni svijet

Vrijeme, 7, 18.78
Brahmino, 9.7
čisti *bhakta* nije ograničen vremenom, 18.56
duša iznad vremena, 2.20
ispravno vrijeme za milostinju, **17.20**
kao predmet *Gīte,* 7–8, 10, 11, 12
kao uništavatelj svega, 11.32
kao vrijedno za *bhaktu,* 6.17
karma i vrijeme, 7
Kṛṣṇa
kao vrijeme, **10.33,** 10.33, **11.32,** 11.55
koji vidi sve, 2.20
vrijeme Ga predstavlja, **10.30, 10.33,** 10.33
Kṛṣṇa kao najbolji dio godine, **10.35,** 10.35
milenij kao dio vremena, **9.7**
njegova moć, 10.30
sveprožimajuće, 11.32, 11.55
u svemiru, **9.7**
njegovo trajanje i razlike, **8.17–19**
za milostinju, **17.22**
Vrijeme i mjesto
djelovanje prema vremenu i mjestu, 18.10
milostinja prema njima, **17.20–22**
Vrijeme, Kṛṣṇa je njegov upravitelj, **9.19**
Vṛkodara, Bhīma kao, 1.15
pogledaj: Bhīma
Vrline
Arjunine, 2.6
bhakte ih dostižu automatski, 12.18–19
blagosti, **16.1–3**
brāhmaṇske, **18.42**
čestitosti, **1.40–41**
čistoća kao, 2.14, **14.8–12, 16.1–3**
čvrstine, predstavlja Kṛṣṇu, **10.34,** 10.34
doba kada su prevladavale, 8.17
dostojnosti povjerenja, 1.40
energičnosti, **16.1**-16.3
hrabrosti, **16.1–3**
inteligencije. *Pogledaj:* Inteligencija
iskrenosti, 13.8–12, 16.1–3
istinoljubivosti. *Pogledaj:* Istinoljubivost
jednakost uma kao, **13.8–12**
jednostavnosti. *Pogledaj:* Jednostavnost
Kṛṣṇa kao njihovo podrijetlo, **10.4–5**
Kṛṣṇin predstavnik među njima, **10.34,** 10.34
ljubaznosti. *Pogledaj:* Ljubaznost
mekoće srca, 1.45, 1.46
milostinje. *Pogledaj:* Milostinja
mirnoće, **16.1–3**
mudrosti. *Pogledaj:* Mudrost
nenasilja. *Pogledaj:* Nenasilje
neustrašivosti. *Pogledaj:* Neustrašivost
Vrline (nastavak)
njegovanja duhovnog znanja, **16.1**-16.3
odbojnost prema pronalaženju pogrešaka kao, **16.1**-16.3
odlučnost
kao vrlina, **16.1**-16.3
u predanom služenju kao vrlina, 2.41, **12.13,** 12.14
odricanja. *Pogledaj:* Odricanje
odsutnosti ponosa, **13.8–12**
odvojenosti. *Pogledaj:* Odvojenost
opraštanja, **10.4–5, 16.1**-16.3
pamćenja. *Pogledaj:* Pamćenje
pobožnog čovjeka obdarenog božanskom prirodom, **16.1**-16.3
poniznosti. *Pogledaj:* Poniznost
postojanosti, **2.15, 13.8–12**
poštenja kao brāhmaṇske odlike, **18.42**
poštovanja, 9.11
prijeko potrebne za svaki pojedini dio *varṇāśrame,* 16.1–3
proučavanja *Veda. Pogledaj: Vede*
različite vrline u različitim *yugama,* 8.17
religije. *Pogledaj:* Religija
samilost, **16.1–3**
samoovladanosti. *Pogledaj:* Samoovladanost
skromnosti, **16.1–3**
slobode
od lažnog ega, **13.8–12**
od ljutnje, **16.1–3**
od zavisti, **16.1–3**
od žudnje, **16.1–3**
snošljivosti. *Pogledaj:* Snošljivost
strogost kao. *Pogledaj:* Strogost
strpljivosti. *Pogledaj:* Strpljivost
svjesnost Kṛṣṇe obuhvaća sve vrline, 2.55
šutljivosti. *Pogledaj:* Šutnja
u procesu znanja koji je objavio Gospodin, **13.8**-13.12
umne discipline. *Pogledaj:* Um, njegova disciplina
vrlina lijepog govora predstavlja Kṛṣṇu, **10.34,** 10.34
ženske vrline, **10.34,** 10.34
žrtvovanja. *Pogledaj:* Žrtvovanja
pogledaj: Čistoća
Vṛndāvana, 6.11–12, 8.21, 9.19
Goloka, 16, 17, 19, 6.15, 8.28, 9.11, 11.15, 15.6
dostiže se predanim služenjem, 10.9
njena replika na Zemlji, 8.21
opisana, 16, 8.21
pogledaj: Bog, povratak Njemu; Duhovni svijet

Vṛndāvana (nastavak)
Kṛṣṇa je nikada ne napušta, 10.37
njeni stanovnici, 16
zabave u, 16
Vrste života
broj vrsta, 15.9
seljenje u, 16.19
životinjske vrste, 14.18
Vyāna, 2.17
Vyāsa Tīrtha, 26
Vyāsadeva, 5, 2.32, 7.24
duhovni učitelj ga predstavlja, 18.75
kao autor *Vedānta-sūtre,* 13.5, 15.15, 15.16
kao autoritet za znanje o Kṛṣṇi, 18.62
kao Gospodinova inkarnacija, 10.37, 15.15, 15.16, 15.18, 18.77
kao najbolji od *munija,* 10.37
kao predan Gospodinu, 7.15
kao sastavljač *Vedānta-sūtre,* 15.16
njegov otac, 13.5
njegovi roditelji, 15.18
objasnio je *Vede,* 10.37, 15.18
predstavlja Kṛṣṇu, **10.37,** 10.37
Sañjaya i on, 1.1, 11.12, **18.75,** 18.75, 18.77
Sañjaya je čuo Kṛṣṇu njegovom milošću, **18.75,** 18.75
također je vidio kozmički oblik, 18.77
u učeničkom naslijeđu, 26, 18.75
Vede i vedska književnost koju je on dao, 21
Vyāsa-pūjā, 18.75
Vyavasāyātmikā inteligencija, 2.41

Z

Zaboravnost. *Pogledaj:* Iluzija; *Māyā*
Zadovoljstvo
čistih *bhakta,* **12.18–19,** 12.18–19
definirano, 10.4–5
kao strogost uma, **17.16,** 17.16
Kṛṣṇa kao njegovo podrijetlo, **10.4–5**
Kṛṣṇa znači najveće zadovoljstvo, 15
na rajskim planetima, **2.42–43,** 2.42–43
vedski načini za dostizanje materijalnog zadovoljstva, **2.42–43,** 2.42–43
pogledaj: Sreća; Osjetilno uživanje
Zakon. *Pogledaj:* Vlada; *Vede,* njihovi propisi
Zanimanja
mantranje Hare Kṛṣṇa i, 12.6–7
nesavršeno izvršena i vršenje tuđih zanimanja, **18.47–48**
podjele zanimanja. *Pogledaj: Varṇāśrama-dharma* sustav
predano služenje kao univerzalno zanimanje, 26
služenje Gospodina svojim zanimanjem, **18.46-**18.48
svi mogu zadržati, 21
svjesnost Kṛṣṇe i, 18.8
svjesnost Kṛṣṇe ih treba pratiti, 21–24
svoje zanimanje kao najbolje, **18.47-**18.48
u *guṇi* strasti, 14.17
u Kṛṣṇinu korist, 18.8-11
u svjesnosti Kṛṣṇe, 18.48–50
za *kṣatriyu,* 1.31
pogledaj: Dharma; Dužnost; *Varṇāśrama-dharma* sustav
Zapadni svijet
verzije *Bhagavad-gīte* u njemu, 2
pogledaj: Kali-yuga
Zavist demona, **16.18–19**
Zavist na Kṛṣṇu, 18.67
pogledaj: Ateizam; Impersonalizam
Zdravlje
hrana i zdravlje, **17.8–10,** 17.10
obožavanje polubogova radi zdravlja, 7.20–21
Zmije
božanske, u kozmičkom obliku, **11.15**
Kṛṣṇin predstavnik među njima, **10.28–29**
Znanje
duhovno. *Pogledaj:* Duhovno znanje
Gospodin kao cilj znanja, **9.17,** 9.17, **13.18**
Gospodin posjeduje sve znanje o živim bićima, **7.26,** 7.26
Kṛṣṇa
kao znanje, **11.38–39**
stvoritelj znanja, **10.4–5**
Kṛṣṇa kao kraj znanja, **11.38,** 11.38
Kṛṣṇino znanje, 2.20, 6.39, **7.26, 11.38,** 11.38
u usporedbi sa znanjem živoga bića, **5.15,** 5.15, 5.16
materijalno znanje, 10.4–5
u usporedbi s duhovnim znanjem, **9.2,** 10.4–5
motiv za djelovanje, **18.18**
nedostatak znanja. *Pogledaj:* Neznanje; Iluzija
nedovoljno bez Kṛṣṇe, 2.8
o materijalnom svijetu i njegovom podrijetlu, 15.3–4

Znanje (nastavak)
o prošlosti, sadašnjosti i budućnosti, 6.39, **7.26,** 7.26, 8.9, 11.7, 18.61
o svemiru, 11.7
o tijelu i ni o čemu drugom, **18.22,** 18.22
o uporabi nasilja, 2.21
pojavno i božansko znanje, **7.2**
predmet znanja kao motiv djelovanja, **18.18**
savršenstvo znanja, 13.12, 16.23
u *guṇi* neznanja, **18.22,** 18.22
u *guṇi* strasti, **18.21**-18.22
u *guṇi* vrline, **14.11, 14.17, 18.20,** 18.20
značenje znanja, 10.4–5, 13.19
znanje živoga bića u usporedbi s Gospodinovim znanjem, **5.15,** 5.15, 5.16
životinjsko znanje, 18.22
Znanosti
antropologija, 2.26
filozofija sadašnjih znanstvenika, 2.26
Kṛṣṇin predstavnik u, **10.32,** 10.32
njihova ograničenja, 7.4
oružja i znanost, 2.23
srce se opaža u znanosti, 2.17
znanost potvrđuje promjenu tijela, 2.16
Znanstvenici
duša je nevidljiva za njih, 2.25
istraživanja o seksu koja vrše, 13.8–12
njihova filozofija, 2.26
njihovo znanje
o duši, 2.17, 2.22
o materijalnoj prirodi, 11.33
o svemiru, 11.7
ponos i vezanost su opasni za njih, 14.6
Zrak
element. *Pogledaj:* Elementi
Kṛṣṇa kao zrak, **11.39**
života. *Pogledaj:* Životni zrakovi
Zvijezda Sjevernjača, 18.71
Zvijezde
Kṛṣṇin predstavnik među njima, **10.21**
njihova priroda, 10.21
podrijetlo njihove svjetlosti, 13.18
pogledaj: Planeti
Zvjeri, Kṛṣṇa predstavljen među njima, **10.30**

Ž

Želje
automatski zadovoljene predanim služenjem, 1.35
Želje (nastavak)
bhaktina želja, 5.7
duhovne, u usporedbi s materijalnim, 2.71, 3.25
Kṛṣṇa ispunjava, 2.22, 5.15
materijalna. *Pogledaj:* Materijalne želje
za odlaskom u duhovni svijet, 19
Žene
Caitanya i žene, 16.1–3
dostojne povjerenja, 1.40
druženje s njima, osoba u odvojenom redu i žene, 16.1–3
kao majke, 3.34
Kṛṣṇin predstavnik među njima, **10.34,** 10.34
mogu dostići Kṛṣṇu, 24
mogu dostići vrhovno odredište, **9.32,** 9.32
nevezanost za, *pogledaj:* Odvojenost (Nevezanost)
njihova inteligencija, 1.40
njihova obilja, **10.34,** 10.34
sannyāsī i žene, 16.1–3
sloboda za njih, 16.7
udate, **11.44**
uspoređene s djecom, 16.7
vezanost za njih, 2.60, 3.34, 14.7, 16.10
karakteristika *guṇe* strasti, 14.7
regulirana, 3.34
zaštita za njih, 16.7
pogledaj: Obiteljski život
Živa bića
bespomoćna, **3.5**
demonska. *Pogledaj:* Demoni
dharma za živa bića, 14–17
duhovi, 9.25
dva životna simptoma, **13.6–7**
evolucija i živa bića, 9.8
Gospodin u njihovom srcu. *Pogledaj:* Nad-duša
Gospodin im oprašta, 1.35
guṇe prirode upravljaju utjelovljenim živim bićima, 14.22–25
imaju obveza prema polubogovima, **3.12,** 3.12
impersonalno shvaćanje o njima, 1.15
pogledaj: Impersonalizam
impregnirana u prirodu, 9.10, **9.23,** 14.27
individualna duša za svako živo biće, 2.17
izvor njihovih osobina, **10.4–5,** 10.4–5
jednakost među njima, **5.18,** 5.18, 6.29, 6.32
jīva-bhūta, 15.16

Živa bića (nastavak)
kao bez početka, nisu rođena, **2.12,** 2.12, **2.20, 13.13,** 13.32
pogledaj: Živa bića, kao vječna
kao Bog, argumenti protiv, 5.16
kao Brahman, 5, 8.1, **8.3,** 13.13
kao buntovna, 13.20, 13.23
kao dijelovi Gospodinova tijela, 7.23
kao duša, 2.18, 7.1, 7.29, 15.7
a ne tijelo, 2.19, 2.28, 2.30, 5.2, 5.5, 9.15, 13.20, 15.7
Kṛṣṇa objašnjava, **2.13–30**
kao gospodar vlastitog tijela, 15.8
kao Gospodinova energija, 2.16, 5.14, 6.2, 6.29, 8.3, 9.13, 9.17, 13.23, 18.78
kao Gospodinovi sinovi, 13, 7.14, 14.16
kao *īśvare,* 10, 15.8
u usporedbi s vrhovnim *īśvarom,* 10, 9.11
kao izvorno čista, 3.36
kao *jīvātmā,* 8.3
kao Kṛṣṇa, 9.17
kao njihov rođak, **9.17,** 9.17
kao njihov život, **7.9,** 7.10
kao njihovo sjeme, **7.10, 10.39,** 10.39
kao Kṛṣṇine ekspanzije, 4.35
kao Kṛṣṇini, **4.35,** 4.35, 5.10, 5.11
dijelovi tijela, 7.23
sastavni djelići, 7, 8, 9, 10, 1.15, 2.13, 2.16, 2.18, 2.23, 2.46, 3.28, 3.36, 3.37, 3.41, 4.12, 4.21, **4.35,** 4.35, 5.3, 5.5, 5.29, 6.1, 6.28, 6.47, 9.17, 13.20, 13.23, **15.7,** 15.7, 15.16, 17.3, 18.46, 18.55, 18.78
sinovi, 7.14
sluge, 15, 2.51, 2.53, 2.71, 4.17, 4.18, 6.28, 6.29, 7.20, 7.30, 11.43, 13.13, 18.73
kao *kṣetra-jña,* „poznavatelj polja", **13.1–5,** 13.6–7, 13.18, 13.20, **13.27,** 14.3
kao neuništiva, 14
kao odgovorna za svoje djelatnosti, 4.14
kao podređena Gospodinu, 1.22, 4.5, 13.12
pogledaj: Živa bića, njihov pravi prirodni položaj; Živa bića, kao sluge
kao „poznavatelj polja", **13.1–5,** 13.6–7, 13.18, 13.20, **13.27,** 14.3
pogledaj: Znanje
kao poznavatelj tijela, **13.1-**13.3
kao *prakṛti,* 7, 8
kao predmet *Gīte,* 6, 7, 8, 9
kao *puruṣe,* 13.20
kao rubna energija, 8.3, 9.13, 9.17, 13.23

Živa bića (nastavak)
kao sluge Gospodina, 16, 1.22, 2.51, 2.53, 2.71, 4.18, 7.20, 7.30, 11.43, 13.13, 18.73
neizravno ili izravno, 6.29
vječno, 2.53, 2.71, 4.17, 4.18, 6.28, 6.29, 7.30, 13.13, 18.73
pogledaj: Živa bića, njihov pravi prirodni položaj
kao suradnici, 10
kao „sveprožimajuća", 2.24
kao transcendentalna, ali uvjetovana, 14.5
kao upravitelji drugoga reda 13.3
kao uvijek aktivna, **3.5,** 3.5
kao uvijek individualna, **2.12,** 2.13, 2.23, 2.39, 5.16, 6.39, 14.2, 14.26, 15.7, 18.78
kao uvijek sluge, 15
kao uzrok patnji i uživanja, **13.21–22**
kao uživana, 10, 15
kao viša energija, 20, 6.29, **7.5–6,** 7.14, 14.27
kao vječna, 4, 5, 7, 8, 13, 14, 15, 2.13, 2.39, 6.39, **15.7,** 15.7, 15.16, 18.20
vječna i bez početka, **2.12,** 2.12, **13.13, 13.20,** 13.20
kao vječno
sluge Gospodina, 2.53, 2.71, 4.17, 4.18, 6.28, 6.29, 7.30, 13.13, 18.73
u odnosu s Kṛṣṇom, 11.41–42
kao vršitelj djelatnosti, kao jedan od činitelja djelovanja, **18.18**
kozmički oblik i živa bića. *Pogledaj:* Kozmički oblik
kozmički oblik ih proždire, 11.32
Kṛṣṇa
ima vječan odnos s njima, 3.27, 11.42, 11.55
jednak prema svim, **9.29,** 9.29
kao njihov gospodar, 3.10, 6.30, **9.18, 10.15,** 10.15
kao njihov život, **7.9**
kao živo biće, **9.17,** 9.17
Njegov odnos s njima, 3–4, 2.51, 4.17, 6.28, 7.14, 9.8, 10.42, 13.1–2, 13.23
Njegova jednakost s njima, 6, 7, 8, 10, 14, 15, 2.20, 2.22, 2.23, 5.3, 13.3, 15.7, 15.16
Njegovi predstavnici među živim bićima, **10.21–34, 10.36–38**
njihov dobronamjernik, 1.36
održava ih, 2.12, **10.42, 13.15,** 13.15, **13.17,** 13.17, **15.17,** 15.17
podržava iznutra, **10.42**
spojen s njima u *yogi,* **6.47,** 6.47
transcendentalan prema njihovim aktivnostima, 6.29, **9.9–11**

Živa bića (nastavak)
Kṛṣṇa (nastavak)
u usporedbi sa živim bićima, 4.6, 5.29, 6.39, 7.5-**7.6, 7.26,** 7.26, 7.28, 8.3, 8.8, 9.5, 10.3, 10.42, **11.37,** 11.37, **11.43–44,** 13.3, 13.13–15, 13.18, 13.20, **15.18,** 15.18
upravlja njima, 3.27
liječenje i dijeta za njihovo ozdravljenje, 6.35
ljubav prema Bogu je uspavana u njima, 12.9
ljudska. *Pogledaj:* Ljudska bića
māyā i živa bića. *Pogledaj: Māyā*
na višim planetima. *Pogledaj:* Planeti
najviša dobrotvorna djelatnost za njih, **5.25**
nalaze se svuda, 2.24, 14.4
nalaze se u Gospodinu, **9.4–6,** 9.8, **9.10,** 9.10
ne mogu biti sretna ako ne ovise o Gospodinu, 15
nije ih moguće ubiti, **2.19, 2.20**
nisu Gospodin, 13.3, 13.4
nisu jednaka Kṛṣṇi, 10.42, **11.43,** 11.43
nisu tijelo, 14, 2.1, **2.16–22, 2.25-**2.29, 2.39, 2.71, 5.2, 5.11, 5.13–14, 5.20, 9.1, 10.20, 13.1–2, 13.6–7, 13.20, 13.30, 13.31, 15.7, 15.10
logika za shvaćanje, 13.1–2
nisu vlasnici, 3.30
njihov cilj, 17.28
pogledaj: Živa bića, njihov pravi prirodni položaj
njihov djed, 10.6
njihov identitet
pojedinosti o, **15.7,** 15.7
njihov održavatelj, Kṛṣṇa kao, **9.18,** 9.18
njihov pradjed, 10.6, **11.39,** 11.39
njihov pravi prirodni položaj, 4, 6–7, 15–17, 2.49, 2.51, 2.71, 3.30, 3.36, 3.37, 3.41, 3.42, 4.43, 4.19, 4.35, 5.3, 5.5, 5.15, 6.6, 6.7, 6.20–23, 6.28, 6.29, 6.47, 7.15, 8.3, 13.23, 18.73
aktivnosti u prirodnom položaju, 9.30
Arjuna je predstavio, 18.73
djelovanje prema, 5.29, 6.2
iluzija prekriva, 7.27
kao neizbježan, 11.43
njihovo zaboravljanje toga položaja, 18.73
oslobođenje kao ponovno dostizanje, 18.55
pojedinosti, **15.7,** 15.7, 18.73
predavanje kroz znanje o pravom prirodnom položaju, 18.73
značenje toga položaja, 7.28
znanje o prirodnom položaju, **4.36–37,** 7.30, 18.73

Živa bića (nastavak)
njihov prijatelj
bhakta kao, 6.32
Kṛṣṇa kao. *Pogledaj:* Kṛṣṇa, kao prijatelj
njihov samointeres, 1.31
njihov zaborav, 8, 2.20, 4.5, 4.6, 15.15
njihova borba za opstanak, 15.16
njihova duhovna priroda, 18.20, 18.78
pogledaj: Živa bića, njihov pravi prirodni položaj
njihova grešna djelatnost. *Pogledaj:* Grešne posljedice
njihova i Gospodinova moć, 7.19
njihova izvorna priroda, 3.36, 17.3
pogledaj: Živa bića, njihov pravi prirodni položaj
njihova osjetila. *Pogledaj:* Osjetila
njihova pojava i nestanak, **11.2,** 11.2
njihova slabost srca, 15.20
njihova slobodna volja ili neovisnost, 3.37, 4.14, 5.15, 7.21, 13.23, 15.7, 15.8, **18.63,** 18.63, 18.78
njihova sposobnost upravljanja, 7–8
njihova *svarūpa,* 14–15
njihova svrha, 10–11, 4.35
pogledaj: Živa bića, njihov pravi prirodni položaj
njihova veličina, 8.9
njihova veličina uspoređena s Kṛṣṇinom, **11.37,** 11.37, **11.43,** 11.43
njihova vječna priroda. *Pogledaj:* Živa bića, njihov vječni prirodni položaj
njihove aktivnosti, **3.33,** 4.14, **9.9–11**
uspoređene s vegetacijom, 4.14
pogledaj: Djelovanje
njihove patnje. *Pogledaj:* Patnja
njihove vječne djelatnosti, 14
njihove želje
kao njihov dio, 2.71
Nad-duša i njihove želje, 8–9, 18.61
pogledaj: Želja; Materijalne želje
njihove želje iz prošlog života, 15.15
njihovi karmički rezultati, 7–8
pogledaj: Karma; Grešne posljedice; Djelovanje (aktivnost), posljedice na
njihovi prošli i budući životi. *Pogledaj:* Rođenje; Seljenje duše
njihovih šest promjena, 2.20, 10.34
njihovo jedinstvo s Gospodinom, 7, 8, 10–11, 13, 15, 2.20, 2.22, 2.23, 4.7, 13.3, 15.7, 15.16
njihovo obilje u usporedbi s Gospodinovim, 2.2

Živa bića (nastavak)
njihovo obožavanje je namijenjeno Kṛṣṇi, **11.44**
njihovo pamćenje uspoređeno s Gospodinovim, 4.6
njihovo podrijetlo, 5–6, 7.6, **9.8, 14.3–4**
istraživanje podrijetla, 15.3–4
Kṛṣṇa kao, 2.16, 3.15, 3.37, 6.29, **7.10, 10.6,** 10.6, **10.15,** 10.15, 10.42, **11.2,** 11.2, 13.17, **18.46**
pogledaj: Kozmičko očitovanje
njihovo polje djelatnosti, **13.1–7,** 13.18, **13.19**-13.20, **13.27,** 14.3
njihovo privremeno postojanje, 4.12
pogledaj: Materijalno tijelo, kao privremeno
njihovo „stvaranje", **9.8,** 9.10
Gospodinove energije za, **9.10,** 9.10
pogledaj: Kozmičko očitovanje
njihovo uništenje, **8.19**
očitovana i neočitovana živa bića, **2.28,** 2.28, **8.18,** 13.20
očitovana kao kombinacija duha i materije, 14.3–4
od njih se traži da zadovolje Gospodina, 6.1, 6.2, 6.7
oslobođena živa bića. *Pogledaj:* Oslobođenje
ovise o Gospodinovoj upravi, **18.61,** 18.61
ovise o Kṛṣṇi, 4.11
u jedenju, **15.14,** 15.14
za postojanje, **10.39,** 10.39
za sunce, mjesec i vatru, 15.12, **15.13,** 15.13
ovise o suncu, mjesecu i vatri, 15.12, **15.13–14**
pod upravom su, 6–7
guṇa prirode, 18.60
Kṛṣṇe, 3.22, 3.27, 11.43
materijalne prirode, **13.22,** 13.22
Nad-duše, **18.60–62**
tijela, 13.21, 14.5
pogrešiva i nepogrešiva, **15.16,** 15.16
Gospodin je transcendentalan prema, **15.18,** 15.18
posljedice njihovih djela. *Pogledaj: Karma;* Grešne posljedice; Djelovanje, njegove posljedice
požuda kao njihov neprijatelj, **3.37,** 3.37
predana Gospodinu. *Pogledaj: Bhakte;* Čisti *bhakte;* Predavanje Gospodinu
prekrivači živih bića, uspoređeni s dimom, prašinom ili maternicom, **3.38**
priroda nije njihov izvor, 14.3

Živa bića (nastavak)
priroda upravlja njima, 7.13–14, **13.22,** 13.22
pročišćenje za njih. *Pogledaj:* Pročišćenje
prvo živo biće, 13, 2.29, 10.6
različite prirode i tijela za njih, 13.3
razočaranje uzrokuje da započnu duhovno istraživanje, 3.37
samospoznaja za njih. *Pogledaj:* Svjesnost Kṛṣṇe; Samospoznaja
savršena živa bića. *Pogledaj:* Čisti *bhakte;* Oslobođene duše; Samospoznate duše
služe Gospodina ili *māyu,* 18.73
služenje Gospodina kao njihova dužnost, 2.48–51
sve je kombinacija živih bića i materijalne prirode, 13.27
tijelo, duša i Nad-duša živih bića, njihov odnos, detaljno opisan, **13.1–7**
transcendentalisti ih jednako vide, 12.3–4, **18.54,** 18.54
u analogiji banjanova stabla, 15.1, 15.2
u iluziji. *Pogledaj:* Iluzija; Uvjetovane duše
u obliku sjemena, 14.3
u vrijeme stvaranja, 14.3–4
upravitelji među živim bićima uspoređeni s vrhovnim upraviteljem, 9.11
upute i znanje za njih, najbitniji i najpovjerljiviji dio znanja, **18.64–66**
uspoređena sa
česticom zlata, 7
dijelom stroja, 10
dijelovima drveta, 10, 5.7, 9.3
dijelovima tijela, 10, 17, 5.7, 7.23
elementima, 14
građanima, 13.3
mjehurićima u oceanu, 4.10
plivačem u oceanu, **4.36,** 4.36
putnikom, 6.34
rukom tijela, 4.21
slugom, 10
suncem, 11.43
sunčevim sjajem, 18.78
tjelesnim dijelovima, 10, 15, 5.7, 7.23
udovima tijela, 6.1
vatrom, ogledalom i zametkom, **3.38**
vjetrovima, **9.6,** 9.6
vozačem kola, 18.61
zlatnim prstenom, 9.29
zvijezdama, 2.13
uvjetovana *guṇama* prirode, **14.5**-14.19
vezana *guṇama* prirode, **14.5**-14.19
vjera je neophodna za njih, 4.42

Živa bića (nastavak)
vrste živih bića
božanska i demonska, **16.6**
broj živih bića, 7.10, 7.15, 8.31, 13.21
pogrešiva i nepogrešiva, **15.16,** 15.16
poznate kroz *Bhagavad-gītu,* 2.54
prema uvjetovanju *guṇa* prirode, **14.5–9**
seljenje duše i živa bića, 8.3, 16.19
stvaranje vrsta, 9.8, 9.10
uvjetovana i oslobođena, 18.78
zaštitu dobijaju od Kṛṣṇe, 9.18
kṣatriya, 2.31, 2.32
zbunjena neznanjem, **5.15,** 5.15
život kao uzrok njihovih sposobnosti, 7.19
pogledaj: Životinje; Uvjetovane duše; Ljudska bića
Život
podrijetlo života, 12–13, 2.39
Kṛṣṇa kao podrijetlo, **7.9,** 7.9, **10.6,** 10.6
materijalna filozofija o podrijetlu, **2.26,** 2.26
njegovi stadiji, **10.6,** 10.6
pogledaj: Kreacija
pogledaj: Ljudski život; Živa bića; Materijalni život; Društvo; Duša; Duhovni život
Život biljke, 3.38
Život iz materije, 2.30
Životinje
bhaktino viđenje životinja, **5.18,** 5.18
hrana za životinje, 3.14
krave. *Pogledaj:* Krave
Kṛṣṇa predstavljen među životinjama, **10.27–31**
ljudska bića i životinje, 13, 14.17
roditi se kao, 3.14, 8.3, 8.6, 13.21, 13.22, **14.15,** 14.16, 15.8, 15.9, 16.1–3, **16.19–20**
sklonosti životinja, 6.40, 7.3, 18.22
stvaranje životinja, 9.8
svjesnost životinja, 2.20, 3.38, 18.22
u analogiji banjanova stabla, 15.2
ubijanje životinja. *Pogledaj:* Ubijanje životinja; Jedenje mesa
uspoređene s ogledalom prekrivenim prašinom, **3.38**
život, pad do životinjskog života. *Pogledaj:* Životinje, roditi se kao, 5.18, 6.29
životinjske patnje, 14.16
životinjske vrste, broj životinjskih vrsta, 14.18
Životna sila
predstavlja Kṛṣṇu, **10.22**
pogledaj: Svjesnost; Duša
Životni zrakovi, 2.17, **4.27–29, 8.10–12, 15.14**
imenovani, 2.17
pogledaj: Kontrola disanja
Žrtvovanja, **16.1–3**
Agni-hotra žrtvovanje, 11.48, 16.1–3
Aśvamedha-yajña, 18.71
bhakte prihvaćaju ostatke žrtvovanja, 9.26
bogatstvo je potrebno za žrtvovanje, 16.1–3
Cāturmāsya, 2.43
ciklus žrtvovanja, 8.3
demoni i žrtvovanja, 16.16, **16.17**
dobrobiti od žrtvovanja, **3.10–15**
dravyamaya-yajña, 4.28
Drupadina, 1.3
duhovna u usporedbi s materijalnima, 4.33, 4.42, 18.2
dužnost i žrtvovanje, **3.14, 17.11**
gospodar žrtvovanja, **8.2**
kao *adhiyajña,* **8.4**
Gospodin kao konačni uživatelj, 3.14
Gospodin kao onaj kome su upućena, **17.26–27,** 17.26–27
Gospodin može prihvatiti, 13.14
Gospodin se nalazi u žrtvovanju, **3.15**
Gospodin uživa, **3.10–12**
hrana ponuđena u vatru, **3.13,** 3.14, 9.26, 17.10
neophodnost jedenja takve hrane, 9.26-**27**
proces nuđenja hrane, 9.26
Jyotiṣṭoma žrtvovanje, 9.16
kao pročišćavajuće za sve, **18.5**-18.6
kiša pada zbog, **3.14,** 3.14
koja vrše *bhakte,* 3.13–14, 4.25–26, 4.29
koje vrše *brahmacārīji,* **4.26,** 4.26
koje vrše impersonalisti, 4.25
koje vrše materijalisti, 4.25
koje vrše obiteljski ljudi, **4.26,** 4.26, 8.28, 16.1–3
Kṛṣṇa
kao gospodar žrtvovanja, **9.24**
kao maslac u žrtvovanju, **9.16**
kao uživatelj žrtvovanja, 2.66, **9.24, 9.26–27**
kao žrtvovanje, **9.16,** 9.16
Njegov predstavnik među njima, **10.25**
vladajuće načelo žrtvovanja, **7.30**
mahā-yajña žrtvovanje, 9.16
mantranje Hare Kṛṣṇa
kao najbolje žrtvovanje, 10.25, 16.1–3
pogledaj: Mantranje u svjesnosti Kṛṣṇe

Žrtvovanja (nastavak)
  materijalno u usporedbi s duhovnim, 4.33, 4.42, 17.23, 18.2
  milostinja i žrtvovanje, **4.28,** 4.28
  Mjesec se dostiže žrtvovanjem, 8.25
  napredak putem žrtvovanja, 3.11, 3.12, **3.13,** 3.14, 3.16, **4.30,** 12.11
  neovlaštena, **17.13**
  njegovanje znanja kao, **9.15**
  obred vjenčanja i, 18.5
  odricanje od, **18.3**
    Gospodin je odbacio, **18.5–6**
  oṁ tat sat i žrtvovanje, **17.23,** 17.23
  oslobođenje putem, **3.10,** 3.11, **4.32**
  pañcāgni-vidyā, 8.16
  pañca-mahā-yajña, 3.12
  Pāṇḍave, 1.15
  podjele žrtvovanja
    četiri, **4.28,** 4.28
    dvije, 4.25, 4.42
  ponude za žrtvovanje
    Kṛṣṇa kao ponuda, **9.16,** 9.16
    pet vrsta, 8.3
  potreba za žrtvovanjem upućenim Gospodinu, **9.26–27**
  potrepštine za život se osiguravaju žrtvovanjem, 4.31
  povratak Bogu putem, **3.10**
  predano služenje
    ima isti rezultat kao stroga žrtvovanja, **8.28,** 8.28
    kao žrtvovanje, 4.23
    transcendentalno prema žrtvovanju, 9.16
  prednosti žrtvovanja
    obilje, 4.30
    oslobođenje, **4.30**
    povratak Bogu, 4.30
    sreća, **4.30–31**
  prema Gospodinovoj želji, **3.9,** 3.11, 3.13, 3.14, 9.26, 17.23
  preporuke *Veda* za žrtvovanje, 3.12
  pri jedenju, **4.29,** 4.29
  prijeka potreba, **3.10–15**
    da bi se izbjegle grešne posljedice, **3.16**
  produhovljuje sve, **4.24,** 4.24
  proučavanjem *Veda,* **4.28,** 4.28
  rezultata rada
    Kṛṣṇa preporučuje, **12.11**
    za dobru svrhu, 12.11
    za svjesnost Kṛṣṇe, 12.10
  s ljubavlju i predanošću, **9.26**
  s odvojenošću, **17.11, 17.25**
  s *oṁ,* **17.24**

Žrtvovanja (nastavak)
  s *„tat",* **17.25**
  sa *„sat",* **17.26–27,** 17.26–27
  sa znanjem, **4.33–34**
  samo kao predstava, **16.17**
  saṅkīrtana kao žrtvovanje za sadašnje doba, 3.10, 3.12, 3.13, 3.14
  saṅkīrtana-yajña, 3.10, 3.12, 3.13, 3.14
  slijeđenjem procesa *yoge,* **4.28,** 4.28
  sreća putem žrtvovanja, **3.10–12, 4.31,** 4.31
  strogosti kao žrtvovanje, **4.28,** 4.28
  stvari koje se mogu ponuditi u žrtvovanju, **9.26,** 9.26
  svjesnost Kṛṣṇe
    i žrtvovanje, **4.24,** 4.24, 4.25–26, 4.28, 4.29, 4.30, 4.31, 4.33, 4.42, **12.10**
    kao rezultat žrtvovanja, 3.11
    kroz žrtvovanje, 3.10
    transcendentalna prema žrtvovanju, 4.28, 8.3
  svrha žrtvovanja, **17.25**
    transcendentalno znanje, **4.33,** 4.33
  tapomaya-yajña, 4.28
  u duhovne svrhe, 18.2
  u duhovnom životu, **4.24–33**
  u *guṇama* vrline, strasti i neznanja, 3.12, **17.7, 17.11–13,** 17.23
  u *guṇi* neznanja, **17.13**
  u *guṇi* strasti, **17.12**
  u *guṇi* vrline, **17.11**
  u Kṛṣṇinoj službi, 12.6–7
  u materijalne svrhe, 18.2
  u predanom služenju, 3.10, **3.13-**3.14, **9.26–27**
  u seksu, 4.26
  upućena Božanstvu Gospodina, 9.26
  upućena polubogovima, **3.11–12, 4.25**
    Gospodin je njihov glavni uživatelj, 3.11, 3.12
  upućeno Kṛṣṇi
    ostaci takvog žrtvovanja kao *prasādam,* 11.55
    ponude pogodne za takva žrtvovanja, 11.55
    potreba za takvim žrtvovanjem, **9.26–27**
    prema Njegovoj želji, 9.26
  upućeno Vrhovnom Brahmanu, **4.25**
  uvjeti za žrtvovanje, **17.13**
  uzdizanje vršenjem, **4.30**
  uživatelj žrtvovanja
    Kṛṣṇa, 3.11
    Viṣṇu, 3.9–10, 3.11–12, 3.15
  Vede upravljaju žrtvovanjem, 3.14
  vedska književnost o žrtvovanju, 11.48

Žrtvovanja (nastavak)
  vedska žrtvovanja
    Kṛṣṇa je cilj, **3.26,** 3.26
    njihova svrha, 2.46
    sva su namijenjena zadovoljavanju Gospodina, **9.24**
    svjesnost Kṛṣṇe ih transcendira, 2.52, 3.16, 3.17, 3.19
  vivāha-yajña, 18.5
  vježbama disanja, **4.27,** 4.27, **4.29**
  vladanje osjetilima kao cilj žrtvovanja, 4.30
  vladanjem osjetilima, **4.26,** 4.27
  vrste žrtvovanja, **4.25–29,** 4.30, 4.42, 8.3
    prema vjeri, 4.33
    uspoređivanje, **4.32–33**
  za dostizanje rajskih planeta, 8.3
  za dostizanje viših planeta, 18.71
  za Pitṛloku, 9.16
  za uzdizanje na rajske planete, 8.16, 17.12
  za Viṣṇuovo zadovoljstvo, **3.9–10**
  značenje žrtvovanja, 4.25
  znanje o žrtvovanju, **4.30–33**
  znanje putem žrtvovanja, **4.33**
  životinja, 3.12, 4.7, 10.25
    objašnjeno, 18.3
  životnog zraka, **4.27–29**
  žrtvena vatra
    Kṛṣṇa kao, **9.16,** 9.16
    odricanje od, **6.1,** 6.1
    pet vrsta, 8.3
  žrtvovanje bez vjere, **17.28,** 17.28
  žrtvovanje posjeda, 4.25, **4.28,** 4.28, 4.42
  pogledaj: Odricanje; Mudraci; Svete osobe

Y

Yādava, Kṛṣṇa kao, **11.41**-11.42
Yajña
  dravyamaya, 4.28
  kao Gospodin Viṣṇu, 3.9, 9.24
  Kṛṣṇa uživa u njoj, **3.10**
  pañca-mahā-yajña, 3.12
  saṅkīrtana-yajña, 3.12
  tapomaya, 4.28
  pogledaj: Žrtvovanja
Yajña, Viṣṇu kao, 9.24
Yajña-pati, Kṛṣṇa kao, 3.11
Yajña-puruṣa, Gospodin kao, 3.14, 3.15
Yājñavalkya citiran u vezi *brahmacarye,* 6.13–14
Yajur Veda, **9.17,** 9.17, 13.5
Yakṣe, 9.25, 17.28
  kozmički oblik i oni, **11.22**
  Kṛṣṇin predstavnik među njima, **10.23,** 10.23
Yama, niyama, āsana itd., 2.59
Yamadūte, 18.25
Yamarāja
  kao autoritet u svjesnosti Kṛṣṇe, 4.16
  predstavlja Kṛṣṇu, **10.29,** 10.29
Yāmunācārya
  citiran u vezi
    nevezanosti za spolni užitak, 5.21
    odvojenosti kroz služenje Kṛṣṇe, 2.60
    odvojenosti u svjesnosti Kṛṣṇe, 2.62
    znanja o Gospodinu, 7.15, 7.24
Yaśe definirani, 10.5
Yaśodā, 6.47
  Kṛṣṇa kao njen sin, 1.15
Yoga
  Arjuna opisuje poteškoće u, **6.33–34**
  aṣṭāṅga-yoga, 6.47, 9.2
    bhakta smatra da je nepotrebna, 12.7
    njene podjele, 5.28
    svjesnost Kṛṣṇe i, 6.1
    vladanje osjetilima putem *aṣṭāṅga-yoge,*
  automatska privlačnost prema, **6.44**-6.45
  Bhagavad-gītā kao nauk o, **4.1,** 4.1
  Bhagavad-gīte, 3
  bhakti-yoga, 2.39, 3.16, 5.29, 6.20–23, 8.10, 8.14
    pogledaj: Predano služenje
  brahma-yoga, 5.21
  buddhi-yoga, 2.39, 2.49, 2.51, 3.1, 3.2, 3.3, 3.4, 5.1
    definirana, 10.10
    kao predano služenje, 10.10
    povratak Bogu putem nje, 10.10
  cakre i *yoga,* 8.10
  danas, 6.11–12
  danas nije praktična, **6.33,** 6.33
  definirana, **2.48,** 6.3, 10.10
  devocijska *yoga,* **5.5**
    vrste, 2.39
    pogledaj: Predano služenje
  dhyāna-yoga, 6.14, 6.23, 6.47, 7.3
  disciplina uma je potrebna za *yogu,* **6.26**
  Gospodin i živo biće sjedinjeni u *yogi,* **6.47,** 6.47
  haṭha-yoga, 4.29, 6.23, 6.47, 8.14, 8.23, 13.25
  jedenje i *yoga,* **6.16–17**
  jñāna-yoga, 3.16, 5.29, 6.14, 6.46, 6.47, 7.3, 8.14, 8.23, 9.2, 9.3
    kao mučna, 12.5
    u usporedbi s *bhakti-yogom,* 10.10, 12.5

Yoga (nastavak)
kao Arjunino oružje, **4.42**
kao umjetnost djelovanja, **2.50**
kao žrtvovanje, **4.28,** 4.28
karma-yoga, 2.39, 2.51, **3.1–43,** 5.29, 6.1, 6.23, 6.46, 6.47, 8.14, 8.23, 9.2, 9.3
bhakti-yoga i, 10.10
njen cilj, 5.4,
sāṅkhya-yoga i, **5.4**
kontrola disanja putem *yoge,* **4.27,** 4.27, **4.29**
Kṛṣṇa
je potiče, **2.50**
kao njen gospodar, 18.75
Kṛṣṇa je preporučuje, **6.46–47**
kumbhaka-yoga, 4.29
lažna, 6.12, 6.23, 6.33, 6.36
u Kali-yugi, 15.11
ljudski život je namijenjen za, 4.26
materijalna vezanost u, 8.14
mjesto za *yogu,* **6.11-**6.12
najviša *yoga,* 6.3, 6.6, 6.7
bhakti-yoga kao, **6.47,** 6.47, 10.10
svjesnost Kṛṣṇe kao, **6.47,** 6.47, 7.1
nastavlja se život za životom, **6.41–45**
njen cilj, 2.61, 3.3
dostizanje cilja, **6.45,** 6.45
kao povratak Bogu, **6.45,** 6.45
kao spoznaja Nad-duše, **6.13-**6.14
njena tri dijela, 6.3
njene discipline, **6.11–26**
njene prednosti, **6.27–29**
odlučnost u *yogi,* **6.24–26, 18.33**
odricanje i *yoga,* **6.3–4, 6.14,** 6.14
odvojenost i, 4.27
proces za razvijanje, **5.27-**5.28
svjesnost Kṛṣṇe i, **6.1–4**
odvojenost u *yogi,* **6.13–26, 8.12**
oni koji primjenjuju *yogu. Pogledaj: Yogīji*
osam podjela, 5.28
osjetilno uživanje i *yoga,* 6.23, 6.36
oslobođenje putem *yoge,* **8.10–12**
osmostruki proces *yoge,* 5.28, 5.29, 6.37, 6.40, 6.47
svjesnost Kṛṣṇe i, 6.1
osoba upravlja životnim zrakovima putem *yoge,* **4.27,** 4.27, **4.29**
pad s razine *yoge,* 6.37
Patañjali i *yoga,* 4.27, 6.20–23
Patañjali kao autoritet za nju, 6.20–23
položaji sjedenja u *yogi,* 6.3
položaji *yoge,* 4.29
potreba za *yogom,* 8.10
potrebno je primjenjivati čitav život, 8.10

Yoga (nastavak)
povratak Bogu putem *yoge,* **6.15,** 6.15
prāṇāyāma-yoga, **4.29**
pratyāhāra proces *yoge,* 5.28
prava *yoga,* 6.6
primjena *yoge,* **6.11–17**
proces meditacije u *yogi,* 5.28
proces *yoge,* **6.11–18**
procesi *yoge* s primjesom *bhakti,* 8.14
puruṣottama-yoga, 15.20
putevi *yoge,* 2.72, 3.2
rāja-yoga, 6.47
regulacije u *yogi,* **6.16–17, 6.33,** 6.35
samospoznaja putem *yoge,* 3.16
sanātana-yoga, 4.42
sāṅkhya-yoga, 2.1, 2.39, 2.66, 3.3, 4.28, 7.4
ateiste Kapile, 2.39
buddhi-yoga i ona, 3.3
definirana, 2.39
elementi materijalnog svijeta i *sāṅkhya-yoga,* 15.1
Gospodin se spoznaje putem nje, 13.25
Gospodina Kapile, 2.39
kao analitičko proučavanje, 2.39
kao *bhakti-yoga,* 2.39
karma-yoga i *sāṅkhya-yoga,* **5.4**
Kṛṣṇa je koristi, **2.39,** 2.39
Kṛṣṇina, 2.39
materijalni svijet u odnosu na, 15.1
njen cilj, 5.4–5
predano služenje i, **5.5**
u usporedbi s ateističkom sāṅkhyom, 2.39
uspoređena s pronalaženjem korijena, 5.4
sannyāsa-yoga, 6.2
savršenstvo *yoge,* 6.26, 18.49
siddhiji, 6.23
sloboda od pada putem, 6.23, 6.26
spavanje i *yoga,* **6.16-**6.17
sreća putem *yoge,* 6.4, **6.20-**6.23, **6.27–28**
svjesnost Kṛṣṇe
i *yoga,* 5.28, 5.29, 6.3, 6.4, 6.36, 6.40, 7.1, 9.22
kao najbolja *yoga,* 6.20–23
kao *yoga,* 2.48
transcendentalna je prema, 4.28
u usporedbi s *yogom,* 6.1
svrha i cilj *yoge,* 6.5, 6.6, 6.20–23
ṣaṭ-cakra-yoga, 8.10, 8.11
njen proces, **8.11–13**
teška
čak i za Arjunu, **6.33–44**
u sadašnjem dobu, 6.37
trans u *yogi,* **6.20-**6.23, **6.25,** 6.25
u *Bhagavad-gīti,* 2.72, 3.2

Yoga (nastavak)
u Kali-yugi, 6.12, 6.23, 6.33, 6.35, 6.37, 15.11
poteškoće s *yogom,* 6.33
u usporedbi sa svjesnošću Kṛṣṇe, 8.8
u vrijeme smrti, **8.10**
umna disciplina u *yogi,* **6.18–27, 6.36**
uspoređena sa
ljestvama, 6.3
vatrom, 6.36
uvjeti za *yogu,* **6.11–17**
uzdizanje putem *yoge,* **4.28,** 4.28
visoke razine *yoge,* **6.3–4**
vjera i *yoga,* **6.24**
vjerodostojna u usporedbi s lažnom, 6.13–14, 6.15
vladanje osjetilima i *yoga,* 2.48, **4.29, 5.27,** 5.28, **6.11–18, 8.12**
vrste *yoge,* 2.39
uspoređene, 6.47
uspoređene s planinama, 6.47
za samospoznaju, 3.16
pogledaj: određene yoge
za Arjunu, 23–24
yoga vježbe, 3.43, 5.2, 6.3
yogārūḍha stadij *yoge,* 6.3
pogledaj: Yogīji
Yoga-māyā
Arjuna i *yoga-māyā,* 6
prekriva Kṛṣṇu, 7.25, 10.17, 11.52
prekriva znanje o Gospodinu, 10.17
Yoga-sūtre
citat u vezi
duše i osjetilnog uživanja, 4.27
pravilne meditacije, 2.61
samospoznaje, 6.20–23
Yogeśvara, Kṛṣṇa kao, 11.4
Yogīji
bhakte
kao najbolji od njih, 6.32, 18.1, 18.75
kao *yogīji,* 4.25, 6.15, 9.27, 10.3
u usporedbi s njima, 2.61, 6.32, 8.23–24
bhakti-yogīji
pet vrsta, 8.14
pogledaj: Bhakte
čisti, u usporedbi s motiviranim, 8.14
današnji oponašatelji *yogīja,* 15.11
haṭha-yogīji, 6.47
kao transcendentalisti, 3
lažni, **3.6,** 3.33, 6.15, 6.23
mistične moći i *yogīji,* 2.70
mogu izabrati vrijeme smrti, 8.23–24
najviši *yogīji*
bhakte kao, 22
Kṛṣṇa ih definira, 22
Yogīji (nastavak)
nesretni, 2.70
neuspješni
dvije vrste neuspješnih *yogīja,* 6.41-**6.42**
njihova budućnost, **6.38–45**
njihova sudbina, **6.37–45**
njihovo rođenje, **6.41–43**
njihova jednaka vizija, **6.29,** 6.29
njihova transcendentalna vizija, **6.29–30**
njihove kvalifikacije, **6.8**
njihovo odricanje, 6.18
njihovo oslobođenje, **6.27–29**
odvojeni su i djeluju samo radi čistoće, **5.11**
odvojenost im je potrebna, **6.2**
ovise o Gospodinu, 4.11
savršeni, **6.32**
seljenje duše je u njihovoj vlasti, 12.6–7
takozvani, 2.61
u usporedbi s čistim *bhaktama,* 8.14
umna disciplina za njih, **6.18–27**
uspjeh za njih, **6.45,** 6.45
uspoređeni sa
kornjačom, **2.58,** 2.58
oblakom, **6.38**
ukrotiteljem zmija, 2.58
uvjeti za njih, **6.11–18**
vide Nad-dušu, **6.29–30**
Viśvāmitra, 2.60
vrijeme njihove smrti, **8.23–26**
vrste *yogīja,* 6.47
zadovoljstvo za njih, 5.22
žrtvovanje koje vrše, **4.25**
pogledaj: Yoga; određeni yogīji
Yudhāmanyu, **1.6**
Yudhiṣṭhira Mahārāja, 1.1
Arjuna mu je pomagao, 1.15
kao pravedan kralj, 10.27
Kṛṣṇa i Arjuna su ga podržavali, 18.78
nasuprot Duryodhane, 18.78
njegove osobine, 18.78
školjka u koju je puhnuo, **1.16–20**
Yuge
Dvāpara-yuga, 4.1
Kali-yuga, 4.1
pogledaj: Kali-yuga
njihov ciklus, 8.17
njihovo trajanje, 4.1, **8.17,** 8.17
priroda svake *yuge,* **8.17,** 8.17
sadašnja, 4.1
Tretā-yuga, 4.1
Yukta-vairāgya, 9.28
Yuyudhāna, **1.4**